MÉMOIRES

CONCERNANT

L'HISTOIRE CIVILE ET ECCLÉSIASTIQUE

D'AUXERRE ET DE SON ANCIEN DIOCÈSE

Par l'Abbé LEBEUF

Chanoine et Sous-Chantre de l'église cathédrale de la même ville
de l'Académie des Inscriptions et Belles-Lettres

CONTINUÉS JUSQU'A NOS JOURS

AVEC ADDITION DE NOUVELLES PREUVES ET ANNOTATIONS

PAR

M. CHALLE   M. QUANTIN
avocat   archiviste, corr. du com. des arts et monuments

TOME QUATRIÈME.

AUXERRE
PERRIQUET ET ROUILLÉ, ÉDITEURS

PARIS
DUMOULIN, LIBRAIRE, QUAI DES AUGUSTINS, 13

M DCCC LV

MÉMOIRES

CONCERNANT

L'HISTOIRE CIVILE ET ECCLÉSIASTIQUE

D'AUXERRE ET DE SON ANCIEN DIOCÈSE

MÉMOIRES

CONCERNANT

L'HISTOIRE CIVILE ET ECCLÉSIASTIQUE

D'AUXERRE

ET DE SON ANCIEN DIOCÈSE.

Par l'Abbé LEBEUF

Chanoine et Sous-Chantre de l'église cathédrale de la même ville
de l'Académie des Inscriptions et Belles-Lettres

CONTINUÉS JUSQU'A NOS JOURS

AVEC ADDITION DE NOUVELLES PREUVES ET ANNOTATIONS

PAR

M. CHALLE   M. QUANTIN
avocat   archiviste, corr. du com. des arts et monuments

TOME QUATRIÈME.

AUXERRE
PERRIQUET ET ROUILLÉ, ÉDITEURS, RUE DE PARIS

PARIS
DUMOULIN, LIBRAIRE, QUAI DES AUGUSTINS, 13

M DCCC LV

OBSERVATIONS

SUR LA

COMPOSITION DES DIVERSES PARTIES DU TOME IV.

1° Monuments, Chartes, etc.

Nous avons fondu en une seule série de numéros, la collection et le supplément des chartes que l'abbé Lebeuf avait données à la suite de son deuxième volume, et 78 documents nouveaux concernant principalement l'histoire civile.

L'orthographe des pièces latines était embarrassante L'abbé Lebeuf avait employé l'æ, comme il était d'usage de son temps ; mais voulant nous conformer à la règle et à la vérité, nous avons dû modifier, sur ce point, le texte de plus d'un document. Voici la marche que nous avons suivie :

Les chartes tirées de la première édition de l'abbé Lebeuf ont conservé l'æ jusqu'à l'an 1160. Cette date est la moyenne où l'on a presque partout abandonné l'æ pour l'e à cédille ou pour l'e simple.

Les pièces copiées par nous sur les originaux ou sur des copies ont été paléographiquement reproduites. L'æ reprend à la fin du XVIe siècle pour ne plus être abandonné.

Pour faciliter l'intelligence des chartes en français, nous avons dû employer les accents, les *v* pour les *u*, etc.

Nous avons plusieurs fois corrigé des textes donnés par l'abbé Lebeuf, qui n'avait pas eu à sa disposition les originaux, ou qui avait été mal servi par ses copistes. Les sources sont dans ces cas-là différentes.

L'index des chartes placé à la fin de ce volume, facilitera les recherches.

2° Catalogue des Écrivains, etc.

Nous avons ajouté un certain nombre d'auteurs au catalogue donné par l'abbé Lebeuf, et notamment aux XVIIe, XVIIIe et XIXe siècles. Ces augmentations sont indiquées par deux [ ], ou mises en supplément à chaque siècle.

RECUEIL

DE

MONUMENTS, CHARTES, TITRES

ET AUTRES PIECES INEDITES

POUR SERVIR DE PREUVES

AUX

MÉMOIRES

CONCERNANT

L'HISTOIRE CIVILE ET ECCLÉSIASTIQUE D'AUXERRE

ET DE SON ANCIEN DIOCÈSE.

N° 1.

Prières concernant saint Germain tirées d'un missel de la bibliothèque du Chapitre de Sens, manuscrit du XIII° siècle, au 31 juillet.

COLLECTÆ.

Deus pro cujus sacro nomine beatus Germanus Antistes desideravit persecutionem propter justitiam, ut et si martyrium non perferret, fide tamen pertenderet ad coronam, amaret odiis hominum et maledictionibus subjacere dummodo copiosam mercedem consequeretur in cœlo, et ad evangelicas beatitudines perveniret : te per hujus interventum precamur, ut pacem quam te jubente dilexit in sæculo perpetua-

---

Na. L'auteur avertit que pour ne pas surcharger son livre, il n'a pas cru devoir placer ici les pièces qu'on trouve imprimées dans les Recueils de Duchêne, de Dom Luc Dachery, Dom Mabillon, M. Baluze, Dom Martene, et dans l'ancien Gallia Christiana, etc.
(Nous donnerons à la fin de ce volume l'index de ces documents).

tualiter ecclesiæ possidendam tribuas in futuro. Per.

Secreta.

Clementiam tuam, Domine, deprecamur, ut his oblationibus plebis, quas in honore beatissimi Germani Antistitis et confessoris offerimus, signatum diem hodiernæ solemnitatis celebremus cum inconcussa fidei libertate quam ille constanti mente defendit, precantes, ut robur patientiæ ejus si non opere, saltem voluntate comitetur. Per.

Post-Communio.

Sumentes ex sacris altaribus Christi Domine ac Dei nostri corpus et sanguinem, oramus, ut semper fide plena esurire detur ac sitire justitiam, sicque opus ejus confortati salutaris sancti gratiâ faciamus ut non ad judicium sed ad remedium sacramentum quod accepimus habeamus.

Alia oratio quæ reperitur in antiquis missalibus ecclesiæ Paris. et aliis manuscriptis, desumpta ex fragmentis veteris liturgiæ gallicanæ.

Præsta quæsumus omnipotens Deus, ut beatissimi Germani Antistitis cujus exempla miramur et colimus etsi æquari factis non possumus, saltem vestigia sequi, et fidem nobis contingat imitari.

N° 2.

Description du diocèse d'Auxerre, au VIe siècle, extraite de la vie de l'évêque saint Aunaire.

Ad tutelam gregis sibi a Deo commissi præcepit ut tam in civitate Autissiodorensi quam per parochias ipsius pagi hæc debeat institutio custodiri.
I die calendarum januar. civitas cum clero et populo rogationes faciat.
II die, Epponiacus et Vendosa.
III die, Gaugiacus et Nantriacus.
IV die, Corævicus cum clero et populo.
V die, Bacerna et Accolacus.
VI die, Matriacus cum suis.
VII die, Curcedonus cum Scoliva.
VIII die, Drogia cum suis.
IX die, Varziacus cum suis.
X die, Columbariacus cum suis.
XI die, Campus-Lametii cum suis.
XII die, Bargiacus cum suis.
XIII die, Domitiacus cum suis.
XIV die, Soliacus cum suis.
XV die, Massua cum suis.
XVI die, Condida cum Draptiaco.
XVII die, Eliniacus cum suis.
XVIII die, Novusvicus cum suis.
XIX die, Brioderus cum suis.
XX die, Giemus cum suis.
XXI die, Banoilus cum suis.
XXII die, Cassiniacus, Nantiniacus cum Cella-Salvii et Mauri.
XXIII Laoderus cum suis.
XIV Vitriacus et Arcuntius.
XXV Balgiacus cum suis.
XXVI Interamnis cum suis.
XXVII Tauriacus cum suis.
XXVIII Livadicus cum suis.
XXIX Pulverenus cum suis.
XXX Odona cum suis.

(*Gesta Pontific.* publié par le P. Labbe.)

N° 3.

Synode ou Concile d'Auxerre présidé par l'évêque saint Aunaire, et composé des abbés et des prêtres du diocèse, tenu vers l'an 578.

Nota. Il existe à la Bibliothèque nationale plusieurs copies des statuts de ce concile L'orthographe en est trèsvicieuse, ce qui est une preuve de l'antiquité du texte. Celle que nous donnons a été empruntée au manuscrit 1458, fonds latin, f. 60, v̊. Nous avons mis entre [ ] les principales variantes du manuscrit 1455; les mots sous entendus sont entre ( ). Les souscriptions qui sont à la fin sont prises dans le manuscrit 1455. — N'oublions pas de dire que ces deux manuscrits sont d'une écriture du onzième siècle.

Incipit Synodus Autissiodorensis.

Canones.

I. Non licet kalendis januarii vecola, aut cervola facere, vel strinas [strenaes] diabolicas observare : sed in ipsa die sic omnia beneficia tribuantur, sicut et reliquis diebus.
II. Ut omnes presbiteri [ante] Epiphania missos suos dirigant, qui eis de principio quadragesime nuntiet [nuntient], et (in) ipsa Epiphania ad populum indicetur [interdica].
III. Non licet compensas [us] domibus propriis, nec pervigiliis [us] in festivitatem sanctorum facere; nec intresentius, aut ad arbores sacrivos vel ad fontes vota dissolvere, nisi quicumque votum habuerit, in ecclesia vigilet, et matriculis [matricolæ] ipsum votum aut pauperibus reddat : nec sculptilia [subtilia] aut pede aut homine lineo fieri [pœnitus] præsumat.
IV. Non licet ad sortilocus [sortiligos] vel [ad] auguria respicere, nec ad cartigios [caragius] nec ad sortes quas sanctorum vocant, vel quas de lignum, aut de pane faciunt, aspicere, nisi quicumque homo

facere, vult omnia in nomine Domini faciat.

V. Omnino (et) inter supradictis conditionibus pervigilius, quos in honore domni Martini observant, omnimodis prohibere.

VI. Ut post [a] media quadragensima presbiteri crisma petant. Et si quis infirmitate detentus venire non potuerit, ad archidiacono suo vel archisubdiacono transmittat, sed cum crismario et lintheo, [lenteo] sicut reliquiæ [requiæ] sanctorum deportare solent.

VII. Ut medio maio omnes presbiteri ad synodum [o] in civitate veniant, et kalendis novembris omnes abbates ad concilium [con]veniant.

VIII. Non licet in altario in sacrificio divino mellita, quod mulsa appellant, nec ullo alio poculo, absque vino cum aqua mixtum, offerre, quia ad grande reatum et peccatum pertinet presbytero ille quicumque alio poculo absque vinum, in consecratione sanguinis Christi [offerre] præsumpserit.

IX. Non licet in ecclesia chorus sæcularium, vel puellarum cantica exercere, nec convivia in ecclesia præparare, quia scriptum est : *Domus mea, Domus orationis vocabitur.*

X. Non licet in altario ubi episcopus missas dixerit presbiter in illa die missas non dicat. [Non licet super uno altario in una die duabus missas dicere, nec in altario ubi episcopus missas dixerit, presbiter in illa die missas dicat].

XI. Non licet (in) vigilia paschæ ante hora secunda noctis vigilias perexplere [perexpedire] quia ipsa nocte non licet post media nocte bibere, nec manducare, nec in Natale Domini, nec reliquas solemnitatis.

XII. Non licet mortuis, nec eucharistiam, nec osculum tradi, nec de vella vel pallas corporum eorum [scapulas suas] involvi.

XIII. Non licet diacono, de vela vel pallas scapulas suas involvi.

XIV. Non licet in baptisterio corpora sepelire.

XV. Non licet mortuum super mortuum mitti.

XVI. Non licet die dominico boves jungere, vel alia opera exercere, nisi pro causis constitutis.

XVII. Quicumque se propria voluntate aut in aqua jactaverit, aut collum ligaverit, aut de arbore precipitaverit, aut ferrum percusserit, aut qualibet occasione voluntate se morte tradiderit : istorum oblatio [oblata] non recipiatur.

XVIII. Non licet absque paschæ solemnitatum ullo tempore baptizare, nisi illos quibus mors vicina est quos grabatarios dicunt. Quod si quis in alio pago, contumacia facientem, post interdictum hunc infantes suos, ad baptismum detulerit, in ecclesias [non] recipiantur usqu ad satisfactionem. Et quicumque presbiter ipsos extra nostro premisso recipere præsumpserit, tribus mensibus a communione ecclesiæ sequestratus sit.

XIX. Non licet presbitero aut diacono, aut subdiacono, post accepto cibo vel poculo, missas tractare; aut in ecclesia, dum missas dicuntur stere [stare].

XX. Quod si presbiter, quod nefas est dicere, aut diaconus, aut subdiaconus, post acceptum benedictionem, infantes procreaverint, aut adulterium commiserint et archiipresbitero hoc episcopo aut archidiaconus non innotueri [rint] sicut integro anno non communicet : illi vero qui hoc commiscrunt deponuntur.

XXI. Non licet presbitero, post acceptam benedictionem, in uno lecto cum presbiteria (sua) dormire, nec in peccato carnali miscere nec diacono, nec subdiacono.

XXII. Non licet relicta presbiteri, nec relicta diaconi, nec subdiaconi, post ejus mortem maritum accipere.

XXIII. Si monachus in monasterio adulterium commiserit, aut peculiarem habere præsumpserit, aut furtum fecerit, aut hoc abas per se non emendaverit, aut episcopo, vel archidiacono, non innotuerit, ad penitentiam agenda, in alio monasterio retrudatur.

Non licet abbate, ne monacho ad nuptias ambulare (1).

XXIV. Non licet abbati filios de baptismo habere, nec monacho [monachus, nec] *commatris habere.*

Quod (2) si quis abbas mulierem in monasterio suo ingredi permiserit, aut festivitates aliquas ibi expecta [spectare] preciperit, [a] tribus mensibus in alio monasterio retrudatur, panem et aqua contentus.

XXV. Non licet ut aliquis suam novercam accipiat uxorem.

XXVI. Non licet ut filiam uxoris suæ quis accipiat.

XXVII. Non licet ut relictam fratris sui quis [in] matrimonium ducat.

XXVIII. Non licet duas sorores, si una

---

(1) Cet alinéa forme le XXIV article dans le manuscrit no 1455.
(2) Cette phrase forme un article distinct dans le manuscrit 1455.

mortua fuerit, alteram in conjugium accipere.

XXIX. Non licet consubrinam, hoc est qui de duobus fratribus, [quod de duos fratres] aut de duas sorores procreantur, in conjugium accipere, ne qui de ipsis nati fuerint, in conjugio socientur

XXX. Non licet ut neptis avunculi uxorem accipiat.

XXXI. Non licet presbitero, aut diacono, ad trepalum, ubi rei torquentur stare (1).

XXXII. Non licet presbitero in judicio illo sedere, unde homo ad mortem tradatur.

XXXIII. Non licet presbitero, aut diacono vel quemquam clericorum, de qualibet causa,

XXXIV. (2) Conclerico suo adjudicium secularem trahere.

XXXV. Non licet mulierem [mulieri] nuda manu eucharistiam accipere.

XXXVI. Non licet mulier manum suam ad palla dominica mittat.

XXXVII. Non licet [cum] excommunicato communicare, nec cum eo cibum [o] sumere.

XXXVIII. Si quis presbiter, aut quilibet de clero, aut de populo cum excommunicato absque voluntate ipsius, qui eum excommunicavit, sciens receperit, aut cum illo pane manducaverit, vel ad conloquium habere decreverit [simile] sententia subjacebit.

XXXIX. Non licet presbitero inter epulas cantare nec saltare.

XL. Non licet presbitero, nec diacono quemquam inscribere sed in vice sua, si causa habuerit, aut fratrem, aut quicumque roget secularem.

XLI. Ut unaquis mulier, quando communicat, domiicalem suum habeat, quod si qua non habuerit, usque in alio die dominico non communicet.

XLII. Quicumque judex, aut secularis, presbiterum aut diaconum aut quemlibet de clero, [aut de junioribus], absque voluntate [audientia] episcopi, vel archidiaconi, vel archipresbitero, injuriam inferre præsumpserit, anno ab omnium christianorum consortio habeatur extraneus.

XLIII. Si quis ex secularibus institutionem aut ammonitionem archipresbiteri sui contumatia faciente audire distulerit, tamdiu a liminibus sanctæ ecclesiæ habeatur extraneus, quamdiu tam salubri institutione adimplere deberit. Insuper et multa quam gloriosissimus domnus rex precepto suo instituit, susteneat.

XLIV. Si quis hanc definitionem, quam ex auctore canonica cum communi [communione] consensu et convenientia [coniventia] conscripsimus atque instituimus, tam ad clero, quam ad populo commonendo, vel ad id quod constitutum [scriptum est] conservandum neglegens, inventus fuerit et hoc observare distulerit, aut eos qui ipsum audire neglexerit, celaverit aut subpresserit [subpræserit] aut in notitia episcopo non disposuerit [deposuerit], anno, a consortio fratrum, vel ab omnium christianorum communione, habeatur extraneus.

XLV. (1) Si quis presbiter, aut diaconus, aut quislibet de numero clericorum, relinquens propriam parochiam, pergat ad alienam et omnino demigrans, præter episcopi sui conscientiam in alienam parochiam commoretur, hunc ulterius ministrare non patimur; precipue si vocatus ab episcopo, redire comtempserit, in sua inquietudine perseveras. Verumtamen quam laicus ibi communicet, episcopus vero apud quem moratus fuerit esse constituerint contra eos decretam cessationem pro nihilum reputans, tanquam clericus forte susceperit velut magister inquietudinis, communione privetur.

SOUSCRIPTIONS.

Unacharius in Dei nomen episcopus, constitutionem hanc subscripsi.

Vinobaudus abbas subscripsi (2); Virgilius, presbiter; Gregorius, p.; Aprovius, diaconus; Claudius, p.; Baudovius a.; Francolus, a.; Amanus, p.; Cæsarius, a.; Saupaudus, p.; Audovius, p.; Rendulfus, p.; Roricius, p; Nobaudis, p.; Antonius, p.; Sevardus, p.; Addo, p.; Audovius, p.; Sindulfus, p.; Vinobaudus, p.; Medardus, p.; Badericus, p.; Agrius, p.; Friobaudis, p.; Cominus, p.; Illadius, p.; Theodomodus, p.; Launovius, p.; Leonartis, p.; Desideratus, a; Barbario, d. in vice; Amandus, a.; Leodogisilus, d., in vice Medardo, p.; Tegridius, a.;

---

(1) Le quarante-cinquième canon manque dans le manuscrit 1455. Lebeuf l'a donné incomplètement dans le Bréviaire d'Auxerre de 1726.

(2) Dans le texte original, chaque nom propre est suivi de l'indication de la qualité de celui qui le porte : ainsi *abbas*, que nous rendons par *a.*; *presbiter*, que nous rendons par *p.*; *diaconus*, par *d.*; et le mot *subscripsi* est à la suite de tous.

---

(1) Cet article manque dans le manuscrit 1455.
(2) Il y a sans doute erreur du copiste dans cette division d'une même phrase en deux articles.

Eunius, p.; Filmatius, p.; Nonnovius, p., Ballomeris, p.; Romacharius, p.; Medardus, p.; Audila, p.; Genultus, p.; Sagrius

Explicit Autissidiorensis synodus (f° 120, Manuscrit 1455).

(Publié dans les *Acta conciliorum*, t. III, 443. La lettre du pape Pelasge à l'évêque Aunaire est dans *Labbe, Bibl. nova*, m^ss, t. I.

N° 4.

Liste des vases d'argent et autres objets d'orfèvrerie donnés à sa cathédrale et à l'abbaye Saint Germain par l'évêque Didier, au VII° siècle.

.... Basilicam sane beati Stephani cui sedit miro decore ampliavit; ingenti testitudine a parte orientis applicita, auroque ac musivo splendidissime decorata instar ejus quam Siagrius episcopus Augustuduni fecisse cognoscitur. Altare quoque antiquum eo transponens sub die XIII kalendarum maiarum solempniter dedicavit, ubi et hæc dona obtulit: Missorium anacleum deauratum pensantem libra L, habentem in se septem personas hominum cum tauro et litteris græcis. Dedit et alium missorium similiter anacleum granellatum pensantem libras XL et dimidiam, qui habet in medio rotam cum stephadio et in giro homines et feras. Item missorium tercium anacleum pensantem libras XXXV susum habet in se historiam solis cum arbore et serpentibus. Item missorium quartum anacleum pensantem libras XXX, habet in se ethiopem et alias imagines hominum. Item bacchovicham auratam pensantem libras XII uncias unam, habet in se piscatorem cum fuscina et centaurem cum opere maritimo. Item bacchovicam aliam anacleam circulatam et nigellatam, pensantem libras XIV et uncias IX. Item aliam bacchovicam similiter anacleam pensantem libras XIII; habet in se lusores. Item aliam bacchovicam anacleam pensantem libras IX et habet in se hominem cornutum et arborem et duos homuntiones infantes in manibus tenentes. Caucos anacleos IIII pensantes libras XI et uncias II; habent in se homuntiones et feras; unus ex ipsis deauratus. Dedit scutellas anacleas ex quibus una nigellata pensat libras IIII; habet in se ursum caballum tenentem. Item aliam scutellam anacleam pensantem libras III; habet in se leonem taurum tenentem. Item aliam pensantem libras II et uncias IX; habet in se leonem capram tenentem. Item aliam scutellam similiter anacleam pensantem libras II, habet in se hirchum cum cornibus. Item aliam pensantem libras I et uncias VII; habet in se cervum pascentem. Item aliam pensantem libras I et uncias IX; habet in se leopardum tenentem capram. Dedit item salariolas IIII anacleas quæ pensant libras IIII. Dedit et gabatas VI quæ pensant libras XVI. Item gabatam I medianam anacleam pensantem libras III et semi; habet in fundo sigillos quatuor et in giro prunellas cancellos decoratos cum capitellis pensantes libras VI et semi. Dedit et hicinarios II anacleos pensantes libras quatuor et uncias tres.

....Dedit et anafum unum pensantem librasII; habet leonem et taurum deauratos. Item fuscinam unam prescriptam; habet caput leonis, pensat libras III. Dedit et urseum anacleum qui pensat libras quatuor et semi, et agmanilis, pensat libras III et semi. Item cannas duo pariles deauratas pensantes libras V; habent in giro effigies et ferusculas. Dedit item missorium planum pensantem libras VIII et semi; habet in medio rotam et in rota monogramma. Item alium missorium pensantem libras VIII; habet in medio crucem cum duobus hominibus. Item baccovicam anacleam pensantem libras X; habet in se homuntiones V cum duabus ferusculis pennatis. Item aliam baccovicam anacleam pensantem libras VIII et semi; habet in medio hominem caballicantem et ad pedes suos viperam. Item aliam baccovicam anacleam circulatam pensantem libras VII et semi; habet in se tres homines grandes et in giro homuntiones et feras. Dedit item gabatas anacleas deauratas pensantes libras XVIII; habent in se homuntiones cum pisciculis. Gabatam medianam anacleam deauratam pensantem libras VIII, habet in medio homines et pisciculos maritimos. Item gabatas liliatas V pariles, pensantes libras IX et semi. Item gabatam medianam anacleam pensantem libras III; habet in medio caput hominis cum barba. Item gabatam medianam puram pensantem libras II et uncias III; habet in medio gallum. Item gabatam anacleam colinellatam pensantem libras III; habet in giro homuntiones et feras. Item scutellam anacleam pensantem libras II; habet in medio homuntionem et caprolum cum arbore. Item scutellam anacleam pensantem libras II; habet in medio duos homuntiones cum lanceis. Item scutellam parvam pensantem libram unam; habet in medio rotellunculam in giro nigellatam. Item salariolam anacleam pensantem libram unam; habet in medio hominem cum cane. Item concam anacleam pensantem libras ix; habet in medio hominem et mulierem et ad pedes eorum corcodrillum. Item salariolam parvam cruciculam pensantem uncias ix. Item suppostorium anacleum pensantem libram i et semi. Cocleares xii pensantes libras iii et uncias ii. Item cocleares xii pensantes libras ii et uncias ix. Item cocleares xii pensantes libras iii; habent caudas scriptas. Item ichinarios columnellatos iii; pensat unusquisque libram i. Item ichinarium unum pensantem libram i et unciam i. Item cancellum pensantem libram i et unciam i. Item urceum anacleum pensantem libras iii, et habet ansam prunellatam et in medio caput hominis. Agmanilis pensat libras ii et uncias ix; habet in medio rotam liliatam et in cauda caput hominis. Item recetarium deauratum pensantem libras ii et semi; habet deforis cavaturas. Item alium recentarium pensantem libram i et uncias ix; habet in medio listellam et feras. Item schinonem pensantem libram i; habet caudam nigellatam. Item colatorium pensantem uncias ii. Sunt in summa libras ccccxx, uncias vii....

Præterea basilicæ domini Germani ubi corpus suum sepeliri decreverat hæc dona obtulit : missorium argentum qui Thorsomodi nomen scriptum habet; pensat libras xxxvii; habet in se historiam Eneæ cum litteris grecis. Item alium missorium planum pensantem libras xxx. Item baccovicam anacleam pensantem libras xiii; habet in medio leonem cum urso, et in circuitu homuntiones et feras. Item aliam baccovicam pensantem libras ix et semi; habet hominem et mulierem, et ad pedes eorum ferusculas. Item scutellam anacleam pensantem libras v et uncias vi; habet in se hominem caballicantem, serpentem in manu tenentem. Item scutellam anacleam pensantem libras iii, habet in medio rotelliunculam nigellatam cum fera. Dedit et gabatas ii ab intus liliatas pariles, pensantes libras viii et uncias ii; urceum anacleum pensantem libras iv; habet ansam nigellatam et in medio caput leonis. Agmanilis pensat libras iii et uncias ix; habet in medio Neptunum cum tridente. In die vero sepulturæ suæ præcepit isdem præcipuus pontifex cum corpore suo simul deferri basilicæ domini Germani, centum solidos auri purissimi ad suam sepulturam exornandam.

(Ext. du *Gesta Pontif. Autissiod.* M^ss. Bibl. d'Auxerre, imprimé dans Labbe, *nova bibliotheca* m^ss, t. 1).

N° 4 bis.

Testament de l'évêque saint Vigile contenant la fondation du monastère de Notre-Dame-la-d'Hors et sa dotation en biens situés dans un grand nombre de lieux (658-683).

Sancta venerabilis basilica domnæ Mariæ genitricis Domini..... quam opere meo in suburbio murus (1) civitatis de Althisiodero visi fuimus construxisse ...... vel monachis ibidem deservientibus, ego Vigilius peccator, inspiratione divina ...... hoc oportuit et congruit pontificale ordine prævidere adsensum, unde religionis nomen adcrescat in melius, et sanctorum loca veneratione condigna Christo Domino inspirante. Ideoque dono ipsius basilicæ sanctæ Mariæ, in alimonia pauperum ibidem residentium, donatumve post diem obitus mei in perpetuum esse volo, hoc est vineas illas ubi ipsa basilica est constructa cui subjungunt ab uno latus strada publica, qui de porta Parisiaca ad Senones pergit; et ab alio latus strada publica, qui de ipsa porta parisiaca ad Broile vadit; et de superiori fronte subjungunt vineas midranicas; inde juxta vineas ad heredes Attone quondam usque ad vineas domni Germani; et inde ad strata superius nominata, qui ad Sanctum Simeonem vadit, quicquid ibidem undique ad me pervenit, vel præsentaliter teneri videtur cum mancipiis, quos ibidem stabilivi, omnia ex omnibus adintegrum. Ideoque dono ipsius basilicæ areas infra murus ipsius civitatis, quas cum illustre viro Helchileno commutavi; ideoque et alias areas foras murus civitatis ipsius, juxta portam superius dictam ipso muro adherente, quas de Lupono abate dato precio comparavi. Simile modo portionem meam ...... Bercuiaco, quæ de alode vel undecumque ibidem ad me noscitur pervenisse, aut pæsentaliter tenere videor, una cum prata super fluvio Belchæ ex ipso agro Bercuiacense, quem genitores mei tenuerunt, qui adheret de uno latus et ambos frontes ad fines Patriniacense per fontanam quæ vocatur Dianna, qualiter ab ipsa basilica præsentaliter tenere videor, una cum colonica quam Quentilla condam super fluviolo Belcha tenuit;

(1) On remarquera la latinité de cette pièce qui est très-défectueuse, ce qui prouve en faveur de son authenticité. On sait qu'au viiᵉ siècle les actes étaient rédigés dans le style le plus barbare. Dom Viole de qui elle est tirée annonce dans son m^ss qu'il l'a transcrite de l'original existant à l'abbaye Saint-Marien.

omnia et ex omnibus ad integrum. Idemque dono ipsius basilicæ terram portionis meæ in villa Cauliaca super fluvio Igauna, quantumcumque genitores mei ibi tenuerunt, vel insuper ad me noscitur pervenisse, cum mansis, hedificiis, acolabus, vineis, silvis, campis, pratis, pascuis, cultis et incultis, aquis aquarumve discursibus, peculium vero utriusque sexus. Pari modo Pauliaco villa, sita in pago Autissioderinse proprietatis meæ super fluvio Ligeris, cum hedificiis, vineis, silvis, pratis, campis, cultis et incultis, aquis aquarumve discursibus, peculium utriusque sexus. Simili modo ipsius basilicæ terram quæ conjacet in villa quæ vocatur Flivenasam, cingas IIII. Pari modo relinquo ipsius basilicæ terrolam portionis meæ quæ conjacet ad Jarricas super fluvio Belchæ, mansum unum. Et rursum do ipsius basilicæ villam proprietatis meæ quæ nuncupatur Busciaco, super fluvio Belchæ, mansis, silvis, pratis, acolabus, cultis et incultis, peculium utriusque sexus. Itemque in pago Senonico, in villa Bonorto quæ est sita super fluvio Icaunæ, quam permultam pecuniam dando in proprietate recepi, mansos VII cum adjunctis, appendiciis, beneficiis, vineis, pascuis, silvis, pratis, cultis et incultis, servos et ancillas, omnia et ex omnibus ad integrum dono in eleemosyna pauperum ibidem deservientium. Simili modo in pago Tornotrinse portiones meas in villa Flauniaco, quam de inlustro viro Hlchinelo et germanam meam Frautilde visus sum recipisse, cum servos et ancillas, et hedificiis, acolabus, vineis, mancipiis, silvis, pratis, campis, pascuis, cultis et incultis, aquis aquarumve discursibus, peculium utriusque sexus, cum adjunctis, appendiciis, beneficiis, vel opportunitatibus earum, omnia et ex omnibus ad integrum. Similiter portionem meam in ipso pago, in villa Cassiaco, quam Dolena femina et filius suus Ado mihi vendiderunt, cum mansis, servos et ancillas, mancipiis, silvis, campis, pratis, pascuis, cultis et incultis, aquis aquarumve discursibus, omnia et ex omnibus ad integrum ...... Item do ipsius basilicæ domnæ Mariæ in pago Senonico et Tornotrinse, in villas cognominatis Treviciaco, Melarione, Cadugio, Imantia, integra medietate, de quibus Asper quondam ibidem tenuit, quod germano suo condam abate Gregorio pacto ivi, quantum de ipso pacto de ipsa facultate in quibuslibet rebus atque corporibus suprascripta loca ad me pervenit, servos quoque et ancillas, cum mansis, hedificiis, acolabus, vineis, mancipiis, qui a me libertinitatis non promeruerunt, silvis, campis, pratis, pascuis, cultis et incultis, aquis aquarumve discursibus, peculium utriusque sexus, cum adjunctis, appendiciis, beneficiis, vel opportunitatibus earum, omnia et ex omnibus ad integrum. Pari modo libenter præfatæ basilicæ sanctæ Mariæ terrolam portionis meæ in agro Tresoginse et ante Maiacense sitos in pago Autissioderinse, simulque portiones meas in agro Matiriacense et Solemniacense sitos in pago Tornoterinse, quod infra scripta loca Diddo quondam episcopus vel filii sui Claudius et Germanus suus Warferius, visi fuerunt tenuisse, cum servis manentibus, et ancillas, mancipiis, hedificiis, acolabus, vineis, silvis, campis, pratis, pascuis, cultis et incultis, aquis aquarumve discursibus, peculium utriusque sexus, cum adjunctis, appendiciis, beneficiis, vel opportunitatibus, munere donorum fuit concessa, quantumcumque mihi superscripta loca tenere videor, omnia et ex omnibus in quibuslibet rebus ad integrum. Idemque colonia Potiolus, quem de hæredibus Helegio quondam visus sum recipisse, una cum colonica Ferrarias, cum mansis, hedificiis, acolabus, servos et ancillas, vineis, silvis, campis, pratis, pascuis, cultis et incultis, aquis aquarumve discursibus, quantumque presenti tempore possidetur, omnia et ex omnibus ad integrum. Similiter agello proprietatis meæ, villa Donato, una cum portionis in villa Tresovio, quod ibidem habere videor. Pari modo villa Dulcio quæ conjacet juxta fines Intranimse, et permanet inter has præfatas villas, hoc est inter Intranimse et villa Dulcia, et villa Donata et Tresovio, mansi VIII (1) et dimidius, quos amica mea Fotildis mihi post suo discessu visa est dedisse, cum servis et ancillis, acolabus, vineis, silvis, campis, pratis, pascuis, cultis et incultis, aquis aquarumve discursibus, accessisque omnibus, cum pecudibus utriusque sexus, qualiter amica mea hoc usitario ordine possidere videtur, vel dies transitus sui derelinquerit post discessum ipsius, ad ipsam basilicam in integritate debeat pervenire idemque portiones meas in villas ; Patriciniaco..... Hispatio, Britaniola, una cum portionis in agro Domiciacense in villa Mirisela, et mansionis Arigisillo, quantumcumque mihi ibidem justissime vel presentaliter teneri videor, mea voluntate prædictæ basilicæ relinquo,

---

(1) L'original portait l'épisème B'av, suivi de deux II d'après la copie de Dom Viole, Bibl. d'Auxerre, m^{tt} n. 127.

omnia et ex omnibus ad integrum. Similiter portionem meam in villa Scubiliaco, quam Ranesindus et uxor sua Arthemica possidere videntur, et mihi dederunt, et hoc usuri ordine possidere videntur, omnia et ex omnibus, qualiter transitus eorum in quibuslibet rebus atque corporibus derelinquerunt ad integrum. Simulque portiones meas in villas Saciago et Casido, quantumcumque genitores mihi visi fuerunt tenuisse, una cum portione in colonica Quaciaria, quem cum germana mea Avolana commutavi. Quod per testamentum genitricis mei ad ipsam pervenit, cum mansis, hedificiis, servos et ancillas, acolabus, vineis, silvis, campis, pratis, pascuis, cultis et incultis, aquis aquarumque discursibus, pecora utriusque sexus, omnia et ex omnibus in quibuslibet rebus, atque corporibus, consentiente ipsa, hoc ipsa basilica ad integrum recipere debeat. Et insuper do quemdam rusticum, Wulbertanum nomine, et infantes suos Wascono et Magnetrude, cum ingente multitudine parentum. Pari modo portione mea in villa Compasciago, quem de Hebercapto ibidem habere videor, cum omnibus appendiciis, cum pecudibus utriusque sexus, omnia et ex omnibus in quibuslibet rebus atque corporibus, ad integrum. Præterea meum agellum qui vocatur Lanovilla, quem de Ebroaldo abate vel heredibus suis et Longocampo, quem de Leoberto vel heredibus suis quondam recepi. Itemque in Lanosico meam portionem quam de Nestorio vel heredibus suis quondam recepi; et illam portionem in quemdam montem Compesciago, quem de Odgisilo commutavi, cum mansis, ædificiis, habitatoribus, servos et ancillas, campis, pratis, pascuis, cultis et incultis, aquis aquarumve discursibus, cum pecudibus utriusque sexus, omnia et ex omnibus ad integrum. Similiter do Adunam Capam villam et Leodebaro meas portiones, quas de Sperio et Domnoleno presbytero habere videor, et illam terram quam de Ebolena ibidem comparavi et Escalittas villa quam genitores mei tenuerunt, et Cardonaretas quæ conjacent ante Sanctum-Ferreolum, cum mansis, hedificiis, acolabus, servos et ancillas, campis, pratis, silvis, pascuis, cultis et incultis, aquis aquarumve discursibus, peculium utriusque sexus, omnia et ex omnibus ad integrum. Deinde relinquo Leugam villam, quæ est super fluvium Lupam, cum habitatoribus, mansis, hedificiis et omnia convenientia, nisi vineas, ad integrum. Pari modo in Odonam villam mansos quos præsentialiter habere videor, et in Catellis unum mansum, et Oscello villam totam cum mansis, hedificiis, servos et ancillas, vineis, campis, pratis, pascuis, cultis et incultis, silvis, aquis, omnia et ex omnibus ad integrum.

(Publié dans les Annales Bénéd., t. I.)

N° 5.
NÉCROLOGE OU OBITUAIRE
DE LA CATHÉDRALE D'AUXERRE, DANS LEQUEL SONT LES NOMS ET LES DONATIONS DES MORTS DEPUIS LE VIIIe SIÈCLE JUSQU'AU COMMENCEMENT DU XIe QUI EST LE TEMPS AUQUEL IL FUT ÉCRIT (a).

(Cod. Colbert, 1966; Biblioth. nationale n°s 5253 et 894, ancien fonds latin.)

On marquera par des guillemets les additions faites à cet Obituaire durant le cours du onzième et du douzième siècles; les plus nouvelles, dans ce dernier siècle, seront renfermées, en outre, entre deux crochets.

Si quelques additions en certains jours se trouvent ici placées avant le texte ancien, c'est à cause que dans l'original les écrivains les ont insérées dans les entrelignes du Martyrologe et du Nécrologe; au reste, il n'y a dans ces additions aucun mort qui paraisse postérieur à l'an 1151; ce qui désigne qu'on cessa de se servir de ce volume vers l'an 1160 ou 1170 (b).

(a) La date de la majeure et plus ancienne partie de ce manuscrit est l'an 1007, selon ce qu'on lit à la suite d'un cycle pascal qui est à la fin. (N. d E.)

(b) Nous avons collationné ce document imprimé sur l'original qui est à la Bibliothèque nationale, et nous nous sommes assuré qu'il y avait un grand nombre d'omissions presque

Comme Dom Martène n'a donné ce Nécrologe qu'imparfaitement dans le vi⁰ tome de sa grande collection, j'ai cru devoir le faire reparaître ici après l'avoir exactement conféré avec l'original; j'omettrai plusieurs jours où il n'y a point de morts.

JANUARIUS.

1. Obiit Robertus levita et canonicus.
2. Obiit Bajo sacerdos. Item obiit Girbertus succentor, levita et canonicus, et Rotbertus subdiaconus et canonicus.
3. Obiit Gissebertus episcopus, et Ablenus archidiaconus, et Gaudo levita.
4. Anseysi nobis obitum prænuntio, fratres, spiritui cujus subveniat Dominus : et Angelarii levitæ qui dedit fratribus inter Scolivam et Colonicas et Stabulas, de vineis arpennos quator.
« Eodem die Benedictus decanus hujus » ecclesiæ, factus monachus, obiit. »
5. Ipsa die Leotmarus subdiaconus et Witicus sacerdos obierunt.
Eodem die Vangerinus levita obiit.
« Item obiit Ebrardus subdiaconus et
» canonicus qui datis in claustrum facien-
» dum centum solidis, dedit etiam domum
» suam canonicis et vineas, hoc pacto ut
» fratres sui anniversarium ejus diem inde
» facerent, et canonicis refectionem per-
» solverent. Quod si facere recusarent, et
» canonici domum et vineas sibi acciperent,
» et anniversarium idem cum eleemosynis
» et refectione celebrarent. »
(**) Autissiodero translatio s. Germani confessoris.
6. Obiit dominus Wido hujus sanctæ ecclesiæ præsul. Ipsa die Wadricus miles de Varziaco obiit.
7. . . . Cantor obiit.
8. Obiit Anstasius Senonum archiepiscopus.
10. Obiit Hictarius sacerdos et archidiaconus. Obiit Girbertus sacerdos. Ipsa die Leotardus sacerdos atque decanus Senonum obiit. Item Frotmundus miles S. Stephani obiit.
11. Obiit Alagus magister.
12. Obiit Saivardus sacerdos.
13. Obiit Benedictus diaconus. Item Elmengaldus sacerdos obiit. Ipso die Rainaldus Æduensis episcopus ab hoc sæculo est translatus.

14. Ordinatio Geranni episcopi qui dedit fratribus in comitatu Laticensi Gaiacum cum omnibus appendiciis suis, vincam quoque quæ est in suburbio civitatis, quæ dicitur *Cerseredus* quam qui habuerit per chartam, det fratribus vini modium unum ad minorem mensuram. Eodem die Rotdulphus rex obiit.
Ipsa die Tetardus miles ab inimicis interfectus est, et Frotmundus sacerdos.
Item ipsa die obiit Heldricus abbas S.-Germani.
15. « Obiit Harduinus hujus ecclesiæ ca- » nonicus. »
16. Obiit Arnaldus diaconus et magister. Item obiit Gyla bonæ memoriæ femina, Deoque sacrata.
« Eodem die obiit Gaufridus hujus ec- » clesiæ canonicus et decanus. »
17. Obiit Guarimbaldus levita.
Eodem die Gurardus obiit hujus ecclesiæ canonicus et præpositus S.-Mariæ.
[« Item obiit Vauterius levita et cano-
» nicus qui dedit ad officium altaris S. Ste-
» phani vestimenta sacerdotalia, et librum
» necessarium ad missam celebrandam, et
» fratribus dedit duos molendinos apud
» Villam - Novam, domum, viridarium,
» vineam ad sui memoriam faciendam et
» exibeat refectio. »]
18. Obiit Gislaudus presbyter qui cum fratre suo Fredeberto diacono et Umberto laico dederunt fratribus mansum suum cum omnibus appenditiis suis, de vineis arpentos viij. de terris ancingas vj. qui est situs in pago Senonico in villa Caciaco ad refectionem canonicis celebrandam.
Commemoratio Gaufredi et uxoris ejus Heldiadæ pro quorum absolutione et sanctæ Mariæ veneratione, Ricco filius eorum vineam dedit, de qua fratribus dedicationis ipsius Virginis die daretur pro tempore refectio.
Obiit Eribertus diaconus.
19. Obiit Airricus levita.
« Eodem die Frodo levita et canonicus

toutes relatives aux dépositions ou translations des saints de l'Auxerrois. Nous n'avons pu nous expliquer ce fait singulier qui est en contradiction avec l'observation de l'abbé Lebeuf, qui déclare avoir conféré la copie avec l'original. De plus, dans le cours de son histoire des évêques, il renvoie plusieurs fois aux endroits du manuscrit qui manquent justement dans la copie qu'il en a donnée (V. *Vie de saint Amatre*, t. 1, p. 26; *Vie de saint Vigile*, p. 144, etc.) Cependant le fait de l'omission n'en subsiste pas moins. Nous marquerons les points principaux rétablis par deux astérisques (**). (*N. d. E.*)

» obiit, qui pro salute animæ suæ fecit huic
» ecclesiæ columbam auro mundo deaura-
» tam cum corona et catenis argenteis desu-
» per altare pendentem, ad corpus Domini
» nostri Jesu Christi conservandum. »
[« Item obiit Rodulfus sacerdos et cano-
» nicus, qui ob remissionem peccatorum
» dedit ecclesiæ calicem argenteum, missale
» librum optimum et sacerdotale indu-
» mentum.]
Eodem die Willelmus canonicus et le-
» vita obiit, qui pro remedio animæ suæ ad
» bibliothecam faciendam de nummis suis
» libras quatuor dedit. »

20. Obiit Godofredus sacerdos.
21. Obiit Fredegisus sacerdos.
Ipsa die Joannes humilis episcopus migravit ad Dominum, vixitque in episcopatu ann. 1. menses xj. dies totidem.
22. Obiit Rodoardus clericus et Evus levita et Magenardus sacerdos.
23. Obiit Folcarius presbyter et Otfridus presbyter, et Hosbertus juvenis miles. Fideliumque commemoratio omnium defunctorum.
24. Obiit Ragembaldus sacerdos et cantor.
25. Obiit Fulco levita.
26. » Obiit Heribertus episcopus et
» postea monachus. »
[« Eodem die Willencus canonicus obiit. »]
27. Obiit Heribaldus levita qui dedit fratribus de prædio suo mansum et dimidium in Senonico, in villa quæ dicitur Liviniacus, cum mancipiis et omnibus adjacentiis et quinque arpennos de vinea in villa Pauliaco. Hubertus diaconus obiit, et Adoynus sacerdos et decanus.
[« Obiit Atto sacerdos et canonicus hujus
» ecclesiæ succentor egregius, qui omnibus
» quæ habebat in eleemosynam datis cum
» servis, vineis et rebus aliis, ecclesiam
» honestavit libris suis. »]
(**) In Tornodorensi Reomagio monasterio, transitus viri apostolici doctoris eximii Johannis summi confessoris.
28. Obiit Moyses subdiaconus et Carolus imperator. Gothlindis deo sacrata,
Eodem die obiit Milo levita.
29.
30. Obiit Raginardus et Warimbertus levita.
Ipso die Benedictus sacerdos et Odolricus levita, et Gotfredus levita.
Obiit Golbertus levita et canonicus.
Eodem die Lambertus levita et canonicus obiit.
31. Obiit Gauterius miles.

FEBRUARIUS.

1. Obiit Eudo sacerdos et concentor.
Ipso die Gauchicus levita obiit.
2. Obiit Norgaudus acolytus.
Ipso die obiit Gozfridus levita et canonicus, qui dedit fratribus alodum suum in villa Gurgiaco.
3. Obiit Angilelmus subdiaconus.
4. Obiit Emmena deo sacrata.
5. Obiit Bovo sacerdos, qui dedit fratribus alodium suum super Belcam in villa Camiriaco et Garricas pro sui memoria facienda.
Eodem die obiit Gislebertus sacerdos atque decanus, postea, monachus effectus, et Raginardus sacerdos atque canonicus obiit.
6. Obiit Arardus levita gladio morte.....
« Obiit Wido S. Stephani miles. »
7. Obiit Fulcherius laicus qui dedit fratribus in Montiniaco villa arpennos duos inter pratum et viridiarium, non longe ab Autissiodoro civitate.
8. Obiit Girbertus subdiaconus. Ipso die Berardus acolytus obiit. Item Norgaudus acolytus obiit, « et Rodulfus levita. »
9. Eodem die Viventius levita ab inimicis interfectus est.
Ipsa die Acherea obiit, pro cujus anima absolutione Aduinus filius ejus, annuente uxore sua cum infantibus suis dedit fratribus quemdam servulum nomine Girbertum.
10. Obiit Archenraus levita qui suum conquestum dedit fratribus. Eodem die obiit Richardus miles. Item Aganus obiit.
11. Obiit Aldoenus sacerdos qui dedit fratribus patrimonium suum in Valeria villa.
Ipso die Ragenaldus sacerdos obiit.
12. Obiit Girbaldus acolytus.
« Eodem die obiit Rotbertus hujus ecclesiæ episcopus qui annuale beneficium pro defuncto canonico instituit, et molendinum subtus murum ab Atone acquisitum, fratribus hujus ecclesiæ concessit, et sauvamentum duplex a Pulvereno removit. »
13. Obiit Aaron episcopus.
14. Obiit Leotarius presbyter et Stephanus sacerdos, necnon et Petrus bonæ indolis puer.
15.
16. Obiit Odolbertus levita. Eodem die obiit Eriveus sacerdos.
17. Obiit Norgaudus clericus.
« Eodem die obiit Seguinus miles qui
» dedit canonicis hujus ecclesiæ xviij. de-
» narios in censiva. »
18. Obiit Walterius Aurelianensis episcopus, et Teudbertus sacerdos.
« Ipso die obiit Robertus sacerdos et ca-
» nonicus atque decanus S. Petri. »
19. Obiit Achertus diaconus et Odo acolythus et Fromundus laicus.

« Obiit Robertus miles. »

20. Obiit Icherannus et Frodo clericus. Eodem die obiit Ermenbertus sacerdos et præpositus, qui dedit fratribus alodum in Antonno villa quem comparavit de Rageberto.

21. Obiit Hunbaldus clericus.

« Eodem die obiit Hunaldus archipres-
» byter et canonicus. Item Goffridus cano-
» nicus S. Stephani et canonicus S. Petri
» obiit. »

22.

23. Obiit Atto diaconus. Ipso die Otto Burgundiæ Marchio obiit D.CCCC.LXIII. incarnationis dominicæ.

[» Item obiit Obertus miles. »]

24. Obiit domnus Betto episcopus qui dedit fratribus Vendosam ecclesiam et Ratonnacum villam et in Carbuiaco mansum unum, ad exibendam refectionem et commune obsequium.

25.

26. Obiit Hervieus subdiaconus.

27. Obiit Isembaldus presbyter. « Eodem die obiit Bernuinus canonicus. »

28.

MARTIUS.

1. Obiit Actaldus sacerdos qui dedit hospitali fratrum suorum in villa Grati mansum cum vinea adhærente.

Eodem die Rotfridus decanus viam universæ carnis est ingressus.

Guadilo archidiaconus obiit eodem die, qui dedit fratribus alodum suum in loco qui dicitur Vallis, cum vineis et silvis et mancipiis. Ipso die Enricus subdiaconus interfectus est. « Item Valdericus prepositus
» corpus terræ, beatum Christo tradidit
» spiritum. »

2. Obiit Robertus levita et Bernelmus sacerdos.

3. (**) Autessiodero natalis S. Camillæ virginis.

Obiit Gauzserius sacerdos et Bertrannus subdiaconus. « Eodem die obiit Lisiardus
» diaconus et canonicus. »

[« Obiit Johannes sacerdos et canonicus
» sancti Stephani, qni confratribus suis
» ad sui memoriam recolendam lx. solidos
» dedit. »]

4. Obiit Wigielmus laïcus.

5. Obiit Walo Trecassinæ eccl. episc.(1). Eodem die ordinatio D. Hugonis episc. qui dedit fratribus in die ordinationis suæ altare Billiacensis ecclesiæ.

6. [« Obiit Arcoidus sacerdos et cano-
» nicus hujus ecclesiæ. »]

(1) Vibebat 972.

8. Obiit Walterius sacerdos.

[« Eodem die defunctorum commemo-
» ratio monachorum monasterii de Cari-
» tate solemniter, quod et ipsi pro defunc-
» tis nostris celebrant. »]

9. Obiit Vuola episcopus pro cujus memoria facienda Ansergisus germanus ejus episcopus duos mansos cum regali et episcopali consensu Fratribus dilargitus est; et in administratione luminis divini altaris ecclesiæ S. Stephani in Piscatiolo villa mansum unum.

10. (**) Autissiodero natalis S. Vigilii episcopi et martyris (a).

11. Obiit Ermenfredus presbyter et Claudius Sacerdos et Ablenus Levita.

[« Ipso die Aganus Decanus Sancti-Ste-
» phani obiit.]

12. Obiit Adalgarius diaconus qui dedit Fratribus de vineis arpennos vj. in circuitu Gratiaci ad sui memoriam celebrandam. Eodem die ordinatio Domini Bettonis episcopi.

13. Obiit Georgius monachus.

14. Obiit Bernardus presbyter et Arduinus nostræ congregationis canonicus.

15. Obiit eodem die Adhelemus Sacerdos et concentor.

« Eodem die obiit Odo miles qui apud
» Crevenum villam alodum suum canoni-
» cis dedit. »

17. Obiit Ingelbertus levita, « et Leo-
» thoricus levita et canonicus. »

18. Obiit Gausaldus levita et Walcharius sacerdos et decanus. Ipso die Ragembaldus sacerdos obiit. Eodem die Salomon levita obiit.

19. Obiit Arulfus diaconus.

« Eodem die obiit Rodulfus sacerdos et
» canonicus. »

20. Obiit Adoardus presbyter et Aroildis Deo devota, qui dedit fratribus in villari Tornetrensi et Marolio optimum allodum cum capella, pro sui memoria facienda. Item Ablenus presbyter obiit.

22. Obiit Conradus comes et Magenfredus miles Sancti-Stephani.

« Eodem die obiit Theodericus canoni-
» cus et sacerdos, qui dedit domum suam
» et vincas, quidquid etiam proprietatis
» habere videbatur ad hospitale pauperum
» pro obtinenda venia delictorum suorum.»

23. Gislarus archidiaconus obiit, qui dedit fratribus omne prædium suum quod in Melundis et in circuitu ipsius habere visus est, ad memoriam sui faciendam. Eodem die Willelmus laicus obiit, qui dedit inter

(a) Voir p. 140, I, où Lebeuf dit qu'il était probablement de l'Auxerrois. (N. d. E.)

fratres et altare S. Stephani omne patrimonium suum in Senonico, in villa Conflente.

[« Eodem die obiit Andreas miles et
» Hugo laicus et Emelina uxor ejus. »]

24. « Obiit Ursus canonicus. »

25. Obiit Ragenardus canonicus.

« Item obiit Ilduinus Senonensis archi-
» diaconus, hujus ecclesiæ canonicus. »

26. Obiit Aya Sanctæ-Mariæ ancilla.

[« Eodem die obiit Anastasia mater do-
» mini Acardi presbyteri, quæ dedit cano-
» nicis Sancti-Stephani protomartyris
» quandam vineam optimam, hoc pacto ut
» qui matutinis horis insisterent, vinum
» dum duraret, biberent. Canonici autem
» qui erant in capitulo hoc concesserunt. »]

28. Obiit Girbertus sacerdos et Ansellus juvenis miles Sancti-Stephani. Item obiit Gondrada Deo sacrata, et Rodulfus laicus.

29. Ordinatio domni Waldrici episcopi. Ipsa die obiit Dodo miles Sancti-Stephani.

30. Obiit Eribertus diaconus, et Beraldus vicarius et postea monachus.

[« Eodem die Guido puer et canonicus
» obiit (1). »]

31. Obiit Alericus acolytus et Ermengardis fœmina.

[« Ipsa die obiit Belinus levita et canoni-
» cus vir honestæ vitæ, qui canonicis Sancti-
» Stephani ad emendos redditus mille soli-
» dos dedit, de quibus communis refectio
» exhibeatur. »]

APRILIS.

1. « Obiit Henricus sacerdos et cano-
» nicus. »

[« Eodem die obiit Guido canonicus, et
» Edissa archidiaconus. »]

2. Obiit Arnaldus sacerdos et Gauzselmus levita.

3. Obiit Isembardus levita et Adhelardus sacerdos, et Abbo hujus ecclesiæ miles et Aaron laicus.

4. Ipsa die obiit Leotericus vicecomes, hujus ecclesiæ vexillarius.

[« Item Rainaldus sacerdos et canonicus
» obiit. Eodem die Azo levita et canonicus
» obiit. »]

5. Ordinatio domni Heriboldi episcopi. Item ipsa die Ingelvinnus miles obiit.

6. Obierunt Remigius et Warimbertus episcopi. Item Isemberga migravit ab hac vita.

« Eodem die obiit Gaufridus archidia-
» conus et abbas Sancti-Eusebii. Item
» Reimbaldus sacerdos et canonicus obiit. »

7. Obiit Joannes levita et abbas Sancti-Eusebii, adhuc juvenis, prudentia litterarum imbutus et bonitate decorus. Ipsa die obiit Adila religiosa femina.

« Item Odelina migravit ab hac vita. »

8. Obiit Beraldus sacerdos et concentor.

[« Obiit Landricus. Eodem die obiit
» Stephanus canonicus et pictor. »]

9. Obiit Girelmus diaconus et Suavis subdiaconus in litteris multum deditus.

« Eodem die Regina uxor Guiberti (1)
» obiit : cujus assensu et precibus iisdem
» Guibertus ecclesiam Sancti-Stephani ca-
» nonicis in Acolaio villa dedit. »

10. Obiit Waningus qui dedit fratribus suum mansum indominicatum cum optima vinea et viridario adherente, in loco qui dicitur Mausiacus, ad sui memoriam celebrandam.

Eodem die Hludovicus Rex obiit (2).

12. (**) Autissiodero beati Tetrici episcopi et martyris (depositio).

[« Eodem die Guillelmus subdiaconus
» et canonicus feliciter emisit spiritum,
» qui pro delictorum suorum remissione
» domum suam et vineam canonicis de-
» dit. »]

13. Eodem die obiit Frodo subdiaconus.

14. Ordinatio domni Richardi præsulis. Ipsa die obiit Osbertus miles Sancti-Stephani.

15. Obiit Lambertus sacerdos,

« Et Willemus canonicus et sacerdos.

16. Obierunt Godalgarius presbyter et Augustus sacerdos qui dedit fratribus alodium suum maisilinæ cum vinea adjacente, in villa quæ dicitur Loconiacus, ad sui memoriam recolendam. Item Atto laicus viam universæ carnis ingressus est.

17. « Victoria comitis (3). »

Obiit Petrus diaconus qui dedit fratribus in pago Senonico, in villa quæ dicitur Rivisiacus, et in pago Autissioderense, in villa quæ dicitur Poziacus, omnia propria sua quæcumque visus est habere cum masinilis et terris et vineis, ad sui memoriam recolendam. Eodem die Adoardus levita obiit. Ipso die David levita et præpositus migravit ab hac vita. Item Johannes levita et abbas humilis ab hoc sæculo migravit ad clementiam Christi. Obiit Ricardus miles.

---

(1) Le Nécrologe de Reims a aussi des enfants : *sic odo puer et canonicus filius Lohari Regis. Tom. 4, Annal. Bened- ad. ann. 986, p. 32.*

(1) *Guibertus illa dynasta erat Castri-Censorii, ex actis Humbaudi et infra 16 septembris.*
(2) C'est Louis-le-Bègue sûrement qui mourut le 10 avril 879, à Compiègne, jour du vendredi saint.
(3) *Forte Richardi ducis Burgundiæ in Normanos in agro Nivern. prœliante cum eo Gerrano episcopo, c. 910, aut recentioris.*

19. Obiit Manoardus presbyter et Ersindis vidua, Deo sacrata, quæ dedit fratribus pro Agini quondam sui mariti atque animæ suæ absolutione, in pago Senonico in villa Caciaco clausum vineæ habentem arpennos quatuor, et ad Sanctum-Priscum inter monachos et fratres vincolas quas ibi habebat. Eodem die obiit Gotfridus subdiaconus et canonicus. Item Stephanus miles obiit.

« Obiit Johannes levita et canonicus. »

20. Obiit Isembertus sacerdos et Iselaldus levita.

21. Obiit domnus Gualdricus episcopus. Eodem die Fulcherus levita obiit.

« Obiit Hugo nobilissimus miles Sancti-
» Stephani qui dedit fratribus Acolacum
» villam cum appenditiis suis, annuente
» Goffrido episcopo suo seniori, ad sui me-
» moriam recolendam. »

22. Obiit Lando sacerdos et canonicus. Obiit Adalbertus laicus. Eodem die Helya uxor Rotberti ducis, mundo plangente, cœlo plaudente, ultimum exhalavit spiritum.

[« Ipsa die Elizabeth uxor Josberti mi-
» litis obiit, cujus assensu et precibus is-
» dem Josbertus nemus quoddam et ol-
» quam unam non longe ab Acolaco villa,
» canonicis Sancti-Stephani dedit ad sui
» memoriam faciendam. »]

23. Obiit Rotbertus presbyter, et Petrus sacerdos.

[« Eodem die obiit Gwilencus miles. »]

24. [« Obiit Anselmus levita et canoni-
» cus, in divinis scripturis magister egre-
» gius, qui pro salute animæ suæ vineam
» quam habebat in Monte-Defenso cano-
» nicis dedit. »]

25. Obiit domnus Eribaldus episcopus qui dedit ad vestimenta fratrum emenda Condidam villam cum suis appendiciis, et abbatiolam S. Remigii cum vineis, Corticano videlicet et plantis, et ad stipendia ipsorum dimidium Maximiacum, hoc est mansos XXI.

[« Eodem die obiit Lambertus sacerdos
» qui...... decessit...... Romam pro-
» fecturus... Christo annuente, præsen-
» tem hanc finivit vitam. »]

26. Obiit Berengerius subdiaconus et Albertus clericus..... Item Vitalis levita et canonicus obiit.

27. Eodem die Grimoardus sacerdos et Girardus sacerdos translati sunt a mundo. Ipso die Anastasius levita obiit, et Robertus laicus ab hac vita migravit.

[« Item obiit Lanbertus hujus ecclesiæ
» canonicus et sacrista, qui ad sui memo-
» riam recolendam dedit huic ecclesiæ ba-
» cinos duos argenteos, turibulum argen-
» teum, de pallio capam et duo candela-
» bra, et duo tapetia. Canonicis autem
» dedit centum solidos et furnum quem
» apud Crevennum fecit, et quicquid do-
» morum vel aliorum ædificiorum tam
» apud Crevennum quam apud Acolacum
» habuit. »]

28. Obiit Stephanus laicus qui dedit prædium suum, quod in Loconiaco villa acquisivit de Georgio presbytero, fratribus Sancti-Stephani ad sui memoriam agendam post obitum uxoris suæ Ingelsindis. Ipso die Rotrudis fœmina obiit, filiique ejus Wifredus et Artradus.

29. Eodem die Arglulfus sacerdos atque decanus, divinorumque erogator verborum ab hac luce migravit, canonicis Sancti-Stephani tribuens tres arpennos vineæ sui prædii in Garricis villa. Eodem die obiit Goslincus subdiaconus et canonicus Sancti-Mammetis. Item Beraldus sacerdos atque archipresbyter obiit.

30. Obiit Guarimbaldus levita et Odlannus levita et Nivelon miles. Eodem die Winebaldus presbyter obiit, qui canonicus Sancti-Mammetis fuit. Ipso die obiit Constantinus subdiaconus et canonicus.

« Item Hugo hujus ecclesiæ canonicus
» et decanus obiit. »

MAIUS.

1. (**) Depositio sanctissimi Amatoris episcopi et præcipui confessoris Christi.

2. Obiit Remigius monachus et egregius doctor.

« Eodem die obiit Norgaudus (1) Æduen-
» sis episcopus, hujus ecclesiæ canonicus,
» qui per manum Humbaldi episcopi ec-
» clesiæ nostræ dedit pretii librarum de-
» cem ex pallio cappam optimam et quin-
» que marchas argenti purissimi ad men-
» sam altaris ornandam, et duo super altare
» operimenta mirabiliter et operose ope-
» rata »

3. (**) Autissiodero Eusebii presbyteri et Aviti diaconi.—Obiit Willelmus sacerdos. Eodem die obiit Ermentrudis fœmina quæ dedit fratribus de vinea arpennum unum qui conjacet in Fontenedo villa et in prato Parsiaco, de vinea quantum ibi habere videbatur.

Obiit Warinus archipresbyter et canonicus.

4. Obiit Cosmas sacerdos. Eodem die Girbertus levita et præceptor et abbas Sancti-Eusebii corpus tumulo, animamque reddidit Christo. « Obiit Walterius levita
» canonicus S. Mariæ præpositus. »

(1) *Electus* 1098. *ex Hug. Flaviniacensi.*

5. (**) Autissiodero passio S. Viviani lectoris (a).
Obiit Ragembaldus levita.
« Eodem die obiit Frodo archipresbyter » et canonicus bene litteris eruditus (1). »
« Item Johannes laicus obiit. »
6. (**) Autissiodero depositio sanctorum Valerii et Valeriani episcoporum et confessorum.
Obiit Calo canonicus S. Stephani.
« Mediolano eodem die the ordinatio D.
» Humbaldi episcopi, ejus ultimus magistri
» Guidonis canonici Santi-Stephani et ar-
» chiclavi qui dedit ecclesiæ nostræ ex li-
» bris suis passionales duos, antiphona-
» rium, graduale, hymnarium et psalterium
» obtimum. »
[« Eodem die obiit Landricus subdiaco-
» nus et canonicus. »]
7. [« Ipso die Ilgerius hujus ecclesiæ
» venerabilis præpositus, speculum et
» forma clericorum, tandem monachalem
» suscipiens habitum, mortem perdidit et
» vitam invenit. Hic autem, ut in anniver-
» sario Humbaldi episcopi avunculi sui
» fratribus refectio exhiberetur, molendi-
» num quod apud Agligniacum de suo
» proprio fecit, huic ecclesiæ donavit, mul-
» tis etiam ornamentis ecclesiam istam
» decoravit sacerdotalibus, scilicet ves-
» timentis et diaconorum et subdiaco-
» norum. Dedit etiam calicem argen-
» teum, canulas argenteas et cappam de
» pallio optimo, missale et breviarium et
» multos alios libros. Inter etiam multa
» beneficia quæ huic ecclesiæ fecit, dedit
» super altare quinque operimenta linea
» venerabiliter operata. Portas autem prin-
« cipales istius ecclesiæ fecit, in quarum
» operatione trecentos solidos dedit, me-
» dietatem quoque terræ de Albex quam a
» Gaufrido Rufo emit et molendinum quod
» ædificavit in villa quæ dicitur Molins ad
» refectionem in die anniversarii sui sin-
» gulis annis fratribus exhibendan dona-
» vit. »]
[« Eodem die obiit Hugo Nivernensis
» Ep. hujus ecclesiæ canonicus (2). Ipso
» die obiit Walcherius presbyter et Ge-
» raldus sacerdos. »]
8. Obiit Giraldus levita.
10. Obiit Willelmus sacerdos et canonicus.
11. Obiit Witbertus laicus et Dutinus

(1) *Forte ille qui scripsit vitam Roberti.*
(2) *Nepos Gaufridi episcopi qui eum ibidem præpentum fecerat, obiit circa 1098.*

(a) C'est saint Jovinien, lecteur, compagnon de saint Pèlerin.   (N. d. E.)

puer qui dederunt nobis masinile cum vinea in valle juxta Matriacum. Eodem die Tetvinus laicus innocenter est interemptus. Ipso die obiit Landricus comes.
12. Obierunt Hugo abbas et Wigbaldus episcopus qui dedit fratribus xij mansos in Chichiriaco per præceptum Regis.
Eodem die Hilduinus sacerdos obiit.
Item Hermengardis comitissa obiit.
13. (**) Autissiodero depositio sancti Marcellani episcopi et confessoris.
Obiit Gozfridus almi Stephani canonicus.
14. Obiit Letardus presbyter qui dedit fratribus quæcumque habere visus est in pago Senonico in villa quæ dicitur Bagnetus, et in pago Autissiodorensi in villa quæ dicitur Molendinis, ad sui memoriam recolendam.
15. Obiit Tanquardus levita.
16. (**)Autissiodero vico Baugiaco, passio S. Peregrini episcopi primi civitatis ipsius. Eodem die domnus Rikardus episcopus viam universæ carnis ingressus est.
Ipso die Wido sacerdos obiit. [« Eodem
» die obiit Fulco S. Amatoris canonicus et
» sacerdos, qui pro salute animæ suæ
» domum suam petrinam fratribus dedit.
» Eodem die obiit Sybiila femina et Dei
» ancilla. »]
17. Obiit Ganzelmus sanctæ Lingonensis ecclesiæ episcopus (1).
18. (**) Autissiodero exceptio reliquiarum sanctæ Eugeniæ virginis et martyris.
Obiit Odo levita.
19. Obiit Agnoardus levita.
20. (**) Autissiodero in basilica S. Germani dedicatio subteriarum criptarum et in occidentali parte ejusdem ecclesiæ consecratio oratorii S. Joannis Baptistæ.
« Eodem die Auvalo levita et canoni-
» cus. » Obiit Tethildis femina.
21. (**) Autissiodero natalis S. Valis confessoris.
Obiit Ricco sacerdos qui omne alodum suum quod in Montiniaco possederat, cum areis infra civitatem sitis, dedit canonicis S. Stephani pro obtinenda peccatorum suorum remissione, et ut in obitus sui die exhibeatur refectio eisdem fratribus. Eodem die Beraldus sacerdos obiit. Item Salbertus laicus obiit.
22 (**)Autissiodero natalis sanctæ Helenæ virginis, cujus actus præclari in gestis S. Amatoris continentur. Item Autissiodero depositio S. Romani monachi et confessoris, sanctique Benedicti discipuli.
Eodem die Hludovicus juvenis Rex et obiit, Heldradus miles Sancti-Stephani.

(3) *Obiit c. 930, unctus 922, ejus depositio celebris in Benigniaco monasterio, id. maii.*

23. Obiit Ablenus levita qui dedit canonicis Sancti-Stephani in pago Senonico in villa Juliaco, omne patrimonium suum pro obtinenda peccatorum suorum remissione, et ut in die obitus sui eisdem fratribus optima exhibeatur refectio.

Eodem ipso die obiit Walo sacerdos atque decanus Sancti-Petri.

« Eodem die obiit Salomon canonicus. »

24. [« Obiit Legerius levita et canoni-
» cus qui ab Jerosolymis revertendo in
» mare sepulturam habuit. »]

25. Obiit Gaurimbertus sacerdos.

26. Obiit Gottesmanus monachus et Otbertus sacerdos. Item Fulco levita obiit.

(**) In territorio Autissioderensi loco Quociaco, passio S. Prisci martyris cum ingenti multitudine.

28. (**) Apud Parisium transitus S. Germani episcopi et confessoris.

Obiit Walo levita et canonicus, postea monachus effectus.

29. Obiit Frotmundus miles Sancti-Stephani, et postea monachus S. Benedicti.

Ipso die interfectus est comes Rainaldus.

30. Obiit Magenarius sacerdos. Eodem die obiit Hugo puer et canonicus Sancti-Stephani.

31. Obiit Oydilo levita.

[« Eodem die obiit Helisabeth femina,
» pro cujus anima Obertus miles vir ejus,
» Ecclesiæ S. Stephani duas olchas in
» Crevenno sitas dedit, ad sui memoriam
» recolendam. »]

JUNIUS.

1. Obiit Restaldus laicus.
2. Obiit Erbertus canonicus et puer.
4. Obiit Atto canonicus qui dedit fratribus in pago Autiss. in villa quæ dicitur Poziacus, de vinea in unum continente plus minus arpennos quinque. Ipso die Hugo canonicus puer interfectus est.

[« Eodemque die Stephanus de Casellis
» obiit, pro cujus anima Johannes ejus fi-
» lius illam partem quam in Casellis ha-
» bere videatur, per manum Innocentii
» papæ et Willelmi comitis canonicis hu-
» jus ecclesiæ domino Deo servientibus
» dimisit, et in Nauto villa tres arpennos
» de terra arabili, octoque denarios de
» censu pro anima matris suæ, prope mu-
» rum civitatis, tribuit. »]

5. Obiit Leotardus subdiaconus.

« Eodem die obiit Ascelinus canonicus. »

[« Ipsa die obiit Theobaldus miles. »]

7. Obiit Letericus subdiaconus qui dedit fratribus alodum suum in Adrebleto villa.

8. Obiit Ingeluvinus adolescens et diaconus. Eodem die obiit Petrus subdiaconus et canonicus.

(**) Autissiodero depositio S. Censurii episcopi et confessoris.

9. Obiit Wandelbertus sacerdos.
10. Obiit Angilelmus subdiaconus.
11. Obiit Altasia Deo sacrata.
12. Obiit Constanttius sacerdos, et Ofmundus Sancti-Stephani canonicus.
14. Obiit Iterius monachus doctor eximius. Eriveus obiit.
15. Obierunt Umbaldus et uxor sua Ingelsindis qui dederunt fratribus in Alnedo villa alodum unum.

Ipso die Rotbertus rex in bello occisus est (1).

16. Obiit Hugo comes (2) et Arduynus sacerdos, «et Hugo sacerdos et canonicus.»
17. Obiit Gotbertus miles Sancti-Stephani.
18. Obiit Adhelardus sacerdos qui dedit pro amore vitæ æternæ in Montiniaco alodum suum canonicis Sancti-Stephani, et in civitate Autissiodero aream in qua degebat.
19. « Obiit Æia mulier bona. »
20. Obiit Hludovicus imperator et Absalon presbyter.

[« Ipsa die obiit Ingrannus et Helisa-
» beth uxor ejus, pro quorum memoria
» Milo filius eorum dedit canonicis Sancti-
» Stephani xij. nummos in censu. »]

21. « Obiit Goscelinus canonicus. »

[« Ipso die obiit Joannes levita et canonicus. »]

22. Obiit Bovo sacerdos.
23. « Obiit Oydilo sacerdos et Johannes
» acolytus. Ipsa die Berardus levita
» obiit.
24. » Obiit Gelvidis Deo sacrata.
26. » Obiit Leotericus Senonensis archiepiscopus.
27. » Obiit Johannes sacerdos et cano-
» nicus qui ad missas celebrandas dedit
» pro redemptione animæ suæ vestimenta
» sacerdotalia et calicem argenteum, et
» fratribus triginta et duos solidos cen-
» suales ut eis refectio communis exhibe-
» retur. Præterea dedit ecclesiæ domum
» suam.

» Item obiit Galo laicus qui omne pa-
» trimonium suum quod habebat in pago
» Tornetrensi, in Villari villa, pro amore
» vitæ æternæ fratribus dedit, ob sui me-
» moriam faciendam. »

(1) In pugna Suessionensi filius Roberti comitis Autiss. frater Odonis regis qui Robertus unctus fuit ab Herveo archiepiscopo Remensi, 921, 24 juii, jacet ad S. Dionysium, Flodoard, l. 4. c. 17.
(2) Comes Autiss. et dux Burgundiæ Nigri nomen fortiatus, et frater fuit Rodulphi regis, obiit circa 917, ex Querc. in Hist. Burgundiæ.

30. [« Eodem die obiit Andreas miles,
» Jerosolymis sepultus. »]

JULIUS.

1. Obiit Aregaldus levita. « et Rainardus miles. »
[« Item obiit Johannes levita et cano-
» nicus qui dedit ad restaurationem libro-
» rum hujus ecclesiæ xl solidos. »]
4. « Obiit Odo canonicus. »
5. Obiit Segemfredus custros.
6. Obiit Thebaudus sacerdos et canonicus.
7. Obiit Angilelmus episcopus qui dedit villam cui Pulverenus nomen est fratrum canonicorum scilicet stipendiis, res etiam quæ ex jure proprio ei cesserant tam in Biliaco quam in Annau cum servientibus, eorumdem usibus delegavit. Item Leo diaconus et Aldulfus obierunt.
[« Eodem die Galo canonicus et levita
» obiit. »]
8. « Eodem die obiit Wido sacerdos et
» canonicus. »
9. Obiit Odo Sancti-Dionysii monachus.
« Obiit Hugo lector. »
10. Obiit Ermenricus sacerdos.
11. (**) In territurio Pictavensi natalis S. Savini confessoris; hic fuit ex discipilis S. Germani Autissiodorensis episcopi.
(**) «Exceptio reliquiarum S. Amatoris.»
13 Obiit Lando levita.
14. Obiit Gualdricus levita et canonicus Sancti-Stephani atque abbas Sancti-Eusebii. Eodem die Eldierius clericus obiit.
15. Obiit Jonas sacerdos et canonicus almi Stephani, complens præsentis vitæ debitum ovanter emisit spiritum.
16. « Eodem die obiit Emila femina et
» Albertus laicus. Obiit Bertrannus. »
17. Obierunt Betto monachus et Gaudyle levita.
20. Obiit Siebrannus levita.
21. Obiit Seyardus sacerdos et canonicus.
Ipso die obiit Rotbertus rex Franciæ, et Johannes levita et canonicus, lectorumque magister.
22. « Ipso die exivit Johannes sacerdos
» et canonicus, fenestella optimus.
23. Obiit Rotbertus sacerdos et canonicus Sancti-Stephani. Ipso die obiit Stephanus sacerdos et canonicus S. Stephani.
27. Obiit Magenarius levita.
28. Obiit domnus Gerrannus episc.
Ipso die Hacardus abbas Sancti-Germani ab hac vita sublatus est.

29. Ragenaldus hujus ecclesiæ (1) eodem die Senonis pugnando interfectus est. Item Aganus subdiaconus obiit.
[« Eodem die Philippus rex Franciæ
» obiit. »] (2).
30. (**) Autissiod. depositio Ursi episcopi et confessoris.
31. Obiit Aynaldus sacerdos et canocus.
[« Eodem die Ludovicus rex Franciæ
» obiit. »] (3).

AUGUSTUS.

2. « Obiit Vido canonicus Jheroselymis
» sepultus. »
4. Obiit Henricus rex Franciæ (4).
« Ipso die obiit Renaldus canonicus. »
« Eodem die Gaufridus comes Cabillon.
» hujus ecclesiæ casatus, apud castrum
» suum Donziacum monachus factus,
» obiit. »
5. Obiit Isembardus levita et canonicus.
« Eodem die Hugo S. Stephani præpo-
» situs in via Jheroslymitana sepulturæ
» est traditus. »
« Eodem die Rainaldus Willelmi comi-
» tis filius interfectus est. »
6. Obiit Maurinus episcopus qui dedit stipendiis fratrum agellum proprietatis suæ, cujus vocabulum est Villare non longe a Varziaco.
Item Eribaldus presbyter obiit. [«Eodem
» die Adam subdiaconus et canonicus
» obiit. »]
7. Obiit Ermenfredus præpositus qui dedit fratribus prædium suum super fluvium Belcæ, et in Capilliaco et in pago Senonico in Valle, et in Basau ad sui memoriam celebrandam.
8. Obiit Amalguinus sacerdos.
« Eodem die obiit Herveus Nivernensis
» episcopus, hujus ecclesiæ canonicus (5).
» Item obiit Atto miles, pro cujus anima
» Hunbaudus frater ejus terram Lonniaci
» quam tenebat canonicis Sancti-Ste-
» phani reliquit. »
9. Obiit Salomon canonicus atque decanus Sancti-Stephani.
10. Obiit Everardus levita.
[« Item obiit Guarnerus levita et cano-

(1) *Forte qui offensus episcopo Geranno partes ejus contra Normanos adjuvare detrectavit.*
(2) *Philippus I. obiit ex suppl. Aimon 1109, ex fragmento Hist Mon. Flor ubi sepultus jacet ante majus altare.*
(3) *Ludovicus Grossus, ann. 1157, filius Philippi I.*
(4) *Henricus I, filius Roberti, frater Adelaidis comit. Autiss. et uxoris Reginaldi, an. 1060.*
(5) *Vivebat 1100 xel 1104, quidam vocant Henricum. Ejus successor Hugo adsuit coronationi Ludovici Grassi,* 1110.

» nicus. Eodem die obiit Ebrardus sub-
» diaconus et canonicus, in regione Je-
» rosolymorum apud Acon civitatem se-
» pultus. »]

11. [« Obiit Hugo hujus ecclesiæ epis-
» copus quem vitæ sanctitas et morum pro-
» bitas decoravit, et quam pie et religiose
» vixerit, hujus vitæ exitus satis probavit,
» qui ob amorem Dei et sui memoriam
» singulis annis recolendam, ecclesiam
» Ausiaci ad refectionem fratrum in die
» anniversarii sui huic ecclesiæ donavit.
» Deditque eidem alias ecclesias, eccle-
» siam scilicet Bacernæ et Sancti-Bricii
» et Montiniaci et Vennosæ et decimas
» Ausiaci. Præterea ipsam ecclesiam in
» multis capis de pallio et duobus tapetis
» et multis sacerdotalibus indumen-
» tis et aliis ornamentis ipse dives di-
» tavit. »]

12. [« Obiit venerabilis memoriæ ma-
» gister Gislebertus, veteris et novi
» Testamenti glossator eximius, qui uni-
» versalis merito est appellatus, hujus
» ecclesiæ canonicus, postmodum vero
» Lundonensis factus episcopus, qui præ-
» ter cætera quæ ecclesiæ nostræ ex An-
» glia transmiserat ornamenta, octoginta
» et duas libras eidem nostræ ecclesiæ
» contulit. Fratres vero inde possessiones
» ementes, anniversarium ejus singulis
» annis celebrari devote constituerunt. »]

13. Obiit Norgaudus miles S. Stephani.
14. Obiit Ermenfridus sacerdos et Rado
levita. Item Unbaldus levita hujus ecclesiæ nutritus, obiit.

« Eodem die Richardus...... Iherosoly-
» mam proficiscens, obiit. »

15. Obiit Adalgrinus sacerdos.
16. (**) Autissiodero translatio Augna-
rii et Desiderii episcoporum.... Nivernis
natalis sancti Arigii episcopi et confessoris.

Ipsa die Odo præceptor Sancti-Stephani, præsentem finivit vitam.

17. Eodem die obiit Warinbodus sacerdos.
18. « Obiit Walterius vicecomes. »
19. [« Ipso die obiit Ebraldus miles
» Sancti-Stephani. »]
20. Obiit Arembertus sacerdos.
21. Obiit Adelelmus nobilis miles et
humilis.

[« Eodem die Vuillermus Nivernensis
» Comes Carturiæ religiosam vitam du-
» cens, sanctissime obiit. »]

22. Obierunt Ragembaldus sacerdos et
Anso Presbyter. [« Ipsa die Gaufridus
» subdiaconus et canonicus obiit. [Item
» Stephanus hujus ecclesiæ præpositus
» obiit. »]

23. Eodem die Eribertus Autissiodorensis episcopus, viam universæ carnis est
ingressus.

« Ipsa die obiit Bladinus lector et canonicus. »

24. Obiit Hugo Comes (1).
25. Obiit Gaufridus subdiaconus et canonicus, Iherosolymis sepultus.
26. Obierunt Stephanus levita et Ra-
daldus subdiaconus et Lethericus acolythus.
28. Obiit Gimo miles Sancti-Stephani.
29. Ipsa die ordinatio Domni Herifridi
episcopi qui dedit fratribus ad refectionem
hujus diei faciendam Artadum villam, et
in Lindriaco mansum unum, et in Capiliaco mansum alterum et molendinum
subtus murum. In Nativitate vero Sanctæ-
Mariæ, quando primum sedit in cathedra episcopali dedit fraribus ecclesiam
Bacernæ et Lindriacum et Lupinum, nec-
non Logniacum. Gimiliacum autem dedit
in natali Sancti-Clementis.

Obiit Archemboldus episcopus.
30. Obiit Ermembertus sacerdos qui
innocenter gladio interfectus est.
31. [« Guido sacerdos et canonicus a
» Iherosolymis regrediens, obiit. »]

SEPTEMBER.

1. Obiit Richardus Comes, (2) et Ar-
nulphus canonicus.
2. Obierunt Teoterius presbyter et Le-
odfredus subdiaconus.
4. [« Obiit Drogo levita et canocicus. »]
5. Obiit Lambertus levita et doctor
eximius. Ipso die Helisabeth Deo sacrata
obiit.
7. « Obiit Ebrardus canonicus. »
8. Obiit Eribaldus levita et archiclavus,
qui insperante ab inimicis gladio interemptus est. Eodem die Dodo sacerdos
occisus est in bello. Ipso die Ingelbaldus
sacerdos atque decanus Sancti-Stephani
obiit.
9. Obiit Joannes monachus.
10. Obiit Hludovicus serenissimus rex,
filius Karoli (3).
12. Obiit Icheria Deo sacrata.
13. Obiit Giflebertus sacerdos et canonicus Sancti-Stephani.
14. Obiit Aymo sacerdos.

(1) *Forte superioris Burgundiæ quem Quercet,
Hist. Borg. l. 2. putat duxisse uxorem Aldradam filiam Ludovici Transmarini, et ex ea genuisse Her-
mentrudum matrimonio junctam Othonis, Guillelmi
Comiti Division. Niv. et Autiss. unde processit Matildis uxor Landrici comitis.*
(2) *Comes Autiss. et Dux Burg. ejus mortem reponit
ad an. 920. Chronic. Vizeliac. Flodoard. ad an.
921.*
(3) *C'est Louis-le-Fainéant.*

2

15. [« Obierunt Dadoënus et Alfaldus
» presbyteri qui dederunt alodum suum
» in villa Montiniaco fratribus. »]
16. « Obiit Gofridus clarus consilio
» amicus pacis ac pietatis, episcopus....
» ecclesiæ quidem suæ dignus memoria
» lacrymis et benedictionibus. »
[« Item Guibertus miles obiit qui per
» manum Humbaldi episcopi reliquit ec-
» clesiam in Acolaco villa, annuente uxo-
» re sua et duobus filiis suis et filia. »] (1).
17. Obiit Ragenardus levita et canonicus.
18. Obiit Warachius sacerdos et monachus. « Ipso die obiit Aufredus levita
» et canonicus. »
20. Obiit Radbaldus levita, « et Walte-
» rius subdiaconus atque canonicus inter-
», fectus est. »
21. Obiit Bego sacerdos.
22. (**) Autissiod. adventus exceptio corporis sancti Germani episcopi et confessoris ab Italia.
25. (**) Autissiodero depositio et translatio S. Aunarii episcopi et confessoris.
Obiit Eldaldus Senonum Archiepiscopus (2). Eodem die Abbo levita et perfector obiit. Item Alo sacerdos et canocicus obiit.
26. Obiit Beraldus levita.
28. (**) Autissiodero depositio S. Alodii episcopi et confessoris.
Obiit Ingelbaldus levita.
Eodem die obiit Alanus levita et canonicus.
29. Obiit Walterius Æduensis episcopus (3).
30 Obiit Teubertus laicus qui dedit prædium suum canonicis Sancti-Stephani in pago Autissioderensi, in vicaria Baugiacensi, in villa Matriaco, propter remedium animæ suæ, et ad memoriam recensendam.

OCTOBER.

1. (**) Depositio sacratissimi corporis beati Germani episcopi et confessoris qui apud Ravennam, pridie kalendas augusti feliciter obiit et kalendas octobris suæ tandem redditus civitati honorifice traditus est sepulturæ
Obiit Adventus sacerdos.
3. (**) Autissiodero dedicatio criptatum beatissimi Stephani protomartyris Christi.

Obiit Adhebaldus sacerdos et magister hujus ecclesiæ.
4. « Obiit Odo canonicus et subdiaconus. »
6. Obiit Karolus imperator (1), et Guido Abbas. Ipso die Aginulfus subdiaconus obiit qui dedit fratribus alodum suum cum masenili à vineisarpennis quinque et Item Hermoynus acolytus et archiclavus obiit.
7. Obiit Gundacer clericus.
8. (**) Autissiodero (natalis) Palladiæ virginis, Senones Porchariæ virginis.
Obiit Arnaldus subdiaconus qui dedit fratribus prædium suum in pago Senonico, in villa Aganonis arpennos de vinea octo.
10. Obiit Trutbertus laicus qui dedit fratribus masinile suum cum vineis et campis in pago Senonico, in villa Caciaco. Ipso die obiit Ottrannus sacerdos.
11. « Obiit Caalo subdiaconus et cano-
» nicus, in terra Jherusalem apud Acon
» sepultus. »
[« Ipso die Ato archipresbyter et cano-
» nicus, homo simplex et rectus et timens
» Deum, monachus factus, spiritum Chris-
» to reddidit, qui dedit fratribus suis
» canonicis domum cum appenditiis suis
» quam ab Hugone de Gurgiaco emerat,
» et vineam quam plantaverat apud Bil-
» liacum, aliam etiam quam emit in Cur-
» to-cane dedit et octo nummos de cen-
» su. »]
12. Obiit Tagemboldus sacerdos qui dedit fratribus prædium suum cum masinili et vineis et campis in villa quæ dicitur Pradilis.
[« Ipso die Hugo bonæ memoriæ epis-
» copus Autiss. decus pontificum et for-
» ma totius religionis, quia in vita sua pa-
» cem dilexit, bona pace quievit. Qui in-
» ter cætera quibus episcopatum suum
» ditavit usum nemoris de Tullo, quem
» canonici per multos annos sine spe re-
» cuperationis amiserant, cum summo
» labore et studio adquisivit. Dedit etiam
» ecclesiæ sacerdotalia indumenta perop-
» tima, et calicem deauratum. Præterea
» assignavit in Lindriaco triginta solidos
» quibus die anniversarii sui singulis ca-
» nonicis refectio exhibeatur. Dimisit
» etiam canonicis ecclesiæ Lindriaci
» post mortem Anselmi seu dimissionem.
» Interim autem Stephanus præpositus
» decem solidos ad faciendam refectio-
» nem persolvet. »]
13. Obiit Rudovicus levita, cujus industria masinile cum vineis in villare

(1) Vide 9 April. qui est dies obitus uxoris ejus.
(2) Alias Adaldus obiit 933 electus 927 ex Gall. Christ.
(3) Electus c. an. 1058 ex abb. Flavin. tamen Gall. Christ. ait obiisse 6 id. maii.

(1) Carolus Crassus, 888.

quod est in prospectu Sancti-Juliani adquisitum est, et ea quæ ad eum pertinent.

Eodem die Rotgerius laicus interfectus est.

14. Obiit Walterius archidiaconus.

15. Obiit Henricus Burgundiæ marchio (1).

16. « Gaufridus miles qui reddidit ter- » ram quam tenebat de manu firma in » Artadis villa. »

17. Obiit Sevinus Senonum archiepiscopus (2) Item obierunt Giamnaldus subdiaconus et Adelardus diaconus.

18. (**) In territorio Belvacensi passio S. Justi martyris cujus caput requiescit in basilica S. Amatoris.

19. Ipsa die obiit Atto subdiaconus. Item Gauzo sacerdos et decanus obiit, qui dedit canonicis Sancti-Stephani prædium suum cum servis et ancillis omne quod habuit in villa Crevenno.

20. Obiit Goffridus levita.

[« Eodem die obiit Humbaldus humi- » litatis ac benignitatis episcopus, qui » cum multis ædificiis atque ornamentis » quibus ecclesiam intus et exterius de- » coravit, ecclesiam Acolaci et ecclesiam » Crevenno cum decimis ac pareda fra- » trum stipendiis donavit. Hic si quidem » inter fratres pace prius reformata, Je- » rusalem causa orationis adiit, atque in- » de rediens, sanctamque psalmos canen- » do confessionem Deo faciens, maris pe- » lago sepulturam promeruit pretiosam. »]

21. Obiit Arnulfus laicus qui pariter cum fratribus suis Norgaudo et Walchaudo dederunt fratribus prædium suum quod habuerunt in villa Crevenno.

Eodem die obiit Rodfridus sacerdos et perfectus cantor.

22. Obierunt Oydelardus episcopus, et Umbertus levita et Regenaldus subdiaconus.

23. Obiit domnus Herifredus episcopus, pater piissimus, qui dedit medietatem Malliaci ad refectionem fratribus exhibendam.

[« Die quoque ordinationis suæ dedit » fratribus Artadum villam et in Lindria- » co mansum unum, et in Capiliaco man- » sum alterum et molendinum subtus » murum, et in Nativitate Sanctæ-Mariæ » dedit ecclesiam Bacernæ et Lindriacum » et Lupinum, nec-non Logniacum. Gi- » miliacum autem in natali Sancti-Cle- » mentis. »]

24. Obiit Siglivertus archidiaconus.

26. [« In hac die sol claritatem amisit, » et factus est niger (1) ».]

27. Obiit Stephanus levita.

28. Obiit Hermoynus adolescens. Ipso die Johannes levita et canonicus obiit. « Item Stephanus subdiaconus et canoni- » cus obiit. »

29. Obiit Ayricus clericus.

30. Obiit Andreas presbyter qui dedit masinile suum fratribus cum vinea adhærente in Villa-Ferreoli, similiter et in villa Garricas. Item Bernardus presbyter obiit qui dedit masinile suum fratribus, cum orto et vinea in villa Vendosa. Item Frodo levita obiit.

31. Obiit Adzo subdiaconus.

[« Eodem die Robertus præpositus qui » dedit fratribus vineas suas, ut singulis » annis in die obitus sui communis refec- » tio canonicis exhibeatur. »]

NOVEMBER.

1. Obiit Rotfredus sacerdos et archiclavus.

3. [« Obiit Robertus canonicus Sancti- » Stephani. »]

Eodem die Hugo decus pontificum emisit spiritum. Item obierunt Trudveus levita et Stephanus laicus et pincerna.

[« Eodem die obiit Fromundus subdia- » conus et canonicus. »]

5. Obiit Ermenfredus levita.

6. [« Eodem die Agano hujus ecclesiæ » canonicus et diaconus obiit. »]

7. Obiit Theodaldus juvenis qui dedit partem patrocinii sui et hæreditatis suæ canonicis Sancti-Stephani propter amorem patriæ cœlestis et remissionem peccatorum suorum : sitæ sunt autem ipsæ res in villa quæ dicitur Carmedus cum Capella et suis adjacentiis, mancipiis, vineis, campis et domibus ad sui memoriam recolendam.

8. Obiit Hunencus sacerdos et decanus Sancti-Mammetis.

« Eodem die obiit Lambertus sacerdos » et canonicus. [Item obiit Hugo levita et » canonicus S. Mariæ præpositus, hujus » etiam ecclesiæ cantor egregius. »]

9. Obiit Ademarus sacerdos et præpositus.

10. Obiit Adelelmus sacerdos.

11. Obiit Stephanus Cavillonensis episcopus (2).

12. Obiit Gottefredus sacerdos.

[« Eodem die obiit Ingelbodus præpo-

---

(1) *Dux Burgundiæ*, 1002.

(2) *Electus* 978, *desit vivere* 999 *vel, ut ait Aimoin,* 1000.

(1) *Hæc Eclipsis contigit die Dominica* 2? *octob, an* 1147 *hora* 3 *et* 4 *dici, aut a secunda ad quintam. ut aiunt Scriptores.*

(2) 19 *Episc. Cabill.* 886 *in Chron. Bezensi.*

» situs qui villas S. Stephani, Crevennum,
» Acolacum et Villam novam re ædificavit,
» et ad domus fratrum componendas
» quingentos solidos de suo donavit. »]

13. Obiit Aldulfus episcopus qui hac die instituit de suo hospitale fratribus refectionem præparari. Hucbertus diaconus obiit. Eodem die obiit Beraudus sacerdos et perfectus cantor. Ipsa die obiit Heribertus subdiaconus.

14. Obierunt Giricus diaconus et Teotenus clericus et Remigius sacerdos et Velfo abba (1).

15. Obiit Walterius Senonensis archiepiscopus (2), et Vidbaldus subdiaconus et Gratianus abba.

16. Obiit Adelelmus sacerdos.

17. Obiit Erifridus subdiaconus. Ipsa die ob. Milo canon. puer et acolytus qui dedit fratribus in Monteio arpennos vinearum quindecim. Item Norgaupus miles Sancti-Stephani obiit.

18. (**) Autissiodero dedicatio basilicæ Sancti-Germani episcopi cum superioribus cryptis. Eodem die translatio corporis, beati prothomartyris Stephani a Hierosolimis in Bizancium.
Obiit Adam sacerdos.

19. Obiit Lambertus presbyter qui dedit alodum suum in villa quæ dicitur Stabulis, et ibidem in circumjacentibus locis. Item Lanfredus presbyter obiit qui dedit fratribus patrimonium suum in villa Gratiaco.

20. « Luna rubea. » Obiit Petrus acolitus.
[« Obiit Iterus de porta qui pro obti-
» nenda peccatorum suorum venia dedit
» canonicis Sancti-Stephani duos homi-
» nes apud Cravennum cum uxoribus et
» filiis suis. »]

21. Obiit comes.
Obiit Otardus qui dedit fratribus, propter amorem Dei et remissionem suorum peccatorum, res optimas proprietatis suæ in comitatu Tornotrensi in villa quæ dicitur Malorum, et in circumjacentibus locis cum masinilibus, vineis, campis et domibus. Obiit Joannes diaconus qui dedit fratribus prædium suum in Senonico, in villa quæ dicitur Vallis et in Bassau cum masinilibus, vineis et campis.
Item obiit Hugo canonicus et sacerdos.

22. Obiit Christianus episcopus qui dedit fratribus Albaris villam ad sui memoriam faciendam. Ipsa die obiit Valte-

tius levita et can. Ipsa die obiit Clemens omnis sapientiæ luce coruscans.
Eodem die migravit ab hac vita Adalaildis femina, « et Raginaldus canonicus
» atque subdiaconus Tornodoro peregri-
» nus Sancti-Petri obiit. [Ipsa die Eri-
» veus sacerdos et canonicus obiit.] »

23. Obiit Ragimbertus sacerdos.

24. Obiit Hictarius bonæ memoriæ qui dedit confratribus suis in circuitu civitatis vineas aquisitionis suæ.
« Eodem die anniversarium Atonis ca-
» nonici qui donavit fratribus trigenta
» libras, servos etiam et ancillas, arpen-
» nos quoque vinearum tres in Monte-
» Tenso, nec-non areas quæ sunt juxta
» Sancti-Stephani papæ capellam, et are-
» am unam ante domum pauperum sitam.
» Profectus est Iherosolymam, et in eo
» itinere, Christo miserante, defunctus. »

25. Obiit Milo laicus qui dedit fratribus alodum suum qui conjacet in villa Colonicas super fluvium Senodum.
« Eodem die Goscelinus hujus eccle-
» siæ canonicus et decanus obiit, qui pro
» remedio animæ suæ domum suam cum
» vineis suis canonicis dedit, ut in die
» anniversarii ejus in refectorio reficeren-
» tur. Ipse vero ad missas celebrandas
» pro defunctis apud S. Clementem pro-
» prium sacerdotem cum duobus arpen-
» nis vinearum constituit, et in repre-
» hensione et in custodia capituli eum
» stabilivit. Dedit etiam præfatæ ecclesiæ
» vestimentum sacerdotale optimum cum
» gradale, calicem argenteum cum canulis
» argenteis, et desuper altare pallium
» unum. Ita adornatam dereliquit eccle-
» siam. »

26. Obiit Aymmo sacerdos.

27. Obiit Gofridus subdiaconus et canonicus.
« Eodem die obiit Johannes sacerdos
» et canonicus, hujus ecclesiæ cantor
» eximius, qui dedit ecclesiæ nostræ ex
» libris suis missale unum, antiphona-
» rium, gradale, hymnarium, prosarium
» optimum. Et in Acolacho villa dedit
» fratribus domos suas et quidquid etiam
» proprietatis habere videbatur, ad sui
» memoriam recolendam. »

28. (**) Autissiodero translatio S. Vigilii episcopi.—Obiit Ragenaldus clericus.

30. Obiit abbo sacerdos.

DECEMBER.

1. Obiit Teutgarius diaconus qui dedit nobis vineam in villa Sigliniaco.
Eodem die ordinatio domni Gaufredi episcopi. Eodem die Vitalis Autiss. ecclesiæ decanus est viam universæ carnis

---

(1) *Legitur in Chron. Centulensi, lib. 3 c. 11 Vuelfonem istum fuisse abbatem Sancti-Richarii seu Centulensis simul et S. Columbæ; vivebat ann. 864 et seq. Spicileg. Tom. 4.*
(2) *Obiit 927. Tavell. ait 12. Kal. Dec.*

ingressus. Item Fulco canonicus et sacerdos obiit.

2. Eodem die Ingo canonicus et cantor eximius obiit.

3. Obiit abbo episcopus.

4. Ipsa die obiit Stephanus Sancti-Stephani. (Vide 12 Octo.) præpositus et sacerdos egregius, nec non divinarum scripturarum doctor eximius. Item Unaldus sacerdos obiit.

5. Obierunt Ermenbertus præpositus et levita, et Aldradus diaconus et Arnaldus vicecomes.

6. Obiit Genesius levita.

9. Obiit Teutbaldus levita.

10. Obiit Wadimirus corepiscopus. Ipso die obiit Amalricus levita qui dedit fratribus prædium acquisitionis suæ in villa quæ dicitur Castriacus, et in confinibus ejus arpennos vinearum septem, propter amorem vitæ æternæ et sui memoriam recolendam. Item Ermenfredus levita obiit.

[« Eodem die obiit Reinaldus archi-
» presbyter qui dedit fratribus optimam
» vineam et xx modios vini, et servum
» unum et in claustro faciendo c. soli-
» dos. »]

11. Obiit Gerberga comitissa, uxor Henrici ducis. Ipsa die obiit Gozfredus sacerdos atque decanus Senonicæ urbis.

12. Obiit Lezgincus levita et perfectus cantor. « Eodem die obiit Fulco canoni-
« cus. »

13. Obierunt Sayvardus monachus et Arembertus levita et Gerbaldus levita. Ipsa die obiit Mathildis comitissa, Landrici conjux.

Eodem die Hermengardis abbatissa obiit.

« 14. (**) Altissiodoro dedicatio altaris
» ecclesiæ senioris a Calixto papa II facta,
» et ut solemniter a nobis quoque an-
» no celebraretur ab eodem instituta. »

15. Obiit Aclevertus sacerdos et decanus. Ipsa die obiit Osbertus subdiaconus.

16. Obiit Ranoardus sacerdos. Item Gaufridus canonicus obiit.

18. Obierunt Sarulfus diaconus et Adalbaldus presbyter et Addela femina et Nitardus laicus. Obiit Eldegarius laicus qui dedit fratribus omne prædium suum in pago Tornetrensi, in villa Madriaco, tam in vineis quam etiam in terris, pratis, cultis et incultis, silvis, domibus et cum omnibus adjacentiis pro absolutione peccatorum suorum. Guido monachus obiit. [« Eodem die Magfredus canonicus obiit. »]

19. (**) Autissiod. depositio beati Gregorii episcopi confessoris qui sedit annos 12, menses 7, dies 3, sepultus est in ecclesia S. Germani.—Obiit Razo levita.

20. Obiit Eliseus archidiaconus, qui dedit fratribus res proprietatis suæ in villa quæ dicitur Gratiacus arpennos vinearum novem, propter remedium peccatorum suorum, suique memoriam recolendam.

Obiit Norgaudus levita. « Eodem die
» Giraldus præcentor et canonicus obiit.
[« Item obiit Matthæus subdiaconus et
» canonicus. »]

21. Electio domni Gerranni episcopi qui dedit fratribus Logniacum villam et Solium, unde debet ad luminaria ecclesiarum Sanctæ-Mariæ et Sancti-Stephani et Sancti-Johannis modium olei, et fratribus libram unam denariorum qui ipsam terram tenuerit.

[» Eodem die ob. Agnes de Longavilla
» quæ dedit ecclesiæ B. Protomartyris
» Stephani cortinam pretiosam diversis
» coloribus decoratam. »]

23. Obiit Ablenus Diaconus.... qui dedit fratribus res proprietatis suæ in villa quæ dicitur « S. Mauritius », et in villa quæ dicitur Antonus propter veniam peccatorum percipiendam, et ad sui memoriam celebrandam. Item Odo subdiaconus obiit. « Eodem die obiit Rainaldus sacer-
» dos et canonicus. »

24. Obiit Samson levita a Normannis graviter vulneratus.

Ipsa die Fredilo sacerdos (1) obiit.

Item Wulphenus sacerdos obiit.

26. Obiit Ingelboldus miles.

28. Obiit Sigradus qui dedit fratribus mansum suum indominicatum cum omnibus appendiciis suis in pago Tornetrensi in villa Cidernaco, de vineis arpennos... de terra ancingas.... ad censum fratribus dandum.

29. (**) Autissiodero dedicatio ecclesiæ S. Michælis et S. Clementis.

31. Obiit Anseisus Tricasinensis episcopus (2), *et Rotbertus.*

Ce Nécrologe est suivi de l'indication de quelques usages de l'église d'Auxerre écriture environ l'an 1100 :

In Quadragesima Psalmos istos in capitulo post lectionem, Ps. *Usquequo*, Ps. *Dominus regit me.* Ps. *Ad te levavi.* Ps. *De profundis,* et post de anniversario *Miserere mei, Deus.*

(1) *In epistolis Lupi Ferr. est quidam Fridilo de quo in Annal. Bened. Tom. II. pag. 635.*
(2) *Ansegise évêque de Troyes étoit à un combat contre les Normands en 925 où il fut blessé; ex Chron. Flodoard. Il a été chassé de Troyes par le comte Robert, il demanda des Saxons à l'empereur Othon, et assiégea ensuite Troyes.*

Chichiriaci censum quod Stephanus cellerarius per unumquemque annum canonicis persolvere debet.
De frumento modiola xx.
De ordeo m. iii.
De consuetudine sextaria xvi ordei.
De nummis librar. vi. Autiss. monetæ.
Talionem autem quando in villa canonici voluerint facere, facient; ipse vero Stephanus in villa talionem nunquam faciet.

Suit la table des noms des chanoines, telle qu'elle est imprimée ci-desosus, page. 25.

Au revers de cette table est le commencement du Cycle Pascal écrit de la même main que le fond du Nécrologe, avec ce titre :

Quinquagesimus quartus cyclus decennovennalis.
Annus ab origine mundi iiii. m. dcccc. lviiii.
Ab incarnatione Domini m. vii. communis.
Natale Domini, Feria iiii. Luna ii.
Epactæ nullæ.
Indictio v.
Septuagesimæ, iiii. Non. Febr. Luna xii.
Initium Quadragesimæ vii. kal. Martii, Luna tertia.
Concurr. ii.
Terminum Paschæ non. April. Fer. vii.
Dies Paschæ viii. Idus April. Luna xv.
Rogationes iiii. Idus Maii, Luna xxii.
Ann. m. viii. communis.
Natale Domini Feria v. Luna xiii.
Epacta xv, *et ainsi du reste.*
Ann. m. viiii. Embolismalis.
Natale Domini Feria vii. Luna xxiii.

Le même écrivain parait avoir tracé 4 ou 5 cycles de 19 ans pour jusqu'à la fin du siècle, commençant toujours par Noel et finissant par les Rogations. Aux marges de plusieurs années ont été marqués par des écrivains du temps, les évènements considérables de ces années. Je n'ai pas cru devoir les imprimer ici, parce que le P. Labbe les a publiés parmi les chroniques du Ier tome de sa nouvelle Bibliothèque de manuscrits, page 922 et 405. J'avertis seulement qu'à la page 293 sur l'année 1166, il faut lire de l'anne. Page 405, ligne 2, il faut lire Touciacum : à la ligne 6, il ne faut pas m lxxii, mais m lxxiiii.

Les tables Pascales de ce manuscrit ont été conduites par une seconde main jusqu'à l'an 1215, que finit le 64e cycle, en commençant toujours par la fête de Noel. A l'an 1182, se lit au haut de la page : Hoc anno iii. Id. decembris, feria vii. circa pyrotegium, luna cum esset xiii, tota nigra apparuit.

N° 6.

Confirmation par Charles-le-Chauve de dons faits aux chanoines d'Auxerre par l'évêque Héribald.

(An. 849, 16 janvier.)

In nomine sanctæ et individuæ trinitatis, Karolus gratia Dei rex. Si liberalitatis nostræ munere locis Deo dicatis quiddam conferimus beneficia et necessitates ecclesiasticos ad petitiones Deo fideliter famulantium nostra relevamus juvamine, atqua regali tuemur munimine : id nobis et ad mortalem vitam temporaliter transigendam et ad æternam feliciter obtinendam profuturum liquido credimus. Noverit interea sagacitas seu utilitas omnium fidelium sanctæ Dei ecclesiæ, nostrorumque presentium scilicet et futurorum, quia vir venerabilis Heriboldus, Autissiodorensis ecclesiæ episcopus, obtulit obtutibus nostris quendam privilegii conscriptionem in qua continebatur insertum qualiter quasdam res ejusdem suæ sedis ad supplementum vestimentorum canonicorum inibi Deo militantium, deputasset ac confirmasset : hoc est Conditam villam super fluvium Ligerim sitam, mansa scilicet quatdraginta et omnibus absitutibus ac vineis inibi pertinentibus, et cum illo quem Teosbertus usufructuario habere cognoscitur, et cum alio Samson beneficiato et tertio manuale per manufirmam concesso, et in reliquo cetera mensa mox ut decessus eorum evenerit, quibus beneficiata esse noscuntur; et cellulam Sancti-Remegii similiter que Wadimirus olim in beneficio habuit, et vineam curticam, quæ vulgo Pictura appellatur, ex villa Pulveneri, et planta novellam prope basilicam Sancti-Eusebii, et mediatatem viridiarii in villa Tociaco, in plagam meridianam; humiliter petens ut super hanc conscriptionem nostram superadderemus auctoritatem, quatenus absque alicujus occasionis diminutione integerrime, nostris futurisque temporibus; in usus vestimentorum predictorum canonicorum permanerent. Cujus suggessioni ac rationabilem petitionem libenter annuere placuit, quicquid, ut prædictum est, postulavit ad effectum perducere curavimus. Proinde hos nostræ auctoritatis apices erga prædictam sedem canonicosque inibi Domino per diuturna tempora militantes, divino inspirati amore fieri jussimus, per quos decernimus atque sancimus ut loca supra nominata cum omnibus ad se juste et legaliter pertinentibus, sicut a sæpe dicto Heriboldo, jam dictæ sedis episcopo, eis conlata sunt; ita per hanc nostram auctoritatem in eorum jure ac potestate, absque alicujus diminoratione aut retractione permaneant; et nullus successorum rectorum videlicet memorate ecclesiæ, an eorum dominatione ea quoquo modo abferre, aut in aliam quamlibet partem transferre præsumat; quatenus sublata omni indigentia vestimentorum, pro nobis, conjuge, proleque nostra et pace ac stabilitate totius regni a Deo nobis commissi, alacrius eos indesinenter Domini misericordiam exorare delectet. Et ut hæc nostræ confirmationis auctoritas pleniorem in Dei nomine semper obtineat firmitatem, de anulo nostro subter eam jussimus sigillare.

Signum (Place du monogramme) **Karoli** gloriosissimi regis.

Jonas diaconus ad vicem Hludovici recognovit et subscripsit. (Place du sceau.)

Data xvii kalendas februarii, anno x, indictione xii, regnante Karolo gloriosissimo rege. Actum Bitloricas civitate, in Dei nomine feliciter. Amen.

(Original aux Archives de l'Yonne.)

N° 7.

Dons de Charles le Chauve à l'abbaye de S. Germain, à l'occasion de la translation du corps de ce Saint.

(9 Janv. 859.)

In nomine sanctæ et indivicædu Trinitatis, Karolus gratia Dei rex. Notum sit omnibus Sanctæ Dei ecclesiæ fidelibus et nostris præsentibus atque futuris, quia nos Autisiodorum venientes, sacratissimum corpus beati Germani pretiosissimi confessoris Christi solemniter transtulimus, rebusque nostræ proprietatis regiam celsitudinem imitantes, publice honorare decrevimus. Dedimus itaque monasterio Sancti-Germani ad stipendium monachorum Deo ibidem deservientium res pro prietatis nostræ sitas tam in pago Autisiodorensi, quam in Ternotensi et Avalensi, hoc est Luciacum, Uram, Modelagium et Montem Alonem cum eorum appendiciis vel quicquid fidelis noster Gausmarus et modo Iterius ex nostro proprio per nostrum prestitum beneficium visi sunt habuisse, ea videlicet ratione, ut prædictus Itrius nullatenus omnis tempore vitæ memoratas res amittat, nisi forte nos aliubi ei per hoc aliud tribuamus : omnibus tamen annis festivitate Sancti-Germani kalendis octobris solidos tres pro hac investitura in censum persol

vere studeat. Confirmamus autem, ut nulli liceat prædictas donationis nostræ res in alios usus ullatenus retorquere, nec aliquod servitium proinde ab eisdem monachis repetendo exquirere sed quicquid exinde juste et rationabiliter fieri potest utilitatibus eorumdem proficiat in augmentum, et animæ nostræ prosit in adjutorium. Ut autem hæc præcellentiæ nostræ donationis auctoritas semper in Dei nomine meliorem obtineat vigorem, manu nostra eam subter firmavimus et de anulo nostro sigillari jussimus. Datum ipso die quinto idus januarii, indictione iiii, anno xix, regnante gloriosissimo Karolo rege. Actum Autissiodori civitate, in Dei nomine feliciter. Amen.

(Ex *Cart. Manus. S. Germani in cartis regum cap.* 5.)

N° 8.

Garde et protection de l'abbaye de S. Germain, par Charles-le-Chauve.

(11 Sept. 860.)

In nomine sanct et individuæ Trinitatis, Karolus gratia Dei rex. Cum petitionibus servorum Dei justis et rationabilibus divini cultus amore favemus, superna nos gratia muniri non dubitamus. Notum sit igitur omnibus Sanctæ Dei ecclesiæ fidelibus et nostris præsentibus atque futuris, qua Hugo karissimus nobis abbas ex monasterio Sancti-Germani Autissiodorensis atque propinquus detulit obtutibus nostris, auctoritatem immunitatis Domini et genitoris nostri Ludovici serenissimi augusti, in qua continebatur insertum qualiter de more parentum suorum idem monasterium ob amorem Dei omnipotentis et tranquillitatem fratrum ibidem consistentium sub plenissima tuitione et immunitatis defensione suscepisset : pro firmitatis tamen gratia postulavit prædictus Hugo abbas et monachi ejusdem monasterii, ut paterno more id ipsum monasterium cum congregatione ibidem Deo famulante, ac cum omnibus rebus ad prædictum monasterium juste pertinentibus sub nostra reciperemus defensione et immunitatis tuitione. Quorum petitiones propter divinum amorem et prædictorum monachorum quietem libenter suscepimus, et sub plenissima defensione ipsam congregationem cum omnibus rebus eidem monasterio juste et rationabiliter aspicientibus retinemus; ita videlicet ut sub nostra defensione liceat eis quiete vivere, et sicut in præcepto Domini et genitoris nostri continetur, nullus episcopus diœcesis illius vel aliquis ex episcopalibus ministris ibidem aliquod præsumat exercere dominium; neque de rebus ejusdem monasterii aliquid auferre, aut in usus suorum mittere vel quippiam minuere nec abstrahere præsumat; et nullus judex publicus nec quilibet exactor judiciariæ potestatis, vel ullus ex fidelibus nostris in omnibus rebus eidem monasterio nunc subditis ac subdituris ad causas audiendas, vel freda aut tributa exigenda, aut mansiones vel paratas faciendas, aut fidejussores tollendos, aut homines ejusdem monasterii, tam ingenuos quam servos super terram ipsius commanentes distringendos, nec ullas redibitiones aut illicitas occasiones requirendas nostris et futuris temporibus ingredi audeat vel ea quæ supra memorata sunt, penitus exigere præsumat, sed liceat memorato abbati suisque successoribus res prædicti monasterii sub immunitatis defensione quieto ordine possidere et quicquid exinde jus fisci exigere poterat in integro eidem concedimus monasterio. Scilicet ut ad peragendum perpetuo tempore monachis ibidem Deo famulantibus augmentum et supplementum fiat. Simul etiam detulerunt serenitati nostræ autoritatem Domini genitoris nostri, in qua erat insertum qualiter idem piissimus augustus concessisset eidem monasterio omne theloneum de negotiatoribus vel de hominibus eorum qui per ipsam casam Dei sperare videntur, vel de hoc quod homines ad eorum dorsa deferunt, et ut in villis eorum seu super terris vel cinctis infra aut foris advenerint et negociatum fuerit omne theloneum per eandem auctoritatem eidem concessisset monasterio. Quorum petitionibus libenter acquievimus, et per hanc nostram auctoritatem præcipimus atque jubemus, ut nemo theloneum nec in civitatibus, nec in mercatibus, aut vicis, seu villis, vel portubus, aut portis ipsi monachi, aut negociatores eorum, aut homines eorum qui per ipsam casam Dei sperare videntur, sicut in præcepto Domini et genitoris nostri continetur, nullum theloneum persolvere cogantur nec infra monasterium, nec in villis, vel territoriis, vel aliis locis ad ipsum pertinentibus homines commanentes Et ut hæc nostræ auctoritatis atque immunitatis præceptio firmior habeatur, ac per futura tempora melius conservetur anuli nostri impressione subter eam jussimus sigillari. Datum III. Idus septembris indictione VII. Anno XX. regnante Karolo gloriosissimo rege. Actum Marduno monasterio, in Dei nomine feliciter. Amen.

(Ex *Cartulario Ms. S. Germani Autis. in chartis regum, imperatorum, etc.* C. 4. f° 24 v°.

N° 9.

Confirmation par Charles-le-Chauve d'un don fait aux moines de S. Germain par leur abbé.

(14 sept. 861.)

In nomine sanctæ et individuæ Trinitatis, Karolus gratia Dei rex. Si enim ecclesiarum Dei utilitatibus sanctorumque fratrum ibidem Domini obsequiis inservientium, justis ac rationabilibus petitionibus dignanter consulimus, piorum regum morem exercere videmur, ac per hoc non solum id nobis ad præsentis vitæ subsidium, verum etiam ad perhennis remunerationis augmentum profuturum esse credimus. Igitur noverit omnium sanctæ Dei ecclesiæ fidelium, tam præsentium quam et futurorum sollertia, quia venientes quidam sancti fratres ex monasterio beatissimi Germani pontificis Autissiodorensis, suppliciter innotuerunt magnitudini nostræ qualiter quandam vineolam per largitionem sui abbatis ad proprios usus hactenus tenuissent : ex quo humiliter supplicantes precati sunt quatinus eandem ad supplendos scilicet suorum necessarios usus auctoritatis nostræ præcepto eternaliter habendam sibi confirmare dignaremus : si quidem ipsa vinea noscitur esse ex ratione ipsius abbatiæ sita in pago Autissiod. infra fines Vincellense, in loco qui dicitur Valli-Pascentis. Quorum preces libenter suscipientes quia rationales et salutiferæ nobis visæ sunt, hoc celsitudinis nostræ præceptum jam dictis sanctis fratribus fieri, etc.

Ce titre est du XVIII *Cal. octob.* anno XXII *regn. Caroli. Actum Autissiodoro civitate, ex Cartul. S. Germani Autiss.* fol. 27 R°.

N° 10.

Confirmation d'échanges de biens, accordée par Charles-le-Chauve aux moines de Saint-Germain.

(2 déc. 864).

In nomine sanctæ et individuæ Trinitatis, Karolus gratia Dei rex. Si petitionibus servorum Dei benignum assensum præbemus, regiæ celsitudini operam damus, ac pro hoc in futuro mercedem a perpetuo judice expectamus. Proinde notum esse volumus omnibus sanctæ Dei ecclesiæ fidelibus et nostris præsentibus atque futuris, quia monachi S. Germani Autissiodorensis monasterii, humiliter petiverunt ut commutationes sibi opportunas autoritatis nostræ præcepto confirmare dignaremur, ne videlicet in posterum ullam inquietudinem per hoc perpeti compellantur. Siquidem sicut in commutationibus eorum insertum habetur acceperunt Riconorum villam xvi. mansos habentem a Conrado comite propinquo nostro in pago Autissiodorense, de fisco quod ei per præceptum nostrum ad proprium douavimus et ipse conjugi suæ Valdradæ in dotalitium concessit. Pro hoc ipsi donaverunt Modolaium villam quam nos eis per nostræ autoritatis præceptum in eorum stipendium condonavimus. Nec non et in Acliniaco villa mansos tres cum duobus molendinis et piscatione ad integrum a Lothario carissimo filio nostro atque ejusdem loci abbate acceperunt, et super Belticam mansum unum, et in Sidiliaco mansum unum, pro quibus ipsi dederunt in Corbeliis mansum unum et in Aliento mansum unum, et in Villa nova mansum unum, et dimidium, et in Abundiaco mansum unum, et in Baudiliaco mansum unum. Quorum suggestioni clementer annuentes, præcipientes jubemus et jubendo confirmamus ut istæ commutationes perpetualiter sicut nunc gestæ sunt ita permaneant, quatenus a nemine successorum nostrorum violari aut inquietari ullo modo valeant. Ut autem hæc præcellentiæ nostræ confirmatio meliorem semper in Dei nomine obtineat firmitatem, manu nostra subter eam firmavimus, et de annulo nostro eam sigillari fecimus. Datum iv. Non. Decembris indictione xii, anno xxiiii, regnante Karolo gloriosissimo rege. Actum Autissiodori, in Dei nomine feliciter. Amen.

(Ex *Tabul. S. Germ. Autiss.*)

N° 11.

Confirmation par *Louis-le-Bègue*, *de biens appartenant à l'Abbaye de Saint-Germain*.

(29 janv. 877).

In nomine Domini Dei æterni et salvatris nostri Jesu-Christi, Ludovicus misericordia Dei rex. Quidquid locis sacris divinis cultibus nuncupatis per præceptum nostræ regalis celsitudinis largimur, hoc nobis ad præsentem vitam felicius transigendam, et ad æternam facilius capescendam profuturum credimus. Noverit igitur omnium sanctæ Dei ecclesiæ fidelium, tam præsentium quam et futurorum solertia, quoniam venerabilis abbas Hugo ex cœnobio Sancti-Germani Autissiodorensis monasterii ad nostram accedens excellentiam, precatus ut prædicto monasterio S. Germani quasdam res proprietatis nostræ concederemus. Cujus petitionibus libenter annuentes dedimus præfato monasterio S. Germani quandam villam quæ dicitur Modolaius, cum ecclesia in honore S. Petri constructa, quam Conradus comes concambiavit cum fratribus monasterii S. Germani et dote mulieris suæ Vadraldæ, quam etiam villam legime auctorari non potuit, quia fuit in fisco per bannum domini Caroli imperatoris qui dedit ipsam villam Bosoni comiti : Boso vero ob amorem et remissionem delictorum animæ senioris sui impetravit præscriptam villam apud Dominum regem Ludovicum fratribus monasterii S. Germani cum omnibus appendiciis suis et quidquid in Tornorensi comitatu de eadem villa in Albonna villa afficit, e quidquid in Autissiodorensi comitatu in villa Ticisnao et Rivisiaco pertinere videtur. Concessimus igitur fratribus monasterii præfatas res cum omnibus adjacentiis, cum silvis, pratis, vineis, aquis, aquarumque decursibus, molendinis, pascuis, exitibus et regressibus. Ut autem hæc nostræ auctoritatis præceptio firmam et inviolabilem semper in Dei nomine obtineat firmitatem, annuli nostri impressione jussimus eam insigniri manu propria subter signantes Datum iiii. Kalend. Febr. Indictione. x. Anno primo Domini Ludovici serenissimi regis. Actum Noviniaco civitate, in Dei nomine feliciter. Amen.

(Ex *Cartul. S. Germani Autissiod. in Chartis regum. C. 8.*)

N° 12

Don de plusieurs domaines *d'Irency aux moines de S. Germain*, par *Charles-le-Simple*.

(22 mai 900).

In nomine sanctæ et individuæ Trinitatis, Karolus gratia Dei rex. Si petitionibus servorum Dei libenter aurem præbemus, regiæ excellentiæ opera invitamur, ac per hoc æternæ vitæ præmia nos adepturos non dubitamus. Noverit igitur omnium sanctæ Dei ecclesiæ fidelium præsentium scilicet et futurorum industria, quatenus adiens nostræ celsitudinis clementiam, venerabilis ac nobilissimus comes sed et fidelis noster nec-non et abbas monasterii S. Germani Autissiodorensis Ricardus nostram expelierit munificentiam, quatenus monachis ejusdem sacratissimi loci quasdam res ex eadem abbatia ad stipendium ipsorum monachorum et usus concederemus, mansellos scilicet viginti sitos in pago Autissiodorensis, in villa quæ dicitur Irenciacus, quos olim Walcaudus et Letardus in beneficio habuerunt. Cujus admodum salubribus atque animæ nostræ proficuis postulationibus sublimitatis nostræ aurem accomodantes, concessimus præstitulatas res eidem sacro-sancto loco, atque exinde magnitudinis nostræ præceptum illis fieri darique jussimus, per quod confirmamus easdem res usibus eorum eternaliter servituras, et nemine inquietante non abbate, nec ulla ministeriali, vel etiam judiciaria potestate perenniter eis delegando decerminus possidendas, eo utique autoritatis tenore quatenus pro suorum necessitate, quidquid ex eisdem rebus agere decreverint liberrimo in omnibus potiantur arbitrio, atque hujus largitionis sæpefati monachi digne fideliterque reminiscentes, pro nostra incolumitate, ac totius regni nostri statu, simulque dilecti et fidelis nostri Rocardi salute, pias omnipotentis Dei aures continuis precibus pulsare non desistant. Et ut hæc largitio per successiones futurorum temporum firmior habeatur, atque in perpetuum ab universis Dei fidelibus diligentius conservetur, manu propria eam subter firmantes, annuli quoque nostri impressione insigniri jussimus. Datum x. Kalend. Maii, indictione III. Anno quoque nono regnante, et redintegrante tertio Karolo serenissimo rege. Actum firmatumque Trecas civitate, in Dei nomine feliciter. Amen.

(Ex *Cart. S. Germ. Autiss.*)

N° 13.

Charte de Charles le Simple qui rend Mailly-sur-Yonne à l'Eglise d'Auxerre.

(14 mars 902.)

In nomine sanctæ et individuæ Trinitatis, Karolus divina propitiante clementia rex. Si fidelium nostrorum petitionibus aures culminis nostri inclinamus, et eas ad affectum usque perducimus, non solum regalem in eo exercemus dignitatem, verum etiam æternæ retributionis præmia inde nobis augmentari liquido credimus. Quocirca noverit omnium fidelium nostrorum præsentium videlicet ac futurorum sagacitas, qualiter Herifridus venerabilis Autisiodorensis ecclesiæ episcopus, quædam præcepta imperatorum et regum, Karoli videlicet imperatoris augusti et genitoris nostri bonæ memoriæ Hludovici regis nostris obtulit obtutibus, in quibus continebatur quemadmodum ipsi antecessores nostri quasdam res in pago Autisiodorensi consistentes, hoc est Malliacum, cum omnibus appenditiis suis situm super Icannæ fluvium, holim injuste a præfata ecclesia abstractum, juste et rationabiliter reddidissent : ideoque nostram deprecatus est clementiam, quatenus super hæc eadem præcepta aliud nostræ, aut..... nostræ potestatis præceptum inde conscribi per quod decernimus atque omnino sancimus, ut sicut in illo continetur præcepto, ita et deinceps per hanc nostram succedentibus temporibus auctoritatem firmum et inconvulsum permaneat, nullo unquam successorum nostrorum id inrumpente. Et ut hæc nostræ confirmationis auctoritas pleniorem in Dei nomine obtinere valeat vigorem, manu propria subter confirmamus, et annuli nostri impressione insigniri jussimus. Actum pridie Idus Martii, Indict. V. Anno X. regnante Domno Carolo gloriosissimo rege redintegrante V. Actum Compendio Palatio, in Christi nomine feliciter. Amen.

(Original aux *Archives de l'Yonne.*)

N° 14.

Fondation du Chapitre de Clamecy.

(1076 — 1084).

Notum sit cunctis sanctæ ecclesiæ fidelibus, quod cum ego Wido scilicet de Clameciaco ecclesiam S. Martini, quæ in ipso castro est ampliori servitio quam consuetum fuerat instaurandam decrevi. Itaque Willelmum consulem Nivernensem et Gaufridum episcopum Autissiodorensem per consensum et voluntatem filii mei Hugonis conveniens, utrumque precatus sum Clameciacum venirent, et quod pro salute animæ meæ facere intenderam collaudarent; acquieverunt uterque meæ voluntati, et coram ipsis ad servitium ecclesiæ, octo canonicos stabilivi, quibus portionem eorum quæ de manu episcopi et consulis tenebam tradidi. Concesserunt etiam si illi qui a me feodati de bonis ipsorum fuerant, ecclesiæ aliquid conferre vellent, istud eis liceret et ecclesiæ jure perpetuo, nulla interveniente calumnia, possideret. Ea igitur collata fuerunt ecclesiæ et canonicis ibidem ad serviendum Deo constitutis sunt ista.

Sepultura tota et quæcumque ad ecclesiam pertinent. Baptisterium et cætera.

Decimatio de Molea villa.

Item dimidium decimationis Æstivalis villæ.

Ecclesia quoque de Qunciaco cum baptisterio et sepultura et suis oblationibus.

Medietas etiam decimationis ejusdem villæ, et tota decimatio Villaris villæ.

Silvas etiam suas concessit ad usum ecclesiæ, et piscationem in Icauna.

Item milites de feodo ipsius Widonis contulerunt ecclesiæ :

Guido suum pratum quod conjacet apud Baugiacum.

Item Iterius dedit terram quæ est ultra fluvium Icaunæ.

Item dedit terram et prata apud Baugiacum.

Reginaldus Meschim dedit territorium quod habebat apud Balgiacum, laudante filio ipsius.

Wiscelinus duas areas juxta castrum.

Odo mansum unum apud Osiacum.

Anseisus presbyter et canonicus terram quæ est juxta pratum comitis, et arpennum vineæ juxta fontem quadratum.

Wido presbyter et canonicus alodum suum contulit apud Siliniacum.

Auvinus dedit duo jugera terræ in Chaseles.

Nocherus quatuor jugera in Chaseles.
Theobaldus Batlavena duo jugera sub custodia balgiaci.

Quædam fœmina nomine Sorel duo jugera ad crucem Balgiaci pro morte filii sui.

Actum est, est confirmatum publice apud Autissiodorum, in capitulo sanctæ matris ecclesiæ Autissiodorensis, præsente Roberto episcopo, successore prædicti pontificis Gaufridi.

Signum Roberti pontificis.

Adfuerunt item ad collaudandum Herveus archidiaconus Hugo præpositus

Humbaudus decanus Stephanus thesaurarius Geravdus cantor Rodolphus cancellarius

Dictum et concessum est ab omnibus, si quis hanc chartam infregerit, donec ecclesiæ et canonicis satisfaciat, sub perpetuo anathemate teneatur.

(Tirée d'une copie du xve siècle. Arch. de l'Yonne. Fonds de l'évêché d'Auxerre.)

N° 15.

Ex Legendario simul et Antiphonario Autissiodorensi scripto, ut videtur, circa annum 1270, in festo Exceptionis S. Alexandri, 14 novembris.

In beati Protomartyris Stephani ecclesia Autissiodorensis factum, et in qua sanctus Alexander papa vere quiescit; hoc solo si totus audeat mundus (quod absit) contradicere, probante miraculo.

— Miracle arrivé en sonnant le jour de la fête de S. Alexandre. — Tour de la cathédrale.

Vigiliæ autem hujus laudes vespertinas tempus adduxerat, sed signa festiva sicut moris est qui traherent non aderant : ascensus enim arduus erat ad illa, nec valebat eo quivis facile pertingere, nisi validus esset et agilis corpore. Quapropter ecclesiæ decanus qui tunc erat, futurus utique postmodum episcopus Humbaudus nomine, vocato de minoribus clericis uno sibi homonymo, id est, ejusdem nominis, præcepit ei ut amore Sancti cujus erat festum, turrem signorum ascenderet, et laborem pulsantium adjuvaret, qui protinus obedivit et celeriter ascendit.

Turris denique illa septentrionalis juncta ecclesiæ lateri tetragona, seu quadrangula et altissima erat, habens directas in quatuor orbis partes binas fenestras ingentes et latas. Sub altera vero duarum quas Phœbus luce matutina percutiebat, ab ipso pariete egredi videbatur pertica quædam non multum grossior, verum brevior militari hasta nec erecta versus cœlum, sed velut in plano jacens per inane porrecta.

Potest etiam credi cœmeterios cum cæteras abstulissent, istam de numero vel non posse eruere, vel fessis requiem avibus sponte dimisisse. Item pertica illa supposita sic fenestræ, tamen distabat inferius ab illa fenestra, quanta est prolixi statura hominis deorsum patente profunditate immanissima.

Secus quippe fenestras interius solarium stabat constructum unde nitebantur laborantes. Illuc adolescens amore Sancti paratus obedire pervenerat, lætusque de novitate tam excelsæ speculationis, utpote qui primo tunc ascenderat locum fenestræ vicinum et appositum libentius occupaverat, cum illico funem signi manibus invadens, et quod usus non docuerat, incaute trahens raptus est ab eodem fune flexo et corpori circumfuso, signoque recurrente raptus sublimiter tanquam saxum e tormento missum per fenestram foras vix visibiliter præ nimia vi turbatus stetit in summo perticæ, quanta ipsa est remotus a muro. Quod fuit dicimus, quomodo vere potuit esse nescimus satis dicere.

Nam quod ipsa mater natura rerum non novit facere, nos qualiter ut fiat, possumus verbis instruere. Ipsa neminem in aere concipi, neminem nasci constituit, et nostræ garrulitas quomodo valuit homo verus in eo stare docebit?

Abeat hinc procul error. Sit semper apud nos ineffabile quidquid apud illam est impossibile. Et tamen stetit ut ita dicam in loco sine loco : nam si voluerim, non erat tamen locus hominum. Negatque ratio ut hominis dicendus sit esse locus qui vel standi non est ei locus : locus tamen hic totus minor sexta pedis parte; pedes ambos sustinuit cum toto corpore.

Tandem postquam ille in extasi non minus temporis quam recitata cœpit oratio dominica perstitisset, sanctissimus fons misericordiæ Christus, sicut exposito morti per totum miraculum Salvator affuit, ita liberatur a periculo gratia boni papæ non defuit.

Unde mox et quid ageret divinitus est inspiratus, et velut oraculum consolationis e cœlo transmissum. Nam a vecte summo in quo stabat tam immotus quidem et tranquillus, quam ab ipsa tuitione vere angelica custodibus eundem de quo ceciderat funem a sociis sibi porrigi dato vix leviter indicio postulavit, et sane per fenestram regreditur.

(Has novem Lectiones exscripsi ex parvo quodam Anario Autiss. prædicto, 1724.)

N° 16.

Introduction du culte de S. Mammès dans l'Eglise d'Auxerre par Hugues, autrement dit Rainard de Bar-sur-Seine, évêque de Langres.

(An 1079.)

In nomine sanctæ et individuæ Trinitatis, ego Hugo Lingonensium, Dei gratia episcopus et dominus, divinitus inspiratus et ea videlicet dilectione ammonitus, qua unumquemque christianum uti nosmetipsos diligere et amplecti præcipimur, manifestum iri volo tam futuris quam præsentibus quod Autissiodorensibus fratribus ad servitium Deo et ecclesiæ protomartyris ascriptis et ascribendis, condescendendo compatiens et compatiendo subvenire desiderans, eorum non injustis nec aspernandis...... acquiescere misericorditer disposui et disponendo misericordius adquievi. Illud igitur simoniacum et abominabile Deo et universis catholicis commercium vitantes, decimas omnes, et omnes proprios redditus ecclesiæ Sancti-Simphoriani sitæ in villa quæ *Marol* vulgari vocabulo nuncupatur, prædictis fratribus gratis et absque omni recompensatione remisimus et concessimus, retinendo tamen census et paratas, reliquasque consuetudines et infractionum satisfactiones quæ nullo modo jure ecclesiastico vel a nobis impendi vel ab illis recipi potuerunt, has scilicet et hujusmodi alias si quis violentus hostiliter atrium invaserit, et invadendo fregerit ac violaverit, vel si infra continentiam totius parochiæ aliquid non committendum injuste commiserit, non inde cuiquam nisi nobis duntaxat vel successoribus nostris respondeat, vel satisfaciat. Præterea prædictarum rerum tam remissionem quam concessionem eo tenore, et nos fecimus... nobis factam alios sic intellect....... studio cogitavimus, quatenus in uno quoque anno sextarium olei ad illuminandam capellam Sanctæ-Mariæ quæ est in turri persolvatur, ad hoc tantummodo ne ecclesia nostra jus proprium a se alienare videatur, insuper festum Sancti-Mammetis apud matrem ecclesiam B. Stephani tam cum propriis responsoriis quam cum hymnis et lectionibus celebriter et festive agatur et veneretur, et eo ipso die prædicti fratres supradictæ ecclesiæ canonici de prædictis bonis quæ eis concessimus communiter in refectorio copiose in prandio epulentur, ac plene in cœna recreentur, quatenus solemnitas nostri martyris gloriosius celebretur. Illud etiam insuper apud gratiam eorumdem fratrum et humiliter implorando impetravimus, et impetrando inviolabiliter permansurum in perpetuum obtinuimus, quatenus anniversarium meum per singulos annos plenissime ... qui mihi tanquam.... episcopis tam per missarum sacro-sanctarum exequiarum divina officia. Actum Lingonis publice in synodo, anno Incarnationis Dominicæ millesimo septuagesimo nono, indictione secunda.

Signum Hugonis episcopi, S. Amaldrici Tornodorensium archidiaconi, S. Goscelini archipresbyteri, S. Bernardi archipresbyteri, S. Rodulfi archipresbyteri, S. Norgaudi canonici, S. Widonis canonici et magistri scolarum.

(Tiré d'une ancienne copie.)

N° 16 bis.

Exemption de droit de Péage à Gien accorcordée à l'abbaye de S. Benoit-sur-Loire, par Hervé seigneur de Gien.

(1087.)

Omnia que temporaliter fiunt temporaliter transeunt, idcirco nequaquam duximus incongruum ut que a morsu oblivionis illesa servare volumus litterarum apicibus annotemus. Notum sit ergo tam presentibus quam futuris quod ego Herveus Gionensis dominus ad remedium anime mec do in perpetuum monachis Sancti-Benedicti totum pedagium quod accipere solebam de vino et annona et universis aliis rebus suis per terram seu aquam, ad usum eorum deferendis. Preter hec concedo eis pedagium de lignis et lapidibus undecunque transferendis vel deferendis ad usum ecclesie et omnium domorum suarum pertinentibus, per terram seu aquam. Pro hac itaque donacione ceperunt me monachi in . . . . . . et vigiliis et orationibus eorum. Et inde concesserunt se facturos anniversarium patris mei Gaufridi de Dongione quod est in sexto calendas februarii. Hoc concessit Guillelmus primogenitus meus, et Philippus et alii heredes mei. Hujus rei testes sunt ex parte mea Goffredus de Dongione, Hugo pater ejus, Ferricus Faldibriensis de Altrico. Robertus de Ascio, Andreas Gubertus, Stephanus de Boniaco, Nicholaus Baudris, Hugo de Altrico, Andreas Chal. Andreas Goaud, Stephanus Pullardus.

Factum est hoc regnante Philippo rege francorum; Anno ab incarnatione domini millesimo octogesimo septimo.

(Collationné par Chartier, notaire royal.)
(Tiré du Cartulaire de S. Benoît-s.-Loire, Arch. du Loiret.)

N° 17.

Catalogue du clergé de l'église d'Auxerre,

Tel qu'il était à trois colonnes en la cathédrale, l'an 1100, sous l'évêque Humbaud, tiré d'une feuille de la fin du Nécrologe, qui avait été écrit environ cent ans auparavant, et qui est conservé parmi les manuscrits de la bibliothèque Colbert, passés dans celle du roi, Ms 5253, f° 62 r°.

« Ordo Vicarius exigit ut Domnus Ill. hac hebdomada missarum officium publice
» celebret. Ill. Evangelium legat. Ill. Chorum provideat. Ill. Epistolam pronun-
» tiet. Ill. in capitulo legat. »

Hæc sunt nomina canonicorum hujus sanctæ ecclesiæ.

	Item Diacones.	*Item subdiacones.*
Unbaldus episcopus.	Rotfridus archid.	Rotbertus.
Tagerius sacerdos.	Alvalo.	Odo.
Valterius sacerdos.	Harduinus.	Arnulfus.
Johannes sacerdos.	Alfredus.	Girardus.
Varinbaldus.	Leotericus.	Gotfridus.
Rodulfus sacerdos.	Valterius.	
Macarius.	Valterius.	
Girardus.	Constantinus.	
Raynaldus.		
D.		
Hugo præceptor.		
Item aliunde.	*Item aliunde.*	*Item aliunde.*
Rodbertus Edituus.	Geraldus præcentor.	Hugo præpositus.
Willermus.	Lambertus.	Vilencus.
Warinus.	Isenbardus.	Calo. . . .
Theodericus.	Iterius.	Clarus.
Hugo.	He.	Hugo.
Litaldus.	Laudo.	Stephanus.
Johannes abbas Sancti-Amatoris.	Ro.	Hugo.
	Gozelinus.	Gotfridus.
	Johannes.	Atto.
	Guibertus.	Eriveus.
		Blainus.
	. . . . .	. . . . .

En tout 52 chanoines ou environ.

Il y a dans le Glossaire de Ducange au mot *nonnus*, une Table à peu près semblable des officiers de Mont-Cassin. *Vicarius Ordo postulat, ut in hac futura hebdomada, nonnus Amicus Missam,* etc.

L'église d'Auxerre observe toujours la même formule ci-dessus, *Ordo Vicarius*, et un enfant de chœur en fait la lecture les vendredis matin au chœur et dans le Chapitre. On n'en a retranché que le lecteur du Chapitre, depuis qu'on n'y prend plus de repas.

N° 18.

Notice sur le territoire de Crisenon, sous Humbaud Evéque d'Auxerre, vers l'an 1110.

Ne litis hujus occasio ex verborum mutatione resurgere posset in posterum, litterarum veritati commisimus, quo fine tandem abbatum Vizeliacensis et Molismensis controversia de alodio de Crisenon, ad concordiam sedata sit coram domno Odalrico, romanæ ecclesiæ cardinali presbytero, et coram Autissiodorensis episcopo, tertiam partem ejus alodii, quæ dicebatur de jure domni Iterii, quam in via Jerosolymitana moriens, dimissise probatum fuerat monasterio Vizeliacensi, et monasterio Caritatis, quia sic antea judicatum fuerat coram domno Ricardo Albano episcopo, romanæ sedis tunc legato, abbas Molismensis in pace dimisit utrique pretaxato monasterio, quod ut firmius esset inter abbates, definitum est et fuit ut reliquas duas tercias ejus allodii, quarum unam, id est, domni Hugonis, jam se possessione tenere dicebat Molismensis, alteram, id est, Narjaudi, quam impositione pecuniæ firmabat se occupasse non inquietare, et Vizeliacensis, nisi canonico judicio Molismenses tinde privari contigerit. Quia vero allodium illud inter fratres illos certis finibus divisum non fuerat, et tertia pars ecclesiæ et officinarum quas Molismenses construxerant, cedere videbantur in jus monasteriorum Vizeliaci et Caritatis; a cardinali statutum, et ab utraque parte concessum est, ut secundum dispositionem episcopi, et archidiaconi et thesaurarii. nec non et Sigmari decani Sancti-Petri darent Molismenses censum, vel terræ commutationem, ut officinæ cum monasterio, ecclesia et viridario sic eis manerent immota, quod si Vizeliacensi ingredienti, possessionem suam opposita fuerit calumnia tanquam per Molismensem ante fuerit impedita Vizeliacensis possessio, vocatus Molismensis, si se coram episcopo inde purgare non poterit, oportebit cum restituere ad pacem, cujus ad se judicio episcopi tollere non poterit interturbationem.

(Ex *Tabul. Molism.*)

N° 19.

Lettre de la fondation de l'Abbaye de Bouras, par Hugue-de-Til et Alexis de Monte-Onisio.

(An 1120.)

Notum sit omnibus tam futuris quam præsentibus quod ego Hugo de Tilio et ego Alexis de Monte-Onisio pro redemptione animarum nostrarum damus atque concedimus Deo et B. Mariæ et fratribus Boni-radii quicquid habemus plani et nemoris inter cheminum quo tenditur Nivernis Autissiodorum, et illud quo itur a Charitate ad Varziacum usque ad Vadum-Fracte. Similiter illud damus territorium quod est apud grangiam Boni-radii sicut metis et limitibus terminatur. Præterea in omni potestate Campilemii bestiis pascua, porcis alimenta et omnia usuaria quotiescumque voluerint jure perpetuo sumant: Hujus rei testes sunt Hugo Autissiodor. episcopus, Hugo Pontiniacensis abbas, Gaufridus abbas Boni-radii, Willermus Nivernensis comes, Manfredus monachus, frater Simon, conversus, magister Guilbertus Universalis, Herveus de Toeodia, Renaldus-Grossus de Novo Castro, Jocellus de Monte-Onisio, Paganus præpositus de Nova-villa, Alcrinius præpositus de Campomilii, et Michinus filius ejus, Gauterius Hiems, anno ab Incarnatione Domini millesimo centesimo vigesimo, Ludovico regnante; Willelmo comite Nivernensi principante.

(Scellé d'un sceau avec les pendans de cuir où est représenté un cavalier.)

N° 20.

Autre lettre concernant la fondation de l'abbaye de Bouras, donnée par Geoffroy de Donzy.

(An 1120.)

In nomine sanctæ et individuæ Trinitatis, ego Gaufridus de Donziaco dono et concedo monachis Sanctæ-Mariæ Boni Radii Caviniaco, totum planum et les essart usque ad cheminum levatum quo tenditur ab Interannis Autisioderum. Concedo etiam monachis ne amplius villa vel mansio rusticorum habeatur. Hujus donationis testes fuerunt : Seguinus de Chailno. Odo de Sailliaco, Gaufridus de Faia prepositus, Daudus de Caviniaco. Hujus donationis confirmatio facta est in manu domini Hugonis Autissiodorensis episcopi atque ejus confirmationis. Testes sunt isti: Hugo Autissiodorensis episcopus, Hugo abbas Sancti-Laurentii, Dimericus abbas Ville-Gondonis Hugo decanus Sancti-Petri, Hugo archipresbiter, Arnaudus monachus, Rainaldus cosmet..... Guido de Luchiaco, Gaufridus Malemens, Actum est hoc anno incarnationis domini M° C° xx°. Regnante Ludovico Trancorum rege. Wilelmo Nivernensi comite principante.

(Arch. de la préfecture de l'Yonne, Cartul. de Bouras, écrit au 17e siècle.)

N° 21.

Traité de Guillaume, comte d'Auxerre, avec Gervais abbé de Saint-Germain, sur leurs droits réciproques dans le bourg et château de S. Germain.

(An 1121.)

In nomine sanctæ et individuæ Trinitatis. Notitiæ præsentium et futurorum commendatum sit qualiter, ego Willelmus, Nivernensis comes, vel quo fine querelas quas habebam adversus S. Germani Autissiodorensis cœnobii ecclesiam per manus Hugonis Autiss. episcopi, cum Gervasio prædicti cœnobii abbate pacificaverim. Calumniabor res latronis in burgis castelli Sancti-Germani capti, et habere cum ipso latrone volebam. Amodo autem latronem habebo sicut habere solebam, res vero ejus quæ in burgis eisdem erunt, nec calumniabor, nec requiram; sed si forte homo meus liber vel servus in latrocinio in burgis castelli Sancti-Germani captus fuerit, et de eo clamor ad præpositum S. Germani venerit, præpositus S. Germani, et qui clamorem fecerit, capitale suum cum rectitudine habere fecerit, et justitiam suam ad præpositum pertinentem inde cœperit. Quod si ego, vel homines mei latronem illum, hominem videlicet meum et res suas habere voluerimus, et a præposito S. Germani petierimus : si præpositus nobis reddiderit suscipiemus; sin autem quomodo non perdamus quæremus. De latrone quoque qui mihi vel hominibus meis redditus fuerit, sic pro posse nostro fideliter providebimus, ne malum inde ecclesiæ S. Germani contingat : mensuras vero annonæ, et vini quas in burgis S. Germani, non tantum in castello, calumniabar in pace S. Germani ecclesia deinceps possidebit, sed mensuræ castelli et burgorum S. Germani mensuris meis æquabuntur, et si postea quam æquatæ fuerint, aliquis eas falsificaverit, sicut supra scriptum est de latrone, ita fiet de earum falsificatore. De infracturis, de assutibus de seditionibus, de inventis, quæ ego calumniabar in burgis castelli S. Germani, sive in viis publicis, quæ in burgis sunt; sicut burgi comprehenduntur domibus, curtilibus, olchis, quam faciebam calumniam dimitto, excepto quod si homini aliquid forisfactum fuerit, homo meus capitale suum cum rectitudine habuerit, et ego meam rectitudine habuerit, et ego meam rectitudinem ad me pertinentem. In placito generali, de hominibus meis qui in burgis castelli S. Germani, vel in terra ejus, quæ est sub muro civitatis habitant, ultra sex denarios monachi de ditiore non accipiant. Consuetudo vero lignarii a singulis a quibus accipitur semel in annos accipiatur, tempore quod monachi elegerint. Quando autem vinum meum per bannum vendi faciam, tribus diebus in castello S. Germani vendere voluerit vendat. Custodes vero banni mei maneant in locis illis in quibus manserunt tempore Willermi consulis avi mei. Guarennam autem leporum quam feceram in perpetuum dimittam. Has autem querelas et calumnias supradictas quas ego adversus ecclesiam S. Germani faciebam juraverunt homines S. Germani decem : Ingelbertus præpositus, et alii novem sequentes, quod Willermur comes, avùs meus, neque per rectitudinem, neque per consuetudinem eas habuerat, et ego eas dimitto. Sciendum quoque quod propter has dimissiones; et has pacificationes, neque ego adversus ecclesiam S. Germani perdo, vel ecclesia S. Germani adversum me perdit hominem, vel fœminam, vel terram, vel usum, vel consuetudinem, exceptis supradictis querelis et calumniis quas ego dimitto. Laudant hoc uxor mea comitissa Adalaïda, et filius meus Guillelmus. Testes hujus rei sunt; Hugo abbas Pontiniacensis, (et alii XII qui scribuntur in carta.) Actum est hoc Autisiodori, anno incarnati Verbi, M. C. XXI indictione XIIII, regnante rege Ludovico, anno regni sui XIIII.

(Ex *Cartul. S. Germani*, f° 40.)

N° 22.

Restitution de l'Eglise d'Augi aux chanoines de S. Pierre d'Auxerre, par l'évêque Hugues de Montaigu.

(An 1123.)

In nomine sanctæ Trinitatis, ego Hugo Antissiodorensis episcopus, officii commissi non immemor, religiosis videlicet locis, non solum amissa restituere, verum etiam quæ nunquam habuisse noscuntur conferre debere, horum inquam non immemor : ecclesiæ S. Petri Autissiodor. de Ponte, et canonicis inibi regulariter Deo servientibus, do vel potius reddo, et concedo ecclesiam S. Mauritii de Algiaco, cum rebus omnibus ad eam pertinentibus, oblationibus, scilicet decimis, terris, censu et cæteris omnibus quæ cuncta juris predictæ ecclesiæ S. Petri olim fuisse, et virorum antiquorum relatione, et kartarum attestatione feruntur. Ut autem donacio jam dictæ ecclesiæ Algiaci, quam consilio et rogatu amicorum et filiorum nostrorum canonicorum inferius scriptorum ecclesiæ S. Petri fecimus, rata perpetuo et inconcussa permaneat, prefatæ donationis kartam episcopali auctoritate confirmamus, nostrique munimento sigilli eam corroborantes munimus. Cui donationi hii testes et laudatores affuerunt, Ulgerius præpositus, Rotgerius Archidiaconus, Stephanus Decanus, Gofridus cantor, Jonas lector. Lambertus sacrista, Goscelinus cellararius, Atto camerarius, Fulco et Ebrardus canonici, Rainardus archipresbyter, multique alii.

Actum est hoc publice Autissiodori, anno ab incarnatione Domini, millesimo centesimo vicesimo tertio, nostri vero episcopatus octavo, regnante Lugdovico Philippi filio, rege Francorum.

(Ex. *Tab. Mss. S. Petri Autiss.* — Arch. de l'Yonne.)

N° 23.

Charte de l'évêque Hugue de Montaigu, par laquelle il fait don à l'abbaye Saint-Germain de l'église de Saint-Fargeau et ses dépendances. A la suite est transcrite la bulle du pape Calixte II, qui accorde au même prélat le droit de disposer en faveur des chanoines réguliers, de certaines églises qui avaient été usurpées par des laïques et lui confirme celui de régir toutes les autres églises de son diocèse.

(An 1123.)

In nomine sanctæ et individuæ Trinitatis. Notum sit tam præsentibus quam futuris quum ego Hugo Autisiodorensis episcopus dono ecclesiæ et monachis Sancti Germani in manu domni Gervasii ejusdem loci abbatis, ecclesiam de Sancto-Ferreolo et quicquid ad eandem pertinet æcclesiam : decimam quoque ipsius æcclesiæ quandocunque eam de manu illorum qui eam tenent adquirere poterunt, eis similiter laudo et concedo. Hujus donationis laudatores simul et testes existunt Rotgerius archidiaconus, Stephanus decanus, Lambertus Ollanus, Rainaldus abbas Vizeliaci, Hugo abbas Pontiniaci, Julianus abbas Fontismensis, Rainaldus archipresbyter, Benedictus archipresbyter, Gauterius archipresbyter, Desiderius capellanus Sancti-Lupi, Hubertus et Stephanus monachi socii mei. Et ne quis futurorum seu præsentium aliquam huic donationi quolibet modo possit sive conetur inferre calumpniam, privilegium domini papæ Calixti quo mihi æcclesias diocesis nostræ sicut mihi visum fuerit ordinandi licentiam tribuit, subscribere placuit.

CALIXTUS episcopus servus servorum Dei, venerabili fratri Hugoni Autisiodorensi episcopo, salutem et apostolicam benedictionem. Religiosis fratrum nostrorum desideriis non solum favere, sed ad ea ipsorum debemus animos incitare : desideras siquidem frater karissime ut quædam episcopatus tui ecclesie ad honorem Dei per ejus gratiam regulariter ordinentur. Nos itaque bone voluntati tue paterno congratulantes affectu, tibi licentiam indulgemus in commissis tibi ecclesiis, in quibus videlicet clerici seculares sunt, canonicos regulares vel monachos religiosos de ecclesiis parrochie tue regulariter ordinandi. Preterea magnam de tua religione fiduciam obtinentes, liberam, tibi dictante justicia, concedimus facultatem conferendi ecclesiis regularium fratrum canonicorum sive monachorum, in tua parrochia existentium, ecclesias quasdam quas injuste laici consueverant obtinere. Ad hec fraternitate tue canonicam majoris ecclesie ordinationem ac dispositionem nec non et ceterarum episcopatus tui ecclesiarum auctoritate sedis apostolice confirmamus. Ut videlicet tam ecclesie quam monasteria debitam tibi tanquam patri et magistro reverentiam prorsus exibeant, sicut etiam tuis catholicis predecessoribus exibuisse noscuntur. Si quis autem adversus hec audaci temeritate prerumperit donec satis fecerit, ecclesiastice subjaceat ultioni. Datum Cluniaci IIII nonas januarii, indictione XIII.

Facta est hec donatio Autissiodori, anno millesimo centesimo xx^{mo} III°, indictione prima, regnante Ludovico rege Francorum.

(Pièce autrefois scellée du sceau de l'évêque. Préfecture de l'Yonne, fonds S. Germain, publiée dans la *Gallia Christiana*, t. XII.)

N° 24.

Confirmation à l'abbaye de Molême par le chapitre d'Auxerre, des églises du diocèse qu'elle tenait des Evêques Robert et Humbaud.

(An 1126.)

In nomine sanctæ et individuæ Trinitatis : notum fieri volumus nos ecclesiæ S. Stephani Autissiodorensis canonici, videlicet Ilgerius prepositus, Stephanus decanus, Gaufridus cantor, aliique nostræ ecclesiæ canonici, quia venerunt ad nos Guido abbas ecclesiæ Molismensis, et quidam alii honesti ejusdem ecclesiæ monachi petentes, et debita et fraterna caritate rogantes, quatenus ecclesias in Autiss.

episcopatu sitas quas tempore Roberti Autissiodorensis præsulis, et Humbaudi ejus successoris tenuerant et habuerant, ecclesiæ Molismensi perpetua possessione habendas laudaremus, et scripto nostro confirmaremus : quorum petitionem benigne et caritative suscipientes, ecclesias omnes Autissiodorenses temporibus prædictorum episcoporum ab ecclesia Molismensi habitas et possessas eidem ecclesiæ perpetua possessione habendas laudamus, et scripto nostro confirmamus. Sunt autem hæ ecclesiæ : Ecclesia Nantriaci, ecclesia S. Moderati, ecclesia Naaliaci, ecclesia Lissiaci, ecclesia Crisennonis, ecclesia Luchiaci. Hujus autem rei testes sunt supradictæ personæ, Hato, Erveus, Gauterius, Joannes, Gislebertus, Agano, Joscelinus, Willemus, Gaufridus, Rodulphus, Robertus, Petrus. Factum est hoc Autissiod. in festivitate revelationis S. Stephani, in capitulo ipsius, in præsentia Hugonis Autissiodorensis præsulis, anno ab incarnatione Domini millesimo centesimo vigesimo sexto, Ludovico Philippi filio rege, Willelmo consule, Jona cancellario.

(*Ex Tabul. Molism.*) (1).

N° 25.

Don de l'église de Sougères, au diocèse d'Auxerre, à l'église de Saint-Père, par Hugues de Montaigu, évêque d'Auxerre.

(An 1130.)

Officii nostri sollicitudine commonemur, ut ecclesiasticas facultates ecclesiæ servitoribus et maxime regulariter viventibus, largiri debeamus. Qua ergo ratione commonitus Hugo videlicet Autissiodorensis episcopus, Hugoni ecclesiæ S. Petri Autissiodorensis decano, et successoribus ejus, fratribusque in eadem ecclesia sub regula S. Augustini canonice communiterque viventibus, trado et concedo ecclesiam S. Petri de Sueriis, cum omnibus quæ ad eam pertinent, salvo tantum jure episcopali, absque omni calumnia perpetuo possidendam. Hoc autem donum facimus, amicis et filiis nostris quorum nomina infra scripta sunt laudantibus et persuadentibus, hujusque concessionis testibus existentibus, Rogerio scilicet archidiacono, Jona, benedicto ac Gautherio archipresbyteris, Lamberto sacrista, Goscelino cellerario, et cæteris quampluribus.

(1) Il y a une autre charte du même évêque à cette date et pour le même objet, dans la Gallia Christ.. t. xii.

Ut igitur donum superius denominatum firmum inviolabiliter et ratum perpetuo habeatur, sigilli nostri autoritate præsens cyrographum roborari præcepimus.

(*Ex Tabul. S. Petri Autiss.*)

N° 26.

Article curieux concernant la dotation du monastère de Fontemoy sur les limites du diocèse d'Autun, et transféré presque en même temps à Regny, diocèse d'Auxerre.

(An 1130.)

Notum sit omnibus tam contemporaneis quam posteris nostris, quod quidam miles nomine Adam, filius Hugonis Judicis de Nuceriis, solebat tenere quasi hereditario jure tertiam partem decimæ agriculturæ Fontismensium fratrum, quæ videlicet decima pertinere videbatur ecclesiæ de Jugis : sed venerabilis pater Stephanus Æduensis episcopus, cum in ipso Fontismensi monasterio ordines quodam tempore celebrasset, hoc est sabbato post Pentecosten, et celebratis jam ordinibus ad propria remeare cœpisset, accidit ut ipse Adam in comitatu ejus esset, quem cum de relinquenda ipsa decima episcopus multum adhortatus esset, tandem hæc inter eos conventio firmata est, ut Adam prædictam tertiam partem decimæ Fontismensibus fratribus relinqueret vel donaret, et insuper quicquid de reliquis duabus partibus adquirere posset. Episcopus vero ei propter hoc triginta soldaret. Tunc Adam de equo suo descendens, et accepto uno ex lapidibus in via jacentibus, dedit in manum episcopi in signum et confirmationem hujus relictionis sub præsentia horum testium, Siguini archidiaconi, Lamberti capellani, Oberti archipresbyteri, Landrici de Prayaco.

Deinde ipsum lapidem ad Fontismense monasterium Adam ipse afferens, obtulit super altare dans loco illi et habitatoribus ejus prædictam decimam, et accipiens in capitulo, per revestituram cujusdam libri, societatem et participationem loci illius velut in recompensationem hujus doni, præsentibus his testibus Gaufrido de Montenesione et Landrico de Prayaco. Post aliquos dies apud Villam de Nuceriis concesserunt hoc ipsum et confirmaverunt uxor ipsius Adæ nomine Regina et duo filii ejus Hugo et Matheus præsentibus his testibus Milone de Nuceriis, Gaufrido Becardo milite, Andrea majore, Gualterio Bono amico de Tornodoro, Guidone Besentio, Bernuino milite, Guarnerio de Nintriaco, Nargoto presbytero. Inde habuerunt prædicti filii Adæ quinque solidos.

(Ex majori Codice Regniacensi, fol. xij.)

N° 27.

Charte de Hugues de Mâcon, évêque d'Auxerre, attestant la donation faite par Hugues le Manseau, aux moines de Villegondon.

(An 1131.)

In nomine sanctæ et individuæ Trinitatis, ego Hugo Autissiodorensis episcopus, notum fieri volo tam presentibus quam futuris quod dominus Hugo Mansellus, pro sua, suorumque parentum animabus, dedit Deo et Beatæ Mariæ et domno Heimerico de Villari-Gundonis, suisque successoribus, aisentias totius terræ suæ tam planæ quam nemorosæ, et usus omnium nemorum suorum, ad omnia animalia sua nutrienda, ad ædificandum, ad calefaciendum, et consuetudines omnium servientium suorum et quicquid ibi invenerint abbatiæ suæ necessarium, vasa videlicet apium et glandes et faginam, et omnem pasturam omni tempore, sine pasnagio, sine pedagio, et sine teloneo; concedente Beatrice uxore sua ; vidente etiam et concedente Willermo venerabili Nivernensium comite, per manum nostram. Et ne aliquis instinctu diabolico impulsus hanc elemosinam calumpniare presumeret, prædicti Hugonis-Manselli, testium nomina subscripsimus, et presentem cartam sigilli nostri auctoritate munivimus. Testium nomina sunt hec : Pavo de Sancto-Ferreolo, et Lambertus nepos ejus, Guido de Luchi et Briendus filius ejus, Guido de Liernai, et Trossellus filius ejus, Constantinus Bastardus, et Bastardus filius ejus, Odo præpositus ejus, Iterius præpositus noster et Rainalgus et Nargotus filii ejus, Garinus cellararius ipsius, Rainerius de Malatracia ; Passaguert, Nicolaus camberlanus ipsius. Actum publice anno Domini M. C. XXXI, Hugone Autissiodorensem episcopatum tenente; regnante Ludovico rege Francorum, Willelmo Nivernensium comitatum tenente.

Concessit etiam prænominatis fratribus, eorumque successoribus Hugo Mansellus, coram suprascriptis testibus, quicquid de feodo suo acquirere poterint, ita quod casatos suos non amittat. Si quis autem hanc nostræ institutionis paginam temere perturbaverit, ammonitus si non resipuerit, usque ad satisfactionem condignam excommunicationi subjaceat (1).

(Tiré de D. Viole, manusc., n° 127, II, f° 77 r°.)

N° 28.

Vidimus des Bulles d'Innocent II, données à Auxerre, en faveur du Prieuré de Saint-Amatre nouvellement érigé.

(An 1131.)

Universis præsentes litteras inspecturis : Officialis Autissiodorensis, salutem in Domino. Noveritis nos litteras inferius annotatas non cancellatas, non abolitas, non in aliqua sui parte viciatas vidisse et diligenter inspexisse in hæc verba. Innocentius episcopus, servus servorum Dei, dilectis filiis Hurrico priori et fratribus ecclesiæ sancti Amatoris quæ in Autissiodorensi suburbio sita est, regularem vitam professis, in perpetuum. Ad hoc nobis a Deo pastoralis officii cura commissa est ut beneplacentem Deo religionem laboremus statuere et stabilitatem exacta diligentia conservare. Proinde, dilecti in Domino filii, venerabilis fratris nostri Hugonis Autissiod. episcopi religionis siquidem et pauperum amatoris, cujus annuente studio et diligenti sollicitudine in vestra est ecclesia religio instituta, precibus inclinati, vestris rationabilibus postulationibus annuimus, et ecclesiam Sancti-Amatoris in qua divino vacatis servitio, apostolicæ Sedis suffragio communimus. Imprimis utique statuimus ut in eadem ecclesia secundum B. Augustini regulam, ordo canonicus perpetuis temporibus conservetur. Et nullus ibi nisi secundum eandem regulam canonicam vitam professus, canonicus substituatur. Quascumque præterea possessiones, quæcumque bona in præsentiarum juste et legitime possidetis, aut in futurum concessione pontificum liberalitate principum, oblatione fidelium, seu aliis justis modis, præstante Domino poteritis adipisci, firma vobis in perpetuum et illibata permaneant ; in quibus hæc propriis nominibus duximus annotanda : ecclesiam videlicet Sancti-Petri de Cavannis et duas capellas in eadem parrochia, capellam videlicet de Orgiaco et capellam de Villa-Ferreoli cum decimis et pratis et ecclesiam Sancti-Martini de Lano-Sicco cum appendiciis suis et quicquid in ecclesia sanctorum Gervasii et

(1) A la suite est une charte de même nature et de la même année, donnée par Savaric de Saint-Verain et ratifiée par Aremburge, sa femme, Leteric et Gibaud, ses fils.

Prothasii juris habetis (1), decimas etiam de tribus clausis vinearum quas prædictus frater noster Hugo Autissiodorensis episcopus in vestra parochia noscitur possidere. Nihilominus decimam de clauso Sancti-Salvatoris qui est Casteneti vobis confirmamus. Decernimus ergo ut nulli omnino hominum liceat præfatam ecclesiam tenere, perturbare, aut ejus possessiones auferre, vel ablatas retinere, minuere aut temerariis vexationibus fatigare, sed omnia integra conserventur eorum pro quorum gubernatione et sustentatione concessa sunt usibus omnimodis profectura, salva nimirum in omnibus diocesani episcopi reverentia ac justitia. Si qua igitur in futurum ecclesiastica, sæcularisve persona hanc nostræ constitutionis paginam sciens contra eam temere venire tentaverit, secundo, tertiove commonita si non satisfactione congrua emendaverit, potestatis, honorisque sui dignitate careat, reamque se divino judicio existere de perpetrata iniquitate cognoscat, et a sacratissimo corpore et sanguine Dei et Domini redemptoris nostri Jesu-Christi aliena fiat, atque in extremo examine districtæ ultioni subjaceat. Cunctis autem eidem loco justa servantibus sit pax Domini nostri Jesu-Christi, quatenus hic fructum bonæ actionis percipiant, et apud districtum judicem præmia æternæ pacis inveniant. Amen, Amen, Amen.

Ego Innocentius catholicæ ecclesiæ Episcopus.

Datum Autissiodori per manum Emerici sanctæ Romanæ ecclesiæ diaconi cardinalis et cancellarii, octavo kalend. octobris, indictione decima, Incarnationis Dominicæ anno 1131, pontificatus vero Domini Innocentii II papæ, anno secundo. Quod autem in prædictis litteris vidimus contineri, de verbo ad verbum transcribi fecimus et sigillo curiæ Autissiodor. sigillari. Datum anno Domini 1286, die veneris post æstivale festum beati Nicolai; et inferius appensum est sigillum officialatus Autissiodor. ex cera viridi cum membrana duplici.

(1) *Nota* que ce que le couvent de S.-Amatre possédoit à Saint-Gervais lui avoit apparemment été donné par l'Évèque Angelelme. Cet évèque donna tout Pourein à son église cathédrale; il falloit donc qu'il ôtat Taien à Saint-Amatre, lequel est peut-être le lieu que saint Didier Évêque y avoit donné. et en récompense il donna, à Saint-Amatre, des droits à Saint Gervais dont il avoit été abbé.

N° 29.

Translation de l'abbaye de Fontemoy, située dans le diocèse d'Autun, à Regny, situé dans celui d'Auxerre, approuvée par le Pape Innocent II étant à Auxerre.

(An 1131, 13 décembre.)

Innocentius episcopus, servus servorum Dei : Dilecto filio Stephano Regniacensi abbati, salutem et apostolicam benedictionem. Æquitatis ratio postulat neminem alterius possessionis pervadere, sed unumquemque suo jure et dignitate propria contentum esse. Quamobrem dilecte in Domino fili Stephane abba, quoniam Regniacensis abbatia, cui, Deo auctore, præsides in Altisiodorensi parochia procul dubio sita est, te a professione quam venerabili fratri nostro Stephano Æduensi feceras et obedientia quam promiseras apostolica auctoritate absolvimus. Præcipimus autem ut venerabili fratri nostro Hugoni Altisiodorensi episcopo, ejusque successoribus tam tu quam tibi substituendi abbates, tanquam proprio episcopo obedientiam et reverentiam humiliter deferatis. Porro Fontumensis locus cum bonis suis licet in Æduensi parochia situs sit, integre tamen sub jure et dominio Regniacensis abbatiæ consistat. Data Altissiodori, idibus decembris.

(*Tiré des archives de Regny.*)

N° 30.

Vérification des premières donations faites à l'abbaye de Crisenon.

(An 1134.)

In nomine sanctæ et individuæ Trinitatis, ego Hugo Autissiodorensis episcopus, et ego Ebrardus Molismensis abbas, et ego Willelmus Nivernensis comes, convenimus Crisennoni propter quasdam dissentiones quæ emerserant de priori ordinatione sanctimonialium quæ de Juliaco Crisennoni advenerant, et de donis possessionum ejusdem monasterii; ibique aliarum religiosarum personarum, et sæcularium consilio et deliberatione, secundum testimonium eorum qui priori ordinationi atque donationi interfuerant, controversiam definire decrevimus. Testimonium autem eorum tale fuit : Domnus Guido Molismensis abbas assensu et voluntate capituli sui concessit prædictis sanctimonialibus locum Crisennonis cum omnibus ad eundem prioratum pertinentibus libere et quiete; et sine omni exactione, jure perpetuo possidendum, nihil sibi ibidem retinens præter providentiam et curam animarum, et ne forte monasterium monachorum multitudine gravaretur, tres aut quatuor tantum ibidem commanere diffinitum est. Iterius vero de Tociaco, laudantibus matre Ermengarde, et Stephano fratre ejus, et Hugo de Tilio laudaverunt quidquid antecessores sui eidem monasterio pro eleemosyna contulerant, donantes et ipsi ex parte sua quidquid proprium habebant in insula qua Baicola et Icauna clauditur, et quicquid ibi ab aliis jure adquirere sanctimoniales poterunt, piscaturam etiam utriusque fluminis in proprios usus ejusdem monasterii concesserunt quantum insula tenet, ipsa piscatura sibi in proprios usus propriarum personnarum suarum tantummodo reservata. Concesserunt etiam sanctimonialibus proprium in suis habere ministrum, ita libere, ut per nullum eorum ad justitiam veniret, neque ipse, neque aliquis de mercenariis earum, nisi prius in ipsis justitia remaneret. Hujus rei testes et retroactores? Hugo abbas Pontiniacensis, Gaufridus Borracensis, Stephanus Fontismensis, Goscelinus decanus, Hugo de Tilio, Iterius de Tociaco, Hugo de Mellenniaco, Arnaudus de Tociaco. Hujus retractationis testes et auditores : Albericus abbas Virziliacensis, Gervasius abbas S. Germani, Hugo de Crano, Renardus monachus, Hugo decanus S. Petri, Hurricus prior S. Amatoris, Gaufridus cantor S. Stephani, Atto archipresbyter, Herveus capellanus, Belicius clericus comitis, Rodulphus de Tociaco, Renaudus de Varsiaco, Humbertus de Talaia, Duranus de Fouvent, Humbaudus præpositus Autissiod. Gimabertus et frater ejus Renaudus Morellus.

Hæc autem facta sunt, anno ab incarnatione Domini M. C. XXXIV. Innocentio papa, Lodovico rege Francorum.

(*Ex Tabul. Crisen.*)

N° 31.

Notice d'une charte sur la terre de Diges.

(An 1142.)

In nomine sanctæ et individuæ Trinitatis, amen. Quoniam minuitur tempore memoria, et rebus gestis longevitate succedit oblivio, ad reparandum, seu conservandum ejusdem memoriæ bonum divina providentia præsidium concessum est litterarum. Harum proinde utentes beneficio posterorum utilitati consulimus, dum res nostro tempore gestas venturæ ætati per præsentia scripta transmittimus. Noverint igitur præsentes, noverint et futuri, quod quidam miles de Tociaco, Rainaldus de Narbona, quidquid in silvis et nemoribus adjacentibus potestati S. Germani quæ Digia dicitur, tam ipse quam homines sui habebat et clamabat, injuste se habere et clamare recognovit, et jus ecclesiæ esse asseruit, atque in præsentia comitis Nivernensis, et eorum qui aderant Deo et B. Germano guerpivit, et ab hominibus suis ubicumque locorum sint, et a seipso quieta deinceps fore spopondit. Laudaverunt hoc factum filii ipsius Renardi Willelmus, Walterius, Humbaldus, Rainaldus. Hugo. Insuper simul cum patre promiserunt, ut quicumque deinceps hoc pactum aliquo modo transgredi, mutare, infirmare calumpniari voluerit, se omnem omnium calumpniam sedaturos, et in omni loco legitimam garantiam se portaturos. Habuit autem exinde inde Rainaldus tredecim libras Autis. monetæ. Actum publice Autisiodoro, in curia comitis Nivernensis, anno ab incarnatione Domini millesimo centesimo quadragesimo secundo, Innocentio papa secundo præsidente, Ludovico rege, Willelmo consule, Hugone præsule, Gervasio abbate. Hujus rei testes sunt ex parte abbatis Hugo de Til, et alii novem subsequenter in carta conscripti. Item Garnerius Præpositus S. Germani, et alii tres similiter in carta conscripti. Ex parte Rainaldi, Walterii filius ejus, et alii duodecim, multique alii.

(*Ex Cart. S. Germani,* f° 55.)

N° 32.

Union de l'église de S. Pélerin à celle de S. Père, par Hugues de Mâcon, évêque d'Auxerre.

An 1143.

Præcedentium patrum exempla nos ammonent religiosorum studia semper ad meliora provehere, et ne quies eorum infestatione aliqua perturbationibus pateat, sagaci diligentia providere. Ea propter ego Hugo Autissiod. episcopus contentiones quæ inter regulares ecclesiæ B. Petri suburbii Autissiodorensis, et presbyterum ecclesiæ S. Peregrini oriri solent, de altrinseca adversum se invicem vindicatione parrochialis juris, modum imponere decrevi ; cui siquidem malo, quia de diversitate parochiarum nasci videtur, nullo melius remedio quam earumdem unione obviandum est : tuis igitur, dilecte fili Duranne, quem in præfata B. Petri ecclesia priorem constituimus, et omnium concanonicorum tuorum petitionibus annuentes, ecclesiam B. Peregrini, quæ de mensa nostra est, et ad episcopii nostri jus pertinet, cum omnibus ad eam pertinentibus, decimis scilicet, oblationibus, sepulturis, necnon et domo quæ parieti ejusdem ecclesiæ contigua est, tibi cæterisque concanonicis tuis, et omnibus vobis in perpetuum ibidem canonice successuris, jure perpetuo possidendam concedimus; eamque, ecclesiæ vestræ atque parochiæ, deinceps inseparabiliter unimus. Sed quoniam superius vobis concessa, uti jam dictum est, de mensa nostra fuisse noscuntur; communi omnium vestrum assensu et concessione triginta solidos cum decem libris ceræ annuatim pro censu in suprascriptis ecclesiis B. Petri atque Peregrini nobis retinuimus; et similiter stationem quæ canonicis S. Stephani singulis annis pro ecclesia B. Peregrini debetur. Sciendum autem quod terræ S. Peregrini, præter supradictam domum presbyteri et ecclesiam, extra hanc concessionem, censumque habentur; de quo nimirum censu quia super utramque S. Petri scilicet atque S. Peregrini ecclesiam conceditur; si mihi vel successoribus inferetur injuria, super utramque ecclesiam usque ad satisfactionem congruam, congrua et eadem secundum culpam ponetur sententia. Hujus rei testes sunt Stephanus abbas de Regniaco, Gaufridus abbas de Rupibus, Guillermus abbas S. Martini, Rainaudus archidiaconus, Goscelinus decanus, Gaufridus cantor, Guillelmus medicus, Andreas de Baldamento, Ato archipresbyter, Petrus archipresbyter de S. Salvatore, Belinus canonicus, Sabaricus canonicus, Stephanus Bunio, Guido Orphanus, Humbaudus Pistor, Petrus Dives. Actum est hoc anno ab incarnatione Domini M. C. XLIII. Innocentio II Pontifice, regnante Ludovico rege Francorum et duce Aquitanorum, Guillelmo consule.

(*Ex Tabul. S. Petri Autiss.*)

N° 33.

Accord entre le Chapitre de Clameci, et le curé ou chapelain de cette ville, fait en présence d'Hugues de Mâcon, évêque d'Auxerre.

(An 1143.)

In nomine sanctæ et individuæ Trinitatis. Ego Hugo Autissiodorensis episcopus, notum fieri volo quod canonici Clameciacensis cum capellano suo in præsentia nostra venerunt, ibique quid capellanus in ecclesia Clameciaci deinceps possideret, me laudante, statuerunt.

Statutum est quod capellanus quæcumque Paramonarius in ecclesia et insuper dimidiam præbendam, quæ cum Paramonario partita erat, haberet post dimissionem etiam canonicorum : pro infirmis usque ad duodecim nummos potest ei dimitti. Mortuorum vigiliæ suæ erunt, defunctorum etiam præsens missa sua. De visitatione, de baptismo et de peris totum ipsius erit : de communione, absque Paschali, quæ fiet in ecclesia, suum erit. De relevationibus vero mulierum quidquid ipsa obtulerit suum. De nuptiis prandium habebit. Confessiones pariter præter Quadragesimales suæ erunt. Officium autem capellani tale erit : primam missam parochialem cantabit, et unum denarium habebit, si fuerit. Vesperas parochiales in quadragesima cantabit, cruces et pœnitentes ducet, ad synodum veniet, et de proprio se procurabit. De procuratione nostra archidiaconi, archipresbyteri, in dispositione nostra et ipsorum erit. Capellanus autem nuntios nostros, et ministerialium nostrorum procurabit. Ipse autem et Paramonarius quem ponere debet, quod ecclesiæ fideliter tractabunt, sacramentum facient. Hujus rei testes sunt, Rainaldus archid., Ato archipresb., Bernardus de Monte-Regali, Gaufridus capellanus; Herveus presbyter, Petrus Clameciacensis. Anno ab Incarnatione Domini millesimo centesimo quadragesimo tertio; regnante Ludovico rege et Aquitanorum duce, Hugone episcopo Autissiodorensi, Guillelmo Nivernensi comite, Hugone cancellario.

(*Tiré de la Copie écrite par un Notaire.*)

N° 34.

Donation par Gibaud de S. Verain, à l'abbaye de Bouras, de droits d'usage dans la forêt d'Epine-Noire.

(An. 1144.)

In nomine sanctæ et individuæ Trinitatis. Ego Gibaudus de Sancto-Verano, concedente fratre meo Rainaldo, dono atque concedo pro redemptione animæ meæ, Deo et Beatæ Mariæ et fratribus Boniradii, in nemore quod vocatur Nigrum Spinetum, in ceteris meis illæ patriæ nemoribus et plana terra omnia usuaris. Insuper etiam si sine herede legitimæ mulieris obiero, prefati nemoris scilicet Nigri Spineti concedo jure perpetuo fundum. Hoc donum in capitulo Boniradii solempniter est factum et super altare oblatum. Apud Clamiciacum vero in presencia Hugonis Autissiodorensis episcopi est confirmatum. Testes hujus rei Iterus de Ravellon, Guido viccomes, Rainaldus de Aula, Gauterinus de Veterone, Guido de Voisna, Willermus Chacebo, Joscelinus de Amaisi, et Simon frater ejus, Willermus de Aono, Harduinus de Bosco, Salo de Monte, Willermus de Sorge, Ricardus de Sancto-Germano, Willermus Brune et Gauterius frater ejus, Isembardus Cornut, anno ab incarnatione Domini M. C. XLIIII, indictione VII, Ludovico Francorum regnante, Willermo Nivernensi comite principante.

(*Archiv. de la préfecture de l'Yonne, cartul. de Bouras*, XVII° siècle.)

N° 35.

Charte de Guillaume II, comte de Nevers, en faveur des Premontrés nouvellement établis à sa prière, à Auxerre, et placés, par l'évêque, d'abord dans l'église de Saint-Marien, puis dans le monastère de Notre-Dame.

(An 1144.)

In nomine sancte et individue Trinitatis, digna memoratu scripto commendare decrevit antiquitas, ne vitæ brevitate et labili hominum memoria detur iniquis pervertendi facultas. Quapropter ego Willermus Nivernensis comes, notificandum propono tam futuris quam presentibus, quia petitione mea, Autisiodorum adductis fratribus a Premonstratensi ecclesia ad basilicam beati Mariani, per consilium donni Hugonis Autisiodorensis episcopi, contuli sustentationi eorum suorumque successorum in perpetuum, ob remedium animæ meæ et amicorum meorum, terram certis limitibus diffinitam, in loco quem vulgus Vetera Prata appellare consueverat, nunc autem ipsi fratres cognominant Capellam. Dedi etiam molendinum sub stagno meo, cujus edificium et excursus aquæ est in terra Sancti-Germani, pro annuali censu sex nummorum ad Gurgi, villico ipsius sancti, intra octabas kalendarum octobris persolvendorum. Factum est autem assensu Ailleldis comitisse uxoris mee, filiorumque nostrorum, Willelmi et Rainaudi, per manum Hugonis predicti episcopi, in presentia Gaufridi Charnotensis pontificis et donni Bernardi Clarevallensis abbatis; et Rainerus predictorum fratrum primus abbas, ab ipso episcopo Hugone, donum suscepit. Quia vero prefata ecclesia Sancti-Mariani omni libera possessione carebat, preter hoc solum nostrum beneficium, quod eis sufficere non poterat, ab eodem episcopo translatis ipsis fratribus ad monasterium sanctæ Dei genitricis Mariæ, quod edificavit beatus Vigilius, ut eis concesseram ratum in perpetuo promisi. Ut ergo sic legitime factum inconvulsum permaneat, scriptum sigilli nostri impressione confirmavi, subsignatis testibus qui huic secundæ collaudationi interfuerunt, quinta feria in capite Jejunii, Autisiodorensi castro, ante basilicam beati Albani. Sunt autem hii testes : Rainaldus archidiaconus, Hugo nepos comitis, Willelmus de Nerbona, Roscelinus de Sancto-Briccio, Ulricus de Laigneiaco et Milo decanus, Hugo de Merleigniaco, Seguinus de Turricula, Gaufridus de Vilers, Arnaudus de Tocciaco, Girardus de Nerbona, et Gaufridus filius ejus, Seguinus Grossus, Robertus prepositus, Evrardus de Laigneiaco, Petrus Benedictus, Andreas coquus, Bovo et Rainaldus bersatores. Actum est hoc anno incarnationis dominice M. C. XLIIII, jam transacto anno tercio quo prima hujus doni facta est traditio.

(Pièce scellée du sceau du comte de Nevers à demi brisé, figurant un cavalier, la lance à pennon sur l'épaule et le bouclier de la main gauche. — *Archives de l'Yonne, fonds S. Marien.*)

N° 36.

Charte d'Ithier, seigneur de Toucy, relative à la donation qu'il a faite à Geoffroi, son neveu, abbé de Roches, et à cette abbaye.

(An 1147.)

Notum sit omnibus, tam præsentibus, quam futuris, quod ego Iterius Tociacensis Dominus, pro redemptione animæ meæ ac parentum meorum, Elisabeta uxore mea laudante; concedo ecclesiæ beatæ Mariæ de Rupibus, fratribusque ibidem in perpetuum Deo servientibus, Gaufrido meo nepote, ejusdem loci tunc abbate, pasturas omnium nemorum meorum quæ sunt in Poiseia, et hoc quod possident apud Sucium, sicut septum est de sarreis et palitio : tali tamen conditione, quod terra intra septa prædicti loci sita, ad ortum faciendum excoli possit, remotis frumento et ejusmodi segetibus : hac iterum ratione, quod a prima die maii, usque ad festum S. Germani, animalia prædictorum fratrum viam de Fraxinea, sicut trames de Blanello illam dividit, non transibunt versus S. Ferreolum. Concedo eis preterea pasnagia omnium nemorum meorum usui porcorum suorum ubique bliere, et absque omni exactione possidenda. Actum est hoc, anno quo Iherusalem perrexi, in aula mea apud S. Ferreolum : istis videntibus, R. abbate de Callovio, G. abbate de Rupibus, Oberto ejusdem loci monacho, Henrico et Bernardo præpositis; Nargodo de Crux, Herberto de Degin, Tecelino, Symone Gallo, Oberto, Stephano de Missi, Petro de Neus, Odone de Miciclis, Margero. Et ut hoc donum firmius a successoribus meis teneatur, impressione sigilli mei, et Domini Hugonis Autissiodorensis episcopi scriptum confirmo.

(*Ex Tabul. abb. de Rupibus.*)

N° 37.
Bulle d'Eugène III, concernant l'abbaye de S. Laurent.

(An 1147.)

Eugenius episcopus, servus servorum Dei : dilectis filiis Hugoni abbati ecclesiæ beatorum Laurentii et Hilarii de abbatia ejusque fratribus tam præsentibus quam futuris, canonicam vitam professis in perpetuum. Ad hoc nobis a Deo pastoralis cura commissa est ut bene placentem Deo religionem modis omnibus laboremus stàtuere et statutam exacta diligentia conservare. Ea propter, dilecti in Domino filii, vestris justis postulationibus clementer annuimus, et præfatam ecclesiam in qua divino mancipati estis obsequio sub B. Petri et apostolica protectione suscipimus, et præsentis scripti privilegio communimus, statuentes ut quascumque possessiones, quæcumque bona eadem ecclesia in præsentiarum juste et canonice possidet, aut in futurum concessione pontificum, largitione regum vel principum, oblatione fidelium seu aliis justis modis Deo propitio poterit adipisci, firma vobis vestrisque successoribus et illibata permaneant, in quibus hæc nominatim duximus annotanda. Ab Hugone videlicet bonæ memoriæ Altissiodorensi episcopo, suisque prædecessoribus, sicut ejusdem episcopi scripto continetur, ecclesiam beati Eusebii Altissiodorensis, ecclesiam S. Mamertini præfatæ ecclesiæ S. Eusebii subditam, ecclesiam Sancti-Cirici de Coslun, ecclesiam Sancti-Simphoriani de Traciaco, ecclesiam Sancti-Domnoleni confessoris, ecclesiam Sancti-Martini de Tronciaco, ecclesiam Sancti-Quintini Martyris, ecclesiam Sancti-Martini de Garchiaco, ecclesiam Sancti-Symphoriani de Curte, ecclesiam beati Petri de Domno-Petro, ecclesiam Sancti-Juliani de Tauriaco. Præterea ecclesiam Sancti-Simeonis, salvo jure infirmorum, ecclesiam de Tillio, salvo jure Altissiodorensis episcopi. A canonicis autem Sancti-Cirici Nivernensis ecclesiæ sicut eorum scripto continetur, ecclesiam sanctorum confessorum Lupi et Gildardi cum omnibus ad ipsam pertinentibus, quæ bonæ memoriæ Hugo tertius Nivernensis episcopus eis concesserat. Id quoque Nivernenses canonici statuentes ut si aliquis eorum se ad eandem ecclesiam in arctiori vita Deo serviturus transferret, vitæ gratia præbendam quam apud eos habuerat, donec viveret, retineret. Præbendam vero quam in monasterio S. Mariæ in depositione alicujus fratrum suorum per trigenta dies habebant, eidem Sancti-Gildardi ecclesiæ concesserunt. Item ex dono præfati Altissiodorensis episcopi annualia canonicorum Sancti-Stephani. A Leodegario autem Bituricensi episcopo ecclesiam Sancti-Hilarii de Gondiliaco. Hugo denique bonæ memoriæ Nivernensis episcopus, præfatæ ecclesiæ Sancti-Gildardi concessit, ecclesiam de Urziaco domum cum pomario, terram, prata et cætera quæ Bruno canonicus possederat, et ecclesiam sancti Martini de Odilonevilla. Item Fromundus præfati episcopi successor præbendas integras Nivernensium canonicorum quocumque modo ipse eas habere desinerent, eidem ecclesiæ per annum habendas concessisset, nisi forte apud S. Martinum quis eorum vitam mutaverit, ibi enim in vita sua præbendam habebit, post mortem vero ad canonicos Sancti-Gildardi per annum, ut diximus, præbenda ipsa transibit. Præterea ecclesiam de Albiniaco præter id quod in ea habent monachi de Diana. Stagnum quoque cum molendino juxta eandem ecclesiam; domum quæ fuit Hugonis canonici Sancti-Cirici. Decernimus ergo ut nulli omnino hominum liceat jam dictam sanctorum Laurentii et Hilarii ecclesiam tenere, perturbare, aut ejus possessiones auferre vel ablatas retinere, minuere seu quibuslibet molestiis fatigare, sed omnia integra conserventur eorum pro quorum sustentatione et gubernatione concessa sunt usibus omnimodis profutura, salva sedis apostolicæ autoritate, et diocesanorum episcoporum canonica justitia. Si qua igitur in futurum ecclesiastica, sæcularisve persona hanc nostræ constitutionis paginam sciens contra eam temere venire tentaverit, secundo, tertioveque monita : si non se congrua satisfactione correxerit, potestatis, honorisque sui dignitate careat, reamque divino judicio existere de perpetrata iniquitate cognoscat, et a sacratissimo corpore et sanguine Domini nostri Jesu-Christi aliena fiat, atque in extremo examine districte ultioni subjaceat. Cunctis autem eidem loco sua jura servantibus sit pax Domini nostri Jesu-Christi quatenus et hic fructum bonæ actionis percipiant, et apud districtum judicem præmia æternæ pacis inveniant, amen, amen, amen.

(*Ex Tabul. S. Laurentii.*)

N° 38.

Accord sur les biens de Lignorelles, entre les Seigneurs de Maligny et Gervais abbé de Saint-Germain.

(An. 1148.)

Ego Hugo Autissiodorensis ecclesiæ dictus episcopus, notum fieri volo, tam præsentibus quam futuris, quod Iterius de Melliniaco, et Willelmus, et Anselmus, fratres ejus, querelam contra Gervasium abbatem S. Germani habebant, pro quodam censu quem Joannes de Casellis monachus S. Germani, monachicum habitum suscipiens, Deo, sanctoque Germano contulerat, dicentes hunc censu prædictum Joannem a se in casamentum tenuisse, quod idem Joannes omnino denegabat. Hanc igitur querimoniam idem Iterius confratribus Deo sanctoque Germano in perpetuum guerpivit. In manu mea fide sua firmavit, nunquam hanc deinceps a se vel ab aliquo hæredum suorum repetiturum, nec aliqua occasione deinceps de hac re aliquid calumniaturum. Quædam etiam terra erat apud Linerolias, quam idem ipse Iterius calumniabatur. Hanc quoque B. Germano sicut Milo major ejusdem villæ prius viaverat, ac postmodum Iditius filius ejus in perpetuum guerpivit, et pro hoc guerpillo quadraginta solidos a præfato Gervasio abbate accepit. Promisit etiam si deinceps aliqua calumpnia de hac re ab aliquo oriretur, legitimam garentiam ecclesiæ S. Germani se portaturum. Hoc guerpillum laudavit Odo de Villi, ad quem sicut et ad istos eadem calumnia pertinebat. Hujus rei testes sunt ex parte Domini episcopi, Gaufredus Nivernensis episcopus, Rainaldus archidiaconus, Gaufredus capellanus, Landricus de Draciaco, Willelmus Nivernensis comes, Adam de Marchia; ex parte abbatis Gervasii, prior Guillelmus, et reliqui decem qui numerantur in carta. Ex parte multum, Daimbertus de Selleniaco, et reliqui quinque qui numerantur in carta. Actum publice in domo episcopali, anno ab Incarnatione Domini millesimo centesimo quadragesimo octavo.

(*Ex Tabul. S. Germ.*)

N° 39.

Préface d'un petit ouvrage d'un moine anonyme contre les Juifs.

(An 1148.)

Gloriosissimo Nivernensium comiti frater, devotissimam salutationem. Judaïcæ gentis perfidiam, quam vobis cognovi modis omnibus esse detestabilem, mihi quoque sciatis nimium existere onerosam. Præcipue vero ex hoc mirabiliter indignatus sum, quod eos aliquando audivi ausos esse quæstiones quasdam de circumcisionis suæ superstitione contra vos movere. Quorum versutam dolositatem, licet credam, naturali quadam ingenii vestri vi confutatam, tamen et ego ipse pro viribus volo in Domini mei Jesu-Christi inimicos ex parte meæ impetum facere, eosque specialis zeli fervore succensus, gladio Spiritus, quod est verbum Dei invadere, sciens talem pugnam certaminis plurimum Deo gratam esse. Ad destruendam ergo fallacem eorum de circumcisione controversiam, opusculum quoddam, annuente Deo, composui, cujus initium, verso folio, in alterius partis pagina invenietis. Vale.

(*Ex Ms. xiij. sæc.*)

N° 40.

Don de l'église de Cours, diocèse de Langres, à l'église de Saint-Père d'Auxerre.

(An 1149.)

Notum volumus fieri, tam futuris quam præsentibus, quod ego Hubertus Lingonensis ecclesiæ decanus, omnesque archidiaconi, Goscelinus scilicet, atque Fulco, Pontius atque Garnerius et Ulricus Sanctorum Geminorum præpositus, qui vicem Tornodorensis archidiaconi gerebat, atque conventus totius capituli dilecto fratri, Amico nomine, decano ecclesiæ S. Petri sitæ in suburbio Autissiodorensi, suisque fratribus ibidem regulariter viventibus, ecclesiam de Curte villa, in honore S. Petri fundatam, diu desertam et incultam, cum omnibus ad eam pertinentibus, salvo videlicet episcopali jure Lingonensi, per manum Domni Gauterii Cabilonensis episcopi, qui vice Domini Godefridi Lingonensis episcopi peregrinantis sanctam synodum celebrabat, in perpetuum concessimus. Acta sunt hæc in civitate Lingonensi, anno ab Incarnatione Domini, M. C. quadragesimo nono.

(*Ex Tabul. S. Petri Autiss.*)

N° 41.

(An 1149.)

Notum volumus, fieri tam præsentibus quam futuris, quod ego Godefridus Lingonensis ecclesiæ episcopus, ecclesiæ B. Petri Autissiodorensis, et Amico ejusdem ecclesiæ decano, ejusque successoribus ecclesiam Curtæ villæ donavi et concessi, salvo jure et consuetudinibus Lingonensis ecclesiæ. Hujus autem rei testes sunt, Theo decanus Tornodorensis, Milo decanus de Lesiniis, Hamco canonicus de Chableia, Petrus de Baina, Robertus de Rufi, Benedictus de Vinna.

(*Ex Tabul. S. Petri Autiss.*)

N° 42.

Ex Codice manuscripto cujusdam Pontificis Angli (ac forte S. Thomæ Cantuariensis, qui Pontiniaci plurimos transcripsit) in quo continentur Catalogi Præsulum variarum Sedium Galliæ, nunc in Bibl. Regia, ex Colbertino cod. 3969, qui videtur pertinuisse ad Henricum Huntindon Anglum.

(An 1150.)

Nomina episcoporum Autissiodorensium, qui fuerunt quinquaginta quinque, quorum triginta duo fuerunt sancti, et quatuor ex ipsis triginta duo fuerunt martyres, reliqui viginti tres fuerunt simpliciter episcopi. Hoc cognovimus ex catalogo Pontificum illius ecclesiæ, quem quidam presbyter noster ad nos attulit. Quod vix aut nunquam in alio episcopatu invenies tot sanctos episcopos in uno episcopatu fuisse.

J'ai remarqué en tenant ce catalogue, qu'il finit par Hugues de Montaigu et Hugues de Mâcon, qui ne sont pas dits Saints; ce qui marque qu'il fut écrit vers l'an 1150. La continuation, après une lacune, est d'une main bien postérieure.

N° 43.

Accord par devant Hugues de Mâcon, évêque d'Auxerre, entre Gervais, abbé de Saint-Germain, et Geoffroy de Donzy, au sujet de Diges.

(An 1151.)

In nomine sanctæ et individuæ Trinitatis : Ego Hugo Autissiodorensis dictus episcopus, et præsentibus et futuris notum fieri volo, quod controversia pro salvamento novi burgi de Digia, inter Gervasium abbatem S. Germani, et Gaufredum Donziacum, diu habita, hoc modo fuerit ventilata. Idem etenim Gaufridus in eodem novo burgo qui tempore Domni Gervasii abbatis ædificatus est, sicut in cetera potestate Digiæ, quæ extra firmitatem ejusdem villæ est, salvamentum annonæ et nummorum calumniabatur. Prædictus tamen abbas illud quia contra rationem videbatur, reddere nolebat. Quo defuncto, tempore Domni Arduini abbatis loco illius succedentis, sic tandem controversia illa finem accepit. Auditis etenim utriusque partis allegationibus et judicibus, ex more, in partem segregatis, judicio definitum est : quod si Arduinus abbas, et monachi S. Germani duos aut tres idoneos testes haberent, qui tempore antecessorum Domni Gaufredi, burgus absque salvamenti redditione semel aut secundo usu, et consuetudine augmentari vidissent, et hoc juramento probarent, nisi Dominus Gaufredus eis rationabiliter contradiceret, eorumdem probationem acciperet, et de cætero de salvamento illo ecclesiam S. Germani in pace dimitteret; ita tamen ut sine spontanea voluntate ipsius vel hæredum ejus, burgi firmitas deinceps non dilatetur. Quia vero testibus Bononi, scilicet Mareglerio et Rodulpho de Oleriis non contradixit, eorum probationem accepit. Decretum est etiam quod si illi de Vergerio inde calumpniam fecerint, Dominus Gaufredus, seu successores ejus abbati, et capitulo S. Germani garentiam jure et rationabiliter portabunt. Verum quia huic placito non interfui, Arduinus abbas, et ipse Gaufredus ante me venerunt, quod factum fuerat recognoverunt et concesserunt, et ut sigilli mei impressione cartam munirem rogaverunt. Quod autem ante me recognitum fuit et concessum, laudavit capitulum S. Germani, et B.... uxor Gaufredi, et duo filii ejus, Herveus scilicet et Gaufredus. Hujus rei testes Stephanus abbas Regniaci, Gaufredus abbas de Rupibus, et viginti novem alii subsequenter in carta conscripti. Actum est hoc anno ab Incarnatione Domini millesimo centesimo quinquagesimo primo, Eugenio papa præsidente, Ludovico rege Francorum et duce Aquitanorum, Theobaudo Blesensium comite, Willelmo Nivernensi comite, Hugone cancellario.

(*Ex Chartul. S. Germani.* fol. 55 r°.)

N° 44.

Permission donnée par l'évêque Alain, à un clerc qui a construit une chapelle dans le bois de Beletain, paroisse de Venoy, d'y célébrer la messe.

(An 1155.)

Notum sit omnibus tam præsentibus quam futuris, quod quidam clericus Ingolrannus nomine, construxit capellulam quandam in bosco de Beletain, in Parochia de Venneio; et quia ecclesia de Venneio ad jus S. Germani Autissiodorensis noscitur pertinere, nequaquam prædictus Ingolrannus, in ipsa capellula missam celebrare, et divinum officium agere poterat sine licentia Domini Autissiodorensis episcopi, et assensu abbatis et monachorum S. Germani. Tandem ergo dominus Alanus Autissiodorensis episcopus, assensu et voluntate domini Arduini abbatis S. Germani, concessit eidem Ingolranno ut in ipsa capellula missam, et divinum celebraret officium, salvo per omnia jure matricis ecclesiæ de Venneio. Quod si postea locus iste creverit, ecclesia de Venneio, et oblationes, et decimas, et quicquid ad jus parochiale pertinet, ibidem per omnia habebit.

(*Ex Cartul. S. Germani Autiss. cap. 34.*)

N° 45.

Don de quatre serfs d'Orgy, à l'abbaye Saint-Germain.

(An 1155.)

Ego Hugo, Dei gratia, Senonensis archiepiscopus, et Alanus eadem gratia episcopus Autissiodorensis, ego quoque Willelmus Nivernensis comes : omnibus notum esse volumus et præsentibus et futuris, quod Agano de Narbona, et duo fratres sui milites, Girardus et Gaufredus, quatuor fratres, Stephanum, Arnaldum, Joscerium, Josmerium, filios Gaufridi Moun, qui eorum servi erant et habitabant in terra S. Germani Autissiodorensis apud Orgiacum super Belcham, pro amore Dei in eleemosynam concesserunt et dederunt eidem ecclesiæ S. Germani in perpetuum possidendos, et ex parte prænominatorum militum quietos et liberos ab omni jugo servitutis, eo scilicet pacto, quod nec ipsi, nec eorum hæredes in prædictis servis, aut hæredibus eorum, vel etiam in ipsorum rebus aliquid alterius reclamarent. Promiserunt etiam prædicti tres fratres, quod adversus omnem calumpniam, garantiam hujus doni portabunt. Quod donum Willelmus Senonensis archidiaconus, et Herveus præpositus laudaverunt prædictæ ecclesiæ, et concesserunt. Et quoniam jam dicti milites fratres eorum erant, rem acceperunt in manu, et se ferre juste garantiam spoponderunt. Habuerunt idem fratres pro hac donatione, ab Arduino abbate S. Germani, quinquaginta et quinque libras Aurelianensis monetæ. Ut autem rei pleniorem haberet eadem ecclesia firmitatem, sigillorum nostrorum auctoritate et impressione quod factum fuerat fecimus roborari.

(*Ex Tabul. S. Germani Autiss.*)

N° 46.

Lettre de l'évêque Alain attestant le don de deux hommes de Venoy, fait à l'abbaye Saint-Germain.

(An 1155.)

In nomine Patris, et Filii, et Spiritus-Sancti. Ego Alanus, Dei gratia, Autissiodorensis episcopus, notum fieri volo omnibus tam futuris quam præsentibus, quod Oderius miles, cognomento Capellus, duos homines quos de feodo nostro apud Venetum habebat, Sansonem videlicet et Garinum cum omni familia eorum, Deo, et B. Germani monasterio dedit, ob remedium animæ suæ, et parentum suorum. Venerabilis autem Arduinus ejusdem monasterii abbas contulit ei de beneficio ecclesiæ viginti sex libras Autissiodorensis monetæ. Hoc a nobis laudatum est, et ab uxore ejus Nazarea, et filiis Hugone, Gerardo, Clerico, Huone, Gaufredo, Josberto. Testes vero sunt hujus rei : de clericis, Guillelmus decanus Autissiodorensis et G. presbyter Senonensis, et septem alii in carta nominati.

(*Ibidem.*)

N° 47.

Sentence des évêques de Langres et d'Auxerre au sujet de la justice de l'abbaye de Regny sur le territoire de Fontemoy, à l'occasion de pièces de cuivre nouvellement découvertes.

(An 1157.)

Godofridus, Dei gratia, Lingonensis, Alanus Autissiodorensis episcopi : omnibus in perpetuum. Noverint præsentes et posteri quod discordiam quæ inter fratres Regniacenses et Milonem de Nocriis agitabatur, ex mandato Domini papæ convenientes in unum communi utriusque partis assensu, compositione amicabili studuimus terminare. Siquidem calumpniabatur idem Milo contra prædictos fratres in finagio grangiæ ipsorum de Fontesmeis in terra quæ dicitur Sancti-Petri suas esse debere inventiones et justitiam, quod abbas et fratres Regniacenses minime recognoscebant. De hac igitur re talis extitit nostra sententia, quod domus prædictorum fratrum et eorum clausuræ, et ortus et virgulta et quidquid infra clausuras ipsorum continetur, omnino liberum est, et ab omni justitia et exactione penitus absolutum. Quicumque vero in prædicta terra Regniacensi, vel intra, vel extra clausuras per mandatum abbatis vel fratrum suorum laboraverit, aut perexerit, sive mercenarius eorum, sive quilibet alius homo, nihilominus ab omni justitia et exactione ab omni homine liber existit. Quod si forte quispiam eorum aliquid invenerit vel forisfecerit in prædicta terra, Regniacensium erit inventio, nec ad alium pertinet emendatio forisfacti, nec propter hoc vel ipsi vel homines alicui respondere cogentur. His autem omnibus exceptis, extra prædictos Regniacensium terminos in aliis hominibus dominus de Noeriis suam poterit exercere justitiam et inventa retinere. Si vero in prædicta terra fur deprehensus fuerit, et abbas seu fratres de Regniaco reddendum eum ad sæcularem decreverint potestatem, non alii quam domino de Noeriis furem reddere debent, nec ipsi tamen cogentur eum reddere si non placet. Hujus rei testes sunt Lambertus Cisterciensis, Willelmus de Maceriis abbates, Rainaudus Autissiodorensis archidiaconus, Landricus canonicus, frater Angelerius Cisterciensis, et frater Gillebertus Clarevallensis monachi. Acta sunt hæc anno ab Incarnatione Domini millesimo centesimo quinquagesimo septimo.

(*Ex Archiv. Regniac.*)

N° 47 bis.

Lettres d'Adrien IV, qui commet les évêques ci-dessus.

(1154-1159.)

Adrianus episcopus, servus servorum Dei, venerabilibus fratribus Lingonensi et Autissiodorensi, salutem et apostolicam benedictionem. A parte filiorum nostrorum Stephani abbatis et fratrum monasterii de Regniaco conquestionem accepimus, quod Milo de Nugerio cuprum quod in terra ipsorum inventum est per violentiam detinet occupatum. Asserit enim se in terra illa inventiones habere unde et injustas ibidem querit exactiones, quas nec ipse, nec antecessores ejus ullo tempore habuerint. Quocirca fraternitati vestræ

per apostolica scripta mandamus quatenus prædictum Milonem infra viginti dies post susceptionem præsentium litterarum studeatis diligentius convenire, ut inventum cuprum absque dilatione restituat, et injustas exactiones in eadem ecclesia exercere nulla ratione præsumat, vel in præsentia vestra super his justitiæ eis exhibeat complementum, alioquin in eum excommunicationis sententiam proferatis, et terram ipsius non differatis supponere interdicto. Datum Laterani idibus decembris.

(*Ex Archiv. Regniac.*)

N° 48.

Accord de Guillaume comte d'Auxerre, avec Arduin, abbé de Saint-Germain, pour des serfs.

(An 1159.)

Ego Guillelmus comes Nivernensis : notitiæ præsentium et futurorum tradere curavi, quod querela fuit agitata inter me, et Dominum Arduinum abbatem S. Germani Autissiodorensis, de filiis vel hæredibus Garini, qui cognominabatur Bibe sanitatem. Ego autem, cum diligenter inquisissem de jure B. Germani, vel meo, quicquid in eis requirebam totum donavi et guerpivi Deo, et B. Germano, pro salute animæ meæ, et antecessorum meorum, laudantibus et consentientibus uxore mea Ida, et filio meo Guillelmo jam milite. Hujus rei testes sunt, magister Stephanus de Puntis, clericus meus, cum aliis qui nominantur in carta. Ex parte domini abbatis, Stephanus celerarius S. Stephani, et cæteri qui similiter nominantur in carta. Actum est hoc anno ab Incarnatione Domini, millesimo centesimo quinquagesimo nono, Adriano papa præsidente, Ludovico rege Francorum, Henrico Trecensium comite, Alano pontifice Autissiodorensi.

N° 49.

L'évêque Alain et son Chapitre, donnent aux religieux de Saint-Eusèbe le droit d'annate sur chaque prébende vacante.

(An 1159.)

In nomine sanctæ et individuæ Trinitatis. Non debet multis precibus laborare, qui quod pium est desiderat impetrare; ideoque ego Alanus, Dei gratia Autissiodorensis episcopus, capitulum B. Stephani, petitioni tuæ, reverendissime nobis in Christo, Hugo abba ecclesiæ BB. Laurentii et Hilarii de Abbatia, benignum dandus assensum concedenter tibi et ecclesiæ tuæ, videlicet B. Eusebii in eleemosyna, ut quoties in ecclesia nostra canonica vacaverit, quacumque occasione vacaverit, omni exclusa exceptione, totiens ex quo vacasse dignoscitur usque ad unius anni circulum, ecclesia tua redditus canonicæ ex integro habeat; et ut ecclesiæ tuæ in perpetuum rata permaneat ista nostra donatio, in præsenti cartula fecimus eam scribi, et cartulam sigillo proprio, et sigillo capituli nostri muniri. Hujus rei testes, Willermus decanus, Rainaudus archidiaconus, Gaufridus cantor, Germanus subcantor, Hugo lector, Landricus de Dracy, Robertus Stephanus d'Escan, sacerdote, Savericus camerarius, Petrus de Varzy, Gaufridus Gemellus, Anselmus, Robertus de Divione...... diaconi, Ulricus de Legny, Josbertus de Prilly, Stephanus Rabi, Siguinus subdiaconi. Quicumque autem contra hanc piam nostram institutionem temerario ausu ire præsumpserit, nos eum auctoritate Dei, et nostro vinculo anathematis innodamus, donec condigna satisfactione pœniteat. Actum est hoc anno ab Incarnatione Domini, millesimo centesimo quinquagesimo nono, Ludovico rege Francorum, Willelmo Nivernensi consule, Hugone cancellario.

(*Ex titulo Ms. autographo latente in prioratu S. Eusebii Autiss., integro in membrana et sigillis.*)

N° 50.

Donation de Guillaume, comte d'Auxerre, de Villeneuve Saint-Salve, et remise des droits de Diges à l'abbaye de Saint-Germain.

(An 1161.)

Notum sit omnibus, tam presentibus quam futuris, S. matris ecclesie filiis, quod ego Willelmus Nivernensis comes eleemosynam illam, videlicet medietatem Noveville cum appendiciis suis, que sita est in Bosco de Tul, quam pater meus pro remedio anime sue, Deo et B. Germano Autissiodorensi donavit, laudo et concedo ecclesie S. Germani, absque omni calumpnia, jure perpetuo possidendam. Propter hoc ego Willelmus comes, filius ejus ad honorem Dei, et salutem anime sue, ut de peccatis et negligentiis suis, meritis et intercessionibus beati Germani et aliorum Christi sanctorum, inter quorum corpora in eadem requiescit ecclesia, veniam consequatur ecclesie B. Germani, et monachis Deo ibidem in perpetuum servituris, qui pro reatibus suis intercessores semper existant, hospitationem illam quam in burgo et potestate Digie habebam penitus dimisi et sine omni reclamatione in eternum guerpivi; dedi etiam ecclesie B. Germani hominem quemdam, nomine Petrum Scotum, cum heredibus suis. Preterea donavi ad largissimam monachorum inibi commorantium refectionem panis et vini generalis, et pidancie piscium in die anniversarii sui, sexaginta solidos de meo censu S. Gervasii, de quibus statui ut crastina die S. Remigii annuatim persolvantur. Ne autem hoc, aut temporum vetustate, aut alicujus hominis perversitate immutaretur, aut penitus deperiret, litterarum mearum adnotatione, et sigilli mei impressione signavi. Hujus rei testes sunt, Hugo Senonensis archiepiscopus, Alanus episcopus Autissiod. Guido prepositus S. Stephani, Guillelmus decanus, Stephanus cellerarius, Guarnerius senescallus, Opo de Rogeio, Stephanus de Petra-Pertusio, Atto prepositus S. Germani, Andreas major de Escanno. Anno ab Incarnatione Domini millesimo centisimo sexagesimo primo, regnante Ludovico

(*Ex cartul. Ms. S. Germani Autiss. in Camera, cap. 3, f. 62.*)

N° 51.

Don du bois de Tul ou de Tuleau au Chapitre d'Auxerre, par le comte de Nevers.

(An 1161.)

In nomine sancte et individue Trinitatis. Ego Guillelmus comes Nivernensis, notum fieri volo tam presentibus quam futuris S. matris ecclesie filiis, quod canonci B. Stephani Prothomartyris, in bosco de Tul, usuarium suum habebant, et placuit patri meo boscum hebergiare, et sic factum est. Canonici vero usuarium quod in predicto bosco habebant, tali modo amiserunt. Unde ego Guillelmus comes filius ejus valde pertimescens, ne anima patris mei pro tali facto periclitaretur, aut aliquod damnum incurreret, quicquid habebam a via qua itur ad stagnum usque ad Monestal, videlicet boscum, atque justitiam, et quicquid ibi habebant totum memoratis canonicis B. Prothomartyris Stephani, sine aliqua retentione donavi, et in perpetuum possidere concessi. Ut autem hoc ratum et inviolabile firma stabilitate permaneat, litterarum mearum annotatione, et sigilli mei impressione signavi. Hujus rei testes sunt, Hugo Senonensis archiepiscopus, Alanus Autissiodorensis episcopus, Guido prepositus S. Stephani, Guillelmus decanus, Stephanus cellerarius, Garnerius seneschallus, Odo de Pogeyo. Actum est hoc Autissiodori, anno ab Incarnatione Domini, millesimo centesimo sexagesimo primo, regnante Ludovico piissimo rege Francorum.

N° 52.

Charte en faveur de l'Abbaye de Regny, où sont nommés plusieurs lieux du diocèse d'Auxerre aux environs de la paroisse de Sougères.

(An 1163.)

Ego Alanus, Dei gratia, Autissiodorensis episcopus, notum fieri volo tam presentibus quam futuris, quod Gibaudus de S. Verano, et frater ejus Rainaldus concesserunt et laudaverunt per manum Radulphi venerabilis abbatis de Fonteneto, presente Theobaldo abbate de Scarliis, et Willelmo ejusdem loci quondam abbate, tunc monacho Fonteneti, et Gaufrido de Monte-Regali, et Rainaldo de Ratille militibus, Deo et B. Marie de Regniaco, et Ascelino abbati ejusdem loci et fratribus ejus in perpetuum, quicquid fratres illi acquisierant in terra de Toire, sive proprium in manu eorum, sive de casamento eorum esset, perceptis per hoc quingentis solidis, et equo uno; et gistum quod ad censum dederunt pro dimidio modio avene annuatim persolvendo, deportandoque ad Sanctum-Veranum, inter festum S. Remigii, et Natale Domini, et reddendo eis ad mensuram que tunc temporis, cum hec adsensuatio fieret, currebat Autissiodori; pro tali videlicet parte terre quam ipsi fratres habebant, que clauditur eis terminis : videlicet a quercu de Campo-Senix sic divisa est per metas et signa per devexum montis Viennensis, et tendit ad terram de Annay, et per desubter villam sitam ad terram de Soëriis, usque ad concisum de Aquosis, et inde per et desuper puteum de Passeleriis, sicut indicium vie demontrat, que tendit a Fossa-Gelet, et ecclesiam de Soëriis, et sicut partitur communitatibus de Passeleriis, et tendit ad locum qui vocatur Posticiolum, inter terram Regniacensium, et terram S. Marie de Monasteriis, et inde usque ad predictum quercum de Campo-Senix, sicut demonstrant posite mete. Si autem predictum censum vendere, vel a se, vel aliquo modo alienare vellent, quandiu ecclesie Regniacensis tantumdem dare vellet, quantum alter obtulisset, non possent ipsum censum alteri vendere, dare, vel aliquo alio modo commutare, nisi ecclesie Regniacensi. Hanc autem donationem, vel adcensuationem laudant uxor domini Gibaudi, que pro hac re marcham argenti accepit, et filius ejus Gaufridus, qui quinque solidos, et filia ejus Sara, que duos solidos habuit. Nam ceteris filiis ejus qui in cunabulis erant, et necdum loqui poterant, singulis duodecim denarii pro hac re dati sunt. Cujus laudationis testes sunt, Johannes Roberti, Guillelmus filius Guidonis Rufi, Gaufridus Barellus, Atoez prepositus, Gaufridus Ferratus, Therbaldus Sannerius, Richardus de Leinsec. Ut autem donatio et adcensuatio ista rata in perpetuum, et firma habeatur, sigilli nostri auctoritate roboramus. Facta sunt hec, anno ab Incarnatione Domini nostri millesimo centesimo sexagesimo tertio, indictione undecima, concurrente primo, epacta vigesima-quinta, pontificatus vero Domini nostri Alexandri pape tertii, anno quinto.

N° 53.

Lettres touchant les bourgs de Diges et Escamps.

(An 1163.)

Ad cavendas que per successionem fiunt calumpnias, litteris tradere curavimus, quoniam querela erat inter Willermum comitem Nivernensem, et Arduinum abbatem S. Germani Autissiodorensis, de quibusdam consuetudinibus quas habet idem comes in villis S. Germani, Digia et Escanno, salvo jure ecclesie, et salvis consuetudinibus comitis. Concessit idem comes, ut ea que, vel ipse, vel homines sui, seu filius ejus, vel sui, tempore guerre sue quam habuit cum Nargaldo de Tociaco, et Willelmo de Donna Petra, et Gibaldo de S. Verano, in eisdem villis fecerant, vel aliquo modo ceperant, nullam vim, vel ad jus constituendum, vel ad faciendam consuetudinem obtinerent. Concessit etiam ut augmentatio illa que in curia de Escanno, ejus consilio et assensu a supradicto abbate facta est, eadem libertate innitatur, et eisdem consuetudinibus consistat, quibus ante factam augmentationem prior curia consistebat. Testes Rainaldus Prior de Karitate, et sexdecim alii in carta notati.

(Ex cartulario Ms. S. Germani Autiss. in Decania, cap. 12, f. 57).

N° 54.

Accord entre les abbayes de Regni et de Crisenon, sur un bien situé à Arcy.

(An 1163.)

In nomine sancte et individue Trinitatis. Ego Alanus, Dei gratia, Autissiodorensis episcopus, et ego Willelmus Nivernensis comes : notum esse volumus presentibus et futuris, quod inter ecclesias de Regniaco, et de Crisennone, de molendinis de Arseio controversia orta est, sed per manum Gaufridi Clarevallis abbatis, et Idæ comitisse Nivernensis, utriusque partis assensu taliter terminata est, ut de tota possessione illa quam ibi moniales tenebant, scilicet de quatuor molendinis, et uno fullone cum piscaria, et omnibus aliis ad eosdem molendinos pertinentibus, duas partes in omni jure, et in omni proficuo, ecclesia de Crisennone perpetua deinceps pace sine ulla reclamatione possideat, tertiam autem partem similiter in omnibus predictis ecclesia Regniacensis obtineat : molendinarios autem moniales de Crisennone duos ibi ponant fideles homines, et qui fidelitatem jurent etiam Regniacensibus : similiter Regniacenses, vel qui ab eis eorum partem habuerit unum fidelem, et qui fidelitatem juret monialibus, si servitium datum fuerit, sine vel inde dividatur similiter, ut illi tertiam partem habeant, ille duas ; si querelam habuerint, vel utrique, vel quelibet pars adversus molendinarios de redditibus suis, in ipso loco pariter convenientes indicabunt, et reddito capitali de emendatione, habebunt illi partem tertiam, ille duas. Si pro reparatione aliqua ibi expensas fieri oportuerit in ecclesiis vel molendinis, ponent similiter illi tertiam partem, ille duas : si autem ad summationem monachorum moniales expensas ministrare noluerint, monachi si voluerint, vel qui pro eis partem eorum tenuerint, expensas facient et totum redditum possessionis illius pro capitali recipient, donec rehabeant quicquid expenderint. Similiter si ad summotionem monialium pars altera expensas ministrare noluerit, ipsæ si voluerunt, expensas faciant, et totum redditum pro capitali recipient usque ad plenam restitutionem expensarum : similiter de censu moniales duas partes persolvent, monachi vero tertiam. si Regniacenses partem suam pro pecunia vendere voluerint, habebunt eam moniales, si tantumdem dederint, quantum alter obtulerit : si vero pro terra vel aliqua possessione eandem partem suam voluerint commutare, habebunt eam moniales, si dederint eis eque eis placitam possessionem : sin autem libere cui voluerint, partem suam Regniacenses tradent cum omni integritate possidendam sicut concessa est eis. Similiter de partibus suis moniales erga monachos eandem tenebunt legem, ut si eas voluerint vendere non liceat, nisi monachis, si tantum voluerint dare, quantum alter obtulerit. Hanc compositionem Ascelinus Regniacensis abbas, cum toto conventu suo, et Agnes abbatissa de Crisennone, cum toto similiter laudaverunt suo conventu, et approbaverunt : quam presentia nostra recognitam, ad petitionem utriusque partis etiam nos approbavimus et laudavimus, et ut deinceps inviolabilem habeat firmitatem testium subscriptione, et sigillorum nostrorum impressione, cum sigillis eorum per quos hæc facta est compositio, et sigillis utriusque ecclesiæ, præsentem cartam signari fecimus et muniri. Testes hujus compositionis Gaufridus abbas Clarevallis, Ricardus Alquerus, Bartholomeus, Jacobus monachi ; Ida comitissa, et Guido puer, filius ejus; Stephanus cantor Autissiodorensis, Stephanus archypresbyter, Radulphus capellanus comitissæ, Gaufridus clericus ejusdem, Obertus de Mairri clerici ; de militibus quoque Herbertus de Mairri, Bauduinus Grossus, Bauduinus de Migi, Gaufridus de Monte-Regali, Nicolaus de Malliaco ; de servientibus, Raaldus Autissiodorensis, Milo præpositus de Mailli, Stephanus de Baissi, Rainaldus filius ejus. Actum est hoc a nobis, anno ab Incarnatione Domini, M. C. LXIII. Indictione xj. Epacta xiij. Concurrente j. Alexandro tertio Romano pontifice, Ludovico rege Francorum.

(Ex Tabul. Regniaci.)

N° 55.

Don de l'usage de la Perrière de Fonfay, à l'abbaye de Bourads.

(An 1164.)

In nomine sancte et individue Trinitatis. Noverint universi presentes et futuri, quod Burdinus de Donziaco, et Guido filius ejus usuarium lapidicinii de Fonfay, quod injuste calumniabantur, sicut et coram testibus professi sunt, ecclesie Boniradii in eleemosyna concesserunt. Quod ego Alanus Autissiodorensis episcopus, ut ratum permaneat, sigillo meo confirmare curavi. Hujus rei testes sunt Gofridus Dominus Donziaci, Gofridus de Luets, Itardus de Donziaco. Actum est hoc anno ab Incarnatione Domini, M. C. LXIIII.

(Ex Tabul. Boniradii.)

N° 56.

Accord du comte Guillaume avec Ardoin, abbé de Saint-Germain, touchant le droit de gîte à Auxerre, Irancy, Aucep ; sur les bois de Moutiers, et sur Diges.

(An 1165.)

In nomine Patris et Filii et Spiritus

Sancti. Ego Willelmus comes Nivernensis, filius Guillermi, qui in capitulo S. Germani sepultus jacet, cunctis presentibus et futuris notum facio quod Domnus Arduinus S. Germani Autissiodorensis abbas, et fratres ejusdem loci quasdam querelas adversum me habebant, que hoc modo decise sunt. De arbergeria quam milites et homines mei in castello S. Germani, et in burgis adjacentibus acceperant, recognosco quod nullam arbegeriam ibi habeo, nec aliquo modo habeo debere; in villa quoque de Irenciaco, et in villa de Aucepio similiter, homines mei arbergeriam et credentiam acceperant : sed recognosco quod in eis nullam arbergeriam habeo, nec credentiam, neque apud Bellum-Montem in officinis monachorum. De baiis vero quas pater meus tempore guerre in nemoribus S. Marie monasterii Melederensis, permittente ejusdem loci priore fecit, recognosco quod si homines S. Marie, vel animalia monachorum, aut hominum S. Marie ibi capta fuerint, forisfactum totum debet prior habere, nec ego, vel servientes mei de S. Salvatore aliquid inde habere debemus, nec aliquam violentiam haiarum causa exercere. Recognosco etiam quod in burgo de Digia, seu potestate, neque turrim, neque domum, neque firmitatem habeo aliquam, nec deinceps edificare debeo, vel heres meus. Hujus rei testes magister Stephanus cantor, et alii sex in carta notati. Ex parte abbatis, Durandus prior de Disesia, et alii tres in carta notati; et multi alii. Actum est hoc anno ab Incarnatione Domini millesimo centesimo sexagesimo quinto.

(Cart. S. Germ. f. 55 v).

N° 57.

Engagement fait par Jean, vicomte de Ligny, à l'abbaye Saint-Germain, pour 5 ans, de tout ce qu'il possédait à Rouvray, moyennant 30 livres.

(An 1165.)

Ego Guillelmus comes Nivernensis, notum fieri volo, tam presentibus quam futuris, quod Johannes vicecomes Lagniaci, quicquid habebat apud Rovretum, seu in proprio dominio, seu illud quod cum Guillelmo de Asneriis partiebatur, et cum Herveo de Frazino, Arduino abbati et monachis S. Germani Autissiodorensis, usque ad quinque annos pro triginta libris pignori obligavit, tali scilicet conditione, quod gageriam istam usque ad terminum predictum redimere non poterit, nec aliquis pro eo. A termino vero isto in antea poterit ipse redimere, vel ego Guillelmus comes. Si vero moneta Autissiodorensis tunc debilitata fuerit, in electione abbatis et monachorum erit, aut accipere triginta libras, aut quatuordecim marchas. Sciendum etiam quod talliam hujus gagerie, quam predicti milites cum vicecomite semel in anno faciebant, similiter cum camerario Sancti-Germani facient mensurare, ad laudem videlicet ipsius et servientium vicecomitis. Hoc juravit Johannes vicecomes tenere, et garentiam erga omnes portare. Hoc etiam Ermeniardis mater ejus, et Hersendis uxor sua, et Daimbertus frater ejus laudaverunt. Hoc etiam laudavit et juravit Obertus cognatus ejus, de cujus casamento partem tenebat. Hoc laudavit Guillelmus de Asneriis in presentia mea. Hoc etiam ego Guillelmus comes Nivernensis, quia de casamento meo erat, laudavi et sigillo meo firmavi. Hujus rei testes tres in carta notati.

(Ex Cartul. Ms. S. Germani Autiss. in Camera, cap. 3, f. 62.)

N° 58.

Don fait à l'abbaye de Saint-Germain, d'un revenu sur l'église de Saint-Loup d'Auxerre, par l'évêque Alain.

(An 1166.)

In nomine Patris et Filii, et Spiritus-Sancti. Ego Alanus, Dei gratia, Autissiodorensis episcopus, notum fieri volo omnibus, tam futuris quam presentibus, quod in ecclesia S. Lupi que ad monasterium S. Germani Autissiodorensis pertinere dignoscitur, electionem seu presentationem presbyteri, et quarumdam festivitatum oblationes eidem monasterio, sicut hactenus habuit, concedimus et confirmamus, salvo tamen jure episcopali; et quoniam presentis vite status incertus est, nos in ea seminare cupientes, quod in futuro cum gaudio metamus, in prefata S. Lupi ecclesia de beneficio illo quod ad sacerdotem pertinere videbatur, centum solidos pro anniversario nostro faciendo, predicto B. Germani monasterio annuatim persolvendos concessimus. Verumtamen quoniam magister Stephanus cantor B. Stephani Autissiodorensis eandem tenet ecclesiam, presentatus a venerabili fratre nostro Arduino, prenominati monasterii abbate; hi centum solidi persolvi non poterunt, nisi per voluntatem ipsius magistri Stephani, donec eo de medio sublato, aut morte, aut religiosi habitus assumptione, ex tunc salvo jure antiquo prefatum beneficium centum solidorum, monasterium B. Germani percipiet ; reliquum vero sacerdos habebit ex integro. Hoc autem ut firmiter et inviolabiliter teneatur, sigilli nostri impressione firmavimus. Hujus rei testes sunt Arduinus abbas Ripatorii, Themannus capellanus noster, Bartholomæus archidiaconus Autissiodorensis, Stephanus sacrista, Rainaudus-Richardus. De monachis, Constantinus prior, Ravelano thesaurius, Bernardus infirmarius, et multi alii fratres qui tunc presentes in capitulo erant. Actum est anno ab Incarnatione Domini millesimo centesimo sexagesimo-sexto.

(Ex Carta Ms. S. Germani Autiss. in Camera, cap. 2. fol. 62 rect.)

N° 59.

Réunion de la Prévôté de l'église d'Auxerre au Chapitre.

(An 1166.) (1)

In nomine Domini nostri Jesu-Christi. Notum sit presentibus et futuris, quod ego Alanus, Dei gratia, Autissiodorensis episcopus, convocatis personis, scilicet Petro archidiacono, Guillelmo decano, Radulpho thesaurario, Stephano cantore, et ceteris canonicis Autissiod. ecclesie, ipsius utilitati et paci cupiens in posterum providere, dedi et concessi prepositurum cum omni jure suo, totius capituli communitati post decessum Guidonis prepositi, sive morte, sive habitus mutatione, sive dignitatis promotione; ut post decessum meum singulis annis anniversarium meum faciant : hoc quoque canonici laudaverunt, et tam persone quam alii qui adfuerunt, se bona fide servaturos, et ulterius prepositum non electuros juraverunt. Accraantavi etiam in capitulo canonicis, in et verbo veritatis statui, quod a personis et canonicis extunc substituendis, idem juramentum fieri faceremus; quod qui facere noluerit, tandiu beneficio prebende careat, donec hujus nostre institutionis formam, sicut alii juraverunt se observaturum juret. Ut autem hec nostra donatio et institutio firmior in posterum habeatur, hujus rei donum per impositionem libri super altare B. Stephani fecimus, præsentibus Ascelino abbate Regniacensi, et Joanne abbate Rupium, et Gaufrido priore S. Eusebii, et tam personis quam canonicis S. Stephani fieri, ac ipsis presentibus omnes illos qui hoc juramentum aliquomodo infregerint, et huic institutioni contraire temptaverint : ego Alanus episcopus et predicti abbates, et alii sacerdotes ecclesie, vinculo anathematis innodamus. Actum est hoc solempniter in capitulo Autissiodorensi, anno Incarnationis Domini millesimo centesimo sexagesimo-sexto, pridie Kalendas maii, presentibus Ascelino abbate Regniacensi, Johanne abbate Rupium, Gaufrido priore S. Eusebii ; et de canonicis ecclesie Sancti-Stephani, Petro archidiacono, Guillelmo decano, Rodulpho thesaurario, Stephano cantore, Roberto lectore, Regnaldo camerario, Germano succentore, et multis aliis.

(Ex Cartulario ecclesiæ cathedralis Autissiod.)

N° 60.

Acte qui se rapporte à celui qui est coté cidessus, num. 52.

(An 1167.)

Ego Willelmus Nivernensis comes, etc. Tandem post multas altercationes inter eos, convenit quod Petrus Bernardi predictam ascensiam sicut ipse, et participes sui antea fecerant laudavit, et me fidejussorem dedit, ut si quando orta inde calumpnia non posset pro jure garentire, ego pro jure garentirem predictis fratribus, et res predicti Bernardi in manu mea detinerem, donec ipse Petrus Bernardi garentiam portaret. Hujus rei testes sunt, Magister Stephanus cantor Autissiodorensis, Seguinus de Crux, Raaudus burgensis Autissiodorensis. Porro pacem istam et ascensiam laudavit Petronilla uxor predicti Bernardi, que unam inde suem habuit; laudavit autem et filius eorum Hugo, et filie Elisens et Sennaant.

(Ex Tabul. Regniaci.)

N° 61.

Autre fragment sur le même sujet.

(An 1167.)

Notum sit omnibus tam presentibus quam futuris, quod ego Guillelmus comes Nivernensis, pro remedio anime mee donavi et concessi monachis de Regniaco, Deo ibidem in perpetuum servituris, eam partem. . . . .
Dedi etiam monachis. . . . .
commune cum eis in mon. . . . . . .
jure perpetuo possidendum, don. . . .
eis quinque arpenta Bruciarum. . . .
inter prata eorum, et stratam, per quam ducunt fœna sua. Hujus testes sunt magister Stephanus, Gaufridus clericus, Ra-

(1) Cependant en 1176 le titulaire Gui, prenait encore le nom de prévôt. (V. Cart. Sancti-Mariani, Archives de l'Yonne, donations diverses).

audus Furnerius de Droja, Hugo prepositus Castri-Censurii, Stephanus Letardus. Actum est hoc apud Castrum-Censurii, anno ab Incarnatione Domini millesimo centesimo sexagesimo septimo ; et hoc laudaverunt E. uxor comitis, et Guido frater ejus.

N° 64 bis.

Lettre du prieur et du couvent de Sainte-Milburge de Venlock en Angleterre, dépendant du prieuré de la Charité-sur-Loire, relative à une révolte des serfs du prieuré.

(Vers 1168.)

Honorabili domino et patri in Christo charissimo, domno Humbaldo, priori de Charitate, et ejusdem loci sacro conventui, frater Humbertus, humilis fratrum de Veneloc minister et ejusdem loci humilis conventus, tam devotam quam debitam sancte obedientie reverentiam.

Distantia locorum invidente, vobis, sanctissimi patres et domini, loqui presentialiter prohibemur. Necesse est tamen ecclesie nostre gravamen, dedecus nostrum commune, paulatim vobis plangere : justum est quidem ut membrorum infirmati condoleat sanitas. Quod si aliquod verbum minus cautum abundantia cordis et vehementia doloris eliciat, (dolor enim non multum differt ab insania, dum est in impetu sue accessionis), vestre charitatis, si placet, ignoscat devotio. Vestre igitur sanctitatis paginam debita qua decuit reverentia suscipientes, ex ejus tenore vera et falsa vobis esse intimata perpendimus. Et quid mirum, si vera falsis misceantur in omni............ sed vestra novit discretio triticum in horrea congregare, zizannium vero igni tradere comburendum.

Meminimus, sancti patres et Domini, nos in Natali Domini literas, vestre voluntatis interpretes, ex omni consilio capituli nostri, domno priore nostro tunc temporis in capitulo non residente, nec aliquo (novit Dominus) ad literas impetrandas properante, vobis destinasse. Hoc ideo ad memoriam reducimus quia in literis nobis transmissis admiramini, quod, cum tunc de domno priore nostro, et de melioratione domus nostre per industriam ejus, et de ordinis integritate, laudabile et fidele perhibebamus testimonium, cur de tam predicabili gaudio ad tam repentinam subversionem, ut scribitis, perventi, vos testificare distulimus. Quamobrem sanctitatem vestram latere nolumus quod erga nos sancte religionis florent instituta, pax summa, et paries integer (1), sine dubietate scientes quod, minus quam meruerit, laudes ipsius, et fidelitatem erga ecclesiam Charitatensem, et piam ejus (erga) ecclesiam Venlocensem solicitudinem extulimus. Immo in tantum erga eumdem crevit devotio nostra, videntes eum modis omnibus utilitati nostre ecclesie intendentem, nec in adversis deprimi, nec in prosperis extolli, quod pro eo in carcerem et in mortem ire parati sumus. Nocent tamen quedam adversa, quod rustici nostri, minus consulte contra nos levaverunt calcaneum suum, volentes ad arbitrium suum priorem deponere et alium subrogare, quod avertat Deus. Nos siquidem omnia opera nostra in lapide adjutorii fundamus in quo obstruetur os loquentium iniqua. Orta igitur tali dissensione in confusionem ecclesie nostre, curiam regis adierunt; sed a curialibus immisericorditer salutati, sine honore, ut justum fuit, recesserunt; literas tamen, ut moris est, in curia regis secum ad vicecomitem de Salopeschir portantes, ad vos tandem reccurrentes et falsa suggerentes, literas quales voluerunt sanctitati vestre premiserunt. Dum vero hec agerentur, dies quamplures eis statuimus, mandantes ut apud Veneloc venirent, et si quid foret emendandum, per visum baronum vicecomitis de Salopeschir et proborum hominum de nobis libere tenentium, emendaretur. Tandem de errore suo compuncti, super corpus sancte Milburge sacramentum prestiterunt quod de cetero nobis et ecclesie nostre fideles in omnibus existerent. Sed hec omnia in crastino in irritum revocantes, erat eis novissimus error pejor priore : unde cultros et carrucarum ferramenta nobis projecerunt. Ad hec horribile quid et a seculo inauditum, unde vestra inconsolabiliter debent concuti corda, sanctitati vestre intimabimus. Die martis infra Pentecosten, que dies nobis vere erat dies martis, immo fere mortis, egrediente conventu cum feretro, comitante innumerabili multitudine hominum utriusque sexus ad processionem faciendam, ut moris est ecclesie nostre, et completo jam sermone, ad populum proposueramus malefactores ecclesie sententia excommunicationis innodare. Quo audito, insurrexerunt in nos rustici nostri, qui preeuntes; Venelochiam venerunt, et valvas ecclesie nostre in tribus locis obsederunt.

Tandem, nobis venientibus, viam occu-

---

(1) Il faut peut-être lire *prior* au lieu de *paries* ; ou bien *paries* est une expression métaphorique pour désigner le chef, l'appui de la communauté.

paverunt clamantes : « Comprehendite virum injustum et occidite! » Sed, gratia Dei et militum auxilio defensi, illesi evasimus : sed post nos lapides et baculos indevote jacebant, ita quod aliqui monachorum et servientium ictus graves susceperint. Post talem et tam enormem excessum miserunt se rustici super vi monachos et quatuor milites, ut ipsi gravamen eorum et excusationem priores audirent, et auditis hinc inde propositis, ipsi assessores quod justum foret statuerent, ut prior et rustici sine aliqua reclamatione judicium subirent. Quod, annuente Domino, ea die factum est, et se in misericordiam domini prioris obligaverunt, et in crastino terris suis colendis intenderunt. Porro venientes nuntii eorum a vestre sanctitatis amplexu, a pace formata resilierunt, sibi per literas eisdem transmissas addentes cornua : quod, salva reverentia vestra, minus caute actum fuit, quia in absente non est ferenda sententia. Si que ergo in vobis miseratio, si que virtus charitatis, si que compassionis viscera, luporum rabiem, si placet, coerceatis et potestativa authoritate vestra presumptionem malignantium cohibeatis. Unum siquidem noveritis, quod nisi huic pesti occurratur, opprimet honorem Charitatis presumptio laïcalis. Nos siquidem in hac causa facilius possumus mori quam vinci.

(Publié dans l'Annuaire de la Nièvre).

N° 62.

Dons de Gui, comte d'Auxerre, à l'abbaye de Saint-Marien.

(An 1170.)

In nomine sancte et individue Trinitatis. Boni filii est indicium boni patris imitari studium. Idcirco ego Dei largitioni, Guido Nivernensis comes, pro modulo mee devotionis majorum meorum emulator existens, canonicis Premonstratensis ordinis in suburbio Autissiodorensi Deo servientibus concedo, ut de consuetudinario redditu illius mei ponderis quo venalia ponderantur nihil reddant, sed quantumcumque ad suos usus necessarios emerint absque illius pretii redditione ponderent. Omnia ab enim beneficia que ab avo et patre et fratre meo ante tempus consulatus mei eisdem canonicis collata sunt, quatenus quiete in perpetuum possideant, laudans stabilio, et stabiliens laudo. Verum ne eorumdem beneficiorum alicujus prava subreptione per aliqua possit imminui, et sic pax canonicorum a me stabilita perturbari, volui ipsa beneficia litteris annotari, et promisse elcemosyne subtus ascribi : terram scilicet certis limitibus diffinitam in loco quem vulgus Vetera-prata appellare consuevit; nunc autem ipsi fratres cognominant Capellam (1); molendina cum stagno et terram in territorio quod dicitur Praien, certis finibus terminatam. Quod si de predictis eidem terre adjacentibus hominibus qui possident quid acquirere poterunt, si pratorum census comitis fuerit, absque censu possidebunt. Item in nemoribus quorum nomina sunt hec : Bar et Thol, arbores infructuosas que mortuum nemus appellantur ad comburendum. Preterea, super fluvium Belche sedem unius molendini et aque exclusam per terram suam superius et inferius molendinum necessarium, ac terram jacentem inter exclusam aque superiorem, et prata inferius posita, et viam ad molendinum ducentem, ex dono fratris mei suum etiam hortum olerum, quem ipsi fratres tenent et excolunt prope eos super Ycaune fluvium, et quasdam consuetudines denariorum et annone, quas ex quibusdam possessionibus suis reddere consueverant; estallos etiam ad vendenda venalia in illa area domus quam prope portam Fiscalem acquisierant. Denique concedo eis, ut ubicumque grangie eorum infra posse meum site sunt, animalia ipsorum sicut vicinarum gentium animalia communiter, nullo prohibente, utantur pastura; sed et si terras meas, aut villas alicui dedi aut dedero, eorum tamen vel rerum suorum custodiam nulli attribuo, nec in quibuslibet eorum possessionibus dominium aut justitiam aliquam alicui habere permitto. Ut igitur hec rata, inconvulsaque permaneant, feci ea litteris annotari, sigilliqueque mei impressione muniri. Acta sunt hec apud Autiss. anno Incarnationis Domini, M. C. LXX; consulatus vero mei secundo; astantibus in aula mea Garnerio seneschallo, Stephano de Petra-pertusa, Johanne preposito comitis, Joanne Petromajore Sancti-Gervasii, Raaudo nummulario, Symone Vezeliaci.

(Ex Tabul. S. Mariani.)

N° 63.

Don d'une portion de forêt proche Auxerre, à l'abbaye de Saint-Marien, par le même Gui, comte d'Auxerre.

(An 1171.)

In nomine sancte et individue Trinitatis : Probabile est apud laudabiles viros, si princeps de rebus suis pro salute sua

---

(1) La Chapelle, paroisse de Venoy.

largitur servis Dei, quos in ejus servitio noverit esse assiduos. Idcirco ego Guido Nivernensis comes, zelo majorum meorum accensus, universis presentibus, pariter et posteris volo notum fieri, quod quamdam partem nemoris mei quod vu gariter Bar appellatur, canonicis regularibus Premonstratensis ordinis, ab ecclesia S. Mariani in ecclesiam B. Marie et S. Martini translatis, ob remedium anime mee et paparentum meorum dedi. Hanc itaque donationem nemoris certis terminis et terminorum nominibus feci distingui, videlicet quidquid est a stagno eorum usque ad lacum Mulsum, sicut via publica que ducit Autissiodorum a nemore Sancti-Stephani dividit nemus meum ; item quicquid nemoris est a predicto laco, usque ad alium lacum qui appellatur *Del-Borber*; exhinc qua rectius exiri potest ad campum qui fuit Ramberti, nunc canonicorum. Hanc etenim predictam nemoris partem, laudante Rainaudo fratre meo, ita libere et absolute ut ego tenebam ad faciendum quicquid eis utile videbitur.... concessi, etc. Actum Autissiodori, anno ab Incarnatione Dominica, M. C. LXXI; consulatus vero mei tertio; astantibus et audientibus Roberto et Thoma clericis, Damiano et Gautero Berardo militibus, Petro de Corceun, Johanne preposito, Petro de S. Peregrino.

(Ex Tabul. S. Mariani.)

N° 64.

Don de l'église de Venouse à l'abbaye de Saint-Père d'Auxerre, par l'évêque Guillaume.

(An 1171.)

Ego Willelmus, Dei gratia, Autissiod. episcopus. Notum esse volo futuris et presentibus, quod ad preces religiosorum donavi ecclesie S. Petri Autissiodorensis ecclesiam de Venosa perpetuo possidendam, cum omni ejusdem ecclesie beneficio, et capellaniam de Robreto, salvo jure et redditibus quos ecclesia Sancti-Germani in prefata capella habere dinoscitur. Quod ut ratum permaneat et inconcussum, presentem paginam sigilli mei appositione munivi. Actum publice in capitulo S. Stephani, anno Verbi incarnati millesimo centesimo septuagesimo primo.

(Ex autographo in Tabul. S. Petri Autiss.)

N° 65.

Charte de Gui, comte d'Auxerre, relative aux violences commises par ses gens sur la terre d'Escamps.

(An 1171.)

In nomine sancte et individue Trinitatis. Ego Guido comes Nivernensis omnibus tam presentibus quam futuris, nota fieri volo ea que sequuntur. Servientes mei in munitionem de Escano quam esse constat propriam ecclesie B. Germani, cum armata manu, hospitandi causa, cupientes violenter irrumpere, cum homines loci sibi suisque timentes, violencie illorum obsistere conarentur, quosdam eorum occiderunt, quosdam multis confossos vulneribus, reliquere semineces. Pro tam evidenti sua, ecclesie que sue injuria, venerabilis abbas ejusdem ecclesie Arduinus, presentiam meam semel et iterum adiit, immanitatem facti, et innocentium mortem damnumque ecclesie conquerendo exponens. Ego igitur querelam ejus justissimam esse considerans, habito cum hominibus meis consilio, et pro damni recompensatione, simulque satisfactione de tam gravi injurie et pro salute anime patris mei et parentum meorum, dedi absolute et libere Deo et ecclesie B. Germani, Guillelmum de Monte-Marcii et uxorem ejus, et fratrem, et heredes eorum, et totum tenementum ubicumque illud habeant cum omnibus acquisitis ab eis vel acquirendis. Quicquid etiam querelabam in uxorem Guarnerii Camberlenci, et in filios, vel filias, seu in tenementum illius, totum guerpivi, et dedi libere et absolute Deo et jam dicto beato Confessori, ut eo modo et ea conditione qua vel ego, vel antecessores mei predictum Willelmum, et uxorem, et fratrem ejus, et heredes et res mobiles vel immobiles eorum habuerant et possederant, habeant illos ecclesia S. Germani jure perpetuo. Testes sunt Garnerius, seneschallus, et xvj alii in carta notati. Hoc autem donum, ut ratum et inconvulsum jam dicte ecclesie omni etate permaneat, presentem cartam sigillo meo muniri precepi. Actum publice Autissiodori, anno ab Incarnatione Domini millesimo centesimo septuagesimo primo, regnante Ludovico piissimo rege Francorum.

(Ex Cartul S. Germani, f. 56.)

N° 66.

Don de l'église de Vincelles à l'abbaye de Saint-Marien, par l'évêque Guillaume.

(An 1172.)

In nomine sancte et individue Trinitatis. Ego Willelmus, Dei gratia, Autissiodorensis episcopus, universis presentibus pariter et futuris, notum volumus fieri, quoniam ecclesiam de Vincellis ecclesie S. Mariani possidendam in perpetuum dedimus. Siquidem presbyter qui prefatam ecclesiam tenebat, eam in manu nostra remisit, et nos de eadem ecclesia ecclesiam B. Mariani per manum Domini Milonis ejusdem loci abbatis investivimus. Prefatus vero Milo eumdem presbyterum nobis presentavit, cui animarum curam commendavimus, eique ecclesie cui servierat, servire precepimus. Constituentes, assensu ejus et voluntate, quatenus pro censa ecclesie sue quadraginta solidos Autissiodorensis monete, et decem libras cere annis singulis per duos..... in kalendis maii partem mediam, et in octavis Sanctorum omnium partem reliquam ecclesie B. Mariani persolveret. De ceteris vero presbyteris per futuras temporum series in eadem ecclesia substituendis, predicte ecclesie electionem presbyteri et presentationem habere statuimus. Ut igitur hec nostra constitutio quoquomodo non possit immutari, fecimus eam presentis scripti attestatione, sigillique nostri muniri impressione. Acta sunt hec Autissiodori, in domo nostra, anno Incarnationis Dominice, M. C. LXXIII, sub testibus istis, Hugone, scilicet nepote nostro, ecclesie S. Stephani Autissiodorensis cantore, Rainaudo-Ricardi, Stephano Ollandi, Joffrido de Chenguil canonicis S. Stephani.

(Ex Tabul S. Mariani.)

N° 67.

Confirmation d'un accord entre Gui, comte d'Auxerre, et le chapitre de la cathédrale, par Louis VII, au sujet des droits de gîte à Pourrain et à Chichery.

(An 1173.)

Ego Ludovicus rex Francorum, notum facio tam presentibus quam futuris, quod compositio inter Capitulum Autissiodorense, et Guidonem comitem Nivernensem in hunc modum facta est. Pro capitalibus Capituli Autissiodorensis violenter ablatis a comite, invadiavit comes eidem Capitulo pro quingentis libris Silviniacensis monete gistas potestatis Pulvereni et Chichiriaci. Concessum est et firmatum ex parte comitis quod in illis gistis invadiatis, nihil omnino comes Nivernensis accipiet, nisi prius reddiderit quingentas libras predicte monete in illo valore, in quo tunc erat moneta illa. Tunc enim quadraginta et octo solidi talis monete valebant marcham argenti ad pondus Trecense. Concessum est etiam ex parte comitis et ex parte Capituli, quod si forte comes vadium redimere voluerit, redditis quadringentis libris ejusdem monete in prefato valore, et iterum gistas voluerit accipere ultra unam per annum in predictis balliis : res in ille puncto erit in quo fuit ante invadiationem, id est, persona comitis sub excommunicatione, et terre ipsius sub interdicto. In curia etiam regis sub eodem statu erit in quo erat, donec controversia ista debitum finem, mediante justitia, fortiatur. Quod utique ut ratum et inconcussum permaneat, ad instantiam precum comitis in manu accepimus, et presentem paginam sigilli nostri munimine confirmavimus. Condictum etiam fuit et hinc inde concessum, sicut ab utraque parte accepimus, quod comes eandem paginam appositione sigillorum Senonensis archiepiscopi et Autissiodorensis episcopi sui faceret confirmari. Actum est hoc anno ab Incarnatione Domini M. C. LXXIII.

(Ex autographo.)

N° 68.

Nouvel accord entre le comte Gui et le chapitre, sur les gîtes de Pourrain et de Chichery, par suite de l'infraction du précédent, par les serviteurs du comte. -- Rapport des monnaies d'Auxerre et de Troyes.

(An 1174.)

Ego Ludovicus rex Francorum, notum fieri volumus presentibus et futuris, quod post compositionem que inter Canonicos Autissiodorenses, et Guidonem comitem Nivernensem facta est per invadiationem gistarum Pulvereni et Chichiriaci erga canonicos, pro quingentis libris Silviniacensis monete ab ipso comite factam, contigit servientes comitis ex precepto ejus iterum terram canonicorum depredatos fuisse, sed tandem pro ipsius parte restauranda, cum eisdem canonicis comes convenit, et prioribus quingentis libris centum libras Autissiodorensis monete cum ipsis reddendas adjunxit, ut sexcente libre in vadimonio essent. Cum vero ad solutionis tempus ventum fuerit, ille centum libre Autissiodorenses, in illo valore reddentur, in quo erat moneta illa. Tunc enim quinquaginta solidi talis monete valebant marcam argenti ad pondus Trecense. Quod utique ut ratum et inconcussum permaneat, ad instantiam precum comitis Nivernensis, et comitisse, et Senonensis archiepiscopi, presentem paginam sigilli nostri munimine confirmavimus. Actum est hoc anno ab Incarnatione Domini, M. C. LXXIV.

(Ex autographo).

N° 69.

Fondations de la comtesse Ida, à l'occasion de la maladie de Gui, son fils.

(An 1175.)

In nomine sancte et individue Trinitatis, Ego Willemus Autissiodorensis episcopus, notum fieri volumus tam presentibus, quam futuris, quod Ida nobilis comitissa Nivernensis, videns Guidonem comitem juvenem filium suum in extremis laborantem, materna pietate commota, promisit ei se daturam viginti libras redditus de terra dotalitii sui, pro remedio anime sue et antecessorum ejus, quod ipse quidem gratissimum habuit ; et ut ab omni opere compleret, omnimoda prece postulavit. Volens igitur eadem comitissa hanc eleemosynam salubriter ordinare ad ecclesie tranquillitatem, et ad anime filii sui, et antecessorum suorum salutem, hoc modo promissum complevit. Homines quos habebat tunc temporis Varziaci, cujuscumque conditionis essent, et eorum heredes, in perpetuum possidendos nobis et successoribus nostris episcopis donavit et concessit. Nos autem, attendentes ejus liberalitem et devotionem quam erga nos et ecclesiam nostram habebat, in eadem ecclesia ante crucifixum altare novum constituimus, et duos presbyteros ab omni questu liberos, qui deinceps vicissim singulis diebus missam pro remedio anime prefati Guidonis comitis, et patris sui, et antecessorum suorum, omniumque fidelium defunctorum celebrabunt, exceptis Dominicis diebus et solemnitatibus in quibus missam quam volumus, pro tempore celebrabunt. Predictis nostris presbyteris suprascriptis redditus donavimus et assignavimus annuatim a nobis, et a successoribus nostris in perpetuum reddendos ; unum videlicet modium frumenti in grangia de Giaco, et unum sextarium fabarum, duodecim modios vini, sex albi et sex rubei in torculari aut cellario nostro Autissiodorensi, sex libras Autissiodorensis monete in crucibus de Varziaco in crastino Pentecostes, et decem libras cere in nundinis de Tanneto ad luminare predicti altaris (1). Quod ut immotum perseveret, ac firmius habeatur, super hoc presens scriptum fieri, ac sigilli nostri munimine roborari fecimus. Hujus rei testes sunt Hugo Senonensis archidiaconus, Gaufridus de Chanquoil, Guillelmus cantor Clameciensis, Guillelmus capellanus comitisse, Gaufridus de Mont-Reali, Guillelmus Chacebois, Simon de Turre, camerarius comitisse, et plures alii. Datum ab Incarnatione Domini, M. C. LXXV.

(Ex Tabul. Eccl. Autiss.)

N° 70.

Reconnaissance de Mathilde, comtesse d'Auxerre, au sujet d'un legs fait à l'abbaye de Crisenon.

(An 1176.)

In nomine sancte et individue Trinitatis, Amen. Usus litterarum repertus est propter memoriam rerum. Inde est quod ea que in perpetuum rata esse volumus, litterarum memorie commendamus. Per hunc igitur morem ego Mathildis comitissa Nivernensis, notum facimus presentibus pariter et futuris, quod Guido comes Nivernensis, dominus et maritus meus in extrema infirmitate sue positus Tornodori, adhuc bone existens memorie, pro amore Dei et remedio anime sue et antecessorum suorum, ore proprio donavit et concessit centum solidos de redditibus sanctimonialibus de Crisenone, ad camisias emendas. Hos centum solidos eisdem sanctimonialibus assignavit in pedagio Autissiodorensi annuatim reddendos ad nundinas Tanneti, in quocumque loco vel in quocumque tempore nundine removeantur ; laudantibus et concedentibus hanc donationem Domina Ida, matre comitis, et Domino Renaudo fratre suo. Hanc eandem donationem ego Mathildis uxor sepedicti comitis laudari volui et concessi, et in signum laudationis mee hanc presentem cartulam fieri precepi, et sigillum meum apposui.... Actum est hoc anno Verbi Incarnati, M. C. LXXVI.

(Ex Tabul. Crisennon.)

N° 71.

Charte de Guillaume de Toucy, évêque d'Auxerre, approbative de l'emploi qu'ont fait les religieuses de Crisenon, de leurs revenus de Varzy, à payer les dépenses de leurs vêtures.

(An 1178.)

In nomine sancte et individue Trinitatis, ego Willemus Autissiodorensis epis-

---

(1) *Nundine de Tanneto* étaient des foires établies proche d'Auxerre sur le Montartre.

copus, notum volo fieri tam presentibus quam futuris, quod cum Crisenoni essemus in capitulo, conventus ejusdem loci nobis dixit quod de communi assensu, omnes moniales, ad emenda vestimenta sua, deputaverunt omnes redditus quos apud Varziacum habebant vel habiture erant, et omnia emolumenta carrucarum et vinearum suarum ibidem positarum, exceptis tantummodo expensis familie sue ibidem commorantis, et vinearum culturis. Rogaverunt etiam nos eedem moniales quod hoc scripto mandari et sigillo nostro muniri faceremus, ad majoris stabilitatis et firmioris perseverancie robur et munimen : quod quidem ad preces ipsarum fecimus sub anathematis pena, interdicentes ne quis ullo modo res predictas in alios usus expendere presumat et ne alicui successorum, hanc institutionem mutare, aut in irritum ducere liceat. Hoc autem totum factum est ob memoriam et mandatum cujusdam nobilis matrone, Garne nomine, sororis defuncti Ytherii de Tuciaco, in eadem ecclesia quiescentis ; nam cum eadem matrona predicte ecclesie multa beneficia contulisset in vita sua, in exitu etiam suo quater-viginti bixancios et decem et octo marchas argenti ibidem in elemosina dedit et multa alia. Rogans et precipiens quod ex predicta pecunia redditus emerentur, unde annuatim monialibus vestimenta providerentur. Tunc vero temporis ecclesia illa magno obligata erat debito, et consilio autenticorum et religiosorum virorum debita sua reddiderunt moniales de predicta pecunia et in recompensationem predictos redditus de Varziaco constituerunt, et ad majorem firmitatem tam nostro, quam sigillo earum firmatum est. Actum anno ab Incarnatione Domini, M. C. LXXVIII.

(Tiré du Cartul. de Crisenon; D. Viole, t. III.)

N° 72.

Don des églises de Leugny et de Moulins à l'abbaye de Saint-Marien.

(An 1180.)

Ego Willelmus, Dei gratia, Autissiodorensis episcopus, notum facimus tam presentibus quam futuris, nos pietatis intuitu et ob memoriam nostri annuatim faciendam, donasse et concessisse ecclesie B. Mariani et fratribus ibidem Deo servientibus, ecclesias de Lugniaco et de Molins cum presentatione capellanorum, et in eisdem ecclesiis solidos censuales, precipientes ut prescripta censa eis annuatim persolvatur a capellanis earumdem ecclesiarum, medietas in octabis omnium Sanctorum, et alia medietas infra octabam Pasche dedimus etiam eisdem Fratribus arpentum et dimidium terre ante molendina eorum de Gurgiaco, pro novem denariis censualibus in festo S. Remigii episcopo reddendis. Quod ut ratum et immobile in perpetuum permaneat, presenti scripto et sigilli nostri impressione confirmari fecimus. Hujus rei testes sunt Gaufridus abbas S. Laurentii, Hugo Senonensis archidiaconus, Bonamicus archipresbyter, magister Robertus Abolant, magister Fromundus, Willelmus sacerdos. Actum Autissiodori anno ab incarnatione Domini, M. C. LXXX.

(Ex Tabul. S. Mar. Arch. de l'Yonne, et scellé du sceau brisé de l'évêque.)

N° 72 bis.

Don de quelques dîmes à l'église de Saint-Marien.

(An 1181.)

In nomine sancte et individue Trinitatis, ego Willelmus Autissiodorensis episcopus, notum volumus fieri tam presentibus quam futuris, quod cum Willelmus capellanus de Ouna minutas decimas de Monbustel, et de Vancellis, et de Faiel, quas milites tenebant, propriis sumptibus acquisisset, ante nos veniens, eas in manu nostra resignavit. Nos vero pietatis et precum ejusdem Willelmi intuitu, predictas decimas donavimus et concessimus ecclesie B. Mariani Autissiodorensis, et fratribus ibidem Deo servientibus, pacifice et quiete in perpetuum possidendas, et de ipsis Milonem abbatem ipsius ecclesie investivimus. Quod ut ratum, etc. Hujus rei testes sunt magister Odo canonicus S. Petri, Gaudricus capellanus S. Lupi, Willelmus nepos meus, magister Fromundus, Villelmus capellanus. Actum Autissiodori, anno a Verbo incarnato, M. C. LXXXI.

(Ibidem. Arch. de l'Yonne.)

N° 73.

Fondation de la maison du Temple de Saint-Bris.

(Vers 1180.)

Viro venerabili fratri A. priori fratrum Templi qui sunt in Gallia et universo conventui fratrum, Gaufridus de Arsi frater domini abbatis Vezeliaci salutem et fidele obsequium in Christo Domino. Sedule cogitans mecum de fallaci jocunditate hujus labilis vite, et nichil esse considerans quod tam veloci fine clauditur, contuli me ad considerandum quam felices sunt qui Christo militant, quam illorum bonum et si hic per exercicium virtutem cum amaritudine permixtum habet initium in consumatione, felicitas illorum non est habitura terminum. Hinc est quod milicie Christi particeps fieri cupiens, licet adhuc mundi hujus negociis implicatus detinear in seculo, decrevi in possessione mea facere mihi amicos qui me recipiant in eterna tabernacula.

Do itaque Templo qui est Jerosolimis et militantibus ibi Christo, in perpetuum unam carrucam terre quam habeo apud Sanctum-Priscum et unam carrucam necessarii bobus instructam, et tria jugera vinearum que vulgo dicuntur tria arpenz, et torcular unum et unam domum ad vinum et unam grangiam ad bladum reponendum, que omnia, Deo propicio parata erunt ante vindemiam; et aisanciam in nemore meo apud Arsi, scilicet boscum mortuum ad focum fratribus ibi degentibus et paxillos ad opus vinearum quas in presenti dedi et in futuro daturus sum. Et quum multis ingruentibus negociis que pretermitto ob brevitatem cartule, artha pecuniarum aliquantulum exhausita est, et ad presens deest unde votum meum compleam, ideo supplico liberalitati vestre quatinus ex vestro edificetis mansionem fratrum, scilicet domum unam petrinam et subtus celarium et capellam honestam ad serviendum Deo. Et trado vobis clausum meum qui est apud S. Priscum et est ferax centum modiorum albi vini ut de precio vini edificetur domus, celarium et capella; et tandiu habete clausum donec universas expensas vestras recipiatis. Mittite ergo quemlibet ex vestris virum probum qui elemosinam, quam devovi Templo pro redemptione anime mee et parentum meorum et uxoris et natorum meorum, recipiat, et opus predictum consummare acceleret. Rogo etiam quatinus in medio vestrorum recipiatis et beneficia ordinis vestri sicut uni ex vestris et in vita et in morte concedatis. Et si aliqua occasio vos vel ad Villemosum accedere vel partibus nostris appropinquare fecerit, mandate mihi per presentium latorem ubi vobiscum loqui potero.

(Cartul. Templiers d'Auxerre. Arch. de l'Empire, S. 5235.)

N° 74.

Confirmation par Philippe-Auguste, étant à Auxerre, d'un legs fait à l'abbaye de Pontigni, par la comtesse Mathilde.

(An 1181.)

Philippus, Dei gratia, Francorum rex. Noverint universi presentes pariter et futuri, quod Mathildis comitissa Nivernensis, in obitu Willelmi filii sui, et Guidonis comitis, sicut idem Guido dum viveret preordinaverat, quadraginta arpentos nemoris contulit ecclesie Pontiniacensi, ob remedium anime illius pueri, et Guidonis comitis Nivernensis. Quod ut ratum et firmatum habeatur, presentem paginam sigilli nostri auctoritate et regii nominis caractere communimus. Actum apud Autissiodorum, anno ab Incarnatione Domini, M. C. LXXXI, regni nostri tertio, astantibus in palatio nostro quorum nomina supposita sunt et signa : S. Theobaldi dapiferi nostri, S. Guidonis buticularii, S. Matthei camerarii, S. Radulphi constabularii. Data per manum Hugonis cancellarii.

(Ex Cartul. Pontinacensi. Bibli. Reg. page 3).

N° 75.

Don de quatre breneaux de sel, à l'abbaye de Crisenon, par Guillaume fils du comte Gui.

(An 1181.)

In nomine...... Noverint...... quod ego Guillelmus, unicus filius Guidonis comitis Nivernensis, et Mathildis comitisse, amore Dei et remedio anime mee, et pro animabus patris et matris mee, omniumque antecessorum meorum, dedi in perpetuum, et concessi Deo et ecclesie B. Marie de Crisenone et sanctimonialibus ibidem Deo servientibus, quatuor brunellos salis apud Autissiodorum. Preterea supradicte, in futurum, concessi ecclesie in nemore meo de Fretoy usagium ad unam quadrigam, videlicet in nemore mortuo. Quod ut ratum et inconcussum in posterum habeatur, cum ego Guillermus adhuc puer sigillum non habeam, ad preces et petitiones meas, Domina mater mea comitissa Nivernis, hanc mee donationis cartulam sigilli sui impressione fecit communiri. Hujus rei testes sunt Dominus Narjotus de Toucy, et alii. Actum anno Domini, M. C. LXXXI.

(Ex Tabul. Crisen.)

N° 76.

Don de l'annuel des prébendes de Château-Censoir à l'abbaye de Crisenon.

(An 1182.)

Caritatis operibus operam impendentibus....... Pateat igitur tam presentium quam futurorum notitie, quod ego Seguinus ecclesie Castri-Censurii, Dei gratia humilis abbas, ejusdemque ecclesie Capitulum, animabus nostris querentes remedia, ecclesie B. Marie de Crisennone canonicorum nostrorum annualia, jure perpetuo concedimus possidenda...... ita scilicet quod quomodo prebendam vacare contigerit, a prima die cognita vacationis usque ad annum perfectum prebende vacantis fructus ecclesia de Crisennone integre recipiet, nullo ab ipsa in ecclesia Castri-Censurii exhibito servitio, excepto hebdomadali; quod omnino vacationis cursu solito, canonicorum persolvet. Actum est hoc anno Domini. M. C. LXXXII. Hujus rei testes sunt, Guerricus de Avalone, canonicus, Obertus de Cervon, Benedictus capellanus de Malliaco-villa, Christianus capellanus de S. Bricio, Rodulphus clericus de Malliaco, Laurentius de Baserna.

(Ex Tabul. Crisen.)

N° 77.

Accord de Pierre, comte de Nevers, avec l'abbé de Saint-Germain, sur les bois de Bruyeres et Monbolon.

(An 1187.)

In nomine sancte et individue Trinitatis, ego Petrus comes Nivernensis, omnibus tam presentibus quam futuris notum facio, quod venerabilis H. abbas Sancti-Germani Autissiodorensis, communi fratrum ejusdem ecclesie assensu, in pleno capitulo concessit et laudavit mihi, et heredibus meis comitibus Autissiodori, medietatem quorumdam nemorum suorum prope Autissiodorum, scilicet Magne Bruerie, et de Monbolun ; et ego similiter concessi et dedi ecclesie medietatem juris mei quod in eisdem boscis habebam, tam in magnis forefactis, quam in custodia haiarum, et aliis omnibus rebus. Statutum denique fuit in eodem capitulo a me, et ab eisdem fratribus, quatenus predicte haie de Brueria, scilicet et Monbolun communiter vendantur, et precium earum inter me et ipsos equaliter parciatur. Post successionem vero haiarum, omne nemus tam ubi haie fuerint, quam reliquum in foresta ponatur, et communiter custodiatur. Quatuor ibi erunt forestarii, duo ex parte comitis, et duo ex parte ecclesie. Qui ex parte comitis erunt, jurabunt fidelitatem ecclesie. Qui ex parte ecclesie, jurabunt similiter comiti. Isti quatuor forestarii nec prepositis, nec aliis servientibus respondere tenebuntur, aut justitiam facere, nisi comiti tantum et ecclesie, sed per se ipsos justiciabunt nemora, forefacta levabunt, et fideliter partita communiter reddent comiti et ecclesie. De eisdem forefactis non poterit comes condonare vel dimittere alicui partem ecclesie, nec ecclesia partem comitis predicta nemora vendere vel donare ; nec comes, nec servientes ejus sine consensu ecclesie poterunt, nec ecclesia sine consensu comitis. Si de illis, vel comes, vel ecclesia vendere voluerint, communi fiet assensu, et precium commune erit inter comitem et ecclesiam. Si de eisdem aliquid extirpari et in planum redigi contigerit, fundus terre, sine parte comitis proprius erit ecclesie, Inventum, mel et cera, pasnagia porcorum, communia erunt inter comitem et ecclesiam, exceptis porcis S. Germani, qui ibi sine pasnagio pascentur. Si quis in eis usuarium, aut aliam consuetudinem reclamaverit, comes defendet illud, et sibi, et ecclesie garentizabit. Quotiens comes voluerit in eis venari poterit, vel alius vice sua ; similiter et ecclesia vel alius vice sua. Si aliquis forestariorum aliquid forefactum fuerit, de predicta forestaria per communem justitiam comprobabit. Si duellum exinde firmatum fuerit, de ipsis vel aliis quibuscumque hominibus occasione predictorum nemorum vadia communia inter comitem et ecclesiam erunt, et duellum per communem justitiam deducetur, et forefactum levabitur, et ad hec comprobanda in claustro Sancti-Stephani convenietur. Hanc autem conventionem infirmare aut commutare, vel predicta nemora de manu nostra, ego vel heredes mei removere aut aliquo modo alienare non poterimus, quin semper sint Autissiodorensis comitis, nisi forte jam dicte ecclesie S. Germani in eleemosynam ea dare voluerimus. Exceptum est autem de istis nemoribus quantum intra fossata de Bellomonte continetur, quod proprium ad justiciandum et custodiendum, vel quodcumque voluerit faciendum domui de Bellomonte sine parte mei vel alterius remansit. Similiter foresta haie de Urgiaco, et nemus de Bruerette sine parte comitis et sine custodia, proprium ecclesie S. Germani remansit, et est et erit, et neque ego, neque heredes mei in predicto nemore de Bruerette, neque in haiis que olim ibi fuerunt, aliquid de cetero reclamabimus. Et ut hec conventio inter me et ecclesiam solemniter facta, plenum firmitatis robur optineat, in capitulo S. Germani multis de baronibus, et hominibus meis coram positis eam recognovi, laudavi, et manu propria jurejurando firmavi, et presentis scripti attestatione, et sigillorum mei, scilicet et uxoris meæ A. Nivernensis comitisse, que hoc ipsum laudavit, impressione munivi. Acta sunt hec Autissiodori, apud S. Germanum, anno Incarnati Verbi, millesimo centesimo octuagesimo septimo, regnante Philippo rege Francorum.

(*Ex Cartul. S. Germani, f. 47.*)

N° 77 bis.

Accord entre Ardoin, abbé de S. Germain, et Bouchard, seigneur de Seignelay, touchant la terre de Gurgi.

(An 1175.)

In nomine sancte et individue Trinitatis. Ego Guillelmus comes Nivernensis, notum fieri volo tam presentibus quam futuris S. Matris ecclesie filiis, quod querela illa que erat inter Arduinum abbatem S. Germani, et Dominum Bocardum de Seliniaco super justitia et quibusdam consuetudinibus de terra Gurgiaci terminata est hoc modo : dictum est a servientibus meis qui veritatem sciebant, quid pater meus antequam salvamentum terre illius Domino Bucardo dedisset in ea habuerit, quod justitia de potestate Gurgiaci, tam parva quam magna, in terra B. Germani, et omnia que ad justitiam pertinent S. Germani est. Inventum in terra Gurgiaci, et custodes agrorum et vinearum S. Germani sunt : filii et filie Stephani Boerii S. Germani sunt. Si vero latro in eadem potestate deprehensus fuerit, vel convictus cum rebus suis extra atrium repertis, Domino Bocardo, vel servientibus suis tradetur ad redimendum, sive ad puniendum ; si vero convictus non erit, in eadem villa et non alibi per justitiam Sancti-Germani comprobabitur. Salvamentum habet Dominus Bucardus in ochiis illis in quibus focus est, que si hospite et foco vacuate fuerint, medietatem salvamenti eo anno tantummodo habebit, quo seminibus jactis culte fuerint, omnes ochias hospite et foco vacuas, carruca S. Germani libere excolet, et tunc de illis salvamentum non habebit ; si iterum hospes ibi missus fuerit, salvamentum similiter habebit ; salvamentum est mina avene in ochia, et duo denarii, et unus panis ivernagii, si panis non erit, nummus pro pane dabitur. Homines illi qui debent salvamentum, conducent illud Silliniacum in domum Domini Bucardi, et ipse dabit eis hesum. Si salvamentum statuto tempore redditum non fuerit, Dominus Bucardus, vel servientes ejus, vadia accipient, et capitale suum absque rectitudine habebit. Trossam feni habet Dominus Bucardus in hominibus S. Germani, aut in prato, aut in domo ; si in domo fenum non invenerit, trossam palee accipiet, si neutrum nihil accipiet. Dictum vero est, quod si homines S. Germani pratum vel tenaturam emerint, quod trossam debeat quandiu venditor de parte illa quam retinet trossam reddiderit, emptor immunis erit ; sin autem, idem pratum, vel tenatura trossam reddet. Sciendum vero est, quod in domo majoris S. Germani, qui manet in atrio, et aliorum qui in atrio manent, Bucardus nullam trossam accipiet, vel salvamentum. Si homines S. Germani se commendaverint Bucardo, quandiu voluerint commendati sui erunt, et cum inde exire voluerint commandationem reddent, et postea commendati sui non erunt. Hoc dictum est de illis qui sunt de potestate Gurgiaci. Liberi homines sunt Bucardi in eadem villa. Hujus rei testes sunt magister Stephanus, et alii decem. Actum est anno ab Incarnatione Domini, millesimo centesimo septuagesimo quinto.

(*Ex Cartul. Ms. S. Germani Autiss. in Camera, cap. 2. fol. 62 rect.*)

N° 78.

Lettre de Philippe-Auguste portant règlement de la monnaie frappée par le comte d'Auxerre et des conditions de son cours.

(An 1188.)

In nomine sancte et individue Trinitatis, Amen. Philippus, Dei gratia, Francorum rex. Noverint universi quod cognatus noster Petrus comes Nivernensis ad consilium et consensum episcoporum, abbatum et baronum comitatus Nivernensis monetam fecit ad quatuor denarios de fino argento, et sexdecim solidos, et octo denarios de pondere, in marca Trecensi, quam comes et uxor sua Agnes juraverunt perpetuo de cetero in jamdicto pondere et legalitate fideliter conservandam ; quam etiam jurabit filius comitis vel filia, et filii filiorum vel filiarum successive in posterum, ut duret in perpetuum. Si vero comes vel filius suus vel filia aut filius, filii vel filie monetam ipsam de supradicto pondere et valore in aliquo defraudarent vel fraudari sustinerent, ecclesiastice persone vel barones terre sue monetam suam deinceps non tenerentur recipere, sed monetam quam vellent in terra sua sine occasione mitterent, et episcopi Autissiodorensis et Nivernensis, de comite et terra sua et heredibus suis justitiam facerent. Si autem fabricatores monete predictum pondus et valorem minuere presumerent, de ipsis justitia districta fieret, nec eis favore aliquo aut gratia parceretur. Et ut nulla possit in moneta ipsa fieri diminutio vel falsitas, frequentius probabitur a cambitoribus et discretis viris in cognitione argenti et ponderis, et ecclesiastice persone vel barones eam quandocumque voluerint, probari facient. Pro perpetuitate vero ipsius monete, et pro via Jerosolymitana, placuit personis ecclesiasticis et baronibus terre comitis, ut de singulis domibus que proprium habent mansionarium duodecim denarios, hoc tantum anno accipiet per civitates et castella, burgos et villas in quibus moneta Nivernensis debitum cursum habet. Ne vero beneficium duodecim denariorum quod comiti sponte hoc tantum anno impenditur, ecclesiis vel baronibus in consequentiam trabatur, quod nunquam fuerat, nec amodo erit, litteras nostras eis patentes tradidimus tam de monete perpetuitate, quam de indempnitate pro beneficio comiti semel gratis impenso. Quod ut in posterum ratum, illibatumque permaneat, presentem paginam sigilli nostri auctoritate, ac regii nominis caractere inferius annotato precipimus confirmari. Actum Parisiis, anno ab Incarnatione Domini, M. C. LXXXVIII, regni nostri anno nono, astantibus in palatio quorum nomina supposita sunt et signa. Signum comitis Theobaldi dapiferi nostri. S. Guidonis buticularii, S. Matthei camerarii, Radulphi constabularii. Data vacante cancellaria.

(Ex Cartul. episcopatus Autiss fol. 24.)

N° 79.

Lettre de Pierre, comte de Nevers, et d'Agnès sa femme, contenant rémission de la mainmorte qu'ils avaient sur leurs bourgeois libres d'Auxerre.

(An 1188, 29 juillet.)

In nomine sancte et individue Trinitatis, amen. Usus litterarum propter rerum notitiam repertus est, ut ea que temporaliter fiunt per temporum successionem oblivioni non tradantur. Ea propter sciant omnes tam futuri quam presentes, quod ego Petrus comes Nivernensis, ego Agnes comitissa uxor ejusdem comitis, divino pietatis intuitu et sociorum nostrorum interventibus, nostris Burgensibus de Autiss., liberis videlicet, manum nostram quam in eisdem habebamus, tam modo existentibus quam superventuris remisimus, et ad meliorem prefate urbis restaurationem, quam ignis tam lacrimabiliter concremaverat, in perpetuum omnino quittavimus. Quod ut ratum et inconcussum in posterum habeatur, presentem cartulam sigillorum nostrorum munimine muniri precipimus. Hujus rei testes sunt hii : Mathildis comitissa Tornodori domina, et mater nostra, Clarembaldus de Noeriis, Stephanus Bornus, Letericus de Autissiod., Richardus de Castellulo, Rochericus, Hugo Goaudi, Petrus de Corcun. Actum est publice apud Druyam, anno Incarnati Verbi, M. C. L. XXXVIII, anno videlicet quo Dominus rex crucem assumpsit, die videlicet octabarum B. Marie Magdalene, que fuit IIII, kal. Augusti.

(Ex Cartul. Urbis Autiss.)

N° 80.

Don de cens par le comte Pierre à l'abbaye de Saint-Marien.

(An 1190.)

Ego Petrus, Dei gratia, Nivernensis comes, et Agnes comitissa uxor mea, tam futuris quam presentibus notum fieri volumus, quod cum ego comes ultra mare profecturus essem, dono concessimus in eleemosynam ecclesie et fratribus S. Mariani, totum censum quem nobis tunc debebant; qui et subtus annotatus est. Pro vinea episcopi Æduensis que est juxta eandem ecclesiam duodecim denarios, et quatuor *bichez* avene. Pro pitura que fuit Theobaldi majoris, sex denarios, et quatuor bichez avene. Pro vinea Odonis Borni, novem denarios. Pro vineis Magnicampi que fuerunt Domini Garnerii de Triangulo, tres solidos. Pro vinea Odonis Forestarii, tres denarios. Hanc eleemosynam fecimus presente Mathilde comitissa Tornodori. Quod ut perpetuo ratum permaneat, presentem paginam inde conscriptam, sigillis nostris fecimus communiri. Actum anno Incarnationis Domini, millesimo centesimo nonagesimo.

(Ex Tabul. S. Mar.)

N° 81.

Don de cent sous, monnaie d'Auxerre, à l'abbaye de Crisenon, par Pierre, comte d'Auxerre.

(An 1190.)

Noverint universi presentes et futuri, quod ego Petrus Nivernensis comes, Jerosolymam proficiscens, dedi Deo et ecclesie B. Marie de Crisennone, et sororibus ibidem Deo servientibus, pro remedio anime mee et antecessorum meorum, centum solidos Autissiodorenses singulis annis in festo sancti Remigii in perpetuum in bursa capiendos. Hoc laudavit et voluit Agnes comitissa uxor mea. Quod ut ratum sit et firmatum, huic presenti cartule sigilla nostra apponi duximus. Actum apud Autissiodorum, anno Incarnati Verbi, millesimo centesimo nonagesimo.

(*Ex Tabul. Crisen.*)

N° 82.

Testament de maitre Abbon chanoine d'Auxerre, docteur en médecine, contenu dans un acte capitulaire.

(An 1191.)

Ego Herveus Dei gratia decanus, et capitulum Autissiodorensis ecclesie, notum esse volumus futuris et presentibus, quod dilectus frater et concanonicus noster magister Abbo, anno Dominice Incarnationis, M. C. XCI, testamentum suum nobis coram positis hoc modo fecit et ordinavit. Pro faciendo anniversario suo donavit nobis et ecclesie nostre vineam de Petra Botelaria. Pratum de Belcha. Vineam de Junchis. Domum novam de Porta, et vineam de Grandi-campo; ita quod Ansellus de Torigniaco in vita sua tenebit vineam de Petra Botelaria, et pratum de Belcha, et inde nobis reddet annuatim viginti solidos. Reginaldus vero, quem pro Dei amore nutrivit, et in ecclesia nostra canonicari fecit, tenebit vineam de Junchis, vineam de Grandi-campo, et domum de Porta, et exinde reddet nobis singulis annis quinquaginta solidos, et tam isti quam prefati denarii in die anniversarii sui dividentur canonicis qui intererunt vigiliis et misse. Cum autem alteruter eorum obierit, ille qui superstes fuerit, totum tenebit, et totam censam reddet. Si vero prefati Ansellus et Reginaldus vineas quas tenebunt debita cultura non excoluerint, vel prenominatas censas statuto termino non reddierent, nos vineas, domum et pratum acciperemus, et anniversarium, sicut dictum est, faciemus. Domum alteram de Porta dedit nobis pro faciendo anniversario Galteri medici, sed sciendum quod ista domus debet annuatim duos solidos in crastino *Omnium Sanctorum* ad Caritatem de Monte-Autrico et altera domus quam Regnaldus tenet tres solidos. S. Germano pratum de Soeriis, et centum solidos ad procurationem monachorum. S. Mariano libros suos de divinitate, scilicet quatuor Evangelistas, sententias et historias magistri Petri, Apocalipsim, et libros Salomonis, ea conditione, quod si canonicus ecclesie nostre eos habere voluerit ad legendum in domo sua, vel etiam in scolis, eos habeat, data cautione, quod postmodum ecclesie S. Mariani eos restituat. Operi ejusdem ecclesie scissum argenteum, quem prior servat. Refectioni fratrum ejusdem loci viginti solidos. Plantam de Viavallis ad exhibendam lampadam in dormitorio, vel in ecclesia monialium S. Juliani. Leprosis S. Simeonis sexaginta solidos, et quadraginta quos ei debent. Operi ecclesie S. Eusebii, viginti solidos et fratribus quinque. Operi S. Amatoris viginti solidos, fratribus quinque. Operi de Monte-Autrico viginti solidos, pauperibus decem quos ei debent; S. Petro viginti. Operi S. Gervasii quinque. Operi S. Mamertini quinque. Operi S. Lupi tres. Operi S. Marie sexaginta solidos quos ei debent super calicem. Operi capelle S. Stephani viginti solidos; fratribus de S. Maria quinque. Ponti decem quo Bernardus debet. Ad reficiendam domum viginti libras que accipientur de vino cum his qui operibus ecclesiarum dimittuntur. Operi S. Stephani decem modios vini rubei. Operi S. Petri in castello decem solidos. Monialibus de Crisenno septem modios vini. In die sepulture sue omnibus canonicis et presbyteris de choro nostro qui intererunt obsequio duodecim denarios. Aliis clericis de choro nostro quatuor denarios, pauperibus centum solidos. Equum et quadrigam vie S. Simeonis. Cappam pluvialem Galfrido leprosorum. Germano presbytero quadraginta solidos quos ei debet, et unum sextarium frumenti, et unum siliginis, et unum hordei. Residuum annone medietatem Regnaldo fratri suo, et medietatem Regnaldo puero. Item fratri suo mantellum novum, tunicam, duos sciphos argenteos, undecim coclearia, unum madrinum, cistam parvam ferratam, mortarium ereum, et quecumque ad usum medicine pertinent. Duas culcitras cum cussinis et lecto, et linteis, et opertorio, et tapeto. Ansello tres culcitras cum cussinis. Regnaldo puero duas culcitras cum lectis, et cussinis, et lintheis, sciphum madrinum, cistam magnam, libros de physica, et de artibus, et autores. Domui nostre Dei duas culcitras cum cussinis, et fenestram ferream. Domui de Monte-Autrico culcitram cum cussino et linteis. Singulis clericis de choro nostro qui legent psalterium duodecim denarios. De cupis et doliis tantum habeat Regnaldus, quod vinum suum ibi possit facere. Cetera in domo remaneant. Si quid residuum fuerit, in dispositionem sit magistri Roberti, et Anselli de Torigniaco, et fratris Roberti de S. Maria.

(*Ex Cart. Capit. Autiss. f. 37.*)

(La mort de ce chanoine médecin est marquée au 14 novembre, dans les Obituaires écrits vers 1250.)

N° 83.

Lettres d'Agnès, comtesse de Nevers, sur l'anniversaire du comte Gui.

(An 1191.)

In nomine sancte et individue Trinitatis. Ego Agnes, comitissa Nivernensis, notum fieri volo tam futuris quam presentibus, quod cum karissima mater mea Mathildis comitissa Tornodori, medietatem domus quam emit ab Hugone de Barris, pro remedio anime sue et pro faciendo anniversario Guidonis comitis bone memorie patris mei et suo, ecclesie et canonicis B. Stephani dedisset, et aliam medietatem ecclesiis S. Germani et S. Mariani, saniori postmodum usa consilio, quod pro faciendis duobus anniversariis parum videbatur donasse ecclesie B. Stephani, presertim cum domus illa communi incendio combusta fuisset, nec sine sumptuoso labore posset refici, totum illam domum cum cellario concessit, laudantibus fratribus prenominatarum ecclesiarum, et partes suas omnino quittantibus, ita quod medietas redditus qui proveniet de quinque operatoriis et cellario ipsius domus in anniversario Guidonis comitis patris mei, alia medietas in anniversario prefate matris mee dividetur canonicis qui servitio intererunt, et ceteris clericis, prout mos est in illa ecclesia dividere. Ut autem hoc pie devotionis donum stabile foret et ratum, P. karissimus vir meus, antequam Jherosolymam iret, et ego laudavimus et sigillis nostris confirmavimus. Insuper ut redditus perpetui manerent, et augeri potius possent quas minui, omnes illos qui quinque operatoria et cellarium sepedicte domus conduxerint, ab exercitu et chevalchia et excubatione, scilicet a custodia ville de nocte, que vulgo cerchia dicitur, quittavimus et frangivimus, et eos ab his tribus servitiis immunes et quietos peremtiter fore concessimus. Hanc vero ultimam donationis mutationem, et totius domus, sicut supra scriptum est, ecclesie B. Stephani a matre mea factam donationem cum pretaxata hospitum franchisia et libertate, ego Agnes comitissa Nivernensis iterum laudo, et presenti pagina sigillo meo roborata confirmo. Debet autem sepe nominata domus xij denarios de censu. Prioris donationis et confirmationis testes sunt Droco de Melloto, Lethericus Baledart, Milo Bornus, Petrus Choselli, Petrus de Corcon, Regnaudus clericus comitisse Tornodori, Gaufridus capellanus P. comitis, et plures alii. Hujus autem secunde confirmationis testes sunt eadem mater mea, idem Petrus de Corcon, idem Milo Bornus, magister Zacharias notarius meus. Data apud castrum Malliacum, anno Domini millesimo centesimo nonagesimo primo, regnante Philippo rege Francorum, Hugone vero episcopo presidente sedi ecclesie Autissiodorensis.

(*Ex Cartul. Capit. Autiss. fol. 52.*)

N° 84.

Fondation de Pierre, comte d'Auxerre, à l'église de S. Marien, pour l'âme d'Agnès, sa femme.

(An 1193.)

Ego Petrus Nivernensis comes, omnibus tam futuris quam presentibus : notum fieri, quod cum Agnes uxor mea in extremis agens testamentum suum faciendum super me dimisisset, pro remedio anime ejus dedi et concessi ecclesie et fratribus S. Mariani quadraginta solidos censuales in parochia S. Gervasii, et ventas ejusdem census : ita quod predicte Agnetis anniversarium per singulos annos in predicta fiet ecclesia. Quam condonationem atque concessionem presenti pagina conscriptam, ut eidem ecclesie in perpetuum firma permaneat, sigilli mei munimine consignari precepi, anno Incarnationis Domini millesimo centesimo nonagesimo tertio.

(*Ex Tabul. S. Mariani.*)

N° 85.

Reconnaissance de Pierre, comte d'Auxerre, comme c'est gratuitement que les bourgeois des églises d'Auxerre lui ont aidé à fermer la ville de nouveaux murs du côté de la rivière.

An 1193.

Ego Petrus comes Nivernensis : notum volo esse universis ad quos littere iste pervenerint, quod Dominus Autissiodorensis episcopus, et canonici B. Stephani, celerique prelati ecclesiarum Autissiod, ad instantissimas preces Domni regis Francorum et meas, de mera liberalitate sua voluerunt, quod homines eorum juvarent me ad faciendos muros ex parte aque prefate civitatis, cum certissimum sit, quod nec ipsi, nec homines eorum aliquid ponere debeant ad faciendam quamlibet munitionem ipsius civitatis. Ne igitur ego vel successores mei comites Nivernenses hac occasione aliquid ab eis ad simile opus exigere debeamus, presenti pagina certifico, et ne in consuetudinem trahatur, modis omnibus fieri prohibeo. Promisi etiam eis, quod litteras apertas domini regis eis habere facerem, antequam collecta super hoc facta de hominibus suis levaretur. Iniquum enim esset, si beneficium, quod de gratia et mera liberalitate mihi aliquando factum est, in prejudicium ecclesiarum in posterum redundaret. Actum Autissiodori, anno Dominice Incarnationis, M. C. XCIII.

(*Ex Tabul. Episc. Autiss.*)

N° 86.

Lettre de maître Pierre d'Auxerre, écrivain du xiii° siècle.

(An 1200.)

Carissimo patri abbati S. Mariani Domino Miloni, et universis ejusdem loci fratribus, magister P. Autiss. salutem mentis et corporis. Vineam meam de Maringues, et grangiam quam emi a Petro Evraudi, concessam Johanni nepoti meo in vita sua possidendas; ita tamen ut post mortem ipsius ad nostram rediret proprietatem. Nunc autem quoniam sicut Domino placuit, diem mortis mee prevenit, ne aliquando fortuiti casus impedimentum occurrat, predictas domum et vineam vobis in perpetuum possidendas concedo, me tamen eas retinente ad usum tantum quandiu Dominus mihi permiserit; et exinde memoriam matris mee annuam que in cemeterio vestro requiescit, intuitu pietatis et misericordie facietis. Ut autem in publicam veniant hominum cognitionem, sub certitudine sigilli mei litteris apertis expressi donationem.

(*Ex Tabul. S. Mariani.*)

N° 87.

Lettres de Philippe II, roi de France, par lesquelles il confirme certains octrois faits par Pierre, comte d'Auxerre, à ses bourgeois de la même ville.

(An 1200.)

In nomine sancte et individue Trinitatis, Amen. Philippus, Dei gratia, Francorum rex. Noverint universi presentes pariter et futuri, quod comes Petrus Autiss. et Tornodor. quittavit Burgenses suos qui sunt de censiva Autissiodorensi, qui etiam debebant ei equitationes, torneamenta et exercitus, sicut continetur in carta nostra quam Burgenses habent de torneamentis, equitationibus et exercitibus; ita videlicet quod illi qui debebant ei torneamenta, equitationes et exercitus, debebunt ei singulis annis in octavis nativitatis Domini quinque solidos, tali modo quod ille qui quinque solidos pagare non poterit, ponetur ad mensuram secundum considerationem curie ipsius comitis et Burgensium, sicut habetur in magna carta nostra de mensura secundum quod ille qui ditior erit non debet nisi viginti solidos. Hoc autem eisdem Burgensibus quamdiu idem comes vixerit, duximus concedendum. Quod ut ratum firmumque permaneat, sigilli nostri auctoritate et regii nominis karactere inferius annotato, presentem paginam ad petitionem ipsius P. comitis et Burgensium fecimus confirmari. Actum Parisius, anno Domini M.CC., regni vero nostri anno vicesimo primo, astantibus in palatio nostro, quorum nomina supposita sunt et signa : dapifero nullo, S. Guidonis buticularii, S. Matthei camerarii, S. Droconis constabularii : sic sign.

Data vacante (*monogramme*) cancellaria.

(*Ex Cartul. Urbis Autiss. fol. 35.*)

N° 88.

Annonce de l'Obit de la mère de Pierre, comte d'Auxerre, tiré de l'ancien Nécrologe de Notre-Dame de Paris.

(An. 1200.)

Octodecimo kalend. octobris, obiit Helysabeth mater Petri Comitis Autissiod. que dedit nobis et hospitali centum solidos annuatim percipiendos in redditibus quos habebat apud Chantecoc, qui eam jure hereditario contingebant. Quos centum solidos quia tam capitulum, quam hospitale sine contradictione laboribus et expensis magnis habere non poterant, predictus Petrus comes filius ejus dedit tam capitulo, quam hospitali XL libras parisiensium, de quibus duas partes habuimus, et hospitale tertiam.

(*Cod. Reg. 3883. 3.*)

N° 89.

Lettre du pape Innocent III à l'évêque d'Auxerre Hugues de Noyers, pour l'inviter à poursuivre des usuriers publics.

(Entre 1198-1206.)

Cum in diocesi tua sint quamplurimi usurarii, de quibus minime dubitatur quin sint usurarii manifesti, contra quos propter timorem potentum qui tuentur eosdem, nullus accusator apparet; nec iidem sint per sententiam condemnati; fraternitati tue taliter respondemus quod licet contra eos non appareat accusator, si tamen aliis argumentis illos constiterit esse usurarios edita libens poterit exercere.

(*D. Viole m^{ss}., t. III, n° 127.*)

N° 90.

Lettre du pape Innocent III, à Hugues de Noyers, évêque d'Auxerre.

(Entre 1198 et 1206.)

Cum tibi de benegnitate sedis apostolice sit indultum quod ordinatio rerum clericorum ab intestato decedentium in tua dispositione perveniat; nos consulere voluisti, an appellatis vocabuli clericorum, tam ad canonicos quam ad non canonicos extendatur, et infra consultationi tue taliter respondemus quod appellatio clericorum non solum alios, sed etiam canonicos comprehendit.

(*D. Viole, m^s., t. III, n° 127.*)

N° 91.

Lettres de l'archevêque de Rouen (vidimées par l'évêque d'Auxerre, portant don de 10,000 harengs, en faveur de l'abbaye de Pontigny.

(An 1201, 1er juin.)

Sanctissimo patri ac domino Honorio Dei gratia summo pontifici, H. permissione divina Autissiodorensis ecclesie minister humilis cum devoto pedum osculo totius subjectionis et reverentie famulantum. Sanctitati vestre notum facimus nos ea que secuntur in carta pie memorie Walteri quondam Rothomagensis archiepiscopi et capituli sui, verbo ad verbum diligenter inspexisse.

Omnibus Christi fidelibus ad quos presens scriptum pervenerit, Walterus Dei gratia Rothomagensis archiepiscopus, salutem in domino. Ad universitatis vestre volumus noticiam pervenire, nos, divine pietatis intuitu, assensu et voluntate capituli nostri, dedisse et concessisse dilectis amicis nostris abbati et conventui Pontigniacensibus, in liberam, puram et perpetuam elemosinam, decem milia allectruum annuatim in manerio et portu nostro de Diepa, de reddito nostro solvenda, inter festum Omnium Sanctorum et festum sancti Martini, libera absque omni consuetudine. Ut autem hec nostra donatio rata et inconcussa permaneat, eam presenti scripto et sigilli nostri munimine duximus corroborandam. Ad majorem etiam securitatem sigillum capituli nostri presentibus litteris fecimus apponi. Testibus Arnaldo Cisterciensis, Balduino Tersicampi, Johanne de Quinci abbatibus, Domino Ric... (ardo ?) decano Rothomagensis, magistris Johanne de Vilers et Roberto Balbo et Ric....., Hairo canonicis Rothomagensis; Roberto filio Ric..... clerico. Datum per manum Roberti de Sancto-Nicholao apud Rothomagum, anno incarnationis dominice millesimo cc° primo, kalendas junii.

Quam cartam integram et sine ulla lesione invenientes, ad peticionem fratrum Pontigniacensium litteris presentibus in testimonium veritatis sigillum nostrum apposuimus. Datum anno gratie millesimo ducentesimo vicesimo quarto, mense januario.

(Scellé autrefois du sceau de l'évêque.)

(*Archives de l'Yonne, fonds Pontigny.*)

N° 92.

Augmentation du nombre des chanoines de Varzy.

(An 1202.)

Hugo, Dei gratia, Autissiodorensis episcopus, omnibus Christi fidelibus in vero salutari, salutem. Cum militans Ecclesia triumphantis indigeat subsidio in paucis per se sibi sufficient, nisi triumphans sustentaverit, triumphantium memoriam debent habere pre oculis militantes. Nos igitur adhuc de numero militantium, adhuc incerti de victoria, ad illud ad quod nostra non sufficit imbecillitas, sanctorum pro nobis intercessiones imploramus : Attendentes autem beate virginis Eugenie merita que nostris subvenire potest excessibus, tanquam que usque ad martyrium pro Domino strenue militavit, in ejus ecclesia que fundata est a nostris patribus et sanctis ejusdem virginis pignoribus dotata in castro nostro Varziaci, augmentavimus numerum prebendarum. In prefata siquidem ecclesia ante dies nostros nonnisi novem canonici fuerant, quibus tres canonicos addidimus, ut de cetero sint duodecim, et numerus apostolicus impleatur, augmentato numero personarum, ne de redditibus tenuatis oriretur in ecclesia conquestio, redditus dignum duximus augmentare, preter illa que ab antecessoribus nostris ecclesiæ illi data fuerant, donavimus et nos eidem ecclesiam beati Petri sitam in ipso castro Varziaci, ita ut predicti canonici eam in perpetuum possideant integre et quiete liberam et absolutam a paratis, censiva, questu et collecta, et ab omni exactione tam episcopali quam archidiaconi et archipresbyteri. In eorum siquidem arbitrio scilicet canonicorum posuimus et in dispositione ut vel ipsi in ecclesia beati Petri per hebdomadas serviant, vel capellanum eligant, quem ad illam ecclesiam episcopo presentent. Preterea concessimus eisdem canonicis decimas agriculture nostre quam habemus apud Varziacum vel sumus habituri quocumque modo terre nostre illic culte fuerint vel per nos vel per alium decima pars portionis frugum que ad nos vel successores nostros devenerit supradictis canonicis persolvetur; similiter et decima vini nostri et castanearum et pasnagii quoties contigerit in nemoribus nostris Varziacensi pasnagium fieri. Sepedicti vero canonici dederunt et quittaverunt sedi pontificali Autissiodor. quicquid juris habebant in decima Varziacensi, tam magna quam parva. Nos vero in hujus doni sui recompensationem dedimus eisdem canonicis et concessimus tresdecim sextarios frumenti et tresdecim sextarios ordei, annuatim percipiendos in grangia nostra episcopali aut in redditibus Varzacensibus. Donavimus etiam eisdem canonicis in remedium anime nostre censum quem habebamus in cemeterio Sancti-Petri, cujus tertiam partem ipsi possiderant ab antiquo, et propter hoc anniversarium nostrum annuatim se facturos promiserunt, ita quod canonicis qui presentes intererunt servitio, distribuatur census ille. Prefata siquidem ecclesia cum ante dies nostros unicum haberet personam, alium in ea constituimus qui dicitur cantoria : et ut cantor liberius illi dignitati deserviat et devotius, ei contulimus capellam Sancti-Andree, concedentes ut ipsam possideat cantor in perpetuum cum omnibus ad eam pertinentibus liberam ab omni exactione, procuratione, censiva, et cantor capelle illi canonice providere teneatur et personatui suo Varziacensi deservire ; et ne donis istis nostris secularis vel ecclesiastica persona possit contradicere presentem cartam sigilli nostri munimine fecimus roborari. Actum apud Varziacum, et datum anno Incarnati Verbi millesimo ducentesimo secundo.

(*Tiré du Vidimus de l'évêque Guillaume des Grez de l'an* 1286.)

N° 93.

Don fait par Daimbert, seigneur de Seignelay, à l'abbaye de Pontigny, de son clos de vigne au Mont-Saint-Sulpice, en reconnaissance de ce que les moines l'ont associé, ainsi que sa femme, à leurs prières et lui ont accordé la sépulture dans leur maison.

(An 1202.)

Ego Daymbertus dominus Siliniaci, notum fieri volo presentibus et futuris, quod cum Johannes abbas, totusque conventus Pontiniacensis, michi et uxori mee Margarite participationem beneficiorum et orationum domus sue sua gratia concessissent ; insuper et nobis sepulture locum in domo sua et plenarium obsequium post obitum nostrum sicut uni ex ipsis communiter indulsissent : ego Daymbertus eidem abbati et conventui totum clausum vince mee de Monte Sancti-Sulpicii, concedente et laudante jam dicta M. uxore mea et Stephano filio meo, pro salute animarum nostrarum et antecessorum nostrorum in elemosinam erogavi. In cujus rei testimonium presentem cartam feci fieri et sigilli mei munimine roborari. Actum in presentia domni Petri Atrebatensis episcopi et Johannis ejusdem loci abbatis tociusque conventus, extra portam Pontiniacensem, die beate Marie-Magdalene, anno ab Incarnatione domini m°cc°ii°.

(Scellé du sceau du seigneur de Seignelay publié dans le t. iii des Mémoires de l'histoire d'Auxerre.)

(*Archives de l'Yonne, fonds Pontigny.*)

N° 94.

L'évêque Hugues de Noyers fait remise de la main-morte aux bourgeois de Varzy, etc.

(An 1202.)

In nomine sancte et individue Trinitatis. Pontificalis interest officii, ea que mores educant rei publice auctoritatem augent, singulis per emolumentum prosunt, in universis exemplum imitande rei transfundunt, procurare. Hujus rei obtutu, ego Hugo Autissiodorensis ecclesie minister indignus, attendentes animarum periculum imminere, quod nostri burgensis de Varziaco decimam vinearum suarum presumpserunt usque modo non solvere : videntes etiam utilitatem istius oppidi nostri jacturam afferre quod nos et predecessores nostri consuetudinem habuimus que *manus-mortua* dicitur, per quam nec bona parentum devolvebantur ad legitimos heredes, nec bona fidelium, turbato ordine mortalitatis, referebantur ad patres; unde et patres discolos filios et inquietos a se separare, et bonas filias emancipare non audebant, verentes quod ne uterque, vel alteruter jure successionis frustraretur, et filias etiam nupti tradere verebantur, ne forte dos profecta a patre non regrederetur ad patrem ; unde et bonum matrimoniale deerat, et nonnunquam pudor virginalis deperibat, ad hec aderat nobis et predecessoribus nostris affuerat jus exigende tallie in martio pro vineis nostris excolendis. Exigebamus autem a singulis singulos obolos pro feno nostro colligendo, pro segetibus nostris sarculandis, pro vineis nostris vindemiandis. A quibusdam etiam burgensibus a nobis vel predecessoribus nostris non emancipatis habebamus jus exigendi singulos sextarios pro singulis modiis vini ab eis venditis, que consuetudo tabernagium vocabatur. Hec omnia nobis vel ecclesie nostræ magnum emolumentum non afferebant, et oppidi decolorabant libertatem et statum reipublice offendebant. His omnibus consideratis et salubri habito consilio, peragenti tamen id nutu divino, a predictis consuetudinibus eos quittavimus, et in posterum plenarie decimam partem fructuum vinearum suarum se nobis et successoribus nostris in perpetuum soluturos obligarunt. Unde nos et nostri ad singulas portas predicti oppidi, per quas publicus ingressus et egressus patet, custodes nostros constituemus, qui decimam partem fructuum vinearum percipiant, et in usus nostros convertant. Ad hec elegimus nobis et successoribus nostris singulis annis mensem augustum, in quo non licebit alicui vendere vinum, nisi nobis vel mandato nostro cum singulis anni mensibus bannum haberemus, in quibus vinearum nostrarum vinum soli vendere possemus, non licebit autem nobis vel mandato nostro vinum nostrum in mense augusto carius vendere quam venditum fuerit in supradicto oppido antea per annum. Ut autem hec firma et illibata permaneant et inconcussum vigorem fortiantur prescripta fecimus annotari, et sigillo nostro confirmari. Actum publice anno gratie M. CC. II.

(*Ext. du Gallia Christiana*, t. XII , *preuves de l'église d'Auxerre.*)

N° 95.

Prérogatives et droits de l'évêque d'Auxerre.

(XII° siècle.)

Episcopus Autissiodorensis in comitatu et diocesi Autissiodorensis est major dominus in spiritualibus et temporalibus; nam omnes et singuli domini temporales dictorum comitatus et diocesis dominia in eisdem situata, paucis exceptis, tenent a dicto episcopo, in feudum vel retrofeudum. Quod volens demonstrare quidam episcopus Autissiodorensis ab Innocentio papa tertio reprehensus cur non servasset in diocesi Autissiodorensis sentenciam interdicti latam auctoritate apostolica in regno Francie, se excusavit legato apostolico super hoc conquerenti, dicens quod rex Francorum in diocesi Autissiod. propriam terram dicitur non habere ; et hac de causa episcopus Autissiodorensis in sua diocesi vulgariter nuncupatur *chief-sires*, eo quod quasi omnes ejus subditi ab ipso solo tenent sua dominia temporalia in feudum vel retrofeudum. Ipse autem episcopus, suam totam temporalitatem a rege aut alio domino non tenet in feudum vel homagium, sed a solo Deo et ecclesia quia ipsam recepit a beato Germano duce quondam a Romanis in Gallias constituto, reliqua parte sui dominii relicta comiti Autissiodorensis quam voluit ab episcopo in feudum teneri.

(*Tiré d'une copie prise sur le Cartulaire de l'évéché.* — *Archives de l'Yonne* 6 g.)

N° 96.

Accord des chapitres de Sens et d'Auxerre, pour l'échange de certains serfs.

(An 1203, 1ᵉʳ septembre.)

Guillelmus decanus et universum Autissiodorensis ecclesie capitulum, omnibus ad quos littere presentes pervenerint, in Domino salutem. Notum fieri volumus universis tam presentibus quam futuris quod cum inter nos et venerabile capitulum Senonense super quibusdam hominibus in terra ejusdem capituli manentibus, et ad nos vel pro toto vel pro parte spectantibus, quorum nomina subscripta sunt, a quibus jura nostra habere non poteramus, coram judicibus a Sede Apostolica delegatis orta fuisset contentio, tandem ad agendum ea que pacis sunt, hinc inde convenimus et actore eo qui pacis est actor, in hanc unanimiter convenimus sententiam ut eligerentur boni viri qui de jure utriusque ecclesie diligenter inquirerent, quoniam quosdam habebat homines ecclesia Senonensis in potestate nostra qui similiter jura sua reddere non volebant, inquisita autem fideliter veritate facerent hominum ad homines excambium pro numero et facultate eorum ex parte capituli Senonensis ad hoc duo electi sunt, videlicet Guillelmus de Pruneto canonicus Senonensis, et serviens eorum de Sancto-Albino Dux nomine. Ex parte vero nostra similiter duo scilicet Galterius cantor Autissiodorensis et Ferrandus major Egligniaci : et isti quatuor de hoc bona fide exequendo corporale prestiterunt juramentum qui legitima inquisitione facta cognoverunt quod in nominibus quorum nomina subsequntur ecclesia Senonensis totum vel partem habebat.

Suivent les noms.

Hisque diligenter inquisitis prefati investigatores quibus hoc specialiter injunctum fuerat dictorum hominum fecerint excambium, et factum tam nobis quam Senonensi ecclesie retulerunt, quod utique hinc inde pari ratum habuimus voluntate. Ac ne futuris temporibus valeat in irritum revocari, litteras nostras super hoc Senonensi tradidimus ecclesie, et mutno ejus litteras accepimus facti seriem continentes. Actum quarto nonas septembris, anno Incarnati Verbi millesimo ducentesimo tertio.

(*Ex Tabul. Capit. Autiss.*)

N° 97.

Accord de Dreux de Merlot, seigneur de Beauche, et de Raoul, abbé de Saint-Germain, sur des bois.

(An 1203.)

Noverint universi presentes litteras inspecturis, quod ego Drogo de Merlot, et venerabilis frater Radulphus abbas S. Germani Autissiodorensis, totusque ecclesie conventus inter nos convenientes, post compositiones cartarum et conventionum que in ipsis de nemore Magne Bruerie continentur et utilitati utriusque partis providentes, ex communi assensu assumpserunt dictus abbas et prefatus conventus sibi in partem ecclesie sue sexaginta sex arpenta de nemore Magne Bruerie in perpetuum possidenda. Ego autem Drogo totidem et ultra pro avantagio nemoris de Montbolum, sicut in mea et sua continetur carta decem arpenta ex parte mea, et decem ex sua ; ita scilicet quod quater-viginti et sex arpenta mihi et heredibus meis possidenda retinui in vicinio domus mee de Belca, reliquo nemore inter me et ipsos communi, remanente forestarie communi, justitia communi, forefactis communibus. Ita tamen quod nullum ibi recipiant ego et heredes mei ad manendum. Et si contigerit boscum extirpari, fundus terre est et erit monasterii B. Germani, nec ab eadem ecclesia ullo modo poterit alienari. Quod ut ratum, notum omnibus habeatur, presentem cartam sigilli mei feci munimine roborari. Actum anno Domini millesimo ducentesimo tertio.

(*Ex Tabul. S. Germ. Autiss.*)

N° 98.

Supplément à la chronique de saint Marien, non imprimé dans l'édition de Camusat.

Vie de l'abbé Milon tirée de l'exemplaire de cette chronique conservée à S. Germain d'Auxerre qui vient de l'abbaye des Eschallis, et dont l'écriture est du xiij^e siècle.

(An 1203.)

Anno Domini M.CC.III., Domnus Milo S. Mariani quartus abbas diem claudit extremum. De quo pauca perstringere volumus, arbitrantes dignum ut ejus memoria inscribatur volumini quod fecit conscribi. Ut enim in premio premisimus ipsius ducente ac docente industria, nostraque parvitate pariter annitente ceptum peregimus. Milo ergo patre genitus est Anselmo domino castri Trianguli, viro magnifico, et inter Campanie proceres prepotenti. Mater ejus Elisendis et ipsa prenobilis, que cum diu in seculo floruisset, postea in cenobio quod dicitur Fons Ebraldi se sub professione religionis astrinxit, et longevam in domino duxit vitam. Fuit autem eis numerosa progenies, ex quibus alios rerum amplarum constituerunt heredes, alios sub monasterialibus disciplinis divinis mancipavere servitiis. Quorum Milonem adhuc puerum duodennem, domino Hugoni ex abbate Pontiniaci Autissiodor. tunc presuli tradidit pater suus. Porro presul in ecclesia Sancti-Mariani ubi Premonstratensem ordinem nuper adduxerat, obtulit puerum disciplinis regularibus imbuendum. Sic ergo Milo a puero locatus in Sanctuario in omni religionis et honestatis forma sub claustrali nutritus est impensius disciplina. Quem fratres ob egregiam indolem cum esset annorum duodetriginta promoverunt in patrem. Promotus non juniorum sed seniorum frequentabat colloquia, sic sue precavens juventuti ut nil posset sinistrum de ipso vel malevolus suspicari. Quos maturiores prudentioresque noverat circa se habuit, et eorum sic se agebat consilio ut non tam pater quam socius videretur. Frugalitati studuit, in explenda necessitate sic modicus, ut etiam inter fratres minimos, vix quisquam eo modicior haberetur. Tranquillus moribus, amansque quietis, fugitans publici, fugitans ostentationis et glorie curias principum sive pontificum, et si urgentibus interdum negotiis adiit, quo minus tamen potuit, expetivit. Cum fratres haberet inter Campanie proceres et divitus et potentia preminentes, semper tamen in humilitate se deprimens sic fastidivit generis fastum, quasi se nescierit generosum. Divinis officiis et altaris cultui, omnimodam jubebat diligentiam adhiberi. Circa hospitum susceptionem sollicitus, semper eos voluit et benigne suscipi, et officiose tractari. In corrigendis fratrum excessibus erat vehemens et severus juxta persone tamen et excessuum qualitatem, adhibito moderamine discretionis, ut severitatis vino misceret oleum lenitatis. Consanguineis et propinquis carnalibus nil unquam voluit dilargiri. Dandi parcissimus fuit, nisi cum utilitati domus sue cerneret expedire, petentibus se solitus dicere, se esse pauperem, nec sibi licitum prodigere rem communem. At cum fames (1) ingrueret et plebem teneret prout sibi facultas extitit, manum munificam in pauperum sustentatione profudit. Discretus et gravis erat in consiliis, veritatis amans, tenax justitie, a qua nec metu nec favore deflexit. De omni re plus fidebat orationi quam industrie proprie vel labori. Vitia insectabatur, non homines, amans et provehens illos precipue quos amantes boni et ad bonum crederet aspirare, sed nec in naturalibus minimus fuit; nam et ingenio viguit perspicaci, tenacique memoria, elegantis existens forme, reverendi vultus, mediocrisque stature.

Locum quem inhabitabant canonici S. Mariani dictum olim vicum S. Martini, a Guillelmo comite Nivernensi donari obtinuit, et a fundamentis extruxit, transtulitque conventum et per annos circiter xxxiij rexit atque provexit. In conscribendis libris non parcens expensis, insignem confecit bibliothecam, quesitis undecunque voluminibus cumulatam. Planetis, dalmaticis et tunicis, capis et palliis, calicibus et crucibus, textibus deauratis et operose compositis aliisque utensilibus et variis ornamentis suam reliquit ecclesiam multipliciter insignitam. Quandiu ferre se potuit imbecille corpusculum a celebratione non destitit divinorum. Cumque sic et honestate morum et gravitate consilii preniteret, exhibebatur ei ab omnibus reverentie plurimum et honoris; eratque inter Premonstratenses abbates nominis precellentis.

Illud quoque arbitramur addendum, utpote memoria non indignum, quod Guidonem priorem et Gocuinum suppriorem habuit, quos habuerat in pueritia nutritores. Quorum Guido annis quinquaginta, alter quadraginta quatuor suis sub eo officiis functi sunt, et in eis sunt defuncti viri religionis amantes, spirituque ferventes, et quos ipse coluit tanquam patres, alterum severitatis, alterum lenitatis merito reverendos.

Porro autem cum in senium vergeret, cepit intumescere pedibus et per annum plus solito infirmari. Cumque ingravescente morbo et corpore fatiscente, jam non posset ecclesiam frequentare, salutifere unctionis expetit medicinam, convocat filios, astant omnes, amoris intimi erga patrem testibus lacrymis profluentes. Petit sibi absolutionem, si quid deliquit in aliquem. Testem invocat Dominum, quia universos et singulos semper dilexerit, nec unquam privato vel amore vel odio quemquam repulerit sive provexerit. Hortatur attentius de statutis ordinis propensius observandis, de divino officio instantius prosequendo, fratres grandevos et debiles compatienter et humane tractare, hospites benigne suscipere, exhibere se modicos et frugales, ut pote quibus essent modice facultates, de omni negotio ad Deum recurrere et in ipso confidere, curam non habere parentum sicut nec ipse de suis unquam curaverit, alienumque hoc esse debere ab eo qui parentibus et seculo valefecit. Id quoque perhibet, quia quandiu religionis et continentie bonum vigebit interius, exteriores quoque copie nullatenus defuture erunt. Exemplo esse pleraque coenobia in quibus religionis defluente bono, bona quoque exteriora dilabi patens est, et jugi defluere detrimento. Addit preterea se nos in bono relinquere statu, nec destituendos fore divini miserationis consilii quandiu in hac boni perseverentia fuerimus radicati. Monet omnimodis unanimitatem servare invicem, et esse in electione concordes. Hec aliaque perplura tam copiose quam salubriter adhortatus, postquam de more inunctus est omnibus ubertim flentibus tanquam ultimum vale faciens, osculum

---

(1) Reliqua hujus Historiæ avulsa sunt ex Ms. S. Mariani.

pacis dedit, et paucis diebus postea supervixit.

Interim vero dum optatum exitum prestolatur, quam jucunda visione meruerit consolari non debet tacite preteriri. Si quidem videbatur sibi videre Dominum in solio presidentem multitudine innumerabili circumstante, seque ad pedes accedere presidentis et dicere : non dimittam te, nisi benedixeris mihi. Evigilans quid viderit secum recogitat, et paulo post oculos in soporem revolvens, eandem conspicit visionem, et pedibus Domini se advolvens, Non te, inquit, dimittam. nisi iterum benedixeris mihi. Cui Dominus iteratam illico benedictionem impertit. Alia post hec vice visum est sibi quod Domino assisteret, et Dominus ei preciperet : vade Jerusalem. Et ille : Ignoro Domine viam; et Dominus quemdam ex circumstantibus, digito notans, Hic, inquit, dux itineris erit tibi. Et ille : Quis est hic Domine ? et Dominus : Hic est qui Tobiam conduxit. Testis est Deus, quia sicut ab ipso audivimus, ita et scripsimus. Sane pridie quam obiret, dilectos iterum convocat filios, et exhortatis eis ultimo vale dicto singulis suprema dat oscula. Nocte subsequenti lectulum de stramine et cinere quem dicunt arcam jubet sterni, et in eo ut moris est, se deponi. Jam conventus de matutinis redierat, cum ecce hora migrationis ejus instante, cepit urgescere dolor, et eum acrius fatigare. Postulat adesse conventum et suscipere disciplinam, dicens per hoc suffragium se illico leniendum. Id nempe more suo egebat in eo illa vis fidei que semper viguit, et de alienis suffragiis quam de suis meritis plus presumpsit. Accedunt et exponunt dorsa filii circa patrem in extremis agentem, et tam lacrymabiliter quam de voto suscipiunt disciplinam. Ipse vero postquam cum eis penitentiales psalmos cantare ceperat, et post breve dum psalmodia interim decantatur, expirat sancto et placido fine migrans a corpore, ipsa quam optaverat et predixerat die, hoc est xvj. kalend. Aprilis, quando predecessorum suorum coabbatum Raineri, Bertoldi, Osberti solet anniversarium celebrari. Migravit autem sicut dierum plenus, ita et meritorum ut credimus, anno etatis sue lxxv. conversionis lxiij, prelationis xlvij. Successit ei frater Bernodalis prior.

Hic pater, etc.

(*Epitaphe en vers.*)

N° 99.

Remise de la main-morte, par le Chapitre à ses bourgeois d'Auxerre.

(An 1204, 17 novembre.)

Willelmus decanus et totum capitulum Autissiodorensis ecclesie : omnibus presentes litteras inspecturis, salutem in vero salutari. Noverit universitas vestra, quod nos omnibus hominibus et feminis nostris de tota potestate Autissiod. quamdam consuetudinem, que manus mortua vocatur, remisimus et quittavimus in perpetuum; salvis omnibus aliis consuetudinibus quas in eis habebamus. Propter hanc autem quittationem ipsi quittaverunt nobis panem et burgaceam quam eis dare solebamus in festo B. Stephani de augusto. Dederunt etiam nobis sexcentas libras Pruvinensis monete ad redditus emendos. Ordinatum itaque fuit et condictum, quod ipsi de communi eorum consilio et assensu, aliquos viros bone opinionis eligent, qui jurati bona fide pecuniam istam de ipsis juxta possibilitatem singulorum levabunt. Quod si aliquis eorum beneficium hujus quittationis habere non vellet, et pecuniam sibi ab electis impositam reddere contradiceret, si de eo vel de suis excasuram accideret, communitas aliorum excasuram illam haberet, sicut nos habere solebamus. Si autem aliquis contradicentium et pecuniam sibi impositam reddere nolentium ad villam que in potestate nostra est, transierit, bona fide ei erimus coadjutores ad reddendum quod super eum fuerit positum. Etsi ille vel illa postea redierit Autissiodorum ad manendum, non habebit quittationem istam donec totum quod super eum fuerit persolvat. Si aliquis eorum qui hanc quittationem emeruit ad aliquam villam nostram transierit, cui manus mortua nondum remissa fuerit, et ibi mansionem faciens moriatur, legem et consuetudinem illius ville sustinebit. Si vero in potestate Autissiodorensi, vel in alia potestate que ad nos non pertineat, mansionem faciens moriatur, ubicumque possessionem habuerit, tam in nostra quam alterius terra, possessiones ille quantum ad nos spectat, ad heredes suos, eo mortuo, libere devolventur. Si aliquis de aliqua villa nostra cui manus mortua non fuerit remissa, ad potestatem Autissiod. venerit, quittationem istam non habebit isti ad illos, et illi ad istos libere poterunt transmigrare. Liberi homines vel femine qui de terra non venerint, sed de altera, si hominibus vel fœminis quittationem istam habentibus matrimonio se copulaverint, vel alio modo, sicut consuetum est, ecclesie nostre se donaverint, quittationem istam similiter obtinebunt. Si contentio fuerit inter heredes defuncti, quis sit propinquior et ei debeat succedere, ante nos venient, et judicio Capituli contentio illa terminabitur. Promisimus etiam nos rogaturos Dominum episcopum, quatenus hoc litteris suis confirmare dignetur. Quod si noluerit, homines sui qui similiter ab eo manum mortuam emere volunt, litteras nostras non habebunt, donec homines nostri suas episcopi litteras similiter habeant. Litteras etiam Domini Senonensis, archiepiscopi, et Domini PP. sine sumptibus nostris idipsum procurabimus confirmari. Actum est hoc publice in capitulo nostro, quintodecimo kal. decembris, anno dominice Incarnationis millesimo ducentesimo quarto. Dat. per manum Roberti lectoris.

(*Ex Tabul. Capituli Autiss.*)

N° 100.

Testament de Robert Abolanz, chanoine, lecteur de Saint-Etienne d'Auxerre.

(An 1205.)

In nomine sancte et individue Trinitatis. Ego Robertus Abolant, peccator, presbyter, canonicus et lector B. Stephani, antequam habitum Premonstratensis ordinis susciperem, testamentum meum in hunc modum ordinavi.

Ecclesie B. Stephani dedi domum meam de porta Fiscali, que debet pro censu eidem ecclesie viij denarios; et S. Marie extramuros iiij denarios. Vineam de Nantela que debet pro censu v denarios S. Juliano. Vineam de cathedra que debet pro censu v denarios S. Germano, et tertiam vineam sitam in Bofaudo que debet pro censu ix, denarios heredibus Milonis Filonis. Hec omnia tenebit Ulricus capellanus capelle S. Stephani, et Girardus capellanus S. Johannis quandiu vixerit. Post Girardum, Ulricus et successores sui capellani capelle S. Stephani totum tenebunt, et inde solvent capitulo centum solidos annuatim infra octavam Epiphanie, qui centum solidi cum aliis viginti quos capitulum mihi concessit super domum in qua manebam, quandiu vixero, dividendur canonicis qui intererunt misse que cantabitur de S. Spiritu, pro benefactoribus ecclesie nostre, tertia die post festum S. Vincentii, et post obitum meum, illis qui intererunt vigiliis et misse anniversarii mei. Si predicta pensio statuto termino reddita non fuerit, capitulum totum accipiet, et quantumcumque inde habere poterit supradicto modo dividetur. Supra quandam vineam assignavi canonicis B. Marie x. solidos. Canonicis de Trinitate v et capellanis S. Johannis v quos supradicto modo inter se divident, et in missa de S. Spiritu, et in die anniversarii mei clericis non canonicis de choro nostro donavi domum quam Fulco concanonicus noster tenet sub annua pensione xxx. solidorum quos reddere tenetur infra octavas Natalis Domini, et post mortem ejus, quantum de domo haberi poterit, cum auctoritate et consilio capituli dividetur clericis qui intererunt matutinis. Caritatibus de Monte-Autrico dedi domum quam Ulderus presbyter tenet, et quandiu eam tenebit reddet tres solidos unicuique quatuor caritatum. Post mortem ejus tota domus cedet caritatibus. Ad serviendum ecclesie feci fieri duo volumina in quibus continentur passiones et vite sanctorum, a kalendis maii usque ad kalendas januarii; tertium quoque librum qui portatur ad stationes. Donavi etiam ecclesie cappam de pallio, vestimenta sacerdotalia, et calicem argenteum intus et foris deauratum, cujus pondus est marcha et dimidia, et viginti duo denarii. Obtuli etiam super altare pallam benedictam theutonico opere decenter operatam. Decanus autem et capitulum de mera liberalitate sua ad sepulturam meam cum processione se venturos promiserunt. Ad mandatum itaque capituli hec omnia in presenti cartula annotavi et apposito sigillulo meo, ut sigillum capituli apponeretur, impetravi. Actum publice in capitulo S. Stephani, anno Incarnati Verbi, millesimo ducentesimo quinto.

(*Ex Tabul. Capituli Autiss.*)

N° 101.

Charte du comte Hervé, en faveur de l'abbaye de Pontigny, portant confirmation de l'échange fait entre les moines et le défunt comte Guillaume, de Sainte-Porcaire et de Lorent.

(An 1205, 25 août.)

Ego Herveus comes Nivernensis, omnibus notum facio presentibus et futuris, quod laudante et concedente Mathilde uxore mea, concessi monachis Pontiniaci commutationem que facta fuit inter eos et bone memorie Guillelmum comitem Nivernensem de S. Porcharia et de Lorent, confirmans et concedens sicuti continetur in carta dicti comitis, quam dicti habent monachi. Ad augmentum quidem domus Pontiniacensis, in remissionem peccatorum meorum et predecessorum meorum dedi eis quinquaginta arpenna nemoris de Barro, juxta Autissiodorum in perpetuum possidenda. Quod ut ratum habeatur, presentes litteras sigilli mei munimine roboravi. Datum Clamiciaco, anno Domini, M. CC. V. octodecimo kal. septembris.

(*Ex Tabul. Pontiniac. Archiv. de l'Yonne.*)

N° 102.

Charte d'Hervé, comte de Nevers, portant permission à l'abbé de Saint-Germain de vendre les bois de Saint-Sauveur à condition qu'il aura la moitié du produit.

(An 1207.)

Ego Herveus comes Nivernensis omnibus notum facio me concessisse Radulfo abbati beati Germani Autissiod. ut sepes et nemora de Sancto-Salvatore vendantur, tali modo, quod medietatem venditionis illius habebo. Post venditionem autem de dictis sepibus et nemoribus, in eodem statu remanebit in quo erat ante venditionem. Actum Lugduni, anno gratie M° CC° VII°.

(*Cart. S. Germ. f. 93 v*).

N° 103.

Échange entre l'évêque d'Auxerre et les chanoines de Saint-Amatre, de terres en Morot, contre la redevance de 12 muids de vin qu'il leur payait.

(An 1208.)

Andreas Dei permissione dictus abbas, et universis ecclesie B. Satyri conventus, omnibus ad quos littere presentes pervenerint, in Domino salutem. Noverint universi pariter presentes et futuri, quod dilecti fratres et canonici nostri S. Amatoris Autissiodorensis de assensu et voluntate nostra quittaverunt in perpetuum venerabili Patri Willelmo Autissiodorensi episcopo, et successoribus suis, decem modios vini rubei et duos albi quos idem episcopus memoratis canonicis nostris annuatim solvere tenebatur, sicut in autenticis bone memorie Alani quondam Autissiodorensis episcopi continetur. Prenominatus vero episcopus in recompensationem quitationis istius dedit et concessit in perpetuum canonicis nostris S. Amatoris terram in territorio de Moreto sitam, quam acquisivit ab Iterio Borno milite, et quandam portionem clausi sui domui dictorum canonicorum contiguam, et ab omni censu liberam et immunem, salvis et integris per omnia aliis articulis qui in prelibato autentico continentur. Ut autem quittatio dicta de assensu nostro facta, perpetuam obtineat firmitatem, presentem cartam scribi fecimus sigillorum nostrorum munimine roboratam. Actum anno Domini millesimo ducentesimo octavo, mense aprili.

N° 104.

Charte de Pierre, comte d'Auxerre, qui prouve l'existence d'une église de S. Renobert à Auxerre, dite Moûtier, en 1209, quoique nullement monastère.

(An 1209.)

Ego Petrus comes Autissiodorensis : notum facio universis, quod laudo et concedo donationem quam Alexander Fuignez fecit Galtero de Meso, de domo sua que sita est ante monasterium B. Renoberti apud Autissiodorum. Et ut ratum habeatur in posterum et immotum, presentem paginam sigilli mei munimine roborari precepi. Actum anno Domini millesimo ducentesimo nono.

(*Ex fragmentis veteris cujusdam Cartularii Capituli Autiss.*)

N° 105.

Origine de la foire de la Chapelle de Saint-Salve, à la fête de Saint-Denis.

(An 1209.)

Ego Petrus comes Autissiod. et Tornodor. notum facio omnibus ad quos presentes litteras pervenerint, quod donavi et concessi pauperi ecclesie Sancti-Salvii singulis annis in festo beati Dionysii nundinas unius diei ibidem celebrari ; ita quod eadem ecclesia libere et absque ulla contradictione omnes redditus nundinarum percipiet. Dedi etiam in elcemosyna pro me et pro uxore mea et parentibus nostris in nemore meo de Bar unam quadrigatam lignorum ad usum prefate ecclesie, quantum unus equus de illo nemore semel in hebdomada poterit adducere. Quod ut ratum habeatur, presentem paginam sigilli mei munimine roboravi. Actum anno Domini millesimo ducentesimo nono.

(*Ex Tabul. S. Mariani Autiss.*)

N° 106.

Reconnaissance du comte de Joigny en faveur de l'abbaye de Saint-Julien d'Auxerre, pour le four de Migennes.

(An 1210.)

Ego Willelmus comes Joigniaci, omnibus presentes litteras inspecturis, in Domino salutem. Noverit universitas vestra, quod cum in curia Senonensi questio verteretur inter me ex una parte et venerabilem abbatissam et conventum S. Juliani Autissiodor. ex alia, ex parte ipsarum contra me fuit propositum quod cum pie memorie Regnaudus pater meus eis dedisset in eleemosynam furnum de Migenna, ita quod nullus infra dictam parrochiam furnum possit construere sine ipsarum licentia vel assensu, me contrario istud penitus inficiante in dicta parrochia furnum faciebam construi in ipsarum prejudicium et gravamen. Tandem vero per virum venerabilem Arnulfum abbatem Sancti-Petri Autissiodor. mediatorem inter nos ad pacis reformationem constitutum talis compositio intercessit, quod ego dictum furnum prenominatis abbatisse et conventui libere sine contradictione, perpetuo pacifice possidendum concessi, et si quid juris in eo habebam dedi, ita quod in eadem parrochia nullus alius furnus possit construi, sine ipsarum licentia et assensu, excepto furno de Caumenchon qui sicut solet ibi debet esse. Ita quod nulli homines in furno illo coquant, nisi tantummodo homines monachi de Caumenchon vel monachus. Adjeci etiam quod nullus heredum meorum aliquid super predictis reclamare poterit. In cujus rei memoriam litteras presentes sigillo meo munitas prefate abbatisse et conventui beati Juliani Autissiodori tradere curavi. Actum anno ab Incarnatione Domini M. CC. X.

(Tiré d'une ancienne copie.)

N° 107.

Lettre du roi Philippe-Auguste, confirmative de la transaction passée entre le comte et le chapitre d'Auxerre, au sujet de leurs hommes à Auxerre, Mailly et Béiry.

(An 1210.)

In nomine sancte et individue Trinitatis, Philippus Dei gracia Francorum rex. Noverint universi presentes pariter et futuri quod sicut ex autentico dilecti consanguinei nostri Petri comitis Autissiodorensis perpendimus super querelis et contentionibus quas capitulum Autissiodorensis habebat contra eundem comitem Petrum, ita pacificatum est inter ipsum et eos : quod dictus comes concessit eis et adhuc concedit bona fide et juramento interposito firmavit quod nec ipse nec heredes ejus de cetero, hominem vel hospitem ad Autissiodorensem ecclesiam quoquomodo pertinentem vel qui quandoque pertinuerit, in terram suam recipiet vel retinebit, vel recipi sustinebit. Nec canonici Autissiodor. retinebunt homines ejus de Malliaco vel de Betriaco eodem modo. Homines autem eorum qui sunt apud Betriacum, videlicet isti : Bernardus de Vallemarci, Theobaldus frater ejus, Galterus Limateros, Abbas avunculus ejus, Bergondio, Hugonellus Planteronce : si ad terram capituli reverti voluerint predicto comiti placebit, et si quandoque reversi fuerint idem comes non poterit eos retinere sicut nec alios. Preterea ipsi et servientes comitis, necnon et omnes ballivi ejus qui se intromitent de Autissiodoro, de Malliaco et Betriaco, quociens mutabuntur jurabunt quod nichil capient vel capi facient de rebus ecclesie Autissiodorensis, donec prius decano et capitulo Autissiodorensis monstratum fuerit et ipsi de jure faciendo in capitulo defecerint ; si vero inter comitem et ipsos supra predictis orta fuerit querela, sine duello, per testimonium duorum vel trium bonorum hominum cognoscetur et emendabitur. Quod si contra predictas comes vel heredes suos contraire vel in aliquo contigerit attemptare, idem comes amicos et fideles nostros archiepiscopum Senonensis, Lingonensis et Autissiodorensis episcopos rogavit ut terram ejus tandiu teneant interdicto suppositam et ipsum comitem excommunicatum donec fuerit competenter emendatum. Promisit etiam dicto capitulo et concessit quod bona fide ad hoc laboraret quod nos conventiones istas confirmaremus ; et si dictus comes conventiones istas non teneret, nos ad universas res suas quas ex nobis tenet assignaremus quousque dicto capitulo super hoc esset satisfactum. Quod ut perpetuum robur obtineat sigilli nostri auctoritate et regii nominis karactere inferius annotato, ad petitionem dicti comitis presentem paginam quantum ad nos pertinet confirmamus. Actum anno Domini M. CC. decimo, regni nostri anno XXX° secundo.

(Tiré d'un fragment du Cartul. du chapitre d'Auxerre existant aux Archives de la préfecture de l'Yonne, XIII° siècle.)

N° 108.

Accord entre Hervé, seigneur de Gien, et l'évêque d'Auxerre, relativement aux droits du premier sur la terre de Cosne et d'autres fiefs, et sur la dîme d'Entrains.

(An 1210 environ.)

Ego Herveus Giemensis dominus, notum fieri volo tam futuris quam presentibus quod inter me et dominum meum Autiss. episcopum talis intervenit pactio : quod homines Conade in exercitum ducere non debeo, nisi eadem die qua domum suam exierint, domum suam possint reverti. Bannum Conade facere non possum, nisi de vino meo proprio quod ante festum Sancti-Martini ad usus meos emptum sit, et in domo mea repositum. De rachatatione terre mee que de feodo ipsius est quam ipsi debeo, in beneplacito ejus et in bona submonitione erit. De feodo Capelle de quo erat contentio in curia Domini episcopi faciam juris plenitudinem. De decima que est apud Interannum villam meam de qua canonici beati Stephani Autiss. se devestitos esse conqueruntur, concessi quod si probatum fuerit temporibus patris vel avi mei eos prefatam decimam habuisse, eis illam restituam. Ad majorem etiam pacis stabilitatem communi statutum est assensu quod si aliqua inter nos emerserit contentio, episcopus unum amicorum suorum eliget, et ego unum, illi vero duo tertium, qui tres, mediante juramento, bona fide litem terminabunt.

(Cet acte est sans date.)

(*Ex Cartul. Episc. Autiss. fol. 47.*)

N° 109.

Pierre de Courtenay promet d'observer l'accord fait avec les moines de Vézelay, au sujet de Voutenay.

(An 1210, juillet.)

Noverint universi presentes pariter et futuri, quod ego Petrus comes Autissiodorensis et Tornodorensis, obligavi me et mea in manu domini regis Francorum pro tenendis conventionibus que sunt inter me et ecclesiam Verziliacensem super compositione de querela Volteneti, prout in carta mea et Petri filii mei plenius continetur. Ita videlicet quod si vel ego vel Petrus filius meus a predictis convencionibus, quod absit, resiliret, dominus rex super omnibus perditis et dampnis que pro isto negocio incurreret ad me et ad mea assigneret sine forefaciendo et tandiu teneret donec omnia dampna et perdita sua ei ex integro restituerentur. Actum anno Incarnatione dominice m° cc° x°, mense julio.

(Scellé du sceau de P. de Courtenai, figurant un cavalier tenant un pennon; et pour légende au revers : *secretum meum michi.*)

N° 110.

Le comte Pierre dispense les charpentiers, ouvriers en fer et maçons d'Auxerre de le suivre à la guerre ou à la chevauchée.

(An 1210, septembre.)

Ego Petrus comes Tornodorensis et Autissiodorensis, notum facio omnibus presentibus et futuris, quod antequam censiva Autissiodori institueretur, fabri, carpentarii, cementarii non debebant mihi equitationes nec exercitus nisi ad retrobannum solummodo et ad obsidionem; et tunc eis ad me venientibus faciebam de jure ferramenta mea deferri. Singulis vero diebus quibus in obsidione morabantur, unicuique debebam et donabam quatuor denarios. Hoc prohibeo litteris meis id ipsum confirmando datis anno verbi incarnati m° cc° mense septembri.

(*Cartul. du Chapitre d'Auxerre, Archives de l'Yonne.*)

N° 111.

Confirmation par le pape de l'établissement d'une collégiale dans la chapelle Notre-Dame de Toucy.

(An 1211.)

Innocentius episcopus, servus servorum Dei, venerabili fratri..... Autissiod. episcopo, salutem et apostolicam benedictionem. Justis petentium desideriis dignum est nos facilius prebere assensum et vota que a rationis tramite non discordant effectu prosequente complere.

Cum igitur sicut per tuas nobis litteras intimasti bone memorie Hugo predecessor tuus ad ampliationem divini cultus in capella beate Virginis castri Tociaci canonicos instituerit prebendales, parrochialem ecclesiam Sancti-Petri ejusdem castri ad ipsius donationem spectantem eis liberaliter assignando, et tu postea, quod ab eo factum fuerat, approbaris. Nos, tuis precibus inclinati quod ab eodem predecessore tuo pie et provide factum est, et a te postmodum approbatum, autoritate apostolica confirmamus, et presentis scripti patrocinio communimus. Datum Laterani quarto nonas octobris, pontificatus nostri anno tertio decimo.

(*Ex Tabul. Tociac.*)

N° 112.

Don par l'évêque Guillaume de Seignelay au chapitre d'Auxerre, d'une partie des dîmes de vin de Cravan.

(An 1212.)

Willelmus Dei gratia Autissiodorensis episcopus, omnibus presentes litteras inspecturis, in Domino salutem. Cum totius ecclesie Dei decorem et ampliari cultum divinum ubique velimus inter ceteras ecclesias Autissiodorenses, utilitatem ecclesie pariter et honorem singulari desideramus affectu. Hec est enim que nos ab infantia tenere educavit, et de gradu in gradum provehens, in sui tandem fastigio licet preter merita collocavit. Ea propter cum ecclesia de Crebano vacaret, que tertiam partem decimarum vini totius ville de Crebano habere solita erat, quarum duas partes dilecti filii capituli Autiss. habebant. Nos mediatem illius tertie partis decimarum vini, quam ad ecclesiam de Crebano diximus antea pertinere dicto capitulo contulimus sexta tantum parte universarum predicte ville decimarum ecclesie remanente, éa videlicet ratione ut de proventibus dictarum decimarum quas eis contulimus, panis fiat distribuendus canonicis assistentibus in ecclesia divinis officiis, horis videlicet constitutis, nec in alios usus nisi ad panem tantum, dictam partem decimarum committi liceat, nisi forte de assensu nostro vel successorum nostrorum episcoporum. Quod si forte prefatum capitulum dictam partem decimarum in alios usus converteret, eandem nobis libere occupare liceret. Illud quoque nobis retinuimus, ut si quando redditus loco predictarum decimarum dicto capitulo assignabimus, competentes easdem decimas nobis liceat revocare, et de ipsis nostram facere voluntatem. In cujus rei testimonium presentes litteras fecimus annotari, et sigilli nostri munimine roborari. Actum anno Domini millesimo ducentesimo undecimo, mense februario.

(*Tiré de la copie faite par un notaire.*)

N° 113.

Promesse de Manassès d'Orléans et de Guillaume de Seignelay, son frère, évêque d'Auxerre, de ne grever personne au sujet du différend élevé entre eux et Philippe-Auguste (1).

(An 1212, août.)

Manasses Aurelianensis episcopus et Willelmus Autissiodorensis Dei gratia episcopi, omnibus presentes litteras inspecturis in Domino salutem. Noveritis nos concessisse domino nostro Ph. regi Francorum illustri, quod nullum hominem vel feminam trahemus in causam super matrimonio contracto secundum formam ecclesie et consuetudinem approbatam, post relaxationem interdicti factam ab archiepiscopo Senonensi, nisi causa esset rationabilis quod accusari posset matrimonium si non fuisset positum interdictum in nostris diocesibus, vel pro quocumque alio facto pertinente ad ecclesie sacramenta facto secundum consuetudinem ecclesie approbatam. Promittimus etiam bona fide quod occasione domini regis nichil faciemus contra canonicos beati Aniani, quod non faceremus si querelam habuissemus contra alium; et quod nullum clericum vel laïcum gravabimus occasione domini regis. In cujus rei memoriam presentes litteras fecimus annotari, et sigilli nostri munimine roborari. Actum apud Meledunum, anno Domini M. CC. duodecimo, mense augusto.

(Pièce scellée des sceaux des évêques d'Orléans et d'Auxerre.)

(*Archives de l'Empire,* J. 170, n° 5.)

N° 114.

Exemption pour l'évêque Guillaume de Seignelay, d'aller en personne à la guerre.

(An 1212, août.)

Philippus, Dei gratia, Francorum rex. Universis ad quos littere presentes pervenerint, salutem. Noveritis quod nos personam dilecti et fidelis nostri Willermi Autissiodorensis episcopi relaxamus ab exercitu nostro quandiu vixerit, ita tamen quod ipse faciet nobis servitium exercitus nostri per milites suos, sicut commune episcoporum et baronum nostrorum debet. Actum Meld. anno Domini, M. CC. XII, mense Augusto.

(*Cartul. Philipp. Aug. fol.* 111, *in Biblioth. Regia. publié dans l'Ampliss. collection d. D. Martene,* t. I, p. 1110, avec la reconnaissance de l'évêque.)

(1) Lebeuf n'en parle pas.

N° 115.

Fondation de la collégiale de Cône par l'évêque G. de Seignelay.

(An 1212.)

Guillelmus, Dei gratia, Autissiodor. episcopus, omnibus presentes litteras inspecturis, salutem in Domino. Hujus exemplo provocati qui decorem domus Dei et locum habitationis glorie ipsius diligere profitetur, ad ampliandum cultum divinum ad laudem et gloriam nominis Dei, in ecclesia B. Laurentii de Conada canonicos instituimus et prebendas, concedentesque eisdem ecclesiam ab omni onere liberam et immunem : vacante quoque ecclesia de Nusiaco, consentiente et laudante capitulo separavimus ab ea decimas magnas omnes tam bladi quam vini et tres pecias terre arabiles, quarum una est juxta Crucem, secunda dicitur ad Rocham, tertia juxta viam que dicitur de S. Verano, et preterea Burdegalium morum. Et hec omnia canonicis B. Laurentii dedimus et concessimus in perpetuum, toto residuo presbytero rectori de Nusiaco remanente, qui presbyter etiam habebit decimas minutas parochie sue et terram arabilem que est inter grangiam et vineas et pratum, preterea quod contiguum est terre illi. Tenebuntur etiam canonici de conada solvere presbytero de Nusiaco annis singulis de vino decimarum sex modios eque bono ac canonici percipient, et hoc tempore vindemiarum. Canonicis vero in perpetuum erit grangia et torcular, ita tamen quod presbyter de Nusiaco habebit usuagium in torculari ad vinum suum faciendum. Eadem auctoritate presbyter solvet annis singulis in octava omnium Sanctorum ecclesie B. Laurentii decem libras cere ad ejusdem ecclesie luminare. Actum anno Domini millesimo ducentesimo duodecimo.

(*Ex Tab. Conad.*)

N° 116.

Règlement de Guillaume de Seignelay, touchant les chanoines de la collégiale de Notre-Dame de la Cité.

(An. 1213.)

Villelmus Dei gratia Autissiodorensis episcopus : omnibus presentes litteras inspecturis, perpetuam in Domino salutem. Ut inter ejus membra numerari possimus, qui fecit utraque unum evangelizans pacem, iis qui prope erant, et iis qui longe, ad ea que pacis sunt semper intendere toto mentis affectu debemus, et discordantes ad concordiam revocare. Quapropter cum inter dilectos filios capitulum Autissiodor. ex una parte, et canonicos B. Marie infra muros ex altera, de cruce portanda controversia emersisset, tandem utraque parte ordinationi nostre se supponente precise ita inter eos duximus ordinare. Statuimus itaque quod canonici B. Marie in nullo casu de cetero crucem portent. Capitulum vero ad ordinationem nostram concessit, ut presb. diaconi et subdiaconi B. Marie canonici quilibet in ordine suo deserviant altari majoris ecclesie, et suas faciant septimanas, ita quod tempore septimane sue, presbytero beate Marie canonici quilibet in ordine suo deservient altari majoris ecclesie et suas faciant septimanas, ita quod tempore septimane sue presbytero B. Marie canonicus minutarum partitionum integram percipiat portionem. Qui si forte canonicus tortarius fuerit, vel etiam aliquis de canonicis majoris ecclesie canonicus B. Marie esse contigerit, in ea septimana in qua tanquam canonicus B. Marie in majori deserviet ecclesia unica erit minutarum partitionum per diem contentus portione ; diaconi vero et subdiaconi beate Marie canonici in ea septimana in qua in majori deservient ecclesia, dimidiam percipient partitionem. Servient autem canonici beate Marie illis tantum diebus quibus canonicis tortariis licet servire. Quod si forte unum, vel plura grossorum signorum festa infra suas evenerint septimanas, nec ipsi tunc deservient, nec sicut predictum est minutas percipient portiones. Si vero presbyter, diaconus, sive subdiaconus B. Marie canonicus tempore septimane sue defecerit, tenebuntur et ipsi sicut et majores canonici ad emendam : de septimana vero chori non tenebuntur. Porro si absentes fuerint beate Marie canonici, vel in scholis, vel extra villam manentes, nec tunc deservire, nec ad emendam pro defectu hujusmodi tenebuntur. Oblationes vero que ad manum presbyteri B. Marie canonici tempore septimane sue venient, ejus erunt, exceptis oblationibus illis que ad sacristam sive ad alium de consuetudine pertinere noscuntur. Ordinatum fuit preterea quod duo diaconi B. Marie canonici in festis annualibus procedent induti dalmaticis cum diacono majoris ecclesie canonico qui leget evangelium. Similiter et duo subdiaconi B. Marie canonici procedent cum subdiacono majoris ecclesie canonico qui legit epistolam, et nos si presentes fuerimus, dabimus tam diaconibus quam subdiaconibus B. Marie sic procedentibus dimidiam portionem. Quod si presentes non essemus, ipsi nihilominus procedent sicut superius est expressum, nec percipient dimidias port.ones, quia nec tunc majores canonici percipiunt ab episcopo portionem. Statutum etiam fuit quod canonici B. Marie qui modo sunt, juramento prestito, promittent in capitulo quod deinceps de cruce non moverent capitulo questionem, et quod honorem, reverentiam et utilitatem majoris ecclesie servarent, de cetero sine suo mittendo : quod et ipsi fecerunt. Qui vero deinceps ab episcopo in ecclesia B. Marie instituentur canonici infra mensem ex quo fuerint instituti, id ipsum se observaturos in capitulo jurabunt. Capitulum autem confirmavit eis beneficia a bone memorie Domino Hugone quondam episcopo collata. Quando vero aliquem canonicorum B. Marie obire contigerit processio majoris ecclesie ibit ad corpus et tantum obsequii fiet, pro quolibet eorum defuncto, quantum pro tortariis defunctis fieri consuevit. Sciendum autem quod non intelligimus extendi portiones illas minutas de quibus superius fecimus mentionem ad portiones illas que fiunt in capitulo, quando fit compotus hujusmodi, sed tantum ad eas que fiunt in ecclesia ratione servitii. Notandum vero quod si presbyter B. Marie canonicus post septimanam suam ad missam pro defunctis in sequenti hebdomada teneatur, quicquid oblationum ad manum ipsius veniet, ejus erit, et preterea de anniversario suam percipiet portionem. Adjiciamus preterea statuentes ut in dicta B. Marie ecclesia de cetero viginti sint tantum canonici, et non plures; et viginti due prebende, nec plures. Actum anno Domini millesimo ducentesimo tertio decimo.

(*Ex Tabul. B. Mariæ in Civit. Autiss.*)

N° 117.

Règlement donné par Guillaume de Seignelay aux chanoines établis à Toucy par Hugues, son prédécesseur.

(An 1213.)

Willelmus, Dei gratia, Autiss. episcopus, omnibus presentes litteras inspecturis, salutem in Domino. Noverint universi quod cum bone memorie dominus Hugo predecessor noster, quondam Autiss. episcopus, in ecclesia B. Marie de Tuciaco ad ampliandum cultum divinum instituisset canonicos et prebendas, et canonicis ibi deservientibus utramque ecclesiam B. Marie videlicet, et Sancti-Petri libere contulisset ab omni onere preter paretam immunes. Nos ejus vestigiis inherentes, et quod ab eo factum fuerat de institutione canonicorum in dicto loco ratum et gratum habentes de ipsis ecclesiis et servitio a dictis canonicis faciendo ita duximus ordinare, ut thesaurarius qui major est in ecclesia et duas habet prebendas, clericum habeat qui res ecclesie conservet, et horis canonicis pulset campanas qui et tenebitur fidelitatem canonicis adhibere. Ordinavimus preterea ut quilibet canonicus septimanam faciat cujuslibet ordinis successive, presbyteri scilicet, diaconi, subdiaconi ita ut dummodo pauci sunt, diaconorum et subdiaconum in missa habeant majoribus tantum in solemnitatibus videlicet Nativitate Domini, Apparitione, Pascha, Ascensione, Pentecoste et omnium sanctorum festivitate, necnon et in omnibus beate Marie solemnitatibus et sancti Petri. Canonici vero, vel si infirmitate vel alia prepediti necessitate suas non potuerint facere septimanas, per socio suos vel per aliquos vicarios eas fieri procurabunt. Ordinatum fuit preterea quod canonicus ea die qua matutinis interfuerit, de pane et vino que ea provenient, portionem suam habebit. Si vero matutinis non interesset, nisi forte infirmitate detentus de lecto non posset surgere, nihil penitus de pane et vino ea die provenientibus perciperet. Quod si canonicus infirmetur in villa, portiones quas ceteri canonici percipiunt, percipiet. Si vero extra villam infirmetur, nihil omnino est percepturus. Canonicus autem neque ad scolas, neque ad peregrinationem ire poterit, nisi.... petita licentia et concessa : poterit tamen absens canonicus esse et habere licentiam eundi ad necessitates suas per octo dies in vere, octo in estate, octo in autumno, et octo in hieme, nec tunc reputabitur pro absente. Si vero amplius absens fuerit, nisi de manifesta et rationabili causa, ei reputabitur ad defectum. Statuimus etiam ut in ecclesia beati Petri capellanus qui curam habeat animarum ad presentationem canonicorum sit. Et pro capellania sua habeat valentiam fructuum unius prebende ex integro et duos prati arpentos qui sunt in Roueria, et insuper ea que pro communione et baptismo percipiuntur. De legatis vero si legatum canonicorum valuerit tres solidos, et legatum capellani duodecim denarios valere poterit, et secundum hujusmodi estimationem, si legatum canonicorum plus valuerit et plus valebit capellani legatum. Concessimus etiam eis ut quadraginta solidos cense quos dilectus filius Humbaudus Autissiodorensis ecclesie canonicus a dicta percipit ecclesia post obitum ipsius Humbaudi, vel si eos in vita sua resignaverit libere habeant, nec cuiquam eos deinceps reddere teneantur. Thesaurarius quoque qui major est in ecclesia et persona, excessus canonicorum et clericorum in ecclesia deservientium corriget. Quod si per se non potuerit emendare, ad nos habebit recursum, ut que corrigenda fuerint, corrigamus. Actum anno Domini millesimo ducentesimo tertio decimo.

(*Ex Tabul. Colleg. Tociac.*)

N° 118.

Erection de la chapelle du château de Betry, proche Vermenton, en paroisse.

(An 1213.)

Guillelmus, Dei gratia, Autissiodorensis episcopus : omnibus presentes litteras inspecturis, salutem in Domino. Noverint universi quod vacante ecclesia de Vermentone, que redditibus abundabat, in cujus parochia Bitriacum castrum, et infra castrum capella sita erant, nos multiplici ratione inducti dictam capellam parochialem ecclesiam esse statuimus et matricem : primo quia Bitriacum locus est munitus, ad quem propter munitionem de qua semper timetur difficiles sunt aditus et egressus, nec licet presbytero, si forte quis egrotaret in castro, vel ad egrum de nocte intrare, vel etiam ut parvulos ad ecclesiam baptizandos deferrent habitatores castri de nocte exire. Secundo, quia cum castrum predictum aliquantulum ab ecclesia parochiali distaret, propter locorum distantiam multa poterant incidere pericula de viatico et confessionibus infirmantium et baptismate parvulorum. Hec igitur attendentes dictam capellam de Bitriaco matricem esse ecclesiam constituimus, separantes eam ab ecclesia de Vermentone et concedentes eidem, ut de cetero et in perpetuum habeat redditus illos quod vir nobilis Petrus comes Autissiodorensis pro deserviendo in capella presbytero de Vermentone assignaverat, et preterea bladum quod parochiani solvere tenentur. Statuimus etiam ut habitatores Bitriaci et omnes infra limites constitutos manentes parochiani sint de cetero ecclesie Bitriaci. Sciendum quoque quod nos vacante ecclesia de Vermentone separavimus ab ea quicquid decimarum ipsa ecclesia apud Saciacum, tam in blado quam vino sive etiam rebus aliis percipere solita erat, et dedimus decimas illas consentiente et laudante capitulo Autissiodorensi matricularie in ecclesia Autissiodorensi de novo a nobis institute. Volentes autem ut presbyter Bitriaci competentem habeat sustentationem, statuimus ut ecclesia de Bitriaco dictas decimas in perpetuum habeat, et matriculariis Autissiodorensis ecclesie quos de novo instituimus duodecim libras Autissiodorensis monete presbyter de Bitriaco solvere teneatur terminis constitutis, juramento prestito, medietatem videlicet in octavis omnium sanctorum, et medietatem in octavis Pasche annis singulis. Ecclesiam quoque de Vermentone vacantem predicte dedimus matricularie, eodem capitulo consentiente et laudante, retenta tamen nobis et successoribus nostris episcopis presbyteri institutione. Verum ne matricularii de bonis ecclesie de Vermentone matricularie predicte concesse tantum percipiant, quod presbyter ab episcopo institutus in ea sufficientes redditus non haberet; statuimus ut presbyter de Vermentone annis singulis juramento prestito decem et octo libras Autissiodorensis monete matriculariis institutis a nobis terminis prenotatis solvere teneatur preter antiquam sexaginta solidorum censam quorum quadraginta capitulo Autissiodorensi, viginti vero canonicis B. Marie juxta majorem ecclesiam site debentur. Actum anno Domini millesimo ducentesimo tertio decimo.

(*Ex titulo manuscripto.*)

N° 119.

Donation aux lépreux de Saint-Siméon.

(Entre 1207 et 1214).

Notum sit omnibus hominibus tam presentibus quam futuris, quod Belinus de Salicibus se Deo et quod habebat in molendinis Saliciorum infirmis S. Simeonis distribuit, hoc donum in presentia sacerdotis et Rodulphi et Gautherii. Ipse et uxor et pueri eorum bona fide laudaverunt, et de hoc dono Symoni de Silviniaco xxx. libras de proviniacensibus reddiderunt. Sciatis enim quod domina Haimela et Guido Willermus que filius ejus et filie hoc donum a quibus movebat pro quatuor libris laudaverunt. Hujus rei testes sunt *Willelmus* episcopus Guido prepositus, magister Haericus, Stephanus sacrista, *Rotbertus Abalanz*, Gauterius li voiers, Ursus nepos ejus, Letericus Balidars, Jocelinus filius Vierie, Amaurius Chotars, Jocelinus de Digia, Willemus caci bue. Et de necessariis molendinorum domus Sancti-Simeonis la *tornure et les excluses* facere debet et alia necessaria molendinorum inter firmos et predictam dominam communiter facere debent.

(Scellé autrefois; (*Archives Impér.* S. 5237, carton 292.)

N° 120.

Déclaration de Pierre, comte d'Auxerre, en faveur des bourgeois de sa cense dans la même ville.

(An 1213-14, janvier.)

Ego Petrus marchio Namucensis, et comes Autissiodorensis et Tornodorensis, notum facio universis presentibus et futuris, quod bona fide constitui et concessi ut de omnibus que possident Burgenses Autissiodori qui sunt de censiva, sicut continetur in magna carta, remaneant quiti et immunes et in bona pace, et de omnibus querelis de quibus eos traxi in causam, sicut de stallis, de alvennis, de pertica qua mensurantur terre, de moneta, de juramentis draperiorum et carnificum, et omnibus aliis querelis que emerserant usque ad hanc diem, remaneant quiti et in pace. Levatas suas faciant bona fide pro negotio ville quotienscumque viderint expedire. Si homo censive vendiderit in domo vel in stallo alicujus qui non sit de censiva, pro forisfacto domus vel stalli non me possem capere ad hominem censive vel ad res ejus. De prepositura vero Autissiodori ipsi remanent quiti usque ad festum S. Johannis, et inde sunt quiti litteris presentibus testificantibus. Actum Autissiodori, anno Incarnati Verbi, millesimo ducentesimo tertio decimo, mense januario.

(*Ex Cartul. Urbis Autiss. fol.* 36.)

N° 121.

Lettre de Pierre, comte d'Auxerre, faisant mention des droits d'usages qu'ont tous les habitants de Saint-Gervais au bois de Bar.

(An 1213-14, janvier.)

Ego Petrus marchio Namucensis, et comes Autissiod. et Tornodor. notum facio universis, quod omnes homines de S. Gervasio, usuarium suum habent et semper habuerunt in bosco de Barro ad omnia que necessaria sunt ad carucam et ad vinculum bladi. Habent etiam usuarium suum ad tremulum et charmum et corilum et acrum et genestam, et ad omne nemus mortuum, et etiam in eodem bosco pasturagium habent ad omnia pecora sua. Testificor etiam quod si in dicto bosco aliquid donavi domui Pontiniaci, vel alicui alii dictum usuarium nec dedi, nec dare potui. Ad hujus etiam rei confirmationem presentem paginam sigilli mei munimine roboravi. Actum anno Domini millesimo ducentesimo tertio decimo, mense januario.

(*Ex Cartul. urbis Autiss. fol.* 35.)

N° 122.

Don de Pierre, comte d'Auxerre, à l'église cathédrale, sur le salage de Mailly.

(An 1214.)

Ego Petrus marescalis Namucensis, comes Autissiodorensis et Tornodorensis; ego Yolanda uxor ejus : notum facimus presentibus et futuris, nos dedisse in perpetuam eleemosynam ob remedium animarum nostrarum capitulo Autissiodorensi sexaginta solidos reditum in salagio de Malliaco, annis singulis in festo Sancti-Remigii percipiendos. Quod si redditus salagii ad perficiendos dictos sexaginta solidos non sufficerent, nos de aliis redditibus nostris ejusdem castri videlicet Malliaci eos perficiemus, et predicto termino reddi faciemus. Dictum autem capitulum nobis concessit ut annis singulis semel in anno missa de Sancto-Spiritu quandiu vixerimus celebretur pro nobis. Post obitum vero nostri, vel alterius tantum annis singulis in anniversario nostro vel alterius tantum missa celebrabitur pro defunctis. Rogavimus autem venerabilem Dominum Patrem Guillermum Autissiodorensem episcopum, de cujus feodo dictum castrum movet, ut dictam eleemosynam nostram ratam haberet, et litteris suis patentibus super hoc capitulo traditis confirmaret, quod et ipse concessit et fecit, et nos in testimonium dicte eleemosyne nostre presentes litteras fecimus annotari, et sigilli nostri munimine roborari. Actum anno gratie millesimo ducentesimo quarto decimo.

(*Ex Cartul. Eccles. Autiss.*)

N° 123.

Lettre de Pierre, comte d'Auxerre, à Blanche, comtesse de Champagne.

(Vers l'an 1214.)

Charissime Domine sue Blanche comitisse Trecensi Palatine, Petrus comes Autissiodorensis, salutem et benedictionem. Noveritis quod omnia feci que vobis promiseram; et hoc idem Petrus de S. Fidolo, et gentes vestre testificabuntur. Mitto igitur ad vos Adam fidelem servientem meum, latorem presentium, ut per eum mihi mittatis centum marchas, et ego vos quitto.

(*Ex Cartul. Campanie, Bibl. Reg. fol. iii.*)

N° 124.

Confirmation par le pape, de l'établissement de trois marguilliers dans la cathédrale d'Auxerre.

(An 1214, 19 janvier.)

Innocentius episcopus, servus servorum Dei, venerabili fratri...... Autissiodorensi episcopo, salutem et apostolicam benedictionem. Solet annuere sedes apostolica piis votis et honestis petentium precibus favorem benivolum impertiri. Sane tuis hec nobis litteris intimasti, quod cum in Autiss. ecclesia pauci essent matricularii et custodes, ut preter matricularios illos quos sacrista Autissiodorensis in eadem ecclesia tenetur habere, tres in eadem, unum videlicet clericum, et duos laicos ordinasti, ut multiplicatis custodibus et ministris, que agenda sunt in eadem ecclesia agantur commodius, et res ipsius fidelius et diligentius conserventur matriculariis illis certis reddittibus ab ecclesiis de Vermentone et Bitriaci, et denariis Pentecostalibus de Varziaco percipiendis de assensu et voluntate Autissiodorensis capituli assignatis. Ut igitur ordinatio matriculariorum ipsorum et assignatio reddituum illis factarobur possit firmitatis habere, nobis humiliter supplicasti, ut eas apostolico dignaremur munimine roborare. Nos igitur tuis precibus annuentes quod a te super his pie ac provide factum est, capituli tui accedente consensu, ratum habentes autoritate apostolica confirmamus, et presentis scripti patrocinio communimus. Nulli ergo omnino hominum liceat hanc paginam nostre confirmationis infringere, vel ei ausu temerario contraire. Si quis autem hoc attemptare presumpserit, indignationem omnipotentis Dei, et BB. Petri et Pauli apostolorum ejus se noverit incursurum. Datum Laterani, decimo quarto kalendas februarias, Pontificatus nostri anno sexto decimo.

(*Ex Tabul. Cap. Autiss.*)

N° 125.

Désistement de ses prétentions sur un serf, par un chevalier, en faveur de l'abbaye S. Germain.

(An 1214, décembre.)

Villelmus, Dei gratia, Autissiodorensis episcopus, omnibus presentes litteras inspecturis, in Domino salutem. Noverit universitas vestra, quod cum Humbaudus Fillons miles impeteret Ebrardum de cereno et ejusdem heredes tanquam homines de capite et super capitali servitio, tandem coram nobis predictus miles constitutus predictum Ebrardum, necnon et ipsius heredes ecclesie B. Germani Autissiodorensis quittavit in perpetuum, et ab impetitione qua eos impetebat, penitus absolvit. Quod ut ratum sit et firmum, et ut perpetuum robur obtineat, in hujus quittationis memoriam et testimonium ad partium petitionem presentes litteras sigilli nostri munimine fecimus roborari. Actum anno gratie, M. CC. XIV. mense decembri.

(*Ex Cartul. S. Germani Autiss. in Decania, cap. xviij, f° 57 v°.*)

N° 126.

Hommage du fief de Coulanges-sur-Yonne, par Pierre, comte de Nevers, à l'évêque d'Auxerre.

(An 1215, juillet.)

Ego Petrus comes Nivernensis notum facio quod ego villam de Collenges super Ionam cum pertinenciis suis, teneo de episcopo Autiss. in feodum et homagium, tali modo quod post decessum meum ille qui tenebit villam de Colenges, eam tenebit ab episcopo Autiss. et ejus successoribus ad tale ligium homagium ad quale feodum apportat. Preterea in presencia carissimi domini mei Philippi regis Francorum recognovi quod decima predicte ville et territorii est episcopi Autiss. et ad eum pertinet, et successores ejus episcopos Autiss., et eam predicto episcopo et successoribus ejus teneor conservare. Actum Parisius anno incarnati Verbi M° CC° XV°, mense julio.

(*Ex de D. Viole, m°. n° 127. t. III.*)

N° 127.

Accord de l'évêque d'Auxerre avec le chapitre de Varzy.

(An 1215, août.)

Villermus Dei gratia Autiss. episcopus omnibus presentes litteras inspecturis, salutem in Domino. Noverint universi presentes pariter et futuri, quod cum dilecti filii nostri canonici Varziacenses habeant et habuerunt ab antiquo decimas in omnibus terris nostris propriis apud

Varziacum, quocumque modo per nos vel per alios excolantur, et nos quasdam de terris illis dedimus ad vineas plantandas, ipsi canonici decimam vini de vineis illis de novo plantatis, sicut de blado antea percipiebant, sic debere percipere asserebant. Habebant preterea iidem canonici villulam quandam juxta Varziacum, que dicitur Willenne, in qua homines, justitiam et dominium ab antiquo habuerunt, tandem nos et ipsi convenimus in hunc modum : Quod predicti canonici villulam nominatam, et omne jus et dominium quod habebant in ea, et omnes homines suos, tam ibi quam alibi commorantes, nobis et successoribus nostris episcopis in perpetuum quittaverunt, decimas etiam vini vinearum que de novo plantate sunt in terris nostris prenominatis, et que plantabuntur, ipsasque terras nobis et successoribus nostris episcopis similiter in perpetuum quittaverunt. Nos autem intuitu divine pietatis, et in recompensationem predictorum, concessimus eis vicesimam partem vini totius decime nostre de Varziaco, salva tamen eis decima quam habent ab antiquo in vineis nostris propriis. Accipient autem sepedicti canonici partem suam nominatam in vino de decima, tam de bono quam de minus bono secundum portionem sibi assignatam. Non habebunt autem predicti canonici dominium aliquod in decima predicta, nec impedire poterunt nos vel receptorem nostrum, quominus nos vel successores nostri sepedictam decimam cuicumque voluerimus vendamus ad pecuniam vel ad vinum, vel ad quodcumque aliud : de eo tamen quod de decima proveniet, quicquid sit pecunia, vel aliud suam, sicut dictum est, recipient portionem. Volumus et nos preterea quod si aliquis canonicorum habeat apud villam nominatam aliquid proprium pro prebenda, ei remaneat, justitia salva nobis remanente. Preterea dictis canonicis concedimus, quod si terra plantata vineis ad agriculturam redierit, decimam bladi habeant sicut prius habebant. Quod ne possit in posterum perturbari, presentem cartam fecimus sigillo nostro roborari. Datum apud Varziacum, anno domini millesimo ducentesimo decimo quinto, mense augusto.

(*Tiré de la copie faite par un Notaire.*)

N° 128.

Lettres touchant l'établissement et la dotation des chanoines de la Trinité dans l'église d'Auxerre.

(An 1213 et 1215, août.)

Ego Guillelmus decanus, et universum Autissiodorensis ecclesie capitulum : notum facimus tam presentibus, quam futuris, quod cum olim bone memorie D. Hugo Autissiodorensis episcopus in capella sua que fundata est apud Autissiod. in majori ecclesia, in honore sancte et individue Trinitatis instituisset canonicos et prebendas, et postmodum per Dominum Patrem et Dominum Guillelmum episcopum Autissiodorensem qui modo sedet, ordinate fuerint prebende predicte. Nos pium ipsorum attendentes circa Dominicum officium propositum, ordinationem factam super dictis prebendis a prefato venerabili patre D. Guillelmo episcopo nostro sicut in ejus authentico continetur rescripto, ratam habemus et gratam, et presentium communimus testimonio litterarum, authenticum quidem episcopi nominati litteris nostris dignum duximus apponendum quod tale est. Guillelmus Dei gratia Autissiod. episcopus, omnibus presentes litteras inspecturis, in Domino salutem. Noverint universi quod cum bone memorie Hugo Autissiodorensis episcopus venerabilis pater et Dominus antecessor noster tanquam qui sollicitus fuit cultum divinum semper ampliare in capella sua que fundata est apud Autissiodorum in majori ecclesia, in honore sancte et individue Trinitatis, constituisset canonicos ibidem Deo servientes, et assignasset eisdem redditus quosdam qui erant de episcopatu, et sine assensu capituli; propter quod talis donatio in posterum poterat revocari : nos qui ei successimus, licet indigni, devotam ejus attendentes voluntatem, et eandem acceptantes, dictis canonicis qui modo quatuor sunt numero in futurum per nos plures futuri, Domino annuente, ad presens assignavimus duodecim libras Autissiodorensis monete in nummis Pentecostalibus de Varziaco, ut unusquisque sexaginta solidos infra octavas Pentecostes percipiat annuatim; donavimus etiam eisdem decimas quas emimus a Domina Lugua relicta Sevini militis de Longo Campo. Preterea cum canonici S. Amatoris ab antiquo habuissent singulis annis duodecim modios vini in cellario episcopi, et dedissemus eis alios redditus, et sic nobis acquisissemus illos duodecim modios sic acquisitos, donavimus capelle nostre et canonicis supradictis ibidem servientibus duodecim alios modios vini, ut quisque habeat sex modios vini, quatuor rubei et duos albi annuatim in cellario episcopi recipiendos. Adjecimus etiam ...... S. Bartholomei et pertinentias ejus, sicut et antecessor noster adjecerat, ut proventus inde venientes, eis veniant in commune. Donavimus etiam eisdem ut quisque eorum recipiat annuatim duos bichetos fabe in grangia nostra recipiendos. Hec ad presens ordinavimus, adhuc Domino annuente, plenius ordinaturi. Actum anno Domini, M. CC. XIII, mense Maio. Ut autem istud in posterum revocari non possit, presentem paginam consensus nostri fecimus annotari, et sigilli nostri munimine roborari. Actum anno Domini millesimo ducentesimo quinto decimo, mense augusto.

(*Ex Tabul. Episc. Autiss.*)

N° 129.

Confirmation du droit de patronage de douze églises au chapitre d'Auxerre.

(An 1215, août.)

Willelmus Dei gratia Autissiodorensis episcopus : dilectis filiis Willelmo decano, totique capitulo Autissiodor. in Domino salutem. Cum a nobis petitur quod ratio exigit aut equitas persuadet, facilem volumus et debemus prebere consensum. Ea propter, dilecti in Christo filii, postulationibus vestris justis benevolum impartientes favorem, vobis vestrisque successoribus in futurum ecclesias in quibus jus patronatus hactenus habuistis, videlicet de Baserna, de Oysiaco, de Acolaio, de Crevenno, de Corvou, de Monastello, de Chemiliaco, de Gurgiaco, de Pulvereno, de Lindriaco, de Parliaco, de Bellovidere cum omni jure decimarum, justiciarum hominum, seu proventuum quorumcumque quod in eisdem ecclesiis sive villis usque nunc noscimini habuisse, autoritate presentium confirmamus, et sigilli nostri patrocinio communimus. Actum anno Domini, M. CC. XV. mense augusto.

(*Ex Tabul. Capit. Autiss.*)

N° 130.

Don du tiers de Leugny au chapitre d'Auxerre, par le chanoine Patricius.

(An 1215, août.)

Willermus Dei gratia Autissiodorensis episcopus, omnibus presentes litteras inspecturis, in Domino salutem. Universitatem nostram nosse volumus quod constitutus in presentia nostra dilectus filius Patricius Autissiodorensis canonicus, donavit et concessit in perpetuum ecclesie beati Prothomartyris Stephani, capitulo videlicet Autissiodorensi, pro remedio anime sue, et fratris sui Willelmi de Nerbona, quicquid ipsi acquisierant apud Luigniacum ab Ansello nepote et Palmario fratre ejus, videlicet tertiam partem ville ejusdem per omnia. Donavit insuper quicquid ipsi habuerunt in decimis de Nulliaco, et donum quod frater ejus prefatus super iis ecclesie supradicte innovavit et fecit. Cujus devotionem attendentes canonici ad petitionem ipsius omnia premissa tradiderunt eidem sub annua pensione sexaginta solidorum quoad vixerit, qui solventur annuatim in anniversario fratris sui superius nominati, et distribuentur canonicis qui servitio interfuerint celebrando Post mortem vero ejus omnia premissa libere et quieta ad capitulum revertentur, et inde in anniversariis eorum annuatim solventur in singulis centum solidi, de quibus quatuor libre canonicis assistentibus, et viginti solidi canonicis qui non interfuerint, in singulis dividentur. Quod ut ratum maneat, ad petitionem ejusdem Patricii presentem cartam notari fecimus, et sigilli nostri munimine roborari. Actum anno Domini millesimo ducentesimo quinto decimo, mense augusto.

(*De la copie écrite par un notaire.*)

N° 131.

Lettres d'Innocent III, au sujet de la juridiction de l'évêque d'Auxerre sur l'abbaye de Saint-Germain.

(An 1216, 5 janvier.)

Innocentius episcopus, servus servorum Dei : venerabili fratri Autissiodorensi episcopo, salutem et apostolicam benedictionem. Postulante quondam dilecto filio Magistro H. procuratore tuo, abbatem et conventum S. Germani Autissiodorensis ab impedimento quod tibi super visitationis et correctionis officio inferebant, apostolice Sedis autoritate compesci, procurator partis adverse respondit, monasterium illud Cluniacensi esse subjectum, pro quo dilectus filius tunc abbas et in nostra presentia exhibuit defensorem. Super quibus venerabili fratri nostro Trecensi episcopo et conjudicibus suis sub certa forma caussam duximus committendam. Tandem nepote ac dilecto filio Cluniacensi abbate apud Sedem apostolicam constitutis, per quoddam scriptum felicis recordationis Eugenii pape coram nobis exhibitum ad abbatem Cluniacensem in predicto Autissiodorensi monasterio, receptionem et correctionem canonicam inter alia pertinere......... Quia vero quid ad correctionem ordinis, et quid canonicam correctionem spectaret, secundum diversos et adversos partium intellectus in dubium ducebatur, nos sic declaravimus verba predicta ut interruptio silentii, retentio propriorum, contemptus obedientie in...... he que sunt ordinis se..... negligentia in divinis, et alia que considerantur circa observantiam regule monachalis ad correctionem ordinis : accusatio vero criminalis, seu etiam civilis impetitio, et alia que ordinarie jurisdictionis existunt ad correctionem canonicam pertinere dicantur, et quod uterque visitet et corrigat secundum declarationem predictam que fuerunt corrigenda in monasterio memorato. Nulli ergo omnino hominum liceat hanc paginam nostre declarationis infringere, vel ei ausu temerario contraire. Si quis autem hoc attentare presumpserit, indignationem omnipotentis Dei et beatorum Petri et Pauli apostolorum ejus se noverit incursurum. Datum Laterani nonis januarii, pontificatus nostri anno octavo decimo.

(*Ex Cartul. Episcopatus Autiss. fol.* 94.)

N° 132.

Accensement par le comte Pierre de Courtenay, de la ville d'Auxerre et de ses faubourgs, pendant six ans, aux bourgeois du même lieu, pour le prix de deux mille livres.

(An 1215-16.)

Guillelmus, Dei gratia, Autissiodorensis episcopus : omnibus presentes litteras inspecturis, in Domino salutem. Noverint universi presentes pariter et futuri, quod nobilis vir dilectus et fidelis noster P. comes Autissiodorensis tradidit burgensibus de Autissiodoro ad censam, villam suam de Autiss. cum suburbiis, et cum omnibus appendiciis plene et integre ad sex annos singulis annis pro duobus millibus librarum proviniensium. Ita quod dicti burgenses habebunt totam censivam, videlicet viginti solidos et minus, et quinque solidos de equitatione, et omnes reditus, proventus, emolumenta, excasuras, raptum, homicidium, furtum et omnia forifacta integre, nullo sibi retento. Habebunt etiam burgenses castellum et domos castelli pro negotiis suis faciendis, vel pro preposito suo ibi manendo. Concessit etiam eis comes quod quidquid veniet Autiss. et ibi manebit sit de censiva, et mittat in expensis ville, nisi sit homo ecclesiarum Autissiod. vel homo vicecomitis vel militis qui sit mansionarius apud Autissiod. Quidquid venire voluerit apud Autissiod. libere et quiete poterit venire et recedere. Communitas ville eliget duodecim burgenses, et illi duodecim eligent prepositum, et isti bona fide tractabunt omnia negotia Autissiod. prout viderint expedire. Isti etiam eligent tres burgenses qui omnia negotia forinseca ad Autissiod. pertinentia tractabunt, et ibunt pro negotiis ville quocumque necesse fuerit, et erunt Jurati. Si vero dicti burgenses in aliquo deliquerint, ad consilium nostrum, et quadraginta burgensum emendabitur, ille qui mittendus fuerit. Infra hunc terminum non fabricabitur moneta Autissiodorensis Transactis hiis sex annis villa Autissiod. redibit ad consuetudines magne carte. Si quis infra hunc terminum litteras comitis attulerit, vel aliquam justam pretendit rationem super aliquo debito quod comes vel comitissa uxor sua ei debeant, et super hos non possint deffendi ab illis qui in loco comitis erunt, et oporteat debitum solvi non de rebus burgensium, sed de pagamento quod burgenses ei debent, persolvetur. Similiter si Dominus rex voluerit habere servitium comitis ratione feodi quod de illo tenet, ille qui in loco comitis erit, istud servitium faciet. Alioquin de pagamento quod burgenses ei debent, persolvetur, fieret istud servitium. Pagamentum autem comitis sic fiet : Duo millia librarum de primo anno ei reddent Burgenses ad proximum festum sancti remigii. De aliis annis ei facient pagamentum quolibet anno ad tres terminos, videlicet in festo omnium sanctorum, in festo Candelose et in festo Ascensionis, et fiet istud pagamentum comiti vel mandato suo per manum et testimonium nostrum. De quolibet pagamento habebunt burgenses litteras nostras testimoniales et illius qui pro comite recipiet pagamentum. Et quod per litteras istas testificatum fuerit, ratum erit, nec comes, nec aliquis alius ex parte sua a dictis burgensibus aliquid super hoc poterit exigere. Si autem contingeret quod dicti burgenses deficerent in aliquo pagamento statutis terminis, comes vel mandatum suum hoc ostenderet nobis, et nos per excommunicationem vel quibuscumque aliis modis cogeremus ad solutionem, et exinde nobis precipientibus, comes vel mandatum suum posset assignare ad res burgensium. Dictum etiam fuit quod ille qui aliam terram comitis custodiet, si requisitus fuerit a burgensibus, eos tenebitur adjuvare quando fuerit requisitus. Super pagamento duorum millium librarum primi anni, statutum est quod si forte infra primum annum comitem decedere contigerit, quod de tempore restabit usque ad finem anni ad respectum nostrum, vel decani, vel abbatis S. Petri qui pro tempore erunt, restituetur burgensibus de rebus comitis. Et super hoc eis obligavit Malliacum, Betriacum et Colongia-super-Yconam cum omnibus appendiciis per manum nostram de cujus feodo sunt. Et ista tria castella tenebimus in manu nostra, donec Burgensibus sit de redditibus et proventibus satisfactum. Promisit etiam comes burgensibus, et concessit quod infra hos sex annos non tollet Autissiod. de manu sua. De eo si quidquid quod burgenses infra hos sex annos fecerint, non poterit comes illos vel aliquem illorum in causam trahere, vel aliquid ab eis exigere quum ipsi in pace remaneant per juramentum suum. Promisit etiam eis comes, et bona fide concessit quod per se, vel per alium non faciet, nec fieri sustinebit pro posse suo aliquid propter quod iste conventiones possint dissolvi. Anni isti incipient ad festum Sancti Johannis, quod erit anno Domini M. CC. XVI. Hoc autem comes et Yolenda comitissa et Ph. filius eorum tenere juraverunt, et nos ad petitionem burgensium promissimus dicto comiti. Quod si burgenses ab istis conventionibus in aliquo resilirent, nos ipsos burgenses excommunicaremus donec esset plenius emendatum. In hujus itaque rei confirmationem, presentem cartulam sigilli nostri munimine roboravimus. Actum anno Domini M. CC. XV. mense martio.

(*Ex Cartul. Urbis Autiss. fol. 37.*)

N° 133.

Don d'un serf au chapitre d'Auxerre, par le comte Pierre de Courtenay.

(An 1216.)

Ego Petrus comes Autissiodorensis: notum fieri volo universis presentes litteras inspecturis, quod donavi Deo et ecclesie beati Stephani Autissiodorensis et capitulo ejusdem Ecclesie, in puram et perpetuam eleemosynam, Robertum Episcopum et heredes ipsius. In cujus rei confirmationem, presentes litteras fieri precepi, et sigilli mei munimine roborari. Actum anno Incarnati Verbi, millesimo ducentesimo sexto decimo.

(*Ex Tabul. Eccles. Autiss.*)

N° 134.

Charte de Pierre, comte d'Auxerre et de Tonnerre, portant exemption du droit de prise en faveur de l'abbaye de Reigny.

(An 1216, novembre.)

Ego Petrus comes Autisiodori et Tornodori, notum facio universis presentibus pariter et futuris quod promisi et concessi abbati et monachis Regniaci, quod ego vel heredes mei, vel aliquis alius qui terram meam teneat, non capiemus equos vel quadrigas eorum, vel boschum eorum, vel res eorum, vel hominum suorum nisi de mandato et voluntate eorum. Et si forte, quod absit, hoc facere presumpserimus, dicti monachi, si voluerint, sententiam dari facient in me et terram meam sine aliqua malivolentia: nec eandem sententiam facient relaxari donec plenarie fuerit emendatum. Concessi etiam et promisi dictis monachis quod quotiens prepositi mei mutabuntur apud Mailliacum, apud Betriacum, apud Colengias, et apud Vultenetum, et alii prepositi mei ubicumque fuerint, jurabunt se bona fide has conventiones observaturos. Ad hujus itaque rei confirmationem presentem paginam sigilli mei munimine roboravi. Actum anno Domini millesimo ducentesimo sexto decimo, mense novembri.

(Pièce scellée autrefois du sceau du comte, dont il ne reste que les lacs en cordelettes de chanvre.)

(*Archives de l'Yonne, fonds Reigny.*)

N° 135.

Fondation du prieuré de Boticens, dit aujourd'hui Boutissain, proche S. Amand en Puisaie, par Itier de Toucy.

(An 1218.)

Ego Iterius de Tociaco, notum facio presentibus et futuris, quod cum bone memorie Dominus Narjotus pater meus, ob remedium anime sue ecclesiam beate Marie de Petrosa in proprio suo fundo fundasset, ipsamque omnium herbarum suarum, nec-non et aliarum rerum suarum acquisitarum et acquirendarum in civitate de Periosa decimam dari dotasset, sicut in proprio nostro autentico plenius continetur, tandem ego Iterius ejusdem filius, ejus inherens vestigiis, precavens in futurum, ne dicta ecclesia in hoc de suo possit defraudari, seu ab aliquo successorum meorum super hoc perturbari, attendens etiam quod humana fragilitas promotior sit ad retinendas decimas quam solvendas, habito super hoc prudentium consilio, de assensu et voluntate venerabilis patris et Domini mei Willelmi Autiss. Episcopi, nec-non etiam abbatis et canonicorum Sancti-Saturi, dedi et concessi ad presens pro remedio anime nostre et antecessorum nostrorum, pro solutione dictarum decimarum ad sustentationem canonicorum ecclesie B.M. de Boticens Deo servientium, ad quos antedicta ecclesia de Petrosa concessione felicis recordationis Domini Hugonis quondam Autiss. episcopi dicitur pertinere, octo septarios avene in grangiis meis de Lan et de Petrosa vel in territorio ipsarum totaliter si grangie ibi non fuerint, quacumque modo cultum fuerit vel... in octavis omnium sanctorum annuatim persolvendos. Dedi preterea canonicis B. Marie de Boticens decem modios vini meri boni et legitimi sine aqua, albi vel rubri de vino clausi mei de Petrosa tempore vindemiarum, ibidem annis singulis persolvendos, et si vinum dicti hujusmodi clausi ad hoc non sufficit, de vino eque valente ibidem vel alibi comparato dictis canonicis apud Petrosam annis singulis decem modii persolventur. Verum quoniam pater meus capellam de Petrosa quotiens presens esset et procurationem suam in domo sua habendam concesserat in perpetuum, ego pro procuratione illa dedi et concessi canonicis B. Marie de Boticens centum solidos cursalis monete et alios centum solidos pro eleemosyna fratris mei Narjodi in ferragio meo de Sancto-Amando ad Nativitatem Domini annis singulis percipiendos, nec-non et viginti solidos ejusdem monete, ut inde lampas una exhibeatur que de nocte ardeat semper in capella mea de Petrosa, qui similiter in ferragio meo de Sancto-Amando annis singulis percipientur, atque dedi et concessi sepedictis fratribus de Boticens agnum pinguem singulis annis in pascha ad usum fratrum ejusdem domus, et pastum ad usum viginti porcorum absque pasnagio per nemora nostra de Puisegia vel Petrosa, haiis meis vel plassetis exclusis. Preterea si defectus bladi in grangiis meis supradictis vel in territorio ipsarum seu vini in clauso meo de Petrosa, vel si in ferragio de Sancto-Amando defectus contigerit, quominus undecim libre persolventur sicut superius est expressum, ego vel quicumque Dominus Petrose vel ferragii extiterint, persolvere tenebuntur ad integrum omnia supradicta, terminis constitutis. Quod si forte quod absit, id facere noluerimus vel neglexerimus, per censuram ecclesiasticam ad id faciendum nos astringimus compellendos supradictos. Adjunctum est, et ad petitionem meam a venerabili patre et Domino meo Willelmo episcopo Autissiodorensi, et abbate Sancti-Saturi, nec-non a priore Sancti-Amatoris Autissiodorensis, ad cujus curam et provisionem domus de Boticens et que ejus domus sunt pertinere noscuntur, concessum et constitutum est, ut unus predictorum Fratrum de Boticens qui tres esse debent in loco, quotiens ego et vel uxor mea apud Petrosam fuerimus residentes, in capella nostra de Petrosa singulis diebus celebret. Cum autem absentes fuerimus, tunc in ecclesia Boticensi singulis diebus missam, quandiu vixerimus de Sancto-Spiritu celebrabit : post obitum vero meum pro defunctis aliam missam que nobis ibidem ab antiquo debet diebus..... ita quod in eadem domo singulis diebus due misse pro nobis persolventur. Que omnia ut perpetuam obtineant firmitatem, voluntate et assensu uxoris mee Berte, que etiam hec omnia supradicta firmiter servaturam promisit, presentes litteras sigillo meo munivi quas et eadem uxor mea sigillo suo munivit in testimonium. Actum anno Domini millesimo ducentesimo decimo octavo.

(*Tiré d'un Vidimus du 2 mars 1422, signé de Fontaffroy.*)

N° 136.

Déclaration par R. de Courtenai qu'il n'a aucun droit sur Hervé, cellerier de Diges.

(An 1218, décembre.)

Ego Robertus de Cortoniaco : notum facio universis ad quos littere presentes pervenerint, quod per inquisitionem legitime factam a ballivis et servientibus meis scivi et cognovi quod nihil habebam juris in Herveio celerario de Digia, nec in rebus suis. Actum anno Domini millesimo ducentesimo decimo octavo, mense decembri.

(*Ex cartul. S. Germani, in Decania, cap. 20, f. 58*).

N° 137.

Etablissement des religieux hospitaliers de Montjou à Appoigny, sous la dépendance de l'évêque d'Auxerre.

(An 1219.)

Guido beati Bernardi Montis-Jovis prepositus totusque ejusdem loci conventus, omnibus ad quos presentes littere pervenerint, in Domino salutem. Cum bone memorie Hugo quondam Autissiodorensis episcopus Domum Dei de Appogniaco, castro vicelicet Autissiod. episcopi, quam a primis erexerat fundamentis et de bonis episcopatus dotaverat, nobis concessisset habendam, institutione tamen et destitutione magistri ejusdem Domus, sibi successoribusque suis retenta, ipso viam universe carnis ingresso, venerabilis frater Willelmus Altissiodorensis episcopus dicti successor Hugonis ratam non habens donationem de illa domo nobis factam, quoniam super ipsa donatione Altissiodorensis capituli nec litteras habuimus, nec assensum, dictam domum cum pertinentiis suis cepit, et longo tempore detinuit in manu sua. Quia vero idem episcopus postmodum voluit et consensit ut prefata domus, etsi non ex donatione dicti Hugonis antecessoris sui sine consensu sui capituli sicut premissum est facta, ex sua tamen largitione consensu sui capituli confirmata ad nostram ecclesiam pertineret, quid juris in ipsa tam idem episcopus quam Altissiodorense capitulum nos habere consenserit, ad petitionem ejusdem episcopi presenti scripto duximus declarandum, nec ultra quam inferius est expressum quicquam juris in ea possumus vindicare. Igitur conversi ad eandem domum tam clerici quam laici observare tenebimur regulam quam tenemus secundum quod in aliis domibus consimilibus nostri ordinis observatur, illis duntaxat exceptis capitulis si qua sunt que subsequenti ordinationi possent in aliquo contraire. Clerici qui voluerint ad eam converti non recipientur ibi, nisi de nostra licentia, assumpti etiam debent nobis et ecclesie nostre facere professionem, si tamen aliquis ibidem recipi petierit qui quacumque de causa non possit, vel etiam nolit pro sui receptione nostram adire presentiam, volumus et concedimus ut si episcopus Altissiodorensis vel successores ejus pensata utilitate domus, ipsum viderint admittendum, ad mandatum eorum magister ejusdem domus ipsum recipiat in canonicum et in fratrem : qui etiam infra sex menses ab ejus receptione, eundi ad Montem-Jovis pro professione sua facienda, iter debebit arripere, nisi etas vel quecumque proprii corporis debilitas ipsum impediat, vel nisi nos tantum laborem relaxantes, eidem professionem ejus per alium recipi nostro nomine mandaremus. Cum autem ex voluntate nostra vel quocumque legitimo impedimento ad hoc pro professione sua uti dictum est facienda non erit, eam faciet quandocumque fuerit requisitus coram nobis vel mandato nostro, cui eam nostro nomine recipiet, duxerimus injungendum : laici vero tam viri quam femine a magistro ejusdem domus recipi poterunt licentia a nobis nec habita nec petita, de licentia tamen et consensu Altissiodor. episcopi qui pro tempore fuerit. Quod si contigerit aliquem vel aliquos de fratribus nostris per partes illas transitum facere; poterunt ibidem per unam vel duas noctes moram facere, et non ultra, nisi manifesta proprii corporis infirmitas ipsos moram ibi compelleret facere longiorem. Prepositus etiam noster qui pro tempore fuerit, si ad eandem domum ipsum venire contigerit, honorifice debebit recipi bis vel etiam si opus ei fuerit ter in anno, non tamen ultra duos aut tres dies simul moram facturus ibidem, qui nihil omnino temporale pro necessitate sua vel domus nostre, vel cujuscumque domus, loci vel persone ad domum nostram pertinentis a domo illa percipiet preter victualia que sibi necessaria fuerint, quandiu morabitur in ipsa domo, nisi de licentia episcopi Altissiodor. qui pro tempore fuerit super his impetrata. Qui etiam prepositus si quid etiam corrigendum secundum regulam nostram invenerit, corriget; ita tamen quod si invenerit amovendum non amovebit eum, sed quid de eo faciendum estimaverit, nuntiabit episcopo Altissiodorensi, et episcopus quod sibi equum visum fuerit, exequetur. Magister in eadem domo per solum instituetur episcopum Altissiodor. de domo Montis-Jovis vel de aliqua domorum ad ipsam pertinentium, prout episcopo placuerit, dum tamen majoris domus administrationem non habeat assumendus, et per solum destituetur episcopum, si episcopus arbitratus fuerit ut debeat amoveri. Cum autem sepe fatam domum magistro vacare contigerit, bona ipsius in dispositione et custodia erunt episcopi, non ut ea sibi liceat retinere, sed ut per ipsum distribuantur pauperibus sicut fieret per magistrum. Quod si per episcopum steterit quo minus provideatur dicte domui de magistro infra IV menses a tempore vacationis et notitie episcopi computandos, ex tunc nos potestatem haberemus ea vice instituendi magistrum in ea quem vellemus, dum tamen idoneum. In ipsa domo et ejus pertinentiis quatuor erunt fratres clerici et non plures, nisi de consensu et voluntate Altissiodorensis episcopi qui pro tempore fuerit. Quod si aliquando, ipso consentiente episcopo, plures quam quatuor ibi fuerint, et aliquibus ex ipsis decedentibus numerus ipsorum redeat ad quaternarium, quandiu ibi quatuor remanebunt aut plures, alius ibi non ponetur nisi episcopi consensus accedat. Computum de domo prelata et pertinentiis suis episcopus per se vel per alium cui hoc duxerit injungendum audiet quoties crediderit expedire. Quecumque autem de prefata domo statuta sunt, eadem de consensu et voluntate nostra per episcopum de Domo-Dei de Varziaco sunt statuta. Quod si alteram predictarum domorum abundare, alteram egere contigerit, in dispositione Altissiodorensis episcopi qui pro tempore fuerit positum est, ut secundum quod expedire crediderit, irrequisita licentia nostra de bonis domus abundantis egenti domui faciat provideri. Illa igitur omnia et sola que ut superius expressum est ad nos pertinere, in prefatis domibus ad nos pertinent, illa vero pertinent ad episcopum Autissiodorensem de quibus premissum est ut ad episcopum pertineant, et nihilominus ea omnia quecumque in aliqua domo religiosa sibi potest de jure communi quicumque episcopus vendicare. Compositionem etiam illam quam fecit prefatus episcopus inter sepefatam domum et parrochialem ecclesiam ejusdem loci approbamus, et ratum habemus, et si forte, quod absit, futuris temporibus super quacumque re inter ipsas oriretur contentio, ratum nos habituros promisimus quicquid super ipsa episcopus Autissiod., qui pro tempore fuerit, duxerit ordinandum. In cujus rei memoriam presentes litteras fecimus sigilli nostri munimine roborari. Actum anno Domini millesimo ducentesimo decimo nono.

(*Tiré d'une ancienne copie.*)

N° 138.

Lettre de Gui, ministre de l'hôpital du Mont-Jou en Savoye, à Guillaume de Seignelay, évêque d'Auxerre, au sujet du règlement de l'hôpital d'Appoigny.

(An 1219.)

Venerabili patri ac Domino Willelmo, Dei gratia, Autissiodorensi episcopo :
Guido pauperum Montis-Jovis minister humilis, et ejusdem loci capitulum orationes in Christo devotissimas cum salute. Gratias agimus Deo et Patri, qui servos suos docet suam facere voluntatem, qui a suorum cordibus fidelium non recedit, qui de cordis vestri pagina memoriam domus sanctissime Montis-Jovis noluit aboleri, grates vobis quantas agere possumus referentes in hoc quod nobis per litteras et certum nuntium et fidelem, cordis vestri secretum pandere voluistis, super statu, conditione et jurisdictione quam in domo Dei de Appogniaco, castro vestro, a bone memorie Hugone predecessore vestro fundata, et a largitate vestra ditata plurimum et ditanda, debeamus et possimus de cetero vindicare, ne inter nos ex una parte, et vos et ecclesiam Autissiodorensem, et etiam ipsam domum ex altera, futuris temporibus oriri possit contentio vel querela. Cum enim fama publica predicante, didicerimus conversationem, honestatem et religionem vestram, et qualiter Dominum timeatis, vosmet consulimus, dispositioni, voluntati et conscientie vestre testimonio relinquentes quicquid in hoc vestra duxerit benignitas ordinandum, cartam vacuam sigillorum nostrorum appositione munitam, vobis per dilectos fratres nostros Jordanum et Petrum latores presentium transmittentes, ratum quicquid in ea per vos inscriptum fuerit, habituri. Nec illa tantummodo que in vestra habemus diœcesi vestre subjicimus voluntati, sed et alia que habemus in parte Francie, ut ea quasi vestra velitis habere propria et amplecti visceribus caritatis, ut vestro fulta consilio et auxilio tutius et sanius valeant gubernari. Paternitatem vestram attentius exoramus ut ea que ex parte nostra predicti fratres nostri Jordanus et Petrus presentium portitores vobis dixerint, benigne audiat auris vestra, justas ipsorum petitiones effectui mancipando, et dictis in presentia vestra ab ipsis ex parte nostra prolatis, fidem vestra velit benignitas adhibere. Valeat Dominus noster, valeant et omnes qui cum diligunt ex affectu, amen.

(*Ex autographo.*)

N° 139.

Don de trois offrandes annuelles par le sacriste à l'œuvre de la cathédrale.

(Vers 1220.)

Willelmus, Dei gratia, Autissiodorensis episcopus, omnibus presentes litteras inspecturis in Domino salutem. Noverint universi quod dilectus filius E. sacrista Autissiod. concessit operi ecclesie Autissiodorensis tres oblationes que ad ipsum spectant in anno : quarum prima est in festo Sancti-Martini in hieme, secunda in festo beati Stephani quod est in crastino natalis Domini, tertia vero in Parasceve. Has tres oblationes concessit operi supradictus sacrista quandiu opus durabit. Idem autem sacrista singulis annis in recompensationem dictarum oblationum quadraginta solidos de confratria operis percipiet quamdiu opus durabit. Tertiam partem quadraginta solidorum in festo Sancti-Martini, terciam in festo beati Stephani, terciam vero in Parasceve. Finito autem opere dicte oblationes ad sacristam libere revertentur, nec ipse deinceps illos quadraginta solidos de confratria recipiet.

(Pièce scellée autrefois du sceau de l'évêque).

(*Archives du grand chapitre d'Auxerre, Préfecture de l'Yonne.*)

N° 140.

Don de la terre de Branches à la Maison-Dieu d'Appoigny, par Guillaume, évêque d'Auxerre.

(An 1230.)

Villermus, Dei gratia, Autissiodorensis episcopus : omnibus presentes litteras inspecturis, in Domino salutem. Noverit universitas vestra quod nos ob remedium anime nostre Domui Dei de Aponiaco, ad sustentationem pauperum ad eandem domum confluentium, villam nostram de Branchiis quam a dilectis filiis priore et conventu de Karitate de nostra propria pecunia emimus, in perpetuam eleemosynam concessimus et dedimus cum omnibus proventibus et appendiciis suis et toto nemore de Cuiveron. Ita quod dilectus filius Andreas archidiaconus Autissiodorensis dictam villam quandiu vixerit possidebit, ecclesie beate Marie de Cellis decem libras Autissiodorensis monete, et unum modium frumenti, et dimidium modium siliginis, dimidium modium hordei annis singulis bladum cum medietate dicte pecunie infra octavas Omnium Sanctorum, et aliam medietatem infra octavas natalis Domini persolvendo. Post decessum vero nostrum et archidiaconi prefata villa ad jam dictam domum Dei de Apogniaco et dicte ecclesie beate Marie de Cellis singulis annis in perpetuum solvere tenebitur viginti libras Autissiodorensis monete cum uno modio frumenti, et uno modio siliginis, et uno modio hordei : que omnia predictis terminis et predicto modo persolventur. In cujus rei memoriam presentes litteras fecimus nostro sigillo roborari. Actum anno Domini M. CC. XX.

(*Tiré de la copie d'un notaire.*)

N° 141.

Traité de l'abbé de S. Père avec le prieur de S. Amatre.

(An. 1220.)

A. Sancti-Petri dictus abbas, totumque capitulum ejusdem ecclesie, omnibus presentes litteras inspecturis, salutem in Domino. Universitati vestre presentibus litteris notum facimus quod cum ecclesia nostra in quibusdam decimis de territoriis in parrochiis Sancti-Amatoris et Sancti-Juliani sitis, octavam partem solummodo perciperet, et dilecti in Christo canonici S. Amatoris residuam partem haberent integre, considerantes quod non cum minori labore et sumptu reciperemus partem nostram, quam si dicte decime ad nos in integrum pervenirent, dicti vero canonici Sancti-Amatoris in recipiendo totum non majorem poenam vel expensas facere deberent quam solerent, cum suam solummodo reciperent portionem : pensata tam in his quam in aliis utilitate utriusque ecclesie, de consilio bonorum virorum et voluntate et assensu venerabilis patris Henrici Autissiodorensis episcopi, octavam partem nostram predictarum decimarum dilectis in Christo priori et canonicis Sancti-Amatoris dedimus et concessimus in perpetuum, sub annua pensione viginti quinque solidorum Autissiodor. duobus terminis nobis solvendorum : videlicet infra octavas Nativitatis Domini tredecim solidos, reliquos vero duodecim solidos infra octavas Pasche subsequentis. Territoria autem de quibus decime percipientur sunt territoria de Villa Bosonis et de Bofaut et de Mullet et de Monte-Albo, et de Campo-Cardonis in censu Girardi Balene constituta, et territoria de Pantevelle et de Monte Albo in censu domine Eustachie similiter constituta. Ut autem hec adcensatio a nobis facta, bona fide, rata et inconcussa futuris temporibus permaneat, presentes litteras sigillo nostro sigillari fecimus dictis canonicis Sancti-Amatoris in ipsius rei testimonium et munimen. Actum anno Domini M. CC. XX.

(*Ex Tabul. S. Petri Autiss.*)

N° 142.

Compte des sommes dues à Pierre de Courtenay, comte d'Auxerre, par les bourgeois de cette ville. — Rapport des monnaies d'Auxerre et de Provins (1).

(Vers 1219, janvier.)

Willelmus, Dei gratia, Autissiodorensis episcopus, et Robertus de Cortiniaco, omnibus ad quos presentes littere pervenerint salutem. Noveritis quod (Burgenses Autissiodorenses) coram nobis computaverunt die mercurii in octavis natalis Domini anno Domini millesimo ducentesimo nono decimo, de debito quod debebant (Petro comiti) Autissiodorensi et imperatori Constantinopoli pro Autissiodoro, et reddiderant de illo anno : pro pedagio xii libras pruvinienses ; pro Petro de Mal (liaco)..... quarelli lx libris ; pro preposito Prissiaci xvii libras et ix solidos pruvinienses pro xiii libras parisiensibus; pro vino domini Roberti de Co (rtiniaco?).... pruvinienses; pro cereo viii libras et dimidiam pruvinienses ; pro senescia viii libras et dimidiam pruvinienses ; pro debito quod comes debebat communitati ville xlii libras ; pro Bartolomeo de Roia xl libras pruvinienses ; pro comite Namurcensi c libras pruvinienses ; pro Johanne Erembert xxv libras pruvinienses ; pro marescalco Francie xl libras pruvinienses; pro Johanne de Digonia xl solidos autissiodorenses ; pro capella Sancti-Albani lx solidos autissiodorenses ; Willelmo de Barris xl libras autissiodorenses ; domino Roberto de Cortiniaco centum et viginti libras autissiodorenses ; Petro Sacristano xx libras autissiodorenses ; Willelmo panifico x libras autissiodorenses ; Odoni de Bestisi xv lib. autissiodorenses ; priori Caritatis lx lib. autissiodorenses ; comitisse Tornodori, xl lib. autissiodorenses; Johanni Helliquart x lib. autissiodor. ; summa pruviniensium cccc et lxi libras et ix solidos. Summa autissiodorensium trecenta et viginti et valent xiiii^{xx} lib. xxx solidos minus pruviniensium ; summa totalis in moneta autissiodorensi septingenta et xl due libre, xii denarios minus. Preterea Burgenses crahantaverunt ac ..... reddere............. .... summam sexcentas et xlix libras et xv solidos quatuor denarios minus, nisi alibi oportuerit aliquid reddere de dicta pecunia et...... Summa omnium mille et trecente et iiii^{xx} et xi libras et xiiii solidos pruvinienses.

(Pièce non scellée.)

(*Arch. de l'Yonne, cartons des pièces historiques.*)

N° 143.

Compromis entre l'abbé de Saint-Germain et l'évêque d'Auxerre, au sujet de la coutume appelée melitia (1), *entre leurs villages de Diges, Escamps, Toucy, etc.*

(An 1220, 28 mai.)

Willelmus Sancti-Germani Autissiod. abbas et totus ejusdem ecclesie conventus, omnibus presentes litteras inspecturis in salutis auctore salutem. Noveritis quod de controversia cujusdam consuetudinis que vocatur melicia que diu observata fuisse dicitur inter villas Digiam et Escamnium ex una parte, et Tuciacum, Tarvam et Bordas super Belcham, villas venerabilis patris nostri W. Autissiod. episcopi ex altera : nos et venerabilis pater W. Autissiod. episcopus ad quos predicte ville pertinent compromisimus in dilectos filios R. priorem nostrum et Stephanum priorem de Disesia ex parte nostra, ex parte vero domini episcopi in venerabiles viros Thesaurarium Autissiod. et H. officialem domini episcopi ut bona fide inquirant qualiter inter villas superius nominatas predicta consuetudo soleat et debeat observari. Nos igitur quicquid dicti arbitri legitima inquisitione facta super hoc fuerint arbitrati ratum nos habituros concedimus et ad hoc nos presentibus litteris obligamus. Datum die jovis post octabas Pentecostes anno gracie m. cc. xx.

(*Cartul. Saint-Germain, f° 58, v° Bibl. d'Auxerre*).

N° 144.

Pierre de Joigny reconnaît que son château de Coulanges-les-Vineuses est jurable et rendable au comte de Nevers.

(An 1221, décembre.)

Ego Petrus de Joigniaco, notum facio presentibus et futuris quod ego teneor reddere carissimo domino meo Herveo comiti Nivernensi, castrum de Colengiis

---

(1) On trouve dans D. Viole, à la date du *in crastino Circumcisionis*, 1219 et 1220, un acte du même genre par lequel l'évêque Guillaume et Robert de Courtenay donnent décharge aux Bourgeois d'Auxerre de 1962 livres qu'ils ont payées à différentes personnes par leurs ordres, pour le compte de Pierre de Courtenay. (Voyez Mémoires, t. III, p. 14.)

(1) Le droit de melitia était relatif aux essaims d'abeilles qui sortent des ruches au printemps et qu'on pouvait suivre et reprendre dans l'étendue des terres désignées dans la charte.

Vinosis quociens a me petierit, tanquam sibi reddibile et fuerit expeditum, in eo statu in quo illud eidem tradidero; et quando dominus comes dictum castrum a me petierit ipse faciet michi prestari juramentum ab uno suo milite, in animam suam, quod michi illud reddet sicut superius est expressum. Quando vero primum sigillum comitis Joigniaci habuero, presentes litteras faciam sigillo roborari. Actum anno domini M° CC° XX° primo, mense decembri (1).

(La comtesse Amicie fait la même déclaration en 1222, et d'autres comtes de Joigny la renouvellent en 1297, 1315, 1337.)

(*Ext. de D. Viole*, m^s., n° 127, t. III.)

N° 145.

Lettre d'Etienne de Langthon, primat d'Angleterre, contenant don de 50 marcs sterlings de rente sur l'église de Rumenal, en faveur de l'abbaye de Pontigny, en reconnaissance de la réception hospitalière que les moines de cette maison lui ont faite, dans son exil, ainsi qu'à saint Thomas, son prédécesseur.

(An 1221.)

Universis sancte matris ecclesie filiis ad quos presens scriptum pervenerit, Stephanus permissione divina Cantuarensis archiepiscopus, totius Anglie primas, et sancte Romane Ecclesie cardinalis, eternam in Domino salutem. Ante cordis oculos statuentes inestimabilis affluentiam caritatis qua monasterium Pontiniacense beatissimum martirem Thomam predecessorem nostrum in exilio constitutum benigne recepit, et ei pium compassionis solatium habundanter impendit; necnon ad memoriam revocantes obsequia pietatis, a monasterio supradicto nobis exulantibus hilariter et affluenter impensa merito, nos ad id fatemur astrictos ut fratribus ibidem Deo servientibus vices rependere studeamus in obsequio caritatis. Volumus igitur ad universitatis vestre noticiam pervenire nos, de consensu prioris et conventus ecclesie Christi Cantuarensis, dicto monasterio Pontiniacensi ac viris religiosis in eo Deo servientibus intuitu Dei, concessisse pariter et dedisse de ecclesie de Rumenal, nomine beneficii, quinquaginta marcas annuas sterlingorum bonorum et legalium, a quolibet rec-

(1) Lebeuf fait erreur en donnant la date du 21 décembre à cette charte. V. t. III, p. 157.)

tore in eadem ecclesia successive instituendo, sub pena beneficii sui perpetuo, sine difficultate percipiendas, in duobus terminis: videlicet ad Natale Domini triginta marcas et ad festum sancti Johannis-Baptiste viginti marcas. Ita plane quod si ipse rector in prefatis terminis a solutione dictarum marcharum cessaverit, et infra quadraginta dies post statutos terminos de dampnis pariter et expensis quas dicti fratres, occasione non facte solutionis, incurrerint, una cum solutione debita, quinquaginta marcarum non satisfecerit, eisdem dictam penam incurrat. Ad majorem etiam prefati monasterii securitatem, simul de consensu prioris et conventus ecclesie Christi Cantuarensis providimus et statuimus ut quilibet rector in ecclesia de Rumenal successive instituendus, in sua institutione, vel preterea cum requisitus fuerit a procuratore Pontigniaci, solempniter juret quod dictas marcas, in terminis statutis, procuratori Pontigniacensi annuatim persolvet sub pena expressa superius. Ut igitur hec nostra ordinatio perpetuam obtineat firmitatem, eam, presenti scripto sigilli nostri appositione munito duximus roborandam. Actum anno gracie millesimo ducentesimo vicesimo secundo.

(Scellé du sceau de l'archevêque, en cire verte, brisé, figurant le prélat debout bénissant; et au revers contre-sceau mutilé, au haut duquel on voit une main divine.)

(*Donation confirmée par bulle du pape Honorius III, le 3 des nones de mars, l'an* VIe *de son pontificat.*)

N° 146.

Confirmation par la comtesse Mahauld, des dons faits par Hervé de Nevers, à l'abbaye de Pontigny.

(An 1222, mai.)

Ego Mathildis comitissa Nivernensis omnibus presentes litteras inspecturis, salutem: Vestra noscat universitas quod donationem illam quam Dominus et maritus noster H. quondam comes Nivernensis fecit ecclesie Pontiniacensi, de nemore de la Suez concedimus, laudamus et confirmamus in puram et perpetuam elemosynam, pro anniversario nostro et ipsius comitis in eadem ecclesia annuatim in perpetuum faciendis. Quod ut ratum et firmum permaneat, presentem cartam sigilli nostri munimine fecimus roborari.

Actum apud Sanctam-Virtutem, anno Domini, M. CC. XXII, mense maio.

(*Ex Cartul. Pontin.*)

N° 147.

Echange par l'abbaye de Preuilly, diocèse de Sens, avec celle de Saint-Père d'Auxerre.

(An 1222, décembre.)

Omnibus presentes litteras inspecturis: Petrus dictus abbas Pruliaci, totusque ejusdem loci conventus, salutem. Notum facimus universis quod cum ecclesia beati Petri Autissiodorensis haberet quandam vineam sitam ante domum nostram apud Altisiodor., et nos haberemus apud Augiacum quoddam arpentum vinee adherens fossato orti ipsius ecclesie beati Petri, considerata utriusque ecclesie utilitate, de consilio bonorum virorum in hoc convenimus cum venerabilibus abbate et conventu jam dicte ecclesie beati Petri, ut per excambium, vineam jam dictam sitam ante domum nostram apud Altisiodorum ecclesia nostra in perpetuum possidebit, et ipsi similiter illam vineam sitam apud Augiacum, que erat nostra, in perpetuum possidebit. Quod ut ratum et firmum sit in perpetuum, presentibus litteris annotatum, sigillo nostro fecimus roborari. Actum anno gratie millesimo ducentesimo vicesimo secundo, mense decembri.

(*Ex Tabul. S. Petri Autiss.*)

N° 148.

Donation de trois étaux à Auxerre, à l'abbaye de Celles lès-Auxerre.

(An 1222-23.)

Henricus, Dei gratia, Autissiodor. episcopus: omnibus ad quos littere presentes pervenerint, in Domino salutem. Noverint universi quod dilectus noster magister Petrus Porrete canonicus Autissiodorensis in nostra presentia constitutus, dedit in perpetuam elemosynam monialibus beate Marie de Cellis tria stalla que habebat in mercato Autissiodorensi in quibus venduntur corium et sotulares de vacca, et eas investivit de illis ob remedium anime sue et animarum patris et matris sue quorum anniversaria celebrabunt moniales predicte in conventu; et pro predicto magistro missam de Sancto-Spiritu in conventu in crastino Sancti-Hilarii, et infra octabas ejusdem festi quandiu ipse vixerit, eo mortuo officium pro defunctis annuatim in anniversario ejus celebrabunt. Istam donationem laudamus et approbamus, salvis conventionibus que de eisdem stallis debentur. In cujus rei memoriam ad petitionem prefati Petri et predictarum monialium presentes litteras fecimus annotari, et sigilli nostri munimine roborari. Actum anno Domini millesimo ducentesimo vicesimo secundo, mense januario in crastino Epiphanie.

(*Tiré d'une ancienne copie.*)

N° 149.

Distinction des deux Dimanches de la Trinité par un grand luminaire, en l'église d'Auxerre.

(An 1222-1223, avril.)

Magister Michael officialis curie Senonensis: omnibus presentes litteras inspecturis, in Domino salutem. Noverint universi quod constitutus in presentia nostra Ferrandus filius Roberti de Egliniaco recognovit se a viris venerabilibus decano et capitulo Autissiodor. accepisse pratum quod iidem emerant a Guillelmo de Lorriz milite, et a Gila uxore sua, de denariis decanatus pro tertia parte, et de denariis defuncti magistri Guillelmi de Vienna pro duabus partibus. Solvet autem inde infra octabas Natalis Domini videlicet in crastino beati Stephani sexaginta solidos apud Autiss. annuatim; de quibus tertia pars erit decani, et tertia pars ad anniversarium magistri Guillelmi de Vienna, et tertia ad luminaria viginti et unius cereorum; que idem magister ordinavit ut fieret in duobus festis Trinitatis ut in nativitate Domini et crastino, etc. Actum anno Domini M. CC. XXII. mense Aprili.

(*Ex Cartul. ms. Eccles. Autiss.*)

N° 150.

Charte de la comtesse Mahauld sur les bourgeois d'Auxerre.

(An 1223, août.)

Noverint universi quod ego Matildis comitissa Nivernensis quitto omnino et in perpetuum, liberis meis civibus Autissiodorensibus manum mortuam quam in prejudicium eorum confiteor me arrestasse, ut eorum heredes et successores ubicumque manserint excasure parentum et predecessorum suorum sine aliqua turbatione et interventu pecunie possideant pacifice et quiete. Preterea alios meos cives de Autissiodoro, tam in civitate quam in suburbiis et in burgo Sancti-Gervasii manentes, et ipsorum heredes qui non erant de libera conditione, omnino et in perpetuum manumisi, ut servitutis opprobrio postposito et quittato, ipsi et heredes ipsorum quotiescumque voluerint ab Autissiodoro recedant et libere revertantur, rebus suis ipsis remanentibus et liberis. Statutum est ut communitas ville singulis annis duodecim cives eligat, qui vel major pars eorum bona fide omnia negotia ad communitatem Autissiodorensem pertinentia tractabunt, prout viderint expedire, et ad hoc faciendum et ad jus nostrum custodiendum erunt jurati, et de eo quod dicti duodecim electi vel major pars eorum fecerint super negotiis sue communitatis non poterunt a me vel a mandato meo occasionari, vel res eorum capi, quin ipsi in pace remaneant per suum juramentum. Omnes vero excasure que apud Autissiodorum evenerint, ad propinquiorem heredem ubicumque sine ullo interventu pecunie devolventur, et si ipse excasure ab herede requisite non fuerint per annum et diem reservabuntur justo heredi in manu quatuor civium qui sunt de duodecim electis dicte ville, et elapso anno et die, mihi vel mandato meo ipse excasure non requisite integre tradentur. Preterea tale statutum et conventionem eis feci quod pro talliis, corvatis, banno vini et aliis consuetudinibus ditior non persolvet mihi ultra quinquaginta solidos Autissiodorensis monete, a minoribus vero et pauperibus ad respectum mandati mei et duodecim electorum vel majoris partis eorum juxta possibilitatem uniuscujusque rationabiliter capietur. Concessi etiam predictis meis civibus de censiva tantum, ut forisfacta sexaginta solidorum ad quinque solidos et forisfacta quinque solidorum et infra ad duodecim denarios reducantur. De gaigiis duelli quod pacificabitur, non nisi septem solidos et sex denarios ejusdem monete tantum capiam de unoquoque. Dicti vero cives exercitum et equitationem mihi debent; ita tamen quod ipsi in propriis personis ibunt vel mittent sufficienter pro se convenientes personas mecum, vel cum mandato meo, quandiu vixero et mansero immaritata. Herede vero in comitatu succedente, ipsi non tenebuntur in exercitum vel equitationem, nisi idem heres in propria persona fuerit vel legali essonio sit detentus, et quandiu ipse in exercitum moram fecerit cum ipso erunt, nisi eos remiserit de propria voluntate. Et sciendum quod homo sexagenarius et ultra vel corporis infirmitate manifesta impeditus, ad exercitum vel equitationem non tenetur, nisi talis sit quod possit aliquem mittere loco sui, ad respectum duodecim electorum vel majoris partis eorum. Nec etiam aliquis ibit in exercitum vel equitationem nisi ego vel heres meus litteras patentes nostras miserimus ad dictos cives de eundo illuc. Et notandum quod de omnibus contentionibus et discordiis quas cum dictis civibus meis a retroactis temporibus habueram usque nunc, videlicet cum manentibus Autissiodorensibus et cum aliis ad franchesiam Autissiodor. venientibus, ipsos omnino quittavi et in bona fide dimisi. Concessi preterea eisdem civibus quod ipsos extra Autissiodorum causa placitandi non traham, nec ipsos nec res ipsorum capiam vel capi permittam quandiu stare juri voluerint apud Autissiodorum in curia mea, ad respectum mandati mei et duodecim electorum vel majoris partis eorum. De equis et armaturis habendis vel mihi vel meis accommodandis nullam vim eis inferre potero. In villa Autissiodorensi credentiam habeo in victualibus usque ad quadraginta dies; quod si mihi credita non fuerint reddita infra quadragesimum diem, illi qui mihi crediderunt, mihi amplius credere non tenentur, donec creditum habuerint, et infra annum eis credita reddi debent de censiva. Si quis de dictis civibus pro debito meo captus fuerit, ipsum et res ipsius faciam liberari. Sin autem de denariis censive liberabitur ad respectum mandati mei et duodecim electorum vel majoris partis eorum. Deperdita illius de eisd. denariis ei resarcientur. Si autem pro re alia captus fuerit, de ipso liberando posse meum faciam bona fide. In vineis et bladis custodes non erunt, nisi illi quos cives mei de Autissiodoro statuerint, et si forisfactum affuerit, meum erit. Homo qui non habuit uxorem, et est bachelarius, quandiu in illo statu erit et hospitium tenebit, reddet annualim quinque solidos de censa, si ad hoc sufficere poterit, vel eo minus, ad estimationem mandati mei et electorum vel majoris partis eorum, et ad negotia communitatis mittet sicut et uxorati, ad estimationem predictorum. Si autem forisfactum fecerit, illud ad usus et consuetudines Autissiodorenses emendabit. Quicumque voluerit vindemiare, ei quando voluerit vindemiare licebit. Quicumque aliquam possessionem per annum et diem pacifice tenuerit, nullus contra eum poterit reclamare, nisi advocatus sit vel forispatriatus, et hoc sufficienter probare possit. Judei mei poterunt accomodare cum testimonio duorum christianorum civibus meis de censiva. Libram scilicet pro tribus denariis in hebdomada, ita quod pecunia a Judeis meis accommodata, nihil lucrabitur ultra unum annum. Ego debeo ponere duos legales homines qui per juramentum suum dictum sigillum bona fide servabunt, et litteras mutui bona fine confici facient et sigillari, secundum formam superius expressam. Si quis forisfactum ipse fecerit, ipse solus emendabit. Usagium quod homines Sancti Gervasii in Bosco de Barro habere solent, sicut prius habebunt. Certum est quod forisfactum cognitum furti, homicidii et raptus in mea est voluntate. Sciendum est quod cives predicti aliquem hominum meorum de capite et de corpore manentem in terra mea extra bailliviam Autissiodorensem non poterunt in dicta censiva retinere, nec esse poterit de eorum libertate. Quicumque vero de hominibus meis de Altissiodoro vel baillivia Autissiodorensi manet vel manebit Autissiodori, erit de censiva et consuetudine nominata et ponet in expensis ville sicuti et alii. Cives predicti castellum meum vel aliquem incarceratum custodire non tenentur. Si qui de foris apud Autissiodor. causa habitandi venerint sicut ceteri sub hac libertate et consuetudine secure permanebunt nisi sint mei de capite et de corpore, sicut superius est expressum. Si quis de foris venientium infra annum et diem ab aliquo fuerit requisitus, aut apud Autissiodorum juri parebit, si vere noluerit vel non poterit juri parere, consuetudines ville requiret, et licebit ei infra quatuordecim dies sub salvo conductu meo recedere, et se et res suas quocumque voluerit transferre donec sit extra terram meam, nisi pro raptu, furto vel homicidio arrestatus esset, et si infra annum et diem requisitus non fuerit, dum tamen infra dictum terminum rationabiliter requiri possit, deinceps meus civis liber in pace remanebit. Porro cives supradicti debitores suos et plegios suos apud Autissiodor. possunt arrestare et ducere in castellum meum; sed non nisi per me vel mandatum meum poterunt liberari. Insuper additum est quod duodecim electi, vel major pars eorum, quatuor de meo consilio mihi nominabunt, et ego eis unum illorum quem voluero mittam loco mei qui erit Juratus, et cum duodecim electis vel majori parte eorum tractabit de admensuratione minorum de censiva et bachelaricorum et de admensuratione deperditorum a me restituendorum eis qui pro debito meo capti fuerint, et de eo quod non debeo trahere aliquem de censiva extra Autissiodorum causa placitandi, quandiu in curia mea apud Autissiodorum voluerit stare juris. Libertas cambiorum talis est quod nullus infra cambia potest capi vel res ipsius pro aliquo forisfacto extra cambia facto, sed qui intra cambia foris fecerit, capi potest, et res ejus. Si quis qui non sit homo meus ad cambia sederit et mandatum meum ministerium cambiandi ei inhibuerit pro eo quod non vult justitiari coram me vel coram mandato meo et post inhibitionem ad ipsum ministerium redierit sine mea vel mandati mei licentia, quicquid habebit ante se in cambiis, in mea erit voluntate. Si Melleya inter cambia facta fuerit inter aliquos, ita quod unus alium percusserit vel impulerit cum ira, sine sanguinis effusione, sexaginta solidos mihi persolvet. Si vero cum sanguinis effusione, novem Autissiodorensis monete percussor vel impulsor mihi persolvet. Nullus de predicta villa cambire potest intra cambia vel extra, nisi fuerit cambitor. Tamen si quis cambitor fieri voluerit, fiat. Dum tamen redditum meum pro lege cambiandi mihi vel mandato meo reddat, hoc excepto quod piperarii et cerarii de dicta villa et omnes de foris venientes in omnibus nundinis Autissiodorensibus, salvo in omnibus jure meo, cambire possint absolute. Libertas draperie talis est quod nullus in draperia gagiari potest pro debito vel plegeria, dummodo possit in villa vel prope villam competenter gagiari. Super iis autem conventionibus observandis precepi et concessi civibus sepe dictis quod si eas bona fide observaturos juraverit et ipsi hoc juraverunt, et quod in iis conventionibus observandis unus alteri fideliter erit adjutor, et quod proficuum meum volent bona fide. Quotiens autem prepositi baillivi et servientes mei Autissiod. mutabuntur, ipsos jurare faciam quod conventiones predictas firmiter et fideliter observabunt. Censiva predicta singulis annis ad octavas Nativitatis Domini mihi vel mandato meo persolvetur. Qui vero censam super se positam et nuntiatam termino sibi fixo non solverit, duos sol. mihi solvet pro emenda. Sciendum est quod omnes justitie, consuetudines et redditus quos hactenus in civitate Autissiodorensi habui, mihi salva remanent exceptis iis que dictis civibus superius sunt concessa. Preterea volui et concessi ut dicti cives sigillum habeant ad communitatis sue negotia sigillanda. Conventiones supradictas me firmiter observaturum propria manu juravi, et per idem juramentum promisi et concessi quod bona fide faciam sine meo mittendo, quod Guido de Sancto-Paulo gener meus, et filia mea uxor ejus has conventiones se firmiter observaturos jurabunt, et super hoc litteras suas patentes easdem conventiones confirmantes dictis civibus tradent. Concessi etiam et constitui quod quicumque post me, sive per maritagium, sive alio modo fuerit Dominus Autissiod. bona fide se tenere jurabit conventiones supradictas et faciet jurari a quinque militibus de dominio suo; quos duodecim vel major pars eorum eidem domino requisierit, dictas conventiones firmiter et inviolabiliter observare. Que si dictus dominus facere nollet, constitui quod episcopus Autissiodorensis qui pro tempore erit, in personam ipsius domini excommunicationis et in terram ipsius interdicti sententias valeat promulgare; nec predictas relaxet sententias quousque prefatus dominus cum quinque dictis militibus sepedictas conventiones se tenere jurarent. Quocumque etiam modo dictum dominum a supradictis conventionibus contingeret resilire, prenominatus episcopus a dictis electis requisitus, elapsis quadraginta diebus post admonitionem dicto domino ab episcopo factam, si hoc non emendaret in ipsum et terram ipsius dictas sententias promulgaret. Precepi etiam baronibus meis et fidelibus meis, scilicet Archambaudo domino Borbonii, Galchero de Joigniaco, Hugoni de Ulmo, Guillermo de Melloto, Hugoni de Sancto-Verano, Petro de Barris, Miloni de Noyers, Stephano de Sellegniaco, Joanni de Tociaco ut has conventiones jurent et manu capiant, et super hoc litteras suas patentes dictis civibus tradant, ita quod si me vel heredes meos ab iis conventionibus resilire contigerit, ipsi dictos cives super hoc conquerentes manu tenere, et eosdem adjutores esse teneantur donec ipsis ad plenum fuerit emendatum. Rogavi etiam venerabiles patres Senonensem archiepiscopum et Autissiodorensem et Nivernensem episcopos ut ipsis dictis civibus tradant litteras suas patentes testimoniales de supradictis conventionibus et juramento a me facto, et ab heredibus meis faciendo firmiter observandis. Ut autem ista perpetue stabilitatis robur obtineant, presentes litteras fieri, et sigilli mei munimine precepi roborari. Actum apud Ligniacum castrum meum, anno Incarnationis Domini millesimo ducentesimo vicesimo tertio, mense augusto, die beati Petri-ad-Vincula.

(*Ex Tabul. Urbis Autiss.*)

N° 151.

La corporation des changeurs d'Auxerre fait don d'une maison à l'abbaye de Celles.

(An 1223.)

B. decanus Autissiodorensis omnibus presentes litteras inspecturis in Domino salutem. Notum fieri volumus quod in presentia nostra constituti cambitores Autissiod., divine pietatis intuitu, ob remedium animarum suarum dederunt monialibus beate Marie de Cellis, medietatem domus site retro furnum comitis, quam ipsi emerant a Garnero Heliarz, in perpetuum possidendam. Abbatissa vero de Cellis et conventus pro eorum vivis confratribus missam unam, et pro defunctis aliam se celebraturas annis singulis concesserunt, et quandocumque de dictis confratribus quisquam viam universe carnis ingressus fuerit, si a dictis monialibus petitus fuerit, pro illius anima missam concesserunt similiter celebrari. Actum anno Domini M. CC. XXIII.

(*Arch. de l'Yonne, fonds de l'abbaye des Isles.*)

N° 152.

Dons faits à l'église d'Auxerre par Guillaume de Seignelay, alors évêque de Paris.

(An 1223, novembre.)

Villermus, Dei gratia, Parisiensis episcopus: omnibus presentes litteras inspecturis, in Domino salutem. Notum fieri volumus quod nos intuitu devotionis quam ad Autissiodorensem habuimus ecclesiam in qua a puero nutriti sumus, capitulo ejusdem ecclesie, ob remedium anime nostre et parentum nostrorum concessimus domos nostras de claustro, juxta Portam Pendentem cum pertinentiis suis, et vineam de Croysy versus S. Gervasium, quam de novo plantari fecimus, et de novo ipsum capitulum investimus ad celebrandam missam ob remedium anime nostre. Actum anno Domini millesimo ducentesimo vigesimo tertio, mense novembri.

(*Ex Tabul. Capit. Autiss.*)

N° 153.

Accord sur les dixmes de Mézilles, entre Nevelon, chanoine d'Auxerre, et le curé de ce lieu.

(An 1224.)

Henricus, Dei gratia, episcopus Autissiodorensis : omnibus presentes litteras inspecturis, salutem in Domino. Noveritis quod cum causa verteretur autoritate Apostolica coram venerabilibus abbate Sancti-Jacobi Pruvinensis et conjudicibus suis a Domino papa delegatis, inter Nivelonem canonicum Autissiodorensem ex una parte, et Joannem presbyterum de Miceclis ex altera, super quadam parte decimarum in parochia de Miceclis sitarum tam de blado quam de aliis, tandem coram nobis et de consensu nostro bonis viris mediantibus ita fuit compositum inter eos, quod ecclesia de Miceclis totam partem quam habebat dictus Nivelo in illis decimis, scilicet de novem partibus duas integre et sine contradictione percipiet et in perpetuum possidebit, ita quod presbyter qui pro tempore erit, in eadem ecclesia dimidium modium frumenti ad valorem melioris, duobus denariis minus ad bichetum, et octo sextarios avene ad valorem melioris, uno denario minus ad bichetum apud Autissiodorum, eidem Niveloni et successoribus ejus in perpetuum, infra Nativitatis Domini singulis annis persolvet, ita quod prefatus presbyter infra terminum supradictum quandocumque voluerit prenominatum bladum persolvet. Nec ipse Nivelo vel ejus successor quin recipiat, poterit recusare. Hanc autem compositionem laudavit et concessit Regnaudus de Ratilliaco miles, de cujus feodo movebat decima supradicta. In cujus rei memoriam et testimonium presentes litteras sigilli nostri munimine fecimus roborari. Actum anno gratie millesimo ducentesimo vicesimo quarto.

(Tiré d'une ancienne copie.)

N° 154.

Lettres de Guy de Forez, comte d'Auxerre, sur les amendes du vicomté de cette dernière ville.

(An 1226.)

Ego Guido comes Nivernensis et Forensis, et Mathildis uxor mea comitissa Nivernensis : omnibus notum facimus, quod in forisfactis vicecomitatus Autissiodorens s, que Dominus Ansericus de Tociaco, ro Domino Narioto fratre suo, nobis escambivit, nec pro nobis, nec pro vicecomite Autissiod. nec etiam pro Vigerio Autiss., aliquid possumus capere aut habere, nisi tantum quantum debemus capere et habere in forisfactis burgensium censive Autiss., sicut plenius continetur in carta libertatis ville Autissiodorensis, quam ego Mathildis comitissa Nivernensis dictis burgensibus feci et concessi, et quam ego Guido comes confirmavi : scilicet de forisfactis sexaginta solidorum, quinque solid. et de quinque solidis duodecim denarios et infra. Et hoc eisdem burgensibus contra omnes homines, nos et heredes nostri tenemur in perpetuum garentire. Actum anno Domini millesimo ducentesimo vicesimo sexto.

(Ex Cartul. Urbis Autiss. fol. 39.)

N° 155.

Fondations et dons à l'abbaye de Celles, proche Auxerre, par Mathilde, comtesse de Nevers.

(An 1226, avril.)

Ego Mathildis comitissa Nivernensis, omnibus notum facimus presentibus et futuris, quod nos pro remedio anime karissime filie Agnetis quondam uxoris comitis S. Pauli, et pro remedio anime karissimi Domini et mariti nostri Hervei quondam comitis Nivernensis, et nostre, assignamus quandam capellaniam apud Cellas monialium juxta Autissiodorum, constituentes quendam capellanum ibidem, qui in eadem ecclesia divinum officium qualibet die imperpetuum celebrare tenetur. Assignamus siquidem ecclesie de Cellis pro dicta capellania quindecim libras cursualis monete Autissiodorensis annuatim percipiendas in censa ville nostre de Autissiod. ad quindenam Nativitatis Domini. Volumus siquidem et concedimus, ut episcopus Autissiodorensis qui pro tempore erit, in heredem nostrum, seu successorem nostrum, vel in eum qui dictam villam nostram tenuerit, sententiam excommunicationis ponat; si contra donationem istam ire aliquatenus attemptarent, nec ipsam relaxet quousque dicte ecclesie de dicto redditu ad plenum fuerit satisfactum. Volumus etiam et precipimus ut prepositus de Autissiod. qui pro tempore erit, vel quicumque dictam censam leverit, dictas quindecim libras dicte ecclesie ad dictum terminum annuatim persolvat. Quod si non fecerint, episcopus Autissiodorensis, qui pro tempore erit, sententiam excommunicationis in ipsos ponat, nec ipsam relaxet quousque dicte ecclesie de dicto redditu ad plenum fuerit satisfactum. Quod ut ratum sit et firmum, presentes litteras fecimus sigilli nostri munimine roborari. Actum anno Domini M. CC. XXVI. mense aprili.

Ego Mathildis comitissa Nivernensis, omnibus notum facimus, tam presentibus quam futuris, quod nos pro remedio anime nostre et H. quondam bone memorie domini et mariti nostri comitis Nivernensis, dedimus et concessimus post decessum nostrum, monialibus Cellarum, pro anniversariis nostris in sua ecclesia annuatim in perpetuum celebrandis, centum solidos redditus cursualis monete in cryeria et lya Altissiodorensi annuatim in perpetuum percipiendos. Volumus siquidem et precipimus ut episcopus qui pro tempore erit, ponat sententias excommunicationis in personam heredis aut successoris nostri, et interdicti in terram ipsius, si contra donum istud ullo modo ire attemptaverit, nec ipsas relaxet quousque dicte ecclesie de dicto redditu ad plenum fuerit satisfactum. Quod ut ratum permaneat, sigilli nostri munimine presentes litteras fecimus roborari. Actum anno Domini M. CC. XXVI, mense maio.

(Pièces scellées du sceau de la comtesse dont il reste encore les lacs de soie.)

(*Arch. de l'Yonne, fonds de l'abbaye des Isles.*)

N° 156.

Fondation d'une chapelle à Entrains, par les comtes de Nevers.

(An 1226, octobre.)

Ego G. comes Nivernensis et Forensis, et Mathildis comitissa Nivernensis et Forensis, uxor mea : omnibus notum facimus, quod cum bone memorie H., quondam comes Nivernensis in extrema voluntate ante voluisset, et precepisset quamdam capellam apud Interamnem construi, et redditum annuum competentem assignari capellano qui in ea divinum officium in perpetuum celebraret. Nos, votum ejus exequi cupientes, cum effectu capellam istam construximus, et quindecim libras annui redditus in dicta capella assignavimus; unde volumus quod si (quod absit) heredes defuncti Guidonis Sancti-Pauli, aut illi ad quos terra de Interamnis devenerit contra dicti redditus assignationem ire vellent, nos aut heredes aut successores nostri in eadem capella quindecim libras annui redditus competentes loco redditus supradicti, pro remedio animarum nostrarum et antecessorum, de proprio redditu nostro comitatus Nivernensis prope Interamnem bona fide assignabimus. In cujus rei testimonium presentes litteras fecimus sigillorum nostrorum munimine roborari. Actum anno Domini M. CC. XXVI, mense octobri.

(*Ex cartul. Episc. Autiss.*)

N° 157.

Droit de présentation à la chapelle de la comtesse de Nevers, à Entrains.

(An 1227-28, février.)

Ego Mathildis comitissa Nivernensis : omnibus notum facimus, quod nos volumus et approbamus, ut venerabilis pater et Dominus Henricus Dei gratia episcopus Autissiodorensis, post decessum nostrum, vel episcopus Autissiodorensis qui pro tempore erit, habeat donationem et collationem capelle que est in domo nostra de Interamne, cujus capelle donationem et collationem Domnus H. episcopus Autiss. nobis ad vitam nostram concessit, salvo in omnibus jure ecclesie parochialis de Interamne. Quod ut ratum sit et firmum, presentes litteras fecimus sigilli nostri munimine roborari. Actum anno Domini M. CC. XXVII, mense februario.

(*Ibidem, fol. 39.*)

N° 158.

Confirmation de quelques biens de l'abbaye de Pontigny, par le comte d'Auxerre.

(An 1228, juin.)

Ego Guido, comes Nivernensis et Forensis : omnibus notum facimus, quod dilectus et fidelis noster Stephanus Dominus Selliniaci quittavit coram nobis, Deo et ecclesie B. Marie Pontign. quidquid habere reclamabat in molendinis novis sitis juxta Vadum ferreum cum eorum pertinentiis, tam in feodo quam in dominio. Concessit etiam idem Stephanus, quod heredes aut antecessores ipsius nihil possint in dictis molendinis et eorum pertinentiis de cetero reclamare. Promisit etiam fide media quod contra quittationem premissam per se vel per alium venire nullatenus attentabit. Nos vero, de cujus feodo et garda sunt molendina predicta, presentes litteras ad instantiam dicti Stephani in hujus rei testimonium fecimus sigilli nostri munimine roborari. Actum anno Domini millesimo ducentesimo vigesimo octavo, mense junii.

(*Ex Cart. Pontiniac. pag. 13.*)

N° 159.

Remise par le comte et la comtesse de Nevers, à leurs bourgeois d'Auxerre, des sommes qu'ils leur devaient.

(An 1228, septembre.)

Ego Guido comes Niver. et Forensis, et ego M. comitissa uxor ejus : omnibus notum facimus, quod nos dilectos burgenses nostros autissiodorenses quittavimus de mille libris pruvinensibus veteribus quas ipsi tenebantur nobis persolvere ad octavas Pasche, et de censa nostra quam tenebantur nobis annuatim persolvere ad octavas Natalis Domini, sicut in litteris suis quas ipsi inde habent plenius continebatur, pro mille libris Parisiensis monete quarum medietatem tenentur nobis persolvere ad instantes octavas Natalis Domini, et aliam medietatem ad octavas Pasche, proximo subsequentes : et sciendum quod ipsi burgenses tenebuntur nobis persolvere tantummodo dictas mille libras parisienses usque ad sex annos ad terminos supradictos : elapsis vero dictis sex annis iidem burgenses de illis mille libris parisiensibus quiti erunt erga nos, penitus et immunes. Et ipsi tenebuntur nobis reddere censam supradictam annuatim ad octavas Natalis Domini, sicut in carta sua quam inde habent plenius continetur. In cujus rei testimonium presentes litteras fecimus sigillorum nostrorum munimine roborari. Actum anno Domini, millesimo ducentesimo vigesimo octavo, mense septembri.

(*Ex autographo.*)

N° 160.

Dons à l'abbaye de Notre-Dame de Celles, transférée à Orgelene, sur la rivière d'Yonne, par le comte et la comtesse de Nevers.

(An 1229.)

Ego G. comes Nivernensis et Forensis, et ego M. comitissa uxor ejus : omnibus notum facimus presentibus et futuris, quod nos, pro remedio animarum nostrarum, dedimus et concessimus, pietatis intuitu, monialibus de Cellis juxta Autissiodorum (quia monasterium earum minus competenter apud Cellas situm erat) terram quandam quam nobis escambiavit Petrus Reimbaudi sitam apud Orgelenam super Ycaunam, cum quatuor insulis eidem terre adjacentibus, in qua terra dictus Petrus Reimbaudi tres partes habebat, et milites de Firmitate quartam partem, quam quartam partem nobis contulerunt milites supradicti, et nos eam dedimus monialibus supradictis pro monasterio suo ibidem transferendo. Dedimus etiam eisdem monialibus dimidium arpentum vinee quod emimus a relicta et pueris defuncti Dodonis de Egliniaco olearii, et quandam vineam dicte terre contiguam quam emimus a Ricardo Cabrino, et ejusdem uxore. Hec autem omnia supradicta eisdem monialibus dedimus et concessimus libere, quite et pacifice ab omni exactione, in perpetuum possidenda, et hec tenemur eisdem monialibus erga omnes homines garentire, salvo jure quod habent in insulis canonici de Trinitate. Quod ut ratum sit et firmum et inconcussum in posterum habeatur, presentes litteras fecimus sigillorum nostrorum munimine roborari. Actum anno Domini millesimo ducentesimo vigesimo nono.

(Pièce scellée de deux sceaux brisés à lacs de soie rouge.)

(*Ex Tabul. B. M. de Insulis; Archives de l'Yonne.*)

N° 161.

Arbitrage entre l'évêque et le comte d'Auxerre, à l'occasion de deux bourgeois de Sienne et de Lucques, arrêtés par le comte, au sujet de quoi la ville fut mise en interdit.

(An. 1230.)

B. abbas Sancti-Petri, M. decanus, B. archidiaconus, D. thesaurarius, R. cantor, et E. sacrista Autissiodorensis : omnibus presentes litteras inspecturis, salutem in Domino. Notum facio universis, quod cum Bonaventura civis Senensis, et Villanus civis Lucensis, pro burgensibus gererent se reverendi patris Autissiodorensis episcopi, et ex parte ipsius se advocarent, et ipsi per nobilem virum G. comitem Nivernensem, Forensem, sive per ejus ballivos capti fuissent, et res eorumdem pro quibus non restitutis eidem D. episcopo, ut debebant quamvis eos peteret sibi reddi prout debebat in civitate Autissiodorensi, positum fuit interdictum. Tandem nobis presentibus et videntibus qui ad hoc audiendum fuimus vocati, de voluntate et consensu expresso dictorum civium, non detentorum sed liberorum, taliter ordinatum fuit, bonis viris mediantibus, quod quidem comes promisit dictis civibus se redditurum ad instantem quindenam Nativitatis B. Marie Virginis ducentas et viginti libras Autissiodorensis monete; et pro his adimplendis constituerunt se plegios de....... ejusdem comitis erga predictos cives, Ursus vicarius Autissiodorensis, et Colinus de Castellione miles, fide data corporali, promittentes quod infra octo dies post quindenam predictam elapsam, satisfacient dictis civibus in pecunia numerata, vel in pignoribus sufficientibus de predicte pecunie quantitate, nisi per dictum comitem eis infra dictam quindenam fuerit satisfactum. De aliis vero rebus quas dicti cives ultra dictam summam ducentarum et xx librarum dicunt sibi ablatas fuisse a gentibus comitis, voluit et concessit idem comes et cives predicti, quod D. episcopus et Colinus de Castellione miles inquirunt bona fide veritatem, et infra octavam S. Remigii dictum negotium terminent, et hoc ipsum idem Colinus miles per sacramentum suum, nobis presentibus et videntibus, prestitit se una cum dicto episcopo bona fide facturum, et comes ad omnia solvenda que idem episcopus et predictus Colinus dixerint comitem restituere debere predictis civibus, per patentes litteras suas se restituere obligavit. Promisit et quod omnes illos quos sibi, vel mandato suo nominaverint dicti cives, qui in sua fuerint potestate jurare faciet coram dictis D. episcopo et Colino pro posse suo, et bona fide quod manifestabunt et reddent quecumque habent vel habuerint de bonis civium predictorum, et si quos alios sciunt vel scient aliquid de bonis predictorum civium habere vel habuisse, dictis D. episcopo et Colino per sacramentum suum revelabunt. Assecutavit et dictus comes cives predictos, quandiu predicta assignatio durabit, et quandiu de querela quam habet inter eos, super eo quod dicit, quod dicti cives erant burgenses sui Autissiod. ea die qua capti fuissent, coram D. episcopo stabunt juri. Hec autem omnia predicta promisit dictus comes se observare, et bona fide adimplere et facere adimplere, fide in animam suam de mandato suo a Petro de Cortis milite prestita. Voluit etiam et concessit, quod si in aliquo de predictis deficeret, vel non possent dictam inquisitionem facere et terminare, tam comes, quam predicti cives, dederunt dictis episcopo et Colino potestatem prorogandi terminum inquisitionis usque ad quindenam octavarum beati Remigii. Quod si nec tunc, quod absit, per predictos D. episcopum et Colinum dicta inquisitio fuerit terminata, jus tamen comitis, aut dictorum civium salvum remanebit cuilibet eorum. Hiis omnibus adimpletis, quittaverunt dicti cives super predictis omnibus eundem comitem et omnes qui interfuerunt captioni predicte, vel fieri mandaverunt. Actum anno Domini, M. CC. XXX, in crastino beati Laurentii.

(*Ex autographo.*)

N° 162.

Confirmation par Thibaud, comte de Champagne, au Chapitre d'Auxerre, de la vente d'un homme de Montigny (la Coudre) faite par Guy de Chamtelen, chevalier.

(An 1230, décembre.)

Ego Theobaldus, Campanie et Brie comes palatinus. N..... ego laudo in perpetuum capitulo ecclesie B. Stephani, Autissiodorensis Johannem de Montiniaco, et Mariam uxorem ejusdem et eorum familiam qui de feodo meo erant, quos dilectus et fidelis meus Guido miles de Chambelen vendidit ecclesie supradicte..... Actum Trecis anno Domini M. CC. XXX. mense decembri.

(*Ex tabul. Campanie.*)

N° 163.

Sentence arbitrale de Gautier, archevêque de Sens, sur la nouvelle monnaie que le comte d'Auxerre faisait frapper dans cette ville.

(An 1231, avril.)

Galterius, Dei gratia, Senonensis archiepiscopus: omnibus presentes litteras inspecturis, salutem in Domino. Notum sit universis, quod orta fuit contentio inter venerabilem fratrem nostrum Henricum episcopum et dilectos filios decanum et capitulum et alias ecclesiasticas personas Autissiodorenses, ex una parte... et.... G. comitem Nivernensem et Forensem, ex altera, super nova moneta quam idem comes in civitate Autissiodorensi cudi faciebat ad pondus et legalitatem decem et octo solidorum et dimidium; quam monetam predicti episcopus, decanus et capitulum, de jure ab ipso comite non posse fieri dicebant, asserentes quod comes in civitate Autiss. non poterat facere cudi monetam..... et legalitatem sexdecim solidorum et octo denariorum et quatuor denariorum fini argenti, sicut juraverat comes Petrus et comitissa Agnes, prout in litteris Philippi regis...... dicebant : comite e contrario asserente se illam de jure facere cudi posse, et aliam quantumcumque ponderis vellet, non obstantibus litteris predictis, cum in eis de..... mento et quod ejus antecessores longissimis temporibus retroactis et ante datam litterarum et post, jure dominii sui monetam in civitate Autissiodorensi cudi fecerant...... litalis volebant, quod tamen decanus, episcopus et capitulum et alie ecclesiastice potestates persone denegabant, dicentes quod si quis predecessorum comitis alterius modi monetam quam ill.... est in civitate Autiss. cudi fecerat, per impetrationem charte supradicte hoc non nisi de permissione episcopi, qui tunc Autissiodori preerat ecclesie factum fuerat, salvo in..... et salva charta regis supradicta. Cum igitur nos ei alii viri boni pro sapienda contentione inter eos partes nostras interponere diligenter curarent, tandem..... qui fecit utraque unum in hanc formam pacis amicabiliter convenerunt: videlicet quod dictus comes a fabricatione monete quam ibi cudi faciebat......moneta illa nova quam etiam vetus qua tunc usu aliter currebat, amplius non curreret, imo, omnino caderet; et quod idem comes novam cudi faceret...... at pondus sexdecim solidorum et octo denariorum et ad legalitatem quatuor denariorum fini argenti et quandiu ipse comes esset Nivern. eandem monetam...... moneta Autiss. currere faciet, bona fide, ita tamen quod per hoc nullum fiat prejudicium heredibus comitatus Nivernensis. possent uti jure suo...... civitas Autissiodorensis sicut facere poterant ante istam compositionem, eodem etiam modo nullum fiat prejudicium episcopo, decano et capitulo Autissiodorensi....... voluerint super hoc uti possent contra comitem et heredes comitatus Niversensis, sicut facere poterant ante compositionem eandem. Cum igitur...... in nos cautionibus hinc inde sufficientibus prestitis nos hoc modo pronuntiavimus, sicut inter eos fuerat concordatum. In cujus...... partium sigillo nostro fecimus roborari. Actum anno Domini M. CC. XXXI. mense Aprili.

(*Ex vidimus curiæ archid. Autiss. et curiæ archid. in eccles. Autiss. sede vacante.*)

N° 164.

Vente par les lépreux de Saint-Siméon d'Auxerre, de leurs moulins du Saulce aux Templiers.

(An 1231, juillet.)

Henricus, Dei gratia, Autissiodorensis episcopus, omnibus presentes litteras inspecturis, in Domino salutem. Notum facimus universis quod magister et fratres domus leprosorum Sancti Symeonis Autissiod. de assensu et voluntate leprosorum ejusdem domus, molendina sua de Salice et domum quam ibi habebant cum appendiciis suis et quicquid in eis juris habebant, fratribus milicie templi pro octingentis et quinquaginta libris turon. vendiderunt. Nos autem burgensium Autissiod. super hoc habito consilio predictorum leprosorum utilitatem pensantes, prefatam venditionem voluimus, concessimus, laudavimus et approbavimus. Templarii vero de omnibus querelis et contentionibus quas contra eosdem leprosos habuerant et habebant tam super dictis molendinis quam super aliis ipsos penitus quitaverutn. Quod ut ratum permaneat et firmum, presentes litteras sigilli nostri impressione fecimus communiri. Actum MCCXXXI, mense julio.

(*Arch. de l'Empire. S.* 5235, *Cartul.* f° 15).

N° 164 bis.

Consentement des censiers et bourgeois d'Auxerre pour la vente ci-dessus.

(An 1231, juillet.)

Omnibus presentes litteras inspecturis, censarii et burgenses Autissiodor. salutem in Domino. Notum facimus universis quod magister et fratres domus leprosorum Sancti-Symeonis Autissiodor., de assensu et voluntate leprosorum ejusdem domus molendina sua de Salice domum contiguam molendino, heciem et terram que ibi habebant et quicquid in eis juris habebant venerabili patre H. Dei gratia Autissiod. episcopo consentiente et laudante, fratribus milicie Templi pro octingentis et quinquaginta libris turon. vendiderunt. Nos autem censarii et burgenses predicti super hoc habito consilio predictorum leprosorum, utilitatem pensantes predictam venditionem voluimus, concessimus, laudavimus et approbavimus; templarii vero prefati de omnibus querelis et contentionibus quas contra eosdem leprosos habebant et habuerant tam supra dictis molendinis quam supra aliis ipsos penitus quitaverunt. Quod ut ratum permaneat et firmum, presentes litteras sigilli nostri impressione fecimus communiri. Actum anno MCCXXXI, mense julio.

(Même fonds que la précédente).

N° 465.

Sentence arbitrale sur les fonctions des Marguilliers de l'église d'Auxerre.

(An 1233, juin.)

Guillelmus dictus Brito, Philippus de Meso et Nivelo canonici Autissiod., omnibus presentes litteras inspecturis, salutem in Domino. Cum causa que inter venerabilem patrem et dominum H. Autissiodorensem episcopum, Stephanum *Chevenel* presbyterum, Guidonem et Fromundum laïcos matricularios, ex una parte et venerabiles viros D. thesaurarium, G. sacristam Autissiod. ex altera vertebatur, de quibusdam articulis qui in litteris bone memorie Guillermi quondam Autiss., episcopi continentur super institutione matriculariorum et eorum officiis. Idem episcopus de assensu predictorum, tam D. thesaurarii et G. sacriste, quam matriculariorum, vices suas nobis commisisset, tandem de assensu partium super quibusdam articulis ita pronuntiavimus : scilicet, quod preter matricularios de novo institutos, sacrista totidem matricularios, sive clericos, sive laïcos habere et exhibere tenebitur, sicut antea tenebatur. Matricularius clericus de novo institutus, de nocte semper in ecclesia jacere et hora tempestiva venire, scilicet pulsante ignitegio vel ante tenebitur. Laïci vero de jacendo in ecclesia suas facient septimanas, ita quod alter eorum semper in ecclesia jaceat, diebus autem festivis quibus grossi soni pulsantur, tam clerici quam laïci matricularii omnes in ecclesia jacebunt. Matricularii clerici tenentur altare ornare, lucernas accendere, campanas chori, presente conventu pulsare, quas pulsare non presente conventu matricularius clericus de novo institutus non tenetur. Laïci autem tenentur capas sericas referre, ecclesiam palliis, cortinis et hujusmodi ornare. In processionibus precedere et subsequi, baculos in manibus tenere, et turbe impetum refrenare. Nec per alicujus servitium eximi poterunt matricularii, nec pro se vicarios ponere ; sed sicut predictum est, in propriis deserviant personis,

nisi infirmitate vel alia justa et evidenti necessitate prepediti, et tunc vicarios honestos, fideles et idoneos exhibebunt. Preterea fidelitatem facient thesaurario et sacriste de rebus ipsorum custodie deputatis, eos nec dampnificabunt, nec dampnificari sustinebunt. Pronuntiavimus etiam et consentiente ipso H. episcopo, a partibus fuit concessum, quod licet bone memorie Guillelmus quondam Autissiodorensis episcopus, in litteris sibi retinuerit potestatem addendi aut mutandi circa premissa, ad successores episcopos illam clausulam non extendi; immo ipsam mutationem vel additionem institutori presentialiter reservatam. Nos igitur, quia de quibusdam aliis articulis non componere potuimus, nec pronuntiare, de eis consilium habuimus, salvo jure partium, super nos determinatis, pro his que determinavimus presentes litteras scribi, et sigillorum nostrorum fecimus appositione signari. Ego vero Philippus, quod proprium sigillum non habeo, sigillum Domini G. de S. Ferreolo concanonici nostri, presentibus litteris apponi feci. Actum anno gratie millesimo ducentesimo tricesimo tertio, mense junio.

(*Ex autographo.*)

N° 466.

Lettre par laquelle un curé de Saint-Gervais d'Auxerre donne sa personne et ses biens aux Templiers (1).

(An 1233, novembre.)

Omnibus presentes litteras inspecturis, magister Willelmus officialis curie Autissiod., salutem in Domino. Noverint universi quod in nostra presentia constitutus Robertus presbyter S. Gervasii Autissiod., recognovit quod ipse dederat, quinque annis jam elapsis, se et sua bona mobilia et immobilia ubicunque sint fratribus militie Templi ; et se et dicta bona sua iterum dedit dictis fratribus coram nobis, tali tamen conditione apposita quod quumcunque voluerit ipse possit assumere habitum dictorum fratrum. Et ipsi fratres tenebuntur eumdem Robertum in domibus et societate eorum recipere sicut fratrem. In cujus rei testimonium presentes litteras sigilli Autissiod. curie fecimus munimine roborari.

(1) En 1252, le même Robert ratifia cette donation.

Actum anno Domini MCCXXXIII, mense novembri.

(*Arch. de l'Empire, S.* 5235, *Cartul. des Templiers d'Auxerre, f.* 7, *v°*.)

N° 167.

Donation au prieuré de S. Thibaud des Bois.

(An 1233, avril.)

Omnibus presentes litteras inspecturis, R. abbas et conventus Sancti-Germani Autissiodorensis, salutem in Domino. Notum vobis facimus quod in recompensationem nemoris de Expissia siti subtus domum nostram de Bello-Monte juxta fontem, cujus pretium venditionis habuimus, dedimus et concessimus domui nostre supradicte molendinum nostrum de Villeta libere et pacifice in perpetuum possidendum a fratre nostro qui eadem domo pro tempore fuerit institutus. In cujus rei testimonium et perpetuam firmitatem, quia nos conventus sigillum nostrum penes nos ad presens non habemus, sigillum venerabilis fratris et prioris nostri, cum sigillo reverendi patris Regnaudi abbatis nostri, presentibus litteris duximus apponendum. Actum anno Domini millesimo ducentesimo trigesimo tertio, mense aprili.

(*Ex Cartul. S. Germani Autiss.*)

N° 168.

Vente pour trois ans par Guy comte d'Auxerre, à la communauté de ses bourgeois de cette ville, de la cense qu'ils lui devaient.

(An 1234, septembre.)

Ego Guido comes Nivernensis et Forensis, et ego M. comitissa uxor ejus : notum facimus universis presentes litteras inspecturis, quod nos vendidimus dilecto nostro Joanni Columbi, et communitati burgensium nostrorum de Autissiodoro censam nostram de Autissiodoro, de tribus annis, integre, pro mille ducentis libris Turonensibus, de quibus confitemur nobis fuisse plenarie satisfactum in pecunia numerata. Que censa solet nobis reddi singulis annis ad octavas Natalis Domini, ita quod predictus Joannes, et predicta communitas burgensium possunt et poterunt facere et levare quodcumque voluerint sine aliqua occasione, aut reprehensione, seu accusatione censam eandem per se sine tallia vel cum tallia Autissiodor., prout ipsis visum fuerat melius expedire, nec nos, nec alius pro nobis aut nomine nostro poterimus contradicere vel contraire predicto Joanni et predicte communitati burgensium, quominus possint, sicut predictum est, predictam censam facere et levare. Concessimus etiam et concedimus, quod si predictus Joannes et communitas burgensium in hoc unanimiter convenerint, videlicet quod prefatus Joannes haberet per se sine burgensibus, vel burgenses sine Joanne istam pactionem, seu conventionem predicte cense, nos tenemur, et teneremur illi parti cui predicta censa remaneret omnes pactiones et promissiones predictas, bona fide tenere, et servare et garentire. Et quoniam mise et expense prisiarum et arestorum burgensium Autissiodor. pagari solent de censa supradicta, nos pro his misiis et expensis que accidere possent in manibus predictorum Joannis et communitatis burgensium obligamus prepositurani, la Crierie, la Lye, et forum et nundinas Autissiodorenses, donec super hoc esset ipsis plenarie satisfactum; et si omnia ista predicta ipsis non sufficerent, obligamus insuper cum predictis dicto Johanni et communitati burgensium censam quarti anni futuri pro omnibus dampnis et deperditis et defectibus, et pro omnibus promissionibus et pactionibus predictis bona fide tenendis et servandis, et pro bona pace et concordia nostri et burgensium nostrorum, et Joannis Columbi, nos et successores nostros quoscumque per presentes litteras ad omnia bona fide tenenda et servanda et garantizanda se pedictis Joanni et communitati burgensium specialiter obligamus, salvis in omnibus et per omnia punctis karte burgensium predictorum. In cujus rei testimonium presentes litteras fecimus nostrorum sigillorum munimine roborari. Actum apud Autissiodorum, anno Domini millesimo ducentesimo triccsimo quarto, mense septembri.

(*Ex autographo.*)

N° 169.

(An 1235, août.)

Accord entre l'évêque d'Auxerre et les Hospitaliers de Saint-Jean de Jérusalem, au sujet de l'église de Sacy.

G. Dei gratia, Senonensis archiepiscop., omnibus presentes litteras inspecturis salutem in Domino. Noverint universi quod cum esset in nos compromissum a venerabile fratre H. Autissiodori episcopo ex una parte, et a fratre Johanne de Monte-Grosino priore domus hospitalis Jerusalem in Francia, pro fratribus hospitalis ex altera, super diversis querelis hinc inde propositis prout in quibusdam litteris nostro sigillo et sigillo bone memorie G. quondam Carnotensis episcopi sigillatis, plenius continetur. Tandem de bono et equo dictionem nostram protulimus in hunc modum : primo diximus quod per ea que dicemus in nullo fiat prejudicium privilegiis hospitali, nec per eadem ipsorum privilegia in aliquo amplientur. Diximus eciam quod pro injuria clerico domini episcopis Namomensis illata tradet magister hospitalis domino episcopo Autissiodori viginti libras Turonenses; et pro istis viginti libris liberati erunt fratres ab injuria et dampnis dicto clerico illatis. De illis autem qui tradit, dicuntur fuisse ecclesiastice sepulture tempore interdictionis a fratribus hospitalis, diximus quod frater Symon magister domus hospitalis parisiensis, nomine fratrum dictorum, emendabit in manu domini episcopi Autissiodori injurias sibi a fratribus antedictis illatas, quam pro querelis dictorum fratrum extrahentur a cimeterio. Diximus eciam de capella quam construxere dicuntur fratres dicti, tempore interdicti, apud Saciacum, quod campane, altare et omnia singula capelle amovebuntur, domo in qua erat capella in suo statu pristino remanente. Adjicimus eciam per dictionem nostram quod dicti fratres claves ostii ecclesie parrochialis de Saciaco, quod est a parte domus fratrum antedictorum, de cetero habebunt et libere per ostium illo quocumque voluerint intrabunt et celebrabunt in uno altarium ejusdem ecclesie divina quamcumque voluerint; et pulsabunt in matutinis missa et vesperis, dum modo per hoc parochiale officium non impediatur; et si que oblationes seu obventiones alie ad missam eorumdem fratrum obvenerint eamdem porcionem in illis sacerdos parochialis habebit quam habet in illis que ad missam ejusdem presbyteri fuerit, et eamdem portionem habebunt fratres hospitalis in oblationibus seu obventionibus que venient ad missam eorum quam habent in eis que fiunt in missa sacerdotis parochialis. Diximus eciam quod si contingeret ecclesiam de Saciaco interdicto supponi, dicti fratres poterunt nichilominus in illa ecclesia celebrare divina, voce submissa, clausis januis, interdictionis et excommunicatis exclusis. Adjicimus etiam quod fratres hospitalis omnes oblationes seu obventiones que tempore interdicti, videlicet a festo beati Luce evangeliste usque ad dominicam qua cantatur « isti sunt dies » facte fuerunt seu obvenerunt in dicta capella integraliter restitueret sacerdoti ecclesie parochialis, et de illis oblationibus tradentur veritati fratris Parisii magistri domus hospitalis de Saciaco; qui frater Parisius centum solidos Turonenses cum omnibus oblationibus et obventionibus predictis tradet in manu domini episcopi Autissiodor., restituendis presbyteros de Saciaco pro dampnis et deperditis quas sustinuit occasione interdicti supradicti; et idem episcopus Autissiodorensis faciet quittari dictos fratres a dicto presbytero de omnibus dampnis et deperditis antedictis. Actum anno Domini M. CC. tricesimo quinto, mense Augusto.

(*Arch. impériales. S.* 5241, 71e *liasse, n° 1*).

N° 470.

(An 1236, juin.)

Liquidation de société de commerce entre Léo et Pierre Didaut orfèvres.

Omnibus presentes litteras inspecturis, officialis curie decani Autissiodorensis salutem in Domino. Notum facimus universis quod in nostra presentia constituti Leo aurifaber maritus Florie Pipariæ, ex una parte, et Petrus Didaut frater dicte Florie ex altera, recognoverunt se esse partitos et divisos de quadam societate que diu extiterat inter ipsos. Recognoverunt etiam quod ita erat ordinatum inter ipsos : quod dictus Petrus solveret creditoribus omnia debita que in dicta societate contracta erant a dicto Petro et non alia debita, exceptis debitis de Bituris et de Corbigniaco, que dictus Leo debet reddere; et haberet dictus Petrus omnia debita et omnia mobilia que debentur societati ubicumque essent; et quod dictus Leo recederet dicto Petro viginti sex libras turonenses, hiis terminis : videlicet in quindena Nativitatis Beati Johannis-Baptistæ tres decem libras, et in octabas Assumptionis Beate Marie tres decim libras, sex autem libre que sunt ultra dictas viginti libras sunt, de duodecim libris quas Guillelmus quondam eorum socius debebat, eidem Petro; et de utensilibus communibus inter ipsos que habebat dictus Leo, quilibet partem suam habebit equaliter. De operatorio autem quod est apud Autissiodorum ita ordinatum est : quod dictus Petrus inde habebit et tenebit quicquid juris habebant dicti Leo et Floria, et censam salvet pro utraque parte. Ita tamen quod si dictus Leo de Bituris redierit, et in dicto operatorio operari voluerit, in eo posset operari, et solveret medietatem tocius cense. Et propter ista pacta et conventiones ipsi Petrus et Leo et uxores eorum de omnibus in perpetuum se mutuo quittaverunt, per fidem prestitam, promittentes quod contra quittationem istam per se vel per alium non venient in futurum. Hec alter alterum seu alterius uxorem aut liberos super hiis de cetero molestabit. Si autem dictum Leonem contingeret deficere in solutione predictarum vigniti sex librarum, terminis prenotatis, conventiones predicte et quittationes nulle essent. Nec dictus Petrus, occasione predictarum conventionum dicto Leoni in aliquo teneretur. Actum anno Domini M° ducentesimo tricesimo sexto, mense junio.

(Arch. impér. Sect. Dom. S. 5240, carton 195, liasse 57, n° 1).

N° 171.

Franchises accordées à ses Bourgeois de Sacy, par le prieur de l'ordre de S. Jean de Jérusalem.

(An 1236, juillet.)

Universis presentes litteras inspecturis, Frater Johannes de Monte-Grosino, sancte domus hospitalis Jerosolymitani Prior humilis in Francia, salutem in Domino. Notum facimus universis quod nos, de consilio et assensu fratrum nostrorum, burgensibus nostris et eorum heredibus in villa nostra de Saciaco commorantibus et in posterum moraturis confirmavimus usus, consuetudines et franchesias omnes in dicta villa constitutas, approbatas et hactenus observatas : quas usque ad hec tempora habuisse noscuntur. Concessimus insuper ipsos quandiu in dicta villa commorantes pro burgensibus nostris liberis se tenebunt quittos esse et immunes tam in die mercati quam per totam septimanam de omni minagio, tonlcio et aliis costumis que ab hiis qui ad mercatum veniunt solent exigi ratione mercati emendo vel vendendo, salvo nostre domui, quod ipsi omnes vel aliqui eorum qui ad stallos nostros vel archas nostras in die mercati vendent stallagium et sallagium in dicto mercato statutum reddent nobis. Concessimus etiam eisdem quod stallos et archas infra censivas suas si voluerint habebunt in die mercati, et in aliis diebus libere, sicuti usque ad hec tempora habuerunt; hoc tamen nobis salvo quod stallos dictos vel archas nemini locare vel commodare poterunt, nisi libris nostris burgensibus in dicta villa commorantibus, quin habeamus ex eis stallagium et sallagium sicut de nostris propriis habemus. Volumus etiam et concessimus quod bicheta et alias mensuras bladi et vini libere habeant et habitis libere utantur, sicut usque nunc sunt usi; excepto tamen quod dictas mensuras bladi non poterunt locare vel mutuare, nisi tantummodo burgensibus nostris in franchesia dicte ville commorantibus; et si per ignorantiam seu negligentiam alicui extraneo dictas mensuras locaverint vel commodaverint, et jurare velint, quod non constabat eis quod ille cui locaverunt vel commodaverunt dictas mensuras esset extraneus vel extra franchesias dicte ville, inde per juramentum suum nostro mandato prestitum credentur et erunt quiti. Condictum etiam fuit et insertum quod baillivus noster qui ibi erit pro tempore mensuras bladi, vini, libras, pondera et omnes alias mensuras ad quas per dictam villam mensurabunt vel mensuraverunt quotienscumque et quandoque volet capi faciet et readjustari, et illi qui injustas mensuras habuerint, domus nostre baillivo emendabunt, et de emenda satisfacient ei secundum delicti quantitatem, et illi qui justas mensuras habuerint, readjutatione facta suas quittas reportabunt. Preterea voluimus et confirmavimus quod furnus communis dicte ville qui juxta domum Girardi Fautrerii situs est ibi in perpetuum existat, et quod in eodem furno coquant omnes gentes ejusdem ville ad furnagium et costumas ad quas hactenus coquere consueverunt, et quod ad plus non possint cogi in futurum. Hec autem omnia supradicta concessimus et confirmavimus eis, salvis nobis omnibus redditibus, aliis costumis, justitiis, commodis et proventibus que in eadem villa habere et percipere consuevimus, antequam ibi mercatum haberemus et predictam concessionem eis confirmaremus. Si vero inter nos ex una parte et burgenses nostros villa de Saciaco, vel aliquem eorum ex altera, super usibus, consuetudinibus et franchesiis prenotatis et super hiis que non sunt expressa et declarata evidenter in presenti carta discordia orta fuerit, per sex burgenses nostros de Saciaco quos nos eligemus, et per sex alio burgenses nostro de eadem villa quos ipsi vel aliquis eorum discordiam habentes contra nos eligent id quod illi duodecim vel major pars eorumd. per juramenta sua coram mandato nostro prestita super predictis fuisse statutum, approbatum, et hactenus observatum dixerint, vel quod inde per jus ordinaverint, nos et ipsi ratum et firmum utrinque habebimus, et sine ulla revocatione tenebimur observare. Quod ut ratum et firmum permaneat in futurum, presentem cartam, de assensu fratrum nostrorum et burgensium predictorum, sigilli nostri munimine fecimus roborari. Actum anno Domini millesimo ducentesimo trigesimo sexto, mense Julio.

(*Ex autographo.*)

N° 172.

Diminution des canonicats de Saint-Laurent de Cône, ordonnée par l'évêque d'Auxerre.

(An 1240, 28 octobre.)

Bernardus, Dei gratia, Autissiodorensis episcopus : omnibus presentes litteras inspecturis, salutem in Domino. Noverint universi quod nos attendentes tenuitatem prebendarum ecclesie B. Laurentii de Conada, et considerantes quod fructus et portiones canonicorum ejusdem ecclesie ad victum et vestitum nullatenus possent sufficere, nisi sibi necessaria mendicarent, volumus et concedimus, statuentes de consensu capituli ejusdem ecclesie, ut numerus canonicorum ejus qui denarium numerum excedebat, autoritate nostra ad denarium numerum redigatur; ita quod cum prebendam aliquam in predicta ecclesia vacare contigerit, summa quatuor librarum fortium Nivernensium quotidianis distributionibus assignetur, et sic dictis quatuor libris additis illis redditibus, qui prius etiam quotidianis distributionibus deputati, distributiones per totum anni circulum durent in ecclesia memorata. De consensu etiam ejusdem capituli volumus statuentes quod canonici ejusdem ecclesie fructus prebendarum suarum nullatenus precipere presumant, nisi in ecclesia, vel in scholis, vel in peregrinatione, vel in romana curia, pro suis negotiis constituti, residentiam fecerint per tres menses : in tribus autem ultimis casibus licentia capituli peti debet. Cum vero canonicus in prefata ecclesia de novo constituitur, ejusdem prima residentia dispensationem non recipiet, quin eum per tres menses residere oporteat infra annum. Hec autem in generali capitulo statuta sunt, et singulorum canonicorum juramento firmata.

Incipiet autem annus faciende residentie ad festum S. Remigii. In cujus rei memoriam et testimonium presentes litteras sigilli nostri munimine, ad petitionem predicti capituli, fecimus roborari. Actum apud Conadam, die Dominica ante festum omnium Sanctorum, anno Domini M. CC. XL.

(*Ex Tabul. S. Laurentii de Conada.*)

N° 173.

Charte de la comtesse Mahauld la Grande, concernant l'établissement des frères Prêcheurs à Auxerre.

(An 1241, mai.)

Ego Mathildis comitissa Nivernensis : notum facimus universis presentes litteras inspecturis, quod quum nos viris religiosis Fratribus de Ordine predicatorum concessimus, ut eis liceret in civitate Autissiodorensi aliquam domum sui ordinis construere et habere, et ipsi inter alia loca civitatis domum quandam cum propria virorum venerandorum decani et capituli Autissiodorensis, sitam ad portam S. Juliani infra muros civitatis, que fuit Bernardi Porcelli ad domum sui Ordinis edificandam aptam et congruam invenissent, dicti decanus et capitulum ad instantiam nobilis mulieris Amicie relicte bone memorie Galteri de Joigniaco, et Galtierii filii eorumdem, predictam domum suam cum proprisia memoratis Fratribus concesserunt, sicut per eorumdem decani et capituli litteras nobis constituit evidenter. Quia vero dicti Amicia et Galtherus attendebant quod dicta domus dictorum decani et capituli eisdem decano et capitulo in redditibus et proventibus valebat annuatim quindecim libras Turonenses, ipsis dictis decano et capitulo dederunt et assignaverunt quindecim libras annui redditus in redditibus villa sue de Nannaio, Autissiodorensis diecesis, reddendas annis singulis apud Autissiodorum in festo B. Andree apostoli, obligantes specialiter villam ipsam et omnes redditus predicte ville pro quindecim libris dictis loco et tempore solvendis. Nos autem, de cujus feodo predicta villa de Nannaio movet, predictas concessionem et assignationem voluimus, concedimus et laudamus, et nobili viro Guidone marito nostro in transmarinis partibus existente, et nobis in ejus absentia totius comitatus administrationem gerente, presentes litteras sigillo nostro ad petitionem dictorum Amicie et Galtheri sigillatas tradidimus decano et capitulo supradictis, in cujus testimonium scripsimus. Actum anno Domini millesimo ducentesimo quadragesimo primo, mense maio.

(*Ex Tabul. Dominican. Autiss.*)

(Vide in Gallia christ. t. xii, Chartam episcopi Autiss. de eodem).

N° 174.

Etablissement de Bernard, évêque d'Auxerre, en sa cathédrale.

(An 1244, octobre.)

B..... Dei gratia Autissiod. episcopus : omnibus presentes litteras inspecturis salutem in Domino. Noverit universitas vestra, quod nos damus et concedimus in perpetuum capitulo Autissiodor. partem illam decime de Venoussia quam emimus ab Ytherio et Guidone militibus, fratribus, sub hac conditione et isto onere, quod dictum capitulum annuatim die anniversarii nostri canonicis presentibus centum solidos, et clericis de choro non canonicis quadraginta solidos distribuit, nec-non et in vita nostra, et post mortem persolvet idem capitulum sexaginta solidos distribuendos predictis clericis in Quadragesima ad officium Matutinarum. Ministrabunt insuper idem capitulum de cetero in perpetuum de fructibus predicte decime singulis diebus luminare quatuor cereorum quemlibet de duabus libris ad minus, qui ardebunt in Matutinis, Missa majori et meridie, Vesperis, et completorio quando immediate *celebrabitur post Vesperas*; nec-non in Vigiliis et in Missa anniversarii nostri. Preterea damus et concedimus in perpetuum de consensu capituli Autissiod. thesaurario et sacriste Autissiodorensi decem libras cere, quam episcopatus Autiss. habebat et percibiebat annuatim in ecclesia S. Peregrini Autissiodorensis. Ipsi vero thesaurarius et sacrista Autissiodorensis, promiserunt quod dictos cereos a nobis institutos conservabunt, accendi et extingui facient sicut suos proprios, et in festo sancte Marthe, sicut consuetum est, in festo novem Lectionum, et in festo Corone sicut in festo duplici luminare in iis administrabunt, et campanas pulsari facient. In cujus rei testimonium presentibus litteris sigillum nostrum duximus apponendum. Actum anno Domini m. cc. xliv, mense octobri.

Nos vero R. decanus et capitulum Autissiodorense dictam donationem et ordinationem, factam a prefato Domino episcopo, ratam et firmam habentes, et etiam confirmantes predicta omnia et singula bona fide promittimus observare. Quod ut ratum permaneat et firmum, presentibus litteris sigillum nostrum cum sigillo prefati Domini episcopi duximus apponendum in presentis facti testimonium et munimen. Datum eodem anno et mense.

(*Ex Cartul. Capit. Autiss. fol.* 515.)

N° 175.

Confirmation par la comtesse Mathilde d'acquisitions en faveur des Dominicains d'Auxerre.

(An 1245, 1er octobre.)

Nos Mathildis comitissa Nivernensis : Notum facimus universis, quod cum Margarita relicta defuncti Joannis de Castellione et Franciscus maritus ejus, possiderent nomine Joannis pupilli filii memorati Joannis, quoddam clausulum situm retro domum dicti defuncti Joannis, que domus dicitur appendicium, in parochia S. Petri Autissiodorensis, et fecerunt permutationem cum fratribus Predicatoribus, sicut intelleximus per P. dictum Buticularium ballivum nostrum Autissiodorensem ad hoc a nobis specialiter missum, videlicet quod dictum clausulum remanet quittum et liberum dictis fratribus, et domui ipsorum, exceptis quatuor thesiis immediate adjacentibus dicto appendicio quas sibi retinent dicti Margarita et Franciscus ad opus dicti pupilli; dicti vero fratres dederint viginti et quinque solidos monete currentis apud Autissiodorum annui redditus in excambium dicti clausuli ab ipso pupillo et ejus heredibus in perpetuum possidendos. Nos autem attendentes per dictum ballivum nostrum, et per alios fide dignos quod per dictam permutationem, pupilli conditio sit melior et augmentatur, dictam permutationem approbantes et ratam habentes, volumus in futurum habere perpetuam firmitatem. In cujus rei testimonium nos, ad petitionem dictorum Margarite et Francisci tutorum dicti pupilli, sigillum nostrum presentibus litteris duximus apponendum. Datum apud Autissiodorum, anno Domini millesimo ducentesimo quadragesimo quinto, die Dominica in festo S. Remigii, prima die mensis octobris.

(*Ex Tabul. Dominic. Autiss.*)

N° 176.

Lettres de P. cardinal du titre S. Marcel, sur le droit de procuration de l'évêque d'Auxerre dans le Prieuré de La Charité.

(An 1247, 1ᵉʳ février.)

Omnibus presentes litteras inspecturis, P., Divina miseratione, tituli S. Marcelli, presbyter cardinalis, eternam in Domino salutem. Cum coram nobis auditore dato a Domino papa peterent abbas et conventus Cluniacensis, nomine prioratus Karitatensis contra episcopum Autissiodorensem, quod nos procederemus secundum acta habita coram venerabili P.... Bituricensi archiepiscopo, arbitrio electo a venerabili patre B. quondam Autiss. episcopo et dicto abbate tunc ejusdem prioratus, priore existente, super quibusdam procurationibus ad quas idem episcopus in dicto prioratu admitti consueverat, ut dicebat procurator episcopi et capituli; ex adverso respondit quod talis compromissio facta a dicto episcopo successorem ejus non obligabat, nec valere poterat cum effectu, cum capitulum Autissiodorense in hoc non consensisset, imo per litteras patentes ad nos directas et in judicio ostensas dictum compromissum et processum ejusdem peteret revocari. Nos vero, habito bonorum virorum consilio, cum nobis constiterit evidenter quod capitulum expresse contradicebat, nec aliquo modo nobis constiterit quod in compromissione predicta aliquo tempore predictum capitulum consensisset, interloquendo pronuntiavimus predictum episcopum ex compromissione facta a predecessore suo nullatenus teneri, et hoc notum facimus universis. Datum Lugduni XIII. kalend. februarii, pontificatus D. Innocentii pape IV, anno tertio.

(*Ex autographo.*)

N° 177.

Lettre de Gui, évêque d'Auxerre, au sujet de la reddition de foi et hommage faite en sa présence pour la comtesse Mathilde par Jocerand de Rivière, pour la châtellenie de Villiers-la-Mote, près Donzy.

(An 1243, 3 juillet.)

G. Dei gracia Autissiodorensis episcopus, universis presentes litteras inspecturis in Domino salutem. Noverint universi quod in nostra presentia constitutus Jocerandus de Riparia, miles, recognovit se cepisse in feodum et homagium a dilecta et fideli nostra Mathilde comitissa Nivernense, domum suam fortem que vocatur Mota de Villers sitam prope Donziacum, cum stanno et pertinenciis dicte domus. Recognovit etiam dictus Jocerandus quod dicta domus jurabilis est et redibilis ad magnam vim et ad parvam dicte comitisse et heredibus Donziaci, quocienscumque a dicta comitissa vel a dictis heredibus Donziaci, vel ab eorum mandato secum suas patentes litteras deferenti, idem Jocerandus, vel ejus heredes super hoc fuerint requisiti. Et ipsa comitissa aut heredes Donziaci, dicto Jocerando vel ejus heredibus, aut certo ipsorum mandato, dictam domum reddere tenebuntur meo poncto et ita garnitam, prout eis tradita fuerit dicta domus, sicut ipsa comitissa in nostra presentia recognovit. Supposuit autem dictus Jocerandus quoad hec juridictioni nostre se volens et concedens, quod nos et successores nostri ipsum et ejus heredes possimus excommunicare ubicumque fecerint mansionem, si contra hujusmodi conventionem venire aliquatenus attentarent. In cujus rei testimonium nos, ad petitionem dictorum comitisse et militis, sigillum nostrum presentibus litteris duximus apponendum. Datum apud Donziacum, die mercurii in quindena Sancti Johannis Baptiste anno Domini millesimo ducentesimo quadragesimo octavo, mense julio.

(*Original, Arch. impér. J. 256, n° 52.*)

N° 178.

Origine du prieuré de Plain-Marchis, de l'ordre du Val-des-Choux.

(An 1249.)

Omnibus presentes litteras inspecturis, prior et conventus de Espallo Autissiodorensis diecesis, salutem in Domino. Notum facimus quod cum nobilis vir bone memorie Johannes de Tociaco miles, grangiam suam de Boraz et pertinentias et quedam alia, prout in litteris ipsius super hoc confectis plenius continetur, ob remedium anime sue contulerit in augmentum reddituum ad fundandum aliquam domum religiosam in capella de Plain-Marchis, Autissiodorensis diecesis, ad voluntatem et arbitrium reverendi patris et Domini G. Dei gratia, episcopi Autissiodorensis et venerabilium virorum M. archidiaconi et... prioris Fratrum Predicatorum Autissiodorensium exequutorum dicti nobilis, et dicti exequutores de collegio et conventu nostro fratres elegerint ad fundandum domum religiosam in cappella predicta, et posuerint seu collocaverint in eadem ut ibi perpetuo regularis observantia nostri ordinis observetur : Volumus, concedimus et recognoscimus domum predictam de Plain-Marchis dicto episcopo et ejus successoribus in omnibus subjectam, sicut domus nostra de Espallo et alie religiose domus Autissiodor. diecesis non exempte. Recognoscimus etiam dictum episcopum et successores ipsius habere in dicta domo, in perpetuum, visitationem et correctionem tam in capite quam in membris, et fratres illuc mittere poterimus et mutare pro utilitate dicte domus et religionis honestate. Tamen numerus fratrum sine consensu episcopi non poterit augmentari. Priorem etiam ejusdem domus, si ad hec accedat voluntas et consensus Autissiodorensis episcopi poterimus amovere. Cujus prioris electio ad conventum dicte domus pertinebit, confirmatio vero, institutio ad episcopum pleno jure. In cujus rei testimonium sigillum nostrum presentibus duximus apponendum. Datum die veneris ante Ramos Palmarum, anno Domini. M. CC. XLIX.

(*Ex Tabul. episc. Autiss.*)

N° 179.

Fragments concernant les rits de l'église d'Auxerre, tirés de l'Obituaire écrit vers l'an 1250 et écrits pareillement dans le même temps.

(An 1250.)

A la fin du mois de février il y a ce qui suit:

In capite jejunii legitur de expositione, etc.

Post Dominicam vero primam Quadragesime, singulis diebus, ad collationem, legitur de libro Josue et Judicum, et cum hi defecerint, lege residua Homiliarum que leguntur singulis noctibus.

In sexta feria post Focos est prima processio ad S. Amatorem, secunda est ad S. Simeonem, tertia ad S. Gervasium, quarta ad S. Eusebium, quinta ad Beatam-Mariam extra-muros, sexta per ecclesias civitatis.

A la fin du mois de mars.

Nota quod in vigilia Pasche et Pentecostes, in missa, debet cantor legere primam lectionem si sit presens; si vero non sit presens, succentor; secundam tertiam et quartam tres diaconi canonici.

In die Pasche fit processio apud Sanctum-Germanum cum duabus crucibus et duobus cereis, et duobus thuribulis, et capis solemnibus; secunda feria apud S. Petrum; tertia ad S. Amatorem; quarta ad S. Julianum; quinta ad S. Eusebium; sexta ad S. Gervasium, sabbato ad Nostram Dominam extra-muros : et he processiones fiunt cum duabus crucibus sine capis et sine thuribulis.

In die Ascensionis fit processio ad Sanctum-Germanum ut in die Pasche.

In die Pentecostes et per octavam sicut dictum est die Pasche et de octavis.

Au premier jour de mai.

In vigilia S. Amatoris debet sacrista unum cereum qui debet ardere in vigilia, et tota die et nocte.

Au milieu du mois de mai.

Ordo processionum in Rogationibus.

Prima die apud S. Symeonem, in reditu missa apud S. Germanum.

Secunda die, apud S. Petrum, apud S. Marianum, apud S. Gervasium, apud S. Julianum, et ibi missa.

Tertia die, apud S. Amatorem, apud S. Eusebium, apud S. Georgium, apud Cellas veteres, et in reditu missa ad nostram Dominam extra muros.

Au milieu du mois de décembre.

Die mercurii in jejuniis, erit prima lectio in Matutinis, Missus et Gabriel, et legitur totum evangelium quasi lectio, et propriam debet legere sacerdos tortarius vel canonicus indutus sacerdotalibus ornamentis cum duobus cereis et thuribulis.

Vigilia Nativitatis Domini ordo lectionum :

Primam, secundam et tertiam, tres sub diaconi canonici; tres medias, tres diaconi canonici; tres ultimas, tres persone, si presentes fuerint. Quod si non fuerint, legent tres sacerdotes canonici antiquiores.

Dans les préliminaires de cet Obituaire sont marqués les usages suivants :

Hec sunt festa in quibus canonici et tortarii accipiunt duplicem portionem vini in cellario.

Nativitas Domini, festum S. Stephani, quod est in crastino, Epiphania Domini, purificatio B. Marie, Dominica esto mihi, Resurrectio Domini, Ascensio Domini, Pentecoste, Anniversarium Stephani episcopi Eduensis, festum S. Stephani de augusto, Assumptio B. Marie, festum omnium Sanctorum, festum B. Martini hiemalis, translatio corporis B. Stephani in Bizantium.

He sunt stationes :
D. episcopus x. sol. pro S. Amatore, et vi. sol. pro Nostra-Domina.
S. Eusebius x. sol., et pro gastellis xii. solidos.
S. Gervasius x. sol., et pro gastellis xii. solidos.
S. Julianus x. sol.
S. Germanus x. sol. pro duabus processionibus, et v. sol. pro Vacca-varia.
S. Petrus xii. sol. pro gastellis.

Antiphone.
D. episcopus xl. s. D. decanus xl. s. Dominus archidiaconus lxx. s. D. Thesaurarius xl. s. Dominus cantor xl. s. et solvuntur ad Nativitatem Domini. Summa xi. lib. x. s.

N° 180.

Lettres de Mahauld, comtesse d'Auxerre, à l'occasion d'un partage de biens où les moines de Saint-Nicolas proche Entrains sont nommés.

(An 1250-51, mars.)

Noz Mahauz contesse de Nevers : faisions assavoir à tous ceulx qui............ Messire Jofroiz de Bulli mareschaut de Nevers, qui mort est oust donet sa filie Ysabeau..... à Monsignor Guiom Berchart, chevalier, et oust donet ce fu en mariage à celi Ysabeau la terre que il..... Borbonois en fie de monseignior Archembaut lo seignior de Borbon, et la terre que il tenoit à ses... près de Borbon l'ausier qui estoit do fie Symonin de Luzy, les quex terres cil diu seignior tenoit,.... avoient prises et mises en lour main, si con il disoient, pour ce que cil seignior disoient que il ne les avoit données à celui Jofroi de Bulli josque à sa vie, et cum cis Guis Berchars et cele Ysabiaus sa femme, leq..... après sa mort, celui Jofroi à nostre amie et à nostre facle, à Adeline la Mareschaude de Nevers, et à Jehan, et à Jofroiz ses fils, que il lor garentissent celes terres dessus nommées, où que il lor rendissent droite partie des choses à celui Joffroi de Bulli Mareschaut. A la parfim fut accordé entraux à telle maniere que cel Adeline la Marechaude por bien et por pays metre entr'aus dona à celui Guion et à cele Ysabiau sa filie por leschange de celle terre dessus nommée, quque 'ale avoit es molins do Mex, qui sient sur la rivière de Nevre, et quque ale avoit ço disme de vin de Nannai, san ce que li moine de S. Nicholas près d'Entraiem y doivent prendre chacun an quittement et delivrement, senz nul contredit, en la cue et o pressoi dis muis de vin à la mesure d'Aucurre por les moone quo cil Jofroiz de Bully avoit faite es devandiz moines, à tenir et à avoir perduraublement de celui Guion, et de cele Ysabeau, et de lur hoirs à tot jour en eschange de ces terres que cil Jofroiy devandit avoit doné en mariage à celi Ysabiau. Lesques terres et cele Ysabiaus sa femme ont quitez devant nox et de Adeline à celui Jofroiz, et lur hoirs à totans que jamais ne les porront rien demander, et cil Jehan et cil Joffroiz voissirent, et erent cele compensation que cele Adeline les avoit faite por la terre devant dite, et quitterent celui Guion et cele Ysabiau à lur hoirs à tot jours sauve droit eschoire. Et nox Mahaux contesse de Nevers dessus nommée, à la requeste de tot ceans qui sont dessus nommez, avons fait sceeller ces lettres de nostre saiaul, en tesmoin de vérité. Ce fu fait à Murat dessus Billi, le mardi prochiene empres la mi-karoimme en l'an de Nostre-Segnior mil et does cens et cinquante, ou mois de mars.

(*Tiré de l'original.*)

N° 181.

Don aux Frères Mineurs de la place qu'ils occupaient à Auxerre, par la comtesse Mahauld.

(An 1252, avril.)

Nos Mathildis comitissa Nivernensis : notum facimus universis, quod nos, solo charitatis intuitu, et ob remedium anime nostre et parentum nostrorum, concessimus ordini Fratrum-Minorum in civitate nostra Autissiodori, locum illum in quo ipsi morantur, qui noster erat, et de justitia nostra, ad inhabitandum ibi, omnem libertatem quam Fratrum necessitas et ordinis requirit utilitas quantum ad loci habitationem, quandiu ibidem moram fecerint, ipsis in omnibus concedentes, hoc tamen salvo, quod porta que sita est ad caput ecclesie ipsorum Fratrum, videlicet illa que est inter portam dictorum Fratrum, per quam communiter ingreditur et ecclesiam cathedralem, obstruatur infra annum. Retinemus autem nobis et nostris heredibus proprietatem fundi, usu Fratribus, sicut superius expressum est, remanente. Ita tamen quod si aliqua occasione dictos Fratres de dicto loco contingat recedere, edificia et usu ad nos et heredes nostros libere revertantur. Quod ut ratum et firmum permaneat in futurum, presentes litteras sigilli nostri munimine roborari fecimus. Datum apud Intrannem, anno Domini M. CC. LII. mense aprili.

(*Ex Tabul. FF. Minor. Autiss.*)

N° 182.

Charte de Henri III, roi d'Angleterre, seigneur d'Irlande, duc de Normandie, etc., contenant don de 20 marcs sterlings de rente à prendre sur sa ferme de Cantorbéry, en faveur de l'abbaye de Pontigny, à charge, par les moines, d'entretenir perpétuellement quatre cierges allumés dans leur église, autour de la châsse de saint Edme, confesseur.

(An 1252, 4 novembre.)

Henricus, Dei gracia, rex Anglie, dominus Hibernie, dux Normanie, Aquitanie et comes Andegavensis, omnibus ad quos presentes littere pervenerunt salutem. Sciatis nos dedisse, concessisse et hac carta nostra confirmasse, pro nobis et heredibus nostris, dilectis nobis in Christo abbati et conventui de Pontiniaco, viginti marcas sterlingorum, singulis annis percipiendas in perpetuum, de firma civitatis nostre Cantuarensis ad Pascha, per manus ballivorum nostrorum ejusdem civitatis, ad quatuor cereos continue ardentes sustentandos in ecclesia sua de Pontiniaco circa feretrum beati Edmundi confessoris ibidem. Et si forte contingat quod dicti abbas et conventus de Pontiniaco subtraherent dictos quatuor cereos, subtraherentur eis dicte viginti marce annue: Ita videlicet quod nichil de predictis viginti marcis percipient quandiu dictos cereos continue ardentes non invenerint. Hiis testibus: Raderio filio Nicholai, Bertramo de Cryoyl, magistro Willelmo de Kilkermy archidiacono Coventri (?) Roberto de Schotenduno, Roberto Valerendo, Willelmo de Chaeny, Villelmo Gernun, Raderio de Bakeput et aliis.

Data per manum nostram apud Bruerias, quarto die novembris, anno regni nostri tricesimo sexto.

(Pièce scellée du sceau royal sur lacs de soie rouge; figurant d'un côté le roi sur son trône tenant d'une main le globe crucifère et de l'autre l'épée; un croissant sur la tête; de l'autre côté le roi à cheval l'épée à la main).

(*Archives de la préfecture de l'Yonne, fonds Pontigny.*)

N° 183.

Don de la place du cimetière des juifs à Auxerre, aux Ecoliers dits les Bons-Enfants, par la comtesse Mahauld.

(An 1253, juillet.)

Nos Mathildis comitissa Nivernensis: notum facimus universis presentibus et futuris, quod nos solo pietatis intuitu, dedimus et concessimus in puram et perpetuam eleemosynam, ob remedium anime nostre et antecessorum nostrorum Scolaribus morantibus apud Autissiodorum, qui Boni-Pueri nuncupantur, plateam sitam Autissiodori, prope domum Fratrum-Predicatorum in qua fuit aliquando cimeterium Judeorum. Nolumus etiam enim, et quantum expressius possumus inhibemus ne judei in dicta platea vel civitate, quacunque ratione possint in posterum aliquid reclamare. Retinemus autem nobis, quod si forte dictos Bonos-Pueros habitationem dicti cimeterii cum domibus eorum ibidem edificatis et edificandis deserere contigeret, dictum cimeterium cum predictis omnibus ad nos, vel heredes seu successores nostros, cum pertinentiis dicti loci libere devenirent, salva nobis omni nostra justitia in predictis. In horum autem testimonium et munimen, presentibus litteris sigillum nostrum duximus apponendum. Datum apud Muratum, castrum nostrum, anno Domini millesimo ducentesimo quinquagesimo tertio, mense julio.

(*Ex Tabul. FF. Prædic. Autiss.*)

N° 184.

Confirmation d'une donation faite à l'abbaye des Isles, par Hugues de Mailly.

(An 1254.)

Nos Mathildis comitissa Nivernensis, notum facimus universis quod nos donum, collationem, seu elemosynam quos vel quas dilectus et fidelis noster Hugo de Maliaco miles, fecit ecclesie de Insulis et sanctimonialibus ibidem Deo et Beate Marie servientibus, videlicet de septem arpentis terre sitis in territorio de Joinches que movebant de nostro refeodo, bona fide volumus, concedimus et laudamus. In cujus rei testimonium presentibus litteris sigillum nostrum duximus apponendum. Datum apud Maiers, anno Domini millesimo ducentesimo quinquagesimo quarto, mense maio.

(Pièce en parchemin scellée du sceau brisé de la comtesse, sur lacs de soie rouge.)

(*Ex Tabul. Abbat. de Insulis. — Archiv. de l'Yonne.*)

N° 185.

Déclaration de l'abbaye de Saint-Père, sur les églises de Venouse et Rouvray.

(An 1255.)

Universis presentes litteras inspecturis, B. abbas, totusque conventus ecclesie S. Petri Autissiodorensis, salutem in Domino. Noverint universi quod abbas et conventus Sancti-Germani Autissiodorensis percipiunt in ecclesia nostra de Rovreto, singulis annis, partem inferius annotatam, videlicet medietatem oblationum que fiunt in dicta ecclesia in festo omnium Sanctorum, exceptis parrochianis de Venossa, quorum oblationes totaliter ad priorem nostrum perveniunt, scilicet ad priorem de Venossa, et sic in festo Nativitatis Dominice subsequentis et in Purificatione Beate-Marie, similiter in festo Sancti-Georgii, quicquid in die provenit, medietas ad eosdem videlicet abbatem et conventum Sancti-Germani tam de parrochianis Venussie quam de aliis, undecumque venerint, debet similiter evenire, excepta vigilia et tota nocte, diem festum precedente, quorum totum et emolumentum debet ad priorem predictum de Venussia totaliter devenire, in tota vero minuta decima totius parrochie Sancti-Georgii dicti abbas et conventus S. Germani medietatem percipiunt, reliqua medietate priori de Venussia remanente. Si vero contigerit quod in festo Beati-Georgii et aliorum festorum superius expressorum, aliquis de parrochianis ejusdem ecclesie decesserit, et eodem die ibidem sepulture traderetur, dicti abbas et conventus Sancti-Germani nihil perciperent in eis que pro defuncto offerentur. Quicquid vero dicti abbas et conventus Sancti-Germani in dicta ecclesia de Rovreto percipiunt, prout superius est expressum, possunt in manu sua tenere, vel cuicumque voluerint admodiare. In vigilia vero Pasche, quicquid residui fuerit de veteri cereo benedicto, prior de Venussia uno anno percipiet, et dicti abbas et conventus S. Germani alio subsequenti anno, et hec omnibus tenore presentium intimamus. Et quia nos conventus sigillum non habemus,

sigillo abbatis nostri contenti sumus. Datum anno Domini millesimo ducentesimo quinquagesimo quinto, mense martio.

(*Ex Tabul. S. Petri Autiss.*)

N° 186.

Bulle du pape Alexandre IV, par laquelle il est permis aux religieux de l'abbaye Saint-Germain d'enterrer dans leur monastère, pendant l'interdit général, à l'exception des excommuniés et des usuriers.

(An 1255, 23 juillet).

Alexander IV, episcopus, servus servorum Dei, dilectis filiis abbati et conventui monasterii Sancti-Germani Autissiodorensis, salutem et apostolicam benedictionem. Volentes vobis ocio sancte conversationis vacantibus graciam facere specialem qua Deo per meritum et per exemplum aliis placeatis, vobis auctoritate presentium indulgemus ut cum generale terre fuerit interdictum, liceat vobis omnes ad sepulturam admittere qui apud vos in ultima voluntate se elegerint sepeliri, illis dumtaxat exceptis qui nominatim interdicti vel excommunicati fuerint, aut usurarii manifesti. Ita tamen quod ecclesiis parrochiarum a quibus sumuntur corpora mortuorum canonica porcio integraliter reservetur. Nulli ergo etc., si quis autem etc. Datum Anagnie x kalendas augusti, pontificatus nostri anno primo.

(*Ext. du Cartul. de Saint-Germain. Biblioth. d'Auxerre.* mss n° 140. f° 15 v°.)

N° 187.

Règlement de police à Auxerre, sur le pain, rendu par l'évêque et la comtesse.

(An 1256, juin)

Nous Guiz, par la grace de Dieu, évesque d'Auceurre, et nous Mahauz contesse de Nevers : à tous ces qui ces presentes lettres verront et orront, que nous avons ordenes et establi à Auceurre... pain à vendre de mil feur fors que d'un denier ou de deux ou de quatre deniers...... à relais en nul leu, ne à nul jour de la semaine, fors que solemant au dimenche et fors..... ou la draperie soloit estre, les quex estans, ils auront à ce faire pour noiant sans nul ber..... des ores en avant pain à vendre à Auceurre. Il jurra sur sainz cest établissement..... a tant que la rens japele. Et se il avenoit que aucuns feist contre cest..... il perdroit tout son pain qu'il auroit fait pour vendre, et seroit..... par la main de deus prodes homes desquex chacun de nous mettra un..... gier quant il li plaira. Aprei nous avons ordene et establi que nus..... ne environ Auceurre pour que il soit meus à venir à Auceurre, ne par terre.... resme jùsqu'à la mi-aoust. Et quiconques fera contre cest establissement, il perdra...... pour Dieu par la main aux prodeshomes desusditz; et cist establissement dureront... nous les rappelons. Et en tesmoing de ces choses, nous avons fait mettre nos seiaus à ces presentes. Cist establissement et ces letres furent faites à Mayers, lou jour de Pentecouste, l'an mil et deux cens et cinquante-six, ou mois de juien lou grant.

(*Tiré de l'original.*)

N° 188.

Manumission par l'abbaye de Saint-Germain, des hommes de la ville et faubourgs d'Auxerre qui étaient de sa dépendance, avec la confirmation par l'archevêque de Sens.

(An 1256, juin.)

Universis presentes litteras inspecturis. Henricus, miseratione divina, Senonensis archiepiscopus, salutem in Domino. Notum facimus nos litteras dilectorum in Christo filiorum J. abbatis, totiusque conventus S. Germani Autissiodorensis, non cancellatas, non abolitas, nec in aliqua parte sui viciatas, vidisse et diligenter inspexisse in hec verba.

In nomine sancte et individue Trinitatis, amen. Omnibus presentes litteras inspecturis, Johannes humilis abbas, totiusque conventus S. Germani Autissiodorensis, eternam in Domino salutem. Notum facimus tam presentibus quam futuris, quod nos attendentes utilitatem et commodum monasterii nostri, de nostro communi assensu et consilio, quandam consuetudinem que manus-mortua vulgariter appellatur, nobis et monasterio nostro parum utilem, urgente necessitate monasterii nostri, omnibus hominibus et feminis nostri monasterii et heredibus ac successoribus eorumdem de civitate villa et suburbiis Autissiodorensis vendidimus et quittavimus, omnino, in perpetuum eisdem, pro mille libris Parisiensibus nobis persolutis in pecunia numerata, et de qua pecunie summa dictos homines et feminas, et eorum heredes seu successores, quittamus in perpetuum, renuntiantes specialiter et expresse exceptioni pecunie nobis non solute, non tradite et non numerate, ac spei etiam numerande. Volentes et concedentes ut omnes predicti homines et femine, ac eorum heredes, seu successores, et omnes alii successores, et omnes alii homines et femine tam monasterii et dominii nostri, quam aliorum dominiorum ubicumque mansionarii fuerint, excasuras parentum, fratrum, sororum consanguineorum, et predecessorum decedentium in civitate, villa et suburbiis Autissiodorensis, scilicet propinquiores heredes, sine aliqua perturbatione, a nobis vel successoribus nostris eis facienda vel etiam inferenda, et absque interventu pecunie, de cetero habeant, capiant et possideant pacifice et quiete. Preterea voluimus et concessimus quod illi homines et femine qui et que ab alienis partibus dominiis, villis et terris apud Autissiodorum venerint moraturi, et se monasterio nostro dederint, et dare potuerint, dumtamen de villis nostris non fuerint, eandem obtineant et habeant libertatem. Si vero reliqui de predictis nostris hominibus et feminis, nati vel manentes in civitate, villa et suburbiis Autissiodorensis, a predicta civitate et suburbiis ejusdem recesserint, et se transtulerint ad aliquam aliam villam nostram, ubi manus-mortua remissa non fuerit, et ibidem mansionarii decesserint, legem et consuetudinem loci illius sustinebunt. Sed si ipsis sic recedentibus, vel heredibus eorumdem, postmodum apud Autissiodorum redire placuerit, quandocumque et ibidem commorantes decesserint, ubicumque predictam franchisiam et libertatem recuperabunt integre, ac etiam obtinebunt. Voluimus etiam et concessimus quod quotiescumque aliqui homines vel femine, tam de terra nostra, quam de alia, apud Autissiodorum causa matrimonii venerint, et se ibidem matrimonialiter copulaverint, quod tam ipsi quam heredes ipsorum predictam franchisiam et libertatem habeant et obtineant pacifice et quiete, et quod omnes excasure hominum nostrorum et feminarum manentium in civitate, villa et suburbiis Autissiodorensis que apud Autissiodorum evenerint ad propinquiorem heredem, ubicumque sit, et de dominio qualicumque, ac etiam ubicumque bona decedentium fuerint, sine ullo interventu pecunie, devolvantur; et si aliquam excasuram evenire contigerit que ab herede non fuerit requisita, per annum et diem justo heredi reservabitur in manu fide dignorum quatuor, videlicet duorum monachorum monasterii nostri, et duorum hominum nostrorum de predicta franchisia, tam a nobis quam a predictis hominibus nostris ad hoc specialiter electorum, quibus anno et die elapsis, nobis vel mandato nostro tradetur integre ipsa excasura que a nullo herede fuerit requisita. Recognoscimus etiam dictam pecunie summam, in utilitatem monasterii nostri et commodum, esse versam. Promittentes bona fide, etiam per juramentum prestitum a Guillermo de Bosco monacho et granetario nostro, procuratore seu syndico a nobis ad hec specialiter constituto, qui juravit in animas nostras nos omnes predictas conventiones et singulas firmiter et inviolabiliter servaturos, et contra eas, seu aliqua mearum per nos vel per alium de cetero non venturos. Si vero contigerit nos aut successores nostros (quod absit) contra conventiones predictas, aut aliquam earum aliquid attemptare, propter quod dicti homines vel femine, aut eorum heredes, seu etiam successores damna aut deperdita aliqua sustinerint, aut expensas facerent : Nos eisdem omnia damna deperdita, et expensas de propria substantia monasterii nostri resarcire et restituere teneremur. Renuntiantes specialiter et expresse, in hoc facto, suo prestiti in animas nostras religione juramenti a procuratore seu syndico nostro predicto restitutioni, in integrum videlicet, ne possemus dicere monasterium nostrum in aliquo propter hoc esse lesum, omnis juris canonici et civilis auxilio, omnique alii juri constituto et constituendo consuetudinario, scripto etiam et non scripto, omni consuetudini et statuto, omnibus litteris et privilegiis apostolicis impetratis et impetrandis, concessis et etiam concedendis, per que et quas dicte conventiones, vel aliqua earum possent impediri in aliquo aut etiam perturbari. Promisimus insuper et concessimus predictis hominibus et feminis, et eorum heredibus, quod nos predictas conventiones a summo pontifice, et ab excellentissimo rege Francorum illustri, ac a reverendis patribus Dei gratia, Senonensi archiepiscopo et Autissiodorensi episcopo, et etiam a nobili viro comite Campanie, per eorum litteras cum, sumptibus ipsorum hominum et feminarum, rogabimus confirmari. Sed sciendum quod omnes justitie et redditus ac alie consuetudines quas hactenus in predictis hominibus et feminis habuimus, nobis salve remanent, exceptis iis que dictis hominibus ac eorum heredibus a nobis superius sunt concessa. Et quantum ad omnia premissa et singula firmiter et fideliter et inviolabiliter observanda, juridictioni nos supposuimus archiepiscopi et episcopi predictorum, volentes et concedentes, quod si nos (quod absit) seu successores nostros, contra premissa vel aliqua premissorum venire, vel aliquid contigerit attemptare, quod ipsi archiepiscopus et episcopus, monitione premissa, in hos et successores nostros possent excommunicationis sententiam promulgare. In cujus rei testimonium et perpetuam firmitatem, presentes litteras dictis hominibus et feminis sigillis nostris tradidimus sigillatas. Actum publice in capitulo nostro anno Verbi Incarnati millesimo ducentesimo quinquagesimo quinto, mense februario.

Nos vero, venditioni hujusmodi assensum prebentes, ipsam ad requisitionem et supplicationem dictorum abbatis et conventus auctoritate metropolitana confirmamus, et presentium litterarum patrocinio communimus. Actum anno Domini millesimo ducentesimo quinquagesimo sexto, mense junio, die dominica in octavis Pentecostes.

(*Ex Tabul. S. Germani Autiss. et ex Cartul. Urbis, fol.* 27.)

N° 189.

Confirmation de la manumission des serfs de l'abbaye de S. Germain, par la comtesse de Champagne.

(An 1256, 21 août.)

Universis presentes litteras inspecturis, Margareta Dei gratia, regina Navarre, Campanie et Brie, comitissa Palatina, salutem in Domino. Notum facimus, quod nos concessionem et quittationem quam religiosi viri Johannes abbas, totusque conventus S. Germani Autissiodorensis fecerunt hominibus suis de Autissiodoro, ac heredibus eorumdem, super quadam consuetudine que manus-mortua vulgariter appellatur, prout in litteris ipsorum abbatis et conventus super hoc confectis et sigillis eorumdem sigillatis continetur, laudamus, volumus et etiam approbamus, ipsamque quittationem et concessionem, ad requisitionem et supplicationem dictorum abbatis et conventus, auctoritate presentium, quantum nostrum interest confirmamus, et sigilli nostri munimine communimus. Datum apud Sezannam, anno Domini millesimo ducentesimo quinquagesimo sexto, mense augusto, die lune post Assumptionem B. Marie Virginis.

(*Ex Cartul. urbis Autiss. fol.* 31).

N° 190.

Fondation d'un anniversaire à S. Germain par la comtesse Mahauld.

(An 1257, 17 juillet.)

Nos Mathildis, comitissa Nivernensis, notum facimus universis, quod nos pro remedio anime nostre, et pro nostro anniversario in ecclesia B. Germani Autissiodorensis annuatim in perpetuum faciendo, dedimus in perpetuum dicte ecclesie B. Germani centum solidos monete currentis apud Autissiodorum, percipiendos in perpetuum, annuatim, in Lya et Crieria Autissiodorensi, ad illos terminos, ad quos dictus redditus Lye et Crierie nobis reddi debent annuatim. Volumus siquidem et requirimus, ut dominus episcopus Autissiodorensis, qui pro tempore fuerit, ponat sententias excommunicationis in persona heredum aut successorum nostrorum, et interdicti in terras ipsorum, si contra donum istud ire attemptaverint ullo modo, non relaxaturus ipsas, quousque dicte ecclesie de predicto redditu plenarie fuerit satisfactum. In cujus rei testimonium sigillum nostrum presentibus litteris duximus apponendum. Datum apud Colangias super Yonam, anno Domini, M. CC. LVII. mense julio, die martis ante Magdalenam.

(*Ex Tabul. S. Germani Autiss.*)

N° 191.

Testament de Mahauld la Grande, comtesse de Nevers, d'Auxerre, etc.

(An 1257.)

In nomine sancte et individue Trinitatis, amen. Nos Mathildis, comitissa Nivernensis, notum facimus universis quod nos in viduitate constituta, mentis compos, deliberatione in animo nostro prehabita diligenti, testamentum nostrum, ordinationem, dispositionem, seu ultimam voluntatem nostram quocumque nomine censeatur, ordinamus, disponimus et facimus, ac in scriptis redigi precipimus in hunc modum. Et quoniam mens humana et maxime mulierum que sunt in seculari dominio constitute labilis est; cum ad multa et varia pertrahatur, idcirco volumus et precipimus quod si aliquid ad nos pervenit injuste vel indebite, quocumque modo, unde anima nostra peccatum incurrere posset, quod illud restituatur a nostris heredibus seu successoribus illi vel illis personis cujus vel quorum illa bona fuerunt, vel a quibus ablata fuerunt vel extorta, declarato tamen primo seu a conquerente vel arguentibus de plano et sine strepitu judicii, coram diecesano domino, vel etiam coram metropolitano quomodo, vel qualiter, pervenit indebite vel injuste.

Insuper, pro anniversario nostro ac virorum et antecessorum nostrorum, annis singulis, a sequentibus ecclesiis et locis in perpetuum faciendo, damus in perpetuum et concedimus ecclesiis et locis religiosis inferius nominatis, annuos redditus ex nunc in antea percipiendos, prout in litteris nostris quas inde habent, plenius continetur et digne ex eisdem ecclesiis et locis, si quas non haberent, volumus quod per istud testamentum nostrum habeant et percipiant amodo a nobis redditus sibi assignatos, videlicet :

Ecclesia Beati-Cirici Nivernensis decem libras Nivernenses.

Ecclesia Beati-Stephani Autissiodor. decem libras.

Ecclesia de Firmitate, Nivernensis diecesis, decem libras.

Ecclesia monialium de Marciniaco, centum solidos (1).

Abbatia Septem-Fontum, c. solidos.

Domus de Aponai, c. solidos (2).

Abbatia Bellevallis, decem libras.

Domus de Faia, quadraginta s. (3).

Moniales de Desiaco, decem libras.

Abbatia Sancti-Martini Nivernensis, centum solidos.

Abbatia Vezeliacensis, decem libras.

Ecclesia B. Marie de Caritate, decem libras.

Abbatia de Cluniaco, xv libras.

Abbatia Molismensis, centum solidos.

Abbatia Pulteriarum, sexaginta solidos.

Abbatia de Cora centum solidos.

Abbatia Corbiniacensis, centum solidos.

Abbatia Quinciaci, centum solidos.

Abbatia Pontiniacensis, decem libras.

Abbatia Regniaci, centum solidos.

Abbatia de Insulis prope Autissiodor. centum solidos.

Abbatia Boni-Radii, centum solidos.

Domus hospitalis Alemanorum de Urbe (4), centum solidos.

Abbatia de Crisennum, sexaginta solidos.

Domus Belli-Larici, x. libras (5).

---

1 Marcigny, religieuses de l'ordre de Cluny.
2 Chartreuse au diocèse de Nevers.
3 Maison de Grammontains au même diocèse.
4 Il y a *de Orbe* dans une copie de la main de D. Viole.
5 Chartreuse du diocèse d'Auxerre.

Domus de Fonteneto prope Corvalum, quadraginta solidos (1).
Abbatia Sancti-Germani Autiss. centum solidos.
Abbatia Sancti-Mariani Autiss. LX solidos.
Domus Leprosorum de Boscheto subter Montem-Onisium, triginta solidos.
Domus Leprosorum de Donziaco, triginta solidos.
Domus Vallis-Caulium, LX. sol (2).
Abbatia de Rupibus, centum solidos.
Abbatia Sancti-Saturi, sexaginta solidos.
Domus Leprosorum Autissiodorensium, quadraginta solidos.
Domus Leprosorum de Disesia, quadraginta solidos.
Domus Bonorum-Hominum de Grandimonte prope Ligniacum, XL, solidos.
Abbatia Fontis-Ebraudi, decem libras.
Ecclesia Sancti-Martini de Clameciaco, centum solidos.
Abbatia S. Michaelis Tornodorensis, centum solidos.
Ecclesia Sancti-Lupi de Sancto......... sexaginta solidos.
Moniales de Lesiniis (3), quatuor modios vini percipiendos annuatim in decima vini nostri Tornodorensis.
Ecclesia de Monte-Onisio, xx, sol. (4).
Ecclesia de...... viginti solidos.
Domus Sancti-Nicolai prope Interamnes, decem libras (5).
Item preter hec legamus domibus Dei et pauperibus hospitalibus comitatus nostri Nivernensis quinquaginta libras Nivernenses. Item legamus quinquaginta libras Nivernenses distribuendas pauperibus locis et personis per manus executorum nostrorum inferius nominandorum, ad emenda que dictis locis et personis in terra nostra existentibus fuerint necessaria, prout saluti anime nostre viderint expedire.

Ad hec supradicta fideliter exequenda, constituimus executores testamenti nostri venerabiles patres Dominum archiepiscopum Senonensem et Autissiodorensem et Nivernensem episcopos, ac desuper dominum regem Francie, vel ejus mandatum ab ipso ad hoc specialiter constitutum. Quod si omnes his exequendis non potuerint, vel noluerint interesse, duo ex ipsis ea nihilominus exequentur, etc.

1 Maison de Grammontains, diocèse d'Auxerre.
2 L'Epau, proche Donzy, ordre du Val-des-Choux.
3 Lesignes, proche Tonnerre, aujourd'hui abbaye d'Hommes.
4 Montenoison.
5 Saint-Nicolas de Révillon, proche Entrains, diocèse d'Auxerre.

Nos vero, cum per Dei gratiam construxerimus in nostro comitatu Nivernensi, propriis sumptibus, abbatiam Consolationis B. Marie (6) prope Moncellos sitam, ordinis Cisterciensis in diecesi Æduensi, in ipsa abbatia nostram eligimus sepulturam, volentes ac requirentes ut post decessum nostrum, singulis diebus, in perpetuum una missa pro defunctis, pro remedio anime nostre in dicta abbatia celebretur, non obstantibus litteris nostris seu promissis factis sive datis abbatie Pontiniacensi, ordinis Cisterciensis, Autissiodorensis dieccesis, de sepultura nostra ibidem electa, quia nondum construxeramus abbatiam supradictam.

Huic autem ordinationi testamenti nostri presentes fuerunt : Guillelmus archidiaconus in ecclesia Autissiodorensi; frater Guillelmus prior de Espallo; frater Petrus Bornus, ac frater Petrus de Villers, de ordine Fratrum Minorum; dominus Johannes de Sellenai, dominus Belli-Montis miles; Baudonus de Pressuris miles et Stephanus de Disesia, clericus noster, canonicus de Clameciaco. Datum apud Colengias super Yonam et sigillatum anno Domini millesimo ducentesimo quinquagesimo septimo, die jovis proxima post octavas B. Martini estivalis.

(Tiré d'une ancienne copie du trésor de la collégiale de Clamecy; publié dans les Analecta de D. Martenne, t. 1, fol. 1087.

N° 192.

Don à Gui, évêque d'Auxerre, sur les entrées de la ville de Troyes, par le comte Thibaud.

(An 1257; octobre.)

Thibauld, par la grâce de Dieu, roi de Navarre, de Champaigne et de Brie, Cuens Palatins. A tous ces qui verront ces presentes lettres, salut an nostre Seignéur. Nous faisons assavoir à tous que nous avons donné à notre chier cousin monseigneur Gui de Mello, par la grâce de Dieu évêque d'Auceurre, pour son leal et pourfitable service que il nous a fait par mainte fois, deus cent livrées de terre a provenesiens à heritage, à li et à ses hoirs pardurablement, lesquex nous voulons et commandons qu'il ou ses commandemanz preigne chacun an à Troies ou portage ou paage de l'entrée dou vin, des premiers deniers qui an istront, et voulons et ostroions que il ect si hoir preignent avec-

6 Le Reconfort.

ques ces deus cenz livres perdurablement an ce partage et en ce paage meimes, et en la manière desus dite sexante livres de proveniesiens, que nostre pere avoit donné au suen à prendre à touzjours à li et à ses hoirs, an la foire de Bar, et que nous et nostre hoir pour la paient soiens de ces sexante livres quite, et voulons et estroions et commandons que cil qui tient ou reçoit ou l'aura ou recevra ce portage et ce paage devant dit, soit tenuz à payer chacun an cez deus cens et sexante livres en la manière qui est dessus divisée à iceli Guyon évesque d'Auceurre, ou à son commandement, et de faire seurté commant qu'il tigne ne recoive ce portage et ce paage devant dit, soit par nom de rançon ou par nom de moison ou an autre manière de payer cea deuz cenz sexante livres en la manière desus dite ; et voulons que tant comme cil Guiz vivra que il nan soit tenuz à faire nul hommage à nous ne à nos hoirs de ces choses desus dites, et après li cil qui tanrra ou tarront ces deuz cenz et sexante livres de terre an sera ou seront tenuz à faire hommage à nous et à nos hoirs perdurablement. Et an tesmoing et en confermemant de ceste chose, nous avons faict metre nostre scel an ces presentes lettres. Ce fu fait an l'an de l'Incarnation Nostre-Seigneur mil et deüs cens et cinquante-sept, ou mois d'octobre.

(*Ex Tabul. Capituli Autiss.*)

N° 193.

Lettres d'Alexandre IV, à Gui de Mello, évêque d'Auxerre, contre le duel.

(An 1258, 13 février.)

Alexander episcopus, servus servorum Dei : venerabili fratri Guidoni episcopo Autissiodorensi, salutem et apostolicam benedictionem.

Justis petentium desideriis dignum est nos facilem prebere consensum, et vota que a rationis tramite non discordant effectu prosequente complere. Ex parte siquidem tua fuit propositum coram nobis, quod cum contingat interdum aliquos homines tuorum de corpore se a tuo dominio subtrahendo ad loca transferri alterius juridictionis subjecta, locorum ipsorum rectores et Domini prefatos homines non (eos te repetente) nolunt restituere nisi per duellum probes eos tuos homines extitisse, in tuum prejudicium non modicum et gravamen. Quare nobis humiliter supplicasti, ut cum ex hoc tam tu quam ecclesia tua grande sustineatis juris lesionem, providere super hoc indemnitati tue ac ipsius ecclesie paterna sollicitudine curaremus. Cum igitur monomachia sacris sit canonibus interdicta, nos tuis supplicationibus inclinati, ut contra predictos testibus, instrumentis et aliis probationibus legitimis uti libere valeas, autoritate presentium tibi indulgemus. Datum Viterbii, Idibus februariis, pontificatus nostri anno quarto.

(*Ex Cartul. Episc. Autiss.*)

N° 194.

Permission de Gui, évêque d'Auxerre, aux moines de S. Père, de vendre 20 livres de rentes sur le prieuré de Cézy, à l'abbé de S. Jean de Sens, pour contribuer à payer leurs dettes.

(An 1258, 3 décembre.)

G. divina miseratione, Autissiodorensis episcopus, universis presentes litteras inspecturis, eternam in Domino salutem. Cum monasterium Sancti-Petri Autissiodorensis occasione maximarum discordiarum et litium inter idem monasterium et Petrum quondam priorem de Cersiaco et quosdam alios predicte ecclesie canonicos habitarum, esset debitis maximis et urgentibus oneratum, a mole ejusmodi debitorum vigentium dum hujusmodi debita de die in diem currerent ad usuram, sine gravi alienatione bonorum immobilium ipsius monasterii vix poterat relevari. Ea propter, cum dilectis suis abbate et conventu Sancti-Joannis Senonensis habuerunt super hoc diligens consilium, colloquium et tractatum, et tandem consideratis undique circumstantiis ad dicti monasterii subsidium et levamen, pro evidenti utilitate et urgenti necessitate monasterii memorati ab ipsis jamdudum perpensis, prefatis abbati et conventui Sancti-Johannis Senonensis vendiderunt, tradiderunt et concesserunt ad perpetuitatem, pro quadringentis libris Turonens. quas ab eisdem abbate et conventu Sancti-Joannis Senonensis receperant, in pecunia numerata, ut confessi sunt coram mandato nostro ad audiendum hoc specialiter destinato, viginti libras Parisienses annui redditus capiendas et percipiendas annis, singulis, ab eisdem abbate et conventu Sancti-Johannis vel eorum mandato, medietatem infra Purificationem B. Marie, et aliam infra festum Ascensionis Domini super quatuor modios bladi ad mensuram de Cersiaco, scilicet duos frumenti et duos avene; quos ratione cense sive canonis seu pensionis annue in prioratu de Cersiaco percipere consueverant ab antiquo; supplicantes nobis et a nobis humiliter postulantes, ut paupertati ipsorum paterno compatientes affectu eorum miserie miserendo venditioni predicte nostrum per assensum dignaremur dictam venditionem confirmare. Nos autem, considerantes dictam rem venditam, mediocrem inter ceteras res dicti monasterii existentem, verentes modicum ne si dicta res remaneret inempta, dictum monasterium destrueretur voragine u-urarum, eorum supplicationibus annuentes, venditionem predictam quantum in nobis est volumus, approbamus et etiam confirmamus. Datum anno Domini M. CC. LVIII, die Martis post festum B. Andree apostoli.

(Ex Tabul. S. Joannis Senonensis.)

N° 195.

Fondation de l'anniversaire de Guillaume de Mello, seigneur de Saint-Bris, par Guillaume, évêque d'Auxerre, son fils.

(An 1260, avril.)

G...... par la divine commiseration, évesque d'Aucerre, etc. Sçavoir faisons que comme executeurs de nostre cher pere monsieur Gui de Mellot, jadis seigneur de S. Prix, escuyer. Nous avons assigné aux moynes de Sainct-Germain d'Aucerre soixante sols d'annuel revenu pour l'anniversaire de nostredit feu sieur père, à prendre tous les ans à la Purification de Nostre-Dame, sur la justice de S. Prix. Parquoy quiconque sera juge de S. Prix, payera ausdits moines ladite somme, et du revenus appartenans à ladite justice; que s'il n'estoient pas suffisans, nostre amé neveu Droco de Mellot, maintenant seigneur de S. Prix, du consentement duquel nous avons faict la susdite assignation, ou qui sera seigneur de S. Prix, sera tenu de suppléer au deffault. A aussi voulu nostre dit neveu, que si luy ou le juge de S. Prix, ou celuy qui tiendra ladite justice manquent à ces choses susdites que nous et nos successeurs puissions promulguer contre eux des excommunications, et des sentences d'interdiction sur la ville de S. Prix, à ce soy et ses successeurs. Or lesdits moines sont tenus de celebrer solemnellement tous les ans en leur église l'anniversaire dudit feu Guillaume depuis qu'il est mort, l'an M. CC. LX, en avril.

(Ex Cartulario Mss. S. Germani, Autiss. cap. 147. In stylo politiori.)

N° 196.

Partage des biens d'un nommé Pierre Baraud, qui, du consentement de sa femme, va en Terre-Sainte pour y demeurer jusqu'à sa mort.

(Vers 1260.)

Omnibus presentes litteras inspecturis, officialis curie decani Autissiod. salutem in Domino. Noverint universi quod in nostra presentia constitutus, Petrus dictus Baraudo volens in transmarinis partibus peregre proficisci, et, de licencia et voluntate Elisabeth uxoris sue, usque ad exitum vite sue ibidem commorare proponens, et predicta Elisabeth uxor sua, recognoverunt se partisse et divisisse omnia bona sua mobilia et immobilia ubicunque essent. Ita videlicet quod dictus Petrus habuit pro parte sua triginta libras Turonenses in pecunia numerata; quam pecuniam habuerant dicti P et E. de quadam vinea continente septem denariatas sita in Bello-Videre, in censiva Beati-Juliani Autissiodor. ut dicitur. .... Et habuit quandam aliam peciam vinee unam quarterium continentem sitam in Campania, in territorio quod vocatur Belechaume, in censiva B. Juliani, ut dicitur, et decem libras Turonenses in mobilibus, tam in ferramentis ipsius P. quam in sex modiis vini rubei, quam in merreno doliorum. Habuit etiam dictus Petrus, pro parte sua omnia debita que debebantur dictis Petro et Elisabeth uxori sue, tempore confectionis presentium litterarum, et ipse Petrus debuit solvere omnia debita que supradicti P. et E. debebant tempore prenominato. Et de istis debitis que debebant, dicta Elisabeth debuit solvere pro dicto Petro XII libras Turonenses et dimidiam Bocheronis de Foresta Beati-Sancti-Amandi, ad festum Beati Johannis-Baptiste.

(Arch. Impér., Commanderie d'Auxerre, S. 5235, n° 1, f° 9, r°.)

N° 197.

Disposition de Gui de Mello pour le repos de l'âme de son père.

(An 1260, avril.)

Universis presentes litteras inspecturis, G..... divina miseratione, Autiss. episcopus, salutem in Domino. Notum facimus, quod nos executores testamenti karissimi genitoris nostri domini Guillelmi de Melloto, quondam domini S. Prisci, militis, assedimus et assignamus fratribus Grandimontensis ordinis, prope S. Mauritium, decem et septem libras pro eleemosina domini Droconis quondam Domini Lochiarum, que quindecim libre assignate erant super polinis de S. Prisco, et quadraginta solidos pro anniversario dicti Domini Guillelmi de Melloto quondam Domini S. Prisci, percipiendas et habendas annis singulis ad festum Purificationis B. Marie, super prepositura de S. Prisco; ita quod quicumque erit prepositus de S. Prisco dictas decem et septem libras annis singulis solvere tenebitur de prepositura predicta, et de redditibus ad dictam preposituram pertinentibus Et si prepositura non sufficeret, dilectus nepos noster Droco de Melloto, nunc dominus S. Prisci, de cujus voluntate et assensu fecimus assessionem et assignationem predictas, vel quicumque erit dominus S. Prisci de aliis redditibus suis defectum supplere tenebitur integraliter et perfecte. Voluit etiam dictus Droco, nepos noster, et in hoc concessit expresse quod si ipse vel prepositus suus de S. Prisco, seu ille qui dictam preposituram teneret, in premissis, vel in aliquo premissorum deficerent, nos et successores nostri episcopi Autissiodorenses, et eorum officiales in personas ipsorum excommunicationis, et in villam de S. Prisco interdicti sententias promulgare possumus, et se ac heredes suos seu successores quoslibet, quantum ad predicta tenenda, adimplenda in perpetuum, firmiter observanda specialiter obligavit. Tenentur autem predicti religiosi anniversaria predictorum defunctorum in ecclesia sua solemniter celebrare, anno quolibet, terminis quibus predicti defuncti ex hoc seculo migraverint. In cujus testimonium ad petitiones predicti Droconis nepotis nostri sigillum, una cum sigillo quo utimur presentibus litteris duximus apponenda. Datum anno Domini M. CC. LX, mense Aprili.

(*Ex autographo.*)

N° 198.

Don à l'abbaye des Isles pour l'âme de Guillaume de Mello, par son fils l'évêque Gui.

(An 1260, avril.)

Universis presentes litteras inspecturis G..... divina miseratione, Autiss. episcopus, salutem in Domino. Notum facimus, quod nos executores testamenti karissimi genitoris nostri domini Guillelmi de Melloto, quondam domini S. Prisci, militis, assedimus et assignavimus monialibus de Insulis prope Autissiodorum, in perpetuam eleemosynam, de voluntate et assensu dilecti nepotis nostri Droconis de Melloto, nunc domini S. Prisci, sexaginta solidos annui reditus pro anniversario dicti domini Guillelmi de Melloto, quondam domini S. Prisci, percipiendos et habendos annis singulis ad festum B. Andree apostoli, super preposituram de S. Prisco; ita quod quicumque erit prepositus de S. Prisco dictos sexaginta solidos annis singulis solvere tenebitur de prepositura predicta et de redditibus ad dictam preposituram pertinentibus; et si prepositura non sufficeret, dilectus noster nepos Droco de Melloto, nunc dominus S. Prisci, vel quicumque erit dominus S. Prisci, de aliis redditibus suis defectum supplere tenebitur integraliter et perfecte. Voluit etiam dictus Droco nepos noster, et in hoc consensit expresse quod si ipse vel prepositus suus de S. Prisco, seu ille qui dictam preposituram teneret, in premissis, vel in aliquo premissorum deficerent, nos et successores nostri episcopi Autissiodorensis, et eorum officiales, in personas ipsorum excommunicationis et in villam de S. Prisco interdicti sententias promulgare possemus, et se ac heredes suos seu successores quoslibet quantum ad predicta tenenda adimplenda, et in perpetuum firmiter observanda specialiter obligavit. Tenentur autem predicte moniales anniversarium predicti defuncti in ecclesia sua solemniter celebrare, anno quolibet, termino quo predictus defunctus ex hoc seculo migravit. In cujus rei testimonium, ad petitionem predicti Droconis nepotis nostri, sigillum nostrum una cum sigillo suo presentibus litteris duximus apponendum. Datum anno Domini millesimo ducentesimo sexagesimo, mense aprili.

(*Ex titulo manuscripto.*)

N° 199.

Permission de Gui, évêque d'Auxerre, à l'abbé de Pontigny, d'avoir une chapelle en sa maison de S. Bris.

(An 1260-61, 15 mars.)

Universis presentes litteras visuris, frater Petrus dictus abbas Pontiniacensis, totiusque conventus ejusdem loci, salutem in Domino. Noveritis quod reverendus pater G. Dei gratia, Autissiodorensis episcopus, ex mera liberalitate sua voluit et concessit quod nos, in domo nostra S. Prisci, oratorium et altare quandiu sibi placuerit habere possimus, et ibi, salvo jure ecclesiarum parochialium S. Prisci, divina quandiu sibi placuerit celebrare, et hec omnibus tenore presentium intimamus. Datum anno Domini millesimo ducentesimo sexagesimo, die lune post Letare Jerusalem.

(*Ex Cartul. episcop. Autiss.*)

N° 200.

Permission à Gui, évêque d'Auxerre, de céder à d'autres le don que lui a fait Thibaud, comte de Champagne.

(An 1260, 27 novembre.)

Theobaldus, Dei gratia, rex Navarre, Campanie et Brie, comes Palatinus, universis presentes litteras inspecturis. Notum facimus, quod nos karissimo consanguineo nostro Guidoni, Dei gratia, episcopo Autissiodorensi damus et concedimus licentiam et plenariam facultatem, ut ipse in vita sua, vel in morte, possit conferre integraliter vel per partes, ad vitam vel in perpetuum cuicumque voluerit, et sibi placuerit, tam personis religiosis, aut ecclesiasticis, quam secularibus redditum quem ipse habet ad hereditatem in portagio nostro Trecensi. Hoc tamen nobis retento quod si partem dicti redditus vel totum contulerit persone seculari, que possit tenere feodum, volumus, quod ex eo quod inde teneret ad homagidem nostrum veniat. Et si idem redditus, seu pars ipsius, ut dictum est, conferatur personis religiosis aut ecclesiasticis possidendum. In cujus rei testimonium, et ut hoc ratum et stabile, presentes litteras sigilli nostri munimine fecimus roborari. Datum apud S. Germanum-in-Laia, die sabbati proxima post festum B. Katherine, anno Domini millesimo ducentesimo sexagesimo.

(*Ex Cartul. Autiss.*)

N° 201.

Charte d'affranchissement donnée par le Chapitre d'Auxerre, aux habitants de Monétau.

(An 1263, 17 septembre.)

In nomine sancte et individue Trinitatis, amen. Omnibus presentes litteras inspecturis, G. decanus, totumque capitulum Autissiodorense salutem in vero salutari. Noverit universitas vestra quod omnes homines et femine nostri de Monestallo et de tota parrochia ejusdem loci, pro quadam servitute sive consuetudine que manus-mortua vulgariter appellatur, quam in eis habebamus propriis et eorum posteris, a nobis in forma que sequitur remittenda imperpetuum et quitanda, dederunt nobis totum nemus quod ipsi habebant in nemore de Barro; et cesserunt omne jus quod in toto dicto nemore possent aliquatenus reclamare. Dederunt etiam centum libras turonenses, et promiserunt se daturos nobis, interveniente stipulatione sollempni, mille et ducentas libras Turonenses, hiis terminis exsolvendas : videlicet trecentas libras in festo Purificationis beate Marie virginis, quod erit in anno Domini M° CC° sexagesimo tercio, et sequentibus annis in eodem festo, de anno in annum, alias trecentas libras, donec tota predicta summa integraliter fuerit persoluta. Et nos, prefatis omnibus hominibus et feminis nostris de Monestallo et de tota parrochia predicta, predictam servitutem sive consuetudinem, in forma subscripta, remisimus omnino et quitavimus imperpetuum, salvis et retentis nobis in eis talliis, costumis, terciis, censibus, decimis et quibuslibet altis et bassis justiciis, juribus, honeribus et consuetudinibusque et quas habebamus in rebus et personis eorum. Volentes et eisdem concedentes ut ipsi et eorum heredes, sive successores, ubicumque mansionarii fuerint, et ubicumque bona eorum qui decedent extiterint, excasuras seu bona parentum, fratrum, consanguineorum et predecessorum suorum de Monestallo et de tota parrochia ejusdem ville, sine aliqua perturbatione a nobis vel successoribus nostris eis facienda, vel etiam inferenda, et absque alio novo interventu pecunie de cetero, libere habeant, capiant et possideant pacifice et quiete. Videlicet in rebus et possessionibus universis quas predicti homines vel femine impresentiarum habent vel possident, aut imposterum acquirent in locis quibuslibet, etiam si in locis et villis nostris in quibus habemus manum-mortuam, possessiones emant vel acquirant; dumtamen eas emant vel acquirant a personis talibus in quibus manum-mortuam nullatenus habemus. Ceterum si predicti homines vel femine, post confectionem presentium emerent vel acquirerent quoquo modo in locis et villis nostris que sunt conditionis manusmortue, ab aliquo vel aliquibus hominum nostrorum quibus manus-mortua a nobis nundum esset remissa, eedem possessiones legi et consuetudini locorum et villarum hujusmodi subjacerent.

Preterea volumus et concessimus quod homines vel femine quicumque fuerint, qui, vel que, de terra nostra non venerint sed de altera, se apud Monestallum et in tota parrochia de Monestallo causa manendi transtulerint, et se pro hominibus nostris reclamaverint, quantum ad nos pertinet, hoc est sine perturbatione qualibet a nobis ipsis super hoc facienda, quitationem et libertatem obtineant supradictam. Si vero aliquem vel aliquos seu aliquas de hominibus nostris vel feminis quibus manum-mortuam nundum remisimus, apud Monestallum, seu in parrochia, venire contigerit, predictam libertatem non habebunt, nisi sese matrimonialiter copulaverint aliquibus personis de Monestallo et apud Monestallum, seu in parrochia de Monestallo, mansionarii efficiantur. Illi vero, vel ille, qui vel que apud Monestallum, vel in tota parrochia de Monestallo, sicut statutum diximus, per matrimonium venerint et ibi mansionarii fuerint a quocumque loco venerint, sive de terra nostra in qua manus-mortua adhuc non est remissa, sive etiam aliunde, predictam libertatem quamdiu ibi manserint, quantum ad nos pertinet, obtinebunt de omnibus bonis suis, preterquam de hiis que haberent tempore mortis in aliqua terra nostra in qua manus-mortua nundum esset remissa : Que res legi et consuetudini loci in quo essent site subjacerent. Preterea condictum fuit et ordinatum quod si aliqui vel alique de predictis hominibus de Monestallo ad aliquem locum vel villam ubi manum-mortuam in hominibus nostris habemus, causa manendi se transtulerint, licet quamdiu ibi mansionarii fuerint legem et consuetudinem illius loci debeant sustinere. Attamen si ad aliquam villam nostram ubi manus-mortua sit remissa postmodum se transtulerint, vel apud Monestallum seu in parrochia de Monestallo causa manendi redierint, loci ipsius libertate gaudebunt. Porro in eo casu in quo excasuras decedentium in forma premissa transmitti concessimus ad heredes, si contingat quod alique excasure ab herede requisite non fuerint, justo heredi, per annum et diem reservabuntur in manu camerarii loci ejusdem et duorum burgensium dicte ville fide dignorum. Et elapso anno et die, excasure que requisite non fuerint, canonicis ibidem suas prebendas tempore decedentis percipientibus, vel eorum mandato, integre tradentur. Si vero contentio fuerit inter heredes defuncti quis sit propinquior, aut quis debeat defuncto succedere, cum nichil de justicia nostra intendamus remittere, ipsi ante nos venient et judicio nostro vel mandati nostri contentio illa terminabitur.

Demus, concessimus prefatis hominibus nostris de Monestallo et de tota parrochia ejusdem loci, quod ipsi, de communi vel saltem majoris et sanioris partis eorum consilio et assensu, aliquos viros bone opinionis eligant, que jurati, bona fide, pecuniam nobis datam et premissam pro obtinenda libertate predicta, singulis eorum juxta possibilitatem singulorum imponent et levabunt. Si autem aliquis summam sibi ab electis impositam reddere contradixerit, nos de ipso, si in aliqua justicia nostra manseret, maturam justitiam faciemus; et si ad aliam villam que in potestate nostra non est transierit, bona fide, sine nostro mittendo eis erimus coadjutores ut reddat quod super eum fuerit impositum; nec libertate predicta gaudebit donec totam summam sibi impositam reddiderit. Et similiter si apud Monestallum redierit ad manendum, non habebit libertatem predictam donec totum persolverit quod super eum impositum fuerit ab electis. Quod si aliquis eorum beneficium hujusmodi quitationis habere non vellet, et pecuniam sibi ab electis impositam reddere contradiceret, si de eo vel de suis excasuram accideret, pacienter sustinebimus quod communitas aliorum in qua honus recideret non solventis, excasuram illam haberet sicut nos habere solebamus, donec exinde summa sibi ab electis imposita totaliter et integre fuerit persoluta.

Actum in capitulo nostro, anno Domini millesimo ducentesimo sexagesimo tercio, die martis post exaltationem Sancte-Crucis, continuata a die lune precedenti, vocatis canonicis absentibus qui fuerant evocandi (1).

(Pièce en parchemin, scellée autrefois).

(Archives de l'Yonne, Fonds du Chapitre d'Auxerre.)

N° 202.

Vente de l'affranchissement de la mainmorte à ses bourgeois de Vermenton, par Gui de Toucy, seigneur de Bazarne, pour payer ses dettes, et confirmation par Philippe-le-Bel en 1311.

(An 1264, avril.)

P. Dei gracia Francorum rex, notum facimus universis presentibus et futuris nos quasdam vidisse litteras quarum tenor sequitur in hec verba : In nomine sancte et individue Trinitatis, amen. Ego Guido de Tociaco, dominus Bacerne et

---

(1) A cette pièce est annexé l'acte de ratification passé par la majeure partie des habitants de Monéteau et de Sommeville, pardevant l'official d'Auxerre, au mois de septembre 1263.

Petre-Pertusie, miles, notum facio universis tam presentibus quam futuris, quod ego quandam consuetudinem que manusmortua vulgariter appellatur, parum mihi et heredibus meis utilem, urgente necessitate mea et pro debitis meis persolvendis et reddendis, ac etiam pro aliis negotiis meis utiliter expediendum, quam consuetudinem habebam in terra et justicia mea de Vermentone, tam in dicta villa de Vermentone, quam extra villam, in finagio et justicia ipsius ville, omnibus burgensibus meis de Vermentone et omnibus aliis ibi possessiones habentibus et eorum heredibus seu successoribus eorumdem, vendidi et omnino in perpetuum quittavi et remisi eisdem, pro quindecim denariis turonensibus de qualibet libra michi una vice tantummodo persolvendum, secundum appreciationem valoris possessionum eorumdem burgensium, sitarum in dominio et finagio meis de Vermentone, factam per quatuor probos homines de Vermentone, a me ex una parte et a dictis burgensibus ex altera electos, quam appreciationem a dictis quatuor probis hominibus super dictis possessionibus factam, ego et dicti burgenses ratam, gratam, firmam et stabilem habebamus et acceptam. Et de totali summa predictorum quindecim denariorum de qualibet libra, secundum appreciationem predictam valoris possessionum predictarum, a dictis quatuor probis hominibus factam, me tenui pro pagato in pecunia numerata; de qua pecunie summa dictos burgenses et omnes alios ibi possessiones habentes ac eorum heredes, sive successores, quittavi in perpetuum penitus et precise. Renuncians specialiter et expresse exceptioni pecunie michi non solute et non numerate, ac spei numerande, volens et concedens ut omnes predicti burgenses et eorum heredes seu successores, et omnes alii, ubicumque mansionarii fuerint, excasuras parentum fratrum, sororum, consanguineorum et predecessorum decedentium, sine aliqua perturbatione a me vel heredibus seu successoribus nostris eis facienda vel inferenda et absque interventu pecunie de cetero habeant, capiant et possideant pacifice et quiete. Omnes vero excasure que apud Vermentonem in terra justicia et finagio de Vermentone evenerint ad propinquiorem heredum, ubicumque sit, et de dominio qualicumque, ac etiam ubicumque bona decedentium fuerint, sine ullo interventu pecunie devolvantur; et si aliquem excasuram evenire contigerit, que ab herede non fuerit requisita, per annum et diem justo heredi reservabitur in manu quatuor fide dignorum burgensium meorum de Vermentone, quos burgenses mei de Vermentone super hoc duxerint eligendos; quibus, anno et die elapsis, si ab herede non fuerit requisita, michi vel mandato meo tradetur ad custodiendum justo heredi et servandum. Promitto etiam bona fide et per juramentum meum inde prestitum corporale, me omnes predictas et singulas conventiones firmiter et inviolabiliter servaturum, et contra eas seu aliquem earumdem per me vel per alium de cetero non venturum, et quod istam franchisiam a me, ut dictum est, venditam, quittam et remissam erga omnes garentizabo, liberabo et defendam ac eisdem burgensibus reddam, restituam et persolvam omnia dampna deperdita, coustamenta, missiones et expensas que et quas ipsi burgenses vel eorum heredes seu successores, pro defectu dicte garentie seu ob aliquem defectum meum vel heredum seu successorum meorum incurrerent, sustinerent, facerent et haberent. Et ad hec omnia et singula tenenda, complenda et firmiter observanda, me heredes et successores meos obligo penitus et pacifice. Renuncians sub prestiti religione juramenti mei in hoc facto, restitutioni in integrum, videlicet ne possimus dicere me vel heredes seu successores meos in aliquo propter hoc esse lesos omnis juris auxilio canonici et civilis, omnisque alii juris constituto et constituendo consuetudinario, scripto etiam et non scripto, omni consuetudine et statuto, omnibus litteris et privilegiis apostolicis impetratis et impetrandis, concessis et concedendis, omnibus rebus aliis universis per que et quas dicte conventiones vel aliqua earumdem possint impediri in aliquo, ac etiam perturbari. Quia non aliqui quorum nomina subsequuntur, qui in terra mea finagio et justicia de Vermentone bona mobilia et teneturas habent et possident, dicte franchisie noluerunt consentire, eorum possessione inferius nominandas dignum duxi exceptandas.. ...

Concessi dictis burgensibus et eorum heredibus quod ego dictas conventiones a reverendo episcopo Autissiodorensi et a nobili viro comite Barri et a dicta Johanna uxore sua, per eorum litteras faciam cum mei, sumptibus confirmari; et sciendum quod omnes justicia redditus et alie consuetudines quas hactenus in predictis burgensibus habeam mihi salve remaneant, exceptis hiis que dictis burgensibus et eorum heredibus a me superius sunt concessa; et quantum ad omnia et singula premissa fuerunt fideliter et inviolabiliter observanda, jurisdictioni reverendi patris episcopi Autissiodorensis me supponi volens et concedens, quod absit, seu heredes meos ac etiam successores contra premissa vel aliqua premissorum venire, vel aliquid contingeret, quod dictus dominus episcopus, monicione premissa, iis me et heredes meas ac eciam successores possit excommunicationis sententiam promulgare, terram meam interdicti sententie supponens. In cujus rei testimonium et perpetuam firmitatem presentes litteras dictis burgensibus sigillo meo tradidi sigillatas. Datum anno Domini M. CC. LXIV, mense aprili. Nos autem premissa omnia et singula in prenominatis litteris contenta, quantum in nobis est, rata et grata habente ea laudari approbamus et tenore presencium auctoritate regie confirmamus, salvo in aliis jure nostro et in omnibus quolibet alieno. Que ut perpetuam firmitatem obtineant presentes litteras sigilli nostri facimus munimine roborari. Actum Parisius, anno Domini M. CCC. undecimo, mense maio.

(*Reg. du Trés. des ch.* 47. — N° 139, f° 103, v°; et 105, v°.)

N° 203.

Acquisition d'un domaine à Lindry par l'évêque Gui de Mello.

(An 1264-65, mars.)

Universis presentes litteras inspecturis: curie Autissiodorensis et curie decani Autissiodorensis officiales, salutem in Domino. Noverint universi quod in jure coram nobis constitutus Regnaudus, dictus Preaux, armiger, publice recognovit se quicquid habebat, tenebat et possidebat apud Lindriacum, et in tota parrochia de Lindriaco, tam in terris, pratis, domibus, vineis, hominibus, censivis, coustumis, redditibus, quam rebus aliis quibuscumque, et in quibuscumque commodis existant, reverendo patri Guidoni, Dei gratia Autissiodorensi episcopo, vendidisse et titulo venditionis in perpetuum quittavisse pro sex viginti libris, et centum solidis Turonensibus purorum suis quittis absque quinto denario, et sibi jam solutis a dicto D. episcopo in pecunia numerata, et de quibus ipse renuncians exceptioni tradite non numerate sibi pecunie ac spei etiam numerande dictum dominum episcopum, et ejus heredes seu successores ab ipso super his causam habentes quittavit in perpetuum, coram nobis, se de dictis rebus venditis devestiens, et magistrum Guibertum canonicum de Appogniaco, loco et nomine dicti episcopi, de eisdem rebus venditis titulo legitime emptionis investiens coram nobis. Promisit autem dictus venditor per fidem suam inde prestitam corporalem quod predictas res venditas que sunt et movent de proprio feodo domini Autissiodorensis episcopi, ut idem Regnaldus asseruit coram nobis, dicto domino episcopo, vel ejus heredibus seu successoribus, vel ab ipso causam habentibus liberas et immunes ab omni onere et pensione, costuma, servitio, servitute, obligatione et ab omni alia reddibentia, dicto domino episcopo, vel ejus heredibus, seu successoribus ante ab ipso super his causam habentibus, erga omnes, ad usus et consuetudines patrie garentiet, liberabit et deffendet; et quod contra venditionem hujusmodi per se, vel per alium venire de cetero nullatenus attentabit, nec in rebus predictis venditis aliquid juris de cetero reclamabit, nec ab alio faciet reclamari. Sub eadem fidei religione promittens quod dicto domino episcopo, vel ejus heredibus, seu successoribus, vel ab ipso super his causam habentibus, reddet, restituet et persolvet omnia damna deperdita, costamenta et expensas que et quas per defectum dicte garentie incurrerent, facerent et haberent. Et ad hec omnia firmiter observanda, complenda et tenenda, idem Regnaudus se et heredes suos, et omnia bona sua mobilia et immobilia presentia et futura, ubicumque sint et valeant inveniri, dicto domino episcopo obligavit, et jurisdictioni nostre ubicumque maneat se subjecit. Renuncians per fidem suam privilegio fori, exceptioni doli, condonationi sine causa, exceptioni deceptionis ultra medietatem justi pretii et omnibus aliis exceptionibus et deffensionibus facti et juris, que contra hujusmodi instrumentum possent in aliquo objici seu dici. In cujus rei testimonium et munimen presentes litteras sigillorum nostrorum munimine duximus sigillandas. Datum anno Domini millesimo ducentesimo sexagesimo quarto, mense martio.

(*Ex Tabul. Episc. Autiss.*)

N° 204.

Eglise de Fulvy déclarée du patronage du Chapitre d'Auxerre.

(An 1264-65, mars.)

Universis presentes litteras inspecturis: Otho decanus et capitulum Lingonense, salutem in Domino Jesu-Christo. Noveritis quod nihil juris patronatus nos habere confitemur in ecclesia de Furviaco, Lingonensis diecesis, nec aliquid juris nobis in eadem ecclesia vindicamus, sed ipsum jus ad venerabiles viros decanum et capitulum Autissiodor., prout a viris bonis didicimus, concedimus pertinere. In cujus rei testimonium sigillum nostrum presentibus litteris duximus apponendum. Datum anno Domini millesimo ducentesimo sexagesimo quarto, mense martii.

(*Ex Tabul. Eccles. Autiss.*)

N° 205.

Notification d'une sentence arbitrale sur le droit de pêche dans le biez de Brichou de la rivière d'Yonne, reconnu appartenir aux pêcheurs d'Auxerre.

(An 1265, juillet.)

Universis presentes litteras inspecturis : Odo primogenitus ducis Burgundie, comes Nivernensis, salutem in Domino. Noveritis quod cum diu extitisset contentio inter religiosos viros abbatem et conventum S. Mariani Autissiodorensis, ex una parte, et piscatores Autissiodorenses, ex altera, super hoc, videlicet, quod dicti piscatores dicebant se esse et fuisse in possessione piscandi in biezio de Brichoto, et etiam proponebant quod tam ipsi, quam predecessores sui, et omnes alii usum habebant piscandi in prefato biezio, et usi piscari fuerat, sine contradictionis objectu ab eo tempore a quo non extabat memoria, vel saltem per quadraginta annos et amplius. Prefatis religiosis in contrarium proponentibus se esse et fuisse in possessione, vel quasi vendendi piscaturam biezii per longum tempus tanquam illi ad quos spectabat tam possessio quam proprietas dicti biezii. Tandem ne ex ista controversia provocarentur ad intentivum inimicitie dicte partes, et gravarentur laboribus et expensis, in discretos viros magistrum Petrum de S. Gervasio, et magistrum Petrum Porchot clericos, tanquam in arbitros, sub pena sexaginta librarum Turonensium, a dictis partibus compromissum extitit in hunc modum : quod dicti arbitri de meritis cause cognoscerent, et rationes et allegationes utriusque partis audirent et probationes quas utraque pars vellet producere reciperent, ac postmodum causam ipsam possent infra octabas assumptionis B. Marie Virginis, anno Domini existente millesimo ducentesimo sexagesimo primo, pace vel judicio terminarent, et si non possent in unam sententiam concordare, dictam causam sufficienter instructam nobis remitterent, et penitus liberarent, a nobis vel ab eo cui nos tamen ipsam vellemus committere infra festum proxime subsequens Sanctorum Omnium eodem anno pace vel judicio terminandam. Qui predicti duo magistri de ipsius meritis cause ad plenum cognito, cum in unam non possent concordare sententiam acta et negotia totius processus ut ordinatum extiterat, nobis pro terminanda hujusmodi causa tradiderunt. Nos vero dictam causam defuncto magistro Johanni de Rouvreto commisimus pace vel judicio terminandam, infra terminum superius nominatum, prout virtute compromissi, et arbitrii poteramus : qui magister Johannes infra prefixum terminum dictam causam non potuit vel noluit terminare. Tandem dicto magistro Johanne de medio sublato, dicto negotio non finito, dicte partes liti hujusmodi finem imponi cupientes, compromissum supradictum renovando sub pena sexaginta librarum Turonensium in nos compromiserunt in hunc modum. Quod nos vel ille cui tamen istam vellemus committere infra festum Omnium Sanctorum venturum proximo deberet dictam causam pace vel judicio terminare. Nosque de dictarum partium voluntate causam istam pace vel judicio terminandam, magistro Guillermo de Leigni castro, clerico nostro commisimus terminandam infra terminum prenotatum : partibus vero memoratis in ejus presentia constitutis, consenserunt dicte partes, voluerunt et etiam concesserunt quod predictus magister Guillermus posset tamen hujusmodi vice et autoritate nostra, prout videret esse expediens, terminare pace vel judicio in eundem sub pena centum librarum Turonensium alto et basso compromittentes super negotio memorato. Dictus autem magister Guillermus, de bonorum virorum consilio inspectis cause meritis pro bono pacis vice et auctoritate nostra, suum arbitrium protulit in hunc modum, videlicet: quod in dicto biezio piscari valeant quicumque voluerint, et cum omnibus ingeniis; ita tamen quod non impediant aliquatenus cursum aque, hoc excepto, quod dicti piscatores vel alii habere vel facere non poterunt, in memorato biezio vel in aliqua parte ipsius, noas vel boichetas, nec etiam ingenia sua poterunt infingere, seu tendere versus molendina dictorum religiosorum, preterquam usque ad metas positas a dicto magistro Guillermo, et Domino Hugone de Sulliaco canonico Autissiodorensi, a dictis partibus cum dicto magistro ad hoc faciendum adhibito et vocato; nec etiam poterunt causa infingendi seu tendendi sua ingenia, appropinquare exclusas dictorum molendinorum, nisi usque ad metas quas dicti Guillermus et dominus Hugo de Suilliaco assignarunt, que per duos pedes a dictis exclusis distabunt. Predicti vero religiosi in dicto biezio cum omnibus ingeniis piscari, noas et boichetas facere poterunt et habere. Protulit autem dictus magister Guillermus per suum arbitrium quod predicti piscatores assederent et assignarent predictis religiosis ratione predicte piscature sex libras bone cere legitime et nove, annui redditus, predictis religiosis tanquam Dominis, ut dicitur, dicti biezii, in festo SS. Cosme et Damiani in ecclesia S. Mariani, anno quolibet persolvendas. Quas etiam sex libras cere dicti piscatores, prout a dicto magistro Guillermo prolatum extitit, assederunt. Dixit autem predictus magister suum arbitrium proferendo, quod si alterutra partium contra suum arbitrium venire temere attemptaret, nos possemus vel ille qui Dominus pro tempore erit, ab ea parte que resiliret sexaginta libras Turonenses pro pena petere et habere. In cujus rei testimonium ad petitionem dictorum partium litteras sigilli nostri munimine fecimus roborari. Datum anno Domini millesimo ducentesimo sexagesimo quinto, mense julio.

(*Ex Cartul. Urbis Autiss.* f° 40.)

N° 206.

Ordonnance de S. Louis pour obliger les propriétaires forains du finage d'Auxerre de contribuer à la construction du pont de cette ville.

(An 1266, 25 juillet.)

Ludovicus, Dei gratia, Francorum rex : universis presentes litteras inspecturis, salutem in Domino. Placet nobis et volumus quod burgenses nostri Parisiensis et alii burgenses nostri, pro terris et vineis quas habent apud Autissiodorum contribuant ad fabricam pontis ejusdem ville, quandiu nostre placuerit voluntati, sicut burgenses Autissiodorenses et ceteri homines ecclesiarum dicti loci pro vineis et terris suis quas habent ibidem, contribuunt ad fabricam antedictam. Actum apud Riganam (1) juxta Espogny, Dominica in festo B. Jacobi apostoli, anno Domini millesimo ducentesimo sexagesimo sexto.

(*Ex. Cartul. Urbis Autiss.*, fol. 40.)

(1) C'est le nom de Régennes, déjà altéré.

N° 207.

Otage donné entre les mains de Gui de Mello, évêque d'Auxerre, ayant charge du roi, par Jean, comte de Roucy.

(An 1267, 7 juin.)

Je Jehan Cuens de Rouci, sire de Pierepont : faz savoir à tous cels qui ces lettres verront que j'ai ostagié mon chier cousin monsignor Henri de Hans chevalier, et me suis obligiex envers noble prince Thibaud, par la grace de Dieu, roi de Navarre, de Champaigne et de Brie, comte Palatin, de faire revenir ledit monsignor Henri en la prison mon chier signor le roi devandit, ou leu et en l'estat où il estoit; c'est à sçavoir à Provins, dedans la feste de Nostre-Dame en settembre, et promet par ma foi corporelle donnée en la main de l'évêque d'Aucuerre qui l'a reçut pour monsignor le roi devant dit et en son nom et en la présence doudit roi, que se cil messire Henri ne revenoit en la prison ledit monsignor le roi, dedans la feste Nostre-Dame de settembre devandite, que je mettrois un chevalier qui auroit six cens livres de terre, por moi, en la prison monsignor le roi dedans la quinzaine que je en serois semons en ma propre personne ou en mon ostel, apres le terme devandit ou leu et en l'estat et por autant comme il estoit quant ces lettres furent faites; qui furent données à Paris le mardi après la Pentecouste, l'an de grace M. CC. et LXVII (1).

(*Ex Cortul. Campanie, quod vulgo vocabant,* Librum Principum, fol. 246.)

N° 208.

Réparation solennelle faite au Chapitre d'Auxerre par quelques habitants de Crevan, révoltés contre son autorité.

(An 1267-68, 2 janvier.)

Universis presentes litteras inspecturis : officialis Autissiodorensis, salutem in Domino. Notum facimus quod in nostra presentia constituti Johannes de Stagno, Johannes Seardi, Petrus dictus Livoignes et Lugueta relicta Guillelmi dicti abbatis, venerabilibus viris decano et capitulo Au-

(1) Au feuillet 153 du même volume est un acte de Jehan Cuens de Soissons, qui déclare avoir ostagié son chi r cousin, Henri de Hans.
L'évêque d' xerre y est nommé dans les mêmes termes. L'acte est du même jour daté à Paris.
Au feuillet 363. Acte d'Ansiaus de Gallande, chevalier, sire de Poussesse et de Tournant en Brie, qui s'oblige en même-temps pour ledit Remi de Hans; donné à Paris le même jour que les précédents.

tissiodorensi in ipsorum capitulo emendaverunt, genu flexo, hoc quod ab ipsorum decani et capituli dominio recesserunt. Item hoc quod contra ipsos decanum et capitulum conspirationem et colligationem fecerunt cum ceteris hominibus de Crebano, qui ab eorum dominio recesserunt. Item hoc quod dictos decanum et capitulum apud regem diffamarunt projiciendo, ut dicitur, coram eo grandes acervos litterarum tam suarum quam alienarum, et pluries apud regem contra dictos decanum et capitulum proclamando. Item hoc quod octo canonici dicti capituli citari fecerunt apud Belnam mittere. Item hoc quod sexaginta homines dictorum decani et capituli occasione dicti capituli per hospitalarios ad diversa loca, coram diversis judicibus ad unam eandem diem provocaverunt citari. De quibus injuriis et emendis ex eis factis, et de omnibus expensis a dictis decano et capitulo et prebendariis de Crebeno factis contra ipsos promiserunt dicti homines et Luguela pro viro suo defuncto, per fidem suam in manu nostra corporaliter prestitam, de stare alto et basso voluntati et ordinationi dictorum decani et capituli, et illorum de capitulo quos dicti decanus et capitulum ad hoc duxerint deputandos. Promiserunt etiam per predictam fidem suam quod quicquid dicti decanus et capitulum, et illi de concanonicis eorum quos ad hoc duxerint deputandos, de teneturis quas dicti homines in dominio dictorum decani et capituli tenent ad tertias et costumas bona fide pronuntiaverint, ipsi inviolabiliter et irrevocabiliter observabunt. Se quantum ad hec omnia bona sua dictis decano et capitulo specialiter obligantes, et per eandem fidem promittentes quod de premissis tenendis et complendis domino Stephano de Mezo, loco capituli, ad ejus submonitionem sufficientes, plegios prestabunt. Preterea Johannes de Stagno predictus, per predictam fidem suam promisit quod infra octo dies preterquam a dictis decano vel capitulo vel eorum mandato fuerit requisitus, quandam domum quam ultra pontem de Crebenno in terra Guillelmi Budin militis construxerat, ut dicebat, omnino faciet demoliri, per eandem fidem promittentes quod ipsam domum, seu materiam aut superficiem dicte domus nemini venderet, nisi sub tali conditione, quod emptor de ipsa materia aut superficie dicte domus aliquid in tota terra predicta dicti militis non possit construere, nec in fundo dicte domus edificare. Promisit etiam idem Johannes per predictam fidem suam quod in terra dicti militis de cetero, nullo modo, domum seu edificium aliquod faciet vel fieri procurabit, nec in dicta terra et justitia dicti militis alium dominum quam dictum capitulum advocabit, volens et concedens quod si ipse dictam domum, ut dictum est, non demolitus fuerit, dicti decanus et capitulum ipsam demolire possint autoritate propria et de ea suam omnino facere voluntatem et quantum ad hec tam dictus Joannes quam alii prenominati se jurisdictioni curie Autissiodorensis supposuerunt ubicumque faciant mansionem. Datum anno Domini millesimo ducentesimo sexagesimo septimo, die lune post octavas Nativitatis Domini.

(*Tiré d'une ancienne copie.*)

N° 209.

Recommandation du pape Clément IV, en faveur d'une fille lettrée qui souhaitait d'être religieuse à Crisenon.

(An 1268, 29 septembre.)

Omnibus presentes litteras inspecturis, Joannes, miseratione divina, abbas Virziliacensis, salutem in domino. Noveritis nos vidisse et etiam diligenter inspexisse litteras summi pontificis sub hac forma.

Clemens episcopus, servus servorum Dei : dilectis in Christo filiabus abbatisse et conventui monasterii de Crisenone, ordinis S. Benedicti, Autissiodorensis diecesis, salutem in Domino et apostolicam benedictionem. Cum dilecta in Christo filia Boneta, de Virziliaco, puella litterata, latrix presentium, cupiat, sicut asserit, una vobiscum in monasterio vestro sub regulari habitu Domino perpetuo famulari, universitatem vestram rogandam duximus et monendam, vobis per apostolica scripta mandantes, quatenus ob reverentiam apostolice sedis et nostram, eandem Bonetam recipiatis in monacham et sororem, et sincera in Domino caritate tractetis, non obstante statuto ipsius monasterii de certo monialium numero juramento confirmatione sedis apost. seu quecumque alia firmitate vellato, sive aliqua indulgentia sedis predicte de quo oportet in litteris nostris plenam et expressam mentionem fieri, et per quam effectum presentium impediri valeat et differri statuto juramento et confirmatione hujusmodi post receptionem ipsius B. in suo robore duraturis, mandato dicte sedis in omnibus semper salvo. Datum Viterbii, v. Idus novembris, pontificatus nostri anno tertio.

Que autem vidimus et legimus de verbo ad verbum transcribi, et sigilli nostri munimine presentes litteras duximus roborandas. Datum in festo S. Michaelis archangeli, anno Domini millesimo ducentesimo sexagesimo octavo.

(*Ex tabul. Crisen.*)

N° 210.

Lettres du pape Clément IV à Gui de Mello, évêque d'Auxerre, pour l'exhorter à accepter l'archevêché de Lyon.

(An 1268.)

Clemens episcopus, servus servorum Dei : venerabili fratri episcopo Autissiodorensi, salutem et apostolicam benedictionem. Tuarum series litterarum multa nobis...... retrahere videbantur oblati susceptione regiminis vidue miserabilis ecclesie scilicet Lugdunensis : sed que debebant inducere ad prebendum assensum, consulto et ex industria suppressisti. Sane nihil est Deo gratius, sicut tua prudentia non ignorat, quam saluti animarum intendere, quod in primo suo vicario manifeste probavit quem de sue dilectionis affectu tertio requisitum pascere voluit oves suas, satis innuens quod in homine quem officium tale deceat dilectionis haberi nequeat efficacius argumentum. Verum, si vel paucis animabus consulere multum et commendabile, pluribus laudabilius, et iis maxime que pastoris solatio destitute diutius magnis periculis et multis exposite consolationis indigent beneficio plenioris. Et nos, quia te jam duarum ecclesiarum regimine probatum novimus, ad tertiam te vocavimus confidenter ut preesses Provincie generaliter qui eisdem pr..... atim ceterum tuis sepe perlectis litteris et earum latoribus patienter auditis, tibi breviter duximus respondendum, quod si recipis quod offertur tibi cedet ad meritum, prout credimus in presenti, et ad premium in futuro; et non tantum Lugdunensi ecclesie providebitur, quin etiam esse poterit regno Francie fructuosum et regi, nosque perinde tibi tenebimur ad gratiarum multimodas actiones. Quod si prorsus involuntarium te fateris et sana conscientia tibi credis expediens non transferri, sciat tua fraternitas quod ex repulsa hujusmod si divinam evitas indignationem apostol. non incurres, sed veremur ne Deo displiceat, si te negas ecclesie memorate que desiderat tibi subjici, per te dirigi, et de lapsu multiplici per tuam providentiam et industriam ad dignitatis antique gloriam tam salubriter quam celeriter reformari. Demum cito nobis te volumus respondere ne morose dilationis dispendio pregravetur ecclesia memorata. Datum Viterbii IIII. No..... pontificatus nostri anno.....

(*Ex autographo.*)

N° 211.

Soumission du sire de Juilly, (diocèse de Meaux) à la décision de Gui de Mello évêque d'Auxerre.

(An 1269, 20 juin.)

A tous ceus qui ces presentes lettres verront : Je Gautiers de S. Denis, chevalier et sire de Juilly, salut en notre Seigneur. Je fais à savoir à tous que je tieng et tenré et fere tenir à ma femme et à Jehennot mon filz et à tous mes hoirs, à tousjours fermement, la pes et l'acordance tele comme messires li évesques d'Auceurre a fete et accordée de moi et de messire Renaut de Mintri chevalier, mon neveu, et promet en bonne foi que l'ordenance tele comme il l'envoyera scellée de son scel je tenré et gardaré à tous jors fermement sans rappeller de moi ne de mes hoirs. Et por ce que ceste chose soi ferme et estable, je et ma femme Helissent avons scellé ces presentes lettres de nos sceaux. Ce fu fet l'an de l'Incarnation de notre Seigneur mil et deux cens et soissante neuf, le diemenche devant la Nativité S. Jean-Baptiste.

(*Tiré de l'original que je conserve, scellé du sceau d'Helisende en cire verte.*)

N° 212.

Acte donné par Jean de Sully, archevêque de Bourges, concernant les parents de Gui de Mello, évêque d'Auxerre.

(An 1269, 30 novembre.)

Universis presentes litteras inspecturis: Johannes, permissione divina Bituricensis archiepiscopus, Aquitanie primas, in Domino salutem. Notum facimus quod in nostra presentia constituta charissima consanguinea nostra Isabellis de Melloto, dedit nobili viro domino Droconi de Melloto, fratri suo, duo millia librarum Turonensium, quas venerabilis pater G. Dei gratia Autissiod. episcopus, patruus suus, penes se in deposito habebat. Voluit etiam et mandavit predicta Isabellis, presente predicto episcopo, ut idem episcopus dictam pecunie summam fratri suo traderet et liberaret. Ac eundem episcopum de predicta pecunie summa quittavit in perpetuum, coram nobis. In cujus rei testimonium, ad petitionem prefate Isabellis de Melloto, predicta volens, concedens et confitens esse vera sigillum predicti reverendi patris J. archiepiscopus Bituricensis presentibus litteris rogavi apponi, atque meum apponi in testimonium predictorum. Datum Parisius, anno Domini M. CC. LXIX. die sabbati in festo B. Andree.

(*Tiré de l'original que je conserve, scellé du sceau de l'archevêque de Bourges.*)

N° 213.

Droits curiaux exercés par l'abbesse de Saint-Julien d'Auxerre, dans son église, à certains jours.

Omnibus presentes litteras inspecturis, officialis Autissiodorensis salutem in Domino. Noveritis quod inter cetera que in litteris bone memorie Agnetis olim abbatisse Sancti-Juliani Autissiod. continentur duos articulos infrascriptos vidimus contineri, quos verbo ad verbum presentibus litteris fecimus annotari. Quorum unus talis est : In omnibus festivitatibus Beate Marie, Sancte-Crucis, Beati-Petri et Sancti-Andree, presbyter Sancti-Martini omnes parrochianos suos adducere debet ad ecclesiam Sancte-Marie, ad audiendam missam. Item alius talis est : omnes servientes Sancti-Juliani si uxores acceperint, benedicentur in ecclesia Beate-Marie, et omnis oblacio eorum et omnium qui benedicti fuerint ibidem thesaurarie erit, et sacerdos Beati-Martini jus suum cum purificatione tantum accipiet. Quod autem in predictis duobus articulis vidimus contineri verbo ad verbum transcribi fecimus et presenti eorum transcripto, salvo jure alterius, sigillum curie Autissiodorensis diximus apponendum.

Datum et visum die martis post octabas Purificationis Beate Marie-Virgini, anno domini M° CC° LXIX.

(*Pièce sur parchemin autrefois scellée; Arch. de l'Yonne F. S. Julien.*)

N° 214.

Extrait du testament et codicille de Gui de Mello, évêque d'Auxerre, des années 1260 et 1270.

(An 1270.)

Anno Domini M. CCC. VI, mense februrario, in testamento bone memorie G. de Melloto, quondam Autissiod. episcopi, confecto anno M. CC. LXV, mense octobris, nec-non et codicillis confectis anno septuagesimo, die jovis post Exaltationem S. Crucis, extracta sunt ea que sequuntur spectantia, inter cetera, ad ecclesiam Autissiodorensem. Legata dispertita seu ordinata ab eodem defuncto :

Primo, Autissiodorensi capitulo ducente et sexaginte libre Turonenses annui redditus, ad augmentationem distributionum, prout in litteris patentibus super hoc confectis plenius continetur.

Item capellanis Sancti-Michaelis et Sancti-Joannis Rotundi, ducente et quadraginta libre Turonenses annui redditus.

Item domui Dei de claustro Autissiod. viginti libre Turonenses annui redditus.

Item ad distributiones vicariorum in ecclesia Autissiodorensi institutorum, triginta-quinque libre Turonenses annui redditus.

Item centum solidos annui redditus, ad augmentationem distributionum clericis de choro non canonicis, in matutinis.

Item centum libre Turon. ad emendos redditus et ceram quam habebat in ecclesia S. Peregrini Autissiod., pro luminari angelorum.

Item pro anniversario ejusdem, quindecim libre Turonenses annui redditus in ecclesia Autissiodor. et viginti libre ad emendos redditus pro anniversario in ecclesia B. Marie in civitate Autissiodor., et centum solidi ad emendos redditus pro anniversario in capella de Trinitate.

Item centum solidi ad emendos redditus pro pitancia infirmorum domus Dei de claustro, annis singulis, die anniversarii sui.

Item fabrice ecclesie Autissiodorensi viginti libre, apposita clausula quod si heredes vel aliqui eorum hanc ordinationem impugnarent, quod tanquam ingrati a successione excludentur et devolvetur ad superiores in consanguinitatis gradu qui adimplere voluerint.

Executores bone memorie Odo Rothomagensis, Johannes Bituricensis archiepiscopi, illustris vir Theobaldus rex Navarre, venerabiles viri Guido decanus B. Martini Turonensis, Petrus precentor Senonensis, Magister H. de Virzeliaco et Erardus de Lisiniis, nepos ejus, tunc Ausiodor. canonicus.

Item ex codicillis subsequentibus, sub data predicta, tracta sunt ea que sequuntur ad capitulum Autissiodorense spectantia : scilicet capelle ejusdem vestimenta brodata, alba cum capa de eodem, et vestimenta viridia, cum calice de auro et thuribulum argenteum deauratum, cum cambuca et bacinis argenteis, erunt ecclesie Autissiodor.

Item precepit emi redditus ad faciendas octavas de S. Augustino et festum solemne de Nativitate B. M. V. in ecclesia Autissiodorensi.

Item ecclesie B. M. V. in civitate Autissiodor., trecenta libre Turonenses pro anima defuncti Roberti Caprarii in redditibus convertende ad utilitatem ipsius ecclesie, tali modo quod canonici dicti loci, promissa que dicuntur fecisse solvent, et cum predictis trecentis libris in utilitatem dicte ecclesie convertent, et oratorium seu capellulam super sepulturam dicti Roberti construent.

Item, si post decessum charissimi nepotis nostri Erardi, decani Autissiodor., episcopus qui successor noster erit, domum nostram Parisiensem ad opus ecclesie Autissiodor. habere velit, eam pro septingentis libris Turon. habeat.

Item de redditibus legatis mortificandis volumus quod mortificari poterunt : qui autem non poterunt, vendentur : et volumus quod de nostris mobilibus suppleatur.

(*Ex veteri exemplari XIV Seculi.*)

N° 245.

Bref du pape Grégoire X au prieur de Villiers, diocèse de Sens, pour la conservation des biens du Chapitre d'Auxerre.

(An. 1271.)

Gregorius episcopus, servus servorum Dei : dilecto filio priori de Villari monasterio, Senonensis diecesis, salutem et apostolicam benedictionem. Significarunt nobis dilecti filii, decanus et capitulum ecclesie Autissiodor., quod nonnulli iniquitatis filii quos pro suis ignorant, quedam jura que pitagia vulgariter appellant, decimas, terras, possessiones, redditus et nonnulla alia bona ipsius ecclesie maliciose occultarunt et occulte retinere presumunt, in animarum suarum periculum, et ejusdem ecclesie non modicam lesionem. Quare dicti decanus et capitulum humiliter petebant a nobis ut providere super hoc eidem ecclesie paterna sollicitudine curaremus. Quocirca discretioni tue per apostolica scripta mandamus, quatenus omnes hujusmodi occultos detentores jurium, decimarum et aliorum predictorum bonorum publice in ecclesiis coram populo, per te vel per alium moneas ut intra competentem terminum quem illis ad hoc prefixeris ea dictis decano et capitulo a se debito manifestent, et debitam de iis satisfactionem impendant. Alioquin ex tunc in eos si infra alium terminum peremptorium competentem, quem eis ad hoc duxeris prefigendum, hujusmodi monitis parere contempserint, generalem excommunicationis sententiam proferas, faciens eam ubi et quando expedire videris usque ad satisfactionem condignam solemniter publicari. Datum apud Urbem-veterem, x. kal. aprilis, pontificatus nostri anno primo.

(*Ex autographo.*)

N° 246.

Compromis des comtes de Champagne et de Bar entre les mains d'Erard, évêque d'Auxerre.

(An 1271.)

Nous Henry, par la grace de Dieu, roy de Navarre et de Champagne et de Brie, Cuens Palatin, feisons à savoir à tous ceus qui verront et orront ces presentes lettres, que cum discorde fust entre nous d'une part, et haut homme et noble notre amé et féal Thiebaut, comte de Bar d'autre part, d'androit de la grange de Viel-Moustier et des appendises de cele grange, laquelle nous disoient que elle estoit de sa garde : nous en avons fait compromis de haut et de bas en honnorable père Erart, par la grace de Dieu, evesque d'Aucuerre, et promettons en bonne foy sans james aler encontre que nous en tanrons fermement ce que li devandi z evesque en dira ou rapportera par son dit, soit par droit ou par peis. En tesmoignage de laquele chose nous avons mis nostre scel en ces presentes lettres qui furent festes en l'an de l'Incarnation nostre Seigneur mil deus cens soixante unze, le jour de la Mazeleine.

(*Tiré de l'original que je conserve scellé, en cire rouge du sceau du roi de Navarre.*)

N° 247.

Reconnaissance de la comtesse Yolende, au sujet de l'obligation de porter l'évêque d'Auxerre à sa réception dans sa ville episcopale.

(An 1272.)

Universis presentes litteras inspecturis : Yolendis comitissa Nivernensis salutem in Domino. Noverint universis quod cum controversia verteretur inter venerabilem patrem Erardum, Dei gratia, Autissiodorensem episcopum, ex una parte, et nos Yolendim comitissam Nivernensem, ex altera, eo quod ad diem inthronisationis sue citata ipsum ad cathedralem ecclesiam cum aliis non portaveramus, nec sufficienter miseramus, predicto episcopo asserente, quod ad ipsum portandum et successores suos die inthronisationis sue nos tenebamur ratione feodi de Donziaco et ratione feodi Autissiod. Nos, concedentes quod ratione feodi de Donziaco ad hoc tenebamur, nisi possemus probare quod dicta portatio ratione feodi de Giemo dicto episcopo deberetur, non autem ratione feodi Autissiodorensis. Quia tamen nobis constitit per litteram bone memorie Petri quondam comitis Autissiodorensis dictum episcopum et antecessores suos esse in possessione memorata portationis ratione feodi Autissiodor. Nos recognoscimus quod nos et successores nostri tenemur portare predictum episcopum Autissiodor. et successores suos; cum idem episcopus et successores sui sint et fuerint in possessione memorate portationis, tam a nobis quam ab heredibus nostris Autissiodorensi episcopo faciende, non solum ratione feodi Donziaci, ut predictum est, sed etiam ratione feodi Autiss. quod ab ipso tenemus.

In cujus rei testimonium nos Yolendis, comitissa Nivernensis, sigillum nostrum presentibus litteris duximus apponendum. Datum apud Lisinias, an. MCCLXXII, die jovis post Invent. B. Stephani. Nos autem Robertus, advocatus Bitunie, et comes Nivernensis, maritus dicte Yolendis, omnia singula premissa rata habentes, ac etiam confirmantes, sigillum nostrum presentibus litteris una cum sigillo dicte Yolendis, anno et die predictis, in testimonium premissorum duximus apponendum.

(*Ex Tabul. episc. Autiss.*)

(V. Gall. Christ. t. XII, une charte de la même comtesse, donnée devant le duc de Bourgogne.)

N° 248.

Union d'une prébende de la collégiale de Varzy, à la chantrerie de la même église.

(An 1273, mai.)

Erardus, divina miseratione, Autissiodorensis episcopus : universis presentes litteras inspecturis, salutem in Domino. Cum nos attendentes proventus et exitus cantorie ecclesie Beate-Eugenie de Varziaco, nostre diecesis, nunc pertinentes, nimis tenues et exiles ad ipsius cantorie onera supportanda, de bonorum virorum consilio, ad honorem Dei, dicte ecclesie utilitatem, et ad divinum officium in ea per dictum cantorem commodius exequendum, prebendam in dicta ecclesia vacantem per mortem magistri Guidonis de Chableiis, quondam ejusdem ecclesie canonici, dicte cantorie perpetuo annectimus et unimus, volentes et concedentes quod dictus cantor qui nunc est, vel qui pro tempore erit, ex nunc grossos fructus, exitus et proventus ac omnia jura dicte prebende integraliter percipiat et habeat. Hanc autem ordinationem et unionem a nobis factam statuimus autoritate diocesana et precipimus, in posterum, firmiter et inviolabiliter observari. Hoc autem cantor, thesaurarius, totumque capitulum predicte ecclesie voluerunt, concesserunt et approbaverunt, prout in litteris dictorum cantoris et capituli plenius continetur. In cujus rei testimonium et munimen presentes litteras sigillo nostro duximus sigillari. Anno Domini millesimo ducentesimo septuagesimo tertio, mense maio.

(*Tiré de la confirmation de Guillaume des Grez, évêque, de l'an* 1291.)

N° 249.

Ratification par Erard, évêque d'Auxerre, seigneur de Lesignes, d'une acquisition faite par les religieuses de ce lieu.

(An 1275-76, 10 janvier.)

Universis presentes litteras inspecturis : Erardus, Dei gratia, Autissiodor. episcopus, dominus Lesiniarum, salutem in Domino. Cum Joannes, dictus Monachus, miles, abbatisse et conventui monasterii Lesiniarum, Cisterc. ordinis, portionem illam decime quam percipiebat et percipere consueverat in decima de Sambour, quam quidem decimam a nobis tenebat in feodum, vendiderit sicut dicit. Noveritis quod nos dictam venditionem laudavimus et approbavimus, et quod dicta abbatissa et conventus dictam decimam teneant et possideant in perpetuum tanquam dominus feodi confirmamus, et eandem decimam amortizamus. In cujus rei testimonio sigillum nostrum presentibus litteris duximus apponendum. Actum et datum die jovis post apparitionem Domini, anno Domini millesimo ducentesimo septuagesimo quinto. Sic signatum : Petrus Mileti.

N° 220.

Pierre d'Anisy, trésorier de Sens, enterré dans l'église d'Auxerre, dont il avait été chanoine.

(An 1274.)

Anno ab Incarnatione millesimo ducentesimo septuagesimo quarto, Dominus Petrus de Anisiaco, jam senex et debilis corpore, thesaurarius majoris ecclesie unanimiter eligitur, ex genere mediocri, sed scientia famosus et moribus plenus, regnante super Francos Philippo III, Rome nullo imperante, vivente Summo pontifice Johanne XXI, a quo predictus dominus Petrus de Anisiaco confirmatur, consecratur, ac honore pallii decoratur. Eodem anno idem Petrus in regressu curie moritur, nec Senonis receptus est, imo in majori ecclesia Autissiodorensi, in qua canonicus fuerat, sepelitur.

(*Ex chronico manuscripto magistri Gofredi Senonensis, inter M** Bibl. capituli Senonensis.*)

N° 221.

Fondation de Jean de Challon, comte d'Auxerre, en l'Abbaye de Marcilly.

(An 1276-77, janvier.)

Je Jehan de Challon, comte d'Auxerre, et Alix ma femme et espouse, comtesse d'Auxerre; faisons sçavoir a tous ceux qui orront ces presentes lettres, que pour la grande et bonne dilection que nous avons à Dieu et à l'église dou repos de Nostre-Dame la glorieuse vierge Marie nostre Dame de Marsilly, de l'ordre de Citeaux en la diocèse d'Autun, et aux religieuses dames, l'abesse et le couvent, et pour nostre anniversaire, laquelle celebreront et feront celebrer en la devantdite eglise chacun an, tant comme nous vivrons d'une messe dou Sainct-Esprit lou premier jour du mois de mars, et après nostre mort ladite messe se dira pour les trepassez chacun an audict jour solemnellement. Cognoissons et confessons par nostre foy, avoir donné à la devant dite eglise en pure et perdurable ausmosne pour le remède de nos ames et de nos..... cesseurs, et pour nostredit anniversaire l'usage en nos boys de Marraulx qui nous appartiennent à cause de nostre comté d'Auxerre pour le chauffage desdites religieuses, et pour leur fort en ladite abbaye, et pour les nécessitez de la devant dite église. Et nous Jehan de Challon et Alix comtesse dessusdicts promettons par nostre foy et par nostre serment donné aux sainctes Evangiles de Dieu le devantdit, sauf à garder et entretenir à ladite Eglise en obligeant nosdicts boys et tous nos biens et les biens de nos hoirs. En tesmoing desquelles choses nous avons mis nos seaulx en ces présentes lettres qui furent faites et donnees en nostre ville d'Auxerre, l'an de grâce mil deux cent soixante et seize, au mois de janvier.

(*Tiré de la copie écrite par un notaire.*)

N° 222.

Amortissement en faveur de l'abbaye des Isles proche Auxerre, par le comte Jean de Challon.

(An 1276, 27 août.)

A touz ces qui verront ces presentes lettres : Jehanz de Chalon, Cuens d'Auceurre, et Aleiz sa fame, comtesse d'Auceurre, salut en notre Segnor. Sachent tuit que nous, por la devotion que nous avons vers l'abeie des Isles de lés nostre cité d'Auceurre, avons amorti et amortissons à la devandite abeie totes les choses queles queles soient que les nonnains de celles abeie ont acquis puis trente et cinq ans en ça, en notre joutise où que ce soit. Après nous voulons et otroions audevant dites nonnains que ciles paisiblement se puissent accroistre, des cy en avant, tojorsmès, sans contredit, an tote notre joutise, ou que ceile soit especiaument en ladite joutise de S. Gervais; mais que ce ne soit en nos fiez et en nos rièrefiez, jusques à vint livres de terre à paresis; et promettons an bone foy que nos, totes ces choses que ciles ont acquises puis trente et cinq anz en ça, lor garentirons de nous et de noz hoirs, et de noble baron lou duc de Borgoigne, et que contre l'ottroi que nous faisons aus nonnains et à l'abeie desusdites, par nous ne par autrui ne varront jamais. Et por ce que cette chose soit ferme et citable, nous avons donné aus devandites nonnains ces presentes leitres saleis de nos seaus. Ce fu feit et donné en l'an de l'Incarnation Nostre-Signor, mil deux cent sexante et seize, lou jeudi, après feste seint Bartholomiaut l'apostre.

(*Tiré de la copie d'un notaire.*)

N° 223.

Condamnation du prévôt et du bailli d'Auxerre, par le parlement, pour délit commis contre des clercs.

(An 1277-78, janvier.)

Quia Jacobus Aisant, tunc prepositus Autissiodorensis inventus fuit culpabilis delicto commisso contra quosdam clericos Autissiodorenses, super quo conquesti fuerant decanus et capitulum Autissiodorense : Ordinatum extitit in dicto parlemento quod faciet quatuor processiones, primam in Ramis Palmarum, secundam ad Ascensionem, tertiam ad Trinitatem, et quartam in festo S. Stephani solemniter et reddet capitulo centum libras Turonenses.

(*Ex registris Olim B. f. 36, inter arresta expedita in parlamento Epiphanie Domini, anno ejusdem 1277. — Olim. t. II.*)

N° 223 bis.

Jugement du même genre contre le bailli d'Auxerre.

(An 1277-78.)

Nicolaus de Passu, tunc ballivus Autissiodor., pro eodem delicto super quo fuit culpabilis, solvet ducentas libras Turonenses, et per dominum regem partientur secundum quod viderit bonum esse inter capitulum Autissiodorense, et magistrum Reginaldum de Sagio clericum domini regis; et retinebit idem dominus rex de dictis ducentis libris Turonensibus si voluerit aliquam partem seu quotam sibi. De ipsis autem reddendis comes Autissiodorensis constituit se principalem redditorem. Scietur preterea, per ballivum Senonensem, si idem Nicolaus est pauper. vel dives, et preter hec faciet processiones ad voluntatem domini regis, vel consilii sui; debetque representare coram domino rege quotiens sibi significabitur ex parte domini regis seu ballivi Senonensis.

(*Ex registris Olim B. f. 36, inter arresta expedita in parlamento Epiphanie Domini, ann. 1277.*)

[Vide apud Laur. Bouchel, in verbo *processions*, fol. 777, in summa beneficiali.]

N° 224.

Indication d'un jour pour l'élection d'un évêque d'Auxerre.

(An 1278, 2 novembre.)

Omnibus presentes litteras inspecturis. H..... decanus, G..... archidiaconus Autissiodorensis, Michaël archidiaconus in eadem ecclesia, Stephanus succentor, Odo Isambardi, Anselmus de Malliaco, Guillelmus de Noa, Felix de Trecis, Petrus de Gessia, Petrus de Apponiaco, Joannes Pedis-Negris, presbyteri, Obertus de Virziliaco, Odo de Salone, Stephanus sacrista, Henricus de Nivernis, Jacobus de Jofeinval, Regnaudus de Mimochiis, Hugo de Charitate, diaconi, Gaufridus Cacabi, Petrus Viarii, Hugo de Acrivilla, Hugo de Tiangulo, Hugo de Sancto-Gengulpho, Vincentius de Mena, Girardus de Villasuper-Arciam, Andreas de Divione, Odo de Pontengiaco, et Simon de Trecis, subdiaconi, canonici predicte Autissiodorensis ecclesie, salutem in Domino. Notum facimus quod nos publice recognoscimus diem jovis post instans festum Nativitatis Domini assignatam esse in capitulo nostro ad tractandum de futuri electione Pontificis et ad eligendum seu providendum ecclesie nostre vacanti, ad presens, per translationem factam de reverendo patre E...., Dei gratia, quondam episcopo nostro, promoto nuper seu assumpto in cardinalem episcopum Prenestinum, de persona idonea in episcopum et pastorem. In cujus rei testimonium presentibus litteris sigilla nostra per ordinem duximus apponenda. Datum die veneris post festum omnium Sanctorum, anno Domini millesimo ducentesimo sexagesimo octavo.

N° 225.

Affranchissement des habitants de Cravan par le chapitre d'Auxerre, et confirmation de cet acte par l'évêque.

(An. 1280, 1ᵉʳ mai.)

Universis presentes litteras inspecturis, Guillelmus, miseratione divina, Autissiodorensis episcopus, salutem in Domino. Notum facimus quod dilecti in Christo filii nostri decanus et capitulum ecclesie nostre Autissiodorensis predicte burgensibus de Crebanno, nostre diocesis, concesserunt quasdam libertates, prout in eorum litteris sigillo dicti capituli sigillatis continetur, quarum tenor talis est.

Universis presentes litteras inspecturis: Hugo, decanus, ac totum capitulum Autissiodorense, salutem in Domino. Cum omnes homines, jure naturali inspecto, gaudere debeant privilegio libertatis, ac inter ceteros Christiane fidei ministros, ecclesia, ut pote mater omnium fidelium, libertatis privilegium non solum concedere, sed etiam ab aliis Christi fidelibus concessum tueri ac protegere teneatur, juxta sacrorum canonum instituta ac legum secularium legitimas sanctiones; ideo nos, sanctorum patrum institutis inherere volentes, quasdam libertates inferius annotatas burgensibus nostris de Crebanno, qui nunc sunt et qui in posterum in eadem villa fuerint moraturi, et corum heredibus, diversis super hoc tractatibus habitis, ac utilitate ecclesie nostre pensata, prospectis etiam meliorationibus, concedimus sub hac forma. Imprimis enim manum mortuam quam habebamus in hominibus de Crebanno ac possessionibus et bonis eorumdem, in quibuscumque locis existentibus, cum juribus et conditionibus universis ad dictam manum-mortuam pertinentibus, per que posset dictis burgensibus aliquod prejudicium generari, predictis burgensibus omnino remittimus et quitamus; hoc excepto, quod si aliquas posessionnes aliqui vel aliquis eorum haberent in aliis villis nostris, finagiis et pertinenciis, in quibus manum mortuam habemus, eo vel eis decedentibus sine herede proprii corporis ab eo vel ab eis non diviso, ad nos, nomine ecclesie nostre, devenient sicut prius. Item tailliam quam habebamus super homines dicte ville, alte et basse, de triennio in triennium, temperamus et abonamus et limitamus in modum inferius annotatum. Item consuetudinem bladi de grangia nostra, in dicta villa nostra de Crebanno existente, adducendi per eos Autiss. suis sumptibus et expensis. Item consuetudinem de saccis tradendis ad dictum bladum adducendum. Item consuetudinem de culcitris tradendis quotiescumque decanum vel camerarium, seu alios canonicos ad locum illum declinare contingeret, et ibidem pernoctare. Item consuetudinem custodiendi incarceratos, ibidem captos a nobis vel mandato nostro, quos custodire suis sumptibus tenebantur, eis omnino remittimus et quittamus, et volumus quod quoad predicta, plena libertate, eo etiam adjecto, quod si aliquis burgensium decederet non habens propinquum vel consanguineum, bona ejus sine contradictione aliqua ad nos seu prebendarios dicti loci devenerint, et per annum custodientur per camerarium dicti loci vel ejus mandatum; quo elapso, herede non existente seu non comparente, penes prebendarios remanebunt. In recompensationem vero omnium et singularum libertatum predictarum, dicti burgenses promittunt nobis decano et capitulo predictis, reddere et solvere centum viginti libras Turonenses annui redditus tantummodo, in perpetuum, nobis in capitulo nostro Autissiodorensi, singulis annis infra Octabas Purificationis B. Marie Virginis, nomine taillie, et pro tailla memorata, ad quas predictas centum viginti libras Turonenses imponendas et assidendas et recipiendas a sponte volentibus solvere, predicti burgenses tres de seipsis eligent, et camerarius dicti loci alios tres de burgensibus dicte ville eliget, qui coram dicto camerario de fideliter agendo, imponendo et assignando unicuique, juxta facultates suas, congruam portionem prestabunt juramentum. Et si non possunt dicti burgenses concordare de dictis tribus eligendis, camerarius eliget sex de ipsis, et coram eodem jurabunt, prout superius est expressum. Et si aliquis esset qui nollet solvere portionem sibi assignatam, per camerarium vel ejus mandatum solvere compellatur.

Item burgenses predicti pro premissis et in recompensationem premissorum promittunt nobis, nomine ecclesie nostre Autissiodorensis, exsolvere annuatim quintam decimam vini de omnibus vineis in territorio seu finagio de Crebanno constitutis, de quibus prius vicesimam percipiebant ratione decime. Et si quas vineas aliquis burgensium predictorum, in dicto territorio seu finagio acquiret in posterum, similiter quintam decimam nobis exsolvere tenebitur, salva portione presbyteri parochialis ecclesie de Crebanno, quam ut moris est percipiet, et quam per conventiones hujusmodi non intendimus in aliquo diminuere, seu etiam augmentare. Pro dictis vero centum viginti libris annuatim solvendis, dicti burgenses, se et heredes suos et omnes successores in dicta villa de Crebanno residentes, obligant, necnon et omnia bona sua mobilia et immobilia ad quascumque personas devenient, sive sint laïci, sive clerici conjugati, dictam vero quintam decimam vini solvent nobis prebendariis dicti loci, infra festum B. Martini hyemalis, post vindemias, quolibet anno venturi. Quod si per nos vel prebendarios dicti loci steterit quominus dicta quinta decima solvatur infra dictum terminum, vina sua vendere poterunt, et secundum pretium venditionis a domino dicti vini facte, portionem dicte decime in qua tenebuntur, nobis vel prebendariis solvent in pecunia numerata, ligno dolii duntaxat excepto.

Item dicti burgenses, pro premissis et in recompensationem premissorum, remittunt nobis omne jus et usagium quod habebant in nemore de Veriaut, salvis pascuis ad eorum animalia que sibi retinent prout in aliis nostris nemoribus de Crebanno habere consueverunt. Item promittunt nobis solvere pro premissis, ut dictum est, sibi concessis et quittatis, dicti burgenses, mille et quingentas libras Turonenses in pecunia numerata. Item solvere tenebuntur pro premissis sibi, ut dictum est, concessis et quittatis, nobis centum libras Turonenses, in continenti, ad distribuendum in capitulo inter canonicos qui presentes fuerint in eodem. Item promittunt nobis solvere, in recompensationem premissorum, duodecim libras Parisienses pro culcitris emendis in domo nostra de Crebanno; et de iis culcitris tradendis erunt quitti dicti burgenses in perpetuum et immunes. Item solvere tenebuntur in recompensationem premissarum libertatum sibi a nobis concessarum, nobis, dicti burgenses, ducentas libras Turonenses pro prisione facienda ibidem. Item solvere tenebuntur, pro premissis a nobis sibi concessis, geolario nostro sive custodi carceris, centum solidos Turonenses annui redditus, seu assignare eidem qui etiam geolarius habebit, quatuor denarios a quolibet qui ibi incarcerabitur, qui incarceratos custodiet nomine nostro et periculo suo. Item dicti burgenses solvere tenebuntur, ex causis antedictis, prebendariis dicti loci, pro dicta manumortua eis ibi assignata et dictis burgensibus remissa, ut dictum est, usque ad quatuor annos proximo subsequentes, quolibet anno, centum libras Turonenses terminis inferius constitutis. Solvent autem dicti burgenses statim dictas centum libras Turonenses ad distribuendum. Item duodecim libras Parisienses pro culcitris emendis. Item a festo Omnium Sanctorum proximo venturo, usque ad annum, ducentas libras Turonenses pro prisione, et quater centum libras Parisienses de dictis mille quingentis libris Turonensibus, et quolibet anno subsequenti ducentas libras Parisienses, quousque de dictis mille et quingentis libris Turonensib. nobis fuerit integraliter satisfactum. Item prebendariis predictis solvent in compoto B. Lucie proximo venturo, de dictis quater centum libris, quinquaginta libras Turonenses, et in compoto kalendarum maii subsequenti, quinquaginta libras Turonenses, et sic quolibet anno, terminis subsequentibus, satisfacient dictis prebendariis, quousque dicti quatuor anni sint elapsi.

Has autem libertates dictis burgensibus concedimus considerata, pensata utilitate ecclesie nostre Autissiodorensis quam recognoscimus et confitemur nos fecisse et esse in premissis et quolibet premissorum. Omnia autem alia jura scilicet justitiam altam et bassam, juridictionem, bannicionem hominum pro crimine vel suspicione criminis, placita, mensuras, preconium, census, curveias carrucarum, necnon et omnia alia jura corporalia et incorporalia, personalia et realia, nobis et successoribus nostris et ecclesie nostre, utpote dominis temporalibus dicte ville et pertinentiarum, et quecumque dominis temporalibus possunt et debent consueverunt competere, preter quam predictas libertates dictis burgensibus concessas, in rebus et personis eorum omnimodo retinemus. Promittentes etiam, eisdem burgensibus, quod nos eisdem predicta jura fideliter conservabimus et predictas libertates. Pro quibus autem adimplendis et inviolabiliter observandis dicti burgenses obligaverunt se, heredes suos, et omnia bona sua mobilia et immobilia, presentia et futura, et specialiter in villa et territorio de Crebanno constituta, videlicet quantum ad omnia supradicta. Promittentes se daturos nobis litteras officialis Autissiodorensis super premissis plenarie adimplendis. Nos vero, decanus et capitulum predicti, bona fide promittimus observare premissa et quelibet premissorum. In cujus rei testimonium et munimen, sigillum capituli nostri presentibus litteris duximus apponendum. Rogantes reverendum patrem nostrum Guillermum, Dei gratia, Autissiodorensem episcopum, ut premissis consentiat, et premissa auctoritate ordinaria placeat confirmare.

Datum in capitulo nostro generali kalendarum maii, anno Domini millesimo ducentesimo octogesimo, die sabbati post festum Philippi et Jacobi.

Nos vero Guillelmus episcopus predictus, predictas libertates predictis burgensibus de Crebanno concessas approbamus et eisdem ex certa scientia consentimus, utilitate dicte ecclesie nostre pensata, ac eas autoritate ordinaria confirmamus. In quorum omnium testimonium et munimen ad requisitionem decani et capituli predictorum presentes litteras sigillo nostro duximus roborandas. Datum apud Regennas, anno Domini millesimo ducentesimo octogesimo, die veneris in vigilia B. Laurentii.

(*Ex Tabul. Autiss.*)

N° 226.

Déguerpissement de la terre de Fleury, léguée au Chapitre d'Auxerre par l'évêque Gui de Mello.

(An 1280, 27 avril.)

Omnibus presentes litteras inspecturis.... Nos Gaufridus de Gienvilla, miles, et Mabilla uxor ejus, salutem in Domino. Noverint universi quod cum inter nos ex una parte, decanum et capitulum Autissiodorense ex altera, super villa de Fleuriaco ejusque pertinentiis, mota esset discordia, nosque de predictis villa et pertinentiis nobili viro Humberto de Bello-joco constabulario Francie, homagium fecissemus : Tandem deliberatione diligenti prehabita, ex testimonio fide dignorum et aliis, coram accepimus, et veraciter cognovimus, dictam villam cum ejus pertinentiis ad ipsos venerabiles viros decanum et capitulum Autissiod., ex legato bone memorie Guidonis quondam Autissiodorensis episcopi pertinere. Hinc est quod in dictis villa et pertinentiis ejus nostris litteris publice confitemur nos nullum jus habere, nec etiam habuisse. Et si quod habuimus vel habemus, quod amodo et renunciamus omnino, illudque predictis decano et capitulo remittimus penitus et quittamus, cum dictam villam et ejus pertinentias sine prejudicio animarum nostrarum et sana conscientia non possemus retinere. Volentes quod ipsi decanus et capitulum predictam villam, cum ejus pertinentiis, in perpetuum libere possideant et quiete. Promittentes, per fidem nostram, nos in predicta villa et pertinentiis ejusdem nihil juris per nos vel per alium de cetero reclamare, seu facere reclamari, nec ipsos decanum et capitulum impediemus vel impediri faciemus, quominus dictis villa et pertinentiis pacifice gaudeant tanquam suis. Et ad hec tenenda et inviolabiliter observanda. Nos...... et omnia bona nostra ipsis decano et capitulo specialiter obligamus. Volumus insuper et concedimus quod si nos, seu successores nostros contra premissa vel aliqua premissorum venire contingeret, quod absit, quod venerabilis vir....... qui pro tempore fuerit, in nos heredes seu successores nostros excommunicationis in totam terram nostram interdicti faciant sententiam...... relaxetur quousque ipsis decano et capitulo de premissis omnibus et singulis fuerit integre satisfactum. Renunciantes specialiter et expresse exceptioni doli fori privilegio militari, privilegio crucis sumpte et assumende...... et quia nos... possimus dicere nos esse deceptos seu circumventos in premissis, vel in aliquo premissorum omnibus..... hoc possent objici seu dici. Nos heredes et successores nostros quoad hoc specialiter obligantes et jurisdictioni curie Trecensis specialiter supponentes.

In quorum omnium testimonium et munimen sigilla nostra presentibus litteris ducimus apponenda. Anno Domini millesimo ducentesimo octogesimo, die dominica post festum B. Georgii.

(*Ex Tabul. Eccles. Autiss.*)

N° 227.

Fragments historiques sur Auxerre, tirés du dernier f° du man^t de la chron. de S. Marien, conservé autrefois à Notre-Dame-la-d'Hors.

(An 1265 et suiv.)

Anno Domini MCCLXV, in Conversione S. Pauli, fuit tanta inundatio aquarum quod fuit per omnes officinas abbatie S. Mariani, et quod oportuit conventum in infirmitorio comedere.

Anno MCCLXX fuit grave incendium in burgo B. Marie.

Anno Domini MCCLXXX, pridie Idus Januarii, tanta fuit inundatio aquarum apud S. Marianum per omnes officinas abbatie, quod oportuit conventum in claustro comedere in parte juxta templum, et hauriebamus aquam cum manu in puteo, et tenuimus capitulum in templo.

Anno Domini MCCLXIX, VI kalend. aprilis, Ludovicus, rex Francie et omnes filii sui ultra mare proficiscentes, fuerunt apud Autissiodorum.

Anno Domini MCCCLVIII, mense decembri, recessit totus conventus ab ecclesia Sancti-Mariani, propter guerras Anglicorum, et fuit commoratum Autissiodori in ecclesia B. Marie extra muros Autiss. ad annum LXXIII., quo anno, mense julio, videlicet V kalend. augusti iterum reversus est in ecclesiam S. Mariani.

Et eodem anno MCCCLVIII, octavo die mensis martii capta fuit civitas Autissiodori ab Anglicis, videlicet die Focorum ante auroram ; et erat dux eorum quidam miles qui dicebatur Robertus Quenole, et ibi fuerunt usque primam diem maii : et die Nativitatis B. M. sequenti, iterum capta fuit a Francis qui eam fortificaverunt et edificaverunt muros et portas destructas per dictos Anglicos ; et moratus fuit dictus conventus in dicta ecclesia B. Marie usque ad annum LXXIII.

L'an de grâce M CCCC et VI, le mercredy

v jour de may furent mises au clochier de cette église, en une boiste soldée, les reliques qui s'ensuivent en appareillant ledit cloichier : et premièrement plusieurs reliques qui furent trouvées en ladite boiste, en depeçant ledit cloichier pour iceluy appareiller. Item des reliques mises oudit cloichier de monsieur S. Vigile, de S. Jehan-Baptiste, de S. Père et de S. Pol, de la coste S. Germain, du sang des Innocens, du suaire S. Lynart, du mantel S. Martin, de la table du Saine nostre-Seigneur. Puis révérend Père en Dieu frère Richard Colas, abbé de Saint-Marien, frère Jehan Prestat, frère Guillaume Sollement, frère Regnaud Petit-Robert, religieux demeurans en ladite église, Pierre Cousinot, procureur du roy, maistre Jehan Robiqueaul, Pierre Odevaux l'aisné, Droin Piot, procureurs de ladite église, et je Jacquin Croquart, clerc tabellion du roy nostre sire, qui cette cédule ai escripte de ma propre main, et signé de mon seing manuel l'an et jour dessusdit.

Quoquart, *ita est.*

Et je Jehan Robiqueaul, tabellion du roy nostre sire, en tesmoing de vérité ay cis mis mon seing manuel avec le tabellion dessusdit.

Robiquelli, Odevaux.

N° 228.

Hommage du comte de Flandres à l'église d'Auxerre, pour ses terres du Nivernais.

(An 1281, 4 juin.)

Omnibus presentes litteras inspecturis : Joannes abbas S. Mariani, ordinis Premonstratensis , Joannes abbas S. Petri ordinis S. Augustini, G. archidiaconus Autissiodorensis, M. Archidiaconus in ecclesia Autissiodorensi, prior S. Eusebii, Gaufridus prior de Testis, civitatis et diecesis Autissiodorensis, salutem in Domino sempiternam. Notum facimus universis quod anno Domini millesimo ducentesimo octogesimo primo, die mercurii post Pentecostes, nos omnes existentes in aula superiori reverendi patris, miseratione divina, Autissiodorensis episcopi, vidimus et audivimus quod nobilis vir Robertus de Flandria, comes Nivernensis, fecit homagium ligium dicto domino Autissiodor. episcopo, de feodo quod tenebat ab eodem episcopo, videlicet de terra et omni baronia et castellania de Donziaco, de Conada, de S. Salvatore, et de Murato, de dicto feodo et pertinentiis eorumdem : quo facto prefatus episcopus investivit eumdem comitem de dicto feodo. Hec autem omnia facta fuerunt, nobis omnibus atque Stephano succentore ecclesie Autissiodorensis, magistro Hugone de Hermento, Petro de Appoigniaco, Guillermo de Noa, Stephano sacrista, Henrico de Nivernis, Jacobo de S. Germano, Hugone de Sancto-Jamgulpho, Regnaudo de Mimochiis, Johanne de Brabyo, Petro Viarii, Guidone Jacobo de Romanis, et Girardo de Villa-super-Arcie canonicis Autissiodorensib. Galterio de Arccio vicecomite de Clameciaco, Hugone de Perreria, domino Sacleriarum, Johanne de Montibus, Guillermo de Arceyo, Joanne de Viriaco, Petro de Penulo, militibus, Adam dicto Bourdon, Regnaudo Pantin et magistro Guillermo de Aurelianis, laïcis presentibus, videntibus, una cum nobis et audientibus. In cujus rei testimonium presentibus litteris sigilla nostra duximus apponenda. Datum anno et die predictis (1).

(*Ex Tabul. episc. Autiss.*)

N° 229.

Etablissement d'un luminaire de distinction aux fêtes de sainte Anne et de sainte Agnès, par Etienne de Châteaudun, sous-chantre d'Auxerre.

(An 1282, 25 août.)

Universis presentes litteras inspecturis : officialis Autissiodor., salutem in Domino. Notum facimus quod in nostra presentia constitutus , vir venerabilis, magister Stephanus de Castriduno, succentor Autissiodorensis, recognovit et asseruit coram nobis, in jure, se assedisse et assignasse viris venerabilibus thesaurario et sacriste ecclesie Autissiodorensis, nomine ejusdem ecclesie, triginta solidos Turonenses annui redditus quos se habere dicebat super domum Stephani Pereux, sitam in burgo S. Petri juxta domum defuncti Boneti, carnificis, ex una parte, et domum defuncti Alexandri, carnificis, ex altera parte, percipiendas et habendas, annis singulis, in perpetuum a dictis thesaurario et sacrista et eorum successoribus, ad Nativitatem Domini nomine Autissiodorensis ecclesie, pro ministrandis septem cereis in festo S. Anne matris B. M. V. et quinque cereis in festo S. Agnetis, ante majus Altare et aliis necessariis faciendis que in festo duplici debent fieri (2). Et pro minis-

(1) Reproduit dans la Gallia Christ. t. xii, preuv.
(2) Le nombre impair des cierges ici marqué désigne que c'était à terre, devant l'autel et à la manière des grands chandeliers, que le luminaire se plaçait alors, comme dans les anciennes églises.

frandis in translatione S. Nicolai, mense maio, et in festo S. Michaelis, mense octobri, et faciendis omnibus que in festo trium lectionum cum classico fieri debent. In cujus rei testimonium, ad petitionem dicti succentoris, sigillum curie Autissiodorensis presentibus litteris duximus apponendum. Datum anno Domini millesimo ducentesimo octogesimo secundo, die martis post festum B. Bartholomei Apostoli.

(*Ex Tabul. Eccles. Autiss.*)

N° 230.

Augmentation des distributions en l'église d'Auxerre.

(An 1283, juin.)

Omnibus presentes litteras inspecturis, officialis Autissiodorensis, salutem in Domino. Noveritis quod in nostra presentia constitutus, vir venerabilis, magister Michaël de Vermentone, archidiaconus in ecclesia Autissiodorensi, dedit et concessit donatione facta inter vivos, sine spe revocandi et rehabendi, sed perpetuo valitura, venerabilibus viris decano et capitulo Autissiodorensi, prata sua cum salicetis, quatuor arpenta vel circiter ut dicitur continentia, que habet sita, ut dicitur, inter fontem S. Amatoris et molendinum domini episcopi quod dicitur molendinum de Boffaut, contigua pratis que dominus Hugo de Agrivilla Autissiodorensis canonicus tenet a dictis decano et capitulo. Item viginti solidos annui redditus, seu annue pensionis, quos habere dicitur assessos super ecclesiam de Palliaco, pro vinea defuncti Stephani Bataille, quam emerat dictus archid., ut dicitur, ab eodem; quam vineam dictus archidiaconus dedisse dicitur ecclesie de Palliaco predicte pro viginti solidis annue pensionis, et quam capitulum Autissiodorense predictus predicte ecclesie de Palliaco dicitur admortizasse. Cedens ex tunc et transferens in eosdem decanum et capitulum, omne jus, proprietatem, possessionem et dominium, et omnem actionem et prosecutionem quod et quas habebat, vel habere poterat, quacumque de causa, in rebus predictis, retento eidem archidiacono usufructu dictarum rerum quandiu sibi placuerit et vitam duxerit in humanis; et post ejus decessum dicta prata et redditus eorumdem, cum dictis viginti solidis annui redditus, erunt ad augmentationem distributionum que pro horis cothidianis, juxta ordinationem bone memorie Guidonis quondam Autiss. episcopi, fient in ecclesia supradicta. In cujus rei testimonium, ad requisitionem dicti archidiaconi, sigillum curie Autiss. una cum sigillo suo presentibus duximus apponendum. Datum anno Domini M CC LXXXIII, mense junio.

(*Ex Cartul. Capit. Autiss. fol. 121 v°.*)

N° 231.

Même objet que dans la pièce précédente.

(An 1284, juillet.)

Omnibus presentes litteras inspecturis, Guillelmus, miseratione divina, Autissiod. episcopus, salutem in Domino. Noveritis quod in nostra presentia constitutus Johannes, rector ecclesie de Palliaco, recognovit et asseruit venerabilem virum defunctum Michaelem quondam archidiaconum in nostra ecclesia Autiss., donasse ecclesie de Palliaco quamdam suam vineam quam a defuncto Bataille idem archidiaconus emerat, ut dicitur, sitam apud Palliacum inter cimiterium dicti loci et hortum ecclesie predicte; ita tamen quod pro vinea predicta idem curatus et ejus successores qui pro tempore fuerint, nomine ecclesie predicte, ad festum Omnium Sanctorum viginti solid. Turonenses venerabilibus viris dilectis filiis decano et capitulo Autissiodorensi, solvere teneantur in augmentationem distributionis ad horas cothidianas in Autissiodorensi ecclesia faciende. Unde cum hec, secundum quod a fide dignis intelliximus et nobis idem Johannes exposuit, et bona fide asseruit, non modicum sit commodum et utilitas ecclesie de Palliaco predicte, supplicavit nobis humiliter et devote quod nos ad dictos viginti solidos, prout dictum est, persolvendos, eumdem Johannem et curatos ipsius ecclesie qui pro tempore fuerint, obligaremus et manere vellemus in perpetuum obligatos. Cujus supplicationi annuentes, ad dictos viginti solidos predicto termino, dictis decano et capitulo pro predicta vinea persolvendos, ipsum curatum et ejus successores qui pro tempore dicti curati ecclesie fuerint, in perpetuum obligamus. In cujus rei testimonium sigillum nostrum presentibus duximus apponendum. Datum anno Domini M CC LXXX mense Julio.

(*Ex Tabul. Capit. Autiss. fol. 111, v°.*)

N° 232.

Indication de visite à Diges, par l'évêque Guillaume des Grez.

(An 1284, 3 nov.)

Guillermus, miseratione divina, episcopus Autissiodorensis, religioso et honesto viro decano de Recogneu, vel ejus vicesgerenti, salutem et dilectionem. Significamus vobis quod nos hac instanti die dominica ad locum vestrum, et causa visitationis ecclesiarum de Digia et de Aacam (*sic*) accedere proponimus, et ibidem pernoctare, Domino concedente. Quare vobis mandamus quatinus nobis et nostris necessaria preparetis. Datum anno Domini millesimo ducentesimo octuagesimo quarto, die veneris post festum Omnium-Sanctorum.

(*Ex Cartul. S. Germani Autiss.* fol. 59.)

N° 233.

Formule d'établissement d'une solennité en la cathédrale d'Auxerre.

(An 1284, 28 décembre.)

Universis presentes litteras inspecturis : officialis Autissiodorensis, salutem in Domino. Noveritis quod in nostra presentia constitutus, vir venerabilis, magister Stephanus succentor Autissiod. dedit et concessit et quittavit in perpetuum, coram nobis, capitulo Autissiodor. pro festo duplici de Transfiguratione Domini, annis singulis, in Autissiodorensi ecclesia celebrando, quatuor libras Turon. quas habere dicebat assessas et assignatas super res et possessiones inferius annotatas (*des biens à Monéteau.*) In quibus quatuor libris annui redditus sacrista Autiss. qui pro tempore erit, pro novem cereis ante majus altare in dicto festo ministrandis, quolibet anno quindecim solidos percipiet et habebit, se devestiens, in manu nostra, dictus succentor de dictis quatuor libris datis et de omni jure quod habebat in dictis possessionibus ratione earumdem ; et dictum capitulum volens investiri donationis titulo de eisdem, per traditionem presentium litterarum, promittens, bona fide, quod contra donationem et quittationem predictas per se vel per alium non veniet in futurum, se et heredes suos quod ad hec obligando et jurisdictioni curie Autissiod. supponendo. In cujus rei testimonium ad petitionem dicti succentoris sigillum curie Autissiodor. presentibus duximus apponendum. Datum anno Domini millesimo ducentesimo octogesimo quarto, die veneris ante Epiphaniam Domini.

(*Ex Cartul. Eccles. Autiss. fol.* 166).

N° 234.

Règlement sur la visite de l'abbaye de Crisenon par l'archiprêtre d'Auxerre.

(An 1284-85.)

Universis presentes litteras inspecturis: Guillermus, miseratione divina, episcopus Autissiodorensis, eternam in Domino salutem. Notum facimus quod cum de causa et controversia que erat inter magistrum Thomam, officialem Autissiodorensem, et nunc archipresbyterum Autissiodor., ex una parte, et religiosas mulieres abbatissam et conventum monast. de Crisenone, ex altera, super causa visitationis et procurationis quas petebat ab eisdem ratione archipresbyteratus sui, in nos, propter bonum pacis, esset compromissum sub forma et modis que in instrumento super hoc confecto plenius continetur. Nos, auditis hinc et inde propositis et allegatis , pro bono pacis, taliter inter partes duximus ordinandum : videlicet quod ipse magister Thomas, archipresbyter memoratus, et sui successores qui pro tempore fuerint, de biennio in biennium solam procurationem in abbatia supradicta pro se et suis, dummodo inibi ultra tres equitaturas non ducant, nec volumus ipsos ultra quam premittimus occasione officii sui aliquid posse petere quoquo modo aut exercere, nisi tantum predicationis officium quod per seipsos exercere poterunt si sibi videbitur expedire. Actum etiam fuit et dictum expresse in dicto compromisso quod pro expensis hinc inde factis neutra pars contra alteram possit exigere nomine expensarum. Actum et datum apud Regennam, anno Domini millesimo ducentesimo octuagesimo quarto, mense februario, presentibus magistris Mattheo de Chellis, canonico Autissiodorensi et baillivo Domini episcopi Autissiodorensis , Joanne de la Toniere, curato de Courgiaco, Stephano, apothecario Autissiodorensi, fratre Regnaldo Viviani, ordinis FF. Predicatorum, Michaele curato de Tregniaco, Jacobo de Colonia, Michaele curato de Briaria, et pluribus aliis. Actum ut supra.

(*Ex Tabul. Crisenn.*)

N° 235.

Explication sur le droit de l'Annate des prébendes de l'église d'Auxerre, en faveur du prieuré de S. Eusèbe.

(An 1285, 3 juillet.)

In nomine Domini, amen. Universis presentes litteras inspecturis et etiam audituris, Guillelmus, miseratione divina Autissiodorensis episcopus, Hugo, decanus, et capitulum Autissiodorense, salutem in omnium Salvatore ad eternam rei memoriam. Notum facimus omnibus, tam presentibus quam futuris, quod cum predecessores nostri viris et religiosis abbati et conventui S. Laurentii de Abbatia, et ecclesie S. Eusebii Autissiodorensis, olim, in eleemosynam concessissent ut quoties in ecclesia nostra canonica prebenda vacaret, quacumque occasione eam vacare contigeret, omni exclusa exceptione et contradictione, toties a die qua eam vacare dignosceretur usque ad unius annis curriculum prenotata ecclesia Sancti-Eusebii redditus canonice sive prebende ex integro haberet, ac iidem religiosi per longa tempora liberali concessione predicta in ecclesia nostra usi fuissent, pacifice et quiete, ac postmodum inter nos decanum et capitulum ratione fabrice nostre, quam dicebamus simile jus habere in perceptione fructum, cum in ecclesia nostra canonicam sive prebendam quoquo modo vacare contingit, et quosdam de canonicis nostris, ratione prebendarum suarum, ex una parte, ac religiosos viros predictos ex altera, orta fuisset materia questionis super eo quod ipsi religiosi dicebant quod si una et eadem canonica, seu prebenda, bis, vel ter, vel pluries in ecclesia nostra vacaret, in uno et eodem anno tot fructus et per totidem annos habere debebant quot erant vacationes de vi verborum concessionis predicte, dictis canonicis nostris, quibus fuerant collate prebende que bis et in uno et eodem anno vacaverant contrarium asserentibus. Dicebant etiam religiosi predicti quod de novo fuerat statutum in ecclesia nostra, ut postquam canonicus stagium suum plene perficeret, omnes fructus et conventus prebende sue, quotidianis distributionibus dumtaxat exceptis, quoquomodo cedens vel recedens, acsi viveret, et eamdem prebendam obtineret, integre percipiat usque ad annum, videlicet a festo Nativitatis B. Joannis-Baptiste proximo affuturo, postquam stagium suum inceperit, facere computandas usque ad idem festum anno revoluto : quod quidem statutum verbis concessionis predicte obviat manifeste, dum in concessione dicitur a die qua eam vacare dignosceretur, et in statuto dicitur quod fructus et proventus debent percipi et haberi a festo Nativitatis B. Joannis-Baptiste proximo affuturo, postquam stagium suum facere inceperint. Unde supplicabant dicti religiosi litteram sue concessionis predicte in melius reformari, et verba ipsius statuto predicto reformari cum ipsum statutum viderent utile sibi fore.

Tandem in nos, Guillelmum Autissiodorensem episcopum, magistros Guillelmum de Noa et Guillelmum Catini, canonicos Autissiodorenses, de predictis omnibus et singulis, sicut hinc inde in generali capitulo nostro nostri decani et capituli predictorum celebrato, amicabiliter compromissum ac promissum et conditum quod quicquid nos episcopus et canonici predicti compromissarii super premissis faceremus, ordinaremus seu diceremus ac statueremus, etiam extra capitulum generale, reputaretur actum et valeret acsi factum ac concordatum esset in ipso capitulo generali, et pro bono pacis amicabiliter in modum qui sequitur ordinatum ut si una et eandem prebendam bis in uno et eodem anno, a die prime vacationis computando, quoquomodo vacare contigerit, quod ecclesia S. Eusebii percipiet redditus et proventus dicte prebende per unum annum integrum, ratione prime vacationis, et incipiet ecclesia Sancti-Eusebii percipere dictos redditus quam cito, secundum statuta ecclesie Autissiodor. percipere poterit et habere, videlicet quam cito canonicus qui cesserit aut decesserit, perfecto stagio suo, fructus suos quos lucratus est percepit, vel postquam canonicus qui post Nativitatem B. Joannis-Baptiste decessit, incepto stagio suo sibi hinc de tempore remanente quod stagium suum potuisset a dicta Nativitate usque ad festum Sancti-Remigii perficere si vixisset, fructus suos percipit, aut postquam capitulum percepit fructus prebende canonici cedentis aut mortui, qui tantum foraneus fuerat, quod ratione foraneitatis fructus prebende ipsius ad capitulum spectabant, fabrica vero, pro prima vacatione ejusdem prebende incontinenti, post ecclesiam Sancti-Eusebii redditus et proventus dicte prebende per alium annum percipiet et habebit. De prebendis autem quas in posterum bis aut pluries in uno et eodem anno vacare contigerit, taliter extitit ordinatum : quod pro secunda vacatione ejusdem prebende bis in uno et eodem anno contingenti computando, ut supra, tam ecclesia Sancti-Eusebii, quam fabrica ecclesie Autissiodorensis redditus et proventus integros dicte prebende tertii anni proximo, et continuo subsequentis communiter percipient et habebunt, et dividentur communiter et equaliter inter ipsos. Si autem pluries quam bis unam et eandem prebendam in uno et eodem anno, ut supra, vacare contigerit, dicta ecclesia Sancti-Eusebii et fabrica contente erunt redditibus et proventibus dicte prebende trium annorum, prout superius est expressum, nec occasione plurium vocationum plus petere poterunt vel habere. Nos autem, Hugo, decanus et capitulum memorati, dictam prolationem et ordinationem approbavimus, gratificamus, approbamus etiam et laudamus, ac ei in omnibus et per omnia consentimus : et ut omnis materia questionis et scrupuli pro futuris temporibus excludatur, et pax et tranquillitas conservetur, nos Guillelmus, episcopus Autissiodorensis, ac Hugo, decanus et capitulum Autissiodorense predicti, prelibatam concessionem dictis religiosis a predecessoribus nostris factam approbantes, confirmantes et etiam innovantes, favorabili consideratione pensantes sincere devotionis experientiam, in qua erga nos et ecclesiam nostram abbas et conventus, ac ecclesia Sancti-Eusebii memorati, continua exhibitione subjectionis et reverentia perseverant, illud idem quod eis a predecessoribus nostris concessum extitit, ut dictum est supra, adhuc ex abundanti deliberato consilio et interveniente communi tractatu, pie, pure et liberaliter concedimus et donavimus, prout dicta concessio declarata et interpretata est per amicabilem ordinationem prefatam; statuentes specialiter et expresse volentes quod pro fundando et solidando jure dictorum religiosorum in premissis et quolibet promissorum, nulla alia procuratio, nulla alia littera, nullum aliud munimentum, seu testimonium requiratur quam nostrum presens instrumentum, et isti littere soli credatur ac fides indubitata plene adhibeatur, quamvis de aliquibus aliis consuetudinibus factis et litteris faciat mentionem, etiam si ipsa alia originalia nullatenus ostendantur. Si vero, quod absit, casu aliquo, per negligentiam seu malitiam alter utrius partis aliquid contra premissa vel aliquid premissorum a quocumque fieri, vel attentari contigerit, neutri parti prejudiciet aut prosit, nec jus possessionis aut saisine, quin imo nec causam prescribendi pariat aut prestet.

In quorum omnium testimonium, et perpetuam firmitatem, nos, episcopus, Hugo, decanus et capitulum memorati, sigilla nostra presentibus litteris duximus apponenda, necnon nos abbas et conventus, ac prior prefati, in testimonium omnium et singulorum premissorum sigilla nostra his presentibus apposuimus de predictis confirmatione, innovatione concessioni antique, ac etiam concessione ex abundanti nobis facta de novo, ut supra, grates multiplices referentes. Datum anno Domini millesimo ducentesimo octogesimo quinto, die sabbati post quindenam apostolorum Petri et Pauli.

(*Ex Cartul. Eccles. Autiss.*)

N° 236.

Lettres du Chapitre d'Auxerre qui renferment celles de deux évêques de cette ville, concernant le Chapitre de Varzy.

(An 1287, 8 mai.)

Omnibus presentes litteras inspecturis, H..... decanus et capitulum Autissiodorense, salutem in Domino. Noveritis has presentes litteras annotavisse, vidisse, et de verbo ad verbum diligenter legisse, non cancellatas, non abolitas, non rasas, nec in aliqua sui parte viciatas, prout forma facile apparebit, formamque sequitur continentes.

Universis presentes litteras inspecturis, Guillelmus, miseratione divina, Autissiod. episcopus, salutem in Domino sempiternam. Supplicaverunt nobis dilecti in Christo filii cantor et capitulum B. Eugenie de Varziaco, nostre diocesis, ut litteras felicis recordationis Hugonis, episcopi Autissiodorensis predecessoris nostri quas ipsi in nostra presentia presentarunt, et que propter vetustatem et locum reumaticum dicte ecclesie, in quo ipse littere fuerant quasi consumpte, et parum durabiles existebant, licet alias non essent aliquatenus vitiose, prout ex earum inspectione apparebant, renovare et exemplare, ad perpetuam rei memoriam paterna sollicitudine curaremus, ne propter substantiam probationis copiam possit eis in posterum prejudicium generari. Tenor autem dictarum litterarum dignoscitur esse talis.

Hugo, Dei gratia Autissiodorensis episcopus, omnibus Christi fidelibus in Deo salutem..... Cum militans Ecclesia triumphantis indigeat subsidio in paucis ex se sibi sufficiens nisi triumphans sustentaverit, triumphantum memoriam debent habere pre oculis militantes. Nos igitur, adhuc de numero militantium, incerti de victoria ad illud ad quod nostra non sufficit imbecillitas, sanctorum pro nobis intercessiones imploramus. Attendentes autem B. Virginis Eugenie merita, que nostris subvenire potest excessibus tanquam usque ad martyrium pro Domino strenue militavit, in ejus ecclesia que fundata est a nostris patribus, et sanctis ejus pignoribus dotata in castro nostro Varziaci, augmentavimus numerum prebendarum. In prefata siquidem ecclesia, ante dies nostros non nisi novem canonici fuerant, quibus tres canonicos addidimus ut de cetero sint duodecim et numerus apostolicus impleatur; augmentato numero personarum, ne de redditibus tenuatis oriretur in ecclesia conquestio, redditus dignum duximus augmentare, preter illa que ab antecessoribus nostris ecclesie illi data fuerant, donavimus et nos eidem ecclesiam B. Petri sitam in ipso castro Varziaci, ut predicti canonici eam in perpetuum possideant integre et quiete, liberam et absolutam a paretis, censiva, questa, collecta, et ab omni exactione tam episcopali quam archidiaconi et archipresbyteri. In eorum siquidem arbitrio, scilicet canonicorum, posuimus, et in dispositione ut vel ipsi in ecclesia B. Petri per hebdomadas serviant, vel capellanum eligant quem ad illam ecclesiam episcopo presentent. Preterea concessimus eisdem canonicis decimas agriculture nostre quam habemus apud Varziacum, vel habituri sumus, quocumque modo terre nostre illic culte fuerint, vel per nos vel per alium, decima pars portionis frugum, que ad nos vel successores nostros devenerit, sepedictis canonicis persolvetur; similiter et decima vini nostri et castanearum et pasnagii, quoties contigerit in nemoribus nostris Varziacensibus pasnagium fieri. Sepedicti vero canonici dederunt et quittaverunt sedi pontificali Autissiodor. quicquid juris habebant in decimis Varziacensibus, tam magnis quam parvis. Nos vero, in hujus doni sui recompensationem dedimus eisdem canonicis et concessimus tresdecim septarios ordei annuatim percipiendos in grangia episcopali, aut in redditibus Varziacensibus. Donavimus etiam canonicis, in remedium et salutem anime nostre, censum quem habebamus in cemeterio Sancti-Petri, cujus tertiam partem ipsi possederant ab antiquo et pacto hoc anniversarium nostrum annuatim se facturos promiserunt, ita quod canonicis qui presentes intererunt servitio, distribuatur census ille. Prefata siquidem ecclesia, cum ante dies nostros unicum haberet personatum, alium ei in ea constituimus qui dicitur cantoria : et ut cantor liberius illi dignitati deserviat et devotius, illi contulimus capellam Sancti-Andree, concedentes ut ipsam possideat cantor in perpetuum cum omnibus ad eam pertinentibus, liberam ab omni exactione, procuratione et censiva, et cantor capelle illi canonice providere teneatur, et personatui suo Varziacensi deservire. Et ne donis istis nostris secularis vel ecclesiastica persona possit contradicere, presentem cartam sigilli nostri munimine fecimus roborari.

Actum apud Varziacum, et datum anno Incarnati Verbi MCCII.

Nos vero, dictorum cantoris et capituli justis postulationibus inclinati, ne veritas occultetur, et ne probationis copia subtrahatur, predictas litteras predecessoris nostri, per scriptorem nostrum, de speciali mandato nostro, sub tenore predicto fideliter inscribi fecimus, ipsasque de verbo ad verbum legimus in quibus erant adhuc littere legibiles, et in quibus impressiones sigilli sufficienter apparebant, ipsas etiam litteras, sub tenore prelibato, autoritate presentis instrumenti renovamus et exemplamus ut in perpetuum presens instrumentum virtutem originalis habeat; donationem et concessionem in ipsis contentas quantum possumus renovamus, statuentes specialiter et volentes expresse, pro jure dicte ecclesie solidando, quod nulla alia littera in posterum requiratur quam presens instrumentum, et presenti instrumento tanquam originali fide indubitata et plenaria in perpetua. In quorum omnium testimonium et perpetuam memoriam presenti instrumento sigillum nostrum duximus apponendum. Datum et actum apud Varziacum, anno Domini MCCXCVI, mense martio.

Nos autem, dicti decanus et capitulum Autissiodorense, ad supplicationem predictorum cantoris et capituli omnes et singulas donationes et concessiones factas dicte ecclesie B. Eugenie, prout in predictis litteris continentur, volumus, ratificamus ac etiam approbamus; in quorum omnium testimonium et perpetuam memoriam sigillum nostrum, quo unico utimur, presentibus litteris duximus apponendum. Datum anno Domini millesimo ducentesimo octogesimo septimo, die jovis post festum Inventionis S. Crucis.

(*Ex Cartul. S. Eugeniæ Varziacensis.*)

N° 237.

Serment de fidélité d'un curé à l'abbé de S. Germain d'Auxerre.

(An 1288-89, 14 février.)

Omnibus presentes litteras inspecturis: officialis curie decani Autiss. salutem in Domino. Noveritis quod nobis propter subscripta audienda et videnda, presentibus et vocatis in capitulo monasterii Sancti-Germani Autissiodorensis viris religiosis abbate et conventu dicti loci tunc ibi pluraliter congregatis, presentibus etiam D. Jacobo de Barbona canonico B. Marie Autissiodorensis, Simone de Tornodoro, vicario altaris S. Andree in ecclesia Autissiodorensi, presbyteris, ac magistro Iterio de Rovreto clerico, Dominicus presbyter Rector ecclesie Sancte-Columbe, diecesis Autissiodorensis, in nostra et omnium predictorum astantium presentia, ad requisitionem dicti abbatis, juravit manu extensa super librum quem tenebat dictus abbas, stola collo ipsius Dominici apposita, et juramento firmavit se facturum et completurum ea que inferius continentur : scilicet quod ex nunc utilitatem omnimodam abbatis predicti et dicti monasterii et rem ipsorum et eorumdem, prout poterit, conservabit. Item quod in iis que percipiunt et percipere consueverunt de proventibus, seu exitibus, aut redditibus dicte ecclesie Sancte-Columbe, erga dictos religiosos, seu eorum mandatum fideliter se habebit et eis integre deliberabit quicquid eorum intererit de premissis; nec eis damnum inferre, vel jacturam anno aliquo vel anno quolibet ultra quantitatem duodecim denarior.; nec eis pro viribus sustinebit inferri. Item quod super temporalitate rerum dicte ecclesie se justiciabit per ipsos, et quia jurare premissa recusaverat, quanquam super hoc requisitus ab eisd. ipse hoc emendavit abbati predicto ; et per juramentum predictum renuntiavit penitus omni processui inter dictos religiosos vel eorum mandatum, seu inter priorem de Monasteriis et dictum abbatem, ex una parte, et ipsum Dominicum, de altera, habito coram venerabili viro officiali Autissiodor., pro premissis. Quod autem super iis vidimus et audivimus hoc testamur. In cujus rei testimonium dictis religiosis tradidimus presentes litteras sigillo dicte curie sigillatas. Datum anno Domini millesimo ducentesimo octogesimo octavo, die sabbati post octavas festi Purificationis Beate Marie Virginis.

(*Ex Cartul. S. Germani Autiss. in Autiss. cap. 13.*)

N° 238.

État du revenu de l'évêché d'Auxerre vers l'an 1290, tiré d'un volume manuscrit de ce temps-là, conservé dans les archives de l'évêché.

Hic sunt redditus episcopatus Autissiodor.

AUTISSIODORUM.

Sigillum cum emendis, valet circa quingentas libras per annum.
Tallia, circa xx libras.
Census et decima S. Gervasii, circa LXV libras.
Salagium, circa centum libras.
Parva coustuma, circa centum libras.
Piscatoria aque, sex libras.
Furnus S. Amatoris, circa xx libras
Molendinum de Boufaut cum prato, circa xxx libras.
Pensio S. Peregrini, xxx solidos.
Domus S. Juliani, L sol.
Denarii pro crucibus kalendarum maii, circa LII libras.
Denarii paratarum, anno pari, xxxvi lib. anno impari, LX sol.
Vinea de Perreria. xx sol. Johannes de Eppogniaco tenet sibi et heredibus suis.
Ibidem sunt prata ad sexaginta quadrigatas feni.
Vinee circa xxxvi arpenta, videlicet in magna Migrana xxvIII arpenta.
In parva Migrana quatuor arpenta et dimidium.
In Monte-Harduini sex quarteria. In semita de Boivin quinque quarteria. In monte super S. Gervasium unum arpentum.
Quilibet hospes Bordarum debet duo bichet et dimid. avene, sex denarios et unum caponem.
Apud Bordas habet dominus episcopus manum-mortuam.
Apud Villam-Novam decima circa duos modios avene.

APPOGNIACUM.

Prepositura cum minuta decima canabi, lini et ceporum, circa ducentas libras.
Tallia abbonnata, CLX lib.
Roagium et minagium, circa CXL lib.
Charreria, circa xxv lib.
Furni, circa XL lib.
Yndardi et aqua, circa CCXL lib.
Yndardus S. Mariani, circa xvi lib.
Piscatura molendinorum. circa xvii lib.
Hortus circa fontem, xxx sol.
Census militum, circa ix lib.
Tertie, circa xv s. in panibus.
Sequentia avenarum, circa iv lib.

Emende prepositorum, forestariorum et servientium vinearum, circa xv lib.

In ventis habet Dominus episcopus et prepositi duas alias partes. Pars Domini valet x libras.

Item glandes quando eveniunt.

Molendina valent circa viii modios frumenti, et totidem ordei.

Grangia gaingnagii Belli-loci circa viii mod., videlicet duos mod. frumenti, duos mod., siliginis, duos mod. ordei, et duos mod. avene.

Costume circa duos mod. avene.

Costume militum circa xx bichetos avene.

Decima circa octo mod. bladi.

Apud Villetam iii sextar. frum. et vi sextas avene. *On lit à cet article* vacat, *quia erat gageria que redempta est.*

Decima vini albi circa cxx dol. Item vini rubei circa lxxx dol.

De vincis que pertinent ad domum Regenne, circa xl dol.

Prata ad lx quadrigat. feni.

Duo stagna.

Foresta ad usum domus Regenne et molendinorum que vocatur Chaumois.

Item parva nemora circa cccc arpenta.

Garanne.

Item xx mille tegularum que debet tegularius quolibet anno.

CHARBUIACUM.

Prepositura, circa xxx lib.

Tallia ad placitum, circa lv lib.

Census et sequentie costumarum in Nativitate Domini, x lib.

Census S. Remigii, iv lib.

Trousse ad festum B. Marie Magdalene, l sol.

Trousse de Wssello, xxii sol.

Emende nemorum et prepositure, circa x lib.

Excasure sive manus-mortua, circa lx l.

Census de Lindriaco, iv sol. et novi conquestus justitie et excasure empte a Guillelmo armigero.

Unum molendinum valet circa sex mod. avene.

Decima bladi et vini, circa iv m. avene.

Agricultura, circa unum mod. siliginis.

Mareschaucie, circa xvi sextar. avene.

Mareschaucie de Wssello, circa v sextar. avene.

Coustume, iii sextar. avene.

Avena stagnorum quando piscantur aliquando, valet iv m. (*en caractères plus récents*) i. m. reddituralis.

Vinearum xii arpenta.

Prata xx quad.

Nemorum magnorum et parvorum circa m. arpenta.

Garanna.

Ibidem quatuor stagna, quorum majus venditur ccxl lib., secundum venditur cxl. lib.

Alii non venduntur.

GIIACUM.

Tallia ad placitum, circa cxx lib. (*écriture plus récente*) c lib. abbonata est.

Prepositura, circa xxiv lib.

Census cum decima vinearum, l libras (*écriture plus récente*) Census circiter xl l., decima circiter l dol. tam albi quam rubei.

Corvec, l sol. (*écriture plus récente*) vacat.

Galline, circa cxx vacat.

Furnus, circa lxxx lib.

Roagium, circa x lib.

Domus de Valen que fuit de excasura, x sol.

Excasure sive manus-mortua, circa lx lib. vacat.

Pratum de Acolivis, xl sol.

Decima de Giiaco, circa i mod. frumenti, i mod. silig. i mod. ordei.

Grangia graingnagii, circa v mod. videlicet i mod. frumenti, vi sext. silig. i m. ordei, ii mod. et dimid. avene.

Decima de Avignello, circa vi mod. avene.

Coustume, circa vi mod. avene.

Grangia de Lorent, iii sext. frumenti iii sext. siliginis, et vi sextar. avene;

Terra sita in Vignello, circa vi sextar.

Vinearum xvi arpent.

Apud Terves, unum molendinum, circa xxx sext. avene.

Dominus episcopus habet medietatem coustumarum de Terves, et valet quolibet coustuma ii bichet avene, xviii d. et ob. et unum caponem.

Ibidem est unum stagnum.

Item xii arpent. prator. (xx quadrige.)

Apud Colengias habet Dominus episcopus domos.

Item decima bladi, circa iii mod. avene, et vi sextar.

Ibidem duo sunt arpenta pratorum, circa xxx sol.

Duo arpenta vinearum, circa ii m. vini.

Apud Giiacum sunt nemora que sequuntur :

Nemus dictum Foresta continens clxxx et ix arp.

Nemus de Spinetis continens xxxii arp.

Nemus garonne continens circa c et xi arp.

Nemus de Crion continens circa cxx arpent.
Nemus de Foillet circa xxxv arp.
Nemus dou Plesseix circa xxxii arp.

VARZIACUM.

Prepositura, circa cc lib.
Tallia, circa cv. lib.
Decima vini, circa cccc lib.
Furni, circa lxxx lib.
Minerie, circa xxv lib.
Molendinum et butuarium, circa xv lib.
Quedam parva domus, xii sol.
Census de Corrivaut xx sol. et vi den.
Trousse in martio, l sol.
Census capitalis capelle, xxx sol.
Corvee et pratum Regnaudi. x lib.
Domus Bordelarii ante fontem, circa xxx sol. videlicet fenum.
Alia domus Bordelarii, circa l. sol. videlicet fructus arborum.
Tallia de Pousay, circa xxiv sol.
Pedagium, circa lx sol.
Census Natalis Domini, circa x lib.
Census burgi de Couches, v sol.
Census Sancti-Germani, vii sol.
Vende census de Courtrivaut.
Vende census de Pousay.
Emende prepositure de quibus Dominus habet medietatem, valent circa x lib.
Emende forestarionum de quibus Dominus habet tertiam partem, circa lx sol.
Thesaurarius debet annuatim xx libras cere.
Emende que excedunt lx sol. sunt Domini episcopi per totas villas episcopatus; sed prepositi habent xxx sol.
Clamatoria vini, circa xl sol.
Galline, circa xxiv.
Grangia gaignagii, xviii sext. frumenti, ii m. hordei, ii m. avene ad cumulum.
Decima de Varziaco, i mod. frumenti, i mod. ordaceum, i mod. avene.
Decima de Chiery, circa iii mod. avene.
Mareschaucie, circa iv mod. avene.
Decima de Boiaco, circa vi mod. avene.
Decima de Vauriles, circa xiv sext. de quibus tertia pars est frumenti, residuum avene.
Decima de Pousoi, circa iii sext. avene.
Curatus de Vico, xviii sext. avene ad rasum, quolibet anno.
Ibi sunt due petie vinearum, valent circa xx mod. vini.
Item vinee de Chastillon.
Item prata ad xvi quadrigat. feni.
Item aliud pratum quod tenet medietarius grangie gaingnagii.
Glandes aliquando valent clx lib. vel minus, secundum quod deficiunt.

Tres foreste videlicet Serra, Ronciaus et Fretai.
Manus-mortua Capelle.

CONADA.

Prepositura, circa clx lib.
Emende prepositure, in quibus Dominus habet medietatem, circa x lib.
Tallia de rivo ad placitum, circa vi lib. et x sol.
Tallia ad placitum de riparia, xiii libras, xiii sol. et vi den.
Tallia abonnata, viii lib. et xviii sol.
Magnus census, viii lib.
Census Rungefer. v sol.
Census Fervelli militis, xxvi sol.
Census Chambellanarum, iv sol. et vi den.
Census de Paisselières, xii sol. et vii den.
Census de Villa-Catuli, xv lib. et x sol.
Stallagium sive burgesia, l sol.
In crastinum Nativitatis Domini, panis et vinum, xl sol.
Galline vendite, circa x sol.
Forestagium, xi sol.
Vinee de Conada, lx sol.
Pratum sublus stagnum, x sol.
Prata de hastis, xl sol.
Portus Conade, viii lib. et x sol.
Portus Auberici, circa lxx sol.
Furnus Conade, lx sol.
Furnus de Foro, lx sol.
Carniliceria, xv lib.
Serganteria boisselli, circa xl sol.
Decima vini de Conada, circa l lib.
Molendina de Pree, xviii sext. frumenti.
Item xxx sext. mouture.
Molendinum Domini episcopi quod tenent Templarii, i mod. frumenti, i mod. avene ad mensuram de Conada, et debent conducere in horreo Domini episcopi.
Grangia de portu Auberici, i mod. silig. et i mod. avene ad cumulum.
Molendina de Petra, in quibus Dominus episcopus habet medietatem, valent vii sext. frumenti et dimid. frumenti, et x sext. et dimid. mouture.
Decime et tertie Ville-Catuli et Conade, circa xxiii mod. ii mod. frumenti, videlicet x mod. et dimid. silig. x mod. et dim. tam ordei, quam avene.
Coustume Natalis Domini, i mod. avene ad cumul.
Item coustume grangiarum juxta stagnum, xiii sext. avene.
Apud Villam-Catuli sunt xviii arpenta vinearum, que valent cum decima circa xx lib. redditus.
Pratorum circa iii arpent. Item ii arpenta ad astes, unum stagnum, garanna.

Nemus juxta garannam quod vocatur li Foilleus, quod vendi potest de sex annis in sex annos, et valet quando venditur circa lx lib.

Nemus juxta stagnum eodem modo vendi potest, et valet circa xxx lib.

In novitate episcopi debent homines de Villa-Catuli l lib. Domino episcopo, pro quodam palefrido.

SACIACUM.

Prepositura cum aliis appendiciis, valet circa c et x lib.

TOUCIACUM.

Prepositura, circa lxxx et x lib.
Tallia extra muros, circa liv. lib.
Tallia de castro fit de duobus annis in duos annos, et valet circa xxx lib.
Montonnagium, circa xxx sol.
Vachagium, circa xx sol.
Sequentia avenarum, circa iv lib. xv s.
Trousse et torche, circa xx sol.
Census ad festum S. Remigii, circa x lib.

Justitia communis est inter Dominum episcopum et comitem Barri.

In emendis prepositure excedentibus v sol. habet Dominus episcopus tertiam partem, comes tertiam partem; prepositura omini episcopi et prepositura comitis arri aliam tertiam partem.

Vende (*écriture plus récente*) predictorum censuum possunt valere communiter circa c sol.

Coustume avenarum, circa iv mod. et iv sext. et ii bichet. avene.

Decima de Fontanis, circa xvi sext. avene.

Decima de Touciaco, circa iv mod. et vi sext. avene.

Galline, circa centum.
Molendinum, circa c sol.
Medietas furni quem acquisivit Guillelmus episcopus a Guidone Foinet.
Medietas stagni.
Domus Thesaurarii Alexandri cum colomerario.
Nemora de Haies sunt Domini episcopi, et comitis Barri.
Ulmi de circa turrim, sunt Domini episcopi et comitis Barri.
Livernois similiter.
Pratorum circa x arpenta sunt Domini episcopi.

N° 239.

Extrait du même manuscrit, où sont détaillés les droits du comte et du vicomte.

De cordis.

Costume de cordis et polanis et minagium omnino sunt comitis, exceptis illis que sunt de Sanctis Germano et Juliano.

De roagio et plaintagio.

Roagium et plaintagium sunt comitis, episcopi et vicecomitis. Et in hoc roagio et plaintagio comes unum denarium, episcopus unum denarium, et vicecomes unum obol. percipiunt. Clerici, milites, religiosi non debent roagium, plaintagium nec minagium nisi modiant. Si vero modiant, debent de modio i ob.

De plaintagio et minagio de illis qui sunt de villa et extra.

Omnes, tam foranei quam de villa, qui adducunt vinum ad portum ville, dolium debet vi den. quatuor den. pro polenagio et duos d. pro minagio.

Poulenagium illorum qui sunt de foris et de villa.

Omnibus diebus quibus aliquis ducit ad ripam, polanus debet iv den. et ille de villa qui non habebit aisamenta sua nil debet.

De quadrigis.

Cadrige que vadunt extra villam onerate debent quelibet decem den. et obol., videlicet sex den. de poulenagio, duos denarios de minagio et duos denarios et obolum de roagio; excepto illo qui est de villa, qui nihil debet de polanagio si habeat aisamenta sua.

De dolio ducere de una domo ad aliam.

Quodlibet dolium ductum de una domo in aliam super quadrigam, debet octo denarios, nisi habuerit aisamentum; et si habuerit aisamentum, non debet preter quatuor denarios. Et si ductum fuerit per terram debet quatuor denarios.

Clerici, religiosi et milites debent poulenagium, nisi habeant aisamenta.

Dolium ductum extra villam causa bibendi, illius cujus est et possit fiduciare quod sit de subtus duos modios et dimidium, immune est; si fuerit de duobus modiis et dimidio et ultra, debet sex denarios de poulenagio; et si emptum fuerit, debet roagium et minagium cujuscumque modiationis sit, et poulenagium nisi oneratum fuerit ad situlam super axem. Et si oneratum fuerit ad situlam super axem, debet roagium, minagium absque poulenagio.

Tolagium quod est totum comitis quittum draperiorum.

Quilibet draperius qui tenuerit mulierem annum et diem, debet quatuor ulnas de *buriau* comiti. Die sabbati ante festum B. Andree, debet nuntiare pagam, et die sabbati solvere. Et in hoc totagio habet Miles de Villa-Ferreoli et soror ejus undecim ulnas, janitor castelli Autiss. quinque ulnas et dimidiam, prepositus comitis quatuor ulnas, panetarius comitis Autissiod. quatuor ulnas.

De vinagio et pissonagio draperiorum Autiss.

Quilibet draperius debet comiti xii denarios de vinagiare, solvendos ad festum S. Remigii, et sex denarios de pissonagio ad mediam Quadragesimam.

De vinagio et dissonagio pelliparorum.

Quilibet pelliparius qui tenuerit mulierem per annum et diem, debet ad festum S. Remigii xii den de vinagio, et sex den. de pissonagio ad mediam Quadragesimam.

De illis qui portant ad collum.

Omnes qui portant ad collum sunt immunes de obolo sabbati, exceptis sex sabbatis et nundinis kal. maii, sed debent xii den. de vinagio, et vi den. de pissonagio.

De vinagio et pissonagio saunariorum.

Omnes saunarii qui vendunt sal in archis et in grenariis, debent xii den. de vinagio et sex den. de pissonagio, terminis predictis.

De illis qui portant ad pois.

Omnes de villa portantes ad *pois*, debent xviii denarios, solvendos ad libitum a festo B. Marie-Magdalene in antea.

Illi qui debent predictos xviii den. pro vinagio et pissonagio sunt liberi de dictis xviii den.

Coustume illorum qui textunt pannos.

Omnia misteria textorum debent quodlibet xii den. comiti, et illa de sago et de tapetis vi den. solvendos ad festum B. Marie-Magdalene. Si aliquis homo haberet xx misteria ad texandum pannos, deberet quodlibet summam supradictam, scilicet de misterio, sago et tapetis sex den. et de misterio ad pannos xii den. Et si nihil vendiderint infra festum Magdalene ad quod debuissent solvi, sicuti de cotagio panetariorum et de. . . . . . et invenirentur vendentes quindecim dies post terminum prenominatum nihil persolverent usque ad alium annum.

De magno pondere Autissiodorensi.

Magnum pondus Autiss. est ligium comitis. Quicumque ponderat centum, debet duos denarios ; id est, unum denarium a venditore, et alium ab emptore, et quarteronus debet unum obolum ab emptore, et unum obolum a venditore.

De obolis alutariorum et pellipariorum.

Pellliparii istius ville sunt immunes de obolis sabbati. . . . . . Oboli alutariorum sunt episcopi et comitis, et de sex sabbatis et nundin. kalendarum maii ; de quibus sex sabbatis et nundina, ventus bladi diei sabbati ante festum B. Eusebii, et diei sabbati post, in quibus episcopus habet medietatem ; videlicet unum de sabbatis et comes alium, et in alio de sabbatis, episcopus capit aliam medietatem totus solus, et comes aliam partem, excepto quod in parte comitis accipit S. Eusebius tertiam partem.

Die sabbati ante festum B. Germani, et die sabbati post, S. Germanus accipit tertiam partem in qua die sabbati sibi placuerit. Comes et episcopus participant residuum per medium.

De proventibus quitis comitis et episcopi.

Proventus diei sabbati ante kalend. maii, et redditus diei sabbati post, sunt immunes episcopi et comitis.

De sex sabbatis in quibus quilibet panetarius de extra villam debet denariatam panis.

Quilibet panetarius de extra villam debet in illis sex sabbatis supradictis denariatam panis.

De illis qui vendunt ad fenestram.

Omnes qui tenent fenestras, vendentes allia vel erucas, debent in qualibet sabbati obolum de suo mercato. In sex sabbatis debet quilibet denariatam de quocumque ortolagio vendat, nisi fuerit de suo orto ; et si de suo orto fuerit, nihil debet.

De aillariis.

Quicumque adducit allia vel erucas ad vendendum in hac villa, debent, die sabbati, de quadrigata unum denarium episcopo et comiti, et in septimana de qualibet glenna unum obolum, si valeat duodecim denarios aut plus ; et si non valeat duodecim denarios nihil debet, et si fuerit de suo orto, et ortum sit de sauvamento, nihil debet et revenditores de hac villa nihil debent, exceptis sex diebus sabbati in quibus quilibet debet denariatam, et revenditores de extra qui afferunt ad collum vel ad bestiam, debent obolum de ortolagio suo in quolibet die sabbati, exceptis sex sabbatis quibusdam quilibet debet denariatam episcopi et comiti.

De coustumis nundinarum de panetariis istius ville.

Die nundinarum quilibet panetarius et quilibet revenditor panis istius ville, debet denariatam panis.... libitum post nundinas.

Coustuma de nundinis calendarum maiarum, de quibus due partes sunt episcopi, et tertia comitis.

Pelliparii istius ville qui sunt quitti de ventis, cordubanarii, vacarii, savetarii ipsius ville debent, quilibet, unum obolum. Mercerii qui sedent ad terram unum obolum. Omnes alii menestrel. sedentes ad stallum, si sint de ista villa vel de extra, quilibet debet unum denarium.

De ovitariis qui vendunt in nundinis.

Omnes illi qui vendunt..... in nundinis debent denariatam....... Et illi qui vendunt allia quilibet denariatam alliorum.

De illis qui vendunt patellas et cacabus.

Omnes illi qui vendunt cacabos vel patellas existentes de villa, valore duodecim denariorum aut plus, quelibet petia debet obolum.

De vendentibus culcitras existentibus de extra villam.

Omnes de extra villam vendentes culcitras, debent de qualibet culcitra unum den.

De cucufariis.

Quelibet cucufaria debet unum denarium et duas levatas ad manum.

De Ferronis.

Omnes vendentes ferrum debent unum denarium.

De equis.

Quilibet equus venditus et emptus, de stantibus de extra villam, debent VIII den. quatuor denarios ab emptore, et quatuor denarios a venditore; et si fiat cambium de equo ad equum, et habeant soutas, quilibet debet octo den. et si non habeant soutas nihil debent. Jumentum debet duos den., bos unum denarium, vaca unum denarium; capra, asinus, porcus, sus, quilibet unum obolum.

De ovibus et arietibus.

Duodena arietum et ovium debet IV; et si non fuerit duodena, quodlibet caput debet I obolum.

De venta alutarii.

Duodena alutarii venditi debet IV den.

De alutis.

Duodecim alute vendite debent II den.

De aliis coriis.

De quolibet corio vendito in sex sabbatis et nundinis unum obol.

De sale ducto extra villam.

Modius salis ductus extra villam, in sex sabbatis et in nundina debet duos den.

De potariis.

Quilibet adducens poteries de extra villam debet denariatam; et ille qui est de villa debet unum, et in sex sabbatis similites.

Coustuma de foro.

Omnes de villa ista vendentes ad estallum, debent per quamlibet quidenam unum obolum, et illi de extra villam vendentes similiter ad estallum, debent in quolibet sabbati unum obolum.

De unctariis.

Unctarii et unctarie debent in quolibet sabbati unum obolum.

De panetariis extraneis.

Panetarii extranei debent in quolibet sabbati unum obolum.

De revenditoribus tele.

Omnes revenditores de extra villam debent in quolibet sabbati unum obolum, et revenditores istius ville per quamlibet quindenam unum obol.

De venditoribus tenentibus fenestram.

Quilibet venditor alliorum et erucarum tenens fenestram, debet in quolibet sabbati obolatum mercedis sue.

De panetariis coquentibus panem.

Quilibet panetarius coquens panem, debet duodecim denarios ad festum Omnium-Sanctorum, de quibus duodecim denarii quatuor sunt vicecomitis, et sex comitis, et alii duo episcopi.

De fenestris ubi venduntur panes aut alie res.

Quelibet fenestra, ubi venditur panis vel aliud, in simul debet XVIII den. ad festum omnium Sanctorum; de quibus duo sunt vicecomitis, et alii sexdecim comitis.

De illis qui vendunt lanas.

Vendentes lanas in sex sabbatis, vel in nundina, duodecim denariatas aut plus. Si fuerint de extra villam, quilibet debet unum den. et si fuerint de villa, quilibet debet obolum.

De revenditoribus culcitrarum.

Venditores culcitrarum debent xii den. ad festum S. Remigii.

Coustume curariorum.

Quicumque vendit ceram, aut cuminum, aut piper, et sint de Autissiodoro, nihil debent nisi vendant cum his aliud de ligno veluti scutellas et discos et cifos. Et quando vendit de ligno, debet obolum ad quindenam die sabbati. Et quando non vendit de ligno, tunc debet denariatam cere per quinque vices in anno; videlicet ad pascha denariatam, ad festum Omnium-Sanctorum denariatam, ad Natale denariatam, ad Candelosam denariatam, et ad Pentecousten denariatam; et hoc est episcopi et comitis.

De illis qui apportant unctum in hac villa.

Quicumque affert unctum in hac villa et vendat, solvit de tourtello i obol. si vendat duodecim denariatas; et si minus de duodecim denariatis vendat, nihil solvit; et si fuerit de porco suo et de sauvamento comitis, nihil solvit, et sic tali modo *dou siau*.

De bovibus et aliis bestiis.

Bos, vaca, aut alia bestia, si fuerit de sauvamento comitis, nihil debet, nisi vendat infra xl dies, et nisi fuerit mercator, exceptis sex diebus sabbatis supra nominatis.

De unctariis istius ville.

Quisquis vendat unctum diebus sabbatis ad estallum, quilibet debet obolatam, et in sex sabbatis supradictis denariatam, comiti et episcopi.

De panetariis extraneis.

Quisquis affert panem ad vendendum in hac villa, quilibet debet unum obolum die sabbati, exceptis sex sabbatis quibus quilibet debet denariatam. Illi de Digiaco nihil debent, et illi de Patrinant nihil debent, exceptis sex sabbatis quibus quilibet debet denariatam episcopi et comitis.

De revenditoribus.

In quocumque burgo vendatur panis ad fenestram, aut aliquid aliud, comes habet suos redditus, scilicet de revenditoria panis vi. den. De duodecim denariis habet comes quatuor denarios, et de sex denariis duos denarios.

De sale ducendo extra villam.

Quisquis ducit sal extra villam Autiss. debet duos denarios de modio, exceptis clericis, monachis et militibus, qui nihil debent; et isti redditus sunt episcopi et vicecomitis.

De mensuris S. Germani et S. Juliani ajoustare.

Ille qui habet balliam S. Germani debet adjoustare suum modium ad mensuram comitis, et ille baillivus debet conreer habentem chordas et poulanos comitis ipso tertio a iii mos. et abbatissa ita debet facere.

De paagio piperis.

Piper debet paagium. Equus aut mulus ii den., asinus i den., asina i ob. Quilibet troussellus super quadrigam debet ii den. Paagerius tenet ad equos aut troussellos, ad libitum. Cera debet paagium veluti piper, cordubanarius debet paagium veluti cera, bazenna sicut tela, pelliparia merces, draperia, graingne, aluns, cuminum, cuprum operatum, debent paagium veluti alie res desuper nominate.

Res que non debent paagium.

Figue, amigdale, risus, dates, castanee, aliqua apothecaria, caro salsata, halec, unctum *siaus*, aliquis piscis, aliqua caro parata, cannabum, linum, filum, lana; omnia ista non debent ventas.

Duo cordub. debet iv den. de ventis episcopo et vicecomiti.

Duod. alute ii den. episcopo et vicecomiti.

In nundina medie Quadragesime non debet quilibet cordub. preter ii d.; duod. alute. i den.

De portantibus aliquid extra nundinam Quadragesime.

Portans aliquid de nundina Quadragesime extra Autiss. pro comestione vel ad seminandum, nihil debet.

De vendentibus lanas.

Vendentes lanas die sabbati stantes de villa, debent in quindena i obol. Extranei per septimanam, i obol. nisi fuerit de suis bestiis, exceptis sex sabbatis quod quilibet, debet i den.

De Escan.

Illi de curia de Escan debent ventam, sicut alii et stantes de Escam nihil debent, exceptis sex sabbatis et nundina.

De baconibus emptis.

Quisquis emat bacones et illos revendat, debet i obol. de quolibet.

Census comitis absque stallis.

Guillelm. de Dymon, ii sol. pro domo sua.

Domus Gaufridi Souef defuncti, vi den.
Domus B. Marie, vi den.
Domus que fuit defuncti Odonis Borgni, xxxii den.
Domus Boutiller de foro, ix sol. iv den. et obol.
Domus Odinis Saraceni, xii den.

De brunellis.

Episcopus Autiss. habet medietatem in salagio et brunellis; et de quolibet modio salis vendito et eunte extra, episcopus habet unum den. et comes unum den. et vicecomes unum den.; et de quolibet modio vendito Autiss. episcopus habet semiquarteron salis; et quotiens venditur totiens debet coustumam episcopi, et quotiens mensuratur similiter in brunello, et de sale chariato ad pelam absque brunello, habet episcopus unum den.

Episcopus habet in uno die sabbati et in alio non, duas poignias de tribus digitis ad minus quo voluerit telonearius.

In foro Autissiod. habet episcopus medietatem, videlicet quia omnes gentes de villa vendentes ad stallum debent in quindena unum obol. episcopo et comiti. Die sabbati ante festum B. Eusebii, et die sabbati post, quilibet de villa debent unum obol. residens ad stallum, et foranei unum den. episcopo et comiti, et in uno de illis duobus sabbatis in quo maluerit, accipit S. Eusebius tertiam partem, et de illo tertio accipit episcopus medietatem. Die sabbati ante festum B. Remigii et die sabbati post, accipit S. Germanus quod vult, et in illo accipit S. Germanus tertiam partem totam quittam. Die sabbati ante calendas maii et sequenti post, accipiunt episcopus et comes, in nundina calendarum maiarum. Habet episcopus duas partes et comes tertiam; videlicet quod omnes vendentes ad stallum de extra et intra, debent unum denarium, exceptis vendentibus sotulares de *Cordouan* et *Vache* qui non debent nisi ob. si fuerint de villa Autissiodorensi. In foro bestiarum habet episcopus medietatem, et comes aliam; scilicet quod quilibet bos non existens de sauvamento comitis debet unum den., exceptis sex sabbatis supradictis in quibus omnes boves debent unum den. porcus unum ob. ovis unum obol. et aries unum obol., excepto quod de duobus non solvitur nisi iv den. et venditor equi debet iv den. episcopo et comiti, et emptor similiter iv den. De coriis cum pilis debet *li boz* iv den. episcopo et comiti; et si non fuerit li boz, corium debet obol.; corium cervi debet i den. episcopo et comiti.

Duod. corduain debet episcopo et comiti iv den. et duod. alute debet ii den.
Duod. caligarum debet episcopo et comiti unum den. Flancha de poiz valens ultra xii den. debent unum obol. Omnes de extra vendentes pelicons et pennas debent obol. de qualibet. Si portant ad collum, et vendant ad stallum, debent i obol. tantum episcopo et comiti. Quicumque de extra vendat pannos in hac villa debet obol. episcopo et comiti, scilicet de petia integra.

Illi de extra vendentes molas, debent i den. episcopo et comiti, et revendentes similiter i den. Millia alecium vendita Autiss. debent ii den. episcopo et comiti, et millia alecium extra villam portata, debent ii den. episcopo et comiti. Dictus *li paëlez de siau* venditus ultra xii den. debet obol. episcopo et comiti. Unctum venditum ultra xii den. debet. ob. In planchagio et roagio habet episcopus unum d. comes unum den. vicecomes unum obol.; scilicet plancha ii den. catena ii denar. charrus v den. cadriga ii den. et obol.

Ad festum S. Eusebii habent episcopus et comes denariatam panis ab omnibus panetariis et revenditoribus Autiss., et in hac renta habet S. Eusebius vi partem. Similiter ad festum S. Remigii habent episcopus et comes, ab omnibus panetariis et revenditoribus denariatam panis; et in hac renta habet S. Germanus tertiam partem. Simili modo in calendis maii, ab omnibus predictis, denariatam panis de quibus episcopus habet duas partes et comes tertiam partem.

Millia de *seches* debent iv den. episcopo et comiti. Centum anguillarum salatarum debet iv den. Summa morue i den. centum morue iv den. quadrigata de grassis poiz non ducta ad quadrigam debet de xx sol. iv den. episcopo et comiti.

Cambium Autiss. debet episcopo, die sabbati ante Natale, quatuor libras. Quisquis emat culcitras et revendat, debet obolum comiti et episcopo ad quindenam.

Quisquis emat petiam panni in prato Autiss. ad portandum extra villam, debet de qualibet petia unum obol. episcopo et comiti.

Millia maquerellorum debent episcopo et comiti iv den. Corius tennatus integer, qui venditur, debet unum obol. episcopo et vicecomiti, si homo de extra emat. Episcopus et comes habent stalla in simul in foro : et census in foro.

N° 240.

Charges de l'évêque d'Auxerre vers 1290, selon le même manuscrit.

HOS REDDITUS DEBET EPISCOPATUS ANNUATIM.

Capitulo xxxiii libras super tonleium, (*main postérieure.*) Cadunt pro salagio de Crebanno, x lib. non nisi xxiii lib.

Pro luminari angelorum et lampade Trinitatis, x lib.

Pro anniversario Erardi episcopi, xx lib.

Capitulo xx libras pro domibus supra portam. Item.

Canonicis circa duo dolia vini in festis.

Duobus capellanis S. Crucis, xi lib.

Item eisdem vi lib.

Item matriculario clerico, c sol.

Item canonicis ii mod. avene, apud Charbuiacum.

Item iiii bichet. frumenti pro gastellis.

D'une main plus récente: Item debentur sacriste S. Stephani, pro luminari et pulsatione solemniter facienda, in festis xii Apostolorum, legati per Guillelmum quondam episcopum Autiss., xl sol., super indardum, et habet litteram Guillelmi episcopi.

Canonicis Trinitatis, xlix lib.

Pro statione S. Amatoris, x sol.

Pro Nativitate B. Marie, vi sol.

Abbati S. Mariani, xxvi lib.

Monialibus de Crisenon, xl sol.

Curato de Gurgiaco, iv m. ordei.

Apud Eppogniacum, Guillelmo de Gurgiaco, pro minagio empto, c sol.

Relicte Theobaldi de Camera, vi lib. super serviatura.

Liberis Matthei militis, c sol.

Apud Varziacum, altari Beate-Marie viii lib. super furnos, et circa xxx sol. pro decima molendini.

Capitulum habet vicesimam partem in decima vini; videlicet xx lib.

Item capitulo xv sext. frumenti et xvii sext. ordei.

Item, unum sext. avene ad cumulum.

Item, forestariis ibidem circa l lib.

Item, forestariis Belli-redditus, xx lib.

Apud Giiacum i mod. duobus capellanis ecclesie Autiss.

Curato ibid. i sext. frumenti. i sext. ordei, i sext. sigali.

Apud Conadam cantori, lx sol.

Ibidem Priori de Sacro-Cesare. v sol.

G. de Grodello, ii s. vi den. de censu.

Sancto-Juliano, vi sol. vi den. pro domibus Domini.

Pro domibus porte pendentis, xxx den.

Item capitulo xvi den. et obol. pro sede murorum.

Capitulo ii sol. pro prato decani.

N° 241.

Extrait du dernier feuillet du Cartulaire de l'évêché d'Auxerre où est un mémorial sur les droits de l'évêque et de quelques écuyers, et sur les aumônes que ce prélat faisait alors.

(An 1290.)

Ce est la partie de la terre l'avesque d'Auceurre et des escuyers:

Premierement prant li evesque de xviii s. ix s. viii den.

Item, Jehan d'Aisy, li escuyers, v sol. iiii den.

Item, Guillaume de Germaines, xx d.

Item, Jehan de Latreci, x den.

Item, Jehan de Sacony et Hysabel sa seur et une autre seur, vi d.

Item, se Jehan d'Aisy avait rains, les deux parties qui sont à raimbre de lxvi. l. xiii sol. il pranroit vii s. et li evesques prenroit viii sol. Quar ce qui est à raimbre afiert tout à Jehan d'Aisy.

(Ce sont les aumônes qui sont en la partie dou cens l'avesque, le jour de la S. Jehan-Baptiste:)

Premierement au prieur de Chevanes, x sol.

Item, au prieur de S. Reverien, x sol.

Item, à la confrairie de Baserne, v sol.

Item, au curé de S. Père en Chasteleit, v sol.

Item sur les commun dou cens l'evesque et des escuyers, au curé de Sacy, x sol.

Item, à la maladrerie de Sacy, x sol.

Item, sur la partie l'évesque dou vin de dime.

A l'hospital de Sacy, iiii muis.

Item, à la maladrerie de Sacy un mui sus la partie Jehan d'Aisy pûrement.

Item au curé de Sacy, i muis sus tote la partie aux escuyers.

Item, li curez de Bétry prend sur le dime dou vin le tiers.

Item, sus le blé à cens le tiers.

Item, sur le blé à tierce et à dyme lou reste leicouz payez pour tant comme il prent.

Ou bois. de Pissebeuf a six-vingt-neuf arpens de qui il doit cheoir qu'il y a vii arpens où il n'y a point de bois, de quoi il doit cheoir xi arpens pour places et voyes.

Ou bois des Caves a lx arpens et i quar

desquex doit cheoir IIII arpens pour places et pour voyes.

Ou bois d'entre deus prez a XLIX arpens et demi, desquex il doit choir II arpens pour places et pour voyes.

Ou bois dou Foillas a LIX arpens et demi, desquiex il doit cheoir V arpens pour places et pour voyes.

N° 242.

Vicairies ou Chapellenies dans l'église d'Auxerre, établies par Etienne de Doët, souchantre.

(An 1293.)

Omnibus presentes litteras inspecturis, officialis curie archid. in ecclesia Autissiodorensi, sede vacante, salutem in Domino. Notum facimus, quod coram Johanne de Monasteriis, clerico jurato nostro a nobis propter subscripta audienda, et loco nostri recipienda, specialiter destinato, cui quantum ad hoc et majora fidem plenariam adhibemus, et cui ad hoc commisimus vices nostras, propter hoc, personaliter constitutus, Guillelmus Colini clericus, perpetuus vicarius in ecclesia Autissiodorensi, de vicariis in dicta ecclesia a defuncto magistro Stephano de Doeto, quondam succentore dicte Autissiodorensis ecclesie, institutis de consensu et autoritate venerabilis viri magistri Milonis de Rempillone, succentoris dicte ecclesie Autiss., coram dicto jurato nostro presentis et autoritatem suam, dicto Guillelmo, quoad ea que sequentur, prestantis et consentientis, recognovit dictus Guillelmus se, nomine dicte vicarie, et suo, et pro utilitate dicte vicarie, ut dicebant dicti succentor et Guillelmus, vendidisse, et venditionis nomine perpetuo quittavisse et concessisse Robino, dicto le Veu, et Isabelli dicte Belle-femine uxori sue, et eorum filiis, pensionem annuam viginti solidorum Turonensium, in qua dicti Robinus et ejus uxor ipsi Guillelmo et suis successoribus tenebantur super rebus inferius annotatis : videlicet super quodam quarterio quod dicti conjuges habebant situm retro Bercuiacum, contigua vinee uxoris defuncti Clementis dicti Nanto, ex una parte, et vinee Eustachii Castellarii ex altera; item super quodam quarterio vinee quod habebant situm in territorio de Bono-Pane, contigua vinee Johannis Sutoris ex una parte, et vinee Galopini Plaustrarii ex altera; et uno arpento vinee quod habebant situm in dicto territorio de Bono-Pane, juxta dictam vineam dicti Johannis Sutoris, et juxta vineam dicti Galopini, et juxta viam novam, pro duodecim libris Turonensibus a dictis Robino et ejus uxore traditis et liberatis in pecunia numerata, exceptioni dicte pecunie sibi non tradite nec numerate, ac spei etiam numerande. De qua summa pecunie, tam dicti Guillelmus, quam succentor, dictos emptores et eorum heredes quittaverunt perpetuo, coram jurato nostro predicto, nec-non et de pensione annua supradicta. Promittentes, tam dictus succentor, de cujus presentatione dicta vicaria esse dicitur, quam dictus Guillelmus, coram dicto jurato nostro, videlicet dictus succentor bona fide, et dictus Guillelmus per fidem suam in manu dicti jurati nostri prestitam, quod in predicta pensione annue, nec in rebus prenominatis ratione dicte pensionis annue nihil juris de cetero reclamabunt, nec per alium reclamati, facient in futurum; obligantes quoad hoc se et successores suos et omnia bona sua et successorum suorum, mobilia et immobilia, presentia et futura, et jurisdictioni curie Autissiodorensis, et nostre, ubicumque maneant, supponentes, renunciantes tam suo, quam successorum suorum, nomine, coram dicto jurato nostro in hoc facto specialiter et expresse, exceptioni doli, mali privilegio fori, rei ita non..... doli metus in factum exceptioni, deceptionis, lesionis et circumventionis in hoc facto exceptioni deceptionis ultra..... in integrum, omni juris auxilio, omni consuetudine et statuto, omnibusque aliis exceptionibus et...... que contra presens instrumentum vel factum possent objici sive dici. In quorum omnium..... ati nostri qui nobis premisse per juramentum suum retulit esse vera sigillum curie....... Anno Domini millesimo ducentesimo nonagesimo tertio, die lune post Reminiscere.

(Tiré de l'original scellé du sceau en cire verte, représentant un saint qui tient un livre de la main gauche. Et sur le repli est écrit : *Monast. ita recepit*).

N° 243.

Vente d'un bois au Chapitre d'Auxerre, par l'abbesse des Isles.

(An 1293, juin.)

Omnibus presentes litteras inspecturis : soror Agnes, humilis abbatissa monasterii de Insulis prope Autissiodorum, totusque ejusdem loci conventus, salutem in Domino sempiternam. Notum facimus quod nos, pro necessitatibus ecclesie utiliter expediendis, vendidimus et venditionis nomine in perpetuum quittavimus, venerabilibus viris decano et capitulo Autiss. quoddam nemus quod habebamus situm juxta nemus Johannis dicti Chanlateux, ex una parte, et juxta nemus Johannis filii Johannis Blootin, et Adeline ejus uxoris, ex altera; quod nemus venditum dicti Johannes et Adelina in puram et perpetuam eleemosynam et suarum remedium animarum pro octo libris Turonensibus nobis quittis et jam solutis a dictis decano et capitulo, in pecunia numerata, et de quibus nos renunciamus exceptioni dicte pecunie nobis non solute, non numerate, ac spei etiam numerande, dictos decanum et capitulum, et eorum successores absolvimus in perpetuum et quittavimus. Nosque devestientes de dicto nemore vendito, venditionis nomine, et dictos decanum et capitulum investiri volentes, de eodem per traditionem presentium litterarum.

Promittentes, bona fide, nos contra venditionem et quittationem predictam per nos vel per alium non venire, nec in dicto nemore vendito aliquid juris de cetero reclamare, nec ab alio facere reclamari; nosque dictum nemus venditum dictis decano et capitulo garentire et deffendere erga omnes quittum et liberum ab omni onere, servitio, servitute et omni alia exactione quarumcumque, preterquam a recto censu, reddereque et restituere eisdem decano et capitulo omnia damna, deperdita et expensas que et quas ipsi, per defectum dicte garentie minus late, sustinerent, facerent et haberent, et quantum ad hec tenenda et firmiter observanda, nos et omnia bona monasterii nostri mobilia et immobilia, presentia et futura dictis decano et capitulo generaliter obligamus et manere volumus obligata.

In quorum omnium testimonium sigillum nostrum quo unico utimur, presentibus litteris duximus apponendum. Datum anno Domini M CC XCXIII mense Junio.

(*Ex Cartul. Capituli Autiss. fol. 465 recto.*)

N° 244.

Confirmation de donation de aux Cordeliers d'Auxerre, par le comte Guillaume de Chalon.

(An 1294-95).

A tous cels qui verront ces présentes leitres: Guillaulme de Chalon, Cuens de Auxerre et de Torneurre, et sire de Seint-Aignien en Berri, salut. Cum li procureor et li porveor des Frères Meneurs de Aucerre haient acquis, à l'usaige desdits Frères, aucunes places assises desfors les murs viez de la cité de Aucerre, delez la rue qui est apellée Soubmurs, lesquex places, si come eiles se comportent des lou mur de la closture audiz Frères, pardever la rue Souz-Mur jusques à la maison Jehan Doumont peletier, contenenz de tout au moins cinquante toises, et si comme eiles se compoitent des la rue Souz-Mur jusque au mur de viez de la cité, contenanz de large anviron trente toises; et lesquex places sont en ma joustice et en ma seignorie; et cesdites places il ne puisse havoir ne retenir à loz uz, se n'est de mon assentement et de ma volenté.

Saichent tuit que gie, en lénor de Dieu et de tous sainz, et pour la révérence de l'ordre desdiz Frères, et meismant pour le remède des âmes de mon chier père et de ma chière mère, Jehan de Chalon, comte de Aucerre, seigneur de Roicefort, et Aalaiz de Never, jadis sa famme, comtesse de Auceurre; et pour lou remède de la moie ame, iceiles dites places, si comme cils se comportent, ontre lesdiz leus enfans, et les édifiz qui sont en icciles, se nuls inchi ha amortis audiz Frères, à tousjours mais.

Ou tesmoignage de laquele chose, gie hai fait sceiler ces leitres de mon propre sciaut. Données en l'an de grâce mil duez cens quatre-vingt et quatorze, ou mois de janvier.

(*Ex Tabul. Franciscan. Autiss.*)

N° 245.

Ordre de Philippe-le-Bel qu'on lui fournisse certaine somme d'argent à Rouen, à la Magdeleine.

(An 1295.)

Philippus, Dei gracia Francorum rex, baillivo Senonensi et aliis quibuscumque de receptis nostris in dicta baillivia et ejus resorto se intromittentibus, ad quos presentes littere pervenerint, salutem. Sub pena corporis et carceris vobis et unius cuilibet districte precipimus et mandamus, quatenus in continenti visis presentibus procurator dilectorum thesaurarium nostrorum bichii et moicheti, vel alterius eorumdem omnem pecuniam quam de redditibus, receptis, assisiis, expletis, talliis et finantiis judeorum subventionibus, etc. Actum apud Vicenas, die martis post octabas estivalis S. Martini, anno Domini M CC XCV.

(*Ex autographo.*)

N° 246.

Testament de maître Girard de Ville-sur-Arce (1), chanoine d'Auxerre.

(An 1296.)

In nomine Domini, amen. Anno Nativitatis ejusdem millesimo ducentesimo nonagesimo sexto, et personaliter constitutus venerabilis vir et discretus magister Girardus de Villa-super-Arciam, canonicus ecclesie Autiss.....

Postmodum legavit dictus canonicus subsidio Terre-Sancte centum libras turon. dum tamen generale passagium dicte Terre evenerit infra triennium à tempore mortis sue; et si tale passagium infra dictum tempus non evenerit, voluit quod dicte centum libre Turonenses erogentur pauperibus puellis, per manum ipsius executorum, tam apud Autissiodorum, quam apud Villam-super-Arciam.

Item legavit ecclesie Autissiod. sexaginta libras Turon., ad emendos redditus, pro memoria anniversarii bone memorie Erardi quondam Autissiod. episcopi, et ipsius canonici, et omnium benefactorum ipsius, et pro anniversario ipsorum annis singulis, in ipsa Autiss. ecclesia in perpetuum facienda.

Item, vicariis S. Johannis-Rotundi in ecclesia Autissiod., decem libras Turon. pro emendis redditibus, et pro Anniversario dicti Erardi episcopi et ipsius, ac benefactorum ipsius, annis singulis, in perpetuum ab ipsis celebrando.

Item, vicariis S. Michaelis in ecclesia predicta, decem libras pro anniversario suo et predictorum Erardi et benefactorum suorum, etc.

Item, omnibus capellanis habentibus nunc altaria in ecclesia Autissiod. vel in civitate Autiss., tres solidos annui redditus pro anniversario suo, et dicti Erardi quondam Autissiod. episcopi etc.

Item, confratrie clericorum de choro Autissiod. decem libras, pro redditibus emendis.

Item, monasterio S. Mariani triginta libras pro redditibus emendis, pro anniversario suo, Erardi quondam Autissiodor. episcopi, etc.

Item, legavit decem libras dictus canonicus domui Dei S. Stephani Autissiodor., pro emendis redditibus, ut supra.

Item, domui Dei de Monte-Autrico, decem libras.

Item, domui Dei S. Petri Autiss. quadraginta solidos, pro emendis redditibus, ut supra.

Item, monasterio S. Petri Autiss., decem libras pro redditibus emendis, pro anniversario suo et dicti Erardi episcopi, etc.

Item, priori et conventui S. Amatoris Autiss. centum solidos pro annuis redditibus emendis, pro anniversario suo et predictorum episcopi et benefactorum.

Item, legavit canonicis B. Marie extra muros Autiss., centum solidos pro dicto anniversario.

Item, monialibus S. Juliani Autiss., quindecim libras Turon.

Item, monialibus de Insulis decem libras pro annuis redditibus. ut predicitur, pro anniversario dicti canonici et Erardi quondam Autiss. episcopi.

Item, ecclesie B. Gervasii Autissiodor., centum libras.

Item, voluit et precepit, quod die obitus sui distribuantur canonicis Autissiod. de bonis ipsius viginti libre, pro remedio anime sue.

Item, legavit cuilibet ecclesie Autissiod. tres solidos, die obitus sui, et cuilibet clerico de choro ecclesie predicte duos sol. turonenses.

Item, legavit curato ecclesie B. Petri in Castro, quinque solidos : curato ecclesie B. Regnoberti Autissiodorensis, quinque solidos.

Item, voluit et precepit dictus canonicus quod de bonis ipsius fiant tres caritates; una die obitus sui, alia die sequenti, et tertia ad voluntatem executorum ipsius, et cuilibet ad quamlibet dictarum trium caritatum venienti detur unus denarius, etc.

Item, voluit quod de bonis suis pauperibus villarum de Monastello, de Bello-Videre et et de Parliaco erogentur, scilicet in qualibet villa decem libras.

Item, legavit Johanni de Appogniaco, servienti suo, viginti libras; monialibus de Lisignis triginta libras : ecclesie de Villa-super-Arciam viginti quinque solidos annui redditus : ecclesie de Moris viginti quinque solidos annui redditus ecclesie de Clareyo viginti solidos annui redditus : Fratribus Predicatoribus Autissiod. decem libras Turonenses : Fratribus Minoribus Autissiod. decem libras Turonenses : Filiabus Dei de Autissiod. quadraginta solidos Turonenses.

Item, domui Dei S. Germani Autissiod. quadraginta solidos Turonenses.

Item, leprosis S. Symeonis Autissiodor. centum solidos.

Item, legavit Lamberto de Cruysiaco,

---

(1) Ville-sur-Arce est proche de Bar-sur-Seine, à une lieue vers l'orient. Arce est le nom de la rivière.

curato ecclesie de Poilliaco, viginti libras.

Item, voluit et precepit, dictus magister Girardus, quod super omnibus conquestis suis, quos fecit in civitate et finagiis Autissiodor. in quibuscumque rebus existant, scilicet super vineam quam emit, ut dicebat, a Guillelmo Faisserii, ac furno quem emit, ut dicebat, a dicto Pameranlite, et domibus que fuerunt Morelli Aysardi, fundentur per executores suos duodecim vicarie, in quibus sint duodecim vicarii, videlicet quatuor diaconi, quatuor subdiaconi et quatuor acolyti, qui intersint in ecclesia Autissiodorensi matutinis, misse et vesperis; et quod quilibet eorum unum psalterium in qualibet hebdomada legere teneatur. Scilicet quod fundentur in ecclesia Autissiodorensi predicta super bursam capituli Autissiodorensis, si possit commode procurari, ita quod si dictum capitulum in hoc consenserit, quod collatio dictorum duodecim vicariorum perpetuo pertineat ad ipsum, et si in hoc consenserit, quod dictas res teneat et pertineat pro sexaginta libratis terre, de quibus quilibet vicarius habebit si intersit horis, duos solidos qualibet hebdomada; et si non consenserit, premissa posuit et reliquit ordinationi et arbitrio executorum suorum, et pro premissis omnibus exequendis et complendis executores suos fecit magistrum Stephanum de Bonavalle, archidiaconum de Tharasca in ecclesia Laudunensi, magistrum Jobertum, thesaurarium de Tociaco, et Lambertum de Cruseio, curatum ecclesie de Parliaco, Autissiodor. diecesis.

Ex codicillo M CC XCVI, die martis ante festum B. Martini.

Legavit siquidem triginta libras Turon. erogandas per manus executorum suorum pauperibus parochie S. Ferreoli, Autiss. diecesis, etc.

Item, adhuc elegit inter executores sui testamenti magistrum Hugonem de Hermanto archidiaconum Autissiod.

(*Ex Cartul. Capitul. Autiss.*)

N° 247.

Hommage de la baronnie de Donzy fait à Pierre de Mornay, évêque d'Auxerre, par Louis, comte de Nevers.

(An 1296, 19 octobre)

Universis presentes litteras inspecturis. Nos, frater Guido monasterii Sancti-Germani Autissiodorensis, nos Robertus monasterii S. Laurentii de Abbatia, permissione divina, abbates humiles, nos Gaufridus decanus Autissiodor., Joannes cantor Aurelianensis et Stephanus de Bonavalle, archidiaconus in ecclesia Laudunensi, salutem in Domino. Noveritis quod anno Domini millesimo ducentesimo nonagesimo sexto, die veneris post festum beati Luce Evangeliste, apud Autiss., nobilis vir Ludovicus, comes Nivernensis, fecit venerabili patri ac Domino, Domino Petro de Mornayo, Autiss. episcopo, nomine episcopatus sui, homagium ligium de castris infra scriptis : videlicet de Donziaco et de tota baronia Donziaci et de Conada, de Castro novo, de S. Salvatore et de Murato et de castellaniis et pertinentiis eorumdem; et recognovit dicta castra de Conada, de Castro-Novo, de S. Salvatore et de Murato esse jurabilia et reddibilia episcopo memorato, promisitque dictus comes dicta castra, cum omnibus munitionibus eorumdem, prefato episcopo reddere, tradere et deliberare ad beneplacitum episcopi memorati, ita tamen quod eidem comiti ab eodem episcopo cum ea integritate reddantur; et his actis dictus episcopus dictum comitem de dicto feodo investivit.

In quorum omnium testimonium et munimen sigilla nostra, una cum signeto Galtherii Blandini, publici autoritate apostolica notarii, qui una nobiscum omnibus premissis presens interfuit, presenti instrumento duximus apponenda. Actum anno, die, loco predictis, indictione nona, pontificatus domini Bonifacii pape octavi, anno secundo, presentibus etiam nobiscum venerabilibus viris magistris Guillermo Catin, Hugone de Acervilla, Joanne de Brayo, canonicis Autiss., Hugone Mauguin, canonico Aurelianensi, et pluribus aliis testibus, vocatis specialiter et rogatis.

Et ego Galtherius Blandin, autoritate Sacro-Sancte Romane ecclesie publicus notarius, iis omnibus presentibus interfui, et ea omnia manu propria scripsi, et in hanc publicam formam redegi, signoque meo consueto signavi, rogatus.

(*Ex Tabul. Episc. Autiss.*)

N° 248.

Quittance de 1,500 livres payées par Guillaume d'Arcy, aux moines de Pontigny, pour prix de la terre de Venouse.

(An 1295, 24 septembre.)

A touz ces qui verront et orront ces présentes lettres, je Guillaume d'Arceys sires de Pisy, salut. Saichent tuit que en la présence de noble homme Monsieur Erart mon frère, je hai eu et receu de religieux hommes l'abbé et le convent de Pontigny, de l'ordre de Cystiaux, de la diocese d'Auceurre, ou non de noble homme Mgr Jehan de Vergy et de noble dame Madame Marguerite sa femme, pour raison de la vençon de la ville de Venousse, mil et cinq cenz livres de petiz tournois, à moy comme à procureur desdiz seigneur et dame, baillez et nombrez desdiz religieux, de laquelle somme d'argent dessus dite, je, ou non dessusdit, comme procureres; me tien pour bien paiez et lesdiz religieux en clame quittes.

Ou tesmoing de laquele chose je hai seellées ces lettres de mon seel douquel je use ; données en l'an de grâce mccxcv, le samedi apres le Saint-Mathieu l'apostre.

(*Cartul. de l'abbaye de Pontig.*, in f° p. 842. — *Archives de l'Yonne*).

N° 249.

Remerciement de Guillaume de Chalon, comte d'Auxerre, au Chapitre de la cathédrale, au sujet de l'argenterie qu'il lui avait prêtée.

(An. 1297, 23 mai.)

Omnibus presentes litteras inspecturis, Guillelmus de Cabilone, domicellus, comes Autissiodorensis, salutem in Domino. Noverint universi quod viri venerabiles et discreti dilecti amici nostri, G. decanus et capitulum Autissiodorensis, dum essemus in procinctu itineris nostri arripiendi ad exercitum illustrissimi domini nostri domini Philippi, Dei gracia regis Francorum, contra comitem Flandriensem et sibi adherentes, proponeremusque pro proximo militie cingulo decorari, nobis ex gratia et mera liberalitate sua, cum nobis ad hec minime tenerentur, nisi vellent, jocalia videlicet vasa, tam argentea quam aurea, aut in superficie deaurate, usque ad estimationem ducentarum librarum Turon. quibus eisdem, in quantum possumus, regratiamur. Et nolentes quod hec aliquatenus a posteris nostris trahi possit ad consequentiam (quod absit) vel prejudicium eis in aliquo fieri, reputamus nos ipsis et ecclesie Autissiodorensis naturaliter obnoxios, et eisdem tradidimus presentes litteras sigillo nostro proprio sigillatas, in testimonium premissorum. Datum anno Domini mccxcvii, die Jovis post festum B. Peregrini.

(*Ex Tabul. Capit. Autiss.*)

N° 250.

Vicairies en l'église d'Auxerre à la nomination du Souchantre.

(An 1300-1301, 22 février.)

In nomine Domini, amen. Universis presentes litteras inspecturis, officialis Autissiodorensis salutem in Domino. Proposuit in jure, coram nobis, Symonetus de Sancto-Amatore, clericus, perpetuus vicarius altaris Sancti-Alexandri in ecclesia Autissiodorensis, contra Johannem dictum le Veu, quod cum predecessores sui, nomine dicti altaris et beneficii ipsius altaris, essent et diu fuissent in possessione, vel quasi, percipiendi, levandi et habendi viginti solidos Turonenses annui redditus a possessoribus cujusdam quarterii vinee site retro Bercuyacum, juxta vineam relicte defuncti Clementis dicti Nanto, ex una parte, et juxta vineam Constantii Coustellarii ex altera; item cujusdam quarterii siti in loco qui dicitur Bonus-Panis juxta vineam Johannis Sutoris, et unius arpenti in dicto territorio siti, et possidendi haberent, et per consequens idem actor, dictus reus, quanquam dictas res tenuerit et possideritper decem annos nuper preteritos, et adhuc teneat et possideat easdem in solutione dictorum viginti solidorum per dictos decem annos defecerit, sic dictum actorem possessione sua et quasi predicta indebite spoliando. Quare petiit et petit nomine vicarie sue predicte ad possessionem suam, vel quasi predictam restitui et reduci, et decem libras Turonenses per defectum solutionis pro predictis decem annis sibi reddi ac solvi ab eodem, et ipsum ad hoc necnon ad reddendum et solvendum eidem dictos viginti solidos, anno quolibet in futurum, sibi per nos sententialiter condempnari et compelli, causis et rationibus antedictis. Jus et nostrum officium implorando in hiis omnibus in quibus esset implorandum, salvo sibi juris beneficio in omnibus, addendi, etc., potestatem de expensis suis, etc., nec astringens, etc.

Ad quem litem contestando, respondit dictus reus, quod revera predecessores dicti actoris diu fuerant in possessione percipiendi et habendi, annis singulis, dictos viginti solidos Turonenses annuatim a possessoribus rerum predictarum, et quod res predictas tenuerat et possederat per dictum tempus, et adhuc tenet et possidet easdem, et in solutione dicte pensionis defecerat per tempus predictum, dicens tamen ad sui defensionem, ac proponens quod ad solutionem dictorum viginti solidorum super res predictas assessorum minime tenebatur, pro eo quod Guillelmus de Rampillione, clericus, quondam vicarius dicte vicarie, de assensu et voluntate defuncti magistri Milonis, quondam succentoris Autissiodorensis et patroni dicte vicarie, eidem Johanni reo dictos viginti solidos annui redditus vendidit pro duodecim libris turonensibus, de quibus eisdem Guillelmo et patrono extitit plenarie satisfactum. Ad quod respondit dictus actor, quod si dictus Guillelmus, autoritate predicta dictos viginti solidos annui redditus ipsi reo vendidit, dicta venditio non valuit cum facta fuerit sine autoritate prelati, et sine interpositione decreti, que omnia requiruntur antequam res ecclesiastice possit vendi.

Lite igitur super premissis legitime contestata, rationibus hinc inde propositis, auditis, tandem die martis post festum B. Hilarii coram nobis assignata dictis partibus, ad diffiniendum et ad procedendum super premissis ulterius, ut jus esset, predictis partibus coram nobis in judicio comparentibus, et diffinitivam sententiam sibi fieri a nobis cum instantia super premissis poscentibus, nos, visis actis dicte cause diligenter et inspectis, consideratis omnibus.... de facto movere poterant et debebant, Deum solum. pre oculis habentes, de bono et jurisperitorum consilio..... dum in futurum quandiu predictas res tenuerit, predictum annuum redditum seu pensionem viginti..... quo super reducendo et restituendo eundem actorem ad possessionem suam, vel quasi..... edditum ipsum super res predictas ab ipso reo in scriptis duximus sententialiter condemp... nimen sigillum curie Autissiodorensis presentibus litteris duximus apponendum. Datum et actum anno Domini millesimo trecentesimo, die martis predicta post festum B. Hilarii. Constat de possessione Hilarii.

Sur le repli est signé : Appoigni.

(*Ex autographo.*)

N° 254.

Bail qui apprend quelques particularités sur l'Abbaye de S. Julien d'Auxerre.

(An 1301.)

Universis presentes litteras inspecturis: Officialis Autissiodorensis, salutem in Domino. Noverint universi quod in nostra presentia, propter hoc personaliter constitutus, Johannes de Meldis presbyter, perpetuus capellanus capelle Sancti-Fer-reoli in claustro Sancti-Juliani Autissiodorensis, coram nobis est concessus se, ex causa donationis sibi facte et confesse ad vitam suam, tantummodo, ut dicebat, a religiosis monialibus abbatissa et conventu de Insulis, tenere a dictis monialibus, ad vitam suam, quandam domum dictarum monialium sitam, ut dicebat, in claustro S. Juliani predicto, inter ecclesiam canonicorum S. Juliani Autissiodorensis, juxta hortum liberorum defuncti Jacobi dicti Lesire, ex una parte, et juxta domum eorumdem liberorum ex altera.... Datum anno Domini millesimo trecentesimo primo, die dominica post festum B. Luce evangeliste.

(*Tiré d'une ancienne copie.*)

N° 252.

Lettres du roi Philippe-le-Bel, qui maintiennent l'évêque d'Auxerre et son clergé dans leurs droits de justice, et défendent au bailli de Sens d'empiéter sur leur juridiction.

(An 1302, 1er juillet.)

Universis presentes litteras inspecturis, Officialis Autissiodorensis, salutem in Domino. Noveritis nos litteras inferius annotatas de verbo ad verbum vidisse et diligenter inspexisse, non rasas, non abolitas, non cancellatas, nec in aliqua parte sui viciatas, ut prima facie apparebat, sigillo illustrissimi Philippi, Dei gracia regis Francorum, munitas, formam que sequitur continentes. Philippus, Dei gracia Francorum rex, baillivo Senonensi, vel ejus locum tenenti, salutem. Regi regum per quem vivimus et regnamus, gratum obsequium impendere proculdubio arbitramur, cum ejus ministris, et hiis precipue que pontificati sunt prediti dignitate, oportunis assistimus auxiliis, ac venerandas Dei ecclesias quorumcumque malignorum oppressas incursibus oportune subventionis auxilio consolamur.

Scientes profecto quod ad hoc omnipotens Dominus regum et principum in terris statuit dominatum, ut per eorum potenciam perversi a reprobis cohibeantur moribus et vim pacientes de talium manibus eruantur. Hac igitur consideratione inducti, gravaminibus, molestibus, injuriis et variis oppressionibus, in quibus per vos, bajulos, officiales servientes et ministros vestros ballivie vestre, dilectus et fidelis noster, episcopus Autissiodorensis, necnon et alie persone ecclesiastice civitatis et diocesis Autissiodorensis, asserunt se et suos multipliciter pregravatos : deliberationi prehabita, diligenti obviare volentes, mandamus vobis quatinus si in maleficiis vel facinoribus flagrantibus, vel aliter, absque speciali licencia predicti episcopi, ceperitis, per vos vel servientes vestros clericos quoscunque in possessione clericatus repertos, vel extra habitum clericalem, postquam de clericatu constiterit seu qui communiter et probabiliter pro clericis habeantur, tempore captionis, absque qualibet difficultate et absque redemptione emende cujuscumque, pro maleficiis supradictis, eidem episcopo vel ejus officiali ipsos requirentibus restituatis eosdem ipsis, casus pro quibus capti fuerint exprimentes et declarantes ut ipsos puniant ut fuerit rationis; non capientes nec capi permittentes a custodibus carcerum vestrorum carceragia ab illis clericis qui, indebite et absque causa racionabile in ipsis carceribus positi fuerint, sed, expensis moderatis quas iidem clerici inibi fecerint, ipsos carcerum custodes faciatis manere contentos. Et dum ex parte ipsius episcopi, vel ejus officialis, requisiti fueritis super adjutorio eisdem impendendo ad clericos malefactores ipsis delatos, capiendos et cohercendos, eisdem auxilium impendatis, sufficientes servientes tradentes ad stipendia ad sufficiencia ordinariorum eorundem. Quod si contingat ipsos sic captos antea ex causa in nostris poni carceribus, absque difficultate quacunque et emenda, ut supradictum est, eidem episcopo vel ejus officiali requirentibus, restituatis eosdem. Et si commode absque positione in vestris carceribus in ipsius episcopi carceribus poni possint, ipsos, sic ad ejus requisitionem captos, in vestris carceribus non ponatis. Item, illius prelati qui nuncios arma ab antiquo in sua diocesi portantes habere consuevit, ad clericos delinquentes capiendos, arma portare pro hujusmodi non impediatis eosdem. Item clericos non conjugatos, viventes clericaliter, ad contribuendum cum laycis in talliis vel collectis personalibus, vel ratione mobilium suorum, nullatenus compellatis nec per vestros justiciarios compelli, nec ob hoc eorum bona capi seu domos claudi permittatis. Caventes ne in fraudem super eorum immobilia imponantur collecte vel tallie, in casibus in quibus non fuerint imponende. Item si ipsum episcopum, vel ejus officialem, contra suos subditos in casibus ad eos spectantibus procedere contingat, ipsos subditos contra ipsum episcopum non deffendatis, juridictionem ipsius episcopi impediendo. Item non impediatis rectores et alios curatos ecclesiarum parrochianos suos, super decimis non feodalibus, coram ipsius episcopi officialem convenire, nec ob hoc bona ipsarum personarum ecclesiasticarum saisiri, vel ipsos in eisdem impediri permittatis. Quod si de ipsis decimis personas ecclesiasticas arrendationes facere contingat, seu eas ad firmas tradere, laycis propter hoc ad instanciam ipsorum laycorum ipsas personas ecclesiasticas, licet firmas non servantes, ad tradendum coram vobis non compellatis, cum hoc nostram juridictionem non contingat. Item super cognitione causarum legatorum ad pias causas factorum doctium, et propter nuptias donationum, de quibus noveritis ipsum et predecessores suos cognitionem ab antiquo habuisse, non impediatis eum nec ipsi super hoc inferatis, nec permittatis inferri indebitas novitates. Item judeos originarios ejusdem episcopi, in terris in quibus omnimodam juridictionem habet commorantes, et pro ipsus libito tailliabiles, cum nostris judeis in talliis et collectis super judeos nostros impositis tantum contribuere nullatenus compellatis. Item pro factis personalibus clericos clericaliter viventes, et personas ecclesiasticas, coram nobis litigare non compellatis; licet coram vobis super ipsis factis personalibus se obligaverint nec permittatis compelli, nec pro delictis ab ipsis commissis condempnationes vel exactiones aliquas faciatis. Item si judices ecclesiastici, in casibus ad ipsos spectantibus, aliquem excommunicent vel excommunicatum faciant, nunciari juridictionem nostram temporalem per hoc non impedientes, temporalitatem ejusdem episcopi ob hoc nullatenus capiatis, nec capi permittatis, nec ad hujus excommunicationum sentencias revocandi compellatis eosdem autem permittatis compelli. Item in casibus in quibus de jure vel consuetudine antiqua et approbata ad ipsos spectat cognitio, eo ab ipsa cognitione desistere per captionem bonorum vel amicorum suorum non compellatis. Item si quis per litteras sigillis curiarum nostrarum sigillatas se obligaverit, et ille obligans in curia ecclesiastica conqueratur de illo cui se obligavit, super usuris cognitionem ecclesie: super hiis nolumus impediri aut quenquam compelli ad acta in curia ecclesiastica super hiis habita revocanda; nichilominus littere nostre exprimentes usurariam pravitatem exequtioni debite mandabuntur. Item si alique persone ecclesiastice sint et fuerint in possessione pacifica justiciarum vel rerum aliarum, ab ipsis sine cause cognitione ipsas nolumus dessaisiri, nec per fraudem de possessoribus fieri petitores, nec maliciose quin coram vobis, vel vestris ministris, cause agitate fuerint, sentencias ferre pro quibus ferende fuerint differratis nec permittatis differri. Item sine justa causa in bonis mobilibus personarum ecclesiasticarum, per vos vel aliquem ministrorum nostrorum, manum vestram non ponatis. Et si contingat bona ipsius episcopi vel personarum ecclesiasticarum ad manum nostram capi, vel saisiri, si reperiatur injuste, vel sine causa rationabili ea capta fuisse non compellatis eos, nec permittatis compelli servientibus salaria reddere, vel expensas. Si tamen ad instanciam aliorum hoc forte factum fuerit, ab illis qui hoc injuste procuraverint fieri predicta salaria et expensas exigi potuerint et levari.

Item si aliqui vassalli tenentes ab eodem episcopo in feodum, in locis de quibus ressortum ad ipsum episcopum spectat, per vos vel ministros vestros moniti, super aliquo facto justicie exequendo et non faciant, vel negligentes existant, non ob hoc per vestros ministros hoc fieri faciatis in dictis locis, nisi prelatus requisitus in negligentia fuerit, vel deffectu; aut nisi in locis ipsis aliud de approbata consuetudine habeatur. Item baiulos et curiales vestros contra ordinacionem beati Ludovici emptiones reddituum vel terrarum, aut negociationes illicitas, per se vel per alios in territorio sibi subdito, exercere nullatenus permittatis. Item super ordinatione facta a beato Ludovico de articulo fractionis pacis, fraudem committi nolumus nec contra aliorum juridictiones sub palliacione hujusmodi contra ipsius ordinationis mentem aliquid attemptari. Item si servientes, vel ministri, aut subditi ipsius episcopi, ad mandatum ejusdem arma consueta portent pro deffensione et custodia nemorum, pascuorum, vel pro executione justicie sue, in locis in quibus hoc consueverunt, ob hoc non capiatis, nec capi permittatis eosdem, nisi casum committant excessivum in quo ad nos punitio pertinere noscatur. Item si aliqui falsam monetam expendant in terris in quibus idem episcopus omnimodam, altam et bassam justiciam habere noscitur, non impediatis ipsum quominus debitam justiciam faciat de eisdem. Item si in casu debito castra, vel terras personarum ecclesiasticarum ad manum nostram capi, vel saisiri contingat, uno serviente in uno loco ponendo contentos vos esse volumus; nisi contumacia vel protervitas plures requirat. Et servientes hujus moderatis, non excessivis stipendiis faciatis manere contentos. Item advocationes et recognitiones in terris et justiciis dictarum personarum ecclesiasticarum, de novo, in eorum prejudicium non admittatis, nec a vestris ministris admitti permittatis. Et si que de novo facte fuerint, eas ad statum debitum reducatis. Item servientes et ballivi aut alii ministri nostri in terris in quibus idem episcopus omnimodam habet justiciam, officium exercendo mansiones non habeant, nec assisias teneant, nisi ubi fuerit consuetum. Item pretextu alicujus gardie nostre antique, in personis ecclesiasticis non impediatis nec impediri permittatis juridictionem ecclesiasticam prelatus. In hiis tamen que ad ipsam gardiam nostram spectant, jus nostrum et illorum qui sunt de nostra antiqua gardia conservetis. Item in locis quibus consuetum est in instrumentis juramenta, vel fidem poni a notariis ballivie vestre ad requisitionem contrahencium, non inhibeatis apponi fidem et hujusmodi juramenta. Item confugientes ad ecclesias non extrahatis ab eis, nec extrahi permittatis, nisi in casibus a jure permissis. Item si abbates vel presbyteros, aut alios clericos capi vel verberari, vel eis insidiari ab aliquibus nostris subditis, contingat, de talibus factis ad laudem Dei, prout ad vos spectat, justiciam facere non tardetis : scilicet defendatis eos ubi defensio requiretur, prout ad vos noveritis pertinere. Item si aliqui de vestris ministris, vel servientibus, sint denunciati excommmunicati appellatione ipsam excommunicationem non precedente, non permittatis impediri per eos divina officia in ecclesiis, remanendo contra probibitionem sacerdotum.

Actum Parisiis, die dominica post festum apostolorum Petri et Pauli, anno Domini millesimo ccc° secundo.

(Pièce sur parchemin, scellée autrefois du sceau de l'official.)

(*Fonds de l'évêché d'Auxerre, liasse* 10, *Archives de l'Yonne.*)

N° 253.

Échange entre l'abbaye de S. Laurent et le prieuré de Révillon.

(An 1302, 9 août.)

Universis presentes litteras inspecturis, Robertus abbas Sancti-Laurentii de Abbatia, S. Augustini ordinis, diœcesis Autissiod. totusque ejusdem loci conventus, ac frater Stephanus, prior, et fratres S. Nicolai de Rivillione, ordinis de Spallo, diocesis Autiss., salutem in Domino. Notum facimus quod nos, frequenti tractatu premisso et diligenti deliberatione prehabita, ecclesiarum nostrarum utilitate pensata, permutavimus et permutamus, nos abbas et conventus predicti, duas pecias vinearum quas habemus apud Varziacum, unam sitam in territorio de Montemedio, juxta vineam Stephani Grasseti, ex una parte, et juxta vineam liberorum Guillelmi Rubei de Castro-Censurio, ex altera, et aliam sitam in territorio de Costa Herbaudi, juxta vineam prebende Guillelmi Cortaudi, que fuit magistri Nicolai de Cypeyo, ex una parte, et juxta vineam relicte defuncti Guillelmi de Bobus, ex altera; et unum sextarium frumenti de frumento sufficienti, quod habemus singulis annis et percipimus in parochia de Cyez apud villam dictam Genevoy, a priore et fratribus predictis et successoribus eorumdem in festo Purificationis B. Marie Virginis, ad unam peciam vinee quam prior et fratres predicti apud Gachiacum qui appellatur Revillon, prout se comportat. Et nos Stephanus, prior et fratres predicti, permutavimus cum abbate et conventu predictis vineam nostram de Gachiaco, etc.

Et nos Guillelmus prior de Espallo, superior, visitator et corrector prioratus de Revillon, dictam permutationem gratam et ratam habentes eam laudamus, etc..... Datum anno Domini M. CCC. II. in vigilia B. Laurentii.

(*Ex Tabul. B. Laurentii.*)

N° 254.

Aveu, au comte d'Auxerre, de biens situés à Vermenton, Vincelottes et Vincelles.

(An 1303, 16 août.)

Universis presentes litteras inspecturis, Guillelmus Gendoti, custos sigilli regii in prepositura Sancti-Petri de Monasterio, salutem in Domino. Noveritis quod coram Guichardo, ecclesie clerico jurato regis nostri, cui quoad hec commisimus vices nostras, constitutus, Johannes Boilly, Dominus de Villaribus, publice et in jure confessus est se tenere in feodum a nobili et potenti principe, domino comite Autissiodorensi, res inferius nominatas.

Videlicet quadraginta libras reddituales quas habet super prepositura de Vermentone, quas acquisivit a Johanne de Meso.

Item duas partes, pro indiviso justicie de Vincellis et de Vincellotis, quas defuncta..... tenebat in dictis villis tempore quo vivebat.

Item, quartum terre comitis...... avenis.

Item, quartum furni de Vincellis.

Item, quartum prepositure de Vincellis, ut dicebat dominus Joannes.

Protestans, dictus Johannes, dominus de Villaribus, quod si quid de rebus quas tenet in feodum a comite Autissiodorensi per ignorantiam seu per oblivionem, in presentibus litteris remaneret apponendum, illud plus cognoscit esse de feodo dicti comitis Autiss. et de eodem facere servitium feodale, prout moris est, quotiens ad suam noticiam pervenerit in futurum, et sub omnium bonorum suorum mobilium et immobilium, presentium et futurorum, obligatione, quod contra confessionem per se factam ullo modo non veniet in futurum, prout hec omnia nobis retulit dictus juratus, cui fidem in hac parte adhibuimus.

In quorum omnium testimonium, ad relationem dicti jurati, sigillum regis predicti presentibus litteris duximus apponendum. Datum anno Domini M. CCC. III, die veneris post festum B. Marie-Virginis.

(*Ex Codice Mss.*)

N° 255.

Union de la Chapelle S. Germain à l'Ecolâtrerie de la cathédrale.

(An 1307, 10 juin.)

Universis presentes litteras inspecturis, Petrus, divina permissione Autissiodorensis episcopus, salutem in Domino Christo Salvatore. Universa pastoralis officii cura sorte commissa, sollicita nos pulsat instantia, ut circa ecclesiarum nobis subditarum et personarum sic salubriter et sollicite providere curemus, ne propter defectum aliquem ecclesiastice persone ab oneribus sibi incumbentibus supportandis aliqualiter retrahantur. Cum itaque scolasterie Autissiodorensis proventus et exitus essent adeo tenues et exiles quod ex eis non possent onera ipsius commode supportari, propter quod bone memorie dominus et predecessor noster, dum viveret, proposuerat annectere scolasterie prefate aliquod beneficium in subsidium, pro ipsius oneribus supportandis, et hujusmodi proposito tanquam laudabili suum benignum assensum prebere, quoties facultas et possibilitas se offerent, idemque morte preventus suum laudabile propositum minime potuit adimplere. Nos, ut ex officio nostro tenemur, ejus justum et purum desiderium exequi cupientes, considerantes etiam quod scolasteria predicta est in facultatibus tenuissima et habet necessario multa onera gravia suportare, ut ad ea supportanda scolasticus modernus et successores sui scolastici, qui pro tempore fuerint, saltem in aliquo releventur, altare B. Germani, in ecclesia Autissiodorensi nunc vacans et liberum, per mortem defuncti magistri Guillelmi de Viciniis, quondam ejusdem altaris perpetui capellani, eidem scolasterie duximus annectendum, et de eodem altari magistrum Guillelmum de Rippa, dilectum filium nostrum, nunc scolasticum, nomine suo et successorum suorum, nec-non de omnibus juribus et pertinentiis altaris prefati per traditionem nostri annuli investivimus, mandantes et committentes venerabili nobis in Christo dilecto nostro succentori ecclesie Autiss. ut dictum magistrum Guillelmum de Rippa, scolasticum, suo et successorum suorum nomine in dicta scolasteria inducat in corporalem possessionem ejusdem altaris ac omnium bonorum et jurium ad illam pertinentium, quoquo modo.

Ne autem divinus cultus, propter annexionem predictam, in aliquo minuatur, et fundatoris anima, necnon et fideles viri et mortui debitis suffragiis defraudentur, volumus, statuimus ac etiam ordinamus quod predictus magister Guillelmus et successores sui scolastici, qui pro temporibus fuerint, jurent in capitulo Autissiodorensi ad sancta Dei evangelia, quod in predicto altari in obsequiis debitis deserviant seu deserviri faciant, per se vel in alios, secundum quod consuetum est usque modo, et prout fuit a fundatore ipsius ordinatum.

In quorum testimonium presentibus litteris sigillum nostrum apponi fecimus ad perpetuam roboris firmitatem. Datum anno Domini millesimo trecentesimo septimo, die decima mensis junii.

(*Ex Cartul. Capit. Autiss.*)

N° 256.

Main-levée de la succession d'un archidiacre d'Auxerre, accordée par l'évêque au Chapitre.

(An 1309, 15 décembre.)

Petrus, miseratione Divina Autissiod. episcopus: dilectis nobis in Christo magistris G. Catini, lectori et Felisio de Coauduno, canonico Autissiod. salutem et sinceram in Domino charitatem. Ad supplicationem venerabilium virorum nobis in Christo dilectorum, decani et capituli nostri Autissiodorensis ecclesie, per venerabilem virum dominum Bertrandum de Capella, canonicum Autissiod. nobis factam, manum nostram et officialis nostri positam in bonis defuncti magistri R. de Vallibus, archidiaconi quondam Autiss. amoventes, ipsaque in manu vestra, tanquam communi, pro nobis et capitulo ponentes, de consensu nostro et dicti magistri B. nomine quo supra, placet nobis et volumus quod vos de plano velo levato summarie veritatem inquiratis et decernatis ad quem spectet dispositio, ordinatio seu jurisdictio dictorum bonorum, tam de jure quam de consuetudine, possessione, vel quasi quibuscumque, juramento primitus a vobis prestito in capitulo nostro, in presentia officialis nostri, quod juste ac fideliter ac diligenter inquiretis, et hujusmodi nostram, omni favore rejecto, sine debito decidentis, et interim executoribus dicti defuncti bona predicta recredatis, idonea sub cautione recepta, de hiis nobis restituendis et complendis que pro dicto defuncto in eventu cause, seu negotii hujusmodi, restituenda fuerint et complenda. In cujus rei testimonium nostrum presentibus fecimus apponi sigillum. Datum Parisiis, xv die decembris, anno M. CCC. IX.

(*Ex autographo.*)

N° 257.

Lettres du roi Philippe-le-Bel, portant confirmation des franchises des habitants du Val-de-Merci.

(An 1311.)

Philippus, Dei gracia Francorum rex. Notum facimus universis, tam presentibus quam futuris, quod homines et habitatores ville *de Val de Marci*, cum dilecto et fideli nostro Guillelmo de Jovigniaco, milite, domino de Sancto-Mauritio, et Aelipdi de Monte-Acuto ejus uxore, franchesias talliarum et manuum-mortuarum de corporibus et de rebus quas idem Guillermus et sui predecessores alias exigere et levare solebant, acquisiverunt de novo, cum instantia requirentes a nobis franchisias hujusmodi confirmari. Nos, eorum supplicationibus inclinati, volumus et eis concedimus per presentes quod homines et habitator predicti, heredesque et successores ipsorum, et causam ab eis habituri, predictas franchisias talliarum ac manum-mortuam teneant, habeant et perpetuo possideant absque impedimento quocumque, et absque prestatione financie qualiscumque, nobis et successoribus nostris pro premissis quomodolibet facienda, predictasque franchesias, quoad predicta, ratas et gratas habentes eas volumus, laudamus et approbamus et autoritate nostra regia confirmamus; salvo in aliis jure nostro, et in omnibus quolibet alieno. Quod ut ratum et stabile permaneat in futurum, presentibus nostrum fecimus apponi sigillum. Actum apud Pontisaram, anno Domini M. CCC. XI., mense maio.

(*Ex autographo.*)

N° 258.

Lettres d'indication de la reprise d'un Concile provincial de Sens, tenu à Paris, touchant la poursuite des Templiers.

(An 1311, juillet.)

Petrus, miseratione divina Autissiod. episcopus : dilectis in Christo filiis G. decano et capitulo Autissiodorensis ecclesie, ceterarumque Ecclesiarum capitulis, necnon universis et singulis abbatibus et prioribus conventualibus, tam exemptis quam non exemptis, in civitate et diecesi Autissiodorensi constitutis, salutem in Domino sempiternam. Litteras reverendi in Christo patris et domini domini J., Dei gratia Carnotensis episcopi, recepimus formam que sequitur continentes : Reverendis in Christo patribus ac dominis dominis G. Parisiensi, R. Aurelianensi, P. Autissiodorensi, S. Meldensi, G. Trecensi, et J. Nivernensi, Dei gratia episcopis. J. miseratione ejusdem Carnotensis episcopus, salutem in Domino sempiternam. Noveritis nos die jovis ante festum beati Arnulphi litteras reverendi in Christo patris ac domini domini nostri Philippi, Dei gracia Senonensis archiepiscopi recepisse, formam que sequitur continentes : Philippus, miseratione divina, Senonensis archiepiscopus , venerabili fratri nostro, J., Dei gratia episcopo Carnotensi, salutem et sinceram in Domino caritatem. Magna opera Domini que non nunquam ob ejus exaltationis honorem generalemque salutem populi in consilio justorum et congregatione propensius debent agi, tantomagis operarios vinee dominice, et in omnes precellentes operarii voluntates gratiosas exquisita creduntur, quanto maturioris considerationis examine diligenti volvuntur. Quod nuper attentius intuentes, nos videlicet, una vobiscum, celerisque venerabilibus fratribus nostre provincie Senonensis suffraganeis episcopis, nobis assistentibus, in nostro provinciali concilio, Parisiis ultimo celebrato, scilicet die lune post Dominicam qua cantatur *Oculi mei,* cum diebus postmodum continuatis ad nonnulla difficultatis ingentis, grandisque discussionis negotia ecclesias et ecclesiasticas personas nostras dicte provincie, sed et negotium fidei nostre catholice, quod diebus istis contra singulares personas militie Templi noscitur imminere, non mediocriter tangentia et urgentia, plus solito que tempore prefati concilii commode nequiverunt finaliter expediri. De vestro, dictorumque fratrum nostrorum consilio predictum nostrum provinciale concilium ad diem tertiam post instans festum Assumptionis B. M. V., cum diebus subsequentibus continuando, prout opus fuerit, Parisiis duximus prorogandum.

Vestre igitur fraternitati autoritate nostra metropolitana mandamus quatenus venerabiles fratres nostros predictos, videlicet Paris. Aurel. Autiss. Melden. Trecens. et Nivern. Episcopos, specialiter ad dictum concilium nostrum, dictis diebus et loco celebrandis convocantes, mandare curetis eisdem aut eorum vicariis autoritate nostra predicta, quatenus per suas civitates et dioceses predictam ejusdem concilii prorogationem intimantes et insinuari facientes, omnia et singula tam suarum cathedralium quam aliarum collegiatarum ecclesiarum, exemptarum et non exemptarum capitula ac omnes et singulos abbates et priores..... iales exemptos et non exemptos, suarum civitatum et diecesanorum ad dictum concilium nostrum dictis diebus et loco congregandum convocent..... Itaque dicta capitula per procuratores idoneos ad agendum, tractandum et constituendum super his que in dicto concilio nos et nostri predicti suffraganei et alii nobis tunc temporis astituri, maxime super dicto fidei negotio statuendum, juvante Deo, duxerimus, ac etiam ordinandum sufficienter instructos ; et dicti abbates et priores personaliter ad dictum concilium compareant, prout decuerit, et assistant tractaturi similiter et ordinaturi nobiscum et nostris predictis suffraganeis de premissis, et precipue de fidei negotio supradicto, prout fuerit faciendum. Vos etiam predictas insinuationem, convocationem et citationem, juxta modum expressum, omnibus et singulis tam ecclesie nostre Carn. quam aliarum collegiarum exemptarum et non exemptarum, vestrarum civitatis et dioces. Capitulis et singulis abbatibus et prioribus conventualibus, exemptis et non exemptis, dictarum civitatis et dioces. vestrarum fieri facialis. Prefato nihilominus personaliter interesse concilio nullatenus..... et quicquid de premissis feceritis nobis infra dictam tertiam diem post Assumptionem sic prescriptam, per vestras litteras rescribatis. Presentes tamen quorum copiam reti..... remittentes per latorem ipsorum nostro sigillatas sigillo in signum receptionis earumdem. Datum apud Cantum-Lupi, undecima die julii, anno Domini millesimo trecentesimo undecimo. Hujus itaque autoritate mandati vos et vestrum quemlibet ad dictum concilium dictis diebus et loco celebrandum personaliter convocantes..... vestras mandamus autoritate predicta quatenus per vestras civitates et dioces. supradictam concilii prorogationem insinuantes et insinuari..... et singula tam vestrarum cathedralium quam aliarum collegiatarum ecclesiarum, exemptarum et non exemptarum, capitula ac omnes et singulos abbates et priores..... exemptos et non exemptos, vestrarum civitatum et diocesum, ad dictum concilium convocatis et citatis juxta formam superius annotatam, presentes..... receptionis earum sigillis vestris sigillatas nobis per earum bajulum remittentes. Datum apud Busseium, domum nostram, anno Domini M. CCC. XI., die jovis supradicta.

Harum igitur litterarum autoritate et mandato nobis autoritate metropolitana facto, prout premittitur... tam predicte nostre Autissiodor. ecclesie quam aliarum collegiatarum ecclesiarum exemptorum et non exemptorum capitulis, necnon omnibus et singulis... conventualibus, exemptis et non exemptis, in civitate et diocesi Autissiod. constitutis, predicti concilii prorogationem in sinu..... ad locum in dies predictos, tenore presentium vos citamus, juxta tenorem et formam mandati ad nos super hoc directi..... et prout in litteris quarum copia nostris presentibus est inserta, videbitis contineri. In signum autem receptionis presentium..... eisdem eas nobis per latorem presentium remittentes. Datum apud Placentiam, domum nostram, anno Domini millesimo tricesimo undecimo.

(*Tiré de l'original.*)

N° 259.

Saisie du comté d'Auxerre pour faute d'hommage, faite par ordre de l'évêque.

(An. 1311, novembre.)

In nomine Domini, amen. Per hoc presens publicum instrumentum cunctis pateat evidenter, quod anno ab Incarnatione Domini millesimo trecentesimo undecimo, indictione undecima, pontificatus sanctissimi patris et domini Clementis, Divina providentia pape quinti, anno septimo, mense novembris, diebus infra scriptis, in presentia mei publici notarii et testium subscriptorum, Johannes Coreti, clericus procurator et nuncius specialis, quoad infra scripta, reverendi in Christo patris domini domini P., Dei gracia Autissiodorensis episcopi, deputatus, virtute et autoritate litterarum dicti domini episcopi et sub ipsius sigillo confectarum, sicut prima facie apparebat, mihi subscripto notario exhibitarum sub hec verba.

Universis presentes litteras inspecturis, Petrus, miseratione Divina Autissiodor. episcopus, salutem in Domino sempiternam. Noverint universi quod cum nos comitatum Autissiodor. et pertinentias ipsius comitatus (preter hoc quod continetur infra muros urbis veteris extra claustrum, et domum ducis Burgundie ultra pontem); item castrum de Colengiis-super Yonnam; item totam terram, baroniam, castra, castellanias de Donziaco, et Conada, de Castro-Novo in Valle-Bargiaci, de S. Salvatore, et de Murato at omnia alia que a nobis nomine quo supra illustris princeps, dominus Ludovicus, comes Nivernensis, tam ratione sui quam ratione bailli, seu ratione quacumque, tenere debet in feodo, cum omnibus in singulis pertinentiis eorumdem, propter defectum homagiorum nobis ecclesie nostre Autissiodorensis nomine debitorum, nec factorum pro eisdem que de feodo nostro, nomine quo dictum est, movere, notorie dignoscuntur. Et quia de iis hominem non habemus, ad manum nostram ponenda duxerimus, et ad ea tanquam ad feoda nostra assignaverimus, et manu nostra per appositionem manus prepositi Ville-nove-Regis qui nos et ecclesiam nostram, cum suis juribus regali jure ac nomine in gardia sua noscitur habere fortificata in premissis, nos volentes dictam assignationem per nos factam, ac omnia et singula premissa, eaque et eorum quodlibet tangentia quomodolibet, debitum et plenissimum sortiri effectum, facimus, constituimus et ordinamus nostro et ecclesie nostre Autissiodorensis predicte nomine, Johannem Coreti, clericum, latorem et exhibitorem presentium, procuratorem nostrum, actorem et nuncium specialem ad ponendum plenius et efficacius manum nostram in comitatu Autiss., baronia, terra, castris, castellaniis et pertinentiis prenotatis, assignandis ad ea et eorum quodlibet, tanquam feoda nostra, eaque saisiniendi tenendum, regendum jurisdictionem et justitiam omnimodam in eis et eorum quolibet exercendum, fructus, redditus, exitus, proventus, emolumenta, expleta et jura alia, et singula eorumdem petendum, exigendum et levandum, in judicio et extra; baillivos, prepositos, servientes et ministros ibidem ponendum et instituendum; premissaque omnia et singula fieri et exerceri per alium vel alios quem et quos expedire viderit et sibi placuerit faciendum, potestate sibi semper nichilominus reservata in eisdem, nec-non ad faciendum, et exercendum, fierique et exerceri faciendum per se deputandum, deputandosque ab eo circa premissa omnia et singula eaque et eorumque quodlibet tangentia, omnia et singula, necessaria et opportuna que nos facerimus, exerceremus, facere et exercere possemus et deberemus, si presentes essemus, etiamsi ea mandatum exigant, vel exigere debeant speciale. Promittentes ratum, gratum et firmum plenius nos habere per dictum Johannem ab eo deputandum et deputandos actos, gestumne fuerit in premissis et quolibet premissorum. Damus autem tenore presentium omnibus justitiariis et aliis subditis nostris in mandatis, alios non nobis subditos rogantes, quatenus dicto Johanni, et ab eodem deputando et deputandis in premissis, pareant efficaciter et intendant.

In cujus rei testimonium et munimen, sigillum nostrum presentibus litteris duximus apponendum. Datum apud Heriacum, Autissiodorensis diocesis, anno Domini millesimo trecentesimo decimo, die martis in festo Beatissime Virginis Marie.

Vice ac nomine dicti domini episcopi, ac pro eo, die mercurii post festum B. Dionysii, apud Vincellas, locum de comitatu Autissiodor. existentem, in magno vico vocatis et coadunatis quibusdam dicte ville scabinis et juratis, ut communiter dicebatur, et pluribus aliis de ipso loco, dixit, publicavit et intimavit omnibus astantibus quod intentionis domini episcopi et gentis sue erat quod comitatus, terra et pertinentia comitatus Autissiodorensis, sicut dixerat, ad easdem tanquam de feodo dicti episcopi moventes dictus dominus episcopus et gentes sue, presertim dictus Joannes Coreti, nomine quo supra, assignaverant, et ad manus dicti episcopi posuerunt easdem pro defectu hominii in ipso statu saisine, assignationis et manucaptionis predictarum tenerent et essent ex causa predicta, et nihilominus ex abundanti, si et prout dicto episcopo opus esset et utile, villam, justiciam et pertintiam dicti loci de Vincel'is continuando saisinam, assignationem et captionem predictas ac factas, in manu dicti episc. posuit et ad eas assignant ex causa predicta inhibendo omnibus et singulis, et publice, sub omni pena, quod dictus episcopus eis infligere poterit, ne quisquam ibidem, et super dictis rebus ac eorum occasione, cuiquam aliquam dicto episcopo, vel ejus mandato, obediret et responderet, necnon posuit et instituit ibidem prepositum justitiarum et receptorem omnium ad dictas res et eorum pertinentias spectantium, Johannem, dictum Chemisse, juramento prestito et recepto, ac eodem de officio sibi commisso fideliter et diligenter exercendo, et de parendo et respondendo super his dicto episcopo, vel ejus mandato, compotoque et ratione debitis et omnibus iis que de eisdem rebus ad manus suas devenerint, reddendis presentibus Barduchio dicto Bonne-Guide, magister Silvester Viniau, Jacobo Lombardi et Stephano Gauberti, testibus ad hac vocatis et rogatis.

Item, die jovis immediate sequenti, dictus Johannes Coreti, nomine quo supra apud Vermentonem, locum de dicto comitatu similiter existentem, fecit similiter ponendo et instituendo ibidem prepositos et justitiarios ac receptores loci et pertinentiarum ejusdem, Regnaudum dictum Rinchon, et dictum Bachelier Chevalier, juramento prestito et recepto similiter ab eisdem, presentibus Johanne, dicto domino, magistro Silvestro Viniau, Guillermo, militis, ac dicto Force, militis et pluribus aliis ad hac testibus vocatis et rogatis.

Item, eadem die jovis, dictus Johannes Coreti, nomine quo supra, apud Malli-Villam, loco de dicto comitatu existentem ibidem similiter fecit et dixit ponendo et instituendo ibidem prepositum justitiarum et receptorem, Forquetum Boscarium, prestito et recepto juramento similiter ab eodem, presentibus Hugone Fame, Henrico de Licherinis et pluribus aliis ad hac testibus vocatis et rogatis.

Item, eadem die jovis, dictus Johannes Coreti, nomine quo supra apud Malli-Castrum, de pertinentiis dicti comitatus existentem similiter fecit ponendo et instituendo prepositos, justitiarios et receptores, Johannem Hauberici et Guillermum Coterelli presentibus dicto Sanque, Recado Budin, Philippo de Saisiaco, Guidone Brunelli, et pluribus aliis testibus ad hec vocatis et rogatis.

Item, die veneris immediate sequenti, dictus Johannes Coreti, nomine quo supra apud Colangias-super-Yonam similiter fecit, ponendo et instituendo ibidem prepositum, justiciam et receptorem dictum Johannem Auberici, prestito juramento similiter ab eodem, presentibus Odone curato dicti loci, Gaufrido Bierge, Johanne Marechali, Petro militis et pluribus aliis ad hec testibus vocatis et rogatis.

Acta hec sunt anno, indictione, mense, diebus, pontilicatu, locis et presentibus testibus supra scriptis.

Et ego Stephanus, dictus *la Dame*, de Sancto-Juliano de Saltu, Senonensis diocesis, clericus publicus, autoritate apostolica notarius juratus, litteras procuratorias predictas, sanas et integras sigillo dicti reverendi patris sigillatas, prout prima facie apparebat, vidi, easque de verbo ad verbum legi, transcribique feci, omnibusque aliis suprascriptis per predictum Johannem Coreti actis, et dum hec agerentur in locis predictis, et prout in presenti publico instrumento continetur, presens fui, et hec omnia publicando et in hanc publicam formam redigendi hic me subscripsi, signoque meo consueto signavi, vocatus et rogatus.

(Ex Cartul. Mss. Episc. Autiss. c. 49.)

N° 260.

Modèle d'ancienne partition des prébendes de la cathédrale d'Auxerre, extrait d'un manuscrit de la même église.

(An 1312, 1ᵉʳ mai.)

In nomine Domini, amen. In generali capitulo kal. maii, anno Domini millesimo trecentesimo duodecimo, infra scripta partitio de quinquaginta novem prebendariis ecclesie Autissiodorensis per septennium incipiendum in proximo venturo festo S. Johannis-Baptiste duratura, concorditer facta fuit per venerabiles viros dominum Guillelmum Catini, decanum, Guillelmum de Ripa, scolasticum et Phelisium de Coauduno, presbyteros; Adam de Solerio, succentorem; et Petrum de Reate, diaconos; Johannem a Monteferrando; ac Johannem de Roma, subdiaconos, canonicos Autissiodorenses super hoc a capitulo Autissiodorensis ecclesie deputatos, prout infra particulariter obtinetur.

In primis, duo canonici Autissiodorensis percipientes prebendas suas Autiss. etc.

Item, duodecim........ apud Crebannum.

Item, quinque .... apud Ascolayum.

Item, tres..... apud Oysiacum.

Item, sex.... apud Monestallum.

Item, septem........ apud Chichericacum.

Item, novem.... apud Egl. et Meriac.

Item, sex..... apud Palliacum et Bellum-videre.

Item, novem..... apud Pulverenum.

Nota. — Qu'ils devoient tous à proportion de leur nombre certaine somme durant ces sept ans.

(Fabrica Eccles. Autiss. pro Carro. Ceux de Crevan xxiv. *lib. Tur. parvorum usualis monete.)*

N° 261-62.

Archiprêtres rendus titulaires par l'évêque, du consentement du Chapitre.

(Ans 1314 et 1321.)

Omnibus hec visuris : Petrus, miseratione divina, Autissiodorensis episcopus, salutem in Filio Virginis gloriose. Cura pastoralis officii nos inducit subjectorum nostrorum utilitatibus providere, et maxime animarum invigilare saluti, et ut honor et autoritas nostre Autissiodor. Ecclesie augeatur, ac officia nobis et dicte ecclesie subjecta salubriter disponantur et rogantur. Attendentes igitur archipresbyteratus nostros Autissiod. Puseye, Varziacen. et S. Prisci, tam per nos quam per predecessores nostros committi, et quotiescumque ad libitum nostrum, seu cujusvis predecessorum nostrorum pro ipsorum tempore a tenentibus, revocari et auferri, ac aliis personis committi fuisse consuetos : ex quo dicti archipresbyteri considerantes se esse quasi momentaneos, temporales et plerumque in dicto officio modico tempore duraturos, minus debite curabant ecclesie parochiales, curas ac plebes earum sibi subjectas visitare, juraque eorumdem archipresbyteratuum manu tenere prosequi, ac defendere contra aliquos invasores et turbatores ipsorum, ex quo etiam multum aliis juribus fraudabantur archipresbyteratus predicti parvi pendebatur status dictorum archipresbyterorum et archipresbyteratuum. Cum tamen aliquibus temporibus juridictionem aliquam habuisse noscantur, et nonnulla incommoda sequebantur. Sperantes igitur quod si efficiantur perpetui tituli, ac officia perpetua, dicti archipresbyteri jura eorumdem archipresbyteratuum attentius prosequentur, visitationis officium diligentius exhibebunt, bone et notabiles persone dictis officiis utiles et proficue, ad eosdem libentius aspirabunt, ac ipsorum onera melius et affectuosius supportabunt, quanto statum firmiorem, honorabiliorem, et non quasi in ludibrio positum se habere videbunt. Considerantes etiam honorem et autoritatem ecclesie et sedis episcopalis Autissiodorensis ex hoc augeri, quanto plura officia et honorabiliora, ac magis fructuosa disponere et eis preesse habebit, de voluntate et assensu dilectorum filiorum decani et capituli Autissiodor., qui in premissis deliberatione habita, diligenti in suo capitulo generali S. Lucie, anno Domini millesimo trecentesimo tertio decimo, in premissis unanimiter consenserunt, et ex causis superius annotatis nobiscum in idem movebantur, prout per litteras suas nos certificare curarunt, formam que sequitur continentes :

Reverendo in Christo patri ac domino suo charissimo, domino Petro, Dei gratia Autiss. episcopo, humiles filii G. decanus, totumque capitulum ecclesie Autissiodor. cum sui recommandatione obedientiam et reverentiam tam debitam quam devotam. Cum vos de quatuor archipresbyteratibus videlicet Autiss., Puseye, Varziacensi et S. Prisci, temporalibus officiis et ad vestrum et predecessorum vestrorum beneplacitum committi et avocari seu amoveri consuetis, propter utilitatem publicam ecclesiarum et plebium eisdem subjectarum, et ut amplior affectus et major diligentia circa defensionem et persecutionem jurium eorumdem archipresbyteratuum habeatur, et ut iidem archipresbyteri ad officium suum exercendum fortius incitentur, cum in hoc etiam honor, autoritas et utilitas Autiss. ecclesie et sedis episcopalis ejusdem amplietur et augmentetur, eosdem archipresbyteratus perpetuos titulos constituere et efficere intendatis, nos, in nostro generali capitulo S. Lucie, super his deliberatione habita diligenti. laudabile vestrum propositum attendentes. super hoc nostrum gratum quantum in nobis est prebemus assensum.

In cujus rei testimonium, sigillum nostrum duximus presentibus litteris apponendum. Datum die jovis ante festum Nativitatis Domini, anno ejusdem millesimo trecentesimo decimo tertio.

Ad honorem Dei omnipotentis, B. Marie semper Virginis, beatissimi protomartyris Stephani, et omnium sanctorum ecclesie Autissiodorensis, et sedis episcopalis, utilitatem etiam subjectorum, eosdem archipresbyteratus perpetua officia et titulos perpetuos, ex causis predictis, constituimus, facimus et ordinamus; statuentes quod iidem archipresbyteri ecclesias sibi subditas diligenter visitare, ac synodo episcopali interesse teneantur, prout ipsorum incumbit officio, et hactenus extitit usitatum. In cujus rei testimonium présentibus litteris nostrum fecimus apponi sigillum. Datum apud Villam-Catuli domum nostram, in nostra Autiss. diecesi, anno Domini millesimo trecentesimo quarto decimo, die Jovis post festum Nativitatis B. Johannis-Baptiste.

(An 1321-22, 10 avril.)

Petrus, miseratione divina Autissiodor. episcopus : dilectis nobis in Christo, domino Rodulpho Periti, Puseye, domino Johanni de Dompna-Maria, Autissiodorensi, et magistro Matthie de Plesseto, S. Prisci archipresbyteris, salutem et sinceram in Domino caritatem. Dudum vobis archipresbyteratus predictos ante ipsorum perpetuationem contulimus, et exinde nostri capituli Autiss. intervenientibus petitione et assensu, ipsos perpetuavimus, ac perpetuos titulos constituimus, reverendi patris domini Senonensis archiepiscopi super iis exinde confirmatione obtenta. Verum, cum nostre intentionis fuerit quod vobis dicti archipresbyteratus, tanquam tituli perpetui remaneant, intentionem nostram predictam ad cautelam, et ex abundanti declaramus; et si opus esset, quod tamen non credimus, adhuc dictos archipresbyteratus vobis et vestrum cuilibet, prout supra, concedimus et conferimus per presentes.

In quorum testimonium sigillum nostrum presentibus litteris duximus apponendum. Datum apud Gressus, domum nostram, anno Domini millesimo trecentesimo vicesimo primo, die veneris ante Ramos Palmarum.

(J'ai vu en 1733, ces titres en original; le premier a le sceau de l'évêque Pierre; c'est un évêque en long, dont les lettres sont rompues. Au revers est une lapidation de S. Etienne avec ces mots : *Contras. Episc. Autissiodorensis..* Au dos est marqué que cet acte a servi à Jacques Villemer, Prêtre chanoine d'Auxerre, archiprêtre de S. Bris contre l'abbé et couvent de S. Satur, qui étoient en cause pour frère Jehan Maupou, soi-disant prieur et curé de Chevannes)

(Ex Archiv. Episc. Autiss.)

N° 263.

Lettres du Chapitre d'Auxerre à celui de S. Martin de Tours, au sujet de la confraternité entre les deux églises.

(An 1315, 23 juin.)

Dominis et amicis charissimis ac dilectissimis, dominis E. decano et Philippo Thesaurario, totique capitulo nobilis ecclesie Beati-Martini Turonensis sui, G. decanus, totumque capitulum ecclesie Autissiodor. cum salute se ipsos. Super eo quod societatem ac confederationem speciales inter vos, vestramque ecclesiam, nos et nostram consistentes agnovistis, et ad nostram notitiam perduci fecistis, quam plurimum gaudentes, Deo, beato Martino et vobis gratias referimus ac exemplo beati Germani, patris et fundatoris nostri, qui beatum Martinum patrem et fundatorem vestrum hospitem suum pro tempore, in exhibitione seu impertione miraculorum causa honoris apud nos aspicitur a fidelibus pretulisse provocati, dictam societatem, fedus, et dilectionis specialis vinculum inter vos et nos consistere veraciter profitemur, ac ne futuris temporibus per oblivionem aut personarum mutationem hujus rei memoria deleatur, in testimonium premissorum presentem paginam sub sigillo nostro fraternitati vestre destinamus, suplicantes quatenus ipsam, si placet, in ecclesia vestra ad eternam rei memoriam publicetis, ac in libris et armariis vestris scribi et redigi faciatis, nobisque eadem facientes litteras vestras consimiles destinare velitis.

In cujus rei testimonium sigillum nostrum presentibus duximus apponendum. Actum, capitulo nostro generali durante, anno Domini M CCC XV, die lune in vigilia festi Nativitatis Beati Joannis-Baptiste; presentibus ad hec dominis G. decano, F. lectore, G. scolastico, J. succentore, A. de Capella, R. Perry, J. de Ferro, legum professoribus, cum pluribus aliis nostre ecclesie predicte canonicis.

(Scellé en double queue de cire verte.)

(Tiré d'une copie au bas de laquelle se lit ce qui suit :)

C'est l'extrait d'une lettre de confraternité escripte en parchemain saine et entière tirée du trésor de l'église de S. Martin de Tours, de l'ordonnance de messieurs dudit Chapistre du jeudy septiesme décembre mil six cens vingt-trois, pour estre présentée par messieurs le Granger, Deleré et Drouault, chanoines de ladite église, à révérend père en Dieu, Messire Gilles de Souvré évesque d'Auxerre, de présent en ladite ville de Tours.

N° 264.

Sentence du bailli de Sens sur une saisie de vins des ecclésiastiques d'Auxerre, au temps de la guerre de Flandre.

(An 1315.)

A tous ceux qui ces lettres verront : Robert de Villeneuve, bailli de Sens, salut. Saichent tuit que come de par révérend père en Dieu, monseigneur l'évesque d'Auceurre, et de par le doyen et le chapistre d'Auceurre, pour aus et pour les prestres et clers et personne d'église demorans à Auceurre, et por lis autres subiez et justisables d'iceus évesque, doyen et chapistre, nous eut été monstré en complaignant, que nobles barons messires les Cuens d'Auceurre, ou sa gent pour li, avoient en justice saisi, aresté et seigné sur plusieurs desdits prestres, clers et personnes d'église et autres leurs subjets et justiciables desdiz évesque, doyen et chapitre et sur plusieurs, pris, emporté ou même plusieurs quantité de vins ou non deûment et sans cause raisonnable disoit ceu qu'il ne se peussent ne deussent faire tant si bon droit comun et raison ; comme par point de chartre et selon l'us et la coustume dou leu et la possession et saisne qu'ils havoient en ce cas et en semblables, si come ils disoient, et come nous eussiens oies des raisons proposées pardevant nous de par ledit conte, à la fin que nous requestres les diz évesque, doyen et chapistre tendenz à la fin que come il ci li dit preste, clers et personnes d'église, leur subjet et justisable, fussient de l'espéciaule garde du roi nostre seigneur : nous, les choses desus dites enfin festes, feissiens adressier et amender au roi et à aus et à autres desusditz vins pris et oster l'arest de ceux qui saisi et arresté étoient, non ostans les raisons doudit conte a à nous, cussiens fait restablir et à aucuns recroire parmi la main le roi come souveraine, sauf le droit des parties quand aux choses recreusset, ceu sauf audit conte que par ceu que preposez estoit de par li qui aucuns s'estoient accordé à ceu qui estoit fait sur aus, por certain dou li diz cuenz les avoir asseigniez ou prest de asseigner suffissemment ; nous à ceu pouvoir ne reçumes, et pour ceu que pris a esté pardevant nous nous avons fait bailler et délivrer audit conte les vins de ceux qui enfin s'y estoient accordé parmi l'assignation qui accordée estoit entre aus, sauf le droit desditz évêque, doyen et chapitre et de tous les autres qui à se ne s'étoient pas accordé, si partant come un chacun toiche et peut toicher. Item nous avons pris en la main de roi les vins de maistre Gile de Quierres, jadis scelleur de la cour doudiz évesque, pour autre cause au roi appartenant, et les avons baillez audiz conte pour certain pris, pour sa garnison faire por lost de Flandres, parmi certaine assignation que fête nous en a, sauf le droit doudit évesque et tous autres.

Item pour ceu que debaz estoit entre lesdiz évesque, doyen et chapitre, partant que à un chascun toichent d'une part, et ledit conte d'Auceurre, sur ce que lidiz évesque, doyen et chapitre disoient que par aus et par lor main devoit estre faite la monstrée des armes pour lost de Flandres; quant aus subjets et justisables desdiz évesque, doyen et chapitre demorans à Auceurre, ledit conte disant le contraire, nous, sur ceu avons pris et mis le debaz en la main le roi come en main souveraine, par laquelle main nous avons ordonné que la monstrée desus dite sera faite, sauf le droit des parties, et avons ajorné pardevant nous à notre prochaine assise de la Villeneuve-le-Roy les parties dessus dites pour réclamer d'une partie et d'autre le droit d'un chacun sur ceu et sur leurs autres débaz, et pour aler avant, si come de raison sera doné et fait, quant à la première faite li avons fait bailler lesdiz vins le samedi après l'octave de la S. Martin d'été; et quant aux autres choses le Vendredy jour de ladite feste, l'an de grace mil trois cens et quinze.

(*Ex autographo.*)

N° 265.

Lettres du roi Philippe-le-Bel, qui font mention de la cense des bourgeois d'Auxerre, et des dettes contractées envers eux par leur comte.

(An 1319, 3 septembre.)

Philippus, Dei gratia Francie et Navarre rex : baillivo Senonensi, vel ejus locum tenenti, salutem. Significavit nobis conquerendo burgenses comitis in villa Autissiodorensi morantes, quod cuilibet per punctum carte idem comes possit ibi mutuo recipere victum suum, ita tamen quod quedam censa annualis in quo ipsi tenentur eidem sibi usque ad satisfactionem dicti victus remanet expresse et specialiter obligata, dictusque comes eis pro victu hujusmodi in non modica summa pecunie teneatur. Tu, nihilominus, ipsos burgenses pro debitis aliis quod dictus comes debet compelli ad solvendam dictam censam nulla satisfactione sibi facta de victu predicto injuste. Quare mandamus tibi quatenus vocatis, evocandis si et prout tibi legitime constiterit de premissis, ab hujusmodi compulsione desistas, donec secundum specialitatem obligationis predicte fuerit dictis burgensibus de dicto victu, de quo legitime liquebit debite satisfactum. Datum apud Giviniacum, die tertia septembris, anno Domini millesimo trecentesimo decimo nono.

(*Ex. Cartul. Urbis Autiss.,* fol. 45.)

N° 266.

Serment d'obéissance des abbés de Pontigny et de Roches à l'église d'Auxerre.

(An 1319, 7 novembre.)

In nomine Domini, amen. Anno Nativitatis ejusdem millesimo trecentesimo decimo nono, indictione tertia, mensis novembris die septima, pontificatus sanctissimi in Christo patris ac Domini domini Johannis, divina providentia pape XXII, anno quarto, in presentia mei notarii et testium subscriptorum propter hoc personaliter constitutis et congregatis, ad sonum campane, ut moris est, in capitulo Autissiodorensis ecclesie, hora tertia vel circiter, reverendo in Christo patre ac domino, domino Petro, Dei gratia Autissiodor. episcopo, ac canonicis et capitulo ipsius Autissiodor. ecclesie capitulum facientibus et tenentibus in eodem, propter hec que sequuntur, vocati et personaliter constituti religiosi viri et honesti, fratres Jacobus Pontigniacensis et Henricus de Rupibus, Cisterciensis ordinis, Autissiodorensis diecesis, monasteriorum abbates in dicto capitulo Autissiodorensi ecclesie supradicte. Requisiti sunt iidem abbates a dictis dominis episcopis, canonicis et capitulo Autissiodorensi quod ipsi facerent iisdem juramentum eidem ecclesie Autissiodorensi debitum, subjectionis, reverentie et obedientie a predecessoribus suis dictorum monasteriorum Pontigniacensis et de Rupibus abbatibus fieri consuetum. Qui abbates, post nonnullas altercationes dixerunt quod ipsi libenter facerent dictum juramentum, secundum regulam S. Benedicti, et prout continebatur in duabus cedulis quas tenebant in manibus suis, quarum tenores per ordinem tales sunt : Ego frater Jacobus, abbas Pontigniacensis, Cisterciensis ordinis, subjectionem reverentiam, obedientiam a sanctis patribus constitutam, secundum regulam sancti Benedicti, tibi domine Pater episcope, tuisque successoribus canonice substituendis et sancte sedi, salvo ordine meo perpetuum me exhibiturum promitto. Sequitur tenor alie cedule : Ego frater Henricus de Rupibus, Cisterciensis ordinis, Autissiodorensis diecesis, subjectionem, reverentiam et obedientiam a sanctis patribus constitutam, secundum regulam sancti Benedicti, tibi domine pater episcope tuisque successoribus canonice substituendis et sancte sedi, salvo ordine meo perpetuo, me exhibiturum promitto. Quibus cedulis in dicto capitulo lectis, dicti domini episcopi, canonici et capitulum ipsis dominis abbatibus responderunt quod iidem abbates debebant exprimere et dicere de sede Autissiodorensi dicendo sedi ecclesie Autiss. vel huic sedi, cum ageretur de ipsa ecclesia Autiss. et non alia et sub illa forma fecerant predecessores sui sponsionem dicte ecclesie Autissiodor., prout apparebat in cedulis dictorum predecessorum suorum continentibus qualiter ipsi predecessores eidem Autiss. ecclesie dictam fecerant sponsionem; quas cedulas ipsi canonici et capitulum Autiss. eisdem abbatibus ostendebant et legebant, seu legi faciebant, coram ipsis abbatibus; dictis abbatibus et respondentibus et replicantibus quod non tenebantur, ut credebant, aliud exprimere nisi illud quod continebatur in cedulis supradictis, factis et ordinatis, secundum tenorem privilegiorum apostolicorum ordini ipsorum indultorum; dictis dominis episcopo, canonicis et capitulo in contrarium dicentibus quod imo dicta verba debebant exprimi, prout superius est expressum.

Quibus sic in dicto capitulo dictis et allegatis, dictum fuit quod ipsi domini abbates, secundum tenorem dictarum cedularum, ad presens, suam sponsionem facerent et promiserunt bona fide, dicti abbates nomine suo et dictorum monasteriorum suorum, quod super premissis habita deliberatione pleniori si ad exprimendum premissa de ratione seu jure tenentur, quod illud infra festum Resurrectionis Domini proximo venturum, dicto domino episcopo Autissiodorensi exprimentet etiam declarabunt. Et tunc prefati domini abbates accesserunt personaliter ad magnum altare Autissiodor. ecclesie supradicte, et sponsionem fecerunt et juramentum prestiterunt eisdem dominis episcopo et canonicis et capitulo Autissiod., nomine ecclesie Autiss. supradicte, secundum formam et tenorem contentum in cedulis supradictis, super quibus dicte partes petierunt a me infra scripto publico notario sibi fieri publicum instrumentum.

Acta fuerunt hec, anno, indictione, mense, die, pontificatu et locis predictis presentibus venerabilibus viris et discretis dominis Stephano de Cuciaco, Vincentio de Malli-castro, Johanne Columbi, Petro Pilleti, Guillelmo Caroiti, Johanne Diis fratre, Petro Gibbosi curie Autiss. notariis et pluribus aliis clericis et laicis, testibus ad hec vocatis specialiter et rogatis.

Et ego Johannes Championis, de Appogniaco, Autiss. diecesis clericus publicus, autoritate apostolica notarius juratus premissis omnibus et singulis dictis et factis, et dum dicerentur et fierent, una cum dictis testibus presentibus vocatus interfui, et ea omnia publicans huic instrumento publico exinde confecto propria manu subscripsi, signumque meum consuetum apposui rogatus, in testimonium premissorum.

(*Ex Cartul. Capit. Autiss. fol. 33, verso.*)

N° 267.

Lettres de Pierre des Grez, évêque d'Auxerre, par laquelle il déclare que les reliques de S. Amatre sont dans son église cathédrale.

(An 1320, 20 septembre.)

In nomine Dei, amen. Universis presentes litteras inspecturis, dominorum episcopi et decani Autiss. curiarum officiales, salutem in Domino sempiternam. Litteras reverendi in Christo patris ac domini domini Petri, Dei gratia Autiss. episcopi, sanas et integras recepimus, presentibus publicis notariis et testibus, infra scriptis formam que sequitur, continentes :

Universis Christi fidelibus, Petrus, miseratione divina Autissiodorensis ecclesie minister licet indignus, salutem in eo qui fecit utraque unum est vera salus, in quo vivimus movemur et sumus.

Cum nuper ad nostrum pervenisset auditum opiniones et assertiones varias inter nonnullos, tam viros ecclesiasticos quam seculares, fore subortas in quo loco corpus, sive reliquie beati confessoris Amatoris, quondam Autiss. episcopi, ad presens existerent, et ubi principalius ejusdem sanctissimi pontificis suffragia pia devotione fidelium implorari deberent, nonnullis asserentibus sanctum corpus predictum in ecclesia Autissiodor., cui prefuit episcopus quiescere, aliis dicentibus easdem reliquias in ecclesia Sancti-Symphoriani extra muros civitatis Autiss., que nunc B. Amatoris vulgariter nuncupatur, sanctum corpus quiescere. Idcirco nos, ex officio nostro, omnem hesitationis materiam circa premissa a cordibus fidelium amputare cupientes, tam per nos, quam per alios commissarios nostros a nobis commissos, viros prudentes et honestos, capsas et sacraria ecclesiarum predictarum duximus visitandas, adhibitis et presentibus religiosis viris priore et fratribus prioratus ecclesie supradicte, que ecclesia B. Amatoris vulgariter nuncupatur. Repertum est multas reliquias plurimorum sanctorum martyrum et confessorum in capsa ecclesie predicti prioratus consistere secundum testimonium aliquarum cedularum in eadem repertarum, nullum tamen testimonium per litteras vel cedulas de corpore beatissimi confessoris predicti ibidem repertum esse, licet cum omni diligentia fuerit requisitum, prout nobis retulerunt per sua juramenta super hoc prestita commissarii antedicti, ac de hoc fidem fecerunt, per publicum instrumentum coram nobis productum. Ceterum, apud Autissiodorum descendentes priorem et religiosos predictos, coram nobis vocatos et presentes, pluries et per plures dies duximus requirendos, ut si aliqua testimonia vel argumenta fidem in hac materia facientia haberent, ipsa nobis exhiberent, quod tamen non fecerunt, nisi quod pretendebant se credere in dicta ecclesia dictum corpus habere, in qua fuerat inhumatum. Tandem nos, volentes super premissis plenius informari, die lune post festum Assumptionis B. Marie Virginis, nobis adjunctis venerabilibus ac religiosis patribus domino Joanne Vizeliacensi, Galchero S. Germani Autissiodorensis, Jacobo Pontiniacensi, Roberto S. Laurentii de Abbatia, Roberto S. Petri Autiss., Martino S. Mariani monasterii Abbatibus, Adam conventuali dicti monasteris S. Germani, Joanne S. Eusebii prioribus, Joanne priore Fratrum Predicatorum, et Arnulpho guardiano Fratrum-Minorum Autiss. et presentibus religiosis ac secularibus, una cum dilectis filiis et capitulo nostre Autiss. predicte, ad locum, capituli dicte ecclesie curavimus declinare, capsasque ac libros et scripturas antiquas dicte ecclesie oculis propriis subjicere, ac testimonia et argumenta ad rei declarationem faciendam recipere, scriptaque invenimus in martirologio seu matricula dicte ecclesie hec verba : IV. Idus julii, Exceptio sanctarum reliquiarum Amatoris confessoris et episcopi, Cyrici martyris et Julitte matris ejus, Symphoriani martyris, Valis confessoris, et aliarum multarum que delate sunt ad ecclesiam B. Protomartyris Stephani cum hymnis et laudibus. Item in kalendariis antiquis invenimus quod de dicta Translatione et Receptione intitulatum est festum duplex, quod dicta die in prefata ecclesia solemniter celebrari consuevit, et idem cavetur in kalendariis librorum nostrorum et aliorum episcoporum Autissiod. predecessorum nostrorum. Item invenimus capsam argenteam antiquam que secundum tempus suum extitit sumptuosa, in cujus superficie vita et gesta dicti beatissimi confessoris impressa in imaginibus et insculpta continentur. Item invenimus quod anno presenti, die jovis post dominicam que cantatur Quasimodo, dicta capsa que visitata non fuerat bene sunt octoginta anni elapsi, per venerabiles viros dominos J. archid. Felisium lectorem, R. Periti, Simonem de Ascolayo, P. de Maisiaco, Adam de Boetia, canonicos Autiss. et Stephanum de Cuciaco, presbyterum, canonicum tortarium in dicta ecclesia, adhibito secum Stephano Leonis aurifabro, de mandato capituli Autiss. extitit visitata et reperta multum subtiliter et fortiter clausa; ita quod vix potuit aperiri ; ibique una cum reliquiis, ut credunt, dicti sancti reperierunt cedulas antiquissimas ibidem inclusas, testificantes quod ibi quiescebat et requiescit, pro certo, totum corpus beatissimi Amatoris confessoris, et ex collatione facta ad nonnullas cedulas repertas in dicta capsa, et aliis duabus que cum eadem reperte fuerant, quod bene erant quatuor viginti duo anni quod dicta capsa alias non fuerat visitata nec aperta. Item invenimus per textum antiquum quod in processione solemni consueta fieri in Ramis Palmarum, per ecclesiam et populum, in prioratu predicto, in oratione que dicitur ibi de prefato beatissimo confessore canitur (qui in presenti ecclesia requievit) quod intimat et dat intelligi quod modo non requiescit in prefata ecclesia dictus Sanctus.

Attendentes etiam non esse verisimile quod canonici Autissiod. ecclesie predicte, eos qui ad predictam ecclesiam causa venerationis predicti gloriosissimi confessoris et devotionis accedent, aliquibus figmentis aut falsis documentis in ipsorum canonicorum periculum animarum vellent decipere, maxime cum de oblationibus in dicta ecclesia, ob reverentiam sanctorum factis aut faciendis a christi fidelibus, nullos ad ipsos singulares canonicos questus, sed solum ad pium fabrice dicte ecclesie opus integre pertinebant, et antiquos probos et devotos homines, qui olim capsam sancti Amatoris ut pretactum est, plurimum sumptuosam sculpturas, et scripturas ac libros et cedulas, de quibus predicitur, fecerunt, seu fieri fecerunt, non est verisimile fecisse vel scripsisse, et ad fidem ac perpetuam credentiam facta et scripta taliter dimisisse, nisi plenam et puram continerent veritatem, ipsosque per sua scripta et facta populum fallere damnabiliter voluisse. Nec credendum aut dicendum est quod si aliquis fraudis aut deceptionis commissum fuisset in premissis, quod conscii et participes illud in mortis saltem articulo, quando non est verisimile aliquem sue esse salutis immemorem presumendum, fraudem hujusmodi in suam anime damnationem perpetuam tacuissent, quin potius ducti penitentia revelassent.

Attentis igitur omnibus et singulis rationibus, presumptionibus et argumentis predictis, de omnipotentis Dei et gloriosissime Genitricis sue semper Virginis Marie, predictorumque aliorum sanctorum pietate confisi, ex nostro officio et autoritate ordinaria, declaramus et declaravimus, quod corpus seu reliquie beatissimi Amatoris confessoris predicti, cui licet indigni in regimine successimus, in dicta ecclesia Autissiodor. requiescunt, ibique debent a Christi fidelibus venerari, ac etiam ad laudem et honorem Dei omnipotentis, B. Marie Virginis ac omnium sanctorum in dicta ecclesia exaltari.

In cujus rei testimonium una cum signis tabellionum subscriptorum sigilla nostra presentibus duximus apponenda. Acta sunt hec in capitulo Autiss. ecclesie predicte anno, Domini millesimo trecentesimo vigesimo, indictione tertia, mensis augusti die decima octava, videlicet die lune, predicti pontificatus sanctissimi in Christo patris ac domini Johannis, divina providentia pape, vigesimi secundi anno quarto, presentibus venerabilibus et religiosis patribus supradictis, pluribus et infinitis personis tam clericis, quam laicis, testibus ad hoc specialiter vocatis et rogatis in testimonium premissorum.

Et ego Johannes Championis de Apponiaco, Autiss. diecesis, clericus publicus, autoritate apostolica notarius, capsis, libris, scripturis, sculpturis ac reliquiis predictis a predicto domino Autissiodorensi episcopo, una cum predictis venerabilibus patribus et presentibus aliis personis, tam religiosis quam ecclesiasticis, quam aliis videndis, tenendis et approbandis, et ad testimonia et argumenta ad rei declarationem faciendam ac recipiendam, ut supra scribitur, nec-non ad predictam declarationem a dicto domino episcopo faciendam, presens in capitulo Autissiod. ecclesie predicte, una cum notariis publicis infrascriptis, vocatus interfui, et ea omnia publicans, huic instrumento publico exinde confecto, propria manu subscripsi, signumque meum consuetum una cum sigillorum dominorum Autissiodor. episcoporum et abbatum predictorum, signoque notarii publici suprascripti apposui rogatus, in testimonium premissorum.

Et ego Nicolaus, dictus *Longue-joue*, clericus Autissiodorensis diecesis, (*comme ci-dessus.*)

Item, notarii publici suprascripti ad hec a venerabilibus viris et discretis domino decano et capitulo Autissiodor. specialiter destinati, viderunt et diligenter inspexerunt antiquos libros Autissiod. et monasteriorum SS. Germani et Mariani Autissiodor. gesta pontificum Autissiodor. inter cetera continentes : et invenitur videlicet in libris dicte ecclesie Autissiod. et dictorum monasterium antiquissimis, verba in omnibus et per omnia similia et concordantia, que sequntur.

Christianus episcopus, natione Alemanus, etc. *comme chez le P. Labbe, tome I. Bibl. Mss. pag. 434.*

Item, in libro monasterii Sancti-Mariani supradicti verba que sequuntur.

Autissiodori post Abbonem rexit Christianus, natione Alemanus, vir simplex et humilitate precipuus. Hic B. Amatoris corpus a primo sepulture loco in cryptam ipsius domus festive transvexit.

De quibus libris predicta verba extraxerunt, et de ipsis ac litteris suprascriptis ad presens instrumentum, super premissis confectum collationem diligenter de verbo ad verbum fecerunt, et religiosis viris fratribus Guillelmo de Monte-Acuto, eleemosynario, Stephano de Castilione sacrista, Guidone de Tannera, Joanne de Castilione tertio priore, monachis dicti monasterii S. Germani ; Johanne Baronis de Oratorio, Stephano Bordem de Blenello, curie Autissiodor. Notariis, Humberto Jocellin de Gurgiaco Autissiodor. Colino de Preis, Trecensis diecesis clericis, et pluribus aliis testibus ad hoc vocatis et specialiter rogatis. Datum visionis et collationis hujusmodi, anno Domini millesimo trecentesimo vigesimo, indictione tertia, mensis septembris, die vicesima, pontificatus dicti domini Johannis pape vicesimi secundi anno quinto, presentibus testibus supra scriptis.

N° 268.

Permission à l'abbé de Saint-Germain de célébrer la messe en la chapelle du château de Perrigny.

(An 1321, 3 juillet.)

Petrus, miserationę Divina Autissiod. episcopus, venerabili in Christo patri ac domino fratri Galtherio, eadem gratia monasterii Sancti - Germani abbati, salutem et sinceram in Domino caritatem. Ad divini cultus, vestreque devotionis augmentum vobis tenore presentium concedimus, ut quando et quotiescumque dicte vestre devotioni placuerit, officia divina in capella vestra domus vestre de Perigniaco, nostre diecesis, in vestra et gentium vestrarum presentia, excommunicatis et interdictis exclusis, possitis celebrare solemniter vel alias aut facere celebrari, proviso tamen ne laicis aliqua sacramenta ministrentur, nec sponsalia celebrentur ibidem. Datum Autissiodori sub sigillo nostro, anno domini millesimo trecentesimo vicesimo primo, die veneris post festum beatorum apostolorum Petri et Pauli.

(*Ex Cartul. S. Germani.*)

N° 269.

Mahis de Mello reconnaît que son château de Saint-Bris est jurable et rendable au comte d'Auxerre.

(An 1321, 26 octobre.)

A tous ceux qui verront ces présentes lettres, je Mahis de Mello, sires de Saint-Bris, salut. Sachent tuit que je tiens et congnois a tenir de très-hault et puissant et noble baron mon chevalier seigneur, monseigneur le comte d'Auxerre, mon chasteau de Saint-Bris, féable, jurable et rendable, en la forme et en la manière que mes devanciers seigneurs de Saint-Bris, l'ont faict et acoustumé à faire ou temps passé.

En tesmoing de la quelle chose je saellé ces présentes de mon propre scel. Donné l'an de grâce mil trois cens vingt et un, le lundi avant la Toussains.

(*Extrait du Cartul. des fiefs du comté d'Auxerre, aux Archives de l'Yonne.*)

N° 270.

Acte de foi et hommage à l'évêque d'Auxerre, par le comte de Flandres.

(An 1323, 28 juin.)

In nomine Dei, amen. Per hoc presens instrumentum pateat universis, quod anno Nativitatis ejusdem millesimo trecentesimo vicesimo tertio, die martis, in vigilia festi Beatorum Petri et Pauli apostolorum, indictione sexta, pontificatus sanctissimi in Christo patris ac domini Johannis, divina providentia pape vicesimi secundi, anno septimo, in aula episcopali domus Autissiodor. in nostrorum tabellionum publicorum et testium subscriptorum ad hec vocatorum et rogatorum presentia, propter hoc personaliter constituti, reverendus in Chisto pater ac dominus Petrus de Gressibus, Dei gratia Autiss. episcopus ex una parte; et nobilis ac potens vir Ludovicus, comes Flandrie et Nivernis domicellus, ex altera, obtulit pars dicti comitis se facere fidelitatem et homagium dicto episcopo et ecclesie sue predicte, de omnibus et singulis rebus feodalibus a dicta ecclesia et ab ipso, nomine ipsius ecclesie in feodo moventibus, de quibus pater ejusdem comitis et predecessores sui fuerant homines et fideles dicti episcopi predecessorum suorum et ecclesie predicte et sub eisdem modo et forma quibus dicti pater ipsius comitis et predecessoris sui fecerant homagium et fidelitatem predicto episcopo suis predecessoribus et ecclesie sue ante dicte, et ab hoc venerat idem comes specialiter, ut dicebat. Qua oblatione ex parte dicti comitis facta, fuit ex parte dicti episcopi exhibitum quoddam instrumentum sigillis personarum plurium in dicto instrumento inscriptarum sigillatum, manu propria Galtherii Blandini clerici publici, autoritate apostolica notarii, confectum, et signo ipsius consignatum ut prima facie apparebat, et mandato dicti episcopi in publico lectum ad ostendendum dicto comiti et ipsum informandum quomodo, qualiter et de quibus rebus ipse fidem dicti episcopi et dicte ecclesie intrare, et eidem episcopo homagium facere tenebatur, et ad finem quod de rebus in dicto instrumento expresse nominatis, dictam fidem intraret, et dictum homagium, sicut pater suus fecerat, et prout in dicto instrumento continebatur; cujus instrumenti tenor sequitur in hec verba, *comme à l'acte de 1296*, ci-dessus.

Quod instrumento sic lecto, pars dicti comitis sic respondit quod sub generalitate ex parte sua superius dicta et non alias, paratus erat, et se offerebat, et pluries obtulit intrare fidem ipsius episcopi nomine sue ecclesie et eidem et predicte ecclesie homagium facere; et cum dictus episcopus responderet quod paratus erat ipsum recipere ad fidelitatem et homagium, sicut pater dicti comitis per Autiss. episcopum receptus fuerat, et sicut dicto continuebatur instrumento, parsque dicti comitis respondisset et responderet, ut supra, videlicet, quod dictam fidem intraret, et dictum homagium faceret, eoque modo quo obtulerat et non alias. Tandem, deliberatione prehabita à dicto episcopo cum concilio suo, utrum dictum comitem admitteret ad faciendum dictam fidem et homagium per dictum modum sibi oblatum, ex parte ipsius episcopi fuit dictum et declaratum quod quodcumque inde accidere posset de dicto homagio, intentionis tamen dicti episcopi erat quod dictus comes fidem suam intraret, et sibi homagium faceret, dictus episcopus ipsum reciperet in fide et homagio predictis de omnibus et singulis rebus in dicto instrumento contentis et dicto comiti, tam per lecturam dicti instrumenti, quam verbo tentis pluries declaratis, et de quibus pater ipsius comitis homagium episcopo Autiss. et dicte ecclesie fecerat nominatim et expresse, et sub modo et forma predictis, et prout in dicto instrumento continentur.

Dictum fuit etiam ex parte dicti episcopi, quod per gentes et ministros dicti comitis fuerant dicto episcopo et ejus gentibus et ministris plura gravamina et plures offense illata et illate, que fuerunt ibidem expresse et nominatim declarate, de quibus prosequentes adversus quem ubi et quando sibi placeret, et eidem episcopo videretur expedire, pars dicti episcopi fuit expresse protestata. Ad hec autem fuit responsum et protestatum ex parte dicti comitis quod intentionis sue erat quod fidem dicti episcopi et dicte ecclesie intraret, et dictum homagium faceret generaliter, de rebus quas ab ecclesia predicta tenebat et sui predecessores tenuerant, et de quibus dictum homagium facere tenebantur, et de quibus etiam et sub modo et forma quibus pater suus et sui predecessores dictum homagium fecerant, et suo generalitate ex parte ipsius superius expressa, absque hoc quod aliquid expresse aliter declaravit, vel se in presenti recognoscerit se tenere ab ecclesia supradicta; quodque super dictis gravaminibus et offensis gentibus et ministris suis per dictum episcopum impositis se deffenderet, prout deberet et faceret, quicquid existeret rationis si ubi quando, et coram quo contra ipsum questio moveretur.

Quibus actis et dictis, dictus comes, in presentia plurium canonicorum et clericorum chori ecclesie Autissiodor. predicte, qui ibidem processionaliter venerant et presentes intererant, et inter quos erant venerabiles viri Guillermus de Li-signiis, diaconus, indutus indumentis diaconalibus siricis, textum evangeliorum secum deferens, et Guido de Foncheiz indutus indumentis subdiaconalibus, canonici dicte Autiss. ecclesie, una cum duabus crucibus, quarum unam Johannes de Champellis, et aliam Robertus de Edua, clerici chori dicte ecclesie deferebant, et una cum duobus candelabris argenteis, duobus cereis in eis existentibus, quorum unum deferebat Gilo de Montolonio nepos Domini Guillermi de Montolonio, presbyteri canonici B. Marie in Civitate Autissiodorensi, et aliud Ancellus de Joussono, clerici dicti chori, nec non una cum aqua benedicta, quam deferebat perinus Mercerii, clericus similiter dicti chori, et aliis in talibus deferri consuetis; prefatus comes eidem episcopo, ecclesie suo predicte nomine, fecit homagium et fidelitatem promisit, prout tenebatur, prout pater suus et predecessores sui fecerant, et dictus episcopus ipsum incontinenti ad hoc recepit cum manibus et osculo, prout in talibus est fieri consuetum, in presentia predicti textus evangelii, quem etiam tetigit dictus comes, et ambo osculati fuerunt dictum textum, et incontinenti postea dictus episcopus injunxit et precepit ipsi comiti, tanquam homini et fideli suo, sub penis que in talibus, tam de jure quam de consuetudine vendicant sibi locum, ut sibi episcopo traderet dictus comes bene et fideliter in scriptis feudum suum et omnes res feudales nominatim et specialiter, de quibus sibi fidelitatem et homagium fecerat, secundum quod jus et consuetudo dictabant, et infra tempus a jure et consuetudine statutum. Pars vero dicti comitis ad hoc respondit, quod ipse super hoc tantum faceret quod de jure et consuetudine sufficeret et sufficere deberet, et quod ipse comes volabat esse filius et fidelis ecclesie Autiss. supradicte.

Super quibus omnibus et singulis dictus episcopus petiit a nobis publicis notariis infra scriptis sibi publicum fieri instrumentum. Acta fuerunt hoc anno, die, indictione, pontificatu et loco, predictis presentibus religiosis et honestis viris fratribus Altando dicto *Flote*, abbate monasterii Vizeliacensis, Petro de Bello-Joco, priore prioratus de Caritate, et Roberto abbate monasterii Sancti-Petri Autissiod., viris venerabilibus et discretis dominis et magistris Feliseo de Coauduno, Johanne Quoquardi, Guillelmo de Lesigniis, Guillermo de Beusseria, Guidone de Foncheiz, canonicis ecclesie Autiss. Gaufrido dicto de Vanlsacre, canonico Nivernensi; nobilibus viris dominis Mattheo de Melloto, domino Sancti-Prisci, Johanne de Mariaco, Ytacio de Constant, Adunoto de Tarocine, Guidone de Thociaco, domino de Valle d'Aligny, Johanne de Basoiches, Guillermo de Arciaco et Guillermo de Chanteloup, militibus ; religiosis viris Dracone de Menetreu, priore prioratus de Sessiaco, Johanne de Cona, celerario de Iranciaco et priore Sancti-Amatoris Autiss. magistris Silvestro Viviani, Petro de Pulvereno, Petro de Fretis, Johanne Aurifabri, Johanne Ferrici, Johanne Sapientis thesaurario de Appogniaco, Michaële de Parisiis, Roberto de Pisis, Jacobo de Cluniaco, Hugone de Conseyo baillivo Nivernensi, Johanne presbyteri, Johanne de Loriaco, Stephano Balduini, Guillermo Morandin, Guillermo Salnerii, Petro Volandi, Guillermo de Balesa, Monino dicto *le Gay*, et pluribus aliis vocatis ad premissa testibus specialiter et rogatis.

Et ego Stephanus de Sancto-Juliano-de-Saltu, Senonensis diocesis, clericus publicus, autoritate apostolica tabellio juratus, omnibus et singulis supra scriptis, et prout in presenti publico instrumento continetur, presens interfui, una cum testibus supra et tabellionibus publicis infra scriptis, et hec omnia publicando, et in hanc formam, publicam redigendo, hic me manu mea propria subcripsi, signoque meo consueto signavi una cum signis publicorum tabellionum infra scriptorum vocatus et rogatus. Les autres notaires sont : Johannes de Vernoto, Senonensis diocesis, Johannes Championis de Appogniaco, Nicolaus dictus *Longue-Joue*, clericus Autiss. diocesis, Humbaudus Burserii de Autiss.

(*Ex Cartul. Episc. Autiss.*)

N° 271.

Permission à l'abbé de Saint-Germain pour toutes les chapelles castrales de la même abbaye.

(An 1324-25, 28 janvier.)

Petrus, miseratione divina Autissiod. episcopus, religioso et honestissimo viro nobis in Christo charissimo fratri Gauchero, abbati monasterii Sancti-Germani Autissiodor. salutem. Cupientes, ut tenemur, ut Dei cultum non minui, sed potius augmentari, ad petitionem nostram, quoniam religioni congruit, et hoc exigit devotionis nostre contemplatio laudanda, ut in capella domorum vestrarum de Perrigniaco, cujus fundationem approbamus, vos, successores ac posteri vestri missarum solemnia, processiones et divina officia celebrarique et fieri facere licite valeatis, perpetuis temporibus, tenore presentium indulgemus. Nolumus tamen quod propter hoc juribus parochialibus in aliquo derogetur.

Datum Autissiod. sub sigillo nostro, teste presentibus hic appenso, anno Domini millesimo trecentesimo vicesimo quarto, die sabbati post festum Conversionis Sancti-Pauli.

(*Ex Tabul. S. Germani.*)

N° 272.

Extrait d'un acte de l'an 1324, par lequel un particulier, clerc, emprunte la bibliothèque de feu son oncle, chanoine d'Auxerre, léguée à l'Hôtel-Dieu du Chapitre.

(An 1324.)

In nomine Domini, amen. Universis presentes litteras inspecturis, officialis curie decani Autissiodorensis, salutem in Domino. Noveritis quod coram mandato nostro, videlicet, Johanne Championis, clerico publico, autoritate apostolica et dicte curie notario jurato in hac parte commissario nostro, propter hoc personaliter constitutus discretus vir magister Egidius de Paisiaco, clericus, confessus fuit se recepisse et habuisse, habere et tenere de venerabili domino Phelisio de Coauduno, avunculo suo charissimo, canonico et lectore ecclesie Autissiodor., libros inferius nominatos precario seu etiam commodato.

Videlicet : Decretum, in pergameno caprino, cum apparatu ordinario.

Item, Decretales, partim in froncina et partim in pergameno caprino, cum apparatu ordinario.

Item, Innocentium qui continet apparatum Compostolani.

Item, parvum volumen in froncina, cum apparatu ordinario et decima collatione.

Item, Codicem, in froncina cum apparatu ordinario.

Item, Digestum vetus, in froncina, cum apparatu ordinario.

Item, Digestum novum, in froncina, cum apparatu ordinario.

Item, sextum librum Decretalium, in pergameno vitulino, cum apparatu Johannis Monachi quondam cardinalis...... in fine dicti sexti libri est apparatus domini Digni de Missello legum professoris, super titulo de regulis juris libro sexto Decretalium.

Item, apparatum domini Hostiensis, in duobus voluminibus.

Item, Breviarium pulcherrimum, ad

usum Autissiod. notatum, in duabus partibus, in pergameno vitulino.

Item, summam libellorum Gaufredi, in utroque jure.

Item, unum librum continentem summam de utilitate contradictionis humane, et librum Bernardi qui incipit : Multi multa.....

Item, alie multe autoritates multum notabiles, et quidam sermones.

Item, summam M. P. de vineis, incipit : Collegerunt pontifices.

Item, Decretum abbreviatum.

Item, summam Mandagoti de electionibus, cum apparatu.

Item, textum sexti libri. Quos libros omnes, etc.

(*Tiré de l'original.*)

N° 273.

Lettre de main-levée mise de par le roi sur les constructions nouvelles du château de Saint-Germain, à la requête de l'évêque et du comte d'Auxerre.

(An 1324-25, 10 mars.)

Comme nobles barons li cuens et révérens pères en Dieu, l'évesque d'Aucerre, heussient nuncié ou fait nuncier par leurs procureurs, à religieuses personnes l'abbé et le couvent de S. Germain d'Aucerre noveile euvre par le giet de la pierre, pour cause et occasion de murs à créneaux et à tourz, lesquels li dit religieux proposoient à faire et faisoient environ leur dicte abbaye, et en enpechent ladicte euvre y eussient fait metre la main le roy : sachent tuit que nous Regnaus Merciers, lieutenant de noble et sage monsieur le bailli de Sens, l'an de grâce mil trois cenz vint et quatre, le samedi après les Brandons, veismes deux paires de lettres, les unes scellées doudit conte et les autres scellées dou scel doudit évesque, par la teneur desquelles il nous apparut que li dit cuens et évesques avoient renuncié aus dictes nunciacions, et à tout le droit que ils pooient avoir; et havoient volu et ottroie que ladicte euvre se parfeist et que la main le roy qui mise y estoit à leur requeste, fust levée. Et pour ce nous, à la requeste desdiz religieux, ladicte main le roy havons levée de la dicte euvre, au profit desdiz religieux. Donné sous nostre seel, l'an et le jour dessus diz.

(*Cartul. S. Germain, f° 120 r° Bibl. d'Auxerre, n° 140.*)

N° 274.

Lettres de l'évêque d'Auxerre au sujet d'un chanoine évadé des prisons du Chapitre.

(An 1325, 23 juin.)

Petrus, miseratione divina Autissiod. episcopus : universis officialatus servientibus et subditis nostris ad quos vel quorum alterum presentes littere pervenerint, salutem in Domino. Cum viri venerabiles et discreti, dilecti nostri, capitulum nostre Autissiodor. ecclesie, ad quos, prout plenius fuimus informati, spectat de delictis a suis commissis concanonicis inquisitio, cognitio, correptio et punitio corumdem, Anthonium de Goano, concanonicum suum, pro certis delictis impositis et judicialiter etiam expositis eidem, sicut a dictis venerabilibus accepimus, pro justitia de eo facienda, prout poterant et debebant, cepissent, et in prisione sua tenerent vinculis mancipatum, dictus tamen Anthonius, nescimus quo ductus consilio, inde fugit et erupit. Quocirca, vobis et vestrum cuilibet districte precipiendo mandamus, quatenus dictum Anthonium, si ad partes nostre jurisdictionis, ubi justitiam habeamus declinarent, exceptis locis sacris, capiatis et captum ad prisionem dictorum venerabilium Autissiod., sub custodia deducatis, dictis venerabilibus ac servientibus suis si presentes fuerunt ad capiendum, et in eorum prisionem reducendum, consilium et auxilium, modis omnibus impendatis. Tantum inde facientes quod de negligentia redargui non possitis, sed de diligentia potius commendari. Datum apud Lanum-Siccum, sub sigillo nostro, anno Domini millesimo trecentesimo vicesimo quinto, die dominica, in vigilia festi Nativitatis S. Joannis-Baptiste.

(*Ex Cartul. Episc. Autiss.*)

N° 275.

Permission du roi Charles-le-Bel, d'élire un évêque à Auxerre.

(An 1325, 5 octobre.)

Karolus, Dei gratia Francorum et Navarre rex, dilectis nostris decano et capitulo Autissiodorensis ecclesie, salutem et dilectionem. Cum insinuato nobis per patentes vestras litteras, obitu dilecti fidelisque quondam nostri Petri de Gressibus, Autissiodorensis nuper episcopi, providendi ecclesie vestre de futuro pastore, quo nunc carere dicimini licentiam a nobis, prout solitum est, fieri per discretos viros nobis dilectos magistros Petrum Albi, legum professorem, clericum nostrum fidelem, ac ecclesie vestre predicte lectorem, et Joannem de Donna-Maria, concanonicos vestros duxeritis postulandam.

Nos, illam vobis tenore presentium liberaliter concedentes, dilectionis vestre sinceritatem ex affectu rogamus et exhortamur in Domino Jesu-Christo, quatenus habentes pre oculis solum Deum, et quicquid in ejus offensam potest cedere precaventes, de tali et tam idonea persona vobis et ecclesie vestre provideri curetis, que grata nobis esse debeat ac ipsi ecclesie fructuosa. Datum apud Espiers, die quinta octobris, anno Domini millesimo trecentesimo vicesimo quinto. J. Bau.

Per dominum regem ad relationem domini Andree.

(*Ex Tabul. Capituli.*)

N° 276.

Acquisition faite par Philippe, comte de Valois, de la maison de Grez appartenant à l'évêque d'Auxerre.

(An 1325-26, janvier.)

Charles, par la grace de Dieu, roi de France et de Navarre : à tous ceux qui verront ces présentes lettres, salut. Saichent tuit que maistre Pierre des Grez, jadis évesque d'Aucerre, feust obligiez et tenus à nous en une grande somme d'argent pour certaine cause; pour laquelle somme d'argent nous avons fait arier et mettre en vente la maison et hébergement de Grez, si come il se comporte et les appartenances qui en estoient et mouvoient de l'éritage dudit évesque; ouquel hébergement sont environ dix arpens, que jardins que prez, sauveour à poisson, huit arpens de vigne, tenant d'une part aux jardins, et à l'autre à la vingne du Prestre, vint arpens de terre à la Noue, tenant d'une part aux vingnes de l'ostel, et d'autre audit Prestre, quarante arpens de terre seans... d'une part à Jean d'Andresel, et d'autre à Montanglant, neuf arpens de terre au dessoubs tenant à Prison d'une part..... au prestre, neuf arpens de terre seants à Champdolent, tenant aux prez de Soisy, quarante et quatre arpens de terre tenants au bois l'évêque, huit arpens et demi de terre tenants d'une part au chemin de Paris, et d'autre à Henry Perrichon; dix et.... de terre entre le chemin de Paris et le chemin qui va aux défenses tenant à Huet de Montanglant....... de terre aux marchez de Dommange ; quinze arpens de prez séants outre lesdites terres, quatre-vingt et onze arpens séants sur la chaucée de Orcois, tenant à la forest aux Nonnains d'Yères d'une part, et d'autre au bois de Thenin.... de bois tenant d'une part à Jehan d'Andresel, et d'autre à..... Pierre Lambre, et vint et cinq arpens de bois seants au bois de..... tenant au prieur de Tournant, et environ treize livre de cens et deniers, de quoy le prestre prent cent sols pour le mareschal, et environ soixante et six arpens et trois sextiers de bled de rente.

Et elle fut vendue ladite maison et hebergement avec toutes les choses dessus dites par cry sollempnellement et duement fait pour le prix de mille livres Parisis..... marche nous retenismes à nous comme Seigneur souverain, nous de certaine science avons laissé et baillé, laissons et baillons perpétuellement ladite maison et hebergement avec toutes ses appartenances et les choses dessus dites a notre amé.... cousin Philippe, comte de Valois et à ses hoirs, et à tous ceux qui de lui auront cause, pour le prix desdites mille livres; desquels mille livres nous avons eues et reçues dudit nostre cousin et l'en clamons quitte et ses hoirs à tousjours..... et promettons sous l'obligation de tous nos biens garantir à nostre dit cousin à ses hoirs, et à tous ceulx qui de luy..... la dessusdite maison et hebergement et toutes les appartenances. En tesmoing desquelles choses nous avons fait apposer nostre scel à ces présentes. Donné à Paris ou mois de janvier, l'an de grâce mil trois cens vint et cinq; ainsi signé, par le roy, à la relation.

J. Remigius.

(*Ex autographo.*)

N° 277.

Consentement du Chapitre pour la coupe des bois de Varzy, appartenant à l'évêque.

(An 1327, 15 juillet.)

In nomine Domini, amen. Universis presentes litteras, seu publicum instrumentum visuris et audituris. Petrus, miseratione divina Autissiodorensis episcopus, eternam in Domino salutem. Notum facimus quod nobis et capitulo nostre Autissiodor. ecclesie, ad tractandum, deliberandum et ordinandum de negotiis dictam ecclesiam et nos et discretos viros decanum et capitulum ejusdem ecclesie tangentibus, cum viris venerabilibus magistro Radulpho Chevenelli, archidiacono Puysaye in ipsa, Michaele de Appogniaco succentore et capitulo ejusdem ecclesie capitulum tenentibus et facientibus, pulsata campana, ut moris est, in ipsa ecclesia ad capitulum, congregatis venerabilibus viris decano et archidiacono absentibus et expositis et ostensis a nobis... capitulantibus pluribus expensis et........ multipliciter subire oportuit postquam.... divina nos provexit clementia diligenti tractatu de.... inter nos in dicto capitulo, cum eisdem super his prehabito ad dictorum onerum relevamen, et in supportationem ipsorum fuit per nos, ipsis volentibus, consentientibus et approbantibus, et quatenus ad nos spectat, ordinatum, dispositum et decretum fuit, quod nos capiamus, vendamus, distrahamus et explectemus, prout nobis expediens videbitur, et ex nunc assignemus in emptorem centum arpenta nemorum in et de forestis altis de Varziaco, ad episcopatum nostrum predictum spectantibus, pro nostris predictis expensis, revelandisque necessitatibusque et oneribus supportandis. Quibus sic actis et ordinatis, nos, provide considerantes quod alie foreste, ad domos nostras de Regennis et Bello-Reditu pertinentes, fuerant et sunt quamplurimum devastate, et quod nisi super his aliqua fieret provisio possent in brevi deficere, non sine domorum nostrarum predictarum episcopatus et ecclesie nostre Autissiodorensis predicte gravi damno; voluimus, disposuimus et concessimus, tractatu diligenti prehabito in et cum dicto capitulo, ac de consilio et assensu eorumdem, quod nos centum arpenta nemorum ad domos predictas de Regennis et de Bello-reddítu pertinentium, de silvis videlicet ceduis alias scindi et vendi consuetis, pro magnis et altis forestis constituendis et faciendis, et id ad disponendis secundum quod utilius visum fuerit, et prout est in talibus fieri consuetum, dimittemus et etiam reservabimus pro futuro tempore necessitatibus et ad opus episcopatus domorum et ecclesie predicte, et..... hec omnia in quibusdam aliis litteris sive publico instrumento sigillo dicti capituli sigillatis et signo consueto Johannis de Vernoto, clerici, autoritate apostolica publici notarii consignatis, super hic confectis plenius continentur.

In cujus rei testimonium et certitudinem pleniorem, presentes litteras sive publicum instrumentum scribi et publicari mandavimus per predictum publicum notarium premissis in dicto capitulo presentem, sigilloque nostro sigillari, ac signo ipsius consignari. Acta et concordata sunt hec in predicto capitulo, sicut superius exprimitur, anno Nativitatis domini millesimo trecentesimo vicesimo septimo, mensis julii die decimo quinto, videlicet die mercurii post Octavas estivalis B. Martini, indictione decima, pontificatus sanctissimi patris ac domini domini Johannis, Divina providentia pape XXII, anno undecimo, presentibus etiam in dicto capitulo venerabilibus et discretis viris magistris Bartholomeo Rainaldi, Girardo de Brantholomio sigillifero, Petro de Pulvereno advocato Autissiodorensi, et pluribus aliis testibus ad premissa vocatis et specialiter rogatis, etc.

(*Ex Cartul. Episc. Autiss., in fine.*)

N° 278.

Don de la terre de Grez, par le comte de Valois, à Jean d'Andresel.

(An 1327, avril.)

Philippes comte de Valois, d'Anjou, du Maine, de Chartres et de Perche, a tous ceux qui verront ces présentes lettres, salut. Sachent tuit que comme Mgr. le roi eut achesté et retenu pour soi, ou ses gens pour luy, la maison que l'en dit Grez, certains boys, héritaiges avec autres choses appartenantes à ladite maison, séants en la chastellenie de Tournant; laquelle maison et héritaiges furent de jadis messire Pierre de Grez, évesque d'Aucerre, et du mareschal de Grez son frère; lesquels héritaiges furent vendus par titre d'achat par criz et par subhastations solempnelment faites, selon la coustume du pays, pour certaine quantité d'argent en quoy ledit évesque estoit tenu et obligé à Mgr. le roy: nous ait cessé et transporté tout le droit, l'action et toute la raison qu'il avoit et pouvoit avoir esdits héritaiges, pour certaine quantité d'argent, sus ce que nous en pussions ordonner et faire nostre plaine voulenté comme de nostre propre héritaige. Depuis ces choses ainsi faites, maistre Pierre de la Mote, trésorier d'Aucerre, hoirs et exécuteur dudit évesque soit venu pardevant les présidents de Mgr. le roi, à Paris, et ait accordé et voulu pardevant eux, que nous ledit héritaige appelé Grez, et toutes les appartenances, en la maniere que Mgr. le roy le nous transporta, le tenons et passons et façons come de nostre propre chose, et nous a ledit maistre Pierre, comme hoir et exécuteur, délaissé tout le droit, l'action et toute la raison qu'il avoit et pouvoit avoir oudit héritaige par quelquonque cause ou raison que ce fust, sans ce que jamais y puisse rien demander ne réclamer par soy ne par autre. Et sont les choses dessus dites plus clèrement divisées en deux pères de lettres les unes de.... vendition et du transport que Mgr. le roy nous a fait dudit héritaige, et les autres de l'accord fait par ledit messire Pierre comme hoir et exécuteur dudit évesque.

Et nous considérants les bons et agréables services que nostre amé et féal chambellan Jehan d'Andresel nous a fait et fait chaque jour, de certaine science et de grace espéciale, en rémunération de ses services, donnons, octroyons audit Jehan et à ses hoirs.... tout le droit et action que nous avons et povons avoir oudit héritaige, etc. En tesmoing desquelles choses nous avons fait mettre notre scel en ses présentes lettres. Donné au Gué de Mauny, ou mois d'avril, l'an de grâce mil trois cens vint et sept. Ainsi signé par monsieur P., monsieur d'Alançon et son conseil : J. Remi.

(*Ex autographo.*)

N° 279.

Fondation de la chartreuse de Basseville.
(An 1328, 30 juillet.)

In nomine Domini, amen. Ego Johannes Grandis, canonicus Furnensis, ac rector ecclesie parrochialis de Sorgiaco, Antissiodorensis diecesis, ex intimo cordis considerans quod cum Dominus, pius ac misericors, me sui gratia bonorum suorum temporalium sufficienti abundantia ditaverit, mihi suo sacerdoti indigno sui Sancti-Spiritus gratia, misericorditer inspiravit ut sibi et mihi coadoptionis filios spirituales studerem, quantocius procreare templum sanctum cisdem in hereditate propria construendo, ita quod per misericordiam Redemptoris, una quod cum ipsis filiis templum celeste et sanctorum tabernacula possint jure perpetuo possidere. Cui sancte inspirationi anima mea adherens cum ingenti ex corde devoto deliberavi in animo diligenter perscrutando, quod alta Cartusiensis ordinis disciplina, licet non modicum aspera torpidis videatur extrinsecus, ipsa tamen ut ut propinat fervidis quoddam oblectamentum dulcoris intrinseci, quo nimirum allicitur cor humanum ad ea que in mundo sunt totaliter fugienda, et celestia salubriter appetenda; quodque fratres ipsius ordinis tam sapide contemplationis inebriati dulcedine jugum hujusmodi discipline portantes, suaviter cum humili devotione divinum officium ac sanctum sacrificium juge offerunt pro peccatis. Hinc quod inter ceteras ordinum domos ab etate tenera prioratum ordinis carthusiensis deliberavi in animo construere et fundare, atque terris, pratis, nemoribus et aliis bonis temporalibus, juxta formam ordinis, ita competenter secundum possibilitatem meam dotare, quod fratres in eo commorantes inde possint commode sustentari, cum aliis beneficiis et eleemosinis que ab aliis Christi fidelibus poterunt ad invicem recipere, Domino concedente, prout sibi hec beneficia ab hujusmodi piis locis de novo fundandis consueverunt fideliter erogari.

Ad laudem igitur et honorem omnipotentis Dei et Salvatoris mei Domini Jesu-Christi et gloriose Marie matris ipsius, et B. Joannis-Baptiste atque omnium sanctorum et sanctarum, pro remedio anime mee et omnium antecessorum benefactorum meorum vivorum et defunctorum animabus, predicti ordinis Carthusiensis, prioratum fundo in fundo meo *de Basseville*, qui hactenus vocatus est in illis partibus, Basse-Ville, ex nunc autem in posterum vocabitur Sancte-Marie Vallis Sancti Johannis-Baptiste, et dono imprimis ordini, prioratui et priori, et fratribus ipsius prioratus, pleno jure, in perpetuam eleemosynam, locum fundationis ejusdem prioratus, omnimodam terram meam *de Basseville* sitam in parochia mea de Sorgiaco, in quibuscumque rebus existat, admortizatam per clare memorie dominum meum carissimum dominum Ludovicum, quondam comitem Nivernensem, ac per serenissimum principem dominum Philippum regem Francorum confirmatam. Dono, inquam, omnes vineas, terras, prata, ripariam, nemora cum omnibus juribus, pertinentiis et appenditiis et cum omni jurisdictione alta et bassa ad dictam, et cum iis illud jus usagii et saisine quam habeo et habere, et possidere valeo in omnibus nemoribus de Potier, tam in nemoribus quam in pascuis et aliis quibuscumque.

Hec autem omnia premissa Deo et sanctis ejus atque prefato prioratui, priori et fratribus ipsius in puram et perpetuam eleemosynam offero, et in veram et corporalem possessionem omnium supradictarum rerum priorem et fratres ejusdem prioratus per traditionem presentium induco et corporaliter induci volo, absque retentione aliqua; ita tamen quod una cum aliis bonis et eleemosinis que ibi fient perpetuo, quandiu vixero, de Sancto-Spiritu aut de B. Virgine, vel de Trinitate, seu de Angelis, sive de beato Precursore Johanne-Baptista, aut de die, et post decessum meum pro mortuis missa specialis, pro me et anima mea celebretur infailliliter, qualibet die, diebus Nativitatis Domini, veneris, Sabbati sancti ac Resurrectionis dominice, duntaxat exceptis. Quodque qualibet die post vesperas ante altare et imaginem gloriose Virginis Marie antiphona cum oratione sequenti, ad laudem et gloriam ejusdem, a toto conventu, cum devotione, solemniter decantetur, sub prioris et fratrum animarum periculo si in premissis fuerint negligentes. Et quoniam hominum memoria sepissime labitur super rite gestis ipsorum nisi firmentur robore litterarum ad perpetuam notitiam veritatis. Idcirco ego Joannes Grandis predictus, venerabili viro Humbaudo Burserii, clerico, publico autoritate apostolica et curie Autissiod. notario, presenti et stipulanti, vice et nomine prioris et fratrum prioratus prescripti cum devota instantia supplicavi quatenus omnia et singula premissa, tanquam persona publica, in scriptis redigeret et super iis mihi faceret publicum instrumentum, et testes invocavi astantes; et in premissorum testimonium sigillo meo proprio, una cum signo consueto dicti Humbaudi, hoc presens publicum instrumentum sigillavi. Dicta fuerunt hec in domo dicta de Fonteneto prope Corvolium, ordinis Grandimontensis, anno a Nativitate Domini millesimo trecentesimo vicesimo octavo, indictione undecima, mensis julii die penultima, pontificatus sanctissimi in Christo patris et domini domini Joannis, divina providentia, pape XXII, anno duodecimo, presentibus domino Roberto Munerii, presbytero, ac Joanne filio Margarete de Trecis, Autissiodori commorantibus, ad hec vocatis testibus et rogatis.

Signé, Humbaudus Burserii, avec paraphe.

(*Tiré d'une ancienne copie.*)

N° 280.

Commandement aux quatre archiprêtres du diocèse et au prieur d'Andryes, de payer le subside accordé par le pape.

(An 1328, 7 novembre.)

Datum per copiam sub sigillo curie Autissiod. anno Domini M° CCC° XXVIII°, die sabbati post Yemale festum Sancti-Martini, Guido de Turribus, cantor Lemovicensis, subexecutor seu commissarius in hac parte, una cum venerabili et discreto viro Johanni Sapientis canonico Autiss. cum illa clausula et cuilibet eorum insolidum, etiam a reverendo in Christo patre domino abbate monasterii Sancti-Germani Autiss., executore, in hac parte a sede apostolica deputato, una cum quibusdam collegis suis cum illa clausula quatinus vos, vel duo, vel unus vestrum, et tam super subsidio moderato a summo pontifice reverendo in Christo patri ac domino domino T., Dei gratia Autiss. episcopo concesso, super omnes ecclesiasticas personas civitatis et dyecesis Autiss. Omnibus et singulis curatis, presbiteris, capellanis, ceterisque ecclesiarum rectoribus in civitate et diocesi Autiss. constitutis, ad quos presens mandatum nostrum, ymo verius apostolicum pervenerit,.... et mandatis nostris, ymo verius apostolicis firmiter obedire auctoritate nostra, nobis in hac parte commissa, vobis omnibus et singulis qui super hoc a latore presencium fueritis requisiti, in virtute sancte obedientie, et sub penis suppensionis et excommunicationis quas in vos et vestrum quemlibet ferimus, nisi feceritis quod mandamus, districte percipiendo mandamus quatinus ad hoc mandatum nostrum exequendum alter vestrum alterum non expectans moneatis auctoritate qua supra viros venerabiles et discretos Autissiodorensis et Sancti-Prisci, nec non Varziaci et Puseye archipresbiteros et priorem de Andria, Autissiodorensis diocesis, ut quilibet eorum, infra quindecim dies proximos, a die monitionis a vobis, aut altero vestrum, sibi facte, quorum quinque pro primo, quinque pro secundo et reliquos quinque pro tercio et ultimo ac peremptorio termino assignamus, satisfaciat predicto domino Autissiod. episcopo, vel procuratori aut deputato suo, ejus nomine de dicto subsidio, videlicet archipresbiter Puseye de octo libris turon., item archipresbyter Sancti-Prisci de sex libris turon.; item archipresbyter Varziaci de sex libris turon.; et archypresbyter Puseye de octo libris turon.; necnon et prior de Andria de viginti una libris turon. Quas singulares pecuniarum summas quemlibet dictorum archipresbyterorum et prioris tangentes cuilibet eorumdem, attentis facultatibus cujuslibet beneficii eorum, pro dicto subsidio dicti domini Autissiodorensis episcopi imponimus, moderamus et per presentes decernimus moderatas alioquin nos ipsos defficientes in solutione et satisfactione dicte pecunie racione impositionis et moderacionis nostrarum predictarum de dicto subsidio sic a nobis, ut predicitur, factarum, dictis quindecim diebus elapsis, in hiis scriptis excommunicamus, excommunicatos auctoritate nostra nunciorum mandatum nostrum taliter exequentes que a nobis non possint in aliquo redargui, vel puniri, sed pocius amendari.

In signum autem dicti mandati nostri per vos diligenter executi presentes litteras sigillis ecclesiarum nostrarum portitori eorumdem reddite sigillatas. Datum et sigillo nostro sigillatum anno Domini M° CCC° XX° octavo, die lune post festum Omnium-Sanctorum.

Signé : Humbertus; facta est collacio ad consimiles sigillatas.

(Scellée autrefois.)

(*Archiv. de l'Yonne, fonds de la Chambre ecclésiastique d'Auxerre.*)

N° 281.

Lettres de Bernard, évêque d'Auxerre, sur un arbitrage concernant l'abbaye de Pontigny.

(An 1335.)

B. Dei gratia Autiss. episcopus, omnibus presentes litteras inspecturis, salutem in Domino. Noveritis quod in nostra presentia constituti abbas Pontin. et frater Chono, monachus, prior conventus Pontiniacensis, et Jobertus de Venussia, miles, recognoverunt se compromisisse alte et basse in fratrem Jacobum cellerarium Pontign. et dominum Gudehardum militem de Platina, de omnibus querelis et discordiis que vertebantur inter ipsum abbatem et conventum Pontin., ex una parte, et prefatum Jobertum, ex alia : super quibus querelis et discordiis, prenominati Jacobus et Guichardus dictum judicem et arbitrium in nostra presentia protulerunt, prout in litteris nostris super prolatione arbitrii, de assensu et voluntate partium confectis, plenius continetur. Actum anno Domini MCCCXXXV.

(*Ex Cartul. Pontin. pag.* 24.)

N° 282.

Provisions de la cure de S. Amand, au diocèse d'Auxerre.

(An 1336, 2 septembre.)

Aymericus, miseratione divina Autiss. episcopus : dilecto nobis in Christo Girardo de S. Benigno in Foveis, clerico, salutem in Domino sempiternam. Ecclesiam parochialem de S. Amando, nostre diecesis ad presentationem abbatis S. Germani Autiss. spectantem, liberam et vacantem per liberam resignationem Stephani de Sinemuro, curati ecclesie de Caduco, presbyteri Senonensis diecesis, discreti viri Guidonis de Saisiaco, presbyteri dicte ecclesie curati, procuratoris litteratorie ad hoc destinati, potestatem ab eodem Guidone et mandatum habentis speciale, pure et libere in manibus nostris factam et admissam tibi per fratrem Johannem priorem prioratus S. Salvatoris, nostre diecesis predicte, dicti abbatis procuratorem ad hoc litteratorie destinatum ad curam et regimen ipsius ecclesie de S. Amando, nomine ipsius abbatis, presentato nobis, pietatis intuitu salvo jure impetrantium, si quod sit et quodlibet alieno, conferimus cum ejusdem juribus et pertinentiis universis; teque per traditionem presentium investimus de eisdem, mandantes curatis ecclesiarum de Sancto-Verano, de Arconio, et eorum cuilibet, quatenus te in ejusdem ecclesie, juriumque et pertinentiarum ipsius, possessionem inducant corporalem, teque in eadem, ut moris est, intronizent, adhibitis super hoc solemnitatibus consuetis. Datum apud Varziacum, castrum nostrum, sub sigillo nostro, die secunda mensis septembris, anno Domini millesimo trecentesimo trigesimo sexto.

(*Ex Cartul. majore S. Germani Autiss.*)

N° 283.

Accord sur la voierie à Vermenton, entre le comte et le commandeur du Saulce.

(An 1337, 11 septembre.)

A tous ceux qui verront ces présentes lettres, Jehans de Chalon, contes d'Aucerre et sires de Roichefort, et frères Symon de Compaigne, commandeur des maisons de l'ospitaul de Saint-Jehan de Jérusalem dou Sauce, de Villemoson et des appartenances, salut. Saichent tuit que accordé est entre nous conte dessus dit et nous frère Symon dessus dit, comme commandeur et procureur des maisons dessus dites et des appartenances d'icelles, que li jarlaiges des maisons et des chemins estant en la juridicion doudit ospitaul de Vermenton jusques au royn des grans chemins royaux et cheminaux de ville à autre, demore audit ospitaul; et se riens en ha esté pris par noz gens conte dessus dit, il sera rendu audit ospitaul, et li chemins charreans demore à nous conte dessus dit, tant comme l'alée de la charrete puet tenir et la voye dou charretier de costé la charrote raisonable : et sera bosnié. Et pourront noz gens conte dessus dit gaigier de noz droitz et esploiz et amandes qui leur seront cogneuz en là dite juridicion de l'ospitaul; et ou cas où il leur seroit nyé recréance, se fera des gaiges et ataindront devant les gens doudit ospitaul. Et quant aux autres cas de justice chascuns en usera selonc ce que il ha acoustumé de temps encien audit leu. Ou tesmoing de laquelle chose, noz contes et frères dessus dit havons scellé ces présentes lettres de nous seauls. Donné le jeudi après la feste Notre-Dame en septembre, l'an de grâce MCCCXXXVII.

(*Arch. impériales. S. 296, liasse 66, n° 11.*)

N° 284.

Confirmation d'une sentence arbitrale sur les chanoines Tortriers, par Aymeric, transféré au siége de Rouen.

(An 1339, 26 avril.)

Omnibus hec visuris, Aymericus, miseratione Divina Rothomagensis electus confirmatus, salutem in Domino sempiternam. Noveritis quod viri venerabiles et discreti magistri Stephanus Bacheti, decretorum doctor, et Raymundus de Columberiis, Autiss. canonicus, arbitri arbitratores, seu amicabiles compositores inter nos dum eidem Autissiodor. preeramus ecclesie, ex una parte, et venerabiles et discretos viros decanum et capitulum ejusdem ecclesie Autiss., ex alia ; decreti super juridictione canonicorum tortariorum ipsius ecclesie quam nos dicebamus ad nos pertinere, ipsique decanus et capitulum contrarium asserentes, dicebant quod dicta juridictio pertinebat ad eosdem : die vigesima tertia mensis februarii, anno Domini millesimo trecentesimo tricesimo octavo, in hospicio de Regenna dictum suum, ordinationem, seu arbitralem sententiam super predicta juridictione protulerunt : quod si quidem eorum dictum, ordinationem seu arbitralem sententiam ratum, gratum habentes approbavimus et laudavimus, prout in instrumento publico signo Johannis dicti Potage, notarii publici, ac nostri solito, in quo presentes nostre littere sunt annexe, plenius continetur.

Verum quia in presentium confectione litterarum sigillum, quo utebamur tempore quo dicte Autiss. preeramus ecclesie, non habentes, per quod idem sigillum in receptione bullarum apostolicarum translationem de ipsa Autissiodorensi ecclesia ad nostram Rothomagensem ecclesiam de nobis factam continentium, frangi fecimus, propter quod dictum sigillum in dicto instrumento non fuit appensum, sigillum nostrum, quod ad presens, hiis presentibus nostris litteris apponi fecimus in testimonium premissorum. Datum in manerio nostro de Pintervilla, die vigesima sexta mensis aprilis, anno Domini millesimo trecentesimo tricesimo nono.

Ex Tabul. Capit. Autiss.)

N° 285.

Déclaration d'Aymeric, ancien évêque d'Auxerre, comment les chanoines de la cathédrale ne doivent point de droits au secrétariat de l'évêché.

(An 1339, 22 août.)

Aymericus, miseratione divina Rothomagensis archiepiscopus : venerabili et discreto viro officiali Autissiod. salutem in Domino. Noveritis quod nos dum ecclesie Autissiod., olim sponse nostre preeramus, orta discordia tunc inter nos, officialem et sigilliferum nostros ex una parte et venerabiles et discretos viros, decanum et capitulum dicte ecclesie Autissiodor., ex alia, super eo quod dicti venerabiles viri asserebant quod de aliquibus litteris sub sigillo curie Autiss. confectis in curia Autiss. tunc ad nos spectante, pro sigillo nihil solvere consueverant a tanto tempore a cujus principio memoria hominum non existebat, officiali et sigillifero nostris pro nobis contrarium asserentibus : tandem, pro bono pacis et concordie, de voluntate et assensu dictorum venerabilium virorum, voluimus et commisimus expresse discretis viris amicis et consociis nostris charissimis magistris Johanni de Lesina, dicte ecclesie Autissiodorensis canonico, et Geraldo de Brantholm, tunc pro nobis in dicta curia Autissiodor. officiali, quod fideliter et diligenter super jure nostro et dictorum venerabilium virorum inquirerent veritatem, et nobis illam referrent, viva voce fideliter vel in scriptis : quod utique fecerunt juxta sibi traditam potestatem, et ex ipsorum relatione comperimus, quod dicti venerabiles viri per litteras sub sigillo curie Autissiodor. confectis, nomine suo vel ecclesie, communiter vel divisim, pro prebendis singularum personarum de capitulo, cujuscumque tenoris seu forme consistant, nec etiam pro testamentis eorumdem nihil solvere tenentur, nec hactenus consueverant, nisi in forma dictarum litterarum fiat expressa mentio de coustamentis ipsarum promissis reddi et solvi a personis in..... et singulis quorum interest et interesse potest tenore presentium intimamus. Datum......... die XXII mensis augusti, anno Domini millesimo trecentesimo tricesimo nono.

Signatum : J. Doe.

(*Ex autographo.*)

N° 286.

Prologue du Cartulaire du Chapitre d'Auxerre, qui s'y lisait avant que les premiers feuillets eussent été gâtés.

(An 1340.)

Quia presens liber continet originalia litterarum per quas sciuntur redditus, exitus et proventus ecclesie Autissiodor., super quibus ipsa fundatur, et de quibus dotata est; propter juniores advertendum est quod fundamentum ecclesie militantis duplex est, unum scilicet spirituale et aliud temporale. De spirituali autem dicit apostolus Paulus : « quod fundamentum aliud nemo potest in ecclesia ponere preter id quod positum est Jesus-Christus, » contra quod si irruant flumina et flent venti non poterunt illud movere, fundata est enim ecclesia militans supra firmam petram, petra autem Christus. Et quia istud fundamentum transcendit nostrum presens propositum, dimittatur. Temporale vero fundamentum ecclesie duplex est, unum scilicet materiale et aliud subsidiale seu vitale. De materiali fundamento nihil ad propositum quod ad latomos, carpentarios et alios artifices sicut cimentum, lapides et ligna et cetera talia pertinere noscuntur. Fundamentum subsidiale seu vitale quod confert subsidium vite ministrorum ecclesie dici possint redditus ipsius ecclesie et proventus, de quibus ad presens erit nostra intentio prosequenda, quia Maria sine adjutorio Marthe et ejus ministerio parum potest. Quantumcumque enim cantes aut legas, seu spiritualia contempleris, nisi ministerium Marthe que sollicita est circa temporalia vite tue subsidium conferat, parum potes et vales; quia etiam licet Deus det omne bonum, non tamen per cornua taurum. Idcirco ministris ecclesie concessa fuerunt altaris stipendia, ut qui altario servit, de altario debeat, testante apostolo, temporaliter sustentari.

Ut autem ad nostrum propositum convertamur, notandum quod antiqui venerabiles viri canonici Autissiod., circa statum ecclesie sue solliciti diviserunt loca, in quibus eorum redditus situantur, per octo cameras, in octo villis suis institutas, nonusque locus dicitur extra villas. Prima camera vocatur de Autissiod. et Oysiaco, alia de Crebanno, alia de Ascolaio, alia de Chicheriaco, alia de Monestallo, alia de Egliniaco et Merriaco, alia de Bello-Videre et de Palliaco, alia de Pulvereno et Lindriaco. Unde sic procedetur in isto libro ad evidentiam pleniorem quod primo ponentur rubrice generales litterarum ad thesaurarium et sacristam pertinentium, cum ad ipsos precipue scire spectet de ministeriis altaris et ecclesie, cereorum et luminarium ipsius et eorum omnium sint custodes. Postea ponentur singule rubrice singulares litterarum ad singulas cameras pertinentium, et ultimo rubrice singulares litterarum de extra villas signando, secundum modum filiorum libri in quoto folio poterunt reperiri, incipiendo ab uno et terminando in ultimo folio ipsius libri. Si autem queratur ad quid copiate fuerunt littere originales de predictis redditibus et in presenti libro redacte, res pondere poterit lector, quod multiplex est causa seu ratio : una, ne originales littere propter frequentiam tenentium ipsas inficiantur, corrumpantur vel ledantur, tam in sigillis quam in scriptura; alia, ne forte ab aliquo emulo ecclesie seu amico, etiam propter negligentiam aut inadvertentiam perdantur aut alienentur; alia, ut citius sine periculo inveniatur quod queritur et sciatur. Alia causa potest addi quia nimis esset tediosum et onerosum canonico lectori qui tenetur eas custodire, aperire thesaurum et thecam repositoriam ipsarum litterarum totiens quotiens ipsis opus est. Dicamus igitur illud verbum Osee prophete. « Principium loquendi Dominus; » et incipiamus a rubricis litterarum tangengium thesaurarium et sacristam et matricularios ecclesie Autissiodorensis.

(Ex Cartul. Eccless. Autiss.)

N° 287.

Déclaration du roi portant que les étrangers venant demeurer à Auxerre, qui choisissaient le jour de leurs noces d'être bourgeois du Chapitre, continuaient à l'être.

(An 1340, 5 juillet.)

Philippus, Dei gratia Francorum rex : baillivo Senonensi aut ejus locum tenenti, salutem Querimoniam dilectorum nostrorum decani et capituli Autiss. accepimus continentem quod licet ipsi.... sint in possessione et saisina justiciandi in omni casu Johannem de Berry commorantem apud Autiss., nec-non et omnes foraneos apud Autiss. causa commorandi ibidem venientes, qui in die nuptiarum suarum dictorum decani et capituli elegerint esse subditi et justiciabiles; quodque Colinus des Planciz et uxore ejus foranei, in die nuptiarum suarum elegerunt esse dictorum decani et capituli burgenses. Nihilominus tamen gentes dilecti et fidelis nostri comitis Autiss. et jurati communitatis ville Autiss., Johannem et

Colinum uxoremque dicti Colini, tanquam burgenses dicti comitis tailliare et justiciare nituntur, in ipsorum grave prejudicium, eosque perturbando in sua possessione predicta indebite et de novo. Quare vobis committimus et mandamus, quatenus, si vocatus evocandis summarie et de plano constiterit, et de premissis dictos conquerentes, sua possessione predicta gaudere, premissis impedimentis amotis, faciatis. Si vero aliqui in contrarium se apponant, rebus contentiosis ad manum tanquam superiorem positis, facta recredentia ubi et procul fuerit faciendi, dictis partibus exhibeatis celeris justitie complementum. Datum Parisius, die quinta julii, anno Domini M CCC XL, sub novo nostro sigillo.

Hangest Letor, pro presidente.

(*Ex autographo.*)

N° 288.

Lettres de Philippe de Valois qui déclarent sujet à la taille du Chapitre d'Auxerre un bourgeois dudit Chapitre, quoiqu'anobli.

(An 1341, 31 août.)

Philippe, par la grâce de Dieu, roi de France, au bailli de Sens, et à tous nos autres justiciers ou à leurs lieutenants, salut. Nous avons entendu par la griefve complainte de nos amez et féaulx doyen et chapitre d'Auxerre que jaçoit que Pierre de S. Gervais, demourant à Auxerre, soit procréé et issue des bourgeois et bourgeoises desdiz complaignans, leurs justiciables et subgiez, et avec ce soient en possession et saisine de tailler et expletter ledit Pierre comme les autres bourgeois, néanmoins ledit Pierre, sous l'ombre de ce que avons déclaré et voulu de notre grâce espéciale le devant dit Pierre estre noble ceu toutes voyes des choses dessusdites, et pour ce qu'il nous a donné à entendre que il estoit atrait de nobles, contredit et refusé inducment payer aux dessusdits complaignans leurs redevances réales et personnelles, en leur grand grief, préjudice et dommage, si comme il dient ; pourquoy nous, qui ne voulons que notre dite grâce face préjudice à aucun, vous mandons à chacun de vous, pour tant comme à lui appartiendra, que se appellez ceulx qui sont à appeler, il vous appert estre ainsi, si vous n'empeschiez et souffriez en aucune manière lesdiz complaignans estre empeschié qu'il ne contraignent ou facent contraindre duement ledit Pierre à leur payer leursdites redevances réales et personnelles toutefois qu'il en sera défaillant, non contestant ladite grâce et lettres subreptices empetrées ou à empétrer au contraire. Donné à Paris le dernier jour d'aoust, l'an de grâce M CCC XLI.

Par le roy à la relation de messieurs P. de Villain et H. de Malestret.

Signé, Porly.

(*Copié sur l'original.*)

N° 289.

Acte touchant la statue d'argent de Jean, fils aîné du roi Philippe de Valois, que la reine avait donnée avec son piédestal aussi d'argent, à l'église d'Auxerre.

(An 1343, 21 juin.)

Universis presentes litteras inspecturis, decanus et capitulum ecclesie Autissiodorensis, salutem in Domino. Notum facimus quod cum nos deputassemus discretum virum magistrum Jacobum.......... concanonicum superintendentem et provisorem fabrice ecclesie nostre predicte... que magistro Jacobo tradidissemus et liberassemus scabellum argenteum imaginis illustrissimi domini, scilicet Johannis primogeniti domini regis Francie, qui nunc est ducisque Normannie ; dicte fabrice datum et concessum per dominam reginam Francie, matrem ipsius domini Johannis.... ndum et expletandum, ad usum et opus ipsius fabrice, per magistrum Jacobum predictum quem ad hoc sufficientem..... sciebamus ; idem magister Jacobus, coram deputatis a nobis, videlicet dominis Joanne de Vernoto penitentiario, nuncque provisore sepefate fabrice........ Humberto Salemart.........: ad sequendam rationem de predicto scabello et ejus venditione et expletatione ; que ascendit ad summam sexcentarum quatuor viginti decem septem librarum, octo asses, novem denarios, prout nunc deputati nobis fideliter retulerunt........ quia imaginem predicti domini Johannis vendidimus et dimisimus predicto magistro Jacobo ad usum milit..... et opus prefate fabrice sub pondere et..... marchis dudum..... in dicta imagine Hugonem dictum *le Champenois* campsorem et mercatorem Autissiod. tabellionatis et scriptis de mandato nostro per Johannem de Varziaco clericum capituli nostri et Johannem..... juratos curie Autissiod. quibus in solidum in hac et in solidum..... adhibuimus, etiam adhibemus in hoc facto et ad predicta exsequenda et facienda.... ponderando plures de nostris canonicis......... idem magister Jacobus predictus de pretio totali, sub quo et pro quo sibi fuit tradita, vendita... dicta imago scilicet sub pretio sexdecies centum........ Turon. nobis plenarie et integre, predicte fabrice nomine, et per manum predicti domini Johannis de Vernoto provisoris ipsius fabrice, ut premittitur, satisfecit. Propter quod..... decanus et capitulum predicti tam de pretio scabelli predicti quam de totali imagine predicti domini Johannis de Francia et ejusdem imaginis pretio, per nos seu deputatos.... receptis prout superius exprimitur, tenemus nos plenarie pro contentis, quittantes de predictis quibus tenore presentium predictum magistrum Jacobum, vel heredes et omnes de eis causam habentes et habituros penitus et expresse. In cujus rei testimonium sigillum nostrum presentibus litteris duximus apponendum. Datum die sabbati ante festum Nativitatis B. Johannis-Baptiste, anno Domini millesimo trecentesimo quadragesimo tertio.

(Ex autographo.)

N° 290.

Lettres d'amortissement de maisons, en faveur des Jacobins d'Auxerre, données par le comte.

(An 1345-46, 4 février.)

Nous Jehan de Chalon, comte d'Auxerre, et sire de Rochefort, faisons sçavoir à tous que de grace spéciale, et en aulmone, et pour les prières dévotes que ont faictes pour nous et font de jour en jour discrètes et religieuses personnes les Frères Prescheurs du couvent d'Aucerre, amortissons à tous joursmais, pour nous et pour nos hoirs, trois maisonnettes séantes delés la porté dudict couvent; c'est à sçavoir une maison qui fust à Dimanche de Vinoles pour cause de sa femme, tenant aux murs de ladicte porte et de la court desdicts Frères Prescheurs, d'ugne part; l'aultre maison en suivant continue à icelle qui fut à Agnès fille feu Jehan Grillot; la tierce maison ensuivant continue à icelle qui fut Gilot Davio, tenant et continue d'aultre aux murs de la clausure du jardin desdits Frères qui sont selon la voie commune par où l'on va desdits religieux à Sainct-Pere d'Aucerre. Et promettons en bonne foy que contre ledict amortissement nous ne viendrons, ne ferons venir par nous, ne par aultre ou temps advenir.

En tesmoing de laquelle chose nous avons mis nostre sceaul en ces présentes lettres données le samedy, veille de Saincte-Agathe, quatriesme jour de febvrier, l'an mil trois cens quarante-cinq.

Signé sur le repli : Par monsieur le conte : Estienne de la Grange.

(Tiré de l'original.)

N° 291.

Accord de Jean de Chalon, comte d'Auxerre, avec la ville, sur le fait de la draperie, argenterie, chasse, corraterie.

(An 1345-46, 9 mars.)

A tous ceulx qui verront ces présentes lettres : Jehans de Chalon, comte d'Aucerre, seigneur de Roichefort, salut. Savoir faisons que comme nos bourgois et jurez de la ville d'Aucerre se fussent dolus de nous, de nostre baillif et de nos aultres officiers, pour ce que ledit baillif avoit faict prendre et ardoir les draps de certains drappiers, nos bourgois, sans appeller à ce lesdicts jurez, laquelle chose il avoit faict contre la chartre et prévilège desdicts bourgois et jurez, en eulx troublant et empeschant en leurs possessions et saisines esquelles ils sont des choses dessus dites; et avec ce que noz gens prennent et ont pris et détenu plusieurs fois les corps de nosdictz bourgois, leurs biens et leurs chatielz; c'est à sçavoir chevaulx, charretes, charioz, vins, chairs salées, toiles et plusieurs aultres choses, espécialement es changes d'Aucerre, verges d'argent sur plusieurs merciers, ouquel lieu il a certaines franchises par poins de chartres, et contre les poins de ladicte franchise; et les détiennent sans ce que ausdiz jurez, ou à leurs procureurs souffisamment requis en veuillent faire rendue, mais par contrainte font soubmettre à leur volenté ou à leur enqueste nosdiz bourgois, contre les us enciens et les poins de leurs chartres; et encore que nos gens ne veulent que nosdiz bourgois soient corratier en la ville d'Aucerre, se ce n'est de nostre licence ou de nostre commandement; et oultre encores que noz gens veulent que li boys de Bar soit en garenne; lesquelles choses ils ne pevent ne ne doivent faire, mais font ou grant grief et dommage desdiz bourgois, et contre ce que l'on a usé enciennement tenu et gardé. Car il loist à ung chascun de nos bourgois de ladicte ville d'Aucerre chacier oudict boys de Bar à toutes heures et à toutes manières de bestes grosses et menues, quelles que elles soient.

Nous qui ne vouldrions avoir dessencion, aucune riote ou contenz ausdiz bourgois, et pour eschiver toutes matières de descortz et de plaiz, avons accordé et accordons et convenancié que accordons et convenancons que l'ésploit et jugement faiz par nostre bailli ou aultres noz officiers des dessus diz draps pris et ars sans appeller lesdiz jurés à ce, et les prises et détenues de pluseurs biens et chatielx, et des corps desdiz bourgois, et par pluseurs fois, si comme dessus est dit, et entre les autres choses verges d'argent prises en changes d'Aucerre sur pluseurs merciers ; et ce que nosdites gens se sont efforciez de empeschier nosdiz bourgois à estre corratiers, en disant que nosditz bourgois ne l'osoient se ce n'est du consentement de nous ou de nostre commandement, et de mettre le bois de Bar en garenne : soit et soient aussi comme se il n'eussent onques esté avenu ne fait ; et que pour cause desdiz faiz dudict bailli ou de nostre aultres choses dessus dites, nous ne puissons reclamer aucun droict en propriété, ne en saisine contre nosdiz bourgois, contre la teneur de leurs chartres ne des choses dedans contenues, previleiges, libertez et us anciens, ne de ce qui anciennement a esté usé, tenu et gardé. Et aussi voulons que en tous les cas dessus diz et en tous autres touchans nosdiz bourgois, nostre justice et mandement soit tenu de juger par le conseil desdiz jurez selon la teneur de leursdites chartres, us, previleiges et costumes anciennes, quar ainsi en ont usé ou temps passé ; et que nostre dit bourgois joissent et puissent joir et user de toutes leurs dictes saisines et possessions anciennes et chacier oudit bois de Bar, si comme dessus est dit.

Quant aux coratiers nous voulons et octroions que nostre commandement et li douze jurez ou la plus grande partie desdiz jurez eslise jusques à certain nombre de corratiers, tel nombre comme il verront que bon sera pour faire l'office de corraterie en toute la ville d'Aucerre, forsbourgs et environ, par le conté ; et que de ce nombre qui sera esleuz, si comme dessus est dit, nous ou nostre commandement en mettrons la moitié, et li dit juré ou la plus grande partie de eulx l'autre moitié, et se fera l'eslicion du nombre desdiz corratiers tout ainsi et en telle manière comme les jugemens se font par nostre commandement et par lesdiz jurez selon le contenu des chartres de noz diz bourgois sans rien payer à nous ne à aultre pour nous de ceulx que les douze jurez ou la plus grande partie d'eulx mettront et sans licence de nous ou de nostre gent ; et ou cas que nous ou nostre commandement mettrons de par nous aucuns corratiers de nos bourgoiz d'Aucerre, nul-

le finance ne pourra estre levée d'iceulx par nous ne par nos gens pour celle cause, et toutefois que aucuns desditz corratiers deffaudroit, fust pour cause de mort, pour leur meffait ou aultrement, aultres en lieu d'iceulx seront mis par la manière dessus dicte ; et ledit nombre de corratiers nostre commandement, li douze juré ou la plus grande partie d'iceulx pourront croistre ou amendrir touteffois que bon leur semblera à faire.

Et voulons que toutes ces choses vaillent pour restablissement, et soit de telle valeur comme se il avoit esté faict réalment et de fait, ou par arrest de la cour du roi souveraine, sauf tous les articles et clauses tant généraulx que espéciaulx contenus en privileiges et es chartres desdiz bourgois, et tous les autres bons usages et coustume desdiz bourgois de ladite ville, en la maniere qu'il est contenu en leurs dites chartres et et previleiges, soit en général ou especial. Et parmi ce à nous et lesdiz jurez avons renoncié et renonçons au plait et procez qui sur ce a esté encommancié et pent en parlement à Paris entre nous et aucuns de noz officiers et gens d'une part, et lesdiz bourgois et jurez d'autre.

En tesmoing desquelles choses nous avons fait séeller ces lettres de nostre grand seel ; qui furent données à Paris le neufvième jour du mois de mars, l'an de grâce mil trois cens quarante-cinq.

Passé par monsieur le conte en son grand conseil :

Estienne de la Grange.

(*Ex Cartul. Urbis. fol. xiv.*)

N° 292.

Collation d'un canonicat d'Auxerre à Guillaume Albert, âgé de neuf ans.

(An 1347, 19 juin.)

Clemens, episcopus, servus servorum Dei : venerabili episcopo Æduensi et dilectis filiis decano Sancti-Aredii Lemovicensis diecesis, ac Joanni de Segurano, canonico Bituricensium ecclesiarum, salutem et apostolicam benedictionem. Laudabilia dilecti Guillelmi Alberti, canonici Autissiodorensis juventutis indicia, per que prout habet fide dignorum assertio, colligitur evidenter quod, auxiliante Domino, prefatus Guillelmus se virum imposterum debeat producere virtuosum, merito nos inducunt ut sibi reddamur in exhibitione gratie liberales. Cum itaque canonicatus et prebenda ecclesie Autissiodor., quos dilectus filius Petrus Alberti, olim ipsius ecclesie canonicus prebendatus in eadem ecclesia, dudum obtinuit per liberam resignationem in manibus venerabilis fratris Stephani episcopi Sancti-Pontii, Thomeriarum camerarii nostri nuper apud Sedem apostolicam sponte factam, et ab eodem episcopo, de mandato nostro vive vocis oraculo super hoc sibi facto, apud eandem sedem admissam, apud sedem predictam vacavisset et tunc vacaret, nullusque preter nos ea vice disponere potuisset, neque posset pro eo quod nos diu ante vocationem hujusmodi omnes canonicatus et prebendas, ceteraque beneficia ecclesiastica tunc apud ipsam sedem quocumque modo vacantia, et in posterum vacatura, collationi et dispositioni nostre specialiter reservantes, decrevimus ex tunc irritum et inane si secus super his à quoquam, quavis autoritate, scienter, vel ignoranter contingeret attemptari. Nos volentes eidem Guillelmo, circa nonum etatis sue annum constituto, premissorum intuitu, necnon consideratione dilecti filii nostri Stephani, tituli SS. Joannis et Pauli presbyteri cardinalis, pro eodem Guillelmo nepote suo nobis super hoc humiliter supplicantis gratiam facere specialem, canonicatum et prebendam predictos sic vacantes cum plenitudine juris canonici apostolica eidem Guillelmo autoritate cum omnibus juribus et pertinentiis suis contulimus, et de illis etiam providimus .... Datum Avinioni, decimo tertio kalendas julii, pontificatus nostri anno sexto.

(Ex autographo.)

N° 293.

Procès entre les bourgeois du comte d'Auxerre et ce seigneur, sur ce qu'il voulait prendre leurs chevaux et charrettes pour son service.

(An 1352, 10 avril.)

A tous ceux qui verront ces presentes lettres : Dreus Trulles, garde dou bailliaige d'Auceurre, salut. Comme descors fut mehus ou en espérance de movoir entre noble et puissant baronz M. le conte d'Auceurre, d'une part, et les bourgois et jurez d'Auceurre, d'autre part, sur ce que lidiz jurez disoient que lidiz messieures li contes ou ses gens, environ la feste de la Nativité de S. Jehan-Baptiste darrenierement passée avoient pris ou fait prendre de fait les chevaulx et la charrette Ysabeau la Boçue, bourgoise doudit monsieur le conte, et yceulx menez à Paris; et aussi environ la S. Vincent darrenierement passée, li diz messieures li contes avoit pris ou fait pranre le cheval Joffroy Broccereaul, son bourgois et juré d'Auceurre, et ycelui mené avec lui, ce qu'il ne pouvoit ne devoit faire point raison, selon les poins de leurs chartres et enciens usaiges, si come il disoient, et il soit ainsi que lidiz juré eussent doubté que ce es choses dessus dites il ne mettoient ou fesoient mettre remède dehu et convenable, dedans la feste de la Nativité S. Jehan-Baptistre prochaine venent, ou cas où lidiz messieurs ou ses gens ne voudroient adrecier les choses dessus dites et mettre à estat, selon les poins de leurs chartres et usaiges enciens, que temps ne corust contre eulx, mesmement quant à la prise faite sur la dite Ysabiaul la Boçue, et que ladite Saint-Jehan passée, li temps de ladite poursuite fut passée, et que il ne tournast à presjudice à leursdites chartes et prévileiges, et que iceulx ne fussent en aucune manière corompus.

Pour lequel doubte hoster, pour bien de pais, pour eschiver toutes matières de plaiz, descors et de discussion qui pour les causes dessus dites pourroient estre et movoir entre ledit monsieur le conte et lesdiz jurez, et afin que eulx et li aultres subgiet de Mgr. puissent vivre en paiz et en tranquilité dessous luit, saichent tuit que pour la délibération dou conseil doudit monsieur le conte assamblé ensamble pour les causes dessus dites, dou gré, volonté et consentement dou procureur de monsieur le conte à ce présent et consentant; nous, ausdiz bourgois et jurez avons accordé et octroïes, et convenantié, accordons et octroions et convenançons que li temps de poursuivre et pourchacier les choses dessus dites ne coure, ne ne puisse courir contre eulx, ne point lapsé de temps aucun presjudice soit faiz à ladite poursuite ou cas que en aucune manière les choses dessus dites leur soient préjudiciables, jusque à la première venue doudit monsieur le conte de Aucerre, et que en cas que monsieur...... il ne soient avec lui à acort sur ce que il puissent aler au pourchaz après la première venue doudit monsieur, aussi bien comme il feroient ou pourroient faire ad présent. En tesmoing de laquelle chose nous avons scellé ces lettres dou scel doudit bailliage. Donné le mardy après Pasque commeniant (1), l'an de grace mil trois cens cinquante et deux.

(Ex Tabul. Urbis. Autiss.)

(1) Notez cette expression.

N° 294.

Lettres du Camérier du Pape, au sujet de Jean, évêque d'Auxerre.

(An 1354-55, 1ᵉʳ mars.)

Universis presentes litteras inspecturis : Stephanus, miseratione Divina archiepiscopus Tolosanus, domini pape camerarius, salutem in Domino. Universitati vestre tenore presentium innotescat, quod cum reverendus in Christo pater dominus Johannes, Dei gratia episcopus Autissiodorensis singulis annis teneatur curia citra montes existente, sedem apostolicam visitare, sedem ipsam pro uno anno proxime nunc transacto per venerabilem virum magistrum Nicolaum de Pennis, in romana curia procuratorem atque suum, ad hoc ab ipso specialiter constitutum, cum devotione debita visitavit. Nihil tamen idem procurator visitationis hujusmodi nomine camerarii dicti domini nostri pape obtulit, vel finivit.

In cujus rei testimonium presentes litteras fieri fecimus, et sigilli cameriatus nostri appensione muniri. Datum Avinioni, die prima mensis martii, anno Nativitate Domini millesimo trecentesimo quinquagesimo quarto, indictione septima, pontificatus sanctissimi patris, et domini nostri domini Innocentii, Divina providentia pape sexti, anno secundo.

(Ex autographo.)

N° 295.

Fortifications d'Appoigny rétablies de l'agrément de l'évêque d'Auxerre et du Chapitre de la cathédrale.

(An 1358, 6 juin.)

Jehan, par la grace de Dieu évesque d'Aucerre : à tous ceux qui verront et orront ces présentes lettres, salut en Notre Seigneur.

Comme pour occasion des présentes guerres dou royaume de France, desquelles les correurs et robeurs sont mout approchiez dou pays d'Aucerrois, espécialment de notre ville d'Appoigny, si comme notoire chose est oudit pays, nos bourgois et autres habitants de notre dicte ville hayent, pour bon avis et propos, et pour la garde de leurs corps et biens, empris de réparer et renouveller l'ancienne forteresse des fossez environ l'église d'icelle ville, laquelle chose il ne pouvoient accomplir si ne estoit que le parloer ouquel nos baillys et presvost hont accoustumé de soer en jugement, et les maisons ensiguens dés ledit parloer jusqu'à nostre four, au-dessous de nos hales, fussent abbatuz, pour ce que lesdiz parloer et maisons estoient édifiées sur lesditz anciens fossez.

Saichent tuit que en notre propre personne, et pour notre grant conseil sur ce et pour ce assemblé, nous avons considéré tout le proufit que avoir poons tant doudit parloer que desdites maisons ; et aussi consideré et advisé le proufit que nous, et nos successeurs en l'évesché d'Aucerre, pourriens avoir esdiz fossez quand il seront bien et suffisamment réparez, pour poissons tenir et garder et nourrir...... et nous avons trouvé que le proufit de nous et de nostre évesché sera plus grant parmy la réparation desdiz fossez qu'il n'étoit de censives, loyers, revenus et aisances desdiz parloer et maisons. Pourquoy à la requeste desdiz nos bourgois et habitants, nous leur avons octroyé que pour faire leur fermeté et garde, à la réparation dessuz dite puissent abattre, oster et destruire lesdiz parloer et maisons, en menant et mettant les merriens, tieles et autres revenans des édifisses desdiz parloer et maisons, au regart dou mestre de notre maison de Regennes, à notre profit, et sur condition seil font faire lesdiz fossez et les réparer, et pour telle menière que nous y puissiens mettre et garder poissons ; et ce espécialement avons gracieusement octroyé pour garder nosdiz bourgois et habitants à grant profit de nous et de notre église d'Aucerre ; et quant par une fois auront mis en point lesdiz fossez, les dessusdiz nos bourgois et habitans, il ne seront plus tenus de les maintenir, ne riens y faire. Donné en nostre chastel de Régennes, sous notre seel, le sixième jour de juing, l'an de grâce mil trois cens cinquante et huit.

Approbation du Chapitre d'Auxerre.

(An 1358, 8 juin.)

A tous ceulx qui verront ces présentes lettres : doyen et Chapistre de l'église d'Aucerre, salut en Notre-Seigneur. Comme de par les habitans de la ville d'Appoigny nous ait esté requis et supplié que nous, les lettres de révérend père en Dieu monsieur l'évesque d'Aucerre, parmy lesquelles cestes nos présentes sont annexées, l'octroy et concession de tout le contenu d'icelle vous vousissiens loer, approver et consentir. Scavoir faisons que nous, lesdites lettres receues en nostre Chapistre, en grant délibération, assemblement sur icelles, et consideré tout ce qui fait a considérer icelles lettres, et la concession octroyée et tout le contenu d'icelles, en tant comme il a plu et semblé bon audit révérend père à les passer et octroyer selon son bon conseil et sa conscience, lequel nous en chargeons quant ad ce, pourtant qu'il sçait mieux que nous quel profit ou quel préjudice il lui en puet estre, ou temps présent et advenir : nous, en tant que il nous tuiche et en nous est, les loons, gréons, ratifions et consentons par la teneur de ces présentes lettres. Ou tesmoing de laquelle chose nous avons fait sceller cette présente lettre de nostre grant scel. Donné en nostre Chapitre, le huitième jour dou mois de juing, l'an de grace mil trois cens cinquante et huit.

G. Billon.

(Tiré des originaux.)

N° 296.

Remise de la ville d'Auxerre au comte Jean III, par ordre du roi, après sa reprise sur les Anglais.

(An 1360, décembre.)

Jehan, par la grace de Dieu roys de France : a touz présenz et à venir, salut. Comme par la deffaute et coulpe des bourgeois et habitanz de la ville d'Auceurre, ladite ville ait esté nagaires perdue et destruite par Robert Canole et ses complices ennemis de nostre dit royaume, pour ce que lesdiz bourgeois et habitanz qui par leurs grans avarices, orgueil et malvais gouvernement veuldrent de euls garder ladite ville, boustrerent et misrent hors d'icelle, partie de plusieurs gentizhommes qui par avant longue pièce estoient venuz en ladite ville en la compagnie de feu Guillaume de Chalon, filz de nostre très chier et féal cousin et conseiller le conte d'Auceurre, boutaillier de France, pour ladite ville et tout le pais garder et deffendre, et résister ausditz ennemis de tout leurs povoirs. Et pour ce que après que ladite ville fut ainsi perdue, nostre cousin le sire de Fiennes, connestable de France entra en ycelle, la garda et empara de rechiez, ledit connestable et plusieurs autres dient ladite ville et ses appartenances estre à nous acquise; nous ait fait supplier ledit conte comme il ait touzjours amé et servi loyalment et continuelment nous et noz prédécesseurs roys de France, et ait esté longuement prisonnier en Engleterre où il a moult fraié et despendu du sien à cause de sadite prise, et li convient encore pour très-grant et excessive raencon, que sur ce li pourvoissions de grace. Savoir faisons que nous, par l'avis de nostre conseil, de grace espéciale, certaine science, et de nostre auctorité royal, rendons et restituons à plain audit conte ladite ville d'Aucerre, et toute la justice haute, moyenne et basse ; et touz autres drois, rentes et revenues d'icelle, à les tenir et avoir paisiblement en la fourme et manière que les tenoit et en jouissoit avant ladite prise, en imposant à touz noz procureurs et justiciers silence perpétuelle. Donnons en mandement aus bailliz de Senz et de Troyes, et à touz noz autres justiciers et officiers présenz et à venir, à leurs lieuxtenans et à chascun d'eulx, si comme à lui appartiendra, que de nostre présente grace laissent et facent user et jouir à plain ledit conte et ses genz et officiers, pour luy, sanz leur mettre ou seuffrir estre mis ares ne ou tems à venir, contre la teneur d'icelle, aucun empeschement : mais se mis y estoit ou est, par aucune avanture, que sanz délay le mettent et facent mettre au premier et deu estat, sanz contredit.

Et pour ce que ce soit ferme chose et estable à touzjours, nous avons fait mettre nostre seel à ces presentes, sauf en autres choses nostre droit et en toutes l'autrui. Donné à Paris ou mois de décembre, l'an de grace mil trois cens soixante.

Par le roy en son conseil ouquel vous estiez ; De Chastillon.

(Trésor des Chartes, reg. 89, pièce 429.)

N° 297.

Lettres de rémission pour Gaucher de Seignelay, à cause des actions extra-légales, qu'il avait été obligé de faire pendant l'invasion des Anglais dans l'Auxerrois.

(An 1361, mai.)

Johannes, Dei gratia Francorum rex, notum facimus universis presentibus et futuris, quod cum nobis humiliter fuerit expositum ex parte Gaucherii domini de Sellegniaco militis, et ejus uxoris Ade de Villa-Nova; militis Guillermi de Rouvreyo, scutiferi ; Roberti de Autissiodoro ; Johannis de Torny, Guillelmo de Gilly ; Petro Guillemardi, servientis nostri, Stephani de Arciaco ; Richardi Mamage et Johannis de Comblans ac Roberti Choardi, et quorumdam suorum complicum in hac parte, sub regimine dicti domini de Sailligniaco existentium, guerris invalescentibus in partibus Burgundie, Anglici in maxima quantitate in provincia Autissiodorensis se traxissent, et ibidem quamplurima fortalicia accepissent et occupassent : videns dictus dominus de Saillagniaco periculum sibi ac patrie circumvicine eminere, se una cum predictis et quibusdam aliis, in dicto castro suo de Saillegniaco retraxisset, ac bene et decenter pro tuitione et defensione sua genciumque suarum ac patrie circumvicine, dictum castrum fortificari fecisset. Dictique Anglici, circumquaque dictum castrum tria fortalicia accepissent de forte, non distancia ab eodem castro de Saillegniaco nisi a duabus lencis vel circa. Quamobrem oportuit gentes dicte patrie circumvicine in dicto castro refugium habere, et ibidem dictis de causis necessario commorari. Dictusque dominus ac prenominati pluries accessissent in villis propinquioribus dictis fortaliciis a dictis Anglicis occupatis, ne iidem Anglici victualia et alia eisdem necessaria et unde valerent sustentari, in tanta quantitate reperirent ipsa victualia quam plurima, et alia mobilia in eisdem reperta, pro dicti castri munitione accepissent; cum viderent cotidie dictos Anglicos eadem continuo in suis fortaliciis asportare. Quin ymo, dicti exponentes equitando, versus et circa dicta fortalicia a dictis Anglicis occupata, pluries obviaverunt pluribus Gallicis et aliis differentibus victualia, armaturas, pecunias et nonnulla alia mobilia, que predicta sic defferentibus amoverint, pro eo quod ex causis predictis et verissimilibus conjecturis ea credebant firmiter a dictis Gallicis ipsis Anglicis, pro eorum sustentationibus, asportare et pro inimicis nostris veraciter, per consequens, reputari; eosdem in dicto castro prisionarios duxerunt, et propter hos eisdem emendas civiliter exsolvere fecerant, et ab eisdem levaverant. Et cum generaliter per totum regnum foret prohibitum, sub pena quod contra faciens reputaretur proditor, ne aliquis dictis Anglicis victualia, armaturas, vel alia pro eorum sustentatione qualicunque defferret : nichilominus plures pluribus contrafacientibus obviarunt, licet ea pluries eisdem prohibuisset, cumque ab eisdem se voluissent abstinere eosdem si perseverantes et abstinere nolentes, quem vel quos in facto presenti reperiebant, cum vel eos causa correctionis et abstinencie hujusmodi, non odii fomite, verberabant; ex quibus verberibus sint et est mors aliquibus forsitan subsequta; de quibus non recordantes nec sciunt super hoc veritatem; insuperque plures habitantes villarum circumvicinarum dicti castri in eodem venissent ad refugium, pro tuitione eorumdem oportuit dictum dominum tenere magnam quantitatem gentium armorum, ac pro stipendiis eorumdem persolvendis dictas gentes imposuit ad certam quantitatem vini, grani, et pecunie quam super eos levavit; dictique Anglici pro nocendo, in certis domibus se pluries abscondissent, ipsi exponentes pro eis expellandis dictas domos in quibus se taliter abscondissent incenderunt. Et quia dicti Anglici, post miserabilem captionem civitatis Autissiodorensis, in dicta patria taliter invaluerunt quod vix erat aliquis qui potencie eorumdem valeret resistere, aut in nullo vel modico contraire ; eapropter cum dicti exponentes dictum castrum vellent victualibus munire, ac dictam villam Autissiodorensem a combustione liberare, cum ipsis Anglicis usque ad certum tempus inducias acceperunt et accesserunt pluries per salvum-conductum ad fortalicia, et cum eis mercati fuerunt de equis et rebus aliis ; quibus pendentibus induciis, dictus dominus de Saillegniaco cum pluribus aliis gentibus armorum ac prefatis exponentibus tractavit, ac eos Anglicos suis penis, expensis et laboribus mediantibus fecit adeo insimul congregare quod ipsa fuit recuperata per dictum constabularium Francie, ejus gentes, complices et consiliarios in hac parte. Que quidem omnia facta superius declarata extiterunt guerris durantibus, ac ante generalem abolicionem et remissionem omnium premissorum. Cumque pace reformata inter nos et carissimum fratrem nostrum regem Anglie, carissimus primogenitus noster dux Normanie ; tunc locum nostrum tenens, generalem absolucionem et remissionem criminum fecerit omnibus raptoribus, incendiariis, homicidiis, depredatoribus et malefactoribus, qui predicta maleficia commiserant guerris durantibus, dumtamen parti satisfacerent, actione civili et prosecutione super hiis tantum modo reservata, prout in litteris dicti primogeniti nostri pariter et alibi in nonnullis senescalliis, bailliviis, civitatibus et villis insignibus dicti regni publicatis, dicitur continerí. Cumque dicti Anglici, sua cupiditate moti, nolentes ab inceptis desistere, gentes patrie ac exponentes supradictos, prout guerris durantibus faciebant, post dictam pacem reformatam inhumaniter et crudeliter tractaverunt eos, depredendo, interficiendo et alia dampna faciendo ut consueverant. Et propter hoc dicti exponentes vim vi repellendo, cum aliter seu justiciam de eis habere non possent, aliquos de ipsis Anglicis post pacem reformatam interfecerunt. Et cum facta predicta sint de deppendenciis et connexis dicte gracie generalis, et propter hoc nobis humiliter dicti componentes supplicaverunt ut cum predicta fuerunt facta magis pro tuitione et restauratione dicte civitatis Autissiodorensis et patrie quam alia cupiditate, maxime cum dictum castrum teneri foret necessarium, que dicti Anglici patrie predicte et ejus gentibus intulerant, gratisque laudabilibus serviciis per eos impensis, attentisque predictis dampnis, sibi super hiis per nos misericorditer provideri.

Nos igitur, attentis et consideratis premissis predictis supplicantibus, et eorum cuilibet pio compacientes affectu, de gratia speciali, auctoritate regia ac jure plenitudinis potestatis, facta predicta ac cetera alia, si que dictis de causis et occasione premissorum commisserunt, que sub dicta generali abolitione comprehendentur, vel comprehendi possent et debent, quoad penam divinalem et corporalem duntaxat in casu premisso, remittimus imperpetuum et quittamus, reservata tamen actione et prosecutione civili de et super premissis et quelibet premissorum, partibus dampna passis, juxta litterarum dicti primogeniti nostri continenciam predictarum. Ipsos et eorum quemlibet tenore presentium restituentes ad plenum famam et bona; infamiamque, si cui propter hoc subjaceant penitus abolentes, ac super hiis et eorum dependenciis procuratori nostro generali, et aliis procuratoribus nostris in nostris bailliviis, senescalciis, et aliis juridictionibus, deputatis vel deputandis, silentium perpetuum imponentes. Dantes tenore presentium in mandatis ballivio Senonensi, reformatoribus commissariis, cujuscumque status vel condicionis existant, aut quocumque nomine censeantur, ceterisque justiciariis regni nostri, aut eorum loca tenentium, presentibus et futuris, et eorum cuilibet, quatinus dictos, supplicantes et eorum quemlibet, nostra presenti gratia uti et gaudere pacifice faciant et permittant; non permittentes ipsos aut eorum quemlibet propter hoc capi, puniri vel arrestari, aut aliis molestari seu imprisionari. Sed si quid de bonis suis propter hoc captum aut saisitum, vel contra presentes aut earum tenorem factum vel attemptatum fuerit, et in statum pristinum et debitum reponi faciant indilate.

Quod ut firmum et stabilitate litteris presentibus nostrum fecimus apponi sigillum ; salvo in aliis jure nostro et in omnibus quolibet alieno. — Datum Parisiis anno Domini millesimo ccc° sexagesimo primo, mense maii.

Per regem, ad relationem consilii in quo erant dominis episcopus Carnotensis, Egidius de Soycuria et Fauvallus de Baudencuria milites. *Signé* : Ferricus.

(Trésor des Chartes, reg. 89, n° 615.)

N° 298.

Lettres du roi Jean au sujet de son assistance à l'entrée solennelle de l'évêque d'Auxerre.

(An 1361, 27 décembre.)

Joannes, Dei gratia Francorum rex. Universis presentes litteras inspecturis, salutem. Notum facimus quod cum à feodalibus episcopi seu ecclesie Autissiodorensis et aliis quampluribus, in jocundo seu primo adventu predicti episcopi in civitatem Autissiodorensem, seu ratione sui adventus primi predicti, certa sibi servitia et jura alia, prout intelleximus, debeantur, et de novo vos ad dictam civitatem venientes, personamque dilecti et fidelis consiliarii nostri Johannis, nunc episcopi dicte ecclesie, honorare cupientes, ipsum introduximus in civitatem predictam. Nos, honorem hujusmodi per nos eidem impensum sibi vel successoribus suis, seu dicte ecclesie, in aliquo prejudicare volentes, concessimus et concedimus eidem, regia autoritate, de gratia quod per hoc seu propter hoc nullum sibi, vel successoribus suis, seu dicte ecclesie, prejudicium valeat generari, sed predicta sua introductione per nos facta, prout premittitur, non obstante, ipse et successores ipsius omnibus et singulis servitiis et juribus sibi in primo adventu eorumdem, vel ratione ipsius, qualitercumque debitis aut debendis, ut et gaudere possint, ut antea facere consueverint et facere potuisset dictus episcopus, si in dictam civitatem fuisset more solito introductus. In cujus rei testimonium sigillum nostrum presentibus litteris duximus apponendum. Datum Divione, vicesima septima die mensis decembris, anno Domini millesimo trecentesimo sexagesimo primo.

Per regem :   J. Hellou.

(Ex Tabul. Episc. Autiss.)

N° 299.

Lettres du roi Jean, qui mettent le fils du comte d'Auxerre en jouissance des terres de son père, Jean III.

(An 1361-62, 24 janvier.)

Jehan, par la grace de Dieu roy de France, à tous ceulx qui ces présentes lettres verront, salut. Comme nostre amé et féal cousin Jehan de Challon, aisné fils et hoir de feu nostre très-cher cousin le comte d'Aucerre et de Tonnerre, jadis bouteiller de France, pour certaines causes et essoynes de maladies, et d'autres choses justes et raisonnables desquelles plainement sommes informez, ne puisse de présent entendre au gouvernement desdiz comtez et des autres baronnies, terres et seigneuries estanz en plusieurs et divers lieux ès parties de nostre royaume, à lui appartenantes et échues par succession de nostre dit cousin son père, ne les reprendre ne les relever de nous et des aultres seigneurs dont lesdits comtez, baronnies et terres sont tenues, et de qui il appartient, et aussi les barons, chevaliers et autres, qui de feu nostre dit cousin en son vivant tenoient baronnies, terres, fiez et autres seigneuries, ne les peuvent reprendre ne relever de nostre dit cousin son fils. Sçavoir faisons que nous, pour considération des choses dessusdites, avons ordonné et octroyé, de certaine science et auctorité royale et de grace espécial, et par ces présentes octroyons et ordonnons que Jehan de Challon, aisné fils et hoir de nostre dit cousin Jehan de Challon, son père, ou nom et pour son dit père puisse entendre et avoir le gouvernement des comtez d'Auxerre et de Tonnerre, de Berry, et de Saloigne, et de toutes les autres baronies, terres et seigneuries appartenantes et échues à son dit père, à cause de la succession cy-dessus dite, en quelconque lieu que ils soient en nostre dit royaume; et que desdits comtez, baronies, terres et seigneuries, ledit Jehan, ou nom que dessus, puisse entrer en foy et hommage de nous et de tous les autres seigneurs, et les reprendre et les relever de nous et de eulx en la fourme et manière que lesdictes terres et seigneuries requerront; et aussi que tous barons, chevaliers et autres puissent entrer en foy et hommage dudit Jehan, ou nom et pour son dit père, et de lui reprendre et relever leurs baronnies, terres, fiez et seigneuries, tout en la fourme et manière que faire pourroient et devroient à nostre dit cousin son père, se au gouvernement de sesdites terres pouvoit vacquier ; et de faire instituer et establir toutes manieres de procureurs, soubs un scel ou soubs scel authentique, tant en demandant comme en défendant, qui ayent tel povoir comme il leur voudra donner, et généralement qu'il puist faire toutes autres choses touchant le gouvernement des terres de son dit père, ou qu'elles soyent en nostre dit royaume, que son dit père feroit si présens en bonne prospérité y estoit, et que les choses par luy faites ayent tel et semblable pouvoir, vertu et valeur comme si par son dit père fussent faites. Et à toutes les choses dessusdites faire et accomplir nous avons auctorisé, et par ces présentes auctorisons ledit Jehan de Challon, de certaine science et de nos autoritez royal et grace espécial dessus dites.

Si mandons par la teneur de ces lettres à tous ducs, contes, barons, justiciers, officiers et sujets de notre royaume à qui'il appartiendra, que ledit Jehan de Challon, au nom et pour son dit père, laissent et facent entrer et avoir le gouvernement des comtez, baronnies, terres et seigneuries dessusdites, et pour icelles le reçoivent, au nom et pour sondit père, en foy et hommage et relèvent et reprennent de luy celles qu'il appartiendra, sans aucune difficulté. En tesmoing de laquelle chose nous avons fait mettre nostre scel à ces présentes lettres. Donné à Beaune le XXIV jour de janvier, l'an de grace M. CCC. LXI.

Collation faite à l'original scellé en double queue de circ jaune. Ainsi signé par le roy, Melio, *visa* Chal., et fut publiée en jugement le lundi dernier jour de février, l'an 1361.

(*Extrait du livre rouge vieil du Chastelet de Paris, fol. 23, verso.*)

N° 300.

Ordre du roi Jean au bailli de Sens, de rendre aux habitants d'Auxerre, les clés de la ville.

(An 1362, 24 juin.)

Joannes, Dei gratia Francorum rex, baillivo Senonensi aut ejus locum tenenti, salutem. Gentes et ecclesiastice persone ville et civitatis Autissiodorensis, nec-non habitatores et burgenses ejusdem, prout ipsorum quemlibet tangit ac etiam quomodolibet tangere potest, nobis sub gravi conquestione monstrarunt, quod cum predicte gentes et ecclesiastice persone, ad causam ecclesiarum suarum, a tanto tempore quod de continuo hominum memoria non existit, sunt in possessione et saisina habendi in certa parte ville Autiss. omnimodam justitiam et jurisdictionem, nec-non certos et plures burgenses ipsorum subditos et justiciabiles, ipsique supplicantes muros et fossata atque imparamenta dicte ville fecerunt suis propriis sumptibus et expensis, absque hoc quod comes Autissiodorensis aut quivis alius aliquid de suo posuerit vel expenderit in premissis, ipsique fuerint in possessione et saisina habendi custodiam clavium portarum dicte civitatis et ville, dictisque possessione et saisina dicti conquerentes usi fuerint et gavisi, per tantum temporis spatium quod sufficit ad bonam possessionem et saisinam acquirendas et acquisitas retinendas. Nihilominus, Johannes de Cabilone, primogenitus comitis Autissiodorensis, per viam facti aut ejus inordinatam potentiam claves portarum dicte ville a dictis habitatoribus abstulit et amovit, atque penes se detinet, absque eo quod predictis habitatoribus et burgensibus eadem reddere et restituere voluerit, per eosdem pluries et debite requisitu predictos conquerentes in possessione et saisina predictorum, impediendo et perturbando indebite et de novo, ac in ipsorum et totius ville grande prejudicium atque periculum, si sit ita, nisi super hoc de remedio celeri sibi provideatur, sicut dicunt.

Quocirca, vobis mandamus ac etiam in hoc committimus, quatenus si vocatis evocandis vobis constiterit de premissis, impedimento, perturbatione atque novitate predictis amotis, predictos conquerentes, tam personas ecclesiasticas quam habitatores et burgenses ipsorum, possessione et saisina uti et gaudere pacifice permittatis et faciatis. Si vero predictus Johannes aut quivis alius in contrarium se opponant, et debatum super hoc oriatur, ipso debato atque rebus contensiosis ad manum nostram tanquam superiorem positis, factaque recredentia per dictam manum nostram, prout et ubi fuerit facienda opponentes, ipsos ad certam et competentem diem hujus presentis parlamenti, non obstante quod sedeat coram dilectis et fidelibus gentibus presens nostris parlamentum tenentibus, adjornetis, quibus gentibus nostris damus, tenore presentium, in mandatis quatenus partibus ipsis auditis exhibeant bonum ac celeris justitie complementum. De adjornamento et alii quesuper his feceritis, dictas gentes nostras certificare nullatenus obmittatis. Datum apud Regalem locum prope Compendium, vigesima quarta die junii, anno Domini M. CCC. LXII.

(*Ex Cartul. Urbis. Autiss. fol. lxv.*)

N° 304.

Lettres de Jean de Chalon, gouverneur du comté d'Auxerre, de par le roi, pour la fortification de l'église de Chitry.

(An 1364, 12 août.)

Jehan de Chalon, chevalier, ainsnez fils de monseigneur le conte d'Aucerre, et de Tonnerre, ayens l'aministracion et gouvernement d'ycelles contez, capitaine général de par le roy nostre sire, député en toute et par toute la dyocese d'Aucerre sur le fait des gens d'armes pour la tuicion et garde de la dicte dyocèse, a nostre amé et feaul escuyer Guillaume d'Orgelot, capitaine de nostre ville et cité d'Aucerre, salut. Comme la plus grant et la plus sayenne partie des bourgeois et habitans de la ville de Chitry nous ayent donné à entendre et monstré en complaignent que il sont à miserable povreté, tant pour le fait des guerres du roy de Angleterre, comme pour les ennemis qui de jour en jour viennent et vont en la dicte ville, et ycelle pillent, robbent, corrent et mestent à perdition. Supplient à nous estre sur ce pourvehu de remède convenable. Et pour les causes dessus dictes nous aient requis que il nous pleust emparer et emforcier l'esglise de la dicte ville, ou non de nous et pour nous, à leurs fraiz, mises et despens, pour conserver et garder les corps et les biens d'iceux habitans.

Nous, pour contemplacion des choses dessus dictes, enclinens à leur supplicacion et requeste, leur avons octroyé et octroyons, de grace espécial, que la dicte esglise nous enforcerons et emparerons ou ferons emparer ou ranforcier aux coux, fraiz, mises et despens d'iceux habitans. Pour quoy nous vous mandons et commettons que vous vous transportez tantost et senz délay en ladicte ville de Chitry, à l'esglise d'icelle ville, et ycelle emparez et enforciez, en comprenent ce que bon vous semblera, tantost et senz délay, aux coulx, fraiz, mises et despens d'yceux habitans, si comme dessus est dit. En contreignent yceux habitans et ung chascun d'eux par prise de corps et par explectation de leurs biens à contribuer et composer, selon la faculté d'un chascun, d'icelluy emparement et enforciement d'ycelle esglise faire. Et à faire guiet et garde en ycelle, tant par jour comme par nuyt, si comme il est acoustumé en tel cas en nous autres forteresses enciennes.

Et les choses dessus dictes faictes si et par telle manière que par vous n'y ait deffaut ou par vous députez; et que de négligence sur ce par nous vous ne soiez repris; que se négligence vous estes repris vous seroiz par nous pugnyz si et par telle manière que tuit y prendront example. De ce faire vous donnons povoir, mandons et commandons à touz les subgez du roy nostre sire et les nostres, prions et requerons touz autres que en ce faisant vous donnent consoil, confort et aide se mestier en avez.

Donné souz nostre seel, le xiie jour du moys d'aoust l'an de grâce mil trois cens sexante et quatre.

Par monseigneur :

Signé : Brecon.

Scellé d'un petit sceau en cire rouge portant un écusson très-fruste dont on ne distingue plus que les supports qui sont deux lions.

(Arch. de l'Yonne, *Fonds des documents historiques.*)

N° 302.

Conventions des habitans d'Auxerre, pour payer la rançon de Jean de Chalon, gouverneur du comté, pris par les Anglais.

(An 1365, 30 juillet.)

A tous ceulx qui verront ces présentes lettres, Guichard d'Ars, sire de Chancy, chevalier le roy nostre sire, bailli de Sens, salut. Comme les bourgeois et habitans de la ville et cité d'Aucerre, pour aider et secorir à payer la finance de noble homme et puissant seigneur monsieur Jehan de Challon, chevalier, ainsnel fils du conte d'Aucerre et de Tonnerre, ayant le gouvernement desdites contez, à laquelle il avoit esté mis par devers les Anglois, à la prise de Bretaigne, eussent gracieusement octroyé et accordé audict chevallier l'une des troys aydes cy-après spécifiées et éclarcies sur plusieurs conditions, accords et modifications : c'est à scavoir ou le dizième à trois ans contenans trois débleures de tous leurs blez et vins que ils cuauldroient en tous leurs heritages que ils tiennent ou tiendront en ladite conté, fiez, rereliez et ressortz d'iceluy conté, ou ung fouage chascune année desdiz trois ans, de trois francs pour chascun feu, et pour chasque année, sur telle manière et condition que le fort feroit le foible bon, ou ung franc pour chascune queue de vin que lesditz habitans cuauldroient de cy à trois ans ès lieux dessusdits ; celuy desdictes aydes qui mieux plairoit audict chevalier prendre, choisir et lever sur lesdits habitans. Et il soit ainsi que lesdits habitans, pour le fait des guerres tant en la prise de ladite ville et cité d'Aucerre, comme pour icelle recouvrer et remettre en la main et obéyssance dudit monsieur le conte d'Aucerre et dudit chevalier, eussent esté grandement domaigié et moult grandement frayé, et encores pour les causes dessusdites eussent à soustenir plusieurs grans et excessives charges : saichent tuit que pardevant nous, pour ce estably comme ou nom et comme gouverneur desdites contez pour ledit monseigneur son père, recognut et confessa pardevant nous que considéré la grant amour et affection que les dessusdits habitans ont tousjours eu vers ledit chevalier et ses prédécesseurs, et aussi que aultresfois ledict chevalier et ses prédécesseurs avoient servis, aidez et secourus en leurs nécessitez, ledit dixième de leurs vins tant seulement, comme moins grevable et plus légière à supporter desdits habitans, entre les autres aydes dessusdites a choisie, prise et acceptée, en remettant, quitant et délaissant ausdicts habitans ledict diziesme de leurs blefs, et en nostre présence a renoncié et renonce ledict chevalier, et par exprès, à toutes aultres aides dessusdites, et ledit ayde recognut et confessa par devant nous à luy avoir esté faict de dessusdicts habitans de leur pure grace, libéralité et franche volonté, sans ce que à faire ledict ayde, lesdicts habitans fussent en rien tenus, ne que pour ce présent octroy audict chevalier, sondict père ou leurs successeurs contes d'Aucerre, et qui pour le temps avenir auroient cause oudit conte, nouvel droict leur en fust, pust ou deust estre acquis, ne ausdicts habitanz préjudice estre faiz ou engendrez en aucune manière, et que pour le temps avenir ledict octroy et ayde ledit chevalier, sondict père ou aultre de eulx ayent cause en cas pareil ou semblable, le puissent ou doient traitre à conséquence contre lesdiz habitans, ou aucuns d'eulx, de quelque estat et condition ou seignorie que ils soient. Et parmy ledit ayde octroy, ledict chevalier, ou nom que dessus, les libertez, immunitez, previleiges et franchises données et octroyées par ses prédécesseurs contes d'Aucerre aux bourgeois de sondict père et de luy, manans et habitans en ladite ville d'Aucerre, en l'aveu de sondict père et ou sien, lesquelx previleiges, libertez et franchises il avoit jurées et promises à tenir depuis que il est venu au gouvernement desdites contez, ledict chevalier, en nostre présence, a loué, approuvé, confermées et ratifiées, loua, conferma et ratifia, par la teneur de ces présentes lettres, et icelles promit en bonne foy, pardevant nous, tenir et garder fermement ausditz habitans, à leurs hoirs, selon leurs bons uz et coustumes anciennes.

Et pour ce que pour cause de ce que lesdiz bourgeois, dudit chevalier et de sondict père, disoient et maintenoient, que par homme de bonne mémoire feu monsieur le conte Jehan, grant-père dudict chevalier, dont Dieu ait l'ame, et par aucuns de ses officiers aucunes choses avoient esté faictes ou préjudice desdits privileiges, pour lesquelles choses plait feust mehus entre lesdits bourgois, d'une part, ledict conte Jehan son grant-père, son procureur et officier, d'aultre part, pardevant nos très-chiers seigneurs nosseigneurs tenans leurs parlement royal à Paris, sur lequel plait ou discort aucunes choses auroient esté traictiées, si plaisoit à ladite cour, entre son dict feu grant-père, par le temps qu'il vivoit, ses gens et officiers d'une part, et lesdits bourgeois d'autre part, lesquelles choses, pour l'empeschement des guerres et aultres, n'avoient pehu bonnement estre mises à fin : ledict chevalier derechef voult et consentit et octroya, pardevant nous, et a voulu octroyer et consentir ausdiz habitans et bourgois que lesdiz traictiez et accorz soient accomplis, entérinez et mis à fin debue, selon ce que aultrefois ont esté pourparlez, traictez et accordez.

Derechief, le faict du reffuz des clefs d'aucunes des portes de la ville d'Aucerre que ledict chevalier disoit à luy avoir esté faict par lesdiz habitans, ou aucuns d'eulx, pour lequel faict et reffus ledit chevalier, ou nom que dessus, et son procureur, prosigoient et entendoient à poursuivre lesdiz habitans, ou aucuns d'eulx, en sa cour à Auxerre : ledict chevalier, ou nom que dessus, ledict faict et reffuz desdites clefs à luy bailler, ensemble toute la poine criminelle et civile que pour le faict dessusdit lesdiz habitans, ou aucun d'eulx, avoient ou povoient avoir encorue envers luy, ou nom que dessus ou son dict père, ledict chevalier, ou nom que dessus, pardevant nous, a remis, quitté et pardonné ausdiz habitans et chascun d'eulx, et par générale abolition, leur quitte, remet et pardonne à jamais et à tousjours ; et quant au faict dessusdict, a imposé et impose par la teneur de ces présentes lettres silence perpétuel à son dict procureur qui à présent est, et à celuy qui par le temps à venir sera, contre lesdiz habitans et chacun d'eulx.

De rechief, ledict chevalier ou nom comme dessus voult, octroya et accorda ausdiz habitans, et en nostre présence a volu, consentu, octroyé et accordé que aucunes choses quelconques soit pour ses vivres ou aultres nécessitez, il ne prendra ou fera prendre sur lesdiz habitans, ou aucuns d'eulx, si n'est en la forme et manière, et en tant comme il ly loist et le poura et devra faire, selon les chartres, accords et convenances de ses prédécesseurs, faiz avec lesditz bourgeois et habitans d'Aucerre ; et se aucune chose par ledict chevalier, ou nom que dessus, ses gens et officiers pour luy et en son nom, a esté pris sur lesdiz habitans ou aucuns d'eulx, il a voulu estre payé et rendu, et pardevant nous a promis ledit chevalier, ou nom que dessus, en bonne foy, les choses ainsi prises rendre et payer à ceulx sur qui il aura esté pris ; et ne veult mye ledict chevalier que pour cause desdites prises qui ont esté faites sur lesditz habitans, ou aucuns d'eulx, nouvel droict en soit acquis en aucune manière audict chevalier son père, ne à aultres d'eulx ayent cause, ne préjudice faiz ou engendrez ausdiz habitans en aucune manière. Toutes lesquelles choses dessus dites ainsi promises et accordées par ledit chevalier ou nom que dessus ausdiz habitans et à chacun d'eulx, ledict chevalier, ou nom que dessus, a promis en bonne foy, pardevant nous, tenir, garder, accomplir et entériner fermement et loyalement, sans corrompre en aucune manière et sans jamais venir, par luy ne par ses successeurs, ne faire venir encontre, mais contre les choses dessusdites aura et tiendra à tousjours fermes, establies et agréables.

Pour lesquelles convenances et aultres choses dessusdites tenir, garder et accomplir ledict chevalier, ou nom que dessus, en a obligé ausdits habitans et à leurs hoirs, soy, ses successeurs et hoirs, tous ses biens et les biens de ses successeurs et hoirs, meubles et non meubles, présens et à venir, où qu'ils soient vebuz ou trouvez ; et quant ad ce a submiz soy, ses successeurs et hoirs, ou nom que dessus, et tous ses biens et les biens de ses successeurs à la juridiction et cohertion du roi notre Sire, en quelque lieu que il face mansion, pour estre contrainte et justifiée par la prise, vendue et exploitation de tous ses biens. Et a renoncié ledict chevalier quant à ce, ou nom que dessus, à toute ayde de droit de canon et de loy, à la chose ainsy non avoir faite, traictiée et accordée, au droit disant généraul renonciation non-valoir se l'espéciaul n'est avant mise, à tout uz, stile et coustume de pays ou de lieux ad ce contraires, et généraulment à toutes aultres choses qui contre ces présentes lettres et les choses contenues en icelles pourroient estre dites ou proposées. En tesmoing de ce nous avons scellé ces lettres du scel dudit baillage. Donné à Aucerre, le penultième jour du mois de juillet, l'an de grace mil trois cens soixante et cinq. J. Belot.

(*Ex Cartul. Urbis. fol. xlj.*)

N° 303.

Ordonnance des élus du diocèse d'Auxerre pour la défense du royaume, à trois habitants de Chitry, d'imposer une taille sur leurs concitoyens, pour les deux derniers termes de l'année.

(An 1365, 24 août.)

Les esleuz es cité et diocèse d'Aucerre sur le fait ordené pour la provision et deffense du royaume, à Guiot, Pierre et Robert Poiré habitans et parroichiens de la ville et parroiche, de Chitri, et à chascun d'eulx salut. Nous vous mandons et ad ce faire commectons, de par le roy nostre sire et de par nous, que appelé avec vous ou avec l'ung de vous, le curé de ladicte ville et parroiche et deux ou trois des plus souffisans et notables personnes de ladicte ville et parroiche, vous, tantost et sanz délay, sur touz les habitans et parroichiens de ladicte ville et parroiche, faictes et mectez taille et imposicion pour deux termes de ce présent an : C'est assavoir le premier terme fenissant le darrenier jour de ce présent mois d'aoust, et l'autre terme fenissant le darrenier jour du mois de décembre prochien venant, pour et à cause dudit fait : C'est assavoir ung franc d'or ou la valeur, pour chascun seul, le fort pourtant le foible, selon la faculté et puissance d'ung chascun, pour lesdiz deux termes. Et ladicte taille faicte et imposée, icelle cuillez, levez et recevez tantsost et sans délay, sanz aucune faveur ou emport de nul, et l'argent et tout ce que receu en aurez apportez ou envoyez à Aucerre, pardevers le receveur général ordené sur ledit fait, pour commuer et convertir là où il appartiendra, en contraignant ad ce par vous, de par le roy nostre sire, touz les rebelles ou reffusans, par la prise, vendue et explectacion de touz leurs biens et par la détenue de leurs corps en prison fermée se mestier est. Et ce faictes si diligemment et par telle manière que par vous n'y ait deffaut : quair se deffaut y a par vous, ou avenant de vous, en serez pugni griefment. De ce faire vous donnons povoir à vous et à chascun de vous d'entendre diligemment. Donné soubz nos sceaux le xxiiii° jour d'aoust l'an M. CCC. LXV.

Scellé de deux petits sceaux de cire rouge à écussons sur l'un desquels est une croix et sur l'autre trois roses.

(*Archives de l'Yonne, Fonds des documents historiques.*)

N° 304.

Déclaration par Jean de Chalon, fils aîné du comte d'Auxerre, que le don du dixième du produit de leurs vins et grains à lui fait par les habitants de Chitry, pour lui aider à payer sa rançon, ne leur préjudiciera à l'avenir. — Faveurs qu'il leur accorde.

(An 1365, 8 septembre.)

A touz ceulz qui ces présentes lettres verront, Jehan de Chalon, ainsné filz du conte d'Aucerre et de Tonnerre, aiant le gouvernement des dictes contés, salut. Savoir faisons que comme pour le fait de nostre délivrance et rançon paier, à laquelle par noz ennemiz avons très excessivement esté miz, et laquelle, sanz l'aide de noz bons amis et loiaux subgez, bonnement ne pourrions paier et nous conviendroit restourner en prison pardevers noz diz ennemis, où nous serions en aventure de mourir, que Dieu ne veuille : nous, ayens mandé et fait venir pardevant nous en nostre ville d'Aucerre les habitans de la ville de Chitry, auxquelz nous avons dit et exposé la nécessité et grant besoing que nous avons, et comme de présent pour le fait de nostre délivrance il nous convient pourchacier grans finances ; en leur suppliant et requerant considéré la perte et dommage que nous avons euz et soustenuz en nostre prinse, l'empirement de nostre corps et la promesse que nous avons à nos mestres que gracieusement, de leur pure, bonne et franche volonté nous vousissent faire aide et du leur donner et ottroier, pour nostre dicte raençon paier, et que le disiesme de touz les blefs, et vins que il cuendront en tout leurs héritages estant en toute la conté d'Aucerre, fiez, rerefiez et ressors d'icelle, nous vousissent donner et ottroyer pour nostre dicte délivrance ; lequel disieme de touz leurs blefs et vins que il cuendrons en toutes leurs terres estant en ladicte conté fiez, rerefiez, ressors d'icelle, comme dit est, gracieusement de leur pure, bonne et franche volonté nous ont donné et ottroié à lever et cueillir par troiz années compté ceste présente pour l'une des dictes troiz années dessus dictes. Et voulons par ces presentes que le don à nous par lesdiz habitanz einsi fait, ou temps advenir ne leur soit ou puisse tourner à préjudice, ne que le dit ottroy et aide dessus-diz, monseigneur nostre père, nous, ou autres de lui aient cause, en cas pareil ou semblable, le puissent ou deyent traire à conséquence ne que nouvel droit pour ce nous en soit aquis contre lesdiz habitans, ni aucun d'eux, de quelque estal, condicion et seigneurie que il seront.

Et aussi voulons-nous que toutefoiz et quantes lesdiz habitanz de Chitry voudront changer ou permuer leur capitaine, se profitable ne leur estoit, que eulx mesmes habitanz en eslisent un aultre profitable et souffisant et icelui capitaine ainsi eslit par lesdiz habitanz nous permettrons, ordonnerons, establirons et commettrons comme capitaine en non de nous et pour nous, toutes fois et quantes mestiers sera. Et aussi, veu et regardé la bonne volonté que lesdiz habitanz ont envers nous, à yceulx avons donné et ottroié, de grace espécial, que dorez en avant aux portes de nostre ville d'Aucerre lesdit habitanz ne paieront servitudes, péages ne coustumes nouvellement ordonnées, excepté les coustumes anciennes. Et en oultre auxdiz habitanz avons ottroyé que durans les troiz années dessusdictes nous ne prenrons, pourchacerons ne ne ferons prise, ne souffrerons estre faictes par nous ou noz genz, par quelque manière que ce soit, sur lesdiz habitanz. Car ainsi le voulons nous estre fait. Et que ce soit ferme chose et estable, nous avons fait sceller ces présentes de nostre propre séel. Donné à Aucerre le viiie jour du mois de septembre l'an mil ccc soizante et cinq.

Par monseigneur.

Pièce en parchemin scellé du sceau du comte, en cire rouge brisé, figurant un petit écusson à la bande des Chalon.

(Archives de l'Yonne, Fonds des documents historiques.)

N° 305.

Lettre du pape Urbain V, à l'archevêque de Besançon, au sujet de deux de ses diocésains qui avaient volé les joyaux de l'abbaye S. Germain.

(An 1366, 19 janvier.)

Urbanus episcopus, servus servorum Dei : venerabili fratri..... archiepiscopo Bisuntino, salutem et apostolicam benedictionem. Ad audientiam nostram fide digna relatione pervenit quod dudum nobiles viri, Simon de S. Albano miles, ac Hugo de Binant domicellus tue diecesis, nonnulla jocalia argentea et aliarum specierum ad monasterium S. Germani Autissiodor. spectantia, Deo et eidem S. Germano dedicata, que pro magna necessitate Parisius deportata fuerant; dum per quosdam cives Autiss. ad civitatem Autiss. reportarentur per violentiam ausu sacrilego, moreque predonico abstulerunt et ea detinuerunt et detinent occupata, in animarum suarum periculum, et prefati monasterii gravissimum detrimentum, super quibus fuit a nobis justitie remedium postulatum. Nos autem, cum eisdem mitius quam per viam justitie, si humiliter patere voluerunt agere intendentes, voluimus tueque fraternitati mandamus, quatenus nobiles ipsos ex parte nostra amicabiliter requiras et moneas, ut ipsorum honori et animarum saluti salubriter providentes, predicta jocalia libere restituant monasterio prelibato, et si eos ad hujusmodi liberam restitutionem inducere non valeres, per dilectos filios.... abbatem et conventum dicti monasterii eisdem nobilibus dari faciemus aliquam congruam pecunie quantitatem, de qua tractes cum ipsis, nobisque intentionem et responsionem eorum non differas intimare, quia si se duros et pertinaces in hac parte reddiderint, contra eos, prout expedire viderimus, procedemus. Datum Avinione, decimo kal. februarii, pontificatus nostri anno quarto.   A. Defabrica.

(Ex autographo.)

N° 306.

Donation, par le pape Urbain V, de 4,541 florins d'or, pour la réparation de l'église de l'abbaye Saint-Germain.

(An 1366, 31 juillet.)

Urbanus episcopus, servus servorum Dei, ad perpetuam rei memoriam. Ad monasterium Sancti-Germani Autissiodorensis O. S. B., cujus abbatiali regimini dudum presuimus, habentes specialis devotionis effectum, illa pro monasterio ipso concedimus libenter per que ejus utilitatibus et necessitatibus consulatur. Cum itaque venerabilis frater noster, Petrus episcopus Autissiodorensis, pro suo et quorumdam predecessorum suorum communibus servitiis camere nostre in quatuor millibus, quingenta quadraginta uno florenis auri ponderis camere, et tres decim solidos et tribus denariis, monete Avinioni currentis, et ad quinque servitia consueta obligatus existat : Nos, ad reparationem ecclesie dicti monasteri que multipliciter est destructa, volentes manum porrigere adjutricem, predictam pecunie quantitatem, preter dicta quinque servitia, in reparationem dumtaxat dicte ecclesie Sancti-Germani, et opus aliud convertendam, eidem monasterio, auctoritate apostolica tenore presentium deputamus, concedimus et donamus. Nulli ergo omnino hominum liceat hanc paginam nostre deputationis, concessionis et donationis infringere, vel ei ausu temerario contraire: Si quis autem hoc attemptare presumpserit, indignationem omnipotentis Dei et beatorum Petri et Pauli apostolorum opus se noverit incursurum. Datum Avinionem, 2 kal. augusti, pontificatus nostri anno quarto.

(Ext. du Cartulaire de l'abbaye Saint-Germain, ms., Biblioth. d'Auxerre, f. 169, v°, n° 140.)

N° 307.

Acte qui fait mention du vol que deux seigneurs de Franche-Comté avaient fait de l'argenterie de Saint-Germain d'Auxerre.

(An 1367, 5 septembre.)

Nos Aymo, Dei et apostolice sedis gratia, archiepiscopus Bisuntinus, notum facimus universis presentibus et futuris, quod nos habuimus et recepimus, cum reverentia qua decuit, per manum religiosi viri Reginaldi de Vincellis, conventus Autissiodor., ordinis Fratrum Predicatorum, quosdam processus a venerabili viro domino Petro de Sortenaco, legum doctore, sacri palatii apostolici causarum auditore, emanatos, contra dominum Symonem de S. Albino, et Hugonem de Binans, super spoliatione et captione et detentione sanctorum jocalium et sanctuariorum auri et argenti et aliarum specierum rerum monasterii S. Germani Autiss.; quos processus promisimus et promittimus, bona fide, executioni debite demandare et demandari facere per subjectos nostros, secundum eorumdem processuum formam et tenorem : in quorum omnium et singulorum testimonium sigillum nostrum presentibus litteris duximus apponendum. Datum in villa nostra de Noeroy, quinta die mensis septembris, anno Domini M. CCC. LXVII.

G. Fouvenz.

(Ex autographo.)

N° 308.

Lettres du lieutenant du bailli de Sens, faisant mention des États tenus à Sens en 1367.

(An 1367, 14 août.)

Jehan le Mire, lieutenant de noble homme monsieur Guichard d'Ars, seigneur de Chancy, chevalier le roy nostre sire, bailli de Sens. A tous les seigneurs dudit bailliage, et a chascun d'eulx ausquels ces lettres verront, salut. Nous vous mandons et commettons, commandons et témoignons estroitement et à chascun de vous, que vous, les ordonnances du roi nostre sire par lui faites dernièrement à Sens, par le conseil des prélats, nobles et autres gens de son royaume, dont il vous apparoitra dénomement par lettres et chartres du roi nostredit seigneur, scellées du grand scel dudit seigneur...... en las de soye, vous faites crier et publier solempnellement par tous les lieux accoustumez à faire audit bailliage, et icelle tenir et garder fermement sans enfraindre ou encontre venir en aucune manière, en contraignant duement toutes manières de gens quels qu'ils soyent, à icelles ordonnances tenir et garder fermement, selon leur forme et teneur, et gardez que défaut n'y ait. De ce faire vous donnons pouvoir à chascun de vous : mandons et commandons à tous les subjets dudit bailliage requer autres que à vous obéissent ce faisant. Donné à Sens soubs nostre scel, le samedi veille de la feste N. D. miaoust, l'an mil trois cens sexante et sept.

(Ex autographo.)

N° 309.

Lettres de Charles V, sur le droit de barrage, en faveur de la ville d'Auxerre.

(An 1367, 28 novembre.)

Charles, par la grace de Dieu roy de France, à tous ceulx qui ces présentes lettres verront, salut. Sçavoir faisons que à la supplication de nos amez les bourgeois et habitans des cité et ville d'Auceurre, disant que comme après que lesdites cité et ville furent rabattées et mises hors des mains des Anglois, lors ennemis de notre royaume ; lesquelles par certains temps avoient tenues occupées, notre très-cher seigneur et père, que Dieu absoille, leur eut octroyé certains barraiges, pour certains temps lors à venir, de toutes denrées qui passeroient et seroient conduites, tant par dessoubs le pont de ladite ville comme par dessus iceluy pont, et pour les autres entrées d'icelle ville, tant par terre que par eauve : c'est assavoir de chascune queue de vin, ou de sel, ou de quelconques autres denrées, à la value du poids d'une queue de vin montant et avalant par dessoubz ledit pont, deux viex gros tournois d'argent de chascun chariot chargié, en entrant en ladite ville, ou passant par icelle pour vendre, un viez gros tournois d'argent de chascune charette chargiée soit à chevauz ou aultres bestes ; demi-viez gros tournois d'argent de chascunes bestes chevalines portant à dos pour vendre ;

deux deniers tournois de chascunes bestes chevalines entrant en ladite ville ou passant par icelle pour vendre ; deux deniers tournois, et de chascune beste pourcelines et laine pourtant entrant en ladite ville, ou passant par icelle, pour vendre; un denier tournois pour tout ce qui en istroit, mettre, tourner et convertir ès répacions nécessaires doudit pont, et des chemins des environs, et aussi des choses necessaires à la fortification de ladite ville. Et depuis leur avons octroyé le dit barraige estre levé, cueilly et reçu pour convertir en ce que dit est jusqu'à certain temps passé; néanmoins lesdit pont et chemins ne sont pas encore en estat convenable, mais, pour deffaut de perfection, sont avenus plusieurs inconvenianz, et encore pourroient avenir gregnieures se pour nous pourveu n'y estoit de remède gracieux et convenable ; mesmement que lesdiz supplians ne le pouroient faire sans nostre grace, comme il leur est veugne faire hardiment certains ouvrages pour la sureté d'icelle ville, par l'ordonnance des commissaires députez de par nous sur la visitation des forteresses du bailliage de Sens, si comme il dient.

Nous, considérant ce que dit est, avons octroyé et octroyons de nouvel ausditz suppliants, de grace espécial, ledit barraige à le cueillir, lever et percevoir sur les choses, et par la manière dessusdite, et non ailleurs, pour n'en contribu..... que les collecteurs d'icelui barraige sont tenus de en rendre compte, voir bon et loyal chascun an, ledit terme durant, pardevant le bailly de Sens, ou pardevant le prévost de la Villeneuve-le-Roy, leurs lieutenans ou autres nous officiers commis à ce de par nous, par iceulx bailly et prévost, ou par l'un d'eulx ; mandans ausdits bailly et prevost et à chascun d'eulx ou à leurs lieutenans, que lesdiz supplians fassent, souffrent et laissent jouir et user de notre presente nouvelle grace, selon la forme et teneur d'icelle.

En tesmoing d'icelle nous avons fait mettre notre scel à ces lettres. Donné à Paris, le xxviiie jour de novembre, l'an de grace M. CCC. LXVII, et de nostre regne le quart.

(Tiré de l'original.)

N° 310.

Cession du nouveau droit de la diminution de la pinte de vin par les habitants d'Auxerre, à Gui de Rochefort, Sergent d'armes du roi, qui se charge de faire le recouvrement des joyaux de l'abbaye de Saint-Germain.

(An 1369.)

In nomine Domini amen. Universis presentes litteras, seu hoc presens instrumentum publicum inspecturis : officialis Autissiodorensis, salutem in Domino sempiternam. Notum facimus quod anno Domini millesimo trecentesimo sexagesimo nono, more curie Gallicane, Indictione octava, mensis januarii die vicesima, circiter horam tertiam, pontificatus sanctissimi in Christo patris et domini nostri domini Urbani, Divina providentia pape V, anno octavo, coram Guillelmo Viaudi, clerico, autoritate apostolica publico notario et curie Autissiod. jurato nostro, cui quoad hoc commisimus vices nostras, nec-non in testimonium subscriptorum ad hoc vocatorum et rogatorum presentia, personaliter constitutis in capitulo ecclesie Autissiodorensi, reverendo in Christo patre et domino domino Petro, Dei gratia episcopo Autissiodorensi, venerabilique patri in Christo domino Johanne abbate monasterii Sancti-Mariani Autissiodor., ac venerabilibus et religiosis ac discretis viris et magistris Johanne Mercerii, decano, Guillelmo Mercerii thesaurario, Ludovico Balbeti archidiacono Puisaye, Jacobo Billonis, Hugone Blandini canonicis ecclesie Autissiodor.,Petro de Autissiodoro graneterio, Stephano de Mellignyaco monachis monasterii Sancti-Germani Autissiod., Egidio de Vallermerci, Johanne Jourdain.... ore clerico et Petro Progier, Petro Mercerii, Guidono Bourdelli, Johanne Cudenne, seniore, Colacio Lusurier, Gileto Legoiz, Johanne d'Orgelet alias dicto Le Galoiz, Joanne Coinchion, Symone de la..... Johanne Salnerii, Joanne Corderii, Johanne Robardelli, Peretto Duboys, Guillelmo de Vallemarci, draperio, Johanne Trové, Colino Riquardi, Joanne Thome, Petro Poterii, Audeto de Belna, et.... aliis habitatoribus tam ecclesiasticis quam secularibus civitatis Autiss., in magna quantitate, etiam majorem et saniorem partem omnium habitantium civitatis predicte facientibus, et evidenter..... propter hoc specialiter congregatis in capitulo predicto, etiam post solemnem proclamationem super hoc ex parte domini comitis Autiss. expresse factam, per civitatem predictam, ut dicebant, pro se et pro aliis habitantibus civitatis predicte absentibus, pro quibus etiam predicti habitatores presentes manu ceperunt, et se fortes fecerunt in hac parte, sub omnium bonorum suorum obligatione, quoad ea que inferius continentur, per dictos alios habitatores absentes tenenda, complenda et firmiter ac inviolabiliter observanda, ex una parte; et nobili viro Guidone de Ruppeforti, domicello, serviente armorum domini nostri Francorum regis, pro se ipso, ex altera. Quequidem partes dicentes et afferentes quod cum dudum quedam reliquie seu jocalia chasse corporis S. Germani Autiss., que pridem post captionem civitatis predicte tradite fuerunt pro redemptione civitatis memorate Anglicis qui ipsam occupabant persolvenda, depredata fuissent et ablata per dominum Symonem de S. Albino, milite et Hugonem de Binant, domicellum, ac eorum complices in hac parte. Quarum reliquiarum et jocalium certa pars jam dictis habitatoribus reddita fuerat et restituta, et alia pars adhuc reddenda et restituenda erat, et que alia pars adhuc restans reddenda, ut est dictum, erat in manu cujusdam usurarii extra regnum Francie commorantis, pro pignore cujusd. magne florenorum summe supra ipsa parte reliquiarum predictarum mutuo recepta, et pro qua etiam alia parte dictarum reliquiarum et jocalium redimenda, solvenda erat usurario predicto, infra proximi festum Purificationis B. M. V. summa mille quadraginta trium florenorum auri francorum, cum septem grossis turonensibus argenti. Que etiam summa excessive ulterius multiplicaretur, nisi dicte reliquie et jocalia infra festum predictum redimerentur, et taliter quod forte ipse reliquie et jocalia omnino perderentur, nisi recuperentur infra breve, quod verti posset in predictorum habitantium et heredum ac successorum suorum grave damnum, ac evidens detrimentum, potissime, cum ratione et occasione reliquiarum et jocalium predictorum dicti habitatores essent erga religiosos predicti monasterii S. Germani Autissiodor. quamplurimum obligati.

Propter quod predicti habitatores, tam propter hoc specialiter, ut est dictum, congregati, pro se et pro aliis absentibus predictis, interveniente super hoc consilio et consensu expresso predicti domini episcopi, se et super predicta alia parte dictarum reliquiarum adhuc in predicti usurarii manu existente recuperenda et habenda ab eodem usurario, mediante summa florenorum et grossorum Turon. superius declarata, et absque hoc quod ipsa summa ulterius multiplicetur quoquo modo, et etiam pro evidenti utilitate omnium habitatorum predictorum, tam presentium quam absentium, et ad majora pericula atque damna super hoc evitanda, cum predicto Guidone de Ruppeforte tractaverunt et concordaverunt, et ipse Guido cum eisdem habitatoribus tractavit et concordavit, coram publico notario et testibus infrascriptis, in modum qui sequitur, et in formam videlicet quod ipse Guido predictam aliam partem reliquiarum et jocalium predictorum que adhuc est reddenda ipse Guido a manu dicti usurarii amovebit, recipiet et recuperabit, predicto usurario de summa predicta sibi super ipsis debita satisfaciendo, et dictos habitatores omnes et singulos, ac eorum heredes et successores, erga usurarium et alios quoscumque extraneos qui aliquid petere vellent ab eisd. habitatoribus, tam ratione et occasione reliquiarum et jocalium predictorum, quam pro laboribus aut expensis factis per eos in ipsis reliquiis et jocalibus, reddi procurandis de his omnibus et singulis penitus acquittabit, et indemnes observabit ac indemnes observare promisit, predictamque partem dictarum reliquiarum et jocalium adhuc ad reddendum restantem, ipse Guido predictis habitatoribus, suis sumptibus, periculis et expensibus, integre restituet et reddet, ac restituere promisit, et predictis habitatoribus in capitulo predicto ecclesie Autissiodor., vel alibi in civitate predicta, ubi melius placuerit habitatoribus supradictis, et hoc tardius faciet et facere tenebitur, et promisit infra mediam quadragesimam proximam venturam, ita tamen et sub talibus conditionibus et conventionibus super hoc habitis inter partes predictas, quod pro predictis reliquiis et jocalibus sic recuperandis, restituendis et tradendis et aliis promissis faciendis et complendis per dictum Guidonem, ut est dictum, predicti habitatores in dicto capitulo presentes, pro se et pro aliis absentibus, dicto Guidoni presenti et acceptanti, dederunt, cesserunt et concesserunt omne emolumentum diminutionis pinte vini in civitate predicta nuper ordinatos, videlicet quintam partem vini venditi ad tabernam, per ipsum Guidonem seu alium ve alios ejus nominis, et pro ipso, et ad ejus singulare commodum percipiendam, levandam et exigendam et recipiendam ab omnibus in civitate predicta et suburbiis ejus vinum ad tabernam vendentibus, a prima die mensis februarii proxime venturi usque ad unum annum, cum dimidio et inde continue secutus, et modo ac forma quibus ipsa diminutio tradita fuit, levanda et percipienda Johanni de Bello-Loco, Johanni Paillardi, Johanni Maulduit, Petro de Chantepinot, civibus Autissiodorensibus, et quibusdam aliis suis consociis in hac parte, et secundum quod adhuc ipsi levant emolumentum predictum, etc.....

In quorum testimonium, etc...... Datum et actum anno, indictione, mense, die, hora...... presentibus una cum dictis partibus, dicto Domino episcopo, necnon religioso viro domino Arnulpho Balbeti, priore de Quitriaco, Johanne de Pruneyo domicello, et pluribus aliis testibus ad premissa vocatis et rogatis.

(*Ex Tabul. Urbis Autiss.*)

N° 311.

Quittance de Robert Kanole, capitaine Anglais, au sujet des engagements pris par la ville d'Auxerre, pour se racheter du pillage.

(An 1370-71, 10 avril.)

Sachent tuit présents et à venir que comme nous Robert Kanole, sire de Derval et de Rouge, eussions eu ja pieza sur les bourgeois et habitans de la ville, cité et forbours d'Auceurre, certaines obligations de la somme de quarante mil florins d'or au mouton, pour le rachat du feu, du glaive et du pillage de ladite ville, cité et forbourgs d'Auceurre, mehus en pitié par remors de consience des maulx que lesdiz bourgois et habitans ont souffert, en l'amour de Dieu et pour la sainteté et révérence de notre saint père le pape, et pour l'espérance et amour que nous entendons avoir avec luy et à tous ses conseils et adhérenz, nous quittons lesdits bourgeois et habitans des obligations et sommes dessusdites, eulx, leurs hoirs et tous leurs biens, et tous aultres à qui quittance en doit et puet appartenir; et promettons en bonne foy à jamais riens n'en demander, en tant comme il nous puet ou povoit toucher et appartenir, à cause des obligations et sommes dessusdites que nous avons sur lesdits bourgeois et habitans dessus ditz; lesquelles obligations nous avons baillé à Ermand Ochel Dervvalt, de Coloigne, sergent d'armes du roy de France, pour porter à notre saint père le pape, à en ordener et faire sa volenté; en li supplians et requérant humblement, de par nous, que il plaise à sa sainteté nous pourvoir de remède convenable en telle manière que ceulx qui étoient nos compaignons esditz obligations ne nous en puissent accuser, ne grever, ne jamais rien demander.

En tesmoing de ce, nous avons fait sceller ceste présente quittance de nostre propre scel, le dixième jour d'apvril, l'an de grace M. CCC. LXX.

(Tiré de l'original.)

N° 312.

Don d'une portion de bois au Chapitre d'Auxerre par l'évêque Pierre Aymon.

(An 1370, 22 août.)

Petrus, miseratione Divina Autissiod. episcopus : dilecto in Domino Bernardo la Verulia, receptori nostro, salutem. Cum dicti nostri decanus et capitulum ecclesie nostre Autiss. a nobis peterent quinque arpenta nemorum, vel circa, in nemoribus nostris de Roncellis, et ea assererent sibi per predecessorem nostrum bone memorie Dominum J. de Auxeio, quondam Autissiodor. episcopum, donata fuisse, licet de hoc plene minime nobis constiterit, neque constet; nos tamen, cum eisdem generose agere volentes, et precipue attendentes onera que pro divino servitio in ecclesia nostra, die, noctuque faciendo, subire habent incessanter, ut ad hoc et ad alia nobis grata preces faciende sint in posterum, petentibus eisdem de gratia speciali dicta quinque arpenta concedimus et donamus, mandantes tibi receptori nostro predicto, vel illi qui pro tempore fuerit, quatenus predicta quinque arpenta eisdem vel eorum mandato deliberes et assignes, quoties fueris per eos inquisitus. Datum in villa nostra Varziaci, sub sigillo nostro, anno M. CCC. LXX, die XXII mensis augusti.

(Ex autographo.)

N° 313.

Ambassade de Pierre Aymon, évêque d'Auxerre, en Aragon.

(An 1371, 25 juin.)

Charles, par la grace de Dieu roy de France et de Navarre : à nos amez et feaulx les généraux et conseillers sur le fait des aydes : nous avons ordené que nostre amé feal conseiller l'evesque d'Auceurre, voise es parties d'Arragon avec nostre trez-chière et bien amée tante Jehanne de France, pour notre dite tante accompagner et aultres choses faire touchant elle et le bien et profit de nostre royaume; et pour faire les fraix et missions de nostredit conseiller audit voyage, avons à iceluy taxé et ordenné trois cent francs pour chascun mois. Donné en nostre chastel du bois de Vincennes, le xxv juin, l'an de grace M. CCC. LXXI, et de nostre règne le huitième.

Par le roy, T. Hocie.

(Tiré des portefeuilles de Gaignieres, à la Bibliothèque du roi.)

N° 314.

Réunion du comté d'Auxerre à la Couronne.

(An 1371, 8 septembre.)

Charles, par la grace de Dieu roy de France. Comme nous ayons de nouvel acquis et achepté le conté d'Aucerre, de nostre aimé et féal Jehan de Chalon, conte de Tonnerre avecques tous les fiefz, arriere-fiefz, seignouries, noblesses, hommes, vassaulz, rentes, possessions, revenues et autres appartenances et deppendences quelconques appartenantes audit conté que ledit Jehan tenoit et possidoit de son propre demaine et héritage ; si comme par les lettres de l'achat sur ce faictes, lesquelles ont été mises pardevers nous en nostre trésor à perpetuel mémoire, puet plus a plain apparoir, et pour nous rendre l'argent que nous avons paié pour ledit achat, les bonnes genz bourgois et habitanz d'Aucerre et du pays d'Aucerrois nous aient donné et ottroié, liberalment et de leur bonne voulenté, le disiesme de tous les grains et vins qui croistront oudit pays, pour trois années continueles, afin d'estre et demourer perpetuelment soubz nous et en nostre main, sanz moyen et sanz en estre jamaiz mis hors par quelque voie ou maniere que ce soit : Savoir faisons à tous présenz et avenir que nous, considérans les choses dessusdictes, et aussi l'affection, grant désir et bonne voulenté que lesdiz bourgois et habitanz et bonnes genz dudit conté et pays d'Aucerrois ont d'estre en nostre main et nos subgez, et en nostre seigneurie, sans moien, et que la ville et cité d'Aucerre et aussi aucun des lieux, villes, chasteaulx appertenanz audit conté sont assiz sur la rivière d'Yonne et en pays et lieux dont moult de biens pevent chacun jour venir et estre conduiz et amenez en nostre bonne ville de Paris, et passez par noz aultres detroiz, villes et passages estanz sur ladicte riviere et sur la riviere de Seine, sans danger, empeschement ou destourbier d'aulcun moien seigneur, et que icelle ville et conté d'Aucerre et aultres villes et forteresses appartenans à icelluy conté sont en frontière de plusieurs parties et pays où nous n'avions aucun demaine, et par lesquelz lieux et forteresses se aucune guerres ou commotions avenoyent, ou se aucuns ennemis vouloient d'aventure grever ou dommager les parties de France, ycelles parties et les aultres en venant à Paris pourroyent estre gardées, deffendues et tenues en surté, icelluy conté avecques tous les lieux, villes, chasteaulx et forteresces, fiez, arriere-fiez, seignouries, nobleses, bourgois, hommes, vassaulx, rentes, revenues, bois, prez, eaues, molins, garennes, possessions et aultres appertenances et appendances quelconques audit conté, en quelconques choses qu'elles soient ou pevent estre et toutes autres choses que nous pourrions deci en avant acquerir et aproprier à icelui conté. Nous, par grant et meure délibération de nostre conseil, pour les causes dessusdites et aultres qui à ce nous ont meu, avons aproprié, unie et annexé, aproprions, unions et annexons de nostre auctorité, certaine science et plaine puissance royal, par la teneur de ces presentes perpetuelment, à nous et à noz successeurs et au demaine de la coronne de France à y estre et demourer à perpetuité, sans ce que jamais icelui conté ou aucune chose d'icelui par nous ou noz successeurs roys de France en puissent estre ostez, séparez, detraiz, aliénez, ne baillez à aucuns de noz frères, ne à aultres de de nostre lignage, ne a quelconque aultre personne de quelque estat ou condition qu'elle soit, par partage, par mariage ou appanage ne par autre quelconque voye ou maniere que ce soit, de présent, ne pour le temps à venir. Et se par aventure ledit conté ou aultres appartenances d'icelluy ou aucunes choses d'icelles, nous, ou aucun de noz successeurs roys de France, nous en distrahions, séparions, ostions ou aliénions, nous ne voulons que aucune distraction ou séparacion ou aliénacion que nous ou aucuns de nosdiz successeurs en facions, tiengnent, ne vaillent, ne ayent aucune force ou vigueur, ne que a aucunes lettres qui seroyent par aventure données au contraire par nous ou nozdiz successeurs ou temps à venir, soit en aucune maniere obéi, ne que ycelles ayent ou puissent avoir aucun effet, ne porter aucun préjudice à noz présentes lettres, ne au contenu d'ycelles par quelconque voye ou manière que ce soit, et que ledit conté et les appertenances et appendances dessusdictes ne soient et demeurent à tousjours appropriés, unies et annexés au propre demaine de la couronne, comme dit est, et ainsi l'avons-nous promis et accordé en parole de roy ausdits habitans d'Aucerre et du pays d'Aucerrois, sanz jamaiz faire ne souffrir estre fait le contraire.

Et que ce soit ferme chose et estable à tousjours, nous avons fait mettre nostre seel à ces présentes, sauf en aultres choses notre droit, et l'autruy en toutes.

Donné à Paris, l'an de grace mil trois cens soixante et onze, et de nostre regne le huitiesme ou mois de septembre.

Ainsi signé par le roy :

N. de Veires ; sur le reply desdites lettres sur lequel sont escrips ces motz :

Pro rege visa duplicata (1).

(Tiré de l'original conservé aux Archives de la ville d'Auxerre, case B, paquet 5º.)

N° 315.

Procuration de Yolande de Flandre, pour la remplacer au portage de l'évêque d'Auxerre.

(An 1373, 24 juillet.)

Yolande de Flandres, contesse de Bar, et dame de Cassel, à nostre cher et bien amé maistre Arnoul de Chasteauneuf, chevalier, salut. Pour ce que nous devons estre à cause des titres que nous tenons de révérend père en Dieu l'evesque d'Aucerre, en la première entrée qu'il fait en son esglise, pour l'aidier à porter ; et pour certaines et justes causes, ne púissions estre à l'entrée dudit révérend père qui est à présent, nous y avons ordonné pour y estre en lieu de nous. Si vous mandons que vous y soyez pour nous, pour faire en lieu de nous ce qu'il appartient à faire en tel cas.

Donné à Paris, en la tour du Temple, ce vingt-quatriesme jour de juillet, l'an de grace mil trois cens soixante et treze , soubz le scel de nostre amé et féal conseiller et procureur en parlement maistre Eustache de la Pierre, présens maistre Jehan Mouron, prebtre chanoine d'Aucerre et Jehan Lemoigne, sergent d'armes de monseigneur le roy, et scellé.

(D. Viole ms. nº 127 t. III. *Bibl. d'Auxerre.)*

(1) Voir le procès-verbal de prise de possession du comté d'Auxerre, par Me Nicolas de Verres, faite au nom du roi, le 7 septembre 1371; *Annuaire de l'Yonne*, 1847, 3e partie.

N° 316.

L'Epitome des Gestes des évêques d'Auxerre que le Père Sirmond, Jésuite, avait découvert, et que Dom Georges Viole cite en sa vie de S. Germain, imprimée l'an 1656 , page 238, comme l'ouvrage d'un anonyme qui écrivait en 1375, commence ainsi :

(An 1375.)

Consuetudo laudabilis ecclesie Autiss. a suo principio habuit, ut omnia et singulorum episcoporum gesta litteris commendarentur ad memoriam perpetuam, ut delectationem legentibus et audientibus darent eorum virtutes et merita, exemplisque eorum incitarentur posteri eorumdem pontificum successores. Quia vero aliqui simpliciter in Deo contemplative, aliqui vero active, et aliqui utroque modo vitam duxerunt in humanis, visum fuit sub brevi compendio de factis notabilibus eorumdem per quemdam epilogum recitare veritatem. Quique plenius de ipsis voluerit perscrutari, ad librum originalem dictorum gestorum pontificum habere poterit recursum, latius de fonte quam de ejus rivulo bibiturus.

Sanctus Peregrinus primus presul proprio sanguine fundavit ecclesiam primam Autissiodori, etc.

N° 317.

Redevance d'une obole d'or, due au St. Siége, par l'abbaye de S. Germain.

(An 1375, 6 février.)

Universis presentes litteras inspecturis, Petrus, miseratione divina episcopus Magalonensis, domini pape thesaurarius, salutem in Domino. Ad universitatis vestre notitiam tenore presentium deducimus quod cum abbas et conventus monasterii S. Germani Autiss. ordinis S. Benedicti, teneantur, singulis annis, in festo apostolorum Petri et Pauli, solvere ecclesie Romane, ratione census, unum obolum auri, ex eo quia felicis recordationis dominus Urbanus papa V pontificatus sui anno primo dictum monasterium exemit. Hinc est quod dominus frater Stephanus, abbas modernus dicti monasterii et conventus ejusdem pro duodecim annis in festo Apostolorum S. Petri et Pauli proxime preterito, finitis dictum censum videlicet duodecim florenos auri ponderis, camere per ' anus D. Petri de Chissiaco, canonici Autissiodor. in romana curia procuratoris, die date presentium nobis, nomine dicte camere recipientibus, solvi et assignari fecerunt, de quibus quidem duodecim florenis auri dicti ponderis camere sic solutis et assignatis, ut prefertur, ipsos abbatem et conventum et magistrum Petrum de Chissiaco, heredesque et successores suos ac ipsorum bona nomine dicte camere absolvimus et quittamus.

In quorum testimonium presentes litteras fieri fecimus, et sigilli nostri thesaurariatus officii appensione muniri. Datum Avenione, die sexta mensis februarii, anno a Nativitate Domini millesimo trecentesimo septuagesimo quinto, indictione decima tertia, Pontificatus sanctissimi in Christo patris et domini nostri domini Gregorii, divina providentia pape XI, anno quinto.

(Ex Tabul. S. Germani.)

N° 348.

Bulles de réunion du prieuré de Cézy à l'abbaye de S. Père d'Auxerre.

(An 1375, octobre.)

Gregorius episcopus, servus servorum dei : dilectis filiis Johanni, abbati et conventus monasterii S. Petri Autissiod., ordinis sancti Augustini, salutem et apostolicam benedictionem. Sincere devotionis affectus, quem ad nos et romanam ecclesiam geritis, merito, promeretur ut petitionibus nostris, illis presertim per quas vestris et monasterii vestri necessitatibus consulatur favorabiliter annuamus. Exhibita siquidem nuper, pro parte vestra petitio continebat quod tam propter guerras et mortalitatem pestis que in partibus illis diutius viguerunt, quam etiam propter captionem civitatis Autissiodori et destructionem locorum ac membrorum dicti monasterii vestri, monasterium ipsum, in quo duodecim canonici continuo residentes et in divinis officiis servientes existunt preter alios servitores necessarios quibus tu, fili abbas, de certis raubis et pitanciis ac aliis necessariis providere teneris, est adeo in suis facultatibus diminutum, quod fructus, redditus et proventus ejusdem monasterii, tam ad mensam abbatis ipsius monasterii pro tempore existentis, quam ad vos fili canonicatus pertinentes, ad valorem centum librarum Turonens. parvorum annuatim non ascendunt. Quare pro parte vestra nobis fuit humiliter supplicatum, ut cum vos ex hujusmodi fructibus, redditibus et proventibus non possitis absque miseria et cleri opprobrio sustentari, prioratum de Cesiaco, dicti ordinis, Senonensis diocesis a prefato monasterio dependentem, et per canonicos ejusdem monasterii solitum gubernari, qui, ut asseritur, ab eodem monasterio ultra sex leucas non distat, vobis ac monasterio vestro predicto unire et incorporare de benignitate apostolica dignaremur.

Nos igitur, volentes hujusmodi vestris necessitatibus de alicujus subventionis auxilio providere, hujusmodi supplicationibus inclinati, predictum prioratum, cui cura imminet animarum, cum omnibus juribus et pertinentiis suis vobis et monasterio vestro predicto, quandiu tu, fili abbas, vitam duxeris in humanis, et eidem monasterio prefueris, autoritate apostolica incorporamus, annectimus et unimus, ita quo interim cedente vel decedente priore ipsius prioratus, vel prioratum ipsum alias quomodolibet dimittere, liceat vobis per vos vel alium, seu alios, corporalem possessionem ipsum prioratum autoritate propria apprehendere, ac prioratum ipsum quandiu tu abbas in humanis egeris eidem monasterio prefueris, ut prefertur, licite retinere, ejusque fructus, redditus et proventus, tu videlicet abbas duas, et vos et conventus tertiam ipsorum fructuum, reddituum et proventuum partes in vestris et dicti monasterii utilitatem convertere, diocesani loci vel cujuscumque alterius licentia minime requisita, reservata tamen prius et assignata per ipsum diocesanum de hujusmodi fructibus, redditibus et proventibus ejusdem prioratus pro uno ex canonicis dicti monasterii vicario inibi domino interim servituro; ac prioratu instituendo, congrua portione ex qua idem vicarius valeat congrue sustentari, episcopalia jura solvere et alia incumbentia sibi onera supportare, non obstantibus felicis recordationis Urbani pape V predecessoris nostri et aliis constitutionibus apostolicis contrariis, etc... Datum Avenione, II. Non. octobris, pontificatus nostri anno quinto.

(Ex autogr. in Tabul. S. Petri Autiss.)

N° 349.

Quittance donnée aux habitans de Chitry, pour leur part des sommes payées par l'abbé de S. Germain et Jean de Beaulieu, pour l'éloignement des gens d'armes qui avaient envahi une partie de l'Auxerrois.

(An 1376, 18 avril.)

A touz ceulx qui verront ces présentes lettres, Jehan Regnier, l'ainsné, et Geuffroy Trouvé, gardes du scel du roy nostre sire en la prévosté d'Aucerre, salut. Saichent tuit que en la présence Jehan Garchi, tabellion commun juré en la court de ladite prévosté pour ce establiz en propre personne Jehan de Beaulieu, bourgeois d'Aucerre, recognut en droit pardevant ledit juré, soy avoir heu et receu des habitans de la ville de Chitry, par la main Perrin Forestier dudit lieu, la somme de dix florins d'or francs, du coing du roy nostre sire, de bon or et de bon pois, pour certaine composicion faicte aux diz habitans à cause de certaine et grosse somme d'argent que révérent père en Dieu monseigneur l'abbé de Saint-Germain d'Aucerre et ledit Beaulieu avoient gajée pour certain partie du pais d'Aucerre à ung escuier de Bretaigne appellé Jehan de Balesme, afin que ledit escuier et une grande quantité de genz d'armes qui estoient avecques lui loigez en ceste présente année ou pais d'Aucerrois se départissent dudit pais ; de laquelle somme de florins dessusdicte ledit Jehan de Beaulieu se tint pour contant et lesdiz habitans et promist à acquitter et garentir envers ledit monseigneur l'abbé et touz autres, et promist ledit Jehan de Beaulieu par sa foy sur ce donnée corporellement en la main dudit juré et sous l'obligacion de touz ses biens meubles et non meubles, tenir garder et acomplir la quittance et convenances dessus dictes.... En tesmoing de ce, nous à la relacion dudit juré avons scellé ces lettres dudit scel donné le mercredi benoist, l'an de grâce mil trois cens sexante et quinze.

Signé Garchi ; ita est, *avec paraphe, et scellé.*

(Archives de l'Yonne, fonds des docum. histor.)

N° 320.

Concession d'un droit sur le sel aux habitans d'Auxerre pour la réparation des murs, etc., par Charles V.

(An 1378, 15 mai.)

Charles, par la grace de Dieu roy de France : à tous ceulx qui ces lettres verront, salut. Nos bien amez bourgeois et habitans de la ville d'Auceurre nous ont fait exposer que comme pour aidier à pourfaire la fermetée ou closure de ladite ville et supporter les grans frais et mises qui leur convient chascun jour soustenir pour les nécessitez d'icelle ville, nous leur eussions accordé l'année passée que jusqu'à ung an ils peussent lever en ladite ville douze deniers Parisis sur chascun bruneau de sel que l'on vent en nostre grenier, à prendre sur l'achetteur seulement, et ladite année soit ou sera prouchenement faillie, et se n'est encore accompli ladite closture et fermeté,.... que pour icelles et pour autres nécessitez de ladite ville, iceulx habitans ayent chascun jour, tant à faire de mise que bonnement.... pouvoient soustenir sans notre aide, si comme ils dient, nous leur voussisions sur ce pourveoir de nostre grâce. Pour ce est il que... les choses dessusdites et la bonne amour que nous avons toujours trouvez esdiz bourgeois et habitans, leur avons octroyé et octroyons, de nostredite grace, que du jour que le don et octroy que nous leur fismes l'année passée de lever dans ladite ville d'Auceurre lesdiz douze deniers est ou sera expiré, dont il apparoistra, par nos autres lettres faites sur ce ils puissent lever pour ung an et ensuite un tel et semblable aide en ladite ville, sur l'achetteur seulement, par vertu de nostre présent don et octroy, pourveu que nostre droit que nous prenons sur ledit sel n'en soit de mendre valeur ; et que ce qui en sera reçu soit converti en la fortification et emparement de ladite ville, et non ailleurs. Si donnons en mandement à nos amez et féaulx les généraux conseillers sur le fait de nos aydes pour la guerre que lesdiz bourgeois et habitans fassent et lessent joyr et user paisiblement de nostre présente grace, sans les empescher aucunement, au contraire. En tesmoing de ce nous avons fait mettre nostre scel à ces présentes. Donné à Paris, le xv° jour de may, l'an de grace M. CCC. LXXVIII, et de nostre règne le xv°.

Ez requestes tenues par vous du commandement du roi : S. Yvon.

(Ex autographo.)

N° 321.

Lettres d'établissement de la foire de S. Martin à Auxerre, outre la foire des Calendes de mai.

(An 1379, juin.)

Charles, par la grace de Dieu roy de France : comme pour certaines causes touchant l'acroissement, honneur et prouffit de nous et de la couronne de France, nous ayons pieça uni en nostre dommaine nostre comté, ville et cité d'Aucerre et leurs appartenances, et par certain traitié fait avec nos bien amez les habitans de notre dite ville et cité d'Aucerre, moyennant certaines finances ordonnées à nous par eux estre sur ce faites, entre les autres choses eussions ottroyé ausditz habitans une foire perpétuelle estre tenue en laditte ville, en certain temps et par certains jours ad ce convenables. Et par le rapport fait en nostre trésor à Paris à noz amez et féaulx conseillers sur le fait de nostre domaine et trésoriers à Paris, sceue la vérité par nos amez et féaulx conseillers maistre Gaucher Vivien et Jacques Boniu, sur le prouffit ou dommage qui à nous et à la chose publique pourroit ensuivre en l'ottroy de laditte foire estre tenue, comme dit est, soit clerement apparu que prouffitable chose et nécessaire seroit à nous et au bien publique de instituer et establir en notre dicte ville une foire chacun an, durant trois jours continuelz, le premier commençant le dimanche aprez la feste de S. Martin d'iver, et les aultres deux le lundi et le mardi prouchains après ensuivants ; avec et oultre une autre foire perpétuelle en ladicte ville accoustumée de tenir les trois premiers jours de may chacun an.

Savoir faisons à tous présens et à venir que pour la considération des choses dessusdictes, et pour l'augmentation des biens, honneurs et prouffiz desdiz habitans et du pays d'environ, nous, inclinans à leur supplication, leur avons ottroyé et ottroyons, et de nostre auctorité et grace espécial, avons ordonné et establi, ordonnons et establissons par ces présentes, que en nostre ditte ville d'Aucerre soit doresnavant tenue chacun an, perpétuellement, ladicte foire par ledit trois jours continuels ensuivans, commençans le dimanche aprez ladicte feste S. Martin d'iver; et que en ycelle foire toutes personnes et marchans quelconques puissent aler, venir, demourer et retourner seurement et sauvement pour vendre et achater toutes manières de vivres et marchandises, et y faire toutes leurs besoignes et choses licitez quelconques, et que en ycelle foire lesdiz habitans et lesdictes personnes et marchans usent et joyssent des libertez, franchises, seuretez et privilèges dont l'on use et a accoustumé de user ez aultres foires d'environ, gardées les coustumes et usages du pays sur les choses dessusdictez.

Si donnons en mandement au bailli de Senz et d'Aucerre, et à tous noz aultres justiciers ou officiers, ou leurs lieuxtenans qui orez sont et pour le temps à venir seront, et à chacun d'eux, si comme à lui appartiendra, que ladicte foire fasse crier et publier es lieux et en la manière accoustumée en tel cas, et ycelle ordonner, instituer et establir audit dimenche d'aprés ladicte S. Martin d'iver, et aux lundi et mardi prouchains ensuivans, par la manière dessusdicte ; et lesdiz habitans, marchans et aultres quelconques fassent et seuffrent joyr et user paisiblement desdictez franchises, libertez, privilèges et seuretez en alant, venant, démourant et retournant pour marchander ou aultrement, licitement en ladite foire, sans eulx empescher aucunement, au contraire ; et si aucun empeschement leur estoit contre ce fait, il l'en ostent à plain, sans délay ne aultre mandement attendre.

Et que ce soit chose ferme et estable perpétuellement, nous avons fait mettre nostre seel à ces présentes lettres, sauf en aultres choses nostre droit et l'aultruy en toutes. Donné à Paris, l'an de grace M. CCC. LXXIX, et le seizième de nostre règne, ou mois de juing.

Par le roi, à la relation des conseillers sur le domaine et les trésoriers à Paris;
 Ainsi signé : Henin.

(Du Cartulaire de la ville, f° 62 recto.)

N° 322.

Donation de Jean Mercier, doyen, pour la fondation d'une chapelle dans la cathédrale d'Auxerre.

(An 1379, juin.)

Karolus, etc. Pietatis et meriti credimus opus agere si ad ea que divinis augmentum prestant obsequiis et fidelium devociones exequuntur, graciam nostre liberalitatis solitam prebeamus. Sane supplicationem humilem dilecti nostri Johannis Mercerii, decani ecclesie Autissiodorensis accepimus, continentem quod cum de bonis sibi a Deo collatis intendat et proponat dare et in elemosynam concedere, ac in perpetuum dimittere, ac fundare et dotare unam capellaniam quam construi et edificari fecit in ecclesia cathedrali Sancti-Stephani Autissiodorensis, ac honore Dei et gloriose Virginis-Marie, ac beatorum virginis Katherine et Marie-Magdalene, in qua siquidem capellania quatuor missas, pro sue anime ac parentum et benefactorum suorum remedio et salute singulis ebdomadis in perpetuum ordinavit celebrari, et pro hujusmodi suo laudabili proposito adimplendo, idem decanus dare et concedere ordinaverit triginta libras Turonenses annui et perpetui redditus, sine feudo et justicia. Videlicet decem libras Turonenses annui et perpetui redditus quos habet et acquisivit in villa Autissiodorensi, supra domum Delmete dicte la Chalemide, et plures alias domos prope ipsam domum et in ejus circuitu existentes. Item centum solidos Turonenses annui et perpetui redditus quos habet supra certas domos, terras, vineas in civitate Autissiodorensi, et locis circumvicinis, qui fuerunt deffuncti Johannis de Borbonio, filii quondam Droinii de Borbonio, civis Autissiodorensis; et quos centum solidorum redditus acquisivit frater Stephanus Phelipeti, religiosus Sancti-Germani Autissiodorensis diocesis a dicto Johanne de Borbonio, dum vivebat; et a quo religioso eosdem postmodum dictus decanus acquisivit; Item sex libras et decem solidos Turonenses annui similiter et perpetui redditus, quos habet supra quandam domum in villa Autissiodorensi, in burgo Sancti-Peregrini prope domum Johannis Chalaidini, quam tradidit in perpetuum Petro Pinart, alias de Senan et uxori sue, pro se et suis heredibus, pro dicto annuo redditu sive annua pensione dictarum sex librarum et decem solidos. Item sexaginta et decem solidos Turonenses annui similiter et perpetui redditus quas habet supra quadam domo sita in dicta villa Autissiodorensi, ante ecclesiam Fratrum-Predicatorum, quam tenuit ad vitam suam et heredum suorum pro dicta annua pensione LXX solidos, defunctus Alexander Feornus, et quos acquisivit a Johanne dicto Cuderie, cive Autissiodorensi; a quo idem Alexander dictam domum pro eadem pensione seu redditu tenuit et tenebat. Item pro dotatione et fundatione dicte capelle dedit et concessit unum arpentum vinee, vel circiter, in loco seu finagio ville Autissiodorensis Beletin, seu de Cleryon vulgariter nuncupato, situatum et totidem de vigneis in deserto ibidem, quas vineam et desertum pro redditu centum solidorum eidem capelle assignavit. Quosquidem redditus idem decanus detenet et possidet, et bona et legitima acquisicione, prout dicit ; verum ut idem decanus suum laudabile propositum possit et valeat adimplere, habeatque in perpetuum roboris firmitatem, idem decanus, qui prout mente devota nobis apparuit, ad perficiendum dictum opus attenditur, toto corde nobis humiliter supplicavit, ut nostrum super hoc assensum prebere, sibique licentiam concedere dignaremur.

Notum igitur facimus, tam presentibus quam futuris, quod nos premissa et ipsius decani devotione attendentes, que nobis et sibi salutaria reputamus predictis omnibus et singulis nostrum prebentes assensum, eidem decano concessimus et concedimus per presentes, ex nostris autoritate regia et gratia speciali, ut ipse, secundum ipsius ordinationem et devocionem, creare, fundare et construi facere, pariter et dotare dictam capellaniam et dictos redditus ad opus ipsius capellanie dare et concedere, in manus personarum ecclesiasticarum transferre ad augmentum divini cultus pro ipsius parentum, amicorum et benefactorum suorum, annuatim, remedio et salute, et eis in perpetuum dare et concedere, ac in ipsarum utilitatem convertere posset et valeat, absque eo quod prefate persone ecclesiastice in quarum manibus dictus redditus fuerint translati, alienare vel distrahere, aut extra manus suas in toto vel in parte ponere mittere teneantur, aut ad hoc valeant coactari vel compelli, quacumque de causa; sed omnia et singula, sicut superius sunt expressa, tanquam suam rem propriam ecclesiasticam habeant, teneant et possideant, habere et retinere possint et valeant, ac perpetuo possidere modo et forma quibus decanus ea tenet et possidet ; dantes, tenore presentium, in mandatum dilectis et fidelibus consiliariis nostris camere nostrorum Parisiorum computorum, ac super facto dominiorum et thesaurario, ceterisque justitiis et officiariis nostris, presentibus et futuris, eorumque locatenentibus et eorum cuibus quod prefatum decanum et gentes ecclesiasticas predictos nostra presenti gratia, uti faciantur permittens, pacifice et quiete, ipsoque, vel eorum aliquem in contrarium nullatenus molestantes. Quia sic fieri volumus, non obstante usu et statuto, ordinacionibus et mandato nostris in contrario editis quibuscumque. Quod ut futurum et stabile permaneat in futurum, sigillum nostrum presentibus litteris duximus apponendum, nostro in alio et alieno in omnibus jure salvo. Datum Parisius, mense junio, anno Domini M. CCC. LXXIX, regni vero nostri sexto decimo.

(Trésor des chartes, reg. CXV, n° 94.*)*

N° 323.

Quittance des fouages payés par les habitans de Chitry au receveur des aides du diocèse d'Auxerre.

(An 1379, 5 octobre.)

Sachent tuit que je Regnaut de Tournisel, receveur es cité et dyocèse d'Aucerre des aides ordonnées pour le fait de la guerre, confesse avoir eu et receu des habitans de Chitri, pour le premier, second et darrenier termes des fouaiges de leur ville et parroiche de ceste année présente, qui fenira le darrenier jour de décembre prouchain venant, pour le taux de XXXIX feux, soixante et diz huit frans, à compter deux frans pour chascun feu : c'est assavoir, pour chascun desdit trois

tiers xxvi frans comptez par plusieurs mains, à plusieurs foiz et en plusieurs partiez dont ils avoient eues plusieurs quittances, lesquelles sont mises au néant par ces présentes. De laquelle somme de lxxviii frans pour ladite cause je me tien pour comptent et bien paié pour le roy nostre sire, et en quicte lesdiz habitans de Chitri et touz autres à qui quittance en appartient. En tesmoin de ce j'ay mis mon seel en ceste quittance le v° jour d'octobre, l'an mil ccclx dix et neuf. *Signé* : De Tournisel.
(Marque du sceau plaqué.)
(Arch. de l'Yonne, Fonds des Docum. histor.)

N° 324.

Chartes et traités avec les habitants d'Auxerre, sur le droit de passage dans le cloître du Chapitre.

(An 1380.)

A tous ceulx qui verront ces présentes lettres, nous doyen et Chapistre d'Aucerre, salut. Comme ja pieça, plaiz et procez fust mehuz pardevant monseigneur le bailli de Sens à Sens, et depuis pardevant nos très-chers et redoubtez seigneurs nosseigneurs tenans le parlement à Paris, pour le roi nostre sire, entre nous ou nom et à cause de nostre église, d'une part, et les bourgois et habitans d'Aucerre, d'aultre part, pour cause de la fermeté des cloistres d'Aucerre et de nostre dite église; et pendant ledit plaiz et procez certains accors sur iceulx plaiz et procez ont esté faiz entre nous et lesdits habitans; et parmi lequel accord fussient tenu et obligié à nous lesdits habitans en la somme de deux mil livres tournois, un marc d'argent pour six livres tournois, à payer à certains termes ja passez, et selon ce et par la manière que contenu et escript est en une lettre faite et passée audit parlement pardevant nosdits seigneurs, sur lesdits accords, et desquels la teneur s'ensuit :

Joannes, Dei gratia Francorum rex. Notum facimus universis, tam presentibus quam futuris, quod a procuratoribus partium infra scriptorum, prout in quadam cedula curie nostre tradita, sigillis dilectorum et fidelium consiliariorum nostrorum magistri Johannis de Firmitate, decani ecclesie Trecensis, et Jacobi Vache, militis, sigillata continetur, de licentia dicte nostre curie concordatum extitit in hunc modum :

A tous ceulx qui ces lettres verront : Jehan de la Ferté, doyen de Troyes, et Jacques la Vache, chevalier et conseiller du roi nostre sire, et commissaire en cette partie d'iceluy seigneur, en la cause mehue entre discrette personne et sage doyen et Chapistre d'Aucerre, d'une part, et les habitans d'icelle ville d'Aucerre, d'autre part, salut. Sachent tuit que nous commissaires dessusditz entre lesdites parties avons traité sur les faiz et articles sur lesquieulx nous étions commis et aultres choses, et Louis Jehan Barbier, procureur des habitans de la ville d'Aucerre, et messire Jacques de Rampillon, prestre et procureur du doyen et Chapistre d'Aucerre, procureur desd. parties, lesquieulx ont baillé leur procuration pardevant nous, accordé en la forme et manière contenus en une cédule dont la teneur s'ensuit :

Comme discort et débat fut mehu en parlement entre sages hommes et honorables les habitans et singuliers de la ville d'Aucerre, d'une part, et honorables hommes et discrez doyen et Chapistre, d'aultre part, sur ce que lesdiz habitans et singuliers disoient et maintenoient eulx estre en saisine et possession, par tel temps qu'il n'est mémoire du contraire, ou au moins par tel temps qu'il souffit à bonne saisine avoir acquise, d'aller et venir passer et repasser eulx, leurs chevaulx et leurs bestes par certaines voyes et chemins publics estans en la ville d'Aucerre, passant et en allant pardevant et environ l'église de S. Etienne, mère église de ladite ville, et d'aller querre et apporter par lesditz chemin et voyes, tant à la fontaine, à col, à chevaulx et asnes, pour leur boire, vivres et nécessitez, et aussi de mener et charroyer vins et autres marchandises, de jour et de nuit, sans empeschement aulcun, par lesdits chemin et voyes, et de user desdits chemins et voyes en tous cas pour leurs nécessitez et volontez, toutefois qu'il leur avoit pleu, sans que les doyen et Chapistre peussent enclourre lesdites voyes et chemins, ou y peussent faire aucun empeschement par closture ou aultrement ; et néanmoins disoient que lesdits doyen et Chapistre avoient impétré plusieurs lettres, tant de l'évesque et du comte d'Aucerre, comme du roy nostre sire, ou de ses devanciers par lesquelles ils se disoient avoir faculté et licence de faire closture en toute leur église comme pour cloistre, et aussi d'enclorre lesdits chemins et voyes, nonobstant qu'ils fussent commus et publiques, comme dit est, lesquelles lettres lesditz habitans et singuliers disoient estre subreptices et iniques ; et avec ce disoient que lesditz doyen et Chapistre, sous couleur desdites lettres et licence, avoient fait amener en ladite ville plusieurs charretes de pierres, chaulx et sablon et autre matière convenable pour faire ladite cloustutre, lesquelles choses lesdits doyen et Chapistre avoient fait en troublant et empeschant lesdits habitans et singuliers en leur dite saisine, indument et de nouvel, et sur ce se doluoient lesdits habitans et singuliers en cas de nouvelleté desdits doyen et Chapistre, par devers le bailly de Sens ou son lieutenant; à laquelle commission et complainte lesdits doyen et Chapistre s'opposèrent, et en cas d'opposition fust jour assigné ausdites parties par devant ledit bailli ou son lieutenant, à Sens, et après par impétration fust la cause dévolue en parlement entièrement, et là conclurent lesdits habitans et singuliers contre lesdits doyen et Chapistre, en cas de nouvelleté, et que lesdits empeschement leur fussent ostez en ramenant leurdite commission à fait, et que l'opposition faite par lesdits doyen et Chapistre prononciée torsonnière, et que ils ne fussent à recevoir, à proposer et alléguer saisine ou aultre raison au contraire de l'intention desdits habitans et singuliers, par plusieurs faiz et raisons qu'ils proposoient.

Lesditz doyen et Chapistre disoient au contraire que en ladite ville avoit certain lieu ordonné pour cloistre combien qu'il ne fust pas fermé, et que toutes lesdites lettres qu'ils avoient impétrez sur la teneur et fermeté de faire cloustture estoient bonnes et valables, et que lesdits habitans et singuliers n'y faisoient à recevoir, à proposer ledit cas de nouvelleté, et que la demande qu'ils en faisoient estoit ineptement formée, et que il n'y échoit point de cas de nouvelleté par droit, et ou cas que lesdits habitans et singuliers seroient à recevoir, si tendoient-il à fin qu'ils fussent absoubz de la demande desdits habitans et singuliers, et avec ce proposoient-il raisons au contraire par lesquelles ils disoient qu'ils faisoient à recevoir par plusieurs raisons et faiz.

Sur lesquelles choses lesdites parties furent respoussées par arrest de la cour à bailler leurs faiz et articles à toutes les fins à quoi ils avoient tendu, et les baillèrent par escript et furent données à certains commissaires de la cour pour sçavoir et enquérir la vérité desdits faiz.

En la parfin lesdites parties pour bien de paix et d'accord nourrir entre eulx en conseil et délibération mebus à plusieurs sages, et pour plusieurs causes justes et raisonnables qui les ont mehus à faire ce qui s'ensuit, o t transigé, pacifié et accordé ensemble sur les debatz et accords dessusdits, et sur le fait de ladite closture, s'il plaist au roy nostre sire ou à sa cour, en la manière qui s'ensuit : c'est à sçavoir que lesdits doyen et Chapistre se déportent et laissent du tout de tous les débatz, plaiz et procez dessusdits au proufit desditz habitants et de l'opposition que ils avoient faite contre leur dite complainte, ils y renoncent du tout, sans que jamais ils en puissent faire ou mouvoir aucune question encontre lesdits habitans ou singuliers, par quelque voye que ce soit, et avec ce renoncèrent à toutes les lettres et impétrations que ils avoient faites sur le fait dessus dit, et pour avoir faculté et licence de faire ladite closture, tant du roy notre sire, comme desdits évesque et conte d'Aucerre ; et avec ce que desdites lettres ou impetrations ils ne se pussent ayder contre lesdits habitans et singuliers, en tant comme elles regardent le plaiz dessus dit et ladite closture, sauve toutesvoyes ausdits doyen et Chapistre lesdites lettres et impétrations pour tant comme il leur trichent en aultre cas et en aultres faiz, si elles en font mention ; et par espécial ont voulu et accordé lesdits doyen et Chapistre que vues lettres de licence confirmatoire du roy nostre sire Philippe, dont Dieu ait l'ame, qui du fait de ladite closture et licence font expresse mention et non d'aultre cas soient chancellez et dépiécez de fait, parquoy elles soient inutiles à tousjours, et que le débat des parties soit osté au proufit desdits habitants et singuliers. Et outre pour ce que lesdits doyen et Chapistre et les habitans et singuliers dessusdits soient et vivent en plus grant paix et dilection, lesdits doyen et Chapistre ont renoncié et renoncent à jamais avoir closture pour cloistre en ladite ville d'Aucerre, et ne l'y pouroient faire ou temps présent ne à venir par quelque manière que ce soit. Et parmi ce et aussi pour l'amour et affection que lesdits habitans ont et entendent avoir ausdits doyen et Chapistre et leur église, ou temps présent et advenir, ils rendront et payeront ausdits doyen et Chapistre deux mil livres tournois du prix de la monnoye que le marc vault à présent ; c'est-à-sçavoir, six livres tournois pour le marc, aux termes qui après s'ensuivent ; c'est-à-sçavoir à la Purification Nostre-Dame prochainement venant, cinq cent livres tournois à la Purification ensuivant, qui sera l'an cinquante et trois, cinq cens livres tournois, et aux festes de ladite Purification qui seront l'an cinquante quatre et cinquante cinq, à chacune cinq cens livres tournois pour tourner et convertir au proufit de ladite église. Et quant ad ce obligèrent lesdits habitans ausdits doyen et Chapistre, par souffisance, et par ce présent accort sont les dépens desdites parties compensées et pour causes. Et ont promis lesdites parties, volu et accordé que leurs procureurs souffisamment fondez pour faire et accorder les choses dessus dites viendront et compareront en parlement, aux jours de Vermandois prochains à venir, pour passer l'accort dessusdit en la manière que dit est. Et encore ont volu et accordé lesdites parties qu'elles soient condamnées par arrest du parlement à tenir et accomplir ledit accort. En tesmoing de ce nous Jehan de la Ferté et Jacques la Vache, commissaires dessusdites à la requeste desdits procucureurs, avons scellé ces lettres de nos propres sceaux, desquieulx nous usons et entendons à user, faites l'an de grâce mil trois cent cinquante et deux, le vingt-huitième jour du mois d'aoust.

Visoque per dictam nostram curiam dicto accordo, placuit et placet eidem curie, quod ipsum accordum per dictos procuratores decani et capituli et habitantium predictorum concordatum et passatum, perpetuo teneat et valeat; condemnavitque dicta curia, per arrestum ejusdem partes predictas ad tenendum et complendum accordum antedictum, juxta sui seriem et tenorem. Quod ut firmum et stabile permaneat, in futurum sigillum nostrum presentibus litteris fecimus apponi et appendi, nostro et alieno in omnibus jure salvo. Datum Parisiis, in parlamento nostro, de consensu Jacobi de Rampillone dictorum decani et capituli, ac Johannis Barberii habitatorum predictorum procuratorum, anno Domini millesimo trecentesimo quinquagesimo secundo, mense martii. Sigillatum sub sigillo Castelleti nostri Parisiensis, in absentia nostri magni sigilli, vicesimo-tertio die aprilis, anno Domini millesimo trecentesimo quinquagesimo quinto.

Sachent tuit que nous, pour et au nom de nostre église, tous assemblez ensemble en nostre Chapistre et capitulans, connoissons et confessons avoir eu et reçu desdits habitans d'Aucerre toute ladite somme et en ladite monnoye desdits deux mil livres tournois ja mis tournez et convertis en l'utilité et proufit de nostre dite église, et de laquelle somme de deux mil livres tournois nous nous tenons pour bien contens, payez et agréez, et lesdits habitans et eux et tous leurs hoirs et successeurs et quittons et clamons quittes à tousjours-mais, et combien que lesdites lettres d'accort, nous nonobstant ladite solution ayons retenu et retenons pardevers nous pour ce que en aucune partie elles touchent et sont à l'intention et prouffit de nous et de nostre église et aultres, néanmoins; en signe de ladite paye et solution nous avons fait escrire, enregistrer et signer du signet manuel de nostre tabellion, et mettre nostre scel sur lesdites lettres d'accort au dos et à tergo d'icelles, comme nous avons esté payé et solu, comme dit est, de toute ladite somme; et en oultre avons volu et accordé, volons et accordons ausditz habitans que lesdites lettres d'accort, en tant comme elles touchent ladite obligation et somme de deux mille livres tournois, et en tant comme elles font et peuvent faire en aultres articles contre et au préjudice desdits habitans touchant et regardant les causes dudit discort, soient et demeurent comme cassées et vennes et du tout anichillées et annullées, et quant aux aultres clauses demeurent en leur vertu ; et par la teneur de ces presentes toutes aultres lettres et quittances que lesdits habitans ont eues de nous des payemens particuliers de ladite somme de deux mil livres tournois sont et seront nulles et de nulle valeur ; promettant en bonne foy ladite quittance tenir, garder et accomplir fermement, faire venir encontre.

En tesmoing desquelles choses nous avons scellé ces présentes lettres de nostre propre scel, duquel nous usons. Donné à Aucerre, en nostredit Chapistre, l'an de grace mil trois cens et quatre-vingt, le mercredi vingt-huitième jour du mois de juillet : ainsi signé, S. Blandin.

(*Ex Cartul. urbis Autiss. fol. 62.*)

N° 325.

Permission aux religieux de St.-Germain d'Auxerre, de fortifier le village d'Héry.

(An 1381, mai.)

Charles, etc., savoir faisons à touz présens et à venir que nous avons veu la supplication de nos amez les religieux, abbé et couvent de Saint-Germain d'Aucerre, contenant que comme ils aient au pais d'Aucerrois, de leur fondation et demaine plusieurs villes, rentes et revenues de grains et d'autres choses, hommes de corps et plusieurs hostes et subjets, lesquelz ont ou temps passé souffert plusieurs grans domaiges par le fait des guerres et des compaignies et gent d'armes qui ont esté sur le pais, et pourroient encore soustenir en temps avenir, pour ce que ilz n'ont aucun lieu ou forteresse prochaine ou convenable, en laquelle ils aient pu ou puissent promptement retraire eulx et leurs biens, comme leur moustier d'Aucerre en soit trop loing, ne n'y pourroient avoir secours ou refuge en cas de besoing ou de nécessité dont ilz ont esté ou temps passé et pourroient encore plus estre ou temps avenir grevez et dommagez, et il soit ainsi que ilz aient en une de leurs villes appelée de Ery une bonne et notable maison bien convenable, ordonnée et taillée à faire fort, tant pour la disposicion du lieu comme pour cause de l'espace et et des eaues qui sont environ pour y faire bons et granz fossez; duquel lieu, lequel est le principal hostel desdiz religieux hors de ladicte ville d'Aucerre plusieurs desdites villes, hommes de corps et subjets desdiz religieux et leurs biens sont assis bien prez, et pourroient yceulx religieux et leursdits hommes, hostes et subjets et leurs voisins, avoir en ycelluy plus largement, convenablement, promptement et seurement secours et refuge, et y retraire eulx et leurs biens en cas de péril et de nécessité que ailleurs, se il estoit enforci et mis en estat de forteresse et de défense, et en ycelle pourra estre fait guet et garde bien et deuement quand besoing sera par les hommes et subjets desdiz religieux et autres demourans environ ycelle, et sera bien gardée et déffendue, sanz ce que de ce domaige ou inconveniant puisse ensuivre au pais, si comme ilz dient, en nous suppliant humblement, que de ce faire leur veillons donner congé et licence.

Nous considérées des choses desuzdictes, et que voulons tousjours et désirons le proffit et la seureté de nos subjets, avons ausdiz religieux de grace espécial donné et ottroyé, et par ces présentes ou cas dessusdit leur donnons et ottroyons licence, auctorité et congié de enforcir de murs, de fossez et autres choses à ce convenables et nécessaires, ladicte maison et d'icelle mettre et ordonner en estat et manière de forteresse et de défense pour y sauver et retraire en cas de péril et de besoing yceulx religieux, leursdits hostes subjets et hommes et habitanz d'environ avec leurs biens; et généralement de y faire toutes les choses qui à celle forteresse pevent et doivent appartenir. Si donnons en mandement au bailli de Sens, et d'Aucerre, ou à son lieutenant, que s'il lui appert estre ainsi, de nostre présente grace et octroy facent et laissent lesdiz religieux

user, etc. Ce fut fait et donné à Paris ou mois de may, l'an de grace m. ccc. iiii^{xx} et un et le premier de nostre règne.

Par le roy, à la relation de M. le duc d'Anjou présent, mess. l'evesque de Langres, l'amirail et aultres du Conseil, G. de Montaigne.

(Tiré du Trésor des Chartres de Charles VI. Registre cxix, Charte xviii.)

N° 326.

Impôt de 120 livres mis sur les habitans de Chitry, pour leur part des aides levées pour la guerre.

(An 1381, 22 septembre.)

Les esleuz es cité, diocese d'Aucerre et villes adjacentes sur le fait des aides pour la guerre, les commissaires du roy nostre sire en ceste partie aux habitants de la ville et paroisse de Chitry, salut. Le roy nostre sire pour les causes déclairées en ses lettres..... Ordonnée que une taille de ix^m iiii^c xvi livres tournois soit assise levée et répartie es mectes de nostre élection et paiée à trois termes, c'est assavoir le premier terme à la fin de ce présent mois de juing, le deuxième tiers au terme de la fin du mois de septembre prochain venant et le darrenier terme à la feste de Noël après en suivant. Pour laquelle taille vous estes assis et imposé à la somme de six vins livres T. Sy vous mandons et commandons que vous vous assemblez ensemble ces lettres vehues et ladite some a laquelle vous estes imposé asséez sur vous mesmes, ou ceux qui par vous seront esleu sur ce asséent et imposent par serment, justement et également, selon les facultez d'ung chascun de vous, ladite some. Et elisez aucuns ou aucun de vous qui ladite taille recevra et levera, et icelle apportera à Aucerre desdits aides esdiz termes auxquelz quant ad ce au receveur nous donnons puissance. Et par ces présentes donnons mandement au premier sergent dou roy nostre sire ou de la justice de ladite parroiche que il contraigne par la manière qu'il est acoustumé et sre pour les propres debtes du roy nostre dit seigneur touz les rebelles reffusans ou délaians à payer le taux et some à lui imposés es termes dessusdiz. Donné soubz nos signets l'an mil ccc. iiii^{xx} et ung, le xxiie jour dou mois de septembre.

Pièce scellée autrefois de 4 petits sceaux plaqués en cire rouge.

(Arch. de l'Yonne, docum. historiq.)

N° 327.

Lettres royaux de rémission pour un habitant d'Auxerre, qui a tué fortuitement et de nuit le curé de Varzy. — Querelles entre les gens d'église et les officiers du roi à Auxerre.

(An 1381-82.)

Charles, etc., savoir faisons à touz presens et avenir, de la partie de Perrin Chantepinot, clerc nez d'Auxerre, à nous avoir esté exposé comme le jour de l'Apparition de Notre-Seigneur dernièrement passée, Guillaume Patée, lors nostre chastelain de nostre chastel d'Aucerre, lui eust dit que les genz de l'eglise de ycelle ville avoient fait et faisoient souvente fois par nuit en ladite ville plusieurs excès et maléfices, ou contempt et vitupère de nous et de nos officiers audit lieu, et amoindrissement de nostre justice, et avec ce avoient batu par nuit aucun de noz sergenz, et que en aidant à garder nostre droit et conforter justice, il voulsist estre celle nuit avecques mondit chastelain et nos autres officiers et sergenz du guet d'icelle ville pour résister ausdictes genz d'eglise ou cas qu'ils vouldroient faire aucune force ou oultrage en ycelle; lequel Perrin lui accorda de y aler quant temps seroit, et par ledit chastellain lui seroit mandé. Lequel chastellain environ heure de souper, ledit jour, manda audit exposant par son varlet qu'il alast à lui et qu'il estoit heure, et lors parti et ala à lui et le trouva accompaignié d'aucuns noz sergenz dudit guet, et environ heure de cuevre-feu en alant parmi la ville virent un desdictes genz d'eglise, appellé Jehan Richesse, prestre curé de Varsy, qui venoit de la ville, et avoit en sa compaignie un varlet portant une torche : et lors cuidant que ce feust de ceulz qui avoient batu, comme dit est, aulcun de nosdiz sergenz ala avecques ledit lors chastellain et lesdiz sergenz, et vint le premier oster la torche au varlet dudit curé de Varsy, et féry ycellui curé un cop en la teste, du plat de son coustel, et adonc vint un desdiz sergenz de la compaignie dudit chastellain qui assailli ycellui prestre, et le bati tellement, que mort s'en ensui assez tost après en sa personne, pour lequel cas il doubte rigueur de justice et s'est absentez du pais, où il est à grand meschief et povreté et en grant aventure de sa personne, si comme il dit. Et nous suppliant humblement que sur celui vueillons pourveoir de remède piteable.

Pourquoy nous, ces choses considerées, et mesmement qu'il ne le fist pas de fait appensé ne à sa promocion, ne pour hayne ou malvueillance qu'il eust audit curé, ne en entencion de tuer lui ne aucuns, fors seulement pour aider à garder le droit de nous et de nostre justice, comme dit est; et aussi que nostre Saint Père le pape l'en a absolz et baillié pénitence solutoire, et pour contemplacion d'aucuns noz officiers qui sur ce nous ont humblement supplié et requis, et que onques mais ne fu repris d'aucun autre villain cas ou reproche, audit Perrin Chantepinot avons remis quicté et pardonné et par ces présentes de nostre auctorité royal, plaine puissance et grâce espécial, quictons, remettons et pardonnons tout ledit fait, avec touz appeaulx et bans qui s'en sont ou pevent estre ensuiz pour occasion d'icellui lesquelx nous mettons du tout au néant, et toute la peine, offensse et amende corporelle criminelle et civile en quoy il puet estre encouru envers nous, et mettons et restituons à sa bonne fame et renommée, au pais, et à ses biens non confisquez; en imposant sur ce silence perpétuel à nostre procureur, satisfaction civile faicte à partie avant toute euvre. Pourveu toutevoies que le dessuz dit Perrin sera tenu de faire un pélerinage à Saint-Ladre d'Avallon, tout de pié, dedans un an.

Si donnons en mandement par ces présentes au bailli de Sens et d'Aucerre, et à touz noz autres justiciers et officiers présens et à venir ou à leurs lieutenans, et à chascun d'eulx, si comme à lui appartiendra, que ledit Perrin Chantepinot facent et lessent joir et user plainement de nostre présente grâce, rémission et pardon; etc. Donné à Cabastin, ou mois d'avril l'an de grace M. CCC. IIIIXX et VII, et de nostre règne le second.

Par le roy, à la relacion du conseil; Signé, Gontier.

(Tiré du Trésor des Chartres, registre 120, pièce 290, parmi les rémissions ou grâces.)

N° 328.

Extraction de reliques sous le nom de S. Thibaud, du prieuré de Beaumont proche Auxerre, en faveur des habitans de Provins.

(An 1381.)

In nomine Domini, amen. Ad perpetuam rei memoriam per hoc presens publicum instrumentum cunctis pateat evidenter et sit notum, quod cum nutu divino revelante, ut creditur, glorioso confessore beatissimo Theobaldo jampridem religiosi Fratres Minores ordinis S. Francisci, una cum aliquibus honestis burgensibus notabilibus ville de Pruvino, diecesis Senonensis, ad monasterium S. Germani Autissiodorensis, venerabilemque patrem in Christo Hugonem abbatem et religiosos ipsius monasterii accesserint, ipsisque dominis abbati et religiosis, tam ex sua quam pro parte honorabilium burgensium et habitatorum homnium dicte ville de Pruvino, humiliter exposuerint ad eorum nuper devenisse notitiam, quod in et sub domino, jurisdictione et potestate eorumdem dominorum abbatis de religiosorum ac eorum ecclesie S. Germani, a tantis retroactis temporibus quod in contrarium memoria non existebat, fuerat et erat in loco qui dicitur S. *Theobaldus de nemoribus*, in Bellomonte, prope ad duas leucas vel circa a civitate Autissiodorensi, venerabile corpus et honorabiles reliquie ipsius jam dicti venerabilis S. Theobaldi, in una parva capella, que in honorem ipsius et propter eum dicitur constructa in dictis nemoribus. Et quia secundum antiquas scripturas et alia documenta legitima reperissent, ut dicebant, quod idem beatissimus Theobaldus, ad cujus preces et prope cujus monumenta omnipotens infinita ibidem coruscat miracula, natus fuit et oriundus in dicta eorum villa de Pruvino, ex patre Arnulpho, de progenie comitis Campanie, et matre Guillelma, et ibidem in dictis nemoribus ut miles christianus strenuus, post vitam heremeticam a partibus Italie perspicue memorie dominum Arnulphum abbatem Sancte-Columbe Senonensis ejus fratrem translatus, prout per ipsius etiam legendam apertissima declarant argumenta.

Cum etiam, ut dixerunt, a tanto tempore quod nulla memoria in contrarium fuerit, una solemnis ecclesia infra menia dicte ville de Pruvino in ipsius sancti honore constructa et fundata, nonullique confratres ipsius sancti et ejus confratrie ab antiquo et continuo fuerint sub eodem; licet eadem ecclesia, propter diutinas mortalitates, disrupta fuerit, et hucusque deserta tamen tum ob devotionem ipsius gloriosissimi et laude Dei omnipotentis affectantes omnes eandem ecclesiam refici, seu honorabiliorem de novo construi, et in villa eadem ut ad laudem ipsius Omnipotentis et dicti gloriosissimi S. Theobaldi honorem, et sue ecclesie refectionem, ad totius populi devotionem semper ampliandam, ut perenne et perpetuum memoriale existat, supplicarunt humiliter et multiplicibus intercessionibus petiverunt ab ipsis dominio Hugone abbate et religiosis, aliquam particulam corporis et membrorum dicti gloriosissimi S. Theobaldi, sub eorum dominio et potestate reclusorum, ejusdem nove dicte ville et omnium habitantium ejusdem, et pro ipsis misericorditer impartiri ut secum et pro hujusmodi dono valeant in perpetuum confraternitate et consocietate potiri, offerentes se suo, nostre dicte ville, ac omnium habitantium ejusdem presentium et futurorum, pro hujusmodi dono honorabili esse paratos, et hoc promittere ac obligare ipsos dominos abbatem et religiosos presentes etiam et futuros dicte ecclesie et monasterii S. Germani associare in omnibus et singulis missis et orationibus, atque bonis spiritualibus, que, de cetero et in perpetuum, in dicta ecclesia S. Theobaldi in Pruvino, ad honorem ipsius fuerint et dicentur; reliquiasque et illam partem quas et quam sibi partientur, honorabiliter ornare et collocare, et de ipsis et earum translatione solitum festum et officium conficere, et singulis annis in perpetuum facere, et etiam celebrare.

Qua siquidem supplicatione sic humiliter facta et devote, eaque per dictos dominos abbatem et conventum benigne, attenta matura deliberatione, inter ipsos abbatem et religiosos, et cum eorum consilio prehabita diligenti, attendentes devotionem ardentem tanti populi, et quod in quantis pluribus locis gloriosissimum Lignum S. Crucis et alie SS. reliquie partiuntur et distribute sunt, tantomagis honorantur et attolluntur suffragia eorumdem; ea propter humilibus supplicationibus hujusmodi benigne attendentes, die mercurii ante festum S. Luce evangeliste, que fuit decima sexta die mensis octobris, ad hoc acceptata et prefixa, in notariorum et testium infrascriptorum presentia, accedentibus ad locum capelle dicti gloriosissimi confessoris S. Theobaldi, ad duas leucas vel circa a dicta civitate Autissiodorensi existentem, Petro, dicto *la Coste*, Stephano Droeti, Gelato Furnerii et Johanne Chales, habitatoribus dicte ville et confratribus confratrie dicti sancti Theobaldi in Pruvino, procuratoribus, suo proprio procuratore in omnibus omnium habitantium dicte ville, cum litteris procuratoriis sufficienter sanis et integris, sigillo prepositure dicte ville de Pruvino in prima facie per caracterem ipsius sigilli apparebat, in cera viridi et cauda duplici pendente sigillatis; qui procuratores de dicta villa de Pruvino, qui per viginti tres leucas, vel circa, a dicto loco S. Theobaldi distat, una cum nonnullis notabilibus personis dicte ville, ad hoc devote venerant, dicta die mercurii, de mane hora tertiarum dicta die vel circa, missa in dicta capella celebrata, venerabiles et religiosi viri fratres et domini domini Petrus Piqueronis, prior claustralis dicti monasterii S. Germani Autiss., Petrus de Autissiodoro, aliter dictus *le Bastillac*, Guido de Bougerio, cantor, et Hugo de Calcino, procuratores dominorum abbatis et conventus dicti monasterii S. Germani, nomine procuratorio ipsorum dominorum abbatis et conventus, et pro ipsis ad hoc specialiter missis et deputatis, ex parte ipsorum dominorum abbatis et conventus, ac religiosorum ipsius monasterii S. Germani Autissiodorensis, nobis notariis publicis ac testibus infra scriptis etiam presentibus, de sarcofago et tumba ipsius gloriosissimi confessoris S. Theobaldi, sub altare ipsius in dicta capella in nemoribus tumulati, duo ossa unius brachii et unam parvam particulam capitis cum una parva particula de carne et alia de ossibus ipsius gloriosissimi confessoris, venerabiliter, humiliter et devote extrahentes, eadem ossa et reliquias, ad laudem omnipotentis Dei, honoremque et decorem ipsius beati Theobaldi eisdem procuratoribus ac populo de Pruvino, pure et gratiose, confraternitatem dictam, preoffertam, et precum ac orationum communicationem acceptantes contulerunt, in eorumque presentia de ipsis omnibus procuratoribus et habitatoribus de Pruvino, ac nonnullis aliis in dicta capella pro tunc existentibus et intermissis presentibus et videntibus, et successive oculatim aspicientibus, residuum corporis dicti venerabilis confessoris sancti Theobaldi, in sarcofago et tumba ipsius gloriosissimi confessoris, ut proprius jacebat sub altare ipsius, in pannis suis sericis in quibus ipsum venerabile corpus repererant, ut prius, recluserunt, et dictam tumbam seu sarcofagum in pristinum statum, omnibus predictis presentibus, in perennem memoriam bituminari fecerunt, et dictum altare, ut prius erat, claudi fecerunt et serari. Et iis ita gestis dicti honorabiles burgenses de Pruvino in signum unionis et confraternitatis inter habitatores dicte ville de Pruvino et religiosos dicti monasterii S. Germani Autissiodor. perpetuo inita, ad recognitionem hujusmodi beneficii, tantique doni spiritualis tante ville et tanto populo collati, ad collocandum alium brachium seu os alterius brachii dicti gloriosi confessoris S. Theobaldi, ut memoria in perpetuum servetur in monasterio et ecclesia S. Germani predicti, que caput extat eorumdem, obtulerunt eisdem tunc et gratiose dederunt unum pulcherrimum vas, seu unum brachium argenteum deauratum, lapidibus et gemmis pretiosis decoratum, ad reponendum dictum caput et brachium cum aliquibus jocalibus et reliquiis in dicta ecclesia Sancti-Germani Autissiodorensis. Et una cum hoc cupientes reddere spiritualia pro spiritualibus dominos abbatem et religiosos monasterii S. Germani predictos, ac eorum successores in confratres et socios ex tunc et in omnibus missis, bonis horis et suffragiis ac orationibus que de cetero et in perpetuum in ecclesia de Pruvino, et ad honorem dicti sancti confessoris Theobaldi fient, dicentur et celebrabuntur, associarunt et insuper ipsis religiosis promiserunt, bona fide ac in conscientia, ac per ipsorum juramenta, prenominati procuratores, tam suo quam omnium habitantium dicte ville de Pruvino nominibus, in perpetuum, duo festa S. Germani principalia, videlicet Transitus ultima die julii, et aliud festum Translationis seu Depositionis, prima die octobris, solemniter in dicta ecclesia Sancti-Theobaldi in Pruvino, ob honorem et memoriam premissorum, celebrare et facere celebrari, et legendam in dicto monasterio recipere illuc portandam et tenendam ad legendum in festis ejusdem antedictis, in ipsoque festo principali quod celebratur ultima die mensis julii, singulis annis, processionem ante magnam missam de dicta ecclesia Sancti-Theobaldi, cum reliquiario S. Theobaldi, per sacerdotes idoneos dicte ecclesie portando ad ecclesiam Fratrum-Minorum de Pruvino solemniter facere, et ibidem apud Fratres dicta hora verbum Dei predicare, et dicti Fratres, ad requestam habitantium de Pruvino, sermonem facere in quo teneantur de hujus sancti translatione et unde processerit, ac aliquantulum de sancto Germano et ejus miraculis mentionem facere; ita tamen quod si que fient offerture et oblationes apud dictos Fratres-Minores iisdem fratribus remaneant, consuetudine patria in contrarium edita non obstante; et inde cum processione et reliquiariis predictis ad magnam missam ad dictam ecclesiam S. Theobaldi cantandam reverti et remanere: promiseruntque dicti Fratres legendam de hujusmodi Translatione facere et dicti habitatores etiam in libro et legendario, cum vita et legenda dicti sancti Theobaldi, ponere et collocare. Voluerunt etiam insuper et promiserunt religiosos dicti monasterii S. Germani Autissiodorensis quos sciverint per horum villam transire honorare, sicut alterum eorum.

Quibus sic rite et solemniter gestis, dicti religiosi monasterii Sancti-Germani

Autissiodorensis dictum jocale sic eis in honorem dicti sancti confessoris Theobaldi gratis oblatum gratisque acceptum, in instanti super altare aliud os brachii dicti sancti confessoris Theobaldi reverenter cum ea que decuit reverentia receperunt, et illud infra dictum jocale posuerunt, et insimul exaltanter unam antiphonam cum parvo versiculo et collecta dicti sancti Theobaldi cantaverunt, petentes hinc inde et consentientes in presentia venerabilium religiosorum et honestorum virorum fratrum magistri Theobaldi, prioris de Surdolio, licenciati in decretis, fratrum Johannis Mable, gardiani conventus Fratrum-Minorum Autissiodorensis, patre Robin, sublectoris, Joannis Corderii lectoris predicti conventus, magistri Philippi de Geromont thesaurarii Sancti-Quiriaci, Nicolai Barberii canonici, Johannis de Poully, domini Petri Lorgne, domini Dionysii curati de Nangis canonici Sancti-Quiriaci, magistri Johan. Challet Mag. in Medicina, curati de Sellone, Johannis Cousinot, Colasii Bellot, Henrici Pictoris, Macharii Fabri, Petris de Viernis latomi, et plurium aliorum testium ad hec vocatorum et rogatorum per nos publicos notarios subscriptos, de premissis omnibus et singulis unum vel plura pro utraque parte fieri, dari et concedi publica instrumenta, *Te Deum laudamus* alta voce decantantes cum dictis jocalibus et pretiosis reliquiis a dicto loco et capella dicti habitantes Pruvini, cum dictis suis dicti S. confessoris Theobaldi reliquiis ipsis venerabiliter collocatis, in Dei nomine, et sub promissionibus antedictis letantes hilari et jucundi recesserunt.

Acta fuerunt hec in dicta capella Sancti-Theobaldi, prope duas leucas a civitate Autissiodorensi, anno Domini millesimo trecentesimo octuagesimo primo, indictione quinta, mensis octobris die sexta decima, videlicet die mercurii ante festum B. Luce evangeliste, predicti pontificatus SS. in Christo patris ac domini nostri D. Clementis, divina providentia Pape VII, anno tertio; presentibus prenominatis et aliis plurimis personis utriusque sexus ad premissa vocatis, etc.

Et ego Petrus de Chissiaco, Autissiodor. notarius.... presens interfui, etc.

(Tiré de la copie à moi envoyée en 1723, par M. Jean-Baptiste Nyvert, conseiller au bailliage et siége présidial de Provins.)

N° 329.

Charte d'affranchissement des habitans de Charbuy, par Guillaume d'Estouteville évêque d'Auxerre.

(An 1382, 20 juin.)

A tous ceulx qui verront et orront ces présentes lectres, Guillaume, par la grâce de Dieu evesque d'Aucuerre, salut en nostre Seigneur. Comme de droit naturel tous hommes et femmes doient joir de privilège de liberté et de franchise, et entre les autres les menistres de la foy chrestienne, et mesmement l'eglise qui est mère de touz chrestiens ne doit pas seulement le privilège de liberté concéder et octroier, mes de tous autres de cui liberté et franchise sont données et octroiez, à touz ceux à cui liberté est donnée et ottroyée est tenue, selon les droiz canons et civils, garder, soutenir et deffendre.

Pour ce est il que nous volens, convoitens et désirans acomplir et ensuivre les institutions de nos sains pères, eue sur ce tout avant euvre bonne grant et mehure déliberacion avecques honorables et discretes personnes noz bien amez les doyen et chapitre de nostre église d'Aucerre, pour ce assemblés au lieu et en la manière acoustumée à tenir chapitre en nostre dite église; considérans attendens et regardens en ce estre l'évident profit et grant utilité de nostre ditte esglise, pour ces causes et autres qui ad ce nous ont meuz et meuvent: Saichent tuit que à touz noz bourgeois et bourgeoises et habitans de nostre ville, terre et justice de Cherbui, qui à présent sont et qui pour le temps advenir seront, d'un chacun sexe, à tous leurs hoirs et successeurs qui viendront ça en arier, une coustume ou condicion vulgairement appellée main-morte, laquelle nous avoiens sur eux et sur leur biens, en nostre dicte ville, terre et justice de Cherbui, ou temps passé, nous leur avons quittée et remise, et par la teneur de ces présentes lettres quictons et remettons, du tout en tout, en telle manière que il cil habitans, leur enffens, leur cousin germain ou autres quelconques successeurs et hoirs légitimes, la hérédité, succession ou eschéoite des décédens qui seront de leur lignaige en nostre dicte ville, terre et justice de Cherbui, pourront panre, percevoir, obtenir et avoir et à eux franchement succéder et eschoiter sans aucun obtacle ou empeschement de la dessus dicte main-morte. Derechief toutes coustumes et tierces que nous avoiens en et sur noz diz bourgois et habitans et sur leurs diz héritaiges, sauf et réservé à nous et à nos successeurs evesques d'Aucerre, nos censives, dismes et autres droits cy après esclarciz. Semblablement nous quittons et remettons et volons et octroions que totes personnes forrains et autres qui ont et auront héritaiges audit lieu et justice, joissent et usent et puissent joir et user de ceste présente liberté semblablement que feront et joiront les habitans doudit lieu, sauf et retenu à nous et à nos successeurs noz autres droiz de mainmorte que nous povons avoir autre part hors doudit lieu, terre et justice, qui pour ce n'en sont en riens immué ou innové.

Et n'est point nostre entencion que nos autres droiz à nous dehuz audit lieu, et noz autres reddevances et debites enciennes, tant en justice comme autrement, cestes ostées cy-dessus esclarcies, en aucune manière déroguer ou innover, mes toutes ces choses à nous et au profit de nostre dicte eglise nous retenons et réservons, nonobstant ceste présente rémission de ladicte main-morte et autres choses dessus dictes. Lesquelles choses ainsi remises, quittées et ottroies aux diz habitans forains, et autres aiens héritages audit lieu, finaige et justice, lesdiz habitans et forains, c'est assavoir messire Estienne Remy, prestre, Jehennin Charetier, Monin Roynneaul, Jehan Greffier, Perreaul Doubois, Huguenin Bobille, Thevenin Phelippeau, Guyon du Vernoy, Jehan le Roynnat, Jehannot Renart, Tevenin Renart, Guillemin des Bruillars, Geoffroy Arnaut, Guillemin Bouot, Jehennin Ragon, Perrin Doret, Tevenin Mucot, Guillemin Bourjot, Perrin Raapel, Tevenin Chaceloup, Huguenin Betery, Geffroy Connin et Marion la Ragnie, tant pour eulx comme pour leur successeurs et postéritez, prenans et acceptans ceste présente rémission, pour ce assemblez ensemble en nostre dicte ville de Cherbui, de nostre licence et auctorité à eux sur ce donnée, en récompense de ces choses sont et seront tenuz et ont promis rendre et paier à nous et à nos successeurs evesques d'Aucerre, destre en avant, pour toujoursmais, dobles cens d'un chascun de leur héritaige qui sont et doivent estre de nostre censive, estant et assis en nostre dicte ville terre et justice de Cherbui, chascun an perpétuellement : C'est assavoir doze deniers tournois pour un chascun arpent, pour lequel et devant ceste présente rémission avoient acostumé de paier six deniers tournois. Derechief seront tenus de paier à nous et à nos successeurs evesques d'Aucerre perpétuellement, doble disme de leur blez qui croistront chascun an perpétuellement audit lieu, finaige et justice : c'est assavoir le quinziesme, douquel disme de blez il avoient acoustumé pour le temps passé à paier le trentiesme; derechief dou disme de leur vins qui croistront audit lieu, finaige et justice, chascun an perpétuellement; douquel disme il avoient accoustumé pour le temps passé et avant ceste présente rémission de paier pour un chascun tonneau de vin ung sextier de vin, paieront desci ennavant le quinziesme dou vin, sauf et réservé ausdiz habitans et autres aiens héritaiges audit lieu telle partie et porcion doudit disme de vins que le curé de Cherbui, à cause de ladicte cure, ha et doit avoir sur nous, laquelle part et porcion doudit curé n'en est pour ce en riens doblée ou acreue, mes est et demore et sera et demorra en l'estat qu'elle estoit d'ancienneté, et paravant ceste présente rémission.

Derechief en lieu de taille que nous avions chascun an audit lieu, en et sur noz diz bourgois et habitans, dont le plus riche nous a acoustumé de paier chascun an cinq solz tournois, desci ennavant pour bourgoisie, le plus riche homme ou femme desdiz habitans de nostre dicte ville et justice, qui ont acostumé pour le temps passé de paier taille, sera tenus de paier à nous et à nos successeurs evesques d'Aucerre, chascun an perpétuellement, vint solz tournois au jour de la feste Saint-Andrier apostre, à laquelle somme de vint solz tournois n'aura tauxé et imposé que une personne seulement desdiz habitans doudit lieu, c'est assavoir le plus riche, et les autres habitans seront tauxez et imposez selon leur facultez, en descendent jusques à cent solz tournois. Et seront tauxez et imposez par nostre commandement, et par le commandement de nos successeurs, et par l'esgart et advis de deux personnes des plus suffisans de nostre ditte ville et justice, qui ad ce seront appellez par nostre dit commandement. Et lesquex deux personnes seront esleues ad ce chascun an perpétuellement par la communaulté desdiz habitans.

Derechief lesdiz habitans et forains, pour la récompensacion devant dicte avec ce que dit est nous ont baillié et délivré pour nous et pour nos successeurs evesques d'Aucerre, perpétuellement, tout le droit c'est assavoir la quarte partie de tout le disme de blez et de vins et tout le droit des cens et censives que Huguenin Descrist et Guillemote de Bléry, damoiselle femme doudit Huguenin, soloient avoir audit lieu, finaige et justice, partant par

14

indevis à nos dismes et cens. Lesquelles dismes et cens se doubleront par la manière que dessus est desclaré que nous avons audit lieu et justice, avec le tiltre de l'achat et par iceux habitans fait sur ce et passé des diz Huguenin et sa femme, dont nous nous tenons pour bien paiez, contemps et agrées, et en quittons et tenons quittes lesdis habitans et forains, leurs hoirs et successeurs à tousjours. Derechief, et en oultre les choses dessus dictes, nous volons passons et ottroions ausdiz habitans et autres aiens héritaiges et biens audit lieu, présens et advenir, pour eux et pour leurs hoirs et postérité perpétuellement que toutes successions et eschoistes des biens meubles et conquex veignent et doivent venir, toteffoiz que li cas y escherra, au père et à la mère du décédé, en deffaut de père ou de mère, veignent et doivent venir au grant-père et à la grant mère, non obstant us et costume de païs sur ce gardée au contraire.

Derechief volons que lesdiz habitans et leur successeur puissent joir et user de totes leurs libertés et franchisez, si comme il faisoient par avant ceste présente rémission. Lesquelles franchises et libertez et chascunes d'icelles ainsi par nous quictées ottroies et remises aus diz habitans et forains aiens héritaiges audit lieu et justice, présens et advenir, à leur successeur perpétuellement avons, nous promettons en bonne foy soubz le lien et l'obligacion des biens de nostre dicte eveschié, présens et advenir, ausdiz habitans et autres dessus dis, et leur successeurs, tenir et garder fermement sens corrompre et senz venir encontre par quelconque manière que ce soit.

En tesmoing de laquelle chose nous avons fait mettre nostres scel à ces présentes lettres, et à plus grant confirmacion et qu'il appere à tous que ce soit dou consentement des doien et chapitre d'Aucerre, nous leur avons requis qu'il y vossissent mettre leur grant scel.

Et nous doien et chapitre d'Aucerre à la requeste de révérent père en Dieu le dit monseigneur l'evesque, pour ce qu'il nous est apparu et appert par informacion sur ce faicte par deux de nos conchanoine d'Aucerre qui ad ce nous ont faite relacion, en ce estre l'évident profit et grant utilité de la dicte eglise et evesché d'Aucerre, et que les maisons terres et autres choses de la ville et justice de Cherbui, dont dessus est faicte mencion, qui à présent sont en la plus grant partie en ruyne et à désert et de petite valeur, pour occasion de ceste présente rémission pourront légièrement venir à grant et meilleur valeur et estre ressors, soutenuz et rédifiez, nous avons mis et mectons nostre consentement en ces présentes lectres et en l'octroy contenu en icelles, et icelles avons seellées de nostre dit seel de chapitre avecques le seel doudit révérent père. Donné et fait l'an de grâce mil trois cens quatre vins et deux, vint jours dou mois de joing.

(Pièce autrefois scellée de deux sceaux qui d'après l'analyse écrite au dos étaient en cire rouge sur cire blanche, et pendant sur lacs de soie verte.

(Archives de l'Yonne, Fonds de l'évêché d'Auxerre.)

N° 330.

Bail d'une pièce de bois pour exploiter le minerai de fer à Laborde, près Auxerre.

(An 1383, 13 avril.)

A touz ceuls qui verront ces présentes lettres, de Jehan Maulduit et Jehan d'Orgelet, gardes du seel de la prévosté d'Aucerre, salut. Saichent tuit que en la présence Jehan Quoquart, clerc tabellion commun juré du roy nostre sire, en la court de ladite prévosté, pour ce espécialement establi en leurs propres personnes, Henry Moquet et Henry Hette, Alemenz, ouvriers de grosse forge, recongnurent et confessèrent pardevant ledit juré, eux avoir pris et retenu, prirent et retindrent, chascun pour le tout, de religieuses personnes et honestes monsieur l'abbé et couvent de Saint-Marien d'Aucerre, ung quartier de terre qui est en leur bois de l'estang, près en ung arpent dudit bois qui ja pieça fut affermez et admoisonnez par ung ouvrier de forge appelé Maisières, à tenir, avoir et posséder ycellui quartier de bois, ou nom desdiz religieux, par lesdiz ouvriers pendant une année. Pendant et durant lequel temps lesdiz ouvriers pourront, en icellui quartier de terre, traire mine à faire fer tant et telle quantité comme il porront, pour eux et à leur profit, pour l'euvre d'une forge tant seulement, pour le pris et pour la somme de quinze francs d'or et quinze pois de fer, chascun pois de trois pièces de fer.

En tesmoing de laquelle chose nous, à la relacion dudit juré, avons scellé ces lectres dudit scel de ladicte prévosté. Donné l'an de grâce MCCCLXXXIII, XIIIe jour du moys d'avril.

(Archives de l'Yonne, Fonds Saint-Marien, L. XXII.)

N° 331.

Règlement de Ferric Cassinel, évêque d'Auxerre, concernant la collégiale de Cône.

(An 1385, 8 novembre.)

Ferricus, permissione divina Autissiodorensis diecesis episcopus, omnibus presentes litteras inspecturis, salutem in Domino. Notum facimus quod cum inter cantorem, ex una parte, et thesaurarium et capitulum de Conada, ex alia, suborta esset materia questionis coram nobis, sub diversis petitionibus et articulis, ex una parte contra aliam, in scriptis traditis et plene declaratis..... et licet dictis partibus a jure nostro ordinario, tanquam nobis subditus potuissemus de dictis questionis ordinasse, attamen ex abundante cautela non solum semel sed plures voluerunt et expresse consenserunt dite partes, videlicet predicti cantor pro se et thesaurarius, tam suo quam procuratorio nomine dicti capituli, ut nos de dictis questionibus, prout nobis expediens videretur, decideremus omnimode, nostre voluntati ac ditioni se totaliter submittendo.

Hinc est quod nos, visis ac diligenter inspectis ac consideratis antiquis statutis ecclesie nostre predicte, litteris antiquis et rationibus ab utraque parte nobis traditis, necnon facta, legitima informatione et inquesta super aliquibus de dictis articulis in facto consistentibus per nostram ordinationem summam et definitivam pronunciamus in hunc modum.

In primis salubriter ordinata, per colende memorie dominum Guidonem quondam Autissiodorensem diecesanum episcopum, tanquam bona, sancta et justa laudamus, approbamus et ex autoritate nostra ordinaria per presentes paginas confirmamus, et si opus fuerit innovamus.

Item, dicimus et pronunciamus quod cantor nostre dicte ecclesie est curatus ejusdem, et ad eum pertinent jura parochialia, videlicet funeralia et alia a parochianis quovis modo solvi consueta, exceptis canonicorum defunctorum funeralibus, quia pro ipsorum canonicorum sepultura proprius chorus censetur habere, absque eo quod dictus cantor curatus pro sepultura dictorum canonicorum percipere aliquid valeat.

Item, dicimus et pronunciamus quod ad dictum cantorem spectat omnis cera oblata in ecclesia predicta, et in capella Nostre Domine *de Galles,* quacumque hora oblata fuerit; de aliis vero oblationibus usque ad primam erunt cantori. Sed ab hora prima deinceps recipiet capitulum vel hebdomadarius, prout hactenus recipi reperimus observatum.

Item, dicimus et pronunciamus quod dictus cantor, post nos, est superior persona in dicta ecclesia nostra et quod ad mandatum cantoris seu ipsius vices gerentis tenebuntur canonici et clerici nostre antedicte ecclesie legere et cantare, et alia facere prout in ipsis statutis continetur.

Item, super eo quod cantor petebat a dicto capitulo, anno quolibet, triginta libras cere, juxta tenorem predictorum statutorum, predicto capitulo allegante ad hoc quod antiquitus sic de usu et consuetudine antiquissimis in dicta ecclesia, fuerit observatum quod pro triginta libris cere percipiat cantor, totam ceram que obvenit in dicta ecclesia et in dicta nostra capella, nec-non decem libras cere super curam de Nusiaco; et quia de veritate hujus rei adhuc nequivimus plene informari, idcirco decisionem et determinationem dicti dubii per presentes in futurum reservamus.

Item, de triginta libris traditis capitulo pro annuali militis sepulti in dicta ecclesia ad illos pertinentes qui missas celebrent dicimus spectare, ipsi vero cantori de jure nihil debere spectare.

Item, dicimus et pronunciamus dicto cantori debere solvi distributiones quotidianas, secundum portionem sibi contingentem, pro tempore et horis nocturnis et diurnis in quibus presens interfuerit, et juxta normam statutorum lucratus fuerit.

Item, consimiliter obtemperando privilegiis universitatis Aurelianensis, percipiet dictus cantor integraliter grossos fructus consuetos, distributionibus quotidianis duntaxat exceptis.

Item, dicimus et pronunciamus quod dictus cantor est verus curatus dicte ecclesie, nec possint dicti canonici admittere aliquem ad benedictionem nuptialem, neque administrare sacramenta ecclesiastica neque alia jura parochialia nisi de licentia dicti cantoris.

Item, de duabus missis, videlicet unam post primam et aliam postea majorem, per canonicos quotidie dicendas, prout dictus cantor asserit, quia in dictis statutis nihil de hoc expresse cavetur, plenius ordinare in futurum reservamus.

Item, de certis terris et possessionibus, anno predicto, per dictos canonicos venditis in parochiis de Suriaco et de Sancto-Quintino et Donziaco existentibus, prout dicti canonici nobis asseruerunt pecuniam exinde habitam in deposito remanere, donec in utilitatem dicte ecclesie conserva extiterit, nostro arbitrio convertenda.

Item, de super petitis per canonicos contra cantorem predictum sic dicimus ordinandum : Primo quod littere quittationum et certarum conventionum initarum inter dictos cantorem et capitulum, sub sigillo curie nostre confectarum, eo quod per dictum cantorem de falso arguitur, nec contra ipsas litteras sufficientes rationes allegantur propter quas valeant impugnari, dictas litteras declaramus fore validas, easque suum debere sortiri effectum juxta ipsarum continentiam et tenorem.

Item, super eo quod dicti canonici petunt per nos decerni tanquam suam propriam domum in qua habitat officialis noster, de presenti, nomine dicti cantoris predictis cantoris et canonicis assignamus peremptorie comparituris coram nobis, in castro nostro Ville-Catuli, ad decimum diem post proximum Adventum; ad dictum castrum videlicet dicto cantori ad opportandum omnes litteras et munimenta quibus se juvare voluerit pro dicta domo retinenda et dictis thesaurario et capitulo, ad dicendum et proponendum quicquid in contrarium dicere et proponere voluerint.

Item, super petitione dicti capituli tangente offertoria post Primam, de hoc per premissa satis est per nos decisum.

Item, de decem libris et quindecim solidis predicto cantori annuatim a dictis canonicis petitis nobis plene constitit per litteras authenticas dictum cantorem modernum efficaciter ad illam summam solvendam annuatim dicti canonicis obligasse. Idcirco pronunciamus dictum cantorem ad dictas decem libras et quindecim solidos annuatim dicto capitulo solvendas, juxta formam et tenorem dicte obligationis.

Item, si que inter dictas partes remaneante indecisa, vel in presenti nostra pronunciatione et determinatione dubia, vel absconsa, determinationem et declarationem, decisionem et interpretationem ipsorum nobis per nostram sententiam definitivam in futurum reservamus. Ad quorum testimonium premissorum sigillum nostrum et signum notarii nostri infrascripti presentibus duximus apponendum, anno Domini millesimo trecentesimo octuagesimo quinto, die jovis proxima post festum Omnium Sanctorum.

(*Tiré d'une ancienne copie.*)

N° 332.

Lettres d'octroi sur le sel accordées aux habitans d'Auxerre, pour la réparation des murs de la ville.

(An 1388, 13 novembre.)

Charles, par la grace de Dieu, roi de France : à tous ceux qui ces présentes lettres verront, salut. Savoir faisons que nous, à la supplication de noz bien amez les bourgois et habitans de la ville d'Auceurre, considérans le besoing qui est à présent de faire les réparacions qui sont nécessaires en la closture de ladicte ville, lesquelles réparacions et fortificacions lesdiz supplians, pour les grans charges qu'il ont eues et sousteneues ou temps passé et qu'il leur convient avoir et soustenir chascun jour, en plusieurs manières, ne pourroient faire sanz nostre aide, mesmement que ladicte ville n'a aucunes rentes ou revenues pour ce faire, attendu aussi que pour ceste cause ou temps passé ilz ont accoustumé par l'ottroi de nostre trèscher seigneur et père dont Dieux ait l'ame, et aussi par notre ottroy de avoir et prandre, sur chascun brunel de sel vendu en gabelle en ladicte ville, seize deniers parisis de l'acheteur, si comme l'en dit : ausdiz supplians avons ottroyé et ottroyons de grace espécial que ils aient et praignent, par la manière que ilz ont autrefoiz fait, jusques a un an à compter du jour que notre autre semblable grace à eulz ottroiée pour cette présente année faudra sur chascun brunel de sel vendu en notre grenier establi en ladditte ville, douze deniers parisis de l'acheteur, pour tourner et convertir esdittes réparations et non ailleurs; pourveu que notre droit n'en soit pas pour ce diminué ou empeschié. Si donnons et mandons, par ces présentes lettres, au grenetier de notredit grenier que lesdiz supplians il face et laisse joir et user paisiblement de notre présente grace, et ottroy, sans les empescher en aucune manière, au contraire.

En tesmoing de ce nous avons fait mettre notre seel à ces présentes lettres. Donné à Paris le XIIIe jour de novembre, l'an de grace M. CCC. LXXXVIII, et de notre règne le IXe.

Par le roy, à la relation du conseil :
Mauloue.

(*Original tiré des Archives de la ville.*)

N° 333.

Don de quelques biens situés à Sacy, fait au Chapitre d'Auxerre, par l'évêque Ferric Cassinel.

(An 1389, 1ᵉʳ juin.)

In nomine sancte et individue Trinitatis, Patris et Filii et Spiritus-Sancti, amen. Ad perpetuam rei memoriam, Ferricus, Dei gratia Autissiodorensis episcopus, notum facimus universis presentibus pariter et futuris, quod cum pridem nobilis vir dominus Guillelmus Cassinelli miles, frater noster, certam terram, videlicet terras, prata, vineas, nemora, domos, census, redditus, exitus, feuda, nobilitates, justitiam et alia jura, libertates et obventiones quas, quos et que jam diu bone memorie dominus Nicolaus de Arceiis, olim episcopus Autissiodor., predecessor noster, a Johanne de Bello-Loco, cive Autissiodorensi, qui eas, eos et ea in et sub feudo ecclesie nostre, in villa de Saciaco nostre diecesis, tenebat et possidebat, emerat et acquisierat; et post eum reverendus pater dominus Guillelmus de Tota-villa, pro tunc Autissiodorensis, et nunc Lexoviensis episcopus, tenuerat certis mediis et financiis ab executoribus dicti quondam domini Nicolai de Arceiis decem libras perpetui redditus decano et capitulo dicte ecclesie nostre a dicto quondam domino Nicolao et Arceiis, olim predecessore nostro, pro suo anniversario, singulis annis, in dicta ecclesia faciendo, ac certis arreragiis ex legato dicti domini Nicolai eisdem decano et capitulo oneratis, per arrestum et autoritatem parlamenti acquisierat, ipsumque fratrem nostrum militem in feudatarium, pro dicta terra, dicto decem librarum redditu oneram recipere noluimus, sed eandem terram una cum certa obligatione octoviginti librarum Turonensium, in quo dictus Johannes Beaulieu erat, prout adhuc est, dictis quondam domini Nicolai executoribus obligatus, certis mediis et financiis per nos eidem fratri nostro concordatis et solutis, ad manum nostram posuerimus et retinuerimus, prout in nonnullis et diversis super hoc fide confectis litteris, latius et plenius continetur. Hinc est quod nos, considerantes verba canonis dicentis. quod fidelibus non est tam de sollicita quantumcumque inventione fidendum, quam de instantia rationis humilis et devote sperandum, quodque qui parce seminat parce et metet, et qui seminat et largitur in benedictionibus, de benedictionibus et metet in vitam eternam. Itaque jure naturali quo ecclesie *sponse nostre* afficimur et tenemur, et pro salute et remedio anime nostre parentumque et recommandatorum nostrorum dum lucem habemus providere, ad augmentum jurium et reddituum capituli dicto nostre ecclesie; habita prius per nos cum ipso nostro capitulo et nobiscum super hoc matura deliberatione diligentique, prout de jure nobis licuit atque licet, eandem terram sic acquisitam et per nos retentam, cum omni feodo suo, jure et dominio, ac obligatione dictarum octo viginti librarum Turonensium, per dictum Johannem Beaulieu, ut premittitur debitarum, ad dicti divini cultus augmentum, et pro donatione seu fundatione duodecim missarum de Sancto-Spiritu, singulis annis, quandiu in humanis vixerimus, singulis secundis dominicis cujuslibet mensis, et post obitum nostrum, pro una missa de requiem, singulis diebus lune secundis mensis cujuslibet, ut prefertur, et pro uno anniversario pontificali, singulis annis, die obitus nostri, ad majus altare dicte nostre ecclesie per unum ex canonicis aut tortariis, cum diacono et subdiacono dicte ecclesie, solemniter et perpetuo celebrando a dictis decano et capitulo ad hoc capitulariter congatis, per suas gratiosas litteras nobis concessas, eisdem decano et capitulo, in remunerationem et recompensationem premissorum, per presentes donamus, elargimur et concedimus, de speciali gratia, transferentes in eos omne jus, omnem dominationem, dominium, possessionem et proprietatem quod et quas in ipsa terra sic acquisita dominia et feudo ipsius ac obligatione et debito predictis habuimus et habemus, et qualitercumque habere possumus nos, de ipsis omnibus et singulis per traditionem tam presentium quam titulorum litterarum acquisitionis predicte devestientes, et ipsos decanum et capitulum ex nunc, prout ex tunc, investientes, ipsamque terram, res, jura et bona prefatis decano et capitulo admortizavimus et admortizamus per presentes.

In quorum omnium et singulorum fidem et testimonium premissorum, presentes litteras per Michaelem Chequeron, presbyterum Ambianensis diecesis, publicum, autoritate apostolica notarium infra scriptum, et in presentia testium infra scriptorum, fieri et publicari volumus et mandamus, et ad majorem certitudinem eorumdem sigillum nostrum eisdem litteris duximus apponendum; presentibus venerabilibus et discretis viris dominis Petro de Chissiaco, decano, Bertrando Cassinelli, cantore, Guillelmo Inisardi, archidiacono, Guillelmo Nazarie, thesaurario, Marco Giberti, succentore, Guillelmo Mutonis, canonico ecclesie nostre predicte Autissiod., ac nobili viro domino Guillelmo Cassinelli, fratre nostro predicto et Philippo de Campis, baillivo nostro, ad premissa testibus vocatis specialiter et rogatis. Datum in domo nostra episcopali Autissiodorensi, anno Domini millesimo trecentesimo octuagesimo nono, die prima mensis junii. Et ego Michael Choqueron, presbyter Ambianensis diecesis, publicus autoritate apostolica et imperiali notarius, etc.

(*Ex Tabul. Capit. Autiss.*)

N° 334.

Procès des habitans d'Héry et de Rouvray, sur le ressort à Auxerre.

(An 1391, 13 juin.)

Karolus, Dei gratia, Francorum rex, universis presentes litteras inspecturis, salutem. Notum facimus quod litigantibus die data presentium in nostra parlamenti curia procuratore nostro generali actore, ex una parte, et habitantibus de Eriaco et de Rouvroyo defensoribus, ex altera, super eo quod dictus procurator noster dicebat quod licet ab eo tempore quo comitatus Autissiodorensis juribus corone nostre extitit adunatus, ordinatum fuerit per inclite memorie dominum genitorem nostrum quod habitantes inter riparias Ligeris, Yone et Queurre, ac episcopatus Autissiodorensis, in sede nostra baillivatus Autissiodorensis haberent ressortiri, et a dicto tempore habitantes villarum predictarum de Eriaco et de Rouvroyo ad sedem predictam suum habuerunt ressortum; quodque dicti habitantes propinquiores sint predicte ville nostre Autissiodor. in qua sedem bailivi et ressortum habemus, quam Villenove-regis; dicti tamen habitantes ad sedem nostram dicte Villenove longe remotiorem nitebantur, fugiendo justitiam ressortiri, requirendo, hiis et aliis pluribus de causis per eum propositis, dictos habitantes ad ressorciendum Autissiodori et non Ville-nove compelli, et per arrestum dicte nostre curie condempnari : dictis habitantibus in contrarium dicentibus quod ipsi subditi et justiciabiles erant et sint religiosorum abbatis et conventus monasterii B. Germani Autissiodor. ressorcientium cum terra et subditis suis, ab antiquo, ad jam dictam sedem dicte Ville-nove, nec unquam subditi fuerunt comitis Autissiod., dictumque ressortium contra eorum voluntatem et consensum mutari non debuerat; per baillivum etiam nostrum Senonens. et Autissiodorens. sententialiter, declaratum fuerat dictos defensores Ville-nove et non Autissiodori ressortiri debere; dictique de Rouvroyo minus debite adjornati fuerant, petendo propter hoc congedium cum expensis, ac requirendo ipsos defensores in ressorto suo antiquo remanere ad hos fines plurima facta et rationes, hinc inde proponendo.

Prefata curia nostra, partibus predictis super hiis ad plenum auditis, ordinavit et ordinat, quod dictus procurator noster hujus cause statum habebit, quodque dicti de Rouvroyo congedium et expensas per eos petitas non habebunt, et si dicti defensores de aliquibus sententiis de juvare voluerint, eas ostendent dicto procuratori nostro qui si voluerit eas impugnare poterit, et super hoc dicte partes in dicta curia nostra audientur et procedent ut fuerit rationis. Quocirca baillivo Senonensi et Autissiod., aut ejus locum tenenti committendo mandamus, quatenus presentem dicte curie nostre ordinationem, in hiis que executionem exigunt, executioni debite demandet, seu demandari faciat indilate. Datum Parisius, in parlamento nostro XIII die junii, anno Domini millesimo trecentesimo nonagesimo primo, et regni nostri undecimo.

Per Cameram :　　　　Villequin.

(*Ex Tabul. Urbis. Autiss.*)

N° 335.

Lettres-patentes de Charles VI, condamnant les habitans d'Ausec ou Aucep (1), à contribuer du quint aux réparations de la forteresse de Saint-Bris, pour avoir des héritages situés dans le finage de Saint-Bris.

(An. 1393-94, 12 janvier.)

Charles, par la grâce de Dieu roy de France : au bailly de Sens de d'Aucerre ou à son lieutenant audit Aucerre, salut. Notre amé et féal chevalier, Dreux de Mello, Sgr. de S. Bris en Auxerrois, les habitans de S. Bris consors en cette partie, nous ont fait exposer en complaignant, disant que jaçoit que ladite ville soit trez ancienne forteresse, de grande enceinte et l'une des plus notables du pays, en laquelle il y a plusieurs grandes et grosses réparations à faire, et par défaut desquelles si elles n'étoient faites, ladite forteresse pourroit tourner en brief en

(1) Aucep, *Albus Cippus*, était un village situé sur le territoire actuel de Saint-Bris. Il est détruit depuis longtemps.

grande ruine et désolation, au préjudice irréparable desdits complaignans et des pays d'environ, et que pour ce iceux complaignans depuis environ deux ans ayent imposé de grandes sommes de deniers sur eux et les habitans d'Auxet, lesquels sont demourant à deux traits d'albaleste ou environ de ladite forteresse, et qui ont accoutumé d'ancienneté de luy et leur bien y retraire, en temps des guerres et autrement, et aussi de contribuer ez réparations toutes et quantes fois que mestier en a été, pour la quinte partie ou environ de la somme pour ce imposée, néanmoins iceux habitans d'Auxcet, ou plusieurs d'eux ont été et sont encore refusans et contredisans de payer ledit quint ou autre impost de ladite taille; pourquoy lesdites réparations sont tardées à faire, qui est au trez-grand grief, préjudice et dommage desdits complaignans, et fera encore plus si par nous ne leur est sur ce pourvu briévement de remède, si comme ils disent, et nous ont requis icelui, mêmement que plusieurs desdits habitans d'Aucet, ont maison en ladite forteresse de Saint-Bris, et leurs héritages enclouez et situez au finage de S. Bris.

Pour ce est-il que nous, ces choses considérées que voulons les forteresses de notre royaume être bien et suffisamment soutenues, à ce que par deffaut de ce aucun inconvenient ne s'en puisse ensuivre, et que ladite forteresse est assise en vue du baillage, à deux petites lieues dudit Aucerre, vous mandons et commettons, si mestier est, que vous fassiez ou fassiez faire exprez le commandement de par nous ausdits habitans de la ville d'Ausec, qu'ils payent ledit quint ou autre telle part ou portion de ladite taille ou impôt même, ce qui dorénavant sera mis sur pour cause desdites réparations, comme ils ont accoutumé de payer, et ce imposez en les contraignans à ce, et chacun d'eux, pour tant que lui appartiendra, par toute voye due et raisonnable; et faisant en cas d'opposition entre les parties, icelles ouyes, sur ces choses et les dépendances, bon et brief droit; car ainsi nous plait-il estre fait et ausdits complaignans si avons octroyé et octroyons, de grâce spéciale par ces présentes, nonobstant lettres quelconques subreptices à ce contraire. Donné à Paris, le douze de janvier, l'an de grace M. CCC. XCXIII, et de notre règne le XIVe.
Ainsi signé par le roy, à la relation du conseil.

J. Audot.

N° 336.

Lettres-patentes de Richard II, roi d'Angleterre, ordonnant que la rente de 20 marcs sterlings due à l'abbaye de Pontigny, sur sa ville de Cantorbéry, lui sera payée comme avant la guerre.

(An 1396, 24 septembre.)

Ricardus, Dei gratia rex Anglie et Francie, et dominus Hibernie, omnibus ad quos presentes littere pervenerunt salutem. Sciatis quod cum nobiles progenitores nostri, quondam reges Anglie, per cartas suas dedissent et concessissent dilectis nobis in Christo abbatui et conventui Sancti Edmundi de Pontiniaco quendam annuum redditum viginti marcarum percipiendum sibi et successoribus suis imperpetuum, de firma civitatis nostre Cantuarensis per manus ballivorum ejusdem civitatis pro tempore existencium, ad sustentandum quatuor cereos circa preciosum corpus sancti Edmundi de Pontiniaco continue ardentes; qui quidem annuus redditus predicti abbati et conventui per magnum tempus elapsum, occasione guerre inter nos et adversarium nostrum Francie mote, minime solutus fuit. Nos, ex habundanti, gratia nostra, ob reverenciam Dei et sancti Edmundi, dedimus et concessimus prefatis abbati et conventui dictum annuum redditum viginti marcarum habendum sibi et successoribus suis, in forma predicta, adeo integre, sicut ipsi redditum illum aliquibus temporibus retroactis habuerunt, guerra inter nos et dictum abversarium nostrum, ut premittitus, mota, non obstante. In cujus rei testimonium has litteras nostras fieri fecimus patentes, Teste me ipso, apud Wesminster; vicesimo quarto die septembri, anno regni nostri decimo nono.

Scellé autrefois du sceau royal.

(Archives de la préfecture de l'Yonne; Fonds Pontigny.)

N° 337.

Union de chapellenies fondées dans la chapelle du petit S. Etienne, au cloître du Chapitre, à Auxerre.

(An 1397, 23 septembre.)

Universis presentes litteras inspecturis, Michael, permissione divina, episcopus Autissiodorensis, salutem in Domino. Notum facimus quod nos attendentes capellanias BB. Dionysii et Stephani pape et martyrum, ad altare et in capella Sancti-Stephani Parvi, in claustro Autissiodorensi vulgariter nuncupata, fundatas, quas nuper obtinere solebant domini Stephanus Lorin, et Petrus Veneron presbyteri, ad collationem nostram pleno jure spectantes, nunc liberas et vacantes, adeo fore in redditibus et obventionibus diminutas et effectas tenues quod de ipsis non valeat divinum continuari servitium in eisdem, volentesque super his de remedio providere condecenti, ipsas capellanias quovismodo vacent, ne divinus ibidem cultus depereat capellanie B. Marie in dicta capella, et ad dictum altare fundate quam dominus Henricus Guiberti, presbyter, ad presens noscitur obtinere, dum tamen eadem propterea debito non fraudentur servitio, eas et quamlibet earundem autoritate nostra ordinaria, annectimus atque unimus per presentes, decernentes et voluntes de cetero dictas capellanias unum beneficium reputari. In cujus rei testimonium nostrum his presentibus duximus apponi sigillum. Datum et actum sub sigillo nostro autentico, anno Domini millesimo trecentesimo nonagesimo septimo, die vicesima tertia septembris.

Calvomonte.

(*Tiré de la copie d'un notaire.*)

N° 338.

Testament de Bertrand Cassinel, chantre d'Auxerre, dans lequel on voit les usages du temps.

(An 1397, 29 septembre.)

In nomine Domini nostri Jesu-Christi, amen. Per hoc presens publicum instrumentum omnibus sit manifestum quod anno Nativitate ejusdem Domini millesimo trecentesimo nonagesimo septimo, indictione sexta more gallicano, mensis septembris die penultima, pontificatus sanctissimi in Christo patris ac domini nostri domini Benedicti, divina Providentia pape tertii decimi, anno tertio, in mei publici notarii et testium subscriptorum presentia, venerabilis vir D. magister Bertrandus Cassinelli, bacchalarius in decretis, cantor et canonicus ecclesie Autiss. et etiam canonicus ecclesie B. Marie in civitate Autissiodorensi, ac curatus parrochialis de Mulleriis, Rothomagensis diecesis, jacens in lecto... suum ordinavit condidit et disposuit testamentum ut sequitur; quod voluit et jussit inviolabiliter observari.

In primis siquidem dedit, donavit et obtulit dictus testator corpus suum et animam suam Domino nostro Jesu-Christo et Beate Marie Virgini, beatisque Michaeli archangelo......... et prothomartyri Stephano, totique curie omnium celestium supernorum; et voluit et ordinavit quod quando cum ab hac vita decedere contigerit, corpus suum, sive cadaver, sepeliatur in ecclesia Autissiodor. ante tumbam bone memorie domini Ferrici Cassinelli quondam Remensis archiepiscopi, Germani sui, et infra chorum ejusdem ecclesie, si placuerit dominis de capitulo ipsius ecclesie.

Item voluit et ordinavit quod in die obitus sui, antequam corpus suum, sive cadaver, ecclesiastice tradatur sepulture, tredecim psalteria decantentur cum orationibus et letaniis per tredecim presbyteros, in ecclesia, de nocte, in choro, ante sive juxta dictum cadaver; et legavit eisdem presbyteris videlicet cuilibet duos grossos argenti.

Item voluit quod quatuor cerei accendantur tota illa nocte, et usque ad dictum corpus, sive cadaver, fuerit ecclesiastice sepulture traditum.

Item voluit quod die obitus sui fiant exequie sue cum pulsatione et luminari ut in anniversariis episcoporum est fieri consuetum; et voluit quod thesaurario et matriculario satisfiat de luminari et pulsatione pro dictis exequiis suis, ad voluntatem executorum suorum, quodque distribuantur dominis canonicis in dictis exequiis presentibus, sexdecim libre, et clericis chorialibus quadraginta solidi semel.

Item voluit et ordinavit quod in crastinum obitus sui fiant alie exequie cum luminari, ad voluntatem executorum suorum, in ecclesia B. Marie-Civitatis; et voluit quod illa die distribuantur dominis canonicis, tam illius quam majoris ecclesie, ibidem presentibus, octo libre Turonenses semel.

Item legavit presbytero qui missam in die obitus sui, in dictis exequiis, in ecclesia Autissiodorensi, celebrabit, si de dominis dignitatibus fuerit ipsius ecclesie, quinque solidos ultra predicta, et si de dominis canonicis fuerit, duos grossos, et missam celebranti in ecclesia B. Marie-Civitatis in dictis exequiis, unum grossum.

Item voluit et ordinavit quod anniversarium suum, in fine anni a die obitus sui computandi, et postmodum quolibet anno, cum vigiliis, pulsatione et luminari, et pallio desuper tumbam, et cum commendationibus et *libera*, ac duobus chorariis, atque tenentur dicti domini providere in dicta ecclesia Autissiodorensi perpetuo fiat, pro se et remedio anime sue ac parentum suorum, per duos canonicos dicte ecclesie; pro cujus anniversarii fundatione legavit idem testator dictis dominis de capitulo et ecclesie predicte, nomine ipsius capituli, bona que sequuntur....

Item ultra predicta et ut fundatio sua stabiliter firmare perdurare valeat, legavit idem testator eisdem capitulo et ecclesie Autissiodor., nomine ipsius capituli, domum suam quam habet Parisiis, ut dicebat, sitam juxta Pontem-Novum, que fuit magistri Petri Boileaux, cum omnibus juribus et pertinentiis suis, retento usufructu ejusdem, quem usumfructum magistro Marcho Girberti succentori Autissiodorensi, et Ludovico Cassinelli nepoti ipsius testatoris, ad vitam eorumdem legavit. Et voluit quod dicta die anniversarii sui, perpetuo, quolibet anno, in dicta ecclesia distribuantur dominis canonicis ibidem presentibus, ut est moris, de predictis quindecim libre inter dominos canoninos et viginti solidi Turonenses inter clericos qui presentes fuerint; et voluit quod dicti domini de capitulo, de distribuendis dictis sexdecim libris et quinque solidis, et anniversario faciendo predicto se obligent, et litteras obligatorias bonas et validas, ad voluntates executorum suorum dent, alias dicti executores vel tres eorum dicta legata augere vel diminuere possunt, prout eis videbitur·

Item legavit dictus testator fabrice dicte ecclesie, pro luminari lampadis argente in capella B. Marie de Miraculis, ante portale ecclesie Autissiod. fundate; que lampas ad arma domini Guillelmi Cassinelli germani sui et sua est, viginti libras Turon. pro acquirendis redditibus pro dicto luminari, ita tamen quod in emendis dictis redditibus pro dicto luminari convertantur, et quod dicti domini de capitulo hoc facere promittant.

Item voluit et ordinavit idem testator quod anniversarium suum fiat in ecclesia B. Marie-in-Civitate, anno quolibet, tali die qua eum sepeliri contigerit, cum luminari, vigiliis et pallio in medio chori extenso, et legavit dicte ecclesie duas ejus domos prope tenentes sitas in villa Autissiodorensi, in parvo vico Sancti-Germani Autissiodor., in burgo Sancti-Lupi cum earum pertinentiis; et voluit quod dicta die distribuantur dominis canonicis dicte ecclesie presentibus, quatuor libre Turon.

Item legavit idem testator omnibus curatis ville Autissiodor., cuilibet viginti solidos Turon. semel, solvendos pro emendis redditibus pro anniversario suo in eorum ecclesiis faciendo, quolibet anno.

Item legavit mense Fratrum-Predicatorum et Minorum ville Autissiodor., cuilibet quatuor libras Turonenses semel solvendas.

Item voluit quod die sui obitus triginta misse celebrentur in ecclesia Autissiodor. pro remedio anime sue et parentum suorum, et totidem in fine anni tantummodo, et quod cuilibet dicto presbytero qui dictas missas celebrabit solvantur et dentur duo solidi Turonenses.

Item legavit dictus testator priori et ecclesie B. Catharine Vallis-Scolarium Paris. quadraginta libras Turon., semel solvendas, pro emendis redditibus pro fundatione seu augmentatione anniversarii domini patris sui, ac parentum et fratrum suorum, et pro remedio anime sue, ita quod annuatim missam unam de Mortuis, cum nota, perpetuo celebrare teneantur, pro anima sua et dictorum parentum suorum.

Item legavit dictus testator confratrie B. Trinitatis ad altare Sancti-Alexandri ecclesie Autissiodor., de qua confratria est, pro emendis redditibus, centum solidos semel solvendos.

Item legavit idem testator, amore Dei, Ludovico Cassinelli, nepoti suo, ad ejus vitam, unam domum quam habet, ut dicebat, in villa Montispessulani, quam tenebat ex conducto Raymundus de Sallellis.

Item aliam domum sitam in dicta villa Montispessulani, in carraria Aguillarie, que fuit Guillelmi Vitalis, quam tenet ex conducto Bartholomeus Archerii mercator; et voluit quod post ejusdem Ludovici mortem dicte domus ad heredes ipsius testatoris libere revertentur.

Item legavit, dictus testator, eisdem Ludovico terram suam de Buissone et grangiam que fuit de Ferriot, cum omnibus earum juribus et pertinentiis, dominationibus et jurisdictione, nemoribus, garennis, denesiis, pascuis, terris, vineis, censibus, et aliis quibuscumque; et voluit quod casu quo dictus Ludovicus in matrimonio collocetur et liberos procreet seu habeat de suo corpore et legitimo matrimonio, dicta terra de Buissone et grangia cum omnibus earum pertinentiis ad dictos ejus liberos, post ejus mortem, libere reverteantur, et casu quo dictus Ludovicus non fuerit in matrimonio collocatus et liberos de suo corpore et legitimo matrimonio non procreaverit, voluit, ordinavit quod statim, ipso sublato de medio, dicta terra et grangia cum omnibus earum juribus predictis, ad predictos dominos de capitulo ecclesie Autissiodor., nomine ipsius capituli libere revertantur pro augmentatione anniversarii sui et bone memorie domini Remensis archiepiscopi, quondam fratris sui. Et voluit casu predicto quod dicti domini de capitulo dictam terram et grangiam, cum predictis earum juribus et pertinentiis recipere et accipere possint, et de eis agere tanquam de re propria : ita quod ratione dicte augmentationis dicti domini de capitulo aliud anniversarium pro eo, in dicta ecclesia, cum vigiliis, missa, pulsatione, luminari et pallio, de et super tumbam suam extenso, duobus chorariis, commendationibus et *libera*, anno quolibet, in dicta ecclesia die tertia februarii, facere teneantur, et ipsa die distribuere centum solidos Turonenses inter dominos canonicos presentes.

Item legavit predicto Ludovico Cassinelli, nepoti suo, libros suos et duos lectos munitos, et partem vestium suarum, ad voluntatem et dispositionem magistri Marchi Girberti succentoris, cui dictum Ludovicum recommandat.

Item legavit predicto magistro Marcho Girberti, succentori, in recompensationem servitiorum per ipsum factorum toto tempore vite sue, sibi et dicto domino quondam Remensi archiepiscopo, duos equos suos, acquineiam, et boyardum, nec-non breviarium suum, et duas de vestibus suis, scilicet mantellum de viridi Anglie, et oppelandam quam maluerit.

Item legavit, dictus testator ecclesie B. Gervasii Paris., pro emendis redditibus pro anniversario suo in dicta ecclesia annuatim celebrando, centum solidos Turon. semel solvendos...

Item voluit quo si aliquo modo possit apparere quod dictus magister Marchus, sibi teneretur in aliquo, tam ratione administrationis, vel munio, vel ex quacumque alia causa tacita, vel expressa quod de eisdem remaneat et sit quittus, et de ipsis ipsum et suos, ac bona sua, quittat et quittum clamat tenore presentis instrumenti.

Item legavit magistro Thome Saillardi, in recompensationem servitiorum per ipsum ei impensorum, decem libras Turon., semel tantum, et unam vestem cum capucio, ad voluntatem et ordinationem magistri Marchi succentoris.

Item legavit domino Girardo Monacho, in recompensationem servitiorum per ipsum ei impensorum, tres francos semel tantum, et unam de raubis suis, scilicet suum magnum mantellum nigrum...

Item voluit quod si de bonis suis mobilibus aliquid remaneat, solutis legatis, debitis forefactis et exequiis suis, quod de illo quod superfuerit, emantur duo pulchra aquila de *leton*, ad arma sua, pro dicta ecclesia Autissiodorensi ; et si illud non sufficiat, quod vendatur de bonis immobilibus.

Item legavit, dictus testator, Catharine de Cassinel, sorori sue, centum scutos auri quos voluit per heredes suos infra scriptos sibi solvi, et cum quibus voluit ipsam contentari.

Item legavit Ludovico Cassinelli, nepoti suo predicto, ultra predicta, ad ejus vitam, duas vineas suas, quarum, ut dicebat, una est sita *en Orgelaine*, et altera vocatur *la plante*, sita in finagio de Boyvin ; et voluit quod post ejusdem Ludovici mortem revertantur ecclesie Autissiod. et dominis de capitulo pro augmentatione dicti anniversarii sui.

Item legavit Guillemete uxori Robini Ramei, commatri sue, quatuor ulnas panni blancheti et unam de vestibus suis.

Item voluit quod die exequiarum suarum gentes sue et successores sui induantur de panno nigro, ad voluntatem dicti magistri Marchi succentoris, et post magister Marchus, etiam induatur sumptibus executionis dicti testatoris.

In omnibus vero aliis bonis mobilibus et immobilibus, presentibus et, futuris et per se moventibus, ubicumque sint qualitercumque et quantacumque sint, sive quocumque nomine censeantur et nuncupantur, heredem suum universalem fecit et nominavit, ore suo proprio, dominum Guillelmum Cassinelli militem, ejus germanum et suos.

Item legavit Feliseto le Barbier, suam vineam de Brichemasson, circiter unum quarterium continentem.

Item legavit reparationi domus leprosarie Sanctis-Simeonis decem scutos auri, semel.

Item legavit Deniseto Garnier, sex scutos auri et unam de suis raubis.

Item legavit Symoni Marcilli, duos scutos auri.

Hujus autem sui testamenti executores fecit venerabiles viros magistros Girardum de Monteacuto, carissimum nepotem suum, Johannem de Rhemis, in legibus licenciatos, Guillelmum Mutonis, Guillelmum Hugonis et Marchum Girberti, canonicos et succentorem Ecclesie Autiss....

Acta fuerunt hec Autissiodori, in domo claustrali habitationis dicti testatoris, in camera sua, anno, indictione, mense, die et pontificatu predictis, presentibus discretis viris dominis Johanne de Firmo loco canonico, Stephano Bizontii et Henrico Guiberti, canonicis tortariis, Johanne Fournier beneficiato in dicta ecclesia Autissiodorensi, Johanne Boichardi curato ecclesie de Vallibus, Autissiodorensis diececis, Johanne Poteti, Tabellione in prepositura Autissiodor., etc.

N° 339.

Requête à Michel de Creney, évêque d'Auxerre, au sujet de la Trésorerie, dans laquelle sont marqués plusieurs anciens et curieux usages de l'église cathédrale.

(An 1398, 3 décembre.)

Reverendo in Christo patri et domino Michaeli, Dei gratia Autissiodorensi episcopo, decanus et capitulum ecclesie Autissiodorensis reverentiam et honorem. Vestre reverende paternitati exponimus quod cum ab antiquo in eadem ecclesia sic fuerit, quod sicut est de presenti, officium sacristie solitum, per canocicos dicte ecclesie obtineri et gubernari, cujus collatio, provisio, omnimodo dispositio ad thesaurarium pro tempore qui etiam canonicus prefate ecclesie existit, de antiqua et approbata, hactenusque observata, consuetudine noscitur pertinere, et tam thesaurarius dicte ecclesie qui est de presenti quam predecessores sui thesaurarii, qui fuerunt hactenus, sicut sunt, in pacifica et quieta possessione, vel quasi dictum officium sacristie, etiam canonicis dicte ecclesie conferendi cum vacat, quodque redditus, proventus, obventiones et emolumenta dicti officii, tam propter mortalitatem, guerras et hostiles incursus gentium armorum discurrentium hinc inde, que proh dolor! retroactis temporibus in patria et partibus Autissiodor. viguerunt, quam propter captionem civitatis Autissiodor. et aliorum locorum partium predictarum, in quibus major pars reddituum, proventuum, obventionum et emolumentorum predictorum consistebant, fuerunt, sicut adhuc sunt de presenti, adeo diminuti, ac tenues facti et exiles, quod sacrista, pro tempore qui habet, ratione dicti officii sacristie, quam plurima gravia onera subire, nec-non diversa servitia et officia, tam in dicta ecclesia Autissiodor. quam extra, eandem exercere...

Fuimus pluries, sepe et frequenter, in nostro capitulo capitulariter congregati in unum, ad sonum campane, ut est mos, habuimusque inter nos tractatum ac maturum consilium, providamque deliberationem super premissis, vocatisque super hiis et presentibus prefato domino Guilelmo, thesaurario moderno, et nonnullis de antiquioribus dicte ecclesie, comperimus, tam per libros, litteras, cartas, compota antiqua et alia legitima documenta, quam ex dicti thesaurarii et aliorum antiquorum relatione, confessione et declaratione omnia infra scripta ad que tenens dictum sacristie officium et sacriste, qui fuerunt pro tempore, tenebantur, tenantur, ac thesaurarius, qui est et successores sui futuri thesaurarii, memorate ecclesie qui erunt perpetuo tenebuntur, que ad perpetuam rei memoriam et ne de cetero in dubium revocentur, et in omnem eventum et finem, quod hujusmodi questiones, dissentiones et discordie de cetero cessent, sopiantur penitus et extinguantur inter partes, ac pro bono pacis et concordie, utilitatemque dicte ecclesie et divini servitii conservatione, deliberavimus, de communi consensu et assensu, ac voluntate expressa omnium de capitulo tunc existentium, in eodem presentibus litteris inserenda, que talia sunt :

Et primo, tenetur dictus tenens dictum sacristie officium, tenebunturque thesaurarius predictus qui est et thesaurarii qui erunt pro tempore perpetuo ecclesie Autissiodorensi, ad causam officii dicte sacristie et unius prebende dignitatis dicte thesaurarie, una cum dicte sacristie officio et eorum juribus uniendis, cum uniti fuerint ministrari, tenere et facere ardere nocte dieque continue, singulis diebus, tres cereos, *tantes* vulgariter nuncupatos, in tribus bacilibus pendentibus et suspensis ante corpus Christi, coram minori altari dicte ecclesie ; que bacilia ante dictam captionem dicte civitatis erant et solebant esse de argento, nunc vero sunt de stanno, et que tria bacilia fabrica ecclesie tenetur et assuevit sustinere.

Tenetur etiam dictus thesaurarius tenens officium sacristie, in omnibus festis annualibus, sicut in Nativitate Domini, Sancti-Stephani, in crastino dicte Nativitatis, Pasche, Pentecostes, Corporis Christi, Inventione S. Stephani et Assumptione B. Marie, tresdecim cereos, quemlibet de tribus libris cere, in tresdecim magnis candelabris cupreis, ante dictum majus altare, et de duodecim aliis cereis qui ponuntur et debent ardere in dictis annualibus festis supra majus altare, dictus thesaurarius octo et fabrica ecclesie quatuor, de duabus libris ultra, et preter sex parvos cereos, quemlibet de dimidia libra cere, quos domini episcopi, qui sunt pro tempore, in sex angelis qui sunt super sex pilaria cuprea magna, que sunt ad latera majoris ecclesie, ministrare tenentur.

Item, in omnibus festis solemnibus, sicut Epiphanie et Ascensionis Domini, Nativitatis, Conceptionis et Purificationis B. Marie, Annunciationis Dominice et Johannis-Baptiste, Omnium-Sanctorum et Sancti-Stephani, ad Bizantium novem cereos in novem ex dictis magnis candelabris cupreis, quemlibet de tribus libris cere, et de octo qui in istis festis solemnibus ponuntur super majus altare, quolibet de duabus libris quatuor, et fabrica quatuor.

Item, in dictis festis ann. et sol. ac dominica post Pencosten et dominica ante Adventum Domini, pro Trinitate et sanctorum Amatoris, prima die maii, et Exceptione ipsius sancti Amatoris, fabrica ponit et semper ponere tenetur, et debent ardere ante capsas corporum et reliquiarum sanctorum, que sunt supra parvum altare superius, sex cerei, quilibet de dimidia libra, quorum a vesperis vigilie cujuslibet festi usque finito completorio festi, duo debent continue ardere, et in festis sanctorum Mariani et Mamertini, Alexandri, Chrysanti et Darie, sanctorum Cirici et Julite, in quolibet eorum festo, ante dictas capsas dictus tenens sacristiam debet facere ardere parvos cereos, quemlibet de dimidia libra, die integra, a vespera vigilie usque post completorium dicti festi.

Item in dicto festo Sancti-Stephani a principio vesperarum die Nativitatis Domini, usque per totam diem Sancti-Stephani, in crastino post completorium, tenetur ponere duos cereos, in duobus magnis candelabris ferri, ultra dictos tresdecim cereos, ad duo capita tresdecim candelabrorum cupreorum, quemlibet de tribus libris.

Item, in processione que sit post vesperas Nativitatis Domini et ante vesperas Sancti-Stephani, et a principio *laudate Dominum de celis*, usque ad finem matutinorum Sancti-Stephani, in crastinum Nativitatis Domini, tenetur ministrari facere cuilibet de ecclesia habitum portanti officio interessenti, unum parvum cereum ardentem, quemlibet de dimidia libra, et dignitati de una libra, et ad idem pro processione que fit ad missam diei festi Purificationis B. Marie Virginis; qui cerei ardere debent a principio processionis usque ad offertorium misse, quo quilibet offert et reddit cereum sibi traditum : et idem in festo B. Michaelis solum pro processione.

Item, a vesperis in vigilia Ramis Palmarum et tota nocte, ac quandiu capsa reliquiarum tenetur in choro ecclesie, et quandiu portatur ad processionem in Ramis, debet tenere duos parvos cereos in duobus candelabris parvis quos portant acolyti in dicta processione.

Item, diebus mercurii, jovis et veneris benedictis, in Tenebris, scilicet matutinis, in dictis tresdecim candelabris cupreis tresdecim cereos, quorum tres principales sunt sicut in duplicibus, quilibet de tribus libris; qui cum duodecim super altare et sex angelorum et tribus in tribus bacilibus predictis extinguuntur per nocturnos matutinorum, ut est mos.

Item, dicta die jovis benedicta duos cereos ardentes ante corpus Christi, in thesauro, ubi dicitur in Paradiso usque veneris sancta hora qua corpus Christi reportatur, pro officio, et dicta die jovis quandiu legitur et fiunt collationes, mandatum tam in ecclesia quam in capitulo, usque ad finem debet tenere duos parvos cereos in duobus parvis candelabris arg., seu aliis ardentes.

Item die sabbati sancta tenetur facere fieri et ministrare unum grossum cereum de quinquagesima libris, vel circa, et alium de decem-septem libris, vel circa, cere, quadratos qui sunt in mofeis fusteis ad hoc a longo tempore factis, quique dicta die benedicuntur ; et quando puer in albis cantat post benedictionem *accendite*, accenduntur una cum toto alio luminari pretacto : qui duo cerei positi super gradus ante majus altare debent ardere, dicta die sabbati, ac nocte sequenti, et tota die pasche usque post Completorium, et dictus parvus cereus per totam hebdomadam in vesperis, et ardens portatur in processionibus que fiunt in vesperis per totam hebdomadam Pasche, et non plus; et de cera ipsius parvi datur omnibus de ecclesia medicum die Ascensionis Domini, in missa, ad faciendum cruces que poni consueverunt in liminaribus et ostiis corum, dictusque magnus cereus semper usque ad Sanctum Synodum remanet ante dictum altare, et ambo cerei predicti accenduntur, atque ardere debent vigilia et die Penthecostes, sicut vigilia ac die Pasche: et iterum dictus magnus cereus debet fieri novus pro festo Inventionis S. Stephani, et ardere a principio vesperarum vigile dicti festi Inventionis usque post completorium diei.

Item, de sex cereis qui debent ardere circa crucifixum, in festis Inventionis et Exaltationis Sancte-Crucis, tenens officium dicte sacristie debet duos parvos cereos, quemlibet de media libra, qui ponuntur ante dictum crucifixum, et solum ardent horis vesperarum, vigilie, matutinorum, misse et vesperarum diei, et fabrica debet alios quatuor, quemlibet de duabus libris, qui continue a principio vesperarum, vigilie tota nocte et die, usque post vesperas diei debent ardere in honore Sancte-Crucis, et duos parvos super tabulam die reliquiarum.

Item, die dicti festi Inventionis Sancti-Stephani, pro processione et missa usque ad offertorium, debet ministrare duodecim maioribus duodecim villarum capituli, cuilibet unum cereum de tribus libris, pro quibus debet habere a quolibet maiorem quique solidos Parisienses, et ipsi maiores debent eos portare in processione que fit ante missam et eos tenere, ardentes in missa, circa magnum altare, usque ad offertorium, in quo eos per ordinem suum debent offerre hora offertorii, et dictus tenens sacristiam eos debet rehabere.

Item a vesperis vigilie festi sancti-Germani, quod est penultima die mensis julii, usque post vesperas dicti festi Inventionis sancti Stephani, quod est tertia die mensis augusti, debet tenere duos parvos cereos ardentes die et nocte, superius in primis *allées*, juxta tunicam sancti Germani quandiu ibi tenetur et ostenditur in duabus punctis ferreis que ad hoc ibidem sunt affixe.

Item in omnibus festis duplicibus que sunt et fiunt in dicta ecclesia, per circuitum anni, que sunt ultra septuaginta, dictus tenens dictum officium sacristie tenetur ministrare quinque cereos, quemlibet de tribus libris cere, in quinque candelabris cupreis ante majus altare ardentes, a principio vesperarum, vigilie et die, in matutinis, missa et vesperis et in matutinis alias vigiliis que loco matutinarum certis temporibus cantantur, quemdam cereum factum a principio de tribus libris cere.

Item in omnibus festis semiduplicibus, scilicet prima die Adventus, Septuagesime, Quadragesime, Letare Jerusalem, Ramis Palmarum, Jovis Sancta et aliis semiduplicibus, tres cereos in tribus candelabris cupreis solum modo ardentes, quemlibet etiam de tribus libris.

Item, singulis aliis diebus dominicis, festivis non duplicibus, etiam et diebus ferialibus, de sex cereis qui debent ardere supra majus altare in vesperis, matutinis, missis et completorio, quolibet cereo de duabus libris, dictus tenens dictum sacristie officium debet tres et fabrica tres, qui debent ardere usque post completorium, singulis diebus, horis predictis, excepto a die festi sancti Matthei, quod est in februario, usque ad vigiliam sancti Matthei apostoli et evangeliste, quod est in mense septembri; quo tempore durante sic quasi per septem menses non ardent per horam completorii, immo extinguuntur dicti sex cerei, statis vesperis finitis, exceptisque festis annualibus et solemnibus, quibus cum omnibus aliis debent ardere usque post completorium.

Item, tenetur omni dominica Adventus ministrare unum cereum magnum et longum de tribus libris cere, qui debet ardere in uno magno candelabro ponendo ad caput sepulcri episcopi Guidonis de Melloto, in choro, per longum matutinarum, et ibi portatur solemniter per unum canonicum a principio invitatorii matutinarum.

Item, in dictis festis annualibus et solemnibus, quibus lectiones leguntur superius ad pulpitum dictum *Jubé* et responsoria in cappis, tenetur ministrare et tenere unum parvum cereum in revestiario, ad videndum per bastonarios tradi cappas personis que lectiones legunt, et responsoria cantant.

Item, singulis diebus, per totum, annum in missis que cantantur in choro, duos cereos parvos in duobus candelabris parvis.

Item, in dictis annualibus et solemnibus ac duplicibus, semiduplicibus, per longum matutinarum, missarum et vesperarum super gradus, in fine, ad latus candelabrorum cupreorum, ac in processionibus que fiunt singulis dominicis, ante missam, et per totum annum, totiens quotiens presbyter, diaconus et subdiaconus incedere debent ad processionem induti vestimentis sacerdotalibus, etiam per villam, semper portantur ad processionem et in classicis et festis novem et trium lectionum accenduntur ad *Magnificat*, pro incensando duo cerei parvi, quos pueri in albis cum presbytero portant in duobus candelabris argenti vel aliis.

Item, ad parvum altare Comitisse, quando ibidem celebrantur anniversarium, vel missa comitisse, unum parvum cereum in uno candelabro ferreo; et quando etiam ad dictum altare celebratur missa anniversarii, debet tenere duos dictos parvos cereos ardentes in candelabris parvis super scabellum ante, ad cornua majoris altaris basse quos portant duo pueri in albis cum presbytero, quando incensat, et eum associendo eundo ad altare et redeundo ab altari ad revestiarium, etiam in solemnitatibus et processionibus mortuorum, ut est moris.

Item, de luminari anniversariorum quod fit per totum annum tam dominorum episcoporum quam aliorum, non tenetur, nisi solum ad sex cereos in anniversario D. Guidonis de Melloto, episcopi et alios sex : ad totum luminare anniversariorum per totum annum tenetur fabrica ecclesie.

Item, in singulis diebus, in matutinis ac etiam vesperis et vigiliis, quando non videtur clare in choro, tenetur dictus thesaurarius et sacristie officium tenens, ministrare candelas bonas que dicuntur communiter *fiat*, competentes pro toto servitio, scilicet pro sex sconsis, videlicet quatuor pro tortariis, duas pro vicariis et capellanis et quando cantantur Resp. ad lectorium, ad caput sepulchris Guidonis episcopi unum *fiat*, in una sconsa a dextris et a sinistris aquile, et pro illis qui legunt lectiones et illis qui cantant invitatorium quando nescitur cordetenus, et pro nono responsorio in asconsis, eis ad hec a fabrica deputatis, ac pro dignitate vel alio qui in annualibus vel solemnibus facit officium, et tenentur omnes residuum quod superest dimittere dicto thesaurario seu sacriste, excepta candela cum qua leguntur lectiones qualibet die qua, residuum debetur presbytero hedomadario, vel puero in albis, quod residuum debet esse de longo trium vel quatuor digitorum.

Similiter tenetur ministrare candelam necessariam pro presbyteris qui celebrant duas missas noctis Nativitatis Domini, ac pro diacono qui legit evangelium *liber generationis*, et dei Epiphanie *factum*, ac missis mercurii Quatuor-Temporum, Adventus Domini, ac illorum duorum qui in matutinis Nativitatis Domini, ad altare cantant : *ecce annuncio*, et die Pasche, *quem queritis* et tribus *Maries* et residuum est illorum qui hec scilicet *ecce annuntio vobis, quem queritis* quam tribus *Maries*.

Item pro igne novo, in vigilia Pasche, super quibus consuevit ac debet habere dictus thesaurarius singulis annis; pro festo Inventionis sancti Stephani, a fabrica ecclesie quinquaginta libras cere, cum luminari exequiarum que fiunt in ecclesia, oblationibus, offertoriis pecunie, panis et vini, tam in choro quam in thesauro et ad altare B. Marie reliquiarum per thesaurarium recipi consuetis, ac aliis juribus et redditibus ad hoc debitis et consuetis; habebitque de cetero omnes candelas que offerentur et evenient in ecclesia, exceptis candelis que evenient ad altare Sancti-Eligii, et que diebus festorum cujuslibet capella et altaris dicte ecclesie evenient et offerentur que dictis diebus festorum erunt capellanorum et altaristrorum dictorum capellarum et altarium.

Item tenetur singulis diebus ministrare unum parvum trossonem cerei per longum matutinarum super gradus in medio ardentem, in quo quilibet qui vult lumen recipit, vocatum *regippant*, torchias vero ad elevationem corporis Christi necessarias per totum anni circulum tenetur ministrare fabrica.

Item tenetur idem thesaurarius tenens sacristie officium ministrare totum incensum, carbonem et ignem necessarium, ut est moris, per totum annum.

Item, sal et aquam pro aqua benedicta singulis dominicis, et omni die, circa altare : cineres benedicendos die Cinerum; et pilos caprarum pro penitentibus, quam vero pro fontibus benedicendis fabrica ministrare tenetur.

Item, dictus tenens officium sacristie tenetur custodire claves ecclesie, chori et thesauri, indumentorum, jocalium, vestimentorum, caparum, eaque recipere et reddere cum inventorio, periculo suo et lector librorum. Capas vero et indumenta pro servitio Dei, juxta diversitatem temporum et festorum, idem sacrista tradere in thesauro bastonariis et capellanis ad hoc ad distribuendum ordinatis et fundati, et prout quandoque a capitulo ordinatur, dieque Sacro-Sancte Cene parare locum in quo celebrans officium penitentium super gradis chori dicit letaniam. et absolutione data, etiam sic parare in thesauro paradisum ad reponendum scrosanctum corpus Christi, et die Parasceves sedem seu locum ad reponendam Crucem adorandam, aquamque et alia necessaria ad abluendum altaria preter vinum quod solvit capitulum.

Item, tenetur dictus tenens sacristiam, solus et in solidum, ad omnes pulsationes que fiunt et fieri debent et occurrunt in ecclesia, exceptis pulsationibus pro primis exequiis et funeralibus decedentium, ad quas tenentur heredes vel executores decendentium ac misse copetate et certis processionibus, sicut pro malo tempore processionibus extraneis et pluribus occurrentibus, ad quas fabrica tenetur et ignitegio, quotiens dominus episcopus jacet in civitate, quo pro matricularius qui grossam campanam vocatam *Amatre* pulsat, habet certum panem et vinum a dominis episcopis, pro tempore.

Item, tenetur dictus tenens dictum

sacristie officium parari facere majus altare et chorum, secundum festa et sos lemnitates, et deparare tam pro festiquam pro vivis et mortuis, discooperire et cooperire altare per totum anni circulum, plicareque indumenta sacerdotis, diaconi et subdiaconi, portare et reportare reliquias et jocalia, una cum juvamine certorum capellanorum, matriculariorum, et bastonariorum, ad classicos et ad jacendum in dicta ecclesia deputatorum et fundatorum, una cum matriculariis clerico ac laico ipsius sacriste qui continue in eadem ecclesia pro ipsius custodia jacere tenentur, ac mapas corporales et indumenta seu pilarias altaris et omnia candelabra cupre facere emundari.

Tenetur etiam dictus tenens sacristiam solvere et sustinere cordas duarum campanarum, campanilis chori, scilicet *Hauteclere et Sourde*, que sunt ad dextram partem chori, et duarum minorum campanarum grosse turris supra capellam B. Marie, scilicet Cirici et Julite, alias *Mauldine* et *Malsope*, cum quibus pulsantur prima et nona, diebus ferialibus; verumtamen pro festo Dei et octavarum, fabrica ac pro crucifixo in duobus festis Sancte-Crucis parandis bastonariis, et quando a casu continget per capitulum aliqua parari vel pulsari, aut aliud luminare extraordinarium fieri pro processionibus extraordinariis, vel alias ordinatur, ad que fabrica ecclesie tenetur etiam dictus tenens officium dicte sacristie facere mundari et *ortoier* altas et bassas votas, quando indiget, et totam ecclesiam in annualibus et solemnibus festis, ac totiens quotiens consuetum est et necesse.

Quibus sic peractis, nos decanus et capitulum memorati, considerantes et diligenter attendentes quod sacrista, seu quicumque alius obtinens dictum officium sacristie, pro tempore, propter diminutionem, attenuationem et exiguitatem reddituum, proventus et obventionum et emolumentorum dicti officii sacristie, ut presbyter non posset commode hujusmodi onera supportare, servitia exercere, expensas et pensionem solvere, ac alia sibi incumbentia facere, ut premittitur, nisi aliter provideatur, circa premissa, de remedio opportuno : hinc est, quod premissa omnia et singula ad ejusdem paternitatis reverende notitiam deducimus, ipsamque paternitatem reverendam super premissis omnibus et singulis per presentes informamus quatenus sibi complaceat, ob favorem et conservationem divini cultus, nec-non pro premissis facilius supportandis ac supplendis, et ne de cetero dicta ecclesia in luminari et pulsationibus campanarum, ac aliis divinis obsequiis fraudetur, sed potius laudabiliter inibi deserviatur in eisdem, dignetur eadem paternitas reverenda dictum officium sacristie vacans ad presens, una cum una prebenda integra ejusdem ecclesie vacante vel vacatura. ac omnibus fructibus, redditibus, juribus, obventionibus et emolumentis eorumdem officii et prebende, thesaurarie ejusdem ecclesie, que dignitas est in eadem unire, annectere, et perpetuo incorporare, cassando et supprimando penitus, et omnino canonicatum ejusdem prebende; quodque prefatum officium sacristie cum prebenda unienda, annectenda et incorporanda, ac omnibus juribus et pertinentiis eorumdem, tam in grossis quam distributionibus, deinceps regantur, gubernantur et exerceantur, tam per prefatum dominum Guillelmum Nazarie thesaurarium modernum, qui canonicus prebendatus ejusdem ecclesie existit, quam per successores suos futuros thesaurarios sepedicte ecclesie, et sic tam thesaurarius modernus qui, ut prefertur, canonicus prebendatus ipsius ecclesie existit, quam successores sui thesaurarii predicte ecclesie qui erunt pro tempore, percipient in omnibus tam in grossis quam in distributionibus duplicem prebendam dummodo thesaurarius qui erit pro tempore sit alias canonicus prebendatus dicte ecclesie, absque hujusmodi prebenda unienda eidem thesaurarie, alioquin non percipiet nisi solummodo et duntaxat tam in grossis quam distributionibus fructus, redditus, proventus, obventiones et emolumenta dictorum thesaurarie, officii sacristie et prebende uniendo dicte thesaurarie dummodo thesaurarius qui est pro presenti, et successores sui thesaurarii dicte ecclesie, qui erunt pro tempore, in distributionibus quotidianis habendis et percipiendis, sicut et alii canonici prebendati intersint in dicta ecclesia, horis canonicis diurnis, pariter et nocturnis, quibus mediantibus dictus thesaurarius, qui est vel erit, sive habeat duplicem sive simplicem prebendam, tenebitur facere dictum officium sacristie, sicut antiquitus per sacristas qui erant tunc temporis fiebat, ut prefertur, cum omnibus suis oneribus superius designatis, salvo et per nos retento quod si aliqua alia onera ultra supradicta per sacristas, pro tempore, ratione dicti officii sacristie fieri debita et consueta in futurum reperientur ad illa et alia superius declarata omnia et singula implenda, complenda et observanda, tam thesaurarius modernus quam successores thesaurarii futuri dicte ecclesie omnino teneantur facere et integre adimplere, per nosque ad hoc artentur et compellantur per retentionem et substractionem distributionum, fructuum, reddituum et emolumentorum hujusmodi prebende uniende et annectende applicandorum et convertendorum ad supplectionem defectuum qui, ob culpam seu negligentiam thesaurarii qui est vel fuerit pro tempore, forsan intervenient circa divinum servitium in premissis; quodque thesaurarius qui est, et successores sui thesaurarii dicte ecclesie, ad causam unionis hujusmodi, cum suum sortita fuerit effectum, teneantur ad hebdomadas missarum et chori, ac ad alia omnia et singula onera dicte prebende unite, sicut et quemadmodum alii canonici prebendati ipsius ecclesie tenentur.

Super quibus omnibus et singulis premissis sic faciendis, uniendis, supplendis, totaliterque complendis, nos, decanus et capitulum predicti, nostrum tenore presentium prebemus consensum liberum et expressum, pariter et assensum, absque tamen prejudicio nostro, sed jure nostro in omnibus et per omnia semper salvo. Datum in nostro capitulo generali Sancte-Lucie virginis, die mercurii, tertia decima mensis decembris, secunda sessione dicti capituli generalis, anno Domini millesimo trecentesimo et nonagesimo octavo.

Signatum : G. Lorenz.

(Tiré sur la copie notariée de l'an 1602, signée Rousse.)

N° 340.

Miracle arrivé en 1398, sur un garçon du diocèse de Sens, atteint de rage, voué à l'image de la Sainte-Vierge étant alors au portail de la cathédrale d'Auxerre, sous la tour commencée, où l'on voit encore sa figure à genoux, peinte à fresque sur le mur à gauche en entrant (1).

(EXTRAIT DES REGISTRES DU CHAPITRE D'AUXERRE, AU LUNDI 8 JUILLET 1398.)

Hodie venerunt ad capitulum privatus *Chicotin* de Jaugiis, diecesis Senonensis, Margarita ejus uxor, ac Johannes *Chicotin* eorum filius, qui retulerunt et plures alii cum eisdem existentes, quod, die hesterna, dictus filius, ex morsu cujusdam equi inrabiati, devenerat inrabiatus, et ob hoc ligatus; quod videns dictus pater dictum ejus filium etatis viginti annorum vel circa existentem, B. Dionysio et gloriose Virgini Marie in portali Ecclesie Autissiodorensis honorificate, existimans remedium dicto ejus filio, per merita sancti Dionysii et gloriose Virginis Marie largiri, dictumque filium, pro eo adducendo, fecit super unam quadrigam ligatum onerari, et eum adduxerunt in dicta quadriga ligatum dicta mater, Johannes le Trousselat, patrinus dicti filii, Jacquetus Pasquinot, Andretus le Ravier, Johannes de Glan, Privetus Farine, Johanneta uxor Johannis Piquié, etc.; modicum postquam fuit in itinere veniendi apud Sanctum-Dionysium et apud Autissiodorum, idem filius convaluit et petiit ejus patrem : qui pater pre dolore nimio remanserat in domo sua in villa de Jaugiis; et dixit idem filius quod aliquis iret dictum patri suo predicto quia ipse filius ejus erat in bono statu; et dixit idem filius prefatis cum eo existentibus, quatenus eum deligarent, et quod eis amplius non faceret malum. Quem deligaverunt, et ad Sanctum-Dionysium primo, et continue ad Sanctam-Mariam in ejus capella predicta, in portali ecclesie Autiss. situata, per totam istam noctem ultimo preteritam adduxerunt : qui semper magis ac magis convaluit.

Ce village de Jauges ci-dessus marqué est à une lieue ou deux au-delà de l'abbaye de Pontigny; la route pour Auxerre est de passer sur le territoire de Villeneuve-Saint-Salve où la chapelle de Saint-Salve était alors un grand pélerinage connu sous le nom de Saint-Denis, parce que la fête de ce Saint-Salve se faisait à la saint Denis. De là le nom de Tureau-Saint-Denis pour désigner la montagne où cette ancienne chapelle est construite.

N° 341.

Extrait de la première et plus ancienne collection des Statuts du chapitre d'Auxerre, rédigée vers la fin du XIV° siècle, et conservée dans les archives du même Chapitre.

Entre les différentes formules de serment pour les réceptions qui sont à la tête, celle-ci paraît la plus curieuse.

Statutum antiquum de forma juramenti ad quod tenentur Vicarii ecclesie Autissiod.

Anno Domini MCCLIX, in crastino Ascensionis Domini, fuit statuta forma juramenti ab episcopo et capitulo, quod facient vicarii. Jurabunt quod singulis septimanis dicent psalterium integrum vel singulis diebus septimane cujuslibet dictam ad diem pertinentem. Et firmabunt infra sex menses a tempore institutionis sue commune Sanctorum, ita quod sciant pro posse suo corde tenus, et quod non recipient distributiones ad vicariam per-

---

(1) Cette peinture est détruite. — Cette chapelle était célèbre au moyen-âge et portait, en 1396, le nom de Sainte-Marie-des-Miracles. — (N. d. E.)

tinentes nisi serviant, prout ordinatum est, vicarios servire. Durabunt usque ad crastinum Ascensionis Domini, nisi tale quid facerent, propter quod amoveri deberent, vel et causa rationabili interim eos contingeret amoveri.

De modo tenendi capitulum die veneris.

[*Hoc statutum precessit annum* MCCLXIII.]

Qualibet septimana, die veneris, post primam, pulsabitur ad capitulum, et quicumque canonicus sedebit in capitulo usque ad finem, vel saltem pro majori parte temporis, dum tamen sit ibi in fine, habebit quinque denarios, alias non licebit recipere, nisi teneatur interesse ad officium misse, videlicet pro choro regendo, vel pro epistola vel evangelio legendo, vel pro missa celebranda, vel alias pro divino servitio. Et tunc debet nuntiare in capitulo quod recedat propter officium predictum. Si vero prevideatur casus propter quem non possit capitulum celebrari die veneris vel sabbati statuta ad hoc, celebrabitur aliqua feria precedente vel sequente, et que sit illa determinabitur in capitulo precedenti.

De capitulo faciendo diebus sabbati.

Anno Domini MCCLXIII, die sabbati post kalendas maii, in generali capitulo, statutum fuit quod qualibet hebdomada die sabbati fiet capitulum, sicut die veneris. Et quicumque canonicus sedebit in capitulo usque ad finem, vel saltem pro majori parte temporis, habebit quatuor denarios; alias non debebit recipere, nisi in casibus expressis in statuto de capitulo die veneris celebrando. Et sic fierint qualibet hebdomada duo capitula, videlicet die veneris et die sabbati, proviso ut si diebus illis commode non possent fieri aliquibus aliis feriis illius hebdomade fient in precedenti capitulo declaratis.

Item quod non fiat manumissio hominum ecclesie, quoad tonsuram clericalem, nisi certa die.

Anno MCCLIV, in compoto Sancte-Lucie statuimus quod filiis hominum ecclesie nostre non fiat manumissio quantum ad tonsuram clericalem, nisi certa die ad hoc specialiter a capitulo assignata, et sub certa forma et in capitulo generali.

Pro illis qui mittuntur extra pro negotiis capituli.

Anno Domini MCCLXV, ordinatum fuit in capitulo nostro generali, mense maio, de assensu omnium, quod si aliquis canonicus non alias iturus missus fuerit pro negotio capituli, percipiet integre usque ad quindecim dies, si per tantum tempus moram fecerit, omnes quotidianas distributiones, nisi capitulum majus tempus constituerit eidem : ita tamen quod ipse tenetur ire propriis equitaturis, si habeat; et si oporteat eum equos conducere, capitulum solvet mercedem cum aliis expensis necessariis et utilibus quas sic missus faciet propter negotium capituli; transactis autem quindecim diebus nihil recipiet de predictis, nisi terminus a capitulo mittente fuerit prorogatus. Quod si canonicus erat iturus alias ad aliquem locum, et ei volenti proficisci injungantur agendum negotium capituli, habebit distributiones, ut predictum est de canonico alias non ituro pro illis solis diebus quibus operam dabit pro negotio capituli gerendo, dum erit in eodem loco. Pro aliis diebus quos in itinerando vel morando consumet, nihil de distributionibus percipiet, expensas etiam non habebit, nisi duntaxat ea sine quibus non posset injunctum sibi negotium expedire et quos facturus non esset, si negotium capituli non fecisset. Quod si alicui canonico degenti in scolis, vel alio loco moranti, negotium capituli in eodem loco commitatur agendum, nullas distributiones percipiet, nec expensas, nisi tantum illas expensas de quibus immediate diximus. Quod si quis aliter iturus ad aliquem locum utiliter pro ecclesia et capitulo aliquod negotium gesserit non sibi injunctum, dummodo per documenta legitima capitulum certificaverit quod utiliter re ipsa gesserit, ita quod verbis negotium gerentis non credatur, idem habeat sicut dictum est, de eo qui aliter erat iturus cui est injunctum negotium.

Quod in qualibet Camera fiat liber de censibus et redditibus.

Nota quod in capitulo generali Sancte-Lucie, anno Domini MCCCXXXVI ordinatum est quod quilibet camerarius, in camera sua, faciat librum de censibus et redditibus omnibus sue camere, et major camerarius similiter unum de his que pertinent ad majorem cameram, et omnes per juramentum prestitum capitulo debent illos libros facere fieri infra annum. Quo facto de omnibus predictis libris partialibus fiet unus liber communis et intelliguntur predicta si commode possit fieri, si vero non, excusationem suam tenebitur quilibet pretendere in capitulo per juramentum predictum.

Quomodo camerarius et alii officiales debent institui.

Anno Domini MCCLXIX, in capitulo generali Sancte-Lucie, statutum fuit, de consensu omnium, quod ordo presbyterorum, diaconorum, subdiaconorum, videlicet presbyteri primo, diaconi secundo, subdiaconi tertio, vel major pars cujuslibet ordinis superius nominati, teneatur de cetero eligere, providere seu instituere unum ex seipsis ad officium camere que ad minus per unum terminum, predictum officium adimplebit; elapso vero dicto termino, dictus ordo, vel major pars ipsius ordinis eundem vel alium instituere tenebitur, prout dicto ordini expedire videbitur, qui officium dicte camere per secundum terminum adimplebit; camerarius vero sic electus a suo ordine vel a majori parte, si dictum officium recusaverit solvet centum solidos pro pena; que pena erit in augmentum salarii camerarii subsequentis. Illi autem, vel major pars, dicti ordinis qui camerarium eligent de omnibus aliis officialibus, videlicet de distributore anniversariorum qui non solvit capitulum, de distributore panis et vini, de granatario, de procuratore domorum et vinearum providere tenebuntur. Statutum vero predictum de camerario et aliis officialibus instituendis a predictis ordinibus successive sub, forma predicta, volumus in perpetuum inviolabiliter observari.

Quod distributor panis et vini computet in fine cujuslibet mensis.

Item de distributore panis et vini statuimus quod in fine cujuslibet mensis computabit cum clericis, sive nunciis canonicorum et aliorum servitorum ecclesie, et rediget fideliter in scriptis quantum unusquisque per mensem illum de pane et vino cellarii est lucratus, et de hoc in fine cujuslibet mensis cum auditore sibi dato computabit per partes, et dicet quantum unusquisque est lucratus. Et de hoc retinebit per partes scriptum auditor et etiam distributor, et illud afferant ad seq. compot.

De distributionibus Guidonis episcopi.

Anno Domini MCCLXXXV, in nostro generali capitulo kalendarum maii, statutum fuit de consensu omnium quod distributiones que fiunt in ecclesia nostra ad horas quas bone memorie dominus Guido, quondam episcopus noster, instituit, et de suo fundavit, nullatenus dimittantur, imo continuentur in posterum, quicquid accidat vel contingat, etiamsi de aliis distributionibus, nisi necessitate contingeret defalcari.

Quod quinque solidi canonicis in festivitatibus hic insertis per camerarium tradantur.

Anno Domini MCCLXXXVII, in compoto Sancte-Lucie, de assensu omnium, ordinatum fuit et statutum quod in his quinque solemnitatibus que sequuntur, videlicet in Nativitate Domini, in festo Sancti-Stephani, quod est in crastinum, in festo Pasche, in festo Inventionis sancti Stephani et in festo Pentecostes, Omnium-Sanctorum, camerarius noster tradat singulis canonicis festivantibus et epulantibus in propriis hospiciis, quinque solidos Turonenses de bursa capituli. Illi autem canonici qui epulabuntur cum aliis canonicis nihil habebunt, nisi forte aliquis canonicus non habens proprium hospicium consueverit cum alio morari et epulari, et contribuere in expensis, in quo casu quinque solidos sicut et ceteri percipiet et habebit. Si vero aliquem de Tortrariis in dictis solemnitatibus vel earum aliqua in domo sua contigerit epulari dimidiam portionem percipiet et habebit.

De canonicis se absentare volentibus quod habeant grossos suos fructus.

Anno Domini MCCCXXXVI, in capitulo generali Sancte-Lucie, statutum fuit sic : Quia propter subditorum nostrorum paupertatem, fructuum sterilitatem et temporis anxietatem, jura et redditus debita capitulo nostro Autiss. solvi non possunt, nec habent canonici residere volentes unde possint commode sustentari, statutum est in capitulo generali Sancte-Lucie quod quicumque canonicus Autiss., prebendatus qui fecerit stagium suum primum vere vel interpretative si residere potuerit in ecclesia Autiss., vel absentare se voluerit causa studiorum, vel alia licita et honesta, percipere poterit grossos fructus prebende sue in camera in qua erit prebendatus, dumtamen tanto tempore vixerit inter duo festa Sancti-Remigii, quanto lucratus fuisset dictos fructus, si in ecclesia residentiam fecisset, ita tamen quod de dictis grossis fructibus tenebitur in septimana sua in ecclesia facere deserviri et supportare onera qui incumbent pro prebenda sua ; et solvet magne camere quolibet anno in compotis Nativitatis beati Joannis-Baptiste quatuor libras, dum tamen domino regi Francie vel alii nullam solvat decimam illo anno, quia in casu in quo solveret decimam, nihil solvet camere. Et tenebitur canonicus notificare capitulo in capitulo kalend. maii, vel Sancte-Lucie, si gaudere voluerit statuto hujusmodi, quod durabit per terminum continuum et non ultra, nisi ipsum contingeret renovari. Et est sciendum quod cum canonicis qui tenentur ad residentiam continuam per juramentum, poterit in tantum capitulum dispensare, cum tamen per idoneum substitutum faciant deserviri in ecclesia loco sui.

Quod in processionibus que solebant esse de duobus denariis dentur quatuor.

Anno Domini MCCXLVIII, statutum fuit in capitulo generali quod distributione processionum Dominicalium fiant de sex denariis, quorum unus offertur pro fabrica ad altare B. Marie Reliquiarum, in introitu chori.

Quomodo debent fieri processiones et ubi.

Primo die lune post Pascha fiet processio ad S. Petrum, die martis ad Sanctum-Amatorem, die mercurii ad Sanctum-Julianum, die lune post Pentecostem fiet processio ad Sanctum-Eusebium, die martis ad Sanctum-Gervasium, die mercurii ad Nostram-Dominam-extra-muros. Pro domina mortua fiet processio ad Sanctum-Julianum. (*C'est-à-dire à la mort de l'abbesse.*)

Quod distribuentur duodecim denarii in processionibus infrascriptis, etc.

Item statutum fuit in eodem capitulo quod in singulis processionibus que fieri consueverunt in Quadragesima, videlicet sexta feria cujuslibet hebdomade et dominia in Ramis Palmarum, in quibus singuli canonici antea percipiebant sex denarios, a modo duodecim denarios percipient et habebunt. Item ad processiones die Pasche et tribus feriis sequentibus, S. Marci, die lune et die martis Rogationum ante Ascensionem Domini, ipsa die Ascensionis duodecim denarii. In vigilia vero dominice Ascensionis que longior et gravior fit processio duo solidi. Item die Pentecostes, cum tribus feriis sequentibus et in festo Exaltationis S. Crucis, in singulis processionibus duodecim denarii cuilibet canonico distribuentur. Postea immutatum est et fuit ordinatum quod toties quoties fiet processio extra muros civitatis Autissiodorensis, quilibet canonicus presens percipiat unum panem capituli, et si fuit dominica dies, quinque denarios Turonenses cum dicto pane.

De institutione eleemosinarum.

Anno Domini MCCLVIII, in capitulo Sancte-Lucie, statutum fuit ne consensu omnium quod singulis annis ordinetur in capitulo Sancte-Lucie quantum erogabit capitulum per totum annum piis locis et religiosis personis et pauperibus aliis, et quod ultra summam in dicto capitulo ordinatum nihil erogetur in pecunia, blado, neque vino per totum annum.

De habitibus canonicorum, et aliorum de choro ecclesie Autissiodorensis.

Anno Domini MCCCLXV, in generali capit. S. Lucie, extitit ordinatum ut canonici et alii de choro, tam in caligis quam in almutiis uniformiter se habeant, quod nullus de ipsis utatur albis, vel rubeis seu viridibus aut aliis inhonestis caligis et almutiis, quodque subtus caputium sue cappe nullus ponat seu deferat caputium, sed uratur nigra almutia rotunda, vel saltem folrato capucio nigra penna, maxime in ecclesia. Quod si contrarium faciat, nihil percipiet in ecclesia, et non computabitur donec desistat, exceptis Matutinis in quibus utuntur almutiis rotundis qui habent, et in aliis horis omnes afferant almutias apertas, nisi legitima causa et necessitate urgente.

Et hoc fuit additum kalend. maii, anno MCCCLXX.

Statutum quod non canonici requisiti quod legant vel cantent, si noluerint, nihil percipiant.

Item statutum est quod si singulis de non canonicis requisitis juxta ordinem suum a pueris vel ab acolitis seu a chorariis secundum consuetudinem festorum et feriarum de legendo vel cantando, singuli taliter requisiti legere vel cantare noluerint, omnes illius ordinis a parte chori que ad hoc tenentur tunc temporis emolumento illius hore vel primo emolumento quod percepturi essent in bursa capituli ea vice privati et suspensi sint ipso facto, ita videlicet quod quoties taliter fuerint in defectu, pena similis toties iteretur.

Statutum de injuriantibus ecclesie Autissiodorensi.

Anno Domini MCCCXLIX, in capitulo generali kalend. maii, die lune, tertia sessione, renovatum et confirmatum fuit illud statutum alias factum, quod quicumque fuerit injuriatus ecclesie Autiss., vel personis ipsius, scilicet canonicis, notabiliter facto verbo vel aliis, non recipiatur in canonicum ipsius ecclesie, nec alius de genere suo usque ad secundam generationem, nec ad aliud beneficium in ipsa ecclesia.

Quod duo canonici non morentur simul, nisi certo tempore.

Anno Domini MCCCXXXVI, in kalend.

maii, statutum fuit in prima sessione capituli generalis, per sexdecim canonicos, quod nulli duo canonici ecclesie Autiss. in una domo simul morentur, nisi per sex menses tantum et semel scilicet in anno in quo intendit facere stagium suum primum, vel nisi veniat ad prebendam causa visitandi prebendam, et negotia sua vel causa solatii et spatiamenti. In quibus casibus poterit morari cum alio canonico per mensem et non amplius. Causa vero predicti statuti duplex est : prima propter status canonicorum honorem et ecclesie Autiss., secunda, quia multe domus capituli sunt in claustro propter defectum habitantium deserte, quia non inveniuntur habitatores, et sic de cetero a canonicis ementur et inhabitabuntur, et utilitas capituli conservabitur et accrescet. Nec est intentionis statuti predicti sicut fuit postea declaratum quod illi qui veniunt ad prebendam suam antequam stagium suum incipiant facere, non possint morari cum alio canonico : imo bene poterunt, nec arctat tales predictum statutum.

Concordia archidiaconorum.

Anno Domini MCCCLXIX, die lune ante festum Pentecostes, inter capitulum et archidiaconum pro bono pacis et dissentionis in posterum evitande, et ne de cetero super modo in ecclesia Autiss. residendi, eundi et exeundi pro suis visitationibus, et in suis ecclesiis residentiis faciendis discordia oriatur, ita fuit finaliter concordatum : quod annis singulis post synodum, videlicet prima die junii, prefati archidiaconi suas visitationes vel in suis ecclesiis residentias incipient, et ibidem stabunt per dictum mensem continuum, absque hoc quod in ecclesia Autiss. revertantur, pro recipiendis cum aliis emolumentis consuetis, quo mense primo junii sic finito si velint suas visitationes inchoatas continuare et esse extra ecclesiam adhuc per mensem alium vel amplius, hoc facere poterunt, et quoties sibi placuerint, postea ad ecclesiam reverti admittentur et recipient cum aliis dummodo quando sic reverti voluerint post primum mensem finitum, in principio cujuslibet mensis hoc primitus denuntient vel significent, per se vel per alium, capitulo, et quod ita volunt in ecclesia residere. Si vero in dicti mensis principio hoc non denuncient pro illo mense ad residentiam in ecclesia nullatenus admittentur, nec per totum illum mensem aliquid in ecclesia recipient, sed mensem aliud expectabunt in quo reverti poterunt, et etiam admittentur. Si hoc tamen denuntiaverunt capitulo modo superius declarato, videlicet in principio ipsius mensis alias non. Et sic fiet de mense in mensem usque ad annum continuum, videlicet sequentem mensem junii exclusive, quia si post visitationem primi mensis junii inchoatum, ut superius est expressum, ad ecclesiam reverti voluerit pro suis recipiendis distributionibus cum aliis per tempus per quod possunt in ecclesia residere, videlicet per septem menses, poterunt hoc licite facere, et ibidem residere et percipere emolumenta consueta, hoc tamen dictis archidiaconis a capitulo concesso quod si forsitan propter aliquas occupationes vel supervenientia impedimenta legitima, ita cito in principio mensis suam prefatam residentiam in ecclesia faciendam , capitulo non possent nunciare, si tamen hoc faciant satis prope dicti mensis principium, videlicet secundo, tertio vel quarto die, vel circiter, talem denunciationem admittet capitulum, et reverti poterunt et in ecclesia cum aliis residere et etiam recipere; totum tamen illud residuum quod post denunciationem et postquam ad ecclesiam reversi fuerint pro mense integro et pro residentia mensis illius reputabitur et debebit sibi pro mense integro computari.

Beneficia ad collationem seu presentationem capituli spectantia conferantur personis residentibus in ecclesia.

Anno domini MCCCLIV, in generali capitulo Sancte-Lucie ordinatum fuit et statutum, de consensu omnium, quod beneficia ecclesiastica ubicumque existentia ad collationem et dispositionem seu presentationem capituli in communi pertinentia, a modo nullatenus conferantur nisi personis de ipsa ecclesia et residentibus in eadem et de gremio ejusdem.

Qui debent recipi de choro ecclesie.

Anno Domini MCCCXC, die jovis, quinta mensis maii, in quarta sessione capituli generalis kalend. maii, de consensu omnium et assensu fuit confirmatum et approbatum statutum quod est de forma juramenti illorum qui recipiuntur de choro modo et forma in eodem contentis, ac eidem statuto fuit additum, ut de cetero antequam aliquis recipiatur diligenter et in communi in capitulo examinetur et specialiter super cantu et lectura, et nisi sufficiens reperiatur meisdem omnium favore et amore cessantibus qualitercumque non recipiatur.

Statutum sequens est quod canonici singuli in sui mensibus ecclesias infrascriptas conferant cui voluerint.

Universis presentes litteras lecturis, H.

decanus, totumque capitulum Autiss. ecclesie, salutem in Domino Notum facimus quod nos unitati et paci ecclesie nostre consulere volentes, et super collationibus quarumdem ecclesiarum parochialium ad collationem universitatis capituli Autissiodorensis seu prebendariorum villarum nostrarum spectantium, discordiarum periculis obviare, accedente ad hoc consensu et autoritate reverendi in Christo patris et domini Erardi, Dei gratia episcopi nostri, anno Domini MCCLXXV in generali capitulo nostro kalend. maii.

Statuimus, volumus et pariter ordinamus ut singuli canonici in sacris ordinibus constituti et existentes, in locis unde consueverunt vocari ad electiones, ex nunc perpetuo singulos menses habeant prout ipsi menses veniunt successive. Et in eis parochiales ecclesias locorum in quibus suas prebendas percipient quocumque modo vacantes, in suo mense, personis idoneis conferant quibus voluerint et viderint expedire, videlicet unusquisque per se solus infra tempus a jure concessum a tempore vacationis hujusmodi vel notitie continue computandum.

Conferentur autem a singulis canonicis in sex mensibus secundum ordinem institutionis sue, non obstante prerogativa sacri ordinis personatus vel etiam dignitatis. Ita quod decanus et cantor, sicut eorum uterque, duas in duobus locis prebendas percipit sic in quolibet dictorum locorum habeat unum mensem. Tenebitur autem quilibet, tam persona quam canonicus, conferre ecclesias predictas personaliter per suas litteras patentes vel per procuratorem canonicum ecclesie Autissiodor. in capitulo vel in civitate Autiss. seu alibi, prout sibi placuerit, presentibus bonis viris. Persona vero seu canonicus, personam illam qui ecclesiam taliter contulit solus, si voluerit, vel totum capitulum, si a persona vel canonico conferente super hoc fuerit requisitum, episcopo vel illi cujus interest tenebitur presentare, et si solus presentare maluerit capitulum litteras testimoniales super collatione seu presentatione hujusmodi ad conferentem seu presentantem spectante, sine cujusquam difficultatis obstaculo dare sibi tenebitur super hoc requisitum. Si vero persona vel canonicus, in cujus mense ecclesiam aliquam vel ecclesias vacare contigerit, infra tempus a jure concessum, cessione vel morte impediente, non contulerit, et adhuc de dicto tempore supersit aliquid. Istud totum tempus quod supererit ad personam vel canonicum cujus mensis immediate subsequetur post mensem morientis taliter vel cedentis, sine aliqua contradictione transibit et accrescet eidem, ut in illo residuo temporis possit conferri sicut cedens vel moriens conferre potuisset, salvo nihilominus et manente eidem persone vel canonico integro mense collationis sue immediate sequente. Mensis vero vel menses hujusmodi incipient hac instanti prima die mensis junii, et ex tunc, prout successive devenerint, prima die mensis cujuslibet in aurora, duodecim mensibus in anno quolibet computandis.

Item statutum fuit, in eodem capitulo quod collatio ecclesie de Baserna, que prius ad commune capitulum pertinebat, ad collationem canonicorum prebendas suas apud Autissiod. percipientium, juxta modum et ordinem suprascriptum, ex nunc pertineat in futurum. Si vero super premissis contentionis, questionis vel dubii aliquid emerserit, per Autiss. capitulum sopietur.

Persona vero, seu canonicus vel canonici, si super premissis inter eos questio, vel controversia, seu contentio moveatur, coram aliquo judice trahere sese non poterunt nisi coram capitulo Autiss.

He sunt autem ecclesie de quarum collatione et presentatione facta est prima ordinatio et statutum : ecclesia de Monestallo, ecclesia de Gurgiaco, ecclesia de Chicheriaco, ecclesia de Chemilliaco, ecclesia de Merriaco, ecclesia de Egleniaco, ecclesia Sancti-Martini-super-Ocram, ecclesia de Palliaco, ecclesia de Bellovidere, ecclesia de Pulvereno, ecclesia de Lindriaco, ecclesia de Crebano, ecclesia de Accolayo, ecclesia de Gorgiaco, ecclesia de Oysimo, ecclesia de Billiaco, ecclesia de Barcerna....

In cujus rei testimonium sigillum nostrum communis capituli, una cum sigillo predicti reverendi patris, presentibus litteris duximus apponendum.... Et nos prefatus Erardus, Divina miseratione Autissiodorensis episcopus, predictis ordinationi et statuto expresse consentimus et autoritatem prestamus ac etiam confirmamus, et sigillum nostrum una cum sigillo dicti capituli, ad eorum instantiam, dictis litteris apposuimus in robur et testimonium veritatis. Actum anno Domini M. CC. LXXV. in generali capitulo nostro, kalend. maii supradicto.

Altare Sancti-Eligii, quod fundavit Petrus de Dyciaco, quod dudum obtinuit ex collatione capituli dominus Hugo Goderoncium, quodque ex collatione dicti capituli nunc obtinet D. Dionysius Grassini.

Item altare Sancti-Georgii quod fundavit dominus Guillelmus de Marchant, quod dudum obtinuit ex collatione capituli Petrus Villain, et simili modo nunc obtinet dominus Gilbaudi.

Item altare Beati-Martini dominus Humbertus de Chalemart fundavit, quod nunc obtinet curatus de Palliaco ex collatione capituli.

Item altare BB. Gervasii et Prothasii, quod fundavit dominus Parisius Petit; quod dudum obtinuit ex collatione capituli dominus Michael Rolier, et eodem modo nunc obtinet dominus Petrus Ogerii curatus de Migeto.

Item altare B. Marie Magdalenes, de novo fundatum per dominum Rogerium de Sobolea, quod dudum obtinuit dominus Johannes de Firmoloco a prima collatione decani; prout idem Rogerius ordinavit. Post cujus primam collationem dum vacaret, capitulum, habet ordinare ad nutum, prout in littere domini episcopi, dicte ordinationis confirmatoria plenius continetur, cujus littere originale est in thesauro capituli cum litteris fundationis et admortizationis dicti altaris seu vicarie in pixide, ubi sunt littere dicte admortizationis; quodque seu quam nunc obtinet ad nutum dicti capituli dominus Petrus.

Item altare B. Katherine, quod de novo fundavit dominus Johannes Mercerii, quod contulit domino Johanni Prepositi, et post decessum dicti decani erit, prout est, de collatione capituli in communi et fiet per electionem, prout dictum altare domini Rogerii.

Ad collationem vero decani Autiss. pertinet altare B. Andree, quod fundavit dominus Droco Jordani decanus Autiss.; ubi sunt due capellanie quas primo obtinuerunt dominus Nicolaus Pastorelli et dominus Stephanus Quoquardi, et nunc obtinent dominus Johannes Chauchie et dominus Stephanus Lorin.

Quod oblationes majoris altaris dum non pulsantur grosse campane pertinent ad ebdomadarium.

Guillelmus, decanus, et universum ecclesie Autissiodorensis capitulum : omnibus presentes litteras inspecturis, in Domino salutem. Notum fieri voluimus, quod inter venerabilem virum Guillelmum, thesaurarium et Eustachium, ecclesie nostre sacristam, ex una parte, et presbyteros ejusdem ecclesie qui ad celebrandum in majori altari in ecclesia nostra admittuntur, ex altera, coram nobis in capitulo questio vertebatur super oblatione quam vir venerabilis Regnaudus Sancti-Germani abbas, in benedictione sua ad manum episcopi sibi benedictionis munus in nostra ecclesia impendentis obtulit, quam scilicet oblationem prefatus sacrista acceperat eam sibi et thesaurario competere, de jure allegans; presbyteris dicentibus, ex adverso, quod omnes oblationes que fiunt ad missam ebdomadarii sacerdotis, diebus quibus majores campane pro solemnitatis exigentia non pulsantur, de antiquo et approbata ecclesie consuetudine ad ipsum ebdomadarium pertinere noscuntur, et sic per consequens que in abbatum, abbatissarumve benedictionibus consueverunt fieri ad missam ebdomadarii, diebus talibus, quando majores non pulsantur campane. Hanc itaque controversiam taliter partibus approbantibus decidimus : Decrevimus enim oblationes hujusmodi diebus talibus ad sacerdotem ebdomadarium pertinere. Quod ne deinceps vertatur in dubium, presentem cartam notari fecimus, et sigilli nostri patrocinio roborari. Actum anno Domini MCCXXI.

Iste sunt processiones debite capitulo per annum.

Apud Sanctum-Peregrinum sit processio, et debet presbyter quinque solidos canonicis : non canonici nihil percipiunt.

Apud Sanctum-Gervasium prior debet XII solidos Turonenses. Tenentes capsam habent quilibet IV den. de bursa prioris. Non canonici habent in sero quisque unum den.

Apud Sanctum-Petrum abbas et conventus debent XII solidos : non canonici habent unum denarium residuum de bursa capituli, et sic in precedenti.

Apud Sanctum-Germanum totum de bursa capituli, scilicet XII solidi et IV denarii in his habent in sero non canonici unum denarium.

Apud Sanctum-Eusebium prior debet pro statione X solidos, camerario distributori VI solidos, dominus episcopus VI solidos. In his duodecim solidis non canonicis habent V denarios.

Apud Beatam-Mariam-extra-muros, in Nativitate B. Marie-Virginis, prior debet XII solidos. In his habent non canonici unum denarium.

Item in festo Sancte-Crucis cuilibet canonico..... de bursa capituli.

Apud Sanctum-Julianum ab abbatissa XII solidos pro gastellis. Non canonici habent in sero unum denarium.

Isti sunt redditus quos debet dominus episcopus Autiss. annuatim, ecclesie Autiss. in pecunia.

Primo pro antiphona O, in Adventu Domini. XL solid.

Item pro anniversario domini Guillelmi de Gressibus, in januario, 20 lib.

Item pro anniversario domini Herardi de Lesinis, in martio, 20 lib.

Singulis annis in festos Resurrectionis Domini, pro Indardo, 7 lib. Turon.

Item pro anniversario domini Petri de Mornayo, quod fit in mayo, 20 lib.

Item pro domo de curia, in festo beati Joannis-Baptiste, 20 lib.

Item pro statione Sancti-Eusebii de eodem termino Sancti-Joannis, 6 sol.

Item pro festo B. Ludovici, quod fit in augusto, 80 lib.

Item pro statione B. Amatoris, de termino Nativitatis B. Marie, 15 sol.

Item pro eodem indardo, in festo Beati Remigii, 17 lib.

Item pro minagio de Appoignyaco, ad festum B. Remigii, 2 lib.

Item ceram pro angelis circa majus altare existentibus.

Item vinum quod potatur die jovis in Cena Domini.

Item gastellos et vinum in vigilia kal. maii.

Item vinum quod consuevit ministrare in capitulo collegio, in domo episcopali, in sex festivitatibus anni, videlicet Nativitatis Domini, B. Stephani immediate sequentis, in festo Ressurrectionis dominice, Pentecostes, Inventionis B. Stephani et in festo Omnium-Sanctorum.

Isti sunt redditus quod debet comes Autiss.

Comes Autiss. debet similiter annuatim, per plures partes et super certis redditibus et emolumentis comitatus, 29 libras redditus perpetui et in certis terminis prout hec omnia plenius continentur et specificantur in quibusdam litteris ordinationis et condemnationis baillivi Senonensis sigillatis sigillo Senonensis baillivi, que littere posite sunt in thesauro.

N° 342.

Mémoriaux sur les reliques de S. Martin, S. Germain et S. Thibaud, tirés des registres du Chapitre d'Auxerre de la fin du XIVe siècle et du commencement du XVe.

(*VII. Aprilis M. CCC. XCIX.*)

Reportata per dominos decanum et thesaurarium supplicatione et requisitione potentis domine, domine comitisse Nivernensis, per religiosum fratrem Martinum *Porée*, ordinis Fratrum-Predicatorum de conventu Senonensi, domini comitis Nivernensis confessorem, facta.

Et habita super hoc deliberatione, capitulum sibi concessit, et in capitulo tradidit, et per dominos decanum et Laurentium Moronis transmissit dicte domine comitisse unam parvam peciam chlamydis S. Martini.

Mercurii xxi aprilis mccccLxxx : prolocutum fuit de ordine habendo in processione proximo die sabbati facienda, ob reverentiam Translationis corporis beati Theobaldi, dicta die, a loco et capella de Bello-Monte, alias *S. Thiebaut-des-Bois* in parochia de Chevannis, Autissiodorensis diocesis, ad monasterium S. Germani Autissiod. dicta die facienda.

Sabbato xxiiii : facta est translatio corporis S. Theobaldi.

Jovis x maii mccccIII : propter honorem et reverentiam beati Germani Autissiodorensis confessoris, et ob magnam affectionem quam habere dicitur ad ipsum beatissimum Germanum, venerabilis vir dominus Guillelmus de Gaugiaco, decanus ecclesie collegiate S. Germani Autissiodor. Parisiensis, proptereque plura grata servitia que idem dominus Guillelmus decanus pluries impendit, et de die in diem impendere non definit capitulo, eidem domino decano generose concessit unam modicam partem tunice dicti beatissimi Germani mittendam eidem domino decano, Parisius, per magistrum Johannem Piqueronis; quàm petiam scindere jusserunt per dominum decanum, vocatis secum et presentibus quatuor vel quinque de dominis canonicis, et me notario et testibus.

Mercurii VIII maii mccccIX : dominus Stephanus Bisontii supplicavit quatenus capitulum sibi velit annuere generose quod habeat modicam particulam chlamydis S. Martini ut dare possit et honorare ecclesiam S. Martini in qua baptizatus fuit. Quod fuit sibi concessum, et ipse obtulit ecclesie libere unam marcham argenti.

(*Voyez à cette occasion ce qui est dit de la même relique dans les Preuves de l'Histoire de la Prise d'Auxerre, pag. xxix, et ajoutez à cela ce que j'ai lu dans un Inventaire de titres du chapitre de Champeaux en Brie, diocèse de Paris*.)

Certificat du chapitre d'Auxerre donné en 1286, à Droco de S. Mery, chanoine de Champeaux, d'un morceau du manteau de S. Martin qui n'est plus à présent (à Champeaux) mais engagé à l'église de S. Severin, à Paris.

Sabbato xxix Augusti mccccXI : fuit ordinatum quod fiat crastina die processio generalis pro pace ad S. Germanum, et deferatur mantellus S. Martini, et in regressu missa in capella B. Marie.

N° 343.

Mémoires sur la fête des Fous tirés des mêmes registres de la cathédrale d'Auxerre de la fin du XIVe siècle et du commencement du XVe.

(Lune XX decembris M. CCC. XCXV).

Loquendo de festo Fatuorum, et visa ordinatione super hoc facta in generali capitulo kal. maii ultimo preterito, habita deliberatione per capita, ordinatum fuit per capitulum quod dicta ordinatio teneatur, et quod servitium honeste absque... fiat. Et quod si fiat fraus non ponantur aliqua mala verba, nec loquatur male de aliquibus extraneis, et fiat post missam : quodque nemo ad penam decem librarum Turon. de facto accipiat capas nec vel alias..... alia vadia capiantur de facto quod capitulum suis subsidiis inhibuit.....

Sed si aliqui debeant aliquid tam pro novis receptionibus quam pro Parisius, hoc notificabitur capitulo, et capitulum de debitoribus hujusmodi faciet rationem et solutionem.

xv decembris MCCCXCVI : Positum fuit in deliberatione utrum fiat festum Fatuorum proximum, cum domini nostri rex et alii regales Francie sint valde dolorosi, propter nova armature facte in partibus Ungarie contra Saracenos et inimicos fidei. Et habita deliberatione per capita, capitulum ordinavit ut nullum signum festi Fatuorum penitus fiat hac vice, nisi alias capitulum ordinaverit.

Il paroît qu'aux réceptions on payoit pour cette fête un certain droit. Voyez au 5 octobre 1397, 14 décembre 1397, 28 avril 1400.

xxvII decembris MCCCXCVIII : Cum requireretur a capitulo pro festo Fatuorum dari vinum, prout est consuetum, dominus decanus dixit quod alicui gratie, si que fiat a capitulo dicto festo dandi vinum predictum, contradicebat, et contradicit, et recessit a capitulo; et postmodum dicto domino decano absente, et dicto domino Alepte presidente, positum fuit in deliberatione utrum esset expediens eidem festo dare vinum : et habita super hoc deliberatione, et nemine contradicente, fuit dictum et deliberatum esse expediens eis dare unum modium vini, et est ordinatum quatenus eis expediatur unum modium vini, vel pro eo dentur eisdem duo scuta.

xvIII decembris MCCCC: Capitulum ordinavit quod de cetero omnes qui de festo Fatuorum fuerint non pulsent campanam capituli sui post prandium, dempta prima die in qua suum episcopum eligent, et etiam quod in suis sermonibus fatuis non ponant seu dicant aliqua opprobria in vituperium alicujus persone, sub pena amissionis distributionum suarum per quindecim dies, et etiam sub eadem pena ordinarunt quod ipsi de dicto festo non capiant capas aliquorum qui ipsis de dicto festo aliquid solvere debebunt. Inhibitumque fuit omnibus subditis qui in dicto festo fuerint, ne aliquis eorum aliquos tam mares quam mulieres verberent per villam, nec aliquam derisionem faciant per quod posset ecclesie prejudicium seu vituperium exoriri, sub pena amissionis distributionum suarum per mensem, una cum ordinaria pena; et amodo sint privati dictis distributionibus suis.

Ibidem xII januarii : Fuit propositum in capitulo quod cum dom'nus episcopus Autissiodor. nuper se fecisset restitui in certis casibus novitatis que sequuntur; videlicet quod illi de festo Fatuorum in ecclesia Autissiodorensi non poterant facere capitulum, et quod procuratores non poterant uti officio procurationis, et quod nullus poterat post cantationem horarum in ecclesia Autissiodorensi clamare *la fête aux foux*, et quod nullus notarius poterat tale instrumentum, nec aliqua alia recipere, etc.

II decembris MCCCCI : Eadem die dominus abbas Pontigniaci predicavit in capitulo de abolendo festum Fatuorum, quod dictum festum non erat, nec unquam fuerat a Deo nec ecclesia approbandum seu approbatum, neque erat solemnizandum, et quod dictum festum non erat nec est tolerandum, imo annulandum.

Die tertia proposuit dominus decanus quod cum omnes de capitulo scirent qualiter heri in dicto capitulo, publice, dominus abbas Pontigniaci predicavit de festo Fatuorum, et dixit ac conclusit in effectum quod dictum festum non erat, nec unquam fuit a Deo nec ecclesia approbatum nec unquam fuit seu est solemnizandum, nec est tolerandum, imo annullandum et abolendum, prout etiam dixerat idem dominus abbas, et conclusum fuisse per universitatem Parisiensem; que universitas erat intentionis et propositi hec facere publice predicari per universas ecclesias regni Francie in quibus consuevit simile festum.... et ipsum festum annullare, etiam per invocationem brachii secularis, dicens dictus dominus decanus quod melius et honorabilius esset ipsis dominis capitulantibus de se ipsis super premissis remedium querere ex eorum voluntate et proprio motu quam ex compulsione superiorum vel alias rigorose, exhortans dictos dominos capitulantes quatenus super hoc vellent ad statim deliberare, et suas dare opiniones quid agendum, etc.

Et finaliter post plures prolocutiones super hoc habitas, omnes dicti domini capitulantes ut sequitur, in sua deliberatione per capita singulariter singuli quod dictum festum Fatuorum annullaretur, et quod super hoc fiet aliqua bona ordinatio per dominos, capitulantes quam habebunt ipsi qui dictum festum subdiaconi celebrabunt tenere, et quod nullus sermo in dicto festo infra ecclesiam fieret, quodque nullus ecclesiam ipsam intraret, maxime dum celebrabuntur divina, nisi indutus suis vestibus ecclesiast. Nihilominus ad habendum aliquam memoriam de dicto festo, fieret die Circumcisionis Domini, festum quod dicetur subdiaconorum, quemadmodum die festi S. Johannis presbyteri, die Innocentium pueri in albis, et die S. Stephani diaconi facient festum..... extra ecclesiam : et poterunt, si volunt, chorizare in platea S. Stephani cum..... et simul spatiare.

xii decembris mccccvii : Quia in festo Fatuorum, quod per aliquos de ista ecclesia fiebat prima die januarii, multa turpia et inhonesta committebantur, unde multa scandala contingebant : propterea ordinatum fuit et per capita, nemine contradicente, conclusum, preter magistrum Johannem Piqueron et dominum Johannem Bonat, et dominum Johannem Bertomi, quod de cetero nullum fiat festum Fatuorum, ut de cetero talia turpia non contingant. Dicti magistri Joannes Piqueron, Bonat et Bertomi dixerunt quod erant concordes quod illud quod alias fuerat cum domino episcopo per capitulum concordatum servaretur, nolebant tamen quod dictum festum perpetuo tolleretur, et dictus magister Joannes Piqueron dixit quod erat festum subdiaconorum istius ecclesie, et quod protestabatur quod sibi aut suis sociis subdiaconis istius ecclesie presentibus et futuris non nocere tur pro futuro. Et quia ab aliquibus dubitabitur utrum ista ordinatio de dicto festo non faciendo, solum teneretur pro isto anno vel perpetuo : propterea iterato de consensu omnium dominorum de capitulo, preter dictos tres, fuit ordinatum, statutum et conclusum quod dicta ordinatio de dicto festo Fatuorum non faciendo, perpetuo et inviolabiliter custodiatur et teneatur.

Veneris ii januarii mccccx : Reginaldo de Fontanis presidente, dominus decanus exposuit quod cum jam diu est per capitulum de unanimi consensu et per capita pluribus deliberationibus habitis extiterit ordinatum, etiam ad requisitionem et requestam bone memorie defuncti domini Michaelis quondam Autissiodor. episcopi, cui etiam seu suis fuerunt littere concesse super hoc quod ex tunc et deinceps festum Fatuorum amplius non fieret per canonicos tortrarios aut capellanos vel chorarios ecclesie quoscumque, imo ex toto amoveretur et adnihilaretur pro pluribus delictis, excessibus, injuriis et peccatis, quod in eodem festo et sub ejus umbra committebatur, fuerintque injuncte certe pene et defensiones scripte in capitulo, in registro notarii capituli. Nihilominus tamen, spretis omnibus penis et defensionibus, plures de ecclesia canonici tortarii, capellani et clerici Deum pre oculis non habentes ultro dictum festum fecerunt, et se transfiguraverunt in diversos habitus inhonestos, et in ecclesia Autissiodor. in vesperis, in missa et matutinis fecerunt plura inhonesta facta dum celebrabatur divinum officium, et post, dixerunt altis vocibus plura verba injuriosa etiam eidem decano, et totum servitium et ecclesiam perturbarunt, quibus in honestis dictis et factis dicta ecclesia et servitium ecclesie fuit quam plurimum diffamata, et perturbatum, etiam per villam similia et pejora commiserunt. Que omnia cedunt in dicte ecclesie dedecus et inhonestatem, et in vilipendium personarum subditorum capituli et animarum suarum detrimentum. Unde requirebat et requisivit idem dominus decanus instanter et instantissime eisdem dominis de capitulo quatenus super hoc procederetur contra ipsos delinquentes, etc.

On nomma des chanoines commissaires pour informer, Etienne de Lignières et Guillaume Blesi, et Jean Picard pour procureur.

Veneris xviii decembris mccccxi, in sexta sessione capituli generalis.

Fuit hodie ordinatum quod statutum factum die lune in vigilia S. Lucie, anno cccc vii quod festum Fatuorum omnino tolletur, perpetuo, ut in eodem continetur, observetur inviolabiliter, addito quod nullus veniat ad ecclesiam in alio habitu quam in habitu ecclesie, et si qui veniant, nullas percipiant distributiones. Huic autem ordinationi non consenserunt magistri Joannes Piqueron, Joannes Boileaue, Devisco, Pavionis et Viandi, qui quantum potuerunt, contradixerunt, et H. Desnoes etiam qui sentiit et dixit ut alii.

Voyez ce que dit Jacques Destions, theologal de Senlis, dans son livre du paganisme du Roiboit, citant Gerson qui écrit qu'un auteur Auxerrois avoit dit que la fête des Foux étoit aussi approuvée que la fête de la Conception de la Sainte-Vierge. Festum hoc Fatuorum a Deo approbatum esse sicut festum Conceptionis Virginis Marie asseruit quidam in urbe Autissiodorensi. Gerson, part. 4. num. 10. littera N.

Aussi Jean Vivien, chanoine d'Auxerre, alors vivant, a-t-il marqué dans son breviaire qui est à la Bibliothèque du Roi, Cod. Colbert, 4227 et 28, cette rubrique singulière aux premières vêpres de la Circoncision : [Secundum consuetudinem Autissiodorensis ecclesie antiphona *Hodie Christus*, dicitur super quemlibet psalmorum, quia festum Circumcionis Domini vocatur in dicta ecclesia festum Fatuorum.] L'auteur ignoroit que bien avant l'origine de la fête des. Foux, lorsqu'on n'avoit qu'une antienne aux premières vêpres de quelque fête que ce fût, on repétoit cette antienne après chaque psaume.

N° 344.

Cédule en parchemin conservée avec les reliques de l'abbaye de S. Julien d'Auxerre.

(Vers l'an 1400.)

In hoc scrinio reposite sunt reliquie que sequuntur.
De S. Marco evangelista.
Item, reliquie S. Bricii.
Item, de carne beati Dionysii et baculo et vestimentis ejus, et beati Sulpitii confessoris et S. Saturnini.
Item, S. Germani.
Item, de costa S. Lupi confessoris.
Item, beati Martini.
Item, de costi beati Laurentii.
Item, de reliquiis S. Quintini.
Item, S. Gervasii.
Item, de alba et casula et sudario et caligis in quibus beatus Edmundus confessor erat sepultus.
Item, de reliquiis S. Marsi confessoris, quondam canonici ecclesie S. Juliani, et S. Corcodomi qui fuit et sociis S. Peregrini.

Autre cédule du même siècle aussi en parchemin.

De S. Dionysio, S. Lupo, S. Crispino, Edmundo, Quintino. De S. Gervasio, de S. Eutropio, de S. Martino, de S. Ferreolo, Marco confessore.

On conserve encore dans cette église une grande partie des mêmes reliques, entr'autres de S. Marse prêtre, compagnon de S. Pélerin, qualifié cy-dessus mal-à-propos du titre de chanoine ; de S. Corcodome, S. Brice. Ce qui est dit de S. Germain d'Auxerre consiste en un morceau de péronée ou d'humerus long de deux doigts et scié des deux bouts.

N° 345.

Election de messire Jean Alepté chantre de l'église d'Auxerre.

(An 1402.)

Hac die mercurii XIIII mensis februarii, dominis decanos et capitulo ad sonum campane, hora solita, in capitulo congregatis, dominus Johannes Alepte retulit in capitulo, in absentia magistri Johannis Duploiz predictis omnibus dominis canonicis se heri, una cum dicto magistro Johanne Duploiz, ac me notario, personaliter accessisse ad domum habitationis magistri Stephani Magnidoliarii primo, et ad domum magistri Guillelmi Hugonis, canonicorum deinde et eisdem duobus canonicis in dictis suis domibus personaliter repertis infirmis, ex parte capituli intimasse et nunciasse qualiter dicti domini decanus et capitulum, die lune ultima preterita in eorum capitulo ordinaverant et deliberaverant deberi procedere ad electionem cantoris dicte ecclesie Aut. quoniam ipsa cantoria vacabat per assecutionem decanatus Parisiensis a venerabili viro magistro Johanne Chanteprime, ultimo dicte ecclesie cantor assecuti seu acceptati, ipsisque debite intimasse quod ad hujusmodi electionem celebrandam assignatus erat terminus ad diem mercurii crastinam, videlicet ad hodie ; et quod ad ipsam diem interessent si et prout ad eam vellent interesse ; alioquin ad ipsius electionis celebrande procederetur, ipsorum absentia non obstante, prout foret rationis. Quorum duorum canonicorum uterque eis responderat et dixerat se esse infirmum, et ideo ad ipsam electionem non posse interesse commode, subdendo quod, prout eis videbatur, capitulum non poterat ad hujusmodi electionem faciendam procedere, cum super eadem cantoria lis penderet in romana cura, indecisa ; nihilominus eis placebat quod capitulum in hoc faceret secudum quod melius et utilius sibi videretur expedire.

Quaquidem relatione facta, prefati domini decanus et capitulum omnes concorditer per capita singulorum deliberarunt in dicta electione fienda fore per viam Sancti-Spiritus procedendum. Que siquidem via Sancti-Spiritus electa, nomine domini nostri Jesu-Christi prius invocato, omnes concorditer, nemine discrepante seu dissentiente, ad dictam cantoriam habendam et obtinendam, tanquam vacantem ad presens per assecutionem decanatus Parisiensis a venerabili viro magistro Johanne Chanteprime, nuper et ultime dicte cantorie cantoris, nunc autem Parisiensis decani, factam, aut alias quovis-modo, nominarunt et elegerunt unanimi consensu prenominatum dominum Johannem Alepte, succollectorem apostolicum, ibidem presentem, tanquam sufficientem et idoneum; ipsumque dominum Johannem Alepte, in omni jure et ad jus omne quod in ipsa cantoria dicto magistro Johanni Chanteprime, quomodolibet competebat seu competere poterat, tempore assecutionis dicti decanatus Parisiensis, seu alias quovismodo surrogarent, prout melius potuerunt. Et hujusmodi facta electione in presentia discretorum virorum dominorum Johannis Pioche, curati pariochialis ecclesie S. Renoberti Autissiod. et Johannis Chauchié, canonici ecclesie collegiate B. Marie-in-Civitate Autiss. presbyterorum, de jussu dictorum dominorum decani et capituli in dicto capitulo supervenientium, dicti domini decanus et capitulum, per os ipsius domini decani, predictam electionem sic ab eis per viam Sancti-Spiritus, ut prefertur, factam fuisse recitarunt et nuntiarunt. Deputarunt ergo venerabiles viros dominos Petrum Paterne et Andream Philippi eorum concanonicos, ibidem presentes et onus acceptentes, accessuros ad prefatos magistros Stephanum Magnidoliarii et Guillelmum Hugonis, et ipsis prefatam electionem et ejusmodum nuntiaturos, ab eisque scituros, suam super hoc voluntatem et deinde ipsam voluntatem suam ad statim dictis dominis decano et capitulo relaturos.

Qui quidem missi, una cum notario et duobus testibus supra et infra dictis, ad mandatum dictorum dominorum proficiscentes, ad domum dicti magistri Guillelmi Hugonis primitus accesserunt, et sibi quem in domo sua personaliter receperunt ex parte capituli, per os dicti domini Petri Paterne, hujusmodi electionem sic factam, ut premittitur, nuntiaverunt, videlicet dictum dominum Johannem Alepte fuisse ab omnibus dominis de capitulo per viam Sancti-Spiritus concorditer electum : qui respondit et dixit quod in hoc non contradicebat, imo sibi optime placebat, eratque, ut sibi videbatur, ipse dominus Johannes Alepte sufficiens et idoneus ad dictam cantoriam et etiam majus beneficium obtinendum. Et postmodum ipsis missis, una mecum notario et dictis testibus, ad domum dicti magistri Stephani Magnidolearii accedentibus, ipsoque magistro Stephano in dicta domo sua personaliter invento et hujusmodi electione, per os dicti domini Petri Paterne nuntiata et intimata, dixit et respondit in effectu quod in hujusmodi electione non contradicebat, subdens quod nihilominus sibi videbatur, prout heri aliis missis a capitulo dixerat, ut dicebat, quod electioni de hujusmodi electione fienda se intromittere non poterat, cum his super dicta cantoria in Romana curia penderet indecisa, et illico dicta responsione habita dicti domini Petrus Paterne et Andreas Philippi ad capitulum revenerunt, et premissa, omnia dictis dominis decano et capitulo eosdem expectantibus et retulerunt et nuntiarunt. Et ipsa facta relatione prefati D. decanus et capitulum per os dicti domini decani in mei notarii et testium predictorum presentia, petierunt a dicto domino Johanne Alepte, ibidem presenti, si dictam electionem, ut premissum est, de eo factam acceptabat et acceptare volebat : Qui quidem dominus Johannes, incontinenti et sine aliquo intervallo, eisdem domino decano et capitulo de hujusmodi honore sibi impenso gratias humiliter referendo, dictam electionem de se factam, ratam habuit atque gratam, et eam quantum in se fuit et potuit, acceptavit, protestando solemniter quod propter dictam electionem sic factam et per eum acceptatam non intendebat quovis modo ecclesie parrochiali de Crebano, quam obtinet de presenti, tacite vel expresse renuntiare, nec eam dimittere, donec et quousque de dicta cantoria fuisset sibi integraliter provisum, et ipsius cantorie pacificam possessionem assecutus extiterit, fructusque redditus et proventus levet et percipiat, libere et quiete ex eadem; ad quam protestationem dicti domini decanus et capitulum ipsum dominum Johannem Alepte.... et plenarie admiserunt et receperunt in quantum de jure fieri et potuerunt et debuerunt. De quibus omnibus et singulis, tam dicti domini decanus et capitulum quam prefatus dominus Alepte electus, petierunt et quilibet eorum petiit, per me notarium infrascriptum, sibi fieri publicum instrumentum.

Acta sunt hec ubi supra, sub anno, indictione, die, mense, et ab electis quibus supra, presentibus supradictis dominis Johanne Pioche et Johanne Chauchie presbyteris testibus, etc.

(Ex regist. Capit. Autiss.)

NOTA. *Cette élection n'eut pas lieu, Jean de Molins avoit des prétentions sur la chantrerie dès le mois d'octobre 1397, après la mort de Bertrand Cassinel. La dispute fut endormie ensuite, et Jean Chanteprime passa pour chantre.*

N° 346.

Règlement du roi concernant la draperie d'Auxerre

(An 1407, 9 mars.)

Charles, par la grace de Dieu roi de France : savoir faisons à tous présens et advenir de la partie de notre procureur ou baillage d'Aucerre et de noz bourgois et habitans dudit lieu, nous avoir esté monstrées et exhibées certaines lettres faictes et passées par manière d'ordonnance par le lieutenant de notre bailli dudit Aucerre, desquelles la teneur s'ensuit. A tous ceulx qui ces présentes lettres verront : Jehan Regnier le jeune, escuier, lieutenant de noble homme monsieur Gasselin du Bos, seigneur de Raincheval, chevalier et chambellan du roy nostre sire, bailli de Sens et d'Aucerre, salut. Savoir faisons que comme dès le xvi° jour de décembre dernièrement passé, par le conseil, advis et délibération des advocats et procureurs du roy notre sire, à Aucerre, des bourgois jurez de ladite ville, et de plusieurs autres notables personnes d'icelle ville, gens d'eglise et autres à ce présens, et pour l'utilité de la chose publique et obvier à plusieurs inconvéniens, eussions ordonné et fait édit et ordonnance que d'illec en avant en ladite ville d'Aucerre on ne vendroit ne pourroit vendre draps, se premiers et avant toute œuvre ilz n'estoit apprêtez; c'est assavoir retonduz et moillez afin comme sont ceulx que l'on vent en la bonne ville de Paris, et s'il estoit trouvé que lesdiz draps depuis qu'ils seroient aprestez, retondus et moillez et aprez ce qu'ilz auroient esté vendus ne feussent deuement aprestez, retonduz et moillez, afin ceulx qui achète les auroient pour raison et à cause de l'intérest et pertes et dommaiges qui adviendroient pour ce deffault, auroient et pourroient avoir contre cellui ou ceulx qui venduz les auroient, recours, action et poursuite se bon leur sembloit, et avec ce seroient iceulx vendeurs privez de vendre draps par quinze jours entiers, et par tant de foiz comme ilz y méprendroient ; laquelle ordonnance le roy nostre dit seigneur par ses lettres-patentes en laz de soie et cire verte, eust ratiffié, loué, gréé, approuvée et confermée. Nous, depuis toutes ces choses, eu conseil et advis avec lesdiz advocat et procureur du roy et autres personnes notables de ladite ville, et sur ce oiz les marchands drapiers d'icelle ville et cité d'Aucerre, gens d'eglise et autres congnoissans ou fait de ladite marchandise, et considéré tout ce qui en cete partie fait à considérer, et qui de raison nous puet et doit mouvoir, en empliant ladite ordonnance et sans préjudice ou innovation d'icelle, avons derechief ordonné et ordonnons pour le bien et utilité communs que en ladite ville et cité, et partout le baillage, prévosté et ressort d'Aucerre les draps qui dorésenavant se vendront, seront vendus tout aprestez, moillez et tonduz, afin au regart et en tant qu'il touche seulement les draps qui seront vendus à détail; et quand aux draps à vendre en gros ilz pourront estre vendus sans estre moillez ne retonduz et à tout la layne, tant en ladite ville et cité d'Aucerre, comme par tout le bailliage, prévosté et ressort d'illec. Si donnons en mandement au prevost d'Aucerre ou son lieutenant que les choses dessus dictes face crier et publier solempnellement et par tout ladite prevosté et ressort, et ces présentes ordonnances face tenir et garder par la forme et manière que déclairé est cy-dessus. En tesmoing de laquelle chose nous avons fait seeller ces lettres de notre seel. Donné à Auxerre, le xxiii° jour du mois de janvier M. CCCC. et VII, ainsi signé : Champfremeux.

Lesquelles lettres dessus transcriptes avons agréables, et l'ordonnance et status contenus en icelles, de nostre plénière puissance et auctorité royal pour le bien et utilité de la chose publique, louons, gréons, ratifions et approuvons, et d'abondant par ces présentes les confirmons. Si donnons en mandement à noz bailli et prévost dudit Aucerre et à tous autres justiciers et officiers, ou à leurs lieuxtenans et à chacun d'eulx, si comme à lui appartiendra, que ces présentes aprobation et confirmation facent tenir et garder sans enfraindre.

Et que ce soit ferme chose et establie à tousjours, nous avons fait mettre notre scel à ces présentes, sauf en autres choses notre droict et l'autruy en toutes. Donné à Paris le IX° jour de mars, l'an de grace M CCCC et VII, et de notre règne le XXVIII.

Par le roi à la relation du conseil : De Rouvres. Scellé du grand sceau de cire verte.

(*Transcrit sur l'original aux archives de la ville; case, B. n° 5.*)

N° 347.

Entérinement des lettres-patentes sur les doubles clefs des portes de la ville d'Auxerre.

(An 1411, 24 novembre.)

A tous ceulx qui verront ces présentes lettres : Jehan Tribolé, le jeune, licencié en lois, lieutenant de noble monseigneur Guy, seigneur Desgreville, chevalier et chambellan du roy notre sire, bailli de Senz et d'Aucerre, salut. Savoir faisons que veues les lettres du roy notre dit seigneur cy attachés soubs notre seel. Nous, pour consideration du contenu esdites lettres, et pour ce qui nous est apparu du congié et licence qui paravant avoient esté donnez et ottroyez par messire Gasselin du Bos, chèvalier, nagaires bailli desdiz bailliages, aux bourgois, manans et habitans de la ville d'Aucerre, de mettre et asseoir les secondes et nouvelles serrures et clefs qui mises ont esté ez portes, ponsleviz, planches, barrières, huys et poternes de la forteresse d'Aucerre avec celles qui ja y estoient, et dont le capitaine de la dite ville avoit la garde pour le roy notre sire, à iceulx manans, habitants, par-vertu desdites lettres royaux et en entérinant icelles, présent ad ce et non contredisant honorable homme et maistre Didier Colon, licencié en lois, procureur du roy nostre sire ou bailliage d'Auxerre, avons octroyé et octroyons que lesdittes secondes serrures et clefz demeurent doresnavant esdites portes, pont-leveiz, planches, barrières, huys et poternes de ladite forteresse, et qu'ilz en ayent la garde et leur en avons donné et donnons congié et licence selon le contenu esdictes lettres. Donné soubs notre seel le mardy vingt-quatriesme jour de novembre, l'an mil quatre cent et unze ainsi signé : Chamfremeux.

(*Tiré des archives de la ville.*)

N° 348.

Fragment de l'anonyme de S. Denys, comptemporain de Charles VI, sur la paix d'Auxerre de l'an 1412, tiré du manuscrit Colbert 606, qui appartenoit, en 1500, à un nommé Etienne Barbier.

(An 1412.)

Cum autem ad vinculum dilectionis utrinque amplius consolidandum rex principibus presentibus omnia dominia autoritate sue guerre tempore occupata libere restituisset, ab obsidione recedens in acie ordinato rege Sicilie cum vexillis precedenti, et preposito Parisii cum multis pugnatoribus subsequente, Autissiodorum venit. Eum postmodum dux Biturie secutus, augusti die XIII, non tamen cum armata comitiva urbem ingressus est, successivisque feriis duces Aurelian. et de Borbonio, quibus duces Guyenne et Burg. obviam perrexerunt, et honorifice ad regem perduxerunt. In hac igitur civitate quia rex solita egritudine incipiebat laborare, domino duci Guyenne placuit, ut quod deliberatum fuerat compleretur, mandans ut de gremio alme universitatis Parisiensis doctores et magistri, cum preposito mercatorum et scabinis dicte ville cives in certo nostro mitterentur.

Ex famosioribus interum civitatibus regni singuli autoritate regia jussi sunt ut die augusti vigesima secunda, et in ampliori curia ecclesie cathedralis Sancti-Germani (1) propter hoc convenirent, quam et die assignata, ad instar imperialis consistori, sedibus, tapetibus olosericis, palleis quoque aureis coopertis ornatam repererunt. Ad locum igitur dominus dux Guyenne, cum principibus accedens, et sedem excellentiorem dupli aureo solio coopertam ascendens ut autoritatem regiam loco genitoris absentis exerceret, locum sibi preparatum occupavit, et juxta se Ludovicum regem Sicilie collocavit. In parte ex tunc dextra domini duces Biturie, de Borbonio et de Barro. Karolus quoque d'Alebret, regis consobrinus, et inde ceteri comites et barones, secundum uniuscujusque generis claritatem. Latere quoque sinistro archiepiscopi, prelati, et in descensu graduum ante ducem, Francie ac Guyenne cancellarii, sed paulo inferius sequebantur universitatis Parisiensis nuncii, burgenses Parisienses et aliarum urbium convocati. Et ne supervenientium mole nimium premerentur, multis armatis ad unguem scutiferis S. Pauli comes constabularius Francie, introitum custodiendum statuit. Quos et summa diligentia coegit suum ordinem tenere pede fixo obviantes minis et percussionibus terren-

(1) Voyez l'endroit de l'histoire civile d'Auxerre, où ce fait est rapporté; pour juger lequel des deux il faut corriger, ou *cathedralis* qui a été souligné après coup dans le ms. ou *S. Germani*. Observez que le mot *cathedralis* est répété plus bas, même deux fois. Vittius, chanoine d'Utrecht, qui a copié cette histoire vers l'an 1612, a obmis le mot *cathedralis*, le croyant effacé. Son ms. est composé de trois volumes parmi ceux de M. Baluze, num. 448. et seq.

do usque ad complementum ministerii inchoandi. Duci tamen Aurelianensi aliquandiu expectato et in locum designatum cum equitatura pomposa, et quasi regiam superante intromisso lugubri tamen veste, cum fratre suo comite Virtutum induto, eidem dux Borboniensis occurrit, et assurgentibus ceteris cum salutationis afflatum inter se mutuo impendissent, dux Guyenne eumdem in amplexu et oculo pacifico benigne suscipiens inter duces Burgundie et de Borbonio fidem occupavit.

Tunc ad principale ventum est, et universis voce preconis indicto silentio, Francie cancellarius surgens alta voce : « Hic,
» inquit, de precepto domini nostri regis
» dominos presentes, et alios congregatos
» noveritis ad confirmandam pacem jam
» compositam inter ducem Burgundie,
» ducem quoque Aurelianensis et Virtu-
» tum comitem, fratrem ejus, quam et
» tertium fratrem eorum atque sororem
» absentes affirmant gratam habere. »

[Ensuite un secrétaire du roi lut les articles en françois.]

Ut legendi secretarius finem fecit, dominus dux Guyenne ad se dominos convocavit, et super evangelicum textum, dominice crucis salutiferam portionem, ceterasque cathedralis ecclesie reliquias inter ipsum ac regem Sicilie tunc allatas precepit manus ponere, et successive jurare quod quicquid cedula continebat fideliter adimplerent. Quo peracto, ut sedes repetierunt domini, mox surgens cancellarius Guyenne, cunctis audientibus, clara voce : « Et ad majorem confirmationem,
» inquit, tractatus pacifici placuit regi, ut
» omnes viri ecclesiastici presentes ma-
» nus ad pectus in verbos sacerdotis affir-
» marent se ratum et gratum habituros
» cuncta que fuerant, idque tam libenter
» quam obedienter peregerunt, iterum
» qui adjecisset. Demum rex imperat ut
» nobiles congregati ad celum levantes dextras simile faciant juramentum. » Ad hoc verbum armati viri, gladios ad terram projecerunt universi quod imperatum fuerat peregerunt, pre magnitudine gaudii lacrymabiliter orantes, ut cum Juda proditore eternam reciperent portionem qui infringerent tractatum in aliqua sui parte.

Nil amplius actum est illa die, nisi quod in cunctis ecclesie urbis campanis pulsantibus, interim dum in cathedrali ecclesia altisonis vocibus *Te Deum* cantaretur, prefati DD. flexis genibus, Deo gratias reddiderunt, indeque simul cenaverunt cum tanta exuberanti letitia, ac si post periculosos fluctus minantes naufragium, optatum portum salutis attigissent.

Inde diebus complusculis simul in letitia observantiis amicalibus exactis, regem solita egritudine detentum navigio perduci statuerunt usque Meledunum, etc.

N° 349.

Adhésion des habitants de Saint-Bris au manifeste publié par le duc Jean-Sans-Peur, le 25 avril 1417.

(An 1417, 10 octobre.)

Nous les habitants de Saint-Bris certifions à tous ceux qui ces présentes lettres verront, que noble homme maistre Jacques de Courtiamble, seigneur de Commarien, chevalier, conseiller et chambellan du roy nostre sire et de nostre très redoubté seigneur monseigneur le duc de Bourgoingne, nous ont esté monstrées et exhibées les lectres patentes dudit monseigneur de Bourgoingne contenant en effet la bonne voulenté, entencion et propos qu'il a eus et a de présent au bien du roy nostre souverain seigneur, à la paix, tranquillité et réparation de son royaume; et que ad ce il veult entendre et vacquer de tout son povoir et exposer lui et les siens et ses vassaulx, subgez et aliés; lesquelles lectres veues, nous a esté par ledit maistre Commarien requis nostre entencion et voulenté sur icelles. A quoy nous avons respondu et respondons que le propos dudit monseigneur de Bourgoingne si est bon, sainct, juste et raisonnable, et que en ce nous voulons adhérer, et par ces présentes adhérons audit monseigneur de Bourgogne, et jurons et promettons nous employer à l'exécution du contenu esdites lettres de nostre possibilité, selon la forme et teneur d'icelles, au bien du roy nostre sire de son royaume et de la chose publicque.

En tesmoing de laquelle chose nous avons requis et obtenu le scel de la prévosté dudit Saint-Bris et le seing manuel de Jehan Guérault tabellion juré en la court d'icelle prévosté estre mis à ces présentes. Donné le xe jour du mois d'octobre l'an de grace M. CCCC. XVII (1).

(Archives de la Côte-d'Or et D. Plancher, t. III.)

(1) Nota. Il se trouve dans le même carton d'autres adhésions conçues dans les mêmes termes que la précédente et données par les habitants de Vermanton, Sacy, Mailly-le-Château, Vézelay, Chablis et Brienon.

N° 350.

Vente d'une place aux habitants d'Auxerre pour en tirer de l'arène.

(An 1416, 7 novembre.)

A tous ceux qui ces presentes lettres verront : Jehan Tribolé, le jeune, licencié-ès-lois et Guillaume Mariotte, gardes du scel de la prévosté d'Auxerre, salut. Sçavoir faisons que pardevant Estienne Champfremeux, clerc tabellion juré du roy, nostre sire en la cour de ladite prévosté, vint en sa personne Jaquot Clément demorant à Aucerre, lequel recognut et confessa en droit pardevant ledit juré lui vendu et vendit en nom de vençon pure et parfaite, quitta, céda, cessa, octroya, transporta et délaissa à tousjours et perpétuellement et héréditablement, sans espérance d'aucun rappel, aux bourgeois et habitants de ladite ville d'Aucerre, pour et au profit et utilité du fait commun d'icelle ville, desdiz habitans et de leurs successeurs ou ayans cause, à ce présent et acceptant pour lesdits habitans Jacquot Cousinot, procureur d'iceulx habitans sur ledit fait commun, tout le sablon et harène que lesdits habitans, par eulx ou leur certain commandement pour eulx, pourront prendre, avoir et lever en un quartier d'héritages ou à présent a vigne, à prendre ledit quartier pardevers le grant chemin commun; lequel héritage ledit vendeur disoit avoir séant ou finage d'Aucerre ou lieu que len dit le pertuis au Borne, tenant d'une part audit chemin commun par où l'en va de la porte du Temple à la croix de Chalendesmas; c'est à sçavoir que ledit quartier se doit prendre au travers en venant et aboutissant à la vigne Germain fils Jaquot Vivien, et de l'autre bout aboutissant à la vigne de l'Hostel-Dieu de Saint-Etienne d'Aucerre, et par dessus à la terre que tient ledit vendeur des religieux de Vézelay. Cette vente faite pour le prix et somme de dix livres tournois pour ce payées, baillés et délivrées desdiz habitans audit vendeur, si comme il disoit, et s'en tient pour bien content et agrée pardevant lesdits jurez; et lesdits habitans et leurs successeurs en quitta et clama quittes à toujours. De laquelle chose ainsi vendue et comme dit est, led. vendeur se devestit et desaisit en la main dudit juré, et voult et consentit que lesd. habitans, pour eulx et ceulx que dit est, par le bail et tradition de ces lettres en fussent vestus et saisis, en nom et titres de loyal achapt, en transportant de lui esdiz achepteurs et en leurs successeurs tout le droit, toute l'action, la saisine et possession, la propriété et vraye seignorie, et tout aultre droit quelquonque que il a en ladite chose ainsi vendue, comme dit est, avoit et povoit avoir à quelconque tiltre et pour quelconque cause et raison que ce fust ou peut-estre.

Et promit ledit vendeur, par la foi de son corps pour ce baillée en la main dud. juré que contre cette présente vente et octroi, cette quittance et ces conventions ne contre aucunes d'icelles jamais ne viendra, ne fera ou consentira venir ne en ladite chose ainsi vendue, comme dit est, aucune chose ne aucun droit ne demendera ou réclamera, ne fera demander ni réclamer, par lui ne par aultres, mais la garantira, délivrera et deffendra ausditz habitans et à leurs ayant cause envers et contre tous, en jugement et dehors, toutes et quantes fois que mestier et requis en sera soit la chose convaincue ou non, franchement et quittement de tous faiz, de toutes charges, services, servitudes, obligations, alienations et de tous aultres empêchemens quelconques, et rendra et restablira tous coustz, dommaiges, missions, interest et dépens qui seroient faits ou soubstenuz pour deffault de ladite garantie porter et pour les autres conventions dessusdites toutes et chacunes d'icelles mieux et plus fermement garder, tenir, entériner et accomplir par la manière que dit est, ledit vendeur en obligea et a obligé ausdiz habitans et à leurs ayans cause, lui, ses hoirs tous ses biens et les biens de ses hoirs, meubles et nonmeubles présens et avenir, lesquieulx quant à ceux il soubzmit à la juridiction et coercition de la cour de ladite prévosté et à toutes autres où qu'il face mansion, pour être contraint et justicié par la prise et explectation de tous sesdiz biens, renonçant en ce fait par sadite foi à toutes les choses qui contre ces lettres pouvoient estre dites ou opposées.

Présent ad ce Droyn Duvaul et Jehan Mignon. En tesmoing de laquelle chose nous, au rapport dudit juré, avons scellé ces lettres dudit scel de ladite prevosté. Donné l'an de grace mil quatre cens et seize le septiesme jour du mois de novembre.

Champfremeux.

N° 351.

Lettre du maitre de la monnaie d'Auxerre attestant que le roi a donné aux habitants d'Auxerre 2000 livres à prendre sur le droit qu'il a en ladite monnaie.

(An 1420, 25 mai.)

Je Jehan Ravier, maistre particulier de la monnoye ordonnée par le roi nostre sire à Aucerre, confesse avoir eu et receu ung mandement du roy nostre sire, expedié par messieurs les commissaires et généraulx gouverneurs de toutes les finances du roy nostre sire, donné à Troyes le ixe jour du mois de may dernièrement passé, par lequel icelui seigneur a donné et octroyé aux bourgeois, manans et habitans de ladite ville et cité d'Aucerre, la somme de deux mil livres tournois à les prendre, lever et avoir pour une fois sur le droit que ledit seigneur a en ladite monnoye ; pour et en récompensation de cinq cens marcs d'argent fin dont ledit seigneur avoit donné congié et licence ausdiz bourgeois et habitans de faire forger, ouvrer et monoyer à leur profit en ladite monnoye, en baillant par eulx et délivrant à leurs fraix les missions et dépens avec les autres matières à ce appartenant pour alayer et faire ledit ouvrage; lequel octroy et congié desdits cinq cens marcs d'argent fin n'a sorti aucun effet. Sur laquelle somme de deux mille livres tournois je n'ai payé, baillé ne délivré ausdits habitans, que la somme de sept cens livres tournois : ainsi reste à payer de ladite somme la somme de mil trois cens livres tournois. Tesmoing mon seing manuel cy mis, le xxve jour du mois de may, l'an mil quatre cens et vint.   Signé, Ravier

N° 352.

Catalogue des reliques de l'église cathédrale d'Auxerre, tel qu'il fut dressé environ l'an 1420, tiré d'un manuscrit de la reine Christine de Suède, conservé à Rome, au Vatican, num. 1283 ; avec des variantes tirées d'un autre Ms. imparfait.

Sequuntur reliquie in ecclesia Autissiodorensi recondite.

Primo.

In tabello B. Marie, de virga Moysi, unde prodiit aqua de qua bibit ipse et populus Israel.

De ligno S. Crucis, in jocali D. Andegavens. In tabello B. Marie. In tabello domini Theobaldi dumos, et in cruce argentea que veneratur a populo qualibet die.

De prescpio Domini, in tabello Beate-Marie.

De catino, vel paropside in quo comedit Dominus filius, ultima sue cene cum discipulis suis.

De columna ad quam ligatus fuit Christus in domo Pylati, in tabello B. Marie.

De reliquiis et fragmentis dimissis à Christo discipulis suis post Resurrectionem suam.

De lapide ad pedem crucis Christi in tabello domini Theobaldi.

De lacte et capillis gloriose Virginis, in capsa argentea capelle sue in portali.

De caputio Sancte Marie-Virginis, et capillis et camisia ejusdem, in tabello domini Theobaldi.

De capillis Beate-Marie, de capitegio, de tunica et mantello ejusdem, in tabello argenteo cappelle sue.

De disco lapideo, et ossibus sancti Joannis-Baptiste, in jocali domini Theobaldi.

De sanguine sancti Johannis-Baptiste, et capillis ejusdem in tabello B. Marie.

De reliquiis sancti Petri, in tabello Beate-Marie, sancti Pauli, in eodem tabello, et in tabello domini Theobaldi.

De ossibus sancti Andree et pelle ejusdem, in tabello B Marie.

De costa et ossibus ejusdem, in tabello d. Theobaldi.

Jacobi majoris, in predictis duobus tabellis.

Jacobi minoris fratris Domini in tabello B. Marie, Philippi apostoli, in eodem.

Thome apostoli, in tabello domini Theobaldi.

De ligno crucis sancti Petri.

Sancti Bartholomei, in tabello Beate-Marie.

Sancti Matthei, in eodem.

Sancti Matthie, in eodem.

Sancti Barnabe, in eodem.

Sanctis Symonis, in eodem.

Sancti Marci evangeliste, in tabello d. Theobaldi.

De brachio prothomartyris Stephani, in jocali collato a domina d'Estempes.

De lapidibus quibus fuit lapidatus, in alia majori imagine ejusdem.

De ossibus ejusdem, in tabello B. Marie et domini Theobaldi.

De ossibus sancti Peregrini protopresulis, in jocali collato a domina Andegavensi.

De mentone sancti Dionysii primi discipuli Galliarum, in tabello D. Theobaldi.

Corpora sanctorum Alexandri pape et martyris.... et Theodosii, in capsa juxta capsam-sancti Amatoris.

Corpora sanctorum Crisanti martyris et Darie uxoris ejus, in capsa.

Corpora sanctorum Cirici martyris et Julite matris ejus, cujus circa caput est commutatum..... pro capitibus sanctorum Gervasii et Prothasii, reconditis in parva capsa que defertur die eorum processionaliter ad ecclesiam suam.

Corpus sancti Felicis martyris.

Caput sancti Justi martyris. De busto sancti Amatoris secundi.

Sancti Laurentii, in tabello beate Marie et domini Theobaldi.

Sancti Vincentii, in tabello domini Theobaldi.

De ossibus sancti Gervasii in eodem.

Sancti Georgii in eodem, et in tabello B. Marie.

Sancti Sebastiani ad altare suum, ibi fundatum est jocale.

Dens ejusdem, in tabello domini Theobaldi.

Sancti Eustachii, in tabello Beate-Marie.

Sancti Christofori, in tabello domini Theobaldi.

Sancti Blasii, in tabello B. Marie, et dens ejusdem, in tabello domini Theobaldi.

Sanctorum Cosme et Damiani, in tabello B. Marie, et in quodam alio vase intus.

De ossibus sancti Leodegarii, in tabello domini Theobaldi.

De ossibus sancti Victoris et sociorum ejus.

De sanguine sancti Mauritii et sociorum jus, in quodam vase vitreo.

Sancti Thome Cantuariensis.

Sancti Albani martyris.

Sancti Juliani martyris.

Sancti Sixti.

Sancti Leonis.

Sancti Pantaleonis.

Sancti Theodosi martyris.

Sancti Barsanopoli.

Sancti Nazarii.

Sancti Damiani (*Demetrii*) militis, mart.

Sanctorum Innocentium.

Sancti Theodosii militis et martyris.

Item Theodosii fratris ejus militis.

Corpus sancti Amatoris sexti episcopi, et primi fundatoris hujus ecclesie, in media capsa supra magnum altare.

Corpus sancti Cassiani episcopi et confessoris.

Tunica sancti Germani sibi missa a B. Virgine dum volebat celebrare missam, in jocali pulcherrimo recondita, quo defertur corpus Christi in die Sacramenti, et de cilicio ejusdem in tabello Theobaldi.

Corpus sancti Mamertini, in capsa argentea, et de reliquiis beati Mariani confessoris, in eadem capsa.

Brachium sancti Guillermi Bituricensis.

Sancti Marcellini episcopi Autis.

Magna pars mantelli sancti Martini Turonensis, in capsa lignea.

De reliquiis ejusdem, de ossibus ejusdem, in tabello D. Theobaldi.

De pulvere et ossibus sancti Benedicti abbatis, in tabello domini Theobaldi.

De eodem in tabello B. Marie.

De ossibus sancti Gregorii, in eisdem tabellis.

- Sancti Mauri abbatis.

Sancti Bernardi.

Sancti Lifardi.

Sancti Basilii, in duobus tabellis.

Sancti Athanasii abbatis.

Sancti Francisci confessoris.

Sancti Raynaldi.

Dens sancti Nicolai.

De ossibus sancti Eutropii.

De capite et capillis sancti Hugonis abbatis Cluniacensis.

De ossibus sancti Andochii.

De capite sancti Valentini.

De ossibus sancti Porciani abbatis.

De ossibus sancti Innocentii.

De ossibus sancti Marcelli Cabillonensis.

De ossibus et brachio sancti Fiacri.

De ossibus sancti Reveriani.

De ossibus sancti Lupi.

De capite sancti Joannis-Chrisostomi.

De reliquiis B. Marie-Magdalene, in capsa palmarum.

De capite et ossibus ejusdem, in tabello domini Theobaldi.

Item de capite ejusdem, in tabello Beate-Marie.

Sancte Margarete virginis in capsa Palmarum, et in tabello Beate-Marie, et de capite ejusdem, in tabello domini Theobaldi.

Sancte Cecilie vestimenta et ossa, in tabello B. Marie, et in capsa palmarum.

De costa sancte Agathe.

Sancte Catharine virginis.

Sancte Justine virginis et sancte Agnetis virginis.

Sancte Lucie virginis.

Sancte Barbare virginis.

Sancte Christine virginis.

Sancte Juliane virginis.

De capite sancte Clare, et capitegio et tunica ejusdem.

Sancte Mustiole virginis, de undecim millibus virginum.
Beate Anne matris Marie.
Plures reliquie sanctorum, quorum nomina ignorantur.
Sancte Eugenie virginis et martyris.
Magna pars mentonis cum dente sancti Laurentii martyris, in jocali magistri Johannis de Ponte, ultimi archidiaconi, decenter reconditi.
Clemens V dedit quolibet anno in Nativitate Christi, Resurrectione, Ascensione, Pentecoste, et quatuor principalibus festis Beate-Marie, et quolibet die octavarum, centum dies indulgentiarum, et quatuor festi B. Stephani. Ille idem per aliam bullam dictis diebus dominicis dies indulgentie.
Papa Innocentius V, successor predicti, concessit predictis diebus et festis Joannis-Baptiste, Petri et Pauli eosdem dies indulgentiarum.
Papa Urbanus V, predictis diebus omnibus visitantibus manus adjutrices porrigentibus, toties quoties, duos annos et quadragenas indulgentiarum. [Et duo archiepiscopi Senonens. dederunt quilibet xl dies.]
Bone memorie Henricus, episcopus, impetravit omnes adjutores istius fabrice participes fieri omnium benefactorum et iv. mille missarum que dicuntur in ista diecesi.
Quatuor episcopi Autissiodor. dederunt quilibet xl dies.
Dominus Petrus des Grez qui transtulit multas reliquias in ista ecclesia, dedit xl dies.

N° 353.

Concession d'une prébende dans la cathédrale d'Auxerre à Claude, seigneur de Chastellux et à ses descendants mâles, seigneurs du même lieu.

(An 1423, 6 août.)

Ad perpetuam rei memoriam, universis presentes litteras inspecturis, decanus et capitulum ecclesie Autissiodorensis, salutem in domino sempiternam. Non solum rationi congruit, imo de justitia naturali necessarium arbitramur, ut illis nos et ecclesiam nostram obnixe affectos reputemus, a quibus cognoscimus beneficia recepisse, alias enim de ingratitudinis vitio (quod abominabile merito judicatur, et a quibusvis fidelibus presertim viris ecclesiasticis debet effectualiter abhorreri) posse mus non immerito reprehendi. Sane recolventes et pia meditatione revolventes in animis quanto qualique discrimine atque periculo vir nobilis et potens dominus Claudius *de Beauvais*, miles, dominus de *Chastellux* se ipsum corporaliter, suaque bona universa suos etiam cum non modica consanguineorum, aliorumque nobilium bellicosa comitiva exposuit, et ob honorem Dei, gloriosissimeque Genitricis ejus Marie, et beatissimi protomartyris Stephani quorum res acta est, dimicaverit et militaverit, singulorumque vita, curisque omnibus temporalibus quantumlibet fructuosis aut utilibus pospositis, non-nisi sine magno et ingenti rerum suarum consumptione et exhaustu, ob recuperationem ville nostre de Crebanno, per predones et tyrannos ecclesie, regis et regni inimicos furtive nuper occupate et violenter detente; quam, omnipotente Deo qui suorum manus docet ad prelium, causam suam protegente ac tuente, non tam victoriose quam miraculose, ut pie creditur, ab eisdem hostibus, Deo (si fas est dicere) et toto orbi odilibus, liberavit penitus et substraxit. In qua quidem villa licet quinque hebdomadarum spatio et amplius ipse dominus Claudius, cum prefata sua nobili comitiva, per predictos inimicos obsessus fuerit, insultusque plurimos atque mirabiles, non absque grandi victualium aliorumque necessariorum penuria, et usque ad equorum suorum pro majore parte aliarumque esum bestiarum et pluribus etiam insultibus ab inimicis (qui numerum D superare videbantur, et his profligatis ac propulsis ab nobilibus comitibus de Salisburis, de Suffort, de Joigny, a mareschallis Burgundie, et dominis de Couche, de Thil, de Marcilly, dominis Antonio de Vergi, Guillelmo de Vienne, Reginaldo Pot, Jacobo de Coutrambles et pluribus aliis nobilibus nobis et sanguine et propinquitate proximis, cesis etiam fere ex hostibus quinque millibus) ut referunt, perpessus fuerit et sustinuerit, nihilominus villam nostram predictam cum omni dominio et jure quod ante habebamus in eadem pure, plane ac simpliciter sua gratia nobis et ecclesie predicte restituit et liberavit et tradidit.

Nos igitur, ea moti consideratione, volentes eidem quantum nobis possibile est spiritualia pro temporalibus ac celestia pro terrenis pie commutare, nosque in recompensationem premissorum et ad ingratitudinis vitium evitandum, exhibere favorabiliter liberales suis potissimum exigentibus servitiis gratuitis, deliberatione provida inter nos prehabita, eidem domino Claudio tanquam ecclesiastice rei indefesso protectori et augmentatori industrio concessimus, et ex nunc concedimus per presentes, quod amodo et deinceps, perpetuis temporibus, ipse dominus et sui successores heredes masculi domini temporales dicti loci de Chastelux, successive habeant et percipiant fructus et redditus unius prebende nostre ecclesie, sicut et ceteri canonici ejusdem ecclesie, dum et quoties idem dominus Claudius et sui post ipsum, ut prefertur successores, ad ipsam nostram ecclesiam personaliter accesserint, et in eadem ecclesia interfuerint alteri horarum dicte ecclesie decantando, quam intrare licebit eisdem cum supellicio vel absque subpellicio, aut statu quo maluerint, pro sue libito voluntatis. Si vero dicta terra de Chastelux et dominium ad heredes filias cessantibus masculis devenire contigerit, maritus domine dicti loci jus in dicta prebenda percipiet et habebit antedictam, aut si dicta terra et dominium de Chastelux in duas aut plures in posterum dividatur partes, antiquior heres seu maritus filie senioris dominus dicti loci jus ipsius ipsum in prebenda modo premisso possidebit. Per hoc tamen nullatenus intendimus filias aut viduas jus aliquod pretendere vel habere in prebenda supradicta.

Preterea, ut ad bonum et utilitatem ipsius ecclesie suppositorumque ejusdem eo libentius animetur, quo exinde spirituale commodum se consequi perspexerit, volumus et ordinamus unam missam de S. Spiritu anno quolibet in perpetuum in dicta nostra ecclesia celebrari, in crastino Assumptionis beatissime et gloriosissime Virginis Marie, ut prosperum faciat Deus iter dierum suorum, ipsumque custodiat incolumem quandiu vixerit in humanis, et nuncupabitur Missa Victorie; que quidem missa post ejus obitum in anniversarium solemne convertetur, perpetuo, in ipsa ecclesia celebrandum die qua ipsum ab hoc seculo migrare contigerit, pro remedio et salute animarum ipsius domini Claudii et suorum. Indulgemus etiam eidem domino Claudio quod sibi liceat in eadem nostra ecclesia ubi voluerit suam decenter eligere sepulturam.

Insuper, pro omni consummatione premissorum, ipsum dominum Claudium, suosque facimus precum, orationum suffragiorum et bonorum omnium dicte ecclesie participes. Ipse autem dominus Claudius juramentum ad sacro-sancta Dei evangelia per ipsum corporaliter tacta, Deo primum, nobis et ecclesie fecit et prestitit, secundum formam cedule verbis gallicis nostris in libris ac registris scriptam, cujus tenor sequitur, et est talis :

« C'est le serment que a fait noble et
» puissant seigneur monsieur Claude de
» Chasteluz, et feront ses successeurs mas-
» les seigneurs de Chasteluz, aux doyen
» et chapitre de l'eglise d'Aucerre et à
» leurs successeurs, avant qu'ils puissent
» prendre ne percevoir aucune chose des
» fruits de la prébende à eux octroyée par
» lesdits du chapitre pour la recouvrance
» de la ville de Crevan. Premierement
» ils jureront à leur première réception
» qu'ils seront bons et loyaux à l'eglise,
» doyen et chapitre d'Aucerre. Item,
» aideront de leur pouvoir à garder et dé-
» fendre les droits, terres et possessions
» et autres revenus appartenans ausdits
» doyen et chapitre de ladite eglise. Item
» pourchasseront le bien, honneur et pro-
» fit des dessusdits eglise, doyen et cha-
» pitre d'Aucerre, et éviteront leur dom-
» mage de tout leur loyal pouvoir. »

Et idem juramentum facere et jurare tenebuntur sui pretacti successores, dum successione per obitum ad eandem prebendam pervenerint. Quasquidem ordinationes et concessiones nostras perpetuis temporibus prefragabiliter et inconcusse pro nobis et nostris in eadem ecclesia futuris successoribus, tenere et adimplere promittentes, bona fide et contra quacumque ex causa non venire quomodolibet in futurum.

In cujus rei testimonium presentes litteras sigillo nostro munitas, per notarium publicum fieri mandavimus et signari. Datum et actum in dicta Autissiodor. ecclesia, anno domini millesimo quadringentesimo vicesimo tertio, sexta mensis augusti, indictione prima, pontificatus sanctissimi in Christo patris et domini nostri domini Martini, divina providentia pape V, anno sexto, presentibus venerando ac nobilibus viris dominis et magistris abbate S. Martini Nivernensis, Guidone de Jaucourt, domino de Villearnou, Girardo de Chasteauneuf, Saladino d'Angture militibus, Johanne du Bouchat, scutifero, Guillelmo Fusee officiali Senonensi, Johanne Pinard advocato, et pluribus aliis testibus ad premissa vocatis specialiter et rogatis.

(*Ex Tabul. eccles. Autiss.*)

N° 354.

Remise de la ville de Cravan au chapitre d'Auxerre par le seigneur de Chastellux, et acceptation du droit d'une prébende héréditaire.

(An 1423, 16 août.)

A tous ceulx qui verront ces presentes lettres : Claude de Beauvaiz, seigneur de Chasteluz, salut en notre seigneur. Sçavoir faisons que comme nagueres la ville de Crevan, héritaige et de toute ancienneté appartenant aux doyen et chapistre de l'eglise d'Aucerre, fut ocupée, prise et detenue de larrons, pilleurs et robeurs, tirans mauvais, et, se chose licite est de dire, ennemis de Dieu, de l'eglise, du roy, du royaume et du monde ; et pour recouvrer icelle et mettre hors de leurs mains, pour l'onneur et revérence de Dieu, de la très-glorieuse Vierge Marie, et du benoit saint Etienne, premier martyr, patron d'icelle eglise, et pour nous aquiter loyaument envers le roy nostre souverain seigneur, nous soyons employez à puissance d'armes, avecques nos bons parens et amis et aliez, en telle manière que la grace de Dieu, notre benoit créateur, icelle avons recouvrée à grands périlz et souffreté de nos corps, fraiz, missions et despens. Depuis laquelle recouvrance avons en icelle ville esté assiegez par les dessusdiz ennemis et autres l'espace de cinq sepmaines et plus, à grand pouvreté et misère de vivres, et autres biens, tant que contrains avons esté de illeques mangier nos chevaux en très-grant partie et autres bestes ; souffert aussi plusieurs assaulx, jusques à ce que le siège devant nous apposé par lesdiz ennemis en très-grant nombre et multitude de gens comme de quinze mile et plus, a esté par la proesse et secours de très-haulz et puissans seigneurs les contes de Salisbury, de Suffort et de Joigny, le mareschal de Bourgoigne, les seigneurs de Conches, de Thy et de Marcilli, messires Anthoine de Vergy, Guillaume de Vienne Renier Pot, Jaques de Courtiambles et plusieurs aultres, nos bons et loyaux parens et amis levé et départi par bataille à iceulx ennemis faicte et livrer par les dessuzdiz seigneurs, ou lieu et place où tenoient leurdit siège ; en laquelle bataille ont esté de quatre à cinq mil hommes mors, pris et emmenez ; plus toutevoye, comme fermement espérons par miracle, et les mérites, prières et oroisons desdiz de chapitre que autrement. Considérans et attendens les grans bénifices et curialitez et biens espirituelz que lesdiz doyen et chapitre, en faveur de ladicte recouvrance, nous ont gratieusement et libéralement fait et ottroyé : c'est-à-sçavoir les fruiz et revenues d'une prébende de leur eglise, pour nous tant que vivrons et noz successeurs héritiers masles, seigneurs de Chasteluz, successivement, l'un aprez l'autre, ainsi que l'un des chanoines d'icelles eglise, toutes et quanteffoiz que iront en ladite eglise et serons à une des heures chantées en icelle, soit à tout l'abbit et surpeliz de l'eglise, s'il nous plaist, ou sans surpeliz, ainsi que mieulx nous plaira ; et ou cas que la seignorie de Chasteluz venra en filles, le mari de celle qui sera dame de Chasteluz aura le droit de la prebende dessuzdite, et se ladicte seignorie de Chasteluz estoit divisée en deux ou plusieurs parties, l'ainsné filz ou le mari de l'ainsnée fille aura le droit dessuzdit, sanz ce toutevoye que filles non mariées ou vesves aient aucune chose en la prébende dessusdite ; et avecques ce une messe perpétuelle du S. Esperit appellée *la Messe de la Victoire*, laquelle sera dicte perpétuelement chacun an en ladicte eglise le lendemain de l'Assumption Nostre-Dame, pour nous et pour les nostres tant que vivrons. Et après le trépassement de nous Claude susdit sera convertie ladicte messe en un obit fait et celebré solennelment et à perpétuité en ladicte eglise, à tel jour que trespasserons, ou au plus prouchain jour convenablement que faire se pourra, pour le salut des ames de nous et de noz parens trespassez. Et en outre que nous, Claude susdit, puissions eslire nostre sépulture en icelle eglise, où bon nous semblera, convenablement, avecques la fraternité et participacion de tous les bienfaiz, prières, oroisons et suffrages faiz et à faire en icelle eglise. Nous, tous iceulx biens espirituelz par lesdiz doyen et chapitre à nous ainsi ottroyez avons acceptables et agréables, pour nous et pour nos successeurs seigneurs de Chasteluz, comme dit est, et les recevons benignement, en regraciant Dieu pieusement, et lesdiz doyen et chapitre, de très-bon cueur, et en comtemplacion de ce, et pour l'onneur et révérence de Dieu, nostre benoit créateur, de la très-glorieuse Vierge Marie, et du benoit S. Estienne patron de ladicte eglise, leur baillons et délivrons purement, plainement et simplement, par ces présentes, leurdicte ville de Crevan, avecques toute leur seignorie et droiz que d'ancienneté ont accoustumé d'avoir en icelle, sanz y jamais riens demander ne requérir pour ocàsion d'icelle délivrance ; et en tant qu'il nous touche promettons en bonne foy les en tenir et faire tenir quittes, et les habitans d'icelle envers tous et contre tous. Et pour mieux entretenir les choses dessuzdictes avons fait serement ausdiz doyen et chapitre, aux sains evangiles de Dieu par nous touchées manuelment, que serons bons et loyaux à l'église, doyen et chapitre d'Aucerre, aiderons de notre povoir à garder et défendre les droiz, terres et possessions et autres revenues appartenans ausdiz doyen et chapitre; pourchasserons le bien, honeur et proufit des dessuzdiz eglise, doyen et chapitre, et éviterons leur dommaige de tout nostre loyal pouvoir. Lequel serment seront tenuz faire pareillement nosdiz successeurs seigneurs de Chasteluz à leur première récepcion à ladicte prébende l'un après l'autre, ainçois que aucune chose puissent recevoir de ladite prébende.

En tesmoing de ce nous avons fait signer et soubzescrire ces présentes par notaire publique, apostolique et impérial, à plus grande fermetté et témoignage de vérité. Donnés oubz nostre seel, l'an mil quatre cens et vint et troiz, le XVI° jour du moys d'aoust, présens et appelez révérend père en Dieu l'abbé de S. Martin de Nevers, nobles hommes et seigneurs Gui de Jaucourt, seigneur de Villarnoul, Gérart de Chasteauneuf, Saladin d'Anglure chevaliers; Jean du Boschat escuier; maistre Guillaume Fusée, official de Sens, et Jehan Pinard advocat, avec plusieurs autres témoins.

Et ego Stephanus Moronis, clericus Autissiodorensis publicus, apostolica et imperiali auctoritate notarius, quia premissis traditioni et restitutioni ville de Crebanno supradicte, ex causis predictis quittacioni et juramenti prestacioni, ceterisque supra concordatis, dum sic per prefatos dominos et partes antedictas concordarentur, promitterentur, sumerentur, agerentur et fierent in ecclesia Autissiodorensi, una cum prelibatis testibus, presens interfui, ea quoque in notam recepi, ex qua presentes litteras confeci, publicavi, et in hanc publicam formam manu propria redegi et scripsi. Idcirco de ipsorum dominorum et parcium predictarum mandato, jussu et consensu unanimi signum meum solitum me subscribendo presentibus apposui in testimonium veritatis premissorum, anno, die, mense, quibus supra, indictione prima, pontificatus sanctissimi in Christo patris et domini nostri domini Martini, Divina providentia pape V, anno sexto.

(*Archives de l'Yonne, original; Fonds du Chapitre, liasse 1ro.*)

N° 355.

Permission que donne Henri, roi d'Angleterre, se portant pour roi de France, au chapitre d'Auxerre, d'élire un nouvel évêque après la mort de Philippe des Essars, arrivée l'an 1426 le 14 octobre, la 14e année de son épiscopat.

(An 1426, 2 décembre.)

Henricus, Dei gratia Francorum et Anglie rex. Universis presentes litteras inspecturis, salutem. Notum facimus quod cum nuper ecclesia Autissiod. per obitum defuncti Philippi ultimi Autiss. epis. pastoris solatio esset destituta, dilecti nostri decanus et capitulum dicte ecclesie, per certos eorum concanonicos ad hoc missos, licentiam eligendi in dicta ecclesia a nobis petierint ut tenentur. Nos eisdem predictam eligendi licentiam ex consilii nostri deliberatione concessimus et concedimus per presentes. Datum Parisiis, die II decembris, anno Domini M. CCCC. XXVI, et regi nostri quinto.

Per regem,
Ad relationem consilii magni :

Milet.

(*Ex Tabul. Capit. Autiss.*)

N° 356.

Confirmation d'un traité concernant la chapelle S. Pierre, par un doyen d'Auxerre élu évêque.

(An 1432, 17 mai.)

Universis presentes litteras inspecturis : Hugo des Noes, in legibus licentiatus, et in decretis baccalaureus, decanus ecclesie Autissiodorensis, ac in episcopum ipsius ecclesie Autissiodorensis electus, sede episcopali vacante, salutem in Domino. Notum facimus quod conventiones et pacta in litteris sub sigillo prepositure Autissiodorensis confectis, quibus hec nostre presentes sunt annexe prout fuimus et sumus per testes fide dignos informati et debite certiorati, fuerunt et sunt facte ad utilitatem et commodum cappele seu capellanie ad altare beati Petri et Omnium Sanctorum in ecclesia Autissiodorensi fundatum, ad nostram collationem ratione nostre dignitatis decanatus, pleno jure spectantis et pertinentis, prout etiam nobis fuit per juramentum discreti viri Guidonis Gerardi acolyti dicte cappellanie cappellani relatum. Idcirco ipsas laudavimus, ratificavimus, approbavimus; laudamusque, ratificamus et approbamus per presentes autoritate nostra ordinaria decretum nostrum hiis interponendo pariter et assensum.

In cujus rei testimonium sigillum curie nostre una cum signeto nostro presentibus litteris duximus apponendum. Datum anno domini millesimo quadringentesimo tricesimo secundo, die sabbati decima septima mensis maii

Signatum : Poitevini.

(Ex autographo.)

N° 357.

Requête adressée par le clergé du diocèse d'Auxerre au concile de Bâle pour obtenir l'exemption de l'impôt du 20e, à cause des ruines causées dans le pays par la guerre.

(An 1433, 29 juin.)

Reverendissimi in Christo patres et domini percelebres, humili recommandatione premissa, magnopere admirati sumus nimioque stupore animo percussi, dum certo scivimus R. P. V. ad civitatem istam et diecesim Autissiodorensem undique desolatas, bullas sacrosancte synodi Basiliensis destinasse fratri Petri Lusurier religioso et camerario Virziliacensi, exsequendas, pro levanda semidecima, sive vicesimo denario, de et super fructibus beneficiorum nostrorum in dictis civitate et diecesi sitorum, sicuti latius inspeximus ex tenore dictarum litterarum. Equidem, reverendissimi patres, justissimo jure comperimus sacris vestris constitutionibus fore obediendum, tanquam veri zelatores orthodoxe fidei, qui propria etiam corpora pro tam saluberrimo ac perutili negotio exponere non formidamus, ex quo unionem sancte matris ecclesie et regni hujus christianissimi tranquillitatem et pacem resultare credimus. Sed que potest apud nos terrena prosperitas bellis undique ferventibus esse, quando nec agrorum vacare licet culture, nec sata, si que sint, colligere, nec condita servare, sed ipsa etiam colonis abductis arva merentia squalent, equos, boves et jumenta queque predo impius abigit; vomeres, bidentes, ligonis in cassides et tela vertuntur, et curve rigidum falces conflantur in ensem. Ob hoc longa nimium spe pacis pene tabescit animus : vere siquidem sapiens ait : spes que differtur affligit animam. Quam durum itaque nobis, viri percelebres, qui dum viribus valemus et Dei cultum sectari mens satagit, grave paupertatis onere premamur!

Quamobrem apud prudentissimas dominationes et paternitates vestras teximus querimoniam; non quidem adversum vos quos scimus sincerissime in pauperes Christi affectos ; sed ut majorem V. R. P. misericordiam mereamur. Ecce multo languore et longo tempore famem crudelissima toleravimus, non patrimoniorum solatiis, non proventuum ecclesiasticorum subsidio aliquando relevati, sed propriis semper laboribus victum queritantes. Ecce jam perdita est in proventibus beneficiorum nostrorum ecclesie decima, immo quinquagesima et centesima portio ad nihilum redacta : quia ibi quondam domus et ecclesiastice fructure, ibi nunc arbusta et vasta solitudo, populus noster vel fame vel gladio periit. Non nobis, sed experientie credite rerum magistre, que necessitatem nostram urgentissimam et vulgatissimam a lege vestras separabit. Igitur si subsidium a nobis queritis proculdubio et nos exilium petemus, sicque profugi et vagi super terram in opprobrium cleri mendicari conabimur. Eo tamen minus possessiones nostras et ecclesiarum nostrarum omnes accipite, et ipsarum solam semidecimam pro cultu divino et victu tenui ac necessario nobis assignate. Uberrima hec regio in solitudine versa est, et ferarum veprium et spinarum habitatio est, non hominum facta. Propterea domini percelebres, per viscera misericordie Jesu-Christi, vos obsecramus, et cum omni pietate et mansuetudine requirimus, et instanter rogamus, quatenus clementi misericordie oculo solamen impendendo, hanc semidecimam, sive vicesimum denarium nobis omnino remittatis persolvendam, non quidem nobis, sed ecclesie sancte Dei afflicte et oppressionibus ac amaritudinibus attrite, argentum et aurum non est nobiscum, quod tamen habemus, lacrymas et orationes assiduas apud patrem misericordiarum offerimus. Precamur patres, suscipite; et si quid nos facturos velitis, jussu tantum opus est; id agemus animo libentissimo quod nostris exilibus prorsus facultatibus suberit, per presentium gerulum, quem ad vos premissa de causa transmittimus, gratum si placet responsum nobis mandantes reverendissimi in Christo patres et domini percelebres V. R. P. optatissime felicitatis jocunditate impleat qui dat omnibus affluenter, et non improperat. Scriptum Autissiodori die xxix junii.

Vestri humiles et devoti oratores, clerus civitatis et diecesis Autissiodorensis.

(Ex m⁸ Aquicinctensi publié dans l'Amplissima collectio de D. Martenne t. VIII, col. 616.)

N° 358.

Déclaration du duc de Bourgogne que la taille qu'il a mise sur les communautés de l'Auxerrois et du Tonnerrois a été faite par lui comme étant aux droits du roi, en vertu du traité d'Arras.

(An 1436, 5 août.)

Phillipe, par la grâce de Dieu duc de Bourgongne, etc.; savoir faisons à tous que comme nagueres en usant des droiz royaulx à nous transportez par monseigneur le roy au traitié de la paix darrenier fait entre luy et nous, nous aions, par les esleuz en l'eveschié d'Aucerre fait mettre sus une taille de la somme de six cens frans sur tous ceulx des contez d'Aucerre et de Tonnerre et païs d'Aucerrois et Tonnerrois et enclavenies d'iceulx qui ont acoustumé de paier taille, pour icelle somme estre employée et convertie ou paiement de certainne grant somme de deniers accordée estre baillée à Perrenet Gressart capitainne de la Charité-sur-Loyre, pour aucunes choses touchans le bien de la chose publique; et ordonné et commis nostre amé receveur de Noiers, Guillaume Soillot, à cuillir, lever, recevoir et faire venir ens icelle taille. Lequel en faisant son devoir a volu et veult, comme raison est, contraindre et faire contraindre les bourgois d'Appoigny, hommes de révérend père en Dieu nostre amé et féal conseiller et confesseur l'évesque d'Aucerre; les bourgois de Cravant et de Chichery, hommes du Chappitre de l'église d'Aucerre et aussy les bourgois de Héry, Irancy et de Dige, hommes des abbé et couvent de Saint-Germain d'Aucerre, à paier leur part et porcion, et ce à quoy ilz ont esté imposez par lesdiz esleuz desdiz vi^c frans; dont ils ont esté aucunement délaians, doubtans que pour ce que en noz lettres de commission baillées pour ceste cause ausdiz esleuz n'est faicte, comme dient lesdiz evesque, chappitre et abbé, mencion que ce soit à cause desdiz droiz royaulx, ce ne leur tourne ou temps à venir à préjudice.

Nous, désirans entre autres choses les eglises constituées en noz pais et seigneuries et les pasteurs suppostz et subgiez d'icelles estre maintenuz et gardez en leurs drois franchises et libertez, certifions pour vérité ladicte taille ainsy avoir esté ordonnée et mise sus de par nous comme usans en ceste partie de l'auctorité de monseigneur le roy, et à cause desdiz droiz royaulx à nous transportez par luy comme dit est et non autrement; volans et consentens que non obstant le paiement que ont fait ou feront à nostre dit receveur les genz et subgiez desdiz évesque, chappitre et abbé de leur porcion de ladite taille, ilz soient et demeurent aussi entiers en leurs droiz, franchises libertez et prérogatives qu'ilz estoient et ont acoustumé d'estre par cy devent.

Donné en nostre ville de Dijon, le ve jour d'aoust, l'an de grace mil CCCC trente six. Ainsi signé : Thomas Bouessaul.

Et est assavoir que les lettres originales sont ou trésor de l'eglise d'Auxerre, tesmoing mon seing manuel cy mis l'an mil IIIIe XXXVI, le XVIIe jour d'aoust. *Signé* : Poitevin, *avec paraphe.*

(Cartul. de l'abbaye de Saint-Germain, Biblioth. d'Auxerre, m^{ss}., n. 140.)

N° 359.

Accord d'un curé de Seignelai avec l'archiprêtre sur le droit de l'archiprêtré.

(An 1439, 18 juin.)

In nomine Domini, amen. Universis presentes litteras inspecturis, officialis Autissiodorensis, salutem in Domino. Notum facimus quod comparentibus judicialiter coram nobis in notarii publici et testium infra scriptorum ad hec vocatorum specialiter et rogatorum presentia, venerabilibus viris D. Jacobo de Villemer, presbytero canonico Autissiodorensi, archipresbyteroque Sancti-Prisci in ecclesia Autissiodorensi, suo et dicti sui archipresbyteratus nomine, ex una parte, et magistro Johanne Bouchardi etiam presbytero magistro in artibus, curato parochialis ecclesie de Seillenayo, Autissiodorensis diecesis in metis archipresbyteratus Sancti-Prisci situate, suo etiam et dicte sue parochialis ecclesie nomine, parte ex altera. Dicentes et asserentes partes ipse quod cum lis seu controversia et questionis materia dudum orta fuerit, coram nobis, inter ipsum D. Jacobum archipresb. actorem, parte ex una, et dictum magistrum Johannem curatum reum ex alia parte, ad causam tertie partis fructuum dicte parochialis ecclesie de Saillenayo prime annate, que fuerat dictus magister Johannes ipsius ecclesie curatus ad prefatum archipresbyterum, ad causam dicti sui archipresbyteratus spectantem, pro qua tertia parte petebat idem archipresbyter ab eodem curato centum solidos Turonenses, canonica tamen taxatione salva, fuissetque libellus super hoc ex parte dicti archipresbyteri contra dictum curatum, coram nobis, in scriptis editus, et lis super eo, ex parte dicti curati, legitime contestata atque prestitum hinc inde solitum et debitam calumnie juramentum... pro parte dicti curati ad sedem Senonensis metropolitane provocatum seu appellatum, ac apostolica nobis petiti et obtenti, causaque appellationi hujusmodi in dicta sede Senonensi introducta et in ea usque ad probationes pro parte dicti curati faciendas seu adducendas exclusive inter ipsas partes processum, prout hec et alia, ex tenore processus, tam coram nobis quam coram officiali Senonensi agitatorum dicebant partes ipse latius apparere.

Hinc est quod partes ipse, sua mera et spontanea voluntate, recognoverunt ac palam et publice confesse fuerunt ibidem judicialiter coram nobis se per medium proborum virorum amicorum communium utriusque partis, de et super lite et processibus hujusmodi, tam de principali quam etiam de expensis, invicem amicabiliter concordasse in hunc qui sequitur modum : videlicet quod dictus magister Joannes Bouchardi, curatus, reddet et solvet, seu reddere et solvere tenetur, dicto D Jacobo Villemer, archipresbytero, tredecim libras Turonenses, scilicet tres libras seu sexaginta solidos Turon. pro dicta tertia parte fructuum dicte parochialis ecclesie de Seillenayo, pro prima annata, qua fuit ipse magister Johannes dicte ecclesie curatus, ad dictum archiprebyterum ad causam dicti sui archipresbyteratus spectantem, prout confessus est ipse juratus, sine dolo et fraude, ut dicebat, et reliquas decem libras Turon. pro expensis, et interesse ipsius archipresbyteri in prosecutione hujusmodi litis, tam coram nobis quam coram dicto officiali Senonensi, factis habitis et incursis, et quas tredecim libras Turonenses, ex causis premissis, reddere et solvere promisit dictus curatus eidem archipresbytero duobus terminis qui sequuntur : videlicet sex libras Turonenses in fine mensis junii presentis, et reliquas septem libras Turonenses adhuc infra festum hiemale B. Martini confessoris, proxime venturi ; et deinde, post quemlibet terminum, ad ipsius archipresbyteri voluntatem et requestam. Presentique concordia mediante cessabunt dicte partes ab ulteriori dicte litis prosequutione, ipseque curatus prefate appellationi sic per eum a nobis ad dictam sedem Senonensem metropolitanam interjecte, sponte renuntiavit, atque voluit et consensit se per nos ad prefatam concordiam tenendam et inviolabiliter observandam, dictasque tresdecim libras Turonen. prefato archipresbytero reddendas et solvendas, in terminis supradictis sententialiter condemnari. Nosque, officialis prefatus, memoratum magistrum Johannem Bouchardi, curatum, ibidem presentem et consentientem, sententialiter condemnavimus et condemnamus presensentium litterarum tenore ad tenendum et inviolabiliter observandum concordiam supradictam nec-non ad reddendum et solvendum dicto domino Jacobo Villemer, archipresbytero dictas tresdecim libras Turon. ad vel infra terminos supradictos. Cui quidem sententie dictus magister Johannes, curatus, acquievit....

Datum et actum Autiss., sub anno Domini mellesimo quadringentesimo tricesimo nono, indictione secunda, die vero lune post festum Dei octava mensis junii, presentibus, etc.

(*Ex Tabul. Episc. Autiss.*)

N° 360.

Règlement sur les cérémonies d'inhumation et autres usages de la cathédrale d'Auxerre.

(An 1439.)

Universis presentes litteras inspecturis, etc. Decanus et capitulum ecclesie Autiss. salutem in Domino. Notum facimus quod nos de libro statutorum dicte ecclesie nostre per Stephanum Naudeti, presbyterum, bachalarium in decretis, publicum apostolica et imperiali auctoritatibus notarium et scribam nostrum juratum, extrahi fecimus quoddam statutum in rubro dicti libri statutorum nostrorum sic intitulatum :

Hic patet quo loco debeant corpora defunctorum in choro dicte ecclesie Autiss. et extra post inhumationem poni, et qualiter pecunie et oblationes in exequiis debent distribui inter duos canonicos et tortrarios, etc.

Anno Domini millesimo quadringentesimo trigesimo nono, die veneris vicesima quinta mensis septembris, hora de mane capitulari, ad sonum campane, dominis de capitulo capitulantibus, habita matura deliberatione inter eos presentes ordinationes sive presentia statuta, modo et forma quibus sequuntur, fecerunt, ordinaverunt et approbaverunt, videlicet : Cum discordia sepe orta esset et sepius oriri speraretur in ecclesia Autiss. de corporibus defunctorum post eorum obitum, in dicta ecclesia ante inhumationem presentandorum et ponendorum, quo loco poni debeant in choro vel extra, et de pecuniis quecumque distribuuntur, ac oblationibus que fiunt in exequiis et serviciis defunctorum in dicta ecclesia ad quem spectare debeant, et qualiter distribui inter dominos canonicos et tortrarios, ac super aliquibus granis que recipere solebant antiqui canonici tortrarii in granerio capituli, que a viginti annis citra solvi non potuerunt, neque possunt de presenti, obstantibus guerris que in hoc regno diu, pro dolor ! viguerunt et adhuc vigent de presenti, ac depopulatione hominum terrarum ecclesie Autissiodor.

Propterea *nos decanus et capitulum* dicte ecclesie Autiss. concordiam in ecclesia nostra et unitatem servare cupientes, in vinculo pacis, pluribus collocutionibus inter nos super hoc prehabitis, et de premissis quantum potuimus, inquisita veritate, maturo consilio, in nostro capitulo declaravimus, et de premissis deliberavimus, statuimus et et ordinamus, de consensu omnium nostrorum in modum qui sequitur :

Primo quod corpora dominorum episcoporum nostrorum Autissiodorensium defunctorum, quando in ecclesia Autissiodor. presentabuntur et ponentur, dum in servitio exequiis eorum ponentur et poni consueverunt, et debent in choro dicte ecclesie supra tumbam defuncti domini Guidonis de Melloto, quondam episcopi Autissiodor. Corpora vero dignitatum aliarum et omnium canonicorum et prebendatorum dicte ecclesie poni et collocari debent, ac poni ordinavimus super tumbam sequentem descendendo ante aquilam dicti chori; et corpora canonicorum tortrariorum et canonicorum B. Marie in civitate Autiss. presentari et poni debent descendendo retro aquilam dicti chori. Corpora vero cappellanorum, clericorum, puerorum, et omnium aliorum deferentium habitum dicte ecclesie ponentur et poni debet extra chorum, in navi dicte ecclesie, ante crucifixum, quia antiquitus in dicta nostra ecclesia sic fuit et est observatum. Corpora vero aliorum extraneorum qui non sunt de habitu nostre ecclesie ponentur ubi capitulum ordinabit, considerata qualitate personarum.

De oblationibus vero que fieri continget in exequiis et servitiis dictorum quorumcumque defunctorum, sive corpora sint presentia, sive non, primam oblationem panis et vini habebit sacerdos qui missam celebrare tenebitur, secundum usum ecclesie nostre ; consequentes vero oblationes panis, vini, et pecunie, ac etiam alie pecunie que distribui consueverunt inter dominos canonicos et canonicos tortrarios distribuentur, sic quod duo tortrarii tantum capient sicut unus magnus canonicus et non plus : et si dicte oblationes non possint distribui in pane et vino, vendentur, et pecunia inde habita distribuetur, sicut supra dictum est, salvo tamen jure thesaurarii ecclesie Autiss. in oblationibus per eum recipiendis.

De granis vero que recipere solebant antiqui tortrarii, quia de presenti solvi non possunt, nec est spes quod de cetero solvi possint, propter causas predictas, conclusimus, statuimus et ordinavimus atque concludimus, statuimus et ordinamus, ut predicti canonici tortrarii melius et libentius serviant et celebrent ut tenentur, quod quilibet canonicus tortrarius in ecclesia nostra, presens et residens continue, de cetero recipiet et habebit in granario et cellario capituli, de omnibus vinis et granis frumenti, hordei, siliginis et aliis quibuscumque granis mediam prebendam : videlicet quod duo canonici tortrarii tantum recipiant de blado et vino sicut unus magnus canonicus, sine fraude quacumque, pro quo bene recompensabuntur dicti tortrarii de siligine et aliis granis predictis que recipere antiquitus consueverant, et dicta grana que dicti tortrarii antiqui recipiebant, si que venient, de cetero erunt communia, et dividentur inter canonicos et tortrarios, sicut supra predictum est.

De missa vero Comitisse, quam aliquibus diebus celebrare tenentur dicti antiqui canonici tortrarii, ordinamus quod de cetero quoties tortrarii eam celebrabunt, pro qualibet missa solventur de bursa capituli, tortrario missam celebranti, viginti denarii Turonenses monete currentis pro tempore, et nihil amplius habebunt dicti canonici tortrarii occasione misse dicte Comitisse. His mediantibus, manebimus in pace de predictis unanimiter serviemus omnes Christo pacis auctori.

Cet acte sur les chanoines tortiers donne occasion de placer ici une lettre du Chapitre d'Auxerre de l'an 1286 sur les mêmes chanoines, adressée au Chapitre de Nevers qui avoit demandé quelles étoient les charges de ces sept prêtres. Encore actuellement à Nevers subsistent les sept prêtres du même genre que les anciens d'Auxerre.

Viris venerabilibus et discretis amicis suis, in Christo sibi charissimis, S. Decano et capitulo Nivernensi.

H. decanus et capitulum Autiss. ecclesie, salutem et cum dilectione sincera paratam ad eorum beneplacitam voluntatem :

Petiistis a nobis ut vos certos reddere curaremus qualiter et quomodo septem presbyteri quos canonicos tortarios vocamus, consueverunt et debent in nostra ecclesia deservire. Unde discretioni vestre tenore presentium intimamus quod postquam prebendas hujusmodi quas tortarias vocamus ad collationem nostram pleno jure spectantes, pacifice sunt adepti, personalem residentiam in ecclesia tenentur facere et nisi sint sacerdotes infra annum tenentur se facere promoveri, nec possunt moram trahere extra villam causa peregrinationis, seu alia de causa nisi prius petita a nobis in capitulo licentia et obtenta; et super premissis in institutione sua jurant corporaliter. Tenentur etiam celebrare ad majus altare, et etiam ad aliud altare quod altare Comitisse vocatur, in suis hebdomadis chorum regere, horas canonicas tanquam hebdomadarii dicere, sicut maiores canonici sacerdotes. Non tamen potest canonicus tortarius celebrare ad majus altare in majoribus solemnitatibus, si ejus septimana evenerit; sive in festis duplicibus, si commode possit habere majorem canonicum qui pro ipso celebret dicta die. Consueverunt insuper dicti tortarii supplere defectus majorum canonicorum quotiens est, et cantando et legendo, eorum onera supportare. Hec autem vobis sufficiant que de dictis tortariis vobis ad presens duximus rescribenda parati semper et prompti ad eam que vobis et ecclesie ad utilitatem tenderent et honorem.

Datum anno Domini m cc xcvi, die lune post quindenam Pasche.

N° 361.

Indulgences accordées par l'évêque Laurent Pinon, pour la restauration de l'église collégiale de Toucy brulée par les Anglais.

(An 1445, 9 mai.)

Universis Christi fidelibus presentes litteras inspecturis, Laurencius divina permissione Autissiod. episcopus, salutem in Domino sempiternam. Quum sicut ait apostolus : « Omnes ante tribunal Christi stabimus suscepturi, prout in corpore gesserimus sive bonum fuerit sive malum ; » quapropter opus est eternorum intuitu id seminare in terris quod reddente altissimo recoligere valeamus in celis Cum itaque ecclesia nostra collegiata Beatissime Virginis Marie de Tociaco, nostre diocesis, prout et nonnullorum fide dignorum accepimus relatu ac verisimiliter visitatione comperimus, quamplurimis indigeat reparationibus necessariis, maxime et per Anglicos antiquos inimicos combusta est, que ob ipsius tenues redditus et obventiones sine Christi fidelium elemosinis refici non valeret. Cupientes ipsam congruis frequentari honoribus, et ut Christi fideles eo libencius ad eandem causa devotionis confluant, et ad ipsius fabricam prompcius manus porrigant adjutrices quod ibidem dono uberiori celestis gratie prospexerint se refectos. De omnipotentis Dei misericordia ac ejusdem beatissime Virginis Marie ejus matris, beatorumque Petri et Pauli apostolorum ac beati prothomartyris Stephani, patroni nostri, necnon omnium sanctorum et sanctarum meritis et intercessionibus confisi, omnibus vere penitentibus et confessis qui dictam nostram ecclesiam collegiatam beatissime Virginis Marie devote visitaverint, et ad ipsius reparationem seu reedificationem manus suas porrexerint adjutrices, et qui visitare personaliter nequiverint, et de bonis sibi a Deo collatis per aliquem transmiserint seu impercierint pro qualibet vice quadraginta dies de injunctis sibi penitenciis misericorditer in Domino relaxamus.

In quorum robur et testimonium premissorum sigillum nostrum ad perpetuam rei memoriam presentibus litteris duximus apponendum. Datum in villa nostra de Tociaco, die nona mensis maii, anno Domini millesimo quadringentesimo quadragesimo quinto.

Signé sur le repli : per dominum, Thome, *avec paraphe.*

(Pièce en parchemin scellée autrefois du sceau de l'évêque. — Arch. de l'Yonne, fonds de la collégiale de Toucy.)

N° 362.

Hommage de la baronnie de Donzy rendu à Laurent Pinon, évêque d'Auxerre.

(An 1445, 19 juin.)

In nomine Domini, amen. Per hoc presens publicum instrumentum cunctis pateat evidenter et sit notum, quod anno ejusdem Domini millesimo quadringentesimo quadragesimo quinto, indictione octava die vero mensis junii decima nona, pontificatus sanctissimi in Christo patris et domini nostri domini Eugenii, divina providentia pape quarti, anno decimo quarto, in mei notarii publici et testium infra scriptorum ad hec vocatorum et rogatorum presentia, personaliter constituti reverendus in Christo pater et D. Laurentius, permissione divina episcopus Autiss., suo et ecclesie sue nomine, ex una parte, et magnifice nobilitatis potentissimus dominus dominus Carolus, comes Nivernensis et baro de Donziaco, diecesis Autissiodór., pro se ex altera parte. Predictus dominus comes et baro obtulit cum effectu se facere fidelitatem et homagium eidem domino episcopo et ecclesie sue predicte quomodocumque monentibus de quibus predecessores ejusdem domini comitis et baronis de Donziaco, ratione baronie Donziaci et pertinentiis ejus, seu alias, hactenus fecerant et facere consueverant homagium et fidelitatem ipsi domino episcopo, suis predecessoribus et ecclesie predicte, et prout hoc facere tenebatur, et debebat dictus comes, supplicans eidem domino episcopo quatenus ad hoc recipere et admittere dignaretur. Qui quidem dominus episcopus eidem domino comiti respondit quod ipsum paratus erat ad premissa recipere, sub protestatione tamen per ipsum expresse facta quod quicquid ipse faceret sibi et ecclesie sue et suis successoribus non possit in futurum prejudicium aliquod generare, ex eo videlicet quod idem reverendus veniendo de villa sua Conade supra Ligerim, et transeundo per Donziacum predictum, ipsum dominum comitem et baronem Donziaci apud Donziacum predictum in homagio et fidelitate predicta reciperet, quum in Autissiod. dictus comes ad hoc specialiter venire debuisset, ut tenetur : cui protestationi dictus comes expresse consensit. Quibus sic hinc et inde dictis et actis, dictus dominus comes et baro Donziaci eidem domino episcopo, nomine qua supra, homagium ligium et fidelitatem fecit de omnibus rebus feodalibus quas tenebat et tenere poterat et debebat in feodum a dicto domino episcopo et ecclesia sua Autiss. predicta, tam ratione et ad causam dicte baronie Donziaci et pertinentiarum ejus, quam alias, de et pro quibus predecessores ipsius comtes et barones de Donziaco homagium alias fecerant et facere consueverant dicto domino episcopo et ejus predecessoribus, nomine ecclesie sue supradicte. Ipseque dominus episcopus, nomine quo supra, ipsum dom. comitem et baronem Donziaci, sub protestationibus et consensu supradictis, ad premissa manibus dicti domini comitis junctis, et ad pacis osculum recepit et admisit, secundum quod in talibus est hactenus fieri consuetum. Deinde prefatus dominus episcopus eidem baroni injunxit et precepit, tanquam homini et vassalo suo ac fideli, sub omnibus penis que in talibus possent sibi locum vindicare, tam de jure quam de consuetudine, ut ipsi domino episcopo traderet bene et fideliter et integraliter in scriptis feodum suum ac omnes res feodales, nominatim et specialiter, de quibus sibi homagium et fidelitatem fecerat et fecisse debuerat, ut est dictum et secundum quod jus et consuetudo dictabant, infra quadraginta dies a presenti die supradicta computandos : ipseque dominus comes respondit quod de et super hoc tantum faceret, quod tam de jure quam de consuetudine sufficeret et sufficere deberet.

De et super quibus premissis omnibus et singulis prefatus dominus episcopus, nomine quo supra, sibi per me notarium publicum subscriptum fieri et dari petiit unum vel plura publicum instrumentum vel publica instrumenta. Acta fuerunt hec in capella castri dicti loci de Donziaco, predicte diocesis Autissiodor., anno, indictione, mense, die et pontificatus quibus supra ; presentibus nobilibus et potentibus viris dominis Milone de Paillars, milite, baillivo Nivernensi et Donziac., Guidone de Jaucour, domino de Villarnoul et Marrault, primo cambellano ipsius domini comitis, Johanne de Riparia domino de Campo-Dimisso, magistro Antonio Gaudri ipsius domini comitisse cretario, magistro Petro de Longolio predicte ecclesie Autissiodor. decano, Philiberto de Jaucour, Philippo de Givota fratribus, Johanne de Nevy domino de Migeto, Philiberto Auxeal, Guillermo d'Angers, Johanne Lombart, scutiferis, fratre Johanne du Doyer, religioso ordinis fratrum predicatorum, et pluribus aliis testibus ad premissa vocatis specialiter et rogatis.

(*Ex Tabul. Episc. Autiss.*)

N° 363.

Attestation de l'état de ruine de l'abbaye Saint-Julien d'Auxerre, causé par les guerres et la stérilité de l'année, délivrée par Jean Regnier et autres officiers du duc de Bourgogne.

(An 1450, 9 septembre.)

A tous ceulx qui ces présentes lettres verront, Jehan Regnier, escuyer de seigneur de Garchi, conseiller de monseigneur le duc de Bourgongne, bailli d'Aucerre, juge roial commis par le roy nostre sire, Jehan Boysart, son lieutenant, Germain Trové, licencié en lois, advocat et conseiller et Jacques Duvaul, procureur de mondit seigneur de Bourgongne audit lieu d'Aucerre, salut. Savoir faisons que tant par la veue et inspection que en noz personnes faicte avons, comme par le rapport d'autres gens notables, créables et dignes de foy qui ont esté sur les lieux, avons sceu et savons certainement que es lieux, justices, finaiges et territoires de Annay-la-Coste, Charentenay et Migennes, appartenans aux religieuses abbesse et couvent de l'église Nostre-Dame les Saint-Julien d'Aucerre, pour ceste présente année, à cause de la fortune et stérilité qui courut y a pour ceste dicte année, n'y aura point de desbleure, mesmement de vins. Et aussi que ladicte église, appartenant ausdictes religieuses, la granche, maisons et manoirs du monastère de ladicte eglise, pour le fait des guerres et autres fortunes sont moult ruyneux et désolez et en tel estat que se provision n'y est briesvement mise, lesdictes religieuses n'y pourront plus demourer ne résider. Et par ce le divin service y pourra demourer à faire. Et ce certifions par ces présentes; lesquelles en tesmoing de ce avons scellées de noz seaulx et signées de noz seings manuelz, le neufiesme jour de septembre l'an MCCCCL.

Signé : Regnier, Boisart, Trové et Duvaul, avec paraphes; et scellé en cire rouge, les sceaux brisés.

(F. Saint-Julien, L. IV, Arch. de l'Yonne.)

N° 364.

Procès-verbal de l'entrée solennelle de Pierre de Longueil en l'église d'Auxerre.

(An 1449-50, 15 mars.)

In nomine Domini, amen. Hujus presentis instrumenti publici serie cunctis sit manifestum, quod anno ejusdem Domini millesimo, quadringentesimo quadragesimo nono, more gallicano, indictione tertia decima, die vero dominica qua cantatur in sancta Dei ecclesia, pro introitu misse *Letare Jerusalem*, decima quinta mensis martii, pontificatus sanctissimi in Christo patris et domini nostri domini Nicolai, divina providentia pape quinti, anno tertio, in medio chori ecclesie monasterii B. Germani Autiss., de mane, hora scilicet dicti diei ante meridiem quasi octava, reverendo in Christo patre et domino domino Petro, miseratione divina, episcopo Autiss. personaliter existente, et in una cathedra quadrigulari uno panno auro et sericis contexto circumdata, vestibus pontificalibus induto, sedente et suam primam intratam in sua cathedrali Autiss. ecclesia facere volente, ut dicebat et apparebat, in mei notarii publici et testium subscriptorum ad hec vocatorum specialiter et rogatorum presentia, magna etiam et copiosa populi mutitudine circumstante, personaliter ibidem comparuit nobilis vir dominus Johannes de Riparia miles, dominus de Campo-Dimisso et baillivus Nivernensis, pro et nomine serenissimi principis domini comitis Nivernensis, baronis de Donziaco, dicti reverendi patris domini episcopi Autiss. ad causam dicte Baronie Donziaci vassali, et qui una cum tribus aliis vassalis infra scriptis, videlicet serenissimo principe domino duce Burgundie comite Autiss., ad causam dicti sui comitatus Autiss., illustrissimo principe domino duce Barrensi, ad causam sue terre Pusaie, et turris Tociaci, atque nobili viro domino de Sancto-Verano, eundem dominum episcopum ad dictam suam ecclesiam Autiss. deferre debebant et ad hoc fuerant et erant, ex parte ipsius domini episcopi debite adjornati, prout per litteras patentes super hoc confectas legitime et constabat et constitit, et qui dominus de Campo-Dimisso mandatum habens speciale a dicto domino comite Nivernensis ipsum dominum comitem representandi et in portatione dicti domini episcopi interessendi, quemadmodum etiam litteris ab ipso domino comite emanatis apparebat et apparuit, ad hoc agendum se obtulit et presentavit, supplicans idem dominus eidem domino episcopo, ut ipsum pro et nomine dicti domini comitis reciperet, attento quod prefatus dominus comes notorie extabat in servitio domini nostri regis pro recuperatione ducatus sui Normanie, fuit idem miles per dominum episcopum receptus et admissus, de gratia aliis tribus vassallis prenominatis primo, secundo, tertio et quarto ex abundanti, uno post alium successive palam et publice, alta et intelligibili voce, per honorabilem virum magistrum Jocelinum Courtjarret, in legibus licentiatum dicti domini episcopi baillivum ibidem evocatis et non comparentibus contumacibus reputatis et in defectu positis, quamvis Johannes Salezar, scutifer, possessor dicte turris et terre de Thociaco per Guillelmum de Prades, suum servitorem, cum litteris ejusdem

Salezar supplicavit eidem domino episcopo execusatum haberi, et per eundem de Prades admitti, considerato quod dictus Salezar tunc erat mandatus ex parte domini Delphini Viennensis, ut dicebat. Artaldus vero Trousseau, armiger, dominus in parte de dicto Sancto-Verano, per Johannem Girard procuratorem suum de cujus procuratione constitit, etiam humiliter eidem domino episcopo supplicavit admitti. Dictus autem dominus comes Autiss. nec comparuit, nec aliquem pro se misit.

Fuit tandem idem dominus episcopus per quatuor viros honestos et robustos ad hoc propter dictorum vassallorum absentiam et in eorum defectu assumptos a prefata ecclesia Sancti-Germani usque ad valvas dicte Autissiodor. ecclesie deportatus, videlicet per Johannem Ferron, Petrum Quatrelangues, Guillelmum Marillier, et Johannem Bureau alias Champeaux, cives Autissiod. domino baillivo Nivernensi, nomine quo supra, assistente et manus ad dictam cathedram apponente, quas quidem valvas ipse dominus Autiss. episcopus clausas invenit, et statim domini canonici et chorarii dicte ecclesie capis sericeis induti, cum crucibus et aqua benedicta per ostia dictarum valvarum ab eadem ecclesia processionaliter exeuntes, et eidem domino episcopo obviam venientes, unus ex ipsis dominis canonicis, videlicet venerabilis vir magister Johannes Malivicini, thesaurarius dicte ecclesie, et in capitulo propter domini decani ipsius ecclesie absentiam presidens, suo et totius dicti capituli nomine, ab eodem domino episcopo requisivit ut juramentum quod in suo primo introitu prestare debebat, et quod sui predecessores Autiss. episcopi in suis primis intratis prestare consueverunt, faceret et prestaret; idem dominus episcopus libenter consentiit, et accepto libro in quo dictum juramentum erat descriptum, sibi per dictum thesaurarium traditum, dictum juramentum manu sua dextra ad pectus apposita, more prelatorum prestitit et juravit in hunc modum : « Promittimus in verbo episcopi indemnitatem, jura et libertates hujus ecclesie et alias que prodecessores nostri juraverunt nos firmiter servaturos. »

His igitur sic peractis, prefatus dominus episcopus unam parvam campanulam, juxta dictas valvas pendens, pulsavit, et statim eisdem valvis apertis prenominati quatuor portitores ipsum dominum episcopum in prefatam ecclesiam introduxerunt, et usque ad majus altare ejusdem ecclesie deportarunt, copiosa populi multitudine ibidem presente, tunc pre gaudio *Noel, Noel* exclamante, ipsoque domino episcopo de dicta cathedra ibidem descendente, et oratione flexis genibus per eum facta, et deinde una collecta de beato Stephano prothomartyre, ipsius ecclesie patrono glorioso, devote perlecta, magister Johannes de Brolio, dicte Autissiod. ecclesie canonicus, procuratorque magistri Johannis de Wailly, archidiaconi Senonensis, nec-non magister Jacobus Odoart officialis, et dominus Stephanus Bruneau canonicus Senonensis, vice et auctoritate ipsius domini archidiaconi Senonensis, ad quem de antiqua et approbata consuetudine prefata installatio seu intronizatio competere et spectare dignoscitur, ut dicebant predicti procurator et canonici Senon., de qua quidem installatione expresse protestatus fuit dictus Malivicini, nomine dominorum decani et capituli, videlicet quod ipsa non noceret prefato capitulo sive juribus dicte ecclesie Autissiod., pro presenti neque in futurum.

De et super quibus omnibus et singulis supradictis memoratus dominus episcopus petiit sibi per me notarium publicum infra scriptum fieri publicum instrumentum unum vel plura. Acta fuerunt hec Autissiod. ubi supra, sub anno, indictione, die, hora, mense et pontificatu quibus supra, presentibus ibidem venerabilibus patribus in Christo D. abbate Pontigniaci, Cisterciencis ordinis, Petro Sancti-Mariani, Johanne Sancti-Petri Autiss. monasteriorum abbatibus Premonst. et Sancti Augustini ordinis; honorabilibusque viris magistro Petro Chacerat, Martino de Brolio et Blasio Tribole, licenciato in legibus, Jacobo de Ripparia, baillivo Donziacensi, Simone Coignet, domini nostri regis secretario, domino Gaufrido Chantereau, priore Sancti-Eusebii Autissiodorensis, et Stephano Gontier, Germano Viviani, Johanne Darthe, civibus Autissiodorens. et in his que facta fuerunt in predicta ecclesia Autissiodorensi presens fuit reverendus in Christo pater dominus Ludovicus de Melduno Senonensis archiepiscopus, Galiarum primas, cum aliis quamplurimum personis utriusque sexus testibus ad premissa vocatis specialiter et rogatis.

Signé : G. Prevostat.

N° 365.

Hommage rendu à Pierre de Longueil, évêque d'Auxerre, pour la baronnie de Donzy.

(An 1450, 21 septembre.)

A tous ceulx qui verront ces présentes lettres, Durand Baudreul, bourgeois de Saint-Père-le-Moustier, garde du scel du roy nostre sire en la prévosté dudit lieu, salut. Sçavoir faisons que pardevant Hugues Mercier, clerc, notaire et tabellion juré du roy nostre sire soubz ledit scel, auquel quant à ce nous avons commis nostre pouvoir, fut présent en l'hostel de Béthéem près Clamecy hault et puissant prince et mon trez redoubté seigneur monseigneur Charles comte de Nevers et de Rethel, baron de Donzy, lequel s'offrit faire hommaige lige et le serment de féaulté de sadite baronnie de Donzy à reverend père en Dieu monseigneur messire Pierre de Longueil, évesque d'Aucerre; illec présent, lequel révérend avant ce qu'il reçut mondit sieur le comte audit hommaige, lui dit qu'il estoit prest de le recevoir audit hommaige, par protestation expresse faicte par ledit révérend avant tout œuvre, et par mondit sieur le comte gracieusement receue et accordée que en faisant ledit hommaige oudict hostel de Béthléem, il ne préjudiciast aucunement pour le présent, ne en temps advenir à icelui révérend, ne à ses successeurs, evesques d'Aucerre, ne aux droiz, prérogatives et prééminences de sondict évesché; mesmement veu et considéré que led. révérend estoit venu d'Auxerre audit lieu de Béthléem veoir et visiter et faire révérence à mondict seigneur le conte, qui nouvellement estoit retourné en son pays de Donziois, de la compagnie du roy après la recouvrance faite du duchié de Normendie; et aussi que mondict seigneur le conte devoit et estoit tenu faire foy et hommaige de sadite baronnie de Donzy à icelui révérend, en son chastel de Varzy, duquel estoit tenue et mouvante en fief ladite baronnie de Donzy.

Et après ladite protestation faite, receue et accordée par l'une et l'aultre desdites parties, comme dit est, ledict révérend receut mondit sieur le conte audit hommaige lige comme homme et vassal de sondict eveschié, à cause de sondict chastel de Varzy, en baisant icelui révérend à la bouche, comme il est accoustumé de faire en tel cas, saufve son droit et celui d'aultruy; et a enjoint ledict révérend à mondict sieur le conte que dedans temps dû il lui baille ou face bailler le dénombrement et déclaration du fief de ladite baronnie de Donzy.

Et à ce faire estoient présens révérend père en Dieu frère Arnoul, evesque de Bethléem, messire Claude de Beauvoir, seigneur de Chasteluz, Jehan de la Riviere, seigneur de Champlemis et bailly de Nivernois, chevalier, Pierre des Barres escuyer, conseiller et chambellan de mondict sieur le conte, Guy Bourgoin, Guillaume Dangueul ses maistres d'hostel, Pierre le Goujat esleu de Nevers pour le roy nostre sire, maistre Blaise Tribolé licentié en loix, et maistre Pierre Garnier secretaire de mondit sieur le conte, pour ce appellez et requis en tesmoignage de vérité. En tesmoin de ce nous garde dessus nommé avons scellé ces présentes du scel de ladite prévosté. Donné le vingt et uniesme jour du moys de septembre l'an de grace mil quatre cens et cinquante.

Ainsi signé : H. Mercier.

(*Ex Tabul. Episc. Autiss.*)

N° 366.

Accord de l'archiprétre de S. Bris avec le curé de Leugny.

(An 1451, 11 mai.)

Universis presentes litteras inspecturis: officialis Autissiodor. salutem in Domino. Notum facimus quod coram mandato nostro, videlicet Guillermo Charretier presbytero, curie Autiss. notario jurato nostro, cui quoad hec commisimus vices nostras, propter hoc personaliter constitutus discretus vir dominus Johannes Berry, presbyter, curatus parochialis ecclesie de Luigniaco, Autiss. diecesis, dicens quod cum venerabilis et discretus vir dominus Jacobus Villemer, presbyter, canonicus Autiss. archipresbyter Sancti-Prisci in ecclesia Autiss., suique predecessores consueverunt tenere, percipere et habere ab omnibus curatis, tam secularibus, quam regularibus, curamque et regimen animarum habentibus, sitis in finibus et metis dicti sui archipresbyteratus Sancti-Prisci toties et quoties vacent, tam de consuetudine quam de jure tertiam partem omnium fructuum et emolumentorum quorumcumque et tam causa permutationis quam alias eidem archipresbytero ratione et ad causam dicti sui archipresbyteratus spectantes et pertinentes pro prima annata tantum; dictusque prefatus curatus dicens quod prefatus archipresbyter, suique predecessores consueverunt predictam tertiam partem levare a suis predecessoribus curatis, et quod de his ac de dicto jure bene et sufficienter erat informatus, et quod fructus predicte ecclesie parrochialis pro dicta prima annata modicum valuerunt, et quod modici erant parrochiani, seu habitantes in eadem parrochiali ecclesia manentes, qui fructus predicte ecclesie potuerunt valere quindecim solidos Turon. vel circa. Nihilominus prefatus curatus, tanquam subditus prefati archipresbyteri, composuit cum dicto archipresbytero pro dicta tertia parte dictorum fructuum dicti primi anni, videlicet a diebus quibus omnes curati seu rectores omnium ecclesiarum parrochialium possessiones arripuerunt, computandis pro dicta prima annata ad summam duorum solidorum et sex denariorum Turon., de qua summa, ex causis predictis, predictus archiprebyter se tenuit pro bene contento et soluto, de quibus sic factis et concordatis fuit per D. archypresbyterum dicti Sancti-Prisci, nomine et ad causam dicti sui archipresbyteratus, et pro aliis suis complicibus, eidem jurato nostro requisitum sibi fieri et tradi unum instrumentum vel plura instrumenta. In quorum testimonium nos, ad relationem dicti jurati nostri qui nobis premissa retulit esse vera, sigillum curie Autissiod. presentibus litteris duximus apponendum.

Datum die martis post Misericordia Domini, anno Domini millesimo quadringentesimo quinquagesimo primo.

Charretier; ita est.

(*Ex Tabul. Episc. Autiss.*)

N° 367.

Ordre de Jean de Bourgogne, au bailli d'Auxerre, de faire achever la construction de l'hôtel-de-ville d'Auxerre malgré l'opposition de certains marchands.

(An 1452, 27 septembre.)

Jehan de Bourgoingne comte d'Estampes, seigneur de Dourdan : a nostre bien amé bailli d'Aucerre, ou son lieutenant et autres noz officiers illec qu'il appartiendra, salut. Il est venu à nostre congnoissance que dès long temps a les manans et habitans de ladicte ville d'Aucerre, eulx estant en assemblée générale furent advertiz de plusieurs grans pertes et dommaiges advenus et qui advenoient de jour en jour ausdiz habitans et à la communauté d'icelle ville tant en perte d'artillerie et aultres habillemens de guerre qui avoient été achetez pour la garde, deffense et seurté d'icelle ville, dont en a été perdu la plus grant partie, comme des chartres, lettres, comptes, papiers et registres appartenans à ladicte ville, dont ils ont semblablement perdu grant partie ; et ce qui en avoit et a été trouvé, parce qu'ilz avoient été mis en lieux rematicles, sont toutes caduques et effacées, tellement que à grant peine ou les peut lire. Et mesme eurent regard et advis ensemble lesd. manans et habitans qu'ils ne avoient lieu ne place propre où ils se peussent assembler pour besongner es affaires de ladite ville ; mais convenoit et convient que pour ce faire ils alassent et voisent en lieux communs et publiques, comme en lieu sains, cloistres, chapitres et lieux estrangers ; parquoy aussi le conseil de la justice, et les jurez d'icelle ville, lesquelx convenoit et convient souventeffois eulx assembler pour conseiller, discuter et appoinctier des procès de ladicte ville, desquels lesditz jurez ont la congnoissance ; ne semblablement les gouverneurs de lad. ville n'avoient ne n'ont lieu ne place pour communiquer ensemble, se ce n'est en lieu commun ou en la taverne, qui n'est pas chose honneste, ne propice. Et avec ce que pour ce que en ladite ville se faisoient et font chacun an plusieurs belles festes et esbatemens tant des confrairies, comme de mariages et autres, lesquelles fêtes convenoit et convient faire esdiz lieux sains, qui n'estoit ne n'est aussi chose convenable ; et pour plusieurs autres causes et besongnes, lesdiz manans et habitans assemblez comme dit est, pour obvier aux dommaiges et choses devant dictes, conclurent et ordonnerent d'un commun accord d'acheter une maison en ladicte ville, au prouffit d'icelle ville, et pour besongner de leursdites affaires, ou qui maison ne pouroit trouver, acheter une place pour y édiffier une maison propre pour ladicte ville. Et que combien que lesdiz manans et habitans en ladicte assemblée eussent advisée une place assise comme ou milieu d'icelle ville, et devant laquelle communement tout le conseil de ladicte ville et des plus notables d'icelle se tiennent plus souvent que en nul autre lieu, en laquelle place n'y avoit que vieilles masures en ruine ; et qu'ils eussent conclud ensemble d'acheter icelle place, et que depuis fut de fait achetée de ceulx à qui lesdictes masures estoient pour édiffier leur dicte maison, et que ce fait eut esté appoincté et conclud par lesdiz habitans que pour l'éédiffication d'icelle maison, icelle bien prougectée et compassée par gens en ce congnoissans, savoir prins chascun an sur les deniers communs et revenues des aides communes de laditte ville la somme de cent livres tournois, ou cent et cinquante livres, et que en ensuivant ladicte conclusion et appoinctement fait par lesdiz habitans sur ce que dit est, les rentes dont lesdictes places et masures estoient chargiées aient esté rachetées et ait esté commencié à édiffier et faire ladite maison en icelle place, et soit désjà le commancement assez haulcié et de belle démonstrance : ce nonobstant aucuns des habitans d'icelle ville, doubtant que icelle maison faicte par la manière dicte ne leur soit préjudiciable et dommageable pour leur marchandise et fait particulier prétendent d'empeschier et déstourner l'édiffication d'icelle maison. Laquelle chose a esté, est et pourroit encores plus estre ou tres grant préjudice et dommaige de ladite ville d'Aucerre et de la chose publicque, comme on nous a rapporté, se par nous n'y estoit sur ce pourveu de remède convenable. Pourquoy nous, ces choses considérées, voullans tenir la main au bien publique, et que c'est chose bien honorable, propice et convenable d'avoir maison, lieu et place propre appartenant à ladite ville pour communiquer et besongner ensemble de leurs affaires, et faire toutes autres choses nécessaires et convenables pour le bien de ladicte ville, attendu mesmement que mon très redoubté seigneur et oncle, monseigneur le duc de Bourgoingne et nous, avons par cidevant donné et ottroié à ladicte ville la revenue et prouffit de la diminucion de la pinte des vins et blez venduz en icelle ville pour la revenue de ce employer et convertir es fortifficacions, emparemens et aultres choses prouffitables, nécessaires et propices à ladicte ville, voulons et vous mandons expressement que s'il vous appert de ce que dit est, que en ce ayons aucun interest ou dommage et que ce soit pour le bien publicque d'icelle ville, vous en ce cas faites faire, parfaire et acomplir ladicte maison selon ce que déjà elle a esté et est commancée et progettée, et les deniers à ce ordonnez par chascun an, en contraingnant à ce faire tous ceulx qui pour ce seront à contraindre par toutes voies et manieres deues et raisonnables. Et en cas d'opposition, reffuz ou contredict, adjornez ou faites adjorner pardevant vous lesdiz contredisans ou reffusans pour dire les causes de leur opposition, reffuz ou contredict, procéder et aller avant en oultre selon raison, en faisant au surplus aux parties icelles oyes bon et brief droit.

Car ainsi nous plait il estre fait, non obstant quelxconques lettres subretices impétrées ou à impétrer à ce contraires. Donné à Lille le xxviie jour de septembre, l'an de grace M CCCC LII.

Par monseigneur le conte, maistre Oudart Chuperel et autres présens.

Signé : Jehan de Cerisy.

(*Tiré d'une ancienne copie du temps, qui est aux Archives de l'Yonne, pièces historiques* (1).

N° 368.

Sentence arbitrale d'Albert de la Chasse, abbé de Vezelai, sur le prieuré de Saint-Gervais les-Auxerre.

(An 1454.)

A tous ceulx qui ces présentes lettres verront, Albert, par la permission divine humble abbé du monastère de Vézelay ou diocèse d'Ostun, subject sans moyen à l'église de Rome, salut en Nostre Seigneur. Comme certain procez, et cas de saisine et de nouvelleté fut pieça mue et pendante pardevant monseigneur le bailly d'Aucerre, juge commis de par le roy entre frère Pierre Doroer, religieux du monastère de Molesmes ou diocèse de Langres, prieur du prieuré de Sainct-Gervais les Aucerre, à cause de sondict prieuré demandeur et complaignant oudit cas de nouvelleté d'une part, et révérend père en Dieu monseigneur Pierre, par la misération divine, evesque d'Aucerre, à cause de sondict eveschié, deffendeur et opposant oudit cas d'aultre part. Sur ce que ledict complaignant disoit et proposoit que lui et tous aultres religieux non ayans administration et cures d'ames selon droict, sont exempts de la loy diocesaine de tous evesques, tant de procurations comme de tous subsides caritatifs, afin qu'ils ayent plus grant franchise et liberté de prier Dieu, disoit iceluy demandeur qu'il est religieux expressement profé dud. monastère de Molesme, duquel monastère dépend led. prieuré de S. Gervais comme membre d'iceluy, et que l'an de grâce M C et XXXXII feu de bonne mémoire Hugues, evesque d'Aucerre, prédécesseur dudit opposant, du consentement de son chapistre, pour aucunes causes justes et raisonnables contenues et déclarées en ses lettres-patentes sur ce

---

(1) La pièce qui a servi à cette transcription est annotée de la main de l'abbé Lebeuf. C'est une de celles que nous avons recueillies chez M. Duru.

faites expressement, a exempté perpétuellement ledict prieuré de toutes procurations et exaction des evesques, doyen et archidiacres d'Aucerre; disoit que à ces lettres et moyens iceluy demandeur estoit et est en bonne possession et saisine, que ledict opposant qu quelquonques aultre prélat seculier n'ont aucun droict de visitation et procuration oudict prieuré; et possession et saisine que iceluy opposant, pour son premier et joyeux advenement oudict eveschié d'Aucerre, ou pour les aultres affaires dépendans de ladite loy diocésaine, ne peut et ne doit tauxer et imposer ledict demandeur à quelque taux part ou portion d'impost d'aucun subside caritatif par luy mis sus, et ordonné à ses autres subgets séculiers, en possession et saisine que ledict deffendeur ne puet et ne doibt faire escrire ledit demandeur où roole où sont escripts ses aultres subgets séculiers, ne iceluy demandeur contraindre soubz peine d'excommuniement ou aultre censure d'église à payer audict deffendeur la somme tauxée et imposée par luy ou ses officiers pour ledict subside caritatif; en possession et saisine que se ledict deffendeur le faisoit contraire de faire tout reparer et annuller et remettre au premier estat et deu; disoit que sesdites possessions et saisines, tant par luy que par ses prédécesseurs, prieurs de Saint-Gervais, il a joy paisiblement au veu et sceu dudict deffendeur et de ses prédécesseurs evesques d'Aucerre, par tel et si long temps qu'il n'est memoire du contraire, et qui doibt souffrir à bonne possession acquérir, garder et retenir, et mesmement par les derniers ans et exploits; disoit que ce nonobstant ledict deffendeur, depuis an et jour en ça, en regart au commencement dudit procez avoit visité ledict prieuré de Saint-Gervais, et que pour ladite visitation il luy demandoit sa procuration pour ce due et accoustumée d'estre payée, et avant que ce qu'il lui payast le taux et impost à lui imposé pour ledict subside caritatif; et pour estre payé desdites procuration et subside il avoit fait admonester sous peine d'excommuniement ledit demandeur; et pour ce iceluy demandeur avoit dudict bailly d'Aucerre obtenu certaines lettres de complainte en cas de nouvelleté, pour lesquelles veoir ramener à faict et exécuter avoit fait adjourner ledict deffendeur à certain jour et pardevant led. bailly; à l'exécution desquelles ledict deffendeur s'opposa, et pour dire les causes de son opposition jour certain lui fut assigné pardevant ledict bailly : auquel jour ledict demandeur fit sa demande en effect contenant ce que dit est tendant et concluant qu'à bonne et juste cause il se fust faict maintenir et garder en sesdites possessions et saisines, et que à tort et sans cause ledict opposant se fut opposé au contraire, et que la main du roy mise en choses contentieuses pour le débat des parties fût levée au prouffit dudict demandeur, et ledict opposant condamné en les dépens.

De la partie dudict deffendeur et opposant fust dit et proposé au contraire qu'il a la cure et gouvernement de toutes les églises et monastères, et, de tous les gens d'église, séculiers et réguliers situez et demourans en la ville et diocèse d'Aucerre; et en ce il est fondé du droit commun, et que à ce tiltre il est en possession et saisine que ledict demandeur et ses successeurs oudict prieuré de Saint-Gervais sont subgets audict deffendeur et à sa juridiction espéciale, et luy puet et doibt corriger et amander quant le cas y eschiet; en possession et saisine que ledit demandeur et ses prédécesseurs oudict prieuré ne sont aucunement exemps dudict opposant ne de sadite jurisdiction espéciale, en possession et saisine de visiter et povoir visiter ledict demandeur et sondict prieuré toutes et quantes fois que le cas le requiert et il est expédient, au moins une fois l'an, et de luy demander la procuration raisonnable annexée à ladite visitation et due et accoustumée d'estre payé pour icelle, comme de ses aultres subgets, en possession et saisine que ledict deffendeur ou quelquonque autre evesque d'Aucerre, à cause de son premier et joyeux avénement et entrée faite oudit eveschié, ou pour aultre cause juste et raisonnable, puet et lui doist, du consentement de sesdits subjetz, requérir de et sur iceulx tauxer et lever aucun subside caritatif, ouquel subside ledict demandeur à cause dudict prieuré est contribuable comme les autres subjetz dudict deffendeur; en possession et saisine que ledict deffendeur puet contraindre ou faire contraindre ledict demandeur à payer son taux et ou impost dudict subside par la censure de l'Eglise aultrement, duement, et desdites possessions. Disoit ledict deffendeur qu'il en avoit joy et usé tant par luy comme par ses prédécesseurs et evesques d'Aucerre, par tel et si longtemps qu'il n'est mémoire du contraire, au moins par tel temps qu'il doibt souffire et souffit pour acquérir vraye possession, icelle garder et retenir, et par les derniers ans et exploits au veu et sceu du demandeur; disoit que ce nonobstant, ledict demandeur avoit obtenues certaines lettres contenant complainte en matière de nouvelleté, par vertu desquelles il s'est faict maintenir et garder en possession et saisine dudict deffendeur en icelle, le troublant à tort, sans cause, indeuement et de nouvel; à l'exécution desquelles ledict deffendeur s'est deuement opposé; et pour dire les causes de son opposition, jour lui a esté assigné pardevant ledit bailly d'Aucerre, pardevant lequel il opposa en effect ce que dit est, tendant et concluant afin que ledict demandeur mal et indeuement se fust complaint et que à bonne et juste cause ledict deffendeur se fust opposé; que la main du roy mise en choses contentieuses pour le débat desdites parties fust et soit levée au proffict d'iceluy deffendeur avecque tout pertinent en matière de nouvelleté; et en cas de délai requéroit la recréance avecque condamnation de despens.

Lesquelles parties oyes, ledict bailly les appointa en faictz contraires et en enqueste; laquelle enqueste a esté faite, parfaite et rapportée, reproches de tesmoings et contredits de lettres baillées d'un costé et d'aultre, scellées, parties ont conclu en cause, et aprez en renonçant à toutes enquestes lors à faire ont consenti que ledit bailly, appelé avec luy maistre Joceaume Courjarret licencié ez loix, pour ledit deffendeur; et Jehannin Odenaux pour ledit demandeur, sans aultre traict ou figure de procez, avecque aultres sages non suspectz ausdites parties se mestier estoit, décédast et déterminast ledit procez. Et avecque ce lesdites parties ont consenti que lesdits bailly, Joceaume et Odeneaux tauxeroient et porroient modérer les despens dudit procez qui s'adjugeroient à l'une desdites parties sans ce qu'il fust licite à la partie condamnée d'appeler du jugement dudict bailly en principal ne en dépens; comme ces choses plus à plain sont contenues et déclarées ou procez dud. bailly sur ce fait. Et aprez ledit procez estant encore entier et à décider, icelles parties, de leur volenté d'iceluy procez, tant petitoire comme au possessoire, se sont condescendues et ont compromis en et sur nous comme arbitre arbitrateur et amiable compositeur, comme il appert par lettres sur ce faites et passées soubz le scel de la prévosté d'Aucerre, desquelles la teneur s'ensuit.

A tous ceulx qui ces présentes lettres verront, Germain Trouvé lainsnel, licencié en loix, et Jehan Regnier le jeune, garde du scel du roy nostre sire en la prévosté d'Aucerre, salut. Sçavoir faisons que pardevant Germain de Coiffy, clerc, tabellion juré en la cour de ladite prévosté, furent présens en leurs personnes révérend père en Dieu monseigneur Pierre evesque d'Aucerre, pour luy d'une part, et religieuse et honnaeste personne frere Pierre Doroer, prieur de Saint-Gervais les Aucerre d'aultre part; disant lesdites parties que comme certain procez, debaz et discort se fust meu pardevant monsieur le bailly d'Aucerre à son siége d'Aucerre, en cas possessoire de saisine et de nouvelleté, entre ledit prieur complaignant et demandeur, et ledict révérend opposant et deffendeur, ouquel procez tant et si avant fust et eust esté procédé que icelles parties furent appointées en faiz contraires et en enquestes et les enquestes faites et parfaites... voulurent et consentirent que de tous lesdits procez tant en principal comme en despens et ains ce de la manière pétitoire touchant ledit procez dont encore n'est meu procez, monseigneur Albert de la Chasse, abbé de Vézelay, pour ce par lesdites parties pris et esleu, puisse déterminer, ordonner, sentenfier et appointer à sa plaine volenté, ordre du droict gardée et non gardée et à iceluy du tout s'en soubmirent, rapportèrent et condescendirent, et que de sondict ordonnance et appointement ne puisse estre appellé et réclamé. Présens ad ce et par lesdits jurez appelez en tesmoignage messire Pierre Luzurier prieur d'Anglos, et Philebert de la Croix, grant prieur de Vézelay et plusieurs autres. En tesmoing de laquelle chose nous, à la relation dudit juré, avons scellé ces présentes lettres dudit scel. Donné le trente et pénultieme jour de janvier, l'an de grace mil quatre cens cinquante et trois; ainsi signé Germain Coiffy.

Sçavoir faisons que veu lesdits procez et la puissance à nous donnée oudit compromis, nous avons dit, sententié et jugé, disons et prononçons par nostre sentence arbitrale que ledit demandeur demourra subjetz dudit deffendeur selon la forme et manière que luy et ses prédécesseurs ont accoustumé estre, et le porra chacun an visiter, se bon luy semble, comme ses autres subjets, excepté que ledit demandeur ne ses successeurs oudit prioré ne seront tenus de payer audit deffendeur ne à ses successeurs evesques d'Aucerre aucun droict de procuration; et au surplus disons que ledit demandeur et sesdits successeurs ont esté et seront imposables et contribuables au subside caritatif de la joyeuse venue d'iceluy deffendeur et de sesdits successeurs, et aultres subsides caritatifs deuement demandez par ledict deffendeur et sesdits successeurs, et octroyez par ses subjets, toutes et quantes fois que le cas y escheoira. Et avecque ce disons que ledit demandeur pour toutes choses que ledit deffendeur luy demandoit, payera la somme de cent sols tournois; c'est-à-sçavoir la moitié à la feste Saint-Remy prochain venant, et l'autre moitié à la Purification Nostre-Dame aprez, prochain venant; et parmy ce demorra quitte ledit demandeur envers iceluy deffendeur du subside caritatif octroyé audit deffendeur par sesdits subjets, à quoy ledict demandeur avoit esté imposé; laquelle nostre sentence icelles parties ont expressement approuvée.

En tesmoing de ce nous avons fait sceller ces présentes lettres de nostre scel et signer et subscrire du seing du notaire apostolique et publique cy-dessus soubscriptz. Donné à Aucerre le vingt-sixième jour du moys de juin, l'an mil quatre cens cinquante et quatre, présens avecques lesdites parties messire Philbert de la Croix, prieur de nostredit monastère de Vézelay, messire Jehan Duchamp, chanoine et scelleur d'Aucerre, maistre Pierre Desportes bachelier en loix, archiprestre d'Aucerre, et Jehan de Baulmes nostre serviteur.

(*Ex autographo.*)

N° 369.

Réunion des seize chapellains de S. Michel et de S. Jean-le-Rond au chapitre de la cathédrale.

(An 1455.)

Universis presentes litteras inspecturis et audituris. Petrus, Divina miseratione, Autissiod. episcopus, in Domino Jesu-Christo salutem perpetuam. Nobis sua insinuatione exposuerunt nostri in eodem Christo dilecti fratres, venerabiles et dilecti viri decanus et capitulum nostre Autissiodor. ecclesie, quod cum olim bone memorie defunctus dominus Guido de Melloto, quondam Autissiodor. episcopus, predecessor noster, anno videlicet Domini millesimo ducentesimo sexagesimo quinto, mense octobri, de resurrectione novissima cogitans pro sui suorumque parentum animarum salute et precipue divini cultus augmento in capella Beati-Michaelis, super capellam Sancti-Clementis, juxta nostram prefatam Autissiodorensem ecclesiam sita, in qua prius ab antiquo duo serviebant capellani cum ipsis duobus, alios sex capellanos in ipsa capella in perpetuum statuisset et ordinasset Domino servituros; qui quidem octo capellani sacerdotes esse tenerentur vel saltem ad presbyteratus ordinem infra annum se facere promoveri, ac continuam facere residentiam, singulisque diebus singulas horas de Angelis canonicas cum nota in capella eadem certis horis et specificationibus decantare, nec-non, die qualibet, quatuor ex ipsis octo capellanis quatuor missas, unus scilicet conventualem de sancto Michaele, in ipsa capella; alius in eadem, missam aliam ante prime in nostra Autissiodorensi ecclesia dicende sonitum; tertius aliam ad altare Beati-Alexandri in majori ecclesia; quartus alteram in Beate-Magdalene Domus-Dei claustri Autissiodor. capella missas astringantur celebrare, ac etiam in Matutinis ecclesie nostre prefate majoris, reliquisque canonicis horis tenentur interesse; statuissetque pro premissis et ordinasset singulis ipsorum octo capellanorum qui omnibus horis ipsa Sancti-Michaelis capella interfuissent, sex denarios in modum qui sequitur distribuendos, videlicet qui in Matutinis duos post eas tradendos, pro Prima, Tertia, missa conventuali et meridie duos denarios in fine meridiei distribuendos, pro Nona, Vesperis et Completorio duos liberandos post Completorium; ita tamen quod qui non interfuit Matutinis perdet duos denarios et pro aliarum horarum qualibet unum tantum denarium. Similiter eis qui in Matutinis majoris ecclesie affuerint unum voluisset distribui denarium ad primam unum, ad Tertiam, majorem missam, et meridiem duos denarios, ad Nonam, Vesperas et Completorium duos denarios, qui in fine horarum haberent distribui modo pari sicut ad Sanctum-Michaelem, et pro cujuslibet hore defectu qui non fuerit, perdet unum denarium. Item statuerit et ordinaverit per ipsos octo capellanos singulis annis in ipsa capella Beati-Michaelis anniversarium suum, die scilicet crastina, que factum fuerit in majori ecclesia celebrandum, et cuilibet ipsorum octo qui in vigiliis mortuorum misseque presens fuerit, pro qualibet ipsarum horarum sex denarios distribuendos. Similique modo in capella Beati-Johannis-Rotundi, juxta prefatam Autissiodorensem ecclesiam, ad partem septentrionalem sita, in qua etiam prius erant duo capellani, statuisset et ordinasset alios sex, et sic essent octo pariter ut alii octo prescripti altissimo obsequuturi et in capella ipsa hora Beati-Johannis-Baptiste canonicas missasque ac cetera divina officia in majori ecclesia et locis aliis superius declaratis, prout et alii octo Sancti-Michaelis capellani cantaturi, celebraturi, distributiones accepturi, et in horarum defectu amissuri.

Pro quibus distributionibus fundandis, capiendis et fiendis ipsis B. Michaelis octo capellanis dedisset, legasset, et perpetuo concessisset centum et viginti libras Turonenses annui redditus, communicandas cum redditibus et proventibus possessionum ad duas ex ipsis octo capellanis prius et ab antiquo in ipsa Beati-Michaelis capella fundatas; de quibus centum et viginti libris Turonens. redditualibus assignasset, et assedisset ipsis capellanis nonaginta libras Turonenses redditualis admortizatas in redditu ducentarum et decem librarum Turonensium quem habebat et percipiebat in portagio et pedagio ingressus vini Trecis, termino sibi solvi consueto, percipiendas et triginta libris Turon. de ipsis centum et viginti restantibus certos census et possessiones quos apud Sanctum-Priscum possidebat, pariter dedisset perpetuo percipiendo et assignasset ipsis. Capelle vero Sancti-Johannis capellanis octo, pari forma, dedisset et assignasset centum et viginti libras Turon. super prefato redditu suo pedagii et portagii vini Trecis predictorum de jam dicta ducentarum et decem librarum Turonensium summa annui redditus restantes, per eosdem capellanos, terminis sibi solvi solutis, percipiendas, levandas et perenniter possidendas, prout hec omnia in dicti domini Guidonis prefatarum fundationum litteris latius vidimus contineri.

Verum cum a dictarum fundationum et inde lapsis temporibus in presenti Francie regno tam pestifere exorte sint, proh dolor! guerrarum voragines, dissidia, et gentium armorum discursus, et ex eis patrie vastatio et depopulatio reddituum, perditio edificiorum et possessionum ruina et adnihilatio cum erumna, prout nec hominum excedit memoriam subsequute, creveritque subsidiorum et denariorum domino nostro regi pro sui tuitione regni urgens necessitas, quod centum annis citra vel circa nil aut parum de redditibus dictis ipsis sexdecim capellanis spectantibus per eos recuperari valuit aut recipi. Quamobrem, dicte fundationes que, prout clarescit ex premissis, non modicum erant onerose, tum quia personalem residentiam tum quia ad presbyteratus ordinem infra annum promoveri requirebant, tum quia ad quatuor missarum, omniumque horarum canonicarum cum cantu quotidianam celebrationem ipsos astringebant capellanos prorsus vel quasi et de facili exterminate sunt et extincte, et maxime propter reddituum earumdem deperditionem aut saltem solutionis per officiarios et regios baillivatus Trecens. receptores et tempore dictarum guerrarum ob defectum; cum nemo propriis stipendiis militare teneatur, nec altari servire, nisi qui de altare vivit, quisquam in eisdem beneficiis capellanus presbyter se introduci non curavit impresentiarum, neque curet in divini cultus talem diminutionem quod in anno semel vix in capellis ipsis missarum solemnia celebrantur, ipsiusque earum fundatoris et ejus intentionis frustrationem totalem; que omnia premissa ipsi exponentes, ut asserunt, attendentes, nec leto animo tolerantes, earum capellarum ruine et reddituum deperditioni, sed magis divini cultus defectum compatientes, prospicientes tamen quod partim per incuriam ipsorum capellanorum vel impotentiam ipsi redditus, qui sine potentiorum auxiliis et expensis ingentibus, attenta negotiorum regiorum pro nunc arduitate, totaliter nec in parte percipi possunt, nec hactenus valuerunt, nusquam per hujusmodi capellanos qui pauci sunt, pauperes et simplices tonsurati possent commode recuperari, non dissidentes tamen, ut dicunt, de regia benignitate et largitione, sed cum Dei, cujus negotium precipue agitur, auxilio, cum magna et accurata diligentia et favore, si nobis easdem sexdecim capellanias cum suis omnibus et singulis redditibus, juribus et pertinentiis, ipsi capitulo et ejusdem capituli mense libeat unire, dare et in perpetuum assignare, sperant se hujusmodi redditus in partes recuperaturos et adepturos, offerentes se in divinis ad intionem prefati quondam bone memorie fundatoris propius, quantum ratio juxta dictorum reddituum suppetentiam suadebit et prout melius et possibilius visum fuerit, celebraturos seu celebrari facturos, nobis prefatam unionem eisdemque sic per nos fieri postulantes.

Quocirca nos, quibus ex nostra pastorali incumbit cura, secundum apostolum, instantia quotidiana, sollicitudo omnium ecclesiarum, earum potissime quibus ad proficiendum sumus divina miseratione prelati, ad ea que divini cultus stabilitatem concernunt vel augmentum, nostre mentis intuitum libenter dirigentes, pretacta maxime prefatarum nostri predecessoris fundationum magnificarum tam in structuris quam juribus, ruinas quas, earumque occasiones nostris palam oculis, non sine cordis amaritudine, prospicimus, attendentes postulationi hujusmodi fratrum nostrorum exponentium tanquam a rationis tramite non devie sed ferventis ejus qui charitas est zelo fundate, merito inclinati : Notum facimus quod nos, super iis cum litteratis et peritis viris communicato consilio, ipsius rei ad summi cultum beatissime ejusdem genitricis semper Virginis Marie, beatorumque principis archangelorum Michaelis et Christi Baptiste-Johannis honorem nominibus, quorum oratoria ipsa sue capelle constructe sunt, insignite utilitate pensata et matura cum deliberatione, sepedictas duas capellas et in eisdem sexdecim vicarias, in capella scilicet Sancti-Michaelis super Sancti-Clementis capellam, juxta nostram Autissiod. ecclesiam, a parte australi, sita, octo, et alias octo in capella Beati-Johannis-Rotundi, juxta nostram dictam ecclesiam, a parte opposita scilicet septentrionali, constructa, tam per dictum defunctum bone memorie dominum Guidonem, predecessorem nostrum, quam per antea ab antiquo fundatas, statuatas et ordinatas, cum suis omnibus et singulis earumdem reddidibus, juribus, usibus, censibus, emolumentis, possessionibus, obventionibus et pertinentiis universis per eundem defunctum dominum Guidonem et alios quoscumque, quovis modo datis, concessis et assignatis prefate nostre Autissiod. ecclesie, capitulo sive mense capitulari ejusdem melioribus via et modo quibus possumus, adunavimus et univimus, presentiumque litterarum tenore perpetuo adunamus et unimus easdem sexdecim capellanias seu vicarias, earumque omnem ulteriorem collationem et quamvis aliam dispositionem supprimentes et adnulantes ; cedentes et concedentes eidem capitulo omne jus et omnem actionem, absque ulla reservatione, ipsis capellaniis spectantibus et quovismodo vel titulo pertinentium, proviso tamen et mediante quod ipsis decanus et capitulum nostre jam dicte ecclesie dicere et celebrare seu dici et celebrari facere unam missam, submissa voce, hebdomada qualibet in earumdem capellarum Beatorum Michaelis et Johannis, altera videlicet prima septimata feria secunda in dicta Sancti-Michaelis in honore ipsius, et sequente hebdomada feria quarta in Sancti-Johannis de eodem prefatis capellis, et sic consequenter alternative, necnon singulis festis annualibus et solemnibus de ipsis festivitatibus vicibus alternis ac etiam in omnibus beati Michaelis festivitatibus in ejusdem capella, et in sancti Johannis, in sua capella, missas de eisdem, submissa voce, expensis et ipsius capituli sumptibus, temporibus perpetuis tenebuntur, salvis processionibus etiam, aliisque suffragiis in dictis capellis, singulis annis, per dictos decanum et capitulum fieri et celebrari ab antiquo solitis, quas continuari volumus et rite observari. In quorum omnium testimonium et fidem indubiam premissorum, presentes litteras nostro fecimus sigillo communiri. Datum Autissiodori, in capitulo nostre Autissiodorensis ecclesie, die nona mensis augusti, anno Domini millesimo quadringentesimo quinquagesimo quinto.

Per dominum episcopum :

De Portis.

Universis presentes litteras inspecturis, Ludovicus de Meleduno, miseratione divina, Senonensis archiepiscopus, metropolitanus et superior in hac parte, salutem in Domino. Notum facimus nos vidisse et inspexisse litteras adunationis et unionis per venerabilem fratrem et suffraganeum nostrum P. Autissiodorensem episcopum capitulo Autissiodor. ecclesie suffraganee nostre, sive mense capitulari, de duabus capellis, videlicet de capella Beati-Michaelis super capellam Sancti-Clementis juxta prefatam ecclesiam Autiss., a parte Australi, et de capella Beati-Johannis-Rotundi, juxta predictam ecclesiam a parte septentrionali, facte; in quibus quidem capellis sunt de fundatione antiqua sexdecim capellani ut, in prefatis litteris, unionis et adunationis nostri predicti suffraganei, quibus he nostre litteræ sunt annexe, clarius et latius declaratur. Quibus litteris visis per nos et diligenter inspectis, informatione etiam diligenti super hoc de mandato nostro prius facta, per nosque visa et audita, ceterisque attentis circa hec attendendis et considerandis, consilio et matura deliberatione super contentis in eisdem per nos communicatis diligenter et prehabitis, pro bono et evidenti commodo dictarum capellarum, fructuumque et pertinentiarum earumdem, et animarum salute fundatorum ipsarum, omnia et singula in litteris predictis contenta laudamus, volumus et etiam approbamus; et eis quantum cum Deo, et de jure possumus nostrum prebemus assensum pariter et decretum, dictasque capellas autoritate nostra metropolitana et superiori, dicto capitulo nostre suffraganee ecclesie, sive mense capitulari, adunantes : quas quidem, quantum a nobis jure permittitur et facere valemus autoritate prefata, predicto capitulo aut mense capitulari adunavimus et univimus, presentiumque litterarum tenore perpetuo adunamus et unimus.

In cujus rei testimonium sigillum camere nostre litteris presentibus duximus apponendum. Datum Senonis, die duodecima maii, anno Domini millesimo quadragentesimo quinquagesimo sexto.

J. Bapaulmes.

(*Ex Tabul. Capit. Autiss.*)

N° 370.

Accord entre les bourgeois d'Auxerre et les vignerons sur les travaux des vignes.

(An 1455-56, février.)

A tous ceulx qui verront ces presentes lettres : Germain Trouvé, licencié en loys, et Simon Tribolé garde du scel du roy nostre sire en la prévosté d'Aucerre, salut. Scavoir faisons que pardevant Estienne Champfremeux, tabellion juré en la cour de ladite prevosté, comparurent personnellement en l'église des Cordeliers d'Aucerre vénérables et discrètes personnes révérend père en Dieu frère Pierre le Masle, abbé du monastère Sainct-Père audit lieu d'Aucerre, et messire Simon Béchu, prestre, soubz-chantre et chanoine de Saint-Estienne audit lieu d'Aucerre, eulx deux venus et envoyez de par les gens d'église de la ville et cité d'Aucerre; Jehan Regnier, le jeune, lieutenant de monseigneur le bailly dudit Aucerre, Jehan Lourdin, prévost d'illec, Guenault le Moyne, Jehan Gontier, maistre Jacques Driart, Germain Trouvé, le jeune, Blaise Tribolé, Simon le Moyne et Simon Gontier, licencié en loys, Jehan de Troyes, receveur d'Aucerre, Pierre de la Plotte, grenetier d'illec, Jehan Desbordes l'aisnel, Germain Vivien, Gasselin Lusurier, Jehan Dieulegart, Jehan Coquart, Jehan de Cheny, Jehan Ferron, Robert de Tournay, Jacquinot de Passelieres, Germain de Coiffy, Guillaulme Musart, Pierre Grail, Guillaulme de Selles, Perrin Gontier, Thierry Liart, Thibault Estoreau, Thomas Labbe, Guiot Aubriot, Guillaume Gazon, Simon Quarreau, Philibert Delafaye, Denys de la Chaume, Guillaume du Val-de-Mercy, Estienne le Rouge, Jacquemin le Goux, Perrin Dupont, Guillaume Tixerant, Hugues Chevalier, Perrinet Cousin, Simon Chaumery, Germain Trubert, Guillemin Gautherin, Simon Pardela, Guyot de Villy, Guillaume de Chasnes, Laurent Bureteau, Humbert Michel, Thomas Bourdin, Guillaume Volant, Thevenin le Beau, Pierre d'Orgelet, Thevenin Clopin, Thomas le Moyne, Jehan Beguet, Perrin Bezart, Jacquet Tonnaille, Jehan Rousseau, Perrin le Jon et Robin Maubert, tous bourgois, manans et habitants de ladite ville et cité d'Aucerre pour eulx et pour les autres gens d'église, bourgois et habitans non vignerons de ladite ville et cité d'Aucerre absens, et eulx faisant fort pour iceulx absens, quant à ce d'une part. Jehan Thomas dit Charlot, Guillaume Thomas dit Charlot, son filz, Guillermin Charle, Huguenin Givry, Jehan Berthelot, Estienne Duchamp, Guillemin Mariller, Adam Chindé, Jehan Grislot, Thomas Lore, Martin Relie, Henry Berthelot, Jehan Joly, Thevenot Desprez, Jehan de la Croix, Robin Bauldry, Bernard Gaye, Guillemin Jorran, Jehan Barre, Jehan Bourgois, Jehan Chevalier, Thomas Pinsastre, Guillemin Tatoys, Guillemin Bourgoin le jeune, Perrin Royer, Guillemin Bourgoin l'aisnel, Guillemin Polin, Jehan Marion, Jehan Dupont, Jehan Barat, Perrin Massé, Guillemin le Savat, Guillaume Deguy, Perrin Dupuis, Germain Aliot, Lorent Georgin, Lorent Tabart, Jehan Forestier, Droin Jacquin, Thomas Mine, Jehan Macé, Guillemin Macé, Jehan Poichot, Thiebault Meusnier, Jehan Charpentier, Jehannin Guillot, Guillemin Marchant, Jehan Dosnon, Jehan Boly, Guillemin Chifenofe, Jehan maistre d'hostel, Perrin Mine, Jehan Dorgenot et Perrin Orry tous vignerons et laboureurs demorans à Aucerre pour eulx et pour tous les aultres vignerons et laboureurs de ladite ville, cité et banlieue d'Aucerre absens, pour lesquels absens iceulx vignerons et laboureurs dessus nommez se tindrent fort quant ad ce et prinrent en main, sur pene de tous interests qui s'en pouvoient et pourront ensuivre d'aultre part.

Icelles parties assemblées ensemble dans ladite église, en la présence et du congié et licence de nobles hommes Jehan Regnier bailly d'Aucerre, et par cry fait en lieu accoustumez à faire crys audit lieu d'Aucerre ; disant icelles parties que comme certain procez en cas d'appel ait esté meu et encore soit pendant en la cour de parlement entre les vignerons et laboureurs de la ville et cité d'Aucerre ou son lieutenant, d'une part, et les gens d'église, bourgois et habitans d'icelle ville intimez, d'autre part, pour raison et à cause de certaine sentence interlocutoire par ledit bailly ou son lieutenant donnée au profit des intimez, par laquelle a esté dit, jugié et sentencié certain adjournement fait à la requeste desdits appelans contre lesdits intimez, mal et induement faits, et iceulx appelans condamnez en despens desdits intimez sur ce fait, dont lesdits vignerons et laboureurs ayent appellé, relevé leur dit appel, et fait adjourner et intimer lesdites parties adverses bien duement à comparoir en ladite cour, aux jours de Champaigne mil quatre cens quarante deux, ausquels jours icelles parties ou procureur pour eulx se présentèrent, et depuis chacun en ausdits jours se soyent présentez ainsi qu'il appartient, sans ce que audit procez par escript qui encore entier ayt esté aultrement procedé ; finablement lesdites parties voulant et désirant paix et amour nourrir entr'elles et obvier à tous procez, en la présence dudit juré se sont condescendus à accord et ont accordé si plaist à ladite cour, au moyen de certaines lettres de congié d'accorder sur ce obtenues, en la manière qui s'ensuit : c'est à sçavoir que laditte appellation mise au néant sans amende, icelles parties se départiront et départent de cour sans despens d'un costé et d'aultre ; et quant au cas principal qui est sur le fait de l'heure et tant que les vignerons et laboureurs de ladite ville d'Aucerre et pays de l'Aucerrois doivent tenir et labourer, iceulx vignerons et laboureurs iront et seront tenus doresnavant de aller labourer au matin à l'heure sur ce ordonnée, et de la feste de Pasques jusqu'à la feste de l'Exaltation Ste Croix, qui est au mois de septembre, ne se pourront départir de leur labour à telle heure quest à soleil couchant et non pas avant ils puissent retourner en leurs maisons; et se de ce faire ils sont refusans, négligens ou refusans, ils perdront leurs salaires de toute la journée, dont la moitié sera au maistre qui aura loué le vigneron et l'aultre moytié sera convertie à la fortification de ladite ville d'Aucerre. Lequel accord icelles parties, et chacune d'icelles en droit soy, ont promis en leur foy corporellement donnée en la main dudit juré, et soubz l'obligation de tous leurs biens présens et avenir, entretenir si plaist à ladite cour, sans enfraindre, sur le point que en tel cas appartient; présens et appellez ad ce par ledit juré Jehan du Val de Mercy et Guillemin Premenault demourans audit lieu d'Aucerre.

En tesmoing de ce nous à la rélation dudit juré avons scellé ces lettres dudit scel, qui furent faites et passées le premier jour du mois de febvrier, l'an de grâce mil quatre cens cinquante cinq,

Sic signatum: Champfremeux.

Cet accord fut homologué en parlement le 11 mars 1456.

Voici les lettres de 1392 sur lesquelles les bourgeois étoient fondés.

Charles, par la grace de Dieu, roy de France : Sçavoir faisons à tous présens et à venir nous avoir oyé la grief clameur et complainte de plusieurs gens d'église, nobles, bourgois et habitans de nostre ville d'Aucerre et du pays d'environ, contenant que jaçoit, et que selon raison tous ouvriers de bras et laboureurs de vignes et aultres labourages soient tenus, puisque ils sont prins, retenus ou alouez pour ouvrer à journée, de eulx tenir en l'œuvre où ils sont mis et de gaingnier leur jornée bien et loyaulment sans en partir et laissier leur ouvrage jusqu'à heure ordonnée et compétent ; c'est-à-sçavoir, soleil couchant, et que ainsi doit il estre fait. Néanmoins, tous ou la plus grande partie des ouvriers et laboureurs estans et reparans en nostredite ville d'Aucerre et ou pays d'environ, qui est pays de vignoble, en abusant, fraudant et décevant les bonnes gens ausquels ils ouvrent, délaissent leur ouvrage et se partent d'iceluy à nonne ou environ, grant espace de temps avant que le soleil soit couché, et vont ouvrer les aucuns en leurs vignes ou aultres labourages, là où ils besoignent et exploitent autant ou plus comme ils ont fait *tout le jour* pour ceulx qui les payent de leurs journées, ou au moins peuvent faire grant ouvrage depuis ladite heure, et, qui plus est, en ouvrant à journée ne font nullement leur devoir raisonnablement, et ces choses qui sont abuz déraisonnables contre Dieu et justice et le bien et utilité publique, veulent iceulx ouvriers et laboureurs tenir à conséquence ne aultrement ne veulent faire de leurs journées; et avec ce les gardes-messiers ou sergens qui sont ordonnez et commis pour garder les vignes ou aultres labourages et le fruit estant en ycelles dont ils ont et prennent prix et salaire de leur autorité, prennent, cueillent, mengent et donnent des raysins et autres fruiz estant en leur garde, et en font moult et plusieurs aultres excez et oultrages ou préjudice grief et dommaige de ceux à qui lesdites vignes et aultres labourages sont, et par tels faiz ont esté ceulx à qui la chose touche moult grevez et dommagiez ou temps passé, et seroient encore plus ou temps advenir si sur ce n'estoit brievement proveu de remèdes convenables, mesmement que par telles choses et aultres leurs héritages sont de trop plus grans fraiz qu'ils ne souloient et de mendre revenus :

Pourquoy nous, ces choses considérées, voulant tels abuz abatre et faire cesser du tout, et nostre peuple estre tenu et gouverné en bons usages, avons ordonné et ordonnons que doresnavant tous ouvriers et laboureurs, hommes et femmes, toutefois que ils vouldront gaingner, viengnent en lieux et places ordonnées et accoustumées en ladite ville d'Aucerre et en aultres lieux et villes du pays du pays d'Aucerrois, avant soleil levant, et aprez ce qu'il auront esté alloués et retenues, œuvrent et labourent là où leurs maistres ou maitresses leur ordonnent et employeront bien et loyaulment, et se tengnent et œuvrent continuellement esdis ouvrages en gaingnans leur salaire, jusqu'à soleil couchant, sans revenir à ville, ne yssir ne partir de leur labourage, si ce n'est pour prendre leur récréation de boire et de manger raisonnablement; et aussi que lesdits ouvriers et laboureurs ne puissent prendre, lever ne exiger par jour, pour salaire, oultre cinq solz tournois, sur peine de soixante solz d'amende en quoy encherra et encourera envers nous chacun qui defauldra de ce faire; et oultre que les gardes, sergens ou messiers desdites vignes ou aultres labourages, ne aultre pour eulx ne preingnent ou cueillent ou souffrent prendre ou cueillir par aultres à qui il n'apartient, doresnavant, esdites vignes ou aultres labourages, vergier et jardins ou courtillaige, raysins ne aultres fruiz pour faire mousts nouvels ou aultres excez ou despence, sur peine de six livres tournois d'amende, en levant sur eux et sur chacun d'eulx qui feront le contraire lesdites amendes à nostre prouffit par la manière qu'il appartiendra de raison ; laquelle chose nous voulons ainsy estre fait pour considération des choses dessusdites; et ausdiz complaignans l'avons octroyé et octroyons de grace especiale par ces presentes, non nobstant quelconques lettres-subreptices empétrées ou à empétrer au contraire.

Si donnons en mandement par ces presentes ou bailly de Sens et d'Aucerre, et au prevost d'Aucerre, ou à leurs lieutenants, et à chacun d'eux, en les commettant quant ad ce se mestier est, que notre présente ordonnance facent crier et publier en notre dite ville d'Aucerre et ailleurs où il appartiendra, et icelle facent tenir, garder, entériner et accomplir sans enfraindre, cy contraignans ad ce tous ceulx qu'il appartiendra par les peines que dit est à appliquer à nous sur les défaillans et contredisans et sur chacun d'eulx et par tant de fois que ils defauldront, et aultrement par toutes voyes deues. Et que ce soit ferme chose et estableà toujours, nous avons faict mettre notre scel à ces lettres, sauf en autres choses nostre droit, et l'autrui en toutes. Donné à Paris, au mois de mars l'an de grace mil trois cens quatre-vingt et douze, et de nostre règne le treizième.

Par le roy, à la relation du conseil.

P. Vivien,

Visa, contentor,

De Crespy.

N° 371.

Note sur les décimes pour la guerre contre le Turc.

Extractum ex registris capituli ecclesie S. Stephani Autissiodorensis.

Die martis xxvIII *mensis junii, anno Domini* 1457.

Dominus (Thomas de la Plotte) decanus, exposuit dominis canonicis capitulantibus, dempto D. Archidiacono Puisaie qui tunc in capitulo presens non erat, quod propter nonnulla expedienda factum et utilitatem ecclesie concernentia, quod quamvis post quondam concessionem factam a sancta Sede Apostolica serenissimo ac potentissimo domino duci Burgundie, de levanda quadam decima de et super omnibus et singulis ecclesie sive beneficiis in suis terris et dominiis, et sub sua gardia et protectione existentibus et constitutis, pro eundo seu mittendo contra et adversus illum ferocissimum et crudelissimum Turcam, legis Christi atque totius religionis christiane inimicum ; sui receptores et commissi ad hujusmodi decimam levandam venerunt ad hanc civitatem Autissiodor. pro ipsa decima levanda et exigenda ab ecclesiis in ipsa civitate et comitatu constitutis, prout et de facto ipsam levaverunt et perceperunt a personis in ipsis ecclesiis beneficiatis, et presertim ab ecclesia Autiss. seu ab ipsis dominis capitulantibus, nihilominus nonnulli alii assumpti receptores in diecesi Autissiodor. cujusdam alie decime novissime et pro eadem causa in regno Francie imposite deputati et commisi, forte ad suggestionem nonnullorum benecognitorum qui tamen talia procurasse seu procurare minime debuissent, conatus suos fecerunt de ipsa decima iterum levanda ab ecclesia Autissiodor. seu ab ipsis dominis capitulantibus, ipsos taliter qualiter monendo seu moneri faciendo, sub penis excommunicationis et aliis censuris ecclesiasticis quatenus solverent certam pecunie summam pro et nomine ipsius decime; et quod nisi fuisset exacta diligentia per ipsos dominos, justantia mediante apposita in resistendo ipsis assumptis commissariis de facto fuissent compulsi ad iterum dictam decimam sibi solvendam, in grave ipsius ecclesie prejudicium, etc.

N° 372.

Permission de construire un horloge public, accordée aux habitants d'Auxerre, par Jean de Bourgogne.

(An 1457, 16 août.)

Jehan de Bourgoingne, conte d'Estampes, seigneur de Dourdan : à nostre bailli d'Aucerre ou à son lieutenant, salut. Les habitans de nostre ville dudit Aucerre nous ont fait exposer que pour le bien publicque de ladite ville, il leur est besoing et ont voulenté faire faire ung orloge, laquelle, se nostre plaisir estoit, seroit très propice estre assise sur la porte auprez nostre chasteau dudit Aucerre, et la cloche d'icellui orloge sur une tour dudit chasteau que on dist la *Tour Gaillarde;* suppliant humblement que de ce faire leur vueillons donner et ottroyer licence. Nous, inclinans à leur supplication, désirant l'augmentation et décorement de la ville et le bien publicque d'icelle, à iceulx supplians avons donné, octroyé, accordé, donnons, octroyons et accordons, et par ces présentes donné et donnons grâce congié et licence que sur ladite porte scituée auprez de nostredit chateau, ils puissent doresnavant avoir, mettre et asseoir ledit orloge, et semblablement la cloche d'icellui orloge sur ladite Tour Gaillarde, pour illec sonner et servir à l'usaige de ladite ville et desdits habitans. Si vous mandons que, nos présens grâce, don, octroy de accord, congié et licence vous faites et souffrez lesdits habitans joir et user plainement et paisiblement, sans au contraire leur faire ou donner ne souffrir faire ou donner quelque destourbier ou empeschement, car ainsi nous plaist il estre fait. Donné à Amiens le XVI° jour d'aoust, l'an de grâce M CCCC LVII.

Par monseigneur le conte, le seigneur de Rocheffort présent :

Boutillat.

(*Ex Tabul. Urbis. Autiss.*)

N° 373.

Amortissement des biens du chapitre d'Appoigny.

(An 1458, 9 juin.)

Universis presentes litteras inspecturis. Petrus, miseratione divina, Autissiodor. episcopus, salutem in eo qui est vera salus. Quoniam ea que ad Dei laudem et honorem, divinique cultus augmentum respiciunt, sinceris affectibus amplectimur et illorum vota qui ad hec salubriter aspirarunt et aspirant congruis favoribus acceptamus. Cum itaque quamplura bona immobilia, sive hereditagia, domus, vinee, terre arabiles, census et redditus à pluribus et diversis personis in piam et puram eleemosynam, ob remedium animarum suarum, thesaurario, curato, cantori et capitulo ecclesie nostre collegiate Beati-Petri ville nostre de Appoigniaco, tam ordinatione testamentaria quam alia, legata, concessa et dimissa, temporibus retroactis, extiterunt, pro missis celebrandis ac orationibus et aliis servitiis divinis faciendis, nonnullaque alia bona immobilia et redditus, tam emptionis quam aliis titulis legitimis, fuerint eidem ecclesie collegiate et parochiali in perpetuum acquisita, et quia eadem bona immobilia sive hereditagia, censusque et redditus predicti in nostra justitia et sub nostro dominio temporali situantur, dilecti nostri in Christo thesaurarius, curatus, cantor et capitulum ville nostre predicte nobis humiliter supplicaverunt quod nos, ut eisdem suisque successoribus liceat ipsa hereditagia dictis ecclesie collegiate et parochiali sic acquisita retinere et perpetuo possidere, eadem admortizare dignaremur : nos igitur, considerantes devotionem illorum qui hereditagia et redditus hujusmodi ob remedium animarum suarum legaverunt et concesserunt, volentes eorum vota salubriter adimpleri, et ecclesiam predictam thesaurariam, curam et capitulum predictos quibus specialiter afficimur dote et facultatibus decorari, et ut in missis et orationibus, ceterisque bonis que quotidie in eadem ecclesia fiunt et fient in futurum, Domino concedente, participes efficiamur dicte supplicationi favorabiliter annuentes, omnia et singula bona immobilia sive hereditagia, domos, vineas, terras arabiles, prata, nemora, hortos, census, redditus et alias possessiones quascumque, qualitercumque censeantur in nostra justitia temporali seu sub dominio nostro situata, temporibus retroactis, hactenus, quocumque justo titulo acquisita, vel ex quacumque ratione sive causa predicte ecclesie collegiate et parrochiali pertinentia, autoritate nostra admortizavimus, et tenore presentium admortizamus, eademque omnia et singula predicte ecclesie ad opus thesaurarii, curati, cantoris et capituli predictis et eorum successoribus volumus applicari, et perpetuo remanere cum omnibus tam in redhibentiis quibus sunt ab antiquo onerata, juribusque et pertinentiis universis eorumdem, absque eo quod nos aut successores nostri de cetero valeamus aliquid juris occasione admortizationis in dictis hereditagiis, aut eorum aliquibus reclamare, petere, exigere vel habere seu dictos thesaurarium, curatum, cantorem et capitulum aut successorem eorumdem ad aliam admortizationem ipsorum hereditagiorum in, futurum faciendam, vel ad id quod ipsa hereditagia aut eorum aliqua extra manum suam mittent aut relinquent cogere vel compellere, quoquo modo, manumque nostram dictis hereditagiis appositam hac de causa amovemus per presentes, volentes dictum thesaurarium, curatum, cantorem et capitulum, eorum successores dictis hereditagiis omnibus et singulis tanquam bonis propriis ecclesie et beneficiorum predictorum gaudere pacifice et quiete, nostro tamen in aliis et alieno in omnibus jure salvo.

Quod ut firmum et stabile perpetuo perseveret, has presentes litteras nostri sigilli munimine duximus roborandas. Datum et actum in nostro palatio episcopali Autissiodorensi, anno Domini millesimo quadringentesimo quinquagesimo octavo, die nono mensiis julii.

Per dominum episcopum,

Gerbaudi.

(*Ex Tabul. Appoigniac.*)

N° 374.

Poursuites pour l'hommage du fief de Lorme dû à l'évêque d'Auxerre.

(An 1459-60, janvier.)

Pierre, par la grâce divine evesque d'Aucerre : A notre bien amé Estienne Lemuet, seigneur de Corbelin et lieutenant de nostre bailly de Varzy, salut. Nous vous mandons et commettons par ces présentes que vous, la tour, chastel, ville, terre, justice et seignorie de Lorme, ensemble tous ses droits et appartenances mouvans de nous en fief à cause de nostre eglise d'Aucerre, et que tient à présent, comme l'on dit, noble et puissant seigneur messire Jehan de Chalon, chevalier seigneur de Viteau et de l'Isle-soubz-Montréal, empeschez et mettez ou faites empescher et mettre réaument et de fait en nostre main, pour deffault de homme et devoirs à nous non faiz, et en signe de ce mettez ou faites mettre brandons ou aultres enseignemens de par nous en icelle tour, chastel, ville, terre, justice et seignorie de Lorme, ses droiz et appartenances, et icelle gouvernez et faites gouverner de par nous bien et duement, en y commettant de par nous officiers tant à l'exercice de la justice comme à la recepte des revenus, fruits et emolumens des choses dessusdites mouvans de nous en fief, comme dit est, par personnes idoynes et suffisantes, en prenant de chacun d'eulx le serment de bien et loyaulement deservir ledit office de par nous et aultres sermens accoutumez, mesmement en tant que touche l'administration de recepte, de rendre bon et loyal compte et reliqua à nous ou à nous commiz, quant requis en seront, pour iceulx offices régir et gouverner tant qu'il nous plaira et jusqu'à ce que par nous en soit aultrement ordonné; et en cas d'opposition lesdits chastel, ville, terre, justice et seignorie de Lorme, avec ses appartenances dessusdites mouvans de nous en fief, comme dit est, prinse et demourant en nostre main, donnez et assignez, ou faites donner et assigner jour certain et compétant pardevant nostre bailly de nostre temporalité à Auxerre, aux opposans ou contredisans pour dire les causes de leur opposition, refus ou contredit, respondre à nostre procureur et aller avant comme de raison; de ce faire vous donnons pouvoir et puissance et mandement especial. Mandons et remandons à tous nos justiciers, officiers et subjetz que en choses dessusdites leurs circonstances et dépendances obeyssent et entendent diligemment. Donné en nostre chastel de Varzy, le septiesme jour de janvier l'an mil quatre cens cinquante neuf, soubz nostre scel de chambre.

Par mondit sieur l'evesque,

P. Des Portes.

Aujourd'huy vendredy unziesme jour de janvier, l'an mil quatre cens cinquante neuf, en présence de moy juré cy-dessoubz escript et des témoings cy-dessoubz nommez, honorable homme et saige Estienne Lemuet, Seigneur de Corbelin, lieutenant de Varzy, et commissaire en cette partie par lettres de commission cydessus escriptes, a prins et mis en main de révérend père en Dieu monseigneur l'evesque d'Auxerre, la tour, chastel, ville, terre, justice et seignorie de Lorme, ensemble tous ses droitz, et appartenances mouvants du fief dudit révérend à cause de son église d'Aucerre, que tenoit nagueres, comme l'on dit, noble et puissant seigneur messire Jehan de Chalon, chevalier, seigneur de Viteau et de l'Isle-soubz-Montréal, par deffault d'homme et de devoirs non faiz; et en signe de ce a fait mettre à l'une des portes d'iceluy chastel les armes dudit révérend, afin que nul n'eust cause d'ignorance. Ce fait a désappointé Pierre Putas, soy-disant lieutenant du chastellain dudit lieu de Lorme pour ledit messire Jehan de Chalon, en tant qui touche faict de justice, Pierre Corneillat, soy-disant procureur, Guille Colin, soy-disant Gruyer, Estienne Galvet et Guillemin Berthier, eux disans sergens de ladite terre, en parlant à leurs personnes, et généralement tous les autres officiers de la terre en leur absence, et leur a deffendu de par ledit révérend, à certaines et grosses peines, c'est-à-sçavoir à la peine de vingt livres, que pour et ou nom dudit messire Jehan de Chalon, ils n'exerçassent lesdits offices. Fait, présens Jehan Guonde, Guillaume Chevillot, Jacques Bussière et aultres.

(*Ex Tabul. Episc. Autiss.*)

N° 375.

Acte de soumission des Frères-Prêcheurs d'Auxerre envers Pierre de Longueil, évêque de la même ville.

(An 1463, 25 septembre.)

In nomine Domini, amen. Tenore hujus presentis publici instrumenti cunctis patefiat evidenter et sit notum, quod anno ejusdem Domini millesimo quadringentesimo sexagesimo tertio, indictione undecima, mensis septembris die vigesima quinta, pontificatus sanctissimi in Christo patris ac domini nostri domini Pii, Divina providentia pape, secundi, anno quinto, coram reverendo in Christo patre et domino domino Petro, Dei gratia Autissiodorensi episcopo, moram de presenti trahente in villa de Varziaco sue diecesis, in mei notarii publici subscripti, testiumque infra scriptorum ad hec vocatorum specialiter et rogatorum presentia personaliter constitutus indaginis et prestantissime ac mirande circumspectionis, magneque autoritatis vir, frater Laurentius Gervasii, sacre pagine professor eximius, prior conventus Parisiensis, ordinis Fratrum-Predicatorum vicariusque generalis hujusmodi totius ordinis, necnon et inquisitionis heretice pravitatis in regno Francie specialiter, ut dicebat, deputatus et commissus, dixit nomine predicto et exposuit se nuper ad querimoniam gravem dilectorum suorum Fratrum-Predicatorum conventus civitatis sue Autissiodorensis sibi, ut asserebat, delatam coram dominationibus venerabilium virorum dominorum vicariorum et officialium ejusdem reverendi in Christo patris apud Autissiodorum, debita cum instantia, propter nonnullas differentias inter eundem reverendum et predictos fratres a festo Pasche ultimate preterito exortas inferius recitatas, presentasse, quarum pretextu quam plurima patiebantur dispendia, sed dicti domini vicarii et officialis sibi responderunt quod hujus rei cognitio et determinatio sibi funditus vetita fuerat, et specialiter penes ipsum totaliter reservata, quibus ita peractis, tria ordinem predictum concernentia peregit; primo protestatus fuit, secundo predictas recitavit differentias; et tertio ipse dominus vicarius nomine quo supra humiliter supplicavit. Protestatus fuit etenim pacem et concordiam, amoremque et unitatem in sancto sacramento velle se habere cum ipso reverendo et easdem pacificare differentias inter ipsos, nec-non etiam dominos decanum et capitulum predicte ecclesie Autissiodor, ut premittitur, existentes, quas recitando enarravit coram eidem reverendo in Christo patre, videlicet quod pretextu quarumdam propositionum per quandam in habitu ordinis FF. Heremitarum B. Augustini, in quadam solemni predicatione ab eo facta, in ecclesia cathedrali Autissiodor., ex deliberatione prefati reverendi domini nec-non et predictorum dominorum decani et capituli ejusdem ecclesie statuta, et ordinata erronea, ut dicebat, et contra Christi fidem de directo predicatarum et propterea pro aliquo fratres hujusm. Ordinis tunc inea interessentes licite, ut ferebatur, reprehensarum, unde tumultus forte fuerat in populo ibidem congregato, affatus reverendus in Christo pater, ob hoc fortassis infestus, et nonnulorum sue ecclesie antedicte suggestione conturbatus, in sua sancta synodo ultimate elapsa, inhibuerat omnibus curatis et parrochialium ecclesiarum sue predicte diecesis rectoribus ne a cetero et quousque per eum foret aliter ordinatum aliquem fratrem predicti conventus in suis ecclesiis ad officium sancte predicationis exercendum, et confessionem audiendam quoquomodo reciperent, nec questas pro ipsis fieri permitterent aut paterentur; alioquin excommunicationis mucrone et decem librarum pena contrafacientes plecterentur.

Quibus non contentus fratrem Jacobum Chevecin, priorem dicti conventus Autiss. ad ipsius presentiam postea pro pace habenda suis carceribus diris mancipaverat, et ipsum quamvis se sibi notificasset ab eo ratione exemptionis dicto ordini concesse exemptum et minime justiciabilem XII diebus eo circa detinuerat mancipatum, ipsumque in pane doloris et aqua tristitie condemnaverat. Quibus quidem etiam nondum contentus, prefatus reverendus in Christo pater nuperrime occasione dicte reprehensionis fecerat prohiberi omnibus, palam et publice, et generaliter, ad promnos suarum ecclesiarum, quatenus confratres cujusdam solemnis et devotissime confratrie ob remissionem peccaminum defunctorum in predicto conventu ab antiquo statute, et inde apostolica nec-non et predecessorum dicti reverendi et ipsiusmet autoritate et decreto approbate et confirmate, a cetero aliquid minime pro dicta confratria exolverent, et quod deterius erat quod positi se removerent, sub eadem excommunicationis pena, in prejudicium, damnum et dispendium non modica dicti conventus Autiss. ac fratrum ipsius, suorumque privilegiorum, lesionem et jacturam. Attamen, premissis non obstantibus, sed rejectis instanter, postulabat et requirebat supplicando prefatum reverendum in Christo patrem, quatenus predictas differentias pacificare, fratres predicti conventus in pristinum statum reducendo et reponendo et predictas per eum ad causam predicte reprehensionis factas subtractiones annullando et removendo vellet et digneratur intuitu pietatis, et ipsi FF. pro eo ad Deum effunderent preces.

Quibus respondens memoratus rev. pater dixit quod nil aliud quam pacem et amorem habere querebat cum ipsis fratribus. Nihilominus tamen donec et quousque tumultum seu scandalum per aliquos fratres dicti conventus in predicta processione et populo suo ibidem congregato factum et perpetratum modo debito reparassent, predictas subtractiones per eum debite, ut d cebat, in dictis fratribus factas minime amoveret seu revocaret, nec ipsos fratres ejusdem conventus Autissiodor. ad primum reponeret statum, nec etiam cum ipsis haberet concordiam. Quo vero ad propositiones reprehensas in predicta predicatione se penitus determinationi sancte matris ecclesie referebat, de qua quidem reprehensione, prout sibi relatum extitit, in jus habebant, tamen ipsas dixit velle sustinere tanquam veras prout ipsarum predicatori scripto tradite fuerant. Tandem vero, ad sedandum, pacificandumque predictum tumultum seu scandalum, ac pro bono pacis et concordie, prefati domini reverendus et vicarius certum super hoc scriptum ediderunt et composuerunt brevetum, et mihi notario predicto tradiderunt tenore sub isto.

Le mercredy aprez Pasques dernièrement passé, l'an mil quatre cens soisante et trois, en l'église d'Aucerre, aprez la procession générale, fut fait un sermon au peuple par l'ordonnance de révérend père en Dieu monsieur l'évêque d'Aucerre, auquel sermon estoient messieurs les doyen et chapistre de ladite église, plusieurs autres clercs, religieux, bourgeois et séculiers de ladite ville, en grand nombre, en en faisant ledit sermon le prescheur fut repris publiquement par aulcuns religieux de notre ordre lors présens audit sermon, et y eust grand esclandre ou tumulte, pour laquelle chose ledit révérend père en Dieu, ses vicaires et messieurs du chapistre ont esté et sont mal contens et desplaisans dudit esclandre ou tumulte; et pourtant je prie et supplie à mondit révérend père en Dieu, ses vicaires, et messieurs du chapistre dessusdit et autres, qu'il leur plaise patiemment supporter ledit esclandre ou tumulte, et ne prendre à desplaisance, ne plus leur en souvenir : et au regard des propositions preschées et reprises, ledit révérend père en Dieu s'en rapporte à la détermination de nostre mère sainte Eglise.

Quod quidem brevetum seu contenta in eo memoratus, reverendus in Christo pater dici et publicari voluit per fratrem Ambrosium ejusdem conventus et non per alterum in quodam sermone quem ipsemet faciet coram populo, et tunc esset pacificatus et contentus facere dicti ordinis, alioquin predictas subtractiones minime revocaret, nec removeret seu revocari faceret; ad quod prefatus dominus vicarius, nomine predicto, suum prebuit assensum. Quoniam tamen presens negotium dominos decanum et capitulum coram quibus in predicta cathedrali ecclesia dictum scandalum factum fuerat, tangebat ut dixit, idem reverendus promisit litteras super hoc una cum copia dicti breveti, absque alia additione verborum, ipsis dominis decano et capitulo transmittere ut vellent sicut et ipse merito de contentis in predicto breveto contentari.

Quibus sic invicem peractis, dictis et concordatis, jam dictus dominus vicarius eidem reverendo in Christo patris insinuavit quod ipse, nomine dicti inquisitoris, informatione previa agere intendebat contra prefatum predicatorem tanquam contra heretichum, via juris et ob hoc licet ipse de jure posset solus in solidum in talibus maxime usque ad ferandam sententiam diffinitivam procedere, ipsum reverendum cum instantia requisivit, quatenus se cum eo in hac parte vellet adjungere : ad quod respondens dictus reverendus dixit quod super hoc commisserat et deputaverat officialem suum Autissiodorensem, et cum eo super hoc loqui haberet. De quibus premissis omnibus et singulis affatus dominus vicarius nomine quo supra petiit a me notario publico subcripto sibi fieri atque tradi publicum instrumentum, unum vel plura. Acta fuerunt hec tam in ecclesia collegiata predicte ville de Varziaco quam in domo ejud. reverendi in Christo patris sitam retro ecclesiam, presentibus discretis viris magistro Guillermo Pillori, officiali sedis dicti loci de Varziaco; Petro Pillori, Simone Collet, Autissiodori commorantibus et pluribus aliis testibus ad premissa vocatis specialiter et rogatis.

Item anno, indictione et pontificatu predictis, mensis vero septembris antedicti, die vigesima octava, me notario predicto et testibus subscriptis presentibus, in presentia dominorum decani et capituli predicte ecclesie Autissiodorensis in capitulo predicto capitulantium et capitulum celebrantium et representantium personaliter constituto prelibato D. vicario nomine predicti ordinis, et pro ipso rati habitionem et responsionem contentorum in dicto breveto predictorum dominorum expectanti et habere requirenti. Memorati domini capitulantes per organum domini decani ecclesie hujus tunc in dicto capitulo presidentis dixerunt seu dici fecerunt quod ratum et gratum habebant transactionem seu tractatum pacis predictarum differentiarum, prout in quodam breveto sibi per dictum reverendum in Christo patrem, una cum certis litteris missivis continebatur, dum tamen contenta in eodem breveto per antedictum fratrem Ambrosium in publica predicatione ducerentur et notificarentur ac secundum sui formam complerentur et publicarentur. Quod si quidem brevetum de consensu predictorum dominorum perlegi, et cum preinserto publicam collationem, una cum prefato domino decano, ut prefertur, presidente et alterum tenente peregi, ipsaque concordate inveni, preter certa vocabula que sequuntur, *et du tout le remettre*, que contenta erant in predicto suo breveto, ut prefertur, et prefato reverendo transmisso et scripta in capite illius alterius manu quam illius qui dictum brevetum conscripsit et quam manu dicti reverendi in Christo patris. Qua quidem collatione sic publice peracta prefatus dominus vicarius dixit, et in veritate asseruit quod in preinserto breveto mihi notario tradito, sicut et ipse reverendus vellent contentari et grata habere. Cui quidem requeste prefati domini canonici, per organum quod supra, deliberatione prius superhoc, ut dicebant, prehabita, responderunt quod dicte littere missive de eisdem vocabulis expressam faciebant mentionem, propterea minime contentarentur, nisi dicta vocabula *et du tout le remettre* dicerentur, una cum ceteris in eodem breveto contentis, quod affatus dominus vicarius, nomine quo supra, acceptare recusavit, imo expresse contradixit, et a me notario publico subscripto de premissis sic die predicta vigesima octava actitatis petiit sibi fieri atque dari publicum instrumentum, unum vel plura. Acta hec fuere in predicto capitulo, presentibus discretis viris magistro Guidone Prevostat, et Petro Grail, notariis publicis, Autissiodori commorantibus, testibus ad premissa vocatis specialiter et rogatis.

(Ex. Tabul. Episc. Autiss.)

N° 376.

Hommage du fief de Donzy, fait à l'évêque d'Auxerre par Jean, comte d'Auxerre.

(An 1464, 24 mai.)

A tous ceulx qui ces présentes lettres verront : Germain Trouvé, licentié en loix, et Simon Tribolé gardes du scel du roy notre sire en la prévosté d'Auxerre, salut. Sçavoir faisons que Blaise Moirotte, clerc tabellion juré du roy nostredit seigneur en la cour de ladite prévosté, nous a rapporté et certifié pour vérité que aujourd'huy vingt-quatriesme jour du moys de may, l'an de grace mil quatre cens soixante et quatre, luy estant en l'hostel de Jehan Gontier, bourgeois d'Auxerre, ouquel à ce temps estoit logé trez hault et trez puissant prince et trez redoubté seigneur monseigneur Jehan, comte de Nevers, d'Auxerre, de Rethel, d'Estampes, seigneur de Dourdan, Péronne, Montdidier, Roye, et baron de Donzy, révérend père en Dieu monseigneur Pierre de Longueil, evesque d'Auxerre, illec présens et venu faire la révérance à monseigneur le comte qui nouvellement estoit venu en cette ville et s'en alloit au lieu de Nevers pour prendre possession d'icelle comté de Nevers qui par le décez de feu monsieur son frère luy estoit naguieres advenu. Aprez ladite révérence ainsy faite, nostredit trez-redoubté seigneur monsieur le comte offrit faire audit révérend, ou nom de sondict eveschié, hommaige lige et serment de féauté de sa dite baronie, terre et seigneurie de Donzy, ensemble et avec ce des anciennes appartenances d'icelle, tout ainsy et par la forme et manière comme feu messeigneurs de trez noble mémoire ses prédécesseurs barons et seigneurs de ladite baronnie, terre et seigneurie de Donzy l'ont accoustumé de faire par cy devant et d'ancienneté, sans presjudice toutesvoies du procez ou des procez qui touchent les chastellenies de Mes-le-Comte, Monceaux, Neuf-Fontaines, Chasteau-Neuf et Clamecy que mondit seigneur le comte prétend estre du comté de Nevers, et ledit révérend au contraire estre de ladite baronnie, et dont procez est ou sont meuz et pendantz en la cour de parlement ou ailleurs, tant d'un costé que d'autre, ne sans rien déroger aux droits d'une partie ne d'aultre : à quoy ledict révérend en acquiescent à ladite offre fust content de le recevoir, soubs lesdites conditions et protestations que ladite réception dudit fief fait en cette ville d'Auxerre fust d'autre effet et valeur comme se faite estoit ou chastel de Varzy appartenant audit révérend à cause de sondict eveschié, duquel chastel estoit tenue et mouvante en fief ladite baronnie de Donzy, et ouquel pour ce faire le baron d'icelle baronnie estoit tenu d'aller. Et pour ce faire et accomplir, soubz la condition et protestation dessusdite accordée par mondit seigneur le comte, et aussi par ledit révérend, iceluy révérend reçut mondit seigneur le comte audit hommaige lige comme homme et vassal de sondit eveché à cause de sondit chastel de Varzy, en baisant iceluy révérend en la bouche, comme il est accoustumé de faire en tel cas, sauf le droit d'iceluy révérend et celuy d'autruy ; par lequel révérend icelle reception faite a esté enjoint à mondit seigneur comme baron dessusdit, que dedans temps d'an il luy baille et face bailler le dénombrement et déclaration du fief de ladite baronnie de Donzy.

De toutes lesquelles choses ainsi dites et faites par lesdits seigneurs, en la présence dudit juré, iceulx seigneurs ont requis leur estre fait lettres et instrument, ung ou plusieurs ; qui par iceluy juré leur a esté octroyé pour leur valoir et proffiter ce que de raison devra, en présence de nobles seigneurs messire Philibert de Jaucourt, chevalier, seigneur de Villarnoul, Philippe de Savoisy, aussi chevalier, seigneur de Sillenay, Jehan de la Rivière, Claude de Beauvoir, escuyer seigneur de Courson, Jehan des Ulmes, escuyer seigneur de la Maison-Fort, messire Jehan d'Armes, docteur en loix, Jehan Regnier l'aisné bailly d'Auxerre, Jehan Thiars, escuyer, seigneur du Mont-Saint-Supplie, maistre Blaise Tribolé, licentié en loyx et plusieurs autres. En tesmoing de ce nous, au rapport dudit juré, avons scellé ces présentes du scel de ladite prévoté. Donné les an et jour dessusdits.

Moirotte.

(*Ex Tabul. Episc. Autiss.*)

N° 377.

Hommage de Châtel-Censoir et autres terres à l'évêque d'Auxerre.

(An 1464, 23 juillet.)

A tous ceulx qui ces présentes lettres verront : Germain Trové, licentié en loix et Simon Tribolé, gardes du scel du roy nostre sire en la prévosté d'Aucerre, salut. Sçavoir faisons que Blaise Moiroitte, clerc tabellion juré dudit roy nostre sire en ladite prévosté, nous a rapporté et certifié pour vérité que l'an de grace mil quatre cens soixante et quatre, le lundy aprez la fête de la Magdelaine vingt-troisiesme jour du moys de juillet, environ l'heure de trois heures aprez midi d'iceluy jour, il se transporta en l'hostel episcopal de révérend père en Dieu monseigneur Pierre, évesque d'Aucerre, en la grande salle d'iceluy hostel en laquelle estoient ledit révérend et noble homme Anthoine de Montaignerot, escuyer, capitaine du

Mont-S.-Jehan, honnorables hommes et saiges maistre Guillaume Labbe, licentié en loix, Claude Labbe son frère, et plusieurs autres illec venus et assemblez pour les causes qui s'ensuivent: c'est-à-sçavoir, ledit révérend pour luy oudit nom d'une part, et ledit Anthoine de Montaignerot ou nom et comme procureur de hault et puissant seigneur monseigneur Pierre de Beffroymont, conte de Charny, seigneur de Mirebel et sénéchal de Bourgongne, fondé de lettres de procuration scellées du scel dudit seigneur en cire vermeille, en double queue pendante saines et entieres, desquelles la teneur s'ensuit:

A tous ceulx qui ces présentes lettres verront, Pierre de Beffroymont, comte de Charny, seigneur de Mirebel et sénéchal de Bourgogne, salut. Sçavoir faisons que nous avons faict, constitué et ordonné et estably, et par ces présentes faisons, constituons et establissons noz procureurs généraulx et certains messaigés spéciaulx noz trez chers et bien aimez Anthoine de Montaignerot escuyer, et maistre Guillaume Labbe, nostre conseiller, et chacun d'eulx pourteur et exhibeur de ces présentes, ausquelz nos procureurs et chacun d'eulx par soy nous avons donné et donnons par cesd. présentes povoir, auctorité, de reprendre pour nous et en nostre nom de révérend père en Dieu monseigneur l'evesque d'Aucerre de tout ce que nous tenons en foy et hommaige de lui à cause de sa dignité episcopale, et luy en faire les foy, aveu et hommaige que tenuz sommes de lui faire, et que nous mesmes ferons et faire devons, se présens en personne y estions, et ainsy et par la forme et manière que nos prédécesseurs en ont repris de luy, requérir que à ce les veuille recevoir, et qu'il luy plaise lever sa main et tout empeschiemens mis esdites choses pour cause de fief non fait, et généralement de faire en choses dessusdites, leurs circonstances et dépendances, et tout ce que bon et loyal procureur peut et doibt faire, posé ores qu'elle requière, mandement ou commandement plus espécial, promettant nous ledit conte de Charny en bonne foy et soubz l'obligation de tous nos biens, avoir et tenir perpétuellement ferme et establé tout ce que par nosditz procureurs ou l'un d'eux sera en ce fait, et iceulx relever de toutes charges de salvation: en tesmoing de ce nous avons faict mettre nostre scel à cesd. presentes et tres. Donné à Conhey, le seiziesme jour de juillet, l'an mil quatre cens soisante et quatre; pour et au nom dudict conte de Charny d'autre part.

Disant le révérend et procureur comme procez fust meu ou esperé à mouvoir entre ledit révérend demandeur et ledit sieur de Charny deffendeur pour raison et à cause des terres, seigneuries, rentes et revenus que ledit sieur de Charny a et tient en fief dudit révérend à cause de son eglise et eveschié, des lieux de Montbutois, Pierre-Fitte, Arcy prez dudit Pierre-Fitte et boys dudict Arcy ou Moulin des Planches ou lieu de Tingy et ez censives de Vérilly qui furent à feu messire Hugues de Charny, et madame Mabille sa femme; et lesquelles terres et seigneuries, rentes et revenus, ledit révérend, comme tenus de luy en fief à cause de sadite eglise et eveschié, avoit, par deffault d'homme et devoirs non fait, fait saisir, empescher et mettre en sa main féodale, et pour cette cause lesd. rév. et conte de Charny estoient en adventure d'estre et demourer en grande involution de procez; finablement ledict conte de Charny, à ce que oudit procez ne fust plus avant procédé, avoit et a envoyé devers ledit révérend, ledict procureur pour faire ladite foy et hommaige, lequel révérend, pour contemplacion et révérence de monsieur le duc de Bourgoigne, duquel ledict conte de Charny est chambellan et serviteur, à esté content de recevoir ledit procureur à faire pour et au nom dudit seigneur de Charny la foy et hommaige desdites terres et seigneuries, protestant par ledit révérend que lesdites foy et hommaige faictz par ledit procureur ne tourne à presjudice à luy ne à ses successeurs evesques d'Aucerre pour ce que led. comte de Charny le debvroit faire en personne en l'hostel episcopal dudit révérend, laquelle protestation, ledit procureur a accepté et eu agréable.

Et aprez toutes ces choses ledict procureur, par vertu du povoir à luy donné par lesdites lettres de procuration cy-dessus transcriptes, a repris et faict en foy et hommaige audict révérend desd. terres et seigneuries en soy mettant à genoulx, les mains jointes le baisant en la bouche et faisant le serment et les devoirs en tels cas pertinentz, et ainsy que les prédecesseurs dudit conte de Charny, seigneur desdites terres et seigneuries, lieux, rentes et revenus, ont faict et accoustumez de faire d'ancienneté, à quoy par ledit révérend iceluy procureur a esté agréablement reçu, sauf en ce son droict et l'autruy: Et ce faict ledit révérend a osté et levé à pur et à plain les empeschemens et main mise faicts à sa requeste pour cette cause esdites terres et seigneuries au profit et joyssement dudit comte de Charny, en voulant expressement consentant par ledit révérend que les receveurs et autres officiers de par luy commis esdites terres, rendent et baillent audit conte de Charny, ou à ses officiers, tout ce que par eux durant ledit empeschement en a esté reçu, et aussy que doresnavant iceluy seigneur et sesdits officiers ayent et prennent lesdites rentes et revenus desdites terres et seigneuries qui à sa requeste avoient esté empeschez. Et ledict empeschement ainsy levé et osté, comme dit est, a esté par ledit révérend ordonné et enjoint audit conte de Charny, à la personne de sondit procureur, que dedans quarante jours il ait baillé et mettre en ses mains le dénombrement desdites terres et seigneuries, rentes et revenus pour lesquelles ledict procureur, oudit nom, avoit faicts lesdits foy et hommaige, ainsy qu'il a esté accoustumé de faire en tel cas.

De toutes lesquelles choses lesdits révérend et procureur esdits noms, pour tant que à chacun d'eulx touche, ont requis audit juré leur estre fait instrument, ung ou plusieurs, qui par iceluy juré leur a esté octroyé pour leur valoir et proufiter ou temps présent et advenir, ce que de raison devra. Présens à ce avecque ledit jurez lesdits maistre Guillaume Labbe, Claude Labbe, Jehan Riotte, sergent royal, Jehan Demoinge demourant à Semur, Pierre Buret du Mont-Saint-Jehan. En tesmoing de ce nous au rapport dudit juré avons scellé ces présentes du scel de ladite prevosté. Donné les an et jour dessusdits. Ainsi signé :

Moirote.

(*Ex Tabul. Episc. Autiss.*)

N° 378.

Enquête en chapitre sur l'usage du trésorier de l'église d'Auxerre de pouvoir assister à l'office, l'oiseau sur le poing.

(An 1464, 1ᵉʳ août.)

Quia ab aliquibus dominis canonicis hujus ecclesie vertebatur in dubium utrum thesaurarius ecclesie Autissiodor. posset et sibi liceret, ad causam sue dignitatis, in ecclesia Autiss., in diebus et festis solemnibus et annualibus, dum divina celebrantur officia, sine habitu ecclesie venire et intrare ecclesiam et chorum dicte ecclesie deferendo supra pugnum suum accipitrem sive avem venalem; per dominum decanum presidentem in dicto capitulo positum fuit in deliberatione utrum posset, et quia compertum fuit per dominum Joannem *Buron* antiquum canonicum hujus ecclesie, quod ipse alias et dudum viderat in juvenili etate sua premissa facere domino Johanni *Nazarie* dudum thesaurario hujus ecclesie, ac etiam per dominos et magistros Joannem *Quinart*, et Guidonem *Bertadi* canonicos ecclesie Autissiodor. qui dixerunt et deposuerunt quod in ecclesia Nivernensi thesaurarius ecclesie Nivernensis predicte, sicut supra declaratum est, faciebat et viderat facere dicto thesaurario.

Quibus assertionibus auditis, predictus dominus thesaurarius dixit et exposuit : « vos domini mei audistis ea que dixe-
» runt et deposuerunt prefati domini
» Johannes *Buron, Guenart* et *Bertault*,
» et quamvis hec mihi licebant facere
» tamen hoc facere distuli absque ves-
» tro consensu et beneplacito. » Quibus verbis sic prolatis, dictus dominus decanus presidens petiit a prefatis dominis capitulantibus in ecclesia Autiss. utrum eis placeret quod prefatus dominus thesaurarius deferret dictum avem in ecclesia Autissiod. hora que divina celebrabantur in ecclesia Autissiodor., et sine habitu ecclesie. Qui omnes, nemine discrebante aut contradicente, responderunt et dixerunt quod eis bene placebat et contentabantur, quod dictum avem deferret, et sine habitu ecclesie.

(*Ex regist. Capit. Autiss.*)

N° 379.

Arrêt de défense en faveur des Frères-Prêcheurs d'Auxerre.

(An 1464, 17 septembre.)

Loys, par la grâce de Dieu roy de France : au premier huissier de nostre parlement, ou nostre sergent qui sur ce sera requis, salut. De la partie des prieur et couvent des Frères-Prescheurs de la ville d'Aucerre nous a esté exposé que l'ordre des Frères-Prescheurs a esté institué en l'église de Dieu pour prescher et annoncer la parole de Dieu en toute chrestienté, comme il est tout notoire, et oyr confessions, donner penitences salutaires, et avec ce leur appartient l'office de l'inquisition de la foy et l'ont continuellement exercé et joy d'iceluy dez le temps de la fondation dudit ordre sans aucun contredit, et lesquels n'ont aucunes rentes de quoy ils puissent vivre, mais ont esté fondé en mendicité et sur les aulmosnes, charitez et bienfaicts du peuple chrestien; et pour ce que un nommé Louis Quarrier qui avoit prins l'habit des hermites de saint Augustin en une taverne à Crevan, et aucun temps aprez iceluy délaissé en ladite taverne, cependant qu'il avoit ledit habit avoit preschié en plaine prédication en la ville d'Aucerre aucuns articles hérétiques et contenant erreur, et aultrefois condamnées par le Saint-Siége de Rome, pour laquelle cause Frère Laurent de Bonny, vicaire de l'inquisiteur de la foy oudit diocèse d'Aucerre avoit fait citer ledit Quarrier pardevant luy, et pour ce que tant pour l'abus fait par ledit Quarrier et pour aultres matières touchant le faict de l'inquisition, ledit vicaire estoit venu par devers nostre amé et féal conseiller l'evesque d'Aucerre, et avoit amené avec luy pour l'accompagner frère Jehan Protheau qui par l'ordonnance dudit vicaire avoit cité ledit Quarrier, ledit evesque en haine de ladite citation fit constituer prisonnier iceluy Protheau et le tint par aucun temps en prison fermée, et depuis pour ce iceluy vicaire procédoit contre ledit Quarrier, ledit evesque en appella en nostre cour de parlement, et lequel appel pour fuyr et délayer il n'a aucunement relevé, au moins qui soit venu à la notice desdits exposans, nonobstant lequel appel et en attemptant contre iceluy ledit evesque d'Aucerre a fait constituer prisonnier frère Jacque Chevessin, prieur dudit couvent d'Aucerre qui estoit venu devers luy en toute humilité, afin de cuider pacifier avec luy sur les choses dessusdites, et le detient encore empesché et emprisonné en prison fermée et lieu obscur, comme si il estoit criminéux. Et non contant de ce s'est efforcé faire deffenses aux subjetz de son evesché, et les demouvoir de bien faire ausdits exposans empeschiez à faire prédication comme ils ont accoustumez faire, et seroient iceux exposans qui n'ont ni rente ne revenus, fors seulement les aulmosnes des bonnes gens en avanture de abandonner leur couvent, lequel est de présent sans chef ou moyen de ce que ledit prieur est emprisonné, comme dessus est dit, et délaisser le service divin que chacun jour ce fait en iceluy, si par nous ne leur estoit sur ce pourveu de remède convenable, si comme ils dient, requérants humblement que attendu ce que dit est, l'estat desdits exposans, desquels nous sommes protecteurs, qui est de poureté, et pour leur vivre et nécessité fondé sur les aulmosnes et bienfaits du peuple, et que au moyen des deffenses faites, et que ce efforce ledit evesque, ils seroient du tout despourveus de leur vivre, et par ce contraints abandonner leur eglise et monastère, en quoy la chose publique seroit grandement interessée, nous veuillans sur ce pourvoir à iceux exposans et leur impartir nostre grace:

Pourquoy nous, ces choses considerées, te mandons et commettons par ces présentes que ledit tu adjorne à certain et compétant jour ordinaire ou extraordinaire de nostre prochain parlement advenir, nonobstant que par adventure les parties ne soient pas des jours dont l'on plaidera, pour monstrer et enseigner la poursuite et diligence qu'il a fait dudit appel, relever iceluy, veoir, dire et déclarer desert si estre le doibt, et ou cas que desert ne seroit, pour le dire et proposer et faire en oultre selon raison: et pour ce que depuis ledit appel interjecté en attemptant contre iceluy on dit plusieurs attemptats avoir esté faits, commis et perpétrés, informes-toi bien et duement, diligemment et secretement de et sur lesdits attemptats, leurs circonstances et dépendances que plus à plain te seront baillées par déclaration, se mestier est, appellé avec toy sergens, aulcun notaire ou tabellion de la cour laye, et ceulx que par ladite information, faute publique ou véhémente présomption, tu en trouveras coupable ou véhémentement soubçonnés, adjorne-les audit jour en nostre parlement, nonobstant comme dessus pour sur ce respondre à nostre procureur général à tel fins et conclusions qu'il vouldra eslire, et auxdits exposans à fin civile procéder, et faire en oultre selon raison, et par ces présentes nous mandons et commettons au bailly d'Auxerre ou son lieutenant qu'il face commandement de par nous à certaines et grandes peines à appliquer à nous, audit evesque et ses officiers qu'il appartiendra, que ledit prieur ils élargissent et délivrent desdites prisons, s'il est en voye de élargissement, ou senon qu'il le envoye avecque les charges et informations contre lui faites, s'aucunes en y a, en la conciergerie de nostre palais à Paris, et en leur refus ou délaiz, lui mesme le eslargisse s'il est en voye de eslargissement ou sinon le prenne réaument et de faits esdits prisons en faisant ouverture d'icelles, si mestier est, et le amene ou envoye prisonnier ez prisons de ladite conciergerie de notre palais à Paris, pour illec estre rendu à son souverain ou aultrement estre à droit à l'ordonnance de nostredite cour de parlement en certifiant suffisamment audit jour nos améz et féaulx conseillers qui tiendront nostredit parlement de tout ce que fait sera en cette partie, en leur renvoyant féablement close et scellée ladite information ausqueulx nous mandons que aux parties icelles oyes facent bon et brief droit et accomplissement de justice; car ainsi nous plaist-il estre fait, nonobstant quelconques lettres subreptices, impétrées ou à impétrer à ce contraires.

Mandons et commandons à tous nos justiciers, officiers et subjects que à toy en ce faisant obeyssent et entendent diligemment. Donné à Paris, le dixseptiesme jour de septembre, l'an de grace mil quatre cens soisante quatre, et de nostre règne le troisiesme.

Par le roy, à la relation du conseil ;

Valengelier.

(Ex. Tabul. FF. Prœd. Autiss.)

N° 380.

Lettre de Louis XI aux habitans d'Auxerre, au sujet de son frère le duc de Berry.

(An 1465, 14 avril.)

DE PAR LE ROY.

Chiers et bien amez : comme avons esté advertis, vous avez bien seu le partement de nostre frère de Berry, et comme il a esté séduit par aucuns soi départir de nostre compaignie, et s'en est alé en Bretaigne. Aussi avons esté informés des bons termes que avez tenu depuis le partement de nostre dit frère, et du bon vouloir que avez à nous, dont vous sçavons trez bon gré, et en sommes trez contens; et soyez certains que n'oblirions jamais vostre bon vouloir et le service que vous nous ferez. Et veuillez tousjours persévérer en vostre bonne loyauté envers nous; et s'il venoit aulcuns nos rebelles et désobeyssans en vostre ville, ou y envoyoient de leurs gens adhérans et complices, ne leur donnez faveur, confort, aide ne retraict en nostre préjudice, ainsi que en vous nous avons nostre parfaite confiance, et nous faites sçavoir et advertissez des choses qui surviendront par delà, et surtout commé nostre bien amé Guillaume de Boessy, echanson de nostre trez chier et...... compagnie la royne de ce qu'il vous dira touchant ladite matière. Donné à Saumur, le XIIII jour d'avril. *Signé* LOYS; *et plus bas,* Bourre.

(Tiré de l'original.)

N° 381.

Lettres du duc de Bourgogne aux mêmes habitans, par lesquelles il leur recommande de lui rester fidèles.

(An 1465, 22 avril.)

Trez chiers et bien amez : par nostre ordonnance et commandement les gens de nostre conseil et de nos comptes à Dijon ont envoyé devers vous nostre amé et féal escuyer, pannetier et chastelain de Saulx Jehan de Masilles, pour la cause et ainsi que le sçavez assez ; lequel de Masilles, à son retour devers nous, nous a fait rapport de la réponse que avez faite par escript ausd. de nostre conseil et des comptes, et aussi de ce que lui a esté dit et déclaré de bouche, dont nous vous mercions et recognoissons le bon vouloir que tousjours avez eu à nous n'est pas defailly ; et pour ce que de présent à l'occasion des grandes mutations qui sont ou royaume, est apparent que guerres et division se sourdent et mettent sus, nous escripvons présentement devers vous, et vous requérons en mandant neantmoins que soyez, envers nous et notre trez chier et trez amé fils le comte de Charollois, comme toujours avez esté, sans vous changier, ne desmouvoir. Et vous sçavez que par cy-devant ne vous avons pas failly, ains vous avons secourus et aidiez à vos grands besoings, et sommes en voulenté de faire, au plaisir Dieu ; et s'il vous survient aucunes choses par quoy vous soit besoing d'avoir nostre ayde et secours, soyez sur que nous advertis y pourverions par telle manière que à notre povoir soyez préservez de dommage et oppressions. Et se nouvelles vous surviennent dignes de escrire, les nous signifiez à toute diligence, trez chiers et bien amez, le Saint-Esperit soit garde de vous. Escript en notre ville de Brouxelles, le XXII jour d'avril mil quatre cens soisante cinq, aprez Pasques. Signé de Molesmes.

(Ex autographo.)

N° 382.

Lettre du comte de Nevers aux habitans d'Auxerre, pour leur annoncer la révocation du sieur de Villarnoul des fonctions de gouverneur.

(An 1465, 7 mai.)

Trez chiers et bien amez : en obeyssant au commandement et bon plaisir de monseigneur le roy, et pour les causes contenues en ses lettres qu'il luy a plu dernierement nous escripre, dont vous envoyons la copie cy enclose, avons déporté et déportons le sieur de Villarnoul de l'office de nostre gouverneur d'Aucerre, ce que vous signifions ; et vous requérons, et néantmoins mandons que vueillez entendre et vous employer à la garde de vostre ville dudit Aucerre, et estre tousjours bons et loyaulx obéyssans à mondit seigneur le roy et à nous ; tellement que de bonne obéyssance faciez à recommander. Au surplus veuillez nous signifier de vos nouvelles, s'aucun en surviennent au lez de par de-là digne d'escripre ; ensemble se chose voulez que puissions, de trez bon cuer le ferons. Trez chiers et bien amez nostre Seigneur vous aist en sa sainte garde. Escript en nostre ville de Péronne, le VII jour de may, l'an LXV. Signé Jehan, et plus bas, de Cerisy.

De par le Roy.

Trez chier et amé cousin : Nous avons n'aguieres envoyé Guillaume de Bercy en la ville d'Auxerre, pour signifier à l'evesque, gens d'eglise, et habitans de ladite ville les nouvelles survenues, et leur escripvions que en acquittant leur loyautez, ils voulsissent estre tels envers nous comme ils doivent, et nous faire de nous servir envers et contre tous, ainsi que tenus y sont, laquelle ils ont fait littéralement. Mais nous avons entendu que le sieur de Villernou l'a cuidié empeschier de tout son povoir, tendant à fin que ledit evesque, gens d'eglise et habitans fissent le service à beau-frère de Charollois, de laquelle chose ne nous povons trop esmerveiller, veu que ledit de Villernou est vostre officier, et sçavons bien que pour rien ne lui voudriez soustenir ; et pour ce vous en advertissons afin que y donnez provision ; et nous semble que ne le devez plus laisser vostre officier, ne lui donner charges esdites marches, veu qu'il a esté et est contre nostre intention et la vostre.

Si veuilliez pourveoir tellement que inconvénient ne nous en adviegne. Donné à S. Aignien en Berry, le XXVIII avril.

Signé, Loys, *et plus bas*, Bourre.

(*Ex Tabul. Urbis Autiss.*)

N° 383.

Droits de l'évêque d'Auxerre à Andries.

(An 1465, 8 mars.)

Ludovicus, Dei gratia Francorum rex : Universis presentes litteras inspecturis, salutem. Notum facimus quod cum in certa causa mota et pendente coram dilectis et fidelibus consiliariis nostris gentibus requestas palatii nostri Parisius tenentibus, inter dilectum et fidelem et consiliarium nostrum episcopum Autissiodorem, actorem et conquerentem in casu novitatis et saisine, ex una parte, et fratrem Johanem de Chasluz, priorem prioratus d'Andrie, diecesis Autissiod., deffensorem et opponentem in dicto casu ex altera. Pro parte ipsius actoris plura facta et rationes proposite extitissent ad finem seu fines quod causis et mediis latius in processu declaratis, ipse in possessione et saisina ecclesiam parochialem d'Andrie, in supradicti prioratus ecclesia sitam, visitandi prout alias ecclesias parochiales sue diecesis facere poterat : in possessione etiam et saisina quod dicta visitatione in supradicta parochiali ecclesia d'Andrie per ipsum actorem facta, prefatus deffensor qui ad causam antedicti sui prioratus minorem partem decimarum et oblationum ac aliorum jurium parochialium totius dicte parrochie et territorii d'Andrie percipiebat eidem actori procurationem, ad causam dicte visitationis debitam, in pastu et in pecunia numerata, ad optionem dicti deffensoris, solvere tenebatur manu teneretur et conservaretur, ac in suis expensis jam dictus deffensor condemnaretur.

Pro parte vero dicti deffensoris plura etiam facta et rationes ex diverso proposite extitissent, ad finem seu fines quod causis et mediis latius in processu declaratis diceretur, et declararetur supradictum actorem ad premissa petendum et requirendum inadmissibilem fore et esse, et admitteretur quod ipse deffensor a prefatis demandis, requestis et conclusionibus absolveretur, quodque in suis expensis idem actor condemnaretur, tantumque processum extitisset quod dictis partibus auditis et in factis contrariis et inquesta, ipsaque *postmodum hinc inde facta et ad judicandum recepta*, litterisque, titulis et munimentis per utrumque dictarum partium traditis ac productis in jure appunctatis supradicti consiliarii nostri per eorum sententiam, pretactum actorem in possessione et saisina predeclaratam ecclesiam parrochialem de Andrie infra metas sue diecesis predicte sitam, visitandi, in possessione etiam et saisina quod dicta visitatione per eum facta pretactus deffensor et opponens, ut prior dicti prioratus d'Andrie, et qui ad causam ipsius prioratus majorem partem decimarum et jurium parrochialium dicte parrochie capiebat, et procurationem ad causam dicte visitationis in pastu aut in pecunia numerata ad optionem dicti deffensoris debitam eidem actori, juxta facultates et revenutas quas dictus deffensor in juribus parrochialibus dicte ecclesie parrochialis percipiebat, solvere tenebatur; in possessione etiam et saisina quod dicta visitatione per dictum episcopum facta, pretactus deffensor solutionem procurationis, ut premittitur, debite impedire, contradicere aut renuere minime poterat, manutenuissent et conservassent ac pretactum deffensorem in ejusdem actoris expensas condemnassent, fuit a dicta sententia pro parte ejusdem deffensoris et opponentis ad nostram parlamenti curiam appellatum.

Auditis igitur in dicta curia nostra partibus antedictis in causa appellationis predicte, processuque an bene vel male fuerit appellatum ad judicandum recepto, eo viso et diligenter examinato, per judicium prefate curie nostre dictum fuit supradictos consiliarios nostros bene judicasse, et dictum appellantem male appellasse, et emandabit idem appellans in expensis hujusmodi cause appellationis condemnando ; earumdem expensarum taxatione prefate curie nostre reservata. In cujus rei testimonium presentibus litteris nostrum jussimus apponi sigillum. Datum Parisius in parlamento nostro, octava die martii, anno Domini millesimo quadringentesimo sexagesimo quinto.

Per judicium curie :

Cheneteau.
(Ex. Tabul. Episc. Autiss.)

N° 384.

Premier projet de la fondation du chapitre de St.-Fargeau.

(An 1466, 15 juin.)

Universis presentes litteras inspecturis: Petrus, miseratione divina, Autissiodorensis episcopus. Omnipotentem Deum propitium habere credimus, si suos celestes cives honorari et divini cultus augmentum viribus nostris procuraverimus. Sane exposuit nobis nobilis et potens dominus Anthonius de Chabannes domicellus, comes Domni-Martini, baro Puisaye et dominus S. Fereoli, quod in ecclesia parrochiali dicti Sancti-Ferreoli, nostre Autissiodorensis diecesis, cujus dominium obtinet temporale, ad Dei honorem, et divini cultus augmentum, sex de novo erigere, fundare, ac de bonis a Deo sibi collatis, ipso favente, canonicos prebendatos dotare intendit, tam in suorum quam parentum, amicorum et benefactorum peccaminum remissionem, ipsisque canonicatibus et prebendis preficere, ac per nos prefici facere sex viros ecclesiasticos sufficientes et idoneos quorum curatus ipsius ecclesie parrochialis primus sit, et in officium cantoris assumatur et collegialiter erigatur, necnon quod presentatio dictarum cantorie et prebendarum dum vacabunt, dicto domino comiti et suis legitimis heredibus in dicto S. Ferreoli dominio succedentibus aut causam ab eo habentibus, nobis autem et nobis successoribus Autissiodorensibus episcopis collatio et institutio pertineat et competat. Premissisque omnibus ut ad effectum per ipsum dominum comitem perduci valeant et compleri consensum preberi petierit et assensum. Nos itaque devotionem dicti domini comitis piam et justam in Domino commendantes, ipsam juxta vota et sancta desideria sua impleri et perfici cupientes, eidem domino tenore presentium concedimus et indulgemus, quatenus in predicta ecclesia S. Ferroli sex canonicorum prebendarum numerum collegialiter erigere et fundare possit et valeat, in eaque dictum ecclesie curatum cantorem preficiendo, assignatis ipsis cantori et canonicis redditibus et proventibus unde commode possint in dicta ecclesia vivere, et horis debitis, Deo famulari et obsequi. Preterea concedimus ut predictarum cantorie et prebendarum presentatio eidem domino comiti heredibusque suis, et ab ipso in dicto S. Ferreoli dominio causam habentibus, nobisque et successoribus nostris Autissiodorensibus episcopis, collatio, provisio et quevis alia dispositio pertineat et competat dum vacabunt. Proviso tamen quod parrochiani dicte ecclesie S. Ferreoli occasione antedicte fundationis et erectionis collegii ministerio sacramentorum ecclesiasticorum et aliorum divinorum obsequiorum a dicto curato eis debitorum et prestari solitorum nullatenus defraudentur, juribus etiam nostris episcopalibus, archidiaconi, archipresbyteri et aliorum quorumcumque semper salvis. In cujus rei testimonium presentes litteras sigilli nostri appensione muniri jussimus. Datum Autissiodori, in palatio nostro episcopali, die decima quinta mensis junii, anno domini millesimo quadringentesimo sexagesimo sexto.

Sur le repli : Per dominum episcopum,

Gerbaudi.

(*Ex autographo.*)

N° 385.

Collation de la rectorie des grandes écoles d'Auxerre par l'évêque, la pénitencerie étant vacante.

(An 1466, 22 juillet.)

Petrus, miseratione divina Autissiod. episcopus, universis presentes litteras inspecturis, salutem in Domino. Cum ad penitentiarium nostrum, ratione sue dignitatis, institutio, provisio et collatio scolarum civitatis et ville Autissiodor. ab antiquo et approbata consuetudine dignoscantur pertinere et pertineant, sitque ipsa penitentiarie dignitas pro presenti vacans de facto cum nullus eandem occupet, aut saltem possideat. Hinc est quod dicte penitentiarie vacante possessore, regimen et administratio ipsius nobis devolventur et nostro juri ordinario spectare dignoscantur : ea propter considerantes equum, sanctum et salubre fore cisdem scolis, et ipsarum regimini preferre virum idoneum, etate maturum, moribus gravem et litterarum scientia sufficienter conditum, qui studentium et scolarum utilitati bonum publicum privato prefferendo et possit et velit intendere.

Hinc est quod nos de industria idoneitate et diligentia venerabilis et scientifici viri magistri Reginaldi Monachi, in artibus magistri et in decretis licentiati debite informati, eidem magistro Reginaldo prenominatarum ville et civitatis Autissiodor. regimen et magisterium dictarum scolarum, vacans per obitum defuncti magistri Petri Vivian, dictarum scolarum novissimi rectoris et magistri, autoritate nostra prelibata conferimus et donamus, et ipsum dictarum scolarum rectorem et magistrum docendum et instruendum et quoscumque scolares, et ad regendum dictas scolas annotato ab ipsis scolis quocumque alio illicito detentore et quem etiam per presentes amovemus, cum juribus, pertinentiis et emolumentis consuetis conferimus et subtituimus ipsum magistrum Reginaldum in realem et actualem ipsarum scolarum possessionem per presentium traditionem induc. . . . ; prestito tamen prius per eundem magistrum Reginaldum coram nobis et in manibus nostris juramento de dictas scolas bene debite et laudabiliter, juxta antiquas laudabiles et approbatas consuetudines, regendo et gubernando, juraque et prerogativas ipsarum scolarum pro posse conservando, inhibentes quibuscumque aliis, ne dictum magistrum Reginaldum in dictarum scolarum possessione et earumdem jura impedire aut inquietare quoquomodo presumant, aut audeant ; mandantes nihilominus officiali nostro Autissiodorensi ut de dictis scolis prescriptum magistrum Reginaldum quiete et pacifice uti et gaudere faciat, contradictores aut rebelles per censuram ecclesiasticam compescendo.

In cujus rei testimonium sigillum nostrum presentibus litteris duximus apponendum. Datum Autissiodori, in palatio nostro episcopali, die vigesima secunda mensis julii, anno Domini millesimo quadringentesimo sexagesimo sexto.

Per dominum :   Gerbauld.

(Ex. Tabul. Episc. Autiss.)

N° 386.

Don d'un reliquaire à l'église cathédrale par l'évêque Pierre de Longueil.

(An 1469, 6 mai.)

Die sabbati sexta mensis maii, anno Domini millesimo quadringentesimo sexagesimo nono, hora septima, in capitulo Sancti-Stephani Autissiodor. cui intererant Dominus decanus Thomas la Plotte presidens, a parte dextra penitentiarius.... Choin, Bertault, le Begue, de Cuiotier, Odry Tenon et Tingy : a parte autem sinistra archidiaconus Autiss. Guillelmus de Longolio, Malivicini, Decray, Naudet, Campo-Moronis, Emenjart, David, Gerbault, Rotarii, Menigot et Guillot.

Venit in capitulum ecclesie Autissiod. reverendus in Christo pater dominus dominus Petrus de Longolio, miseratione divina ejusdem Autissiodor. ecclesie episcopus, ipsoque cum debita reverentia suscepto, postquam pios ac devotos suam erga ecclesiam Autissiodorensem sponsam mentis verbo patefecit affectus, quos multo suas vires ac facultates dixit excellere, ac postquam certum multa speciositate fabricatum jocale et reliquiare argenti magni ponderis auro supersusum et gemmis sub beati Petri effigie, ecclesie claves, nec-non capsam quamdam qua os lacerti ejusdem principis apostolorum pie creditur intercludi, in manibus gestantis ad Summipotentis gloriam, ipsiusque capse venerationem, nec-non memorate ecclesie sue Autissiodor. decus et honorem eidem ecclesie sue concessit et donavit, atque prenominatis dominis decano et canonicis ibidem consistentibus obtulit, tradidit, liberavit, dimisit et reliquit, ad alia suum convertens verbum de sue voluntatis ultime proposito quantum ad ejus sepulturam qualiter aliquando intus chorum et quandoque extra, secundum quod superstitum pro devotione deambulatoria est voluntas eligere eandem voluisset, mentionem fecit, tandem illos post varios discursus advertit in choro ejusdem sue ecclesie Autissiodor. quoddam ad partem altaris majoris sinistram priscis temporibus per bone recordationis vita functum dominum Ferricum Cassinelli, tunc Autissiodor. episcopum, sepulcrum lapideum cum sui pontificali in habitu representatione supereminente magnifica fuisse fabricatum, quod cum postmodum idem adhuc vivens antistes sua ob merita multis laudis extollenda preconiis ad majora scilicet Remensis archipresulatus dignitatem fuit vocatus et translatus, prout hec vetusta tradunt monimenta, aliquot post menses ultimum exhalavit, et creatori reddidit spiritum, sueque Remensi ecclesie in qua requiescit corpus exanime commendavit, memoratum in Autissiod. ecclesia vacuum relinquens sepulcrum, multis jam temporibus desertum, inane, derelictum ac inutile hactenus habitum et incultum, verum ut ipsum si non suo constructori servierit, id tamen efficiat ipsi ejus successori ibidem prout dixit, cum maturo proposito suam delegit sepulturam, ipsum idem renovare, aptare et in suis defectibus restaurari facere proponens, eosdem dominos decanum et capitulum ex intimis obsecrans, quatenus eidem suo suprascripto proposito suum prebere assensum velint et consensum.

Quibus quidem requesta ejusdem reverendi in Christo patris et domini domini P. Autissiodor. episcopi, et observationibus, ut premittitur, factis, iidem domini decanus et capitulum aliquod post temporis intervallum ipso reverendo in Christo patre a capitulo egresso, absente ibidem capitulantes scrutati super eisdem sigillatim per eumdem dominum decanum ibidem presidentem votis ac opinionibus singulorum, et habita super ipsis petitis deliberatione matura, eisdem requeste et obsecrationibus unanimi consensu, nemine discrepante, annuerunt, consenserunt, et ejus propositum laudaverunt; quodque prememoratum sepulchrum reverendo in Christo patri sua pro inhumatione et sepultura post diem suum extremum ad plenum per purum sit et non alterius cujuscumque; nisi de ejus beneplacito foret et voluntate, aut si ejus mutato proposito contingeret, quod aliam eligeret alibi de facto sepulturam, illud quoque sibi per eorumdem DD. decani et capituli deliberatam conclusionem eisdem in prefatis capitulis generalibus mense maio celebrari, de more solitis, facta concedentes : qua quidem conclusione eidem reverendo patri in Christo, per venerabiles viros dominos et magistros Guillelmum de Longolio, archidiaconum majorem et Johannem le Roux ejusdem ecclesie canonicum, de ipsorum decani et capituli expresso mandato, eidem plurimas gratiarum reddidit actiones.

Naudet.

(Ex. Regist. Capit. Autiss.)

N° 388.

Reconciliation de l'église cathédrale d'Auxerre.

(An 1469, 5 juillet.)

Die sabbati quinta mensis julii, anno Domini M CCCC LXIX, venit in capitulum ecclesie Autissiodor. reverendus in Christo pater dominus Petrus, miseratione divina Autissiodor. episcopus, et inter alia que exposuit prefatis dominis capitulantibus dixit quod per informationem factam per suum officialem, ac etiam per consiliarios ville Autissiodor. quos habere potuit, repererat ecclesiam Autissiodoren. fuisse pollutam per quosdam de subditis capituli absque expressione nominum die jovis in festo apostolorum Petri et Pauli, ultimo lapsa, propter injectionem manuum violentarum usque ad sanguinis effusionem in personas D. Laurentii Chamberi, presbyteri, familiaris et domestici et continui commensalis domini archidiaconi Autissiodor., et magistri Petri Tenon, etiam presbyteri et canonici Autissiodor. et quod reconciliatione indigebat, quare sue intentionis erat eandem ecclesiam Autissiodor. die sabbati proxima in festo beate Magdalene reconciliare, dicens ulterius prefatis dominis capitulantibus ut ipsi facerent de suis subditis justitiam secundum exigentiam casus, et quod ob hoc ordinaverat suo officiali quod copiam dicte informationis eisdem dominis capitulantibus traderet : et his dictis recessit a capitulo et ipso domino Semoto a capitulo, prefati domini capitulantes elegerunt venerabiles et circumspectos viros dominos et magistros Joannem Ruffi, promotorem causarum officii capituli, Philippum Coteti, succentorem, et Stephanum Naudeti, omnes presbyteros canonicos Autissiodor., pro recolendo dictam informationem et eam faciendo de novo, si opus esset, ex parte capituli; et fuit conclusum per prefatos dominos capitulantes quod dicta informatio facta ostenderetur consilio capituli, et quod ea que consilium consuleret, super dicta materia fieret.

S. Naudet, scriba.

(Ex. Regist. Cap. Autiss.)

N° 389.

Don d'une chapelle d'ornements à la cathédrale d'Auxerre, par l'évêque Pierre de Longueil.

Extractum ex registris capituli Autissiodorensis.

Die veneris 22 mensis decembris, anno domini 1469.

Venit in capitulum ecclesie Autiss. reverendus in Christo pater et dominus, dominus Petrus, miseratione divina Autissiodor. episcopus, qui prefatis dominis capitulantibus exposuit qualiter ob reverentiam Dei et ecclesie Autiss. suis sumptibus et expensis fecerat fieri unam pulchram capellam vestimentorum alborum magni pretii, munitam quatuor capis, capsula, tunica et dalmatica tribus pannis altaris, uno alio pro parando cathedram episcopalem, ac paramentis trium albarum pro ornatu ecclesie et serviendo eidem, quam capellam sic munitam prefatus reverendus dedit et obtulit dicte ecclesie Autissiodor. absque onere, sed tantum ut dicebat, ut esset associatus precibus et suffragiis dicte ecclesie Autissiodor., de qua prefati domini capitulantes regratiati fuerunt dictum dominum episcopum.

Item supplicavit prefatis dominis capitulantibus, ut si ipsi invicem haberent aliquos processus, odia vel rancores quod ipsi vellent ipsos processus pacificare et rancores de cordibus suis deponere et indulgere alter alteri, ut sincero corde et pura conscientia possent invicem festum Nativitatis Domini proximum celebrare : de quibus exhortationibus prefati Domini capitulantes regratiati fuerunt eundem.

S. Naudet.

N° 390.

Hommage de Châtel-Censoir à l'évêque d'Auxerre.

(An 1470, 5 octobre.)

A toux ceulx qui verront ces présentes lettres. Jehan Chevalier, garnetier de Clamecy, et garde du scel de la prévosté dudit lieu pour monseigneur le comte de Nevers, de Rethel et baron de Donzy, salut. Saichent tuit que en la présence de Martin Grant, clerc notaire et tabellion juré de mondit sieur quant à l'office dudict scel, auquel quant à ce avons commis nostre pouvoir, et des tesmoings dessoubz nommez, du congié et consentement de révérend père en Dieu monseigneur l'evesque d'Aucerre, pour ce personellement estably pardevant ledit révérend, en sa chambre haulte, en son chastel de Varzy, Guillaume Dorgières, escuyer, comme procureur et ou nom de noble homme Jehan de Ferrières, seigneur dudit lieu de Praelles et de Champlenaiz, garni et souffisamment fondé de procuration quant à ce qui s'ensuit, comme il est apparu audit notaire, par lettres de procuration par luy par avant receues, dont la teneur s'ensuit :

A tous ceulx qui verront ces présentes lettres : Jehan Chevalier, garnetier de Clamecy, et garde du scel de la prévosté dudit lieu pour monseigneur le comte de Nevers, de Rethel et baron de Donzy, salut. Saichent tuit que pardevant Martin Grant, clerc notaire et tabellion juré de mondit sieur quant à l'office dudit scel, auquel quant à ce nous avons commis notre pouvoir, pour ce personnellement estably noble homme Jehan de Ferrières, escuyer, seigneur dudit Ferrières, de Praelles et Champlenaiz, lequel certain pourveu et bien conseillé en ce fait a constitué, nommé, estably et ordonné ses procureurs généraulx et certains messaigés espéciaulx, c'est assavoir nobles hommes Guillaume Dorgieres, Jehan de Nusillet, et Jehan Mathe, escuyer, et chacun d'eulx par soy ausquieulx ledit escuyer constituant a donné et donne par ces présentes pouvoir, puissance, auctorité et mandement espécial de faire pour et ou nom que dessus, envers révérend père en Dieu monseigneur l'evesque d'Aucerre, les foy et hommage des terres et seignories que ledict escuyer constituant peut tenir en foy et hommaige dudit révérend à cause des acquisitions par luy faites de monsieur de Charny et aultrement, et aprez ledit fief fait en prendre le récépissé dudit révérend, ainsy que en tel cas est accoustumé faire, et mesmement se ledit escuyer constituant en sa propre personne y estoit jaçoit que les choses dessusdites requissent mandement plus espécial; promettant ledit escuyer constituant, par la foy et serment de son corps pour ce donné corporellement en main dudit juré, et soubz l'obligation de tous ses biens, meubles et immeubles présens et avenir, soy tenir ferme, estable et agréable tout ce que par sesdits procureurs ou l'un d'eulx sera fait, dit, procuré en choses dessusdites et aultrement besoigné et payé l'adjugé se mestier est. En tesmoing de vérité nous, à la relation dudit juré, avons scellé ces présentes lettres dudit scel de ladite prévosté. Donné le troisième jour du mois d'octobre, l'an de grace mil quatre cens soisante et dix, présens noble homme Gemeot de Rancy, escuyer, et maistre Thomas Renouf, requis en tesmoignage par ledict juré, ainsi signé M. Grant.

Iceluy Guillaume Dorgières, procureur dessusdit, oudit nom, supplia et requit audit révérend père en Dieu qu'il luy pleust de sa grace, pour l'honneur et révérence de trez hault et puissant prince monsieur le duc de Bourbon, duquel le dit sieur de Ferrières est officier et son bailly de Beaujolois, et continuellement occupé en ses affaires, recevoir en foy et hommage de certaines terres et seigneuries, possessions et héritaiges par luy depuis quatre ou cinq ans en ça acquises de monsieur le comte de Charny et aultrement, mouvant et tenus en fief dudit révérend et de son église d'Aucerre, et qu'il estoit prest de les luy faire, ou nom que dessus, se son plaisir estoit de les y recevoir. A quoy iceluy révérend aprez aucunes paroles et remontrances, mesmement pour l'honneur de mondit sieur de Bourbon, pour amour d'iceluy Ferrières et de son feu père, comme il disoit, a reçu et admis ledit Guillaume comme procureur et ou nom dudit Jehan de Ferrières, les mains jointes, et sa teste descouverte, par ung baisier et faisant les sermens en tels cas accoustumez, en foy et hommaige des terres et seignories et possessions que souloit tenir et posséder mondit sieur le conte de Charny à Château-Sansoir, ez environs et ailleurs, et lesquelles ledict Ferrières a aquestées de luy, comme dessus est dit, mouvans en fief dudit révérend et de sa dite eglise, à déclarer plus amplement par ledict de Ferrières en son dénombrement, duquel bailler dedans quarante jours ledit révérend luy a enjoint et fait commandement en la personne dudict Dorgières son procureur, sur les peines accoustumées et toutes les choses dessusdites, sauf le droit dudit révérend du quint denier et autres qui lui en seront ou peuvent estre deuz; et aussi le droit d'autruy en tout et partout, et sans préjudice de ses droits et dudit fief pour le temps advenir. De laquelle réception de foy et hommaige dessusdits ledit Guillaume Dorgières a requis et obtenu lettres-patentes pour ledit de Ferrières dudit révérend, soubz son scel de chambre, et semblablement de toutes les choses dessusdites, iceluy révérend père en Dieu a requis avoir lettres ou instrument authentique luy estre fait ou baillé ung ou pluplusieurs, se besoin est, par ledit notaire soubz ledit scel.

Et pour ce en tesmoignage de vérité nous, à la relation dudit juré, avons scellé ces présentes d'iceluy scel de ladite prévosté de Clamecy. Donné le cinquiesme jour du moys d'octobre, l'an de grâce M CCCC LXX, présens Ponthus du Deffens, escuyer, et Girard Pérille, clerc du diocèse de Sens, tesmoins à ce présens et appelez.

(Ex. Tabul. Episc. Autiss.)

N° 391.

Ordre du duc de Bourgogne de détruire le château de Régennes.

(An 1472, 25 octobre.)

Jacques Savoye, conte de Romont et du pays de Vaud, à touz ceulx qui ces présentes lettres verront, salut. Sçavoir faisons comme ainsi soit que le vingt et quatriesme jour de ce mois d'octobre ayons contraint par la force d'assault et et d'armes les capitaines, gensdarmes, bons hommes et autres estant en la place, chastel et forteresse de Régennes à icelle réduire et remettre en nos mains et obéyssance de monseigneur le duc de Bourgogne ; et que en ensuivant le vouloir que mondit seigneur a sur ce, de quoy sommez et certifiez, pour éviter les dommages, grevances et préjudices que pour la force d'icelle place et situation prochaine des pays de mondit seigneur eussent pu estre inferu ausdits pays et subgets, nous ordonné, par la delibération des seigneurs et chevaliers et capitaines estant avec nous, estre mises totalement à démolition et desrochement, à quoy estoit fort procédé en donnant l'assaut par puissance d'artillerie pourtant pour le perfournissement entier de ladite démolition, faisons exortation, de par nous, enjoignons et donnons en mandement de par mondit seigneur le duc au gouvernement, bailly et autres officiers, ou à leurs lieutenans, ensemble tous autres subgets de sa ville et conté d'Aucerre, que incontinent et sans délay, sur peine d'estre tenus et réputez rebelles et désobeyssans à mondit seigneur le duc, et de confiscation de corps et de biens, ils et chacun d'eulx se transportent en ladite place, chastel et forteresse et procédent à la totale démolition, rasement et désertion d'icelle. Car, par l'advis et conseil des dessus nommez, avons ordonné, conclu et délibéré, ordonnons, concluons et délibérons par ces présentes. En tesmoin de ce avons fait sceller ces présentes de notre seel armoyé de nos armes, et signé de nostre seing manuel cy-mis. A Aucerre, le vingt et cinquiesme jour du moys d'octobre, l'an M CCCC LXXII.

Signé, Jacques de Savoye ; *et plus bas,* Barra.

(*Ex. Tabul. Urbis Autiss.*)

Autre ordre du même et conçu en mêmes termes en date du 2 novembre 1472 pour la démolition du château de Beaulche.

N° 392.

Testament de Pierre de Longueil, évêque d'Auxerre.

(An 1473-74, 14 février.)

In nomine Domini, amen. Presentis publici instrumenti tenore cunctis pateat evidenter et sit notum, quod anno a Nativitate ejusdem Domini millesimo quadringentesimo septuagesimo tertio, more gallicano computando, indictione septima, die vero mensis februarii decima quarta, pontificatus sanctissimi in Christo patris et domini nostri domini Sixti, divina providentia pape IV anno tertio, in mei notarii publici testiumque subscriptorum ad hoc vocatorum specialiter et rogatorum presentia, personaliter constitutus reverendus in Christo pater et dominus, dominus Petrus de Longolio, miseratione divina Autissiodor. episcopus, jacens in lecto egritudinis, sanus mente et intellectu, licet corpore debilis, dixit, declaravit, manifestavit quod die decima septima mensis augusti novissime lapsi, ipse reverendus nolens intestatus decedere, testamentum suum seu voluntatem suam extremam fecerat et ordinaverat, quod, seu quàm in scriptis manu sua propria, in tribus foliolis papyri per eundem reverendum mihi notario publico exhibitis, redegerat, et suo manuali signo signaverat. Cujus quidem testamentis seu ultime voluntatis ipsius reverendi patris tenor sequitur et est talis.

In nomine sancte et individue Trinitatis, Patris et Filii et Spiritus-Sancti, amen. Ego P. de Longolio vocatus Autiss. episcopus, etatis septuaginta quinque annorum, sanus mente et corpore, nolens ab hoc seculo intestatus decedere, cum nihil sit certius morte, nihil incertius ejus hora, testamentum meum seu ultimam voluntatem in modum qui sequitur, Deo duce, ordinavi et ordino. Imprimis Deo omnipotenti, creatori meo, animam meam totis fidei et animi viribus commendo, in cujus fide indubitata expresse profiteor me ab hac luce velle decedere ; insuper Virgini gloriose totique celesti curie animam meam commendo, B. Michaeli archangelo, Beato Joanni-Baptiste et Joanni Evangeliste, B. apostolis Petro et Paulo, beatis prothomartyri Stephano, patrono meo, Peregrino, primo sedis Autissiodor. presuli, B. confessoribus Martino, Nicolao et Germano, B. Anne, Marie-Magdalene, Katherine et Genovefe, quorum omnium et aliorum sanctorum et sanctarum precibus et meritis confisus supplico apud beatissimam Trinitatem adjuvari. Deinde volo et humiliter supplico omnia forefacta mea pie emendari, secundum possibilitatem humanam, veniam petens ab omnibus et cunctis benigne parcens.

Item volo debita mea persolvi de quibus legitime constabit. Preterea eligo sepulturam meam in ecclesia Autissiodor. in loco ubi proposuerat sepeliri defunctus dominus Ferricus Cassinelli, tunc Autissiod. episcopus, postmodum ad Remensem archiepiscopatum translatus, juxta et secundum tenorem indulti fratrum meorum decani et capituli Autissiodor.; et si in veritate doceatur quod dictus dominus Ferricus jaceat sepultus in prefata ecclesia Autissiodor., ut aliqui pretendunt, volo et eligo sepulturam meam ante et juxta sedem episcopalem lapideam in dicta ecclesia existentem. Si autem Varziaci vel Conade decedam, volo in ecclesia collegiata B. Eugenie Varziaci vel B. Laurentii de Conada, directe, ante majus altare alterius predictarum ecclesiarum arbitrio meorum executorum deponi seu commendari funus, seu cadaver meum donec possit tute et pacifice ad prefatam ecclesiam Autiss. sponsam et dilectissimam transferri, et civitas ipsa fuerit sub obedientia regis reducta, et in loco preelecto sepeliri.

Item, volo quod die obitus mei, si decedam Autissiodori, duo fratres predicatores, et duo Minores, si vero Varziaci vel Conade decedam, quatuor sacerdotes seculares ante exitum funeris a domo, dicant quatuor psalteria in circuitu dicti funeris, pro salute anime mee, quorum unicuique do et lego decem solidos Turon. Si autem contingat ab hoc seculo me decedere morbo epydemie infectum, ad evitandum scandalum et periculum quod inde oriri possit, predicta quatuor psalteria dicantur post duos dies tunc immediate sequentes, ubicumque me mori contigerit.

Item, volo quod die sepulture mee accendentur quatuor cerei ponderis duodecim librarum, duodecim torchie quelibet ponderis duarum librarum cere, quod quidem luminare serviat in ecclesia sive Autissiodorensi, sive in illa in qua predictum funus commendabitur, vigilis, officiis, et toto officio funeralium.

Item, volo quod die obitus mei, si commode fieri possit alias in crastinum celebrentur tres misse, alta voce; prima in honore S. Spiritus, secunda in honore B. et gloriose semper Virginis-Marie; et tertia pro defunctis, cum recommendationibus fieri solitis in ecclesia in qua ego tumulabor.

Item, cuilibet presbytero celebranti alteram trium predictarum do et lego quinque solidos Turon., diacono duos solidos, et sex denarios Turon. subdiacono totidem.

Item, volo quod die predicta qua celebrabuntur prefate tres misse, aut altera die immediate sequenti, dentur et distribuantur veris pauperibus Christi mendicantibus, non validis, illa die affluentibus in aliquo loco, arbitrio meorum executorum eligendo, decem libre Turon., videlicet cuilibet pauperi quinque denarii Turonenses, et si una die tot pauperes non affluant, quod dicta decem librarum summa distribui non possit, altera die subsequenti perficiatur usque ad dictam summam.

Item, si Varziaci aut Conade decedam, do et lego cuilibet canonico illius ecclesie in qua pro commenda funus meum tumulabitur in sepultura et processione quinque solidos Turon. cuilibet sacerdoti presenti dicta die, sepulture et processioni, duos solidos et sex denarios Turon. Quilibet autem canonicorum et sacerdotum predictorum eadem die teneatur dicere *De profundis*, cum oratione *Deus, qui inter apostolicos sacerdotes, et fidelium*, pro salute anime mee et parentum meorum.

Item, volo quod dum ab ecclesia in qua pro commenda funus meum tumulabitur, ad ecclesiam Autissiodor. tute delatum fuerit, dentur cuilibet canonico Autiss. presenti in processione capitulari obviam prefato funeri venienti, et in vigiliis et tribus missis in dicta ecclesie Autissiodor. tunc celebrandis existenti, decem solidi Turon., cuilibet canonico tortrario quinque solidi Turon., et cuilibet capellano et chorario presenti duo solidi et sex denarii Turon. Pueris vero in albis prefate ecclesie do et lego quadringinta solidos Turonenses semel, ea conditione apposita, quod ipsorum quilibet, infra tres dies, post sepulturam meam in predicta ecclesia Autiss. dicat septem psalmos penitentiales cum litania, pro salute anime mee.

Item, volo quod octava die a predicta sepultura in eadem ecclesia Autiss., nisi fuerit dominica, prefati pueri in albis cantent alta voce in capella Sancti-Alexandri unam missam pro defunctis per magistrum puerorum celebrandam; pro cujus misse celebratione et decantatione do et lego magistro puerorum celebranti quinque solidos Turon. et prefatis pueris in communi viginti solidos Turon.

Item, volo et ordino quod funeralium meorum sumptibus persolutis super omnibus bonis meis mobilibus et debitis, petatur, levetur et recipiatur ab omnibus meis debitoribus, tam in civitate, comitatu Autiss. quam Giaci, Apponiaci et Tociaci, summa sexcentorum scutorum auri, summa recepta per prenominatos meos executores exponatur et convertatur per eos pro dotatione et fundatione unius misse perpetuo celebrande ad altare jam constructum et consecratum, retro majus altare chori prefate ecclesie Autissiodor.; quam missam volo singulis hebdomadis per canonicos et tortrarios predicte ecclesie celebrari, secundum ordinem per capitulum ipsius ecclesie faciendum, sicque omnes canonici in celebratione dicte misse preferantur, deinde omnes et singuli tortrarii fiat tamen distributio seu mercedis solutio equalis, tortrario sicut canonico, pro celebratione prefate misse, ad altare Sancti-Alexandri decantari, que dicitur missa puerorum in albis; predictam autem missam, ordine et modo sequentibus volo celebrari, videlicet quod sacerdos, ipsam missam, die dominica, celebraturus eam, secundum exigentiam temporis celebrare teneatur, nisi dicta die dominica festum annuale, solemne vel duplex occurrat, quo casu fiat missa de predicto festo occurrente; si autem ipsa die dominica festum duplex tantum occurrat, fiat nec omittatur memoria pro defunctis cum oratione *Deus, qui inter apostolicos sacerdotes*. Feria secunda, tertia, quarta et quinta fiat et celebretur missa pro defunctis cum prima et principali oratione *Deus, qui inter apostolicos sacerdotes*, et in predictis quatuor feriis et ipsarum qualibet pro memoria defunctorum dicantur alie tres orationes subsequentes: *Deus, qui nobis patrem et matrem, Deus, venie largitor, et fidelium*. Feria sexta celebrabitur predicta missa de cruce et fiat memoria pro defunctis cum oratione *Deus, qui inter apostolicos sacerdotes*, et si illa die aliquod festum occurrat, fiat de ipso memoria cum aliis memoriis et orationibus ad devotionem celebrantis: die sabbati fiat officium misse de beata et gloriosa semper Virgine-Maria, et memoria pro defunctis cum ratione predicta *Deus, qui inter apostolicos sacerdotes*, et de festo si aliquod illa die occurrat.

Item, volo et ordino quod sacerdos hebdomadarius celebrans dictam missam perpetuam, postquam in fine misse casulam deposuerit, antequam albam devestiat, et singulis diebus hebdomade teneatur adire locum sepulture mee cum aspersorio aque benedicte, et super dictam meam sepulturam dicat Antiphonam *Subvenit sancti Dei* cum orationibus *Deus, qui inter apostolicos sacerdotes, Deus, qui nos patrem et matrem, Deus, venie largitor, et fidelium*, pro salute anime mee et parentum meorum, deinde aspergat aqua benedicta predictam meam sepulturam. Dicti autem decanus et capitulum tenebuntur sacerdoti predictam missam celebranti de clerico coadjutore, luminari et aliis necessariis suis expensis providere.

Item, prefatas sepulturam et fundationem in dicta Autissiodorensi ecclesia fiendas, intelligo et expresse declaro, dum sub obedientia regis civitas Autiss. fuerit reducta, aut de ipsius licentia et non alias. Si vero civitatem ipsam ad ipsius domini obedientiam contingerit non reduci ante multos annos, volo arbitrio prenominatorum meorum executorum prefatam aut consimilem fundationem alibi fieri, aut in alia pietatis aut devotionis opera converti et applicari.

Item, do et lego fratri meo magistro Guillelmo de Longueil, archidiacono Autissiodorensi, partem et portionem meam quam aquisivi a defuncto magistro Petro de Valle, in et super minagiis Autissiodor., et vineam meam quam acquisivi a defuncto Guillelmo Damade, sitam in territorio de Capra, prope ecclesiam Sancti-Gervasii.

Item eidem fratri meo lego et remitto omnes et singulas pecuniarum summas per ipsum et quacumque causa mihi debitas.

Item do et lego fabrice ecclesie Paris., in qua fui canonicus, centum solidos Turon.; ecclesie Constantiensi, in qua etiam fui canonicus, centum solidos Turonenses.

Item, fabrice ecclesie Beati-Benedicti Beneversi Paris., in qua sacramentum baptismi suscepi, do et lego centum solidos Turonenses.

Item, nepoti meo et filiolo, magistro Petro de Longueil, archidiacono Puisaye, do et renuncio summam ducentorum scutorum auri quam sibi mutuavi in adversitate et necessitate sua, eo tamen adjecto quod dictus nepos meus teneatur et sit obligatus exponere et solvere summam quinquaginta scutorum auri in reparatione, aptatione vestimentis et ornamentis capelle Sancti-Johannis-Evangeliste in conventu FF. Minorum Paris. existenti, in qua jacent sepulti domini genitor et genitrix, ceterique fratres, nepotes et parentes nostri, quam quinquaginta scutorum auri summam prefatus nepos modo predicto exponere teneatur infra tempus per prefatos meis testamenti executores eidem prefigendum.

Item, nepotibus meis, magistris Anthonio et Petro de Longueil, fratribus, do et lego omnes et singulos libros meos, tam juris divini canonici quam civilis, sive latino, sive in gallicano, quocumque nomine seu volumine nuncupetur et scripti sunt, sive in pergameno, sive in papyro, ubicumque existant seu reperiantur : volo tamen prefatos libros inter nepotes meos predictos equaliter dividi et amicabiliter partiri, compensatis hinc inde valoribus alterius ad alterum.

Item, do et lego nepoti meo Nicholao de Longueil, summam triginta scutorum auri, ea tamen conditione quod pro parte ipsius, suorumve aut aliorum quorumcumque, ad causam successionis defuncti fratris mei magistri Philippi, prepositi ecclesie Remensis, et ceterarum cedularum seu literarum per me scriptarum et signatarum, et per me acquittatarum et contentarum in eisdem mei executorum seu causam habituri nullo modo vexentur seu inquietentur, sed quitti teneantur.

Item, do et lego nepoti meo magistro Guillelmo de Corbie, et sorori mee Marie, relicte defuncti fratris mei magistri Johannis de Longueil, summam ducentarum quadraginta trium librarum et quatuor solidos Paris., valentes summam trium centum quatuor librarum Turon., mihi per curiam parlamenti contra dominum comitem Nivernensem taxatam, pro certis expensis per me factis inter ipsos meos nepotem et sororem meam, mediatim et equaliter dividendam et percipiendam, eisque cedo omne jus meum, omnemque actionem contra ipsum dominum comitem, contra Johannem Baudru, castellanum suum Donziaci, et quemlibet alium quem ipsum debitum tangere potest et poterit in futurum.

Item, do et lego prefato cognato meo, magistro Petro de Portis, tunicam meam bonam de moreta, foderatam bonis martreis, in recompensationem servitii pluribus annis mihi per eum impensi.

Item, do et lego magistro Johanni Guillot, aliam tunicam meam bonam, nigri coloris, foderatam etiam martreis, in recompensationem servitiorum suorum mihi et ecclesie mee per eum factorum.

Item, do et lego Guillelmo de Apponiaco, filiolo fratris mei archidiaconi Autiss. omne jus et omnem actionem quam habeo in certa vinea mea sita in territorio Autissiodor., in finagio dicto Clerion, quam olim dedi nepti mee Guillermete relicte magistri Petri de Valle, causa nuptiarum, ea conditione quod si sine sui corporis heredibus decederet ad me et meos rediret.

Item, volo et ordino quod totum bonorum meorum residuum, si quod sit, testamento meo penitus completo, per meos executores distribuatur in pios usus, prout anime mee saluti viderint expedire.

Item, do et lego futuro et immediato successori meo in episcopatu Autissiodor. mitras meas cum crossa seu baculo pastorali, necnon duobus annulis pontificalibus et libris pontificalibus magno et parvo, sandaliis, kirothecis, tunica, dalmatica satini albi, ac libro in quo misse et lectiones in festis annualibus et solemnibus ac temporibus ordinationum continentur, cum omnibus archis, directoriis, scamnis, mensis et cubilibus ligneis in domibus episcopalibus Autissiod. existentibus, et mihi pertinentibus, ea tamen conditione et non alias quod meos causam habentes et hujus mei testamenti executores tenebit quittos, nec eas litibus molestabit super reparationibus episcopatus fiendis, quas novit Deus et docet experiencia, secundum valorem reddituum et amplius feci, viso statu et ruina edificiorum tempore quo promotus fui ad dictum episcopatum, ac habita consideratione ad summam sex viginti librarum quam solum ab executoribus testamenti defuncti domini predecessoris mei immediati pro reparationibus ruinarum suis in temporibus obventarum recepi, et magnis sumptibus et expensis per me factis in processibus ad conservationem jurium episcopatus, tam in curia parlamenti quam alibi : quamvis reparationes ruinarum dicti mei predecessoris immediati temporibus obventarum ad summam quatuor millium librarum Turon. et amplius essent taxate.

Item, do et lego omnibus et singulis familiaribus meis domesticis, salarium conventionale a me non percipientibus cuilibet ipsorum centum solidos Turon.; et volo et ordino quod omnes meis prefati familiares tam habentes quam non habentes salarium conventionale, post obitum meum vivant si velint in domo, meis sumptibus et victualium expensis, et si de solutione dictorum salariorum aliqua questio oriatur inter eos et meos executores, volo dictorum meorum familiarium juramento deferi super veritate, verumtamen nullus ipsorum ultra decem libras Turon. annuatim lucratur.

Hujus autem mei testamentarie seu ultime voluntatis volo, eligo et nomino executores, si eis placeat, prenominatos magistrum Guillelmum de Corbeia, in parlamento presidentem, magistros Petrum de Portis et Johannem Guillot, quorum duo et ipsi possunt et valeant ad executionem prefati testamenti procedere, alio absente vel non vocato, dumtamen predictus cognatus meus de Portis sit semper unus ex ipsis duobus.

In quorum omnium et singulorum testimonium prefatum testamentum meum manu propria scriptum, signo meo manuali quo utor signavi, anno Domini millesimo quadringentesimo septuagesimo tertio, decima septima mensis augusti.

P. Autiss. episcopus.

(*Tiré d'une copie ancienne.*)

N° 393.

Bref de notification de la translation d'Enguerrand Signart à l'évêché d'Auxerre.

(An 1475, 1ᵉʳ mars.)

Sixtus episcopus, servus servorum Dei, dilectis filiis universis vassalis ecclesie Autissiodor., salutem et apostolicam benedictionem. Hodie venerabilem fratrem nostrum Inguerrandum episcopum Autiss. licet absentem, a vinculo quo ecclesia Saluberiensi, cui tunc preerat, tenebatur, de fratrum nostrorum consilio et apostolice potestatis plenitudine absolventes, cum ad ecclesiam Autissiodorensem, tunc per obitum bone memorie Petri dum viveret episcopi Autissiodor., extra romanam curiam defuncti, pastoris solatio destitutam, de dictorum fratrum consilio apostolica autoritate transtulimus, ipsumque eidem ecclesie Autissiodor. in episcopum prefecimus et pastorem curam, et administrationem ejusdem ecclesie Autiss. sibi in spiritualibus et temporalibus plenarie committendo, prout in nostris inde confectis litteris plenius continetur. Quocirca universitati vestre per apostolica scripta mandamus, quatenus eundem episcopum, tanquam patrem et pastorem animarum nostrarum, devote suscipientes, et debita honorificentia prosequentes, ei fidelitatem solitam, nec non consueta servitia et jura si a nobis debita exhibere integre studeatis, alioquin sentiam sive penam quam idem episcopus rite tulerit seu statuerit in rebelles ratam habebimus et faciemus, auctore Domino, usque ad satisfactionem condignam inviolabiliter observari.

Datum Rome, apud Sanctum-Petrum, anno Incarnationis Domini millesimo quadringentesimo septuagesimo quinto, idibus martii, pontificatus nostri anno quinto.

Mar. de Urbino, H. Jacobi. *Super plica*, M. Zoccho, N. de Gottifredis.

(*Ex autographo.*)

N° 394.

Lettres d'abolition aux Auxerrois d'avoir tenu le parti du duc de Bourgogne, et de confirmation de priviléges.

(An 1476-77, janvier.)

Loys, par la grace de Dieu, roy de France, savoir faisons à tous présens et advenir, comme incontinant après que noz chers et bien amez les gens d'eglise, nobles, officiers, bourgeois, manans et habitans de nostre ville et comté d'Aucerre ont sceu le trepas de feu nostre frère cousin Charles, en son vivant duc de Bourgoigne, ils se soient concluz et délibérez d'eulx reduire, mettre et tenir en nostre obeyssance comme noz bons, vrais et loyaulx subjetz; et en ce démonstrant par effect aient fait pleine et entière ouverture de ladite ville à nostre amé et féal conseiller et maistre d'hostel Jehan Rappine, et aient fait en ses mains les seremens de fidelité en tels cas acoustumez, nous, qui avons tousjours cogneu par vraie experience la bonne loiauté et grande affection qu'ils ont tousjours eu à nous et à la couronne de France, ainsi que présentement l'ont démontré par effect, désirans par ce et pour autres grans, justes et raisonnables considéracions à ce nous mouvans, les entretenir, garder et préserver de toutes molestacions, ausditz gens d'église, nobles officiers, bourgeois, manans et habitans de nostre dicte ville et conté d'Auxerre, de quelque estat, qualité ou condition qu'ils soient, en général et à chacun d'eulx en particulier, avons de nostre certaine science, propre mouvement, grace espécial, pleine puissance et autorité roial aboly, quicté, remis et pardonné, et par la teneur de ces présentes abolissons, quictons, remettons et pardonnons tous les cas, crimes, offenses et déliz quelx qu'ilz soient, qu'ilz et chacun d'eulx pevent avoir faiz, commis et perpétrez à l'encontre de nous, la couronne de France, nostre autorité, majesté roial, soit en ayant adhéré avec feu nostre frère et cousin le duc de Bourgongne et autres noz adversaires, rebelles et désobéyssans subgetz, en guerre ouverte ou autrement, durant les divisions et différences passées, en ayant proféré paroles deshonnestes, prins, pillé, rençonné ou autrement, en quelconque forme et manière que lesdiz cas soient advenuz, sans ce qu'ils soit jamais besoing les exprimer en jugement, ne dehors, ne en faire autre plus ample spécificacion ou déclaracion ; ensemble toutes peines, amendes et offenses corporelles criminelles et civiles, en quoy pour occasion desdiz cas, ilz et chacun d'eulx pourroient estre encouruz envers nous à justice; et les avons restituez et restituons en leurs bonnes fames et renommées, et à tous leurs biens meubles estant en nature de chose, et héritages quelxconques quelque part qu'ilz soient situez et assis en nostredit royaume; et sur ce imposons silence perpétuel à nostre procureur présent et advenir, et à tous autres nonobstant quelxconques dons que en avons faiz, déclarations de confiscacions, appeaulx, procès, bannissemens, sentences, décretz, condemnacions, vendicions et autres choses qui pourroient avoir esté faictes au contraire. Lesquelx ensemble toutes choses qui pourroient avoir esté ou estre ensuivies à ceste cause nous avons cassées, révoquées et adnullées, révoquons, cassons et adnullons et mettons du tout au néant, tout ainsi que se oncques n'en avoit esté ou estoit aucune chose faicte au contraire. Et de nostre plus ample et habondant grace tous et chacun les prévilèges coustume, usages, libertez, franchises, exempcions, donnez et octroiez ausdiz gens d'église, officiers, nobles, manans et habitans de nostre dicte ville et conté d'Aucerre, tant en général que en particulier par nos progéniteurs roy de France et contes dudit Auxerre, avec le previlège de la gauge (jauge) estant audit lieu d'Auxerre et des quatre maistres jurez d'icelle avons louez, ratiffiez, confirmez et approuvez, louons, ratiffions et confermons et approuvons; voulons et nous plaist qu'ilz en joissent entièrement, plainement et paisiblement, sans aucun débat, contredit ou empeschement.

Si donnons en mandement, etc.... Et pour ce que de ces présentes les gens d'église, officiers, nobles, bourgeois, manans et habitans de ladicte ville et conté d'Aucerre ou aucun d'iceulx pourroient avoir à besoigner en plusieurs et divers lieux, nous voulons que au vidimus d'icelles fait soubz scel roial, foy soit adjoustée comme à ce présent original. Et afin que ce soit chose ferme et estable à tousjours nous avons fait mectre nostre scel.

Donné à Selomme en Vendosmois au mois de janvier, l'an de grace M. CCCC. LXXVI, et de nostre règne le seiziesme.

Par le roy, le comte de Merle maréchal de France, les sires du Lude gouverneur du Daulphiné, du Bouchage, Philebert, Boutillat, trésorier et autres présens. Signé : de Chaumont.

Lecta publicata et regratiata pro gaudendo privilegiis, franchisiis et libertatibus in hujusmodi litteris contentis quatinus in antea recte et juste gavisum est. Actum in parlamento, decima die marcii anno M° CCCC° LXXVI°. Signé : Brunat.

Scellé du grand sceau dont il n'y a plus que les lacs coupés.

(Ext. de l'original aux arch. de la ville, case B. paquet 3.)

N° 395.

Relation de la prise de possession de la ville et comté d'Auxerre par les officiers du roi, dans l'assemblée générale des habitans; où sont rapportés les préliminaires de cette cérémonie, le serment de fidélité prêté par les bourgeois, les lettres de remerciement du roi, l'élection des députés qui devront se rendre auprès de lui, etc.

(An 1476-77, 14 janvier.)

A tous ceulx qui ces présentes lectres verront, Jehan Regnier, escuier, seigneur de Montmercy, bailli d'Aucerre, salut. Savoir faisons que en une congrégacion et assemblée faicte pardevant nous, le quatorzième jour de janvier l'an mil CCCC soixante et seze, en la chambre du conseil à Auxerre, ou estoient presens plusieurs gens d'église ; les officiers du roy nostre sire à Aucerre, les douze bourgois jurez, gouverneur, procureur du fait commun et plusieurs notables bourgois, manans et habitans de la ville dudit Aucerre, illec assemblez en grant et souffisant nombre. En laquelle assemblée vindrent et arrivèrent noble homme Jehan de Bosredont, seigneur de la Roche, lieutenant de noble et puissant seigneur monseigneur le gouverneur de Champaigne, lieutenant général du roy nostre dit seigneur; et aussi noble homme Jehan Rapine, conseiller et maistre d'ostel d'icelui seigneur; par lequel monseigneur de la Roche fut dit et et déclairé en ladite assemblée que mondit seigneur le gouverneur, deuement informé du trespas de feu monseigneur le duc de Bourgongne, que Dieu absoille, lui avoit chargié venir hastivement en ceste ville d'Aucerre pour prendre pour le roy nostre sire la possession et saisine de ladicte ville et conté dudict Aucerre, et icelle mectre en son obéissance. Et que pour estre cercioré de la mort dudict feu monseigneur le duc de Bourgongne, avant qu'il voulsist entrer en ceste dicte ville, y avoit envoyé monseigneur de Coursant, accompaigné d'ung hérault d'armes pour requérir ladicte obéissance pour le roy; et ledict monseigneur de la Roiche demeuré au lieu de Héry actendant la response de mondict sieur de Coursant. Neantmoins pour aucunes nouvelles qui depuis lui estoient survenues il s'estoit avancé de faire son entrée en ceste dicte ville pour requérir ladicte obéissance et faire faire le serement aux gens d'église, officiers, nobles, bourgeois, manans et habitans de la ville et conté dudict Aucerre, de estre et demourer perpétuellement vraiz et obéissans subgietz du roy nostre dict seigneur. Et en ce mesme instant, en ladicte assemblée, par mondict seigneur le maistre d'ostel fut présenté de par le roy nostre dict seigneur unes lettres missives addressans aux gens d'église, officiers, bourgeois, manans et habitans de ladicte ville et conté, portans créance, et desquelles lettres fut fait lecture en icelle assemblée. Et la lecture faicte desdictes lettres par mondict seigneur le maistre d'ostel, fut dit et déclairé que le roy lui avoit baillé charge expresse de venir en ceste ville et conté d'Aucerre et à lui commandé et ordonné de prendre la possession et saisine desdictes ville et conté et les mectre en son obéissance; et oultre à prendre le serement en particulier et en général des gens d'église, officiers, nobles, bourgois, manans et habitans d'icelle ville et conté, de estre et demourer à tousjoursmais perpétuellement vraiz et obéissans subgietz au roy nostredit seigneur, et de obéir à tous ses bons commendemens comme bons et loyaulx subgietz sont tenus et doivent faire à leur naturel et souverain seigneur. En requérant par ledict monseigneur le maistre d'ostel ausdictz gens d'église, officiers, bourgois, manans et habitans que ainsi le voulsissent faire. Ce qu'ilz firent libéralement et de bon cuer, en remerciant en toute humilité au roy nostredit seigneur de ce que son bon plaisir et noble vouloir estoit de les réunir à la coronne de France à laquelle ils estoient de long temps annexez. Et pour monstrer leur vraie obéissance baillèrent et délivrèrent es mains de mondict seigneur le maistre toutes les clefz des portes et poternes de ladicte ville, pour en faire et ordonner au bon plaisir et noble vouloir du roy nostredict seigneur.

Et le serement fait par lesdicts gens d'église, officiers, bourgois, manans et habitans de ladicte ville d'Aucerre, es mains de mondict seigneur de la Roche et dudict monseigneur le maistre d'ostel, incontinent iceulx seigneurs de la Roche et maistre d'ostel envoyèrent pardevers le roy lui faire savoir la vraie obéissance qu'ils avoient eue en icelle ville d'Aucerre, dont le roy nostredit seigneur fut très-content et renvoya hastivement le messaige que pour ceste cause sondit maistre d'ostel avoit envoyé pardevers lui au lieu de Selommes garni de deux lettres missives que le roy nostredit seigneur escripvoit pardeça, c'est assavoir unes lettres ausdicts gens d'église, nobles, officiers, bourgeois et habitans de sa ville dudit Aucerre et les autres lettres à sondit maistre d'ostel. Et pour lesdictes lettres veoir et sur icelles conclure et délibérer au bon plaisir et vouloir du roy nostredit seigneur, aujourd'hui par l'ordonnance et commandement de mondit seigneur le maistre d'ostel a esté faicte une assemblée générale en l'ostel des bourgeois et habitans d'Aucerre, en laquelle estoient présens et assistans les gens d'église, officiers, bourgois, manans et habitans dudit Aucerre, en grant et souffisant nombre.

En laquelle assemblée, après ce que mondit seigneur le maistre d'ostel a fait faire lecture de ses lettres de institution de gouverneur et capitaine de l'Aucerrois à lui octroiees par le roy nostredit seigneur, a esté fait lecture desdictes lettres envoyées par icelui seigneur ausdicts gens d'église, officiers, nobles, bourgois et habitans dudit Aucerre, contenans en effect qu'il avoit sceu par sondit maistre d'ostel la vraie obéissance que lui avoient faicte et que en démonstrant leur loyaulté estoient les premiers qui s'estoient mis en ses mains dont si acertes et de bon cuer que faire le povoit il leur remercioit, et que en rémuneracion de ce il estoit délibéré de les entretenir et gardez en leur libertez et franchises, et aussi en tous leurs estas et offices, et que se aucunes subvencions avoient esté mises sur eulx du temps du feu duc, que le roy les abolissoit, et les maintiendroit et traicteroit ainsi qu'ilz estoient du temps du duc Philippe. Et oultre qu'il envoyoit commission à son dit maistre d'ostel pour exercer le gouvernement de la conté et capitainerie de sa ville dudict Aucerre jusques à ce que aultrement y eust ordonné. Et lui mandoit qu'il amenast pardevers lui les plus notables genz de sa dicte ville dudit Aucerre pour leur remercier leur bonne obéissance et pour faire envers eulx tant qu'ils devroient estre contens, ainsi que plus à plain est contenu esdictes lettres signées de la main du roy nostredit seigneur et escriptes à Seloimmes le xviie jour de janvier.

Et par unes autres lettres, le roy nostredit seigneur escripvoit à sondit maistre d'hostel que après ce qu'il auroit tout mis en seurté qu'ils s'en retournast pardevers lui et qu'il lui amenast des plus notables personnes de sa ville d'Aucerre, tant de l'église que des suppostz d'icelle, pour les remercier de leur bonne et vraie obéissance, et pour leur confirmer leurs privilèges et leurs estas, car il estoit délibéré de les bien traicter aussi bien et mieulx s'il povoit qu'ilz estoient du temps du duc Philippes, et qu'ils leur fist apporter procuration de ceulx de la conté pour lui faire le serement et les asseurer hardiement qu'il recongnoistroit envers eux la vraie obéissance qu'ilz avoient monstré avoir envers lui, veu qu'ils estoient les premiers qui s'estoient mis en ses mains, ce qu'il n'obliroit jamais et le recongnoistroit en tous leurs affaires; ainsi que plus à plain est contenu esdictes lettres signées de la main du roy nostre dit seigneur escriptes à Selommes, ledit xviie jour de janvier derrenier passé.

Après laquelle lecture faicte desdictes lettres, a esté conclut et délibéré par tous les dessusdiz, en ladicte assemblée, que en obtempérant ausdictes lettres seront envoiez de par lesdiz gens d'église, officiers, bourgois et habitans de la ville d'Aucerre pardevers le roy nostre dict seigneur, en la compaignie de mondict sieur le maistre d'ostel, révérendz pères en Dieu, messeigneurs les abbez des églises de Saint-Germain et Saint-Marien, vénérables et discretes personnes maistres Jehan Odry official, messires Estienne Naudet et Guy Avrart, chanoines de l'église de Saint-Estienne d'Aucerre, esleuz et députez de par le clergié; nous Jehan Regnier, escuyer, seigneur de Montmercy, bailli dessusdit, Jehan Tyart, escuier, seidu Mont-Saint-Suppliz, gruyer, honnorables hommes et saiges maistres Blaise Tribolé, licencié en lois advocat, Germain Trouvé, licencié en lois esleu, Claude Labbé, grenetier du grenier à sel, maistre Jehan Johannis, docteur en médecine, gouverneur du fait commun, Jacotin Cesare, receveur dudit fait commun, Robin de Beauvoir et Pierre de Pognes, bourgois jurez de la ville dudit Auxerre; Pierre Ferrou marchant et bourgois dudit Aucerre, esleuz et députez de par lesdicts officiers, bourgois, manans et habitans, accompaignez ainsi que à leurs personnes appartient; et à iceulx commis et députez baillé instruccions et mémoires touchans les requestes que lesdiz gens d'église, officiers, nobles, bourgois, manans et habitans de ladicte ville vouloient faire au roy nostredit seigneur. Ausquelx commis et députez lesdiz gens d'église, officiers, bourgois et habitans, par vertu d'unes lettres de procuracion par eux passée en ladicte assemblée pardevant deux tabellions royaulx, ont donné et octroyé plain povoir, auctorité et mandement espécial de faire envers le roy nostredict seigneur ou celuy ou ceulx qu'il luy plaira ordonner et commander, tout ainsi et par la forme et manière qu'il sera contenu et exprimé en leursdictes instructions et mémoires, et es choses contenues en icelles faire autant et au tel que les constituans feroient et faire pourroient se tous présens y estoient en leurs personnes. Si comme plus à plain peut appoir par lesdictes lettres de procuration. Et que tous les fraiz qui se feroient par lesdiz commis et députez en ceste partie, ensemble leurs salaires et vacations qu'ilz feront en la poursuite des choses dessusdictes, seront paiez des deniers communs d'icelle ville et cité d'Aucerre, et aussi tous les dons présens et despenses faictes depuis la venue de mondict seigneur de la Roche, monseigneur le maistre d'ostel et dudit seigneur de Coursan, aux gens et officiers du roy nostredit seigneur; et aussi en délibérant des besongnes et affaires de ladite ville et cité et autres fraiz et mises faictes et qui se feront touchant la matière dont dessus est faicte mention et les dépendances d'icelle. Lesquelz fraiz, mises, dons, présens et despenses seront paiez par le receveur dudit fait commun selon les mandemens des gouverneurs dudit fait commun présens et advenir qui lui seront adrecez. Lequel en ce faisant en sera tenu quitte et à plain deschargé et lui sera déduit et aloé en ses comptes sans difficultés, sauf en recouvrer sur les gens d'église, officiers, nobles, bourgois et habitans des villes et villages de la conté dudit Aucerre leur part et portion desdiz fraiz selon leur quotité. Et en cas que les deniers de ladite...., etc. (Les neuf dernières lignes de la pièce sont endommagées).

(Original, Archives de la ville d'Auxerre, pièce 6°, Paquet 3, case B.)

N° 396.

Extrait des lettres de la création du bailliage d'Auxerre.

(An 1476-77, janvier.)

Louis, etc. Par ces présentes faisons créons et establissons et érigeons en nostre dite ville et conté d'Aucerre, à tousjours, perpétuellement, baillage, siége et juridiction ordinaire et royale et en chief, sous le nom et tiltre de bailly royal d'Aucerre seulement, comme sont les autres bailliz de nostredit royaume. Et avons ordonné et ordonnons que ledit siége et jurisdiction d'icelui baillage sera tenu et exercé doresnavant en nostredite ville d'Auxerre, où viendront, ressortiront et respondront les bourgoys, manans et habitans d'icelle ville, cité et conté d'Aucerre, et toutes les villes qui sont enclavées en icelle conté, avecques toutes les autres villes et habitans nobles et non nobles, qui sont de fief et arrière-fief d'iceluy ou d'autres quelconques, et semblablement toutes les villes, villaiges, les habitans et demourans en icelles, nobles, et non nobles, de quelque estat ou condicion qu'ils soient, situez au assis oudit eveché d'Aucerre, et autre part, entre lesdites rivières de Loire, d'Yonne et Queure, tout ainsi et par la forme et manière qu'ilz faisoient d'ancienneté aprez l'union fete de la dite conté à la couronne par notre feu prédécesseur Charles cinquième; et qu'ils étoient au temps et par avant le bail fait par feu nostredit seigneur et père à nostredit oncle Philippe de Bourgoingne, et seront faiz, poursuiviz, discutez et déterminez par ledit bailly d'Aucerre ou son lieutenant tous procès, questions et débaz qui viendront et y seront d'icellui conté et de l'ancien ressort d'icellui bailliage; et ressortiront nuement plainement et sans moyen en souveraineté en nostre court de parlement à Paris.

Donné à Selommes, ou mois de janvier M CCCC LXXVI, et de nostre règne le XVIe.

Par le roy, le conte de Merle, mareschal de France, les sires du Lude, du Bouchage, Philebert Boutillat, trésorier, et autres présens.

Signé : de Chaumont.

(Original, Archives de la ville).

Les lettres qui attribuent à la chambre des comptes à Paris la connoissance des affaires qui regardent le domaine, sont aussi à peu près dans le même style ; elles finissent ainsi :

Donné au Plessis-du-Parc-les-Tours, le XXII décembre 1477, de nostre règne le XVIII. Par le roy, l'evesque d'Albi, etc., présens. Leudo.

N° 397.

Lettres du roy Louis XI concernant l'étendue du territoire qui ressortira à Auxerre sur le fait des aides et du grenier à sel.

(An 1476, février.)

Loys, par la grace de Dieu roy de France. Savoir faisons à tous présens et advenir nous avoir receu l'humble supplication de nos chers et bien aimez et bourgeois, manans et habitans de nostre ville et conté d'Aucerre, contenant que feu de bonne mémoire Charles de France acquist et achepta en son vivant ladite conté d'Auxerre, avec ses appartenances et dépendances quelconques, de feu Jehan de Chalon, lors conte de Tonnerre; et icelle comté unit et annexa à la couronne de France; et en ce faisant voulut et ordonna, par privilège sur ce octroyé ausdits habitans, que toutes les terres situées et assises entre les rivières de Cure, Loyre et Yonne, et les enclaves, fiefs et arrièrefiefs, gens d'église, nobles, bourgeois et aultres habitans d'icelle qui seroient plus prochains de ladite ville d'Auxerre que de Ville-neuve-le-Roi respondroient et contribueroient, tant en aides que au grenier à sel, et sortiroient juridiction en ladite ville d'Aucerre; duquel privilège et ordonnance lesdits supplians jouirent et usèrent par certain longtems et jusqu'à ce que feu nostre trez cher sieur et père, que Dieu absolve, par certains traictés et appointemens faicts entre luy et feu nostre oncle le duc Philippes de Bourgogne, bailla et transporta à icelui oncle ladite comté d'Aucerre; au moyen duquel bail lesdites terres et enclaves situées entre lesdites rivières furent séparées et distraites de ladite comté et jointes à Tonnerre et ailleurs, au baillage de Sens, soubz nostre obéyssance et jurisdiction, ou ils ont toujours depuis esté et demeuré et sont encore de présent. Et pour ce que par le moyen du trespas de feu notre cousin Charles, duc de Bourgogne, nagueres dècedé, ladite ville et comté d'Aucerre nons sont retournées, et icelles avons prins mis et joints à nostre couronne et domaine, iceulx supplians nous ont fait humblement supplier et requérir que attendu ce que dit est, et que nous n'avons aucun domaige ou intérest si lesdites terres assises entre lesdites rivieres et enclaves reviennent et retournent contribuer et respondre sur le fait desdites aydes et grenier à sel avec ceux de ladite ville et comté d'Aucerre, ainsi qu'elles faisoient paravant lesdites traités et appointemens faits avec nostredit feu oncle Philippe, duc de Bourgogne, il nous plaise en enterinant ledit privilège à eux sur ce donné par ledit feu roy Charles V, comme dit est, ordonner que doresnavant lesdites terres et enclaves cy entre lesdites rivières et les habitans en icelles soient doresnavant contribuables, ressortissans et responsables pour le faict desdites aides et grenier à sel avec les habitans de nostredite ville et comté d'Aucerre, et sur ce leur impartir notre grace.

Pourquoy nous, ces choses considerées, inclinant favorablément à la supplication et requeste desdits supplians, en faveur de la bonne affection et vouloir qu'ils ont monstré par effet avoir à nous et à la couronne de France en eux réduisant et soubmettants libéralement et de grand couraige à nostre obéyssance, et nous reconnoissants leur naturel et souverain seigneur incontinent qu'ils ont esté advertis de la mort de nostredit feu cousin. A iceux supplians pour ces causes et aultres à ce nous mouvans, et afin que doresnavant ils soient plus enclins de continuer leur bonne loyauté envers nous, avons octroyé et octroyons, voulons et nous plaist de grace especiale, pleine puissance et autorité royale, par ces présentes, que toutes les terres, habitans et subjets d'icelles situées et assises entre lesdites rivières de Cure, Loyre et Yonne, et les enclaves fiefs et arriere-fiefs d'icelles qui seront trouvées plus proches de ladite ville d'Aucerre que de Ville-neuve-le-Roy, soient doresnavant, perpétuellement et à tousjours tant que ladite comté sera en nos mains contribuables, ressortissans et responsables sur le fait desdites aydes et grenier à sel avec lesdits habitans de nostredite ville et comté d'Aucerre ; et lesquelles terres et habitans en icelle nous avons quant à ce réjoint et réunit, rejoignons et réunissons par cesdites présentes avec nostredite ville et comté d'Aucerre, le tout en ensuivant le contenu dudit privilège donné ausdits supplians par nostredit prédécesseur le roy Charles cinquiesme, et ainsi que par vertu d'iceluy privilège ils en usoient et jouissoient deuement et justement paravant lesdites traités et appointemens faits par nostredit feu sieur et père avec nostredit oncle le duc Philippe de Bourgogne.

Si donnons en mandement par cesdites présentes à nos amez et féaulx ses généraulx conseillers par nous ordonnez sur le fait de la justice de nos aides à Paris, aux esleus sur le fait decdites aydes et aux grenetier et controlleur dudit lieu d'Aucerre, et à tons nous autres justiciers et officiers où à leurs lieutenans, présens et avenir, et à chacun d'eulx, si comme à luy appartiendra, que appelé nostre procureur, s'il leur est apparu ou appert dudit privilège dont dessus est faite mention, et de la jouissance que lesdits supplians dient avoir eue et déclaration sur ce préalablement faite, ils facent nostredite présente ordonnance, volonté et octroy garder, entretenir, observer et accomplir de point en point, selon leur forme et teneur, le tout ainsi que ledit privilège le contient, en contraignant à se faire et souffrir lesdits habitans et subjets desdites terres et enclaves situées entre lesdites rivières, et tous autres qu'il appartiendra, par toutes voyes dues et raisonnables, à contribuer et respondre audit lieu d'Aucerre sur le fait desdites aydes et grenier à sel, par la matière dessusdite ; car ainsy nous plaist-il de estre fait nonobstant ladite séparation et division faite desdites terres et enclaves dans ladite ville et comté d'Aucerre, par le moyen desdits traités et appointemens faits par nostredit feu sieur et père avec nostre dit feu oncle le duc Philippe de Bourgogne, oppositions ou appellations quelconques, ordonnances, mandemens et deffenses à ce contraire ; en faisant cesdites présentes crier et publier en lieux où l'on a accoustumé faire criée et proclamations afin que aucun n'en puisse prétendre cause d'ignorance. Pour ce que d'icelles l'on pourra avoir à besongner en plusieurs et divers lieux, nous voulons que au *vidimus* d'icelles, fait soubz scel royal, foy soit adjoutée comme à l'original. Afin que ce soit chose ferme et stable à tousjours, nous avons fait mestre nostre scel à cesdites présentes, sauf en autres choses nostre droit et l'autrui en toutes. Donné à Péronne, au moy de febvrier, l'an de grace M CCCC LXXVI, et de nostre règne le seizième.

Signé sur le reply:

Par le roy, Le comte de Marle, mareschal de France, les sieurs de Lude, de Meignes et autres présens, L. Tindo.

(*Tiré d'une ancienne copie.*)

N° 398.

Lettres de Louis XI aux habitants d'Auxerre, par laquelle il les remercie de leurs avis sur la ville de Dijon, et leur recommande de se bien garder.

(An 1477, 16 juillet.)

De par le Roy.

Chers et bien amez, nous avons reçu vos lettres, et vous mercions des bons advertissemens que nous avez faiz touchant la ville de Dijon. Toutefois Dieu mercy et Nostre-Dame et monsieur S. Martin, la chose est bien venue selon le mal. Quant au regard de vous, nous vous prions que vous vous preniez bien garde quels gens entreront en votre ville, et que n'y souffrez entrer nuls gens de guerre, ne autres que vous ne sçavez bien qui ils sont, afin que aucun inconvénient n'en puisse avenir, et nous advertissez souvent de ce qui surviendra par de là, et vous nous ferez bien singulier plaisir. Donné à Arras ce v° jour de juillet.

Signé, Louis, *et plus bas*, Le Sure.

Reçues le 16 juillet 1477.

(*Original, Archives de la ville.*)

N° 399.

Concordat entre Jean Baillet, évêque d'Auxerre et son chapitre.

(An 1478-79, 5 janvier.)

A tous ceulz qui ces présentes lettres verront : Pierre d'Appoigny, conseiller du roy nostre sire, et Simon Tribolé garde du scel de la prévosté d'Aucerre, salut. Sçavoir faisons que pardevant Blaise Moirote, clerc, tabellion et notaire juré du roy nostredit sire, de par luy estably en la cour de ladite prévosté, comparurent en leurs personnes révérend père en Dieu monseigneur Jehan Baillet, par la permission divine evesque d'Aucerre, pour luy d'une part, et vénérables et discretes personnes maistre Thomas la Plotte, doyen, maistre Jehan Henriet, Nicole du Croc, Guy Bertault, Jehan Odry, David Dugué, Germain de Taingy, Edmond Boileau, Guillaume Arbaleste, Jehan Chevalier, Jehan Mauvoisin, Jehan Gamard, Guillaume Emengeard, Jehan Chasneau, Estienne Gerbault, Jehan Menigot, Nicole Guillot, Ponthus du Deffens, tous chanoines de l'église d'Aucerre, assemblez ensemble en leur chapistre, capitulans et leur chapistre tenans au lieu, heure et en la manière accoustumée, pour et au nom de ladite église, disant icelles parties, mesmement lesdits vénérables doyen et chapistre, que à cause de la fondation, dotation et augmentation de leur église, ils ont droit de prendre, avoir, recevoir et percevoir sur l'evesché d'Aucerre, rentes et revenus d'iceluy, un chacun, en plusieurs et divers termes, la somme de cens quatorze livres, douze deniers tournois de rente annuelle et perpétuelle, déclarée en certain arrest de la cour de parlement, daté du huitiesme jour du moys d'avril mil quatre cent vingt et ung avant Pasques, dont par ledit révérend, ainsi que disoient lesdits vénérables, leur en estoient dus demie année eschue et finie à Noel dernier passé, que ledit révérend avoit différé payer entièrement, pour certaines causes cy aprez déclarées ; c'est-à-sçavoir que les terres, seigneuries, rentes, possessions et revenus de sondit eveschié estoient en la pluspart destruites et diminuées au moyez des hostilitez et guerres nagueres passées, en quoy ledit eveschié estoient grandement interressé et endomaigé, mesmement en la destruction du chastel de Régennes et du village et appartenances d'Appoigny qui avoit esté et encore estoit une partie bruslé, dépopulé, et plusieurs aultres grands dommaiges et interests advenus audit eveschié, et aultre part, par lesdites guerres, ainsi qu'il est bien notoire; disoit aussi, ledit révérend, que pour parvenir à ladite dignité il estoit un chascun an tenu de payer à monsieur de Majorc, maistre Enguerrand Signart, son prédécesseur evesque dudit d'Aucerre, certaine grande pension, et plusieurs aultres grandes causes et raisons par ledit révérend remonstrées ausdits vénérables, au moyen desquelles considérations eue à icelles, ledit révérend disoit ladite somme de cent quatorze livres douze deniers tournois, ainsi par luy deue, luy devoit estre faite modération.

Lesdits vénérables par certains moyens, causes et raisons qu'ils entendoient à proposer disans au contraire, mesmement que leurs terres et seigneuries estoient semblablement destruites et dépopulées.

Finablement lesdites parties, mesmement lesdits vénérables doyen et chapitre ainsi assemblez et capitulans, comme dit est, désirans avoir l'amour et benevolence dudit révérend paix et union avec luy, ainsi que faire se doibt, recongnurent et confessèrent avoir de ce traité, transigé, octroyé et acordé, et en la présence du juré traitèrent, transigèrent, octroyent et accordent audit révérend, en la manière qui s'ensuit : c'est-à-sçavoir que ladite somme de cent quatorze livres, douze deniers tournois de rente annuelle et perpétuelle, que ledit révérend à cause de sondit eveschié a cogneu et confessé devoir, et en icelle somme estre un chacun an tenu envers lesdits vénérables et leurdite église, aux termes et pour les causes contenues audit arrest, iceluy révérend, pour les causes et considérations que dessus, dujourd'huy jusques au chief et terme de six ans, tant seulement, ne leur payera, ne sera tenu de payer, que la somme de quatre-vingt livres tournois, chacun an, à laquelle lesd. vénérables ainsi assemblez et capitulans, comme dit est, ont icelle somme de cent quatorze livres douze deniers tournois modérée et ramenée pour ledit temps et terme de six ans tant seulement, et que durant iceluy temps de siz ans il soit et demeure evesque dudit Aucerre, soubz telle condition toutes voies que s'il advenoit que durant lesdits six ans et avant la fin d'iceulx ledit révérend trouvast moyen de abolir et éteindre la pension qu'il est tenu chacun an payer audit evesque de Majorc, par récompense ou aultrement, ou que iceluy de Majorc décédé et aille de vie à trépassement, en ce cas ladite présente modération sera incontinent annullée, et payera ledit révérend ausdits vénérables toute ladite somme de cent quatorze livres douze deniers tournois, ainsi qu'il est contenu ez arrests et aultres titres et enseignemens servans à ce ; le tout sans préjudice toutefois du droit que iceulx vénérables doyen et chapistre ont de prendre et avoir entièrement un chacun en ladite somme, et des lettres d'arrest et autres traiteiz et enseignemens qu'ils en ont, lesquels demeurent en leur force et vertu. Et en faveur de ce présent traité, ledit révérend, en récompense des choses dessusdites, et afin que le divin service puisse par lesdits vénérables mieux estre fait et entretenu en ladite église, a consenti et consent que lesdits vénérables, qui de présent sont et seront doresnavant cerez, et auront églises parrochiales oudit diocèse ou eveschié d'Aucerre, en faisant leur résidence en ladite église, comme dit est, soient francs et quittes de non résider en leursdites cures, tellement que par ledit révérend, ne par ses vicaires ou officiers à ce commis, ne puissent estre contraints à en payer aucun droit de non-résidence durant le temps de ladite grace, et que ladite modération aura lieu ; et semblablement pourront iceulx vénérables curez mettre en leursdites cures, pour icelles régir et gouverner, gens idoines et suffisans lesquels ils présenteront audit révérend ou à sesdits vicaires ou officiers, ausquels ainsi présentez seront tenus de donner licence pour icelles cures régir et gouverner et desservir *in spiritualibus*, sans ce que par ledit révérend ou sesdits officiers soit pris ne exigé aucune chose desd. commis pour le droit de licence, sinon la somme de cinq souls que lesdits commis seront tenus payer chacun an pour le coust de la lettre de leurdite licence, et sans préjudice des aultres droits, devoirs et preéminences synodales et aultres quelconques esquels lesdits curez et commis pourroient estre tenuz audit révérend à cause de sa dignité episcopale. Et avec ce a consenti et consent ledit révérend pour l'amour qu'il a ausdits vénérables que quand il adviendra qu'il visitera son eveschié et diocèse d'Aucerre, et que entre les autres églises seront par luy visitées les cures et eglises parrochiales que tiennent et tiendront ou temps advenir lesdits vénérables, durant le temps de ladite modération, iceluy révérend ne prendra, ne levra ne par ses gens ou officiers aucuns droits de procuration due à cause de ladite visitation, ains iceluy droit de procuration a remis et donné ausdits vénérables durant icelle modération, ensemble et avec tout le droit de censive que lesdits vénérables luy doivent et peuvent devoir à cause de leurs héritaiges qu'ils ont en la censive et justice dudit révérend tant au lieu d'Aucerre, Appoigny, comme aultre part.

Car ainsi a-t-il esté passé, consenti et accordé par lesdites parties, et mesmement par ledit révérend. Promettans, c'est-à-sçavoir ledit révérend par sa foy pour ce corporellement donnée en parole de prélat, et lesdits vénérables en paroles de prestres, la main mise au pis, et soubz l'obligation des biens temporels dudit eveschié et de ladite église, toutes et chacunes les convenances dessusdites tenir, garder, entretenir et accomplir de point en point selon leur forme et teneur, sans enfraindre ne contrevenir, et mesmement ledit révérend de rendre et payer ladite somme de quatre-vingt livres tournois par la manière dessus divisée, et tenir les choses cy dessus par luy accordées, sur peine de rendre et payer tous cousts, pertes, dommages, dépens et intérests qui par faisant le contraire seront faiz et encoureuz; et quant à ce lesdites parties se soubzmirent et obligèrent à la jurisdiction et contrainte de la cour de ladite prévosté et à toutes autres cours et juridictions pour y être contraints et justiciez par la prise vendue et exploitation d'iceulx biens, renonçans en ce fait lesdites parties par leurdite foy à toutes actions, exceptions et déceptions, cautelles et cavillations, à tout escript et non escript, canon et civil à la déception d'oultre la moitié du juste prix, et généralement à toutes les choses qui tant de fait comme de droit qui contre la teneur de ces présentes lettres pourroient estre dites ou opposées; présens et appelez à ce par ledit juré maistre Pierre Souef, praticien en cour d'église, et Collas le Moyne, tixerant, demourans à Aucerre.

En tesmoing de ce nous garde dessusdit, au rapport dudit juré, avons scellé ces lettres du sçel de ladite prevosté, qui furent faites et passées audit Aucerre, le cinquiesme jour de janvier, l'an de grace M CCCC LXXVIII, † et de leurd. chapistre d'une part. Ainsi signé, Moirote, avec parafe.

(Tiré d'une ancienne copie).

N° 400.

Lettres de Louis XI aux habitans d'Auxerre, par lesquelles il leur annonce sa prochaine arrivée et leur demande s'il fait bon et sûr dans leur ville.

(An 1479, 27 décembre.)

Chiers et bien amez : pource que nous avons intention de aller aprez ces festes de Noel en nostre ville d'Aucerre et ou pays d'environ pour traiter et besongner avec nostre cher et féal cousin le comte de Brienne, gouverneur de pais de Bourgogne et de Champaigne, d'aucunes matières qui grandement nous touche, nous vous prions que vous faictes incontinent savoir par nostre chier et bien amé varlet de chambre ordinaire Henry le Routier, lequel nous envoyons présentement par delà, s'il fait bon et seur en ladite ville, et si la mortalité est cessée, et qu'il n'y ait point de faulte. Donné au Plesseys-du-Parc, le XXVII jour de décembre. *Signé*, Loys, *et plus bas*, de Doyat.

Reçues le 4 janvier 1479.

(Tiré de l'original.)

N° 401.

Don d'Enguerrand Signart, évêque d'Auxerre, au chapitre.

(An 1482, 24 mai.)

In nomine sancte et individue Trinitatis, Patris et Filii et Spiritus-Sancti, amen. Universis presentes litteras inspecturis, capitulum ecclesie Autissiodor., decano absente, salutem in Domino sempiternam. Quia quod inter homines agitur propter eorum labilem memoriam multoties evanescit, vel saltem quandoque revocatur in dubium, unde frequenter materia oritur questionis; ad perpetuam ergo memoriam, non solum rationi congruum imo de justitia naturali et equitate necessarium arbitramur, ut illis nos et collegium nostrum obnixe affectos reputemus a quibus cognoscimus beneficia recepisse, aliter enim de ingratitudinis vitio (quod abominabile merito judicatur, et à quibusvis fidelibus maxime viris ecclesiasticis debet effectualiter abhoreri) possemus non immerito reprehendi. Sane recolentes et pia meditatione revolventes qualiter reverendus in Christo pater et dominus, Inguerrandus Signardi, sacre theologie professor ordinis Fratrum-Predicatorum, nunc Majoricensis episcopus, et nuper Autissiodor., zelo devotionis accensus et affectionem quam ad nostram habet ecclesiam demonstrans ut de ipso parentibus, amicis, et benefactoribus suis viventibus et defunctis, jugis et perpetua memoria in dicta nostra ecclesia haberetur et habeatur, centum sexaginta duas libras et decem solidos Turonenses nobis erogavit, et per eximium virum religiosum magistrum Thomam Hervii etiam sacre theologie professorem ejusdem ordinis Fratrum-Predicatorum, nobis quoad infrascripta facienda per eundem reverendum specialiter destinatum realiter tradi fecerit in pecunia numerata, in augmentationem reddituum et possessionum dicte nostre ecclesie convertendas nobis per dictum magistrum Thomam supplicare faciendo ut dicta pecuniarum summa, mediante unum anniversarium, plenius in dicta nostra ecclesia, ob ipsius anime parentum et suorum benefactorum remedium annuatim et perpetuo, decima die mensis julii, videlicet in vesperis diei precedentis vigilias defunctorum, et ipsa decima die missam de S. Spiritus, quandiu ipse reverendus vitam duxerit in humanis, et post ejus decessum de defunctis haberemus celebrare, si ipsa die decima commode fieri poterit. Preterea nobis supplicare faciendo ut propter devotionis affectum quem ad conventum Fratrum-Predicatorum Autissiodor. habet et gerit, et ad fratres ejusdem conventus Autissiodor., dum dictum celebrabitur anniversarium, duo religiosi presbyteri ejusdem conventus nobiscum possint et valeant assistere, consimilem distributionem ex redditibus de dicta pecuniarum summa acquirendis provenentem, prout unus ex nostris canonicis, quilibet ipsorum percepturi.

Notum facimus quod nos, in capitulo nostro ad sonum campane, ut moris est, congregati, capitulantes, capitulumque nostrum tenentes, matura deliberatione et solemni tractatu super premissis (inter nos) prehabitis, considerantes fore congruum et rationi consonum quod qui de suis bonis temporalibus Deo et Ecclesie elargitur, fiat et retributio spiritualis, eidem reverendo in Christo patri et domino, domino Inguerrando, episcopo prenominato, gratiose concessimus, et harum serie concedimus litterarum, quod ex nunc et in perpetuum nos et successores nostri, ob remedium animarum ipsius et aliorum pro quibus orare et benefacere proponit et tenetur, prefatum anniversarium, modo forma et tempore supra declaratis, annuatim et perpetuo celebrare ad magnum altare prefate nostre ecclesie, juxta ipsius reverendi patris piam et devotam intentionem, nos et successores nostros perpetuo onerando et obligatos reddendo, promittentes nostro et dicte nostre ecclesie, successorumque nostrorum nominibus, bona fide, et sub ypoteca et obligatione omnium dicte nostre ecclesie bonorum temporalium, omnia et singula premissa sic per nos concessa, perpetuo et inviolabiliter tenere, facere et adimplere, una cum luminari anniversariis solemnibus fieri solito. Datum in capitulo nostro, sub sigillo nostro, una cum signo manuali notarii et scribe nostre jurati, anno Domini millesimo quadringentesimo octuagesimo secundo, die vigesima quarta mensis maii.

(Tiré d'une ancienne copie.)

N° 402.

Certificat du bailly d'Auxerre en faveur des exemptions des Auxerrois entre l'Yonne et la Loire.

(An 1482, 5 octobre.)

Jean Regnier, escuyer, seigneur de Montmercy, conseiller et escuyer des écuries du roi notre sire, bailly d'Aucerre, salut. Sçavoir faisons à tous qu'il appartient que par privilège donné et octroyé aux bourgeois manans et habitans de la ville et cité d'Auxerre, par feu le roi Charles V, cuy Dieu absoille, et confirmé par ses successeurs roys de France, de toutes les denrées et marchandises que lesdits bourgeois et habitans menent ou font mener et conduire entre les rivières d'Yonne et de Loire, ez lieux, passaiges et détroits ou banlieue n'est accoustumé de lever aucun droit de truiage et péage à cause desdittes denrées et marchandises quand lesdits bourgeois passent ou repassent ou font passer et repasser leursdites denrées ou marchandises par lesdits détroits; et mesmement aux lieux de la Ferté-la-Loppiere et Château-Renart, à cause d'icelles marchandises et denrées ils ne doivent ne sont tenus de payer aucuns droits de truaiges ne péages, mais en sont et ont toujours été francs, quittes et exempts de toute ancienneté, comme apparu nous a par lesdits privilèges, et parce que de ladite exemption les avons vu joyr et user pleinement et paisiblement le tems et espace de trente ans et plus sans aucun contredit ou empeschemens qui soit venu à notre connoissance, et ce certifions par ces présentes. Donné à Aucerre, sous le contre-scel dudit baillage, le v° jour d'octobre M CCCC LXXXII.

Signé, Boisart.

(Tiré de l'original.)

N° 403.

Permission du roi Charles VIII aux habitans d'Auxerre de construire une horloge.

(An 1483, 4 janvier.)

Charles, par la grace de Dieu roy de France : aux gouverneur et bailly d'Aucerre ou à leurs lieuxtenans, salut. Nos chers et bien amez les bourgois, manans et habitans de nostre ville d'Aucerre nous ont fait dire et remonstrer que pour le bien, utilité et prouffit de ladite ville, et voyans que il estoit et est très necessaire, ont puis naguères emprins et marchandé de faire ung orloge, cloche et appeaulx d'icellui avec la charpenterie et autres choses necessaires pour l'eddiffice d'icellui orloge, pour servir à ladite ville jour et nuyt, et pour faire guet quand le cas y escherra, et aussi pour dangier de feu, parce que en icelle n'y a orloge dont on se puisse bonnement aidier. Mais pour ce que iceulx habitans, tant pour raison des guerres que par cy devant ont eu cours, que aussi pour la stérilité de bien des années passées, ont esté fort travailliez et apovris, il ne leur seroit possible fournir aux fraiz qu'il convient faire pour ladite orloge, sinon que ce feust des deniers communs d'icelle ville, ce qu'ilz n'eussent osé, ne ozeroient faire, sans sur ce avoir congié et licence de nous, en nous humblement requérant que attendu ce que dit est, et qu'il est bien nécessaire, et aussi chose fort honeste avoir en une telle cité où afflue et habite grant peuple ung bel orloge, il nous plaise leur permectre et octroyer que des deniers communs de ladite ville ils puissent faire faire lesdit orloge, cloche et appeaulx, charpenterie et autres choses nécessaires d'icellui, et sur ce les pourveoir de remède convenable, si comme ils dient, humblement requérant icellui. Pourquoy, nous, ces choses considérées, voulans subvenir ausdits exposans et iceulx favoriser en leurs affaires, à iceulx pour ces causes avons permis et octroyé, permectons et octroyons de grace especial par ces presentes que des deniers communs de ladite ville, soit de ceulx que leur avons octroyez ou autres ils puissent et leur loise faire faire ledit orloge, cloche, appeaulx, charpenterie et autres chose nécessaire pour l'édification d'icellui, et les deniers qui par eulx ou leurs receveurs sont ou auront en ce esté employez, voulons estre alouez en la despense des comptes dudit receveur du fait desdits deniers communs par cellui ou ceulx qu'il appartiendra, sans y faire aucune difficulté, pourveu toutes-voyes que la pluspart desditz manans, et habitans se consentent à ce.

Si vous mandons, commandons et expressement enjoignons et à chacun de vous si comme à luy appartiendra que de nostre présente grace, permission et octroy vous faictes, souffrez et laissiez lesdits exposans jouyr et user pleinement et paisiblement sans en ce leur faire mectre ou donner ne souffrir estre fait, mis ou donné aucun destourbier ou empeschement au contraire. Car ainsi nous plaist-il estre fait, nonobstant que lesdits deniers communs eussent esté et soient ordonné pour convertir et employer en autres usaiges, ordonnances et lettres subrepticess à ce contraire. Donné à Tours, le xxe jour de janvier, l'an de grace M CCCC LXXXIII, et de notre règne le premier.

Par le roy, à le relation du conseil.
Amy.
(Archiv. de l'hôtel de ville, original.)

N° 404.

Lettre du roi Charles VIII, aux habitans d'Auxerre, portant ordre d'arrêter les vagabongs et les pillards.

(An 1484, juillet.)

De par le Roy.

Chers et bien amez, nous avons esté advertis que il y a plusieurs gens de guerre et mauvais garçons qui tiennent les champs, et qui font plusieurs pilleries et maulx infinis sur nostre pouvre peuple : et pour ce que nous sommes délibérez de ne souffrir lesdites pilleries, nous voulons que pugnicion et justice soit faite desdits pillards, nous voulons et vous mandons bien expressement que tous ceulx que vous trouverés qui ont tenu les champs, et vivent sur notre povre peuple allans, venans ou passans par votre ville, ou que y trouverez, vous detroussiez, preniez et mettrez prisonniers instamment et sans délay, et sans en souffrir aucune délivrance pour quelques personnes que ce soit, sans avoir égard sur ce à lettres, mandemens de nous, en manière que lesdites pilleries cessent, et n'y faites faute sur tout le service que nous desirez faire.

Donné au bois de Vinciennes, le xxixe jour de juillet.

Charles, *et plus bas,* Le Sure.

N° 405.

Enquête sur le droit de visite épiscopale dans les prieurés du diocèse d'Auxerre.

(An 1484, 6 janvier.)

A tous ceulx qui ces présentes lettres verront : Pierre d'Appoigny, lesné, escuyer seigneur d'Asnières, et Simon Tribolé, garde du scel du roy nostre sire en la prévosté d'Aucerre, salut. Sçavoir faisons que Jehan Masle, clerc, notaire juré du roy nostredit seigneur, et de par luy estably en ladite prévosté nous a rapporté et certifié pour vérité que aujourd'huy datte de ces présentes à la requeste de révérend père en Dieu maistre Jehan Baillet, evesque d'Aucerre, il s'est transporté avec les tesmoings soubscriptz par devers et aux personnes de vénérables et discrètes personnes Estienne Gerbault chanoine d'Aucerre, âgé de cinquante trois ans ou environ, Jacques Coichu, aagé de cinquante ans ou environ, Loys Riote aagé de quarante et six ans ou environ, tous prestres et chanoines de l'eglise collégiale de Notre-Dame de la Cité d'Aucerre, Nicole Odry, prestre curé de l'eglise parrochiale de Merri-Sec, aagé de quarante-six ans ou environ et Andrier Quesneau, prestre curé de l'eglise parrochiale de S. Georges lez-Aucerre, aagé de cinquante ans ou environ; lesquels pardevant ledit juré et des tesmoings soubzcriptz ont dit, certifié et tesmoigné pour vérité, c'est à sçavoir lesdits Coichu, Odry et Quesnau qu'ils sçavent bien que les prieurs de S. Sauveur et de Mostiers, membres dépendans de l'eglise et monastère de Saint-Germain d'Aucerre, de l'ordre de saint Benoist, prennent la pluspart des dismes, oblations et autres droits parrochiaulx desdites cures de S. Sauveur et Mostiers, et ce dient sçavoir, c'est-à-sçavoir ledit Choichu qu'il a esté long-temps curé dudit lieu de S. Sauveur lez dit Mostier, et ledit Odry et Quesneau, parce qu'ils ont conversé souventefois ausdits lieux, et que ainsi l'ont ouy dire par plusieurs foys aux prieurs et curez d'icelles cures et à leur commis, et mesmement ledit Quesneau par ce qu'il a tenu cure parrochiale contigue d'iceulx lieux et lesdits Gerbault, Riote avec iceulx Coichu, Odry et Quesneau qu'ils sçavent bien que la coustume est notoire en l'evesché d'Aucerre que les prieurs de la regle S. Benoist qui sont assis et situez ou diocèse d'Aucerre payent *in pecunia numerata vel in pastu* audit révérend et aux archidiacres de l'eglise d'Aucerre le droit de procuration à eux deue pour raison de la visitation par eulx faite ez eglises parrochiales estant ou lesdits priorez sont assis et situez, et esquelles les prieurs prennent et perçoivent la plus grande part des droits parrochiaulx, comme dit est, et ce dient sçavoir; c'est-à-sçavoir lesdits Gerbault et Riote, parce qu'ils ont esté présens quand feu de bonne mémoire maistre Pierre de Longueil, en son vivant evesque dudit Aucerre a visité plusieurs eglises parrochiales estans soubz lesdits priorez comme de Gien-le-Viel, Bony, Andrye, La Charité, Donzy, Oanne, Saint-Verain des Boys; et que aprez la visitation faite, que les prieurs desdits lieux ont payé audit feu de Longueil le droit de procuration en argent ou *in pastu*, et que eulx mesme par plusieurs fois l'ont receu en argent; et ledit Coichu parce qu'il a esté présent à visiter plusieurs desdites eglises, et que ainsy que dit est, l'a veu payer à feu maistre Jehan des Molins, en son vivant archidiacre de Puisaye en ladite eglise d'Aucerre, et que d'aucuns prieurs en a receu pour et ou nom dudit feu des Moulins, et que tant qu'il a esté curé dudit lieu de S. Sauveur que ceulx qui de son temps estoient prieurs dudit S. Sauveur payoient le droit de procuration à cause de ladite visitation ausdits feu et evesque et archidiacre.

Desquelles choses ainsy dites et déposées comme dit est, cy-dessus, vénérable et discrete personne maitre Jehan Odry, licentié en decret, grand archidiacre en ladite eglise d'Aucerre, tant pour ledit révérend comme pour luy et leurs successeurs a requis audit juré avoir lettres et instrument, ung ou plusieurs; qui par ledit juré leur a esté octroyé pour leur valoir et proffiter en temps et lieu ce que de raison. Donné présens et appellez ad ce en tesmoignage vénérable et discrette personne maistre Jehan Chevalier, licencié en decret, chanoine en ladite eglise d'Aucerre et chantre de l'eglise collégiale S. Martin de Clamecy, et honnorable homme maistre Pierre Souef, maistre-ez arts, et bachelier en decret. En tesmoing de ce nous garde dessusdit, à la rélation dudit notaire juré avons scellé ces présentes du scel de la dite prevosté qui furent dites, affermées et octroyées et faite le six du moys de janvier, l'an M CCCC XCIV. Ainsi scellé Masle, et signé du scel royal en cire verte.

(Ex autographo.)

N° 406.

Hommage de Châtel-Censoir, etc., rendu à l'évéque Jean Baillet.

(An 1484, 13 mars.)

A tous ceux qui ces présentes lettres verront : François Barre, prestre, chapelain de Varzy et garde du scel de la prévosté dudit lieu pour révérend père en Dieu monsieur l'evesque d'Aucerre, salut. Sçavoir faisons que aujourd'huy tréziesme jour de mars l'an de grace mil quatre cent quatre-vingt et quatre, heure de six heure aprez midy dudit jour ou environ, ou chastel dudit révérend audit Varzy, en la présence de Vincent Gailleu, clerc, notaire et tabellion commun juré dudit révérend père à l'office du scel et des tesmoings cy soubzscriptz et nommez furent présens en leurs personnes noble seigneur messire Jehan de Ferrières, chevalier, seigneur dudit lieu de Champlenas et de Presles, d'une part, et révérend père en Dieu monsieur Jehan, par la grâce de Dieu et du Saint-Siége apostolique evesque dudit Aucerre, d'autre part. Lequel messire Jehan de Ferrières a requis et supplié ledit révérend qu'il luy pleust de le repcevoir et admettre en foy et hommaige des terres, chevances, seignories, justices, villages, boys, prez et appartenances d'iceulx qui s'ensuivent : c'est-à-sçavoir d'une tour carrée appelée d'anciennelé la Tour de Chastel-Censoy, du four Bourgelier, assis audit Chastel-Censoy, de la moitié d'ung aultre four partant par indivis avec l'abbé dudit Chastel-Censoy, d'une pièce de boys appelée le boys de Villers, contenant six-vingt arpens ou environ, d'une aultre pièce de boys appelée le boys de Boullay, contenant environ trente ou quarante arpens, de plusieurs pièces de prez assis en la prairie dudit Chastel-Censoy contenant environ quatre arpens, du village de Foullin, justice et seignorie dudit lieu, des prez et terres situées et assises ou village de Lucy, d'un moulin assis et situé prez de Lugny ou diocèse d'Aucerre, appelé le moulin des Planches, des villages d'Arcy et de Monbutoys; lesquelles héritages et chacun d'eulx ledit seigneur de Ferrières tient en foy et hommaige dudit révérend à cause de son église, eveschié et dignité épiscopale dudit Aucerre, en leur offrant luy en faire les devoirs de feaulté en tel cas requis et suppliant audit révérend que se aucuns héritages, terres, chevances et seigneuries tenoit audit titre dud. révérend, lesquelz ilz n'ait nommé, spécifiez ne declarez presentement qu'il lui plust de sa grace l'en recepvoir, et il estoit prest et appareillé d'en faire les devoirs de féaulté comme il appartient envers ledit révérend ; lequel révérend inclinant à la requeste dudit chevalier aprez les devoirs de féaulté par luy faits envers ledit révérend l'a receu en foy et hommage desdites terres, chevances et seigneuries dessusdites, et lui a enjoint bailler son dénombrement desdites terres dedans quarente jours sur les peines en tel cas accostumez, que ledit seigneur de Ferrières a promis faire.

Dont et desquelles choses dessusdites et chacune d'icelles lesdits seigneurs ont requis et demandé audit notaire juré lettres et instrument leur estre fait et baillé pour leur servir et valoir en temps et lieu ce que de raison, ce qu'il a fait en cette forme. En tesmoing desquelles choses, nous, à la rélation dudit juré, lequel nous a relaté lesd. choses dessusd. estre vrayes, avons scellé ces présentes lettres du scel de ladite prévosté. Donné les jour, an et lieu dessusd. présens vénérables et discrettes personnes M° Raol, Chef de Ville et François Barre, garde du scel dessusd. licencié en loix et decret, Jehan des Chesnes et Jehan le May, prestres tesmoings à ce requis et appelez.

Gailleu.

(*Ex Tabul. Episc. Autiss.*)

N° 407.

Lettres de Charles VIII aux habitans d'Auxerre qui les avertit d'être sur leurs gardes.

(An 1485, août.)

De par le Roy.

Chiers et bien amez : vous avez peu veoir et savoir comme en l'hyver passé aucuns cuidèrent troubler nostre royaume en esmouvant principalement nostre trez cher et trez sage frère et cousin le duc d'Orléans à ce faire, lequel toutevoyes cognoissant les trez grands inconvéniens qui s'en pourroient ensuivre, s'envoya excuser devers nous par plusieurs fois, et depuis y vint en sa personne, par quoy aussi et pour l'affection que lui avons toujours portée avions mis en oubly touchant sa personne, ce que à nostre trez grand desplaisir avoit esté dit, fait et escrit pour lors, confiant que si dangereuses entreprises ne se pratiqueroient plus en notre royaume. Mais néantmoins notredit frère et cousin, à l'appétit de qui que ce soit, a puis n'a guerre receuilly ung grand nombre de gens de guerre vivant sur notre peuple, lesquels avecque luy et autres se sont retirez et mis ès ville de Blois et Baugency, et pour mandemens et commandemens qui leur ont esté faits de par nous ne se veullent despartir, ne se retirer en leurs maisons, dont noùs n'avons cause d'estre contens ; car s'ils aymoient le prouffit de nous et de nostre royaume ils tiendroient autres termes et se départiroient des foules, entreprises et perturbations qu'ils donnent à nostredit royaume, soubz umbre de plusieurs paroles controvées par lesquelles ils se parf.... justifier le trez grand mal qu'ils font.

Et pour ce que de pis en pis ils persévèrent en leur propos, nous sommes delibérez y donner prompt provisions et et procéder à l'encontre d'eulx, en manière que le désordre et la pillerye cessent, et notre peuple soit delivré d'appréhension, et que la force et autorité nous en demeure ; dont vous advertissons à ce que comme bons et loyaulx subjetz vous entendez et assistez à nous de tout vostre pouvoir, ainsi que avez accoustumé, sans vous arrester ne prester oreilles à leurs mauvaises intentions, et mesmement à ce qu'ils dient que nous avons demandé aux gens de nostre royaume et mis sur nostre peuple en cette année présente une grande somme de deniers. Car comme nous avons fait dire et déclarer nous sommes trez desplaisans dont il fallu par nécessité que nous feissions demander ladite somme, ce que avons esté contraints de faire pour pouvoir fournir et remédier au grant désordre et aux restes excessives ou ceulx qui de présent conduisent cette assemblée et rebellion nous avoient mis et laissé en l'année que nous veinsmes à la couronne, comme le tout peut estre à chacun notoitoire, et à quoy ne pouvons aultrement pourveoir ; et pour savoir se quelque bon remède si pouvoit trouver et rabiller la faute qui par avant y avoit esté par eulx faite, nous, estant dernièrement à Gyen avant que feissions besogner au fait de de nos finances, leur envoyames le sieur du Bouchage et autres nos financiers et gens de nos dites finances avecque les estats et charges estant sur icelles pour les prier que ils vinssent devers nous ou qu'ils advisassent quel remède nous y pourrions donner, mais oncques n'y vinrent ne vouloient agir ne regarder cesdits états, ne sur ce aucun conseil ou advis nous donner.

De toutes lesquelles choses cy-devant escriptes, nous vous avons bien voulu advertir, afin que sçachez et soyez informez de la vérité. Au surplus nous vous enjoignons, ensemble nous vous mandons, commandons expressement que ne recevez d'eulx aucunes lettres, articles ou remontrances quelconques par escript ou de bouche, mais se aucunes lettres vous étoient portées de leur parties nous envoyrez à toute diligence, ainsi que aultrefois avez fait en détenant prisonnier tous ceulx qui les porteront, et d'iceulx ne faites délivrance sans notre expresse commandement.

En vous mandant en oultre faire bonne et sure garde de vostre ville pour nous, et que n'y receviez ni laissiez entrer ne converser aucunes gens de guerre non ayant sur ce charge expresse de nous, et que de ce il vous appartient par lettres-clauses et mandemens par nous signé de nostre main, et de l'un de nos secrétaires, et nous y servez comme en vous avons nostre confiance et en manière que inconvénient n'en adviegne, et qu'il n'y ait point de faute. Donné à Orléans le dernier jour d'aoust.

Charles.
Et plus bas,
Parent.

N° 408.

Lettres de l'évêque Jean Baillet en faveur de la collégiale de Gien.

(An 1489.)

Johannes, Dei et apostolice Sedis gratia, Autissiodorensis episcopus. Cum ecclesia nostra collegiata Sancti-Stephani de Giemo, nostre Autissiodorensis diecesis, in qua requiescit corpus beate Felicule virginis et martyris, collectanee beate Petronille filie S. Petri apostolorum principis, olim amplis structuris et edificiis decorata, posmodum vero causantibus tempestatibus, aliisque infortuniis, ad tam grandem ruinam et desolationem evenit, quod dilecti filii cantor et canonici dicte ecclesie amplius in eadem hiemali presertim tempore ad officia divina celebranda residere non valeant, prout in cursu nostre visitationis dicte ecclesie ab anno citra facte conspeximus, quibus sine Christi fidelium eleemonysis minime, prout decet, possit subveniri. (*Il accorde des indulgences*). Datum in aula nostra episcopali, die sexta mensis Augusti, anno Domini millesimo quadringentesimo octuagesimo nono.

(Tiré d'une ancienne copie).

N° 409.

Lettre du roy Charles VIII au prince d'Orange, pour continuer aux habitans d'Auxerre l'exemption de gens de guerre.

(An 1493, 4 mars.)

Cher et féal cousin : Pour ce que notre ville d'Aucerre a esté par cy-devant fort foullée pour les garnisons qui y ont esté, à cette cause leur avons n'a gueres octroyé une exemption, et pour ce que nous avons été advertis qu'en asseyant les garnisons de par de-là a esté baillé certaine commission pour loger la compagnie du sieur de Torcy audit lieu d'Aucerre, nous, voulant entretenir ladite exemption, nous vous prions et mandons que ne veuilliez loger aucune compagnie audit Aucerre, mais au plus prochaines villes dudit lieu veuillez loger et asseoir ceulx qui estoient ordonnez estre oudit lieu, ainsi que verrez estre à faire par raison.

Cher et féal cousin, nostre seigneur vous ait en sa garde. Donné à Savigny le xviii° jour de mars.

      Charles.

    Et plus bas,

      Robertet.

N° 410.

Sur les minimes de Gien.

(An 1494, septembre.)

Johannes, miseratione divina Autissiodorensis episcopus : universis et singulis Christi fidelibus presentes litteras inspecturis, salutem in Domino sempiternam. Ad illa devotionis opera libenter inclinamus, etc. Hujus itaque ministerii intuitu devotionisque motu illustrissima princeps et domina duchissa de Borbonio, nec-non et comitissa de Giemo, nobis instanter supplicavit, ut ad honorem sanctissime Trinitatis, Beate Marie Virginis, et omnium sanctorum et sanctarum dei, ecclesiam Fratrum Sancti-Francisci de Paula, juxta villam de Giemo, diecesis nostre Autissiodorensis, per prefatam illustrissimam principem duchissam extructam, nondumque consecratam, dedicare sub ejusdem sanctissime Trinitatis vocabulo, consecrare dignaremur et vellemus; hinc est quod premissorum ac aliorum consideratione, devote inspirationis principis et domine petitionibus inclinati, in honorem Beate Marie Virginis, omniumque sanctorum et sanctarum altaria, primum videlicet et principale in honorem sanctissime Trinitatis, secundum in honorem beati Petri apostoli; tertium in honorem beate Anne, matris Virginis Marie..... consecranda, et, ut moris est, adhibitis solemnitatibus assuetis, consecravimus, assistentibus ibidem et presentibus ad dedicationem hujusmodi, convenientibus quamplurimis quam secularibus notabilibus viris, videlicet mag. Joh. Odry, Guillelmo Ragonneau, in decretis licentiatis, archidiaconis in ecclesia nostra Autissiodorensi, Johanne Leme cantore ecclesie nostre collegiate beate Eugenie de Varziaco, Francisco le...... presbyteris, magistro Stephano Bourgeois, receptore de Giemo, ac illis utriusque sexus personis in multitudine copiosa; statuentes, et ordinantes festum dedicationis predicte de cetero annuatim celebrandum die dominica ante festum S. Michaelis in mense septembri,...

Datum apud dictam ecclesiam, die dominica vicesima octava mensis septembris, anno Domini millesimo quadringentesimo nonagesimo quarto, sub nostro oblongo sigillo.

Et sur le repli, per dominum episcopum.

      De Collerie.

(Tiré d'une ancienne copie)

N° 411.

Permission du commandeur d'Auxerre de faire venir à Auxerre l'eau des Fontaines de Vallan.

(An 1495).

A tous ceulx qui ces présentes lettres verront Guillaume Grail, sommelier de panneterie du roy, nostre sire, et Germain Tribolé, gardes du scel du roy notredit seigneur en la prévosté d'Aucerre, salut. Savoir faisons que pardevant Pierre de Pognes, clerc, notaire juré du roy notredit seigneur, et de par luy estably en ladite prévoté, comparut en sa personne noble homme messire Antoine Bourneil, chevalier de l'ordre de Saint-Jehan Jerusalem, commandeur du Saulce, de Sacy et de Villemoson, en l'hôtel et chambre des bourgeois de la ville d'Aucerre, ou estoient assemblez les gens et officiers du roy audit Aucerre, les douze bourgeois jurez d'icelle ville, ou la plus-part d'iceulx, les gouverneurs, procureur et receveur du fait commun, et plusieurs autres notables personages de ladite ville, en grand nombre, disans que pour obvier à plusieurs grans inconveniens qui surviennent et pevent survenir chacun jour en ladite ville, tant par feu que aultrement, par faulte d'eau et d'avoir une fontaine ou plusieurs en ladite ville ainsi qu'il soloit d'encienneté, et qu'il estoit besoing et nécessité en faire venir par tuaux, et qu'il n'y avoit lieu plus propice, meilleur ne plus convenable pour prendre le sourst et la faire venir en ladite ville, que ou lieu de Valen près d'Aucerre où il y avoit et a pluseurs belles fontaines; mesmement une que sans dommage et détriment aucun dudit chevalier, ne de ses subjetz habitans dudit lieu de Valen, l'on pourroit faire venir en ladite ville d'Aucerre. Et luy suplièrent et requirent lesdits habitans parceque c'estoit en sa justice, haulte, moyenne et basse, que son plaisir fust leur permettre la clourre et fermer, pour icelle faire venir audit Aucerre et passer par sa justice, par tuaulx et cœrs, le plus convenablement et prouffitablement que faire se pourroit; et ils offroient et estoient contens et d'accord que si pour donner cours à ladite eaue par la justice dudit chevalier, ou autrement, dommage estoit fait à aucun héritage, de le réparer à leurs despens. Ledit chevalier inclinant à leur requeste, voyant icelle estre juste et raisonnable; aussi pour le bien de la chose publicque, et pour obvier aux inconvéniens de feu et autres qui de jour en jour adviennent et pevent advenir en ladite ville et habitans d'icelle, par faulte d'eaue, il leur a donné et octroyé, et par ces présentes leur donne congié, licence et permission de lever et prendre ladite eaue, et icelle faire clourre et fermer en ladite terre et seigneurie de Valen, et la faire passer et prendre son cours par les destroiz d'icelle, à tousjours, à leurs dépens, périlz et fortunes; pourvu qu'il en aura en sa maison, à Auxerre, ung tuau du gros d'un poids qui fermera et ouvrira à une petite canelle, pour s'en servir et avoir de l'eaue en son hostel pour son mesnage et aisance, quand besoing lui sera; lequel il renfermera quand il en aura sa souffisance, pour le tout remettre et renvoyer ou cours et principal tuyau d'icelle fontaine.

Car ainsi, etc., présens et appellez à ce par led. juré honnorables hommes Estienne Gleron, esleu d'Aucerre, et maistre Jehan Guillot, licentié en loix, demeurant audit Aucerre. En tesmoings de ce, nous gardes dessusdiz, au rapport dudit juré, avons scellé ces présentes lettres du scel de lad. prévosté; qui furent passées et accordées oudit hostel desdiz habitans dudit Aucerre, le troisiesme jour du mois de juillet, l'an mil quatre cens quatre-vingts et quinze.

Signé, De Pogues

Transcrit sur le titre de la ville qui est accompagné de l'approbation de frère Mery d'Amboise, grand-prieur, en date de Paris, du mois de juin 1496.

(Archiv. de la ville: case 4 C, paquet 117.)

N° 412.

Extrait de seconde compilation des statuts du chapitre d'Auxerre, qui fut faite à la fin du XVe siècle, c'est-à-dire vers l'an 1499 ou 1500 et qui est contenue dans un volume m^t. de la même église à la suite de la première, dont les extraits sont cy-dessus.

Pro tortariis computandis.

Anno domini MCCCCL die sabbati XXII decembris, statutum fuit in dicto capitulo, quod de cetero tortarii non poterunt se facere computari in festis annualibus, solemnibus, duplicibus et dominicis diebus, nec etiam diebus quibus fit de dicta * in ecclesia, nisi de speciali licentia capituli, aut interveniente legitimo impedimento.

Quod in capitulis diei lune tractetur de officio divino.

Anno domini MCCCLXX die lune, prima sessione capituli generalis, kalend. maii. Statutum fuit quod deinceps, ad honorem dei, ut melius fiat in ecclesia servitium, singulis diebus lune fiat capitulum ad tractandum specialiter de servitio divino, ut si sint aliqui defectus, illico reformentur.

De horis prima et nona pussandis.

Anno domini MCCCLXXIII, in quarta sessione capituli generalis Sancte-Lucie, fuit tractatum de pulsatione prime et none, que nimis succincte pulsantur; quoniam prima debet pulsari usque ad sacramentum ultime misse B. Marie-in-Civitate, et nona usque ad septimam lectionem anniversarii ejusdem ecclesie.

De sexagenariis excusandis.

Item in eodem capitulo (MCCCXCIII julii.) fuit ordinatum quod sexagenarii et antiqui excusentur ad interessendum matutinis, si commode non valeant accedere in eorum conscientia, et quod semper excusentur.

De actibus scolasticis.

Anno domini MCCCXCIX, capitulum ordinavit quod domini qui accesserunt et in posterum accedent ad collationes seu disputationes generales, computentur in ecclesia ac si essent presentes.

De regimine chori ad D. cantorem spectante.

Anno domini MCCCX, die lune decima nona mensis maii, questio fuit in capitulo de regimine chori, et ad quem hujusmodi regimen spectaret, ordinatum tandem fuit quod dominus cantor intenderet super illos qui in choro tumultum faciunt aut, fabulantur aut non cantant, aut qui tonsuram minus honestam deferunt, aut alia

* C'est-à-dire de la F.

in debita faciunt, quos idem dominus cantor increpabit, et si fuerint inobedientes, in crastinum referat capitulo ut corrigantur : ad quod regimen prefatus cantor ratione sue dignitatis tenetur.

De regendis processionibus per choristas.

Item in eodem capitulo fuit ordinatum quod in processionibus chorarii faciant omnes in ordine suo ponere secundum quod decet.

De clericis chori per canonicos presentandis.

Anno domini MCCCCXVIII, in capitulo generali kalendarum maii, fuit ordinatum quod quilibet canonicus poterit nominare seu presentare unum clericum idoneum ut recipiatur in choro.

De processionibus in dominicis diebus.

Anno domini MCCCCXXIII, in tertia sessione capituli generalis Sancte - Lucie conclusum fuit in dicto capitulo, quod de cetero nullus lucrabitur processionem diei dominice nisi fuerit in statione sancti Joannis.

De missis dicendis in processionibus.

Anno domini MCCCCLIII, in capitulis generalibus kalend. maii, fuit altercatio inter dominos canonicos de missis dicendis in processionibus generalibus. Qui tandem ordinaverunt quod de cetero predicte misse celebrabuntur in dictis processionibus per dictos dominos quemlibet in turno suo et unum post alium discurrendo per antiquitates.

De oblatione facienda in processionibus dierum dominicalium.

Item in eodem capitulo ordinatum fuit quod actualiter unusquisque offerat unum denarium ad minus in qualibet die dominica ad offertorium quod sit post processionem ad altare Beate-Marie *.

De venatione inter dominos dividenda.

Anno domini MCCCCLIV, die lune quarta mensis novembris, capitulum ad sedandas lites et discordias que aliquando proveniebant inter singulares dominos de capitulo propter ventiones quas afferebant de terris et dominiis ecclesie. Statuerunt et ordinaverunt, unanimi consensu, nemine ad hoc se opponente, quod cum in posterum apportabuntur alique venationes de terris et dominiis ecclesie, camerarii locorum eas recipient et de eis disponent et ordinabunt ad voluntatem et beneplacitum suum, salvo quod si una bestia integra aportetur, prefatii camerarii tenebuntur notificare dominis decano et capitulo ut illa dividatur inter singulos.

De invitationibus seu semonciis in quinque anni festivitatibus.

Anno domini MCCCCLVI, die jovis prima aprilis, quia in capitulo erat discordia de dominis canonicis habentibus curam animarum qui ad eas in diebus festivitatum vadunt, et de aliis canonicis se absentare volentibus, utrum deberent habere pro invitatione quinque solidos Turonenses distribui consuetos. Statutum fuit a majori et saniori parte capituli quod si de cetero prefati dicti canonici non interfuerint missis vigilie et diei festi, et non receperint unum chorarium aut plures si fuerit opus ad invitationem, non habeant dictos quinque solidos.

De habituatis non facientibus debitum suum pro semonciis habendis.

Item quia de consuetudine laudabili ab antiquo observata, quilibet canonicus (ut premittitur) tenetur habere secum in prandio et cena pro invitatione, in quinque festivitatibus anni, videlicet Nativitatis Domini, Pasche, Pentecostes, Inventionis, S. Stephani et Omnium-Sanctorum unum de chorariis, capellanis seu habituatis ecclesie; et quia dicti habituati nullam aut paucam in dictis festivitatibus residentiam faciebant, sed eis sufficiebat ut post missam irent ad prandium : Ordinatum fuit, de unanimi consensu dominorum canonicorum, quod nisi prefati capellani seu habituati residentiam fecerint continuam in omnibus majoribus horis predictarum festivitatum et in majori missa vigilie et dici festivitatum supradictarum in quibus coasueverunt invitari quod priventur omnino sua invitatione, necte nebitur ille canonicus in cujus domo unus sic deficiens est invitatus sibi aliquid erogare, sed ei poterit dicere. « Amice, in » ecclesia nullam fecisti residentiam, va- » de ad prandendum ubi tuam fecisti re- » sidentiam. »

De distributionis forma in funeralibus.

Anno domini MCCCCLVI, die mercurii quarta Augusti, domini capitulantes, uno consensu, nemine ad hoc discordante, statuerunt et ordinaverunt quod de cetero distributiones funeralium et exequiarum corporum presentium dividentur in

---

* Reste de l'ancien Rit Gallican.

quatuor partes, videlicet quod inhumatio et vigilie faciant unam, missa Spiritus-Sancti aliam, missa Beate-Marie aliam, commendationes, missa thesaurarii et missa defunctorum aliam, hoc addito quod casu quo corpus inhumabitur, sine vigiliis, domini canonici presentes et ceteri de ecclesia habeant et eis distribuatur quinta pars pecunie dicte distributionis.

De canonicis hebdomadariis invitatorii.

Item anno predicto MCCCCLXII, die martis decima sexta mensis decembris, quarta sessione capitularum generalium, statutum et ordinatum fuit quod quicumque canonicus ecclesie Autissiodor. fuerit hedomadarius invitatorii teneatur cantare seu dicere aut facere diei per alium canonicum antiphonam psalmi de benedictus sub pena perditionis distributionum matutinalium.

De his qui lucrantur distributionem bizantia.

Anno domini MCCCCLXI, die lune sexta decima novembris, quia per depositiones antiquorum canonicorum ecclesie in capitulo existentium compertum fuit quod Bizantia seu Vacca-varia antiquitus distribuebatur singulis annis canonicis et aliis eam lucrantibus, hora majoris misse vigilie translationis Beati Prothomartyris Stephani, ad Bizantium et non alia hora lucrabantur, et si aliqui canonici aut alii de ecclesia dicta hora non interfuissent nihil debebant percipere de hujusmodi distributione : Quare prefati domini capitulantes insequentes morem antiquum et ad tollendum omnes dissentiones et murmurationes que fiebant singulis annis inter predictos canonicos, occasione dicte distributionis lucrande, de unanimi consensu, nemine ad hoc se opponente, statuerunt et ordinaverunt quod de cetero dicta distributio Bizantie lucrabitur hora predicta, videlicet in magna missa vigilie dicte Translationis, et quod qui non fuerit presens in dicta missa nihil habebit, nisi fuerit privilegiatus, aut pro negotiis ecclesie sue in civitate Autissiodorensi detentus.

De modo incipiendi introitum missa, etc.

Anno domini MCCCC (*lege* 1468) in vigilia Sancte-Lucie, in prima sessione capitulorum generalium, fuit statutum et ordinatum buod illi qui de cetero incipient in sedibus altis introitus missarum responsoria *Alleluia*, offertoria, *Sanctus*, *Agnus* et alia que cantanda sunt in missis, tenebuntur se erectos levare et discooperire caput sub pena marentie.

De modo se habendi post tractum et invitatorium.

Item sub simili pena statutum et ordinatum extitit, in dicto capitulo, quod illi qui de cetero officiabunt, tam in tractu quam invitatorio aut aliis officiis divinis, ad aquilam chori ecclesie Autiss., non poterunt recedere de coro dicte ecclesie antequam ascendant ad sedes altas, aut bassas si sint de sedibus bassis.

De non transversando chorum.

Item quod choriste tenentes chorum in dicta ecclesia, in festis annalibus, solemnibus aut duplicibus, de cetero, sub simili pena non transversabunt chorum transferendo se de latere dextro ad latus sinistrum, aut de latere sinistro ad dextrum.

De non celebrandis missis dominicis diebus in ecclesia Autiss. nec in capella B. Marie quo tempore sit processio.

Anno domini MCCCCLXXIII, die martis quarta decima mensis decembris, in tertia sessione capituli generalis Sancte-Lucie, statutum et ordinatum fuit quod die dominica hora qua sit processio per collegium ecclesie Autiss. in cappella Beate-Marie de Miraculis, nec in capellis seu altaribus existentibus in navi dicte ecclesie non celebrentur de cetero alique misse, ut dicta processio in majori reverentia fiat, et quod habituati dicte ecclesie processioni supradicte intersint, et hac de causa fuit convocatus in capitulo dominus Jacobus Jobeleau custos dicte capelle ut dictam ordinationem observet et observari faciat.

De obediendo succentori in processionibus fiendis.

Item eodem anno MCCCCLXXXIV, die lune tertia maii, in secunda sessione capituli generalis fuit statutum et ordinatum quod in processionibus fiendis, tam domini canonici quam tortarii, sub penis perditionis distributionum unius diei, obedient succentori de eundo de uno latere in aliud si fuerit absentia dominorum canonicorum aut tortrariorum.

Pro reverentia ad corpus Christi proexeuntibus.

Sciendum est quod secundum antiquas et laudabiles ceremonias ecclesie Autiss.

habituati prefate ecclesie non debent se transferre de uno latere in aliud per medium chori, sed debent transire retro scamnum choristarum prope aquilam in mediocujus debent se profunde inclinare et reverentiam sacramento altaris facere, sub pena marentie. Similiter omnes chorum exituri eidem sacramento reverentiam exhibeant.

De transeuntibus de uno latere in aliud.

Item in eisdem invenitur ceremoniis quod nulli prefatorum habituatorum, cujuscumque status seu preeminentie extiterit, licet transire de uno latere chori in aliud inter sepulturam domini de Melloto et altare majus, nisi pro causa honesta et cultum divinum tangente, videlicet eundo ad revestiarium ad capam sericam habendam seu aliquid officiandum sub pena marentie.

De celebrante majorem missam.

Item quod hebdomadarius misse majoris, seu qui illud onus suscepit, non aliter quam decet accedat, videlicet quin in sabbato suam barbam et rasuram fieri curaverit; similiter id faciant diaconus et et subdiaconus, nec-non chorista et puer chori tunc hebdomadarius : et quod ille qui inceperit vesperas diei sabbati omnes horas hebdomade perficiat sub pena marentie.

De rasura sive tonsura facienda in festis annalibus et solemnibus.

Item secundum prefate ecclesie ceremonias unusquisque de habituatis ecclesie in quolibet annali seu solemni festo tenetur suam facere rasuram et barbam, et non aliter in choro excipiendus et permittendus est, quin prius fuerit rasus. Similiter si contingat in eadem hebdomada duo solemnia seu annualia festa evenire, omnes in secundo festo tenentur radi, non obstante quod in precedenti fuerint rasi sub pena marentie.

De non ingrediendo ecclesiam sine habitu post pulsationes.

Item quod nullus de habituatis ecclesie, postquam prima seu nona fuerit pulsata et arrestata, audeat sine habitu suo ecclesiastico ingredi ecclesiam, seu per eam transitum facere. Similiter dicendum est de illis diebus in quibus ad jejunium cantatur, quod post prandium a tempore quo incipit sacrista pulsare in choro, nullus usque post completorium audeat ecclesiam ingredi sine prefato suo habitu sub pena quinque solidorum.

De defectibus chori per cantorem et succentorem corrigendis.

Item anno Domini MCCCCXCIII, in secunda sessione capituli generalis kalend. maii, domini concluserunt quod cantor et succentor, qui debent habere superintendentiam in choro ad causam eorum dignitatum, si amodo videant defectus tam in servitio quam ceremoniis et aliis indecentibus actibus, in ecclesia, injungant distributori et eidem inhibeant ne errantibus et deficientibus hujusmodi suas det distributiones : qui quidem deficientes cum rigore marrentie punientur.

¶ *Les plus nouveaux statuts du chapitre d'Auxerre sont ci-dessous à leur rang après l'an 1550.*

N° 413

Ancien pouillé du diocèse d'Auxerre, tel qu'il fut rédigé par Laurent Brethel, secrétaire de Jean Baillet, évêque d'Auxerre, suivant les traditions et usages du XVe siècle, ainsi qu'en fait foi la copie écrite l'an 1535 par Laurent Robert, et attestée véritable par son seing manuel qui se voit au commencement; dont voici la teneur :

Ex regesto magistri Laurentii Brethel, quondam a secretis D. Joannis Baillet, episcopi Autissiodor., actum Autiss. anno Domini M D XXXV, mensis octobris, novemb. et decembris et reliquis sequentibus. Robert. *

De dignitatibus, officiis, personatibus, canonicatibus, et prebendis ecclesie Autissiodorensis.

---

* Ce Robert a été chantre et chanoine de la cathédrale; c'est apparemment pour cela qu'il donne à la chanterie le second rang.

Primo episcopalis dignitas.

Post eam decanalis, cantoria, archidiaconalis major, thesauraria, archidiaconalis minor Puysaie, penitentiarius.

Personatus duo { Succentoria. Lectoria.

Decanatui, cantorie et thesaurarie, cuilibet ipsarum annectitur sive unitur una prebenda ecclesie Autissiod.

Succentorie et lectorie simul est annexa una prebenda; id est, cuilibet earum semiprebenda.

Archidiaconatui Autiss. majori annexa et unita est ecclesia parrochialis de Nannayo ejusdem diocesis.

Archidiaconatui minori, ut pote Puysaie, annectitur parochialis ecclesia de Miceclis ejusdem diocesis.

Penitentiarie unitur ecclesia parochialis Sancti-Amandi in Puysaia.

Supradicte uniones sunt facte salvis omnibus et singulis juribus episcopalibus ut crusibus, paretis, visitationibus, procurationibus, subsidiis charitativis et aliis quibuscumque.

Decanatus et cantoria sunt dignitates elective, et ad electionem decani fit convocatio canonicorum absentium et presentium, eo modo quo fit ad electionem. Episcopi. Ad electionem vero cantorie fit solum convocatio canonicorum presentium et residentium in ecclesia Autiss. ad sonum campane capitularis, die tamen prefixa per capitulum.

Decanus et cantor ecclesie Autiss. ex debito juramenti sui tenentur ad residentiam personalem in dicta ecclesia at decanus ex ejusdem juramenti debito tenetur ad sacerdotium promoveri intra annum.

Electio decani debet confirmari vel infirmari per dominum episcopum Autiss. cum illa solemnitate qua archiepiscopus Senonensis confirmat vel infirmat electionem episcopi Autiss.

Decanus sua electione confirmata, tenetur prestare domino episcopo Autiss. juramentum fidelitatis, reverentie et obedientie, si ab eodem domino episcopo requiratur.

Ab officiali decani immediate ad dominum episcopum, seu ad curiam sui officialis Autiss. appelari debet.

Sequuntur beneficia ad collationem episcopi Autiss. spectantia.

In ecclesia Autiss. sunt quinquaginta novem prebende, computatis tribus predictis prebendis junctis decanatui, cantorie et thesaurarie : Altera abbatie Sancti-Mariani quoad grossos fructus tantum, aliis duabus quatuor tortariis in prefata ecclesia erectis ad collationem domini episcopi spectantibus et altera succentorie et lectorie predictis.

Relique vero dignitates, personatus, officia et prebende supradicte ejusdem ecclesie spectant ad collationem domini episcopi Autissiodorensis.

Decanus Autiss. pro decanatu et duabus prebendis debet pro decima apostolica, xii lib.

Archidiaconus Autiss.

Cantor pro cantoria et duabus prebendis, viii lib.

Thesaurarius pro thesauraria et duabus prebendis, vi lib.

Archidiaconus Puysaie.

Penitentiarius pro penitentiaria et prebenda, viii lib.

Succentor pro succentoria et prebenda, vi lib.

Lector pro lectoria et prebenda, vi lib.

Relique prebende ejusdem ecclesie sunt taxate ad summam quatuor lib.

In grotis ecclesie Autiss. sunt quatuor prebende fundate in honorem Sancte Trinitatis ad collationem domini episcopi quarum quelibet pro decima debet, viii sol.

In capella Sancti-Johannis-Rotundi sunt sex vicarie, et in capella Sancti-Michaelis post librariam sunt sex alie spectantes ad collationem domini episcopi. At ea omnes tam Sancti-Joannis quam Sancti-Michaelis, de consensu pape, regis et episcopi fuerunt unite capitulo Autiss.

Dignitates, canonicatus et prebenda omnium ecclesiarum collegiatarum civitatis et diecesis Autiss. ad collationem domini episcopi existentes.

In ecclesia Beate-Marie in civitate Autiss. est cantor qui tenetur ad promotionem sacerdotii, et ad residentiam personalem, et debet pro decima reducta, xxxv sol.

Est etiam thesauraribus in eadem collegiata, et potest tenere curam animarum, et debet pro decima xxx sol.

Quilibet ipsorum accipit duas prebendas.

In eandem ecclesia collegiata sunt octodecim canonici prebendati quorum quilibet pro decima debet.

Appogniacum.

In ecclesia collegiata Sancti-Petri de

Appogniaco est cantor, est etiam thesaurarius habens curam animarum dicti loci annexam, et debet pro decima xl sol.

Ibidem sunt quinque canonici quorum quilibet debet pro decima xvi sol.

Thociacum.

In ecclesia collegiata Beate Marie de Thociaco est thesaurarius habens curam animarum dicti loci annexam, et debet residentiam personalem, et pro decima xl sol.

Ibi sunt sex prebende.

Clamiciacum.

In ecclesia collegiata de Clamiciaco est cantor habens curam animarum dicti loci annexam, et debet residentiam person.

Sunt in eadem ecclesia sex prebende.

Conada.

In ecclesia collegiata Sancti-Laurentii de Conada est cantor habens curam animarum dicti loci annexam, et debet residentiam personalem, et pro decima, xl sol.

Est etiam thesaurarius, et debet pro decima xv sol. v. d.

Et sunt ibidem sex prebende. Quilibet predictorum cantoris et thesaurarii accipit duas prebendas.

Tenetur autem thesaurarius predictus singulis annis solvere archidiacono Autiss. triginta solidos Turon. in festo Omnium-Sanctorum.

Varziacum.

In ecclesia collegiata Beate-Eugenie de Varziaco est cantor habens curam de Capella-Sancti-Andree sue dignitati annexam, et debet pro decima xxx s.

Est etiam thesaurarius qui debet xxx s.

Sunt ibi duodecim prebende quarum quelibet debet pro decima xv sol.

Et accipiunt cantor et thesaurarius quilibet eorum duas prebendas.

Donziacum.

In ecclesia collegiata Sancti-Caradochi de Donziaco est thesaurarius et sex prebende.

Giemum.

In ecclesia Sancti-Stephani de Giemo est cantor, qui est principalis dignitas, non habens curam animarum in eadem ecclesia.

Est etiam thesaurarius.

Et sunt duodecim prebende, et accipit cantor duas prebendas, thesaurarius non.

Ecclesie parochiales pleno jure spectantes ad collationem domini episcopi, et taxata ad decimam apostolicam.

Allegniacum, c s.	Nuciacum, l s.
Argenieum, cx s.	Oratorium, c s.
Arabletum, xxx s.	Perigniacum prope
Betriacum, l s.	Varziacum, l s.
Bitriacum, xl s.	Roncherie, xl s.
Blenellum, iiii l.	S. Petrus in castro
Brugno, lx s.	Autissiod.
Briaria, viii l.	Sancti in Puysaya.
Batelliacum, lx s.	Septem-Fontes lx s.
Cranium, lx s.	Sementro. xl s.
Collengie super Yonam, xl s.	S. Supplicius in Interanni, iv l.
Changiacum.	S. Lupus juxta Rupes, xl s.
Curia-ultra, c s.	
Campus dimissus iv l.	S. Martinus de Campis, vii l.
Courcelle, lxx s.	
Cella super Nievram, c s.	Sanus-Puteus, xl s.
Chasnayum, c s.	S. Eusebius in Puisaya, xl s.
Charbuyacum, iv l.	S. Privatus, x l xs.
Chitriacum, lx s.	S. Vincentius de Curva-valle, i s.
Chastenetum, iiii l.	
Cella super Ligerim.	S. Mauricius de Curva-valle, c s.
Escollive, iiii l.	S. Georgius prope Autiss. qui annectitu Domui Dei de Monte-Autrico Autiss.
Escrinelle, nihil.	
Fons-rutundus, lxx s.	
Faverolle, lx s.	
Fontane, lxv s.	Truciacus Superbus, iiii l.
Fontanetum, iiii l.	
Fontanelle ii l.	Tho, xl s.
Giacum, vii l.	Trignacus, vi l.
Jussiacum, lx s.	Vallis, in Puysaia, c s.
Lanum, iiii l.	
Leviacum, iiii l.	Villa-nova S. Sallii, ii l.
Meriacum, iiii l.	
Merrisiccum, lx s.	Vermento, viii l.
Mannayum, lx s.	Nicus Castri-novi,
Nanvignea, vii l.	iiii l xvi s.

Capellanie ad collationem domini episcopi Autiss. spectantes in ecclesia Autiss.

Capellania ad altare Sancte-Catharine in revestiario ejusdem ecclesie.

S. Joannis-Rotundi juxtam ecclesiam nostram.

SS. Hilarii et Germani, et sunt due portiones.

S. Georgii.

SS. Laurentii et Eutropii.

S. Clementis juxta capitulum ecclesie ejusdem.

S. Agnetis juxta predictum capitulum.

S. Stephani in claustro.

SS. Vincentii et Saturnini in claustro ecclesie Autiss.

Capellania ad altare Sancti-Supplicii, cujus presentatio ad capitulum, collatio vero ad D. episcopum spectat.

In crotis ecclesie Autiss. est una capella ad Altare Sancti-Nicolai.

In eisdem crotis est alia capella ad altare Sancti-Remigii.

Alia ad altare B. Marie.

Alia ad altare B. Guillelmi.

Alia ad altare S. Martini.

Alia ad altare Sancti Pauli.

Que omnes sunt pleno jure spectantes ad collationem domini episcopi.

In domo seu palatio episcopali Autiss. sunt due capelle fundate in honorem sancti Nicolai et Sancte Catharine.

Bastonarii.

D. episcopus Autiss. confert pleno jure officia duorum bastonariorum eccl. Aut.

Advertendum est quod in ecclesia Autissiodor. sunt alique cappellanie fundate, quarum collatio ex speciali concessione episcoporum pertinet ad capitulum.

Sicut capella ad altare Sancti-Michaelis et Sancti-Jacobi.

Cappella SS. Gervasii et Prothasii.

Capella Sancti-Lazari.

Capella Sancte-Catharine.

Et nulla earumdem extat ad nutum capituli, dempta capella B. Marie Magdalenes fundata ad altare S. Crucis juxta introitum chori, quam fundavit dominus Rogerius de Sobolea, canonicus Autiss. quicquid in contrarium garriatur per aliquos de capitulo, dicentes quod pluribus annis quidam tenentes aliquas ex prefatis capellaniis singulis annis eas reposuerunt in manibus et dispositione capituli, quia hoc processit ex errore et negligentia capituli et capellanorum predictorum ignorantium jura et franchisias ipsarum capellaniarum quas ipse Brethel vidit et perlegit anno M CCCC LII.

Alie capellanie.

In ecclesia collegiata B. Eugenie de Varziaco sunt plures capellanie ad collationem domini episcopi.

Capellania ad altare B. Marie in qua sunt due portiones.

S. Juliani, in qua sunt due portiones.

S. Catharine et Sancti-Nicolai ad presentationem thesaurarii.

S. Marie Magdalenes.

S. Petri, in qua sunt due portiones.

In ecclesia parrochiali de Varziaco est capella ad altare Sancti-Martini fundata, cujus collatio pertinet pleno jure domino episcopo.

In eadem ecclesia est capellania Beate Marie ad collationem domini episcopi.

In castro Varziaci est capella fundata in honore sancti Renoberti ad collationem ejusdem domini.

In ecclesia parochiali de Vermentone, sunt due capelle : una fundata in honore sancti Eutropii, altera in honore sancti Jacobi Apostoli ad dominum episcopum spectantes.

In ecclesia de Collengiis-super-Yonnam, est una capella fundata in honore beati Joannis-Baptiste, que debet duas missas qualibet hebdomada, et est fundata de quindecim libris redditus super recepta comitatus Autissiodor.; quas xv. libras consuevit et debet solvere receptor Autissiodorensis; et pertinet dicte cappelle collatio ad dominum episcopum.

In ecclesia castri Sancti-Ferreoli est una capella fundata in honore sancti Nicolai; cujus collatio pleno jure domino episcopo spectat.

In ecclesia de Neveyo prope Giemum, est una capella fundata in honore.....

In parrochia de Boyaco.. est una capella fundata in honore Beate Marie, cujus collatio pleno jure spectat D. episc.

In ecclesia parochiali de Oratorio est quedam capella fundata in honorem sancti Petri, cujus dotatio sive fructus sunt in villa de Giaco-Episcopi, et ipsius collatio pertinet pleno jure et D. episcopum.

In ecclesia parochiali de Mailli-Castro, est una capella fundata in honore sancti Joannis, cujus collatio pleno jure spectat ad dominum episcopum.

In eadem ecclesia est alia cappella ad altare Sancti-Nicolai.

In ecclesia Sancti-Prisci est una capella fundata ad altare Sancti-Eligii, quam dominus episcopus plene confert.

In ecclesia parochiali de Collengiis-Vinosis, sunt due capelle fundate per defunctum Droynum *Rousseau* et ejus uxorem, ad presentationem juratorum ville predicte et collationem domini episcopi.

Apud dictas Collengias-Vinosas est domus Dei quondam fundata per D. Philippum de Sancta-Cruce episcopum Matisconensem, dominum temporalem dictarum Collengiarum cujus presentatio spectat domino de dictis Collengiis, et collatio domino episcopo Autiss. Magister vero dicte domus tenetur singulis annis reddere compotum coram juratis dicte ville, et in casu negligentie puniri debet idem magister sive rector per officialem Autiss. debet etiam idem magister sive rector prefate domus esse sacerdos, aut infra annum ad sacerdotium promoveri, non obstante quod aliud beneficium ecclesiasticum obtineat etiam cum cura de licentia domini episcopi Autiss. pro ut omnia predicta latius patent in litteris fundationis dicte domus Dei factis anno domini M CCC LXXVIII nona mensis julii.

In castro de Saillenayo sunt quatuor capellanie fundate per dominum Philippum *de Savoisy* et suos predecessores domini dicti castri, quarum presentatio spectat eidem D. et collatio D. episcopo Autiss. prima in honore B. Marie Virginis, secunda in honore sancte Crucis, tertia in honore sancte Anne, quarta in honore sancte Catharine.

Item in leprosaria dicte ville de Saillenayo, est una capella fundata in honore sancti Joannis Evangeliste eidem annexa cujus collatio pertinet pleno jure domino episcopo, nec est dicta leprosoria revocabilis ad nutum domini episcopi, sicut alie leprosarie.

In monasterio de Caritate est cappelania B. Marie Magdalenes ad collationem domini episcopi, et ad presentationem domini prioris de Charitate.

In domo domini de Montebutosio, in parochia de Ouanna, diecesis Autiss., est quedem cappellania fundata per dominum Guillelmum *de Passelières*, militem, dominum dicti loci de Montebutosio : que quidem capellania est ad presentationem dicti militis, vel ejus heredum, et ad collationem domini episcopi Autiss.

In leprosaria Conade est quedam capellania annexa fundata in honorem..... cujus collatio pleno jure pertinet ad dominum episcopum, nec est revocabilis ad nutum.

In metis parochie de Sanoputeo est capellania fundata in honorem B. Laurentii de Brolia ad collationem D. episcopi.

In parochia de Murlano est capella fundata in honore B. Marie d'*Amedoin*.

In castro de vico Castro-Novo est una capella fundata in honorem sancti Antonii ad collationem dicti D. episcopi.

Juxta ecclesiam parochialem Sancti-Petri de Varziaco, est capella erecta et fundata in honorem sancti Johannis-Baptiste ad collationem pleno jure dicti domini episcopi.

In ecclesia collegiata Sancti-Stephani de Giemo sunt septem capelle ad presentationem cantoris et capituli dicte ecclesie et ad collationem domini episcopi, videlicet capella ad altare sancte Crucis, ad altare B. Marie, ad altare sancti Joannis-Baptiste, ad altare sancti Petri apostoli, ad altare sancti Blasii, ad altare sancti Nicolai, ad altare alterius imaginis sancti Nicolai.

Prope ecclesiam collegiatam de Clameciaco est capella sancti Johannis. In eadem capella est fundata capellania sancti Michaelis.

Item juxta villam de Clameciaco est capella B. Marie de *Pressoeres*.

Item, capella S. Sydronii que est in villa.

Que quidem quatuor capellanie sunt ad presentationem cantoris et capituli de Clameciaco, ad collationem domini episcopi.

In ecclesia parochiali Sancti-Vincentii de Curva-Valle, est capellania ad altare sancti Georgii, ad collationem domini episcopi.

Ecclesie parochiales ad collationem capituli Autissiodorensis.

Gurgiacus,	LX s.	S. Priscus,	c s.
Ascolayum,	VI l.	Monastellum	IIII l.
Bacerna,	L s.	Montigniacum	LX s.
Billiacum,	LX s.	Lindriacum,	c s.
Corgiacum,	c s.	Pulverenum,	c s.
Chimilliacum,	XL s.	Parliacum,	LX s.
Chicheriacum	XL s.	Oisiacum,	IIII l.
Crebanum,	VIII l.	Esgligniacum.	
Bellovidere,	L s.	Fulviacum.	
Grisiacum,	LX s.	Merriacum in Valle.	
Goetum,	IIII l.		

Ecclesie parochiales ad presentationem Abbatis S. Germani Autiss.

S. Lupus Autiss.	c s.	S. Veranus,	II l.
Annayum,	LX s.	S. Ferreolus,	VIII l.
Bena,	IIII s.	Perrigniacum juxta Autiss.,	II l.
Digya,	IIII l.		
Escannum,	IIII l.	Iranciacum,	XL s.
Blegniacum,	XXX s.	De Veneto.	
Heriacum,	L s.	Senelayum,	IIII lib.
S. Salv. in Puis.	XL s.		
S. Amandus,	VII l.	De Monasteriis.	

Ecclesie parochiales ad presentationem S. Juliani prope Autiss.

Collengie-Vinose, VII lib. Charentenetum, LX s. Migetium, III l. v. s. Vallemercium, XL s. Valles, IIII l. s. Martinus prope Sanctum-Julianum, *nihil*.

Ecclesie parochiales ad presentationem abbatis S. Petri Autiss.

Augiacum, *nihil*. Cona, LXX s. Teste LX s. Soerie, XL s. Venussia, c s. S. Petri, Autiss. S. Peregrini Autiss.

Ecclesie parochiales ad presentationem abbatis S. Mariani.

B. Marie extramuros Autiss., Lugniacum, LXX s. Molendina, c s. Tingiacum, c s. Vincelle, c s. Vincellote, *nihil*, S. Martinus juxta abbatiam Sancti-Mariani.

Ecclesie parochiales ad presentationem abbatis S. Laurentii.

S. Eusebii Autiss. *nihil.*
S. Laurentius de Abbatia, *nihil.*
S. Mamertinus Autiss. *nihil.*
De *Ciez*, IIII l. Curie, c s. S. Andelanus, LXX s. S. Quintinus, LXX s. S. Ciricus, XX s. Damppetra substus Boyacum, IIII l. Thuriacum, IIII l. Garchiacum, XL s. S. Martinus de Truncelo, XX s. Traciacum, IIII l.

Ecclesie parochiales ad presentationem S. Saturi Bituricencis diecesis.

S. Amatoris juxta Autiss., XX s. Chevanne, c s. Lanum-Siccum, IIII l. Petrosa, LX s. Villaferreoli, LX s.

Ecclesie parochiales ad presentationem abbatis Molismensis Lingonensis diecesis.

S. Gervasius prope Autiss. *nihil.*
Nintriacum, XL s.
S. Moderatus, *nihil.*

Ecclesie parochiales ad presentationem prioris de Caritate.

Murlanum,	c s.	Sancta-Crux de Caritate, c s.
Bulciacum,	III l.	
Sulliacum de Vergeriis,	III L X s.	S. Petrus de car. c s.
Meva,	XXX s.	S. Jacobus de Caritate, c s.
Arida-Bursa,	c s.	Polliacum, *nihil.*
Narciacum,	L s.	S. Columba in Nemoribus.
Varenne,	VII l.	
Ravellum,	XXXV s.	De Perreyo.

Ad presentationem abbatis Vezeliacensis diecesis Eduensis.

Arciacum et Bessiacum, LX s.
Truciacum super Yonnam, c s.
Mallicastrum, IIII l. Maillivilla, *nil.* Seriacum, *nihil.*

Ad presentationem prioris de Boniaco.

Arconium, LXX s. Damna-Maria in Puysaia, c s. Boniacum, *nihil.* Neviacum, c s.

Ad presentationem prioris de Prato.

Pougniacum, IIII l. S. Cyricus de Interrani, IIII l. Moleme, *nihil.* S. Marie de Prato, c s. Boyacum, c s. Collemeriacum, L s. S. Martinus de Prato, c s.

Ad presentationem prioris S. Reveriani, Nivernensis diecesis.

Ecclesia de Ris, *nil.* de Wagnia, L s. de Cunciaco, IIII l.

Prior de Ouanna habet presentationem ecclesie parochialis de Ouanna.

Ad presentationem abbatisse de Crisenone.

Lixiacum, *nil.* Menestirellum, LXX s. Pratum-Gilberti, c s. S. Palladia, L s.

Ad presentationem cantoris et capituli de Varziaco.

S. Petrus de Varziaco, LX s.
Montes et Marcilliacum, c s.
Et nunc sunt unite capitulo predicto autoritate summi pontificis, interveniente consensu domini episcopi Autiss. et debent dicti cantor et capitulum singulis annis solvere in Synodo summam octo librarum Turonensium domino episcopo pro suo interesse, ut clarius apparet in litteris super hoc confectis. Exinde recompensaverunt dominum in alio, quittantes ipsum de bladis sibi debitis.

Ad presentationem cantoris de Varziaco.

Corbolanum.
Nota quod ecclesia parochialis de Capella-Sancti-Andree est unita cantorie Varziacensi, et debet pro decima LX s.

Ad presentationem prioris de Andria.

Andria, XXXVI s. Druya, IIII l. Gorgiacum, IIII l.

Ad presentationem thesaurarii et capituli de Donziaco.

Balneolum que nunc est unita eidem capitulo, *nil.*

Ad presentationem capituli et cantoris de Giemo.

S. Laurentius de Giemo, *nil.*
Neveyum dicto capitulo unitum, *nil.*

Ad presentationem abbatis S. Benedicti super Ligerim, diecesis Aurelianensis.

Giemum vetus, c s   Ossonium, XX s.

Ad presentationem cantoris et capituli B. Marie in civitate Autiss.

Curcio, XXXII s.

Ad presentationem thesaurarii et capituli de Thociaco.

Landa, *nihil.*

Ad presentationem archidiaconi Autissiod.

S. Renobertus Autiss. *nihil.*
Ecclesia parochialis Sancti-Aniani prope Conadam est ad presentationem prioris dicti loci.
Thesaurarie ecclesie Autiss. est unita sacristia ejusdem ecclesie.
Ad penitentiarium ecclesie Autissiod. pertinet dispositio et collatio scolarum civitatis Autissiodorensis.

Abbates et abbatisse non exemti, qui tenentur solvere decimam.

Abbas Sancti-Peti Autiss. xxx l.
Abbas Sancti-Laurentii, lx l.
Abbatissa Sancti-Juliani, xl l.
Abbatissa de Crisenone, xx l.

Prioratus non exempti, nec habentes curam animarum.

Prior Sancti-Eusebii Autiss., xx l.
Prior de Belcha, iiii l.
Prior de Bosco-Arciaci membrum prioratus de Artigia, ordinis sancti Augustini, Lemovicensis diecesis.
Prior Sancti-Gervasii Autiss., ordinis sancti Benedicti, lx.
Prior de Espallo. xxx l.
Prior de Plano-Marchesio, x l.
Prior Sancti-Nicolai de Revellione.
Qui quidem tres immediate precedentes priores sunt ordinis Vallis-Caulium.
Prior de Boutissano, prope Sanctum-Ferreolum, membrum monasterii sancti Saturi, Bituricensis diecesis, ordinis sancti Augustini.

Abbates et abbatisse exempti.

Abbas Sancti-Germani Autiss. pro ipso et pro priore de Monasteriis,	cii l.
Abbas Sancti-Mariani Autiss.	xxxv l.
Abbas de Pontigniaco,	iic l.
Abbas de Regniaco,	xl l.
Abbas de Rupibus,	xxxv l.
Abbas de Bono-Radio,	xxx l.
Abbatissa de Insulis,	*nihil.*

Prioratus exempti.

Prior de Caritate,	iii l.
Prior de Boniaco,	lxx l.
Prior de Prato,	lvii l.
Prior de Andria,	xxi l.
Prior de Bello-Larico, ord. Cart.	iii l.
Prior de Bassa-Villa, ordin. Cartusiani.	
Prior de Giemo-Veteri,	xiii l.
Prior Sancti-Aniani de Conada,	x l.
Prior de Sessiaco in Nemoribus,	x l.
Prior de Ouanna,	c s.
Prior de Sancto Verano,	ix l.
Prior de Damna-Maria,	c s.
Prior de Fonteneto, ordinis Grandimontensis, prope Varziacum,	lx s.

Prior de Monasteriis.
Prior de Sancto-Salvatore.
Prior de Besiaco prope Arciacum.
Decanus de Recognito, membrum monasterii Sancti-Germani Autiss.
In diecesis Autiss. sunt duo archidiaconatus; scilicet archidiaconus Autiss. et archidiaconus Puysaie.
Sunt etiam quatuor archipresbyteratus ad collationem domini episcopi Autiss. scilicet:
Archipresbyteratus Autiss.
Archipresbyteratus Sancti-Prisci.
Archipresbyteratus Puysaie.
Archipresbyteratus Varziaci.
Archidiaconus autem Autiss. habet sub se in metis sui archidiaconatus duos archipresbyteratus; scilicet Autiss. et Varziaci.
Archidiaconus autem Puysaie habet alios duos.
Jura autem archipresbyterorum sunt hec: nam quilibet eorum habet jus petendi et levandi lectum cujuslibet curati cedentis vel deceddentis in suo archipresbyteratu munitum uno pari linteaminum coopertura, pulvinari et uno capitegio. Et cum hoc habet jus percipiendi et levandi omnes oblationes advenientes in dicta ecclesia tempore vacationis ejusdem, cum tertia parte proventuum et fructuum primi anni.
Fertur autem ab aliquibus quod dicti archipresbyteri quolibet anno habent jus visitationis et procurationis per singulas Ecclesias parochiales sui archipresbyteratus, et pro qualibet procuratione recipiunt et eis debetur summa xiii s. iv. d. sed archidiaconi hoc non credunt, nec fatentur.
Et tenetur quilibet archipresbyter tempore vacationis cujuslibet ecclesie parochialis sui archipresbyteratus eidem ecclesie deservire in divinis, vel suis expensis facere deservire.
Item domino episcopo vel suis vicariis synodum tenentibus seu celebrantibus tenentur assistere et litaniam cantare.
Dum chrisma conficitur per dominum in ecclesia Autiss., in die Cene Domini, debent archipresbyteri interesse, et sacras unctiones ante altare in conspectu domini episcopi deferre, atque post servitium dicte diei ad ecclesiam parochialem Sancti-

Petri-in-Castro deportare, et rectori ejusd. ecclesie in custodiam tradere. Si vero dicta die Cene Domini non conficiatur chrisma et alie sancte Unctiones in civitate Autiss. per dictum dominum episcopum vel aliquem ejus suffraganeorum, sed aliunde de foris postea afferentur distribuende singulis curatis civitatis et diecesis Autissiod. debent dicte unctiones reponi in aliqua ecclesia suburbiorum Autiss. ad quam venire tenentur prefati archipr. cappis sericeis induti cum facibus ardentibus prefatas sacras unctiones accepturi, et ad predictam ecclesiam Sancti-Petri ipsas deferre debent in custodiam.

Preterea quilibet archipresbyter in metissui archipresbyteratus tenetur publicare et executioni demandare statuta concilii provincialis, synodales, et alias constitutiones ad mandatum domini episcopi aut suorum vicariorum.

Ecclesie parochiales et alia beneficia in archipresbyteratu Autiss. existentia.

Ecclesia paroch.
De Sancto-Cyrico
Preyacum.
Nintriacum.
Saciacum.
Mallivilla.
Mallicastrum.
Pratum-Gilberti.
Truciacum super Yonam.
Seriacum.
Bacerna.
Sancta-Palladia.
Escolayum.
Iranciacum.
Vincelle.
Vincellote.
Colonie-Vinose
Vallemercium.
Valles
Escolive.
Jussiacum.
Giacum-Episcopi.
Merrissicum.
Migetium.
Charentenetum.
Fons-Rotundus.
Fontenetum prope Malicastrum.
Merriacum super Yonam.
Cranium.

Vermento.
Bessiacum.
Lixiacum.
Arciacum.
S. Moderatus.
Collengie super Yonam.
Clameciacum annexum cantorie.
Rys.
Wagnia.
Brugno.
Curva-Vallis Superba.
Truciacus-Superbus.
Billiacum.
Oisiacum.
Andria.
Curcio.
Molesme.
Fontenelle.
Abbas de Regniaco.
Prior seu magister de Bosco-Arciaci.
Abbatissa de Crisenone.
Magister seu preceptor de Salice.
Magister seu prior Bonorum - Hominum prope Varziacum.

In archipresbyteratu de Varziaco.

Montes et Marciliacum,
Cella - super - Nievram.
Courcelle.
Cunciacum vel Cuncie.
Perrigniacum prope Varziacum.
Marciacum.
Campus-Dimissus.
Varziacum.
Odentum.
S. Macutus.
Nanvignea.
Capella S. Andre.
Corbolanum.
Colomeriacum.
S. Columba in Nemoribus.
Donziacum.
Perreyum.
S. Martinus de prato, prope Donziacum.
Curia-Ultra.
Menesterellum.
Vicus Castri-Novi.
Arida-Bursa.
Dampetra super Nievram.
Sanctus Anianus prope Conadam.
S. Laurentius de Abbatia.
Abbas Sancti-Laurentii.

Murlanium.
Chanayum.
Mannayum.
Nannayum.
Garchiacum.
Bulciacum.
Narciacum.
Varenne.
Ravellum.
S. Petrus de Caritate.
S. Crux de Caritate.
S. Jacobus de Caritate.
Meva.
Polliacum.
Traciacum.
S. Andelanus.
Sanctus-Martinus de Tronceyo.
S. Quintinus.
Sulliacum et Vergere.
Poigniacum.
Nusiacum.
Sanctus - Laurentius de Conada.
Abbas de Bono-Radio.
Prior de Charitate.
Prior de Sessiaco in Nemoribus.

In archipresbyteratu S. Prisci.

Monastellum.
Gurgiacum.
Chemilliacum.
Saillenaium.
Sementero.
Heriacum.
Venussia.
Bleniacum.
Quesna vel Cona.
Montigniacum.
Villa-Nova Sancti-Sallii.
Venetum.
Chitriacum.
Charbuyacum.
Appoigniacum.
Perriniacum prope Autiss.
S. Georgius.
Bena.
Courgiacum.
Chicheriacum.
S. Priscus.
Abbas de Pontigniaco.
Abbas Sancti-Mariani.

Goettum.
Grisiacum.
Lindriacum.
Bello-Videre.
Parliacum.
Thociacum.
Fontes.
Molini.
Landa.
Leviacum.
Fontenetum.
Lugniacum.
Lanum.
Druya.
Tingiacum.
Ouana.
Chastenetum.
Digia.
Escannum S. Germani.
Chevanne.
Villa-Ferreoli.

In archipresbyteratu Puysaie.

Micicle.
Septem-Fontes.
Roncherie.
S. Ferreolus.
Sanctus-Martinus de campis.
S. Privatus.
Blenellum.
S. Eusebius in Puysaia prope S. Ferreolum.
Bretellum.
Esgrinelle.
Oratorium.
Arabletum.
Neveyum.
S. Laurentius de Giemo.
Giemum Vetus.
Briaria.
Ossonium.
Boniacum.
Damna-Maria.
S. Cyricus de Interannis.
Testes.
Sorie.
Sanus-Puteus.
Petrosa.
Trigniacum.
S. Columba in Puysaia.
Lanum-Siccum.
Turiacum.
Batilliacum.
Tho.
Faverelle.
Vallis in Puysaia.
S. Amandus.
Argenetum.
Arconium.
Annayum.
Neviacum.
Cella super Ligerim.
Miene.
Curie.
S. Lupus prope Rupes.
Alligniacum.
S. Veranus.
Bitriacum.
Dampetra subtus Boyacum.
Boyacum.
Cyez.
S. Sulpitius de Interannis.
Monasteria.
S. Salvator.
Sancti in Puysaia.
Pulverenum.
Abbas de Rupibus.
Prior de Planio Marchesio.
Prior Sancti-Nicolai de Revellione.
Prior de Boutissano.
Prior de Espallo.

Ecclesie parochiales civitatis et suburbiorum Autissiodorensium. *

Curatus Sancti-Eusebii Autiss.
Sancti-Petri.
Sancti-Lupi.
B. Marie-extra Muros.
S. Mamertini.
S. Peregrini.
S. Petri in Castro.
S. Renoberti.
Prior curatus Sancti-Amatoris.
Curatus Sancti-Gervasii.
Sancti-Georgii.
S. Martini prope Sanctum-Julianum.
S. Martini prope Sanctum-Marianum.

Tredecim ecclesie parochiales immediate suprascripte non subsunt predictis archipresbyteris quoad jus archipresbyteri. In hoc solo subsunt decano Autiss.

---

* Ces paroisses sont rangées ici selon qu'elles étoient plus ou moins peuplées au xve siècle. Les plus peuplées les premières, et ainsi de suite.

311

qui habet jus archipresbyteri in et super eisdem, et eo utitur dempta ecclesia Sancti-Lupi Autiss. predicti autem tredecim curati in die Cene Domini dum dominus episcopus conficit chrisma tenentur sibi omnes assistere induti vestibus sacerdotalibus, et eorum quilibet unam chordulam pavilionis quod portatur supra archipresbyteros deferentes illa die sacras unctiones tenere, et post finem serviti illius diei tenentur associare seu conducere archypresbyteros deferentes illa die sacras unctiones a capella Sancti-Alexandri usque ad ecclesiam Sancti-Petri-in-Castro, et ea de causa sunt quitti et liberi a crucibus et paretis synodalibus domino episcopo debitis ad causam predictarum suarum curarum parochialum.

De visitationibus et procurationibus ecclesiarum.

Omnes et singule ecclesie parochiales civitatis et diecesis Autiss. tenentur ad procurationem decem librarum decem solidorum Turon. prestandam domino episcopo Autiss. ratione visitationis sue, de triennio in triennium, nisi per speciale privilegium apostolicum aut episcopale sint exempte.

Eximuntur tamen alique ecclesie parochiales a solutione predictarum procurationum domino episcopo facienda, quia quidam priores sunt earumdem patroni, solventes pro eis pastum diei naturalis ipsi domino episcopo loco pecunie : alii autem predictam summam pecunie. Et hoc intelligitur de pastu pro se et familia sua una cum expensis equorum. Sunt etiam exempti :

Cantor et capitulum de Varziaco.
Cantor et capitulum Beati-Laurentii de Conada.
Thesaurarius-Curatus de Thociaco.
Curatus de capella Sancti-Andree.
Curatus de Varziaco.
Cantor et capitulum Beate-Marie in civitate Autiss., a procuratione scilicet non tamen a visitatione.

Omnes et singuli abbates et priores exempti et non exempti civitatis et diecesis Autiss. tenentur dominum episcopum, semel in vita sua in suis monasteriis et ecclesiis solemniter cum processione recipere, causa sui jucundi et primi adventus, et illa die pastum pro se, sua familia et equis exhibere.

Abbas vero Sancti-Germani Autisss., die immediate precedente introitum domini episcopi Autiss. faciendum in sua ecclesia Autiss., tenentur recipere processionaliter et eum cappis prefatum dominum episcopum in dicto suo monasterio et cameram munitam, lecto pro se et suo cubiculario eidem prebere, atque pro suis expensis unam marcham argenti solvere sibi, sicut vidi in compositione facta inter dominum Nicolaum de Arceis quondam episcopum Autiss. ex una, et dominum Hugonem dicti monasterii abbatem et suum conventum partes, ex altera, anno domini m ccc lx, que compositio hodie servatur.

De dominio temporali episcopatus Autiss.

Ad episcopum Autiss. pertinent ville et castra que sequuntur.

Villa et castrum Varziaci, cum suis pertinentiis.
Castellania de Odento.
Villa et castrum Ville-Catuli
Villa de Conada super Ligerim.
Villa de Thociaco pro media parte.
Castrum Regennarum cum villagiis de Appogniaco, Esbria, Bailliaco, Bordis, et villagium de Charbuyaco.
Giacum-Episcopi.

* [*Ecclesie parochiales unita perpetuo in diecesi Autissiodorensi.*

De Arciaco et Bessiaco
De SS. Vincentio et Mauritio de Curva-Valle Superba.
De Montibus et Marcilliaco.
De Sulliaco et Vergeriis.
De Fontibus et Landa.
De Capella-Sancti-Andree et Corbolano.

In diecesi Autiss. sunt quatuor preceptorie ordinis Sancti-Joannis Jerosolymitani, que non tenentur ad decimam apostolicam, et sunt exempte ab omni jurisdictione ordinaria; videlicet :
Preceptor de Salice sive de Autissiodor.
Preceptor de Sassiaco.
Preceptor de Sancto-Prisco.
Preceptor de Villa-Mosonis.

In diecesi Autiss. sunt tres officiales sine officiali Autissiodorensi; scilicet :
Officialis Varziaci.
Officialis Conade.
Officialis de Charitate.]

De vassalis episcopi Autissiodorensis.

Quatuor sunt vassali principales episcopatus Autiss. qui debent facere homagium et portagium episcopo Autissiodor. comes Autissiodor., qui tenet comitatum suum in feudum et homagium a dicto episcopo, unde castrum de Malli-Castro est episcopo jurabile et reddibile.

Dux Barensis, ad causam baronie sue de Puysaia que tenetur in feudum a dicto episcopo ad causam dominii sui de Thociaco. Unde turris de Thociaco est jurabilis et rendabilis episcopo, et turris de Sancto Salvatore in Puysaia, est etiam eidem episcopo jurabilis et rendabilis.

Comes Nivernensis, ad causam sue baronie de Donziaco que tenetur in feudum a dicto episcopo ad causam castri sui de Varziaco.

Dominus de Sancto-Verano, qui ratione sue predicte terre tenetur homagium et portagium facere eidem episcopo.

Sunt alii quatuor vassalli qui solum tenentur eidem episcopo ad homagium faciendum, videlicet : Dominus de Lobreto, ad causam sui castri de Belcha.

Dominus de Vitello, ad causam sui castri de Ulmo, Eduensis diecesis.

Dominus de Charniaco, ad causam sue terre que olim fuit domini Guidonis *de Freloys*, militis, quam tenet apud Castrum-Censurium Eduensis diecesis.

Dominus de Castillione, ad causam terre sue de *Reponse.* Nivernensis diecesis.

Sede episcopali vacante Autiss., rex non habet jus regalie in collatione beneficiorum, nec in administratione temporalium, sed decanus et capitulum ecclesie Autiss. etc. De administratione temporali tenentur dicte decanus et capitulum reddere rationes et reliqua futuro episcopo.

Pro redimenda dicta regalia a rege Francorum Philippo dicto *le Conquérant,* episcopus Autiss. qui tunc temporis sedebat, dedit eidem regi remisit feudum, quod sibi tenebatur facere comitatus de Giemo-super-Ligerim in manus regis tunc existentis. Qui quidem comes erat vassallus ecclesie Autiss., prout patet in litteris seu chartis regiis super hoc confectis, anno Domini m cc.

Episcopus Autiss. habet jus sallagii et bannum pro sale vendendo in et super grenario salis Autiss. v. g. de quolibet modio salis quod vehitur per ripariam Yonne, ascendendo a nuco subtus Bassotum usque Autiss., et antequam reponitur in dicto granerio, competit episcopo media pars unius brunelli seu minoti salis. Si vero modium salis ejusdem non reponatur in dicto grenario sed ulterius deferatur ultra pontem Autiss. debetur dicto episcopo pro quolibet modio unum brunellum seu minotum. Habet autem episcopus bannum pro dicto sale vendendo quod incipit decima octava die mensis decembris inclusive, et terminatur prima die januarii sequentis exclusive.

In civitate Autiss. habet episcopus om-

---

* L'auteur de ce pouillé a transposé ici cet article qui auroit dû être placé avant celui *De Dominio*; c'est pourquoi je le renferme entre deux crochets.

nimodam jurisdictionem temporalem in claustro Beate-Marie extra-muros.

Habet etiam prisiam clericorum in civitate et tota diecesi Autiss., quamvis ab aliquibus temporibus lis super hoc sibi mota fuerit per procuratorem regis, que indecisa pendet in curia parlamenti.

Habet episcopus Autissiodorensis unum officialem in civitate Autissiodorensi et alium Varziaci, a quo immediate appellatur ad officialem Senonensem sicut ab officiali Autiss. Officialis autem Varziac, habet tres sedes, videlicet apud Varziacum, apud Conadam, et apud Charitatem-supra-Ligerim, et istarum trium est idem auditorium, et ab ipsarum qualibet immediate appellatur ad Curiam Senonensem.

Episcopo predicto existente Autissiodori qualibet nocte tenetur matricularius ecclesie Autiss. pulsare ignitegium cum grossa campana nominata.... ut sciatur quando dictus episcopus est absens vel presens a dicta civitate.

Ex speciali prerogativa et antiqua consuetudine observatur in foro spirituali Autiss. quod in litteris super contractibus initis non requiritur presentia testium, sed sola subscriptio nostarii jurati cum appensione sigilli curie spiritualis Autiss. que prerogativa seu consuetudo in paucis curiis spiritualium juridictionum invenitur maxime in provincia Senonensi, et nunc est abrogata propter bonum Reipublice.

In civitate et diecesi Autiss. episcopus succedit in bonis mobilibus clericorum et sacerdotum absque herede et ab intestato decedentium, ut patet in capite *Cum tibi* de verborum significatione, que dirigitur episcopo Autissiodor *.

Comes Autiss. non potest monetam fabricare facere Autissiodori, nec fabricatam deteriorare absque consensu episcopi. Et de hoc est charta Philippi regis Francorum sigillo sigillata data anno M CC III in thesauro episcopi existentis.

Turris super pontem Yone Autissiodori existens versus ecclesiam Sancti-Gervasii est in censiva et dominio episcopi Autiss. nec potest comes ibidem aliquid novi facere aut construere absque licentia episcopi. Et super hoc impetravit a rege querimoniam in casu novitatis et saisine contra comitem Autissiodorensem, anno Domini millesimo trecentesimo sexagesimo tertio, cujus littera est in thesauro Domini episcopi.

* Innocent III, en 1214, à l'évêque Guillaume de Seignelay.

Ce qui suit est tiré de la fin de l'exemplaire de l'évêché au bout de ce qui est intitulé : Ordo tenendi Synodum; *de même qu'il est dans le Pontifical de Mgr. de Dinteville.*

Omnes et singuli curati ecclesiarum parochialium civitatis et diecesis Autiss. personaliter compareant in prefata synodo, nisi legitima causa eos excusaverit, de qua fidem facere tenentur per specialem et proprium excusatorem juramentosuper hoc interposito. Nihilominus tenentur singuli predicti curati die qua celebratur synodus predicta solvere cruces et paretas quas ipsi debent predicto domino episcopo, a quibus nulli sunt exempti, nisi tredecim curati civitatis et banleuce Autissiodorensis prenominati, et curatus de Collengiis-Vinosis. Verumtamen est advertendum quod in diecesi Autiss. sunt ducente quatuor ecclesie parochiales, quarum octoginta tenentur domino episcopo Autiss. illa die synodi solvere certas summas pecuniarum pro crucibus et paretis,sibi debitis. Alie vero centum et septem ecclesie parochiales dicta die synodi tenentur solvere thesaurario Autissiodorensi alias pecuniarum summas pro dictis crucibus inferius declaratas et scriptas: et illi curati qui debent episcopo, nihil debent thesaurario, nec è contra. Tredecim autem curati.... (1).

N° 414.

Louage de quatre musiciens étrangers pour jouer des trompettes au mystère de la passion à Auxerre.

(An 1508, 26 juin.)

Le xxvie jour de jung l'an mil cinq cens et huit furent présens en leurs personnes Pierre Hale, Melet de Boulonoys, Perron, Bonneau et Jehan Bruneau demeurans à Perrières en Gastinoys, lesquels et chacun d'eulx pour le tout renonceant au bénéfice de division ont promis et accordé à Guillaume Menuet, Jehan Michel et Jehan Vincent, à ce présent de servir et continuer à servir de deux trompetes, ung cleron, et une sacquebotte durant sept journeez, où mistere de la Passion qui se jourra en ceste ville (d'Auxerre) à la Magdelaine prochain venant, dont la première se commancera le jour des monstres et durant les six jours dudit mistere. Et s'il

(1) Cela n'est pas achevé dans le manuscrit, mais il y a apparence qu'il n'y manque ici que ce qui est ci-dessus, pag. col. 1 où on lit : *Tredecim ecclesie parochiales*, etc.

advient qu'elle ne soit jouée durant lesditz jours, ilz seront tenuz les recompenser et leurs bailler leurs despens. Et ce moiennant le pris et somme de vingt livres tournois et demy muy de vin que lesdits Menuet, Vincent et Michel seront tenuz leur paier après ce qu'ilz auront servi et ledit mistère fait. Et avec ce leur bailleront des bannieres ouquelles seront les armes de la ville pour mettre en leurs trompettes.

Car ainsi, etc. obligeant, etc. renonçant, etc. présens à ce Guenin Jacquinot et Jehan Boquin.

Signé ARMANT, notaire.

(Arch. de l'Yonne. Fascicules de minutes de notaires d'Auxerre pièces historiques.)

No 415.

Compromis entre les mains d'arbitres, passé entre l'évêque d'Auxerre et les habitants de Varzy pour la solution de plusieurs procès qu'ils avaient entre eux.

(An 1509, 19 juillet.)

S'ensuivent les procès que révérend père en Dieu monseigneur l'évêque d'Aucerre a meuz et pendens contre les habitans de Varzy.

Et premièrement :

Le procès contre plusieurs particuliers de Varzy pour raison des lotz et ventes que demande iceluy révérend, pour la vente de certains héritages francs, par eulx acquis, duquel est intervenu appel du bailly dudit Varzy pardevant monseigneur le bailly d'Aucerre; lequel depuis par sentence a esté renvoyé audit Varzy. Ledit procès surserront jusques à ce que les commissaires soient nomez pour acorder ou descorder les coustumes.

Item ung autre procès en la cour de parlement pour raison desdiz lotz et ventes sur ce que ledit révérend s'est opposé contre certains articles touchant lesdit lotz et ventes couchez ou coustumier de Varzy.

Item ung autre procès contre ung particulier nommé Liénard Michon, sur ce que ledit révérend dit qu'il luy loist seulement vendre vin en détail durant le moys d'aoust en ladite ville et faulxbourgs dudit Varzy, ledit particulier disant au contraire.

Item ung autre procès audit lieu contre Toussains Verot, bolangier et le procureur des habitans dudit Varzy, sur ce que ledit révérend ou ses officiers ont volu prandre le xx ^{e} du pain amené vendre par ledit Verot audit Varzy, combien que ledit pain n'eust esté cuyt au four dudit révérend à Varzy.

Item ung autre procès audit Aucerre, pardevant monseigneur le bailly dudit lieu ou son lieutenant, pour raison de ce que aucuns eulx disans officiers dudit révérend ont volu peser le pain forain qu'on amène vendre audit Varzy à jour de marché.

Item ung autre procès audit Aucerre, entre iceluy révérend contre Guillaume Lemuet, tant comme capitaine dudit Varzy, que aussi comme procureur des habitans dudit lieu, et aussi contre les eschevins dudit Varzy, sur ce que ledit révérend a volu destituer ledit Lemuet dudit office de capitaine et instituer ung autre sens oyr iceluy Lemuet et eschevins.

Item ung autre procès pardevant monsieur l'official de Sens, par appel, pour raison de ce que lesdits procureur et eschevins dudit Varzy et leurs adhérens ont estez admonestez et excommuniez *verbo* par ledit révérend, à cause des sièges estans en l'église parrochial Saint-Pierre dudit Varzy.

Afin que les habitans de Varzy cognoissent que monseigneur d'Aucerre, leur seigneur temporel et spirituel, veult vivre en paix avecques eulx, les entretenig en doulceur et amour, se à eulx ne tient, il est content que le procès qui est touchant aucuns particuliers adjournez pour exhiber les lettres de aucunes acquisitions par eulx faictes, pour ce que ledit procès se peult vuider par les coustumes particulières baillées par lesdit habitans, que ledit procès sursoye jusques y soit discuté par les commissaires qui seront commis de par le roy pour le fait des coustumes.

Et touchant les autres procès contenus en ce présent feuillet, il est content prandre ung ou deux nommés de sont costé, lesdit habitans en prandre du leur pour vuider les différens amyablement, sans grans frais et figure de procès.

Le xviiie jour de juillet vc et neuf, pardevant Michel Armant notaire royal à Aucerre, furent présens en leurs personnes révérend père en Dieu monseigneur Jehan Baillet; par la permission divine evesque d'Aucerre, d'une part et honorable homme Guillaume Lemuet, seigneur d'Ardeaul, soy-disant procureur des manans et habitans de Varzy, et ausquelz il a promis faire ratiffier et avoir pour aggréable le contenu en ces présentes toutes et quanteffois que requis en sera d'autre part.

Lesquelles parties des procès questions et choses contenues en ce présent feuillet de papier, et pour nourrir paix et amour entre eulx, se sont condescenduz auxdictz sentences et arbitrages de honnorables hommes et saiges maistre Pierre Grassin, Athoine Hedeart, procureurs du roy au baillage de Sens, prins, choisiz et esleuz de la partie dudit révérend, Jacques Poussière et Simon Noirot, licenciez en loix, tous advocatz et conseillers au bailliage de Sens, prins de la partie desdiz habitans, pour vuider et terminer lesdiz procès en questions dessusdiz et sans figure de procès, pardevant lesquelz lesdictes parties pourroient produire tesmoings, lettres, tiltres et autres enseignemens dont elles se vouldront aider l'une contre l'autre dedans les jours qui par eulx seront prins pour leur faire droit par lesdiz arbitres dedans Noel prouchain venant; auquel jour se lesdit différend ne sont videz il se pourra prolonger jusques à autre jour qu'ilz verront estre à faire iceulx dictz et sentences desquelz icelles parties ont promis croire comme arrest de parlement. Et lesquelz procès demorront en surcéance et ne sera riens innové par chacune desdites parties jusques ad ce que ledit arbitrage soit discuté. Car ainsi, etc., promectant, etc., obligeant, etc. renonçant, etc. Présens à ce vénérable et discretes personne maistre Laurens Bretel, secrétaire dudit révérend et maistre Jehan Magdalin, curé de Moustiers.

(Ext. des Arch. de la Préfecture de l'Yonne, minutes d'Armant, notaire).

N° 446.

Déclaration de François de Dinteville I du nom sur les coutumes usitées à l'entrée des évêques d'Auxerre.

(An 1514.)

Franciscus de Dintavilla, Dei et sancte sedis apostolice gratia, Autissiodorensis episcopus : dilectis ac venerabilibus in Christo fratribus nostris decano et capitulo insignis ecclesie Autissiodor. sponse nostre, salutem in domino. Equittas et juris ratio suadent ut id quod mos longissimus juris tramite non devians introduxit minime immutetur, sed sit prolege. Sane inter laudabiles, approbatas consuetudines antedicte Autissiodorensis ecclesie sponse nostre, et per predecessores nostros ejusdem ecclesie presentes hactenus inconcusse usitatas certo certius consuetudinem vigere didiscimus atque comperimus, quod nullus ad episcopalem dignitatem ejusdem ecclesie noviter assumptus civitatem Autissiodor. usque ad vigiliam diei qua suum primum jucundum et solemnem ingressum in dictis civitate et ecclesia Autissiodorensi facere, et in divi Germani Autissiodor. monasterio pernoctare solitus est, ingredi non debet aut consuevit : quam profecto consuetudinem tanquam rationabilem nullo pacto infringere, sed potius pro viribus observare intendimus et prositemur.

Verum quia quam plurimis domini nostri regis ac sui regni arduissimis negotiis quibus tanquam consiliarius et eleemosinarius ordinarius prout melius nos vacare et intendere impellimur, hujusmodi nostrum solemnem ingressum facere ac solemnitates in talibus requisitas ex integro ut optamus commode in tam arcto tempore observare non possemus. Quia etiam propter guerrarum voraginem et oppressiones gravissimas quas armigeri eidem ecclesie Autissiodorensi sponse nostre et ejus ministris contra eorum jura et libertates inferebant et inferre conabantur quibus absque nostra presentia vix succurri valuisset, attentis insuper regiis precibus super hoc vobis oblatis, aliisque justis de causis vos et animum vestrum moventibus, nobis liberaliter et ex gratia et absque consuetudinis predicte infractione aut prejudicio indulsistis quod predictam civitatem et domum episcopalem Autissiodor. ante ipsam dicti nostri solemnis ingressus vigiliam immorari possimus et valeamus. Ne autem predicta vestra liberalis et gratiosa promissio nobis facta ab aliis in posterum ad consequentiam vel exemplum trahi valeat, vobis ac successoribus vestris et ecclesie aliquod prejudicium afferat, per has presentes litteras volumus ac expresse declaramus quod per premissa non intendimus predictam laudabilem consuetudinem de jocundo ac solemni ingressu faciendo immutare, nec ei ac ceremoniis et solemnitatibus in talibus observari solitis in aliquo derogare aut aliquod jus contra vos acquirere. In cujus rei testimonium presentes litteras sigilli nostri appensione muniri fecimus, die tertia mensis maii, anno Domini millesimo quingentesimo decimo quarto.

De mandato Domini.

Gelyot.

(Tiré d'une ancienne copie).

N° 417.

Marché pour la sculture du portail de l'église de Thury.

(An **1521**, 9 juillet.)

Le ɪxᵉ juillet vᵉ xxɪ, Francoys Faulconnier, ymageur, demeurant à Aucerre, a marchandé à Anthoine Cas, maçon à ce présent, de faire et parfaire de son mestier d'ymageur la vie de monseigneur St. Jehan, contenant huit ystoires, les ymages comme les pierres le pourtrait au portal de l'église de Thury, et une Trinité à la clef de la voussure et de façon semblable comme les ymages qui sont faitz ou portal neuf de l'église d'Aucerre, où est la vie St. Pélerin. Et pour ce faire ledit Cas fournira toutes matières et pierres en place, et fera les tabernacles.

Ce présent marché fait moiennant la somme de xxv livres tournois, et cinq bichets de blé, asavoir troys bichetz froment et deux seigle, que ledit Cas sera tenu paier audit ymageur par égalle porcion en faisant ladite besongne; laquelle il a promis rendre faite et parfaite dedens la St. Michel prouchain venant, sur peine, etc., obligeant, etc., renonçant, etc. Présens maistre Jacques Benard, curé de Molesme, et maistre Estienne Lesaige prebtre de Courson.

Signé : Armant, notaire.

(Arch. de l'Yonne, Fascicules de minutes de notaires historiques).

N° 418.

Attestation de laquelle il résulte que le grand chapitre d'Auxerre ne peut prêter de l'argent au roi parce que les guerres l'ont appauvri et qu'on travaille depuis vingt-deux ans à l'achèvement de la cathédrale.

(An **1522**, 27 septembre.)

Le xvɪɪᵉ jour de septembre mil vᵉ xxɪɪ, en la présence de nous notaires soubzscriptz, se sont transportez les vénérables et discretes personnes maistres Jehan Saujot, doyen de l'église d'Aucerre, Jehan le Roy chantre, Michel le Caron, Pierre Saujot, Germain de Charmoy, Jehan le Broc, Estienne Leger, Laurens Bretel, Agnen Couchet, Philibert Guynard, chanoines de ladicte église, pardevers révérend père en Dieu monseigneur François de Dinteville, evesque d'Aucerre, luy estant en sa maison épiscopale dudit Aucerre avec honorables hommes et saiges maistres Jehan Billon, maistre de la chambre des comptes à Paris, commissaires du roy nostre seigneur sur le fait des empruns que ledit seigneur demande particulièrement ausdicts doyen et chanoines ainsi que leur a esté baillé chacun à leur regard par lettres à eulx adressans de par ledit seigneur; et pour satisfaire........ assignée se seroient retirez pardevers eulx. Ausquelz révérend et commissaires lesdiz doyen et chanoines dessus nommez auroient exposé qu'ilz estoient les pouvres chappellains et subjetz et obéyssans au bon voloir et service du roy, faisant tous les jours oraisons et processions outre les services ordinaires pour la prospérité de luy, de sa compagne et de son royaulme, auquel pour subvenir à ses affaires en l'année passée auroient payé au lieu de Troyes la somme de six cens livres tournois dont ilz n'avoient aucun assignat; aussi que pour ayder à rééditifiez leur église en laquelle prins vingt-deux ans ou besongne journellement sans discontinuer, et que au moyen de la pouvreté qui est de présent ou pays au moyens des gens de guerre qui sont tous les jours en leurs terres, ils ne pevent estre satisfaitz de leurs subjectz en manières que leurs prébendes qui sont de petites valeurs, actendu le gros nombre de chanoines qui est de soixante et plus, ilz ne sauroient vivre, et sur lesdites prébendes leur a convenu délaisser deux moys sur chacun chanoine au prouffit de ladite rééditificacion, autrement ledit euvre demourroit imperfecte; pareillement que en ceste année ilz ont souppourtée et payé pour les francz-fiefz et nouveaulx la somme de.....

Et aussi pour les admortissemens la somme de.... oultre auront payé double décime et aient envoyé vivres à Dijon dont nont esté satiffaitz.

Toutes lesquelles remonstrances auroient esté faictes par lesdit doyen et chanoines ausdiz révérend et. commissaires, et lesquels ledit révérend cet estre vrayes leur suppliant les tenir pour excusez envers le roy nostre seigneur Et que d'argent ilz n'en scauroient prester ne bailler, et n'en avoient point; et ou ilz en auroient très volontiers ilz subviendroient aux affaires dudit seigneur en ensuivant le contenu de ses lettres.

(Minute d'Armant notaire à Auxerre, Archives de l'Yonne).

N° 419.

Lettres du roi François I, portant permission aux habitants d'Auxerre de vendre leurs vins dans tout le royaume comme par le passé, etc.

(An 1522, 5 octobre.)

François par la grâce de Dieu roy de France, au bailly d'Auxerre, ou à son lieutenant et à tous noz autres justiciers et officiers.... et lieutenant salut et dillection. Nos chers et bien amez les manans et habitans de nostre ville et cité d'Auxerre nous ont faict dire et remonstrer que pour subvenir à noz affaires que avons pour le faict de noz guerres, ilz nous ont nagueres accordé, presté, certaine grosse somme de deniers pour laquelle fournir et trouver ils ont advisé et regardé entre eulx tous les moyens que possible leur a esté : Maiz parce que l'année derrenière et ceste présente la traicte de leurs vins leur a esté deffendue et empeschée, qui est la principalle marchandise et commodicté qu'ilz ayent. Le peuple de ladicte ville a esté et est si despourveu de deniers qu'il ne leur seroit possible satisfaire audit prest sinon que nostre plaisir feust leur permectre de vendre de leursdictz vins à noz subgetz qui ont accoustumé de eulx fournir audict pays, humblement nous requerant le leur voulloir permectre et sur ce leur octroyer noz grâce et lettres à ce nécessaires. Pourquoy nous, ces choses considéreez, mesmement que en tous autres aydes concernant noz affaires dont nous avons faict requérir lesditz supplyans depuys nostre advenement à la couronne, nous les avons trouvez de leur part prompts et enclins à nous y secourir et subvenir. Ayans aussi regard à plusieurs autres charges et despences que depuys le commencement des guerres d'entre nous et l'esleu empereur et ses alliéz lesdiz supplians ont supportées et supportent chascun jour ; désirans à ces causes favorablement les traicter, à ce qu'ilz se puissent restaurer desdictes despences et myeulx sattiffaire et fournir audict prest qu'ilz nous ont accordé faire : A iceulx pour ces causes et autres bonnes considéracions à ce nous mouvans, avons permis et octroyé, permectons et octroyons, voulons et nous plaist qu'ilz puissent et leur loise vendre ou faire vendre par eulx, leurs gens, serviteurs et facteurs, leurs vins du creu tant de l'environ de ladicte ville d'Auxerre, que de la conté dudit Auxerre, aux marchans de nostre ville de Paris, Rouen et autres noz subgectz qui ont accoustumé eulx fournir de vins en ladicte ville et conté d'Auxerre. Et que lesdits supplians et nosdicts subgectz qui les achapteront les puissent mener ou faire mener, charger, conduire en nostre dicte ville de Paris, Rouen et autres lieux de nostre dict royaume qui bon leur semblera. Et tout ainsi qu'ilz faisoient et avoient accoustumé faire auparavant lesdictes deffenses, et nonobstant icelles, en payant et acquictant les droictz des péaiges, subsides et autres devoirs pour ce deuz et accoustumez, où et ainsi qu'il appartiendra ; et à la charge de rapporter à vous bailly d'Auxerre ou vostre dit lieutenant certifications souffisantes des juges ordinaires des lieux où ilz vendront et délivreront lesdits vins, comme c'est pour noz subgetz et pour leurs provisions et despens et non pour autres, sur les peines en tel cas requises si voullons, vous mandons et expressément enjoignons et à chascun de vous en droict soy que de noz présens permission...... et octroy vous faictes, souffrez et laissez iceulx manans et habitans supplians et noz subgectz qui achepteront de leursdictz vins ainsi que dessus est dict, joyr et user plainement et paisiblement sans en ce leur faire mectre ou donner ne souffrir estre faict, mis ou donné aucun arrest ou empeschement au contraire etc.... Donné à St.-Germain-en-Laye le cinquiesme jour d'octobre l'an de grâce mil cinq cens vingt-deux, et de nostre règne le huytiesme.

Par le roy en son conseil :

Signé : de Deneufville avec paraphe, scellé autrefois sur queue pendante.

(Arch. de la ville d'Auxerre, case B. pièce 14 du 3ᵉ paquet.)

N° 420.

Amortissement des biens ecclésiastiques au diocèse d'Auxerre.

(An 1522, octobre.)

François, par la grace de Dieu, roy de France et de Navarre : à tous présens et avenir, salut. Comme nous advertis que plusieurs églises cathédrales, collégiales, chapitres, abbayes, couvents, prieurez et aultres gens d'église de nostre royaulme tenoient et possedoient à divers titres plusieurs biens, terres seigneuries et possessions tant nobles, roturiers que en franc aleu, sans avoir esté par nous ou noz prédécesseurs amortiz ou indamnez ne nous avoir payé la finance et indamnité pour ce due, nous eussions par nos lettres-patentes ordonné commandement leur estre fait de vuider leurs mains de tels biens et possessions comme estans tombez en main-morte en ensuivant nos ordonnances sur ce faites d'ancienneté ; à quoy iceulx gens d'église et aultres de main-morte n'eussent satisfait ne fourny.

A ces moyens icelles terres, possessions et biens eussent esté saisis en notre main et entre aultres ceulx du diocèse eveschié d'Aucerre qui n'avoient estre comprins en l'amortissement général que octroyasmes l'année dernière passée à ceulx des estats de nos pays et duché de Bourgogne.

A cette cause l'evesque, abbez, prieurs, collèges et autres gens d'église et clergié d'icelle eveschié non comprins oudit admortissement général de Bourgogne, nous ayent fait remonstrer, et supplier qu'il nous pleust admortir généralement tous et chacuns les biens, terres seignories et possessions qu'ils tiennent et possèdent non admortiz, de quelque nature ou qualité qu'ils soient. Et à quelque titre que ce soit jusqu'à présent, aussi les tenir quittes et déchargez de certain subside et aide caritatif ou gratuit que leur avons fait requerir et demander pour la soulde et entretenement d'aucuns gens de guerre pour la deffense de nostre royaulme, nous offrant payer pour la finances qui nous en pouvoit estre due pour leurdits bien non admortis une bonne somme de deniers, et icelle nous faire bailler pour fournir aux grandes charges qu'il nous a convenu et convient supporter pour la tuition et deffense de nostredit royaulme ; et résister aux damnées entreprinses et conspirations de nos ennemis et adversaires, mesmement du roy d'Angleterre, qui sans cause, raison ou occasion puis n'a guères nous a envoyé deffier et signifier la guerre contres nous, nos royaulmes pays et seignories en enfraignant les traitez qu'il avoit avec noz. Sçavoir faisons que nous, ces choses considérées, désirans favorablement traiter ledit evesque d'Aucerre, gens d'église et clergé dudit diocèse, afin qu'ils soient plus enclins à prier et intercéder envers Dieu notre créateur pour la prospérité de nous et de nostre royaume à iceluy evesque et gens d'église, collégiales, abbayes, prieurez, prévostez, collèges, dignitez, paroisses, cures et aultres gens d'église séculiers et réguliers et aultres de main-morte du diocèse d'Aucerre, de quelque estat ou condition qu'ils soient, de nostre certaine science, propre mouvement, grâce spéciale, pleine puissance et autorité royale, avons admortié et indempné, admortissons et indempnons par ces présentes en tant que à nous est pour nous et nos successeurs perpétuellement et à tousjours tous et chacuns ses biens, terres, seigneuries et possessions, justices, jurisdictions, cens, rentes, dixmes, champarts, terrages, droiz, fruitz, profitz, revenuz et esmolumens quelconques soient nobles, roturiers ou en franc-aleu tenus en fief, arriere-fief ou censive de nous ou de nos subjetz appartenans ausdites églises, abbayes, prieurez, collèges, prévostez, dignitez et aultres dudit diocèse qu'ils tiennent et possèdent de présent, et qui ne sont comprins oudit admortissement général par nous octroyé à ceulx de nos pays et duché de Bourgogne, comme dit est, par eulx et leurs prédécesseurs par le passé acquis ou qui leur ont esté donné, leguez et aumosnez à quelque titre que ce soit, jusques à présent, non seulement pour les fiefs nobles et choses roturieres assises oudit diocèse mais aussi pour ceulx qui sont hors dudit diocèse unis toutefoiz aux membres estant unis et de la table desdits eveschié, chapistre, abbayes, prieures et aultres églises et communautez y estans, réservé que si dedans ledit eveschié et diocèse d'Aucerre se trouvoit aucuns membres unis et incorporez aux archeveschez, eveschez, abbayes, prévostez et aultres bénéfices et communautez situez et assis en aultres diocèse que dudit Aucerre, ils ne seront compris ou présent admortissement.

Et voulons que desdites choses ainsy de présent par nous admortiez iceulx evesque, chapistre, clergé et autres gens d'église dudit diocèse nommez les puissent tenir et posséder comme admortiez et indampnées sans ce qu'ils puissent estre contraintz de vuider leurs mains, ne que cy aprez ils payent, pour raisons desdites terres, seigneuries, possessions ne aultres choses de présent par eulx tenues et possédees, aucun droit de franc-fiefs et nouveaulx acquests sous ombre de nos ordonnances ou aultrement ne aultre finance ou indempnise et laquelle finance ou indempnité, à quelque somme que ce puissent ou pourroit monter, ensemble ledit aide et subside caritatif et gratuit dont les avons fait requérir pour le payement desdits gens de guerre, comme dit est, nous leur avons, moyennant la somme de cinq mil cinq cens livres tournois à laquelle pour les choses dessusdites nous avons fait composer avec eulx, quitté et quittons contre plus si aucune chose nous en estoit due par ces présentes signées de nostre main ; en ce non comprins les hospitaulx, ladreries, confrairies, maregleries, fabriques et aultres communautez laycs dudit evesché et diocèse d'Aucerre, sauf, aussi l'interest et indemnité des autres seigneurs directs. Laquelle somme de cinq mille cinq cens livres tournois, ils feront mettre ès mains de nostre amé et féal notaire et secrelaire maistre Jacques Ragueneau par nous commis à recevoir les deniers venans desdits amortissemens, etc.

Donné à Saint-Germain-en-Laye au mois d'octobre, l'an de grace mil cinq cens vingt et deux, et de nostre règne le huitième.

François.

Sur le reply : Par le roy, en son conseil,

Le Blanc.

(Tiré d'une ancienne copie.)

N° 421.

Marché pour façon d'une verrière en la nef de la cathédrale d'Auxerre par trois peintres verriers.

(An 1523, 31 mars.)

Le dernier jour de mars, l'an mil v^e xxiiii après Pasques, comparurent en leurs personnes Tassinot Gassot, Thomas Duesme et Germain Michel pinctres et verriniers demeurans à Aucerre, lesquelz et chascun d'eulx seul et pour le tout, sans division, ont confessé avoir marchandé à Loys Lemaire marchant demeurant à Aucerre à ce présent et acceptant, de faire et parfaire de leur mestier de victrinier, une verrière en l'église d'Aucerre en la nefz actenant celle que maistre Pierre Monjot a de nouvel fait faire : Asavoir faire au millieu quatre ymages de grandeur raisonable, selon la largeur de chacun. A savoir Dieu, St. Loys, la Magdeleine et St. Germain en chacum des jours ung ymage, et au dessoubz les prians selon le portrait et de toutes bonnes coleurs ; selon que la besongne le requiert ; et le remplage et la reste de verre blanc bordé de bordures et ou millieu de chacun panneau une fleur. Et le tout faire bien et deuement selon le devis à eulx baillé par le portraict de ce fait et audict d'ouvriers et gens à ce congnoissans. Et icelle asseoir et rendre faicte et parfaicte dedens la St. Estienne troisiesme jour d'aoust prouchain venant. Ce présent marché fait moyennant la somme de soixante livres tournois que ledit Lemaire en a pour ce

paié et baillé content ausdiz dessusdiz la somme de trante livres tournois, et le reste en besongnant et faisant ladite besongne; laquelle ilz ont promis faire et parfaire, comme dit est, dedans le terme dessusdit sur peine, etc. Présens à ce Pierre Colas, charpentier, et Nicolas Berger son serviteur demeurans à Aucerre.

Signé : Armant, notaire.

(Archives de l'Yonne, fonds des notaires, fascicules de minutes historiques.)

N° 422.

Traité entre l'évêque d'Auxerre et le seigneur de Toucy, pour leurs droits réciproques sur la chatellenie de Toucy.

(An 1523, juillet.)

A tous ceulx qui ces présentes lettres verront : Germain Tribolé, seigneur de la Mothe et Claude Tribolé, garde de par le roy nostre sire du scel de la prévosté d'Aucerre, salut. Sçavoir faisons que par-devant Pierre Tribolé et Jehan Leroy, clercs notaires jurez du roy nostre seigneur de par luy establis en la cour de ladite prévosté, furent présens en leurs personnes révérend père en Dieu messire François de Dinteville, evesque d'Aucerre, pour luy d'une part, et noble seigneur maistre Emard Dupuys, chevallier, sieur et baron de Thoucy, pour luy d'autre part; lesquelles parties, et chacunes d'elles chacun en droit soy, ont confessé avoir fait les traités, accords, transactions, promesses, conventions sur les querelles, et débasts touchant la réception du dénombrement de la baronnie dudit Thoucy que ledit chevalier avoit présenté audit révérend, et autres différends, questions et débasts meus ou espérez de mouvoir entre eux pour raison des droits de leurs seigneuries, baronnies, et chastellenie de Thoucy, le tout en la forme et manière que s'ensuit.

C'est-à-sçavoir que ledit chevalier sera tenu recognoistre par ledit adveu tenir en fief dudit révérend, à cause de sa dignité episcopale, la baronnie de Thoucy. Item la maison et chastel par luy de nouvel édifiée avec ses appartenances contenant..... arpens jurables rendables comme soulloit estre la vielle tour et chastel ancien puis n'aguieres démolis par ledit chevallier pour édifier sondit nouvel chastel, maison ou appartenances et les cens que y prétendoit le révérend. Item la place où soulloit estre la vielle tour hors la tenue du comportement telle qu'il la conviendra faire et réserver pour édifier la muraille dudit Thoucy à l'endroit où estoit ladite vieille tour. Item la ville, faulxbourgs et chastellenie de Thoucy et justice en ladite ville et faulxbourgs avec le ressort desdites chastellenie et baronnie, le tout commun par indivis avec ledit révérend. Item la justice haulte, moyenne et basse chastellenie et baronnie dudit Thoucy par de-là la rivière d'Ouenne du costé de Saint-Fergeau, Tannerre Saint-Sauveur, et en se faisant l'aultre sa justice moyenne et basse de ladite chastellenie et baronnie de Thoucy demourera nuement audit révérend au de-là de ladite rivière d'Ouenne du costé d'Aucerre, au territoire de laquelle demourera le signe patibulaire au lieu et ainsy qu'il a esté d'ancienneté qui sera refait et entretenu aux frais communs desdites partyes. Et lesdits seigneurs auront chacun leur prévost pour exercer leurs justices ; c'est-à-sçavoir en commun et ensemblement quand aux subjects et héritages assis en ladite ville et faulxbourgs et séparement ainsy qu'il est cy-devant designé, le jour du lundy par ledit sieur révérend, le mardy par le prevost dudit baron ; et aprez l'expédition des jours de la communauté si elle eschest à ung desdits jours. Seront les prisons anciennes accommodées, la fermeture de ladite ville reparée et entretenue par lesdits sieurs à frais communs, joint ce que aucuns desdits sieurs ne puisse avoir autre prison. Item ledit baron sera tenu bailler par déclaration par le menu audit adveu la déclaration de tous les cens et rentes et autres droits qui lui appartiennent à cause de ladite baronnie avec les noms, surnoms des debtenteurs d'iceulx. Item recognoistre en plein fief dudit révérend le fief de feu Jehan de Vendy, le fief de Philippes d'Arthel qu'il tenoit à Fontaine, et un autre fief que tenoit Guillaume d'Arthel à Fontaine et Maulmons, ensemble le fief que Jean Bonjour a à Maurepas, et ceux que tenoit Hugues...... à Fontaine, Dracy et tous autres fiefs que ledit baron tient en ses mains par puissance de fief. Item ledit chevalier baron reçu à mettre son adveu les terres vacantes en la baronnie de Thoucy par de-là la rivière d'Ouenne en sa justice. Item pareillement sera tenu ledit baron de laisser et mettre en plaine délivrance audit révérend, au profit des trésoriers et chapistre de Thoucy, les petites dixmes, le péage et minage de Thoucy, ensembles les terres, prez, cens et rentes et aultres redevances appartenantes audit

trésorier ou chapistre estant au de-là de la rivière d'Ouenne, au finage dudit révérend hors la ville et faulxbourgs ; lesquels peages, minages pourront estre reprins par ledit baron en récompensant iceluy baron lesdits trésoriers et chapistre de la quantité de soixante bichets froment de rente foncière, mesure dudit Toucy et trente sols tournois de rente en ladite baronnie et chastellenie ; et quant aux cens appartenans ausdits chapistre et chanoines dudit Thoucy qu'ils levent en ladite ville et faulxbourgs lesdits chanoines montreront leurs titres, papiers, censives d'iceulx, et en informeront lesdits sieurs pour en ordonner ainsi que de raison. Item les hayes de Briau se partiront entre lesdites parties par moitié sans aucunes charges ou redevances une des parties envers l'autre, sauf et réservé le droit de retrait féodal de la part dudit baron envers ledit révérend. Item la disposition des trésoriers et prébendez, hospitaux et maladreries dudit Thoucy demeureront audit révérend. Et consentent les parties que les murailles soient refaites qui ont esté par ledit baron desmolies. Item le droit des estalages hors la halle et ces..... demeurera commun ausd. seigneur, et la halle et estalage alentour d'icelle nuement et entièrement audit baron en laquelle demeurera et tiendra le siége des baillis, prévost desdits ainsi qu'il a esté accoustumé. Item les officiers dudit révérend seront prénommez préférez et ès actes communs et de justice soubz leurs noms qualitez expresse, les expéditions des procez en l'exercice de la justice commune se fera alternativement ainsi que anciennement a esté observé et gardé. Item les dixmes de Fontaine demeureront audit révérend pour en jouir comme il a accoustumé de la moitié des langues des grosses bestes tuées en ladite ville et faulxbourgs de Thoucy ; et l'autre moitié desdites langues audit baron. Item les deux arpens du pré des basins demeurera audit baron et les baillera en son adveu moyennant qu'il sera tenu bailler audit révérend en récompense la somme de soixante et dix sols tournois de rente foncière en bonne assiete, dedans les limites dudit révérend, ou en la ville et faulxbourgs dudit Thoucy. Semblablement les cens, rentes, prez que chacun desd. sieurs a au lieu où il perçoit au finage ou territoire, l'un demourera au seigneur ou territoire duquel ils sont assis en récompensant l'un l'autre de la plus valeur à la charge de la tenue féodale par ledit baron envers ledit révérend, non compris toutefois les prez du Chastiers appartenans audit baron, les fiefs d'Arran, et du Buisson Saint-Verain que ledit baron tient en fief dudit révérend, et aussi les prez des Allos, Préaux, et la Noue aux Boileaux, avec les prez, terres et estangs appartenans du moulin Cranson, le tout appartenant audit révérend; et jusqu'à ce que lesdites récompenses soient faites, ledit révérend jouira dudit prédes Bassins, et lesdites parties, chacun en droitsoy, de leurs cens, rentes et héritages qu'ils tiennent au finage l'un et l'autre, de laquelle récompense ensemble le différend qui est entre lesdites parties pour raison de la censive de la rue de Narbonne seront terminées parfaites par délibération des baillis desdits sieurs à la prochaine assise qui par eux sera tenue. Item au regard des fiefs de Dracy, la Villote, Mollins, Guergon, ledit baron les baillera journellement en son dénombrement en arrière-fief audit révérend pour la tenue féodale tenue, prétendue par ledit révérend esdits fiefs, ledit baron a baillé et délaissé audit révérend le fief de la forest d'Arran que tiennent les Dassignis en propriété; duquel fief ledit baron s'est démis au profit dudit révérend, ses successeurs seront doresnavant lesdits Dassignis et aultres propriétaires dudit fief et luy en faire la foy et hommage.

Et quant aux choses non comprises en cette présente transaction, ledit baron les baillera selon l'ancien dénombrement daté de l'an quatre cens et quatre, le quatriesme jour de décembre; et moyennant les choses dessusdites. Et lesdites parties se sont désistées et départies de tous procez meus ou espérez à mouvoir entre elles pour raison des choses prédites jusques auquel temps ledit baron a main levée de ladite baronnie, Car ainsi, etc.

Fait et passé en présence de vénérables et scientifiques personnes maistre Guillaume Cranson, chanoine official, maistre Jehan Brisson, licentié en loix, lieutenant-général au baillage de Montargis, maistre Philippes le Driois, Regnault Chevalier, grenetier, Robert Foucher, maistre Guillaume Billebaut, maistre Jehan Billebault et aultres tesmoings, le vingtiesme du mois de juillet, l'an mil cinq cens vingt et trois.

Signé : J. le Roy. Scellé en queue de parchemin de cire verte.

(Tiré d'une copie ancienne.)

N° 423.

Sentence du bailliage d'Auxerre retiré à St.-Bris à cause de la peste, touchant la cérémonie de la Pelote en l'église cathédrale d'Auxerre.

(Extrait du greffe du bailliage d'Auxerre).

Entre les vénérables doyen et chapitre St.-Etienne d'Auxerre, complaignans et demandeurs en cas de saisine et de nouvelleté, d'une part, contre maître Laurent Brethel, défendeur, d'autre.

(An 1531, 22 août.)

Veu les exploits desdits demandeurs, escriptures et additions d'escriptures, les informations, enqueste en brief et procédure faite en cour d'église, produite par lesdits demandeurs, les premières et secondes lettres-royaux par eux obtenues, qui ont été entérinées, conclusions baillées par le procureur du roy, réponse faite à icelles par lesdits demandeurs, et ce que les parties ont produit, les actes du procez mesmement.... par lequel a été dit que les escriptures et... seroient mises par devers nous pour faire droit. Tout veu, par l'avis du conseil, nous avons déclaré et déclarons lesdits demandeurs non recevables, et les avons condamnés et condamnons ez dépens de ce procez tels que de raison, le taux à nous réservé; et avons ordonné que au lieu de ladite Pelote, lesdits demandeurs pourront, si bon leur semble, faire un Salut le jour de Pâques après souper; le Salut chanté, eux retirer en leur chapitre pour illec leur estre distribué du vin et pain, en la manière accoutumée pour le jeu de la Pelote, par le chanoine étant à son tour, par notre sentence, jugement et droit.

Prononcé en jugement, au lieu de Saint-Bris, par nous Nicole Rousselet, lieutenant au bailliage d'Auxerre, présence de maistre Pierre Tribolé, procureur desdits demandeurs, et de Ythier Roi, procureur dudit défendeur; dont ledit Tribolé a appelé le XXII° jour d'août MDXXXI.

Signé : Tulou.

Extrait d'une lettre de M. le procureur général à M. l'évéque d'Auxerre, François de Dinteville II du nom, au sujet de la cérémonie de la Pelote.

Monseigneur, quand je vous trouvai à Saint-Saphorin, je n'eus le loisir de vous tenir le propos que le roy, étant à Lyon, pendant son diné, avoit tenu de la cérémonie qui se fait en votre église le jour de Pâques qu'on appelle *la Pelote d'Aucerre*, et ce en la présence de messieurs les cardinaux de Lorraine et du Bellay, M. de Soissons et autres. C'est qu'aprez avoir entendu en quoi consistoit ladite cérémonie, il dit qu'elle étoit bonne et louable, et qu'on ne la devoit oster, ni abolir sans grande cause, mais s'il y avoit de l'abus ou difformité, que l'on devoit oster ladite difformité, et observer ce que jusques-là avoit été honnêtement fait. Et autant en dit le roy des *Festages* d'Angers. Ce que j'ai récité à M. le premier président, et à M. Disques, rapporteur du procez, qui sera cause.... que sans grand cause et considération on ne abolira ladite Pelote, mais plutot d'intériner requête qui fut faite d'envoyer ledit seigneur Disques et un commissaire de ladite cour voir ce qui en fera lorsqu'on fera ladite cérémonie, pour en faire procez-verbal et rapport à ladite cour.

Signé : Thibaud, procureur général.

De Paris, le 5 may.

(Tiré de l'original.)

Le procès-verbal de la Pelote d'Auxerre qui attira l'attention de tout le royaume fut terminé par un arrêt du parlement, donné le 7 juin 1539, qui abolit la cérémonie. Entre les pièces du procès, celles-ci m'ont paru les plus curieuses.

Ex registro capituli Autissiodorensis, an. MCCCCXII mercurii XIX aprilis ante Pascha.

Fuit per majorem partem assistentium in capitulo ordinatum quod Pilota fiat minor solito, ita tamen quod non possit comprehendi seu apprehendi una sola manu, quodque presentetur more solito, et post solemnitatem et collationem sequentem de ea generose.... spatii ludatur quandiu placuerit, et tunc dignitas presidens ibidem, possit dictam Pilotam capi facere, et penes se retinere et custodire, ut de ea aliquod scandalum non veniat. Et si ille qui dictam Pilotam fecit, velit illam habere, et petat eam habenti, transactis feriis Pasche ei per dictum presidentem tradatur.

Dom. XIV april MCCCCLXXI fuit festum Pasche. Eademdie, fuit magna altercatio inter dominos decanum et capitulum ecclesie Autissiodorensis, et magistrum Gerardum Rotarii, canonicum Autissiod. ac magistrum in sacra pagina, ex eo quod erat ipse in turno suo ad faciendam Pilotam, et nullam presentavit, sicut statuta ecclesie Autissiodor. hoc requirunt. Et post plures et altercationes prehabitas in ecclesia Autissiodorensi, in presentia D. gubernatoris Autissiod., inter dominum decanum et capitulum et prefatum magistrum Gerardum, pro evitando scandalo prefati domini de capitulo congregaverunt se in eorum capitulo, et ipsis sic congregatis mandaverunt dictum Rotarii venire ad dictum capitulum. Cui fuit dictum per dominum decanum quod ipse venerat contra statuta et consuetudines laudabiles ecclesie Autissiodor. per eum jurata in sua nova receptione, et per consequens perjurium incurrerat. Qui Rotarii pro sua excusatione respondit, quod hoc non fecerat in contemptum ecclesie, nec statutorum ipsius, sed quod legerat alias in rationali divinorum officiorum in quodam capitulo, in quo prohibebatur ne in ecclesiis cathedralibus de cetero fieret Pilota; cui fuit replicatum quod de hoc debebat advisare capitulum ante diem Pasche; et plures alie rationes fuerunt eidem Rotarii remonstrate.

Tandem post plures altercationes hinc inde habitas in dicto capitulo, ex utraque parte, magister Gerardus Rotarii petiit à predictis domino decano, et capitulo veniam de predicto defectu, et se submisit gratie eorum, offerando emandam condignam, applicandam fabrice ecclesie, aut alteri usui, ulterius dicendo quod si Stephanus *Gerbault* qui habebat Pilotam suam anni preteriti vellet eidem vendere pro reparando suum defectum, quod ipse sibi solveret id quod vellet, quod fecit idem *Gerbault*, et paulo post prefati domini decanus et capitulum exierunt dictum capitulum et venerunt in magnam navim ecclesie Autissiodorensis et in presentia domini gubernatoris Autiss., D. baillivi Autissiod. et multitudine copiosa civium et burgensium Autissiodor. idem Rotarii confessus fuit quod ipse fuerat informatus de statutis ecclesie et obedire volendo dictis statutis et consuetudinibus presentavit dictam Pilotam domino decano et ceteris dominis de ecclesia, quam receperunt. Et postea, more solito, inceperunt choream ducere, qua facta ad capitulum redierunt pro faciendo collationem.

(Voy. Mercure de France, mai 1726 *p.* 911.*)*

N° 424.

Lettres de Clément VII au roi François I, sur François de Dinteville ambassadeur à Rome.

(An 1533, 8 février.)

Charissimo in Christo filio Francisco Francorum regi christianissimo.

Clemens papa VII.

Charissime in Christo filio nostro, salutem et apostolicam benedictionem. Litteras tuæ majestatis in quibus venerabilem fratrem episcopum Autissiodorensem oratorem apud nos suum ad se revocat, licentiam que ad te redeundi per eundem episcopum nobis petitam egrius tulissemus, nisi majestas tua his duobus S. R. E. cardinalibus quos apud nos manere decrevit nostram molestiam allevasset, cuicumque enim tuum nomen apud nos referenti tua causa paterne et peculiariter afficimur. Itaque tuæ voluntati, ut debemus, acquiescentes, eundem episcopum veniendi ad te cupidum benigne dimisimus. Illud autem pro nostro officio et benevolentia in illum nostra libenter facimus, ut cum tuæ majestati ex animo commendemus, semper enim eum cognovimus insigni fide et devotione erga te flagrantem quo nomine.... omnes tui nobis chari et probati esse debent. Quamobrem si tua majestas suæ in illum paratæ benignitati aliquid etiam nostra causa adjecerit, id nos sumus valde gratum, valdeque jucundum a tua majestate habituri. Datum in civitate nostra Bononie, sub annulo Piscatoris, die octava februarii, M D. XXXIII; pontificatus nostri anno decimo.

Blosius.

(*Ex autographo.*)

N° 425.

Marché pour construction d'une grande fenêtre en l'église St.-Renobert d'Auxerre, par Jehan d'Amboise, maître de l'œuvre de St.-Renobert.

(An 1541, 1ᵉʳ décembre.)

Le premier jour de décembre l'an mil cinq cens quarente ung, comparut en sa personne Jehan d'Amboise, maistre maçon de l'œuvre Sainct-Renobert (1) d'Aucerre, lequel cognut et confessa avoir marchandé à Regnauld de Brie et Pierre Chauchefoin, exécuteurs du testament de feuc Nicole Bourcier en son vivant vefve de feu Nicolas Guiard, en la présence de Michel Sauvajot, Fiacre Guiard et Cléophas Guiart, héritiers avec lesdiz exécuteurs de ladite déffunte, tous présens et acceptans, de faire le ramplage à troys moyneaux d'une grande verrière estant en l'église Sainct-Renobert sur la chapelle Nostre-Dame en la haulte voulte, du costé de la maison où pend pour enseigne la Souche; lequel remplage sera tenu faire et parfaire bien et dhument au dict de gens à ce cognoissans, et fournir touttes matières, excepté le fert, qu'il y conviendra mettre, selon le devis et portraict qui en a esté faict par le pinctre qui a marchandé ladite verrière; et le rendre faict et parfaict, comme dict est, dedans Quaresme-prenant prouchain venant, moyennant le pris et somme de douze livres tournois et deux bichets de froment, sur quoy luy a esté paié, baillé et nombré content deux escus sol... pardevant ledit juré et tesmoings soubs scriptz. Et le reste de ladite somme luy sera paiée en besongnant et faisant ladite besongne au prorata. Car ainsi, etc., obligeant, etc. Présens à ce Pierre Croquet, menusier et Droin Menant, vigneron demeurant à Aucerre.

Signé: Armant, notaire.

Et plus bas on lit :

Cedit jour oudit an, comparut en sa personne Germain Michel, pinctre demeurant à Aucerre, lequel cognut et confessa avoir marchandé aux dessusdiz de faire et parfaire une verrière au lieu dessusdit, en laquelle il sera tenu faire quatre ymages et les prians, et audessus une Annonciation, selon le devis et portraict qui luy a esté baillé signé de la main d'icelluy juré. Et icelle verrière rendre faicte et parfaicte au dict de gens à ce cognoissant dedans le jour et feste de Pasques prouchain venant, moyennant le pris et somme de trante sept livres dix solz tournois, sur laquelle luy a esté paié, baillé et nombré contant audit Michel dix-sept livres dix solz tournois, parde-

(1) La minute porte le mot St.-Estienne rayé, ce qui peut faire supposer que ce maître Jehan d'Amboise était aussi maître de l'œuvre de la cathédrale qui s'achevait alors. Un autre marché de maçonnerie de cette année l'appelle *Jean Alacre dit d'Amboise*. (N. d. E).

vant ledit juré et tesmoins soubs scriptz. Et le reste de ladite somme luy sera paiée en besongnant et faisant ladite besongne pro rata. Car ainsi etc., obligeant, etc., Présens les dessusdiz.

(Archives de l'Yonne, fonds des notaires, fascicules de minutes historiques.)

N° 426.

Don de reliques de l'abbaye de Saint-Germain à la duchesse de Guise.

(An 1542, 2 octobre.)

Universis presentes litteras inspecturis : Nicolaus de Marconville, presbyter, in decretis baccalaureus, monasterii Molismensis cantor, vicarius generalis in spiritualibus et temporalibus reverendi in Christo patris et domini, domini Ludovici a Lotharingia, miseratione divina abbatis et perpetui commendatarii monasterii Sancti-Germani Autissiodor., ordinis sancti Benedicti, ad romanam ecclesiam nullo medio pertinentis, nec-non totus dicti monasterii conventus capitulariter ad sonum campane pro negotiis infrascriptis congregati, salutem in Domino. Cum nuper intimatum, mandatum et requisitum esset litteris prefati domini Ludovici a Lothoringia antedicti monasterii Sancti-Germani Autissiodor. abbatis famosissimam et spectatissimam dominam dominam ducissam Guisie, predicti domini abbatis matrem, magnopere cupere aliquot portiunculas sacrosanctarum reliquiarum que a multis ipsa intellexit eidem monasterio olim magno datas esse numero a pluribus pontificibus.... bone memorie viris, ut, videlicet, eisdem venerabilibus reliquiis ornare et decorare possit ecclesias a se et a suis generosissimis parentibus fundatas ; quam postulationem nos sic capitulariter congregati dupliciter juri consonam perpendentes, tum quia jussu predicti domini abbatis nititur, tum quia ad propagandum, dilatandum atque augendum sanctorum cultum pertinet. Ea propter dicto citius postulatis annuimus, ac ut in talibus moris est, cereis reverenter accensis, diligenter curavimus ut aperirentur feretra atque alia repositoria predictarum nostrarum reliquiarum in quibus hec que sequuntur reperta, desumpta, et ut super dicte domine fideliter reddantur nobis vicario predicto et F. Nicolao Ponce, presbytero dicti monast. S. Germani Autiss. religioso expresse professo, resignata sunt eaque in parva quadam theca seu capsula oblonga et quadrata ferreis quatuor locellis distincta quibus predictarum reliquiarum inscriptiones nominatim super posite sunt ; videlicet de portiuncula maxille sancti Mauritii martyris, de sudario sancti Germani Autiss. episcopi, de sancto Theobaldo, de capite sancti Agnarii episcopi.

In quorum omnium et singulorum et premissorum fidem, robur, attestationem et testimonium sigilla nostra presentibus litteris duximus apponenda. Datum et actum in dicto monasterio Sancti-Germani Autissiodorensis, die secunda octobris, anno Domini millesimo quingentesimo quadragesimo secundo ; presentibus ibidem discreto domino Ludovico le Jeune, presbytero, et Petro Thienot, seniore, apud Autissiodorum commorantibus, testibus ad premissa vocatis et rogatis.

(Ex Archivis S. Germani Autiss.)

N° 427.

Formule d'élection d'un gouverneur ecclésiastique de l'Hôtel-de-Ville, faite par le clergé pour être présentée aux habitans.

(An 1544, 27 septembre.)

Anno domini 1544, die vero 27 mensis septembris, coram nobis Guillelmo *Chausson*, presbytero, in legibus licenciato, insignis ecclesie Autissiodorensis lectore et canonico, nec-non et reverendi in Christo patris et domini D. Francisci de Dintavilla, Dei et sancte sedis apostolice gratia Autiss. episcopi, in spiritualibus et temporalibus vicario generali, clerus civitatis Autiss. et suburbiorum omnium, ad hoc expresse vocatus in aula palatii episcopalis Autiss. comparens personaliter, elegit a pluralitate votorum coram astantibus recollectorum magistros Laurentium *Robert* et Nicolaum *Davy* ecclesie Autiss. canonicos ad illos presentandum et nominandum incolis et habitantibus hujus civitatis Autiss. ut alterum ex ipsis eligant et assumant pro altero scabino sive gubernatore negotiorum communium civitatis, secundum ritum et consuetudinem antiquos. Actum die, loco, mense et anno supradictis.

Anno 1546, supra nominatus Robert fuit retentus gubernator clericus urbis Autiss. usque ad annum 1548, in festo sancti Remigii. De triennio in triennium fit electio.

(Tiré du registre de formules compilé par L. Robert.)

N° 428.

Acte concernant les installations dans le chœur de la cathédrale d'Auxerre, et autres cérémonies.

(An 1544.)

Universis presentes litteras inspecturis, officialis Senon., judex in hac parte ordinarius ac superior, salutem in Domino. Notum facimus quod die data presentium, coram venerabili et scientifico viro magistro Francisco *Macon*, jurium licentiato, nostro vicesgerenti, seu locum tenenti, venerabiles et discreti viri decanus, canonici et capitulum ecclesie Autissiodorensis pro una, et discretus etiam vir magister Petrus *Maignen* presbyter, canonicus et succentor ejusdem ecclesie Autissiodorensis pro eo ex alia, partibus, in capitulo ejusdem ecclesie capitulariter congregati, personaliter comparuerunt : qui sponte, respective, non vi, dolo, sed omni meliori modo, conditione et forma quibus potuerunt et debuerunt, possuntque et debent, pactum, tractatum, conventionem seu concordatum ad invicem, pacifice et quiete, fecerunt et transigerunt sub modificationibus, conditionibus, causis, mediis et rationibus, contentis, specificatis et descriptis in tribus aut quatuor foliis papyri sub his verbis continen.

Cum lis, sive controversia et processus moveretur et penderet, coram baillivo Autissiodorensi, seu ejus locum tenenti, in materia saisine et novitatis, inter magistrum Petrum *Maignen* presbyterum, canonicum et succentorem ecclesie Autiss. actorem et impetrantem, ex una, et venerabiles dominos decanum, canonicos et capitulum ejusdem ecclesie, reos et opponentes, ex altera, partibus, super eo quod dictus actor ad causam sui officii seu personatus succentorie ad se et ejus successores succentores prefate ecclesie, jus, preeminentiam et autoritatem dum et quoties aliqui tam in dignitate constituti, quam canonici prebendati, canonici, vel tortarii, commissi, seu clerici de choro aut capellani in dicta ecclesia per prefatos dominos decanum et capitulum recipi ordinantur, eosdem habitu ecclesie investire, ac illos, tam in choro quam in capitulo, respective installare, ac in possessionem realem ponere et inducere, salariumque, si quod pro jure et preeminentia ejusmodi debeatur, sive gratis per dictos installandos sibi detur recipere, et de illis ad suum libitum disponere, aut in ejus absentia alteri ex dominis canonicis vices suas committere, spectare et pertinere pretendebat, asserens se et suos predecessores jure predicto usos, et a tempore immemoriali usque ad presentis processus inchoationem fuisse gavisos. Prefatis dominis decano et capitulo reis et opponentibus in contrarium dicentibus et manutenentibus, videlicet quod autoritas et preeminentia hujusmodi ad illos spectabat et pertinere debebat, cum omnia jura ecclesie et preeminentie ab autoritate capituli dependeant, nec ipse aut sui predecessores succentores hujusmodi autoritatem ullatenus habuerunt, sed solum tanquam commissi ab illis hujusmodi factum exercuerunt. Quod si forte officio succentorie annexum videretur, alteri tamen delegare non poterat, cum hujusmodi preeminentia sit honoris qui persone affectatur, et non oneris quod per alium supportari valet. Alius itaque processus, etc......... prefatis dominis multa in contrarium objicientibus. Unde ex istis, licet modicam damnositatem inferre et pauca esse viderentur, multos tamen aut fructus discordiam et scandala non modica propterea subsequi posse perspectum ; idcirco illis subveniendum et obviendum arbitrati, in eam que sequitur partes predicte devenere concordiam.

Videlicet de cetero cum aliquem in ecclesia per prefatos dominos decanum et capitulum ad dignitatem, canonicatum, tortariam, seu habitum recipi contigerit, ad prefatum succentorem illi habitum prebere, ipsumque installare, tam in choro quam in capitulo, prout antea consueverat, jus et autoritas pertinebit, si tamen presens in capitulo extiterit : qui si presens non fuerit, hujusmodi autoritas et preeminentia ad prefatos dominos decanum et capitulum devolvetur, nec cuiquam alteri poterit dictus succentor committere vices suas. Quod vero ad processiones, etc. Postquam vero dicti de capitulo et canonici hujusmodi ecclesie Autissiodorensis, sicut premissum est, capitulariter congregati declaraverunt, dixerunt et retulerunt, coram dicto nostro locum tenente, sicut premissum est in dicto eorum capitulo existentes, vidisse, tenuisse, legisse et intellexisse de verbo ad verbum una simul dicto *Maignen* omnia supradicta narrata, descripta et contenta in presenti tribus aut quatuor foliis papyri sibi ipsis de capitulo per eundem *Maignen* communicatis, traditis et dimissis, eaque volebant in perpetuum firmiter observare et intertenere, petentibus propterea et requirentibus hincinde respective per dictum nostrum locum tenentem cogi, compelli et condemnari, judiciumque super premissis ac decretum et autoritatem nostram interponi. Idcirco, viso parte dicti nostri locum tenentis dicto tractatu seu concordato inter dictos requirentes facto et inito, eosdem decanum, canonicos et capitulum prefate Autissiodorensis ecclesie, dictumque *Maignen*, canonicum succentorem, et suos inde sequentes successores, ad laudandum, approbandum, ratificandum, ratum, gratum, firmum ac stabile perpetuo intertenendum et habendum omnia et singula predeclarata, narrata et specificata, cessante ulla revocatione et contradictione, condemnavimus et condemnamus, eaque emologavimus et ratificavimus, emologamusque et ratifimus per presentes. Ad quod dicte partes acquieverunt et consenserunt. In quorum omnium et singulorum fidem et testimonium presentes nostras per fidelem curie nostre notarium publicum et practicum juratum pro in hac parte scriba per dictum nostrum vicesgerentem assumptum scribi et signari jussimus, sigillumque curie Senonensis, una cum signete nostro, duximus apponendum. Datum et actum in prefato ecclesie Autissiodorensis capitulo, die decima quarta mensis februarii, anno domini millesimo quingentesimo quadragesimo quarto, presentibus magistro Joanne *Julien*, presbytero de Autissiodoro, et magistro Oliverio *Chereau*, curie Senonensis practico jurato, testibus.

Signé : H. Ablon, *avec paraphe et scellé.*

(Tiré de la copie appartenant aux souchantres.)

N° 429.

Ordre au curé de Gien-le-viel et autres de veiller sur la communion paschale.

(An 1547-48 22 mars.)

Autoritate reverendi in Christo patris et domini domini Francisci a Dintavilla, Autissiodorensis episcopi : curato de Giemo-Veteri, ejusve vicario, districte precipitur et injungitur ut juxta ecclesiasticum institutum et canonicam sanctionem proxima die dominica que est Ramis-Palmarum diligenter et publice in prono suo parochianos suos adhortetur et commonefaciat ad veram peccatorum suorum confessionem proprio sacerdoti, vel potestatem habenti faciendam, nec-non ad sacro-sancte eucharistie seu communionis in die sancto Paschalis reverendam perceptionem. Ne autem, quod absit, reperiantur qui hoc in anime sue periculum et ecclesie contemptum facere omittant, aut postponant, eidem curato de Giemo ejusve vicario rursum precipitur, ut nomina et cognomina tam suorum quam aliorum quorumcumque parochianorum quibus ea sacramenta instanti Pasche festo ministraverit in regestum seu codicillum distincte conscribat, sicque confectum regestum seu codicillum ad proximam synodum per dictum dominum reverendum Autissiodori, Deo favente, celebrandam deferat, prefatoque reverendo aut ejus officiariis exhibeat, alioquin legitima coertione mulctaturus.

Datum Giemi vigesima secunda die mensis martii, anno Domini MD XLVII; sic inferius signatum, Duchié.

Eadem injunctio facta fuit curatis seu eorum vicariis de Briaria, Boniaco, Neviaco, Conada-ad-Ligerim, Pouillaco, Charitate-ad-Ligerim.

Sic signatum,
Duchié.

(Ex regist. Episc. Autiss.)

N° 430.

Etablissement de vicaires généraux pour la réformation de l'abbaye St. Laurent.

(An 1548.)

Franciscus a Dintavilla, Dei et sancte sedis apostolice gratia, Autissiodor. episcopus : dilectis nobis in Christo fratribus Laurentio Petitfou, monasterii S. Petri Autissiodor. ordinis divi Augustini abbati, et Jacobo du Coin, cenobii divi Martini Nivernensis, ejusdem ordinis presbyteris religiosis expresse professis, salutem in Domino. Cum instante et requirente generali procuratore regio per supreme curie parlamenti Parisiensis arrestum de die quartadecima julii novissime elapsi, dictum fuerit quod monasterium Sancti-Laurentii-de-Abbatia, ejusdem divi Augustini ordinis, in nostra Autissiodor. diecesi deformatum, fratresque religiosi seu canonici regulares illic agentes a regularis observentie tramite aberrantes, reformarentur, quodque pro hujusmodi reformatione absolvenda et ad hunc effectum vicariatum nostrum duobus ejusdem ordinis probis, idoneisque religiosis professis, dare teneremur ; hinc est quod nos quorum nobis religionis zelus, probitas, discretio, solertia, scientia, experientia, aliaque virtutum vestrarum laudabilia merita sunt perspecta et explorata, et quos et in subeundis spiritalis militie cer taminibus multis jam annis dexteritatis vestre periculum specimenque fecisse nominis, sperantes in eo qui potens est credita vobis adaugere talenta, ea que fidei vestre commiserimus sedulo ac diligenter ex charitatis ardore, zeloque justitie vos administraturos, vicarios nostros in spiritualibus et temporalibus generales et speciales facimus, creamus, constituimus, ordinamus et deputamus per presentes, specialiter expresse ad prefati monasterii Sancti-Laurentii-de-Abbatia, juxta dicte curie arrestum, reformationem faciendam, dantes vobis et presentium serie concedentes potestatem, autoritatem, mandatum, plenamque et perinde ac vobis liberam facultatem memoratum Sancti-Laurentii monasterium adeundi, qualiter ibi divinum officium nocturnum pariter et diurnum fiat, decantetur et celebretur, inquirendi et sciendi; illudque rite, debite, canonice et pro introducto more ac statuto ordinis persolvi, continuarique faciendi, sacram edem, vasa et ornamenta ecclesie, cetera que ad Dei cultum et ejus domus decorem pertinentia, claustra, cellas, dormitoria, refectoria, domos et alia ejusdem loci edificia sana, integraque sint, nec, ne visitandi et perlustrandi, reparationes in predictis si que necessarie erunt fieri ordinandi, de et super vita, moribus conversatione, statu, gradu, victu et vestitu religiosorum illic degentium sciscitandi, percontandi et informandi, eos singulos et universos privatim et publice, ut res expostulaverit, ad observantie regularis stabilitatem perseverantiamque monendi, et si opus erit compellendi, cogendique, eorum excessus, errata, delicta et crimina, quecumque, quodcumque et quarumcumque vice, autoritateque regia et nostra reprimendi, coercendi, et puniendi, ecclesiastice censure suspensionis videlicet interdicti, excommunicationi, anathematisve sententia plectendi, gravioresque pœnas ubi, quod absit, cervices suas pertinaciter obduruerint, et ad melioris vite frugem converti aut noluerint aut distulerint, infligendi, etiam usque ad incarcerationis deportationem vel translationem, articulos reformatorios pro re, causa et tempore edendi, digerendi, conficiendi, conscribendi et concludendi, sic editos, digestos, confectos, conscriptos et conclusos articulos in bonam debitam et authenticam formam redigendi atque adhibitis, interminatisque in transgressores legitimis mulctis et animadversionibus sequi, teneri et observari inviolabiliter faciendi, et generaliter alia omnia et singula que ad hujusmodi vicariatus officium tam de jure quam de consuetudine spectant et pertinent, ut que nosmetipsi faceremus, facereque possemus si personaliter interessemus, etiamsi nonnulla forent que mandatum exposcerent specialius quam presenti sit expressum faciendi, gerendi et exercendi : nos autem universa et singula que in premissis et circumstantiis digne, religiose atque laudabiliter feceritis, statueritis, ordinaveritis et reformaveritis ab his quorum intererit perpetuo ut observentur, Deo favente, curabimus.

In quorum omnium fidem, robur et testimonium presentes litteras nostre camere sigillo duximus communiendas. Datum in castro nostro Regennarum, die decima sexta mensis octobris, anno Domini millesimo quingentesimo quadragesimo octavo.

Sic signatum, Duchié scriba.

(*Ex Regist. Episc. Autiss.*)

N° 431.

Bénédiction de l'abbesse de Montmartre par l'évêque d'Auxerre.

(An 1549, août.)

Franciscus a Dintavilla, Dei et sancte sedis apostolice gratia, Autissiodor. episcopus, notum facimus universis quod nos, die dominica mensis Augusti undecima, anno Domini millesimo quingentesimo quadragesimo nono, missam in pontificalibus celebrantes in choro templi monialium seu sororum monasterii Montis-Martyrum prope Parisios, ordinis S. Benedicti, assistantibus nobis reverendis patribus dominis Philippo le Bel sancte Genovefe de Monte in urbe Parisiensi, et Antonio de Melphe Sanctis-Victoris extra muros Parisiensis abbatibus, assistentibus quoque sororibus Theodorica Paulmier, Dionysia Daniel, Antonia Nerun, Cecilia Patée, Margareta Turgic, Joanna Baudin, Jacquelina des Pos, Maria Catin, Jacquelina Boquet, Maria Bouguier, Genovefa le Cougneux, Margareta Chambon, Joanna Chappelier, Philippa de S. Cyr, Catarina de Brion, Ægidia Piedefer, Claudia Chefdeville, Magdalena Papillon, Antonia de Leffe, Maria de Bergerac, Magdalena de Saleurne, Radegunda Enjornant, Cecilia Richevilain, Maria Alegrain, Genovefa de Thou, Catarena Berbette, Anna du Croqueset, Anna Droit, Margareta Thiebour, Magdalena Hennequin, Maria Morelot, Margareta Picart, Peretta Romillart, Lodovea de Ternay, Jacquelina Martine, Magdal. le Charcos, Cath. Morantin, Cath. Thebaut, Cath. le Maistre, Francisca de Lanchart, Joanna Auger, Maria Brulart, Dionysia Perdiel, Claudia Choppin, Jacquelina Prevost, Anna le Conte, Stephana Aimei, Maria Cossart, Maria Lobigeois, Joanna Brulart, Maria Galoppe religiosis professis, Jacquelina Rogor, Francisca Fagnier, Catarina Troncelet, Margareta Cliquebet, Agnete Flesche, Coleta Pain et cher, Simona Dupuis, Margareta Cornoille, Maria Marin, Natalitia de la Rene, Germana Marest, Johanna Chiquelle, religiosis laïcis, Jacquelina Croquette novitia chori, Isabella le Bout et Joanna Bonnetonne, novitiis laïcis, devote sanctimoniali domine Catarine de Clermont dicti monasterii Montis-Martyrum abbatisse, de licentia et permissione reverendissimi domini cardinalis Bellaii, Parisiensis episcopi, sacrum benedictionis munus in forma ecclesie consueta contulimus.

Datum sub nostro camere sigillo, anno, die et loco predictis.

Duchié.

(*Ex Regist. Episc. Autiss.*)

N° 432.

Permission d'user de laitage et de chair, pendant le carême, accordée à la dame de S. Amand.

(An 1550-51, 15 février.)

Franciscus a Dintavilla, Dei et sancte sedis apostolice gratia, Autissiodor. episcopus : nobili Carolo de Rochechouart, domino temporali de S. Amando, nostre diecesis, salutem in Domino. Porrecte nobis tue supplicationis series continebat uxorem tuam dominam Franciscam de Clermont, nunc primum gravidam, partuique vicinam, ob hujusmodi uteri impregnationem sibi timere, piscibusque proximo quadragesime tempore, citra valetudinis discrimen, commode vesci non posse, atque propterea de remedio illi opportuno per nos providera obnoxibus efflagitabas. Nos igitur, personis nobis Deo disponente creditis, pro negotiorum emergentium qualitate subvenire cupientes, attendentesque tuam et uxoris supplicationem a legitima causa procedere, eidem uxori tue ut in proxima quadragesima ovis, lacte, caseo, butyro et carnibus uti vescique possit, absque ullo conscientie scrupulo, privatim tamen et citra proximi scandalum, deque utriusque medici consilio, licentiam concedimus et facultatem per presentes impertimur.

Datum in castro nostro Regennarum, die decima quinta februarii, anno Domini millesimo quingentesimo quinquagesimo.

Duchié.

(*Ex Regist. Episc. Autiss.*)

N° 433.

Lettre circulaire sur la reprise du concile de Trente, adressée par l'évêque d'Auxerre.

(An 1551, 1 avril.)

Franciscus a Dintavilla, Dei et sancte sedis apostolice gratia, episcopus Autissiodor. singulis decanis, abbatibus, prioribus, ceterisque viris ecclesiasticis qui sacro, ecumenico et generali concilio interesse debent ac tenentur, salutem in Domino. Litteras a reverendo in Christo patre domino cardinali a Borbonio, Senon. archiep. metropol. nostro accepimus, quibus nos certiores facit de resumptione, prosecutione et continuatione sacri generalis concilii Tridentini per sanctissimum dominum nostrum papam Julium III, proximis maii kalendis apud Tridentum inchoanda, atque propterea nobis eam generalis concilii reductionem omnibus et singulis nostre diecesis qui illi interesse debent, notificare injungit. Cui tam pio ac salubri operi deesse nolentes, prefatique reverendissimi metropolitani nostri mandatum pro christiane religionis stabilimento totis viribus exequi desiderantes vobis dicti generalis concilii prosecutionem harum serie intimamus et significamus, vos et vestrum quemlibet admonentes, et in Domino hortantes, ut in hac tam salutifera et necessaria deliberatione vos ita geratis, nec quid ex parte vestra desit aut desideretur. Quod per gratiam suam vobis concedat qui in nobis omnibus et velle et perficere operatur Deus. Datum in palatio nostro episcopali Autissiodor. sub nostro sigillo, die prima mensis aprilis, anno Domini M D LI, post Pascha.

Duchié.

(*Ex Regist. Episc. Autiss.*)

N° 434.

Commission de l'évêque d'Auxerre pour la visite d'un bois du doyenné.

(An 1551, 2 avril.)

Franciscus a Dintavilla, Dei et sancte

sedis apostolice gratia, episcopus Autissiodor, dilectis nobis in Christo magistris Joanni Sevin nostre Autissiodor. ecclesie canonico, Desiderio Breton ejusdem ecclesie achipresbytero et Claudio Morlon in juribus licenciato, salutem in Domino. Ex parte dilecti nostri magistri Florentini de la Barre, dicte ecclesie nostre decani, nobis expositum fuit in parochia seu territorio de Parliaco, nostre diecesis, sitam esse quandam parvam silvam vulgo decani silvam nuncupatam, continentem circiter viginti-quatuor, jugera seu arpenta terre, quorum sex aut septem arpenta plantatis sparsim arbusculis repleta, quingentas ad summum arbores continere possunt. Quarum quidem arborum partem jam mortuam, reliquam partem brevi morituram, nullique usui, nisi focis utilem, nobis ab exponente assertum fuit, atque propterea supplicatum quatenus illi super hoc de remedio per nos provideretur opportuno, liceretque illi suam et ecclesie utilitatem ex ea silva querere. Nos in hujusmodi negotiis formam a sacris canonibus introductam sequi volentes, vobis mandamus et committimus per presentes ut ad ipsum in quo sita est ea decani silva vos transferentes, bene ac diligenter illam visitetis et perlustretis, totasque arbores circumspicialis, viveque ne sint an mortue, quandiu stare possint, et quibus usibus apte, vestramque visitationem fideliter scriptam, clausam et signatam ad nos mittere curetis, ut unde quod equum bonumque fuerit maturius decernatur. Datum Autissiodori, sub nostro sigillo, die secunda mensis aprilis, anno Domini millesimo quingentesimo quinquagesimo primo, post Pascha.

Sic signatum, Franciscus a Dintavilla, episcopus Autiss. et paulo inferius :. De mandato R. D. episcopi,

Duchié.

(Ex Regist. Joannis Duchié, fol. 55)

N° 435.

Plaintes du chapitre d'Auxerre contre l'image de S. Christophe que l'on élevait dans la cathédrale.

(An 1551, 28 avril.)

Dominus *Robert* et *Dinteville* fuerunt deputati ad remonstrandum domino *Balleur*, de deformitate quam faciunt certi latomi ejus nomine circa imaginem lapideam divi Christophori ; quodque curet artificiosius et per peritiores latomos perfici omnino et absolvi honeste et decenter. Alias, quod domini ejus expensis super hoc providebunt. Et si opus sit, citetur idem *Balleur* coram dominis ad diem, etc. (Ex Reges. Capit.).

Plus bas on voit que l'ouvrier s'appeloit maitre Imbert.

Et au 30 septembre on lit :

Dominus *Balleur* cogetur perfici facere imaginem sancti Christophori, alias diruetur.

Jacques de Balleur étoit neveu du chanoine Jean Olivier qui avoit fait commencer cet ouvrage, et qui étoit mort le 4 nov. 1540.

N° 436.

Extrait de la troisième compilation des statuts du chapitre d'Auxerre, rédigée en 1553 et tirée de l'original qui est dans le volume M³; où sont les deux précédentes données ici par extrait ci-dessus.

Appendix ad antiqua statuta ecclesie Autissiodorensis.

(An 1553.)

In ecclesia Autissiodorensis sunt sex dignitates : videlicet decanus, archidiaconus Autissiodorensis, cantor, thesaurarius, archidiaconus Puysaie et penitentiarius, et duo personatus sive officia, lectoria et succentoria.

In eadem ecclesia sunt sexaginta tres prebende, quarum tres dignitates, videlicet decanatus, cantoriatus et thesaurariatus habent singule unam prebendam annexam. Et ex aliis prebendis sex sunt divise in duodecim semiprebendas que sunt assignate duodecim tortariis prefate ecclesie.

Predicta ecclesia, inter reliquos suos redditus, tenet dominia plurium locorum sive oppidorum in antiquis ecclesie titulis ac statutis satis designatorum, in acto (ut communiter dicitur), cameras distinctorum, in quibus locis prefati canonici sunt domini temporales, et in illis habent omnimodam justitiam pro qua administranda habent judices, prepositos, procuratores, graffarios, clientes et officiarios, ex quibus dominiis percipiunt redditus inde provenientes.

Fructus autem et emolumenta provenientia ex dominiis hujusmodi, qui vocantur grossi fructus prebendarum, debent et consueverunt dividi et partiri inter eosdem prebendatos, prout inferius describetur.

De Pilota.

Sed in primis notandum est quod quilibet canonicus noviter receptus, et volens residere super suam prebendam, tenetur solvere magno camerario ecclesie summam centum solidorum Turonensium, aut permittere dicto camerario prefato summam retinere super primis fructibus suarum distributionum quotidianarum in plumbo per eum livratarum, que retentio dicitur communiter *pro Pilotis* sive *Pilota*, secundum arrestum contra Joannem *Moquot*, canonicum, novissime obtentum.

De carentia domus.

Item quilibet canonicus carens domo claustrali tenetur solvere capitulo, aut ejus camerario, summam sex librarum et quinque solidorum Turonensium quolibet anno, in duobus terminis, scilicet in festo Sancte-Lucie, et prima die maii, que mulcta vocatur pro carentia domus, nec percipiet partem fructuum vulgo dictorum *les Entrées* ou *Baise-main*, donec domum canonicalem habeat. Et si contingat eumdem canonicum postea habere domum canonicalem, solvet dictam carentiam pro rata temporis solum et ex tunc percipiet portionem in dictis intragiis, si tunc presens in dicto capitulo fuerit, dum hujusmodi fructus lucrabuntur. Hujusmodi autem mulcta ideo ab antecessoribus nostris rationabiliter instituta est, ut carentes domibus et volentes participare in fructibus ecclesie etiam hac mulcta onerarentur, sicut et alii canonici sunt gravati ex suarum domorum et emptione et manutentione.

De primo stagio.

Item quilibet canonicus volens facere suum primum stagium, tenetur solvere capitulo summam decem librarum Turonensium antequam admittatur ad dictum suum stagium faciendum, nisi habeat tunc domum canonicalem (quo casu nihil solvet). Et hec pecunia dividitur inter presentes canonicos capitulantes habentes domos claustrales, pro suarum domorum manutentione et alias.

Item quilibet canonicus qui vult lucrare grossos fructus sue prebende, debet facere suum primum stagium, sive residentiam personalem, super suam prebendam, per dimidium annum; videlicet per spatium centum octoginta dierum continuorum et non interpolatorum, ita et taliter quod teneatur, qualibet die, interesse ad minus uni trium horarum principalium, puta matutinorum vel majoris misse aut vesperarum cujuslibet diei, in prefata ecclesia, durante tempore dicti sui stagii.

Item dictum primum stagium debet et consuevit semper inchoari in festo Sancti-Remigii et finiri prima die aprilis proxime sequentis, inclusive, in qua die prima aprilis prefatus canonicus faciens seu finiens dictum suum primum stagium, tenetur se representare in capitulo coram dominis ubi discutietur an legaliter dictum suum primum stagium perficerit, vel non. Quod ideo ab antiquis statutum est ut discant novi canonici ceremonias dicte ecclesie ad honorem Dei. Et si forte reperiatur ipsum in hoc defecisse, illud suum primum stagium nullum erit, aut mulctabitur ad arbitrium dominorum tunc capitulantium dispensative, nisi aliud obsistat.

Item quilibet canonicus residens quantumcumque tempore resederit in sua prebenda, non debet percipere grossos fructus sue prebende, nisi illo anno resederit ad minus per centum octoginta tres dies integros, sive continuos, sive interpollatos : ita quod lucratus fuerit in plumbo in dicto anno summam viginti sex librarum, novem solidorum Turonensium, ad rationem trium solidorum Turonensium pro qualibet die provenientium ex distributione quotidiana in ecclesia facta.

De stagio generali.

Item quilibet canonicus tenetur se presentare capitulo, in propria persona (sive per procuratorem ex vi sui privilegii), bis in anno, videlicet in festo Sancti-Remigii, et prima die aprilis aut ad minus in altero ipsorum dierum cujuslibet anni : alias non lucrabitur grossos fructus sue prebende. Privilegiati autem sunt illi canonici qui student actu, vel legunt in universitatibus famosis, et duo canonici familiares D. episcopi Autiss. de illius mensa, et cum eo equitantes.

De denario Parisiensi.

Item quilibet canonicus volens lucrari denarium vocatum Parisiensem, (qui est affectus residentibus solum), in festis Purificationis et Magdalenes cujuslibet anni, debet residere per tres menses cum uno die, ad minus, sive continuos sive interruptos, ante quodlibet dictorum festorum exclusive.

Item est advertendum quod canonicus residens, post primum suum stagium factum, nihil percipiet de distributionibus hic insertis, scilicet denarii Parisiensis, et ea que vocatur communiter *pro mensibus*, in festis beatorum Magdalenes et Remigii ejusdem anni sui primi stagii finiti, sed solum incipiet lucrari dictas distributiones in festo Purificationis anni sequentis, et sic de festo in festum.

De decedentibus ac resignantibus.

Item si contingat aliquem canonicum residentem aut privilegiatum ex vi sui privilegii utentem suo grosso, diem claudere extremum, sive resignare aut renunciare juri suorum canonicatus et prebende, post festum Sancti-Remigii, tunc heredes, aut jus ab eo habentes, percipient distributionem vini que vocatur *pro mensibus*, que solet fieri in dicto festo Sancti-Remigii, et non alias. Quia si decesserit aut renunciaverit vel alias cesserit, ut dictum est, ante dictum festum, nihil de predicta distributione percipiet. Simileque observandum est de denario Parisiensi festorum Purificationis et Magdalenes. Est tamen sane intelligendum quod in quolibet grosso ter in anno, in festis scilicet Sancti-Remigii, Purificationis et B. Magdalenes fieri solito, distribuitur una cum grosso pecunia que denarius Parisiensis in predictis festis Purificationis e Magdalenes, et vinum in dicto festo Sancti-Remigii quod *menses*, sive *pro mensibus*, vocatur, eo modo quod si grossum ascendat ad summam quingentarum librarum Turonensium reducendo denarium Parisiensem ad Turonensem erit summa quingentarum librarum pro grosso, et summa centum librarum Turonensium, pro denario Parisiensi distribuenda, et sic de plus plus et de minus minus. Ita et de grosso Sancti-Remigii quod in vino fit dicendum est. Nam primo ipsum vinum estimatur in pecunia per capitulum, secundum cursum pretii anni currentis, deinde fit summa pecunie ad quam ipsum vinum sic estimatum ascendit. Postea fit reductio de denario Parisiensi ad Turonensem, et cuilibet canonico capienti grossum et denarium Parisiensem, sive *pro mensibus* simul vel grossum, aut Parisiensem, sive *pro mensibus* tantum, sua distributio ordinatur, sed in vino sic estimatur ut dictum per magistrum camerarium ecclesie solvitur ad taxam per in hac re expertos et juratos factam, vinumque ipsum in papyro descriptum, evaluatum et ordinatum pro grosso a quolibet digniore seu antiquiore canonico secundum ordinem eligendo accipitur. Exinde vinum quod *menses* sive *pro mensibus* dicitur similiter.

De jure prioris Sancti-Eusebii.

Item quantum ad priorem ecclesie S. Eusebii Autissiodor., sciendum est quod dictus prior consuevit percipere primos grossos fructus primi anni lucratos per quemlibet canonicum, sive residentem actu sive privilegiatum ; qui tamen eidem priori solvuntur in sequenti anno per canonicum ecclesie in festis supradictis, exceptis nihilominus grossis dignitatum, nec-non lectoris et succentoris ac tortariorum ejusdem ecclesie in quibus idem prior nihil omnino percipit. Quod si etiam contingat aliquem canonicum residentem aut privilegiatum ab humanis decedere in primo vel secundo anno, idem prior nihil percipit post hujusmodi decessum, et non censentur hujusmodi fructus esse lucrati nisi pro modo diei aut dierum jam lapsorum in quo vel in quibus dicti grossi fructus lucrati solent distribui.

De fabrica ecclesie.

Item frabrica ecclesie consuevit etiam percipere secundos grossos fructus lucratos cujuslibet dignitatis, canonici actu residentis, privilegiati, lectoris, succentoris et tortariorum, exceptis tortariis provisis per capitulum, de quorum grossis fructibus dicta fabrica nihil percipit.

De Bizantia lucranda.

Item quilibet canonicus, dignitas, lector, succentor et tortarius capiens grossum suum, sive per residentiam sive per privilegium, qui comparuerit in missa que celebratur in ecclesia in die Sancti-Aniani, in vigilia Translationis Sancti-Stephani prothomartyris, in mense novembri, que dicitur *Bizantia*, percipit integram distributionem illius Bizantie que fit in frumento et vino apud Sanctum-Germanum, singulis annis.

Si vero omnes supradicti, aut aliquis illorum, non interfuerit dicte misse, licet capiat grossum, habebit solum mediam partem dicte distributionis Bizantie nominate, canonici autem presentes et existentes in dicta missa, die supradicta, quamvis non capiant grossum, habebunt tamen mediam partem illius distributionis Bizantie ut consuetum est. Privilegiati etiam absentes qui capiunt grossum, habebunt similiter mediam partem dicte distributionis, ut ab antiquo tempore observatum est.

De quibusdam non habentibus vocem in capitulo.

Et est intelligendum quod decanus, archidiaconus major, cantor, thesaurarius, archidiaconus minor sive Puysaie, penitentiarius, qui sunt dignitates in ecclesia, ut predictum est, nullas habent voces nec loca in capitulo, nisi fuerint actu canonici prebendati, quamvis sint canonici creati ad affectum : similiter dicendum est de duobus canonicis ad eandem prebendam infra mensem receptis, qui sicut nullos fructus percipiunt, ita et in capitulo vocem habere non possunt.

De archidiaconis.

Item archidiaconi major et minor ecclesie nullas percipiunt distributiones quotidianas, nec grossos fructus, nisi fuerint canonici prebendati actu et recepti, respectu dictarum distributionum. Et quantum ad dictos grossos fructus nisi fecerint sua stagia respective per tres menses et unum diem continuos et non interpollatos, prout cavetur in antiquis statutis.

Estque notandum quod quilibet dictorum archidiaconorum capax perceptionis grossorum fructuum, unicum tantum grossum fructum habet ; estque semel in suo turno ad beneficia conferenda publicatus, sicut unus simplex canonicatus prebendatus.

Item si predicti archidiaconi existentes canonici prebendati, actu et recepti, ut dictum est, noluerint residere in ecclesia, possunt per septem menses quos in anno eligere maluerint residere, et hoc faciendo suas distributiones quotidianas lucrari, excepto tamen mense junii in quo debent suas visitationes per diecesim facere, aut in suis ecclesiis annexis residere, eamque residentiam, quam in ecclesia Autissiodor. intendunt facere, debent denunciare distributori ecclesie ante principium cujuslibet mensis in quo intendunt residere, ut dictum est, aut saltem prima, secunda, tertia aut quarta die illius mensis, ut cavetur in antiquis statutis ecclesie Autissiod.

Item archidiaconus major, si sit canonicus prebendatus actu et receptus, ac residens, percipit solum in quolibet mense, in quod potest residere, duplicem disbutionem; minor vero archidiaconus dummodo sit similiter canonicus prebendatus actu et receptus ac residens, in mensibus in quibus potest residere percipit simplicem distributionem cum dimidia tantum.

De antiphonis O, in Adventu.

Item et quia in decantatione antiphonarum O per novem dies ante festum Nativitatis Domini, solet plerumque contingere scandalum singulis annis, aut propter absentiam dignitatum et canonicorum se ob id a choro ecclesie absententium, aut alias; ut a cetero cultus divinus et canonica fraternitas sincerius in Domino conservetur, ordinatum est unanimi consensu quod supradicte antiphone per choristam presentabuntur dignitatibus secundum ordinem earum, ut consuetum est, si residentes fuerint, aut vesperis earumdem antiphonarum cantandarum interfuerint.

Canonicis autem secundum ordinem antiquitatis et receptionis eorum de latere chori quo tabula que solet appendi ad ispsius regimen, reposita invenietur. Ita quod canonicus, tam de latere dextro quam sinistro, sequens illum canonicum in quo anno precedenti predicta antiphona finita fuerit, incipiet sequenti anno decantare dictam antiphonam ; post tamen dictas dignitates, ut dictum est, et sic de anno in annum. Item ob solemnitatem dicte decantationis, ad augmentum cultus divini et ad conservandam invicem fraternitatem, ut dictum est, tenebitur hujusmodi dignitas, sive canonicus, libere offerre clero ecclesie, in exitu Completorii illius diei, panem et vinum, et si velit aliquid delicatioris obsonii, ad ejus arbitrium, aut si noluerit facere, tenebitur ad minus solvere summam viginti solidorum Turonensium, et illam consignare in manibus D. cantoris, si adfuerit, aut in ejus absentia in manibus antiquioris dignitatis sive canonici, cujus arbitrio dicta summa viginti solidorum Turonensium expendetur, et in convivium dicti cleri convertetur.

De pastu seu refectione vocatis la Grollée.

Item est sane animadvertendum ad id quod sepe evenit in dedecus ac destructionem laudabilium consuetudinum ecclesie et mutue fraternitatis turbationem, scilicet quia consuetum est in festis annualibus et solemnibus (in quorum vigiliis Matutine de sero decantantur, quot fit in estate ubi pre nimio estu labori admixto à cantoribus et clero ejusdem ecclesie multum insudatur) ministrari refectio que dicitur la Grolée : et quia consuetudo hujusmodi fuit per nonnullos intermissa, ordinatum quod canonicus noviter receptus, qui nondum paraverit, dictam refectionem panis et vini la Grolée nuncupatam tenebitur providere super ea et providere dictam refectionem que erit panis et vini, ad minus, et plurium cibariorum si voluerit.

Quod si eodem anno plures fuerunt recepti canonici, solvent dictam receptionem gradatim, secundum ordinem suarum receptionum, ut moris est.

Id autem fiet, ut supra scriptum est, vel si voluerit is qui erit in turno suo sive dignitas sive canonicus, tenebitur solvere summam centum solidorum Turonensium, loco dicte refectionis, et tortarius quinquaginta solidos Turonenses; que summa dabitur cantori aut antiquiori canonico, et expendetur sicut declaratum est de antiphonis O.

De pedum ablutione in die Jovis sancta.

Item et quoniam sanctum illud mysterium et laudabilis consuetudo abluendi pedes canonicorum in capitulo dicte ecclesie, in die Jovis sancta, circa horam tertiam pomeridianam per reverendum dominum episcopum, aut alias, ecclesie dignitates tunc presentes, ad instar nostri Salvatoris qui in ultima cena ad nostri instructionem apostolorum pedes lavare non est dedignatus, sensim abit in desuetudinem, maxime per inertiam, contemptum aut indevotionem predictorum canonicorum se se a dicto capitulo cum primum instat hora mysterii hujusmodi representandi absentantium. Ideo ordinatum est quod de cetero duodecim canonicis capitulantibus qui ablutioni hujusmodi intererunt, suosque pedes abluendos in Domino, more solito, exhibebunt, duodecim solidi Turonenses, statim peracto mysterio, distribuentur per ecclesie distributorem. Quiquidem duodecim canonici, utpote sex de quolibet latere, die mercurii immediate precedente, per capitulum eligentur et nominabuntur. Quod si electioni hujusmodi acquieverint et ablutioni prefate non interfuerint, mulctabuntur in quadruplum.

Suprascripta statuta fuerunt, de ordinatione dominorum, in scriptis redacta, et in capitulis generalibus maii anni presentis millesimi quingentesimi quinquagesimi tertii, lecta et publicata, et per omnes ac singulos dominos capitulantes approbata, et de cetero observari ordinata.

Ita est,

Barat.

N° 437.

Nomination de Vicaires-généraux au sujet de la sécuralisation d'un religieux de Pontigny.

(An 1553-4, 24 janvier.)

Franciscus a Dintavilla, Dei et sancte sedis apostolice gratia, episcopus Autissiodorensis : nobilibus et scientificis dominis ac magistris.... de Montmiral et...., Duval, regiis in supremo Parisiensi senatu consiliariis, clericis, salutem et sinceram in Domino charitatem. Quum in certa causa mota et pendente coram nobis et officiali nostro Autissiod., inter nobiles Adrianum de la Rivière, dominum in temporalibus de Campodimisso, nostre Autissiodorensis diecesis, ac nonnullos alios ejus litis consortes actores ex una : et fratrem Jacobum de la Rivière, religiosum expresse professum monasterii Pontiniacensis, ordinis Cisterciensis in dicta nostra diecesi Autissiodor. reum, ex altera parte, ad supremam parlamenti Parisiensis curiam, provocatum et appellatum fuisset atque per ejusdem curie arrestum latum die nona mensis januarii novissime lapsi, dictum et ordinatum fuerit quod processus super demonacbatione dicti fratris Jacobi de la Rivière, per duos prefate parlamenti curie consiliarios clericos in urbe Parisiensi fieret, quodque propterea duobus consiliariis vicariatum nostrum seu nostras vicariatus litteras in forma debita traderemus : vos quorum nobis nota, perspectaque est probitas, scientia, circumspectio, solertia et in rebus agendis sufficiens experientia, vicarios nostros facimus et constituimus per presentes, dantes, vobis et concedentes potestatem, facultatem, plenamque ac liberam autoritatem hujusmodi causam cum suis annexis, circumstantiis et dependentiis audiendi, cognoscendi, examinandi, discutiendi, decidendi, et usque ad sententiam diffinitivam inclusive terminandi, omnes et singulos quos opportuerit coram vobis citandi aut citari faciendi, ordinandi, jubendi, inhibendi, testes utrimque productos et producendos recipiendi et examinandi, memoratas partes super articulis et informationibus forsan adversus eas factis interrogandi, testes hinc inde productos recolendi, et si opus erit confrontandi, ipsos et eorum quemlibet dum et quoties expedierit, de veritatis testimonio perhibendo cogendi, ad cautelam simpliciter vel alias quomodolibet absolvendi. Attenta si que sunt et in cause prejudicium innovata reformandi, ac in pristinum statum reponendi, censuras ecclesiasticas, aliasque penas et interminationes canonicas infligendi. Unum vel duos alios dicte curie parlamenti consiliarios partem aut limitatem potestatem habentes substituendi, et eos, si opus erit, revocandi, presenti nihilominus mandato in suo robore subsistente, omniaque alia et singula in premissis et circumstantiis necessaria opportuna et requisita et que nos ipsi possemus juris ordine servato, gerendi et exercendi, vices nostras hac in parte vobis plenarie commitendo.

In quorum omnium fidem presentes litteras nostri secretarii signo subscribendas, nostroque duximus sigillo communiendas. Datum Parisiis, die vigesima quinta mensis januarii, anno Domini millesimo quingentesimo quinquagesimo tertio; presentibus nobilibus magistris Guillelmo de Maulenaut, regis consiliario in castelleto Parisiensi, et Scipione de Poupincourt, nostre Autissiodorensis ecclesie canonico, testibus vocatis et rogatis.

Signatum: Duchié.

(*Ex regist. episc. Autiss*).

N° 438.

Indulgences accordées par les papes et les évêques pour l'achèvement de la cathédrale d'Auxerre(1).

(1554-1563).

Les grands pardons, indulgences et facultez baillez et ottroyez tant par nos saincts pères les papes de Rome, que par noz seigneurs les cardinaulx, archevesques et évesques cy dessoubtz déclarez. Et par espécial de nouveau par monseigneur le révérendissime cardinal de Lenoncourz évesque d'Aucerre : à tous ceulx et celles qui donneront ou envoyeront de leurs biens pour la réfaction, restauration et parachèvement de l'église cathédrale d'Aucerre, fondée en l'honneur du glorieux prothomartyr monseigneur sainct Estienne.

Et premièrement :

Notre sainct père Nicolas, pape, cinquiesme, a donné perpétuellement à tous vrais confès et repentans qui dévotement visiteront chascun an ladicte église et la chappelle Nostre-Dame-des-Vertuz située au portail d'icelle, et donneront de leurs biens à la fabrique de ladicte église pour le parachèvement et entretenement d'icelle, es jours de Penthecouste ; de l'Invention du glorieux prothomartyr monseigneur sainct Estienne et de la Nativité Nostre Dame, à chascune des dictes festes sept ans et sept quaranteines, et à chascun jour des octaves desdictes festes cent jours de vray pardon.

Item nostre sainct père Clément, pape sixiesme, a donné perpétuellement à tous ceulx et celles qui visiteront ladicte église chascun samedy de l'an, le jour de la Nativité Nostre-Seigneur, le jour de la Résurrection, de l'Ascension, de la Penthecouste, es quatre principalles festes Nostre-Dame, es quatre festes du glorieux prothomartyr monseigneur sainct Estienne, es jours des octaves des festes dessus dictes : et qui y donneront de leurs biens pour l'édifice d'icelle église, pour chascun jour quatre vingtz jours de vray pardon et indulgence.

Item nostre sainct père Innocent, pape, sisiesme, es jours dessus nommez, et aussi es festes de sainct Jean-Baptiste et de sainct Pierre et de sainct Paul, a donné quarente jours de vray pardon à tous les bienfaicteurs d'icelle église.

Item nostre sainct père Urbain, pape, cinquiesme, es jours dessus dicts a donné perpétuellement à tous ceulx qui visiteront ladicte chappelle de Nostre-Dame-des-Vertus et qui y donneront de leurs biens, toutes et quantes fois qu'ils en donneront : deux cents ans et deux quarenteines de vray pardon.

Item nostre sainct père Clément, pape, septiesme, a donné à tous vrais confès et repentans qui oyront la messe copetée qui est dicte et célébrée chascun jour au point du jour en ladicte chappelle Nostre-Dame-des-Vertus, et y donneront de leurs biens, pour chascun jour qu'ils oyront ladicte messe cent jours de vray pardon.

Item très révérend père en Dieu monseigneur Jean Rolin, cardinal et évesque d'Autun, a donné perpétuellement à tous vrays confès et repentans qui dévotement visiteront chascun an ladicte église et y eslargiront de leurs biens pour la conservation et entretenement d'icelle, aux jours et festes de la Nativité Nostre-Seigneur, de la Circoncision, de l'Apparition, Ressurrection, Ascension, Penthecouste, du Saint Sacrement de l'autel, de la Nativité sainct Jean-Baptiste, de sainct Pierre et sainct Paul, dudict glorieux prothomartyr sainct Estienne, de tous les saincts, de la dédicace d'icelle église, et toutes les festes de la très sacrée Vierge Marie ; à toutes les festes de monseigneur sainct Germain, de sainct Amatre et de sainct Pélerin, et semblablement qui assisteront dévotement à toutes et à chascunes processions ordinaires ou extraordinaires qui dès lors en avant seront faictes en ladicte église : pour chascune fois et à chascune des festes et jours dessusdicts, cent jours de vray pardon. Et oultre ledit réverend a donné perpétuellement à tous vrays fidèles toutes et quanteffois qu'ils donneront aulcune chose de leurs biens à la fabrique et maintenement de ladicte chappelle de Notre-

---

(1) La pancarte imprimée sur laquelle a été copié ce document est ornée de trois gravures sur bois représentant : à gauche la Sainte-Vierge couronnée nimbée tenant l'enfant Jésus au nimbe crucifère fleurdelisé, sous ses pieds un croissant, entourée de rayons et d'effluves, le tout dans un cadre de perles. A droite le chapeau du cardinal de l'évêque de Lenoncourt et au milieu le martyre de St.-Etienne.

Dame-des-Vertus, cent jours de vray pardon et indulgence.

Item douze archevesques de Sens ont donné, chascun d'eulx, à tous les bienfaicteurs de la fabrique de ladicte église quarante jours de vray pardon : toutes et quanteffois qu'ils visiteront ladicte église, et y donneront de leurs biens.

Item Henry, évesque d'Aucerre, a impétré et baillé à tous les bienfaicteurs de ladicte église, d'estre participantz en tous les bienfaictz de ladicte église, et estre accompagnez à toutes les messes qui y sont célébrées, et par tout le diocèse.

Item vingt-cinq évesques d'Aucerre ont donné chascun quarante jours de vray pardon à tous les bienfaicteurs de ladicte église.

Item feuz de bonne mémoire messire Philippe des Essars, et Jean de Corbie son successeur, évesques d'Aucerre, ont donné à tous ceulx qui visiteront l'autel érigé en ladicte chappelle Nostre-Dame-des-Vertuz, en l'honneur des benoistes Maries, la veille, le jour et les octaves de la feste d'icelles : à chascune heure quarante jours de vray pardon, qui montent deux ans, dix moys et cinq jours.

Item très révérend père en Dieu monseigneur Nicole, cardinal de Saincte-Croix, alors légat en France, a donné à tous fidèles aux jours dessus dictz cent jours de vray pardon.

Item révérend père en Dieu Laurent, évesque d'Aucerre, a donné quarante jours de pardon à tous ceulx qui bien feront à ladicte église.

Item monseigneur le révérendissime cardinal de Lenoncourt, évesque d'Aucerre, à présent, et les vénérables doyen et le chapitre de ladicte église, meuz de dévotion, désirantz par bons et sainctz moyens faire parachever ladicte église; laquelle a esté et est moult notablement et magnifiquement construicte et édifiée en la plus grande partye d'icelle, et l'aultre moindre partie demourée de longtemps imperfaicte, affin que plus songneusement et dévotement icelle parachevée soit fréquentée du peuple chrestien ; laquelle chose ne se peut facilement faire sans l'ayde de Dieu et les ausmosnes des bons fidèles chrestiens; pour ces causes ledict révérendissime et lesdicts vénérables ont puis naguère délibéré, conclud et consenty, veullent consentent et ottroyent, que tous ceulx qui sont et seront en la confrarie dudict glorieux prothomartyr sainct Estienne, patron de ladicte église et de tout le diocèse d'Aucerre, et pour l'entrée d'icelle confrarie payeront la somme de quinze deniers tournois, et de là en avant, chascun an, la somme de dix deniers tournois ; et les veufves pour l'entrée la somme de dix deniers tournois, et de là en avant cinq deniers tournois, pour le parachevement et entretenement de ladicte église, que eulx, leurs pères, mères, frères, sœurs, parens, amys et bienfaicteurs, vivans et trépassez soyent à tousjours participans et associez en toutes les messes, vigilles, prières, oraisons, suffrages, jeusnes, pélérinages, œuvres de miséricorde et aultres biens quelzconques qui seront faictz le temps advenir en ladicte église d'Aucerre et par toutes les aultres églises dudict diocèse. Et en entrant en icelle confrarie ledict révérendissime donne centz jours de pardon.

Item ledict révérendissime baille et octroye ausdictz confrères et consœurs pouvoir, puissance et authorité que leurs curez, vicaires, chapellains et aultres par eulx députez à ouyr leurs confessions, les puissent absouldre de tous cas, crimes, excès, péchez, délictz, soit qu'ils soyent spécialement, généralement ou aultrement à lui réservez, excepté touteffois de ceulx pour lesquels on doibt enjoindre pénitence solennelle, tant et si longuement qu'ilz seront en ladicte confrarie, en baillant par aulmosne de leurs biens jusques à la somme de quinze deniers tournois, pour une fois, à l'œuvre d'icelle église.

Item ledict révérendissime donne et octroye ausditz confesseurs desdicts confrères et consœurs d'icelle confrarie et aultres bienfaicteurs de ladicte église, puissance et authorité qu'ils puissent commuer au prouffit et utilité de ladicte œuvre, selon la bonne discrétion d'iceulx confesseurs, les pénitences deues pour les péchez et délictz, et tous et chascuns d'eulx, par eulx ou aucun d'eulx faictz, sauf les veuz réservez au Sainct-Siège apostolicque.

Item tous ceulx et celles qui ont ou détiennent des biens d'aultruy et trouvez qui ignorent et ne sçavent à qui ils en doibvent faire restitution ; que après la proclamation deument faicte, en les baillant ou envoyant pour estre distribuez et convertiz à l'œuvre de ladicte église, ils en soyent et demeurent quittes et absoultz comme s'ilz les avoyent baillez et renduz aux personnes auxquels ils seroyent deubz.

Item ledict révérendissime donne et octroye ausdictz confrères, consœurs et bienfaicteurs qui donneront et eslargiront de leurs biens pour ladicte œuvre et entretenement d'icelle, en leur vie, par cause testamentaire ou aultrement, et qui admonesteront les aultres de ainsi faire, toute et quante fois qu'ilz les admonesteront, cent jours de vray pardon.

Item ledict révérendissime donne faculté et permission ausdicts confrères et consœurs, et tous aultres de son diocèse, entendu la pauvreté du pays et stérilité du temps, d'euser de beurre et laictage durant le caresme, en donnant de leurs biens à l'œuvre de l'église Sainct-Etienne d'Aucerre à leur dévotion ; et aux pauvres qui n'ont de quoy faire aulmosnes en disant *Pater noster, Ave Maria* pour l'estat de l'Eglise, santé, prospérité du roy nostre sire et de son royaume.

Et finalement veult, ordonne et commande ledict révérendissime à tous ses subgectz, prie et requiert les choses susdictes estre publiées et dénoncées par tout son diocèse par les meilleurs moyens et le plustost que faire se pourra ; et que les procureurs, messagers et négociateurs de ladicte église d'Aucerre, en toutes les églises et lieux de son dict diocèse, soient receuz bénignement et charitablement traictez ; et qu'ils soient préférez avant toutes aultres questes et prédications. Et que tous curez, vicaires et chapellains de son dict diocèse donnent conseil, confort, et ayde ausdictz procureurs et messagers, en leur permettant de prescher, dire et exposer en leur église, à quelque heure que ce soit, les pardons, indulgences et facultez, donnez et octroyez ausdicts confrères, consœurs et bienfaicteurs de ladicte église d'Aucerre, et les grandes réparations et édifices nécessaires à faire en icelle ; en rejectant et reboutant tous aultres questeurs qui pourroient estre audict diocèse d'Aucerre jusques à ce que lesdictz procureurs de ladicte église d'Aucerre ayent parachevé, combien que premièrement ils se fussent présentez ausdicts curés ou vicaires.

(Pancarte imprimée, archiv. de l'Yonne).

N° 439.

Corporation des drapiers-chaussetiers d'Auxerre.

(mai 1566.)

Le 18 avril 1566, les marchands *drapiers et chaussetiers* présentent au roi une pétition pour qu'il érige en tiltre de mestres jurés en ladite ville l'estat et mestier de drappier chaussetier pour y estre doresnavant exercé ainsi qu'il se fait à présent à Troyes et autres villes du Royaume; ordonnance du Roi pour obvier aux fraudes et abbus qui se commettent ordinairement en ladicte ville (mai 1566), qui déclare que icelluy art et mestier de drappier chaussetier sera doresnavant juré,... que ledit art et mestier sera doresnavent fait et exercé par maistres jurés dudit mestier, et que audit art et mestier aucune puisse estre receu qu'il ne soit cogneu, expérimenté et de bonne vie, domicillié et demeurant en ladite ville et faulxbourgs ; et qu'il n'ait auparavant fait chef-d'œuvre.

(Trésor des Chartes, Reg. 264 n. 299).

N° 440.

Attestation que les sergents royaux ne peuvent exercer dans les villages des environs d'Auxerre à cause qu'il y fait dangereux. — Singulière manière de parler de l'expulsion des Huguenots de cette ville.

(26 septembre 1568.)

En la présence de moy Pierre Armant, notaire royal en la ville et bailliage d'Aucerre, et des tesmoings cy après nommez, fut présent en sa personne honorable homme Blaise Mandame fermier général des fermes et aydes de l'élection de Tonnerre, lequel s'est addressé pardevers et aux personnes de Guyon Puissant sergent ordinaire à la recepte des deniers du roy d'icelle élection, estans en ladicte ville d'Aucerre, de Claude Raby et de Bonnet Huot sergens royaux ou bailliage d'Aucerre, ausquelz il a dict et exposé qui leur pleust mettre à exécution certaines contrainctes concernent le paiement desdites fermes et aydes allencontre des personnes y dénommez qui sont demeurans es environs de la ville d'Aucerre, offrant les paier et contanter de leurs peines et vacacions attandu que ledit Mandame est contrainct recouvrer iceulx deniers. Lesquelz out faict ensemblement responce qu'il n'est possible mettre à exécution lesdictes contrainctes attandu qu'il faict dangereux par les villages estans aux environs de ladicte ville d'Aucerre par le moyen des troubles qui sont de présent en ladicte ville, et mesmes depuys le jour d'hier xxve du présent moys advenus; et sans ce qu'ilz ne fauldroient de faire le deub de leur office. Et encoures ledit Puissant dict soy estre transporté esdiz villages où il avoyt trouvé empeschement par cause de guerre tellement qu'il a esté contrainct se retirer sans pouvoir faire aulcune diligence touchant le recouvrement desdiz deniers. Dont et desquelles choses ainsi dictes et déclarées ledit Mandame m'en a requis acte à luy octroyé en ceste forme pour luy servir et valloir ainsi que de raison. Faict le xxvie jour d'apvril l'an mil cinq cens soixante-huit, es présences, quand audit Raby, de Estienne Blandin et Jehan

Thuault mariniers, et desditz Puissant et Huot de Estienne Caroge · bolanger, et Laurent Monerie d'Aucerre.

Signé Mandame, Puissant, Huot et Armant, avec paraphe.

(*Archives de la préfecture de l'Yonne, minutes des notaires*).

N° 441.

Don d'un bras de S. Saturnin à J. Amyot évêque d'Auxerre, par le cardinal de Pellevé.

(Ann. 1576, 2 janvier).

Nicolaus miseratione divina, SS. Johannis et Pauli, sancte Romane ecclesie presbyter cardinalis *de Pellevé* nuncupatus, archiepiscopus Senonensis : notum facimus et attestamur quod sanctissimus dominus Gregorius, divina providentia papa, decimus tertius nomine, ejus vive vocis oraculo nobis ut os brachii sancti Saturnini, martyris, in nostra ecclesia eorumdem SS. Johannis et Pauli de Urbe reconditum ex illa extrahere, illudque ab Urbe ad reverendum dominum Jacobum, episcopum Autissiodor., transmittere, ac eidem Jacobo, ut sacram reliquiam et os ejusmodi, in loco ecclesiastico congruo et decenti sibi bene viso, absque aliquo consciencie scrupulo, non obstantibus quibusvis constitutionibus et ordinationibus Apostolicis, necnon prohibitionibus in et super quomodolibet factis, collocare seu collocari facere licebit, plenam et liberam facultatem de speciali dono gratie concessit et indulsit.

In quorum fidem has presentes litteras manu nostra subscripsimus, et eas sigillo nostro communiri jussimus. Datum Rome sub anno a Nativitate Domini millesimo quingentesimo septuagesimo sexto, die secunda mensis januarii, pontificatus prelibati sanctissimi domini nostri domini Gregorii, divina providentia pape decimitertii, anno ejus quarto.

Nicolaus, Cardinalis de Pellevé.
(*Tiré d'une ancienne copie*).

N° 442.

Lettre du roi Henri III, aux habitants d'Auxerre, par laquelle il leur recommande de bien garder leur ville.

(Ann. 1579, 15 mars).

Chers et bien amez : s'en allant à Auxerre nostre amé et féal conseiller en nostre conseil privé et grand aumosnier l'evesque dudit Auxerre, présent porteur, nous lui avons donné charge de vous admonester de faire toujours vostre debvoir à la garde et conservation de ladite ville, ainsi que l'avez bien fait par cy-devant, le croyant de ce qu'il vous dira sur ce de nostre part, comme feriez nostre propre personne. Donné à Paris, le 15° jour de mars 1579.

Henry, *et plus bas*, Brulart.

(*Ex archivis urbis Autiss.*)

N° 443.

Règlement fait par l'évêque J. Amyot pour le grand hôpital de la Madelaine d'Auxerre.

(An 1579, 16 mai).

Au grand hospital de la Magdelaine d'Auxerre y aura continuellement cinq ou six sœurs religieuses voilées, femmes veuves ou filles, prouveu qu'elles aient passé trente ans, aiants bon tesmoignage de leur vie précédente ; lesquelles recevans le voile de religion des mains de l'evesque ou de son vicaire, feront vœu à Dieu et promesse de perpétuelle continence et résidence audit hospital pour le service des pauvres malades de quelque maladie contagieuse ou non qu'ils soient atteinctz, depuis lequel vœu solennellement fait et la bénédiction du voile receue, ne pourront plus jamais se remarier, ny sortir dudit hospital ains y persévereront jusques à la fin de leur vie y exerceans en toute diligence et bonne affection de dévotion tous actes de charité et de miséricorde envers lesdits pauvres malades comme envers les maistres de la maison, les tenans nettement et proprement le plus qu'il sera possible, leur administrans à boire et à manger à leur(s) heures, les levans et couchans à leur(s) nécessitez, tant le jour que la nuict, les reconfortans de doulces et gracieuses paroles en leurs afflictions sans leur user d'aucune rudesse en fait ni en parolle, et les ensepvelissans quand ils viendront à décéder.

Et afin qu'il y ait ordre parmy elles et que ce règlement se puisse mieux exécuter, la plus ancienne, ou celle qui sera trouvée par l'évesque ou son vicaire la plus charitable, plus advisée et plus convenable pour commander aux aultres et leur départir les charges de la maison, sera instituée prieure, et auront les aultres à luy obéir et par sepmaine chacune à son tour à coucher dedans la salle mesme où sont les pauvres malades couchez, pour estre plus prestes à lès servir et secourir la nuict, de bon cœur et sans contraincte, ne pouvans faire œuvre plus méritoire envers Dieu pour gaigner paradis. — Ne pourront les dites religieuses attraire aucunes personnes de dehors, leurs parents ny aultres à boire et manger avecques elles, ny soubs main donner aucune chose des biens dudit hospital, de peur que ce qui est aulmonné pour la nécessité des pauvres ne soit ailleurs employé qui seroit un vray sacrilège, et tiendront les portes de l'hopital fermées incontinent que les six heures seront passées et les cinq en hyver comme en une maison de religion.

Ne refuseront aucun malade ny de la ville, ny des passans de dehors, ains les recevront charitablement; mais quant aux sains et valides passans les envoyeront doulcement à l'hospital Sainct-Vigile où il y a lieu et licts ordonnez et destinez pour héberger à couvert les pauvres passans, afin qu'ils ne demeurent la nuict parmy les rues.

Aux saisons accoustumées de moissons et de vendanges, et toutes et quantes fois que besoing sera, feront lesdittes sœurs toutes les questes des aulmosnes des gens de bien, tant par la ville et faulxbourgs que par tout le diocèse, avec congé de la prieure et certification de l'administrateur spirituel qui résidera en l'hopital. Et feront conduire les aulmosnes qui leur seront données par les bienfaicteurs fidèlement en l'hospital, sans en rien divertir ny appropprier à elles ny aux leurs.

Seront lesdittes religieuses entretenues honestement de toutes choses nécessaires selon l'estat de religion, aux despens de la maison, et auront l'œil à ce que rien des meubles de la maison ne dépérisse, dont il sera fait un bon et loyal inventaire; et là où elles n'auroient aultres occupations pour le service des pauvres, employeront leur loisir à filler les fillaces qui seront aulmosnées par les bonnes gens; et ne permettra la prieure que jamais elles demeurent en oysiveté qui est la nourrice de tous vices.

Là où il adviendroit qu'aucunes d'icelles seroit surprise en quelque faulte et maléfice d'importance, le presbtre administrateur spirituel incontinent en advertira l'évesque, son vicaire et official, auxquels appartient toute institution, destitution, visitation et correction des personnes ressèantes audit hospital, pour, la cause congneue, en faire la punition telle comme au cas eschevra, implorant, si mestier est, le bras séculier, c'est-à-dire la main-mise des sergens royaux pour prendre lesdites personnes et les amener par force ès prisons épiscopales et là, leur procès fait, les chastier ainsi comme elles auront mérité.

Ne pourront lesdittes sœurs aller à leur volonté en voiage, en pélérinage proche ne loingtain, comme il s'est par cy devant quelquefois fait, sans expresse licence de l'évesque ou ses vicaires, qui ne leur bailleront sans grande et urgente cause, attendu que c'est contre le vœu qu'elles auront fait de continuelle résidence.

Au mesme hospital y aura aussi un maistre ou administrateur spirituel presbtre, actuellement résident, qui aura chambre et sera nourry avec lesdittes sœurs aux despens de l'hospital; et aura l'œil sur toutes les personnes y résidentes à ce que chacune se contienne en son devoir et face ce qui sera de sa charge.

Tiendra registre du jour que chaque malade arrivera, les admonestera et sollicitera de se confesser premier qu'il soit couché dedans le lict, leur administrera le sainct-sacrement de l'eucharistie et le sacrement d'extrême-unction, là où il verra que la maladie tendra à la mort; décédez qu'ils seront, les inhumera avec les prières et oraisons accoustumées en l'église, mais durant leur maladie les visitera souvant les reconfortant et admonestant de leur salut et du faict de leur conscience.

Les admonestera de disposer de leurs biens et faire leur testament lequel il recevra et signera s'ils ont de quoy tester; tiendra aussi bon registre de leur décès et des habillements qu'ils auront lessez, lesquels seront puis apres vendus au profit de l'hospital.

Célébrera le service divin à sçavoir tous les dimanches et festes commandées en l'église; dira la messe dedans la sale même des malades afin qu'ils puissent adorer le sainct-sacrement et estre plus incitez à se recommander à Dieu; et tous les seoirs, environs les cinq heures avant que l'on face soupper les malades, dira en la mesme sale un salut tel qu'il se chante en l'église selon la diversité des temps, et au bout d'iceluy salut un *de profondis* (sic) avec les collectes pour les trespassez et bienfaicteurs de la maison; assistera aux heures que l'on fera disner et soupper lesdits malades pour leur dire *benedicite* et grâces, les admonestant tousjours de prier Dieu pour les bienfaiteurs de la maison.

Afin qu'il puisse mieulx et plus entièrement et pleinement s'acquitter de ceste charge, luy sera baillé pouvoir de absoudre les pauvres malades de tous cas réservez à l'évesque, et, advenant qu'ils décédassent soudainement avant qu'il les peust ouyr en confession, de leur donner absolution afin qu'ils puissent estre inhumez en terre saincte, ce qui toutes fois adviendra bien rarement quand il observera diligemment ce que dessus de les ouyr de confession avant qu'ils soient couchez dedans les licts.

Ne s'entremettra aucunement de la recepte du revenu temporel de ladite maison, ny des lais piteux qui seront faicts ès testaments qu'il recevra, lesquels il communiquera aux administrateurs temporels qui seront eleuz en assemblée de ville, de trois en trois ans, des bourgeois, manans et habitants de la ville, trois à chasque fois dont l'un pour le moins sera ecclésiastique; lesquels auront le gouvernement et la disposition entière de tout le revenu temporel, tant ordinaire des cens et rentes de la maison que de l'extraordinaire, des questes, legs pieux et dons qui seront donnez ou leguez par testaments à ladite maison, sans qu'il soit plus fait distinction des charitez et de l'hospital qui ne doibt estre que un comme il ne se trouve telle division en aucune ville du royaume de France.

Tout lequel revenu sera receu entièrement par un receveur que lesdits administrateurs y commettront à leur discrétion, et tiendra bon, loyal et fidèle compte tant en mise qu'en recepte qu'il rendra d'an en an par devant l'évesque ou son vicaire, iceulx administrateurs appelez, par le commandement desquels et non aultrement seront fournyes toutes les despenses nécessaires à la maison allouées et au compte dudit recepveur, lequel sera continué ou changé selon qu'il se sera acquitté de sa charge au jugement et discrétion des administrateurs.

Advenant que les gens de bien veulent faire dire aucuns services pour eulx et leurs amys trépassez en la chapelle dudit hospital, ou célébrer messes simplement, l'administrateur spirituel sera appelé, et à luy appartiendra de prendre et choisir tels presbtres qu'il verra bon estre pour luy aider à dire lesdittes messes, et sera payé pour chacune messe qu'il dira de ces services extraordinaires de cinq sols pour chasque messe, ensemble pour son assistance aux vigiles, vespres de morts et recommandaces pour les trépassez.

Sera tenu ledit administrateur de servir lesdits pauvres malades de quelque maladie que ce soit, peste ou aultre, dedans le corps de l'hospitail seulement, non pas par la ville ny au logis que l'on a commencé pour les pestiférez hors d'icelle ville, à quoy la fortune advenant, touchera à ceulx de la ville d'y prouvoir, non pas aux administrateurs de l'hospital.

(*Autographe de la main de J. Amyot*; *Arch. de l'Yonne, carton des autographes*).

N° 444.

Réception d'Olivier de Chastellux à la Prébende héréditaire dans l'église d'Auxerre

(*Extrait des registres des conclusions du chapitre d'Auxerre*).

(Ann. 1582, 20 octobre).

Du samedy vingtième jour d'octobre, l'an mil cinq cens quatre-vingt et deux, du matin, au son de la cloche, à l'heure accoutumée, monsieur le doyen président, assistants :

Messieurs le pénitencier, la Pouge, Chaucuard, de la Vault, Cochon, Thiot, Legeron, Thiebaut, Dupuis, Theveneau, Bhignard, Motet, Chevallard.

L'archidiacre, Lamoignon, Bouchet, Berault, Paydet, Damy, Delorme, Bertrand, Vaultrouiller, Gautheron, Lenormand, Board, Millot, Thion, Faulchot, Lefort.

Noble homme Olivier de Chastellus, escuyer, seigneur de Chastellux, s'est présenté au chapitre, lequel a dit être seigneur temporel de la terre, justice et seigneurie de Chastellus, héritier de la maison de Beauvoir, et qu'il a été adverti qu'il y avait charte au trésor de l'église de céans, par laquelle les fruits, revenus et émoluments d'une prébende de l'église de céans sont affectez au seigneur de Chastellus, portant le nom de Chastellus, pour jouir de ladite prébende en tous honneurs, profits et émolumens, comme ung des chanoines de ladite église. A cette cause a requis, comme étant héritier de la maison de Chastellus, et seigneur de ladite terre, justice et seigneurie de Chastellus, être reçu au rang et nombre desdits chanoines, offrant prêter le serment et faire tous actes et submissions en tel cas requis et accoutumez. A quoy serait intervenu M° Edme Vincent lieutenant en la prévosté d'Aucerre, avocat au siège présidial dudit lieu, procureur d'Antoine de Chastellus, seigneur de Bazarne, qui auroit dit que ledit Antoine est fils et héritier de feu Philippes de Chastellus, de son vivant seigneur dudit lieu de Chastellus et de Bazarne, et fils aîné de la maison de Chastellus, et comme tel auroit été reçu au serment de chanoine en cette église et joui en tous honneurs, profits et émoluments d'une prébende ainsi comme un des autres chanoines, et jusqu'à son décès, continuant les droits et possessions de ses prédécesseurs issus de la maison de Chastellus et seigneurs dudit lieu; et conséquemment que le droit par son décès a été transmis en la personne dudit Antoine de Chastellus, son fils et héritier, lequel par conséquent doit être reçu en cette compagnie pour jouir d'une prébende primativement audit Olivier de Chastelus; encore qu'il soit seigneur de Chastellus, d'autant que ladite prébende est principalement affectée aux aînez ou descendans des aînez de ladite maison de Chastelus, supposé qu'ils ne soient seigneurs de la terre et seigneurie de Chastelus, requérant le recevoir au rang et nombre desdits chanoines pour en jouir suivant le contenu en ladite charte, offrant de sa part prêter le serment et satisfaire aux clauses et charges de ladite charte.

A quoy par M° Helie Bargedé, avocat audit Baillage d'Auxerre, pour ledit Olivier de Chastelus, a été remontré que par la charte, titre et concession de ladite prébende, elle n'est pas affectée aux aînez de la maison de Chastelus ains aux enfants masles de ladite maison, seigneurs temporels dudit Chastelus. Que il est fils et heritier de feu messire Loys de Chastelus, son père, par le décès duquel ladite terre de Chastelus lui est échue et parvenue, et partant que le droit de ladite prébende lui appartient, et non audit Antoine de Chastelus, supposé qu'il soit fils dudit défunt Philippe de Chastelluz, en son vivant seigneur de Bazarne, attendu que ladite terre et seigneurie de Chastelus n'appartient pas audit défunt Philippe de Chastelus, ains audit messire Loys de Chastelus qui en est mort vêtu et saisi. Et supposé que il se trouvait ledit défunt Philippe de Chastelus avoir joui de ladite prébende, et qu'il eut reçu et prêté le serment; outre ce que la réception et jouissance contre la forme du titre, chartre et concession ne pourrait préjudicier ausdits sieurs du chapitre et audit Olivier de Chastelus, si est ce que lors de ladite prétendue réception, les partages de ladite maison de Chastelus n'étoient encore faits; de façon que auparavant lesdits partages,

ledit défunt Philippe de Chastelus portoit le nom du seigneur de ladite terre et seigneurie de Chastelus comme étant l'aîné de ladite maison, et en laquelle il avoit droit par indivis, et par ce moyen s'il avoit été reçu en ladite prébende, ce seroit non pas pour ce qu'il étoit l'aîné de ladite maison, ainsi parce qu'il se seroit qualifié seigneur de ladite terre de Chastelus, laquelle seroit depuis échue et advenue au père dudit Olivier de Chastelus, et depuis luy par sa succession; persistant à ce qu'il soit reçu offrant prêter serment en tel cas requis et accoutumez, sans avoir égard aux remontrances dessusdites faites par ledit Vincent. Surquoi, vû la contention desdites parties, messieurs ont différé leur faire droit à ce jourd'huy heure de vêpres. Lesquelles parties ont demandé acte respectivement de leurs présentations, qui leur a été par messieurs octroyé.

Et ledit jour, à ladite heure, nous étant assemblez au son de la cloche, après avoir conféré ensemblement et mûrement délibéré sur le discord et altercat des parties, et lecture faite de la charte en la présence dudit Olivier de Chastelus comparant en personne, et absence dudit Antoine de Chastellus et dudit Vincent, ont été d'avis que ladite prébende est affectée au seigneur temporel de ladite terre, justice et seigneurie de Chastelus, étant héritier de la maison de Chastelus, et à cette cause que ledit Olivier de Chastelus doit être reçu. Au moyen de quoy, après que en la présence de nobles hommes messires Saladin de Montmorillon, chevalier de l'ordre du Roy, seigneur de Vezigneux, Michel de Clugny, seigneur de Montachon, Guillaume Grossonne, seigneur de Montcobelin et de Pesselieres, messire Michel Dulis, chevalier de l'ordre du roy, premier maître d'hostel de la reine de Navarre, seigneur de Choulot et Montigny, Jacques d'Esguilly, seigneur de Chassy, Loys de la Perriere, seigneur de Bazoches, Paul de la Perriere, seigneur de Bonnesson, étant appellez audit chapitre pour cet effet, qui ont attesté, juré et affirmé en leurs ames et consciences, ledit Olivier de Chastelus être de la maison et famille de Chastelux, fils et héritier dudit défunt messire Loys de Chastelluz, son père, en son vivant seigneur de ladite terre, justice et seigneurie de Chasteluz, seigneur temporel, haut justicier, moyen et bas d'icelle terre par sa succession; avons ledit Olivier de Chasteluz; présent, reçu en la dignité de ladite prébende, pour en jouir en tous honneurs, profits et émolumens, ainsi que ont accoutumé faire ses prédécesseurs, après que de luy avons pris et reçu le serment accoutumé sur les S. Evangiles corporellement touchés en la manière accoutumée, ainsi qu'il s'ensuit.

Nous Olivier de Chastelus, escuyer, seigneur temporel, haut justicier, moyen et bas de la terre, justice et seigneurie de Chastelus, promettons de vivre et continuer en l'exercice de la religion catholique, apostolique et romaine, et que serons bons et loyaux à l'Eglise, aux doyen, chanoines et chapitre de l'église cathédrale, monsieur Saint-Etienne d'Auxerre; aiderons de tout nostre pouvoir à garder et défendre les droits, terres et possessions et autres revenus appartenans à ladite église, et ausdits doyen et chapitre, pourchasserons bien, honneur et profit d'icelle eglise et desdits doyen, chanoines et chapitre, et éviterons leur dommage de tout notre loyal pouvoir.

Et le lendemain dimanche vingt et unième jour d'octobre audit an mil cinq cens quatre-vingt et deux, ledit sieur Olivier de Chastelus, seigneur temporel dudit lieu de Chastelus, a été mis en possession de ladite prebende et installé au chœur de ladite église, aux chaises hautes du costé dextre, par discrete personne maistre Droyn Chaucuard chanoine et souchantre de ladite eglise, pendant les heures canoniales de tierces, et auroit ledit Olivier de Chastelus assisté à la célération de la grande messe ez présence des dessusdits et d'honorables hommes maistre Claude Pyon enquesteur au baillage et siége présidial d'Aucerre, François Hobelin avocat, Jacques Desboys avocat, François Thomas et Edme Duvogne procureurs audit baillage, et Germain Simonet marchand, tous demeurans audit Aucerre. Dont et de tout ce que dessus, je Jacques Magnen prestre chanoine d'Aucerre, greffier desdits sieurs de chapitre ai fait le présent procez-verbal par ordonnnance desdits sieurs, et ce requérant ledit Olivier de Chastelus, pour servir ce que de raison. Fait les an et jours dessusdits. La minute est signé des dessus nommés et témoins.

Signé Magnen, avec paraphe, et scellé du sceau du chapitre.

Tiré d'une copie conservée par M. le comte de Chastellux.

Je ne donne point ici l'acte de réception de M. Hercule de Chastellux, parce que dans le registre de 1622, qui sert d'original j'ai vu une entreligne insérée dans cet acte.

N° 445.

Lettre de l'évêque J. Amyot donnant commission au P. Paul Trahy, gardien des Cordeliers, pour l'absolution des hérétiques de Gien.

(An 1586, 21 mai).

Jacobus Amyot, Dei et sanctæ Sedis apostolicæ gratia episcopus Autissiodorensis, dilecto nobis in Christo venerabili et circumspecto viro fratri Paulo Trahy, doctori theologo, conventus Fratum Minorum antissiodorensis Gardiano, salutem in Domino. Quoniam in vicariatu nostro, quem nuper tibi concesseramus ad absolvendum omnes utriusque sexus hæreticos, in toto territorio Giemi nostræ diocesi subjetto, relapsos et personas in dignitate constitutas expresse exceperamus. Intellexerimus autem hujus generis quamplures ibi esse ut eorum saluti atque etiam commoditati consulatur; quoniam nunc longius absumus, opera pretium nos facturos esse judicavimus, si hunc specialem vicariatum ad te mitteremus, quæ vices nostras in hac parte commitentes, tibi omnes et singulos hæreticos relapsos atque in dignitate constitutos a crimine hæreseos, aliisque casibus soli episcopo reservatis, injuncta prius salutari penitentia et conveniente, prout tibi videbitur, absolvendi atque in gremium Sanctæ matris Ecclesiæ recipiendi, dummodo eos, vere et ex animo, non autem ficte et simulate confessos, contritos et penitentes esse tibi liquido constiteris, super quo conscientiam tuam oneramus, licenciam impartimus, facultatemque concedimus per presentes, quibus te vicarium nostrum in hac parte expresse nominamus et creamus. Dantes tibi plenam potestatem et mandatum speciale omnia et singula supradicta, aliaque circa hujusmodi negotium oportuna, et quæ ipsimet faceremus, aut facere possemus si presentes interessemus, faciendi, gerendi et exequendi.

In cujus rei fidem his presentibus manu nostra et a secretario nostro subsignatis sigillum nostrum duximus apponendum. Datum in castello nostro Vallis-Jocosæ, die vigesima prima maii, anno Domini M°D°LXXX°VI°.

Ja. Amyot, episcopus Antissiodorensis.

Et sur le repli : Jussu prædicti domini reverendissimi domini mei episcopi Antissiodorensis Martin

Scellé du sceau de l'évêque.

(*Arch. de l'Yonne, fonds des Cordeliers d'Auxerre*).

N° 446.

(1587, 9 octobre.)

Lettre aux Echevins de Vermanton, relative à la démolition du pont de cette ville (1).

Messieurs les échevins, je m'assure que vous n'ignorez point de combien d'importance est le pont de vostre lieu et les commoditez que les ennemiz en pourroyent tirer pour passer leur baguage ; à ceste cause je vous prie voulloir faire abattre ledit pont, d'aultant que vous désirez de fere chose quy soyt agréable au service du roy. Et m'assurant que vous estes très affectionné à ce qui regarde cest affere, je ne vous la feray plus longue, sinon pour prier Dieu, messieurs de Vermenton, qui vous tienne en sa sainte garde. C'est à Crevan, le ix octobre 1587.

Votre obéissant amy,

Anbiac.

Et au dos : à messieurs les échevins et habitants de Vermenton, à Vermenton.

(Arch. de la ville de Vermanton).

N° 447.

(An 1588, 1er mai).

Testament de Jacques Amyot, évêque d'Auxerre.

On lit au-dessus :

Aujourd'hui 16 mai 1588, révérend Père en Dieu messire Jacques Amyot, évesque d'Auxerre, grand ausmônier de France, estant en bonne santé en son logis en l'enclos des Quinze-Vingts, a recognu et confessé avoir escript et signé de sa propre main son testament et ordonnance de dernière volonté, ainsi qu'il est en latin contenu de l'autre part, lequel il désire d'abondant sortir son effect, dont il a requis le présent acte aux notaires du roy au Chastelet de Paris soussignez, à luy octroyé le jour et lieu que dessus, aprez midy.

Ainsi signé J. Amyot, evesque d'Aucerre, *et plus bas,* Leroi, Beaufort.

In nomine sanctæ et individuæ Trinitatis, Patris et Filii et Spiritus-Sancti.

Ego, Jacobus Amyot, peccator indignus, episcopus Antissiodori, sanus et valens animo et corpore per Dei gratiam, sed de morte cogitans propter ingravescentem meam ætatem testamentum meum condo, extremamque voluntatem declaro is verbis. Ante omnia animam meam jam nunc in manus Domini commendo, suppliciter obsecrans ut per meritum passionis Domini nostri Jesus-Christi eam recipere, et in pacis ad lucis regionem collocare dignetur. Corpus vero meum, ubicumque moriar, in ecclesiam Antissiodor. deferri, atque ibi ante medium altaris majoris è regione cathedræ episcopalis inhumari volo. Hæredem meum primum et præcipuum instituo Nicolaum Amyot, filium defuncti fratris mei Philippi Amyot, ex duabus partibus, sororem meam unicam Johannam Amyot itidem ex duabus partibus, fratrem vero meum Johannem Amyot ex una parte ; ita ut si tota hæreditas mea in partes æquales quinque dividatur, Nicolaus Amyot duas partes habeat, Johanna Amyot duas partes, et Johannes Amyot unam. Majori hospitali Antiss. quingentas libras Turonenses do, lego ; Sodalitati Jacobitarum mandicantium centum libras Turonenses et Franciscanorum totidem, ut pro me Deum precentur : unicuique famulorum meorum domesticorum, qui mihi dum moriar in famulatu erunt, decem aureos solatos, præter id quod ex menstruo stipendio forte tunc eis debebitur, ac vestem panni nigri donari mando ; pedisequo vero triginta numerari volo, ut inde artem inde vivat, in posterum doceatur. Joanni de Bourneaux, sororis meæ filio, ornamenta episcopalia et sacelli mei paramenta relinquo : funeris autem mei sumptum arbitrio executorum hujus mei testamenti dimitto, servata laudabili consuetudine sanctæ ecclesiæ catholicæ Romanæ, in cujus concessione me ex hac vita discedere velle coram Deo et angelis ejus profiteor.

In quorum omnium fidem præsens instrumentum manu propria signavi idibus maii M. D. LXXXVIII. *Ainsi signé,* Jacobus Amyot, episcopus Antissiodori.

(Tiré d'une ancienne copie.)

N° 448.

Acte de la reconnaissance des reliques de saint Vigile par l'évêque Jacques Amyot.

(Ann. 1588, 10 juillet).

Jacobus, Dei et sanctæ Sedis apostolicæ gratia, Antissiodori episcopus, omnibus

---

(1) Ce pont situé sur la Cure faisait communiquer dans la vallée de l'Yonne. Il s'agissait d'empêcher les Reîtres de passer dans l'Auxerrois.

Christi fidelibus presentibus et futuris, salutem in Domino. Notorium est urbem Antissiodorensem, circa annum Domini millesimum quingentesimum sexagesimum septimum, à prædonibus hereticis bonorum omnium hostibus vulgo Huguenotis appelatis, proditorie occupatam et per vim oppressam fuisse, et ecclesias omnes, ædesque in ea sacras miserabiliter direptas, laceratas, omnique sacrilegio contaminatas ab eis fuisse aras, imagines dejectas et confractas, altaria subversa et contaminata et omniaque vasa sacra ornamenta compilata, sanctuaria omni pollutionis genere temerata et quædam etiam impiis flammis exustæ fuisse, inter quas ecclesias cum parochia Sanctæ-Mariæ, vulgo Extra-Muros nuncupata, tumulo gloriosissimi Christi martyris, et quondam nostri in episcopatu Antissiodorensi predecessoris sancti Vigilii nobilitata esset, ejusque corporis ossa et reliqua in feretro honesto quod vulgo capsam vocant super altare majus collocata, fidelis populi venerationi exposita essent, magno et frequenti cum adjumento et auxilio piorum, presertim eorum qui febrium incendio periculose vexabantur a quibus per intercessionem sancti martyris ægrotantes, ejus precibus se commandantes à Domino liberabantur : ea capsa de superiori altaris parte dejecta, pedibus concultata, confracta, et conquassata est a proditoribus illis sicariis videntibus et intra segementibus aliquo fidelibus personis utriusque sexus qui cum mutire non auderent propter armorum terrorem, tamen quod potuerunt ossa beata per totam ecclesiam sparsim dejecta clam collegerunt, et studiose occultata domum suam detulerunt atque honorifico secreto apud se habuerunt donec procelloso illo sicariorum hæreticorum turbine transacto, reddita serenitate et urbe libertati sua reddita, ad religiosum et prudentem virum fratrem Stephanum in monasterio Sancti-Mariani professum parochialis illius ecclesiæ tunc rectorem reportarunt, qui cum nos consuleret quid eis reliquiis agendum foret, nos negotium totum commisimus spectabili viro magistro Petitfou ecclesiæ nostræ archidiacono majori, officialique nostro cujus diligentia postea quam nobis constitit sollicita questione habita et accurato examine, testibus auditis, omni suspicione majoribus non solum de viso, sed de facto suo loquentibus posteaquam nobis luce clarius constitit, ipsamet esse ossa, easdemque reliquias qua prius in vetere capsa fuerant, nos re penitus explorata et comperta ad eandem ecclesiam venimus et capsa nova, solemni ritu, ut mos est, benedicta et sanctificata præfatas sancti martyris Vigilii in ea condidimus et preces nostras ad gloriosum martyrem coram eis venerabundi fudimus et venerandas populo exposuimus, ut glorificetur Deus in sanctis suis et in ecclesia omni errore, falsitate et abusu repurgata tanti patroni et custodis protectione non destituatur. In quorum omnium fidem præsens hoc instrumentum manu propria signavimus, et ab amanuensi nostro subscribi, sigillique nostri appensione muniri jussimus. Datum Antissiodori, die decima julii, anno Domini millesimo quingentesimo octuagesimo octavo.

Signatum : Jacobus, episcopus Autiss. ; et subsignatum, Martin, cum magno sigillo ceræ rubeæ.

N° 449.

Absolution ad cautelam *donnée à l'évêque Amyot par l'official d'Auxerre.*

(Ann. 1589).

Laurientus Petitfou, presbyter, in utroque jure licenciatus, canonicus et archidiaconus major ecclesie Autissiodorensis, abbas commendatarius S. Petri, officialis et judex ordinarius Autiss., omnibus et singulis presentes inspecturis, salutem. Notum et testatum volumus quod die sexta mensis aprilis, anno Domini millesimo quingentesimo octuagesimo nono, reverendus in Christo pater, dominus dominus Jacobus Amyot, episcopus Autissiodorensis ac Francie magnus eleemosynarius, coram nobis personaliter constitutus, ad evitandam omnem scandali occasionem, et ut infirmorum conscientie consuleret super quodam vulgi increbescente rumore de illa communicatione quam habuit post cedem ducis Guysii et D. cardinalis fratris ejus cum Henrico, Francorum rege, propter dictam cedem ipso jure canone : *si quis suadente diabolo*, excommunicationi majori subjacente et obnoxio et perinde ex ipsa communicatione excommunicationis vinculo teneri mussitantis exposuit et proprio ore confessus est quod kalendis januarii novisime præteriti, tanquam magnus Francie eleemosinarius, prout sunt ejus vices, astitit et servivit prædicto Henrico regi sacram eucharistiæ communionem recipienti, et cum eo in convivio discubuit post perpetratam prædictam cedem, citra ullam consilii participationem aut facti approbationem, existimans eum sufficienter absolutum fuisse a confessario suo doctore Parisiensi, canonico, theologo ecclesie collegiate Sancti-Salvatoris Blesensis, qui ejus confessionem audierat, et sacramentalem absolutionem ei contulerat in vim cujusdam brevis sub annulo piscatoris expediti ante aliquot menses a sanctissimo domino nostro missi quo regi permittebat ut confessarium quem vellet deligeret, cui facultatem dabat absolvendi eum a casibus quibuscumque Sedi apostolica reservatis, atque etiam in bulla *De cœna Domini* contentis. Et quia preterea charissimi in Christo fratres nostri canonici Autiss. eadem opinione imbuti, eum ad functiones episcopales et servitium divinum in choro cum ipsis audiendum admittere dubitant, dicentes eum excommunicatum esse, quoniam rege excommunicato ipso facto a canone, assidendo, ministrando et convivando communicavit, quas quidem ministrandi et assidendi partes neutiquam a se novo exemplo proficisci asseruit predictus dominus reverendus docens officii esse magni eleemosynarii ut in omnibus officiis divinis regi semper ad latus sit ad tollendum tamen omnem meticulose consciencie scrupulum, et ut consulatur iis qui infirmitate judicii et exiguitate ingenii minus quam opportet in censendis et indicandis que sunt facti et curis prospiciunt, tum ne quid fiat ab eo quo quid dignitati sue, ministerio, persona et publice honestati, detrimenti inferatur, in omnem eventum absolutionem que vulgari formula ad cautelam nuncupatur a nobis petiit donec a sanctissimo domino nostro super his sibi prospici et provideri curaverit: quanquidem absolutionem ad cautelam, tanquam rationi congruam et juris consuetudine introductam, in quantum opus est, et a jure nobis licet predicto domino reverendo impertiti sumus, ea quidem lege et conditione quod intra sex menses a die presentiam, vel quamprimum fieri poterit, sanctissimi domini nostri mandatis, prout habetur in dicto canone, *si quis suadente diabolo*, parebit.

De quibus omnibus premissis idem dominus reverendus petiit a nobis sibi, per graffarium nostrum, unum vel plura instrumenta fieri, quod illi concessimus, et ad majorem rei probationem, fidemque presenti instrumento conciliandam manu nostra et predicti graffarii nostri subsignato, sigillum nostrum apponendum duximus.

Datum Autissiodori, in capella domus episcopalis Autissiodorensis, die et anno **prædictis.**

N° 450.

Griefs des plaintes de maître Jacques Amyot, évêque d'Auxerre, contre Trahy, cordelier, prédicateur et autres.

(Ann. 1589).

Que frère Claude Trahy, religieux de Saint-François, a dit plusieurs fois tant en chaire publiquement que en privée conférence particulièrement, que l'évêque d'Aucerre, étant du conseil du roy, avoit sçu, conseillé, consenti et soubsigné le massacre de feu monseigneur le duc de Guyse et monseigneur le cardinal, son frère, commis à Blois. Qu'il est impossible qu'il n'en ait sçu quelque chose, attendu qu'il gouvernoit le roi avant et depuis le fait. Qu'il en a donné absolution sacramentale. Que pour ces causes il est indigne d'entrer en l'église. Que si il entroit il feroit sonner la cloche du sermon pour assembler le peuple à quelque heure que ce soit, pour l'empêcher et lui courir sus, et prêcheroit au peuple s'il oyoit sa messe il seroit excommunié. Que le peuple imbu de telles impressions calomnieuses que ledit Trahy, ceux de son convent et autres prédicateurs leur avoient mises en la tête, le mercredy de la Semaine-Sainte auroit été si furieusement animé et mutiné à l'encontre dudit évêque, que par deux fois il faillit à être massacré, luy ayant le pistolet été apporté par plusieurs fois sur l'estomach, à l'entrée de la ville, et l'autre devant l'église de Saint-Etienne, où il fut deslaché quelques coups d'harquebuze; et n'eut l'évêque moyen de sauver sa vie que en se retirant en la maison d'un chanoine, et de celle là en une autre, pour faire perdre sa trace à ceux qui le poursuivoient.

Que à l'heure même se trouva frère Jehan Moresin, adhérent dudit Trahy, sur la place devant la grande église, tenant une halebarde en ses mains, criant à pleine tête: « Courage soudars, messire » Jacques Amyot est un méchant homme, » pire que Henry de Valois, il a menacé » de faire pendre notre maistre Trahy, » mais il luy cuira. »

Que ledit Moresin, pour ses louables conditions étant surnommé par toute la ville *Branle-menton,* a souvent et en plusieurs lieux proféré plusieurs injures atroces et propos coutumélieux dudit évêque et usé de plusieurs menaces.

Que le peuple irrité de même, un peu avant Quaresme-prenant, l'évêque de Langres passant par la ville d'Auxerre, aurait failly à se jetter sur luy, l'arrêta et et outragea, seulement pour ce qu'il étoit du conseil d'état du roy; et s'il ne se fut sauvé de vitesse dedans la ville de Chablis, il eût été attrappé par quelques-uns qui coururent après luy.

Que plusieurs fois certains jeunes hommes, marchands les uns, les autres vignerons, les autres mariniers, s'assemblans sous les piliers de la Fenerie et tumultuans séditieusement, auroient dit hautement qu'il falloit aller couper la gorge à l'évêque et faire ledit Traby évêque en son lieu, et qu'il le méritoit mieux que luy, ce qui ne pouvoit procéder que des calomnieuses impressions que leur avoit baillé ledit Traby et ses semblables.

Que sur le commencement du Quarême, ayant ledit évêque envoyé l'un de ses gens pour sçavoir au vray si les rumeurs qu'il entendoit de la furie de ce peuple étoient véritables, plusieurs marchandeaux et autres seroient venus au logis de la Fontene, au faux-bourg S. Amatre, où ledit serviteur s'étoit arrêté sans oser entrer en la ville, pensant y trouver ledit sieur évêque pour luy faire outrage.

Que depuis ayant envoyé son charretier et son cocher en cette ville pour ses affaires, durant le Quarême que ledit Traby prêchoit, on les siffloit par la ville et couroit-on comme si eussent été chiens fols.

Que plusieurs fois certains mariniers auroient été en propos de venir piller et saccager sa maison épiscopale, et auroient dit à son concierge qu'il falloit qu'il en sortît.

Ce qui procédoit des séditieuses prédications dudit Traby, ne se passant aucune journée qu'il ne donnât quelque calomnieuse atteinte audit évêque pour le mettre toujours de plus en plus en mauvaise opinion et malegrace du commun peuple.

Comme le sécretain du couvent dit à M. Thion, archidiacre de Puisaye et chanoine d'Auxerre, en grande colère, que si ledit évêque ne payoit au couvent les dix écus qu'il luy devoit à cause du Quarême que ledit Traby avoit prêché, qu'il monteroit en chaire, et faisant sonner le sermon, assembleroit le peuple et leur diroit que ledit évêque étoit complice et consentant du massacre commis à Blois. Que le jour de la Toussaints, un jeune bachelier n'étant pas de la ville ni du couvent, prêchant de ceux qui habitent en la maison de Dieu, dit ces mots ou semblables: « Les excommuniez sont hors de la mai-
» son de Dieu, comme M. l'évêque qui au
» lieu qu'il devroit venir pieds nuds et
» tête nue à l'entrée de l'église supplier
» que l'on priât et intercedât pour lui,

» demeurent obstinez, et s'ils étoient en-
» core en l'autorité et dignité qu'ils ont
» été, ils feroient pis que jamais; » ce qui scandalisa plusieurs gens de bien qui l'ouyrent et dirent: *voila qui vient de la boutique de Trahy, cela ne vaut rien.*

Il est certain que ce religieux n'étant ni du couvent, ni de la ville, n'eût pas dit cela, si ledit Traby et ses adhérans ne luy eussent fait dire.

Que ledit Trahy est si outrageusement présomptueux qu'il se promet et se vante avoir la furie du peuple en sa main, pour faire rompre la tête à qui il lui plaira.

N° 451.

Apologie de Me Jacques Amyot, évêque d'Auxerre contre ses ennemis demeurants en ladite ville, écrite de sa propre main, et tirée de l'original.

(Ann. 1589).

Pour répondre aux imputations calomnieuses que frère Claude Traby a mises en avant à l'encontre de l'évesque d'Aucerre, et présentées signées de sa main, tant au bureau du chapitre que de l'hotel de ville, par lesquelles il se rend et déclare dénunciateur et délateur à l'encontre de luy, l'évêque dit qu'il n'a observé pas un tout seul point de la révérence que doit un ecclésiastique au prélat où il réside, et moins encore de la modestie et humilité dont son ordre fait profession, et beaucoup moins de charité fraternelle qui requéroit premier que de l'accuser, diffamer et scandaliser envers ses diocésains, qu'il s'en adressât à lui particulièrement, et lui remontrât privément s'il a aucune plainte à faire contre luy, qui montre assez que ce qu'il en a fait procédé d'une source toute autre que celle qui prétend du zèle de l'homme de Dieu, et que cela vient de la présomptueuse arrogance dont il est plein, ayant tellement imbu le peuple de séditieuses impressions à l'encontre de son évêque, qu'il a été plusieurs fois en danger de perdre la vie: ensemble pour le dépit et jalousie qu'il a de ce que l'évêque a commencé un trez beau collège pour y loger des jésuites, ayant opinion que cela luy offusquera sa lumière, et luy diminuera ses bribes.

Premièrement, quant à ce qu'il dit que l'évêque envoya de Blois un paquet de lettres à ceux de la ville d'Aucerre, par son facteur cordelier, frère Jehan Moresin, dedans lequel pacquet il y avoit une feuille de papier imprimée qui contenoit assurance que le massacre de Blois avoit été justement fait, l'évêque maintient que c'est une chose totalement fausse et par luy calomnieusement controuvée, car jamais l'évêque n'écrivit à ceux de la ville étant à Blois, ni ne vit oncques mandement aucun imprimé : et les députez pour le bailliage d'Auxerre, qui lors étoient aux états, à sçavoir le doyen d'Auxerre, l'advocat du roy, monsieur Naudet et monsieur Lemuet enquis qui envoya ledit mandement en pourront faire foy, et ceux de la ville témoigneront que jamais ils ne reçurent une panse d'A de leur évêque, lorsqu'il étoit à Blois. C'est une grande imprudence à un religieux qui fait profession de dire vérité, de bâtir sa dénunciation sur un fondement qui à l'entrée se trouve du tout manifestement faux. Et est à noter que ledit Trahy, par un écrit de sa main que l'évêque a entre ses mains, se vante que si il eut été en la ville, lorsque ledit mandement fut publié, comme il n'y étoit pas, il eut fait rompre la tête à celuy qui le publioit. Voilà comme cet homme sanguinaire se promet avoir en main la fureur du simple peuple pour faire outrager et massacrer qui il voudra ; de quoy luy et les siens ont plus d'une fois menacé ledit évêque.

Quant à ce qu'il dit qu'il luy manda par son cordelier qu'il se contient, l'évêque avoue qu'il luy manda de bouche seulement qu'il se modérât en ses prédications : le reste de la grande et petite corne est chose qu'il a abjoutée, et qu'il interprète comme il lui plait, et ne fait rien à propos.

Quant à ce qu'il dit que l'évêque avoit en horreur messieurs de Guyse et du Maine, c'est une diabolique supposition, car il est certain au veu et sceu de toute la ville que lorsque feu monsieur de Guyse fut en la ville d'Aucerre, durant la grande armée des Reistres, l'évêque fut tous les jours soir et matin au logis dudit seigneur, le fit recevoir en son église à haute messe, les grosses cloches sonnans et les orgues jouants, comme si c'eut été le jour d'une fête solennelle, luy fit présent d'un muid de vin qu'il trouva le meilleur qu'il eut beu en toute la ville, luy fit cet honneur de visiter son collège, et alla par toutes les chambres hautes et basses, disant qu'il étoit plus beau que le sien de la ville d'Eu. Et les missives qu'il a reçues depuis trois mois de monseigneur du Maine le montrent assez clairement que l'évêque a entre ses mains, esquelles sont ces propres paroles. « Vous vous pouvez » assurer de l'affection que je vous ai » portée de longue main condigne à vos » mérites, désirant conserver ce qui est à » vous comme le mien propre. » Et d'autres qu'il a escrit à ceux de la ville de pareille substance et de plus affectueuse recommandation.

De pareille sugestion de Satan, père du mensonge, procède la maligne interpretation qu'il a fait calomniant le sermon que l'évêque fit le jour de l'Ascension (1588), là où il dit qu'en tout état et gouvernement il falloit qu'il y eut quelques uns qui commandassent et d'autres qui obéyssent, et à ce propos allégua la gentille parabole de la tête et de la queue du serpent, sur ce que quelques factieux de la ville, troubloient le maire en son gouvernement, dont il serait depuis advenu que sur le point que M. de Guyse étoit pour entrer dedans la ville, aucuns avec les armes en main se présentèrent à l'encontre du maire pour l'empêcher, et peu s'en fallut qu'il n'y arrivât une grande et fort sanglante sédition ; et une autre fois un nommé Vincent, sieur de Vaux, en plein jour au milieu de la place desgaina son épée, et dit haut et clair en jurant : que si il y avoit un guysard en la ville, il luy couperoit la tête ; ce que toute la ville sçait pour le scandale qui fut public, ce qui procédoit de quelques-uns vivans encore et autres qui sont décédez, lesquels étant marris de ce qu'ils n'étoient employés aux affaires publiques et n'y avoient autorité, donnoient des traverses et médisoient tant qu'ils pouvoient des déportements du maire ; qui sont gens oisifs, qui se paissent de vanité, se faisant grands par souhaits et rêveries dont il ne leur demeure à la fin que la cervelle pleine de vent, et la bourse vuide d'argent: et le peut-on clairement entendre quand il déclara sur ce propos la sentence du Sage : *desideria occidunt pigrum* ce que remarquèrent bien sur l'heure le lieutenant-général, le prévôt et d'autres gens de lettres qui en ont ri plusieurs fois depuis.

Le troisième point, que quotte le délateur, est de deux missives que l'évêque étant à Varzy écrivit au doyen d'Auxerre M. Sébastien Le Royer, au mois de février, pensant qu'il fut son amy, et luy écrivant familièrement comme l'on fait d'amy à amy, mais il a violé toutes les saintes loix d'amitié, car il alla lui-même porter ses lettres en l'hôtel-de-ville et les lut publiquement à ceux qu'ils sçavoit pour lors être ses adversaires, disant, le dénunciateur, que lesdites lettres montrent évidemment l'aveu du massacre par ledit évêque. Quand il appelle les prédicateurs faux-prophètes, c'est une calomnie manifeste, car il allègue ce qui est écrit au dernier chapitre du troisième livre des Rois : *ero spiritus mendax in ore omnium prophetarum*, à l'encontre de luy et des autres qui disoient publiquement que ceux du conseil du roy et l'évêque, entr'autres, avoient sçu, conseillé, consenti et soussigné le massacre, et qu'il l'eût bien empêché s'il l'eût voulu, attendu qu'il gouvernoit le roy devant et depuis le fait, et propos semblables que luy entr'autres a dit en plusieurs lieux avec telle animosité et véhémence de colère ou d'autre chose qu'il sembloit que le feu lui sortit des yeux et du visage, tant il étoit rouge et enflammé : voire qu'il y en a qui ont dit qu'il luy en avoit donné absolution, chose qui est manifestement fausse ; que au contraire l'évêque maintient publiquement à Blois que le cas étoit si énorme, qu'il n'y avoit que le pape seul qui le pût absoudre, et le dit expressément au chapelain ordinaire, M° Joseph Droguin, qui avoit accoutumé de l'ouir en confession ; de sorte qu'il ne fut pas confessé le jour de Noël, et de ce portera bon témoignage monsieur de S. Germain, abbé de Chalis, qui pour lors étoit théologien domestique du roy, avec lequel l'évêque en conféra ; c'est bien loin d'avouer le massacre, de soutenir que le fait étoit si exécrable que nul ecclésiastique de quelque dignité qu'il fût n'en pouvoit donner absolution que le pape seul ; ce que témoigneront tous les prélats qui étoient pour lors à Blois pour les Etats, et le doyen d'Auxerre même à son retour de Blois le témoigna ; et néanmoins le peuple, ou pour mieux dire les mutins, séditieux et factieux d'entre le peuple d'Auxerre, imbus de telles impressions qu'ils entendoient de leurs prédicateurs, ont failli par deux fois le mercredi de la semaine sainte de le massacrer tant à l'entrée de la ville que devant l'église cathédrale de S. Etienne, où le pistolet luy fut présenté en l'estomach par plusieurs fois, et plusieurs coups d'harquebuse tirez; et depuis encore par plusieurs fois de jeunes marchandeaux et artisans, tumultuans dessous les pilliers de la Fenerie, disoient tout haut qu'il falloit aller couper la gorge à l'évêque ; et pour cette même impression, il est certain que quelques jours avant Carême-prenant, monsieur l'évêque de Langres passant par la ville d'Auxerre faillit à être arrêté par ces séditieux mutins, et n'eût été qu'il se sauva de vitesse dedans la ville de Chablys qui est de son diocèse, il étoit pris et arrêté par ceux qui coururent après lui, ce qui se prouvera par tourbe de ceux de la ville. Voilà que c'est que a pu l'ignorance malicieuse de ceux qui n'ont jamais entendu que c'étoit du conseil du roy, et de quelles matières on y traitoit, et qui ont eu si peu de cervelle et de jugement de penser que le roy ayant en son cœur de faire une si cruelle et si détestable vengeance qu'il craignoit être découverte, de peur d'y faillir, l'eût communiquée à une trentaine de prêtres ou gens de robe longue qui étoient de son conseil d'état.

Le quatrième article, c'est que le dénunciateur dit que en sa seconde missive au doyen, l'évêque dit qu'il ne veut pas venir à Auxerre, craignant d'être suspect au roy, parce qu'il estime que ce qu'ont fait ceux d'Auxerre est un acte de félonie et de lèze-majesté, et qu'il penseroit faire contre ce que dit S. Paul : *subditi estote non solum propter iram, sed propter conscientiam*. C'est pourquoi le pénitencier et son vicaire lui avoient écrit, comme il en a encore les lettres entre ses mains (du 10 février 1589), que ceux de la ville avoient juré de jamais n'obéir au roy, ni le recognoitre pour tel, attendu que par serment solennel il avoit absous son peuple du serment de fidélité qu'il luy devoit; ce qu'il a depuis sçu et vu n'estre pas ainsi, et pour lors le roy n'étoit point encore condamné par personne qui eût autorité et puissance de ce faire, comme il a été depuis excommunié par le pape. Là où tout homme qui désavoue son seigneur, confisque sa terre, et ce que l'évêque avoit promis au roy que la ville d'Auxerre ne remueroit rien, c'étoit pour ce que plus de douze ou quinze ans auparavant il avoit empêché que le roy n'envoyat gouverneur et garnison pour commander à Auxerre contre l'instante poursuite qu'en faisoient certains gentilshommes prochains voisins de la ville, et de ce il en a appellé à témoin tous ceux qui ont été au gouvernement de la ville depuis ce temps là, qui déposeront combien il leur a fait écrire de lettres sur ce sujet-là. Et est certain que la doctrine des saints docteurs et de l'Église, nous enseigne qu'il faut obéir aux princes et aux rois, encore qu'ils commandent choses dures, pourveu que ce ne soit point *contra honorem et mandatum Dei, neque contra bonos mores*, et à cette même intention est alléguée en ladite lettre la parabole de l'évangile S. Luc : *eum qui noluit me regnare super vos, adducite et interficite eum coram me*. Mais depuis, sitôt que l'évêque a été averti que le feu roy se servoit des Huguenots, et avoit fait le roy de Navarre son lieutenant, et depuis encore qu'il eût entendu qu'il étoit en voye d'être condamné à Rome, comme il a été depuis, il se résolut de jurer et signer l'union des Catholiques, ce que juridiquement il n'eût pensé pouvoir faire auparavant, obstant le particulier serment de fidélité que tous évêques ont à luy à cause du temporel de leurs bénéfices.

Le cinquième point que remarque, et sur quoy le dénunciateur fonde sa dénunciation, c'est qu'il dit que pour le moins l'évêque a communiqué avec le tyran au jour de la Circumcision, quand on faisoit la cérémonie des chevaliers du S. Esprit: à quoy l'évêque répond qu'il assista à la communion du roy, et le servit à la messe et durant tout le service par obligation de son état et office de grand-aumônier, duquel le devoir est, comme chacun sçait qui a un peu hanté la cour, de dire les heures et l'office avec le roi, et le servir en toutes choses à l'église, et plus il étoit commandeur en l'ordre du S. Esprit, les statuts duquel portoient d'assister personnellement à toutes les heures du service. Ainsi par l'exception *de necessariis* qui n'encourrent point excommunication mineure pour hanter avec un excommunié, comme font *uxores, liberi, domestici, servi*: il prétend que pour son regard il n'y a aucune excommunication, beaucoup moins que d'une trentaine de prélats et plus d'autres cinquante ecclésiastiques qui librement et spontanément y assistoient sans aucune contrainte ni obligation, joint que tous les courtisans sçavoient d'asseurance qu'il avoit été le jour de devant absous par nostre Me Jacques Coulomb, chanoine et théologal de l'église S. Sauveur de Blois, docteur ancien en la faculté de théologie de Paris, qui luy avoit donné absolution sacramentale en vertu d'un bref du pape expédié *sub annulo piscatoris*, par lequel il luy donnoit pouvoir d'élire tel confesseur qu'il luy plairoit, avec faculté de l'absoudre de tous cas réservez au Saint-Siége apostolique, voire contenus *in bulla de cœna Domini* qui étoit suffisante cause pour les ôter de mauvaise foy.

Le sixième point est qu'il est dit que le pénitencier Perronet soit interrogé s'il n'a pas entendu, dudit sieur évêque, que le roy le feroit pendre et Trahy aussi, pour avoir fait des prédications diaboliques en la ville d'Auxerre depuis le massacre de Blois : l'évêque dit qu'il est plus croyable à le nier, comme il nie fort et ferme à l'un et à l'autre moine, qu'ils ne sont à le dire contre à leur évêque ; et n'est pas tenu de répondre de ce que le roi eût fait.

Le septième article de ce délateur est qu'il dit qu'assez long-temps aprez le massacre, se fit à Blois une assemblée de certains évêques courtisans, à intention d'invalider la conclusion des théologiens sorboniques : l'évêque avoue que, par commandement de monseigneur le cardinal de Vendôme, les prélats furent appellez en sa chambre pour voir ce qui étoit à faire sur la détermination des théologiens de Paris, et que pour un évêque ou prélat il y avoit une douzaine de tous autres ecclésiastiques, qui étoient venus aux etats qui ne pouvoient partir, pour ce que le roy avoit fait étroite deffense que personne n'eut à désemparer la cour, et de partir sans congé, et qu'en icelle assemblée ne fût rien arrêté, sinon qu'il falloit envoyer devers le S Père pour empêcher qu'il ne fût prévenu de quelque sinistre impression, et ne touche de rien particulièrement au fait dûdit évêque.

Par toutes lesquelles raisons il appert clairement qu'il y a plus d'animosité en cette dénonciation et plus de passion que de vérité ni de justice ; et de tout ce discours se peut recueillir qu'il n'y a aucune excommunication qui puisse toucher l'évêque ; la mineure pour avoir assisté au service de l'église avec un excommunié *a Canone*, d'autant qu'il ne le faisoit pas volontairement ni de gayeté de cœur, mais par double obligation, d'autant qu'il étoit le premier officier domestique de la maison du roy, et qu'il étoit commandeur en l'ordre du S. Esprit : que le roy deffendoit étroitement que personne ne sortit de la cour ; outre que de la mineure excommunication tout confesseur peut absoudre le pénitent qui en demande absolution, et n'étoit pas en son église où il eût eu autorité de faire cesser le service la majeure *à Canone, non ab homine, neque sententia lata*, pour ce qu'il n'est complice ni de conseil, ni du fait, ni de l'approbation ou ratification, veu qu'il protesta publiquement à ceux à qui il le falloit dénoncer, à son confesseur ordinaire et son théologien domestique, que le fait étoit si exécrable que nul de quelque autorité ni dignité qu'il fût en l'Eglise ne le pouvoit absoudre, sinon le pape, le pape seul ; que les postérieures décrétales, comme celle de *Pius quintus*, ne sont point encore reçues au royaume de France, et néanmoins pour ôter toute occasion de scandale aux consciences timorées et craintives, il auroit, dès le sixième avril, envoyé à Rome pour en avoir absolution, de manière que l'on ne pourroit dire qu'il y eût aucune contumace en lui : et après tout, encore qu'il eût encouru et mineure et majeure excommunication, ce que non, il en seroit suffisamment absous par l'absolution *ad cautelam* qu'il auroit prise de son official, dès le sixième d'avril, en bonne et authentique forme, suivant la doctrine du chapitre *eos, de sententia excommunicationis in sexto*, étant l'évêque au soixante et quinzième an de son âge passé, et étant les chemins si dangereux que l'on ne sçauroit faire une lieue hors de sa maison que l'on ne tombe ès mains des brigands : outre ce qu'il a été spolié de tous les moyens de déniers comptants qu'il lui ont été volez par les gens de guerre, et quant toutes les excommunications ensemble seroient tombées sur lui, ce que à Dieu ne plaise, encore n'y auroit-il ne privation ni suspension *in his quæ sunt ordinis non jurisdictionis cum excommunicatio, sit solum exclusio a communione sacramentorum non a possessione et fruitione bonorum.*

N° 452.

Réplique de l'évêque Amyot contre le chapitre d'Auxerre, énumérative des travaux et embellissements qu'il a faits dans la cathédrale, et de la fondation du collége d'Auxerre.

(Vers l'an 1589).

Messire Jacques Amyot, evesque d'Aucerre, grand aulmosnier de France, deffendeur contre les chanoines et chapistre de l'esglise d'Aucerre, demandeurs selon le contenu en leurs exploitz de F. Armant, sergent royal du bailliage d'Auxerre, du 25ᵉ juillet 1588, Dict pour deffenses qu'il a faict luy seul pour la décoration et réparation de l'esglise plus que n'ont fait troys ou quatre évesques avant luy, et plus que n'ont fait tous ceulx de chappistre quatre foys : et pour le monstrer dict en premier lieu que n'ayant trouvé que les murailles toutes nues il a fait refaire tout à neuf toutes les chaires du chœur, tant haultes que basses, qui sont en nombre plus de six-vingtz, d'ung cousté et d'aultre dudit chœur, qui sont les plus belles qui soyent en esglise cathédrale de ce royaulme;

Dict oultre qu'il a faict refaire la chaire cathédralle et épiscopalle, historier tout à l'entour des histoires qui appartiennent à l'office de l'evesque ; et davantage le banc qui est à cousté droict de l'aultel pour seoir le prebtre et le diacre et soudiacre pendant que la grande messe se dit; qui luy revient à plus de sept mil livres t.

Dict qu'il a faict refaire l'autel, ayant faict venir des reliquaires exprès de Rome pour ce faire, et en ayant apporté d'autres de son abbaye de Saint-Corneille de Compienne ; fait pollir et accoustrer à grandz fraiz la table d'autel qui est dessus, de longueur de huict piez et quattre poulces, et quattre piedz de large, toute d'une pièce de marbre noir, les deux marches de devant l'autel l'une de pierre et l'aultre de boys ;

Dict plus qu'il a faict faire les sept pilliers de bronze qui sont allentour dudict aultel, de belle et élégante façon, à sçavoir troys de chascun cousté de l'aultel et le septiesme derrier l'aultel en façon de crosse, où repose le corps de Nostre-Seigneur, et la croix de dessus ; qui luy revient à deux mil cinq cens livres pour le moingtz ;

Dict davantage qu'il a fait faire tout de neuf les orgues qui sont à costé gauche du chœur avec les venteaulx qui les ferment, peintz dedans et dehors ; qu'il luy reviennent à mil escus et plus ;

Dict oultre qu'il a donné deux psaultiers, l'ung du cousté gauche, l'aultre du costé droit, en grosses lettres et grosses nottes de l'impression de Plantin, en..... bien reliez et couvers avec les..... et fermans comme sont ordinairement ès livres d'esglises ;

Qu'il a donné une chapelle de toile d'or, consistant en troys grandes chappes, l'une pour le chantre et les deux aultres pour les deux escroistes, la chasuble pour le prestre officiant et les deux tunicques pour le diacre et soudiacre, paremens d'autel hault et bas avec l'hystoire du martire sainct Estienne en broderie, le tout avec orfrais ; dont on fait l'office aux jours et festes solemnelles ;

Oultre a donné une aultre chappelle de damas blanc, consistant en troys grandes chappes, chasuble et deux tuniques avec orfray de velourz cramoisy figuré, et davantage le parement de l'aultel hault et bas et les rideaux quattre en nombre, à l'entour de l'autel, de mesme parure ;

Qu'il a donné deux chandeliers d'argent, haultz et de belle façon, pour servir à l'aultel aux festes ;

Qu'il a donné deux encensoirs d'argent avec la navette d'argent massif et de belle façon ;

Qu'il a donné le benoistier avec son espergès d'argent ;

Qu'il a donné le pavillon de taffetas changeant pour apporter les sainctes huilles, avec les vaisseaux pour les mettre au jour du Jeudi-Saint.

Dict oultre qu'il a faict réimprimer les bréviaires à l'usage d'Auxerre, réduictz à la forme de celluy de Romme, ainsi qu'il est ordonné par le concille de Trente; qu'il luy revient à plus de deux mil livres;

Dict plus qu'il a faict réparer la chapelle épiscopalle qui est dedans l'esglise, laquelle avoit esté toute déchirée par les Huguenotz, l'autel desmoly, les moulures de pierre de tailes toutes cassées, et les paintures toutes diffamées et le carreau emporté.

Oultre et par-dessus tout le précédent qui appartient à la décoration de l'esglise mathérialle, et pour leur donner quelque institution tant en bonnes lettres qu'en philosophie et théologie, il a faitbastir ung collége pour y loger les Jésuites, ainsy qu'il luy a esté accordé par leur général, où il y a ung corps de logis de vingt-cinq toises de long et 32 pieds de haulteur à troys estages, celliers, glasses viz à viz, de mesme longueur; lequel collége, tant en achapt de la place qu'en bastiments tout de neuf et depuis le fondement, comme aussy en achapt de la maison contigue et en rentes qu'il a acquises du roy sur le scel pour les...., luy revient à jusques aujourd'huy à 60,000 l. et plus. Et toutes lesquelles réparations, décorations et enrichissements ledit deffendeur en croit toute la ville d'Auxerre depuis le premier de la justice jusques au plus petit artisan; et n'est point par jactance qu'il en ayt faict ce particulier récit ny par reproche, mays pour vous monstrer et fairre paroistre qu'il y a en vostre demande plus d'ingratitude qu'il n'y a de justice. Au moyen de quoy il requerre d'en estre renvoyé absoubz avec despens.

Pièce non signée, écrite au commencement du 17ᵉ siècle. Archives de la ville d'Auxerre, Case 4 R., paquet nº 139.

Nº 453.

Avis de la marche du duc de Nevers sur Vermanton.

(11 août 1589).

Messieurs, pour ce que on nous a donné advis que monseigneur de Nevers se propose vous aller veoir avec son canon, nous en avons donné advis à messieurs d'Aucerre pour vous secourir de envoy d'hommes tant pour votre deffense que pour mather l'ennemy à la campagne, et ne fallez de faire moudre force bled, affin que ne tumbiez en auculne nécessité. Vous baisons la main.

De Avallon xiᵉ aoust 1589.

Par ordonnance, Polichard.

Envoyez en diligence les lettres que nous escripvons à mess. d'Aucerre.

(Archives de la ville d'Avallon).

Nº 454.

Lettre du cardinal Cajetan à l'évêque d'Auxerre.

(1590, 23 février).

Reverendissime domine, cum in hac mea legatione nihil magis cupiam quam episcopos in suis ecclesiis residere, atque inter ipsos populosque sibi commissos quam optime convenire, non modo dominationis vestre quod petebat absolutionis beneficium a censuris apostolica autoritate concessi, verum et eam rem significavi per litteras RR. canonicis ecclesie Altissiodorensis, et reverendo fratri Claudio Trai, concionatori, ut ex me ipso cognoscerent impedimentum illud jam sublatum esse, nihilque obstare quominus ei debitam obedientiam, atque honorem deferant. Reliquum est ut his periculosis temporibus pastorale tuum officium qua decet caritate ac zelo exerceas, teque prestes acerrimum catholica fidei defensorem, sic enim superioris temporis offensiones obliterabis et suspiciones omnes de tua pietate ac sinceritate falsas fuisse convinces. Me quidem, si ita feceris, tue dignitatis et tuenda et augenda semper studiosissimum cognosces. Dominus optimus, maximus dominationem vestram incolumem conservet. Parisiis, die xxiij. februarii, anno M. D. LXXXX.

Dnis vestre revendissime.

Frater, ad interveniendum paratissimus, Henr. cardinalis Cajetanus.

Nº 455.

Absolution de M. Amyot, évêque d'Auxerre par le cardinal Cajetan, apportée au chapitre d'Auxerre, le 2 mars 1590.

(Ann. 1590).

Henricus, miseratione divina, tituli sancte Pudentiane presbyter cardinalis

Caetanus nuncupatus, S. Romane ecclesie cameriarus, ac ad regnum Francie, illiusque provincias, dominia, ducatus, civitates et loca eadem regno subjecta, et cetera alia ad que nos declinare contigerit, sanctissimi in Christo patris et domini nostri domini Sixti, divina providentia pape v, et sedis apostolice de latere legatus, reverendo nobis in Christo Jacobo, episcopo Autissiodorensi, salutem in Domino sempiternam. Decet sedis apostolice legatos pro injuncti sibi muneris debito fidelium omnium presertim pontificali dignitate preditorum statui et conscientie puritati libenter providere. Nuper, si quidem, pro parte tua, fuit propositum, coram nobis, quod alias cum quondam Henricus Valesius, tunc Francorum rex, bone memorie Ludovicum S. Romane ecclesie presbyterum cardinalem, et Henricum, Guisie ducem, fratres germanos crudeliter interfici, seque desuper a quodam Jacobo Coulon, pro canonico ecclesie S Salvatoris oppidi Blesensis, Carnotensis diecesis, et magistro in theologia, se gerente, previa sacramentali confessione absolvi curasset, et kal. januarii tum proxime sequentibus, institutum equestris ordinis Sancti-Spiritus regni Francie solemnisando, sanctissimum eucharistie sacramentum de manu reverendis nobis in Christo episcopi Lingonensis suscepisset, tu qui etiam dicti regni major eleemosinarius, et de equitum torquatorum ipsius ordinis ac consiliariorum regiorum numero et consortio existebas, et cui ratione officii majoris eleemosynarii hujusmodi, apud ipsum Francie regem horas canonicas recitandi, sibique semper in ecclesia tempore celebrationis divinorum officiorum ad dextrum latus assistendi, inserviendi et ministrandi onus incumbebat, eidem Henrico Valesio juxta predicti officii tui debitum, in nonnullorum sancte Romane Ecclesie cardinalium ac plurium archiepiscoporum, episcoporum et aliorum spectatorum presentia et coram maxima populi multitudine astitisses, inservivisses et ministravisses, missaque peracta in solemni convivio tunc facta, cum Henrico Valesio ac cardinalibus, prelatis, equitibus predictis discubuisse, et in fine convivii gratias solemniter Deo egisses, et successive videlicet de mense februario antequam monitorium predicti sanctissimi domini nostri pape adversus eundem Henricum Valesium publicaretur, pretextu absolutionis predicte cuidam Claudio Trahy, ordinis Fratrum-Minorum professori, qui in suis concionibus publicis prefatum Henricum Valesium satis proterve infectabatur, precepisses ut in illis modestius sese gereret; preterea a vicario tuo certior factus, quod cives Autiss. publico decreto prefatum Henricum Valesium dicto regno abdicaverunt, nec se eum unquam pro rege habituros, neque illi obedientiam exhibituros jurejurando professi fuerant, decano ecclesie Autiss. similiter ante publicationem dicti monitorii familiariter inter alia scripsisses te nolle Autissiodorum venire, ac dictos cives secisse contra preceptum apostoli, dicentis : *necessitate subditi estote non solum propter iram, sed etiam propter conscientiam*, et quod ipsi cives timere deberent parabolam ubi legitur : *inimicos meos illos qui noluerunt me regnare super se, adducite huc, et interficite ante me*. Quodque concionatores asserentes in suis sermonibus ad populum omnes regios consiliarios necem Ludovici cardinalis et Henrici ducis hujusmodi prescivisse, consuluisse et signasse, illique consensisse, ac Henricum Valesium, Ecclesiamque Dei in suo regno destruere statuisse, erant similes iis de quibus tertio Regum scribitur in hec verba : *ero spiritus mendax in ore omnium prophetarum*, premissis sic per te factis et scriptis permoti dicte ecclesie decanus et canonici et capitulum te posmodum ad eandem ecclesiam Autissiodorensem cui preesse dignosceris, redeuntem in chorum ipsius ecclesie Autissiodorensis, et ad pontificalia officia recipere et admittere recusarunt, donec ab excommunicationis sententia quam cum dicto Henrico Valesio, tanquam a sacris canonibus ratione cedis Ludovici cardinalis hujusmodi excommunicato, nec sufficienti absolutione apostolica suffulto in divinis, ac cibo, potu et colloquiis conversando et participando incurrisse pretendunt, opportune absolutionis beneficium a Romano pontifice merueris obtinere.

Cum autem, sicut eadem propositio subjungebat, tu nunquam Ludovicum cardinalem et Henricum ducem predictos, aliquo odii vel simultatis affectu prosecutus fueris, nec in illorum necem conspiraveris, neque in ea consilium, auxilium, vel favorem prestiteris, quinimo illam gravissime prestiteris, quinimo illam gravissime exhorrueris, et per viginti continuos dies immediate precedentes in lecto acerbissimus podagre et articulorum doloribus distentus neque pedibus consistere, nec domum egredi potueris, semperque hactenus omni studio et sollicitudine operam tuam in predicte Sedis autoritate, et catholice religionis sinceritate, ac ecclesiastice jurisdictionis libertate tuenda et propaganda, hereticorumque contagione reprimenda, nec-non sacri concilii Tridentini decretorum receptione procuranda navaveris, pro parte tua fuit nobis humiliter supplicatum, quatenus tuo et dicte ecclesie tue, que a multis mensibus proprii antistitis sui presentia specialibus functionibus quadammodo destituta existit, ac alias in premissis opportune providere benigne dignaremur.

Nos igitur, attendentes quod dicte sedis exuberant clementia gremium sue pietatis petentibus claudere non consuevit, sufficienti ad infra scripta per litteras ejusdem sedis, ad quarum insertionem non tenemur, facultate muniti, tuis in hac parte supplicationibus inclinati, te a quibusvis excommunicationis et suspensionis, etiam a divinis et interdicti etiam ingressu ecclesie, aliisque sententiis, censuris et penis ecclesiasticis ac etiam temporalibus per te, propter premissa omnia et singula, juxta sacros canones et constitutiones apostolicas, ac aliis quomodolibet incursis et excessibus hujusmodi in utroque foro, in forma ecclesie consueta, apostolica autoritate qua fungimur in hac parte, tenore presentium absolvimus et totaliter liberamus, dictasque penas tibi gratiose remittimus et condonamus, ac tecum super quacumque irregularitate per te ratione premissorum, ac etiam eo quod censuris hujusmodi sis forsan ligatus, missas et alia divina officia, non tamen in contemptum clavium celebrasti seu alias illis te quomodolibet immiscuisti quomodolibet contracta, ita quod clericali caractere, omnibusque etiam sacris et presbyteratus ordinibus, ac etiam munere consecrationis per te ante premissa sic per te facta et scripta rite susceptis, nec-non pontificalibus et aliis que ad episcopos pertinent officiis uti, illaque exercere, ac in eisdem etiam in altaris ministerio ministrare, necnon ecclesie Autissiodorensi hujusmodi preesse, illamque in spiritualibus et temporalibus regere et gubernare libere valeas, autoritate et tenore premissis dispensamus, omnemque inhabilitatis et infamie maculam, sive notam, contra te ex premissis forsan quomodolibet insurgentem abolemus, teque ad famam, honores, ac pristinum et eum in quo ante premissa sic, ut prefertur, per te facta nec scripta quomodolibet eras, statum restituimus, reponimus et plenarie reintegramus in omnibus et per omnia, perinde ac si illa nunquam per te facta nec scripta fuissent, et nihilominus omnes et quoscumque processus contra te desuper forsan formatos ac inde secuta quecumque cassamus et annullamus, ac per eos ad quos spectat cassari et annullari, nec-non pro cassis et annullatis haberi volumus et mandamus, districtius inhibentes tam decano, canonicis et capitulo, nec-non civibus et Claudio predictis, quam quibusvis aliis verbis Dei concionatoribus et personis cujuscumque status, gradus, ordinis, dignitatis et conditionis existentibus, ne premissorum occasione vel causa seu pretextu, te in persona vel rebus, publice vel occulte, directe vel indirecte quovis quesito colore se pretextu, molestare, perturbare vel inquietare audeant seu presumant, ac decernentes irritum et inane, si secus super his a quoquam quavis autoritate, scienter vel ignoranter contigerit attentari, non obstantibus premissis et apostolicis, ac in provincialibus et synodalibus conciliis editis specialibus et generalibus consitutionibus et ordinationibus, nec-non predicte ecclesie Autissiodorensis etiam juramento, confirmatione apostolica vel quavis firmitate alia roboratis statutis et consuetudinibus, ceterisque contrariis quibuscunque.

Datum, Parisiis, anno incarnati Verbi millesimo quingentesimo octuagesimo nono, octavo idus februarii, pontificatus ejusdem sanctissimi domini nostri Pape, anno quinto. Signatum : Henricus. cardinalis Caetanus, legatus, Julius Cesar Ricardus, secret., Laurentius Blanchettus, rote auditor regens, Lambertus Ursinus de Vivariis, abbreviator, et A. Lombart.

N° 456.

Formule de prières ordonnées par l'évêque Amyot dans le temps de la ligue, tirée de l'original.

(Ann. 1590).

Cum obsessorum Parisiensium salus in magno discrimine versetur, ne paucis diebus ad hæretico principe et ejus fautoribus fame et rerum necessariarum inopia expugnetur, et ex ejus obsidionis eventu grave præjudicium causæ et toti catholicorum considerationi impendeat, ad placandam Dei optimi maximi iram, juste pro peccatis nostris irritatam, et ejus misericordiam implorandam : visum est reverendo episcopo Autissiodorensi de venerabilium fratrum decani et canonicorum consilio statuendum, ut orationes, obsecrationes et postulationes extraordinariæ per totam octavam solemnitatis corporis Christi proxime venturam fiant hoc ordine :

Primum, ipso die festivitatis, post quotidianam processionem et preces ordinarias quæ fiunt vesperi, ponetur sedes oratoria ante majus altare in quo Christi corpus residebit, et coram eo confessionem solitam episcopus flexis genibus faciet, eique chorus totus respondebit, et post collectas quæ legi solent ab episcopo in pontificalibus sacrificaturo recitatas, ipse episcopus cum decano incipiet recitare psalmos Davidis, submissa tamen voce, alternis, lenta, attenta et devota pronunciatione, per horam integram a sexta vespertina usque ad septimam; deinde majores duæ dignitates succedent, quæ psalmorum lectionem continuabunt per horam illam integram a septima usque ad octavam ab eo psalmo incipientes, ubi priores substiterint, et ita deinceps suo quisque receptionis ordine bini canonici continenter et sine interruptione legere perseverabunt, horis nocturnis pariter et diurnis, donec veniatur ad semiprebendatos et alios presbyteros stipendiatos, secundum seriem catalogi qui describetur, ut sciat unusquisque, qua diei, noctisve hora sibi ad lectionem succedendum erit, donec transacta per omnes ecclesiæ habituatos legendi circuitione iterum ad episcopum et decanum legendi vicissitudo redeat : et perseverabit ea recitandi psalmos continuatio per totam octavam, sine intermissione etiam dum missa et aliæ horæ divini officii in choro cantabuntur usque ad horam sextam vespertinam octavæ; idemque mandabitur religiosis domibus sancti Germani, sancti Francisci et sancti Dominici, ut in sua quique ecclesia similiter facient, et in parochialibus ecclesiis, si qui erunt pii et fideles devoti laici, qui cum presbyteris et ecclesiasticis viris nomina sua profiteri ad similem legendi vicissitudinem velint, a curionibus invitabuntur, eis autem omnibus qui feria sexta sabbato et feria quarta sequente jejunaverint, et ipso octavo die corporis Christi confessi ac pœnitentes communicaverint et pauperibus, pro suis quisque facultatibus et devotione, eleemosynas distribuerint; episcopus quadraginta veræ indulgentiæ dies pie in Domino elargitur, ut placabiles et acceptabiles laudis et misericordiæ hostias Deo offerre possint ad promerendam ejus gratiam, et ad impetrandum ne ex hoc misero civili bello ecclesia sancta Dei, et religio catholica, apostolica et Romana detrimenti quidquam patiatur, neve hæresis in regno quod hactenus christianissimum habitum est diebus nostris constabiliatur.

No 457.

Cérémonial des prières publiques qui furent faites à Auxerre, le mercredi 4 juillet 1590, suivant la disposition écrite par l'évêque Amyot, et concertée avec le chapitre.

(Ann. 1590.)

Egredietur chorus ecclesiæ totius, sine cujusquam exemptione nisi ob sonticum morbum, hora decima noctis, et lento pede progredietur cantando, summissa voce lamentabili, psalmos pœnitentiales cum præmissa antiphona *ne reminiscaris,* quam pronuntiabit subcentor quam poterit longa flebili articulatione, omnibus ante majus altare in genua recumbentibus. Deinde hebdomadarius inchohabit primum psalmum pœnitentialem, quem totus chorus subsequetur alternis versibus quantum fieri poterit, articula, protacta et prolabili pronunciatione.

Cum perventum fuerit ad primam stationem S. Germani semper continuando psalmos pœnitentiales, omnibus genibus flexis ante majus altare, chorus recitabit primum caput Lamentationum Hieremiæ alternis versibus, ut distincti sunt in libro Prophetæ, eo contrapuncto quo solent quotidie cantari psalmi post processionem vespertinam, nisi quod secundus versus incipiat ab octava *notæ ultimæ primi.*

Peracta jubilatione totius primi Threni, is qui delectus fuerit qui habeat vocem limpidam, claram, et bene sonantem præmisso *Oremus,* recitabit cantando, producta et longe articulata pronunciatione orationem Danielis prophetæ quæ scripta est in nono capite prophetiæ Danielis, incipiendo ab iis verbis, *Obsecro Domine,* continuando eodem vocis tono usque ad hæc verba, *cumque adhuc loquerer,* et finiet per hæc verba, *per Christum Dominum nostrum.* Mox prostratus, terram osculabitur, et omnes assistentes pariter.

Mox erecti in pedes, repetent continuationem psalmorum pœnitentialium ab eo loco ubi antea substiterint, donec pervenient ad secundam stationem in æde Sanctæ-Mariæ extra-muros, ubi eodem ordine jubilabitur caput secundum Lamentationum et recitabitur oratio Danielis : et ita chorus progredietur ad tertiam stationem quæ erit in ecclesia Sancti-Eusebii. Quarta statio erit in templo S. Petri.

Deinde, rebus omnibus rite peractis, redibit processio eodem ordine ad ecclesiam majorem, ibique finitis septem pœnitentialibus psalmis, ubicumque substiterint, reperetur antiphona *ne reminiscaris,* cum collectis, *actiones nostras, ecclesia tua quœsumus et hostium nostrorum*, cum clausula, *per Christum*. Deinde omnes cum pace ad propria redibunt.

(Ex autographo J. Amyot episcopi).

N° 458.

Mémoire pour dresser des répliques en l'instance pendante à Paris, pardevant messieurs des Requêtes du Palais, aux défenses de messire Jacques Amyot, évêque d'Aucerre.

Ce mémoire contient plusieurs faits relatifs à l'histoire.

(Ann. 1593)

Au premier article : on peut répliquer que tant s'en faut que luy seul ait plus fourni et fait de bien à la décoration de l'église cathédrale d'Auxerre que n'ont pas fait les trois qui ont été évêques immédiatement avant lui, car un seul des trois, sçavoir est le feu évêque François de Dinteville a plus fait de biens et employé de deniers à la décoration de l'église d'Aucerre douze fois que n'a pas fait le défendeur; desquels biens la plus grande partie a été spoliée par les hérétiques, lorsque la ville d'Aucerre fut surprise par eux, où il y avoit dudit feu sieur Dinteville plusieurs reliquaires enchâssez en or et en argent doré, plusieurs chappelles de diverses sortes de toiles et draps d'or et d'argent consistants en parements d'autel par haut et par bas, en huit chappes à chacune chappelle, deux tuniques et une chasuble, le tout garni d'or fin, perles avec autres chapelles de velours noir, rouge et violet cramoisi, des orgues qui contenoient quatorze jeux, et un jubé de pierre de taille de la plus excellente façon qu'il y en ait en toute la France.

Et comme il plût à Dieu que ladite ville fût remise en la puissance des catholiques, lesdits demandeurs, desquels les maisons claustrales avoient été en nombre de plus de 70 ou 80 minées rez de terre, et les plus belles qui fussent en toute la ville, ont rétabli et réédifié icelles à leurs propres et particuliers frais, et celle dudit deffendeur fut entièrement conservée, en laquelle ledit feu sieur Dinteville a fait faire un portail des plus beaux qui se puissent voir, avec un grand corps de logis proche d'icelui où l'officialité est. Et si en outre lesdits demandeurs ont fait refaire tous les autels, toutes les chapelles, les grandes vitres tant hausses que basses qui avoient été du tout ruinées et jettées par terre, fait refaire des cloches de même grosseur que les anciennes, fait recouvrir la grande tour de plomb entièrement, et un clocher qui étoit aussi de plomb, que les soldats hérétiques avoient ravi et emporté, et fait retenir la grande couverture de l'église avec celles des basses voûtes et autres édifices adjacents, comme le grand chapitre ; qu'ils feront aparoir par les comptes de leurs fabriciens, le tout revenant à plus de cent cinquante mille livres, et ne se trouvera pas, soubs correction, qu'il ait fait quatre fois plus que lesdits demandeurs. Recours à ses deffenses ausquelles il n'a rien obmis, pas seulement jusqu'à deux pseautiers de la valeur de deux écus au plus.

Quant aux chaires du chœur, qui est le plus grand article qn'il met en avant, entre les choses qu'il dit avoir baillé à ladite église, elle ont coûté la somme de 4,000 livres, recours au marché fait avec le menuisier, auquel, outre ladite somme, pour la récompense de ses pertes il a baillé, outre icelle somme de 4,000 liv. dix écus d'or seulement, comme l'on dit, et pendant que ledit menuisier y travailloit avec plusieurs compagnons de son métier, qui fut en l'année 1574, que la famine étoit grande en France, lesdits demandeurs firent plusieurs libéralitez ausdits compagnons ouvriers, de vin et d'argent, et si en outre les deniers dont elles ont été faites et payées ne proviènt sinon que du bon ménage desdits demandeurs, lesquels pendant le siège vacant, comme à eux appartenant la régale notoirement et la disposition des fruits de l'évêché, le siège étant vacant, auroient épargné le revenu entier d'icelui, comme au semblable des deniers de ladite régale, la chapelle de toile d'or et les orgues dont il fait mention par ses deffences ont été payées entièrement, et plus si ledit deffendeur a voulu.

Car la cour remarquera s'il luy plaît que comme le défunt révérend cardinal de la Bourdaisière, évêque d'Auxerre, son prédécesseur, fut décédé *in curia romana*, le pape voulut pourvoir, et de fait pourvut à tous les bénéfices que ledit seigneur cardinal avoit possédez, et y voulut pourvoir *pleno jure contra beneplacitum regis*, et même pourvut de l'évêché d'Aucerre un autre que ledit deffendeur, dont en ces entrefaites il y eut un grand longtems altercat entre sa sainteté et sa majesté, pendant lequel temps lesdits fruits ont été conservez par la prudence des demandeurs qui mieux aimèrent le reconnoître et les conserver, que d'en gratifier celui qui disoit en être pourvu par sa sainteté, bien que par icelui ils en eussent été grandement requis et sollicitez, et que lesdits demandeurs eux-mêmes les eussent pu employer au profit et à la décoration de ladite église, lequel employ par une honnête humilité ils réservèrent à la discrétion dudit deffendeur qui en premier lieu opta des chaires et des orgues dont sera fait mention cy-après.

Au 2º article on peut répliquer que quand à la chaire épiscopale il y en avoit une fort belle de pierre, qui ne fut onques ruinée par les hérétiques, laquelle il a fait rompre pour en édifier une selon son désir, combien qu'il y eût d'autres ornemens à faire plus nécessaires.

Au 3º, lesdits demandeurs répliqueront que ce n'a pas été luy qui a fait faire le banc qui est à côté droit du grand autel pour seoir le prêtre, diacre et soudiacre, mais que ce sont été eux qui l'ont fait faire et qui l'ont payé des deniers de leur revenu du chapitre, et non d'autres, comme ils feront apparoir par le marché qu'euxmêmes ont contracté avec le menuisier, et les quittances du payement qu'ils en ont, moyennant la somme de 500 liv.

Au 4º et 5º articles répliquent lesdits demandeurs que le grand autel qu'il dit avoir fait refaire, est à la vérité d'une pièce de marbre, mais qu'elle ne luy a rien coûté, d'autant qu'il l'a fait lever de dessus la sépulture d'un chanoine de ladite église de longtemps décédé, où elle servoit de tombe, et que ledit grand autel est encore à présent imparfait et trop petit et trop court, ni ayant aucune cloison alentour, et étant tel que aucuns paremens ne peuvent convenir à icelui ; chose ridicule à voir même aux grandes fêtes, lorsqu'on y met lesdits paremens; en sorte que l'ancien autel qui y étoit sembloit plus convenable, joint que le tour et cloison dudit autel n'y est plus, ledit deffendeur l'en ayant fait ôter, et n'y en ayant point fait refaire d'autre; et lequel autel lui a si peu coûté que cela ne mérite pas d'en parler, n'étant pas de valeur en tout de dix écus sol.

Au 6º article répliquent que lesdits pilliers de cuivre ne sont de telle valeur qu'il met en avant, et qu'il n'y a couvent ni monastère, tant pauvre soit, et qui n'en ait de plus beaux, et d'autels plus beaux même aux bien plus petites paroisses ; desquels pilliers et crosse d'iceux lesdits demeurans on fourni au fondeur d'iceux la plus grande partie de la matière de cuivre, laquelle ils avoient de reste des ruines de ladite église qu'ils ont recouvré après la reprise de la ville d'Aucerre.

Au 7º article où il dit qu'il a fait faire des orgues qui lui reviennent à 1000 écus : à cela peuvent répliquer lesdits demandeurs que ça été un bon religieux de N. Dame de l'Isle, de Troyes en Champagne, qui les a fait, et que lui n'en a fourni sinon le plomb et étain des tuyaux et le fust desdits orgues qui sont petites, et qu'en partie pour la peine dudit religieux, lesdits demandeurs l'ont reconnu tant en général qu'en particulier, et que le tout ne revient pas à plus de deux ou trois cent écus qui sont les mêmes deniers que ceux desdites chaires provenans de la susdite régale.

Au 8º répondent lesdits demandeurs que lesdits deux pseautiers peuvent valoir en tout 3 ou 4 écus, et que si peu que cela ne mérite pas en parler.

Au 9º que quant à la chapelle de toile d'or qu'il a baillé à son entrée audit évêché, elle est imparfaite y défaillant encore plusieurs chappes pour ceux qui chantent les répons, et vont bailler l'encens aux festes solemnelles, y défaillans les nappes d'autel, le calice et les burettes d'or et d'argent doré. Ce que tous les évêques à leur entrée sont tenus de donner et presenter.

Quant à la chapelle blanche elle est semblablement imparfaite, et ça été le sieur de Halde qui l'a fait faire pour les profits du quint denier qu'il pouvoit devoir audit deffendeur pour l'acquisition qu'il avoit fait de la terre et seigneurie de Beauche, mouvant de son évêché, duquel sieur du Halde il n'osoit prendre aucun profit, sinon en cette sorte, à cause du feu roy son maître.

Aux 11, 12, 13 et 14º articles, il dit bien mais cela n'est pas de grand prix, et ne mérite pas être rapporté par escrit.

Au 15º répliquent lesdits demandeurs que quant aux bréviaires qu'il dit avoir fait imprimer, bien que ce fut l'intention dudit deffendeur de ce faire pour la commodité du diocèse, néanmoins ce n'a pas été pour les donner libéralement, mais avec intention d'en retirer des deniers des gens d'église auxquels il eût enjoint en acheter : mais faute de bons ouvriers et pour avoir meilleur prix de la façon et imprimerie d'iceux, lui s'étant adressé à un pauvre imprimeur de la ville de Sens, cela a été cause qu'il ont été trouvez si remplis de fautes et d'erreurs qu'ils sont entièrement inutiles, et n'y a aucune apparence de les alléguer.

Au 16º repliqueront que la chapelle épiscopale a été entièrement réparée par défunt maître Gaspard Damy, grand-vicaire du feu sieur cardinal de la Bourdaisière, et pénitentier de ladite église, tant des vivres qu'aussi l'autel de marbre et tableau d'excellente peinture qui est sur ledit autel, qui ne provient dudit deffendeur, seulement il a fait retenir par un peintre quelques visages ès environ du parois de ladite chapelle, chose qui ne mérite pas en parler, et laquelle ne peut valoir au plus demi écu.

Au 17e article répliqueront lesdits demandeurs qu'à la vérité, pour le regard dudit collége c'est une très-belle entreprise, mais aussi du tout inutile, sinon qu'elle soit achevée entièrement suivant la description qu'il en fait par ses deffenses où il a plus de propos que d'effet, d'autant qu'en tout ledit collége il n'y a que des murailles et des couvertures, et y a plus de six ans qu'on n'y travaille, et n'y eut jamais exercice, comme encore à ce n'est chose prête qu'il y en ait en bref; disant tantôt le deffendeur qu'à cause des troubles il n'a la commodité de le parachever, tantôt qu'il le veut vendre pour y faire une hotellerie, bref demeurant en la manière qu'il est, qu'il n'y eût jamais fait mettre une seule pierre, et si en outre quant bien l'auroit-il rendu accompli de ce qui est entièrement requis, il ne s'ensuit pas pour cela, sous correction, qu'il soit exempt de contribuer aux réparations et entretenemens dont est question, à la décoration de l'église, de laquelle il tire la commodité de pouvoir bâtir ledit collége, ayant fait couper grande quantité des plus beaux bois et arbres qui fussent point en la terre et seigneurie de Varzy, audit évêché appartenant et du patrimoine d'icelui, ayant aliéné des plus belles forêts de ce pays-là avec le fonds à ceux des lieux comme celle du bois sur Chiry, vendu aux habitans de Fley qu'ils ont couppé sans y laisser aucuns baliveaux, la forêt de la Croix-du-Cerf contenant de 3 à 400 arpens, tous châtaigners et chênes, vendus confusement à un nommé Gervais, lorsqu'il lui fit bail du revenu dudit Varzy; autre forêt de 200 arpens ou environ que son bailly audit Varzy nommé Dupin a fait couper, avec lequel et autres ledit deffendeur a composé à grandes sommes de deniers pour les dégradations qu'ils y avoient commis auparavant, lesquels déniers ne doivent être réputez fruits, ains comme étant du fond et du propre dudit évêché, lesquels il devoit employer en aultre fonds et en tout événement à l'entretenement de ladite église, comme plusieurs fois il a dit à plusieurs personnes auparavant ledit accord qu'il ne vouloit rien toucher desdits deniers, mais qu'il les vouloit bailler à son église comme provenant d'icelle, ce qu'il n'a fait ; chose du tout contraire au bon ménage de ses prédécesseurs évesques, comme défunts M. Baillet et de Longueil de Paris, lesquels ont acquis plusieurs belles terres et seigneuries des comtes de Dammartin, comme La Chapelle-Saint-André, Chiri et Buzi, qu'ils ont annexé audit Varzy en augmentation du revenu dudit évêché.

Voire qu'encore à présent le logis épiscopal, tant dudit Varzy que de la ville d'Auxerre, sont en telle ruine, n'y ayant pas ledit deffendeur fait mettre une seule tuile depuis qu'il en est possesseur, que, qui ne pourvoira en peu de temps, le comble est en danger de venir par terre, ainsi que de fort belles écuries avoient ja fait, qu'il a fait refaire telles quelles.

Les grandes murailles qui ferment led. logis étant toutes pourries et se renversant du côté de la rue à cause des grandes levées de terre que led. défendeur a fait faire conjointement icelle pour faire les allées.

Item la plus belle pièce de vigne et au lieu où croît le meilleur vin de toute la Bourgogne, contenant dix arpens ou environ, proche des murailles d'Auxerre de deux cens pas seulement, lesquelles sont presque tombez en ruine: pour lesquelles maisons et vignes lesdits demandeurs concluent à ce qu'il soit condamné à les remettre en bon et suffisant état et les y entretenir.

En somme les deniers provenans du temps du siège vacant et régale précontés, il ne se trouvera pas que ledit deffendeur, depuis 22 ans entiers qu'il y a qu'il est évêque, ait fourni la valeur de 1000 liv. pour ce qui concerne les réparations et entretenemens de ladite église, du revenu de laquelle à 20,000 liv. qu'il peut valoir de revenu par chacun an, il a pu embourser 440,000 liv. tournois dont le tiers devoit, selon les SS. Canons et ordonnances de la France, être employez à l'entretenement de ladite église.

Comme si lesdits demandeurs n'y eussent employé la plus grande partie de leur revenu, et encore de leur particulier, elle ne fut pas entretenue comme elle est, à quoy faire ils sont empêchez tant à cause de la modicité de leur revenu annuel, n'étant pas les prébendes qui sont au nombre de 63, de valeur de 200 liv. par chacun an, et dont à cause de la malice du temps ils ne peuvent estre payez ; ayant en outre sur leurs bras leurs chantres de musique, leurs enfans de chœur, et les maîtres qui les enseignent, à nourrir et entretenir; ledit deffendeur ne leur fournissant aucune chose sinon ausdits enfans de chœur une robe à Pâques, et un cotillon à chacun d'eux et les chapperons.

Si concluent, etc.

(Tiré d'une ancienne copie).

L'arrêt de 1607, sur le collége d'Auxerre, se trouve imprimé dans les lois de la France par Jacques Corbin, 1613.

N° 459.

Déclaration du roi, en forme d'édit, sur la réduction de la ville d'Auxerre en son obéissance.

(Ann. 1594.)

Henry, par la grâce de Dieu, roy de France et de Navarre. A tous présens et à venir, salut. Puisqu'il a pleu à Dieu dessiller les yeux de nos bons subjets et leur faire voir que sous l'apparence d'une sainte cause au préjudice de la légitime possession et succession de leurs roys, nos ennemis les ont voulu rendre esclaves d'une tyrannie et domination étrangère du tout contraire à leur franchise et liberté, nous ne voulons obmettre aucun moyen qui dépende de nous pour les aider et conforter en la sainte résolution que la plus grande partie d'entre eulx ont prinse de recognoistre notre autorité et nous rendre l'obéissance qu'ils nous doivent. Afin que ressentant l'effet d'un doux et favorable traitement que nous avons promis à tous nosdits sujets qui quitteront la fellonie et rébellion de nosdits ennemis, pour se soumettre au devoir auquel ils sont ordinairement obligez, ils servent d'exemple pour y ramener tous ceux qui en sont encore éloignez. C'est pourquoy nous étant venus trouver les députez de notre ville d'Auxerre, pour nous faire les très humbles soumissions et offres de la fidélité et affection qu'ont résolu de nous rendre leurs concitoyens, nous les avons reçus avec toute la douceur et clémence qu'ils pourront souhaiter de nos bonnes grâces. Et pour leur donner plus grande preuve et assurance d'icelles, et du soin que nous voulons avoir désormais de leur soulagement et conservation, inclinans à leur très-humbles prières et requestes, de l'avis de plusieurs officiers de notre couronne et autres notables personnes de notre conseil étant près de nous, nous avons dit, statué et ordonné, disons, statuons et ordonnons:

I.

Qu'en nosdites ville et fauxbourgs d'Aucerre, il ne sera fait aucun exercice de religion que la religion catholique, apostolique et romaine, ne ès autres villes et lieux deffendus par l'édit de l'an 1577, et les déclarations depuis par nous faites pour l'exécution d'icelui, lesquels nous voulons aussi être gardez et observez pour la provision des offices.

II.

Et pour témoigner particulièrement aux ecclésiastiques en quelle recommandation nous les avons et ce qui leur appartient, deffendons à toutes personnes sur les mêmes peines de molester et inquiéter lesdits ecclésiastiques en la célébration du service divin, jouissance et perception des fruits et revenus de leurs bénéfices, et de tous autres droits, devoirs, priviléges et exemptions, franchises et immunitez dont ils ont bien et duement jouy par le passé et leur appartiennent. Voulons et nous plaist que tous ceux qui depuis ces troubles se sont emparez des églises, maisons, biens et revenus appartenans auxdits ecclésiastiques résidans audit diocèse d'Auxerre, tant de ceux qui sont assis en icelui que partout ailleurs, et qui les détiennent et occupent, leur en délaissent l'entière possession et jouissance, avec tels droits, suretez et libertez qu'ils avoient auparavant qu'ils en fussent dessaisis.

III.

Et ayant égard aux ruines souffertes en leursdits bénéfices durant lesdits troubles, nous, désirans les gratifier et soulager, avons ordonné et ordonnons que lesdits ecclésiastiques, en nosdites ville et fauxbourgs d'Aucerre, seront tenus quittes et déchargez, comme nous les quittons et déchargeons, de ce qu'ils peuvent devoir des décimes dont sont chargez leurs bénéfices depuis le commencement de ces troubles jusqu'à la fin du mois de février dernier, sans qu'ils en puissent être poursuiviz ne recherchez à l'avenir. Défendons à tous receveurs d'user d'aucunes contraintes sur eux au préjudice de la présente exemption et décharge.

IV.

Voulons en outre et ordonnons pour l'union, repos et conservation de nosdits sujets, que la mémoire de tout ce qui s'est fait et passé en ladite ville et au dedans ressort, depuis le commencement et à l'occasion des présens troubles jusques à présent, demeure éteinte, abolie et assoupie, ainsi que nous l'éteignons, abolissons et assoupissons tant en la prise des armes, soulèvement, assemblées de soldats et compagnies de gens d'armes, battues, et siéges et surprises de villes, places et chasteaux, fonte d'artillerie et boulets, confections de poudre à canon, forteresses, tours, casemates, remparts et bouleverts et esperons, démolitions, abbatis et démantellement des fauxbourgs de ladite ville, temples et lieux pieux d'iceux fauxbourgs et dudit ressort, application de matériaux d'iceulx temples et lieux pieux aux fortifications de ladite ville, prise des deniers de rente, élection, gabelle, aydes, domaines, décimes, vente de sel, impositions nouvelles et levées de deniers tant sur le sel, vin, danrées, marchandises, vivres, que toutes autres impositions et levées de deniers, emprunts, ventes de biens meubles, bois taillis des particuliers ou autrement, amendes, butins, levées et conduite de gens de guerre, exploits d'iceuz, rançons, actes d'hostilité, et généralement toutes autres choses qui auroient été faites, gérées et négociées en quelque sorte et manière que ce soit en public et en particulier, soit par lesdits ecclésiastiques, gouverneurs de ladite ville, maire et échevins d'icelle, et plat pays, pour raison de ce que dessus, ou par certains particuliers envoyez par commandement du duc de Mayenne en quelque lieu et pour quelque effet que ce puisse estre, sans qu'il en puisse être faite aucune recherche ou poursuite à l'avenir contr'eulx ou ceux qui auront été par eux employés, ou autres ayant le commandement de ladite ville, lesquels en sont quittes et déchargez, comme le tout ayant été fait pour le singulier désir que chacun d'eux avoit à la manutention et conservation de ladite religion catholique, apostolique et romaine, imposant sur ce silence perpétuel à nos procureurs et avocats-généraux, et à toutes personnes quelconques.

V.

Et pour éviter toute occasion de querelle et débats entre nosdits sujets, leur avons inhibé et défendu, inhibons et défendons par ces présentes de s'entreinjurier, reprocher, outrager, offenser, ne provoquer l'un l'autre, pour raison de ce qui s'est passé, de fait, ne de parole : au contraire notre intention est, et leur faisons commandement très exprez de vivre dorénavant paisiblement ensemble comme frères, bons amis et concitoyens, sur peine aux contrevenants d'être sur le champ et sans autre forme de procez punis et châtiez comme désobéissans et perturbateurs du repos public.

VI.

Et afin que lesdts habitants se ressentent de notre grâce et libéralité attendant que nos affaires nous permettent de faire davantage pour leur soulagement, nous avons aux habitants desdites villes et fauxbourgs d'Aucerre fait don et remise de tout ce qu'ils seront tenus nous payer durant deux années qui se prendront ès quatre prochaines ensuivantes et suivantes, pour leur cotte-part des tailles, octroys, fouages, équivalens qui se lèvent en la généralité de Bourgogne, comme aussi de toutes autres levées, emprunts et subventions qui se lèveront sur eux pendant ledit tems, pour quelque cause et occasion que ce soit.

VII.

Et pour les mêmes considérations, avons lesdits habitants et ceux des autres villes, bourgs et plat-pays de l'élection d'Aucerre déchargez et déchargeons de ce qu'ils peuvent devoir depuis les présens troubles jusqu'à la fin du mois de décembre dernier passé, desdites tailles, octrois, fouages et autres levées et impositions dessusdites. N'entendons toutefois qu'esdites décharges, dons et remises du passé et de l'avenir, soient compris le taillon, creue et entretenement des prévosts des maréchaux aux payemens desquels lesdits habitants seront tenus.

VIII.

Avons en outre réintégré, remis et rétabli, réintégrons, remettons et rétablissons notredite ville d'Aucerre et les habitans d'icelle en tous les anciens priviléges, dons et octrois, franchises, libertez, concessions et immunitez qui leur ont été accordez par les rois nos prédécesseurs. Lesquels nous leur avons de nouveau octroyé et octroyons, confirmons et continuons par ces présentes pour en jouir ainsi qu'ils ont ci-devant bien et duement fait, et jouissoient auparavant lesdits présens troubles, soit en ce qui concerne l'ancien privilége de l'incorporation au pays et duché de Bourgogne, union à la couronne de France inséparablement, soit pour ce qui est du gouvernement, ressort de la justice, que des finances et autres quels qu'ils soient. Et pour le regard des octrois dont ils ont été gratifiez par nos prédécesseurs, avons iceux pareillement confirmé et confirmons et continuons pour neuf années à commencer du jour et date des présentes, sans toutefois qu'il soit besoin ausdits habitans pour la confirmation, jouissance et continuation de tous leursdits priviléges et octrois obtenir autres lettres que le présent édit.

IX.

Nous promettons aussi, en foi et parole de roi, qu'il ne sera par nous fait construire et bastir aucune citadelle ne fort qui serve d'icelle en ladite ville, ne en icelle mis et établi garnison ou autres gens de guerre, soubs quelque prétexte que ce soit.

X.

Voulons que les subsides et imposts qui ont été créés à notre grand regret, pour la nécessité du temps, au dedans de l'élection, ressort du grenier à sel et baillage d'Aucerre sur toutes sortes de denrées et marchandises, tant de part que d'autre, soient ôtés et abolis.

XI.

Que toutes personnes du ressort et magazin à sel dudit Aucerre seront tenues de prendre sel audit grenier sur les peines portées par nos édits et ordonnances.

XII.

Avons pareillement ordonné et ordonnons que tous arrêts, commissions et exécutions d'iceux, décrets, sentences, contrats, jugements et autres actes de justice donnez entre personnes de même party, et entre tous autres qui auront contesté tant ès cours souveraines, siége présidial que prevosté d'Auxerre et autres justices subalternes desdites ville et ressort, durant lesd. troubles, sortiront effet, et qu'il ne sera fait aucune recherche des exécutions de mort qui auroient été faites durant iceux troubles par autorité de justice, ou par droit de guerre et commandement des gouverneurs, capitaines, officiers de justice et de la ville.

XIII.

Et pour le regard des sentences, arrêts et jugements donnez contre les absens tenans divers partis, soit en justice criminelle ou civile en toutes les cours de parlement de ce royaume et jurisdiction d'iceux, demeureront nuls et sans effet, pour quelque cause et occasion que ce soit ou puisse être, sans ce que pour raison d'iceux les habitans de ladite ville on autres réfugiez et retirez en icelle soit bénéficiers, officiers ou autres ni leurs enfans, héritiers, successeurs ou ayant cause, puissent être à l'avenir aucunement recherchez ou notez d'infamie, ni tenus en prendre aucune décharge, et seront les parties remises au premier état et ainsi qu'elles étoient auparavant lesdits troubles. Et quant aux éxécutions de mort qui ont été faites d'aucuns desdits habitans, les réparations ou confiscations que nos procureurs pourroient prétendre, n'auront aucun lieu au préjudice de leurs veuves ou héritiers.

XIV.

Voulons et nous plait que tous lesdits habitans desdites villes et faubourgs, baillage et plat-pays d'Aucerre rentrent en la jouissance de leurs biens, offices, bénéfices, dignitez et domaine, en quelque lieu qu'ils soient situez et assis, révoquant tous dons faits d'iceux au préjudice des vrais et légitimes détenteurs et possesseurs, leurs veuves et héritiers ; et pour le regard des saisies qui ont été faites sur lesd. biens, héritages, rentes et revenus desdits habitans quelque part qu'ils soient assis, demeureront nulles, icelles levons et ostons et en donnons audits habitants pleine et entière main-levée, leur remettant ce qui nous pourroit être dû, nonobstant tous dons qui ont été faits, lesquels nous les avons cassé et revoqué, cassons et revoquons sans avoir égard aux promessses et obligations non acquittées faites par les laboureurs ou fermiers tant aux donataires qu'aux commissaires et fermiers de justice, qui seront et demeureront nulles et de nul effet, comme seront tous dons de dettes et créditcs dues ausdits habitans, lesquelles ils pourront poursuivre et contraindre ceux qui leur sont obligez par cédules, promesses, obligations et transports en la même forme et manière qu'auparavant lesdits troubles.

XV.

Tous officiers de justice, finances et autres de quelque qualité qu'ils soient de ladite ville qui ont été pourvus de leurs offices par les défunts rois nos prédécesseurs, étant en exercice et possessions d'iceux présens ou réfugiez pour notre service ou autrement légitimement absens, seront maintenus et confirmez, les maintenons et confirmons en leurs charges et dignitez sans payer finances, ne prendre autres lettres de confirmation, que ces présentes, ni faire autre serment qu'és mains de notre bailly d'Aucerre.

XVI.

Et quant aux offices qui ont vacqué par mort en ladite ville, desquels la fonction se faisoit en icelle, ceux qui en ont obtenu les provisions du duc de Mayenne, icelles demeurans comme nous les déclarons nulles, seront conservez esdits offices en vertu de nos provisions, desquelles nous entendons les gratifier sans payer finance.

XVII.

Et pour le regard des bénéfices dont la nomination, collation ou provision nous appartient, qui ont vacqué en ladite ville, qui sont occupez par personnes demeurantes en icelle en vertu des provisions, nominations et collation dud. duc de Mayenne ou autres que nous déclarons par même moyens nuls et de nul effet, pourvû qu'ils ne soient consistoriaux, leur sont conservez, et voulons qu'ils en jouissent en prenant de nous les expéditions pour ce nécessaires.

XVIII.

Et pareillement remettons et rétablissons en ladite ville le siége présidial prevosté, élections, eaux-et-forêts, grenier à sel, consulats de ville et autres officiers de justice et finances qui y étoient avant ces troubles établis, et pourroient avoir été transférez ailleurs.

XIX.

Les comptes rendus à Paris et à Dijon par les receveurs comptables de lad. ville, élection et magasin à sel ne seront sujets à révision, ains les avons validez et autorisez et les parties rayées en iceux ou tenues en souffrance pour gages, rentes, ou aumônes rétablies et les rétablissons purement et simplement, et pour le regard de ceux qui sont encore à rendre et desquels les acquits sont ès mains des comptables, seront examinez en la chambre des comptes de Paris et Dijon, chacune selon sa jurisdiction et ainsi qu'il étoit accoutumé auparavant les présens troubles, et les parties allouées en vertu des états du duc de Mayenne, mandemens, rescriptions et quittances de ses trésoriers, acquits, ordonnances des élus et trésoriers de France en ladite ville de Dijon, lesquels mandemens, ordonnances, rescriptions, acquits, patentes et quittances nous avons validé et validons pour ce regard, et seront les reliquats desdits comptes à notre profit.

XX.

Avons aussi permis, voulons et nous plaist que toutes personnes ecclésiastiques officiers et autres qui se sont retirez de nos autres villes, et se trouvent à present dans celle d'Auxerre jouiront du bénéfice de notre présent édit, et pourront rentrer ès villes esquelles ils résidoient auparavant ou autres de notre obéissance pour jouir de leurs héritages, biens, rentes, revenus, offices, bénéfices, charges et dignitez, sans aucune difficulté, qu'ils soient tenus faire aucun remboursement à ceux qui à leur préjudice les tiennnent ou en sont pourvus, ni récompense de leur bénéfice, et sans qu'ils puissent être à l'avenir contraints de ne recherchez pour les rançons ou taxes à eux imposées pour le fait des présens troubles, à la charge qu'ils seront tenus de déclarer leurs intentions pardevant notredit bailly d'Aucerre ou son lieutenant et gens y tenans le siége présidial, dedans deux jours après la publication de cesdites présentes, de la grace desquelles ceux qui ne s'en voudront aider sortiront hors ladite ville sans délai, en prenant passeport ou autre sureté pour aller où bon leur semblera, et quant à ceux qui y voudront être compris, pourront demeurer en icelle.

XXI.

Les rabais et modérations faites à aucuns fermiers de nos aides et domaine pour ce qui a été fait durant la guerre, auront lieu et sortiront effet en vertu de notre présent édit, cassant et annullant les provisions sur ce obtenues dudit duc de Mayenne.

XXII.

N'entendons toutefois comprendre en ces présentes ce qui a été fait en forme de volerie et sans aveu, et autres crimes punissables entre gens du même parti, pour raison de quoi nous permettons à toutes personnes de se pourvoir par les voyes de justice, et enjoignons à nos officiers d'en faire prompte et exacte recherche et punition. Comme aussi ne sont exceptez tous ceux qui se trouveront coupables de l'execrable assassinat commis à la personne du feu roi notre très-honoré sieur et frère, que Dieu absolve, et de conspiration sur notre vie.

XXIII.

Si donnons en mandement à nos amez et feaulx les gens tenans nos cours de parlemens, chambres de nos comptes et cour des aides, présidens et trésoriers généraux de France, et à tous nos autres justiciers, officiers et sujets qu'il appartiendra, que ces présentes ils fassent lire, publier et enregistrer, et le contenu garder et faire garder, observer et entretenir de point en point, selon sa forme et teneur, contraignant à ce faire et souffrir tous ceux qu'il appartiendra, et qui pour ce seront à contraindre, par toutes voyes dues et raisonnables, nonobstant oppositions ou appellations quelconques, édits, déclarations, arrêts, jugements, lettres, mandemens, défenses et autres choses à ce contraires, ausquelles nous avons pour ce regard dérogé et dérogeons, ensemble aux dérogatoires des dérogatoires y contenues, de notre grace spéciale, pleine puissance et autorité royale; car tel est notre plaisir. Et afin que ce soit chose ferme et stable à toujours, nous avons fait mettre notre scel à cesdites presentes. Donné à Paris au mois d'avril, l'an de grace MDXCIV, et de notre règne le 5e.

Signé : Henry.

Et plus bas : Potier.

Tiré de la copie imprimée à Auxerre en 1594, par Vatard.

N° 460.

(Ann. 1602.)

Déposition de M. R. Martin, secrétaire de l'évêque J. Amyot sur les dernières années de ce prélat.

Me Regnaud Martin, archidiacre de Puisaye, âgé de 57 ans ans, fut secrétaire de J. Amyot et l'a suivi longtemps. A été avec lui aux états de Blois. Au retour de Blois, le bagage de l'évêque fut volé en chemin près d'Aubigny ; pour le recouvrer lui Martin fut envoyé à Orléans et de là alla jusqu'à Paris, tandis que son maître arrivait à Auxerre ; ce qui eût lieu au commencement de l'an 1589. En laquelle ville il feut fort mal reçu comme depuys il veyt et congneut ; d'autant qu'une partie des habitans de ladite ville le tenoient pour suspect à ceulx de la Ligue dont ils tenoient le parti, à cause que ledit sieur Amyot estoit grand-aulmonier dudit feu roy.

Mesme il scait qu'estant ledit feu sieur Amyot en son logis épiscopal d'Auxerre, il feut par l'espace de deux ou trois ans sans oser sortir ny bouger, mesme que l'entrée de son église feut interdite ; et que au commencement il y eut quelques soldats et cappitaynes qui se vouloyent loger en sa maison en garnison, et de fait feut contrainct de composer et accorder avec eulx de ce qu'il leur bailleroit pour chascung jour, et que pendant ledit temps estoit détenu presque comme prisonnyer et semblablement ses serviteurs et domestiques ; il scait qu'il n'eust osé pour lors intenter aucunes actions ni procès à l'encontre d'aucungs des habitans d'Auxerre de quelqu'estat et condition qu'ils eussent esté pour éviter l'inconvénient de sa personne, et n'osoit mesme se deffendre contre ceux qui l'attaquoient en justice ; en laquelle crainte il est demeuré jusqu'à son décès.

(Archives de l'Yonne, pièces historiques, Auxerre, enquête sur la propriété des terres de Gy-l'Evêque, en 1602).

N° 461.

Don d'un ossement de saint Pélerin, premier évêque d'Auxerre, par les religieux de S. Denis, à Monsieur Séguier, évêque d'Auxerre.

(Ann. 1634.)

Nos frater Cyprianus Leclerc, humilis prior et religiosi monasterii S. Dionysii in Francia, prope Parisios, ordinis sancti Benedicti, congregationis S. Mauri in Gallia, omnibus et singulis præsentes litteras inspecturis, salutem in Domino. Notum facimus in gratiam illustrissimi ac reverendissimi domini domini Dominici Seguier, Autissiodorensis episcopi, de nostra congregatione optime meriti, extractam fuisse mediam ossis cruralis partem sancti Peregrini martyris, primi Autissiodorensis episcopi, ex capsa in qua ejusdem sancti Peregrini reliquiæ asservantur et frequentissima populi Christiani devotione in ecclesia dicti monasterii venerantur. Quod os sacrum nos eidem illustrissimo et reverendissimo domino Dominico Seguier, tum ut quem vivum tanquam parentes Autissiodor. coluerunt, ejusdem etiam reliquiis in cathedrali post hæc ecclesia quieturis debitum honorem persolvere teneantur, tum etiam ob singularem illius in res sacras, sanctorumque reliquias cultum, piumque in nostram congregationem, multis probatum, testimoniis affectum, tum denique ob fidele nostræ erga illustrissimam ejus reverentiam observantiæ monimentum sinceramque grati pro nostra tenuitate animi significationem libenter concessimus. In cujus rei indubitatam fidem præsentes nostro sigillo munitas, per secretarium nostrum expediri, subsignarique jussimus in prædicto Sancti-Dionysii monasterio, sexto kalendas aprilis, anno ab illibatæ Virginis partu millesimo sexcentesimo trigesimo quarto.

De mandato reverendorum patrum,
Nicolaus Boudet, scriba capituli.

N° 462.

Déposition de témoins à l'occasion des saintes Reliques ramassées, en 1567, sur le pavé de l'église de Saint-Germain d'Auxerre, et du miracle arrivé en 1636, en présence de ceux qui doutoient de leur vérité.

(Ann. 1636, 5 octobre.)

In nomine Domini, amen. Le cinquième jour du mois d'octobre, l'an mil six cens trente-six, après midi, pardevant nous Louis Noel Damy, prêtre, ancien chanoine de l'église cathédrale d'Aucerre, et Guillaume Charles, prêtre, aussi chanoine semiprebendé de ladite église, et chanoine de l'église collégiale de N. D. de la Cité dudit Aucerre, notaires apostoliques, duement insinués aux greffes des officialité et bailliage d'Aucerre; comparurent en personne vénérable Père dom Anselme Clairé, prêtre religieux de l'ordre de S. Benoit, congrégation de S. Maur, prieur de l'abbaye de S. Germain dudit Aucerre, lequel nous auroit remontré avoir appris de diverses personnes séculières et régulières, que lors de la prise dudit Aucerre, arrivée en l'an 1567, les capitaines la Borde, Blosset et autres Huguenots prirent et pillèrent les châsses des saints Germain, Aunaire et autres qui étoient dans l'église dudit Saint-Germain, et jettèrent les saints ossemens par terre avec grand mépris, lesquels saints ossemens furent ramassés par diverses personnes dévotes qui en auroient remis une grande partie (1) entre les mains des vénérables religieux de l'abbaye et monastère dudit S. Germain, lesquels, pour sauver lesdites saintes reliques, les auroient mises et cachées dans le creux d'un gros pilier étant au dedans des grottes de ladite abbaye de S. Germain, proche et attenant la chapelle de S. Martin, au devant duquel fut gravée une croix dans la pierre, et depuis leur introduction dans ledit monastère de S. Germain, voyants lesdits révérends pères les fréquentes prières faites par grand nombre de personnes de l'un et de l'autre sexe au dedans des grottes dudit lieu et église dudit S. Germain, notamment au devant où étoit posée et gravée ladite croix, ils auroient fait ouverture dudit pilier, dans lequel ils auroient trouvé les saints ossemens, desquels ils n'auroient connoissance que par la tradition et ladite marque de la sainte croix. C'est pourquoi, de l'autorité et approbation de feu monseigneur Dominique Séguier, lors évêque d'Auxerre, après en personne en avoir fait l'ouverture, icelles reconnues et révérées et ensuite exposées à la vénération des fidèles, ils y auroient fait dresser et orner une armoire garnie d'étoffe avec décence, et sur divers gradins rangé lesdites saintes reliques, avec une vitre au devant et une fenêtre de bois au dessus garnie de serrures fermantes à clef, afin de pouvoir plus aisément satisfaire la dévotion du peuple et des pèlerins qui y abordent de toutes parts, et commis un religieux de ladite abbaye pour montrer lesdites saintes reliques aux dévotes personnes qui avoient désir de les voir. Seroit arrivé, le neuf avril de l'an 1636, que le Père dom Deicole Vocelle, prêtre, religieux sacristain de ladite église, ayant été de ce chargé, se seroit présenté monsieur Guillaume Pirot, avocat en parlement et bailly de la terre et seigneurie de S. Maurice-Tirouaille, avec les RR. PP. Paulin et Girard Girardin, prêtres religieux capucins de la famille de Troyes, et auroient prié ledit dom Deicole de leur faire voir lesdites saintes reliques conservées dans lesdites grottes de cette église; ce qu'il auroit fait en conduisant ledit sieur Pirot et lesdits pères capucins avec un cierge allumé qu'il tenoit en main, premièrement au tombeau de S. Germain, et de là en entrant plus avant ausdites

---

(1) Il faut remarquer soigneusement ces expressions qui laissent à conclure que toutes les reliques ramassées par terre en l'église de St.-Germain ne furent pas remises aux religieux de l'abbaye. Il y en eût de remises à d'autres religieux, et même des plus considérables, selon que l'a écrit l'un d'entre eux, qui déclara que c'étoient les ossemens de la châsse même de St. Germain.

grottes, les auroient mené au devant du pillier cy-dessus mentionné, là où il auroit fait ouverture de l'armoire susdite et tiré un rideau de tafetas rouge, et montré lesdites saintes reliques à découvert, posées sur des petits degrés. Quoy faisant, ledit sieur Pirot et pères capucins ayant mis les genoux en terre, auroient fait leurs prières au-devant desdites saintes reliques, et incontinent après auroit ledit père Deicole refermé ladite armoire. Et sur ce que ledit père Girard Girardin, capucin, lui demanda quelle assurance ils avoient de la verité desdites saintes reliques, lui fut fait réponse par ledit dom Deicolé, que telle étoit la tradition publiquement reçue et approuvée de l'évêque depuis la reprise de ladite ville d'Aucerre, ce qui auroit été attesté par ledit Pirot. Sur quoy ledit père Girard Girardin, capucin, fit réponse que l'on pouvoit avoir mis d'autres ossemens que ceux des saints, et que l'on ne devoit pas si légèrement rendre vénération à des reliques qui n'étoient pas bien certaines ni avérées. A l'instant se fit dans ladite armoire un grand bruit comme d'un choc, fracas et cliquetis d'ossemens, comme s'ils se fussent choqués et froissés les uns contre les autres, et que le tout eût été renversé; lequel bruit continua l'espace d'un *Ave Maria*. Lors le père Paulin, capucin, dit : *Tout est renversé là dedans*; et incontinent le même bruit recommença avec plus d'effort et de durée; ce qui étonna tellement ledit sieur Pirot et lesdits pères Girardin et Paulin avec ledit dom Deicole, religieux bénédictin, que tout effrayé ledit sieur Pirot dit audit père Girard Girardin : *Vous avez tort, il en faut demander pardon à Dieu et à ses bons saints*. Lors lesdits pères Girardin et Paulin se prosternèrent à terre; ledit père Girardin dit : *Je reconnais que Dieu punit mon incrédulité, je lui en demande pardon et aux bons saints, desquels les saintes reliques reposent en cette armoire*. Puis s'étant assés long temps entretenu en prières à genoux se releva avec les autres, et continua en ces mots : *Faut-il que je sois si misérable que d'avoir eu ces sentiments?* Par après tous ensemble visitèrent les autres saintes reliques et tombeaux contenus dans lesdites grottes, et arrivant proche la porte desdites grottes attenant la chapelle de la sainte Trinité, ledit révérend père Paulin, capucin, pria ledit dom Deicole, sacristain, de retourner à ladite armoire, et en faire l'ouverture pour voir en quel état et disposition étoient lesdites sacrées reliques, croyant qu'elles étoient toutes renversées. Ce qu'ayant été fait par ledit père dom Deicole, ledit père Paulin vit et reconnut que tous lesdits saints ossemens étoient en même ordre et situation qu'il avoit vu, c'est pourquoi il dit tout haut : *je ne doute plus que le bruit fait ne soit un vrai miracle*. Et se retira avec ledit sieur Pirot et ledit révérend père Girard Girardin.

Ce qui a été attesté par ledit sieur Pirot et dom Deicole Vocelle à présent procureur de l'abbaye de Saint-Benoit dite Fleury-sur-Loire, étant l'un et l'autre présens au monastère dudit Saint-Germain d'Auxerre, qui nous ont prêté le serment en tels cas requis et certifié de leur âge; sçavoir ledit sieur Pirot âgé de soixante et huit ans, et ledit dom Deicole de cinquante quatre ans, qui en la présence dudit dom Anselme Clairé, prieur susdit, et des témoins soussignés, ont assuré ce que dessus contenir vérité. Fait au monastère de S. Germain d'Auxerre, les jour et an que dessus, en présence de vénérable frère Laurent Martin, prêtre, religieux aumônier de Moutier-en-Puisaye, et de dom Antoine Brugniart, prêtre religieux bénédictin demeurant audit monastère. Dont et de tout ce que dessus, ledit révérend père dom Anselme Clairé nous a requis acte pour lui servir en temps et lieu ce que de raison, que nous lui avons octroyé. Fait les jour et an que dessus.

La minute des présentes est demeurée entre les mains de maître Louis Noël Damy, prêtre, ancien chanoine de l'église d'Auxerre et notaire apostolique. Signé frère Anselme Clairé prieur susdit, Pirot, frère D. Vocelle, G. Charles, Noël Damy.

(Tiré de la minute.)

N° 463.

Procès-verbal de la punition du maçon qui, en 1636, essaya de prendre dans le tombeau de S. Marien des reliques de ce saint.

(Ann. 1636, 22 septembre.)

Anno a Nativitate Christi millesimo sexcentesimo trigesimo sexto, mensis septembris vigesima secunda, coram me notario apostolico debite immatriculato, antiquo insignis ecclesiæ Sancti-Stephani canonico, et testibus inferius subsignatis ex hoc Sancti-Germani monasterio, ordinis sancti Benedicti, congregationis sancti Mauri, comparuit Claudius Ejame, latomus, qui nobis retulit quod cum ipse sub patre suo ejusdem monasterii fabro cæmentario operaretur, contigit ut vigesima mensis julii, anni sexcentesimi trigesimi sexti supra millesimum, evocatus fuerit a reverendo patre domno Georgio Viole, ejusdem monasterii priore, ut fracturam quamdam operculi quo loculus sancti Mariani abbatis operiebatur, adeo magnam ut per eam caput immitti posset in loculum, quamprimum reficeret : re tamen in alterum diem dilata, ipsi venit in mentem, ut aliquam ossium aut vestimentorum ejusdem sancti partem sibi surriperet, quam ob rem postero die summo mane, sumpto secum nitidissimo sudariolo, prodiit ad ædem Sancti-Germani, sepulchrumque sancti Mariani clanculum adiit; ubi cum, manum in loculum per supradictum foramen immisisset, et jam quodam modo sacratissimum corpus attingeret, subito summus eum terror incessit, toto corpore contremuit, sudoreque frigido manavit, quo cum ejus indusium et capilli perfunderentur, ipsum vero brachium per fracturam in loculum immissum, frigidum et inflexibile ac immobiliter in eodem, vi quædam incognita, detentum fuit. Dumque in ea esset rerum extremitate, intervenit R. Pater D. Georgius Viole, qui cum eum esset intuitus, increpuit quod opus injunctum non exquereretur, sed propius accedens, idque quod acciderat ex eodem Claudio Ejame perdiscens, eumdem hortatus fuit ut reatus sui pœnitens, veniam a beato Mariano humiliter expeteret. Quod cum ea qua poterat cordis compunctione peregisset, sensit ex intimo loculi, vi quadam externa, manum, brachiumque suum propulsari et extra ferri. Quæ cum peracta fuissent, per octo circiter dies ita jejunus permansit, ut vix quidquam obsonii sumeret, quæ adhuc memorari non potest quin totus contremiscat. Quibus addidit in miraculi testimonium, cujus memoriam recentissimam habet, quod manus dextera totumque brachium, quod ad reliquiarum furtum extenderat, perpetuo tremat ac moveatur, adeo ut eadem ipsa manu nullum vas aqua aut alio liquore plenum deferre possit, nisi altera manu sustentetur. In hac tamen noxæ animadversione id divinæ bonitatis elucet, ut manuali operi eadem fortitudine qua antea laboraverat, incumbat. Quæ certa esse ipse Claudius Ejame iterum asseruit coram me Ludovico Noel Damy, notario apostolico, presbytero, seniore canonico ecclesiæ cathedralis Autiss., et testibus ad hoc ipsum vocatis, domnis Josepho Rosset et Tussano de Caurroy, ejusdem monasterii religiosis, ibidem manentibus, mecum hic subsignatis, die et anno quibus supra.

Ludovicus Noël Damy, notarius apostolicus.
Fr. Josephus Rosset.
Fr. Tussanus de Caurroy.

N° 464.

Projet du rétablissement de la Bibliothèque du chapitre d'Auxerre.

(An 1636, 6 septembre.)

Extrait du registre des conclusions de Messieurs du chapitre Saint-Etienne d'Auxerre.

Du vendredy vingt-sixième septembre 1636, Monsieur le Doyen y présidant, présent.

Messieurs étant assemblés en leur chapitre, au son de la cloche, à l'heure accoutumée, Monsieur Noel a remontré à la compagnie qu'il seroit bon et expédient établir une bibliothéque, et prié Messieurs luy vouloir assigner un lieu pour l'établissement d'icelle. Sur quoy mesdits sieurs ayant trouvé bon et loué le dessein dudit sieur Noel, lui ont assigné le petit chapitre pour y rétablir ladite bibliothéque, l'établissement de laquelle luy ont permis commencer quand bon lui semblera, sans que néanmoins il puisse contraindre messieurs de contribuer à la confection d'icelle bibliothèque, ainsi chacun à sa volonté.

Rousselet.

(Tiré de la copie délivrée au sieur Noel.)

N° 465.

Procès-verbal des reliques de la grande châsse de l'église cathédrale d'Auxerre.

(Ann. 1636, 26 octobre.)

Dominicus Seguier, Dei et sanctæ Sedis apostolicæ gratia, Autissiodorensis episcopus, domino nostro Francorum regi Ludovico, a sanctioribus consiliis, et primus eleemosynarius, omnibus Christi fidelibus præsentes litteras inspecturis, salutem in Domino. Cum unum ex præcipuis episcopi officiis domus suæ imo Dei optimi maximi cura gerere, teste apostolo, censeatur, omni studio quam nacti sumus spartam, dilectissimam inquam sponsam nostram

Autissiodorensem ecclesiam adornare volentes, post relatum a nobis ab aliquot mensibus ex Sandionisiano cœnobio sancti Peregrini ejusdem nostræ ecclesiæ protopræsulis, et antecessoris nostri colendissimi non modicum ossis cruralis fragmentum, argentea, cristallina, aureave theca inclusum, cum solemni processione ac frequenti populi veneratione in matricis nostræ gremio repositum ; de altera non minus necessaria translatione cœpimus cogitare. Pati siquidem æquo animo sed et sine suspiriis intueri diutius non potuimus venerandas sanctorum Justi, Amatoris et Germani reliquias, olim tanto et digno in honore a prædecessoribus atque diœcesaniis nostris pro palliado, asylo, propugnaculo ac singulari alexipharmaco omnibus in negotiis, rebus, morbis, difficultatibus et angustiis habitas, tot christianorum donariis conspicuas, ablationibus insignes, miraculis nobiles, frequentia peregrinorum famosas, in thesauri ejusdem ecclesiæ sordidis ac carie putrescentibus capsis, sed et in nudis capsarum operculis, proh dolor ! suis argenteis, aureis, gemmis, pretiosisve, feretris, elapso sæculo in hujus urbis Autiss. sed ecclesiarum maxime vastatione deprædatione et conflagratione per sacrilegos Calvinistas, Hæreticos, Dordas, Dandeliotos, aliosve militiæ christianæ ecclesiæ desertores, aut potius proditores, nudatas, disruptasve, superstites tamen et honorandos ex tali busto cineres absque condigno cultu jacere, aut verius latere per tot annos, quasi non esset qui sepeliret. Quamobrem, ubi sollicita questione, accurato testium, inscriptionum, cæterorumque monumentorum examine luce clarius nobis constitit eadem esse sanctorum Justi et Amatoris ossa, easdemque S. Germani vestes et reliquias quæ prius in veteribus capsis asservabantur in eadem Autissiodor. ecclesia, christianorum quorumdam hujus nostræ diœcesis zelo ac religione ex avaris prædonum Calvinistarum manibus redemptas atque ereptas, solita qua ferimur pietate in antecessorum et benefactorum nostrorum memoriam, easdem reliquias in ligneum hoc recens deauratum, feretrumque seu capsam elegantem in modum capellæ seu sacelli fabrefactam, a nobis solito ritu, ut moris est, benedictam et sanctificatam transferri curavimus, et propriis manibus transferentes, Deo optimo maximo ad altare majus ejusdem nostræ matricis ecclesiæ ex dono obtulimus, tradidimusve.

Harum autem sanctarum reliquiarum hæc est series: caput sancti Justi martyris, pueri Autissiod. ; caput et ossa sancti Amatoris episcopi Autissiod ; tunica cum chirothecis S. Germani episcopi Autiss., eadem quæ solebat quotannis veneranda exponi kalendis augusti in eadem ecclesia Autiss. ; tunica altera cum dalmatica ejusdem sancti Germani ; duo cilicia ejusdem sancti Germani cum sudariolo. Quibus et de novo a nobis additur brachium sancti Saturnini, martyris, olim a Gregorio XIII. Pontifice maximo, per D. Nicolum de Pellevé, cardinalen titulo SS. Joannis et Pauli, archiepiscopum Senonensem, ad dominum Jacobum Amyot, episcopum Autissiodor., Roma Autissiodorum transmissum cum diplomate seu litteris testimonialibus ejusdem Nicolai, propria manu subsignatis, et sigillo munitis, datis Romæ secundo januarii, anno Domini millesimo quingentesimo septuagesimo sexto : sed et ex nostris, fragmentum e capite sancti Felicis papæ et martyris, ossiculum de S. Sirgineo, alterum de S. Innocentia martyre, et aliud de S. Julio Martyre cum maxilla S. Juliani martyris, nobis ab amplissimo et nobilissimo viro domino Petro Seguier, fratre charissimo, et Franciæ cancellario, sacra pignora nuper concessa contulimus, et eadem capsa inclusimus.

In quorum omnium fidem præsentes litteras proprio chirographo subsignavimus, et ab aliquot dilectissimis ejusdem nostræ ecclesiæ confratribus aliisque simul cum amanuensi nostro subsignari, et sigillo cameræ nostræ communiri curavimus. Datum et actum in palatio nostro episcopali Autissiodorensi, die vigesima sexta mensis octobris, anni Domini millesimi sexcentesimi tricesimi septimi.

Dominicus, episcopus Autissiodorensis, Alphonsus de Halluvin abbas D. Mariæ de Seriaco, E. Amyot, decanus Autiss. Gervasius Housset, cantor Autiss. Le-Clerc, thesaurarius Autiss., Malo archidiaconus Puisayæ, Chappu succentor, Carolus de Villiers, doctor theologus canonicus., P. Martin, canonicus. Delie secretarius dicti d. domini episcopi.

N° 466.

Lettre du chapitre de Beauvais à celui d'Auxerre, au sujet du renouvellement de leur confraternité.

(Ann. 1639.)

Messieurs,

C'est par le commandement de messieurs de notre chapitre que je vous récris et vous remercie des extraits que vous nous avez adressez concernant le martyre de S. Just. Il est vrai que la prière que l'on vous avoit faite ne venoit pas de nous, et M. Louvet que vous avez pris pour l'un de nos confrères est avocat de cette ville qui se plaît dedans des anciennes recherches. Mais cela ne diminue rien du gré que nous vous en sçavons. Le dessein que vous avez de nous obliger nous oblige trop, et nous sommes vos redevables pour la satisfaction que nous avons reçue, voyant comme les actes qui nous restent de l'histoire de ce saint confirment évidemment la vérité de nos légendaires. Au reste cet équivoque nous est avantageux, puisqu'il nous ouvre les moyens de renouveler l'association de votre chapitre avec le nôtre. Nous n'en avons pas encore rien trouvé par écrit, mais nous la tenons par tradition, et l'honneur que vous avez fait autrefois à quelqu'uns de notre compagnie de leur offrir l'habit et la séance en votre église nous obligeoit déjà à vous rendre les mêmes complimens si l'occasion s'en fut presentée. Après tout, la chose est bonne en soi, mais la dévotion commune que nous portons à co bienheureux martyr nous convie et nous presse d'exécuter une proposition si louable. Votre ville est honorée de sa naissance, et ce pays aussi, puisqu'il est consacré par sa mort, que l'église estime la véritable naissance des saints. Et ce qu'il nous a laissé son corps après vous avoir légué la principale partie, ce n'a pas été pour se diviser soi-même, mais plutôt pour nous réunir dans une même dévotion, et dedans les sentimens d'une charité mutuelle, afin que votre corps et le nôtre honorant les reliques d'un même corps, ne fissent quasi plus qu'un même corps ensemble. C'est donc de bon cœur que nous acceptons l'offre que vous nous faites de renouveler cette union, et puisque la première ouverture vient de vous, il est raisonnable que vous nous déferions l'honneur de dresser les articles de notre alliance, et de règler à quels devoirs vous désirez qu'elle nous oblige réciproquement. Nous recevrons telles conditions qu'il vous plaira, et je peux répondre en ceci des volontez de notre compagnie avec la même certitude et la même vérité dont je vous assure pour moi-même, que je vous suis à tous, en général et en particulier,

MESSIEURS,

Votre très-humble et très-affectionné serviteur,

Manguelen, chanoine de Beauvais, et promoteur du chapitre.

De Beauvais, ce 9 febvrier 1639.

N° 467.

Extraction d'un ossement de S. Renobert, évêque de Bayeux, de la châsse de son nom conservée à Varzy.

(Ann 1642, 3 juin.)

Le mardi troisième jour de juin mil six cens quarante deux, nous Pierre de Broc, par la grace de Dieu et du saint siège apostolique, évêque d'Auxerre. Continant notre visite dans la ville et paroisse de Varzy, après avoir célébré la sainte messe dans notre église collégiale de Ste-Eugénie dudit Varzy, sur les dix heures du matin, visitant les saintes reliques qui sont dans le trésor de ladite église, nous étant mis en prières et par sentimens de religion très-particuliers, ayant invoqué extraordinairement l'esprit de Dieu, accompagné des vénérables chantre, trésorier et chanoines de ladite église, avons procédé à l'ouverture de la châsse de S.-Renobert évêque de Bayeux, en laquelle nous avons trouvé une espece de nape d'autel de toile fort ancienne sur laquelle étoient huit ossemens notables, et dans un autre linge plus blanc qui a forme d'une serviette ou sac. deux autres ossemens notables avec quelques autres moindres, ayant trouvé par dehors sur le bout de la châsse qui en fait l'ouverture, une image d'un évêque d'argent doré fort viel, au pied duquel est cizelé, comme il se voit, S. RENOBERT ; toutes lesquelles reliques nous avons en toute révérence remises et enfermées comme nous les avions trouvées, en ayant néanmoins tiré l'os de la jambe pour satisfaire à la dévotion et requête souvent réitérée des curez, prêtres et paroissiens de l'église parrochiale dudit S.-Renobert en notre ville d'Auxerre ; laquelle relique nous avons mis ès mains du trésorier de cette église pour la conserver en toute sureté et révérence jusqu'à ce que par notre ordre elle soit transférée dans la susdit. paroisse avec la dévotion et les cérémonies à ce requises, de laquelle translation ledit trésorier prendra décharge pour être mise dans le trésor. Après quoi, avec lesdits vénérables chantre, trésorier, chanoines et nombre de peuple fidèle nous avons chanté en toute dévotion l'antienne et l'oraison de S. Renobert. Puis en notre présence avons fait refermer ladite châsse, y laissant ce présent acte pour servir de témoignage à la postérité. En foi de quoi nous l'avons signé de notre main, et fait signer par le R. P. Léon, par lesdits vénérables chantre, trésorier, des autres chanoines, de notre bailly, lieutenant, assesseur, procureur fiscal, les échevins et autres notables bourgeois de notre dite ville de Varzy. Fait le jour et an que dessus. Avec lesquels nous avons, touchez de sentiment de pieté, adoré et remercié Dieu par son fils unique N. S. J. C. qui est admirable en ses saints, par les prières et intercessions desquels nous souhaitons ardemment, et demandons en toute humilité d'être faits capables d'imiter leurs vertus et sainteté.

Signé P. de Broc, évêque d'Auxerre, et plusieurs autres dans la minute.

N° 468.

Procès-verbal de la réception d'un ossement de S.-Renobert, évêque de Bayeux, dans l'église paroissiale d'Auxerre qui porte son nom.

(Ann. 1643, 19 avril.)

Cejourd'huy dimanche 19 avril 1643, environ huit heures du matin, nous Pierre de Broc, évêque d'Auxerre, nous sommes acheminez en notre église cathédrale, où nous étant revêtus de nos habits pontificaux, assisté et accompagné des vénérables chanoines et chapitre de notre dite église cathédrale, du clergé et religieux, de messieurs du présidial, hostel-de-ville et autres corps, avec eux grand nombre de peuple, sommes partis processionnellement pour aller en l'église parrochiale de S. Amatre aux faubourgs d'Auxerre, et y étant arrivez, aurions trouvé sur le maître-autel d'icelle l'ossement ou relique, lequel avoit été ci-devant tiré par nous de la châsse de S. Renobert, le troisième jour de juin du passé, lors de notre visite en notre église collégiale de Ste Eugénie de Varzy, à l'instante prière du curé et paroissiens de l'église parrochiale de S. Renobert d'Aucerre, et remis entre les mains de Me Hubert Dupré prêtre, chanoine et trésorier dudit Varzy, pour être par lui conservé et apporté par notre ordre en cette ville, ce qu'il auroit exécuté ce jour d'hier, et mis ledit ossement en dépost en ladite église S. Amatre pour être ce jourd'hui transféré en celle de S. Renobert, auprès duquel ossement et sur le même autel étoit un reliquaire ou châsse d'argent cizelé supporté par deux anges, fait exprès suivant notre ordonnance et préparé par les procureurs fabriciens de ladite église S. Renobert pour renfermer et resserrer ledit ossement de S. Renobert. D'où après quelques répons et antiennes chantez en l'honneur de S. Amatre et de S. Renobert, et ledit reliquaire par nous béni, nous aurions fait ostension et donné la bénédiction à l'assistance, puis mis et renfermé icelui dans ledit reliquaire, lequel auroit été à l'instant attaché sur un brancart. Ce qui étant fait, Messieurs Jean Armant et Thomas Orillard prêtres, chanoines de notre église cathédrale, revêtus d'aubes et de dalmatiques auroient pris et mis ledit brancart sur leurs épaules pour le transporter avec toute révérence en ladite église parrochiale de S. Renobert. A costé droit dudit reliquaire et entre les deux rangs des chanoines de notre église cathédrale marchoient Me Pierre Petit, chanoine et chantre de Varzy, revêtu d'une chappe, et trois jeunes enfants revêtus de surplis portant chacun une torche ardente en main, de cire blanche; à costé gauche, Me Hubert Dupré prêtre, chanoine et trésorier dudit Varzy, revêtu de chapes, et trois jeunes enfants revêtus de surplis ayant chacun en main une torche ardente de cire blanche, les curez, religieux et autres ecclésiastiques de la ville et fauxbourgs d'Auxerre précédoient lesdits chanoines que nous suivions immédiatement, revêtus de nos habits pontificaux, assistez de nos archidiacres et pénitencier revêtus de chappes, de Me Pierre Martin, maître des cérémonies revêtu aussi d'une chappe, du diacre, sous-diacre et quatre assistants tous revêtus de dalmatiques, et nos aumôniers et autres nos domestiques. Marchoient ensuite Messieurs du présidial accompagnez d'un grand nombre de leurs officiers, Messieurs de l'hostel-de-ville, l'élection, prévosté et consulat, avec une grande multitude de peuple, en cet ordre, lequel avoit été aussi observé au sortir de nostre église cathédrale jusqu'à l'église de S. Amatre nous nous sommes acheminez en l'église paroissiale de S Renobert où nous avons célébré la messe pontificalement, en laquelle nous avons donné la communion à plusieurs personnes qui se sont présentées : puis ayant fait exposer duement ledit reliquaire sur une crédence, au milieu du chœur de ladite église S. Renobert, pour être plus commodement vue et honorée, nous, assistez comme dessus, sommes retournez en notre église cathédrale. Dont et tout ce que dessus avons dressé le present acte signé de notre main, et fait apposer le scel de nos armes et contresigné par le secrétaire de notre évéché les jour et an que dessus.

P. de Broc, et plus bas, Delié.

N° 469.

Acte concernant la confraternité des églises cathédrales de Beauvais et d'Auxerre.

Extractum e registris capituli eccles. cathedralis Belvacensis.

Die lune xviij. Junii, anno Domini MDCXLVI.

Habita lectione litterarum D. Noel Damy, Altissiodorensis ecclesiæ canonici, quibus asserebat DD. canonicos et capitulum ipsius Altissiodorensis ecclesiæ conclusisse renovare pristinam amicitiam et confraternitatem que inter suam Altissiodorensem et Bellovacensem ecclesias dudum intercedebat, nunquam vero intermorituram, tum maxime pro mutua inter sese beati Justi martyris pueri conservanda memoria, qui quidem ex ipsa Altissiodorensi olim civitate oriundus, in hacce Belvacensi ecclesia modo requiescit, ac religiose colitur; ut quorum communis ipsius sancti participatio, itat sit animorum inter se continuatio. Audita etiam relatione domini Duchaigne, antiquioris canonici confratris nostri, qui viva voce confirmavit se eo nomine per supradictam Antissiodorensem civitatem iter agentem a predeclaratis DD. canonicis et capitulo humaniter susceptum fuisse, sibique canonicalem habitum cum sessione in choro ipsius ecclesiæ oblatum, nunc vero dominum Housset, prefatæ ecclesiæ succentorem, ad proximam S. Petri festivit, venturum, ut hujusce Belvacensis ecclesiæ servitium possit contemplari, eidemque ex devotione adesse, quatenus domini velint ipsum humaniter etiam suscipere, paremque gratiam referre.

Domini capitulares ecclesiæ Belvacensis habita predictorum ratione, supra laudatorum canonicorum Altissiodorensium votis benignius annuentes, statuerunt renovandam esse pristinam cum illis amicitiam et confraternitatem, et conscribere se socios ac confratres, ideoque, ob grati animi significationem, decreverunt se predictus dominus succentor, aut canonicorum aliquis ad hanc urbem accesserit, illos quasi confratres esse excipiendos, illisque canonicalem habitum cum sessione in choro honorifice offerendum.

Quare prefatus Dominus Duchaigne, canonicus, ipsos de dominorum voluntate certiores faciat per litteras. Actum in capitulo Belvacensi, anno et die supradictis.

Tiré de la copie de cette conclusion envoyée par M. Louvet de Beauvais au sieur Louis Noel, chanoine d'Auxerre.

N° 470.

(18 novembre 1646.)

Lettre de la reine Anne au sujet de l'établissement de la réforme dans le monastère de S. Julien d'Auxerre.

Madame l'abbesse de S. Jullien, vous ayant envoyé des religieuses du Val-de-Grâce pour la réforme de votre maison de S Jullien à Auxerre, j'ai esté bien aise d'apprendre, tant par l'ecclésiastique que je vous avois donné pour leur conduicte que par la lettre que vous avez escrite à la mère prieure de S. Jullien, tous les tesmoingnages de bonté et d'affection qu'elles ont recu de vostre part pour l'advencement de la gloire de Dieu et le restablissement de l'observance de la reigle de S.-Benoist dans vostre abbaye. J'auray toujours beaucoup de satisfaction de vous quand vous continuerez dans ces bons desseins et que vous suivrez les advis de monsieur l'évesque d'Auxerre qui n'a rien tant à cueur comme le restablissement de de vostre maison. Je ne doute point que si vous leur donnez les mains pour l'exécution de cet œuvre nous ne la scachions bien tost dans sa perfection. De quoy je vous scauray gré et vous le tesmoigneray en toutes sortes d'occasions. Cependant je prie Dieu vous avoir, madame l'abbesse de S. Jullien, en sa sainte garde.

Ecrit à Paris, le 18ᵉ jour de novembre 1646.

Signé : ANNE.

Et plus bas : Lionne.

N° 471.

Réception de reliques de Rome dans la cathédrale d'Auxerre.

(Ann. 1650.)

Decanus, canonici et capitulum insignis ecclesiæ cathedralis Autiss. omnibus, præsentes litteras inspecturis, salutem in Domino. Dum die octavadecima aprilis anni currentis, nobilis vir magister Nicolaus Housset dilectissimus in Christo confrater et concanonicus noster, ac hujus ecclesiæ succentor, ex fœlici peregrinatione romana hoc sancto jubilæi anno suscepta redux, thecam ligneam, nobis in nostro capitulo more solito congregatis, pro palam exhibuerit undique occlusiam, et sigillis eminentissimi cardinalis Ginetti, SS. domini nostri papæ Innocentii X vicarii generalis observatam, quam mari, terraque labore improbo asporteverat, sacras continentem reliquias, illam cum ea quæ decuit reverentia excipientes, præhabita deliberatione matura, et collectis omnium votis, ipsam esse aperiendam decrevimus, prædictasque reliquias cum litteris autenticis, quas per secretarium nostrum alta voce prius perlegi curavimus conferendas; atque adeo cereis accensis, flexis genibus, fractis per nobilem et scientificum virum magistrum Gervasium Housset hujus ecclesiæ cantorem et canonicum, in nostro capitulo præsidentem, dictis sigillis, sacras SS. Alberti, Annibalis, Ursi, Felicis martyrum, Renatæ quoque et Navigiæ virginum et martyrum reliquias molliter, decenterque in gossipio repositas, perlectis sigillatim singulis memoratorum sanctorum inscriptionibus inspeximus et agnovimus, unde repetitis singulorum dominorum canonicorum capitulantium suffragiis, illas singulari honore et veneratione prosequendas esse ordinavimus, eamque ob rem statuimus solemni et publicata processione illas e S. Amatoris templo in nostram basilicam, evocato clero et populo, in die præsentis mensis aprilis 28, cum ea qua poterimus pietate deportandas; cujus rei gratia, nobilem et scientificum virum magistrum Andrææm Percheron, in sacra theologiæ facultate Parisiensi doctorem, hujus ecclesiæ canonicum, Puysaiæ archidiaconum, nec-non illustrissimi reverendissimique in Christo patris domini Petri de Broc, episcopi Autiss., generalem vicarium rogavimus, ut ad hanc de novis reliquiis venerandis celebritatem, clerum, populumque Autissiodor. ea qua pollebat autoritate vicarii generalis dicti domini episcopi invitare et convocare dignaretur, atque insuper in ista processione publica, nostri capituli nomine, officium celebrare et agere sacrificium: quæ omnia cum dictus dominus Percheron præstare spopondisset, illico dictum dominum Nicolaum Housset succentorem, simul et nobilem virum magistrum Claudium Lemuet concanonicum quoque nostrum ad deferendas suis humeris in ista celebritate pias illas sarcinas deputavimus: quas in capsa vitrea crystallo simillima, et in sacræ ædiculæ formam artificiosè elaborata recondidimus.

Tandem, dicta die mensis aprilis vigesima octava, cum hymnis modulisque musicis, præfatas reliquias maxima, ut potuimus, veneratione in processione sicut præmisimus indicta, quam dominus cantor in cappa sericea et baculo cantorali, concomitantibus hinc inde duobus canonicis, regebat et moderabatur, coluimus: prœeuntibus parochiarum urbis rectoribus, cæterisque monachorum ordinibus ad hoc evocatis, subsequentibus itidem magistratibus et innumera fere populi multitudine ad majorem Dei optimi maximi gloriam et SS. Cœlitum decus; quantum vero ad hoc reliquiarum munus attinet, quod dictus dominus succentor sibi commissum fuisse memoravit, ex parte venerabilis viri magistri Hieronymi Legrand presbyteri, patria Crebanensis, olim in hac eadem ecclesia pueri chorarii, tum demum canonici tortrarii, nunc autem Romæ in regio S. Ludovici Nosocomio, peregrinis Gallis destinato, degentis, nobis et ecclesiæ nostræ tradendum in donum, quod ab eminentissimo cardinali supradicto Ginetto, intercedente potentissimo domino de Valence, Melitensi equite et præceptore, atque apud SS. dominum nostrum papam Innocentium X. oratoris pro rege nostro Ludovico XIV, vices refungente, impetraverat; statuimus gratis eximias tum litteris, tam muneribus nostris vicissim dicto domino Legrand, pro tanto beneficio nos quamprimum repensuros: in quorum omnium fidem hoc præsens publicum instrumentum fieri, et sigillo nostri capituli et secretarii nostri chirographo muniri voluimus et ordinavimus, in dicto nostro capitulo præsidente dicto domino cantore, die dicti mensis aprilis labentis trigesima, supradicto anno reparatæ salutis jubilæo, millesimo sexcentesimo quinquagesimo.

G. Housset, cantor, præsidens.

De mandato DD. decani, canonicorum et capituli insignis ecclesiæ Sancti-Stephani Autissiodorensis.

Rousselet, secretarius.

Andreas Percheron, Doctor theologus Parisiensis, canonicus, et archidiaconus Puysaiæ, in insigni ecclesia Autiss., necnon vicarius generalis in spiritualibus et temporalibus illustrissimi ac reverendissimi R. in Christo patris domini

Petri de Broc, episcopi Autiss., universis præsentes litteras inspecturis, salutem in Domino. Notum facimus quod anno Incarnationis Dominicæ millesimo sexcentesimo quinquagesimo, die decima octava mensis aprilis, cum venerabilium dominorum canonicorum dictæ ecclesiæ capitulo, more et loco solitis, habito interessemus, venerabilis dominus Nicolaus Housset, canonicus et succentor ejusdem ecclesiæ, exhibuit thecam ligneam sigillis integris eminentissimi cardinalis Ginetti sanctissimi domini nostri papæ Innocentii X, vicarii generalis munitam, eamque se Roma quo devotionis ergo profectus erat attulisse affirmavit, rogans prædictos dominos ut eam aperirent, et reliquias in ea contentas, eo quo decebat, honore exciperent et asservandas curarent ; in qua theca repertæ sunt reliquiæ SS. Alberti, Annibalis, Ursi, Fœlicis, martyrum ; Renatæ et Navigiæ, virginum et martyrum, sicuti singularum epigraphæ adjunctæ demonstrabunt, atque in illis reliquiis SS. honorem, et reverentiam (ut par erat) fideles exhiberent, communicato cum prædictis viris dominis consilio, supplicationem generalem ad diem xxviij ejusdem mensis aprilis indiximus, et eorum precibus libenter annuentes, omnes civitatis et suburbiorum parochos et ordines religiosos ad eam convocavimus, in qua divinum officium celebravimus, et ad ecclesiam cathedralem unde discesseramus regressi sacrum ritu solemni fecimus : ut autem Christi pietas in Deum et sanctos illos martyres excitaretur, eorum reliquias palam exponendas censuimus. In quorum omnium fidem præsentes litteras nostro chirographo munivimus, et sigillo cameræ episcopalis muniendas curavimus anno Incarnationis dominicæ millesimo sexcentesimo quinquagesimo, die trigesima mensis aprilis.

Signé : A. Percheron.
De mandato D. vicarii generalis, L. Odinet pro secretario.

(Tiré d'une copie faite sur les originaux.)

N° 472.

Translation des reliques des compagnons de Saint-Prix en l'église des Saints-en-Puysaie.

(Ann. 1664.)

Pierre de Broc, par la grâce de Dieu, et du S. Siège apostolique, évêque d'Aucerre: à tous ceux qui ces présentes lettres verront, salut. Sçavoir faisons que sur la requête à nous présentée par M° Pierre Gillet, prêtre curé de l'église des Saints-en-Puisaye, et les procureurs de fabrice et communauté des habitants de ladite paroisse, tendante à ce que, pour les causes et raisons y contenues, il nous plût nous transporter audit lieu de Saints-en-Puisaye pour y faire une nouvelle translation des reliques de S. Prix et de ses compagnons, martyrs, qui reposent en leur église, lesquels le diocèse d'Auxerre vénère comme les premiers martyrs de la foy en cette province, qu'ils ont cimentée par l'effusion de leur sang qu'ils répandirent vers l'an de notre seigneur 260 ; sur lequel ont été jettez les fondemens de ladite église de Saints, laquelle a l'honneur de se voir en possession de ce sacré dépôt depuis plus de 1,200 ans que le grand saint Germain par inspiration divine les retira d'un lieu où la rigueur des premiers siècles les tenoit ensevelies il y avoit près de deux cents ans, et les assembla dans ce lieu lors appelé *Cociacus*, environ l'an de grâce 444, pour en faire le sacré trésor de la Puisaye, la source visible des bénédictions du ciel sur cette contrée, et le sujet de nos joyes et de nos consolations ; nous aurions assigné aux supplians le dimanche cinquiesme jour de ce présent mois de novembre pour cette cérémonie. Et en conséquence nous serions rendus audit jour assigné dans l'église parrochiale dudit lieu, où nous serions arrivez sur l'heure de six du matin pour faire ladite translation. A la porte de laquelle église nous aurions été reçus par ledit sieur Gillet avec les cérémonies accoutumées, et nous auroit dit qu'ensuite de notre ordonnance par laquelle nous lui avons assigné ledit jour pour cette solennité, il l'auroit fait publier dans les paroisses voisines et apporté tous les soins pour préparer les choses nécessaires ; à l'effet de laquelle translation, accompagnez de notre cher et bien amé confrère M° Jacques Desloges, chanoine de notre église cathédrale d'Auxerre, notre neveu, de M° Jacques Simonneau, prêtre chanoine de notre église collégiale de Sainte-Eugénie de Varzy, de frère Dom Georges Viole, religieux réformé de l'abbaye de S. Germain d'Auxerre, de frère Léonard de Sainte-Agnès, religieux de l'ordre de Saint-Sauveur, dit de Sainte-Brigide, prieur du couvent du Plessis-les-Cosne, de frère Alexis Mutaut, religieux souprieur des Augustins de Cosne, de messire Guillaume du Deffend, chevalier, seigneur du Tremblay, et en partie de ladite paroisse de Saints-en-Puisaye, de nos deux aumoniers, de notre secrétaire ordinaire, et de plusieurs autres prêtres religieux et gentilshommes, nous nous serions acheminez vers le grand autel, où après avoir fait nos prières à Dieu, et adoré le S. Sacrement, ledit sieur curé de Saints se seroit adressé à nous, et nous auroit requis de vouloir visiter deux châsses neuves de bois doré travaillées de sculpture et architecture et ornées alentour de figures de saints en relief, et deux autres reliquaires aussi de bois doré taillez en forme de buste, représentant les têtes de S. Prix et de S. Cot, posez et rangez sur une table dressée vis-à-vis du grand autel, dans le milieu du chœur de ladite église, une desquelles deux châsses, il nous auroit dit et déclaré être provenue de la libéralité et munificence de sérénissime et très-illustre princesse Anne-Marie d'Orléans fille aînée de feu son altesse royale monseigneur le duc d'Orléans, vivant fils de France, oncle du roy, souveraine de Dombes, d'Usarches, duchesse de Montpensier, S. Fargeau, Chatelrault, princesse de la Roche-sur-Yon, comtesse de Mortagne, Bar-sur-Seine, qui en auroit fait présent à cette église; et que l'autre châsse et deux reliquaires auroient été faits des deniers provenans des aumônes faites à la fabrice de cette église; dans lesquelles châsses et reliquaires ledit sieur curé nous auroit requis de transférer lesdites reliques de S. Prix et ses compagnons lesquelles châsses et reliquaires ayant visités et trouvés propres et convenables à l'effet que dessus, nous les aurions bénis en la forme et manière présentée par le pontifical, ensuite de quoy nous aurions été conduits derrière le grand autel, etc.

Voici l'abrégé du reste de l'acte. Pierre de Broc y vit trois châsses longues de 4 pieds chacune environ, sur environ 2 de large et de haut, dont la plus grande étoit celle du milieu qui avoit quelques figures en relief. Elles étoient soutenues sur des solives entre le grand autel et le vitrail de l'église. Il fit descendre les deux plus petites, on les porta devant le grand autel, il les ouvrit, encensa, prit des ossemens qu'il donna à baiser aux plus notables des assistans, en baisa lui-même, puis les mit dans les châsses nouvelles, et au pied deux formes de buste représentant le chef de S. Prix, et celui de S. Cot. Mais comme tout n'y put tenir, il en retint pour luy, pour la reine, pour la bienfaitrice qui avoit donné la châsse, pour la cathédrale un os tibial, pour l'église de S. Germain d'Auxerre trois ou quatre ossemens, à la requête de D. Georges Viole, et pour d'autres y exprimez.

Cela fait, les châsses furent portées processionnellement jusqu'à la fontaine de S. Prix, en chantant des répons, puis étant reportées à l'église, il y célébra la grande messe du commun des martyrs, y prêcha sur la cérémonie, communia à la fin plusieurs fidèles.

Le lendemain les châsses furent fermées avec grand soin, et le vitrail des deux bustes pareillement. L'évêque y enferma le procès-verbal de cette visite, et un acte délivré par ledit greffier du chapitre d'Auxerre, Rousselet, où il est marqué que Mgr. Pierre de Longueil avoit visité ces reliques, et en avoit tiré certaine quantité pour sa cathédrale en 1466.

(*Extrait des registres de l'évêché.*)

N° 473.

Découverte de sépulcres en réparant les murs et piliers de la terrasse du dortoir de S. Germain d'Auxerre.

(Ann. 1664.)

In nomine Domini, amen.

Omnibus præsentes litteras inspecturis, notum sit et evidens quod anno Domini millesimo sexcentesimo sexagesimo quarto, die prima mensis julii (S. Theobaldi confessoris memoria sacra), hora secunda pomeridiana, pontificatus sanctissimi domini nostri papæ Alexandri VII, anno decimo, et illustrissimi domini Autissiodorensis episcopi Petri de Broc, anno vicesimo-quarto et clarissimi domini abbatis commendatarii hujus monasterii Sancti-Germani Autissiodor. Caroli Francisci de Lomenie de Brienne, possessionis adeptæ anno quarto, et christianissimi Franciæ et Navarræ regis Ludovici decimiquarti Deodati, regni anno 23, et reverendissimi patris domini Bernardi Audebert, congregationis S. Mauri in Francia, ordinis S. Benedicti, dicti superioris generalis, anno quarto, reverendi patris domini Gregorii de Vertamont, hujus provinciæ Burgundiæ visitatoris, anno secundo, et reverendi patris domini Anselmi Claire, hujus percelebris monasterii Sancti-Germani Autissiodorensis, dictorum ordinis et congregationis ab ordinarii jurisdictione exempti, sanctæque sedi apostolicæ et Romanæ immediate subjecti prioris anno quinto, dum magistri Guillelmus et Joannes Burgos, arte latomi de pago Lemovicensi oriundi, ad evertendum antiquum parietem, quo planities ante dormitorium extensa sustentabatur, eumdem postea statim reædificandum ad hoc mercede conducti laborarent, circa medium et in eodem fere loco in quo aliàs sancti Christophori nomine consecrata extabat ædicula, iidem Guillelmus et Joannes, in quasdam lapidis moles quarum forma aliquid insolitum præ se ferebat, ex improviso inciderunt ; quibus statim demisso opere quos hujus veluti prodigii certiores fecerunt monachos inquirentibus occurrit dominus Antonius Brugniart, hujus prædicti monasterii subprior, quo comite ad dictum locum reversi eidem crassiores illos lapides præmonstrarunt, quos præfatus dominus Antonius Brugniard sarcophagos esse agnovit, qua de re prædictum reverendum patrem priorem dominum Anselmum Claire certiorem reddidit, cum quo accersitis secum dominis Georgio Viole, Hieronymo le Vacher, Paulino Frangier, Michaele Maillet et aliis præfati monasterii monachis, ad jam dictum locum nulla interposita mora se transtulit, qui omnes, diligenti adhibito examine, ingentes tumulos lapideos sibi collaterales et in recta quasi linea dispositos, quorum sola pars superior versus caput apparebat, animadverterunt, reliqua parte in ipsius plateæ arena remanente, sepulcra agnoverunt. Præterea eum qui inter tres primos medium tenebat locum altitudine et amplitudine præcellere cæteros ac unumquemque eorum amplo lapide imposito, et quasi de lapidicina recens exciso operiri, quorum unus (is nimirum qui majorem tegebat tumulum cum in angulo fractus appareret) ab iisdem latomis divisus per factam aperturam ad semipedem regalem in triangulum extensam, dictus reverendus pater prior immissa virgula longiore candela accensa in summitate armata, quam primo ad medium usque, deinde ab extremo ad extremum duxit et reduxit, oculo interim virgulam eandem dirigente, cognovit ibidem jacere corpus cujusdam veluti monachi longitudine circiter sex pedum regalium, veste sua atra quam cucullum vocamus omnino coopertum, quæ cum altera virgula tangeretur, in pulverem reducebatur, quo per aliquod spatium cum reliquis monachis attentius considerato, accensa prædicta favente candelulà partem unam prædictorum vestimentorum nigri coloris naturalis latitudini et longitudini manus correspondentem ad se cum labore et industria attraxit, reliquis partibus solo virgulæ contactu in cinerem abeuntibus, quod fragmentum attentius considerantes, manibus palpantes cilicii cujus pila sparsim conspersa distinguere licebat, partem esse agnoverunt, quo factum est, ut alicujus sancti vel insignis meriti viri aut saltem monachi, cujusdam in cinere et cilicio juxta antiquum et usitatum in ordine S. Benedicti morem fato functi ab octingentis circiter annis corpus ibidem asservari judicavèrint, non reserato per id temporis sepulcro ossibusque pro potiori parte integris, ac in suo situ nativo constitutis veritatis ulterius indagandæ cupiditate moti, tam dictus reverendus pater prior quam cæteri monachi reliquos duos tumulos priori, de quo supra, adjacentis versus angulum et in eodem loco quos superior divisus est aperiri jusserunt, à quo etiam eminentiori sepulchro in suprema scilicet ejus parte remota est terra ad duos circiter pedes scripturam alicujus vel alterius antiquitatis monimenti inquirendi gratia, ac adhibita licet maxima qua fieri potuit diligentia nihil tamen, nec intus nec desuper, aut versus jam dictos sarcophagos lapideos inventum est, unde nomen, ortum, mores vel dignitatem eorum quorum hic asservantur corpora, vel a quo tempore ibidem fuerint inhumata dignosci potuerit, quodlibet enim aliorum duorum sepulcrorum suum habet corpus eadem nigra veste hirsuta involutum, nec quicquam habens dissimile in his omnibus quæ supra relata sunt, sed his perquisitionibus nec contenti, nec animo fracti, tam dictus reverendus pater prior quam reliqui monachi, pro investiganda facti veritate omnem suam diligentiam et curam adhibere cupientes, dominos Andræam Percheron, cathedralis Autissiodorensis ecclesiæ archidiaconum et Petrum le Venier pœnitentiarium et me subscriptum Ludovicum Noel Damy, seniorem, omnes canonicos in hujus diœcesis Autissiodor. historia peritos, in prædicti monasterii locum honorifice convocarunt, quibus statim præsto factis et in locum perductis reverendus pater omnia ibidem reperta sigillatim demonstravit, oblataque virga longiori armata candelula ardente pia curiositate ducti, unum post alterum, eorumdem tumulorum claustra perlustrarunt, ad quorum medium cum accessissent se odore persuavi ex eodem manante circumfusos palam testati sunt : qui a dicto reverendo patre priore interrogati num in historia, horum quorum hic habentur corpora vel saltem loci mentio fieret, negative responderunt, existimantes locum hunc fuisse primum hujus monasterii cœmeterium ab anno scilicet quadringen-

tesimo nonagesimo secundo, quo tempore sanctus Lupus superioris Burgundiæ episcopus sumptibus beatæ Clotildis reginæ hanc basilicam in honorem S. Germani episcopi Autissiod. ædificari curavit, ad hoc judicium eos provocante quinto sepulchro non longe ab his quatuor, de quibus supra invento, juxta effossam humum à quo jamdudum remotum fuerat operculum sola terra in eo remanente, ossibus vero, sive in alium decentiorem locum translatis, vel certe, quod probabilius est, aëris injuria et lapsu temporum in pulverem resolutis, nec-non diversa corporis humani ossa quæ terram effodiendo sparsim ibidem sunt reperta. Cum autem crederent his quatuor sepulchris in certa linea compositis multa alia adjacere, quæ absque muri superstitis pilarum quæ eumdem et totam planitiem in qua condita apparebant eversione minime aperiri poterant, circa ea quæ inventa fuerant, nec a domino Georgio Viole, licet monasterii diœcesis et comitatus historiæ actualiter operam dante, nec ab aliis etiam peritissimis quicquam dignosci, hoc unum conclusere nihil in supradictis sepulchris innovandum, sed constructa desuper testudine notis etiam adhibitis quibus de eo quod ibi latebat certior fieret posteritas, quod et factum est : nam et post ædificatam cameram in superficie anteriori versus orientem, appositus lapis sacro redemptionis nostræ signo impressus hanc continet inscriptionem. « Hic, cum muri
» hujus fundamenta ponerentur, inventa
» sunt quatuor corpora aliquarum ut apparet majoris notæ personarum, vel, ut
» probabilius est, quorumdam sanctioris
» vitæ monachorum, veste quasi atra superinduta, rudi autem subtus involuta
» cilicio et velut in recta linea ad muri
» rectitudinem composita. In cujus rei
» memoriam appositus est hic lapis signo
» sanctæ crucis decoratus, anno Domini
» millesimo sexcentesimo sexagesimo
» quarto, die prima mensis julii, trigesimo
» vero quarto ab introductione monachorum congregationis S. Mauri in hoc regali S. Germani Autissiodorensis cœnobio. »

Et ego Ludovicus Noël Damy, presbyter canonicus, senior, ecclesiæ supradictæ cathedralis Autissiod., et ego Carolus Charles, presbyter, etiam canonicus semipræbendatus ejusdem ecclesiæ cathedralis Autissiodorensis, ambo notarii apostolici in curiis officialatus et baillivatus Autissiodorensis inscripti et immatriculati, qui omnibus et singulis supradictis dum sic agerentur, dicerentur et fierent præsentes interfuimus vocati; ideo in hanc formam hoc præsens instrumentum publicum fecimus et conscripsimus. Datum et actum in prædicto monasterio S. Germani Autissiodorensis die, mense et anno prædictis.

Signé : Noël Damy.

(Tiré de la copie restée à S. Germain.)

N° 474.

Extrait de la visite du trésor des châsses de la collégiale de Varzy, faite par Nicolas Colbert, évêque d'Auxerre.

(Ann. 1673.)

Le quatrième jour de novembre mil six cens soixante et treize, nous Nicolas Colbert, par permission divine évêque d'Auxerre, continuant notre visite dans l'église collégiale de Sainte Eugénie de Varzy, assisté de M° Etienne Barié, prêtre, docteur de Sorbonne, prieur de S. Sauveur en Puisaye, notre official, de M° François Louis, prêtre, aussi docteur de Sorbonne, chanoine de notre église cathédrale de St. Etienne d'Auxerre, d'Hubert Johin clerc tonsuré, l'un de nos aumôniers, Nicolas Cognel notre sécrétaire et de plusieurs autres de nos domestiques, avons enjoint aux vénérables chantre et chanoines de Ste Eugénie de nous représenter toutes les reliques qui sont dans le trésor de leurdite église pour les visiter, ensemble les titres, mémoires et enseignemens qu'ils ont pour les justifier, et faire reconnoître. A quoi satisfaisans nous ont conduit et nos assistans dans leur sacristie, auquel lieu étant entrez avons mandé les officiers et principaux habitans du lieu, ensemble un médecin et un chirurgien pour être présens, et nous assister à la visite desdites reliques, lesquels étant venus à notre mandement, sçavoir M° Louis Thoulet bailly, M° Jean Jacques Dupin lieutenant, M° Edme Gervais procureur fiscal, M° Pierre Leclerc juge gruyer, M° Barthélemy le jeune, greffier, M° Guillaume Rossignol avocat, M° Alexandre Thoulet, et Edme Joly procureurs, M° François Thoulet docteur en médecine, M° Pierre Bogne chirurgien, M° Olivier Bogne échevin, et plusieurs autres notables bourgeois et habitans dudit Varzy, en la présence desquels lesdits vénérables chantre et chanoines de Ste Eugénie nous ont représenté plusieurs châsses et reliquaires.

Premièrement avons vu et visité, etc.

Ledit jour l'heure de trois heures étant venue, et après avoir assisté aux vêpres dites dans ladite église, nous sommes rentrez dans ladite chambre joignant la sacristie, assistez de tous les susnommez, auquel lieu après avoir fait les prières accoutumées et dit l'antienne et l'oraison de S. Regnobert, qui se dit en ladite église, nous avons continué par la visite de la châsse que les chanoines nous ont dit être celle de S. Regnobert, laquelle est en forme d'une église faite de bois, couverte de plaques d'argent usées et gâtées en divers endroits gravées de figures d'évêques, archevêques et autres, ayant à l'un des bouts une figure d'argent en bosse représentant l'image de la Vierge tenant sur ses genoux le corps de N. S., au-dessous de laquelle est écrit en grandes lettres gothiques *Maria Mater*, et à l'autre bout une figure semblable d'un évêque assis, revêtu tenant en sa main droite sa crosse, et dans la partie inférieure de la plaque est aussi écrit en bosse comme ci-dessus : *S. Renobertus*; et dans ladite châsse longue d'environ deux pieds avons trouvé sept grands ossements presqu'entiers, sçavoir deux os des cuisses fémur, deux omoplates, un os sacrum, une clavicule, et un os pubis, et dans un autre linge plus blanc un os du bras nommé radius et une coste entière, ainsi que lesdits médecin et chirurgien nous les ont déclarez et nommez avec quelques autres petits fragmens....

Avons aussi fait visite d'une autre châsse de bois couverte de plaques d'argent, faite en forme d'une tourelle octogone couverte d'un dôme, dans laquelle nous y avons trouvé tout l'os de dessus la tête d'homme nommé par lesdits chirurgien et médecin le crâne, laquelle tête après l'avoir vue et visitée, nous l'avons remise dans sa châsse, et nous ont lesdits chanoines dit que c'est l'os de la tête de S. Renobert, évêque de Bayeux, duquel sont aussi les ossemens de l'autre châsse ci-dessus ainsi qu'ils le tiennent par la tradition unanime du pays où le corps entier de ce saint fut apporté anciennement sur la fin du IXe siècle, en mémoire de laquelle translation ils ont encore dans leur église une pierre en forme de tombe élevée sur d'autres pierres cizelées en forme d'un tombeau où fut posé ledit corps saint, ainsi qu'en fait mention l'inscription en vieilles lettres gothiques qu'on lit autour de ladite pierre.

Nous ont ensuite lesdits chanoines représenté un autre reliquaire de bois en forme de bras, vêtu couvert de plaques d'argent, nous avons trouvé dans ce reliquaire un billet de parchemin écrit *S. Renobert*, et un os de six ou sept pouces de longueur que lesdits médecin et chirurgien nous ont dit être l'os radius d'un bras humain, etc.

Ainsi signé: Nicolas, évêque d'Auxerre, et toutes les personnes ci-dessus nommées dans la minute.

N° 475.

Hôpitaux du diocèse d'Auxerre

AU XVIIe SIÈCLE (1).

Toucy.

Par arrêt du conseil du dix septembre 1695 et lettres-patentes, il est ordonné que l'hospitalité sera rétablie pour les pauvres malades à l'Hôtel-Dieu de Toucy ; et qu'en conséquence de l'union portée par ledit arrêt et let. pat., l'hopital de Toucy jouira des biens et revenus des maladeries de Toucy, Mézilles, Saint-Sauveur et Moutiers.

Saint-Fargeau.

Par autre arrêt du 10 septembre 1695 et let. pat., les biens et revenus de la maladerie de la ville de Saint-Fargeau, ont été unis à l'Hôtel-Dieu de la même ville.

Bléneau.

Par autre arrêt du conseil desdits jours les biens de la maladerie de Bléneau ont été unis à l'hôtel-dieu de Bleneau.

Gien.

Les biens de la maladerie de Gien ont été unis à l'hôtel-dieu de Gien.

Cosne.

Les biens de la maladerie de la Celle-sur-Loire ont été unis à l'hôtel-dieu de Cosne.

---

(1) Extrait de l'Etat général des Unions faites des biens des Maladeries et aux hôpitaux des pauvres malades en exécution de l'édit du mois de mars et des déclarations du 15 mars et 24 août 1693, 1 vol. in 4, 1705.

Varzy.

L'hospitalité est rétablie dans l'hôtel-dieu de Varzy pour les pauvres malades, et en conséquence de l'union, l'hôtel-dieu jouira des biens des maladeries de Varzy et Entrains.

Clamecy.

L'hôtel-dieu de Clamecy jouira des biens des maladeries de Clamecy, Druyes et Corvol-l'Orgueilleux.

Auxerre.

Par autres arrêts du conseil du 10 septembre 1695 et 4 mai 1697, et let. pat. registrées au parlement de Paris, le 20 août 1697, l'hôtel-dieu de la ville d'Auxerre a été déchargé de 100 liv. de rente dont il était chargé à cause de la maladerie Saint-Siméon, et il a été ordonné qu'en conséquence de l'union portée par ledit arrêt, l'hôtel-dieu jouira des biens des maladeries d'Ouanne et de ceux de l'hospital de Ste-Catherine au marché aux aulx de ladite ville.

Appoigny.

Par arrêt du conseil du 29 mars 1697, et let. pat., il est ordonné que l'hospitalité sera rétablie pour les pauvres malades en la ville d'Appoigny, et à cet effet, l'hopital qui sera rétabli jouira des biens de la maladerie d'Appoigny et de ceux de l'ancien hôtel-dieu dudit lieu.

Coulange-les-Vineuses.

Par arrêt du conseil du 4 mai 1697, et lett. pat. regist. au parlement le 31 juillet suivant, il est ordonné qu'il sera établi un hopital pour les pauvres malades à Coulange-les-Vineuses et qu'en conséquence de l'union portée par ledit arrêt et let. pat., ledit bopital jouira des biens et revenus de l'ancien hopital de Coulange, des maladeries de St.-Cyr et Cravan, de la maladerie et hopital de Mailly-Château et de l'hopital ou maison-dieu de Mailly-la-Ville.

N° 476.

Acte notarié constatant l'immersion dans le Serain de sept personnes de Montigny accusées de sorcellerie.

(1696, 5 juin.)

Cejourd'huy 5ᵉ jour du mois de juin 1696, à l'heure d'environ huit heures du matin, ce sont addressez pardevant moy Claude Hay, notaire royal en la prévosté royalle de Montigny-le-Roy, pour Mgr le prince de Condé, seigneur dudit lieu, Vincent Baudot mareschal, Jeanne Manteau, sa femme ; Suzanne Dappougny, vefve de Claude Desbroufs, vivant laboureur, tous demeurants audit Montigny ; Estienne Dappougny, laboureur demeurant à Merry paroisse dudit Montigny et Marie Léger, sa femme ; lesquelles m'ont dit et fait entendre que plusieurs habitans dudit Montigny les traictent et qualifient de sorciers et disent qu'ils le sont. Pour leur faire voir et connoistre qu'ils ne sont de ceste qualité de sorciers et qu'ils ne l'ont jamais estez, ils se sont soubmis et se soubmettent tous volontairement de ce faire bégnier dans un endroit qui se trouvera le plus profond dans la rivière de Senain, pour veoir s'ils n'iront point au fond de l'eau, ou y allant ou non en dresser mon procès verbal C'est pourquoi ils m'ont tous priez et requis de me vouloir transporter avec eux à ladite rivière de Senain avec mes tesmoints cy après nommez, ce que je leur ay octroyé, dont acte fait et passé en présence du maistre Jean Boussard, lieutenant au bailliage de Bleigny, y demeurant, Charles Bourguignon, chirurgien, demeurant à Seignelay, et Henry Petit, mareschal, demeurant à Héry, tesmoints ; et à ladite veuve Desbroufe, ensemble lesdites femmes Baudot et Dappougny, ont déclaré ne sçavoir signer de ce requis et interpellez. La minute des présentes est signée desdits Baudot et Dappougny, desdits Boussard, Petit et Bourguignon, tesmoints, et de moy notaire susdit soubsigné.

Ce fait, et à l'instant, j'ay notaire susdit soubsigné, assisté des tesmoints cy-dessus nommés, je me suis transporté avec lesdits Baudot, sa femme, Etienne Dappougny, sa femme, Suzanne Dappougny veuve Desbroufe, Claude Regnard et Claudine Deriau, veuve de Jean Jolliton, tous dudit lieu de Montigny, à ladite rivière de Senain, au-dessus du gué du bas des Pierres proche et au-dessous de l'abbaye de Pontigny, où estant sur le bord de l'eau de ladite rivière qui est un endroit le plus profond qu'ils ont pu trouver, tous lesquels se sont fait bégnier volontairement et iceux fait lier aux mains et aux pieds par Claude Massé, cordonnier, Jean Lhibault, laboureur, demeurants audit Montigny, et Nicolas Rousseau, laboureur demeurant à Venousse, qui s'y est trouvé et aultres. Et ensuite ont tous estélés uns après les autres bégniés dans ladite rivière en présence de plus de deux cens personnes ; par lequel bain c'est trouvé que ledit Vincent Baudot a enfoncé dans l'eau une fois seullement en ayant esté trouvé délié en le retirant et l'aultre fois n'a esté au fond de ladite eau ; à l'esgard de ladite veuve Desbroufe et ladite femme Dappougny, ont enfoncé une fois ; et quant audit Dappougny, Regnard et ladite veuve Jolliton n'ont nullement enfoncé dans l'eau.

Dont et de tout ce que dessus j'ai notaire susdit et soubsigné dressé le présent procès-verbail, pour servir et valloir en temps et lieu ainsi qu'il appartiendra ; dont acte. Et ont lesdits Massé, Thibault, Rousseau, ensemble ledit Regnard, lesdites veuves Desbroufe et Jolliton ont tous déclaré ne sçavoir signer de ce requis et interpellez ; et quant audit Estienne Dappougny n'a voullu signer de ce requis.

La minute des présentes est signée dudit Baudot, desdits Boussard, Bourguignon et Petit tesmoings, et de moi notaire susdit, soussigné. Et plus bas est escrit, controllé à Seignelay, par Noirot commis, suivant l'ordonnance.

Signé : Hay, avec paraphe.

(Archives de l'Yonne, pièces historiques spéciales.)

N° 477.

Bulle d'union perpétuelle du titre de l'évêché d'Auxerre à l'archevêché de Sens.

(3 juin 1823.)

Pius, papa VII, ad perpetuam rei memoriam. Autissiodorensi ecclesiæ vel a primis temporibus antistitum gloria summopere illustri, ex quibus sanctus Germanus, decus Galliarum insigne præfulsit, per apostolicas litteras commissa divinitus sexto calendas augusti anni 1817, episcopalem cathedram quam temporum acerbitate amiserat, reddidimus, cumque suffraganeam diximus metropolitamæ Senonensi. Verum cum onera, quibus novimus regnum illud premi, haud passa fuerint decretam Gallianarum diœcesium circumscriptionem executioni mandari ex defectu census pro earum præsulibus assignandi, nova cum carissimo in Christo filio nostro Ludovico Francorum rege christianissimo consilia inire opus fuit, quibus proposita sedium quas recens erexeramus imminutioni annuendum esse cognovimus, datisque in eam rem apostolicis litteris pridie nonas octobris anno superiori alteram circumscriptionem diœcesium opportune sancivimus.

Verum, cum inter sedes quas conservari datum fuit numerari nequiverit Autissiodorensis ecclesia, cujus diœcesis territorium in Senonensem accessit, preces nuper ad nos perlatæ fuerunt, quibus municipalia magistratus omnium ordinum nomine impense efflagitabat, ut titulus saltem Autissiodorenssis episcopatus servaretur, Senonensi archiepiscopo adjungendus, ne omnis plane pristinæ ejusdem dignitatis memoria intereat. Postulationem hanc, quam suis etiam officiis commendatum voluit rex christianissimus, lubentes excepimus, et etiam consilio ut perenne hoc nostræ erga præclaram illam optime que de ecclesia meritam sedem voluntatis ac dilectionis testimonium portenderemus Quare de apostolicæ potestatis plenitudine per presentes litteras titulum Autissiodorensis episcopatus conservari mandamus, eumque archiepiscopali ecclesiæ Senonensi perpetuo unimus, unitumque esse ac fore declaramus, statuimus et præcipimus, ita ut archiepiscopus Senonensis pro tempore existens, eo titulo sumpto, una insimul nuncupetur, et inscribatur episcopus Autissiodorensis. Datum Romæ, apud Sanctam-Mariam-Majorem sub annulo piscatoris, die III junii, pontificatus nostri anno vigesimo quarto.

Signatum H. cardinal. Consalvus.

Enregistré par nous M° des Requêtes, secret général du conseil d'Etat au reg. des procès-verbaux du conseil d'Etat, séance du 17 juin 1823, conformément à la délibération du conseil du même jour, approuvée par ordonnance royale du 23 juillet suivant.

Paris, le 31 juillet 1823.

Signé : Hochet.

(Archives de l'archevêché de Sens.)

Supplément

AUX PREUVES DE CES MÉMOIRES.

Charte de franchises du comte Pierre de Courtenay.

N° 478.

(Ann. 1194, novembre.)

Lettres de Pierre, comte de Nevers, de certains dons, rémissions, ottrois, modérations, priviléges et franchises par lui donnez faicts et octroyez aux bourgeois, manans, et habitants d'Aucerre. Lesquelles lettres sont en parchemin, en latin, scellées en laz de soye et cire vert. Données en date l'an mil cent nonante-quatre au mois de novembre et sont signées au doz. (Extrait du Cartulaire de la ville d'Auxerre).

In nomine sancte et individue Trinitatis, amen. Ego Petrus, comes Nivernensis. Notum facio universis tam presentibus quam futuris, quod ego cum hominibus meis de Autissiodoro, tam in civitate quam in suburbiis civitatis et in burgo Sancti-Gervasii morantibus, tale statum feci et conventionem, quod, pro tallia et corvatis et ceteris exactionibus quitandis, a ditiore ex ipsis non potero capere annuatim nisi tantum viginti solidos Autissiodorensis monete. que sit ad quatuor denarios, nec aliquid amplius ab aliquo eorum exigam. A minoribus vero et pauperibus ad respectum mandati mei juxta posse unius cujusque ab unoquoque exigetur. Concessi eciam quod forifactum sexaginta solidorum ad quinque solidos reducatur. Cetera forifacta omnia a quinque solidis et infra ad duodecim denarios reducta sunt. De gagiis duelli quod pacificabitur de unoquoque non nisi septem solidis et sex denarios tantum capiam. Certum est quod franchi homines suas habent in integrum excasuras et habebunt in perpetuum. Item de exercitu et chevauchea dictum est quod prefatos homines extra comitatum Nivernensem non traham quin ipsa nocte in eundem comitatum possint reverti. Ad torneamentum predictos homines ducere non potero nisi ad Chableyam, Joviniacum et Rubrummontem. Si autem de exercitu vel chevaucheia ipsos submoneri fecero unusquisque ibit vel ipse mittet idoneum servientem. Si quis vero etatis sexaginta annorum aut infirmitate detentus, vel non audita submonitione mea remanserit et hoc jurare poterit, quitatus erit. Sin autem, legem suam emendabit et conductionem unius servientis usque ad sex denarios tantum, singulis diebus quibus alii moram fecerint, persolvet. Item dictum est quod sepedictos homines extra Autissiodorum pro placitatione non traham, nec eos nec res eorum capiam quandiu juri stare voluerint ad judicium curie mee juxta respectum proborum hominum. De equis et armaturis nulla eis violenta inferetur, nisi sponte mihi voluerint comodare. In villa Autissiodori credicionem habebo in victualibus usque ad quadraginta dies. Quod si credita mihi ad quadragesimum diem reddita non fuerint, homines de ascensiva ista nihil amplius credent mihi, donec creditum habuerint et infra annum de censiva credita reddentur. Si quis autem de hominibus memoratis pro debito meo vel uxoris mee alicubi captus fuerit, ipsum liberari faciam. Sin autem de censiva liberabitur. Si vero pro re alia aliquis eorum captus fuerit, de ipso liberando bona fide posse meum faciam. Bannum habebo Autissiodori per mensem augustum tantum, et de vino vinearum mearum et de vino sano, et bannum illud nec potero vendere, nec dare alicui. In vineis et bladis Autissiodori non erunt custodes nisi quos burgenses ponent. Et si forifactum affuerit, meum erit. Homo qui nunquam habuit uxorem, dum erit bachelarius hos viginti solidos non reddet. Certum est quod homo francus libere poterit abire a villa Autissiodori et redire cum voluerit. Quicumque voluerit vindemiare vineam suam, vindemiabit eam cum voluerit. De possessionibus quas predicti homines die qua data fuit carta tenebant, quocumque modo tenerent, amodo nullum eorum vexabo, sed omnes eos inde quitto et in pace dimittam. Si judæus a christiano usuras exegerit, tantum usuras duorum annorum per testes legitimos christiani et judei poterit exigere. Si quis forifactum aliquod fecerit, ipse solus emendabit nec aliquis alius pro eo emendabitur. Usuagium, quod homines de burgo Sancti-Gervasii in bosco de Bar habere solent, sicut ante habebunt. Certum est quod forefactum homicidii, rapti, latrocinii in voluntate mea est. Statutum est etiam et concessum quod Iterius de Tociaco, vicecomes Autissiodorensis, et viator Autissiodorensis, supradictis burgensibus omne jus suum quod habebat in omnibus forefactis meorum hominum qui sunt de hac censiva quittaverunt in perpetuum, hac siquidem conditione, quod jam dicti burgenses viginti libras predicte monete predictis Iterio et viario ad octavas Natalis Domini persolvent annuatim. Super hiis autem conventionibus observandis precepi et concessi jam dictis burgensibus quod se eas proposse suo bona fide observaturos jurarent, et ipsi de mandato et consensu meo juraverunt quod in hiis conventionibus observandis unus aliis erit adjutor. Quociens autem prepositi vel mei servientes Autissiodorenses mutabuntur, ipsos jurare faciam quod conventiones istas firmiter observabunt. Ascensiva autem ista singulis annis ad octabas Natalis Domini persolvetur. Has itaque conventiones Ego Petrus, comes Nivernensis, me firmiter observaturum propria manu juravi, et per idem sacramentum promisi et concessi quod filia mea Matildis, cum ad duodecimum annum pervenerit, et maritus ejus, priusquam eam ducat, has se firmiter conventiones observaturos jurabunt. Et inde litteras suas pendentes easdem conventiones confirmantes burgensibus Autissiodorensibus tradent. Rogavi preterea dominum meum Philippum illustrem regem Francorum quod, si ego vel successores mei ab his conventionibus resilire presumpserimus, ipse conventiones istas me et a successoribus meis in comitatu firmiter in perpetuum faciat observari. Requisivi etiam dominum regem Philippum quod, si ego aut successores mei de hiis conventionibus exirem, ut dominus rex assignet ad totum feodum absque fidem mentiri, donec emendatum esset, quod de eodem teneo, nec aliquem successorum meorum de illo investiret, donec prius juraverit se has conventiones in perpetuum observaturum et litteras suas patentes conventiones istas confirmantes jam dictis burgensibus tradiderit. Rogavi preterea dominum papam et dominum Senonensem et Autissiodorensem et Lingonensem et Eduensem et Nivernensem episcopos, quod, si successores mei vel ego ab hiis conventionibus resilire vel eas infringere presumpserint, ipsi in me aut in successores meos et in terram meam sententiam excommunicationis imponant, nec eam resolvant donec plenarie burgensibus fuerit emendatum quicquid injuriose contra has conventiones fuerit irrogatum. Presertim barones mei, videlicet Philippus dominus Giemi, Droco de Merloto, Gaufridus senescallus meus, Iterius de Tociaco, Autissiodorensis vicecomes, D. de Salleniaco, Girardus de Arsiacu, Letericus Balledardi, Petrus de Corçon et ceteri vavasores Autissiodorenses, de mandato meo juraverunt quod predictis burgensibus, in hiis conventionibus observandis, bona fide quoadjutores erunt, nec eas pro posse suo infringi patientur. Et si ego ab hiis conventionibus resilirent, barones mei me inde mitterent ad rationem ut eas facerent me tenere et si eas tenere non vellem, non essent mei auxiliari contra burgenses. Ego vero nullum de hominibus domini mei regis Philippi de dominio suo recipiam, nec ipse de dominio meo recipiet, neque aliquem per nummum recipere potui, neque ipse aliquem recipere potuit. Burgenses autem Autissiodorenses certantaverunt quod nullum de hominibus meis de dominio meo, neque liberum neque servilis conditionis, in hac communitate recipient. Pro hiis autem conventionibus faciendis observari per manum regis Francie burgensibus Autissiodorensibus burgenses Autissiodorenses dabunt singulis annis domino meo Philippo regi Francie et successoribus suis regibus Francie, in perpetuum, centum libras parisienses monete, domino regi aut mandato suo singulis annis reddendas Autissiodoro, in festo sancti Andree, neque dominus rex id extra manum suam mittet. Si autem dominus rex non requireret predictam pecuniam ad terminum, nullum dampnum propter hoc haberet dominus rex.

Que omnia ut perpetuam et inconcussam sortiantur stabilitatem, sigilli mei munimine presentem paginam confirmo. Actum Senonis anno incarnacionis Domini milleginlesimo centesimo nonagintesimo quarto, mense novembri.

(Cartulaire de la ville, Mˢ du XVᵉ siècle).

Fin des Preuves de l'Histoire d'Auxerre.

CATALOGUE

DES ÉCRIVAINS AUXERROIS (1),

C'est-à-dire des auteurs ou éditeurs de quelqu'ouvrage, qui sont natifs d'Auxerre ou du diocèse, ou qui sans en être natifs y ont fait leur demeure.

(Ils sont disposés selon l'ordre des siècles auxquels ils ont vécu.)

Vᵉ SIÈCLE.

MAMERTIN, dit autrement Mamert par abréviation, et appelé communément à Auxerre du nom de saint Mamert, est le plus ancien écrivain du diocèse d'Auxerre. C'étoit un payen du nombre de ceux qui habitoient dans le canton de l'Auxerrois, connu depuis sous le nom de Puisaie. Ayant été converti d'une manière miraculeuse à la foy chrétienne sous l'épiscopat de saint Germain, il en écrivit la relation, qui se trouve insérée dans presque tous les manuscrits de la vie de ce saint évêque rédigée par Constance. On la trouve aussi quelquefois écrite séparément avec un prologue. Quoique le fond de l'histoire soit de ce saint, elle peut avoir été amplifiée, et elle contient certaines expressions qui ne paroissent point être de lui, mais de quelques copistes ou rhéteurs du IXᵉ siècle. Cette relation se voit dans la compilation des Bollandistes tant au 20 avril, jour de saint Mamert, qu'au jour de saint Germain. L'auteur est mort après le milieu du Vᵉ siècle.

IXᵉ SIÈCLE.

HÉRIC est le premier d'entre les plus célèbres écrivains que la ville d'Auxerre ait fournis à la France. Il naquit au IXᵉ siècle, et ce fut à Auxerre même, selon qu'il se voit par un endroit de ses poésies. Il est vrai que Dom Mabillon avoit cru d'abord que c'étoit le village d'Airy qui lui avoit donné la naissance, supposant qu'il auroit tiré son nom de ce lieu qu'il croyoit alors devoir être écrit Héry ; mais il a rétracté ce sentiment, et Dom Rivet, qui l'avoit aussi suivi, a fait de même à la tête de son VIᵉ tome de l'Histoire littéraire. Je veux croire que c'est l'autorité de dom Rivet en son Vᵉ tome, qui a empêché l'éditeur de la Bibliothèque des écrivains de Bourgogne à faire Héric natif d'Héry : auquel cas il ne seroit pas né sur le territoire compris aujourd'hui dans la Bourgogne. Mais quand même Héric seroit né à Airy, il seroit toujours Auxerrois par le diocèse, outre qu'il l'est par sa demeure en

---

(1) Les articles placés entre deux [ ] sont des éditeurs.

l'abbaye de Saint-Germain où il prit l'habit monastique. Je ne rapporterai pas ici tout ce qu'on sçait de lui, qui est amplement détaillé par Dom Mabillon en ses annales, et par les Bollandistes au 24 juin, où il est mis au catalogue des saints. Héric fut l'un des plus sçavans personnages du IXe siècle ; et Charles-le-Chauve l'estima tant, qu'il lui confia l'éducation de son fils Lothaire. Il écrivit en vers latins la vie de saint Germain, qui est une bonne pièce de ces temps-là, dans laquelle il a inséré certains morceaux qui prouvent qu'il sçavoit le grec.

Il composa en prose deux livres des miracles du même saint, qui ont été publiés en 1657 par le Père Labbe (1), et lesquels nous apprennent l'étendue du culte du saint évêque.

N'étant pas moins bon théologien que poète et historien, il composa plusieurs homélies, dont treize ont été insérées dans le lectionnaire de Paul Warnefride. On lisait autrefois à Chalon-sur-Saône, le jour de la Toussaint, son homélie, qui commence : *prædicante, dilectissimi, domino J. C. evangelium regni.*

(2) Dans un lectionnaire de Saint-Martin-des-Champs à Paris, écrit vers l'an 1100, on voit, à la fête de Saint-Vincent, *omelia dompni Airici* sur l'évangile *Nisi granum.* Dans un lectionnaire du prieuré de Saint-Eloy de la même ville, écrit en 1342, au jour de Saint-Christophe, il y a : *omelia domni Herici doctissimi,* sur l'évangile *Nisi granum. Confluentibus ad diem festum Jerosolimam.* Et au jour de la Nativité Notre-Dame, sur l'évangile, *liber generationis, omelia Herici viri doctissimi. Post adventum Spiritus Sancti die Pentecostes.* Il y parle contre les évangiles apocryphes. Je me souviens d'avoir vu aussi les homélies d'Héric employées dans quelques anciens bréviaires. Les révérends Pères Pez et Rivet avertissent qu'un religieux de l'ordre des Servites avoit, en 1723, le dessein de publier le recueil entier de ces homélies. Outre le manuscrit d'Allemagne cité par Dom Pez, il y en a encore un au Vatican, parmi ceux de la reine de Suède. J'ai trouvé, dans une Concorde manuscrite de la bible, in-folio, à l'abbaye de Châlis, Héric cité parmi les Pères de l'Eglise.

Le chanoine d'Auxerre, auteur de la vie de l'évêque Wala, atteste que Héric qu'il qualifie de *Theosophus simul et monachus,* rédigea, avec deux chanoines, les Gestes des évêques d'Auxerre jusqu'à son temps, c'est-à-dire jusqu'environ l'an 870,

J'aurois dû parler avant toutes choses du premier ouvrage d'Héric, qui fut une collection de traits historiques et de sentences choisies tant dans les Pères que dans les auteurs profanes, sur ce qu'il en avoit pu apprendre d'Haimon d'Halberstad, et Loup de Ferrières, ses maîtres ; mais c'est le moins important de tous quoique dédié à Héribald, son évêque. La publication de ses lettres que Trithème semble avoir vues, seroit plus intéressante si on pouvoit les découvrir.

Dom Rivet a observé, après les Bollandistes, qu'Héric possédoit aussi parfaitement la philosophie, et qu'il poussa ses réflexions jusqu'à décou-

---

(1) Bibl. nova Mss. T. I.

(2) Ex. Antiph. Cabill. ms. xiij. sæc. apud Carmel. Discal. Paris.

vrir le doute méthodique de M. Descartes, qu'il explique fort clairement (a).

Il mourut vers l'an 880, et son nom est dans plusieurs martyrologes, même anciens, au 24 juin. On ignore le lieu de sa sépulture.

IXe SIÈCLE.

ALAGUS et RAIMOGALA (1), chanoines d'Auxerre, sous la fin du règne de Charles-le-Chauve, travaillèrent avec Héric, moine de Saint-Germain, à la compilation des gestes des évêques, qui avoient siégé à Auxerre, jusqu'à l'évêque Wala dont la mort arriva vers l'an 880. Le chanoine auteur de la vie de ce prélat les appelle *duo luminaria collegii nostri*. Le nécrologe écrit dans le XIe siècle, met au 11 janvier : *obiit Alagus magister*, et ne marque en aucun jour la mort de Raimogala ; ce qui fait croire qu'il ne resta pas chanoine à Auxerre, et que, s'il est dans ce nécrologe, il y est sous un autre nom. Vu la rareté du nom *Alagus*, j'ai cru pouvoir penser qu'il est le même Alagus à qui un inconnu dédia un ouvrage, *de virtutibus et vitiis*, qui se trouve in 8° à Reims dans la bibliothèque du Chapitre. J'y ai remarqué que le nom de l'auteur a été raturé aussi bien que les deux ou trois premières lignes de l'ouvrage, dont l'écriture est du IXe siècle. Alagus y est à la vérité qualifié *Abbas* ; mais on a des exemples de chanoines devenus moines et abbés en ce temps-là, et aussi d'abbés qui abdiquoient. Ainsi, Alagus qui gouvernoit les écoles d'Auxerre, a pu être élevé à la prélature par son mérite, et Remi son contemporain, (appelé apparemment dans sa jeunesse Raimogala), a pu lui dédier quelque ouvrage, dont la copie conservée à Reims auroit porté le nom de Remi (*Domni Remigii*), que les disciples de Hincmar ou ceux de Remi même auront pu effacer, aussi bien que tout le commencement, pour des raisons à eux connues.

IXe ET Xe SIÈCLES.

RÉMI, moine de l'abbaye de Saint-Germain d'Auxerre, étoit né à Auxerre ou aux environs, dans le IXe siècle, et il vécut jusque dans le Xe siècle. On

---

(1) Quoique j'aye écrit **Rainogala** dans le tome I, de ces mémoires, les raisons déduites dans cet article et dans le suivant, m'ont fait conjecturer que ce peut être une faute de copiste, étant facile dans les noms propres de prendre un *n* pour un *m*. Il est fâcheux pour l'appui de ma conjecture, que le manuscrit de la cathédrale d'Auxerre soit l'unique ancien où se trouve le nom de cet auteur, et qu'on ne puisse l'appuyer par les variantes. Au reste, on a des exemples en ces siècles là de diminutifs employés au lieu du véritable nom ; comme *Widolus* pour *Wido*, à l'égard de Gui, évêque d'Auxerre.

(a) Héric est encore auteur d'un travail philosophique sur les *catégories* attribuées à saint Augustin. On y trouve de curieux renseignements sur les connaissances et sur les débats philosophiques du IXe siècle. Cet opuscule doit être publié dans un volume de Mélanges des Documents inédits sur l'histoire de France.
Voy. Bulletin du comité des Monuments écrits, 1851, p. 109. (*N. d. E.*)

croit qu'il fut disciple du vénérable Héric, qui pouvoit avoir des auditeurs de toute espèce, surtout s'il y avoit à Saint-Germain des écoles extérieures, comme cela est probable. Il forma à son tour d'illustres disciples, tant à Auxerre dont les écoles étoient alors fort célèbres, qu'à Reims où il fut appelé vers l'an 885 ou 890, par l'archevêque Foulques pour rétablir celles de son église, et à Paris où il se transporta ensuite pour faire fleurir les sciences, et ouvrit la première école publique qu'on sache établie en cette grande ville, au moins depuis la décadence causée par les guerres des Normands. Pour ne point trop m'étendre sur cet illustre écrivain, je renverrai à ce qu'en ont dit les auteurs bibliographes les plus modernes, savoir la Bibliothèque de Bourgogne après Oudin, etc., et surtout Dom Rivet en son Histoire littéraire, tome VI. Platine a pensé qu'il fut le seul savant remarquable sous le pontificat de Formose ; aussi composa-t-il un très-grand nombre d'ouvrages, tant sur l'Ecriture-sainte et la théologie, que sur les auteurs profanes. Je me contenterai de les nommer après que j'aurai fait remarquer qu'on a attribué à Haymon d'Halberstad et même à Alcuin plusieurs de ces ouvrages. J'avois toujours soupçonné de la méprise en cette attribution depuis que j'avois lu ce que dit le P. Labbe sur notre Remi ; et ce qui me fortifioit dans ce sentiment, venoit de ce que j'ai vu en plusieurs manuscrits le nom de Remi au commencement ou à la fin de plusieurs de ces ouvrages faussement attribués à Haymon, ou Heymon, ou même à Aymoin. Mon sentiment étant adopté aujourd'hui par le savant Dom Rivet, acquiert une nouvelle force, et j'espère que l'on cessera universellement d'attribuer ces ouvrages à Haymon, de même qu'on est revenu de l'opinion qui faisoit attribuer à saint Remi de Reims ou à saint Remi de Lyon certains ouvrages de Remi d'Auxerre. En effet le style de cet écrivain le fait reconnoître presque infailliblement, et supplée à la désignation de son nom que la modestie l'engagea toujours à cacher, comme il se lit dans un ancien manuscrit du voisinage de Modène. La diversité du nom qui se remarque dans les manuscrits, vient de ce qu'en France, où le langage latin s'altéra dès son temps, et encore plus dans les siècles suivants, on disoit, en langage vulgaire, Raymon ou Reymon pour Remigius ou Remigie, de même que Charlon pour Carole ou Charles, Pierron pour Pierre ou Petre, Vaston ou Gaston pour Vedaste. Ainsi le nom de Dom Raymon étant souvent mal formé, quelques copistes écrivèrent Dom Heymon, que quelques-uns continuèrent de regarder comme moine d'Auxerre, tandis que le plus grand nombre, surtout depuis le temps de l'impression, le confondit avec Haymon d'Halberstad qui est bien plus ancien.

Quoiqu'il en soit, Remi d'Auxerre est regardé par Banage en sa Doctrine des Pères, *pag.* 913, comme un témoin formel du dogme de la présence réelle. Les catholiques l'ont toujours aussi regardé comme l'un des plus laborieux commentateurs. Il reste de lui un ou deux commentaires sur le livre de la Genèse, et sur les autres du Pentateuque, selon Sixte de Sienne qui a pu voir un commentaire sous son nom semblable à celui qui est à Pontigni sous le nom d'Alcuin, et à celui sur le Deuteronome qui est à Saint-Benoît-sur-Loire, num. 13. De plus, on a de lui un ample explication des Pseaumes, à la fin de laquelle un exemplaire de la bibliothèque de Médicis à Rome le qualifie *vir excellentissimus* ; ce commentaire a servi à Pierre Lombard à dresser sa chaîne sur les Pseaumes. On a aussi de lui un ouvrage sur le Cantique des Cantiques, mal à propos attribué à Haymon, ou à Brunon de

Segni, en certaines éditions : un autre sur les douze petits prophètes, dont il n'y a de perdu qu'une partie d'Osée.

Voici ses commentaires sur le nouveau Testament :

Sur saint Matthieu, selon trois manuscrits cités par Dom Rivet (1) auxquels il faut ajouter celui de saint Antoine-le-Grand à Padoue ; celui de la cathédrale de Laon, où j'en ai vu les quatre premiers chapitres, et un autre qui est dans le très-ancien catalogue des manuscrits de l'abbaye de Cluni. Outre cela, ce commentaire est souvent cité sous le nom de Remi dans le *Catena aurea* de saint Thomas.

Sur saint Marc, saint Luc et saint Jean, suivant les preuves de Dom Rivet.

Sur toutes les Epitres de saint Paul comme on en convient.

Sur l'Apocalypse, la préface de cette explication commence par ces mots : *Legimus in ecclesiastica historia*. Il y a tant d'exemplaires qui la donnent à Remi, qu'il faut espérer qu'on ne l'imprimera plus sous le nom d'Aymon d'Halberstad. Outre qu'on y reconnoît parfaitement son style, il se désigne assez lui-même au commencement de son troisième livre, lorsqu'il parle du pied gauche de l'ange posé sur la terre : *per sinistrum pedem... intelliguntur confessores, sicut Remigius, Germanus, Martinus et exteri*. Naturellement saint Martin auroit du être nommé le premier ; mais l'auteur nomme d'abord Remi, parce qu'il en portoit le nom, et Saint-Germain le second, parce que c'étoit le patron de l'abbaye où il avoit pris l'habit. Sur le chapitre 17, il parle des meurtres et incendies causés de son temps par les payens et leurs associés ; ce qui convient d'avantage au temps de Remi qu'à celui de Haymon.

On connoit encore sous le nom de Remi des Gloses sur tout l'ancien Testament (a). Une interprétation des noms hébreux, mal-à-propos attribuée à Bède. Un traité sur la dispute de saint Michel et du diable, au sujet du corps de Moyse, et sur Behemot du livre de Job, ouvrage qui ne se trouve plus, mais que je crois être conservé à Saint-Antoine-le-Grand de Padoue sous ce titre : *opusculum Remigii de insidiis dæmonum* (2). Il commence *horrendum est*. Un recueil d'homélies, dont le plus grand nombre est à Moyen-Moutier en Lorraine.

Une explication du canon de la messe fort estimée, et un traité des offices divins qui est faussement attribué à Alcuin.

Un commentaire sur la règle de Saint-Benoît.

A l'égard des sciences profanes, on voit encore ses commentaires sur Donat le grammairien ; un autre sur Priscien ; un sur Martianus Capella, etc., et un traité sur la musique, et sur les autres sciences.

Ceci n'est qu'un sommaire résultant principalement des excellentes

---

(1) Catal. mss. Patav. per Tomassium, 1639.

(2) Catal. mss. Patav. p. 59.

(a) Voyez à la Bibl. d'Auxerre un commentaire sur les douze petits prophètes, par Remi, M^s. du XIIe siècle. (*N. d. E*).

remarques de Dom Rivet auxquelles j'ai joint des observations qu'il n'a pas faites.

Mais il m'a paru qu'il y auroit encore d'autres ouvrages à attribuer à notre Remi. Par exemple un grand commentaire sur Ezéchiel, écrit de la main d'Heldric, abbé de Saint-Germain d'Auxerre, en 990, et conservé à Saint-Germain-des-Prés sous le nom d'Aymon. Un autre sur Isaïe, conservé à Pontigni (1). Tous les deux sont de son style, et le catalogue de Cluni marque que Remi avoit écrit sur les grands prophètes comme sur les petits. Plus selon le catalogue des manuscrits d'Angleterre, Remi a écrit *in opus paschale Sedulii ;* et selon celui de Saint-Remi de Reims, il avoit aussi écrit sur les poésies d'Arator.

Remi mourut le 2 mai, jour auquel l'ancien Nécrologe de la cathédrale d'Auxerre (2) met *obiit Remigius monachus et egregius doctor.* Dom Rivet croit qu'il ne passa point l'an 908. Quelques-uns ont cru qu'il finit ses jours en Westphalie. Comme en parlant d'Alagus, je déclare que le nom de son collègue, dans la composition de l'histoire de nos évêques, étoit plutôt Raimogala que Rainogala ; je conjecture aussi que c'est le nom de Remi, qui avoit été du clergé d'Auxerre avant que de se faire moine ; et il me paroît que le manquement du nom de Raimogala dans l'ancien Nécrologe doit fortifier cette conjecture.

Xe SIÈCLE.

Anselme, moine de Saint-Germain d'Auxerre dans le Xe siècle, a composé un ouvrage en rimes latines, qui est ainsi intitulé dans un manuscrit de la reine de Suède, conservé au Vatican : *incipit visio fratris Anselmi de monasterio S.-Germani Autissiodorensis episcopi.* Dans le prologue de cet ouvrage qu'on trouve en d'autres manuscrits adressés à Saint-Odon, abbé de Cluni, l'auteur assure qu'il ne fait que rapporter ce qu'il lui a oui raconter en chaire. Cette même vision se trouve parmi les manuscrits de Saint-Benoît-sur-Loire, cod. 113, et parmi ceux de Saint-Allyre de Clermont; selon la Bibliothèque du P. de Montfaucon, Tom. II, col. 1263. Le prologue commence: *quoniam natura dedit,* et l'ouvrage : *in Salomonis ferculo, quod construxit de Libano.* C'est un dialogue d'un moine avec le diable. Cet ouvrage n'est point assez important pour le disputer à l'abbaye de Saint-Benoît-sur-Loire, s'il est bien prouvé qu'Anselme en fut religieux.

XIe SIÈCLE.

Glabre-Radulfe, connu simplement pour le nom de Glaber, étoit natif d'Auxerre ou du voisinage. Il nous apprend une partie de ce qui le regardoit personnellement, depuis l'endroit de son histoire où il fait mention du prieuré de Saint-Léger de Champeaux, situé au Diocèse de Langres à cinq lieues de Dijon. Cette maison avoit été unie, en 994, à l'abbaye de Saint-Germain d'Auxerre (3). Heldric y avoit envoyé des religieux de sa maison qui venoit d'être réformée par Saint-Mayeul, abbé de Cluni.

---

(1) Num. 303, olim. 61.
(2) *Preuves,* p. 8, n. 5.

(3) Diplom. p. 578.

Ainsi Glaber ayant écrit qu'il y demeuroit un peu après l'an 1000 avec son oncle religieux, il y a lieu de croire qu'il y avoit été amené tout jeune du pays Auxerrois, par son parent. Il n'avoit que douze ans lorsqu'il commença à sentir avec lui les raisons qui l'engagèrent à se faire religieux. Depuis ce temps là, il vint demeurer dans un autre prieuré, dépendant de la même abbaye de Saint-Germain, nommé Moutiers en Puisaye, dont il parle plus d'une fois, et ensuite à l'abbaye même de Saint-Germain, où il composa plusieurs poésies. Comme ce monastère devoit son rétablissement à l'abbé de Cluni, il ne faut pas être surpris que Glaber dédia son histoire à saint Odilon, successeur de saint Mayeul ; et c'est se tromper que d'en conclure qu'il eût pris l'habit à Cluni, puisqu'il dit lui-même qu'il fut fait religieux à Saint-Léger, sous les yeux de son oncle moine de Saint-Germain d'Auxerre. Il y a seulement apparence que, dégouté de l'abbaye de Saint-Germain et du prieuré de sa dépendance, il vint finir ses jours dans quelque monastère encore plus intimement uni à Cluni que ne l'étoient ceux-là. Il mourut vers l'an 1050 ; mais ce religieux, qui avoit rédigé l'épitaphe de tant d'illustres, n'a eu personne qui ait rédigé la sienne, ni qui nous ait marqué le temps précis de son décès.

Ses ouvrages les plus connus sont cinq livres d'histoires de son temps, et la vie du B. Guillaume, abbé de Dijon.

Voici la seule épitaphe de sa composition qui reste à Auxerre. Elle se trouve sur une pierre incrustée dans le cloître de Saint-Germain : les lettres en sont capitales, et entrelacées les unes dans les autres et mêlées d'onciales (*a*).

> Hic supplex ora quantum simplex tenet hora;
> Quisquis suppositum forte legis loculum.
> Ac non ignores pro quo rogitaris ut ores,
> Profert hic titulus quem teneat tumulus.
> Hic Teodericus situs est omnino dolendus,
> Gnarus et insignis, et vafer et docilis.
> Hunc, Auguste, tuæ nobis rapuere Kalendæ,
> Et levita simul hic recubat Stephanus.

Glaber fait mention de ce ce Téoderic, *lib*. 5, *cap*. 1. Voyez sur les ouvrages de Glaber, le mémoire de M. de la Curne, *T. VIII, Mém. Acad. Inscript.*

GILBERT, moine bénédictin, et présumé Auxerrois, a écrit la vie et les miracles de saint Romain; prétendu disciple de saint Benoît. Fabricius le dit positivement né à Auxerre. Il vivoit au milieu du XIe siècle. Son ouvrage est rapporté dans le *Seculum I. benedict.*

FRODON, chanoine de la cathédrale d'Auxerre et archiprêtre, a écrit, vers l'an 1087, la vie de deux évêques d'Auxerre qu'il avoit connus ; sçavoir, Geoffroi de Champaleman, mort en 1076, et Robert de Nevers, mort en 1084. C'est lui-même qui le certifie par quatre vers qui sont à la fin de ces deux vies

---

(*a*) V. trait. de diplom. t. II, p. 656. (N. d. E.).

dans le manuscrit de la cathédrale, et qu'on trouve imprimés chez le Père Labbe (1), et dans la Bibliothèque des auteurs de Bourgogne. L'annonce de sa mort au 6 mai, dans le Nécrologe imprimé ci-dessus (2), ajoute à ces deux titres ci-dessus mentionnés, qu'il fut *bene litteris eruditus* (a). Le P. Viole n'a pas eu raison d'hésiter à dire que cet archiprêtre eût écrit la vie de l'évêque Robert.

XII° SIÈCLE.

RODULFE TORTAIRE, né à Gien ou aux environs, dans le diocèse d'Auxerre (3), fleurit dans le XII° siècle. C'est lui-même qui indique le lieu de sa naissance dans une de ses poésies, dont il y a un fragment imprimé au VI° tome des Annales bénédictines de Dom Mabillon, à l'an 1144. Le voisinage de l'abbaye de Saint-Benoît-sur-Loire, porta Tortaire à s'y faire moine. Il y composa beaucoup de poésies latines, qui sont dans un manuscrit de la reine de Suède (4) au Vatican. Il y en a sous le titre de *Rerum memorabilium*, en forme de lettres adressées *ad Guarnerium Burdonem*, à un nommé Bernard, la vie d'Amicus et d'Amelius, à d'autres qu'il appelle *Philus et Syncopus*; à un nommé Robert qui paroît avoir été poète, et à un Pierre, probablement de Bayeux; à un autre qu'il nomme *Adelphus*, qui étoit son propre frère. Plusieurs de ces poésies sont profanes. On voit cependant dans Bollandus, au 21 mars, que Tortaire en avoit aussi composé sur des sujets pieux; j'en parle ci-après. On a aussi de lui un Recueil de miracles de saint Benoît, en prose, publiés sans nom d'auteur par Dubois, Célestin, dans le *Bibliotheca Floriacensis*, et depuis par Dom Mabillon, en ses Siècles bénédictins, avec le nom de Tortaire. Dom Mabillon, à l'endroit cité ci-dessus, dit qu'il composa les épitaphes d'Abailard, l'éloge de saint Bernard, et de Pierre le Vénérable, encore vivants; un poème latin sur la conquête de la Terre-Sainte, adressé à Galon, évêque de Paris; un autre poème sur la vie de saint Maur, martyr, dont le corps étoit à Saint-Benoît-sur-Loire. Après sa mort, un nommé Francus Beatus lui dressa une épitaphe, où il le qualifie, *Sacræ vas legis et historiarum*. Il paroît, par ses poésies, qu'il avoit beaucoup voyagé en France.

GILBERT ou GISLEBERT, chanoine d'Auxerre, fut surnommé l'Universel, ou parce qu'il avoit glosé toute l'Ecriture-Sainte, ou à cause de l'étendue de son savoir. Il fut maître des écoles de l'église d'Auxerre, n'étant encore que diacre, dans le temps que j'ai remarqué à l'article des Scolastiques de cette église. Robert du Mont, rapportant sa nomination à l'évêché de Londres par le roi d'Angleterre, l'an 1127, l'appelle *vir doctissimus*. Saint Bernard (5) le considéroit fort, et lui écrivit une lettre à la tête de laquelle il est sur-

---

(1) Bibl. mss. tom. I, p. 456.
(2) Preuves, n. 5, p. 8.
(3) Peut-être à Batilly, où est le fief de la Torterie, p. 383.
(4) Num. 1357.
(5) Epist. 24.

(a) Frodo se qualifie modestement *Frater modicum eruditus et pene illiteratus*. Vid. Gesta. (*N. d. E.*)

nommé *Universalis*. Ce saint abbé fit l'éloge de sa pauvreté, d'une manière qui pourroit faire révoquer en doute ce qu'a marqué de lui Henri de Huntindon qui vivoit dans le même siècle (1). Car après ce beau début : *Quid memorem Gislebertum cognomine Universalem, episcopum Lundoniensem? Non fuit usque ad Romam par ei scientia : artibus erat eruditissimus ; theoria singularis et unicus ; fama igitur celebris, et splendidus,* cet écrivain anglois dit tout le contraire de ce qu'on lit dans la lettre de saint Bernard. Sans vouloir examiner lequel des deux est plus croyable, ce que le passage d'Henri nous fournit de plus, est que Gilbert fut appelé à Nevers pour y rétablir les écoles de la cathédrale, comme il avoit fait à Auxerre, et que ce fut de cette ville qu'il passa au siége de Londres, étant cependant encore chanoine d'Auxerre, selon qu'il paroit par le Nécrologe de son église (2). Il falloit en effet qu'il eût été lié par quelque endroit à la ville de Nevers, puisqu'il y possédoit une maison dont il fit présent à l'abbaye de Saint-Germain d'Auxerre (3). On croit que le village de Prégilbert, à cinq lieues au-dessus d'Auxerre, sur la rivière d'Yonne, a tiré son nom de lui. On ne peut plus discerner aujourd'hui ce qui appartient à Gilbert dans la glose générale de l'Ecriture-Sainte. On ne doit guère compter d'ouvrages certains de lui, qu'un commentaire sur les Lamentations de Jérémie, à la fin duquel il mit son nom et sa qualité d'*Autissiodorensis ecclesiæ diaconus,* dont quelques copistes ont changé le dernier mot en celui de *decanus.* Cet ouvrage se trouvant ordinairement réuni, dans les manuscrits, avec quelque commentaire sur Isaïe, et sur Jérémie, et même sur Job, c'est ce qui a occasionné d'attribuer le tout au même Gilbert. On le trouve aujourd'hui imprimé en son lieu dans la glose ordinaire. J'ai vu aussi dans l'abbaye de Vauclair, au diocèse de Laon, des Explications sur quelques autres livres de la Bible, où son nom étoit spécifié, entre autres, sur les Pseaumes. Je ne sais s'il en est de même de ses homélies sur le cantique marquées dans le catalogue de Saint-Pierre de Cambridge, aussi bien que d'un traité intitulé : *Commentarius in prologos S. Hieronymi super biblia.*

Anselme, chanoine diacre de l'église d'Auxerre, vivoit en 1136 et 1145, et fut distingué par la connoissance parfaite qu'il eut de l'Ecriture-Sainte, pour raison de quoi il est dit, dans le Nécrologe, au 24 avril, *in divinis scripturis magister egregius.* Eloge qui porte à lui attribuer quelques ouvrages sur l'Ecriture-Sainte, telles que sont certaines petites gloses sur le Pseautier, que M. Ducange attribue à un Ansel, qui est le même nom autrement écrit.

Geoffroi d'Auxerre, appelé par Jean de Sarisberi, par Hélimand et autres écrivains aux XIIe et XIIIe siècles, *Gaufridus Autissiodorensis,* avoit étudié sous Abailard, et fut ensuite moine à Clervaux durant treize ans sous saint Bernard, à qui il servit de secrétaire. Il gouverna après la mort de ce saint plusieurs monastères de l'ordre en qualité d'abbé, et même l'abbaye de

---

(1) Angl. sacr. t, II, en 1691, p. 698.
(2) Preuves n. 5, p. 8.

(3) Hist. abb. Saint-Germ. in Gervasio, t. II, Bibl. Labbei p. 577.

Clervaux. Enfin il quitta le gouvernement pour rester simple religieux; mais il fut toujours employé en quelques négociations. Henri II, roi d'Angleterre, écrivit au chapitre général de Citeaux, pour avoir permission de garder auprès de lui Geoffroi d'Auxerre, et marqua dans une lettre au pape Alexandre III, que c'étoit l'un de ceux dont il suivoit les conseils. Geoffroi s'entremêla dans l'affaire de ce prince avec saint Thomas de Cantorbéri (1). Il reste une lettre de ce prélat à ce fameux cistercien (2), que l'éditeur ou un copiste moderne a mal-à-propos qualifié d'évêque d'Auxerre (a). Il est aussi parlé de *Frater Gaufredus de Altissiodoro* dans la lettre 29 du livre III. Voyez aussi *lib.* 5, *ep.* 18. Bertrand Tissier, prieur de Bonne-Fontaine a préparé, au dernier siècle une édition des ouvrages de ce Geoffroi, dont on a déjà une des vies de saint Bernard, et un livre de ses miracles, avec d'autres opuscules mêlés parmi ceux de ce saint, imprimés dans les livres indiqués chez Oudin. Il y devoit joindre son ample commentaire sur le Cantique des Cantiques, qu'on peut voir parmi les manuscrits de Colbert, aussi bien que celui qu'il fit sur l'Apocalypse. De plus, une grande quantité de sermons, de lettres et plusieurs autres ouvrages vus par Dempster et Garet. Mais Dom de Visch autre sçavant du même ordre, a distingué, après Seguin, son confrère, deux écrivains de Clervaux du nom de Geoffroi et partage entre eux les ouvrages ci-dessus mentionnés et autres. Peut-être même faut-il reconnoître encore deux autres écrivains du nom de Geoffroi dans la filiation de Clervaux, et regarder aussi l'un des deux comme du diocèse d'Auxerre. Dom Martenne (3) donnant connoissance de quelques manuscrits de Clervaux, marque entre autres, *Expositio in proverbia*, et ajoute qu'il se lit au commencement de cet ouvrage: *Hoc opusculum præsens non Richardi, sed domini Gaufridi abbatis Fontismensium, quod Regniaci pro certo constat esse, et sepultus est ibi juxta abbates.* Voilà un Geoffroi, abbé de Regny au diocèse d'Auxerre, placé parmi les écrivains. — Le titre qui le dit, est d'une écriture du XIIIe siècle, ainsi qu'il m'a paru en examinant ce manuscrit à Clervaux, l'an 1730. Ce n'est point un commentaire sur les Proverbes de Salomon quoique le titre semble l'insinuer; l'auteur dit, dans sa préface, qu'ayant recueilli autrefois un livre de proverbes ou de paraboles, Etienne, son abbé, l'a exhorté à les orner d'une paraphrase spirituelle. Au reste, si Geoffroi a été moine à Regny sous l'abbé Etienne qui vivoit en 1140, et qu'il ait été l'un de ses successeurs, il faut avouer qu'il n'est connu par aucun autre monument. Oudin a laissé aussi une difficulté à résoudre, lorsqu'il a marqué dans son livre, que Geoffroi d'Auxerre, disciple d'Abailard et ensuite de saint Bernard, vivoit encore en 1210.

Quoiqu'il en soit des deux Geoffroi d'Auxerre et de Regny, Helinand, moine de Froimont au commencement du XIIIe siècle, a écrit dans sa chronique citée par Albéric et par Vincent de Beauvais (4), que Geoffroi d'Auxerre

---

(1) Lib. 3, ep. S.-Th. ep. 20.
(2) Lib. 4, ep. 38.
(3) Voyage litter., partie I, p. 102.

(4) Alberic, ad. an. 1142. Vinc. in. Specul. hist.

(a) Rer. Francor. scriptores, t. XVI, p. 412. (*N. d. E.*)

qu'il appelle *Dominus Gaufridus Autissiodorensis*, étoit persuadé qu'Abailard son maître avoit erré sur le mystère de la Rédemption, et il rapporte le fragment du témoignage de Geoffroi tiré de l'un de ses écrits. Je me souviens aussi d'avoir lu, dans le grand commentaire du même Geoffroi sur les Cantiques ou sur l'Apocalypse, un passage fort favorable aux études monastiques. Le livre des sépultures de Clervaux observe que Geoffroi avoit refusé un évêché.

Alain, évêque d'Auxerre, depuis l'an 1152 jusqu'en 1167, est auteur d'une des vies de saint Bernard. Il a aussi écrit sur les prophéties de Merlin ; mais on ne sait pas si c'est pendant son épiscopat : peut être fut-ce pendant qu'il fut abbé de la Rivour ou après qu'il se fut retiré à Clervaux. Oudin et d'autres lui attribuent des ouvrages qui ne sont pas de lui, le confondant avec Alain le célèbre docteur.

Fromond, chanoine d'Auxerre, passe pour être auteur de la vie de Guillaume de Toucy, évêque d'Auxerre, dont il étoit commensal, et qui mourut en 1181. Il est qualifié *Maître*, dans les actes de ce temps-là, titre qui ne se donnoit alors guère qu'aux gens lettrés.

Odon, chanoine régulier au XIIe siècle, fut tiré de l'abbaye de Saint-Victor de Paris, ou d'une des dépendances de cette maison, pour être premier abbé de Saint-Père d'Auxerre, lorsque le doyenné fut changé en abbaye, entre l'an 1167 et l'an 1178. Il avoit quitté sa dignité d'abbé dès l'an 1178, et restant simple chanoine régulier, il fut toujours fort considéré par Guillaume de Touci, évêque d'Auxerre, dans les chartes duquel, qui sont des années 1180, et 1181, et qui concernent le monastère de Saint-Marien, il est nommé témoin sous le titre de *Magister Odo, canonicus S.-Petri*, ou simplement de *magister Odo* (1). Entre plusieurs productions de la plume qui l'avoient fait qualifier *Maître*, je ne nommerai que le recueil de lettres imprimées au tome II du Spicilège, quoique je n'adopte point le sentiment de ceux qui ont cru qu'*Apponi-villa*, dont il parle en la seconde lettre, est à Appoigny proche Auxerre, étant plus vraisemblable qu'il veut parler d'Amponville, prieuré dépendant de Saint-Victor de Paris, situé au diocèse de Sens. Par sa sixième lettre écrite visiblement à Gilles, ministre du royaume, qui, selon la chronique de Saint-Marien, fut disgracié après la mort de Louis-le-Jeune, il paroît qu'Odon demeuroit ailleurs qu'à Paris. Ce Gilles étoit frère de Guarmond, abbé de Pontigny.

XIIe ET XIIIe SIÈCLES.

Hugues de Noyers, évêque d'Auxerre depuis l'an 1182 jusqu'à l'an 1206, doit être compté parmi les auteurs, puisque les écrivains de sa vie qui lui étoient contemporains marquent de lui ce qui suit : *plerumque latino eloquio,*

---

(1) Archiv. S.-Mariani. M. Papillon a mal pris ces actes pour des lettres d'Odon.

properato valde studio, cantica componebat et cantus (1). Ils ajoutent qu'il ne limoit pas assez ses compositions ; ce qui fut cause qu'on en fit peu de cas après sa mort. Il m'a paru qu'on doit mettre dans le nombre de ces pièces, qui sont parvenues jusqu'à nous, deux proses qui restent dans l'ancien prosaire de la cathédrale : savoir celle de l'Invention de Saint-Etienne, *sacri gleba corporis*; et celle de la fête de Saint-Thomas de Cantorbéri, *plaude Cantuaria plausu renovato*. La composition de ces deux pièces de chant est un peu singulière, et n'est point désagréable. Les mêmes historiens ajoutent qu'il s'occupoit aussi très souvent à disputer avec les chevaliers de son temps, sur Végèce *de disciplina militari* ; c'est ce qui engage à lui attribuer un traité *de clarorum militum gestis mirabilibus*, que Gesner donne à Hugues de Mâcon, et qu'il assure être imprimé (2). Il est conservé en manuscrit à Clervaux, divisé en neuf livres.

Robert de Saint-Marien. C'est le nom de l'auteur qui a composé la chronique connue sous le nom de Saint-Marien d'Auxerre, que quelques-uns se sont contentés de regarder comme anonyme, et que d'autres (3) ont commencé à appeler du nom d'Hugues, dans le dernier siècle. Comme j'ai fourni sur cet auteur une dissertation dans les Mémoires de littérature de l'an 1729, je me contenterai d'en insérer ici le sommaire avec quelques nouvelles remarques.

Robert se nommoit Abolant ou Abolanz de son nom de famille : il fut d'abord chanoine de la cathédrale d'Auxerre sous l'épiscopat de Hugues de Noyers ; il fut aussi revêtu du personnat de lecteur, et on voit dans les archives du Chapitre plusieurs titres rédigés par lui ou par ses soins, qui finissent, *Dat. per manum Roberti, lectoris*. Il avoit en sa disposition toutes les chartes (4), et comme il aimoit les livres, et qu'il étoit lié d'amitié avec Milon, abbé de Saint-Marien, qui ne les aimoit pas moins, à la sollicitation de cet abbé il fit une compilation des chroniques de Sigebert et autres, qu'il mêla avec ce qu'il put tirer de connoissances de l'église de Sens, et avec ce que le livre intitulé *Gesta pontificum Autissiodorensium*, put lui fournir. C'est ce qui forma la chronique qu'il ne finit qu'après l'an 1205, lorsqu'il eut pris l'habit de l'ordre de Prémontré. Alors il put y ajouter plus amplement les choses qui regardoient cette maison, ou l'ordre de Prémontré. De là vint qu'il n'oublia pas de dire de l'abbé Milon, mort en 1203, *insignem confecit bibliothecam, quæsitis undecumque voluminibus cumulatam*. Robert fit écrire, durant qu'il étoit lecteur d'Auxerre, deux volumes d'actes de saints, dont il n'en reste qu'un qui est conservé à l'abbaye de Saint-Germain d'Auxerre : voyez son testament dans les Preuves (5). Il ne vécut à Saint-Marien qu'environ sept ans, continuant d'écrire l'histoire de son temps, et mourut en 1212. Son continuateur, dont le nom est inconnu, mais qui avoit vécu avec lui, fait ainsi son éloge à cette année : *Hic egregie litteratus, sed eloquens erat impense, et in historiarum notitia nulli temporis sui secundus*.

La chronique de Saint-Marien est très estimée, quoiqu'elle ne soit pas exémpte de fautes ; M. l'abbé Legendre en fait l'éloge en son catalogue des

---

(1) Bibl. Labb. t. I, p. 471.
(2) Montfaucon, bibl. t. II, col. 1368, D. Dom Mabillon.

(4) Et non *tous les chantres*, comme a mis M. Papillon.
(5) pag. 36.

écrivains. M. de Tillemont n'a pas oublié d'observer, quand il parle du patriarche Cyriaque, mentionné dans l'histoire fabuleuse de l'Invention de la Croix, cette belle sentence que Robert avoit apparemment prononcée souvent, lorsqu'il avoit eu affaire à des gens trop crédules en fait de légendes (1): « *confutandum est quod sic et autoritas refellit et ratio : arbitrandumque est figmentum esse falsitatis, cùm ibi nullum eluceat vestigium veritatis. Quod si quis asserat hoc ideo esse tenendum quia recitari in ecclesia ex longa consuetudine sit inductum ; sciat quia ubi ratio repugnat usui, necesse est usum cedere rationi.* »

Camuzat, chanoine de Troyes, fit imprimer cette chronique en 1608. On en attend une seconde édition plus exacte et plus complète de la part de l'ordre des Prémontrés, auxquels cet écrivain fait tant d'honneur. Je sais que l'exemplaire manuscrit de l'abbaye de Saint-Marien a été communiqué à leurs savants de Lorraine (*a*). Ils n'auront pas manqué d'y observer les additions faites après coup, soit dans le texte où il y a des ratures, soit aux marges où il y a quantité de vers latins écrits d'une main du XIIe siècle, différente de la main originale. Ces additions sont vraisemblablement du continuateur de la chronique, qui étoit poète, et duquel on trouve en distiques latins un éloge de la Bible mise en vers par Pierre de Riga, ainsi intitulé : *versus cujusdam canonici Præmonstratensis ordinis de S.-Mariano Autissiod. stringere pauca libet, etc* (2).

GILON OU GILLES DE TOUCY. Cet écrivain doit être compté parmi ceux du diocèse d'Auxerre, à cause du lieu de sa naissance et de son éducation, qu'il a marqué lui-même être Toucy. Il a continué en quatre livres de poésie latine l'histoire des croisades commencée par Foulques, et conduite jusqu'à l'an 1099. C'est ainsi qu'il termine son ouvrage, selon l'édition complète donnée par Dom Martène (3):

> Anno milleno decenteno minus uno
> Jerusalem capitur julii cum dicitur idus.
> Hæc ego composui Gilo nomine, Parisiensis
> Incola, Tuciaci non inficiandus alumnus.

Selon ces vers, Gilles étoit le nom de l'auteur, Paris le lieu de sa demeure, et Toucy étoit le pays où il étoit né et où il avoit été élevé.

XIIIe SIÈCLE.

PIERRE D'AUXERRE, est un théologien du XIIIe siècle qui avoit écrit sur les cérémonies de la messe un ouvrage qu'on croit perdu, mais qui est cité plusieurs fois par Durand, évêque de Mende, en son Rational des divins of-

---

(1) Ed. 1608, fol. 48.
(2) Cod. mss. S.-Genov. Paris. B. II, et cod. Sorbon. 56.
(3) Thes. anecd. T. 3.

(*a*) Ce manuscrit est conservé à la bibliothèque de la ville d'Auxerre, et porte le n° 121 (*N. d. E.*)

fices (1), sous le nom de *Petrus Autissiodorensis*. Il y a parmi les preuves de ces présents Mémoires, une lettre d'un Maître Pierre d'Auxerre, à Milon, abbé de Saint-Marien, qui vivoit l'an 1200. Belleforest, dans ses annales de France, parlant, sous Philippe-Auguste, de l'exemption de l'église d'Auxerre du droit de régale, dit avoir lu ce fait dans une chronique rédigée par un savant moine d'Auxerre nommé Pierre, qui a traduit, dit-il, de grec en latin des ouvrages de saint Méthode, évêque et martyr. Ceci ne peut convenir à ce Pierre d'Auxerre ci-dessus nommé; et ce qui m'empêche de le lui attribuer, c'est que le moine Pierre, traducteur de l'opuscule, dit de saint Méthode, sur les périls des derniers temps, vivoit dans le siècle des guerres des Normands dont il fait mention en son prologue, qui est de l'écriture du IXe siècle, à Saint-Germain-des-Prés. Comme il a pu se faire qu'une copie de cette traduction ait été jointe dans un volume avec une chronique anonyme, c'est ce qui aura trompé Belleforest.

GUILLAUME D'AUXERRE, est un auteur très connu parmi les théologiens scholastiques qui le citent, ou sous cette dénomination, ou simplement sous le titre *Altissiodorensis*. Cet écrivain, né à Auxerre vers la fin du XIIe siècle, avoit quitté de bonne heure sa patrie, et s'étoit retiré à Paris où il fut longtemps professeur en théologie vers le commencement du XIIIe siècle. Ce fut apparemment dans ce temps-là qu'il composa sa Somme théologique. Il devint par la suite archidiacre de Beauvais, et, vers l'an 1229, Milon de Nanteuil ayant été obligé d'entreprendre le voyage de Rome, Guillaume son archidiacre en prit aussi la route. En passant par Auxerre, au mois de février 1229, il y fonda son anniversaire dans la cathédrale (2). Il mourut à Rome en 1230, selon la chronique d'Albéric. Les obituaires de notre église ne m'ont point fourni le jour de son décès ; mais du Boulay a marqué (3) qu'on le faisoit dans l'université de Paris le 3 novembre.

Dans l'exemplaire manuscrit de sa Somme de théologie conservé à Clervaux, Guillaume est qualifié archidiacre de Beauvais, ce qui donne un plus grand jour à ce qu'a écrit Albéric, qui, sans lui donner ce titre, dit seulement de lui à l'an 1230 : *Mortuus est Romæ magister Guillelmus Autissiodorensis, theologus nominatissimus et in quæstionibus profundissimus.* Il ajoute que maître Ardegue, évêque de Florence, en avoit fait dès-lors un abrégé qu'on trouve à Saint-Martin de Tournay ; Herbert, doyen d'Auxerre, l'abrégea pareillement dès le même siècle, et depuis eux Denis le Chartreux. Guillaume écrivit aussi à Paris une Somme sur les offices divins, qui n'a point encore été imprimée. On la trouve manuscrite à Saint-Germain-des-Prés, à Saint-Victor de Paris et à Saint-Martin de Tournay. Il est inutile de faire remarquer ici que Guillaume d'Auxerre est différent de Guillaume de Seignelay, évêque d'Auxerre, puis de Paris, mort en 1223. On peut recourir là dessus à ma dissertation (4) imprimée en 1727. J'ai été surpris que M. Papillon n'ait pas parlé de ce célèbre Auxerrois dans sa Bibliothèque de Bourgogne.

HERBERT D'AUXERRE. Dans le catalogue des manuscrits de Clervaux, parmi

---

(1) Lib. 4, cap. 34, et alibi.
(2) Cartul. capit. fol. 54.

(3) Hist. univ. Paris. T. III,
(4) Contin. des Mém. de lit., T. III, part. II.

les livres de théologie *littera K. n.* 69, il y en a un qui porte ce titre : *Herberti Autissiodorensis summa libris XVI.* Ce même ouvrage est ainsi cité dans les manuscrits de Thomas Bodley en Angleterre, *magistri Auberti Altissiodorensis summa, lib. XVI.* Parmi les manuscrits de M. Colbert, le volume 3631, qui est d'une écriture de 400 ans, finit ainsi : *Explicit summa magistri Willelmi Altissiod. abbreviata à magistro Heberto.* Ce même ouvrage est pareillement à Saint-Victor. Il est sûrement du maître Herbert, qui fut doyen d'Auxerre en 1247, puisqu'on lit deux fois dans le manuscrit de Clervaux : *Notulæ ex summa magistri Herberti, decani Autissiodorensis.* On trouve aussi dans le catalogue des manuscrits de l'abbaye de Lyre en Normandie, chez le P. de Montfaucon : *magistralia super quatuor evangelistas, ab O. priore de Valle excerpta secundùm lectiones magistri Petri Manducatoris, et magistri Herberti.* Enfin parmi ceux de Sorbonne, num. 494, *comment. Herberti in summam Guillelmi Altissiodorensis.*

ALEXANDRE D'AUXERRE. Il est probable qu'il vivoit après le XIIe siècle. Le catalogue des manuscrits d'Angleterre, imprimé en 1667, met sous le nom d'*Alexandri Altissiodorensis*, cod. 2096, et cod. 2109, *super I et II, sententiarum.* (Mss. Cantabridg.) Peut-être faut-il lire *Alex. Alensis.* Cependant une lettre que j'ai reçue d'Angleterre porte à croire qu'il y a eu véritablement un Alexandre d'Auxerre qui avoit fleuri en cette île (1). Les Auxerrois, surtout ceux qui se retiroient à Pontigni, célèbre abbaye qui avoit du bien en Angleterre, ont toujours eu des relations en ce pays là, jusqu'au temps du changement de religion.

BERTRAND et JEAN, religieux de Pontigni, vécurent vers le milieu du XIIIe siècle. Le premier est auteur d'une vie de saint Edme, archevêque de Cantorbéri, à laquelle, pour être plus informé des actions de ce saint, il faut joindre celle qu'écrivit Robert Rich, frère du même prélat, et Mathieu Paris, qui profita d'un écrit de Jean, aussi moine de Pontigni : le surplus qui concerne l'histoire de la translation et d'une partie de ses miracles, est d'un auteur célèbre nommé Albert, lequel avoit demeuré à Pontigni avant d'être archevêque d'Armach, mais que je n'ose assurer en avoir été religieux.

LAMBERT, dominicain du couvent d'Auxerre, vers l'an 1250, a écrit une Somme logicale sur Aristote, que Gilles Sutoris, autre religieux de la même maison, mort en 1494, appelle *Summa Lamberti*, dans le catalogue des illustres (2).

[GILBERT D'AUXERRE, auteur signalé par l'abbé Lebeuf dans le Mercure de mars 1750, comme vivant au XIIIe siècle. Un manuscrit de la Bibliothèque impériale coté 8299, et du XVe siècle, lui attribue des notes sur l'Anti-Claudien d'Alanus].

ETIENNE, dominicain du couvent d'Auxerre, étant allé demeurer à Paris, y fut connu sous le nom de *Stephanus Altissiodorensis.* Le cardinal Odon de

---

(1) Mercure, juin 1725. | (2) Echard, de script. domin.

Châteauroux, condamnant le thalmud, en l'an 1244, dit qu'il se servit du conseil de trois dominicains, l'un des trois étoit *F. Albertus teutonicus*, connu depuis sous le nom d'Albert-le-Grand, un autre étoit *F. Stephanus Autissiod*. Gilles Sutoris, écrivoit, au XVIᵉ siècle, que la tradition du couvent d'Auxerre étoit que ce fut Etienne, l'un des professeurs sous lesquels saint Thomas étudia. On conserve de lui un commentaire sur les Proverbes de Salomon, parmi les manuscrits du grand couvent de Paris. J'y ai vu son nom ainsi marqué d'une écriture du temps : *F. Stephani Altissiod*. On ignore sur quel fondement Gilles Sutoris l'a appelé *Stephanus de Varnesia*. Peut-être a-t-il confondu deux religieux. On ne connoit au diocèse d'Auxerre, aucun lieu dit en latin *Varnesia*, à moins que ce n'ait été le nom de quelques maisons de la paroisse d'Appoigny, sur le grand chemin, proche un petit bois de vernes qui subsiste encore. Mais les titres du XIIIᵉ siècle parlent d'un clos de *Vannosia* qui étoit à Auxerre même, ou à Ecoulives, dans le lieu appelé Vannoise. Il est vrai aussi qu'en 1250 un chanoine de la cathédrale étoit connu sous le nom de *magister Stephanus de Vannosia*. Quand il se seroit fait Jacobin à Auxerre sur la fin de ses jours, il n'y auroit rien de surprenant, puisque d'autres chanoines d'Auxerre entrèrent dans cet ordre durant le même siècle. Mais en ce cas, il ne pourroit être le *F. Stephanus Autiss.*, dont s'étoit servi le cardinal Odon en 1244.

Vincent, scolastique de l'église d'Auxerre, qui fonda au XIIIᵉ siècle une chapelle au cloître de la cathédrale, sous le titre de Saint-Vincent, et qui se fit dominicain, est, selon bien de l'apparence, le même qui fut connu sur la fin de sa vie, et depuis sa mort, sous le nom de Vincent de Beauvais (1), et dont on a des volumes immenses de compilations, sur toute sorte de matières. Je possède une petite collection latine de Légendes, abrégées, et quelque fois raisonnées, qu'il a sûrement rédigées étant à Auxerre, à l'usage des curés. Ce manuscrit est du XIIIᵉ siècle. Il y en a aussi un exemplaire à Saint-Germain d'Auxerre et un chez les Feuillants de Paris. Le nombre des saints d'Auxerre qui y domine, et qui est chargé des circonstances locales très détaillées et qui lui sont singulières, prouve que l'ouvrage a été fait dans le pays : un miracle arrivé l'an 1225, dans la partie du Nivernois qui est du diocèse d'Auxerre, que l'auteur avoit appris depuis peu étant à la table d'un chevalier, témoin oculaire, insinue que cette collection est de l'an 1230, ou environ ; et cela s'accorde fort bien avec le temps auquel le célèbre Vincent entra dans l'ordre de saint Dominique. Mais ce qui fortifie le soupçon que ce célèbre Vincent et le scolastique d'Auxerre sont un seul et même écrivain, est que les saints d'Auxerre sont presque tous dans le Miroir historial, dans les propres termes de l'abrégé rédigé à Auxerre. L'auteur de ce Miroir aide même à découvrir que c'est lui qui avoit formé cet abrégé, puisque voulant traiter en critique la légende apocryphe de saint Cyr et sainte Julite, il se sert, pour motiver son dessein, des mêmes termes dont il avoit commencé l'abrégé étant à Auxerre ; et de peur qu'on ne crût qu'il emprunte les paroles d'autrui, cet

---

(1) Soit parce que la ville de Beauvais fut le lieu de sa plus longue résidence, soit parce qu'il étoit né de quelque village ou hameau du nom de Beauvais, car il y en a plusieurs en France ; et même du côté du Nivernois quelque lieu porte ce nom.

écrivain du *Speculum*, met en tête de cet article le mot AUTHOR : ce qui paroit décisif, pour identifier l'un avec l'autre. C'est au livre XI, chapitre 26. Voici la préface du petit lectionnaire qui peut passer pour le premier de ses ouvrages.

« Cùm plurimi sacerdotes sanctorum passiones et vitas non habeant, licet ex
» officio sua eas nec ignorare, nec tacere debeant, ad excitandam fidelium
» devotionem in sanctos ; eorum maxime vitas qui in calendariis annotantur,
» succincte perstringimus, ut et libelli brevitas fastidium non generet, et
» parochiales presbyteros librorum inopia non excuset. Si quis autem vitam
» sui patroni non hic inveniat, non sit ei grave, si eam alibi totum quærat. »

Ce petit lectionnaire quoiqu'assez déterminé pour le diocèse d'Auxerre, fut tellement goûté, qu'on en porta des exemplaires dans les autres diocèses. Celui de quatre cents ans qui est conservé chez les Feuillans de Paris, a appartenu, selon qu'il paroît par ce calendrier, à un curé du diocèse de Châlons-sur-Marne, qui n'y a ajouté à la fin, en forme de supplément, qu'un seul saint de son pays ; sçavoir saint Lumier, évêque, et quelques saints de Champagne et de Brie.

Je n'avois point examiné ni conféré tous ces ouvrages, lorsque traitant des scolastiques d'Auxerre (1), j'ai placé Vincent quelques années plus tard qu'il ne devoit. Il aurait dû être mis entre Humbaud et Mathieu. Ce fut probablement lui qui attira dans l'ordre des Dominicains, vers l'an 1252, Jean de Varzy et Milon de Varzy, archidiacre d'Auxerre. Ce qu'il marque lui seul dans son *Miroir historial* (2) touchant le titre de saint Renobert, dont le corps est à Varzy, diocèse d'Auxerre, prouve qu'il étoit particulièrement en relation avec le pays Auxerrois et Nivernois.

Jean Frasquet, moine de Saint-Germain d'Auxerre, est auteur d'une chronique, selon un manuscrit de Saint-Victor de Paris cité par du Boulay (3), et selon un autre du collège de Louis-le-Grand à Paris. Comme elle finit vers le milieu du XIII° siècle, auquel temps vivoit un Jean de Mailly, dominicain, également auteur d'une chronique (4), on ne sçait pour lequel se déterminer. Mais il n'y a pas d'apparence de pouvoir l'attribuer à un autre qu'à un Auxerrois, puisqu'il est visible que l'auteur s'y attache plus aux faits qui regardent l'église d'Auxerre qu'à d'autres. L'exemplaire que j'en possède, manquant du premier et du dernier cahier, n'a pu me déterminer à parler plus affirmativement.

Jean de Varzi, qui avait pris l'habit de saint Dominique au couvent d'Auxerre, fut appelé à Paris pour s'avancer dans les degrés ; il y fut reconnu si habile, qu'on le choisit pour professeur de l'Ecriture-Sainte dans la maison de Saint-Jacques. Il n'étoit encore que bachelier en théologie, lorsqu'il y composa de petits commentaires sur le livre de la Sagesse, et sur le Cantique des Cantiques, qui sont conservés dans la bibliothèque publique de Bâle (5), et dont le P. Echard a eu connoissance par le moyen de M. Inselin. Jean y est surnommé *de Viardaco*, pour *de Viarziaco*, selon l'usage ancien de

---

(1) Tome II, p. 783.
(2) Lib. 29, c. 100.
(3) Hist. Univ. Paris. T. III, p. 696.
(4) Echard. de script. præd. t. I, p. 217.
(5) Echard. de script. Præd. t. I, p. 373.

changer la lettre z en d qui fait encore dire, les *Verdigois*, pour les Varziois (1). Ses sermons furent aussi trouvés si bons, que Gilles d'Orléans, autre dominicain, qui vivait en 1273, en fit une collection. Son épitaphe est dans le chapitre des Jacobins de Paris, à main gauche, en ces termes : *Hic jacet F. Johannes de Varsiaco, ord, Fratrum Præd. in theologia magister. qui obiit. MCCLXXVIII.* Comme l'archidiacre d'Auxerre, nommé Milon de Varzy, se fit dominicain vers l'an 1250, il est à présumer que Jean, qui auroit été peut-être son frère ou son neveu, a pu suivre son exemple (2).

GUILLAUME L'AUXERROIS, de l'ordre des Frères-Prêcheurs à la fin du XIII° siècle. Plusieurs des sermons qu'il débita à Saint-Gervais et à Saint-Antoine-des-Champs, sont réunis dans un manuscrit de Sorbonne (3). On y voit du langage françois mêlé parmi le latin qui domine. Mallet dit qu'il fut provincial en 1294. Il est plus communément appelé *de Mailliaco*, et quelquefois par erreur *de Montiaco*. Le P. Echard juge avec fondement qu'il étoit natif de Mailly, au diocèse d'Auxerre (4).

GUI, abbé de Saint-Germain d'Auxerre, depuis l'an 1285 jusqu'à l'an 1309, fut l'un des plus exacts historiens qui fleurirent à la fin du XIII° siècle. Ne voyant pas clairement le temps de l'origine des abbés de Saint-Germain, ses prédécesseurs, dont il entreprenoit l'histoire, il n'écrivit leur vie que depuis l'abbé Heldric, c'est-à-dire, depuis l'an 989 ; et il le fit sur les chartes et titres dont il avoit une parfaite connaissance : car n'étant encore que simple grenetier de l'abbaye, il s'étoit appliqué à déchiffrer tous les anciens diplômes des rois et autres seigneurs, et en ayant tiré des copies lisibles, il les avoit fait toutes écrire en beaux caractères du temps dans un livre que Aymon des Bordes, auteur de sa vie, appelle un cartulaire, et qui subsiste encore (a). C'est de ce livre que Dom Mabillon et M. Baluze ont tiré plusieurs chartes curieuses qu'ils ont publiées. C'est aussi de là que j'en ai puisé quelques-unes qui sont à la tête des Preuves de ces mémoires. La patrie de Gui n'a été ni Mymo, comme l'a marqué le P. Labbe (5), ni Fabricius après lui, ni Myno, comme M. Papillon (6) le fait dire à Aymon des Bordes ; mais Munois, comme il est clairement marqué dans le manuscrit du XIV° siècle d'où le P. Labbe a tiré sa copie imparfaite. Ce village est en Bourgogne auprès de Flavigny. Le même M. Papillon se contente de dire que Gui, ayant abdiqué l'abbaye, se retira dans une solitude éloignée et inconnue. Il n'y avoit qu'à consulter la fin de sa vie, pour y lire que ce fut dans un lieu dit en latin *Summa-casa*. Il y passa environ cinq ans, et y mourut en 1313. On appelle aujourd'hui ce village Sommecaise ou Soncaise. Il est à sept lieues d'Auxerre, vers le couchant d'été, dans le diocèse de Sens.

(1) A Autun, saint Lazare est appelé saint Ladre.
(2) Voy. t. II, p. 432.
(3) Cotte ancienne 969.

(4) Non à quatre lieues d'Auxerre, comme il a dit, mais à six.
(5) Bibl. nov. mss. t. I, p. 586.
(6) Bibl. de Bourg., t. I, p. 386.

(a) C'est un écrivain anglais nommé Gaulthier qui a écrit les 90 premiers ff. du cartulaire, sous la direction de Gui et de Gui Bocon, chantre, vers l'an 1266. (*N. d. E.*

XIIIᵉ ou XIVᵉ SIÈCLE.

Maitre Jus... Le nom de cet auteur Auxerrois n'est pas achevé dans le catalogue où je le trouve ; c'est celui des manuscrits de M. de Montchal, rapporté par Dom Bernard de Montfaucon (1). Il y est au numéro 325, en qualité de commentateur de l'anticlaudien de maître Alain *magistri Alani Anticlaudianus quem glossavit magister Jus... Altissiodorensis*. Je le place après tous les écrivians du XIIIᵉ siècle, parce qu'il est certainement postérieur à maître Alain qui n'est mort que dans ce siècle.

XIVᵉ SIÈCLE.

Maces (2), de la Charité-sur-Loire, au diocèse d'Auxerre, est un poète français du commencement du XIVᵉ siècle, qu'on a peu connu jusqu'ici. Il mit en rimes françaises toute la Bible, à la prière d'Etienne de Corbigny, abbé de Fontmorigny au diocèse de Bourges, ainsi qu'il le dit au commencement de l'Apocalypse. On a parmi les manuscrits Colbert, une copie de cet ouvrage écrite en 1343, année où le copiste déclare que le pain fut fort cher. Mathieu de la Charité a marqué, au commencement de son livre, qu'il fut curé de Cenquoins. C'est ainsi qu'il écrit le nom de Xancoins, lieu du diocèse de Bourges. Comme on est incertain si Etienne de Corbigny est le même abbé Etienne qui siégea à Fontmorigny, depuis 1283 jusqu'en 1312, on ne peut fixer précisément le temps de cet ouvrage.

Aymon des Bordes, moine de Saint-Germain d'Auxerre, revêtu de l'office d'Ouvrier du monastère (*Operiarus*) écrivit, vers l'an 1315, la vie de Gui de Munois, abbé et historien de la même abbaye, décédé l'an 1313. Elle se trouve imprimée au tome I de la Bibl. du P. Labbe, p. 586.

Odon de Vaucemain, prieur du même monastère de Saint-Germain, écrivit vers l'an 1335, la vie de Gaucher ou Gauthier Dignon, abbé, successeur de Gui de Munois, qu'il avoit connu particulièrement, et qui étoit issu de Pierre Dignon, chevalier à Chéu proche Saint-Florentin. Cette vie est aussi à la suite de la précédente. Labb. *Bibl. t.* I, *p.* 589. Odon étoit apparemment parent de Hugues de Vaucemain, jacobin d'Auxerre, mort général de l'ordre en 1347.

Guérin de Gy-l'évesque, dominicain d'Auxerre, natif du village de Gy-l'Évêque (3), situé à une lieue et demie de la même ville, écrivit en 1340, par ordre du général de l'ordre, la vie de sainte Marguerite, fille du roi de Hongrie, qui a été publiée par Bollandus. Le chapitre de son ordre tenu à Lyon le chargea aussi de composer une prose en l'honneur de saint Vincent. Après avoir été provincial des Jacobins, en 1346, il en devint le général.

Jean de Gargenville, étoit chanoine d'Auxerre au XIVᵉ siècle, et curé de

---

(1) Bibl. Biblioth.
(2) C'est-à-dire Mathieu.

(3) Ce village est mal nommé *Gui l'Evèque*, dans Echard et dans Moréri.

Vermenton, au même diocèse. Quoiqu'il ne résidât pas en sa cure, son amour pour l'histoire l'engagea à rédiger, par écrit, tout ce qu'il put trouver sur cette paroisse, soit en forme de nécrologe, soit en manière de martyrologe, ou de calendrier. Le temps où cet écrivain étoit chanoine, (sçavoir les années 1374 et 1375), étant précisément celui auquel Nicolas d'Arcies, évêque d'Auxerre, fit recueillir par un chanoine les actions de ses prédécesseurs qui étoient restées en oubli depuis cent ans ; il y a très-grande apparence que ce fut Gargenville qui fut chargé de cet ouvrage. Il avoit été en état de voir tous les évêques dont ce recueil parle, excepté les quatre premiers. Il falloit qu'il eut déjà acquis quelque renom sous l'épiscopat d'Audoin Albert, qui finit en 1353, puisqu'il fut l'un des témoins de son codicile. Je me crois suffisamment fondé à lui attribuer non-seulement cet ouvrage, mais encore l'Epitome des gestes de nos évêques qui a du être écrite entre 1358, et 1374. C'est un manuscrit latin qui a été en la possession du P. Sirmond, jésuite, ainsi que l'assure Dom Viole (1) qui en avoit tiré une copie que j'ai vue. J'en ai fait imprimer la préface dans les preuves de ces mémoires, pag. 118 (2). Gargenville termine cet ouvrage au prédécesseur de Nicolas d'Arcies. Il l'a accompagné de tables, où il met d'un côté les évêques dont on fait l'office, de l'autre ceux qui sont qualifiés saints, sans qu'on célèbre leur fête ; et enfin le nombre et les noms de ceux qui sont inhumés dans telle ou telle église : ce qui marque un auteur méthodique. C'est lui qui nous certifie que l'évêque Gui, inhumé en 961, dans la cathédrale, y étoit regardé comme saint. Dans son Epitome il qualifie de *contemplatifs*, les anciens évêques dont on ignore les actions. On ne trouve rien à apprendre dans cet abrégé, sinon qu'à l'article de saint Didier il marque la destruction de l'ancien monastère de Saint-Côme, faite en 1358. Il déclare en deux endroits, que le *Monasterium Meleredense* étant également appelé autrefois *Vallis-Pentana*, doit être celui qu'on appelle Vieux-pou, proche Saint-Maurice, en la vallée d'Aillant; mais en cela il se trompe.

XVe SIÈCLE.

ETIENNE MORON, chanoine et sous-chantre de l'église d'Auxerre, étoit issu d'une famille établie dans la ville. Ayant vu instituer de son temps, dans la cathédrale, c'est-à-dire vers l'an 1420 la fête des saintes Marie, femme de Jacques et de Salomé, qu'on fixa au 25 mai, il fit un vœu à ces saintes pendant une maladie dont il fut atteint. En reconnaissance de sa guérison, il ramassa tout ce qu'il put trouver touchant leur histoire, leurs reliques, leurs miracles et leur culte dans la tradition des Provençaux et ailleurs, et en forma un ouvrage latin assez diffus, qui fut joint au Légendaire de Robert Abolans, où on le voit encore dans l'abbaye de Saint-Germain d'Auxerre. On y lit dans le titre, qu'il a été composé *a canonico et succentore indigno venerabilis hujus Autissiodorensis ecclesiæ* (3). C'est l'auteur qui parle. Il

---

(1) Vie de saint Germain, p. 238.
(2) L'original a été longtemps entre les mains d'Edme Jodon, avocat à Auxerre, d'où il est passé en celles du sieur Morot, son gendre.
(3) C'est un très gros *in-folio*.

mourut le 10 octobre 1429. M. de La Curne en a fait mention dans sa dissertation sur l'auteur de la vie des trois Maries (1).

Jean Regnier, écuyer, seigneur de Guerchy et officier du duc de Bourgogne, pour lequel il témoigna beaucoup d'attachement, étoit né à Auxerre. Il fut bailli de la même ville pendant trente-six ans. La Croix du Maine écrit qu'il avoit épousé, en 1460, Isabeau Chrestien ; ce qu'il tire des ouvrages du même Regnier. Cet auteur étoit avec le duc de Bourgogne, lorsque ce prince faisoit la guerre au roi Charles VII, et ayant été fait prisonnier il fut conduit à Beauvais en 1432. Comme le parti qu'il avoit pris étoit un acte de révolte, il crut qu'on le puniroit de mort ; et, pour charmer ses ennuis, il composa dans la prison un assez grand nombre de poésies françaises. Il fit aussi son testament comme un homme qui se disposoit à la mort. Mais ayant eu enfin espérance que son affaire n'iroit pas si mal qu'il l'avoit appréhendé, il fit un second testament moins sérieux, en vers, où il décrivit d'une manière badine les cérémonies qu'il vouloit qu'on observât à son enterrement. Il ne sortit pas cependant gratuitement de prison. Après avoir été un an et huit mois, il paya trois ou quatre mille écus, comme lui-même l'assure. Regnier avoit voyagé en Asie, en Afrique et savoit les langues étrangères. La Croix du Maine dit qu'il mourut fort vieux après l'an 1463. Ses *Fortunes et adversités* ont été imprimées à Paris en 1526. Du Verdier paroît n'en pas faire grand cas (*b*).

Jean d'Auxerre. On conserve au collége de Navarre, à Paris, un volume de collections théologiques écrites sur papier l'an 1438, que le catalogue des manuscrits attribue à Jean d'Auxerre, parce que son nom est à la fin du livre. C'est le volume 127 de la première table. Peut-être est-ce un ouvrage qu'un Jean d'Auxerre, qui étoit abbé de Roches en 1467, auroit écrit dans sa jeunesse.

Claude Rapine, né à Auxerre, embrassa à Paris, en 1440, l'institut des Célestins. Il fut excellent théologien, et fort bon canoniste. Il réforma plusieurs maisons de l'ordre en Italie. On a de lui, chez les Célestins de Paris, quantité d'ouvrages manuscrits. Jean Mauburne, abbé de Livry, s'en est servi utilement ; Dom Mabillon a employé en son lieu ce qu'il a écrit en faveur des études monastiques. On peut voir l'ample catalogue de ses ouvrages dans les éloges des illustres Célestins, recueillis par Dom Becquet, en 1719. On n'y voit cependant pas l'indication de son petit ouvrage contre les Tournois, que j'ai trouvé parmi les manuscrits des Carmes Déchaux de Paris. Dom Rapine mourut dans la maison de Paris, de la mort des justes, l'an 1493. J'ai

---

(1) T. XIII des Mém. de l'Académie des | Belles-Lettres.

(*a*) La famille des Régnier était fort honorable dans l'Auxerrois, comme on le voit dans le cours de ces Mémoires. Elle exerça les fonctions publiques en Bourgogne pendant plusieurs siècles. Leur arbre généalogique fut brûlé en 1795 sur la place d'armes à Dijon. Voy. arch. de Bourgogne, Rec. de Peincedé. (*N. d. E*).

(*b*) Ses poésies sont très rares et très recherchées aujourd'hui. (*N. d. E.*)

vu aussi, parmi les manuscrits des Célestins de Paris, l'épitaphe qu'il fit en vers latins de Simon Bonhomme, célestin de Metz, jointe à un ouvrage du même Simon dont il fit la compilation, étant sous-prieur de Metz, en 1452. C'est un recueil latin de Méditations. Comme le P. Rapine avoit le talent de la versification latine, je croirois qu'on peut lui attribuer aussi une longue vie de saint Claude, mise en vers latins, conservée parmi les manuscrits des mêmes Célestins de Paris. Mais il ne faut point lui attribuer, comme a fait le P. Becquet après du Verdier, un traité de chimie ou de philosophie occulte qui fut imprimé en 1542, in-4°, sous le titre de livre de Claude Célestin, de choses merveilleuses en nature, cet ouvrage convenant peu à un jeune homme de piété tel que Claude Rapine, doit être plutôt donné à Claude Dieudonné, célestin, qui étoit en commerce de lettres avec Cornelius Agrippa. (Voyez du Verdier sur Jacques Girard).

GIRARD VAILLOT, étoit un poète du pays Auxerrois au XVe siècle, selon le catalogue de Pierre Grognet (1).

GUILLAUME DE MAILLI, jacobin de la maison d'Auxerre, mort le 4 mars 1462, composa quelques opuscules conservés chez ses confrères. Il avoit aussi rédigé un catalogue de tous les ouvrages qui étoient contenus dans leur librairie; ouvrage utile dans un temps où l'imprimerie dans sa naissance ne permettoit encore de posséder que des manuscrits, qui souvent renferment des ouvrages sur des matières très-disparates.

FRANÇOIS LE GOUST, natif d'Auxerre, entra dans l'ordre des Cordeliers où il se distingua par son sçavoir. Il étoit déjà licencié en théologie en 1462, lorsqu'en vue de l'honneur qu'il feroit à la patrie, le chapitre d'Auxerre lui donna deux écus d'or pour faire la fête de sa maîtrise (2). La conclusion le dit natif de la ville. Dom Viole assure, qu'il fut un célèbre prédicateur. Il falloit que les habitants le considérassent fort, puisqu'étant mort au mois de juin 1479, le corps de ville fournit du luminaire pour ses obsèques, etc., et fit une dépense de cent sols (3). Il avoit mis toute l'Histoire-Sainte en rimes latines, qu'on trouve imprimées à la fin d'une édition gothique de la bible faite en 1514, avec ce titre: *tota biblia compendiosissime per rithmos descripta, per magistrum Franciscum Gotthi, ordinis Minorum, sacræ theologiæ professorem.*

> Ante fit lux producitur,
> Dividens aquas congregat;
> Ornatus factis additur,
> Producta Adæ subjugat.

Ce commencement ne fera pas juger favorablement de l'ouvrage; le P. le Long n'a cependant pas dédaigné d'en parler en sa Bibliothèque sacrée, mais il s'est trompé, après le P. Viole, en marquant que l'auteur fleurissoit en 1480. M. Papillon lui fait même dire que cet ouvrage fut composé en 1514, prenant l'année de l'édition pour celle de la composition.

---

(1) Merc. juin 1739, vol. I, p. 1096.
(2) Reg. cap. 1462.
(3) Compte de Jacques Césaire.

XVᵉ ET XVIᵉ SIÈCLES.

Roger de Collerye est le nom d'un ecclésiastique qui étoit secrétaire de Jean Baillet, évêque d'Auxerre en 1494, ainsi qu'il paroit par un acte imprimé ici dans les Preuves, pag. 299, col. 2. Il continua de faire la même fonction sous l'évêque suivant nommé François de Dinteville, selon qu'il est marqué à la tête de ses poésies imprimées à Paris en 1536. Le même titre marque qu'il les composa en sa jeunesse, cependant on n'y trouve presque que des sujets dont l'époque concourroit avec le temps de l'épiscopat de M. de Dinteville, auquel temps il n'étoit plus jeune. La plupart de ses poésies sont comiques. On peut voir plus au long ce qui en est dit dans le IIᵉ volume du Mercure de décembre 1737, et dans le premier volume de juin 1738. J'ai eu quelque raison de le croire natif de Paris, quoiqu'en quelqu'endroit de ses ouvrages, il se dise venu d'Angleterre ; je ne le compte, au reste, parmi les écrivains d'Auxerre, que parce qu'il a composé ses ouvrages dans cette ville ou au château de Régennes. Il dit, dans un endroit de ses poésies, qu'il se retiroit quelquefois au village de Ladu, qui est du diocèse de Sens, et peu éloigné de Régennes.

Germain de Brie, né à Auxerre, d'une (1) honnête famille, est un de ceux qui dans le XVᵉ siècle apportèrent le bon goût d'Italie en France. Il avoit étudié la langue grecque à Padoue, sous Marc Musurus, et avoit demeuré à Rome sous Jules II, avec le cardinal d'Albi, et y avoit fait amitié avec Augustin Trivulce, depuis cardinal. Il fut reçu chanoine de la cathédrale d'Auxerre le 28 août 1515 (2), par résignation de Guillaume Buiet, et résigna en 1520, la même prébende à Jacque Joce. Dès l'an 1512, il étoit secrétaire de la reine Anne et archidiacre d'Albi ; il parvint à un canonicat de Notre-Dame de Paris, en 1519, par permutation pour un prieuré. Il joignoit une grande politesse à une érudition choisie ; sa maison étoit l'asile de tous les savants de son temps. Il reçut souvent chez lui l'illustre grec Janus Lascaris, aussi distingué par sa naissance que par son bon goût pour les lettres. Il fut en relation, non-seulement avec le cardinal d'Albi, mais encore avec ceux du Bellay (3), Aleander et Sadolet, avec le chancelier du Canal, qu'il pleure comme son protecteur, écrivant de Blois à la reine (4) ; avec Poncher, Langey, Erasme, Vulteius, Ducher, Bourbon, Linacer, Dampierre, de Loinel, Tusanus, Christophe Longueil; Budé et lui (5) s'écrivoient réciproquement en grec. Il eut un démêlé avec Thomas Morus, au sujet de la description qu'il fit du combat donné en 1593, entre la flotte françoise et celle d'Angleterre (6), et un autre avec Erasme sur la secte des Cicéroniens. Ses poésies furent imprimées en 1519. Il traduisit du grec en latin plusieurs ouvrages de saint

---

(1) Le titre de *Nobilissimus adolescens* est donné à Nicolas *à Prato*, parent de de Brie, par Jean l'Ange, en sa dédicace des hiéroglyphes d'Orus à Jean de Mauléon, évêque de Comminges, de l'an 1521.

(2) Comptes de la fabrique de la cathédrale.

(3) Append. ad synodicon Paris. p. 572.
(4) Mireus de Script.
(5) Guillaud, théologal d'Autun, *epistola prævia comment. in Paulum*, les appelle *Galliarum in re litteraria principes*.
(6) Cette description est imprimée sous le titre *Chordigera flagrans*.

Jean-Chrysostôme. Ce fut Erasme qui lui envoya de Fribourg plusieurs épitres de ce saint docteur, qui n'avoient jamais été traduites ; ayant fait part de cette réception à François Ier, ce prince l'excita à les donner en latin, en lui promettant une récompense. En 1531, furent imprimées à Paris, chez Wechel, huit de ses lettres latines adressées à Antoine du Prat, archevêque de Sens, au cardinal de Tournon, au cardinal d'Aigremont, évêque de Tarbes, à Georges d'Armagnac, évêque de Rodez, deux à Erasme, une à Jérôme Vida, une à Jacques Salodet, évêque de Carpentras, et la dernière à Lazare Baïf, ambassadeur du roi à Venise. Son imprimeur, qui le qualifie simplement d'aumônier du roi, a joint à ces lettres une description poétique de Fontainebleau et plusieurs épigrammes sur une statue donnée au roi, le tout du même auteur. Dans la lettre à Vida (1), de Brie lui mande qu'un jour François Ier, en présence de la cour et de Jean Colin son lecteur, qu'il qualifie de *nostras*, lui demanda ce qu'il pensoit des poésies de Vida, et surtout de ses églogues. De Brie, ayant répondu qu'il n'en avoit pas encore vu les églogues, le roi qui les avoit écrites de sa main dans un livre, ordonna aussitôt à Colin de lui prêter ce volume. A cette occasion, de Brie excite Vida à composer une pièce de vers à la louange de François Ier (2).

Le nom latin de *Brixius* qu'il se donne, l'a fait méconnoitre et a été cause que plusieurs ont cru qu'il s'appeloit Brice et non pas de Brie : mais les monuments de son temps et de son pays, les registres des cathédrales dont il fut chanoine, sont plus croyables que les étrangers éloignés de son siècle. Le nom de ses parents se voit encore au vitrage de la chapelle de Sainte-Geneviève en l'église de Saint-Eusèbe d'Auxerre, paroisse de ses ancêtres. Ainsi Rabelais avoit grande raison de l'appeler Germain de Brie (3). L'acte de sa réception à Notre-Dame de Paris, écrit son nom de cette sorte, *de Brye*, et le qualifie prêtre. Dans le même temps qu'il étoit chanoine, il posséda le prieuré de Saint-Martin de Bretencourt proche Dourdan (4). Il mourut le samedi 27 juillet 1518, dans le bourg de Brezolles, diocèse de Séez. Ce sont les termes des registres du chapitre de Paris.

Dom Georges Viole a remarqué (5) que, dès l'an 1477, il y avoit eu à Auxerre un célèbre dominicain nommé Jacques de Brie, professeur en théologie.

JACQUES COLIN est compté parmi les poètes du XVIe siècle dans ce quatrain de Pierre Grognet (6) :

> Et ung autre Jacques Colin
> Peult estre dit Dieu Apolin
> Tant en savoir comme éloquence
> De tel peu trouverez en France.
>   On l'a veu de si bel arroy
> Qu'il est admis lecteur du Roy, etc.

---

(1) Ex. epist. II, ad. Erasmum.
(2) V. la Bibl. de Bourgogne pour le reste de ses ouvrages.
(3) Pantag. I, 4, chap. 21.
(4) Registr. Capit. *B. Maria Paris.*
(5) Vie de saint Germain, p. 252.
(6) Mercure, juin 1739, vol. I, p. 1099.

On voit par là que c'est celui-là même qui fut abbé de Saint-Ambroise à Bourges. Le P. Nicéron (1) dit qu'il étoit d'Auxerre.

[JACQUES COLIN, né à Auxerre à la fin du XV⁰ siècle, est mort vers 1547.
Il était secrétaire et lecteur du roi François Ier, qui l'aimait beaucoup et le gratifia de plusieurs bénéfices, notamment de Saint-Ambroise de Bourges. Il protégeait beaucoup les gens de lettres qui lui donnèrent en récompense les plus grands éloges. Il composait des vers en français et en latin.
Il a traduit d'Homère en vers français la *description des armes d'Achille et d'Oride : le procès d'Ajax et d'Ulysse pour ces armes.* Lyon, 1547 *in*-16, réimprimé en 1549. On lui attribue aussi une traduction du *courtisan* de Balthé de Castiglione, de laquelle parut une 2ᵉ édition, Lyon, 1538, *in*-8°].

ROBERT POURCIN est mis au nombre des poètes Auxerrois par Pierre Grognet, qui commence ainsi l'un de ses quatrains (2).

  Robert Porcin de vers Auxerre,
  Bien set coucher sa rime en serre.

J'ai trouvé le nom de ce poète parmi les chanoines d'Auxerre sous le règne de François Ier. Son décès est marqué dans les registres du chapitre au 8 février 1537. Il étoit aussi curé de Saint-Bris. Il fut inhumé à Saint-Regnobert dans une chapelle qu'il avoit fait bâtir (3). Il y a apparence qu'il fut l'un des auteurs de la vie de saint Germain, mise en vers françois pour être déclamée aux représentations théâtrales de ces temps-là.

PIERRE GROGNET s'est qualifié lui-même *Altissiodorensis* dans plusieurs de ses ouvrages, parce qu'il étoit né dans le diocèse d'Auxerre ; sa prédilection pour la vallée d'Aillant, marquée dans sa description poétique de plusieurs lieux de France, insinue qu'il en étoit au moins originaire, s'il n'y étoit pas né ; et peut-être étoit-il de Parly ou de Toucy. Dans sa requête au prévôt de Paris, de l'an 1533, pour l'impression de ses livres, il écrit son nom comme il est ci-dessus. C'est donc en vain qu'on a prétendu que son vrai nom étoit Gromet. L'adoucissement qu'il y apportoit quand il écrivoit en latin, étoit de dire quelquefois *Petrus Grosnetus*. Il a même donné, à la fin de ce volume de l'an 1533, une pièce de vers françois au sujet de ces deux manières d'écrire son nom ; malheureusement il ignoroit qu'au XIII⁰ siècle Groignet signifioit grand, car il n'eut pas manqué d'en profiter. Il borne ses qualités à celles de *maître ès-arts, et licencié en chacun droit*; quelquefois aussi il se qualifie *prêtre et chapelain d'Auxerre*. Je renvoierai aux Mercures de France de l'année 1737, ceux qui seront curieux de savoir les seigneurs auxquels il écrivoit au sujet de ses ouvrages. J'ai trouvé depuis dans l'édition d'un de ses livres de l'an 1534, une épitre adressée à Toussaint de Mallesec, seigneur de Chasteluz, et dans un autre de 1538, une lettre latine à Jean de Salazar, grand archidiacre de Sens, l'un de ses Mécènes, qui ne dédaigna point de lui

---

(1) Tome 26.
(2) Mercure, juin 1739, I vol., pag. 1099.
(3) *Registr. Sancti-Regnob.*

(4) Ex. mss. n. 2, in-4°. *B, Mariæ Paris.* p. 232.
(5) Pag. 469, 1094, 1119, 1508.

répondre par deux distiques ; une autre à Jean Ferrand, aussi archidiacre de Sens et official, et à la fin du livre, une autre adressée *nobili adolescentulo magistro Thomæ à Prato, eccl. cathed. Silvanectensis canonico ac thesaurario.*

Ses principaux ouvrages poétiques sont : *les mots dorez de Caton* mis en vers françois ; un catalogue des poètes de son temps, et d'autres plus anciens, sous le titre, *de la louange des bons facteurs, de la louange des femmes*, dédié à la reine Alienor ; *et bonne doctrine pour les filles ; la louange et description de plusieurs bonnes villes et cités du noble royaume de France; adages, proverbes, et dits moraux;* à la fin desquels des poésies sur l'histoire de son temps. *Manuel des vertus morales et intellectuelles*, dont l'édition latine de 1538 sous le titre d'*Enchiridion*, est dédiée à Antoine du Prat, chancelier de France. On peut voir le reste dans la Croix du Maine, etc.

EDME DE CASTANEA, de Toucy, au diocèse d'Auxerre, composa en vers un ouvrage dont Grognet, son compatriote, parle et qu'il appelle *Compendiole* (1). Grognet a fait imprimer, à la tête de son recueil *in-8°*, une pièce de cet auteur qui marque la foiblesse de certains poètes de ces temps-là, c'est-à-dire de l'an 1530 ou environ.

GUILLAUME LE MARCHANT, chanoine d'Auxerre, reçu en 1538 (2), passe pour avoir rédigé la vie de François de Dinteville, évêque d'Auxerre, premier du nom, mort quelques années auparavant (a). On lui fut aussi redevable d'avoir transmis par sa plume, à la postérité, plusieurs livres concernant les rites de l'église d'Auxerre.

JEAN FOUCHER, Auxerrois, avocat en parlement, vivoit en 1549. On connoit trois ouvrages de lui, savoir : *Exercendarum causarum civilium quotidianarum formula,* etc. Lugduni, 1540, *in-16.*

Præsulaticum Gallicorum, præfecturarumque ritus judiciales. Paris, Gautherot, 1543, 1549, *in-8°.*

Arbor omnium actionum civilium. Gesner a connu cet ouvrage. Voyez Lipenius, *Bibliotheca juridica,* p. 474.

Hubert Susan, poète Soissonnois, qui a vécu sous François Ier et qui avoit beaucoup de relations à Auxerre, suivant ce qui se voit à la fin de l'édition d'Héric par Pesselière, a adressé, sur la fin du second livre de ses poésies, des vers à Jean Foucher, son parent, dont il loue quelques ouvrages.

GUILLAUME VINCENT, de Clamecy, au diocèse d'Auxerre, a composé un écrit qui a pour titre *Convoi de Pallas*, qu'il a dédié au roi Henri II, en 1552 (3). L'épigramme sur la ville de Clamecy qui se trouve dans les der-

---

(1) Mercure, juin 1739, vol. 1, p. 1160.
(2) Registr. capit. 27 sept.

(3) Bibliot. de du Verdier.

(a) Il annonce à la fin de son œuvre écrite en 1548, qu'il l'a composée par ordre de son supérieur l'évêque F. de Dinteville, deuxième du nom (*N. d. E.*)

nières éditions seulement des poésies de Grognet, porte à croire que ce fut lui qui l'y fit insérer.

Pierre Venelle, de Clamecy, secrétaire de M. de la Ferté, fit imprimer en 1558, un ouvrage intitulé : *les prouesses de la cavalerie légère de France* (1).

Pierre Pesselière ou Passelière, moine de Saint-Germain d'Auxerre, né, comme on croit, au village de Gurgy, à une lieue et demie de la même ville, vivoit au milieu du XVIe siècle, et fut prieur de cette maison depuis l'an 1544. jusqu'en 1597. Il traduisit le traité de saint Jean Chrisostôme, *quod nemo lœditur nisi a seipso*. Il publia le premier la vie de saint Germain, écrite en vers par Héric au IXe siècle (2). Il donna aussi au public le Commentaire de Claude de Turin sur l'épitre aux Galates, dans l'opinion que c'étoit l'ouvrage d'un Claude d'Auxerre. On s'est trompé en la Bibliothèque de Bourgogne, en lui attribuant le livre des miracles de saint Germain, publié par le P. Labbe (3), puisqu'il est surement du moine Héric. Au lieu de cela, Pesselière est auteur d'une note que j'ai fait imprimer parmi les Preuves de l'histoire de la prise d'Auxerre, page xj. Voyez aussi ces Mémoires, tome I, page 608.

Hélie le Briois, lieutenant particulier à Auxerre, fit imprimer à Paris en 1563, in-4°, *Nouvelles coutumes du comté et bailliage d'Auxerre, anciens ressorts et enclaves d'iceluy*. Il y mit un avertissement latin qui fut réimprimé en 1598, in-4°. Il est parlé de cet avertissement page 85 de la Bibliothèque des coutumes par MM. Berroyer et Laurière.

Pierre le Briois, frère du précédent, fut lieutenant-général et président au bailliage et siége présidial d'Auxerre ; et mourut en 1562. Gruter (4) a conservé de lui quelques vers latins que cet auteur avoit insérés à la tête du livre de Jean Foucher, intitulé *Ritus judiciales*, imprimé en 1549.

Louis de Charmoy, avocat à Auxerre, composa dans le XVIe siècle un ouvrage intitulé *le Monologue du bon vigneron*. Je ne sais s'il est imprimé (a). On lui attribue deux pièces qui sont à la tête de la Coutume d'Auxerre, édition de 1581, la première porte ce titre : *au peuple Auxerrois, touchant l'abbréviation des procès par l'omologation des présentes coutumes..* ; la seconde consiste en douze vers françois, et cinq vers latins. Il ne désigne son nom que par ces lettres initiales L. de Ch.

Nicolas de Charmoy, père du précédent, avocat au parlement, a fait des

---

(1) Bibl. de la Croix du Maine.
(2) Voy. du Verdier et la Caille, histoire de l'imprimerie de Paris.
(3) Bibl. nov. mss^e t. I.
(4) Delic. poet., pag. 707.

(a) Cet ouvrage en vers, plein de bons sentiments, a été imprimé à Auxerre en 1607, chez Vatard, à la suite de celui de Me Jehan Pinard. Il y a une nouvelle édition de 1851. L. de Charmoy a publié aussi deux pièces de vers séparées (*N. d. E.*)

observations sur la paix ; *à bien faire laisser dire,* Paris, Langlier, 1643, in-16.

Félix Chrestien secrétaire de François de Dinteville II° du nom, évêque d'Auxerre, fut fait chanoine de la cathédrale en 1542. Il s'attacha tellement à son bienfaiteur, qu'il le suivit en sa disgrâce. Il passe même pour en avoir écrit la vie qui a été imprimée en latin chez le P. Labbe (1), à moins qu'on aime mieux dire qu'il se contenta d'insérer dans le livre du *Gesta pontificum*, cette vie latine. Au reste, il étoit plus capable qu'aucun autre d'en fournir les matériaux (a). Il mourut le 2 novembre 1579.

Pierre Divolé, dominicain célèbre au XVI° siècle, étoit né dans le bourg de Chevannes, à deux petites lieues d'Auxerre, il prit l'habit de saint Dominique dans le couvent de la même ville ; les chanoines et les habitants favorisèrent ses études, et ils lui aidèrent en 1537 à faire les frais de sa doctorerie. Il devint par la suite provincial de son ordre. Le premier carême qu'il prêcha à Auxerre, fut en 1543. On le regardoit comme un Jérémie de ce temps-là. J'ai rapporté dans l'histoire de la prise d'Auxerre (2), arrivée en 1567, ce que les Calvinistes lui firent souffrir. Ayant quitté alors la ville, il se retira à Paris où il prêcha le carême à Saint-Etienne-du-Mont, et mourut avant que de l'avoir achevé le 31 mars 1568. On voit encore sa tombe, dans le chœur du grand couvent des Jacobins, vis-à-vis le milieu de l'autel, avec les titres d'*Autissiodorensis... inter cæteros verbi Dei ministros velut Phœbus... decus eximium nullis reparabile sæclis.* (3) Son tableau a été aussi longtemps conservé dans le sanctuaire des Jacobins d'Auxerre, du côté septentrional, accompagné de plusieurs vers. Car chacun s'étoit empressé de célébrer ses louanges, les uns en poésie françoise, les autres en poésie latine. Le jésuite Possevin a mis au rang des écrivains illustres le P. Divolé, dont il avoit vu les sermons. Un curé du diocèse de Chartres les fit en effet imprimer quelques années après la mort de l'auteur, tels qu'il les avoit autrefois prêchés dans la cathédrale de Notre-Dame. Il y en a eu plusieurs éditions, et quelques-uns ont été si estimés qu'on les réimprima au premier tome de la vie des saints de Réné Benoit, publié en 1585, par Tigeon, chanoine de Metz.

Joseph et Edme Panier, bourgeois d'Auxerre, ayant été témoins de la prise et du pillage de la ville par les Huguenots, l'an 1567, en écrivirent chacun une relation qui devint fort commune, surtout celle de Joseph, habitant de la paroisse de Saint-Père. Ils moururent tous les deux en 1587, Edme le 21 septembre, et Joseph le 26 octobre.

Joseph Félix, marchand-drapier à Auxerre, demeurant sur la paroisse de

---

(1) Bibl. nov. mss. t. 1.
(2) Pag. 106, 107, 126, 127.

(3) *Ibid.* xlv.

(a) Nous pensons que Chrestien est l'auteur même de cette biographie. Il date sa composition de l'an 1566, sur le manuscrit original. (*N. d. E.*)

Saint-Eusèbe, sous le règne d'Henri III, écrivit quelques circonstances sur la prise d'Auxerre arrivée l'an 1567. Il composa depuis un journal de ce qu'il avoit vu ou oui-dire être arrivé tant à Auxerre que dans le voisinage, du temps de la Ligue, et les premières années du règne d'Henri IV. Son manuscrit est parmi ceux que j'ai achetés, et sauvés du péril où ils étoient. Je me suis trompé ci-dessus page 436, lorsque j'ai marqué que cet écrivain étoit de la paroisse de Saint-Père. Il ne faut pas le confondre avec Joseph Panier.

HILAIRE COQUI, cordelier, gardien du couvent d'Auxerre en 1567, ayant rétabli cette maison après les guerres des Calvinistes, ramassa tout ce qu'il put pour en faire une histoire, et crut devoir donner auparavant quelque chose sur les antiquités d'Auxerre. Ce morceau ne se retrouve point ; mais il subsiste un nécrologe qui contient les morts depuis environ trois siècles, commencé par ses soins, avec quelques notices générales sur les illustres de la maison. Ce Père natif de Saint-Florentin, mourut à Avallon où il prêchoit, en 1577, son corps fut rapporté à Auxerre.

ROCH MAMEROT, jacobin, confesseur de Marie-Stuart, reine d'Ecosse, veuve de François II, roi de France, et qualifié licencié de Sorbonne, le 14 février 1557. Il étoit né à Auxerre, où il avoit pris l'habit et où il a longtemps prêché, entre autres le carême de l'an 1586. Ses principaux sermons sont imprimés avec ceux qu'il a fait sur le prophète Jonas, et qu'il dédia à Nicolas Pseaume, évêque de Verdun, avec un grand éloge de ce prélat, pendant qu'il étoit prieur des Dominicains de la même ville (1) ; l'édition est de 1573. On a aussi un discours sur sa confession, imprimé à Rouen en 1587, *in-8°*. Il mourut à Auxerre en 1587, et y fut inhumé proche le sanctuaire de l'église des Jacobins.

JEAN BRUNEAU, avocat au bailliage de Gien, au diocèse d'Auxerre, l'an 1578, a composé un discours chrétien, sur les marques de l'église catholique, contre les prétendus réformés, imprimé à Paris 1581 (2).

JEAN LOURDEREAU, l'un des deux de ce nom qui ont été successivement abbés de Saint-Marien d'Auxerre, sous Henri III et Henri IV, a traduit de l'italien de Paul Morise, jésuite, l'histoire de l'origine de toutes les religions (3). Il a aussi composé un écrit intitulé : *de plusieurs dames illustres qui ont méprisé les grandeurs*, Paris *in-8°*, 1579, chez Robert Colombet.

JEAN MUSET, bailli de Saint-Verain, Alligny, Côme (*a*), et Bouhy, tous villages du diocèse d'Auxerre, a fait imprimer à Paris, *in-8°*, l'an 1582 : *Discours sur les remontrances et réformations de chaque état*.

---

(1) V. Possevin, etc. touchant les écrivains sur Jonas.

(2) Biblioth. de du Verdier.
(3) Du Verdier.

(*a*) Côme fait partie de Bouhy. (*N. d. E.*)

Jacques Chouet, naquit, vers 1536, d'un procureur au bailliage d'Auxerre. Après avoir embrassé la religion protestante, il fixa son séjour à Genève, où, je crois qu'il mourut. Il écrivit des observations apologétiques contre Scaliger; doctrine ancienne contre le même ; doctrine de la prédestination, Bâle, 1599; de la conférence tenue à Nancy, entre un jésuite et un capucin d'une part, et deux ministres de l'autre, Bâle, 1600, in-8°

Denis Perronet, chanoine d'Auxerre et pénitentier, a écrit plusieurs volumes de sermons qui sont imprimés. Il a fait aussi imprimer, en 1609, à Auxerre, l'ouvrage d'Arnold de Bonneval, *de opere sex dierum*. Il mourut en 1640.

SUPPLÉMENT AU XVIᵉ SIÈCLE.

Jean Pinard, est qualifié *trottier semi-prébendé* en l'église Saint-Etienne d'Auxerre dans une pièce de vers qu'il a composée dans le cours du XVIᵉ siècle et qui fut imprimée longtemps après sa mort par Pierre Vatard, à Auxerre 1607. Cette œuvre assez leste est intitulée *Discours joyeux en façon de sermon fait avec notable industrie sur les climats et finages des vignes d'Auxerre* (Voy. ci-dessus L. de Charmoy, note (a).

Certon Salomon, né à Gien, vers 1550, conseiller, notaire et secrétaire du roi, Il étudia la médecine et le droit et finit par s'adonner exclusivement à la poésie, a publié, en 1604, une traduction en vers de l'Odyssée d'Homère, qui fut assez estimée, 1 vol. in-8°, des *vers Léipogrammes* et autres œuvres de poésie, Sedan, 1620 in-12. On lui attribue aussi un poème latin intitulé *Geneva carmen heroïcum*, Genève, 1618, in-4°.— Mort vers 1610. M. Weis conjecture qu'il était protestant.

D. Georges Viole, moine bénédictin, né à Soulairs, diocèse de Chartres, en 1598, d'une famille honorable, devint prieur de Saint-Benoit-sur-Loire, de Saint-Germain d'Auxerre, de Corbie et de Saint-Fiacre et revint mourir à Saint-Germain, le 21 avril 1669, après une vie exemplaire et comme simple religieux.

Ses travaux sont très-nombreux, nous ne parlerons ici que de ceux qui concernent le diocèse d'Auxerre.

Il a publié une *vie de saint Germain, évêque d'Auxerre*, in-4°, Paris chez Billaine, 1656.

D. Martenne a donné dans ses Anecdota, t. III, f° 1222, une *Historia monasterii Pontiniacensis per chartas et instrumenta*, qui était de D. Viole.

La bibliothèque d'Auxerre possède de précieux manuscrits sur l'histoire des évêques et des comtes de cette ville et sur les différentes maisons religieuses du diocèse, que le savant religieux a patiemmeut composés. C'est une mine précieuse et inépuisable, quoique souvent explorée, de documents qu'on ne retrouve que là. Le recueil se compose :

1° Des *Gesta epicoporum Autissiodorensium et catalogus dignitatum ejusdem ecclesiæ*, 2 vol. in-f°.

2° *Historia abbatum monasterii Sancti-Germani, et catalogus priorum ejusdem loci necnon comitum Autissiod.* 1 vol. in-f°.

Ecclesiæ civitatis et diœcesis Autissiodorensis, 1 vol. in-f°.

Ces quatre volumes sont presque entièrement écrits de la main de D. Viole. On y trouve un grand nombre de chartes.

Le même ouvrage mis au net par les soins du P. Viole en 3 vol. in-f° se trouve également à la Bibliothèque d'Auxerre.

Nicolas Habicot, né à Bonny-sur-Loire, mort en 1624, fut un chirurgien assez célèbre de la fin du XVIe siècle et du commencement du XVIIe. On a de lui différents ouvrages sur l'ostéologie. Il fut chirurgien du duc de Nemours. (Lebeuf, Mercure de mars 1750, p. 88).

Nicolas Deschamps, avocat et docteur en droit civil et canon, à Auxerre, à la fin du XVIe siècle.

Un petit volume manuscrit contenant des poésies latines, françaises et même grecques, nous fait seul connaître cet écrivain qui paraît surtout s'être exercé dans le genre léger. Le recueil dont nous parlons est rempli de sonnets, de bouts-rimés, d'épigrammes et de jeux de mots où l'esprit n'est pas toujours la partie dominante et qui sont un peu fades.

Ces pièces sont dédiées à différentes personnes du pays, quelquefois la même pièce est en latin et en français.

Les personnes auxquelles le poète adressait ses vers lui répondaient de même ; et nous trouvons dans ce volume des pièces de S. Sotiveau, conseiller de Philibert Salomon, d'Eusèbe Legeron, avocat; ce qui montre que nos aïeux maniaient facilement la langue latine et les vers. Une dame Gabrielle Bargedé, fille de Nicolas Bargedé, premier président au présidial d'Auxerre, née en 1560, est l'objet d'une élégie et son portrait dessiné à la plume et richement costumé porte cette singulière inscription :

Gabrielle Bargedé : Gaillarde Bergère ; qui n'est peut être qu'un jeu de mots sur les lettres de son nom.

Tous ces opuscules sont de 1587 à 1589.

Un poème tragique sur la mort d'Abel, en vers latins, avec dessins fort grossiers, commence le volume. On ne voit pas s'il est dû à la plume féconde de Nicolas Deschamps.

XVIe et XVIIe SIÈCLES.

Regnaud Martin, chanoine d'Auxerre et archidiacre de Puisaye, mort en 1621, a écrit en françois la vie de l'évêque Jacques Amyot, son bienfaiteur, qui fut mise en latin par Frédéric Morel, doyen des professeurs royaux, en 1612 (1).

En rapportant les écrivains du XVIe siècle, je n'ai point fait d'articles séparés des trois écrivains suivants, parce qu'ils n'ont rien fait imprimer de ce qu'ils ont écrit ; savoir : Jean Grillot, prêtre, chanoine tortrier de l'église d'Auxerre, qui rédigea, l'an 1572, l'Ordinaire de cette église. Voyez ce que j'en ai dit dans l'histoire de la prise d'Auxerre. Il mourut le 23 mars 1575.

(1) Labb., Bibl. t. 1, p. 526.

Nicolas Duval, avocat à Auxerre, compilateur ou copiste de titres et antiquités ecclésiastiques de la même ville, en 1584, dont le volume est parmi ceux de M. Baluze à la bibliothèque du roi (1). Droin Chaucuard, sous-chantre de la cathédrale d'Auxerre, auteur de quelques livres manuscrits concernant l'église d'Auxerre. Voyez ce que j'ai dit de lui, t. II, p. 485.

Antoine Leclerc, sieur de la Forêt (2) proche Clamecy, est un des auteurs qui font le plus d'honneur à la ville d'Auxerre. Ainsi l'on a lieu d'être surpris qu'il ait été oublié dans la Bibliothèque des écrivains de Bourgogne. Il étoit né à Auxerre le 23 septembre 1563, d'une famille qui prouvoit sa descente en ligne directe de Jean Leclerc, chancelier de France, en 1420. Il fit d'heureuses études (3) dans le pays, et il y reçut la tonsure des mains de l'évêque Jacques Amyot. Mais en étant sorti à l'âge de vingt ans, il suivit le parti des armes (4) depuis l'an 1585 jusqu'à l'an 1592, et eut le malheur d'embrasser les opinions calvinistes. Il y renonça bientôt après à la sollicitation d'une demoiselle qui l'avoit soigné à Tours pendant une maladie dangereuse, et dont, en 1599, il épousa la fille qui étoit devenue veuve (5). Il fit, en 1595, son abjuration à Paris entre les mains de Michel Ancelin, curé de la Madeleine (6). Comme il possédoit la langue grecque, le cardinal du Perron le prit pour lui aider à interpréter les passages grecs des Pères qu'il devoit examiner dans la fameuse conférence de Fontainebleau, avec le sieur du Plessis-Mornay. Il étoit également versé dans la connoissance des auteurs profanes, comme dans celle de l'Ecriture-Sainte. Ayant assisté un jour en parlement à la réception d'un de ses amis à une charge de conseiller, lorsqu'on eut cessé de parler sur le sujet de la séance, il demanda permission de traiter la même matière, et il parla d'une manière si pathétique, qu'il se concilia l'estime de tous les auditeurs et fut reçu avocat à l'instant (7).

Revêtu de cette dignité, il composa quelques ouvrages sur des sujets qui regardoient la profession, et aida les autres à en composer (8). On peut voir dans sa vie qui a été donnée au public au moins quatre fois (9) à quel degré

(1) Cod. Baluze, 207.
(2) Cette terre lui vint de sa mère, Germaine Chevalier qui lui en fit don le 17 mai 1597.
(3) A la faveur de la riche bibliothèque de Claude Leclerc, son oncle, conseiller au présidial, qui la donna depuis en partie aux Jacobins et aux Cordeliers.
(4) M. de Thou, à l'an 1589, parle de l'emploi qu'il eut.
(5) Il fut marié à Saint-André des Arcs, le 19 octobre 1599, avec Bernarde Briant, fille du sieur Briant, et de Roberte le Normand, familles originaires du diocèse d'Auxerre.
(6) Les Calvinistes lui avoient offert une charge importante, s'il vouloit rester dans leur parti, ce qu'il refusa.
(7) C'étoit à Tours que le parlement résidoit en 1593, et non-seulement il fut reçu avocat, mais même créé professeur en droit ; en conséquence de quoi il dicta tant à Tours qu'à Paris, des cahiers dont une copie fut recueillie par Jean Regnauldin, son neveu, fils de Barbe Leclerc; laquelle est conservée chez ses descendants. L'année d'après, il contribua à accélérer la réduction de la ville d'Auxerre à l'obéissance d'Henri IV, en portant à ce devoir les principaux magistrats qui étoient ses parents.
(8) Il aida beaucoup de ses lumières Claude Chevalier, son parent, à rédiger son commentaire sur la coutume d'Auxerre qui est resté manuscrit.
(9) Cette vie fut premièrement publiée in-8°, en 1644, sous le titre du *Séculier parfait*; par Louis Provansal de la Forêt, commissaire d'artillerie en la province de Picardie, renommé pour ses livres de controverse, fils de Bernarde Briant qu'Antoine Leclerc avoit épousée lorsqu'elle étoit veuve de Charles Provansal, greffier en parlement. L'auteur parle souvent comme témoin oculaire, et assure qu'il s'est servi des mémoires du Père Ignace de J. Maria [Samson d'Abbe-

il posséda l'esprit de la solide piété, le talent du discernement et le don de prophétie. C'est ce qui est confirmé par son épitaphe que je rapporterai ci-après. Claude Bernard, surnommé le Pauvre Prêtre, reconnoissoit lui être redevable de sa conversion, et recouroit à lui dans ses doutes. Il se faisoit honneur d'être son parent. Ils avoient au moins des parents communs dans le parlement de Dijon (1).

Il mourut à Paris sur la paroisse de Saint-Sulpice, le samedi 23 janvier 1628, et fut inhumé, selon qu'il l'avoit marqué par son testament, dans l'église des Pénitents de Picpus, où on lit l'épitaphe suivante :

« Hic jacet Antonius *Leclerc de la Forêt*, Altissiodorensis, Joannis *Leclerc* Franciæ Cancellarii nepos, vir summæ eruditionis ac pietatis, qui virtutibus addictus Dei præsentiâ, ardenti ejus amore, charitate in pauperes, sui abnegatione, verâ humilitate, et altissima rerum cœlestium contemplatione adeo præfulsit, ut frequenter divina passus, dono consilii præditus fuerit, et futurorum notitia conspicuus multa miranda prædixerit. Obiit Parisiis, habitu Fratrum-Pœnitentium Sancti-Francisci moriens donatus, anno ætatis 65; Christi 1628. In cujus memoriam illustrissima Domina Carola d'*Estampes-Valencey*, Domina *de Puisieux*, hujus sacelli fundatrix, hoc monumentum posuit (a). »

Quoiqu'il eut composé et laissé à la postérité une infinité d'ouvrages, ainsi que dit l'auteur de sa vie latine, nous ne connoissons de lui que ceux que je vais nommer. Le premier consiste dans les Explications de quelques endroits de l'Ecriture-Sainte ; la même vie latine assure qu'elles sont imprimées (2).

Le second ouvrage de Leclerc, est un commentaire latin sur les lois anciennes de Rome, tant celle des rois que les lois des douze tables, où il développe une infinité de choses obscures dans les usages des anciens Romains. C'est un *in-4°*, imprimé à Paris en 1603, dans la préface duquel l'auteur avertit qu'il a entrepris un peu tard à traiter cette matière ; savoir à l'âge de 39 ans. Dans l'épitre dédicatoire à Jacques de la Guesle, procureur-général, il prend le nom d'*Antonius Clarus Sylvius*. Ce commentaire est cité avec éloge par Thomas Dempsterus, en 1612, dans son recueil d'antiquités romai-

ville] Carme-Déchaux, son confesseur. L'un des approbateurs est François Véron, curé de Charenton, qui dit avoir connu familièrement le sieur Leclerc ; 2° Cette vie a été publiée en 1667, à Paris, *in-8°*, dans l'histoire du tiers-ordre de saint François, dont l'éditeur Jean Marie de Vernon ajoute qu'elle avoit été rédigée par le Père Chrysostôme de Saint-Lô, religieux du tiers-ordre, par sa célèbre sainteté, et très-estimé des reines Marie de Médicis et Anne d'Autriche, lequel pareillement il dit avoir été son confesseur (depuis que le P. Ignace eut quitté Paris.) 3° Elle a été imprimée à Caen, *in-4°*, l'an 1683, dans un recueil françois d'autres vies. 4° En 1686, *in-folio*, dans le troisième tome des annales latines du tiers-ordre de saint François par le Père Jean Marie, ci-dessus nommé.

(1) MM. Gontier, magistrats du Parlement de Dijon, originaires d'Auxerre, et descendants d'une Marie Leclerc.

(2) Il faut que ce soit sur l'ouvrage des six jours, intitulé : *De mundi opere divina solertia perfecto*, 1618, *in-8°*.

(a) Le portrait original d'A. Leclerc est conservé chez Mme Leclerc de Fourolles, à Auxerre. On lit au bas :
Antonivs Leclerc, dominvs de la Forets, nobilis Avtissiodorævs, doctrina et scriptis clarvs, sanctitate et miracvlis clarior.
En haut sont ses armes. (*N. d. E.*)

nes, l'auteur y est qualifié *jurisconsultus et criticus doctus* ; par Jacques Gourthiére, en 1627, dans son traité de *De jure manium*. Leclerc y est qualifié *vir doctissimus et acutissimus*. Le jésuite Lacerda, espagnol, dans son commentaire sur Virgile, Agésilas Marescotti, italien, traité *De personarum et larvorum apud veteres usu*, Gaspar Bartholin, danois, traité *De tibiis veterum*, Thomas Bartholin, frère de Gaspar, dans ses antiquités Danoises, etc., font honorable mention du même commentaire.

Son troisième ouvrage connu, est intitulé *Défense des puissances de la terre*. Il se mit à le composer aussitôt qu'il eut appris l'assassinat du roi Henri IV, arrivé au mois de mai 1610, et dès le 29 juillet suivant, il obtint le privilége pour l'impression. L'édition fut faite à Paris, in-8°, chez Georges Lombard. Quelques-uns assurent que depuis il a été traduit en latin.

On peut ajouter à tout cela un recueil de lettres de piété, de l'an 1626, à des ecclésiastiques de Gournai en Normandie et autres, accompagné de méditations et de maximes, imprimées avec sa vie en 1644.

Le commentaire de Leclerc sur les lois romaines, fut apparemment ce qui porta M. Billet de Fanières à l'insérer dans le catalogue des illustres antiquaires. Mais il méritoit ce titre indépendamment de cet ouvrage. L'édition d'Antonius Augustinus, et de Fulvius Ursinus, *De Romanorum gentibus et familiis*, qui parut à Lyon, en 1592, in-4°, avec une préface de 6 ou 7 pages, est attribuée au sieur de la Forêt. L'imprimeur ne nomme pas l'auteur de cette préface, il se contente de mettre qu'elle est *Nobilissimi cujusdam viri*. Il y est parlé des lois des douze tables et du droit romain, que le sieur de la Forêt songeoit déjà à éclaircir. La qualification de *Liber singularis* que l'éditeur emploie à la tête, s'accorde avec ce qu'il dit touchant la même expression dans la préface de son commentaire. Il augmente en quelques endroits l'Antonius Augustinus. L'article *Sylvia gens* n'est pas dans la précédente ; il lui étoit devenu précieux depuis qu'il avoit latinisé le nom de sa terre en celui de *Sylvius*.

Je ne parle point des vers latins de la composition d'Antoine Leclerc. On en trouve quelques-uns à la fin d'une harangue prononcée par Martial Maistræus, docteur en théologie, à l'occasion du chapeau de cardinal que M. du Perron venoit de recevoir. Ce discours, qui est de plus de 73 pages *in-8°*, fut imprimé à Paris, en 1604, chez Claude Morel. L'orateur y découvre en ces termes, que ce fut le sieur de la Forêt qui l'engagea à faire ce panégyrique. « Ingentem tui salutandi colendique cupiditatem multoties, ni mea me novitas tuaque gravitas compressisset, nullis non rationibus explevissem. Nunc vero cum repentinus tuæ dignitatis cumulus oportunam adeo nobis ansam subministret, ad eamque captandam non parum adhortetur insignis ille jurisprudentiæ consultus Apollo Antonius Clarius Sylvius, qui conceptum dudum votum coercere, tantoque monitori debeam possimve reluctari ? » Ce Maistræus donna, en 1608, une édition et une version des lettres de saint Ignace d'Antioche, qui avoit été revue par le sieur de la Forêt, quoique l'éditeur n'ait osé en rien dire, de peur de blesser la modestie de son guide et de son ami.

Antoine Leclerc estimoit beaucoup le traité de Claude Gousté, prévôt et juge de Sens, sur l'autorité des rois, composé sous Charles IX. Quelques-uns en conséquence, lui ont attribué quelques écrits anonymes du temps de l'interdit de Venise. Ce qu'il y a de certain, c'est qu'en 1614, Claude Chevalier, lieutenant-général au bailliage d'Auxerre, ayant été député aux états-généraux du royaume tenus à Paris, le sieur de la Forêt, son cousin-germain, l'aida de ses conseils et de ses lumières pour s'opposer aux maximes qui attribuoient au souverain-pontife une autorité sur le temporel des rois. Chevalier tint ferme, et fut suivi de la chambre du tiers-état. Plusieurs pièces fugitives se répandirent, auxquelles le sieur de la Forêt avoit mis la main, si même il n'en étoit pas entièrement l'auteur.

Outre le témoignage que l'épitaphe de ce savant rend à sa parfaite érudition, voici quelques traits particuliers qui m'ont été communiqués par une personne qui a fait beaucoup de recherches sur Antoine Leclerc. La reine Marguerite de Valois l'ayant fait maître des requêtes de son hôtel (1), il brilla dans les savantes conférences qui se tenoient chez cette princesse, et en sa présence. Il dressoit le plan de ces conférences, et en formoit le résultat. Elles rouloient sur des matières d'érudition; les sujets en étoient sagement choisis, et le mérite de ceux, qui sous la direction du sieur de la Forêt se chargeoient de les discuter, avoit une approbation universelle. Leur nom fait encore honneur à la république des lettres (2). Ces assemblées ont été comme le prélude des académies qui se sont depuis établies. Le sieur Leclerc, versé en tout genre de littérature, fut dans son temps le protecteur des savants. Les gens de lettres qui furent favorisés, soit de la reine Marguerite, soit du cardinal du Perron, soit enfin des maisons de Puisieux, d'Estampes-Valencé, etc. n'eurent ordinairement des gratifications que par son moyen : d'ailleurs il s'efforça de réveiller le bon goût; Achille du Harlay-Sancy, mort évêque de Saint-Malo, fut un des premiers à en profiter. Il reste une pièce de vers françois imprimée, adressée par ce prélat au sieur de la Forêt. On en pourroit citer beaucoup d'autres. Gabriel Madelenet, fils de Toussine Leclerc, proche parente du sieur de la Forêt, reçu avocat en 1614, s'attira d'abord quelque réputation par de brillants plaidoyers, mais il quitta promptement le barreau, parce qu'il ne s'y

---

(1) En 1609, il procura une semblable charge chez la même reine à Philippe Leclerc de Château-du-Bois son parent, titre que souvent ce Leclerc préféroit à sa dignité de président au présidial d'Auxerre, et que même il faisoit valoir dans des actes. Philippe eut un fils conseiller au parlement de Paris. —Raymond Breton, de Vitteaux, l'un des 4 premiers missionnaires apostoliques à la Guadeloupe, de l'ordre des Frères prêcheurs a composé un dictionnaire caraïbe-français, Auxerre, 1665, et un autre, français-caraïbe, 1666 ; et de plus une grammaire caraïbe également imprimée à Auxerre, 1667, in-8°.

Ces ouvrages sont dédiés à M Claude-André Leclerc, écuyer, seigneur du Château du Bois, Saint-Cyr-les-Entrains, etc., qui paraît avoir coopéré de son *bien à la publication de l'ouvrage*. Il y est loué pour son zèle pour le salut des sauvages.

Un sieur Brunet, chanoine d'Auxerre, adresse ce quatrain à Raymond Breton, à la fin du dictionnaire français-caraïbe :

Pergite messores Domini, non aptius usquam
Panditur, ut gentes erudiantur, iter
En Caraïborum dum scriptis, nomine, re que.
Adnotor interpres, pergite, pando viam.

Plus bas on lit ces vers signés du P. Alexis d'Auxerre, missionnaire capucin, adressés aux missionnaires apostoliques, sur le livre du P. Breton :

Vous qui cherchez les glorieux emplois,
Allez sans craindre le naufrage,
Planter l'estendart de la croix
Dans les cœurs d'un peuple sauvage.
Estudiez seulement,
Avant que de partir ce zélé testament.
Vous y verrez, troupe choisie,
Ce que jamais vous n'auriez sceu,
Si l'auteur n'eut passé la moitié de sa vie,
Dans l'autre monde où je l'ay veu. (*N. d. E.*)

(2) Des Portes, Regnier, Maynard, poètes alors fameux, Victor Cayet, Scipion Dupleix, qui dans son histoire de Louis XIII, rapporte ce fait, et dans l'épitre dédicatoire de sa métaphysique à M. Bertier, évêque de Rieux ; ajoutez Pierre Louvet, historien de Beauvais, Savaron, historien de Clermont, le Père Coëffeteau, mort évêque de Marseille.

plaisoit pas. Le sieur de la Forêt l'appliqua aux belles-lettres, et le produisit auprès du cardinal du Perron. Madelenet, au jugement du célèbre Ménage, a emporté la palme poétique sur tous les poètes de son siècle. Nous avons ses poésies latines, publiées par le comte de Brienne, secrétaire d'état, en 1662, un an après sa mort arrivée à Auxerre. Ericius Puteanus, et Georges Criton, écossois, professeur en grec dans l'université de Paris, furent en grande relation avec M. de la Forêt ; ce dernier lui adressa plusieurs ouvrages.

Le témoignage rendu à la grande piété d'Antoine Leclerc dans son épitaphe, est fondé sur ce qui éclata aux yeux du public. Il entra dans presque toutes les bonnes œuvres qui se firent de son temps ; il fut lié avec les saints personnages qui répandoient à Paris la bonne odeur de J.-C., sans en excepter ceux qui ne firent qu'un séjour passager dans cette capitale, tels que saint François de Sales, et la vénérable Mère Alix Leclerc, première religieuse et supérieure de la congrégation de Notre-Dame en Lorraine. La reine Marguerite, non contente d'estimer l'étendue de sa science, respecta infiniment sa vertu, et s'en reposoit sur lui à l'égard du choix de ses officiers, particulièrement de ceux qui étoient préposés pour le spirituel. Antoine Leclerc procura à saint Vincent-de-Paul la place d'aumônier de cette reine. Un attrait apostolique approuvé du même sieur Leclerc, et suivi des bénédictions du ciel, engagea le nouvel aumônier à quitter cet emploi. Le maître des requêtes de la reine travailla sans cesse à inspirer les sentiments d'une véritable piété à sa bienfaitrice ; il en vit enfin les fruits dans la dernière maladie de cette princesse qui mourut très-chrétiennement le 27 mars 1615. Elle avoit introduit deux ans auparavant les Augustins de la réforme de Bourges dans le monastère qu'elle avoit établi à Paris, et cela suivant le conseil d'Antoine de la Forêt ; c'est de quoi les registres de cette communauté font mention.

Ce savant et pieux personnage appuya de son crédit les réformes naissantes des ordres religieux, et fut le conseil des réformateurs. On peut nommer à ce sujet Laurent Bénard, pour la réforme des Bénédictins ; Sébastien Michaëlis pour celle des Dominicains; Vincent Mussart, pour la réformation du tiers-ordre franciscain ; Pierre de Sanejan, pour celle de la congrégation de Saint-Antoine ; Claire Françoise de Besançon, fondatrice et première supérieure des Filles de sainte Elisabeth près le Temple, morte en 1627 (1) ; Geneviève Bouquet, réformatrice des hospitalières de l'hôtel-dieu de Paris ; Françoise de la Croix, institutrice des hospitalières de la Charité N.-D. ; Agnès Dauvaine, fondatrice des Annonciades célestes. Il eut le bonheur de fournir à quelques-unes de ces nouvelles congrégations d'excellents sujets ; un de ses fils, doué d'une piété angélique, entra dans la nouvelle congrégation de Saint-Antoine, et y consomma saintement son sacrifice. A peine les Carmes-Déchaux furent-ils en France, qu'il s'attirèrent singulièrement l'attention de M. de la Forêt. Il avoit été charmé de la piété de leurs sœurs les Carmélites de Sainte-Thérèse, arrivées peu auparavant. Il conçut les mêmes sentiments en faveur des Carmes-Déchaux. Aussi, vit-on sous ses auspices peupler leur cloître.

---

(1) D'autres amis du même genre furent Dominique de Jésus, général des Carmes-Déchaux, qui vint à Paris en 1621. Le Père Jean Suffren jésuite, confesseur de Marie de Médicis.

Germain le Prince, chanoine de la cathédrale d'Auxerre depuis dix ans, et allié très-proche de M. de la Forêt (1), se retira en 1612, selon ses conseils, chez les Carmes-Déchaux, et y mourut si saintement le 19 novembre 1617, qu'on le trouve marqué en quelques martyrologes (2). Son exemple fut suivi par plusieurs autres, dont le plus remarquable est Jean Duval, fils d'une cousine-germaine du sieur de la Forêt, mort évêque de Babylone, qui aura ci-après son article séparé.

La mémoire d'Antoine Leclerc de la Forêt fut honorée d'une oraison funèbre, chez les Pénitents de Picpus, faite par un des religieux, en présence des envoyés des deux reines ; mais on ne croit point qu'elle ait été imprimée. Ces Pères avoient hérité de la bibliothèque de M. le cardinal du Perron, dès l'an 1618, et ce legs leur avoit été fait à la sollicitation de M. de la Forêt.

Le cardinal d'Estampes-Valencé, frère de la marquise de Puisieux, eut dessein de faire béatifier M. Leclerc de la Forêt, et il s'intéressa pour cela auprès d'Urbain VIII, mais la mort de ce cardinal dérangea ce projet.

Un habile homme se propose de donner une histoire plus étendue de ce saint personnage (a).

Charles de Villiers, chanoine théologal d'Auxerre, a publié les ouvrages de Fulbert, évêque de Chartres, l'an 1608. M. de Launoy a fait un long éloge de cet Auxerrois dans son histoire de la maison de Navarre, page 812. Il mourut vers l'an 1640.

Antoine Jodon, médecin d'Auxerre, vivoit au commencement du XVIIe siècle. Il a composé quelques vers françois qui sont à la tête de la coutume d'Auxerre, imprimée en 1620, à Auxerre, chez Vatard. Il est aussi auteur du traité intitulé : *De hydrope ventriculi*, imprimé avec l'ouvrage de Lazare Rivière, sur le même sujet, à Londres en 1646, *in-8°*, et à Paris la même année, et depuis encore à la Haye, en 1656.

Charles Daubus, d'Auxerre, devint ministre à Nérac, et fit imprimer, en 1626, *in-12*, à Sainte-Foy, un livre intitulé l'*Etoile de Jacob*, de plus de 1200 pages, dans lequel Daillé, Claude et Jurieu ont puisé plusieurs difficultés qu'ils ont proposées aux catholiques comme nouvelles, en leur donnant un nouveau tour. Il y joignit une table chronologique qui peut passer pour un ouvrage séparé ; mais qui est rempli de fautes en plusieurs points historiques. A l'occasion d'une conférence tenue en 1206, avec les Albigeois, il met un Bernard Arreus, ou d'Auxerre parmi les adversaires des Albigeois ; mais on ne voit point qui il veut désigner.

Daubus se mêloit aussi de poésie latine. Outre la pièce adressée à J. C., il y a une ode alcaïque de Charles Daubus, son père, pour faire honneur à

---

(1) Un frère de M. de la Forêt avoit épousé Magdeleine le Prince, sœur de Germain.

(2) Bernard de Vienne, vie des saints inconnus, ou martyrologe de l'année mystique.

(a) Voir une notice très-étendue sur M. Leclerc de la Forêt, dans l'Annuaire de l'Yonne, année 1854. (*N. d. E.*)

l'ouvrage de son fils, dans laquelle il se dit septuagénaire, et se qualifie de principal du collége de Nérac, en 1627. Il a paru en 1706, à Londres, une dissertation d'un troisième Charles Daubus, de la même tige, prêtre anglican, pour prouver l'authenticité du passage de l'historien Josèphe en faveur de Jésus-Christ.

Jean-Baptiste Duval, secrétaire du roi, habile antiquaire et interprète des langues, étoit natif d'Auxerre. En 1600, il étudia l'arabe à Paris, sous Etienne Hubert. Il partit pour Rome en 1608. Il étoit lié avec Gabriel Sionita et Jean Esronita, maronites, qui ont fait son éloge et celui de son cabinet, rempli de tout ce que l'Orient avoit de plus rare. Esronita nous apprend dans ses mœurs des Orientaux un événement arrivé à Duval dans le temps qu'il étoit à Tripoli. Duval monté sur un âne, qui est la monture ordinaire de ce pays, se sentit pressé de quelques besoins naturels ; ses valets s'étant aperçu qu'il n'étoit pas descendu pour les satisfaire, l'accablèrent d'injures et d'une grêle de cailloux en lui disant en langue franque ces paroles, que Sionita traduit ainsi : *Non te pudet creaturam Dei animatam urinæ tuæ spurcitiis maculare : per Deum, te modo infidelem esse agnoscimus.* Duval fit venir à Paris plusieurs inscriptions qu'on avoit trouvées à Auxerre, sa patrie, et on ne sait ce qu'elles sont devenues (1). Jacques de Bie, habile graveur, page 9 de l'avant-propos de la France métallique, imprimée à Paris, en 1636, parle à peu près ainsi de Duval : « J'ai été, dit-il, aidé par ce savant person-
» nage, versé en toute sorte de curiosités, même en la connoissance des
» langues, tant orientales que autres : ce qui lui fit donner place entre les
» interprètes du roi en ces langues étrangères. Il avoit aussi une grande
» connoissance des médailles, dont il me fournit beau nombre, les décrivit et
» et en expliqua le sens, comme aussi d'aucunes de celles que j'avois
» recueillies ; et afin de rendre l'ouvrage plus parfait et accompli, il estima
» à propos d'y employer les médailles de tous les monarques françois, issus
» des trois lignées royales qui manquoient, de son invention, le plus ingé-
» nieusement qu'il se pourroit. » Ainsi, cet ouvrage est presque entièrement de Duval, comme de Bie paroît en convenir.

Duval fit imprimer dans sa jeunesse de longues pièces de vers françois, au sujet du chapitre provincial des Cordeliers, tenu à Auxerre, en 1592; quelques sonnets à la louange du Père Trahy, grand ligueur, et d'Etienne Thierriat. Il composa aussi des vers latins sur la défaite des Reitres à Auneau, et une ode latine à la louange du duc de Guise. On a de lui plusieurs autres petites poésies répandues, une traduction du livre de Coster, jésuite, intitulé : *Sommaire des principaux points controversés de notre temps, en la religion*, 1600. Il a aussi donné l'Ecole françoise pour apprendre à bien parler et écrire suivant l'usage du temps, et pratique des bons auteurs, 1604; *Dictionarium latino-arabicum Davidis regis*, Paris, 1632, in-4°. Voyez le reste de ses ouvrages détaillés dans la Bibliothèque de Bourgogne.

On croit que c'est de lui que Pierre Daniel, l'éditeur de Virgile, de l'an 1606 ou 1626, a eu le manuscrit d'Auxerre, sur toute l'Enéïde, qu'il cite dans

---

(1) Histoire de la prise d'Auxerre, préface, p. 4.

l'avis au lecteur, et cela avec d'autant plus de raison que cet avis est suivi d'une pièce de vers de Duval, à la louange de cette édition.

L'apologie latine de l'Alcoran qu'il fit imprimer à Paris, *in-4°*, 1616, n'est pas pour soutenir la doctrine de ce livre. Il fit cette élégie à l'occasion de ce qu'Antoine Viaud, de Chamlong en Périgord, assiégé dans sa maison par un parti allemand, et voulant regarder par la fenêtre, para un coup de mousquet par le moyen du volume de l'Alcoran qu'il tint devant son front. Ce volume après avoir appartenu à Léon de la Rivière, qui avoit épousé la petite-fille de Viaud, fut donné à Duval, qui en reconnoissance composa cette pièce. La même année, il publia une collection d'épigrammes latines, *De Labertæ amoribus*, en 28 pages *in-4°*, et en 1621, l'apothéose de la même Labert, aussi étoit en vers latins. Cette dame, appelée Antoinette Labert, étoit probablement de Poitiers. Elle mourut à Blois, et fut inhumée dans l'église de Saint-Denis.

Le temps de la mort de Duval est connu par l'extrait suivant du registre de la paroisse de Saint-Jean-en-Grève : *Le 20 novembre 1632, fut porté et inhumé dans l'église de Sainte-Croix, feu M. Jean-Baptiste Duval, vivant secrétaire du roi, interprète des langues orientales de sa majesté et contrôleur de Mesdames sœurs du roi*. Je m'étois trompé en suivant ceux qui ont écrit qu'il n'étoit mort qu'en 1634. Il demeuroit rue du Coq.

[On peut voir dans le Mercure de juin, 1742, vol. II, p. 994, la médaille qui fut frappée l'an 1630, en l'honneur de ce savant].

BERTRAND DU CHESNE, curé à La-Charité-sur-Loire, au diocèse d'Auxerre, fit imprimer un livre qu'il composa étant curé, intitulé la *Sainte Curiosité*, ou questions sur les principaux articles de la foi et cérémonies de l'Eglise, qu'il dédia au cardinal de Lyon, prieur de La Charité (1). Il publia aussi, en 1646, le discours latin *De sacerdotum concordia*, qu'il avoit débité au synode d'Auxerre, de l'an 1634, et d'autres harangues latines. Se mêlant aussi de poésie, il composa de longues hymnes sur saint Vaast et sur sainte Galburge.

LAZARE DUCROT, avocat, né à Auxerre, est auteur d'un Traité sur les aides et gabelles, 1627, de plusieurs autres ouvrages, savoir : *le Vrai style du conseil privé du roi, de la cour du parlement, etc.* Il s'y qualifie avocat ès-conseils, 1645. François Duchêne, avocat, qui a publié en 1662 le Nouveau style du conseil d'état, loue Ducrot et dit qu'il est le premier qui ait décrit le style du conseil, et que son ouvrage est bon.

FRANÇOIS ROUSSEAU, né à Colanges-les-Vineuses, a voyagé pendant un grand nombre d'années en Perse, en Pégut et aux Indes-Orientales. Voici ce que Pomey dit de lui en son histoire des drogues : Rousseau étoit un marchand de Paris, qui fut ruiné par le feu de la grande salle du palais, et se voyant réduit, sa femme et cinq enfants, à la mendicité, s'avisa de faire de la cire à cacheter de la manière dont il l'avoit vu préparer aux Indes ; de sorte que madame de Longueville, qui étoit fort charitable, voulut bien faire voir de cette cire au roi Louis XIII, qui ayant été reçue de toute la cour, en fit un

---

(1) Je ne trouve nulle part ce prieur.

si grand débit qu'en moins d'un an il gagna plus de cinquante mille livres. Il donna à cette cire le nom de *cire d'Espagne*, pour la différencier de la gomme-laque fondue et tant soit peu colorée avec le vermillon, que l'on voyoit auparavant et qui portoit le nom de cochenille. Le même Pomey, p. 33, rapporte une lettre de Rousseau sur la cochenille ; cette lettre a été réfutée par le P. Plumier, Minime ; Journal des Savants 1694, p. 313, *in-12*. Voyez la Biblioth. de Bourgogne, t. II, p. 217.

Claude Loyset, fils de Laurent Loyset, avocat à Auxerre, vivoit au milieu du XVIIe siècle. Il exerça d'abord en cette ville la même profession que son père ; il la quitta dans la suite pour exercer une charge de conseiller au présidial de Montargis. Il étoit si habile dans la langue grecque, qu'on lui offrit une pension à Paris s'il vouloit s'appliquer à quelques traductions de grec en françois. Il a mis en vers élégiaques les Instituts de Justinien, et les fit imprimer à Auxerre, *in-12*, chez Bouquet. On trouve dans le catalogue de la Bibliothèque Mazarine le titre d'un ouvrage attribué à Claude Loyset, ainsi conçu : *Adam, servatis in sacro codice juris formulis, condemnatus*, Heden, 1642, *in-8°*. Mais je crains que cet ouvrage ne soit le même que celui d'un italien du XIVe ou XVe siècle. Loyset avoit aussi compilé un Recueil de proverbes avec des remarques.

Germain Leclerc, d'Auxerre ou du diocèse, a publié en 1641, *in-8°*, à Paris, chez Thomas Blaise, une *Histoire sacrée*, ou *Abrégé chronologique de quarante siècles, depuis Adam*. Edme Vinot, cordelier, premier approbateur de ce livre, le qualifie de *Grand-Maître des eaux et forêts en Bourgogne*. L'auteur paroit s'être attaché aux idées du capucin Jacques Bolduc, mauvais critique. Le P. le Long, en son *Bibliotheca sacra*, p. 678, s'est trompé en marquant que Leclerc a écrit en latin.

Christophe Baltazar, avocat du roi au bailliage et siége présidial d'Auxerre, est auteur de quelques ouvrages. Ce magistrat quitta son pays et sa charge pour embrasser la religion prétendue réformée avant l'année 1655, selon qu'il paroit par les Mémoires de l'abbé de Marolles, imprimés en 1656. Il se retira d'abord à Paris, et de là à Castres, où un riche conseiller de la chambre mi-partie de l'Edit l'attira. Ensuite les Calvinistes assemblés à Loudun lui assignèrent une pension. Il composa, depuis ce temps-là, des dissertations contre les annales de Baronius qui furent hautement approuvées du parti, et jugées très-dignes de l'impression. Cependant on ne croit pas qu'elles aient été imprimées, et Bayle regrette la perte de l'original (1). Ce même auteur ajoute que Baltazar fut fort travaillé de la pierre, et qu'il mourut très âgé, avant Daillé cependant, selon lui, c'est-à-dire avant l'an 1670. L'abbé de Marolles faisant imprimer peu de temps avant sa mort, arrivée en 1681, la liste de ses principaux amis, y marque Baltazar, dont il parle comme d'un savant déjà mort. « Il avoit écrit, dit-il, tant de recueils de sa main pour « divers traités historiques. » Après quoi il donne le caractère de Baltazar. Bayle n'a connu de lui qu'un Panégirique de M. Fouquet, qu'il dit être d'une

(1. Dictionnaire critique, au mot Baltazar.

excellente latinité. Mais le Père le Long fait connoître d'autres ouvrages d'un Christophe Baltazar, qui ne peut être que celui-ci (1), à qui il donne des qualités qu'il n'eût pas, et qui est seulement dans le privilége, sous ces trois noms, Maître Christophe Baltazar. Le premier est intitulé : *Traité des usurpations des rois d'Espagne sur la couronne de France depuis Charles VIII*, Paris, in-8° 1626 et in-4°, Paris 1644. Le second a pour titre : *Justice des armes du roi très-chrestien contre le roi d'Espagne, depuis la mort de Charles VIII*, Paris, 1647, in-4°.

François Bailly, fils d'un vigneron de la paroisse de Saint-Père d'Auxerre, commença ses études en cette ville, et les continua à Paris où il fut chargé de l'éducation du comte de Tonnerre ; il voyagea ensuite en Italie et en Flandre. N'étant que simple clerc, il fut pourvu de la cure de Nitry, au diocèse d'Auxerre. Mais comme il ne se sentit point d'inclination pour l'état ecclésiastique, il se maria. Il mourut en 1684, à Sainte-Vertu entre Chablis et Noyers. Il a fait imprimer à Anvers, en 1640, différentes pièces de théâtre et plusieurs sonnets. Ces ouvrages composent un recueil qui est dédié à l'archiduchesse Isabelle.

Edme Amyot, natif de Villemé, proche Auxerre, étoit fils d'un praticien. Il étudia d'abord à Auxerre dans le collége de Saint-Sixte, avant que les Jésuites y fussent admis, et continua ses études à Nevers chez ces Pères. Etant encore jeune, il prit l'habit des Récollets, et l'ayant quitté il reçut à Paris le bonnet de docteur de Sorbonne, malgré le nonce du pape qui le nota de quelques censures. Il passa par plusieurs cures avant que d'être doyen du chapitre d'Auxerre. Il fut pourvu de cette dignité vers 1632. Il étoit à l'égard des religieux dans les sentiments du docteur Guillaume de Saint-Amour, dont les écrits furent imprimés de son temps. Ce fut dans les principes de cet auteur qu'il composa l'ouvrage intitulé : *Traité contre la pauvreté des Frères-Mendians* ; je ne sais s'il est imprimé. Un autre ouvrage de lui, est *Le Sacrifice de la loi nouvelle*, imprimé à Paris, 1663.

Jean Duval, étoit fils d'une cousine-germaine du célèbre Antoine Leclerc de la Forêt, dont j'ai traité ci-dessus fort au long. Il naquit à Clamecy, au diocèse d'Auxerre, en 1597. Il fut élevé sous les yeux de Germaine Chevalier, mère du susdit Antoine, sa grande-tante, laquelle étant veuve dès l'an 1597, s'étoit retirée dans la même ville de Clamecy, non loin de sa terre de la Forêt. Jean Duval étant venu à Paris continuer ses études, le sieur de la Forêt en prit grand soin, et fut secondé par Jean-Baptiste Duval, Auxerrois, interprète royal des langues orientales, son proche parent. Ces deux savants trouvèrent dans leur élève de la disposition pour les langues, et sans prévoir qu'il dût jamais être obligé de parler le persan, le turc, l'arabe, etc., ils lui firent sentir, en général, l'importance de l'étude des langues ; ce fut un germe qui eut de merveilleuses suites. L'extraordinaire se borna pour lors au grec, et le succès répondit parfaitement aux vues des maîtres. Le jeune Duval, dirigé par M. de la Forêt, choisit l'institut des Carmes-Déchaux, et y

---

(1) Bibliothèque de France, num. 12023 et | 12025.

fut formé dans la spiritualité par le Père Alexandre de Saint-François, frère du cardinal Ubaldini, et petit-neveu du pape Léon XI (1). Il prononça ses vœux en 1615, sous le nom de Bernard de Sainte-Thérèse. Devenu évêque de Babylone, en 1638, il alla en Perse selon sa vocation. Les progrès qu'il fit dans la connoissance des langues orientales sont étonnants. On a de lui un dictionnaire de ces langues, lequel reste manuscrit à Paris, au séminaire des Missions étrangères (2), dont il est en partie fondateur (3). Il mourut à Paris, le 10 avril 1669, et fut inhumé chez les Carmes-Déchaux ; son cœur est conservé au séminaire où il étoit mort ; l'inscription qu'on y voit porte : *Cor apostolicum* (a) ; on a quelques remarques sur sa vie à la suite d'une gazette de l'an 1669, mais on nous promet une vie plus étendue de la composition d'un habile homme.

N... Brosse, fils d'un chapelier d'Auxerre, fut tué en 1651. Il a fait une tragédie dédiée au seigneur de Saint-Bry; un livre de prières adressées au Saint-Esprit. On lui attribue aussi une version paraphrasée du petit Office de l'Ange-Gardien, Auxerre, 1645, *in-16*.

Julien Davion, né à Auxerre vers l'an 1615, alla étudier à Paris, sous les auspices de l'abbé de Saint-Josse, oncle de M. Moreau, lieutenant civil ; et y prit le degré de bachelier. Il fut pourvu, en 1644, de la souchantrerie d'Auxerre, sur la résignation de Denis Chappu, dont il étoit clerc. Il se retira depuis à Paris, et devint chefcier de Saint-Étienne-des-Grez. Il mourut en la même ville, en 1664. Il y avoit composé les deux ouvrages suivants : *Apologie pour Epicure*, Paris, chez Courbé, 1651, *in-12*; *la Philosophie de Socrate*, Paris, 1660, *in-8°*.

N... Bargedé, né à Tonnerre, se retira à Auxerre où il se maria et devint assesseur au siége criminel de cette ville. S'étant défait de sa charge, il résida au faubourg de Saint-Amatre-lez-Auxerre, et employa le reste de sa vie à faire des remarques sur les ouvrages de Dom Viole, bénédictin. Il examina et mit en usage les matériaux que ce religieux avoit amassés pour dresser un martyrologe Auxerrois. Ceux qui ont ignoré que Bargedé étoit laïque (4), ont cru que la lettre initiale de sa charge signifioit archidiacre. Il vivoit encore en 1678.

Louis Gabriel Brosse, d'Auxerre, entra en la congrégation de Saint-Maur, à Vendôme, le 29 mars 1637, et mourut à Saint-Denis, le 1er août 1685.

(1) On a de ce carme, *Manuale pauperum* imprimé, qu'il avoit composé à la sollicitation de M. de la Forêt.

(2) On assure qu'un petit *in-16*, imprimé en arabe, chez Pierre le Petit, en 1679, est de lui.

(3) La rue de Babylone ne porte ce nom, que par rapport aux fonds qu'il donna à ce séminaire. On y conserve 50 volumes de ses sermons mss.

(4) M. Chastelain et les Bollandistes.

(a) Voici cette inscription d'après Née de la Rochelle :
D.O.M.
D. Bernardi a sancta Theresia illustrissimi Babylonensis episcopi hujus domus benefactoris cor apostolicum. (*N. d. E.*)

Dom Lecerf parle de lui dans sa Bibliothèque maurienne plus exactement que n'a fait le P. Pez, en la sienne, page 47. Il lui attribue plusieurs poésies françaises, savoir : la *Vie de sainte Euphrosine*, patrone de l'abbaye de Réaulieu, proche Compiègne, celle de *sainte Marguerite* ; plusieurs hymnes imprimées à Paris, 1650 ; Les *tombeaux et mausolées des Rois inhumés à Saint-Denis, jusqu'à Louis XIII*, avec un abrégé des choses les plus notables arrivées pendant leur règne.

Pierre le Venier, chanoine et pénitencier d'Auxerre, avoit été professeur à Paris au collége de Navarre, après quoi il s'attacha à l'église d'Auxerre pour le reste de ses jours. Il est auteur des hymnes qui furent faites pour saint Pélerin, saint Prix, saint Just et autres, dans le bréviaire d'Auxerre de l'an 1670. Nicolas Mercier, professeur au collége de Navarre, a publié de lui l'*Iter Parisiis Autissiodorum*, à la fin de son édition des colloques d'Erasme, et plusieurs autres pièces de vers dans son recueil d'épigrammes. Voyez l'article des Pénitenciers. Les Bollandistes parlent de lui avec éloge dans leur mois de mai.

Pierre Grolleau, né à Auxerre, semiprébendé de la cathédrale, puis vicaire à Fleury, diocèse de Sens, a composé un poème sacré, intitulé : *Job, ou la patience affligée*, dédié à M. Fouquet, archevêque de Narbonne, qui étoit retiré à Auxerre, l'an 1662. Il fut imprimé la même année à Paris. La permission du lieutenant-civil déclare que l'auteur est Auxerrois.

Jean-Baptiste Ragon, né à Clamecy, en 1592, étant entré chez les Jésuites en 1610, y a été provincial d'Aquitaine, et est mort supérieur de la maison professe à Paris, en 1670. Il composa sur la fin de sa vie divers ouvrages de piété qui ont tous été imprimés à Paris, et laissa encore en mourant d'autres ouvrages, selon Sotwel, d'où ceci est tiré (1).

Guillaume Fernier, né à Auxerre, docteur en théologie de la faculté de Paris, grand archidiacre d'Auxerre, et chanoine de la cathédrale, est fort célébré dans l'épitaphe qu'il a dans la même église. On a de lui l'oraison funèbre de la reine Anne d'Autriche, qu'il avoit prononcée à Auxerre dans l'abbaye de Saint-Julien, et qui fut imprimée en 1666. Il mourut à Auxerre, le 12 septembre 1682, âgé de 64 ans. Le *Menagiana* fait mention de lui.

Louis Noel, reçu chanoine à Auxerre dès sa jeunesse, fut celui de tous les ecclésiastiques du pays qui s'appliqua le plus pendant toute sa vie à la recherche des antiquités de la ville et du diocèse ; en sorte que pour cela et pour l'éclaircissement des matières liturgiques, hagiologiques, historiques, il étoit en relation avec tous les savants et tous les écrivains de France, lesquels l'ont cité ou lui ont écrit. Cependant, quoiqu'il eût ramassé une infinité de curiosités littéraires, il a fait imprimer très-peu de choses. Il est mort en 1686, presque nonagénaire. Sa patrie étoit Châlons-sur-Marne ; il

---

(1) Page 415.

avoit eu plusieurs oncles maternels, nommés Damy (a), revêtus des dignités de l'église d'Auxerre, depuis l'épiscopat de MM. de Lenoncourt, et sous M. Amyot. Voyez le P. Le Long, page 194, col. 2.

CLAUDE BRUNET, chanoine de la cathédrale d'Auxerre, fit imprimer à Auxerre un in-12 qui a pour titre *Emblêmes sacrées*, avec une explication à l'usage des femmes dévotes, surtout de la Visitation, 1687. Il mourut à Beaune, le 28 septembre 1694, quelque temps après avoir été élu chantre de la cathédrale d'Auxerre.

FRANÇOIS COURTOT, Cordelier profès de la maison d'Auxerre et docteur de Paris, a été si estimé dans son ordre qu'il fut élu provincial sans avoir été gardien, ce qui ne s'étoit jamais pratiqué parmi les Cordeliers. En cette qualité, il assista au chapitre général tenu à Rome et fut élu définiteur général de l'ordre. Y étant en 1676, il prit communication des mémoires sur lesquels il composa depuis en françois la vie du B. François Solano, observantin, qui fut imprimée à Paris en 1677. Les approbations jointes à cet ouvrage certifient qu'il avoit aussi écrit en françois le récit du martyre des onze religieux de l'ordre, appelés les martyrs de Gorkom, et un abrégé de la vie de saint Pascal Baylon (1).

Quoiqu'il eût été dans les premiers emplois de l'ordre, il ne refusa point d'être, dès l'an 1678, Maître des novices de la maison d'Auxerre, qu'il entretint toujours dans une parfaite régularité, jusqu'à sa mort arrivée dans la même maison au commencement de ce siècle. Comme il avoit enrichi ce couvent d'une riche bibliothèque (b), il y passa la plus grande partie de sa vie. Il y composa aussi quelques ouvrages, entre autres un in-12 intitulé : *La science des mœurs*, qui parut en 1694, et un commentaire latin sur quelques endroits de l'Ecriture-Sainte, qui a été imprimé dans la même ville, in-4°. Le P. Courtot étoit né à Vézelay, ville comprise dans le bailliage d'Auxerre.

ROGER DE PILES, célèbre peintre, naquit à Clamecy, au diocèse d'Auxerre, l'an 1635, et y fut tenu sur les fonts par le duc de Bellegarde, qui étoit alors en la même ville, et par la duchesse de Nevers. Il fit ses premières études, partie à Nevers, partie à Auxerre, et vint ensuite à Paris où il logea chez son oncle, chanoine de Notre-Dame et abbé d'Orbais. Etudiant en philosophie, il fit connoissance avec le Frère Luc, récollet, et avec Alphonse du Fresnoy, auteur du poème latin sur la peinture. M. Ménage, qui logea avec lui au cloître, lui donna la connoissance de M. Amelot, maître des requêtes, qui le fit précepteur de son fils en 1662. Son élève le mena en Italie ; depuis il alla à Venise, en Allemagne et en Espagne. Demeurant en Hollande incognito, l'an 1692, il fut arrêté et retenu en prison deux ans à la Haye,

---

(1) Elles auroient dû ajouter la vie de *S. Pierre d'Alcantara*, qui parut en 1670, dédiée à la Reine.

(a) Voyez ci-après l'article de Damy Noël.
(b) La Bibliothèque d'Auxerre possède un grand nombre de ses livres. (N. d. E.)

où il composa la Vie des peintres, puis à Louvesten trois autres années. Il y éleva des oiseaux, et le jour qu'il sortit il leur donna à tous la liberté. Il mourut à Paris, le 5 avril 1709. Ceci est tiré de l'abrégé de sa vie, à la tête de sa vie des peintres. J'ai lu dans quelques mémoires qu'il descendoit de Jacques de Piles, président en l'élection de Clamecy, qui fut anobli en 1596 (a).

Edme Pirot, naquit à Auxerre, le 12 août 1631, de Guillaume Pirot, avocat, et de Chrétienne Vincent. Le P. Froment, prémontré, curé de la paroisse de Notre-Dame-la-d'Hors, donna les premières teintures des lettres à son jeune paroissien. Après ses études finies à Auxerre, il vint à Paris où il se fit recevoir docteur, et depuis professeur en Sorbonne. Il fut quelque temps pourvu de la chantrerie de Varzy. Nicolas Colbert, son évêque, fit tous ses efforts pour le rappeler à Auxerre ; mais il préféra à toute sa chaire de professeur. Il parvint par la suite à un canonicat de Notre-Dame de Paris, et à la dignité de chancelier. On ne trouve rien d'imprimé de lui que le discours latin qu'il fit, en 1669, à l'ouverture des écoles de Sorbonne. Il a laissé quelques manuscrits, entre autres sur la mort de la marquise de Brinvilliers, arrivée en 1676. Il mourut à Paris, le 4 août 1713, et fut inhumé à Notre-Dame, proche la chapelle de Saint-Eustache.

Louis Liger, né à Auxerre, au mois de février 1658, de François Liger et de Jeanne Froment, est fort connu par différents ouvrages qu'il a composés sur l'agriculture, et en particulier sur le jardinage. On a de lui l'*OEconomie générale de la campagne*, ou *Nouvelle maison rustique* ; on dit qu'un savant de Dijon l'a critiquée. *La culture parfaite des jardins fruitiers et potagers* vit le jour en 1702. *Le traité pour apprendre à élever les figuiers* parut aussi la même année. Dans la suivante il publia le dictionnaire général des termes propres à l'agriculture. Le *Ménage des champs et de la ville de Paris* parut en 1713. Il y en a eu plusieurs éditions. Il fit réimprimer depuis le *Cuisinier françois*, in-12. Le *Nouveau jardinier françois*, avec un traité de la chasse et de la pêche. Le *Nouveau théâtre d'agriculture et ménage des champs*, en 1722. Les *Jeux*, imprimés à Paris en 1709, à Amsterdam. 1719. Le *Jardinier fleuriste* en 1704. Et depuis, *Moyens de rétablir l'abondance*, 1709. *Dictionnaire pratique du bon ménager*, 1715. L'auteur de tous ces ouvrages est mort à Guerchy, proche Auxerre, le 6 novembre 1717.

Guillaume Daubenton, jésuite, naquit à Auxerre le 21 octobre 1648, d'Edme Daubenton, marchand sur la paroisse de Saint-Regnobert. Il est mort confesseur du roi d'Espagne, à Madrid, le 7 août 1723.

On a de lui l'oraison funèbre de Louis, prince de Condé, imprimée à Dijon, en 1687; l'oraison funèbre de Thomas de Bragelogne, premier prési-

---

(a) Il est auteur de plusieurs traités sur la peinture et notamment d'un *abrégé de la vie des peintres*, Paris 1699, *in-12*, qui a eu plusieurs éditions, et d'une traduction de l'art de la peinture de Du Fresnoz, avec remarques, Paris, 1668, *in-12*, etc. La réputation, que lui valurent ses ouvrages, le fit nommer conseiller-amateur de l'académie de peinture et de sculpture. (*N. d. E.*)

dent au parlement de Metz, imprimée à Metz en 1681, et celle du grand-duc Charles V, duc de Lorraine, imprimée à Nancy en 1700, celle de Louis, dauphin de France, qu'il prononça à Rome dans l'église nationale de Saint-Louis, en présence du sacré collége, le 18 septembre 1711, imprimée à Rome, en 1712; la vie de B. François Régis, imprimée à Paris, en 1716, et à Lyon 1717. *Voy. la Bibl. de Bourgogne, t. I.*

JEAN RICHER, avocat à Auxerre, et bailli du chapitre de la cathédrale, est auteur d'une lettre imprimée en 1712, à Paris, *in-8°*, chez la veuve Antoine Lambin, et qui se débitoit chez Claude Jombert, sous ce titre : *Relation de la nouvelle découverte d'une source qui coule depuis peu dans la ville de Coulanges-la-Vineuse en Bourgogne.* Elle renferme un précis de toutes les opérations de M. Couplet, ingénieur ordinaire du roi, pour la découverte et la conduite de cette source, et elle est signée RICHER, sans date d'année.

ANDRÉ DE MONHENAULT, chanoine régulier de la congrégation de Sainte-Geneviève, a été curé de la paroisse de Saint-Pélerin dans Auxerre, pendant l'espace de trente ans ou environ, et y est décédé revêtu de ce titre. Ayant introduit dans son église plusieurs hymnes latines et une prose en l'honneur du saint patron de cette paroisse, de la composition du Père Gourdan de Saint-Victor de Paris, son confrère et compatriote, il en fit la traduction en vers françois qui ont été imprimés à Auxerre, *in-12*, chez J.-B. Troche, l'an 1716, quelques années avant sa mort.

ROMUALD LEMUET, ancien provincial des Frères de la Charité, habile mathématicien, né à Coulanges-les-Vineuses, dans l'Auxerrois. On a de lui dans les journaux plusieurs lettres sur la quadrature du cercle, et sur l'aiguille aimantée, que ses amis ont tirées de lui par adresse. Il a laissé en manuscrit un commentaire sur l'Apocalypse, dans lequel il a avancé des conjectures toutes neuves, fondées sur des calculs qu'il avoit imaginés. Il est mort à Paris, en 1739.

JACQUES MARTINEAU, seigneur en partie de Soulaines, en la paroisse de Venoy, proche Auxerre, conseiller honoraire au siége présidial de la même ville, dont il étoit natif, a composé plusieurs poésies qui ont été imprimées, et dont on peut voir l'énumération dans la Bibliothèque de Bourgogne (1). On lit aussi dans les Mémoires de Trévoux, que c'est lui qui a fait en prose l'une des descriptions que nous avons de la fameuse grotte d'Arcy, proche Vermenton, par ordre de feu M. le duc d'Orléans, laquelle a été insérée dans les dernières éditions du dictionnaire de Moréri. Il est décédé à Paris, l'an 1742, sur la paroisse de Saint-Séverin.

Je ne mets point en ce catalogue, les écrivains Auxerrois qui sont encore vivants, de crainte de blesser leur modestie. On peut recourir pour leurs

---

(1) Tome II, p. 56.

noms et leurs ouvrages à la Bibliothèque des auteurs de Bourgogne composée par M. Papillon, et publiée à Dijon en 1742.

Je n'ai pas cru non plus devoir insérer un grand nombre de bénédictins de la congrégation de Saint-Maur, quoiqu'ils aient composé des ouvrages à Auxerre, et que quelques-uns y soient morts ; parce qu'ils n'y ont résidé qu'en passant, sinon peut-être Dom Georges Viole qui s'étoit attaché au monastère de Saint-Germain et qui y est inhumé. On peut voir ce que dit de lui la Bibliothèque des auteurs de la congrégation par Dom le Cerf. Dom Victor Cottron y a aussi composé l'histoire de la même abbaye. Dom Philippe Bastide, sa dissertation sur la mission de saint Maur. Dom Dominique Fournier, la description des saintes grottes de l'église de Saint-Germain. Dom Gabriel de la Codre, prieur, quelques ouvrages théologiques. Et Dom Jean Baillivet, aussi prieur, la vie de Jacques Chevreteau, autrement dit Jérôme de Saint-Joseph, ermite du diocèse de Langres.

Les écrivains anonymes ne m'ont point paru non plus devoir entrer en ce catalogue, tels que les écrivains de la vie de saint Pélerin, des actes de saint Prix, de la vie de saint Aunaire, et des additions au martyrologe hiéronymique que Florentinius a bien senti devoir être un clerc Auxerrois, ainsi qu'il le témoigne en sa préface sur ce martyrologe : les auteurs de deux martyrologes de la cathédrale d'Auxerre, l'un du XIe siècle, publié par Dom Martène, *Ampliss. Collec. t. VI*, l'autre, dont un fragment est rapporté dans une charte de l'évêque Pierre des Grez, de l'an 1320 (1). J'ai cru pouvoir renvoyer là dessus à l'excellente Histoire littéraire de la France, par Dom Antoine Rivet.

Quoiqu'il n'y ait rien encore d'absolument décidé sur la patrie du fameux Jean Petit, qui écrivit vers l'an 1408, pour le duc de Bourgogne, et qu'il soit bien prouvé qu'il n'étoit pas Cordelier, je n'ai pas cru pouvoir pour cela avancer qu'il soit le même que Jean Petit, ou *Parvi*, qu'un registre de la collégiale de Notre-Dame-du-Val, à Provins, marque en avoir été prévôt, l'an 1394, et n'avoir quitté qu'en 1400, lorsque son frère Etienne lui succéda. Ce Jean Petit y est qualifié clerc du diocèse d'Auxerre, mais on ne trouve point la suite de son avancement. Les preuves qui le font Normand sont apparemment plus fortes (2).

SUPPLÉMENT A CE CATALOGUE.

Après avoir longtemps balancé si j'admettrois dans ce catalogue un ancien religieux bénédictin mort à Corbie, je m'y suis enfin déterminé depuis que j'ai trouvé dans un manuscrit de la Bibliothèque du roi, de fortes preuves

---

(1) Preuves des présents Mém., t. IV, p. 163.
(2) La reconnaissance m'oblige de marquer en finissant ce catalogue, que j'ai été beaucoup aidé en certains articles par le R. P. Claude Prévost, chanoine régulier et bibliothécaire de l'abbaye Sainte-Geneviève, natif d'Auxerre.

qu'il avoit composé, à Auxerre, un ouvrage considérable. Voici ce que j'ai à en dire :

Névelon ou Nivelon, était un religieux de l'ordre de Saint-Benoît, qui eut beaucoup de goût pour la science hagiologique. Il a vécu dans le XIe siècle. On conserve de lui à Corbie, un martyrologe qui fait suffisamment connoître que le lieu où il l'a composé a dû être la ville ou le diocèse d'Auxerre. Le fond de l'ouvrage est celui d'Adon, comme l'ont remarqué Dom Mabillon (1) et M. Chastelain (2) ; mais il est augmenté de beaucoup de circonstances concernant l'église d'Auxerre, et surtout le monastère de Saint-Germain, lesquelles sont postérieures au temps qu'Adon a écrit. Les saints d'Auxerre y sont non-seulement en plus grand nombre, mais encore traités avec plus de détail et d'éloges. Ce qui regarde l'abbaye de Saint-Germain tenoit si fort à cœur à l'auteur, qu'on y trouve jusqu'à la dédicace de l'église du village d'Escamps, parce que c'est une terre de ce monastère située à deux lieues d'Auxerre. Je l'ai lue en ces termes au 14 avril dans l'exemplaire qui est à la Bibliothèque du roi et (3) de la main primordiale: *Eodem die dedicatio basilicæ Sancti-Georgii, martyris, Squantii.* La célébrité de ce martyrologe le fit répandre non-seulement dans le diocèse d'Auxerre, où le sieur Noël, chanoine de la cathédrale en a vu des copies dans les collégiales de Varzy et de Clamecy ; mais encore ailleurs. Celle de la Bibliothèque du roi a servi à quelqu'église du diocèse de Chartres, ce qui se prouve par quelques saints de Chartres qui y sont ajoutés, aussi bien que la dédicace de la cathédrale, au 13 de mai. Cependant, le plus grand nombre d'exemplaires est répandu dans le diocèse d'Amiens (4); apparemment par la facilité que l'on y eut de tirer copie de l'original de l'auteur, qui vint finir ses jours à Corbie, où on le conserve encore.

Dans l'un des volumes manuscrits de Corbie conservés à Saint-Germain-des-Prés (5), est une histoire de la translation de saint Nicolas, arrivée de son temps, et écrite de sa main avec des hymnes en l'honneur du même saint, et autres morceaux ; mais de tout cela Frère Nevelon déclare qu'il n'en est que le copiste. En seroit-il de même du gros martyrologe qui passe sous son nom ? C'est ce que je laisse à résoudre aux religieux de Corbie qui le possèdent.

Le sieur Bargedé, assesseur à Auxerre, dont j'ai fait un article ci-dessus, page 420, a laissé dans un de ses volumes une note sur quelques écrivains Auxerrois qui m'ont paru ne devoir pas être oubliés, quoique ces auteurs n'aient rien fait imprimer qui soit de ma connoissance. Je la rapporterai dans ses propres termes :

« Nicolas Bargedé, président au présidial d'Auxerre a écrit des odes » chrétiennes. C'étoit mon trisayeul.

» Hélie Bargedé, avocat au bailliage d'Auxerre, et bailli de Vézelay, fils » du précédent, a composé six livres en vers, de la France triomphante ; » mais il n'eut pas le temps d'achever son ouvrage, étant prévenu de la » mort. Il a composé aussi quantité d'autres œuvres poétiques qui sont en-

---

(1) *Præfat. in sæc. IV Bened.*
(2) Préface de son bimestre, num. 10.
(3) Cod. in-fol. 3654, II, circa an. 1100.
(4) La cathédrale en a un.
(5) Cod. 394, ancien num.

» tre les mains de M. Hélie Bargedé, mon cousin, conseiller au bailliage et
» siège présidial d'Auxerre. Il étoit mon bisayeul.

» Germain Cochon, avocat à Auxerre, a mis en vers héroïques les gestes
» de Jules-César, en douze livres, avant l'an 1585.

» Nicolas Basière (1), docteur de la faculté de médecine, à Paris, a mis
» en lumière un traité de la peste, épidémie, dyssenterie, et cure desdites
» maladies, devant l'an 1585.

» Nicolas de Gui, docteur en médecine, a écrit un traité de médecine. Il
» étoit de Leigne, mais il avoit épousé à Auxerre, Léonarde Simonnet.

» Pierre Cochon, a mis en vers françois les pseaumes de David.

» Claude Chevalier, lieutenant-général, a composé des commentaires sur
» la coutume d'Auxerre.

» Jacques Richer, avocat, a composé aussi des Commentaires sur la
» même coutume. »

J'ajouterai en finissant cette note, que les mêmes coutumes ont trouvé en la personne d'Edme Billon, un commentateur qui a fait imprimer son ouvrage à Paris, in-4°, en 1693, mais personne n'a pu m'apprendre sa patrie ; je conjecture seulement qu'il étoit du voisinage d'Auxerre.

J'en dis autant du sieur La Chaume, médecin, dont le traité sur la médecine, imprimé à Auxerre, en 1679, est annoncé dans le dixième journal des savants, de l'an 1680.

SUITE DES ÉCRIVAINS AUXERROIS

JUSQU'A NOS JOURS.

XVIIe, XVIIIe ET XIXe SIÈCLES.

Joachim Faultrier, né à Auxerre, en 1626, d'une ancienne famille, devint abbé de Notre-Dame-d'Ardaines (O. Pr.) et de Saint-Loup, diocèse de Troyes (O. S. A.) et fut chargé par Louis XIV de plusieurs négociations importantes dont il s'acquitta avec sagesse et prudence. Il fut nommé intendant du Hainaut, fonctions qu'il quitta avec le consentement du roi. Il avait une bibliothèque choisie ; il cultiva les lettres et fut estimé des savants. Il mourut à l'Arsenal à Paris, dans le logement que le roi lui avait donné, le 11 mars 1709, âgé de 83 ans.

Il avait voulu doter le palais épiscopal d'Auxerre de sa belle bibliothèque, mais M. A. Colbert la refusa, au grand regret des érudits du pays (1).

---

(1) Un Basière, dit d'*Auxerre*, est nommé chez Th. Dempster en sa tragédie *decemviratus abrogatus*, imprimée à Paris, en 1613.

(1) Vie d'A. Colbert, évêque d'Auxerre, p. 68.

D. Victor Cottron, moine bénédictin de Saint-Germain d'Auxerre, né à Reims, le 10 août 1635 et mort prieur de Saint-Riquier, en 1679.

Il était de la famille érudite et laborieuse des Mabillon et des D. Vaissete, quoiqu'à un degré inférieur. Nous avons de lui trois chroniques manuscrites faites avec les chartes des monastères ; ce sont celles de Saint-Germain d'Auxerre (1652), de Sainte-Colombe (1648) et de Saint-Pierre-le-Vif de Sens (1650). Chacune de ces œuvres forme un gros in-f° (Bibl. d'Auxerre). D. Cottron a fait aussi une histoire des abbés de Saint-Remi de Sens, manuscrit (1), et une *Historia monasterii Pontiniacensis per chartas*, etc., publiée par D. Martène, anecdota, t. III.

Dominique D. Fournier, bénédictin de Saint-Germain d'Auxerre, né à Saint-Jean-le-Vieux, près Ambournay, en 1656. Auteur de la *Description des saintes grottes de l'abbaye royale de Saint-Germain d'Auxerre*, Auxerre, Troche, 1714, in-12 ; pieux ouvrage où la critique manque quelquefois ; réédité en 1780 et en 1846. Cette dernière édition augmentée d'une notice historique et archéologique sur l'abbaye Saint-Germain et sur le culte de saint Germain en Italie.

L'éloge des saintes grottes de Saint-Germain, en vers, a été fait aussi par Germain Gittard, bénédictin, et imprimé à Auxerre chez F. Fournier, in-4°. Cet auteur est mort à Nevers, en 1705.

D. Fournier a composé aussi un grand nombre d'offices de saints dont on célèbre les fêtes en diverses églises ; et notamment celui de saint Anselme de Cantorbéry, imprimé à Rouen, en 1721 (2).

Charles-Edme Cloyseault, né à Clamecy, prêtre de l'Oratoire, en 1664, grand-vicaire de Chalon-sur-Saône pendant 52 ans. Il est mort dans cette ville, le 3 novembre 1728, dans un âge très-avancé. Il a composé des ouvrages de piété et d'histoire, dont beaucoup sont restés manuscrits, et parmi lesquels on remarque la vie de saint Charles Borromée, traduite de l'Italien de J.-B. Guissano, Lyon, J. Certe, 1685, in-4° ; un recueil des vies de quelques prêtres de l'Oratoire, 3 vol. in-f° manuscrits, et une histoire manuscrite des évêques de Chalon (3).

Jean-André Mignot, grand-chantre de la cathédrale d'Auxerre, né dans cette ville le 23 janvier 1688, fils de Jean Mignot, officier du roi et de Edmée Marie.

Il était réputé comme excellent prédicateur et fut un des collaborateurs de l'évêque de Caylus, pour la composition des livres liturgiques.

Il travailla aussi avec Lebeuf à la rédaction du Martyrologe du diocèse d'Auxerre, et fut l'un des fondateurs de la société des sciences de cette ville. Le chapitre cathédral fut légataire de sa bibliothèque qui s'élevait à 3,000 volumes. Mignot est mort le 11 mai 1770.

---

(1) Hist. lit. de la Congr. de Saint-Maur, p. 92.
(2) D. Lecerf, Bibl. hist. et crit., La Haye, 1726.
(3) Née de la Rochelle, Mém. sur le dép. de la Nièvre, t. III.

Jean Née de La Rochelle, naquit à Clamecy en 1692. Il descendait de Pierre Née, juge à Druyes-les-Belles-Fontaines avant 1550.

Il cultiva les lettres avec succès et remporta plusieurs fois des prix académiques. Parmi ses œuvres légères, on remarque la *Métamorphose d'Hylas en papillon,* poésie, et un roman intitulé la *Duchesse de Capoue* qu'il composa pour mademoiselle de Charolais.

Il exerça la profession d'avocat à Clamecy, et y fut nommé subdélégué de l'Intendant d'Orléans. Il publia des *Mémoires pour servir à l'histoire du Nivernois et du Donziois*, Paris, Moreau et Huart, 1747, *in-12*, et un commentaire sur la coutume d'Auxerre, Paris, 1749, *in-4°*.

Née est mort à Clamecy, le 24 décembre 1772, à l'âge de 80 ans.

Claude Prévost, chanoine et bibliothécaire de Sainte-Geneviève, né à Auxerre, le 22 janvier 1693, mort le 13 octobre 1752.

Il était fort érudit et a fourni à l'abbé Lebeuf des notes pour son Catalogue des écrivains. Il a travaillé aussi au martyrologe d'Auxerre, et avait préparé des notes curieuses sur le projet d'un nouveau cérémonial français.

Le duc d'Orléans, pendant sa longue retraite à Sainte-Geneviève, avait souvent des conférences avec le P. Prévost et le goûtait beaucoup.

Etienne Barbazan, né à Saint-Fargeau en 1694, mort à Paris, en 1770. Littérateur facile qui cultiva tout particulièrement l'étude des auteurs français, depuis le XII° jusqu'au XVI° siècle. Il composa un Glossaire du moyen-âge, sous le titre de *Glossaire du nouveau Borel,* dont il publia le prospectus, mais l'annonce du Glossaire de la langue française, de Lacurne de Sainte-Palaye, l'arrêta dans son projet de publication. Son manuscrit en 6 portefeuilles *in-f*· a passé dans la Bibliothèque de l'Arsenal, à l'exception de la première partie qui est perdue.

Barbazan est auteur de *Fabliaux et Contes françois* des XII°, XIII°, XIV° et XV° siècles, Paris, 1756, 3 vol. *in-12*, de l'*Ordene de chevalerie*, Lauzanne et Paris, 1759, *in-12*, du *Castoiement ou instruction d'un père à son fils*, Paris, 1760, *in-12* ; ouvrage moral traduit dans le XIII° siècle, d'après le *Disciplina clericalis* de Pierre Alphonse.

On trouve en tête de ce volume une dissertation sur la langue celtique. Ces trois ouvrages ont été réimprimés en 1808.

Barbazan a publié également de concert avec Graville et l'abbé de la Porte, à partir de 1745, le *Recueil* alphabétique commencé par l'abbé Perau, en 24 vol. *in-12*, où il y a beaucoup de pièces très-curieuses.

François-André Potel, né à Auxerre le 26 avril 1697, fils d'honorable homme Balthasard-André Potel, marchand, bourgeois, et de Catherine Mérat. Il entra de bonne heure dans les ordres, devint chanoine de la cathédrale, au moins en 1736, et fut l'un des fidèles amis de l'évêque de Caylus.

Il fut, en 1749, l'un des fondateurs de la société des sciences et belles-lettres d'Auxerre.

L'abbé Potel se livra, à l'exemple de son confrère Lebeuf, aux études historiques, et il a laissé quelques mémoires qui ne sont pas sans mérite.

Il composa et lut à la société des sciences divers travaux sur les églises et les paroisses d'Auxerre, et sur le lieu de la sépulture de plusieurs des premiers saints de l'église de cette ville (1). Ces ouvrages restés manuscrits sont perdus. Il conclut dans le dernier que tous ces saints reposent aux environs de l'église de Saint-Amatre et que l'endroit de leur sépulture actuellement inconnu n'a jamais été fouillé. Des fouilles récentes ont prouvé que l'abbé Potel avait raison.

Il a rédigé, avec l'abbé Mignot : *Notice des auteurs et monuments qui peuvent servir à l'histoire d'Auxerre*, avec des observations critiques, manuscrit; ce travail est également perdu.

Ses ouvrages imprimés sous le voile de l'anonyme sont : une *vie de messire André Colbert, 102e évêque d'Auxerre, in-12, 1772;* un *Recueil de pièces d'antiquités sur la ville d'Auxerre, in-12, 1776*; curieux petit volume. Enfin, on lui attribue des observations sur les missels d'Auxerre et de Poitiers, 1769, in-8°, 36 pages; et des *éclaircissements sur quelques rits particuliers à l'église d'Auxerre,* 1770 in-8°, de 117 pages. M. Potel, dont le cœur était charitable, fut longtemps administrateur de l'hôtel-dieu, auquel il fit une fondation de 107 liv. de rente pour le bouillon des pauvres, en 1736.

Il mourut le 25 août 1783, dans sa 87e année.

Jean-Baptiste de La Curne de Sainte-Palaye, né à Auxerre, le 6 juin 1697, sur la paroisse Notre-Dame-la-d'Hors. Il commença assez tard ses études, par suite de la faiblesse de sa santé, mais il eut un tel succès qu'il put entrer à l'Académie des Inscriptions et Belles-Lettres, à l'âge de 27 ans, en 1724; cependant son père voulut lui faire suivre la carrière de la diplomatie, et le jeune savant, envoyé à la cour de Stanislas, roi de Pologne, où il amena à bien les négociations relatives au mariage du roi Louis XV, avec la fille de ce souverain, ne tarda pas à abandonner ces fonctions où il aurait pu se faire une haute position et il préféra une vie modeste animée par la science et le commerce des savants. Lebeuf qui l'a beaucoup connu en faisait très-grand cas, et disait de lui : « c'est un homme très-poli, très-doux et très-humain » (2). On connaît surtout de lui un ouvrage dont il avait fait l'objet de ses études favorites : les *Mémoires sur la chevalerie*, en 3 vol. in-12, 1759 et 1784, et qui furent publiés d'abord dans les Mémoires de l'Académie des Inscriptions, puis réédités par Ch. Nodier, en 2 vol. in-8°, 1826. Ce corps savant accueillit également un grand nombre d'autres travaux de Sainte-Palaye, qu'on peut voir dans sa collection. Sainte-Palaye ne se borna pas aux communications faites à l'Académie : la Bibliothèque impériale renferme une suite considérable de volumes manuscrits, fruits de ses veilles. Ces collections ne forment pas moins de 79 vol. in-f° et 61 vol. in-4°. On y distingue les Antiquités françaises, par ordre alphabétique, 13 vol. in-f° (10557 F. Bibl. imp.) Glossaires français, 31 vol. in-f° (10557 G.); table alphabétique des noms de personnes tirés de différents manuscrits, 5 vol. in-f° (10557 D.); table alphabétique des noms de lieux, tirés de différents ou-

---

(1) Voy. à la Bibl. d'Auxerre le registre de cette société.
(2) Correspond. inédite de Lebeuf et Fenel, lettre du 18 déc. 1741.

vrages manuscrits et imprimés, 10 vol. *in-f°* (10557 E.) et des Glossaires sur les Troubadours qui servirent à l'abbé Millot pour son histoire (1).

Son Glossaire français n'était encore qu'à l'état de projet, en 1758, lorsque l'Académie française l'admit dans son sein.

Il fut nommé associé honoraire de la société des sciences d'Auxerre, en 1760.

La mort de son frère La Curne, qu'il n'avait jamais quitté, le frappa cruellement, et depuis ce temps (1780) il ne fut plus que l'ombre de lui-même et n'eut plus la force de continuer ses grands travaux. Il mourut le 1er mars 1784.

On conserve le portrait des deux frères sur la même toile à la Bibliothèque d'Auxerre.

Il y a en Angleterre, Bibl. de sire Thomas Philipps, à Middlehill, 65 vol. du glossaire de Sainte-Palaye.

Noel Damy, chanoine d'Auxerre, notaire apostolique au XVIIe siècle. C'était un de ces érudits patients et modestes qui servent de préparateurs aux historiens véritables. Il s'occupa beaucoup de recherches historiques sur les paroisses du pays. Lebeuf a profité des documents qu'il avait recueillis. Il en parle dans sa correspondance avec le chanoine Fenel.

Damy avait un esprit fin et railleur, et n'épargnait pas dans ses lettres les travers des gens de noblesse. Il se plaint aussi, dans une lettre de 1663, que les juges du présidial d'Auxerre « sont partisans des haubereaux. » Il signala aux évêques d'Auxerre, dans des rapports qui existent encore aux archives de l'Yonne, la situation fâcheuse des hôpitaux du diocèse. Noel Damy vivait encore en 1678.

Claude Boutet, né à Auxerre, au Cerf-Volant (2), est auteur d'un traité de la Miniature, imprimé à Paris, en 1674, *in-*12 et depuis il y a eu des éditions intitulées *Ecole de la Miniature*, Rouen 1742, Bruxelles 1759, Paris 1782 ou 1802.

Claude Salomon, né le 8 octobre 1710, curé de Saint-Regnobert d'Auxerre, mort le 8 avril 1788, prêtre zélé et fervent janséniste.

A attaqué M. Frappier, dans des *Lettres d'un Auxerrois à M. Frappier*, 1779, *in-*12, 150 p., à propos des prétentions de ce dernier pour les prérogatives du chapitre cathédral contre les curés. Un deuxième mémoire intitulé : Lettres à un ami sur la dignité des curés et des chanoines, 1780, 120 p., émané de la plume du curé Salomon, fut sa réponse à M. Clément, trésorier, qui avait pris la défense de son confrère dans un *Mémoire sur le rang que tiennent les églises cathédrales dans l'ordre ecclésiastique*, 1780, *in-*12, de 125 p. On a publié le portrait de cet ecclésiastique, avec devise.

Laurent-Germain Mérat, né à Auxerre, en 1712; pharmacien distingué. Il fut un des membres les plus actifs de la société des sciences et belles-let-

---

(1) V. à la Bibl. de l'Arsenal, ses manuscrits des Troubadours, et à Sainte-Geneviève sa correspondance avec Bouhier.

(2) Note prise sur un volume du XVIIe siècle, coté C, 2127. Bibl. d'Auxerre.

tres de cette ville, et il composa plusieurs ouvrages demeurés manuscrits, notamment un *Mémoire sur les eaux de la ville d'Auxerre.*

On connaît de lui une histoire des plantes qui naissent dans le comté d'Auxerre et dans les environs, 1778, *in-8°*, manuscrit, (bibliothèque d'Auxerre) ; il a traduit aussi plusieurs traités de botanique étrangers.—Mort à Auxerre, en 1790.

Il a eu pour petit-fils F.-V. Mérat. membre de l'académie de médecine, mort à Paris, en 1851 ; auteur d'un grand nombre de mémoires et d'ouvrages sur son art et sur la botanique.

JEAN-CLAUDE SARRASIN, diacre du diocèse d'Auxerre, reçu chanoine de Notre-Dame de Paris, le 26 juin 1715, et mort le 30 août 1756.

Cet ecclésiastique a été non-seulement un modèle de régularité et d'exactitude dans sa conduite, mais encore un prodige de constance à lire, extraire et compléter les manuscrits et registres capitulaires de sa compagnie.

On compte : 1° plus de cent volumes *in-f°*, tous écrits de sa main, qu'il donna au chapitre Notre-Dame, en 1733, dont la majeure partie, c'est-à-dire 79 vol. contiennent toutes les délibérations capitulaires extraites des registres de cette compagnie. (Archives impériales).

2° Histoire de l'église de Paris, 10 vol. *in-f°* qui sont passés de la bibliothèque du chapitre dans celle de Beaucousin, avocat, dont la vente a été faite après son décès, en 1798, pour la très-modique somme de 6 fr.

MATHURIN LEPÈRE, directeur de la poste aux lettres et notaire au bailliage, secrétaire perpétuel de l'Académie d'Auxerre, associé de la société littéraire de Besançon, né à Milly en Gâtinais, le 12 janv. 1718. Il possédait une érudition solide et étendue, et les matières les plus abstraites lui étaient familières. Au milieu de ses nombreuses occupations il sut trouver le temps nécessaire à des travaux importants. L'un des fondateurs de la société académique d'Auxerre, il y lut des mémoires intéressants dont voici les principaux :

Mémoire sur la perfection à donner aux instruments astronomiques. — Observations de l'amplitude au temps de l'équinoxe et des solstices pour la méridienne d'Auxerre. — Recherches sur la musique des anciens. — Sur les monnaies anciennes, évaluation en monnaie actuelle du prix que coûta au roi Charles V, la ville et le comté d'Auxerre. — Sur les eaux de Pougues. — Description de la voie romaine de Châtenay, Ouanne et Entrains. — Dissertation sur le nombre des habitants d'Auxerre d'autrefois, comparé à la population de son temps. Ses travaux géométriques étaient particulièrement remarquables. — Il fit des recherches sur les poids et mesures anciens, sur l'arpentage, sur la construction des cloches. — Enfin, il exécuta la triangulation des environs de la ville d'Auxerre (1). Une partie seulement de ces mémoires est conservée manuscrite à la bibliothèque d'Auxerre.

M. Lepère est mort le 9 décembre 1761.

---

(1) Mercure, année 1763, août et septembre. Eloge de M. Lepère, par M. de Saint-Georges, Secrétaire perpétuel de l'Académie d'Auxerre.

Jean Berryat, né à Clamecy, le 10 mai 1718, fut un médecin distingué et obtint le titre de médecin du roi et d'intendant des eaux minérales de France. Il était membre de la société des sciences et belles-lettres d'Auxerre et correspondant de l'académie royale des sciences.

On lui doit des *Observations physiques et médicales sur les eaux minérales d'Appoigny, de Pourrain, de Diges et de Toucy*, Paris, 1752, in-12; un Mémoire manuscrit, *sur la construction et l'observation du baromètre*, dans lequel il est établi qu'Auxerre est élevé de 400 pieds au-dessus du niveau de la mer, et un *Recueil de mémoires ou collection de pièces académiques concernant la médecine, l'anatomie, etc.*, Dijon, 1754, in-4°, t. 1 et 2. La mort surprit M. Berryat au milieu de ses travaux et cette collection fut continuée par MM. Gueneau de Montbéliard, Lavirotte, Daubenton, etc.

Il est mort à Paris, en 1754, à l'âge de 36 ans.

Augustin-Etienne Frappier, né à Donzy, le 22 janvier 1722, fut nommé chanoine de l'église cathédrale d'Auxerre, le 13 avril 1743. Il défendit toute sa vie les prérogatives du corps auquel il appartenait, et fut un des plus zélés partisans de son évêque M. de Caylus et de la doctrine janséniste. Il prit une part active à l'opposition que fit le chapitre à M. de Condorcet et prêta la plume à une foule de pamphlets et de mémoires. Cette fécondité lui attira plus tard, de la part du curé Salomon, l'épithète de graphomane. L'abbé Frappier est auteur d'une histoire de l'abbaye Saint-Julien d'Auxerre, *in-12*, 1777, suivie d'une notice des monastères anciens et nouveaux du diocèse d'Auxerre. On a aussi de lui un mémoire intitulé : Protestation en faveur du doyen d'Auxerre d'être archiprêtre de la ville d'Auxerre, où l'on remarque de l'érudition, *in-12*, 1779 ; il a publié enfin, avec annotations : *Sanctæ Autiss. ecclesiæ fastorum carmen, libri XII*, composé par A. Rigault, curé de Saint-Pierre de Nuzy, in-8°, 1790. Ce sont ses meilleurs travaux. La bibliothèque impériale possède deux volumes manuscrits formés par l'abbé Frappier, qui les y déposa lui-même, où sont les minutes de la plupart de ses œuvres, et de plus une notice des événements principaux arrivés dans le diocèse d'Auxerre, après la révolution de 89 (t. II, p. 885 à 904 F. français, S. 632).

En 1789, à l'occasion des élections aux Etats-Généraux, M. Frappier prononça plusieurs discours, pour obtenir du chapitre, ou de la chambre du clergé, la demande de réformes ecclésiastiques.

L'abbé Frappier se retira à Donzy après la suppression du chapitre et y devint curé constitutionnel. Il soutint ensuite Thollet, évêque constitutionnel de Nevers, au concile de Bourges, en 1801. Il mourut fort âgé à Donzy, le 30 avril 1807.

Claude-Etienne Trebuchet, officier de la reine, né en 172...., à Auxerre, mort en novembre 1784.

La science astronomique fut de sa part l'objet d'une étude particulière. Ses travaux furent publiés dans le Mercure et dans le journal des Savants. On cite surtout son mémoire sur le passage de Vénus sur le disque du Soleil. Il a publié aussi une *Lettre sur les spectacles* et diverses pièces fugitives.

Ses livres portaient cette devise charmante : *Ex libris Trébuchet et amicorum.*

Housset Etienne-Jean-Pierre, docteur en médecine de la faculté de Montpellier, né en 1732.

Il était issu d'une famille vouée à la médecine depuis trois générations. Il se distingua par une pratique éclairée et passa, de son temps, pour un grand physiologiste.

Le roi le nomma médecin des épidémies pour la Bourgogne, et il devint premier médecin des hôpitaux d'Auxerre.

Il était membre des sociétés ou académies de Dijon, de Montpellier et d'Auxerre, et il lut souvent aux assemblées de cette dernière des Mémoires scientifiques qui sont restés manuscrits. (Reg. de la société, Bibliothèque d'Auxerre).

M. Housset a publié des *Mémoires physiologiques et d'histoire naturelle,* en 2 vol. *in-8°,* Auxerre, 1787.

Il est mort en cette ville, le 10 novembre 1810, après 55 ans d'exercice.

Restif de la Bretonne, Nicolas, né à Sacy, en 1734, était destiné par sa famille à l'église ; mais l'ardeur de son imagination et le cours des événements en décidèrent autrement. Il apprit la profession d'imprimeur à Auxerre, d'où une aventure avec la femme de son patron le fit partir pour Paris. Après peu de temps il y revint comme prote et y fit un mariage fort mal assorti, et qui eut sur toute sa carrière une triste influence. Il n'y resta guères et retourna à Paris, où se passa le reste de son existence. En 1766, il publia un premier roman intitulé *la Famille vertueuse* qui n'eut pas grand succès. Deux ans après, parut *Lucile ou le progrès de la vertu,* dont il emprunta le sujet à une anecdote scandaleuse arrivée à Auxerre et qui y avait déjà inspiré le poëme satirique de Mirton. Après un autre roman intitulé *le Pied de Fanchette,* parurent une suite de livres où, sous diverses formes, l'auteur s'attaquait à des institutions sociales dont il provoquait la réforme. Le premier et le plus fameux était le *Pornographe.* Malgré l'étrangeté du sujet qui touchait à un des points les plus embarrassants de la moralité publique ou plutôt à cause de ce sujet, ce livre eut un grand retentissement. L'empereur Joseph II, qui, quelques années après, voulut appliquer les projets du règlement qui y étaient contenus, envoya à l'auteur un brevet de baron avec son portrait. Vinrent ensuite le *Mimographe,* le *Gynographe,* l'*Antropographe,* le *Thesmographe,* le *Glossographe.* Restif avait encore publié quelques romans sans grand renom, tels que : la *Fille naturelle* et le *Fin matois,* lorsqu'il donna le *Paysan perverti,* dont le succès fut immense, tant en France qu'à l'étranger. Les éditions s'en succédèrent si rapidement, qu'en Angleterre seulement, il s'en publia quarante-deux en peu de temps. La *Paysanne pervertie* parut trois ans après et fit aussi une très-grande sensation. L'auteur avait dans ce roman, comme dans tous ceux qu'il publia, raconté en grande partie ses propres aventures ou celles de son entourage. Le *Nouvel Abailard* qui lui succéda eut moins de vogue. Les *Contemporaines* vinrent ensuite, puis les *Françaises,* les *Parisiennes,* les *Provinciales,* le *Palais-Royal,* le *Spectateur nocturne* et les *Nuits de Paris.* L'auteur y peignait les femmes et les mœurs de son temps, vues du milieu dans lequel il vivait, et ces ouvrages en laissent une fort triste idée. Le livre intitulé : la *Vie de mon père,* tranche par son caractère digne et sérieux sur les autres ouvrages de Restif qui continua son histoire personnelle par le *Drame de la vie*, suite de pièces dialoguées, où, comme dans une lanterne magique, figurent les scènes principales de sa vie, et par le *Cœur humain dévoilé, ou les mémoires de M. Nicolas*, qui raconte toute la partie intime de son existence. La *Femme infidèle* et *Ingénue de Sarancourt ou la femme séparée*, deux romans qui se succédèrent à un an d'intervalle, peignirent plus tard la triste histoire de son ménage et de celui de sa fille aînée. Après la *Vie de mon père*, avait paru une composition sombre et pleine de désespoir, intitulée la *Malédiction paternelle*, où se révélait peut-être le triste souvenir de quelqu'autre drame de famille. Restif avait encore publié en 1780, la *Découverte Australe*, roman géographique inspiré de Gulliver, et de 1784 à 1793 dix-sept pièces de théâtre, dont partie seulement avait été représentée et sans succès. Il avait aussi, à diverses reprises, fait paraître divers ouvrages sur l'éducation, où il combattait le système de l'Emile de Rousseau, tels que les *Lettres d'un fils à son père*, les *Lettres d'un père à son fils*, la *Femme dans les trois états de fille, d'épouse et de mère*, l'*Ecole des pères*, les *Veillées du Marais*, réimprimées en 1794, sous le titre de l'*Instituteur du prince-royal*. Un de ses derniers livres, la *Philosophie de M. Nicolas*, est une suite de rêveries, souvent ingénieuses, mais presque toujours chimériques. La collection des œuvres de Restif ne forme pas moins de 200 volumes compactes. On y trouve, avec une prodigieuse fécondité de composition et de verve, un style souvent facile et pittoresque, souvent aussi trivial et bas, parfois une morale austère et élevée, d'autres fois et trop souvent, un cynisme révoltant. Plusieurs de ses livres ont été publiés sans avoir été écrits. Il les imprimait lui-même d'inspiration. L'orthographe était du nombre des choses qu'il voulait réformer. Son premier roman fut écrit selon un plan de réforme orthographique radical, qu'il modifia depuis à plusieurs reprises. En toutes choses, il cherchait l'excentricité, mais au lieu de l'originalité il n'atteignait souvent que la bizarrerie. Il jouit toutefois longtemps d'une immense popularité, et ne laissa pas d'exercer une assez grande influence sur l'esprit de son temps. Et peut-être même cette action s'est-elle prolongée d'une manière latente sur une époque voisine de nous, car les utopistes de nos jours, et notamment Fourrier et Proudhon ont trouvé dans ses livres beaucoup des déclamations et des systèmes qu'il nous présentaient comme des nouveautés. L'attraction passionnelle, la banque d'échange, le communisme, et jusqu'à l'anathème fameux de la propriété, sont des emprunts faits aux rêveries de Restif. La révolution le dépassa dans ses idées et le ruina dans sa fortune. Après une vie pleine d'agitation, il eut une vieillesse obscure et mourut en 1806. La *Revue des deux Mondes* a publié sur lui, en 1850, une notice biographique fort étendue, par Gérard de Nerval.

L. N., LESPINASSE, (dit le chevalier de), né à La Charité, vers l'an 1736, chef de bataillon et député au Corps Législatif, en 1803.

Il était dessinateur distingué et savant mathématicien. Il a publié un traité du lavis des plans, appliqué principalement aux reconnaissances militaires, Paris, Magimel, an ix, in-8°. — Un traité de la perspective linéaire, etc., Paris, Magimel, an ix, in-8°, avec figures. — De la perspective des ba-

tailles, Paris, Magimel, 1809, *in*-8°. — Et gravé quelques estampes.
Lespinasse est mort à Paris, le 17 novembre 1808. (1)

Augustin Lespinasse (comte de), né à La Charité, vers l'an 1744, officier supérieur d'artillerie. Il se distingua dans les guerres de la révolution. Bonaparte, qui servait sous ses ordres au siège de Toulon, se souvint de lui lorsqu'il organisa l'empire et l'éleva à la dignité de sénateur et de grand-officier de la Légion d'Honneur.

Le comte de Lespinasse a publié : 1° Aide-mémoire à l'usage des officiers d'artillerie de France attachés au service de terre, Paris Magimel, 1809, 2 vol. *in*-8°. — Essai sur l'organisation de l'artillerie, Paris, Magimel, 1810, *in*-8°. — Et quelques opuscules en prose et en vers.

Lespinasse est mort en 1817 (2).

Pierre-Germain Mérat, né à Auxerre, le 29 août 1742, était fils du pharmacien du même nom dont nous avons parlé plus haut p. 431.

Il embrassa l'état ecclésiastique, devint professeur d'éloquence et fut ensuite pendant 49 ans, curé de Chitry. Il cultiva les lettres et la botanique, mais n'a publié que deux mémoires : l'un sur les insectes nuisibles à la vigne, et l'autre sur la formation du lait. (Mém. du lycée de l'Yonne, 1802).

Il a laissé plusieurs manuscrits sur divers sujets littéraires, des discours et des plaidoyers, sortes de jeux d'esprit qui rappellent ses premières études ; des odes et des cantiques, un manuel de botanique et un autre de médecine ; ces travaux sont presque tous conservés à la Bibliothèque d'Auxerre.

M. Mérat est mort à Chitry, le 16 décembre 1825. Il avait été membre du lycée de l'Yonne et correspondant de l'académie d'Orléans.

Jean-Baptiste Morel, prêtre du diocèse d'Auxerre, au XVIII° siècle, se distingua par son érudition.

Il est auteur d'une *Dissertation sur le véritable auteur des commentaires sur les épîtres de saint Paul*, Auxerre, 1762, *in*-12 ; du *Discours de S. Victrice, évêque de Rouen, à la louange des saints et de leurs reliques*, Auxerre, 1763 ; des *Eléments de critique*, Paris, 1766, *in*-12, où il recherche les différentes causes d'altération des textes latins ; curieux ouvrage. Mort en 1772.

Pierre Dettey, prêtre du diocèse d'Autun, chanoine d'Auxerre, depuis le 24 mai 1743, fut un des fidèles partisans de M. de Caylus, dont il écrivit la vie, en 2 vol. *in*-12, Amsterdam, 1765. Il prit part aussi aux réformes liturgiques de ce prélat.

Il est mort archidiacre de Puysaie, le 9 février 1773 (3).

Edme Chamillard, prêtre du diocèse de Sens, curé de Gurgy, depuis le

---

(1) Née de la Rochelle, Mémoires sur le département de la Nièvre, t. III.
(2) Née de la Rochelle, *ibid*. Mém. sur le département de la Nièvre, t. III.
(3) Obit. de la cathédrale, Arch. de l'Yonne.

16 janvier 1743, a publié à Auxerre, en 1761, *la Vie de saint Edme*, archevêque de Cantorbéry, tirée du manuscrit de l'abbaye de Pontigny, publié par D. Martène, et dont l'original existe à la Bibliothèque d'Auxerre, sous le n° 148.

On voit dans ce petit volume, le procès-verbal de la translation des reliques de saint Edme, en 1749.

L'abbé Chamillard est mort modestement, dans sa cure, le 6 avril 1784, à l'âge de 70 ans.

EDME MOREAU, d'Auxerre, maître ès-arts en l'université de Paris, nommé chanoine de la cathédrale, le 19 janvier 1743, existait encore en 1789.

Il est auteur d'un *Mémoire sur le commerce ancien et actuel d'Auxerre, et les moyens de le rétablir*, manuscrit (conservé à la société littéraire et scientifique) d'un *Traité sur l'ancien comté d'Auxerre*, manuscrit (*ibid.*)

D'une suite de 12 mémoires sur l'origine de l'histoire de France, et particulièrement sur Clovis, sur les Armoriques, les fiefs et le gouvernement des Francs. L'auteur suit le système de Dubos et il montre une érudition solide. (Manuscrits, Bibliothèque d'Auxerre, n° 87).

Moreau a publié aussi un *Mémoire sur le rang que tiennent les chapitres dans l'ordre hiérarchique*, 1780, in-12; travail très-sage, fait en réponse aux *Lettres* d'un Auxerrois à M. Frappier, sur le rang des curés dans l'Eglise, par M. Salomon, curé de Saint-Regnobert; *Fonctions et droits du clergé des églises cathédrales* à Amsterdam, 1784, in-12.

LOUIS-JEAN DESPRÉS, né à Auxerre, le 28 mai 1743, mort en 1804. Peintre et architecte distingué. Il fut appelé à la Cour de Suède et composa divers tableaux de bataille des guerres entre la Suède et la Russie, parmi lesquels on cite celui de la bataille de Suensksono. Il a concouru à la publication du *Voyage pittoresque de Naples*, par l'abbé de Saint-Hyon. On a aussi de lui des *Caricatures* et des *Costumes du Nord*, gravés par Hélie Martin.

CHARLES-GEORGES-THOMAS GARNIER, né à Auxerre, le 21 septembre 1746. Avocat consultant, modeste mais fort distingué, il consacra à la culture des lettres tous les loisirs que sa profession lui laissait. Il remplit, en 1791, les fonctions de commissaire du roi à Paris, près le tribunal du 3e arrondissement, et vint deux ans après à Auxerre en qualité de commissaire du pouvoir exécutif. Il publia, dans le Mercure, à partir de 1770, sous le pseudonyme de mademoiselle Raigner de Malfontaine, des proverbes dramatiques moraux et pleins d'intérêt. Il composa aussi d'autres proverbes pour l'éducation de mademoiselle de Condé, lesquels réunis aux premiers, ont été publiés en 1784, sous ce titre : *Nouveaux proverbes dramatiques ou recueil de comédies de société*, etc., par M. G., Paris, Cailleau, 1 vol. in-8°.

Il édita aussi plusieurs collections d'œuvres théâtrales et de littérature facile.

— Mort d'une fièvre maligne, au mois de février 1795.

JEAN-FÉLICISSIME ADRY, fils de Jean-Félicissime, membre de la congrégation de l'Oratoire, né à Vincelottes, le 27 mars 1749. Il était de la forte race des savants du dernier siècle, qui conservèrent avec la tradition scientifique les sentiments religieux. A peine sorti de Jully, où il fit ses études, il entra chez les pères de l'Oratoire, sans toutefois prendre les ordres. Il fut ensuite envoyé comme professeur de rhétorique dans différents colléges et notamment à Troyes. Les succès qu'il obtint dans cette carrière le firent connaître comme un humaniste distingué. Il en fut récompensé par le titre de bibliothécaire de la maison de la rue Saint-Honoré, à Paris. La révolution l'y surprit, et, comme ses confrères, le mit dans un état voisin de la misère. Il travailla alors aux publications classiques si connues par leur éditeur Barbou, et c'est en corrigeant des épreuves qu'il put subvenir à ses bien modestes besoins.

Le père Adry avait des connaissances fort étendues sur l'antiquité classique et même sur les langues orientales, et ses œuvres bibliographiques en montrent la variété. Sa simplicité et sa bonté égalaient sa science.

Après le rétablissement de l'ordre social, sous le Consulat et l'Empire, il recevait chez lui les savants et les hommes les plus éminents de l'époque. Daunou, Fontanes, Maury, etc., venaient s'y reposer des préoccupations politiques. M. de Fontanes surtout, faisait le plus grand cas du P. Adry. Il le nomma inspecteur des livres destinés à l'Université et lui confia la préparation du projet du règlement de ce corps, lorsque l'empereur voulut restaurer l'enseignement ; le P. Adry fut même chargé de compulser les matériaux destinés au grand cérémonial de la cour impériale.

Le P. Adry, âgé de près de 70 ans, vit arriver avec calme la fin de sa carrière. Peu de temps avant sa mort, il écrivait à sa nièce (1) ces mots, qui font connaître tout l'homme : « Soyez bien persuadée que le véritable calme » et la vraye sérénité de l'esprit dépendent beaucoup plus de nous-mêmes, » que de tout ce qui peut nous arriver par la faute d'autruy. »

Le P. Adry est mort à Paris, en 1818.

Le P. Adry a pris part à un grand nombre d'éditions des auteurs latins et français qu'il a toujours augmentées soit de préfaces estimées, soit d'annotations érudites. Nous citerons notamment le Voyage du vallon tranquille, par Charpentier, avec préface et des notes servant de clé, Paris, 1816 in-12; les Aventures de Télémaque, Paris, 1811, 2 vol. in-8°, avec gravures. Il écrivit dans le Journal encyclopédique et dans le Magasin encyclopédique, notamment une notice sur la famille des Elzévirs, qui a été imprimée à part, in-8°, en 1806.

Il est auteur d'un Dictionnaire des jeux de l'enfance, 2 vol. in-8° ; d'un Catalogue chronologique des imprimeurs du Roi; de l'Histoire de la vie et de la mort tragique de Vittoria Accorambona, duchesse de Bracciano, an VIII, 1800, Br. in-4° et 2ᵉ édition, in-12 en 1807 ; d'une Notice sur le collége de Juilly, 1807 et 1816, Br. in-8°; d'Examen des nouvelles fables de Phèdre, etc., Paris, Egron, 1812, in-12 ; de l'ouvrage intitulé : Essai d'instruction morale ou les Devoirs envers Dieu, le Prince et la Patrie, etc., Paris, 1812, 2 vol. in-8°, avec le portrait de l'empereur. Ce livre était destiné à répandre dans les lycées l'esprit monarchique et l'affection pour l'empereur. C'est un recueil de morceaux des meilleurs auteurs anciens et modernes ; du Meilleur gou-

---

(1) Mme Rapineau, à qui nous devons une bonne partie des faits de cette notice.

vernement, plaidoyers composés en 1778 et prononcés par les écoliers de réthorique du collége de Troyes ; Paris, Egron, 1818, Br. *in-8°*.

Le catalogue dressé pour la vente de sa bibliothèque, fait connaître plusieurs manuscrits du P. Adry, que nous croyons devoir signaler : Liturgie française, Paris, 1816, *in-4°* ; histoire littéraire de Port-Royal, *in-4°*; Traducteurs latins et français des auteurs grecs et latins, *in-4°* et *in-8°* ; Dictionnaire des graveurs et des peintres, 2 vol. *in-8°* ; Bibliothèque des fabulistes, 5 vol.; Bibliothèque critique des Ana, 1794, *in-8°* et 1803, *in-12* ; Notice sur Soufflot, 1 vol.; Bibliothèque des hommes illustres de l'Oratoire, 6 vol. *in-8°*; Liste chronologique de toutes les éditions du Louvre, 1 vol. Gr. *in-8°*; Catalogue de diverses éditions de poëtes français, 1 vol.; d'autres catalogues d'auteurs grecs et latins, de livres français du XVIe siècle et des petits Elzevirs, celui-ci en 3 vol.

Germain Garnier, (le Marquis), né à Auxerre, le 8 novembre 1754, frère de l'avocat dont il est fait mention ci-dessus.

Son père, notaire estimable, lui avait fait donner une assez bonne éducation qu'il compléta par l'étude du droit à Paris. Il acheta ensuite une charge de procureur au Châtelet et fit rapidement fortune, alliant le plaisir et les lettres avec le travail. Il avait des relations avec la société la plus distinguée de Paris et était fort goûté, pour son esprit fin, sage et modéré. Il obtint le titre de secrétaire des commandements de Mesdames tantes du roi, après avoir vendu sa charge. Il avait adopté les doctrines de l'économiste Quesnay; et il crut trouver dans la révolution, qu'il accueillit cependant avec défiance, une occasion favorable pour vulgariser les théories de l'école.

Il publia en 1792, un livre intitulé : *De la propriété dans ses rapports avec le droit politique*. Mais bientôt après il quitta la France pour y rentrer en 1795. Il fut appelé par l'Empereur à la préfecture de Seine-et-Oise en 1800, puis au Sénat en 1804, avec le titre de comte. Il devint président de ce grand corps en 1809. La chûte l'Empire le trouva indifférent et il reçut des Bourbons, les titres de pair de France, de marquis, de ministre d'Etat et membre du conseil privé.

M. Garnier est mort à Paris, le 4 octobre 1821. Il a laissé aux pauvres de la paroisse Saint-Eusèbe d'Auxerre, une somme de 3,000 fr.

M. Garnier publia plusieurs ouvrages intéressants, tels que : la Description géographique ou physique et politique du département de Seine-et-Oise, Paris, 1802, *in-8°* ; la Théorie des banques d'escompte, Paris, 1806, *in-8°* ; et quelques autres ouvrages économiques ; une histoire de la monnaie depuis les temps les plus reculés jusqu'à Charlemagne, Paris, 1819, 2 vol. *in-8°*, un abrégé puis une traduction complète de l'ouvrage d'A. Smith, *sur la nature et les causes de la richesse des nations*, 1805, 5 vol. *in-8°*; et, dans un autre ordre d'idées, une *édition de Racine*, *des traductions d'auteurs anglais et notamment en prose*, Paris, 1805, 2 vol. *in-12* ; une petite comédie intitulée : *Les Girandoles ou la tricherie revient à son maître*, Paris, 1780 ; et la fameuse chanson : *J'ai vu Lise hier au soir*, attribuée au comte de Provence, et qui eut tant de succès.

M. Garnier avait été académicien libre de l'Académie des inscriptions et membre de l'Institut.

Michel-Louis-Etienne Regnault de Saint-Jean-d'Angely; né à Saint-

.Fargeau le 3 novembre 1760, de M. Regnault, avocat au parlement, bailli du comté de Saint-Fargeau, et de Marie-Madeleine Allenet. Son père signait Regnaud; Saint-Jean-d'Angely était sa patrie.

Il embrassa la carrière d'avocat et devint, en 1789, député aux Etats généraux pour le Tiers-Etat du pays d'Aunis. D'un esprit modéré, quoique réformateur, il prit une part active aux travaux des commissions, mais ne se fit pas remarquer comme orateur dans les diverses assemblées politiques dont il fut membre pendant sa longue carrière. L'empereur, auquel il s'attacha en 1796, lui confia successivement les plus hauts postes. Il fut nommé président de la section de l'intérieur du conseil d'Etat et secrétaire du cabinet; comte et grand officier de la Légion-d'Honneur, et, en 1810, secrétaire de l'état de la famille impériale. C'est lui qui était chargé par l'empereur de présenter au Corps-Législatif les projets de lois importants. Son talent et sa connaissance des hommes le faisaient triompher des obstacles. Exilé en 1815, malgré certaines avances à la famille des Bourbons, il ne rentra en France qu'en 1819, pour y mourir peu après.

Quoique élu membre de l'Académie française, M. Regnault n'a jamais fait de travaux littéraires. Ses discours et ses rapports politiques, révèlent une plume facile et distinguée. Il a concouru avec Garat à la rédaction du *Journal de Paris*, de 1789 à 1793; et avec Duquesnoy à la publication de l'*Ami des Patriotes*, 1791, 4 vol. *in-8°*.

ALEXANDRE-CLAUDE-MARTIN LE BAILLIF, né à Saint-Fargeau, le 12 novembre 1764, mort à Paris, le 27 décembre 1831.

Il a publié :

1° *Mémoire sur l'emploi de petites coupelles au chalumeau, ou nouveaux moyens d'essais minéralogiques*, Paris, 1823, imprimerie de Fain, place de l'Odéon, *in-8°*.

2· Plusieurs mémoires dans le *Bulletin universel des sciences* du baron de Ferrussac, notamment sur la circulation de la sève dans le *Chara* et sur les merveilles microscopiques de la *Vorticella rotatoria*.

3° *Notice sur la construction du sidéroscope et sur les faits nouveaux qui s'y rapportent*, Paris, 1827, imp. de Fain, *in-8°*.

JEAN-JOSEPH FOURIER, né à Auxerre, le 21 mars 1768, d'une famille originaire de Lorraine, est un exemple de ce que peut un heureux naturel favorisé par les circonstances. Ayant perdu dès l'âge de neuf ans son père, humble tailleur, de la paroisse St.-Renobert, il intéressa quelques personnes charitables de la ville qui lui firent faire ses études chez les Bénédictins. Bientôt ces pères appréciant les dispositions du jeune homme, le placèrent au collége de Montaigu où il termina avec distinction ses humanités, à l'âge de seize ans. De retour dans sa ville natale, il professa les mathématiques à l'école militaire. En 1787, il présenta à l'académie des sciences un mémoire sur la résolution des équations algébriques, qui fixa l'attention de cet illustre corps.

La révolution le surprit novice de l'ordre de Saint-Benoit. Il continua alors son professorat dans le collége d'Auxerre. Les orages de ce temps qui affectèrent un peu sa jeunesse, ne lui firent cependant pas négliger la science. On lui reprocha, après le 9 thermidor, d'avoir été à Auxerre un des chefs du parti jacobin, et il faillit même devenir victime de la réaction. Cependant il paraît que grâce à son influence, plusieurs de ses concitoyens avaient pu échapper aux dangers qui menaçaient leurs jours.

Mais des temps plus prospères allaient renaître. Fourier envoyé à l'école normale de Paris par le département de l'Yonne, en 1794, fit connaissance avec les plus grands savants de la France et y fut chargé de l'enseignement des mathématiques à une partie des élèves. Il passa de là à l'école polytechnique.

Sa réputation déjà assez grande le fit choisir pour faire partie de la commission scientifique d'Egypte. Dans cette expédition, son importance s'accrut de jour en jour davantage. Il devint secrétaire de l'Institut d'Egypte et fut chargé de coordonner les matériaux du grand ouvrage publié sur l'expédition et en fit la préface qui est à elle seule un monument, suivant l'expression de M. de Fontanes. La mort de Kléber lui fournit l'occasion de prononcer son oraison funèbre qui passe pour un chef-d'œuvre.

De retour en France avec l'expédition, Fourier fut nommé préfet du département de l'Isère qu'il administra, pendant près de quatorze ans, à la satisfaction générale. On lui doit un grand travail : l'assainissement des marais de Bourgoing. L'empereur le nomma baron de l'Empire, le 26 avril 1810, et officier de la Légion-d'Honneur.

Rendu à la vie privée par la Restauration, il se mit avec ardeur à la culture des sciences exactes. Déjà en 1812, il avait remporté le grand prix de physique à l'Institut et il entra à l'Académie des Sciences en 1817.

Il vit s'ouvrir aussi les portes de l'Académie française. M. de Fontanes a dit de lui, qu'il écrivait avec l'élégance d'Athènes et la sagesse d'Egypte. Les collections de l'Institut, reçurent alors le fruit de ses travaux qui portaient sur les différentes branches des sciences exactes et particulièrement sur la statistique.

Fourier est mort secrétaire-perpétuel de l'Académie des sciences, après une courte maladie, le 16 mai 1830. Il n'oublia jamais sa ville natale et lui fit hommage de ses œuvres et accueillit toujours avec affabilité ses concitoyens.

Auxerre lui a érigé, le 4 mai 1849, une statue en bronze, due au ciseau de Fayot, artiste également natif d'Auxerre (1). Son portrait en pied est conservé à l'Hôtel-de-Ville.

Il a publié un grand nombre de mémoires dans les cahiers de l'école polytechnique et dans la collection de l'Institut. Sa Théorie de la chaleur, 1 vol. *in-4°*, est le plus considérable des ses titres scientifiques.

MELCHIOR HOUSSET, médecin des hôpitaux et notable de la ville d'Auxerre, membre de l'Académie d'Auxerre. A publié dans le journal de Verdun, de mars 1769, *Précis historique sur l'année séculaire de la délivrance de la ville d'Auxerre*, ce qui lui attira de vives critiques dans le même journal de juin suivant, auxquelles il répondit par les *Etrennes aux trois André* (2), ou

---

(1) Mort en 1849.
(2) Les trois André étaient les chanoines MM. Blonde, Mignot et Potel qui portaient ce prénom. Ils étaient les auteurs des critiques adressées à M. Housset, et notamment *du gâteau des Rois à M. Housset, astrologue et médecin des pauvres.*

apologie du précis historique sur l'année séculaire de la délivrance de la ville d'Auxerre, 1770, et par le *Remerciement du gâteau des rois* et de la *tarte à la crême* à Gaspard-André Devinez, plus excellent *gâte-pâte* qu'avocat plaidant.

Enfin, la feuille des prédictions de la Sybille pour les années 1769 et 1770, termina la querelle par une attaque sanglante contre la personne grêle du docteur Housset.

M. J. SEDAINE, auteur dramatique, fécond et ingénieux, membre de l'Académie française, correspondant de la société des Sciences et Belles-Lettres d'Auxerre, né en 1719, décédé en 1797. La plupart des biographes s'accordent à dire qu'il est né dans les environs d'Auxerre. Cependant jusqu'à ce jour, ce fait n'a pu être vérifié authentiquement. Ses rapports avec la société des sciences et belles-lettres de cette ville donnent pourtant quelque vraisemblance à cette tradition. Ses œuvres les plus importantes sont : le *Philosophe sans le savoir*, comédie en cinq actes ; et une multitude d'opéras, comme le *Diable à quatre*, le *Déserteur*, *Rose et Colas*, *Blaise et Babet*, *On ne s'avise jamais de tout*, le *Roi et le Fermier*, *Richard-cœur-de-lion*, etc. Il avait d'abord été simple ouvrier maçon, puis maître, puis enfin secrétaire de l'académie d'architecture. C'est après cette longue série de travaux industriels, et quand cette dernière position eut assuré son existence, que se révélèrent son gout et son talent pour la littérature théâtrale.

JACQUES-GERMAIN SOUFFLOT, né à Irancy, le 22 juillet 1713, architecte, intendant général des bâtiments du roi, associé honoraire de l'académie de peinture et de sculpture, membre des académies de Lyon, Rome, Marseille, etc. mort à Paris, le 29 août 1780. Il fit ses études au collège d'Auxerre. Destiné au commerce par sa famille, il la quitta aventureusement à 17 ans, entraîné par une vocation secrète pour l'architecture, et entra d'abord comme simple tailleur de pierre chez un entrepreneur de Lyon qui, reconnaissant le génie de son ouvrier, en fit son dessinateur et son secrétaire. Bientôt il partit pour l'Italie où il se livra avec tant d'ardeur et de succès à l'étude, que l'ambassadeur de France, informé de ses heureuses dispositions, le fit entrer à l'école royale française de Rome. Trois ans après, il envoyait aux Chartreux de Lyon le plan d'un dôme que ces religieux voulaient faire construire. Ce plan fut agréé et Soufflot, chargé de son exécution, revint à Lyon où, son talent acquérant une grande notoriété, il eut à construire la Bourse et ensuite l'Hôtel-Dieu. Ce dernier édifice, dont les magnifiques proportions sont encore aujourd'hui un sujet d'admiration, fonda définitivement sa réputation. Le roi le fit venir à Paris, le nomma intendant-général des bâtiments et lui confia, après un concours, la construction d'une nouvelle église que l'on voulait dédier à sainte Geneviève. Soufflot en fit un monument grandiose et superbe, l'éternel honneur de son nom. Les révolutions ont à diverses reprises changé sa destination et introduit quelques détails nouveaux dans la décoration de cet édifice, sans altérer toutefois sensiblement sa forme ni diminuer sa réputation. Le goût et la mode ont depuis créé de nouvelles écoles et de nouveaux systèmes dans l'art de construire ; mais Sainte-Geneviève est restée, de l'aveu de tous, la plus belle création architecturale du Paris moderne. Soufflot mourut sans avoir achevé son œuvre ; mais elle a été terminée sur ses plans.

Outre les nombreux monuments auxquels le nom de Soufflot est attaché, il reste de lui : 1° Une suite de plans, coupes, profils, élévations géométrales et perspectives des temples de Pœstum, publiée en 1764, 2° *OEuvre* ou *recueil de plusieurs parties d'architecture*. Paris, 1767, 2 vol. *in-f°* ; 3° Elévations et coupes de quelques édifices de France et d'Italie, dessinés par feu M. Soufflot et publiés par M. Dumont, Paris, *in-f°*, 1781. Le neveu de M. Soufflot, M. Jules Soufflot-d'Egriselles, a fait don, en 1853, à la ville d'Auxerre, d'un beau buste en bronze de ce célèbre architecte, exécuté par Dantan. On possède aussi à la Bibliothèque de la ville son portrait, copié sur l'original de Carle Vanloo qui est conservé dans sa famille. (Voir dans l'Annuaire de l'Yonne de 1852, une notice sur Jacques-Germain Soufflot).

Jean-Baptiste Rougier de la Bergerie (le baron), né en 1759, à Borneuil en Berry, devint par son mariage propriétaire de la terre de Bléneau et habitant de l'Yonne, dont les électeurs l'envoyèrent en 1791 à l'Assemblée législative, où, comme les autres députés de ce département, il suivit le parti de l'ordre et de la monarchie constitutionnelle. Après l'expiration de son mandat, il rentra dans la vie privée et reprit les études et les applications agronomiques qui lui avaient déjà fait un nom avant 1789. Il avait publié en 1788, des *Recherches sur les principaux abus qui s'opposent aux progrès de l'agriculture*, *in-8°*. En 1795, il fit paraître son *Traité d'agriculture pratique*, *in-8°*. L'année suivante, son *Rapport général sur les étangs*. En 1797, un *Essai politique et philosophique sur le commerce et la paix considérés sous leurs rapports avec l'agriculture*, 1 vol. *in-8°*, Paris, Forget. Il y professe des principes qui paraissaient alors fort avancés en économie politique, et entre autres cette maxime, alors si contestée, que le plus sûr moyen d'empêcher que le blé devienne trop cher, c'est d'en abandonner le commerce à une libre concurrence. En 1799, il publia des *Observations sur l'institution des sociétés d'agriculture*, *in-8°*, et un *Mémoire sur la culture, le commerce et l'emploi des chanvres et lins de France pour la marine et les arts*, dont l'Institut national ordonna l'impression. L'académie des sciences, section d'économie rurale, le nomma à cette occasion son correspondant. Après le 18 brumaire, il fut fait préfet de l'Yonne, et il occupa ces fonctions jusqu'à l'année 1813. Il publia dans cet intervalle : les *Mémoires et observations sur l'abus des défrichements et la destruction des bois et forêts, avec un Projet d'organisation forestière*, 1804, *in-4°*. Il y rappelait, comme fondement de ses idées, le mot si fameux de Colbert, auquel la houille et le fer ont depuis donné un si complet démenti : « la France périra faute de bois. » La même année, il fit paraître ses *Géorgiques françaises*, poème en douze chants, où, à côté de quelques vers au moins fort étranges, on trouve souvent des morceaux d'une excellente facture. Les notes qui suivent chaque chant contiennent des renseignements pleins d'intérêt, Paris, 2 vol. *in-8°*. Cette œuvre a été rééditée en 1824, avec un *Traité complet de poésie géorgique*. 1815 vit paraître son *Histoire de l'agriculture française* ; et 1817, un dernier livre de sylviculture, intitulé : *des Forêts de la France dans leurs rapports avec les climats, la température et l'ordre des saisons, avec la prospérité de l'agriculture et de l'industrie*. Rougier de la Bergerie a de plus coopéré au *Cours d'agriculture* de l'abbé Rozier et aux *Annales d'agriculture*. Il tient une place distinguée au nombre des savants et des praticiens qui ont donné l'élan, au commencement de ce siècle, à l'agriculture française.

OLIVIER-JACQUES CHARDON, né à Auxerre en 1762, mort en 1846. Avocat de 1785 à 1821, président du tribunal d'Auxerre de 1821 à 1845, officier de la Légion-d'Honneur, membre du conseil municipal d'Auxerre et du conseil général du département de 1800 à 1830, maire d'Auxerre en 1815 et 1816. Il avait contribué par son grand savoir, son élocution facile et élégante, et son rare talent de discussion, à maintenir l'éclat du barreau d'Auxerre, de tout temps renommé. Un vieux proverbe local vantait la force de ce barreau en même temps qu'il accusait l'infériorité de la magistrature : « *Au bailliage d'Auxerre bien instruit mal jugé.* » Devenu chef du tribunal, il sut faire mentir la dernière partie de ce proverbe, et le tribunal était, grâce à lui, réputé le plus fort de tout le ressort de la cour de Paris. Ajoutons que ses successeurs ont dignement soutenu cette haute réputation. Tant qu'il resta avocat, les affaires du barreau et sa participation à l'administration de la ville et du département absorbèrent tout son temps. Mais, après son entrée dans la magistrature, il illustra ses loisirs par la publication de plusieurs traités trés-estimés sur la science du droit, et de travaux historiques importants. Voici la liste de ses ouvrages :

Traité de l'usure, 1822, in-8°;

Traité du dol et de la fraude, 1828, 3 vol. *in*-8°. Le traité de l'usure a été refondu dans ce nouvel ouvrage qui est cité journellement devant les tribunaux comme une œuvre pleine de sagacité, d'expérience et de droiture.

Traité du droit d'alluvion, 1830, *in*-8°, moins connu que le précédent, mais qui méritait tout au moins le même succès.

Notice historique et observations sur les grandes fontaines de la ville d'Auxerre, 1833, *in*-8° Ce livre a beaucoup contribué à faire enfin doter la ville en 1851, du bel aqueduc qui y amène les eaux de la fontaine de Vallan.

Histoire de la ville d'Auxerre, 1834-1835, 2 vol. *in*-8°. L'histoire, proprement dite, s'arrête à la même époque que les mémoires historiques de Lebeuf, c'est-à-dire à la fin du XVI° siècle. Le second volume ne comprend que des annales extraites année par année de divers documents dans lesquels les registres de l'Hôtel-de-Ville tiennent le premier rang, et il s'arrête à 1789. C'est néanmoins un extrait complet et d'une incontestable utilité.

Traité des trois puissances, maritale, paternelle et tutélaire, 1841, 3 vol. *in*-8°. On y retrouve toutes les qualités de ses précédents ouvrages.

L'annuaire de l'Yonne de 1846, contient une courte notice biographique sur M. Chardon. Le bulletin de la société des sciences historiques et naturelles de l'Yonne de 1847, en a donné une plus étendue.

EDME-JOSEPH VILLETARD, né à Auxerre en 1771, secrétaire sous le Directoire, de la légation de France à Venise, où il prit une part active à la révolution qui renversa le conseil des Dix.

Villetard cultivait les lettres et particulièrement la poésie. On a de lui : *Epitre en vers et en prose à M. Deschamps, sur un voyage d'Auxerre à Vincelles,* en octobre 1790, *in*-12 ; *la Conjuration de Pazzi,* tragédie en cinq actes et en vers, Milan, an VI, *in*-8° ; *Constantin et la primitive église ou le fanatisme politique*, Paris, 1806, *in-8°*. Rare, l'édition ayant été détruite.

Les *Culottes de St.-Griffon*, nouvelles imitées de Casti, 1803, *in-8°* ; *Esquisses morales et littéraires ou Observations sur les mœurs, etc. des Anglais et des Américains*, traduction de l'Anglais de Wash-Irvingh, Paris, 1822, 2 vol. *in-8*" ; il a fait avec M. Delpaux : *Phocion ou l'Ecole des Républicains*, tragédie en cinq actes et en vers, Milan, sans date, *in-8°* ; *le Quatrième siècle, ou Hercule Maximien*, tragédie en cinq actes et en vers, Paris, 1806, *in-8°*. Cette pièce est, à peu de chose près, la même que le *Constantin*; une imitation en vers des *Saisons de Thompson* dans la Décade, et un *Projet d'empire d'Occident*, dans le Publiciste. Villetard a composé en outre, des pièces fugitives, telles que : une *Hymne sur l'expédition de Rome*, et une autre *en l'honneur des martyrs de la Liberté*, etc. Il est mort ayant perdu depuis longtemps la raison, le 7 juillet 1826, à-l'hospice de Charenton.

PAULTRE - DESORMES, né à Saint-Sauveur, en 1774, élève de l'école militaire d'Auxerre, entra au service en 1792, servit avec distinction dans l'artillerie et fit la campagne d'Egypte comme aide-de-camp du général Kléber, et y fut grièvement blessé. Fait prisonnier au retour de cette campagne, il rentra en France après la paix d'Amiens et quitta le service pour s'occuper d'agriculture et de science. Il a publié divers mémoires dans les Annales géographiques de Maltebrun; en 1804, une carte physique et politique de la Syrie, et de la Basse-Egypte ; et en 1846, une *Notice historique et géographique sur la bataille de Fontenoy (Fontanetum)*; Auxerre, Perriquet, *in-8°*. Il est mort en 1850, laissant beaucoup d'ouvrages manuscrits, sur divers sujets historiques et spécialement sur l'histoire et l'archéologie de la Puisaye. Il avait formé un cabinet fort curieux d'objets d'art et d'antiquités de ce pays.

JOSEPH-PHILIBERT ROUX, membre de l'académie des sciences, de l'académie de médecine et de la société de chirurgie, chirurgien en chef de l'hôtel-dieu de Paris, professeur de clinique chirurgicale à la faculté de médecine de cette ville, officier de la Légion-d'Honneur, né à Auxerre, le 26 avril 1780, décédé à Paris, le 25 mars 1854. Son père était un médecin distingué. Après ses premiers cours, il fut employé comme chirurgien militaire à l'armée de Sambre-et-Meuse. Revenu à Paris pour y poursuivre ses études, il se lia intimement avec le célèbre Bichat, dont il partagea les travaux et reçut le dernier soupir. Il s'attacha ensuite au grand chirurgien Boyer, dont il devint le gendre et à qui il succéda à l'hôtel-dieu et à l'école de médecine. Son premier écrit publié en 1809, sous le titre de *Mélanges de chirurgie*, avait eu un très-grand succès. Depuis il publia dans plusieurs journaux de médecine et de chirurgie une multitude de travaux qui, avec son enseignement à l'école de médecine, le placèrent au premier rang des théoriciens de la science, en même temps que sa rare habileté dans la pratique de l'art, lui acquit le renom d'un des opérateurs les plus distingués. Il était resté, au dire de M. Velpeau (1), pendant les vingt dernières années de sa vie, la plus éclatante illustration chirurgicale du siècle, aux yeux du monde civilisé. Il préparait, dans les dernières années,

---

(1) Discours prononcé aux obsèques de M. Roux.

un grand traité sur l'art chirurgical. La mort le surprit avant qu'il y eût mis la dernière main. Il avait toujours conservé un tendre attachement pour sa ville natale, à laquelle en mourant, il légua, à titre de souvenir, un beau portrait de Blondel, la *mort de Phocion*. Le conseil municipal d'Auxerre a fait placer sur la maison où cet illustre savant était né, place de l'Hôtel-de-Ville, une inscription commémorative, comme un hommage de reconnaissance et de vénération.

PIERRE BERNARD, né à Héry, le 3 juillet 1785, décédé le 23 avril 1833, était attaché, avant la révolution, à la maison du comte d'Artois et cultivait les lettres avec prédilection. Membre de la première administration départementale de l'Yonne, il fut élu, en 1791, à l'assemblée législative où il siégea dans les rangs des amis de la royauté constitutionnelle et se fit remarquer par son esprit de modération et de sagesse. Il défendit à la tribune la prérogative royale violemment attaquée. Son rapport à l'assemblée, le 13 juin 1792, sur l'organisation générale des secours publics et la destruction de la mendicité, fut apprécié comme l'œuvre d'un esprit judicieux et éclairé. Le 7 août 1792, il rédigeait au nom des députés de l'Yonne une *Lettre à ses commettants*, où il protestait énergiquement contre l'esprit de désordre qui allait renverser le trône. Rendu bientôt après à la vie privée, il demanda aux sciences et aux lettres un dédommagement contre les amertumes et les déceptions de la vie publique. Il forma une riche bibliothèque et une galerie curieuse d'objets d'art et d'antiquités. En 1800, il fut un des fondateurs de la société scientifique et littéraire qui se réunit à Auxerre sous le nom du Lycée et il en resta le secrétaire. A la même époque, il fut nommé conseiller de préfecture et conserva cette place jusqu'en 1831, époque où son grand âge le décida à s'en démettre. Il était membre de la Légion-d'Honneur.

Ses œuvres imprimées sont: *Lettres de Jousse à M. Linguet*, 19 juillet 1780; œuvre polémique sur un sujet du temps, à l'occasion de deux articles des annales de Linguet. *Préludes poétiques*, in-18, Paris, Crousier et Troubli, 1789, et Londres 1786. Ce recueil contient des poésies légères et une traduction de l'Œdipe-roi de Sophocle. Les journaux du temps en ont parlé favorablement. *Voyage d'Auxerre à Troyes*, prose et vers, dans le genre de Chapelle et Bachaumont; in-8°, Troyes, Saintot, 1803. *La Jérusalem délivrée*, traduction en vers, Auxerre, Gallot-Fournier, 1832, 2 vol. in-12, tirés à un petit nombre d'exemplaires et distribués seulement à ses amis.

Bernard d'Héry a publié en outre, de 1783 à 1785, les *OEuvres choisies de l'abbé Prévost*, 39 vol. in-8°, avec un Essai sur les ouvrages et la vie de cet écrivain; et de 1800 à 1803, une édition de l'*Histoire naturelle de Buffon réduite à ce qu'elle contient de plus instructif et de plus intéressant*, 11 vol. in-8°, Paris, Hacquart, avec un discours préliminaire, une vie de Buffon, une notice sur Montbelliard et un choix de ses œuvres.

Il a de plus laissé en manuscrit des poésies fugitives et deux tragédies lyriques qui sont conservées dans sa famille, et dont on dit beaucoup de bien.

CATALOGUE

DES PERSONNES ORIGINAIRES DU DIOCÈSE D'AUXERRE,

Ou domiciliées, qui ont été élevées aux dignités, soit ecclésiastiques, soit séculières monastiques, ou autres; ou qui ont procuré de pieux établissements dans la ville de Paris, etc.

PRÉLIMINAIRE

Sur le nom d'Auxerre, envisagé comme étant devenu nom particulier de famille.

On a du apercevoir, dans le catalogue précédent, que les écrivains nés à Auxerre, dans les siècles reculés, étoient souvent désignés par le nom de cette ville, ainsi que cela se pratiquoit à l'égard des autres lieux, et même des bourgades et villages. C'étoit un usage assez commun dans les chapitres, dans les colléges, aussi bien que dans les cloîtres ; et un simple religieux devenant supérieur de sa communauté, ne cessoit point d'être désigné par le nom de son pays natal (1). Il est aussi arrivé que des laïques ont adopté le nom du lieu d'où ils étoient natifs, lequel a continué de se perpétuer dans leurs descendants, quoique souvent transplantés bien loin. On en a un exemple dans le nom de Sens, de La Charité et de plusieurs autres villes. Mais l'un de ceux qui paroît s'être multiplié le plus dans Paris, est celui d'Auxerre, que l'on écrivit différemment selon les siècles, tantôt d'Ausseurre ou d'Ausserre, tantôt d'Aucerre, et même d'Auxoire. L'origine de l'extension de ce nom vient d'une noble famille Auxerroise appelée Humbauld, laquelle avoit un droit de censive très-ample sur un grand nombre de maisons et de biens, tant à Auxerre que dans la campagne, prérogative peu commune du temps des anciens comtes d'Auxerre, et à laquelle ces seigneurs attachoient même la permission de porter le surnom d'Auxerre. Ce surnom et celui de

---

(1) Voici quelques exemples de ce que j'avance :

Frater Guido de Autissiodoro, du conseil du roi saint Louis, avec les évêques de Beauvais et d'Orléans, en 1250. *Misc. Baluz.*, t. IV.

Stephanus de Autissiodoro, chanoine de Sens, vers l'an 1300, selon le nécrologe de la métropole, au 8 août, ou au 5, selon le livre de la cloîtrerie.

Guillelmus de Autissiodoro, élu provincial des Dominicains au chapitre tenu à Dijon, l'an 1330, mort et inhumé à Paris.

Joannes de Autissiodoro, cordelier illustre, dont on lit l'épitaphe sur une tombe du sanctuaire des Cordeliers de Troyes, en ces termes : *Hic jacet frater Johannes de Autissiodoro, sacræ theologiæ doctor egregius, et verbi divini prædicator eximius, qui obiit anno Domini M.CCC.XXXIX, 11 mensis Julii.* Quelques-uns le croient auteur d'une des vies d'Alpaïs de Cudot.

Ægidius de Autissiodoro, et *Guillelmus de Autissiodoro*, deux des premiers artistes du collège de Navarre, en 1315 et 1352. *Launoy, hist. Nav.*

Petrus de Autissiodoro, cistercien, qui en 1479, s'opposa à l'élection de Pierre de la Fin pour abbé de Pontigny.

Baille-dard, fut joint dès le XIIe siècle à celui des Humbauld d'Auxerre, famille qui s'allia avec la maison de Brene (1), ou Brienne, anciens rois de Jérusalem. C'est ce qui fait qu'on trouve un Humbauld, clerc, qui, en 1169, souscrivit à la cession que son père Miles d'Auxerre, chevalier, fit des dixmes de Blegny, de Beine, etc. à l'abbé de Saint-Germain. De là pareillement, le nom d'*Autissiodora* porté dans la même année par l'épouse d'un Milon, chevalier du comté d'Auxerre (2), laquelle étoit apparemment fille d'un Humbauld. On trouve aussi un autre Humbauld, dont les enfants Gui et Hugues Baille-dard, chevaliers, surnommés d'Auxerre, promirent, en 1233, avec Jean de Brene, écuyer, à Bernard de Sully, évêque d'Auxerre, de lui faire hommage pour leurs biens situés à Appoigny. De là, enfin, un Milon d'Auxerre, chevalier, et Jean, son frère, mentionnés dans la vie d'Erard de Lésignes (3), autre évêque d'Auxerre, vers l'an 1275. Les cartulaires du pays sont remplis du nom de Baille-dard au XIIe siècle ; et nous avons leurs armoiries parmi les œuvres du Père de Montfaucon (4), à l'occasion de Robert Baille-dart du XVIe siècle. Elles sont de gueules à face d'or et six merlettes d'or. Dom Georges Viole ayant vu le surnom d'*Auxerre* usité parmi les chevaliers du pays, a cru devoir donner à cette famille un Pierre d'Auxerre, prieur de Saint-Valentin de Griselles, au diocèse de Langres, mort en 1274, selon l'inscription de sa tombe dans le chapitre de l'abbaye de Saint-Germain. Mais il nous eut fait plus de plaisir de découvrir comment la tige d'Auxerre a pénétré jusqu'à Paris, où, dans le siècle suivant, elle étoit l'une des illustres.

Sans parler de Miles d'Auxerre, chevalier, qui avoit épousé Mahaud d'Arrablay, selon un titre de 1335 (5), il est fait mention de Pierre d'Auxerre, conseiller au parlement de Paris, dans le procès contre Robert d'Artois, en 1331 (6). Il étoit décédé dès 1349. On lit dans les mémoriaux de la chambre des comptes, assignation aux exécuteurs de son testament pour venir compter. Jean d'Auxerre fut moins mémorable par l'office de receveur des gabelles de la prévôté et vicomté de Paris (7), qu'il exerçoit en 1356, qu'en ce que la même année, Charles, dauphin, depuis roi, sous le nom de Charles V, lui donna la maison au dauphin (8). Ce Jean d'Auxerre et Marie sa femme vendirent, l'année suivante, cette maison au prévôt et échevins de Paris pour y construire l'hôtel-de-ville. Je ne sais si ce Jean d'Auxerre, seroit le même, qui, en qualité de maître-lay en la chambre des comptes (9), prêta serment, le 26 octobre 1354, et qui porte le même titre dans des lettres du roi Jean (1355) et dans une ordonnance de 1359 (10). On voit encore le nom de Jean d'Auxerre, dans une ordonnance de la même année 1359, par laquelle le régent fixe le nombre de ceux du parlement qui resteront parmi les quinze laïques des enquêtes ; et il est de ces quinze (11). Il y eut aussi, au même

---

(1) De *Brena*.
(2) Par une dame de Merry-sur-Yonne, en 1149, *tabul Reigniac.* ; et une autre en 1191, Cartul. capit. Autiss., fol. 211.
(3) Bibl. Labb., t. I, p. 506.
(4) Biblioth. Bibl., t. II, p. 880.
(5) Anselme, t. VIII, p. 111.

(6) Mémoires de l'Acad. des Belles-Lettres, t. X, p. 615.
(7) Hist. de Paris.
(8) *Ibid.* t. III, p. 274.
(9) Mém. de la chambre des comptes.
(10) Ordonnances des rois, t. III, p. 10.
(11) *Ibid.* p. 390.

siècle, un *Simon de Autissiodoro* mentionné dans les registres du parlement, comme ayant une maison au cloître de Sainte-Opportune. L'histoire de Paris (1) en fait mention aussi bien que de Dreux d'Auxerre et Elisabeth d'Auxerre, et il y avoit une rue du nom de *Gui d'Auxerre*, proche Saint-Germain-l'Auxerrois.

Mais ce n'est point aucun de ces d'*Auxerre* que Sauval a en vue (2), lorsqu'il écrit que d'Ausserre fut enfermé, l'an 1368, dans la grande tour du Louvre, pour avoir entrepris de mener une armée à Henry, bâtard d'Espagne, qui vouloit déclarer la guerre au prince de Galles, sans le consentement de Charles V. Sauval veut parler apparemment de Jean de Challon, comte d'Auxerre. Quelquefois on désignoit un seigneur par le nom de son comté, et même quelquefois les plus proches de ce seigneur; c'est ainsi que la chronique de Saint-Brieu doit être entendue, lorsqu'on y lit, à l'an 1378, qu'un Louis d'Auxerre, maréchal, reçut ordre du roi de venir en Bretagne (3).

Au reste, tous les d'*Auxerre* de Paris n'étoient pas, au XVe siècle, revêtus des mêmes dignités que ceux du XIVe, quoiqu'il y en eût de rang à devenir échevins. Tel fut Guillaume d'Ausserre, drapier, que les *Bandés* de Paris élurent pour remplir cette place, l'an 1415(4). Il fut décapité au mois de juin 1419, à l'âge de 66 ans, et sa maison fut confisquée. Elle étoit située rue de la Harpe, au coin de la rue percée (5). On remarque que la maison qu'il avoit rue Vieille-Platrière, étoit chargée de 60 sols de Paris de rente annuelle envers la confrérie de S. Mamert établie en l'église de Saint-Séverin (6).

Les d'Auxerre ne provignèrent pas uniquement à Paris : il y eut quelques unes de leurs branches qui s'étendirent jusqu'à Poitiers et jusqu'à Lyon. Bouchet, auteur des Annales d'Aquitaine, rapporte dans son recueil d'épitaphes celle de Jacques d'Auxerre, échevin de Poitiers, et ensuite maire, qu'il qualifie seigneur de la Cour, et célèbre avocat. Il mourut au mois d'octobre 1520. Parmi les ancêtres du marquis de Brézé, fait maréchal de France par Louis XIV, est un Gui d'Ausseurre, assesseur à Poitiers, époux de Françoise de Mailly, morte sans enfants, l'an 1571. Mais il y a plus d'apparence qu'Ausseurre est là le nom d'une terre située vers la Touraine, ou vers le Limousin (7), et il peut se faire que ce fussent les anciens possesseurs sortis d'Auxerre qui lui eussent donné ce nom, de même que l'on croit que les des Barres, nobles Auxerrois, donnèrent au XIIe ou XIIIe siècle, le nom d'Oissery à leur terre du diocèse de Meaux. Pour ce qui est de la ville de Lyon, un Pierre d'Ausserre y étoit établi conseiller en 1579. Il prenoit aussi la qualité de maître de requêtes de la reine. Un nommé d'Auxerre étoit procureur du roi en la même ville en 1572, le même peut être que le conseiller ci-dessus nommé. Ce fut lui et non pas le procureur du roi de la ville d'Auxerre (8), qui étant arrivé de Paris en poste (9), montra l'ordre qu'il avoit de

---

(1) Sauval, t. 1, p. 170.
(2) Tome II, p. 18.
(3) Hist. de Bret. Preuves, t. II, p. 841.
(4) Journal de Paris sous Charles VI, p. 27, édit. 1729.
(5) Sauval, t. III, *ex compot. confiscationum*, an. 1421. p. 295.
(6) *Ibid.* p. 316.

(7) Le P. Anselme, t. VIII, page 923, parle d'une Jeanne, dame d'Ausseurre, vers l'an 1470, et de la châtellenie d'Ausseurre, Saint-Pardoux, Nieuil en Touraine.
(8) D'Aubigné, t. II, p. 25 et 26.
(9) L'équivoque qui se trouve dans le récit de d'Aubigné ainsi tourné, « *La dessus arriva d'Auxerre, procureur du roi, en poste,* »

faire massacrer les Huguenots. Ce nom subsistoit encore à Lyon il y a cent ans ou environ ; les religieuses de la Visitation y reconnoissent une dame appelée d'*Auxerre* pour leur fondatrice. On m'a assuré qu'en 1674, il y avoit encore quelques d'*Auxerre* à Troyes en Champagne (1).

CATALOGUE.

Comme chaque diocèse a produit ou formé des hommes qui se sont distingués par les dignités et charges dont ils ont été revêtus, il m'a paru que je pouvois conclure ce volume par le catalogue de ceux que l'on a vu se former dans le diocèse d'Auxerre, par les emplois et fonctions auxquels ils ont été élevés. Après la cathédrale et l'abbaye de Saint-Germain, deux espèces d'*Archimonastères* qui sont aux deux extrémités de ce diocèse, savoir : Pontigny et la Charité-sur-Loire, sont les lieux qui ont fourni un plus grand nombre d'hommes célèbres. Je ne répéterai point le nom de ceux qui ont été tirés du clergé ou de l'ordre monastique pour être élevés sur le siège épiscopal d'Auxerre ; mais je tâcherai de n'oublier ici aucun des principaux auxquels les églises que j'ai nommées, ou autres du diocèse, ont servi de degré pour s'élever. J'y joindrai les anoblissements que j'ai trouvé par hasard dans les registres du Trésor des Chartes (car je n'en ai pas fait de recherche expresse), et j'y insèrerai les noms des personnes qui ont procuré quelqu'établissement utile. Le tout sera rangé par ordre des temps.

[SAINT JUST, enfant Auxerrois, martyrisé au commencement du V siècle, dans le Beauvoisis, où il est encore très-vénéré. On conservait autrefois sa tête dans la cathédrale d'Auxerre. Il n'y reste aujourd'hui qu'un fragment de rotule provenant de l'abbaye des Isles.

On montre encore, dans la rue du Temple, maison Hugot, marchand de fer, le lieu où la tradition rapporte qu'est né saint Just. Ce souvenir est rappelé par une statuette de martyr placée en haut de la maison.

Le chapitre cathédral faisait toujours une station en cet endroit lorsqu'il allait en procession à l'église Saint-Amatre].

MOMMOLE, citoyen d'Auxerre, fut fait patrice de Bourgogne au VIe siècle (2).

S. AUSTREGISILE a été [formé dans] le clergé d'Auxerre, à la fin du VIe siècle, avant d'être élevé sur la chaire épiscopale de Bourges (3).

ATTON, qui étoit religieux de Saint-Germain d'Auxerre, sous le règne de Charles-le-Chauve, en fut tiré pour être fait évêque de Verdun (4).

GERLAN, autre religieux de Saint-Germain, fut élu archevêque de Sens en 946, mourut le 5 août 956, et fut inhumé dans le monastère d'où il avoit été tiré (5).

---

m'avait fait croire que cela signifioit *arriva de la ville d'Auxerre le procureur du roi*. Je l'ai entendu ainsi dans mon histoire de la prise d'Auxerre, p. 199. Je suis bien aise que ces recherches sur le nom de famille d'*Auxerre* m'ayent détrompé.

(1) Une Nicole d'Auxerre, étoit femme de Claude Molé, Troyen; leur fils étoit marié à Marguerite Pithou.
(2) Greg. Tur.
(3) Ex ejus vita.
(4) Ex concil. apud. Labb.
(5) Chron. Senon.

Hugues, prévôt de la cathédrale d'Auxerre, fut fait évêque de Nevers, environ l'an 1060 (1).

Audebert, fait archevêque de Bourges vers l'an 1092 (2), avoit été formé à l'état monastique parmi les moines du prieuré d'Andries, au diocèse d'Auxerre.

Hervé, étoit chanoine d'Auxerre lorsqu'il fut élevé sur le siége épiscopal de Nevers, vers l'an 1100 (3).

Aimeric, qui avoit été élevé en sa jeunesse dans le monastère d'Andries, dont j'ai déjà parlé, devint abbé de la Chaise-Dieu, puis évêque de Clermont, en 1111 (4).

Rotrocus, formé à la piété, et élevé dans les sciences au monastère de la Charité-sur-Loire, devint évêque d'Evreux, puis archevêque de Rouen (5).

Imarus, prieur de la Charité, en 1120, parvint ensuite à la dignité de cardinal (6).

Gilbert, chanoine et scolastique d'Auxerre (7), fut fait évêque de Londres, en 1127.

Hugues de Touci, au diocèse d'Auxerre, fut élu archevêque de Sens, en 1142 (8).

Guichard, second abbé de Pontigny, fut fait archevêque de Lyon, en 1165 (9).

Estienne, chantre et chanoine d'Auxerre, fut élu évêque d'Autun, en 1171 (10).

Guérin de Girard, troisième abbé de Pontigny, fut créé archevêque de Bourges, en 1174 (11).

Gui de Noyers, prévôt de l'église d'Auxerre, fut fait archevêque de Sens, en 1177 (12).

Pierre, cinquième abbé de Pontigny, puis de Citeaux, fut mis sur le siége d'Arras, en 1184 (13).

Mainard, sixième abbé du même monastère de Pontigny, fut élevé au cardinalat, en 1188, selon Jongelin.

Thibaud de S. Germain, natif du diocèse d'Auxerre, fonda à Paris, l'an 1188, une communauté de filles sous la règle de S. Augustin, pour donner retraite aux pauvres femmes l'espace de trois jours, et avoir soin d'enterrer ceux qui sont tués ou noyés. Il leur imposa le nom de sainte Opportune et de sainte Catherine (14).

Richard de Narci, au diocèse d'Auxerre, fut l'un des instituteurs de la congrégation du Val-des-Ecoliers, au diocèse de Langres, vers l'an 1200 (15).

Manasses de Seignelay, au diocèse d'Auxerre, chanoine et dignitaire de la cathédrale, fut choisi pour évêque d'Orléans, en 1207 (16).

Gautier, dixième abbé de Pontigny, fut élu évêque de Chartres, en 1217 (17).

(1) Tome II de ces Mém. p. 411.
(2) Gall. Christ. nova in Archiep. Bit.
(3) Necrol. eccl. Autiss.
(4) Gall. christ. nova, in abb. Casæ-Dei.
(5) Chron. Normann., ad. an. 1131.
(6) Hist. de la Charité.
(7) V. le catal. des Scolastiques.
(8) Chron. Senon.
(9) Gall. christ. nova.
(10) Ibid.
(11) Ibid.
(12) Taveau.
(13) Gall. christ. nova.
(14) La Roque, traité de l'origine des noms.
(15) Chron. Alberici, ad 1212, p. 465.
(16) Gall. christ.
(17) Ibid.

Guillaume d'Auxerre, professeur de théologie à Paris, fut fait archidiacre de Beauvais, vers le même temps (1).

Guillaume de Varzi, au diocèse d'Auxerre, fut doyen de Saint-Germain-l'Auxerrois, à Paris, vers l'an 1225. Il fut aussi chanoine de Notre-Dame et grand bienfaiteur de cette église (2).

Guillaume de Pont, prieur de la Charité-sur-Loire, en 1248, fut fait abbé de Cluni, puis élevé à l'épiscopat, vers l'an 1257 (3).

Jean l'Auxerrois, ou d'Auxerre, fut fait abbé de Vézelay, en 1252 (4).

Etienne Odry, natif d'Auxerre, demeurant à Paris, y fonda, en 1252, une maison pour loger de pauvres femmes veuves qui ont été appelées de son nom les Odriettes, qu'on écrit vulgairement *Audriettes* (5).

Guillaume de Ludham, religieux de Pontigny, fut élevé sur le siége d'York en Angleterre, et mourut à Pontigny (5), (18 décembre 1268).

Godefroi de Pont-Chevron proche Gien, au diocèse d'Auxerre, fut archidiacre de Paris, en 1259, selon un registre du parlement, puis doyen ; et enfin élu archevêque de Bourges, selon Nangis ; mais l'année est incertaine selon le nouveau *Gallia Christiana*.

Jean de Damas, chantre d'Auxerre et official fut élu évêque de Mâcon, en 1262 (7).

Pierre de la Jaisse, de chanoine d'Auxerre fut fait évêque de Mâcon, en 1277 (8).

Jean de Chanlay (et non de Tanlay), chanoine d'Auxerre, en 1267, fut créé évêque du Mans, en 1278 (9).

Guillaume de Jalligny, chantre d'Auxerre, fait évêque de Laon, en 1280 (10).

Guillaume d'Auxerre, étoit abbé de Sainte-Geneviève de Paris, en 1282 (11).

Hugues d'Arcy, issu des seigneurs de ce nom, au diocèse d'Auxerre, monta sur le siége épiscopal d'Autun, en 1286, et mourut en 1298 (12).

Geoffroi de Gien, au diocèse d'Auxerre, fut chanoine et pénitencier de Paris, et mourut le 31 juillet (13).

Simon d'Armentières, prieur de la Charité-sur-Loire, fut créé cardinal en 1294, 25 septembre (14).

Bertrand de Colombiers, étant prieur de la Charité-sur-Loire fut élu, en 1295, abbé de Cluny (15).

Pierre d'Arrablay, au diocèse d'Auxerre, proche Gien, fut fait chancelier de

---

(1) Ex mss. Clarevall.
(2) Necrol. Paris., XI, cal. maii.
(3) Gall. christ.
(4) Chron. parvum Vizel., Bibl. Labb., t. I, p. 398.
(5) La Roque, Traité des noms, p. 68.
(6) Monum. Pontin.
(7) Gall. christ. nova.
(8) Ibid.
(9) Cartul. cap. Autiss.; hist. univ. Paris., t. III, p. 388.
(10) Gall. christ. vetus.
(11) Traité des priv. des eccl.
(12) Gall. christ.
(13) Necrol. Paris.
(14) Necrol. priorat. Joviniac et Viole.
(15) Gall. christ. nova.

France en 1316, puis cardinal l'année suivante. Selon le nouveau Gallia Christiana, il fut aussi archidiacre de Narbonne (1), puis archidiacre de Bourbon, en l'église d'Autun. Etant mort en 1329, il doit être différent d'un autre Pierre d'Arrablay qui fut abbé de Ferrières et mourut en 1340, et qui est auteur d'une belle lettre sur la sévérité de la discipline monastique.

Guillaume Beaufils, de la Charité-sur-Loire, fut fait évêque de Nevers, environ l'an 1314.

Guillaume Meschin, chantre de l'église d'Auxerre, fut fait évêque de Troyes, en 1319.

Jean d'Arcy, de la famille d'Arcy, au diocèse d'Auxerre, neveu de Hugues d'Arcy, ci-dessus nommé, fut successivement évêque de Mende en 1331, d'Autun en 1333, puis de Langres, en 1342 (2).

Guillaume d'Auxerre, dominicain, fait provincial en 1330. Il est nommé ci-dessus, p. 447.

Jean d'Auxerre, célèbre cordelier, mort à Troyes, l'an 1339. Voyez ci-dessus, p. 447.

Hugues de Vaucemain, jacobin du couvent d'Auxerre, fut fait provincial en 1335, puis général de l'ordre. Etant mort à Avignon en 1341, son corps fut rapporté, l'an 1388, en sa maison d'Auxerre, où il repose devant le grand autel.

Jean d'Arcy, au diocèse d'Auxerre, étoit abbé de Vézelay en 1335. Il étoit frère du suivant.

Hugues d'Arcy, issu des seigneurs de ce lieu, au diocèse d'Auxerre, fut fait évêque de Laon, vers l'an 1340. On ne trouve point qu'il ait fondé à Paris le collége du nom d'Arcy, comme l'ont avancé messieurs de Sainte-Marthe : mais il fut l'un des fondateurs de celui des trois évêques, natifs de Bourgogne ; et cela pour l'utilité des pauvres enfants du diocèse d'Auxerre. Il fut transféré de Laon à Reims en 1351, et ne fut archevêque qu'un an, étant mort dès l'année suivante. Il avoit dressé son testament à Paris, dès le temps qu'il étoit évêque de Laon. On peut voir ci-dessous les articles qui regardent le pays d'Auxerre (3).

Hugues de Mont-Rieu, archidiacre de Puisaye en l'église d'Auxerre, fut créé cardinal par Clément VI, après l'an 1342.

Guillaume de Poitiers, étant prieur de La Charité-sur-Loire, fut fait évêque de Langres en 1345.

---

(1) T. VI, in arch. Narb. p. 131.
(2) Gall. christ. nova.
(3) « Item. Pariochiali ecclesiæ de Arsiaco, » Autiss. diœcesis, L solidos annui redditus » do et lego. Item, pro reparatione ipsius XL » libras. Item, pro reparatione pontis dictæ » villæ de Arsiaco XL libras Paris... Item. » Pauperibus dictæ villæ XX libras... Item. » Carissimo fratri meo Johanni, abbati Virzi- » liacensi cambutam meam... Item. Ecclesiis » parochialibus de Vermantone, de Crebano, » de Lisiaco, de Prissiaco, de Sancto-Moderato, » de Voutenayo, de Mailli-Villa, de » Mailli-Castro, de Monteluero, et de Brociis, » Autissiod. et Eduens. diœcesis, cuilibet ip- » sarum X solidos pro anniv. meo... Item, » omnes libros meos tam juris canonici » quam civilis. Guillelmo et Hugoni de Arsiaco, » clericis, nepotibus meis... Item. » volo et præcipio quod dominus Johannes » de Arsiaco, miles, consanguineus quondam » domini Galcheri de Arsiaco, habeat nemus » meum situm juxta le Buignon : quod quidem » nemus olim fuit dicti patris sui... » Item, volo et ordino quod ordinatio prolocuta » inter executores dominorum episcoporum » Lingon. et Eduen. de scolaribus » fundandis in domo quæ fuit quondam domini » Guillelmi de Aussonæ, episcopi Eduensis » adimpleatur. » (Tiré de l'original.)

ADRIEN D'IRENCY, au diocèse d'Auxerre (1), fut abbé de Quincy proche Tonnerre, de la filiation de Pontigny, et mourut en 1350.

LOUIS DE VAUCEMAIN, professeur ès-lois, chanoine d'Auxerre en 1330, selon un acte de cette année (2), fut fait évêque de Chartres en 1349 ou 1350.

PIERRE DE PRÉGILBERT, secrétaire du roi Charles V. Il donna aux Célestins de Paris une somme pour acheter le fonds sur lequel est construit le portail de leur église, et autres bâtiments. Il paroît avoir été frère ou neveu de Regnaud de Prégilbert, président aux enquêtes, dont je parle, tome II, page 443, à l'article des chantres d'Auxerre (3).

GUILLAUME DE BAZERNE, grand chantre de l'église métropolitaine de Reims, mort vers l'an 1359. Il avoit été apparemment appelé à cette église par l'archevêque Hugues d'Arcy, mort en 1352, qui est dans la liste des illustres Auxerrois, ci-desus, p. 453 (4).

ISAMBERT D'AUXERRE, dont l'obit est marqué au nécrologe des Célestins de Paris, au 1er octobre, où il est qualifié prêtre et célèbre professeur. *Obiit Isambertus de Autissiodoro, sacerdos et pedagogista solemnis.*

GUILLAUME DE VALLAN, proche Auxerre, jacobin du couvent de la même ville (5), fut fait évêque d'Evreux en 1376.

GUILLAUME PAILLARD, né à Auxerre, et Etienne Philippe, sa femme, furent anoblis au mois de décembre 1376.

PIERRE D'AUXI, chantre de l'église d'Auxerre, fut élevé sur le siége épiscopal de Tournay en 1378.

MAURICE DE COLANGES-LES-VINEUSES, au diocèse d'Auxerre, aussi jacobin d'Auxerre, fut élu évêque de Nevers en 1382.

REGNAUD GASTELIER, du diocèse d'Auxerre, et Guillemette sa femme, furent anoblis par lettres de Charles VI, données à Paris au mois de mai 1390. Le roi qualifie ledit Regnaud *Burgensis villæ nostræ Sancti-Theobaldi, Autissiod. diocesis* (6).

PHILIPPE FROMENT, né à Colanges ou à Auxerre, au moins jacobin de la maison d'Auxerre, fut fait évêque de Nevers en 1394, après la mort de son oncle Maurice.

ETIENNE DE COUBLANZ, natif du diocèse d'Auxerre, profez des Célestins de Mantes en 1403, fut premier prieur de la maison de Marcoucies, nouvellement fondée en 1408, puis provincial-général en France, l'an 1423 (7). Il mourut dans le couvent de Soissons en 1429. Il avoit eu, dès le temps de son noviciat, une étroite liaison avec Nicolas de Clamenges, et Gerson (8).

PIERRE COUSINOT, né à Auxerre, anobli en 1405. Voyez ce que j'en ai dit à l'article des procureurs du roi, t. III, p. 563.

ADAM CHANTEPRIME, né à Auxerre, posséda de grandes charges à Paris, sous Charles VI (9).

---

(1) Tiré de son épitaphe. Gallia christ. Nova.
(2) Gallia christ.
(3) Ex necrol. Cœlest. Paris. ad ix cal. febr.
(4) Histoire des maîtres des req. p. 32.
(5) Gallia christ.
(6) Trésor des Chartes, registres 138, pièce. 241.
(7) Elog. Celest., D. Bequet.
(8) Opera Clameng. et Gerson.
(9) Mém. de l'év. Pierre de Longueil.

Simon Trouvé, né à Auxerre sur la fin du XIVe siècle, ayant fait profession chez les Célestins à Marcoucies, l'an 1409, se distingua tellement dans cet ordre, que depuis l'an 1426, jusqu'à sa mort arrivée en 1460, il fut presque toujours alternativement, ou provincial-général, ou prieur de la maison de Paris (1).

Germain Paillard, natif d'Auxerre, fut conseiller-clerc au parlement de Paris, puis évêque de Luçon, vers l'an 1408. Il est inhumé dans le chœur des Célestins de Paris.

Jean de Longueil, né à Auxerre, sur la paroisse de Saint-Mamert, vers l'an 1400, de Jean de Longueil, et de Jeanne Boigu, fut par la suite conseiller au parlement de Paris, puis maître des requêtes (2). Son fils, aussi nommé Jean, épousa une de Marle, dont Claudine de Marle, nièce, fut épouse du président de Thou (3).

Regnaud de Fontaines, dont le lieu de la naissance est incertain, fut chanoine en plusieurs églises dans le même temps, selon l'usage de son siècle (4); mais il préféra l'église d'Auxerre pour y faire sa résidence. Il y avoit été reçu en 1401 (5). Il fut choisi, en 1410, par le chapitre pour présider en la place du doyen devenu sourd. Le chapitre le députa au concile de Constance, l'an 1414, quoiqu'il fût alors chambrier d'Auxerre et d'Oisy. Il posséda aussi la cure de Varzy, du même diocèse. De Launoy écrit qu'il avoit été recteur de l'université de Paris (6). On apprend, par les lettres de Nicolas de Clamenges, qu'ils étoient liés d'amitié ensemble. Après avoir résidé à Auxerre durant vingt ans ou environ, il fut fait évêque de Soissons, l'an 1423. J'ai aussi trouvé son nom dans le catalogue manuscrit des chanceliers de l'église de Paris.

Pierre de Fétigny, au diocèse d'Auxerre, fut cardinal au XVe siècle, et Jean de Fétigny, son neveu, fut évêque de Chartres, en 1418.

Jean Leclerc, chancelier de France en 1420, est dit fils de Jean Leclerc, seigneur de Saint-Sauveur-en-Pusaye. (*Histoire des maîtres des requêtes*.)

Pierre de Trégny, au diocèse d'Auxerre, dominicain du couvent d'Auxerre, fut fait évêque de Senlis, en 1434, selon le *Gallia Christiana*, qui le dit confesseur du roi; mais un article de la Chambre des Comptes démontre que ce fut dès l'an 1351.

[Gilles de Clamecy, maître des comptes, fut choisi pour être prévôt de Paris en 1418].

Jean Vivien, né à Auxerre, et chanoine de l'église de même ville dès l'an 1421, devint aussi chanoine de Saint-Germain-l'Auxerrois, à Paris, et de Notre-Dame, puis il fut élevé sur le siége épiscopal de Nevers en 1438.

Etienne Peloux, est dit *Altissiodorensis diocesis*, en ses lettres d'anoblissement accordées par Charles VII, à Montargis, l'an 1448, pour les services qu'il lui avoit rendus dès sa jeunesse (7). Elles sont adressées aux baillis de Sens et de Montargis.

Jean des Ursières, dit Gaudete, natif de Mézilles en Pusaye, contrôleur de la chambre aux deniers de la reine Marie d'Anjou, femme de Charles VII, mort à Paris le 21 janvier 1470, et inhumé dans la chapelle Saint-Pierre des charniers de Saint-Paul, par lui fondée (8).

---

(1) Elog. Celestin. D. Becquet.
(2) Gall. christ. nova.
(3) Tiré d'anciens mémoires sur la maison de Longueil.
(4) Il l'étoit aussi de Nevers.
(5) Ex reg. cap. Autiss.
(6) Hist. Domus Nav. p. 925.
(7) Cod. mss. Putean. 634, *circa initium*.
(8) Du Breuil, antiq. de Paris, p. 611.

Christophe Paillard, maître des comptes à Paris. Il fut notoire de son temps qu'il étoit natif d'Auxerre, puisque ce fut ce qui lui fut objecté lorsqu'il eut été élu échevin de Paris, le 16 août 1464, et ce qui l'empêcha de l'être (1).

Louis Raguier, doyen de l'église d'Auxerre, fut fait évêque de Troyes en 1464 (2).

Jean d'Auxerre, étoit abbé de Roches, proche Cône, en 1467 (3).

Germain Paillard, né à Auxerre, neveu apparemment de l'évêque de Luçon ci-dessus nommé, fut doyen de l'église de Lisieux (4). Il donna une somme pour bâtir la bibliothèque du chapitre.

Guillaume Volant, avocat à Auxerre, gouverneur ou échevin depuis 1461, jusqu'en 1481, parvint ensuite à la charge d'avocat-général qu'il exerça jusqu'à sa mort arrivée à Paris l'an 1504 (5).

Guillaume Lauverjat, originaire de Colanges-les-Vineuses, au diocèse d'Auxerre, ou des environs, fut abbé de Vézelay dans le XV° siècle ; mais on ne peut dire précisément l'année. Il est qualifié tel dans le nécrologe des Bénédictines de Nevers, au °17 des calendes de mai. Cet abbé n'a pas été connu par les auteurs du *Gallia Christiana*.

Etienne Gentils, natif de Donzy, au diocèse d'Auxerre, fut fait grand-prieur de Saint-Martin-des-Champs à Paris, l'an 1508 (6). Voici son épitaphe tirée de dessus sa tombe au milieu du chœur de cette église : « Hic jacet semper venerandus pater
» dominus Stephanus Gentils, Donziaci, Autissiodorensis diocesis natus, religiosus,
» deinde prior hujus loci, quem Dei gratia in regulari observantia circiter octo et
» viginti annos laudabiliter rexit. Obiit autem anno Domini MVXXXVI, die VI no-
» vembris. »

Odard Hennequin, archidiacre de Puisaye, en l'église d'Auxerre, fut fait évêque de Senlis en 1527, et successivement de Troyes.

Réné Martineau (7), né en 1510, à Pontvalain, pays du Mans, après avoir fait ses études à Paris et y avoir été reçu docteur en médecine, fut choisi pour conduire en Italie les enfants de M. le maréchal de Cossé. Pendant ce voyage, qui dura douze ans, il fut reçu docteur de l'Université de Bologne. Revenu à Paris, avec les enfants qui lui avaient été confiés, il les remit à M. le maréchal, leur père, qui le présenta à François II, roi de France. Ce monarque le nomma l'un de ses médecins; position qu'il conserva, avec le titre de conseiller du roi, sous Charles IX.
Cédant aux vives instances de Mgr de Dinteville, évêque d'Auxerre, dont il était l'ami, il vint se fixer auprès de ce prélat en 1554; le 11 juillet de la même année, il épousait Marie Boucher, fille de Philibert Boucher, lieutenant en la prévôté d'Auxerre, et de Catherine Lévêque, appartenant à l'une des plus illustres familles de Bourgogne, d'où sont issues trois branches ayant pour chefs :
La première. — Jacques Martineau, seigneur de Soleine, né le 1er février 1636.
La deuxième. — Edme Martineau de Gurgy, né le 16 mai 1644.
La troisième. — Jean Martineau des Chesnez, né le 16 juillet 1647.
Réné Martineau, mort à Auxerre le 25 juin 1573, fut inhumé, ainsi que Marie

(1) Histoire de l'Hôtel-de-Ville de Paris.
(2) Gallia Christ.
(3) D. G. Viole.
(4) Necrol. Lexov., ad. 8, januar.
(5) Blanchard, hist. des premiers présidents, à l'article de Jacques Olivier.
(6) Marrier, hist. S. Mart. p. 266.
(7) Notice extraite du journal de la famille Martineau.

Boucher, son épouse, dans le chœur de l'église de Saint-Mamert, détruite en 1792. Son tombeau y était recouvert d'un marbre noir (a), sur lequel on trouve, gravée en lettres d'or, l'inscription suivante :

D. O. M.

« Renatus Martineau et Maria Boucher conjuges (si quæris viator), hoc sepulchrali conduntur thalamo. Ille patriâ cœnomanus, professione medicus, Francisco secundo et Carolo nono, Franciæ regibus, operam dedit, et novissimo ab illustrissimo Altissiodorensium episcopo Dintevilla, in hanc urbem evocatus, communique oppidanorum voto liberaliter exceptus dùm pro salute civium fortiter cum morte luctatur à morte ipsâ intercipitur die 25 junii MVLXXIII.

« Claudius Martineau, Renati filius, regis consiliarius et in curiâ vectigalium Altissiodorensium præses ; lassus de viâ quam tu properanter properas (viator) longum hìc quiescere cœpi, te plures operiens quid sim, jam novi ; tu quid velis esse sedulò vide, cave et vale.

Obiit die 16 aprilis, anno MVI^eLI.

Parce meo cineri, absint verba gravantia manes,
Heu ! nescis sortem quam tibi fata dabunt !

Hâc ferali inscriptione parentabat Nicolaus Martineau in eâdem curiâ præses, Renati nepos Claudii filius, qui morte interceptus die 30 mensis Augusti, anno MVI^eLXI cum suis majoribus obdormire voluit. »

Claude Liron, chanoine prêtre de la cathédrale d'Auxerre en 1540, et chantre de Notre-Dame-de-la-Cité, fut nommé évêque de Béthléem, vers l'an 1550 ; mais il mourut avant que d'avoir pris possession.

Félix le Masle, Auxerrois, fut abbé de Marcilly proche Avallon, vers l'an 1572 (1).

Nicolas Bouguier, d'Auxerre ou du diocèse, mort en 1583, est marqué par Cathérinot parmi les illustres d'entre les anciens juristes de la faculté de Bourges.

Pierre Gestat, Auxerrois, dignitaire en l'abbaye de Saint-Denis en France, dont l'épitaphe fait l'éloge suivant : « Posuit thesaurum suum in præceptis altissimi frater Petrus Gestat, hujusce domus Eleemosynarius. Hic, ortu Altissiodorensis, ex honorata et non ignobili familia factus ephebus è seculari clericatu ad regularem transsierat, et militiæ hujus monasterii monasticæ nomen dederat. Illi demum pro mansuetudine et solertia probe cognitis Fr. Hermandus illustrissimæ ac notissimæ familiæ de cleves eleemosinariam provinciam demandavit, bonum successorem pulcherrimum sibi monumentum reputans. Hominis frugi et sagacis fungens officium, res pauperum strenue gubernavit, villas instauravit, latifundia protexit dominiorum et jurium defensor acerrimus, etc. Obiit sexagenarius, eleemosynariæ suæ XXV regimine functus, 20 octobris 1609 (2). »

Guillaume du Broc, natif de Pouilly-sur-Loire, au diocèse d'Auxerre, a été fait archevêque de Séleucie, et l'étoit en 1624.

Jean de Passelaigue, prieur de la Charité-sur-Loire, et dont la famille étoit originaire de la même ville, fut fait évêque de Belley en 1629 (3).

---

(1) Gall. Christ. nova, inabb. Æduen.
(2) Hist. de S. Denis, p. 584.
(3) Gallia Christ.

(a) Ce marbre a été recueilli, dans un parfait état de conservation, par les soins de M. le baron Martineau des Chesnez, aujourd'hui maire d'Auxerre.

Jean Duval, natif de Clamecy, et duquel il a déjà été parlé ci-dessus, page 419, ayant fait connoître son talent pour la prédication pendant qu'il étoit carme deschaux, fut demandé au pape pour évêque de Babylone par une personne de qualité qui fondoit un évêché *in partibus* ; et étant allé à Rome en 1637, par ordre d'Urbain VIII, il y fut sacré par le cardinal Palotta. Le souverain-pontife lui donna la qualité de vicaire apostolique d'Hispahan, capitale de Perse, et de Visiteur apostolique de l'église de Ctésiphonte. Le petit nombre d'ouvriers qu'il trouva en Orient, l'engagea au bout de quelques années à revenir en France, où il jeta les premiers fondements du Séminaire des Missions étrangères. Le roi l'envoya, en 1637, faire les fonctions épiscopales en Catalogne, au lieu des évêques du pays qui s'étoient retirés.

Edme Pirot, né à Auxerre en 1631, a été l'un des plus célèbres professeurs de Sorbonne. Il est mort chancelier et chanoine de l'église de Paris, l'an 1713.

Robinet (Dom), né à Auxerre, chartreux, procureur-général de la maison de Paris, élu général de son ordre en 1778 (Frappier, notes manuscrites, Bibliothèque d'Auxerre, C. 413 bis).

FIN.

INDEX DES CHARTES

CONTENUES DANS LE IVe VOLUME.

N^{os}	DATES.	OBJET DES CHARTES.	Pages.
		DIOCÈSE D'AUXERRE. — CONCILES. — POUILLÉ. — DÉCIMES.	
2	VIe siècle.	Description du diocèse d'Auxerre, extraite de la Vie de l'évêque saint Aunaire.	2
3	Vers 578.	Synode ou concile d'Auxerre, présidé par l'évêque saint Aunaire.	2
258	Juillet 1311.	Lettre d'indication de la reprise d'un concile provincial de Sens, tenu à Paris, touchant la poursuite des Templiers.	156
264	1315.	Sentence du bailli de Sens sur une saisie de vins des ecclésiastiques d'Auxerre, au temps de la guerre de Flandre.	161
280	7 nov. 1328.	Commandement aux quatre archiprêtres du diocèse et au prieur d'Andryes de payer le subside accordé par le pape.	173
357	29 juin 1433.	Requête adressée par le clergé du diocèse au concile de Bâle, pour obtenir l'exemption de l'impôt du 20e, à cause des ruines causées dans le pays par la guerre.	246
371	1457	Note sur les décimes pour la guerre contre les Turcs	264
415	XVe siècle.	Pouillé du diocèse d'Auxerre	305
420	Octobre 1522.	Amortissement des biens ecclésiastiques.	317
475	XVIIe siècle.	Hôpitaux du diocèse d'Auxerre.	374
		ÉVÊCHÉ ET ÉVÊQUES D'AUXERRE.	
42	1149.	Catalogue des évêques d'Auxerre qualifiés saints	41
89	1198-1206.	Lettre du pape Innocent III à l'évêque Hugues de Noyers, pour l'inviter à poursuivre des usuriers publics.	62
90	1198-1206.	Lettre du pape Innocent III à l'évêque Hugues de Noyers.	62
94	1202.	L'évêque Hugues de Noyers fait remise de la main-morte aux bourgeois de Varzy, etc.	63
95	XIIe siècle.	Prérogatives et droits de l'évêque.	64
103	1208.	Echange entre l'évêque et les chanoines de Saint-Amatre de terres en Morot, contre la redevance de 12 muids de vin qu'il leur payait.	69
108	Environ 1210.	Accord entre Hervé, seigneur de Gien, et l'évêque, relativement aux droits du premier sur la terre de Cosne et d'autres fiefs, et sur la dîme d'Entrains.	71
113	1212.	Promesse de Manassès d'Orléans et de Guillaume de Seignelay, son frère, évêque d'Auxerre, de ne grever personne, au sujet du différent élevé entre eux et Philippe-Auguste.	72
114	1212.	Exemption pour l'évêque Guillaume de Seignelay d'aller en personne à la guerre.	72
126	Juillet 1215.	Hommage du fief de Coulanges-sur-Yonne, par Pierre, comte de Nevers	77
127	Août 1215.	Accord de l'évêque d'Auxerre avec le chapitre de Varzy.	77
131	5 janvier 1216.	Lettres d'Innocent III, au sujet de la juridiction de l'évêque d'Auxerre sur l'abbaye de Saint-Germain.	79

Nos	DATES.	OBJET DES CHARTES.	Pages.
161	1230.	Arbitrage entre l'évêque et le comte d'Auxerre, à l'occasion de deux bourgeois de Sienne et de Lucques, arrêtés par le comte, au sujet de quoi la ville fut mise en interdit.	94
169	Août 1233.	Accord avec les hospitaliers de Saint-Jean de Jérusalem, au sujet de l'église de Sacy.	98
176	1er fév. 1247.	Lettres de P., cardinal du titre de Saint-Marcel, sur le droit de procuration de l'évêque d'Auxerre dans le prieuré de la Charité.	103
177	3 juill. 1243.	Lettre de Gui, évêque d'Auxerre, au sujet de la reddition de foi et hommage faite en sa présence pour la comtesse Mathilde, par Jocerand de Rivière, pour la châtellenie de Villiers-la-Mote, près Donzy.	103
187	Juin 1256.	Règlement de police à Auxerre, sur le pain, rendu par l'évêque et la comtesse.	107
192	Octobre 1257.	Don à l'évêque Gui, sur les entrées de la ville de Troyes, par le comte Thibaud.	111
193	13 fév. 1258.	Lettres d'Alexandre IV, à l'évêque Gui de Mello, contre le duel.	112
195	Avril 1260.	Fondation de l'anniversaire de Guillaume de Mello, seigneur de Saint-Bris, par Guillaume, évêque d'Auxerre, son fils.	113
197	Avril 1260.	Disposition de Gui de Mello pour le repos de l'âme de son père.	113
200	27 nov. 1260.	Permission à l'évêque Gui de céder à d'autres le don que lui a fait Thibaud, comte de Champagne.	115
203	Mars 1264-65.	Acquisition d'un domaine à Lindry, par l'évêque Gui de Mello.	118
207	7 juin 1267.	Otage donné entre les mains de l'évêque Gui de Mello, ayant charge du roi, par Jean, comte de Roucy.	120
210	1268.	Lettres du pape Clément IV à l'évêque Gui de Mello, pour l'exhorter à accepter l'archevêché de Lyon.	122
211	20 juin 1269.	Soumission du sire de Juilly (diocèse de Meaux) à la décision de l'évêque Gui de Mello.	122
212	30 nov. 1269.	Acte donné par Jean de Sully, archevêque de Bourges, concernant les parents de l'évêque Gui de Mello.	122
214	1270.	Extrait du testament et codicille de l'évêque Gui de Mello, des années 1260 et 1270.	123
216	1271.	Compromis des comtes de Champagne et de Bar, entre les mains d'Erard, évêque d'Auxerre.	124
217	1272.	Reconnaissance de la comtesse Yolande, au sujet de l'obligation de porter l'évêque d'Auxerre à sa réception dans sa ville épiscopale.	124
232	3 nov. 1284.	Indication de visite à Diges, par l'évêque Guillaume des Grez.	133
224	2 nov. 1278.	Indication d'un jour pour l'élection d'un évêque d'Auxerre.	127
238	1290.	Etat du revenu de l'évêché.	137
240	Vers 1290.	Charges de l'évêque d'Auxerre.	145
241	1290.	Extrait du deuxième feuillet du Cartulaire de l'évêché d'Auxerre, où est un Mémorial sur les droits de l'évêque et de quelques écuyers, et sur les aumônes que ce prélat faisait alors.	145
247	19 oct. 1296.	Hommage de la baronnie de Donzy, fait à l'évêque Pierre de Mornay, par Louis, comte de Nevers.	149

INDEX DES CHARTES. 461

Nos	DATES.	OBJET DES CHARTES.	Pages.
252	1er juill. 1302.	Lettres du roi Philippe-le-Bel, qui maintiennent l'évêque et son clergé dans leurs droits de justice, et défendent au bailli de Sens d'empiéter sur leur juridiction.	151
259	Nov. 1311.	Saisie du comté d'Auxerre, pour faute d'hommage, faite par ordre de l'évêque	157
270	28 juin 1323.	Acte de foi et hommage à l'évêque d'Auxerre, par le comte de Flandre.	166
275	5 oct. 1325.	Permission du roi Charles-le-Bel d'élire un évêque d'Auxerre	169
276	Janv. 1325-26.	Acquisition faite par Philippe, comte de Valois, de la maison de Grez, appartenant à l'évêque d'Auxerre	170
277	15 juill. 1327.	Consentement du chapitre pour la coupe des bois de Varzy, appartenant à l'évêque.	170
278	Avril 1327.	Don de la terre de Grez, par le comte de Valois, à Jean d'Andresel.	171
294	1er mars 1354-5	Lettres du camérier du pape, au sujet de Jean, évêque d'Auxerre	181
295	6 juin 1358.	Fortifications d'Appoigny rétablies de l'agrément de l'évêque d'Auxerre et du chapitre de la cathédrale.	181
298	27 déc. 1361.	Lettres du roi Jean au sujet de son assistance à l'entrée solennelle de l'évêque d'Auxerre	184
313	25 juin 1371.	Ambassade de l'évêque Pierre Aimon en Aragon	194
315	24 juill. 1373.	Procuration de Yolande de Flandre, pour la remplacer au portage de l'évêque d'Auxerre	196
316	1375.	Commencement de l'Epitome des Gestes des évêques d'Auxerre	196
355	2 déc. 1426.	Permission que donne Henri, roi d'Angleterre, se portant pour roi de France, au chapitre, d'élire un nouvel évêque après la mort de Philippe des Essarts.	245
362	19 juin 1443.	Hommage de la baronnie de Donzy rendu à l'évêque Laurent Pinon.	250
364	15 mars 1449-50	Procès-verbal de l'entrée solennelle de Pierre de Longueil en l'église d'Auxerre.	252
365	21 sept. 1450.	Hommage rendu à l'évêque P. de Longueil, pour la baronnie de Donzy	254
374	Janv. 1459-60.	Poursuites pour l'hommage du fief de Lorme dû à l'évêque d'Auxerre.	266
376	24 mai 1464.	Hommage du fief de Donzy, fait par Jean, comte d'Auxerre.	269
377	23 juill. 1464.	Hommage de Châtel-Censoir et autres terres.	270
383	8 mars 1465.	Droits de l'évêque à Andries.	275
385	22 juillet 1466.	Collation de la rectorerie des grandes écoles d'Auxerre, par l'évêque, la pénitencerie étant vacante	277
390	5 oct. 1470.	Hommage de Châtel-Censoir.	279
391	25 oct. 1472.	Ordre du duc de Bourgogne de détruire le château de Régennes.	281
392	14 fév. 1473-74	Testament de l'évêque Pierre de Longueil	281
393	1er mars 1475.	Bref de notification de la translation d'Enguerrand Signart à l'évêché d'Auxerre.	285
399	5 janv. 1478-79	Concordat entre l'évêque Jean Baillet et son chapitre	291
405	6 janvier 1484.	Enquête sur le droit de visite épiscopale dans les prieurés du diocèse.	295
406	15 mars 1484.	Hommage de Châtel-Censoir, etc., rendu à l'évêque Jean Baillet.	296

Nos	DATES.	OBJET DES CHARTES.	Pages.
416	1514.	Déclaration de François de Dinteville I du nom, sur les coutumes à l'entrée des évèques................	515
422	Juillet 1523.	Traité entre l'évêque et le seigneur de Toucy, pour leurs droits réciproques sur la châtellenie de Toucy.....	519
424	8 février 1533.	Lettres de Clément VII, au roi François Ier, sur François de Dinteville, ambassadeur à Rome............	525
429	22 mars 1547-48	Ordre donné au curé de Gien-le-Viel et autres, de veiller sur la communion pascale...............	526
431	Août 1549.	Bénédiction de l'abbesse de Montmartre par l'évêque d'Auxerre.........................	557
433	1er avril 1551.	Lettre circulaire sur la reprise du concile de Trente, adressée par l'évêque d'Auxerre............	528
441	2 janv. 1576.	Don d'un bras de saint Saturnin à l'évêque Jacques Amyot, par le cardinal de Pellevé...........	557
443	16 mai 1579.	Règlement fait par Jacques Amyot pour le grand hôpital de la Magdelaine d'Auxerre............	557
445	21 mai 1586.	Lettre de l'évêque J. Amyot donnant commission au P. Paul Trahy, gardien des Cordeliers, pour l'absolution des hérétiques......................	541
447	1er mai 1588.	Testament de l'évêque Jacques Amyot............	542
449	1588.	Absolution *ad cautelam* donnée à l'évêque Amyot par l'official d'Auxerre.......................	545
450	1589.	Griefs des plaintes de l'évêque Jacques Amyot, contre Trahy, cordelier, prédicateur, et autres........	544
451	1589.	Apologie de Me Jacques Amyot, évêque d'Auxerre, contre ses ennemis demeurant en ladite ville, écrite de sa propre main, et tirée de l'original............	545
452	Vers 1589.	Réplique de l'évêque Amyot contre le chapitre d'Auxerre, énumérative des travaux et embellissements qu'il a faits dans la cathédrale, et de la fondation du collège d'Auxerre.	549
454	23 février 1590	Lettre du cardinal Cajetan à l'évêque d'Auxerre......	550
455	2 mars 1590.	Absolution de l'évêque Amyot par le cardinal Cajetan, apportée au chapitre d'Auxerre................	550
456	1590.	Formule de pièces ordonnées par l'évêque Amyot dans les temps de la Ligue, tirée de l'original...........	552
457	1590.	Cérémonial des prières publiques qui furent faites à Auxerre le mercredi 4 juillet 1590, suivant la disposition écrite par l'évêque Amyot, et concertée avec le chapitre.	553
458	1593.	Mémoire pour dresser des répliques en l'instance pendante à Paris pardevant Messieurs des requêtes du palais, aux défenses de l'évêque messire Jacques Amyot.......	554
460	1602.	Déposition de Me R. Martin, secrétaire de l'évêque J. Amyot, sur les dernières années de ce prélat......	561
461	1634.	Don d'un ossement de saint Pèlerin, premier évêque d'Auxerre, par les religieux de Saint-Denis à l'évêque M. Séguier...........................	561
477	3 juin 1823.	Bulle d'union perpétuelle du titre de l'évêché d'Auxerre à l'archevêché de Sens......................	376

CHAPITRE ET CATHÉDRALE D'AUXERRE.

| 4 | VIIe siècle. | Liste des vases d'argent et autres objets d'orfévrerie donnés à sa cathédrale et à l'abbaye Saint-Germain, par l'évêque Didier........................ | 5 |

INDEX DES CHARTES.

Nos	DATES.	OBJET DES CHARTES.	Pages.
5	VIIIe au XIe siècle.	Nécrologe, ou Obituaire de la cathédrale, dans lequel sont les noms et les donations des morts, depuis le VIIIe siècle jusqu'au commencement du XIe, qui est le temps auquel il fut écrit.	8
6	16 janvier 849.	Confirmation par Charles-le-Chauve de dons faits aux chanoines d'Auxerre par l'évêque Héribald.	22
13	14 mars 902.	Charte de Charles-le-Simple, qui rend Mailly-sur-Yonne à l'église d'Auxerre.	26
15	14 nov. 1270.	Extrait du Légendaire et de l'Antiphonaire de la cathédrale. — Séjour du pape Alexandre à Auxerre. — Tour de la cathédrale. — Miracle.	27
16	1079.	Introduction du culte de saint Mammès dans l'église d'Auxerre, par Hugues, autrement dit Rainard de Bar-sur-Seine, évêque de Langres.	28
17	1100.	Catalogue du clergé de l'église d'Auxerre.	29
51	1161.	Don du bois de Tul, ou Tuleau, par le comte de Nevers.	44
59	1166.	Réunion de la prévôté au chapitre.	48
67	1173.	Confirmation d'un accord entre Gui, comte d'Auxerre, et le chapitre, par Louis VII, au sujet des droits de gîte à Pourrain et à Chichery.	52
68	1174.	Nouvel accord avec le comte Gui sur les gîtes de Pourrain et de Chichery, par suite de l'infraction du précédent par les serviteurs du comte. — Rapport des monnaies d'Auxerre et de Troyes.	52
82	1191.	Testament de maître Abbon, chanoine, docteur en médecine, contenu dans un acte capitulaire.	59
96	1er sept. 1203.	Accord des chapitres de Sens et d'Auxerre pour l'échange de certains serfs.	64
100	1205.	Testament de Robert Abolanz, chanoine.	68
107	1210.	Lettre du roi Philippe-Auguste, confirmative de la transaction passée entre le comte et le chapitre, au sujet de leurs hommes à Auxerre, Mailly et Bétry.	70
112	1212.	Don par l'évêque G. de Seignelay d'une partie des dîmes vin de Cravan.	72
122	1214.	Don de Pierre, comte d'Auxerre, à l'église cathédrale, sur le salage de Mailly.	76
124	19 janv. 1214.	Confirmation par le pape de l'établissement de trois marguilliers dans la cathédrale.	77
128	Août 1213,1215	Lettres touchant l'établissement et la dotation des chanoines de la Trinité.	78
129	Août 1215.	Confirmation du droit de patronage de douze églises.	79
130	Août 1215.	Don du tiers de Leugny par le chanoine Patricius.	79
133	1216.	Don d'un serf par le comte Pierre de Courtenay.	81
139	1220.	Don de trois offrandes annuelles par le sacriste à l'œuvre de la cathédrale.	84
149	Avr. 1222-1223	Distinction des deux dimanches de la Trinité, par un grand luminaire en l'église d'Auxerre.	88
152	Novemb. 1223.	Dons faits par Guillaume de Seignelay, alors évêque de Paris.	91
155	1224.	Accord sur les dîmes de Mézilles, entre Nevelon, chanoine d'Auxerre, et le curé de ce lieu.	92
162	Décemb. 1230.	Confirmation par Thibaud, comte de Champagne, de la vente d'un homme de Montigny (la Coudre), faite par Guy de Chanbelen, chevalier.	95

Nos	DATES.	OBJET DES CHARTES.	Pages.
165	Juin 1253.	Sentence arbitrale sur les fonctions de marguilliers de l'église d'Auxerre.	97
174	Octobre 1244.	Etablissement de Bernard, évêque d'Auxerre, en sa cathédrale.	102
177	1250.	Fragments concernant les rits de l'église d'Auxerre, tirés de l'Obituaire écrit vers l'an 1250 et écrits pareillement dans le même temps.	104
201	17 sept. 1263.	Charte d'affranchissement donnée aux habitants de Monéteau	115
204	Mars 1264-65.	Eglise de Fulvy déclarée du patronage du chapitre.	118
208	2 jan. 1267-68.	Réparation solennelle faite au chapitre par quelques habitants de Cravan, révoltés contre son autorité.	120
215	1271.	Bref du pape Grégoire X au prieur de Villiers, diocèse de Sens, pour la conservation des biens du chapitre.	124
220	1274.	Pierre d'Anizy, trésorier de Sens, enterré dans l'église d'Auxerre, dont il avait été chanoine.	126
225	1er mai 1280.	Affranchissement des habitants de Cravan, et confirmation de cet acte par l'évêque.	127
226	27 avril 1280.	Déguerpissement de la terre de Fleury, léguée au chapitre par l'évêque Guy de Mello.	130
228	4 juin 1281.	Hommage du comte de Flandre pour ses terres du Nivernais.	131
229	25 août 1282.	Etablissement d'un luminaire de distinction aux fêtes de Sainte-Anne et de Sainte-Agnès, par Etienne de Châteaudun, sous-chantre.	131
230	Juin 1283.	Augmentation des distributions en l'église d'Auxerre.	152
231	Juillet 1284.	Augmentation des distributions en l'église d'Auxerre	152
233	28 déc. 1284.	Formule d'établissement d'une solennité en la cathédrale.	133
242	1293.	Vicairies et chapellenies, établies par Etienne de Doët, sous-chantre.	146
245	Juin 1295.	Vente d'un bois par l'abbesse des Isles.	146
246	1296.	Testament de maître Girard de Ville-sur-Arce, chanoine.	148
249	23 mai 1297.	Remerciements de Guillaume de Chalon, comte d'Auxerre, au sujet de l'argenterie que le chapitre lui avait prêtée.	150
250	22 fév. 1300-1.	Vicairies en l'église d'Auxerre, à la nomination du sous-chantre.	150
255	10 juin 1307.	Union de la chapelle Saint-Germain à l'écolâtrerie de la cathédrale.	154
256	15 déc. 1309.	Main-levée de la succession d'un archidiacre d'Auxerre, accordée par l'évêque au chapitre.	155
260	1er mai 1312.	Modèle d'ancienne partition des prébendes de la cathédrale, extrait d'un manuscrit de la même église.	159
261 262	1314 et 1321.	Archiprêtres rendus titulaires par l'évêque, du consentement du chapitre.	159
263	25 juin 1315.	Lettres du chapitre d'Auxerre à celui de Saint-Martin de Tours, au sujet de la confraternité des deux églises.	161
266	7 nov. 1319.	Serment d'obéissance des abbés de Pontigny et de Roches à l'église d'Auxerre.	162
267	20 sept. 1320.	Lettres de Pierre des Grez, évêque d'Auxerre, par lesquelles il déclare que les reliques de saint Amatre sont dans son église cathédrale.	165
272	1324.	Extrait d'un acte de l'an 1324, par lequel un particulier, clerc, emprunte la bibliothèque de feu son oncle, chanoine d'Auxerre, léguée à l'Hôtel-Dieu du chapitre.	168

Nos	DATES.	OBJET DES CHARTES.	Pages.
274	23 juin 1325.	Lettres de l'évèque d'Auxerre, au sujet d'un chanoine évadé des prisons du chapitre............	169
284	26 avril 1330.	Confirmation d'une sentence arbitrale sur les chanoines Tortriers, par Aimeric, transféré au siége de Rouen...	175
285	22 août 1339.	Déclaration d'Aimeric, ancien évêque d'Auxerre, comment les chanoines de la cathédrale ne doivent point de droits au secrétariat de l'évêché.............	175
286	1340.	Prologue du Cartulaire du chapitre, qui s'y lisait avant que les premiers feuillets eussent été gâtés.......	176
287	5 juillet 1340.	Déclaration du roi, portant que les étrangers venant demeurer à Auxerre, qui choisissaient le jour de leurs noces d'être bourgeois du chapitre, continuaient à l'être.	176
288	31 août 1341.	Lettres de Philippe-de-Valois, qui déclarent sujet à la taille du chapitre un bourgeois dudit chapitre, quoique anobli............................	177
289	21 juin 1343.	Acte touchant la statue d'argent de Jean, fils aîné de Philippe-de-Valois, que la reine avait donnée avec son piédestal, aussi d'argent, à l'église d'Auxerre.......	177
292	19 juin 1347.	Collation d'un canonicat d'Auxerre à Guillaume Albert, âgé de neuf ans............................	179
312	22 août 1370.	Don d'une portion de bois, par l'évêque Pierre Aimon...	194
322	Juin 1379.	Donation de Jean Mercier, doyen, pour la fondation d'une chapelle dans la cathédrale................	199
333	1er juin 1389.	Don de quelques biens situés à Sacy, par l'évêque Ferric Cassinel.	213
337	23 sept. 1397.	Union de chapellenies, fondées dans la chapelle du petit Saint-Etienne, au cloître du chapitre...........	215
338	29 sept. 1397.	Testament de Bertrand Cassinel, chantre d'Auxerre, dans lequel on voit les usages du temps.............	216
339	3 déc. 1398.	Requête à Michel de Creney, évêque d'Auxerre, au sujet de la Trésorerie, dans laquelle sont marqués plusieurs anciens et curieux usages de l'église cathédrale.....	219
340	8 juillet 1398.	Miracle arrivé en 1398, sur un garçon du diocèse de Sens, atteint de rage, voué à l'image de la Sainte-Vierge, étant alors au portail de la cathédrale d'Auxerre, sous la tour commencée, où l'on voit encore sa figure à genoux, peinte à fresque sur le mur, à gauche en entrant...	224
341	Fin du xive s.	Extrait de la première et plus ancienne collection des statuts du chapitre, rédigée vers la fin du xive siècle....	224
345	20 déc. 1395.	Mémoires sur la fête des Fous, tirés des mêmes registres de la cathédrale, de la fin du xive siècle et du commencement du xve....	232
348	1402.	Election de messire Jean Alepté, chantre.........	234
353	6 août 1423.	Concession d'une prébende dans la cathédrale, à Claude, seigneur de Chastellux, et à ses descendants mâles, seigneurs du même lieu...............	242
354	16 août 1423.	Remise de la ville de Cravan, par le seigneur de Chastellux, et acceptation du droit d'une prébende héréditaire.	244
356	17 mai 1432.	Confirmation d'un traité concernant la chapelle de Saint-Pierre, par un doyen élu évêque..........	245
360	1439.	Réglement sur les cérémonies d'inhumation, et autres usages de la cathédrale................	248
369	1455.	Réunion des seize chapelains de Saint-Michel et de Saint-Jean-le-Rond au chapitre.............	259

Nos	DATES.	OBJET DES CHARTES.	Pages.
378	1er août 1464.	Enquête en chapitre, sur l'usage du trésorier de l'église d'Auxerre de pouvoir assister à l'office l'oiseau sur le poing	272
386	6 mai 1469.	Don d'un reliquaire, par l'évêque Pierre de Longueil. . .	277
388	5 juillet 1469.	Réconciliation de l'église cathédrale.	278
389	22 déc. 1469.	Don d'une chapelle d'ornements à la cathédrale, par l'évêque Pierre de Longueil.	279
401	24 mai 1482.	Don de l'évêque Enguerrand Signart.	295
412	Vers 1500.	Extrait de la seconde compilation des statuts du chapitre, qui fut faite à la fin du xve siècle.	500
418	27 sept. 1522.	Attestation de laquelle il résulte que le grand chapitre ne peut prêter de l'argent au roi, parce que les guerres l'ont appauvri, et qu'on travaille depuis vingt-deux ans à l'achèvement de la cathédrale.	516
421	21 mars 1525.	Marché pour façon d'une verrière en la nef de la cathédrale, par trois peintres verriers.	519
423	22 août 1551.	Sentence du bailliage d'Auxerre retiré à Saint-Bris, touchant la cérémonie de la Pelote, en l'église cathédrale. .	521
428	1544.	Acte concernant les installations dans le chœur de la cathédrale, et autres cérémonies.	525
454	2 avril 1551.	Commission de l'évêque d'Auxerre, pour la visite d'un bois du doyenné	528
455	28 avril 1551.	Plaintes du chapitre contre l'image de saint Christophe, que l'on élevait dans la cathédrale.	529
456	1553.	Extrait de la troisième compilation des statuts du chapitre, rédigée en 1553, et tirée de l'original.	529
458	1554-1563.	Indulgences accordées par les papes et les évêques, pour l'achèvement de la cathédrale.	534
444	20 oct. 1582.	Réception d'Olivier de Chastellux à la prébende héréditaire, dans l'église d'Auxerre.	559
464	6 sept. 1656.	Projet du rétablissement de la bibliothèque du chapitre.	564
465	26 oct. 1656.	Procès-verbal des reliques de la grande châsse de l'église cathédrale.	564
466	1639.	Lettre du chapitre de Beauvais à celui d'Auxerre, au sujet du renouvellement de leur confraternité	565
469	15 juin 1646.	Actes concernant la confraternité des églises cathédrales de Beauvais et d'Auxerre	568
471	1650.	Réception de reliques de Rome, dans la cathédrale . . .	568
		ABBAYE SAINT-GERMAIN D'AUXERRE.	
7	9 janv. 859.	Dons de Charles-le-Chauve, à l'occasion de la translation du corps de saint Germain.	25
8	11 sept. 860.	Garde et protection de Saint-Germain, par Charles-le-Chauve.	25
9	14 sept. 861.	Confirmation par Charles-le-Chauve d'un don fait aux moines de Saint-Germain par leur abbé.	24
10	2 décemb. 864.	Confirmation d'échanges de biens, accordée par Charles-le-Chauve.	24
11	29 janv. 877.	Confirmation par Louis-le-Bègue de biens appartenant à l'abbaye.	25
12	22 avril 900.	Don de plusieurs domaines d'Irancy par Charles-le-Simple	25
21	1121.	Traité de Guillaume, comte d'Auxerre, avec l'abbé Gervais, sur leurs droits réciproques dans le bourg et le château de Saint-Germain.	31

INDEX DES CHARTES.

N°s	DATES.	OBJET DES CHARTES.	Pages.
23	1123.	Charte de l'évêque Hugues de Montaigu, par laquelle il fait don à l'abbaye de l'église de Saint-Fargeau et ses dépendances. A la suite est transcrite la bulle du pape Calixte II, qui accorde au même prélat le droit de disposer en faveur des chanoines réguliers, de certaines églises qui avaient été usurpées par des laïques et lui confirme celui de régir toutes les autres églises de son diocèse.	52
31	1142.	Notice d'une charte sur la terre de Diges.	36
38	1148.	Accord sur les biens de Lignorelles, entre les seigneurs de Maligny et l'abbé Gervais.	40
43	1151.	Accord pardevant Hugues de Macon, évêque d'Auxerre, entre l'abbé Gervais et Geoffroy de Donzy au sujet de Diges.	41
44	1155.	Permission donnée par l'évêque Alain à un clerc qui a construit une chapelle dans le bois de Beletain, paroisse de Venoy, d'y célébrer la messe.	42
45	1155.	Don de quatre serfs d'Orgy.	42
46	1155.	Lettre de l'évêque Alain, attestant le don de deux hommes de Venoy, fait à l'abbaye.	42
48	1159.	Accord de Guillaume, comte d'Auxerre, avec l'abbé Arduin pour des serfs.	43
50	1161.	Donation de Guillaume, comte d'Auxerre, de Villeneuve-Saint-Salve, et remise de ses droits sur Diges à l'abbaye.	44
55	1163.	Lettres touchant les bourgs de Diges et Escamps.	45
56	1165.	Accord du comte Guillaume avec l'abbé Arduin, touchant le droit de gîte à Auxerre, Irancy, Aucep, sur les bois de Moutiers et de Diges.	46
57	1165.	Engagement fait par Jean, vicomte de Ligny, pour cinq ans, de tout ce qu'il possédait à Rouvray, moyennant trente livres.	47
58	1166.	Don d'un revenu sur l'église de Saint-Loup-d'Auxerre, par l'évêque Alain.	47
65	1171.	Charte de Gui, comte d'Auxerre, relative aux violences commises par ses gens sur la terre d'Escamps.	51
77	1187.	Accord avec Pierre, comte de Nevers, sur les bois des Bruyères et Monbolon.	56
77 bis	1175.	Accord entre l'abbé Ardoin et Bouchard, seigneur de Seignelay, touchant la terre de Gurgy.	57
97	1203.	Accord avec Dreux de Merlot, seigneur de Beauche, sur des bois.	65
102	1207.	Charte d'Hervé, comte de Nevers, portant permission de vendre les bois de Saint-Sauveur, à condition qu'il aura la moitié du produit.	69
125	Décemb. 1214.	Désistement de ses prétentions sur un serf, par un chevalier, en faveur de l'abbaye.	77
136	Décemb. 1218.	Déclaration par R. de Courtenay, qu'il n'a aucun droit sur Hervé, cellérier de Diges.	82
143	28 mai 1220.	Compromis entre l'abbé de Saint-Germain et l'évêque d'Auxerre, au sujet de la coutume appelée *Melitia*, entre leurs villages de Diges, Escamps, Toucy, etc.	86
167	Avril 1233.	Donation au prieuré de Saint-Thibaud-des-Bois.	98
186	23 juil. 1255.	Bulle du pape Alexandre IV, par laquelle il est permis aux religieux de l'abbaye de Saint-Germain d'enterrer	

Nos	DATES.	OBJET DES CHARTES.	Pages.
		dans leur monastère, pendant l'interdit général, à l'exception des excommuniés et des usuriers	107
188	Juin 1256.	Manumission des hommes de la ville et faubourgs d'Auxerre, qui étaient de la dépendance de l'abbaye, et confirmation par l'archevêque de Sens.	108
189	21 août 1256.	Confirmation de la manumission des serfs de l'abbaye, par la comtesse de Champagne.	109
190	17 juil. 1257.	Fondation d'un anniversaire à Saint-Germain, par la comtesse Mahaud.	110
225	Mai 1281.	Permission de fortifier le village d'Héry.	205
237	14 fév. 1288-89	Serment de fidélité d'un curé à l'abbé Saint-Germain.	137
268	5 juillet 1321.	Permission de l'abbé de célébrer la messe en la chapelle du château de Perrigny.	166
271	28 jan. 1324-25	Permission de l'abbé pour toutes les chapelles castrales de l'abbaye.	168
275	10 mars 1324-25	Lettre de main-levée, mise de par le roi sur les constructions nouvelles du château de Saint-Germain, à la requête de l'évêque et du comte d'Auxerre.	169
305	19 janv. 1366.	Lettre du pape Urbain V à l'archevêque de Besançon, au sujet de deux de ses diocésains qui avaient volé les joyaux de l'abbaye.	190
306	31 juil. 1366.	Donation du pape Urbain V, de 4,541 florins d'or, pour la réparation de l'église de l'abbaye.	190
307	5 sept. 1367.	Acte qui fait mention du vol que deux seigneurs de Franche-comté avaient fait de l'argenterie de Saint-Germain.	191
310	1369.	Cession du nouveau droit de la diminution de la pinte de vin par les habitants d'Auxerre à Gui de Rochefort, sergent d'armes du roi, qui se charge de faire le recouvrement des joyaux de l'abbaye.	192
317	6 février 1375.	Redevance d'une obole d'or, due au Saint-Siège par l'abbaye.	196
426	2 oct. 1542.	Don de reliques à la duchesse de Guise.	324
462	5 oct. 1636.	Dépositions de témoins à l'occasion des saintes reliques ramassées en 1567 sur le pavé de l'église de Saint-Germain d'Auxerre, et du miracle arrivé en 1636, en présence de ceux qui doutaient de la vérité.	362
463	22 sept. 1636.	Procès-verbal de la punition du maçon qui, en 1686, essaya de prendre dans le tombeau de saint Marien des reliques de ce saint.	363
473	1664.	Découverte de sépulcres, en réparant les murs et piliers de la terrasse du dortoir de l'abbaye Saint-Germain.	371

AUXERRE, AUTRES ABBAYES, COUVENTS ET ÉGLISES.
(Par ordre alphabétique).

116	1213.	Règlement de Guillaume de Seignelay, touchant les chanoines de la *collégiale Notre-Dame de la Cité*.	73
148	1222-23.	Donation de trois étaux à Auxerre, à *l'abbaye de Celles-les-Auxerre*.	88
151	1225.	La corporation des changeurs d'Auxerre fait don d'une maison à l'abbaye de Celles	91
155	Avril 1226.	Fondations et dons à l'abbaye de Celles, proche Auxerre, par Mathilde, comtesse de Nevers.	92
160	1229.	Dons à l'abbaye de Notre-Dame-de-Celles, transférée à Orgelène, sur la rivière d'Yonne, par le comte et la comtesse de Nevers.	94

INDEX DES CHARTES.

Nos	DATES.	OBJET DES CHARTES.	Pages.
184	1254.	Confirmation d'une donation faite à *l'abbaye des Isles*, par Hugues de Mailly..................	106
198	Avril 1260.	Don à l'abbaye des Isles pour l'âme de Guillaume de Mello, par son fils, l'évêque Gui	114
222	27 août 1276.	Amortissement en faveur de l'abbaye des Isles, par le comte Jean de Challon..................	126
106	1210.	Reconnaissance du comte de Joigny, en faveur de *l'abbaye de Saint-Julien*, au sujet du four de Migennes.........	70
215	1269.	Droits curiaux exercés par l'abbesse de Saint-Julien, dans son église, à certains jours..................	123
251	1301.	Bail qui apprend quelques particularités sur l'abbaye de Saint-Julien..................	151
344	Vers 1400.	Cédule en parchemin, conservée avec les reliques de l'abbaye de Saint-Julien..................	234
365	9 sept. 1450.	Attestation de l'état de ruine de l'abbaye de Saint-Julien, causé par les guerres et la stérilité de l'année, délivrée par Jean Regnier et autres officiers du duc de Bourgogne.	251
470	18 nov. 1646	Lettre de la reine Anne au sujet de l'établissement de la réforme dans le monastère de Saint-Julien.........	368
4 bis	658-683.	Testament de l'évêque saint Vigile, contenant la fondation du *Monastère de Notre-Dame-la-d'Hors*, et sa dotation en biens situés dans un grand nombre de lieux........	6
35	1144.	Charte de Guillaume II, comte de Nevers, en faveur des *Prémontrés* nouvellement établis à sa prière, à Auxerre, et placés par l'évêque d'abord dans l'église de Saint-Marien, puis dans le monastère de Notre-Dame.......	38
62	1170.	Dons de Guy, comte d'Auxerre à *l'abbaye de Saint-Marien*.	50
63	1171.	Don d'une portion de forêt proche Auxerre, à l'abbaye de Saint-Marien par Gui, comte d'Auxerre.............	50
66	1172.	Don de l'église de Vincelles à l'abbaye de Saint-Marien, par l'évêque Guillaume..................	52
72	1180.	Don des églises de Leugny et de Moulins à l'abbaye de Saint-Marien..................	54
72 bis	1181.	Dons de quelques dîmes à l'église de Saint-Marien.......	54
80	1190.	Dons de cens par le comte Pierre à l'abbaye de Saint-Marien	58
84	1193.	Fondation de Pierre, comte d'Auxerre, à l'église de Saint-Marien, pour l'âme d'Agnès sa femme.............	60
98	1203.	Supplément à la chronique de Saint-Marien, non imprimé, dans l'édition de Camusat. — Vie de l'abbé Milon, tirée de l'exemplaire de cette chronique conservée à Saint-Germain d'Auxerre, qui vient de l'abbaye des Escharlis, et dont l'écriture est du XIIIe siècle..................	65
22	1123.	Restitution de l'église d'Augy aux *chanoines de Saint-Pierre* ou *Saint-Père*, par l'évêque Hugues de Montaigu.....	31
25	1130.	Don de l'église de Sougères au diocèse d'Auxerre, à l'église Saint-Père, par l'évêque Hugues de Montaigu.. ..	33
32	1143.	Union de l'église Saint-Pèlerin à celle de Saint-Père par l'évêque Hugues de Mâcon..................	36
40	1149.	Don de l'église de Cours, diocèse de Langres, à l'église de Saint-Père..................	40
64	1171.	Don de l'église de Venouse à l'abbaye de Saint-Père, par l'évêque Guillaume..................	51

Nos	DATES.	OBJET DES CHARTES.	Tables.
141	1220.	Traité de l'abbé de Saint-Père avec le prieur de Saint-Amatre..	85
147	1222.	Echange par l'abbaye de Preuilly, diocèse de Sens, avec celle de Saint-Père...............................	88
185	1255.	Déclaration de l'abbaye de Saint-Père, sur les églises de Venouse et Rouvray...........................	107
194	5 déc. 1258.	Permission de Gui, évêque d'Auxerre aux moines de Saint-Père, de vendre 20 livres de rentes sur le prieuré de Cézy à l'abbé de Saint-Jean de Sens, pour contribuer à payer leurs dettes...................................	112
318	Oct. 1575.	Bulle de réunion du prieuré de Cézy à l'abbaye de St-Père.	197
28	1151	Vidimus des bulles d'Innocent II, données à Auxerre, en faveur du *prieuré de Saint-Amatre* nouvellement érigé.	54
49	1159.	L'évêque Alain et son chapître donnent aux *religieux de Saint-Eusèbe* le droit d'annate sur chaque prébende vacante..	45
235	5 juillet 1285.	Explication sur le droit d'annate, en faveur du prieuré de Saint-Eusèbe..	154
368	1454.	Sentence arbitrale d'Albert de la Chasse, abbé de Vézelay sur le *prieuré de Saint-Gervais-les-Auxerre*........	256
104	1209.	Charte de Pierre, comte d'Auxerre, qui prouve l'existence d'une *église de Saint-Renobert* à Auxerre, dit Moûtier, en 1209, quoique nullement monastère...............	69
425	1er déc. 1541.	Marché pour construction d'une grande fenêtre en l'église de Saint-Renobert, par Jehan d'Amboise, maître de l'œuvre de St-Renobert............................	325
468	19 avril 1645.	Procès-verbal de la réception d'un ossement de saint Renobert, évêque de Bayeux, dans l'église paroissiale d'Auxerre qui porte son nom.......................	367
181	Avril 1252.	Don aux *Frères-Mineurs* de la place qu'ils occupaient, à Auxerre, par la comtesse Mahaud...................	105
244	1294-95.	Confirmation de donation de places aux Cordeliers d'Auxerre par le comte Guillaume de Chalon............	147
290	4 fév. 1545-46.	Lettres d'amortissement de maisons en faveur des *Jacobins* données par le comte d'Auxerre.............	178
175	Mai 1241.	Charte de la comtesse Mahaud-la-Grande, concernant l'établissement des Frères-Prêcheurs ou Jacobins.......	101
175	1er oct. 1245.	Confirmation par la comtesse Mathilde, d'acquisitions en faveur des Jacobins..............................	102
375	25 sept. 1465.	Acte de soumission des Frères-Prêcheurs envers l'évêque Pierre de Longueil....................................	267
379	17 sept. 1464.	Arrêt de défense en faveur des Frères-Prêcheurs.......	272
119	1207-1214.	Donation aux *Lépreux de Saint-Siméon*...............	75
164	Juillet 1251.	Vente par les lépreux de Saint-Siméon de leurs moulins du Saulce aux Templiers. Consentement des censiers et bourgeois d'Auxerre à cette vente.................	96
		ABBAYES, COLLÉGIALES, ÉGLISES HORS D'AUXERRE. (Par ordre alphabétique.)	
373	9 juin 1458.	Amortissement des biens du *chapitre d'Appoigny*.....	265
137	1219.	Etablissement des religieux *hospitaliers de Montjou*, à Appoigny sous la dépendance de l'évêque d'Auxerre...	83
138	1219.	Lettre de Gui, ministre de l'hôpital du Mont-Jou en Savoie,	

INDEX DES CHARTES.

Nos	DATES.	OBJET DES CHARTES.	Pages.
		à Guillaume de Seignelay, évêque d'Auxerre, au sujet du règlement de l'hôpital d'Appoigny............	84
140	1230.	Don de la terre de Branches à la Maison-Dieu d'Appoigny, par Guillaume, évêque d'Auxerre............	85
279	30 juil. 1528.	Fondation de la *Chartreuse de Basseville*..........	172
19	1120.	Lettre de la fondation de l'*abbaye de Bourads*, par Hugues de Til et Alexis de Monte-Onisio............	30
20	1120.	Autre lettre concernant la fondation de l'abbaye de Bourads, donnée par Geoffroy de Donzy............	30
34	1144.	Donation par Gibaud de Saint-Verain à l'abbaye de Bourads, de droits d'usage dans la forêt d'Epine-Noire.......	37
55	1164.	Don de l'usage de la perrière de Fonfay à l'abbaye de Bourads................................	46
135	1218.	Fondation du *prieuré de Bolicens*, dit aujourd'hui Boutissain, proche Saint-Amand en Puisaie, par Itier de Toucy.	81
14	1076-1084.	Fondation du *Chapitre de Clamecy*..	26
35	1143.	Accord entre le chapitre de Clamecy et le curé ou chapelain, fait en présence de Hugues de Mâcon, évêque d'Auxerre.............................	37
115	1212.	Fondation de la *Collégiale de Cône*, par l'évêque G. de Seignelay............................	75
172	28 oct. 1240.	Diminution des canonicats de Saint-Laurent de Cône, ordonnée par l'évêque d'Auxerre.................	101
334	8 nov. 1585.	Règlement de Ferric Cassinel, évêque d'Auxerre, concernant la collégiale de Cône................	211
18	Vers 1110.	Notice sur le territoire de *Crisenon*, sous Humbaud, évêque d'Auxerre..........................	30
50	1154.	Vérification des premières donations faites à l'abbaye de Crisenon................................	35
70	1176.	Reconnaissance de Mathilde, comtesse d'Auxerre, au sujet d'un legs fait à l'abbaye de Crisenon............	53
71	1178.	Charte de Guillaume de Toucy, évêque d'Auxerre, approbative de l'emploi qu'ont fait les religieuses de Crisenon, de leurs revenus à payer les dépenses de leur vêture...	53
75	1181.	Don de quatre breneaux de sel à l'abbaye de Crisenon, par Guillaume, fils du comte Gui............	55
76	1182.	Don de l'annuel des prébendes de Châtel-Censoir à l'abbaye de Crisenon........................	56
81	1190.	Don de cent sous, monnaie d'Auxerre, à l'abbaye de Crisenon, par Pierre, comte d'Auxerre............	58
209	29 sept. 1268.	Recommandation du pape Clément IV, en faveur d'une fille lettrée, qui souhaitait d'être religieuse à Crisenon..	124
234	1284-85.	Règlement sur la visite de l'abbaye de Crisenon, par l'archiprêtre d'Auxerre........................	135
156	Octobre 1226.	Fondation d'une *chapelle à Entrains*, par les comtes de Nevers................................	93
157	Février 1227.	Droit de présentation à la chapelle de la comtesse de Nevers à Entrains........................	93
180	Mars 1230-31.	Lettres de Mahaud, comtesse d'Auxerre, à l'occasion d'un partage de biens, où les *moines de Saint-Nicolas, proche Entrains*, sont nommés....................	105
408	1489.	Lettres de l'évêque Jean Baillet, en faveur de la *Collégiale de Gien*............................	298
410	Sept. 1474.	Pièce sur les *Minimes de Gien*............	299

Nos	DATES.	OBJET DES CHARTES.	Pages.
61 bis	Vers 1168.	Lettre du *prieur* et du *couvent de Sainte-Milburge de Ventoch*, en Angleterre, dépendant du prieuré de la Charité-sur-Loire, relative à une révolte des serfs du prieuré.	49
219	10 juillet 1275-76.	Ratification par Erard, évêque d'Auxerre, d'une acquisition faite par les *religieuses* de *Lezinnes*.	125
221	Janv. 1276-77.	Fondation de Jean de Challon, comte d'Auxerre, en *l'abbaye de Marcilly*.	126
24	1126.	Confirmation à *l'abbaye de Molême*, par le chapitre d'Auxerre, des églises du diocèse, qu'elle tenait des évêques Robert et Humbaud.	32
178	1249.	Origine du *prieuré de Plain-Marchais*, de l'ordre du Val-des-Choux.	103
74	1181.	Confirmation par Philippe-Auguste, étant à Auxerre, d'un legs fait à l'*abbaye de Pontigny* par la comtesse Mathilde.	55
91	1er juin 1201.	Lettres de l'archevêque de Rouen (vidimées par l'évêque d'Auxerre), portant don de 10,000 harengs, en faveur de l'abbaye de Pontigny.	62
93	1202.	Don fait par Daimbert, seigneur de Seignelay, à l'abbaye de Pontigny, de son clos de vigne au Mont-Saint-Sulpice, en reconnaissance de ce que les moines l'ont associé, ainsi que sa femme, à leurs prières, et lui ont accordé la sépulture dans leur maison.	63
101	25 août 1205.	Charte du comte Hervé, en faveur de l'abbaye de Pontigny, portant confirmation de l'échange fait entre les moines et le défunt comte Guillaume, de Sainte-Porcaire et de Lorent.	68
145	1221.	Lettre d'Etienne de Langthon, primat d'Angleterre, contenant don de 50 marcs sterl. de rente sur l'église de Ruménal, en faveur de l'abbaye de Pontigny, en reconnaissance de la réception hospitalière que les moines de cette maison lui ont faite dans son exil, ainsi qu'à saint Thomas, son prédécesseur.	87
146	Mai 1222.	Confirmation par la comtesse Mahaud des dons faits par Hervé de Nevers, à l'abbaye de Pontigny.	87
158	Juin 1228.	Confirmation de quelques biens de l'abbaye de Pontigny, par le comte d'Auxerre.	93
182	4 nov. 1252.	Charte de Henri III, roi d'Angleterre, seigneur d'Irlande, duc de Normandie, etc., contenant don de 20 marcs sterlings de rente, à prendre sur sa ferme de Cantorbéry, en faveur de l'abbaye de Pontigny, à charge, par les moines, d'entretenir perpétuellement quatre cierges allumés dans leur église, autour de la châsse de saint Edme, confesseur.	106
199	1260-61.	Permission de Gui, évêque d'Auxerre, à l'abbé de Pontigny d'avoir une chapelle en sa maison de Saint-Bris.	114
248	24 sept. 1295.	Quittance de 1,500 livres payées par Guillaume d'Arcy aux moines de Pontigny, pour prix de la terre de Venouse.	149
281	1335.	Lettres de Bernard, évêque d'Auxerre, sur un arbitrage concernant l'abbaye de Pontigny	174
336	24 sept. 1396.	Lettres-patentes de Richard II, roi d'Angleterre, ordonnant que la rente de 20 marcs sterlings, due à l'abbaye de Pontigny sur sa ville de Cantorbéry, lui sera payée comme avant la guerre.	215

INDEX DES CHARTES. 473

Nos	DATES.	OBJET DES CHARTES.	Pages.
437	24 jan. 1353-54	Nomination de vicaires-généraux, au sujet de la sécularisation d'un religieux de Pontigny.	333
26	1130.	Article curieux concernant la dotation du *monastère de Fontemoy*, sur les limites du diocèse d'Autun, et transféré presqu'en même temps à Reigny, diocèse d'Auxerre.	33
29	13 déc. 1131.	Translation de l'abbaye de Fontemoy, située dans le diocèse d'Autun, à Reigny, situé dans celui d'Auxerre, approuvée par le pape Innocent II, étant à Auxerre. . . .	35
47 et 47 bis	1157.	Sentence des évêques de Langres et d'Auxerre, au sujet de la justice de *l'abbaye de Reigny*, sur le territoire de Fontemoy, à l'occasion de pièces de cuivre nouvellement découvertes. — Lettres d'Adrien IV, qui commet les évêques ci-dessus nommés	42-43
52	1163.	Charte en faveur de l'abbaye de Reigny, où sont nommés plusieurs lieux du diocèse d'Auxerre, aux environs de la paroisse de Sougères. — Voyez aussi nos 60, 61, p. 43 .	45
54	1163.	Accord entre les abbayes de Reigny et de Crisenon, sur un bien situé à Arcy.	45
134	Nov. 1216.	Charte de Pierre, comte d'Auxerre et de Tonnerre, portant exemption du droit de prise, en faveur de l'abbaye de Reigny.	81
36	1147.	Charte d'Ithier, seigneur de Toucy, relative à la donation qu'il a faite à Geoffroy, son neveu, *abbé de Roches*, et à cette abbaye.	38
282	2 sept. 1336.	Provision de la *cure de Saint-Amand*, au diocèse d'Auxerre.	174
16 bis	1087.	Exemption du droit de péage à Gien, accordée à *l'abbaye de Saint-Benoit-sur-Loire*, par Hervé, seigneur de Gien.	28
73	Vers 1180.	Fondation de la *maison du Temple de Saint-Bris*.	54
366	11 mai 1431.	Accord de *l'archiprêtre de Saint-Bris* avec le curé de Leugny.	254
384	15 juin 1466.	Premier projet de la fondation du *chapitre de Saint-Fargeau*.	276
37	1147.	Bulle d'Eugène III, concernant *l'abbaye de Saint-Laurent*.	39
253	9 août 1302.	Echange entre l'abbaye de Saint-Laurent et le prieuré de Révillon.	153
430	1548.	Etablissement de vicaires-généraux pour la réformation de l'abbaye de Saint-Laurent.	326
359	18 juin 1439.	Accord d'un curé de *Seignelay* avec l'archiprêtre, sur le droit de *l'archiprêtré*.	247
111	1211.	Confirmation par le pape de l'établissement d'une *collégiale* dans la *chapelle Notre-Dame de Toucy*.	71
117	1213.	Réglement donné par Guillaume de Seignelay aux *chanoines* établis à *Toucy* par Hugues, son prédécesseur. .	74
361	9 mai 1445.	Indulgences accordées par l'évêque Laurent Pinon, pour la restauration de l'église collégiale de Toucy, brûlée par les Anglais.	250
92	1202.	Augmentation des *chanoines de Varzy*.	62
218	Mai 1273.	Union d'une prébende de la collégiale de Varzy à la chantrerie de la même église.	125
236	8 mai 1287.	Lettres du chapitre d'Auxerre, qui renferment celles de deux évêques de cette ville, concernant le chapitre de Varzy.	135
474	1675.	Extrait de la visite du trésor des châsses de la collégiale de Varzy, faite par N. Colbert, évêque d'Auxerre. . .	373
27	1131.	Charte de Hugues de Mâcon, évêque d'Auxerre, attestant	

Nos	DATES.	OBJET DES CHARTES.	Pages.
		la donation faite par Hugues le Manceau aux *moines de Villegondon*........................	34
		RELIQUES DES SAINTS.	
1	XIIIe siècle.	Prières concernant saint Germain, tirées d'un missel de la bibliothèque du chapitre de Sens, manuscrit du xiiie siècle, au 31 juillet................	1
332	Vers 1420.	Catalogue des reliques de l'église cathédrale d'Auxerre, tel qu'il fut dressé environ l'an 1420, tiré d'un manuscrit de la reine Christine de Suède, conservé à Rome, au Vatican n° 1283; avec des variantes tirées d'un autre manuscrit imparfait...............	240
342	7 avril 1399.	Mémoriaux sur les reliques de saint Martin, saint Germain et saint Thibaud, tirés des registres du chapitre d'Auxerre, de la fin du xive siècle et du commencement du xve.	251
328	1381.	Extraction de reliques sous le nom de saint Thibaud, du prieuré de Beaumont, proche Auxerre, en faveur des habitants de Provins.................	203
448	15 juillet 1588.	Acte de la reconnaissance des reliques de saint Vigile par l'évêque Jacques Amyot................	342
467	3 juin 1642.	Extraction d'un ossement de saint Renobert, évêque de Bayeux, de la châsse de son nom conservée à Varzy...	360
472	1664.	Translation des reliques des compagnons de saint Prix en l'église de Saints-en-Puisaye................	370
		PIÈCES GÉNÉRALES CIVILES.	
245	1295.	Ordre de Philippe-le-Bel au bailli de Sens, qu'on fournisse certaine somme d'argent à Rouen, à la Magdeleine.....	147
308	14 août 1367.	Lettre du lieutenant du bailli de Sens, faisant mention des Etats tenus à Sens en 1567................	191
		COMTES, VICOMTES, BAILLI ET PRÉVÔT D'AUXERRE.	
69	1175.	Fondation de la comtesse Ida, à l'occasion de la maladie de Gui, son fils......................	55
78	1188.	Lettres de Philippe-Auguste, portant règlement de la monnaie frappée par le comte d'Auxerre, et des conditions de son cours.................	57
83	1191.	Lettres d'Agnès, comtesse de Nevers, sur l'anniversaire du comte Gui.....................	60
88	1200.	Annonce de l'obit de la mère de Pierre, comte d'Auxerre, tiré de l'ancien nécrologe de Notre-Dame-de-Paris.....	61
109	Juillet 1210.	Pierre de Courtenay promet d'observer l'accord fait avec les moines de Vézelay, au sujet de Voutenay.......	71
110	Sept. 1210.	Le comte Pierre dispense les charpentiers, ouvriers en fer et maçons d'Auxerre, de le suivre à la guerre ou à la chevauchée......................	71
123	Vers 1214.	Lettre de Pierre, comte d'Auxerre, à Blanche, comtesse de Champagne......................	76
144	Déc. 1221.	Pierre de Joigny reconnaît que son château de Coulanges-les-Vineuses est jurable et rendable au comte de Nevers.	86
154	1226.	Lettres de Guy de Forez, comte d'Auxerre, sur les amendes	

Nos	DATES.	OBJET DES CHARTES.	Pages.
		du vicomté de cette dernière ville..................	
163	Avril 1251.	Sentence arbitrale de Gauthier, archevêque de Sens, sur la nouvelle monnaie que le comte d'Auxerre faisait frapper dans cette ville...............	93
191	1257.	Testament de Mahaud-la-Grande, comtesse de Nevers, d'Auxerre, etc................................	110
223	Janv. 1277-78.	Condamnation du prévôt et du bailli d'Auxerre, par le parlement pour délit commis contre des clercs........	127
223 bis	1277-78.	Jugement contre le bailli d'Auxerre,.................	127
239	"	Extrait du manuscrit où sont détaillés les droits du comte et du vicomte................................	140
248	1412.	Fragment de l'anonyme de Saint-Denis, contemporain de Charles VI, sur la paix d'Auxerre de l'an 1412........	257
254	16 août 1303.	Aveu au comte d'Auxerre, de biens situés à Vermanton, Vincelottes et Vincelles........................	154
269	20 octob. 1321.	Mahis de Mello reconnaît que son château de Saint-Bris est rendable au comte............................	166
285	11 sept. 1337.	Accord sur la voirie, à Vermanton, entre le comte et le commandeur du Saulce.....................	174
296	Déc. 1360.	Remise de la ville d'Auxerre au comte Jean III, par ordre du roi, après la reprise sur les Anglais.............	182
299	24 janvier 1361-62.	Lettres du roi Jean, qui mettent le fils du comte d'Auxerre en jouissance des terres de son père Jean III.........	184
301	12 août 1361.	Lettres de Jean de Chalon, gouverneur du comté d'Auxerre, de par le roi, pour la fortification de l'église de Chitry..	185
302	30 juill. 1365.	Convention des habitants d'Auxerre, pour payer la rançon de Jean de Chalon, gouverneur du comté, pris par les Anglais.......................................	187
314	8 sept. 1371.	Réunion du comté à la couronne.....................	193
338	5 août 1436.	Déclaration du duc de Bourgogne, que la taille qu'il a mise sur les communautés de l'Auxerrois et du Tonnerrois a été faite par lui comme étant aux droits du roi en vertu du traité d'Arras.........................	247

AUXERRE, VILLE ET HABITANTS.

79	29 juil. 1188.	Lettre de Pierre, comte de Nevers, et d'Agnès sa femme, contenant rémission de la main-morte qu'ils avaient sur leurs bourgeois libres d'Auxerre...................	58
85	1193.	Reconnaissance de Pierre, comte d'Auxerre, comme c'est gratuitement que les bourgeois des églises d'Auxerre lui ont aidé à fermer la ville de nouveaux murs du côté de la rivière......................................	60
478	Nov. 1194.	Charte d'affranchissement et de priviléges donnés par P. de Courtenay, comte de Nevers...................	377
87	1200.	Lettres de Philippe II, roi de France, par lesquelles il confirme certains octrois faits par Pierre, comte d'Auxerre.	64
99	17 nov. 1204.	Remise de la main-morte, par le chapitre à ses bourgeois.	67
120	14 janv. 1213.	Déclaration de Pierre, comte d'Auxerre, en faveur des bourgeois de sa cense...........................	76
121	14 janv. 1213.	Lettre de Pierre, comte d'Auxerre, faisant mention des droits d'usage qu'ont tous les habitants de Saint-Ger-	

Nos	DATES.	OBJET DES CHARTES.	Pages.
		vais au bois de Bar	76
132	1215-16.	Accensement par le comte Pierre de Courtenay, de la ville d'Auxerre et de ses faubourgs, pendant six ans, aux bourgeois du même lieu, pour le prix de deux mille livres	80
142	Vers 1219.	Compte des sommes dues à Pierre de Courtenay, comte d'Auxerre, par les bourgeois de cette ville. Rapport des monnaies d'Auxerre et de Provins	86
150	Août 1223.	Charte de la comtesse Mahauld sur les bourgeois d'Auxerre.	88
159	Sept. 1228.	Remise, par le comte et la comtesse de Nevers à leurs bourgeois, des sommes qu'ils leur devaient.	94
168	Sept. 1234.	Vente, pour trois ans, par Guy, comte d'Auxerre, à la communauté de ses bourgeois de cette ville, de la cense qu'ils lui devaient.	98
185	Juillet 1255.	Don de la place du cimetière des juifs, aux écoliers dits les Bons-Enfants, par la comtesse Mahauld	106
205	Juillet 1265.	Notification d'une sentence arbitrale sur le droit de pêche dans le biez de Brichou de la rivière d'Yonne, reconnu appartenir aux pêcheurs d'Auxerre.	119
206	25 juillet 1266.	Ordonnance de Saint Louis pour obliger les propriétaires forains du finage d'Auxerre, de contribuer à la construction du pont de cette ville.	120
227	1265 et suiv.	Fragments historiques sur Auxerre, tirés du dernier folio du manuscrit de la chronique de Saint-Marien, conservé autrefois à Notre-Dame-la-d'Hors.	150
265	5 sept. 1319.	Lettres du roi Philippe-le-Bel, qui font mention de la cense des bourgeois et des dettes contractées envers eux par leur comte.	162
291	9 mars 1345-46	Accord de Jean de Chalon, comte d'Auxerre, avec la ville, sur le fait de la draperie, argenterie, chasse, corraterie.	178
293	10 avril 1352.	Procès entre les bourgeois du comte d'Auxerre et ce seigneur, sur ce qu'il voulait prendre leurs chevaux et charettes pour son service.	180
300	24 juin 1362.	Ordre du roi Jean au bailli de Sens, de rendre aux habitants d'Auxerre les clefs de la ville.	185
309	28 nov. 1367.	Lettres de Charles v sur le droit de barrage, en faveur de la ville d'Auxerre	191
311	10 av. 1370-71.	Quittance de Robert Kanole, capitaine anglais, au sujet des engagements pris par la ville d'Auxerre, pour se racheter du pillage	194
320	15 mai 1378.	Concession d'un droit sur le sel aux habitants d'Auxerre pour la réparation des murs, par Charles v	198
321	Juin 1379.	Lettres d'établissement de la foire de Saint-Martin, outre la foire des calendes de mai.	198
324	1580.	Chartes et traités avec les habitants sur le droit de passage dans le cloître du chapitre.	201
327	1581-82.	Lettres-royaux de rémission pour un habitant d'Auxerre, qui a tué fortuitement et de nuit le curé de Varzy. — Querelles entre les gens d'église et les officiers du roi. .	205
332	13 nov. 1388.	Lettres d'octroi sur le sel, accordées pour la réparation des murs de la ville.	212
346	9 mars 1407.	Règlement du roi concernant la draperie.	256
347	24 nov. 1411.	Entérinement des lettres-patentes sur les doubles clefs des portes de la ville.	257

Nos	DATES.	OBJET DES CHARTES.	Pages.
550	7 nov. 1416.	Vente d'une place aux habitants pour en tirer de l'arène.	239
551	25 mai 1420.	Lettre du maître de la monnaie d'Auxerre, attestant que le roi a donné aux habitants 2,000 livres à prendre sur le droit qu'il a en ladite monnaie.	240
567	27 sept. 1452.	Ordre de Jean de Bourgogne au bailli d'Auxerre, de faire achever la construction de l'hôtel de ville, malgré l'opposition de certains marchands.	255
570	Fév. 1455-56.	Accord entre les bourgeois et les vignerons sur les travaux des vignes.	262
572	16 août 1457.	Permission de construire un horloge public, accordée aux habitants, par Jean de Bourgogne.	265
580	14 avril 1465.	Lettre de Louis XI aux habitants, au sujet de son frère le duc de Berry.	274
581	22 avril 1465.	Lettres du duc de Bourgogne aux habitants, par lesquelles il leur recommande de lui rester fidèles.	274
582	7 mai 1465.	Lettre du comte de Nevers aux habitants, pour leur annoncer la révocation de Villarnoul des fonctions de gouverneur.	275
594	Janv. 1476-77.	Lettres d'abolition aux Auxerrois d'avoir tenu le parti du duc de Bourgogne, et de confirmation de priviléges.	285
595	Janv. 1476-77.	Relation de la prise de possession de la ville et comté d'Auxerre par les officiers du roi.	286
596	Janv. 1476-77.	Extrait des lettres de la création du baillage.	289
597	Fév. 1476.	Lettres du roi Louis XI concernant l'étendue du territoire qui ressortira à Auxerre sur le fait des aides et du grenier à sel.	289
598	16 juillet 1477.	Lettre de Louis XI aux habitants, par laquelle il les remercie de leur avis sur la ville de Dijon, et leur recommande de se bien garder.	291
400	27 déc. 1479.	Lettres de Louis XI aux habitants, par lesquelles il leur annonce sa prochaine arrivée, et leur demande s'il fait bon et sûr dans leur ville.	293
402	5 oct. 1482.	Certificat du bailli d'Auxerre, en faveur des exemptions des Auxerrois entre l'Yonne et la Loire.	294
403	4 janv. 1483.	Permission du roi Charles VIII aux habitants de construire un horloge.	294
404	Juillet 1484.	Lettre du roi Charles VIII aux habitants, portant ordre d'arrêter les vagabonds et les pillards.	295
407	Août 1485.	Lettres de Charles VIII aux habitants, qui les avertit d'être sur leurs gardes.	297
409	4 mars 1493.	Lettre du roi Charles VIII au prince d'Orange, pour continuer aux habitants l'exemption du logement des gens de guerre.	298
411	1495.	Permission du commandeur d'Auxerre, de faire venir à Auxerre l'eau de la fontaine de Vallan.	299
414	26 juin 1508.	Louage de quatre musiciens étrangers, pour jouer des trompettes aux mystères de la Passion à Auxerre.	315
419	5 oct. 1522.	Lettres du roi François I, portant permission aux habitants de vendre leurs vins dans tout le royaume, comme par le passé.	316
427	27 sept. 1544.	Formule d'élection d'un gouverneur ecclésiastique de l'hôtel-de-ville, faite par le clergé pour être présentée aux habitants.	324
439	1566.	Corporation des drapiers-chaussetiers.	336

N°s	DATES.	OBJET DES CHARTES.	Pages.
440	21 sept. 1568.	Attestation que les sergents royaux ne peuvent exercer dans les villages des environs d'Auxerre, à cause qu'il y fait dangereux. — Singulière manière de parler de l'expulsion des Huguenots de cette ville.	556
442	15 mars 1579.	Lettre du roi Henri III aux habitants, par laquelle il leur recommande de bien garder leur ville.	557
469	1594.	Déclaration du roi en forme d'édit, sur la réduction de la ville sous son obéissance.	557

PIÈCES CONCERNANT DIVERS PAYS. — INDIVIDUS, etc.

N°s	DATES.	OBJET DES CHARTES.	Pages.
555	12 janvier 1393-94.	Lettres-patentes de Charles VI, condamnant les *habitants d'Ausec* ou Aucep, à contribuer du quint aux réparations de la forteresse de Saint-Bris, pour avoir des héritages situés dans le finage de Saint-Bris.	214
166	Nov. 1233.	Lettre par laquelle un *curé de Saint-Gervais* d'Auxerre donne sa personne et ses biens aux Templiers.	97
118	1213.	Erection de la chapelle du *château de Béiry*, proche Vermenton, en paroisse.	75
529	20 juin 1582.	Charte d'affranchissement des *habitants de Charbuy*, par Guillaume d'Estouteville, évêque d'Auxerre.	208
303	24 août 1365.	Ordonnance des élus du diocèse d'Auxerre pour la défense du royaume, à trois *habitants de Chitry*, d'imposer une taille sur leurs concitoyens, pour les deux derniers termes de l'année.	189
304	8 sept. 1365.	Déclaration par Jean de Chalon, fils aîné du comte d'Auxerre, que le don du dixième du produit de leurs vins et grains, à lui fait par les habitants de Chitry, pour lui aider à payer sa rançon, ne leur préjudiciera à l'avenir. — Faveurs qu'il leur accorde.	189
319	18 avril 1576.	Quittance donnée aux habitants de Chitry, pour leur part des sommes payées par l'abbé de Saint-Germain et Jean de Beaulieu, pour l'éloignement des gens d'armes qui avaient envahi une partie de l'Auxerrois.	197
323	5 oct. 1579.	Quittance de fouages payés par les habitants de Chitry au receveur des aides d'Auxerre.	200
326	22 sept. 1581.	Impôt de 120 livres, mis sur les *habitants de Chitry*, pour leur part des aides levées pour la guerre.	204
554	13 juin 1594.	Procès des *habitants d'Héry et de Rouvray*, sur le ressort d'Auxerre.	214
550	8 avril 1583.	Bail d'une pièce de bois pour exploiter le *minerai de fer à Laborde*, près Auxerre.	210
476	5 juin 1696.	Acte notarié constatant l'immersion dans le Serain de sept personnes de *Montigny*, accusées de sorcellerie.	575
171	Juillet 1256.	Franchises accordées à ses *bourgeois de Sacy*, par le prieur de l'ordre de Saint-Jean de Jérusalem.	100
452	15 fév 1550-51.	Permission d'user de laitage et de chair pendant le carême, accordée à la *dame de Saint-Amand*.	528
549	10 oct. 1417.	Adhésion des *habitants de Saint-Bris* au manifeste publié par le duc Jean-sans-Peur, le 25 avril 1417.	258
105	1209.	Origine de la *foire de la chapelle de Saint-Salve*, à la fête de Saint-Denis.	69
297	Mai 1361.	Lettres de rémission pour *Gaucher de Seignelay*, à cause des actions extra-légales qu'il avait été obligé de faire	

INDEX DES CHARTES.

Nos	DATES.	OBJET DES CHARTES.	Pages.
		pendant l'invasion des Anglais dans l'Auxerrois.	182
417	9 juillet 1521.	Marché pour la sculpture du portail de l'église de *Thury*.	316
257	1311.	Lettres du roi Philippe-le-Bel, portant confirmation des franchises des habitants de *Val-de-Mercy*.	155
415	19 juillet 1509.	Compromis entre les mains d'arbitres, passé entre l'évêque d'Auxerre et les *habitants de Varzy*, pour la solution de plusieurs procès qu'ils avaient entre eux.	314
202	Avril 1264.	Vente de l'affranchissement de la main-morte à ses *bourgeois de Vermenton*, par Gui de Toucy, seigneur de Bazarne, pour payer ses dettes, et confirmation par Philippe-le-Bel, en 1311.	116
446	9 oct. 1587.	Lettre aux échevins de Vermanton, relative à la démolition du pont de cette ville.	342
453	11 août 1589.	Avis de la marche du duc de Nevers sur Vermanton.	350
86	1200.	Lettre de *maître Pierre d'Auxerre*, écrivain du xiiie siècle.	61
196	Vers 1260.	Partage des biens d'un nommé *Pierre Baraud*, qui, du consentement de sa femme, va en Terre-Sainte, pour y demeurer jusqu'à sa mort.	113
170	Juin 1256.	Liquidation de société de commerce entre *Léo et Pierre Didaut*, orfévres.	99
59	1148.	Préface d'un petit *ouvrage* d'un moine anonyme *contre les juifs*.	40

FIN DE L'INDEX.

TABLE DES MATIÈRES.

Recueil de Monuments, Chartes, Titres, etc. . . . . 1 à 378
Catalogue des Ecrivains auxerrois, du Ve au XIXe siècle. . 379
Catalogue des hommes illustres. 437

FIN DE LA TABLE.

ERRATA ET ADDENDA.

ERRATA.

T. I, page LVIII, n° 155, mai 1740, p. 807, *lisez :* p. 866.

P. LIX, n° 170, sur les feux de la St-Jean, *ajoutez* : août 1751, p. 126; et sur le roi des Ribauds, *lisez* : novembre 1751, p. 359.

Idem, n° 174, lettre sur une offrande, etc; *au lieu de* ibid. *lisez* : juillet 1753, p. 48.

Idem, n° 177, lettre sur le P. Prévost, *au lieu de* ibid, *lisez* : février 1753, p. 122.

Idem, n° 177, *au lieu de* P. Provost, *lisez :* Prévost.

T. II, p. 12, *au lieu de* cette exercice, *lisez :* cet.

p. 14 lig. 1re, *au lieu de* ses neveux, *lisez* : ses cousins-germains.

p. 53, lig. 3e du bas, 21 du même mémoire, *lisez :* 2.

p. 56, lig. 3, *au lieu de* confrairie, *lisez* : confrérie.

p. 94, bréviaire imprimé en 1443, *lisez* : 1483.

p. 276, lig 3. *au lieu de* pans, *lisez :* dans.

p. 315, note, *au lieu de* Barromée, *lisez* : Borromée.

T. III, p, 224, lig. 4 d'en bas, elle fut inhumée dans la chapelle des Chartreux de Paris, *lisez* dans l'église de St-Séverin à Paris. Journ. de Verdun, oct. 1753.

T. IV, p. 11, 1re col. lig. 10, *au lieu de* canonicus S. Petri, *lisez :* decanus S. Petri.

p. 12, 1re col. note 1, *au lieu de* Loarii, *lisez* : Lotharii.

p. 14, 1re col. note 2, *au lieu de* prœpentum, *lisez*: prœpositum.

ADDENDA.

T. I, 245, au don de l'église St-Loup d'Auxerre, fait par l'évêque Héribert à l'abbaye St-Germain, *ajoutez en note : voyez* D. Cottron, manuscrit, n° 138, f° 930, 931, bibl. d'Auxerre, une petite notice sur cette église.

T. I, 308, *ajoutez en note* : Le pape Eugène III était à Auxerre, non pas seulement au mois d'octobre 1147, mais bien pendant les mois d'août et de septembre précédents. *Voyez* Bibl. impériale, cabinet des chartes, boîte 47, des chartes datées : Altiss.; III. Kal. Aug. — Datum Autissiod. VIII Kal. sept. — Datum Altiss., X. Kal. sept. — Datum Altiss., XVIII Kal. oct. — Datum Altissiod., VI kal. octob.

T. II, p. 438, avant CHARLES HUET, grand-archidiacre, *placez* : Claude de Maulnorry qui l'a été quelque temps.

T. II, p. 291, ajoutez aux sources qui peuvent servir à l'histoire de l'épiscopat de MM. de Condorcet et de Cicé :

Relation de la visite générale faite par M. de Condorcet, *évêque d'Auxerre, dans son diocèse, immédiatement avant sa translation à Lisieux* (1760). Broch. de 255 pages sans nom d'auteur ni d'imprimeur, supprimée par arrêt du Parlement du 2 juin 1761.

Lettre d'un ecclésiastique du diocèse d'Auxerre à un de ses amis sur le gouvernement de M. de Cicé, évêque d'Auxerre, 1776, par un anonyme.

Supplément aux ouvrages et mémoires composés par l'abbé Lebeuf.
(T. 1. pp. XLVII et suiv. de ces présents Mémoires.)

Chant du nouveau bréviaire de Langres, composé avec l'abbé Camus, chanoine de la Sainte-Chapelle de Dijon, en 1733. (Correspond. littéraire du prés. Bouhier, T. IV, Bibl. impér., Manuscrits français.)

MERCURE.

Lettre au sujet de celle qui est datée de Joigny, le 1er mars, touchant un manuscrit de poésies pieuses, composées il y a environ 150 ans, et qu'on attribue à un auteur de Joigny. (Réponse anonyme à une lettre de M. Lebeuf, capitaine de milice bourgeoise à Joigny, beau-frère de l'abbé).— Octobre 1740, p. 2202.

Observations de M. L... sur l'abrégé de la Vie des évêques de Coutance. — Août 1743, p. 1734.

Lettre à M. D. L. B. auteur du Mercure, au sujet d'une nouvelle dissertation où il est cité. (Il s'agit de la bataille de Droissy, livrée en 563, où Frédégonde vainquit les Austrasiens). — Décembre 1743, p. 38.

Lettre écrite par M. à M. avocat, au sujet des anciennes épitaphes qui sont dans les églises de Paris, etc. — Juillet 1741, p. 1573.

Lettres au sujet de la description de Bourgogne, annoncée dans le *Mercure*, et Mémoire sur les avantages qu'on peut retirer d'un nouveau pouillé général du royaume pour la géographie, l'histoire, etc., (Anonyme, mais, voyez la Notice biographique sur l'abbé Lebeuf, au t. I des présents Mémoires, p. XXIX.) — Février 1748, p. 42.

Lettre à un chanoine d'Auxerre, touchant une date de l'histoire d'Auxerre, relative à la prise de cette ville par les Anglais, sous le roi Jean. — Décembre 1748, t. II, p. 85.

Lettre sur la question de savoir si Amyot était à la Cour lors de la St-Barthélemy. — Décembre 1748, t. II, p. 114.

Mémoire pour donner au clergé de Nevers, un ancien écrivain ecclésiastique du VIe siècle, nommé Teterius, que quelques modernes prétendent avoir été du clergé d'Auxerre. — Mars 1750, p. 88.

JOURNAL DE VERDUN.

Lettre sur une inscription en marbre blanc conservée dans la cathédrale de Poitiers. — Janvier 1751, p. 48.

Eclaircissement demandé sur un jour de l'année qui est inconnu : (*le jour vert*). — Avril 1752, p. 279.

Auxerre. — Imprimerie et lithographie de Perriquet.